甲骨文字詁林

第三册

主編 于省吾
按語編撰 姚孝遂

中華書局

1890

卣

王國維　「古文卣字作𠧪（盂鼎）作卣（毛公鼎）作卣（伯晨鼎）作卣（彔伯簋及吳尊蓋）石鼓文卣字亦作卣，而殷虛卜辭盛鬯之卣則作卣，作卣，知卣所从之乚乚即卣之省，又知說文𠧪𠧪二字一从由一从皿即卣與卣之變，實一字而繁簡異也。」（觀堂集林六卷釋由）

羅振玉　「爾疋釋器『彝卣罍器也』。說文無卣字，玉案其字當作𠧪或稍變作卣作𠧪。考𠧪即說文𠧪字，象艸木實下垂𠧪𠧪然，中从土象果實坼文，傳寫譌作仌。古人从土从仌之字多相亂如角字本从仌後人作角从土此類甚多古从土之字或又譌作冂，如因字東魏北丘僧惠造象記作囙唐少林寺碑及唐玉真公主受道記又作目是其證於是卣字遂有𠧪卣二形，其實並𠧪之譌變也。說文乃部之𠧪，𠧪部之㮚，考之古金文石刻並从𠧪不作𠧪，石鼓文中𠧪𠧪字可證。它金文亦然，从無作𠧪者，此𠧪即卣譌字之確據。伯晨鼎彔伯戎敦毛公鼎又作一𠧪，詩大疋江漢『秬鬯一卣』，吳彝『鬯一卣』，釋文『卣本作攸』。周禮鬯人『廟用脩』，注『脩讀為卣』。釋文『脩中罇』。此卣字或稍用𠧪攸脩之確據。戲攸卣讀音調此調字當如謝怒如調饑之調讀如周不當讀徒遼切𠧪攸脩音近，例得叚借也。段茂堂王菉友兩先生均已謂卣即說文𠧪字，其說甚確而引證未詳，爰推闡二家未申之義作釋卣。」（釋卣）

饒宗頤　「『……旅……鬯五卣。……』（續壽二五、九）按書洛誥：『予以秬鬯二卣，曰明禋。』此辭云『五卣』，即五卣也。疑是禋祭之事，惜辭殘缺。凡郊祭稱禋，以先王合祭於明堂也。」（通考九五四葉）

屈萬里　「卜辭：『貞：重卣，王受又又？吉。』卣，酒器。此處作動詞用，蓋謂以卣陳酒而祭也。」（甲編考釋一八〇葉）

李孝定　「酒器之卣，說文無之。段氏注云：『卣之隸變為卣，周書雒誥曰「秬鬯二卣」大雅江漢曰「秬鬯一卣」毛云：「卣，器也」；鄭注周禮「廟用修」曰：「修讀曰卣，卣、中尊。」凡彝為上尊，卣為中尊，罍為下尊。中尊為獻象之屬。』按此許說，則木實垂者，其本義，叚借為中尊字也。』又云：『中尊之義，羊久反，又音由』。王筠說文釋例云：『詩書爾雅皆有卣字，而說文無之，似即𠧪之变文。𠧪讀若調，乃部𠧪从𠧪，而讀攸，廣韻或作𠧪，是其比也。書云：

「秬鬯二卣」、「秬鬯一卣」，知卣所實者鬯也。卣讀若調，蓋取芬芳條暢之義乎』。雷浚說文外編卷三卣字條云：『洛誥「秬鬯一定按當作「二」卣」，說文無卣字，大雅「秬鬯一卣」，陸釋文曰「卣本或作攸」。又周禮鬯人「廟用脩」，注：「鄭司農云『脩，器名』，玄謂脩讀曰卣」，知脩亦卣之假借字。案康成謂脩讀曰卣，是康成時有卣字，而說文不載者，或卣即𠧪之形变。然說文部首「𠧪，艸木實垂𠧪𠧪然，象形」，器名字作卣，亦假借，此殆至古無正字者』。徐灝段注箋則謂『卣者西之变體』。朱駿聲通訓定聲則兩存之。桂馥義證云：『艸木實垂𠧪𠧪然者，或借油字。箕子麥秀歌「禾黍油油」』。按段、王、雷三家之說是也。桂氏謂字或借油為之，而不謂字有徒遼、羊久二反者，蓋慎之也。據周禮鬯人鄭注，知康成時必有卣字；據箕子麥秀之歌，知艸木實垂之義，亦有羊久反一讀，且此音當較徒遼切為早也。惟諸家或謂器名之卣亦假借，則似有未安。蓋物名之字，多屬象形，且必早出。重言形況之字，例當後起也。卣字契文作𠧪、或卣，金文作卣、盂鼎卣、毛公鼎卣、番壺其形並同。𠧪當象器形，圓底，上象提梁，下其座也。或謂卣象艸木之實，然艸木之實千百其形，安得以一卣字盡象之乎？字本象酒器之形，至重言形況之義，則為假借。此義初亦但讀羊久反，麥秀之歌可證。及後始另有徒遼反一讀耳。攸之為條，于省吾氏論之已審，見前六卷條字下。」（集釋二三〇八至二三一〇頁）

屈萬里　「卜辭：『貞：其𠧪？』（甲編二〇二四）𠧪，當是卣字。其義當與甲編五五五九『射𠂤卣羌』之卣字同；皆也。」（甲編考釋二五四葉）

赵诚　「𠧪，卣。象盛鬯酒之卣器之上半部，似与卣器为同类，本为象形字。甲骨文用作卜官之私名，则为借音字，如『癸亥卜𠧪贞』（癸亥卜，卣贞）（后下十六·十六）」（甲骨文简明词典六七页）

徐中舒　「𠧪（甲二〇四〇）𠧪（甲一一三九），此卣字，为古时盛酒的葫芦，底部不稳，故盛以盘，作𠧪（前六·四一·五），金文作卣（昌壶），铜器中有瓠壶，就象葫芦形，这是真正的卣。此器最近山西省曾经发现。现在许多金文书籍，把提梁壶称为卣，这是沿袭宋人的错误，应该纠正，凡有提梁的，都应称壶，与卣有别。」（怎样研究中国古代文字，古文字研究第十五辑五页）

按：卜辭盛鬯之卣，即象卣器之形。說文無卣字，而以「𠧪」為象艸木實垂之形，諸家以為當係卣字之譌變。卜辭卣字作𠧪，或省作𠧪，此即說文乃部逌字之所由从。許慎解為「气行究」，乃後起假借義。卜辭習見之「鬯若干卣」，乃用其本義；「𠧪雨」之「𠧪」，唐蘭讀為「脩」是對的。惟均从皿，不作其它諸形。

1891

按：字从二「卣」，用義不詳。

1892

孫海波：「𠧪𠧪𠧪，乙三三九○。或从三卣，与說文籀文同。𠧪𠧪，乙一五四六。从二卣。」（甲骨文編三○二頁）

按：字从三「卣」，卜辭「卣」、「𠧪」、「𠧪𠧪𠧪」三者皆有別，不能混同。不能據籀文以「𠧪𠧪𠧪」為「卣」字。

1893

按：合集二二○九二辭云：「丁未卜，陟合：…：叀犬」疑為「六卣」之合文。

1894

按：字不可識，其義不詳。

1895 ⿱幺卣

按：合集二七九六一辭云：「……叀馬……⿱幺卣卒」當為與田獵有關之動詞。

1896 ⿰豕卣

按：字从「豕」从「卣」，其義不詳。

1897 卣

羅振玉 「古金文作□作□，卜辭又有□，其文曰：『鬯六卣』，故知為卣矣。」（殷釋中三十八葉上）

王襄 「疑壺字。杞伯敏亡壺壺作□，與此相似。」（類纂存疑第五第二十八葉下）

葉玉森 「商承祚氏并列□□（㪚六、五八、五）□（㪚六、五八、六）□（㪚六、五八、七）□（㪚六、六、一七）□（後下二十、十六）□（後下四二、三）諸字于卣字下。（類編七、七）考各辭□為單字，□亦殘文，無從認定。玉『貞□亡□正我⊠』『⊠□（攻）□（徐中舒氏釋耤）□（吕）又示⊠□彔方』，『⊠伐循往于來□□□從衛又（有）戈』，『于壬□雨亡戈』四辭，如讀為卣，並難索解。玉本辭若釋『吕來卣』，似亦不可通。」（㪚釋卷四第五十葉上）

吳其昌 「『卣』者，有提梁之壺屬，所以盛鬯者也。卜辭作□（本片——指㪚一、一八、四片）□（㪚五、一七、三）□（㪚五、三九、五）□（㪚六、一五、五）□（後二、一七、一六）□（戩二五、一〇）□（後二、三九、一三）□（戩二五、九）諸狀。金文亦略同。象卣之左右側旁，斜垂其提梁之形，而下承以盤。盤實外物，可承可離，地下出土之卣，無一附有盤者，則知承盤之卣，乃用時須臾之傾為然耳。今取卜辭、金文諸「卣」字，（不連盤）與傳世古卣實物相比較。

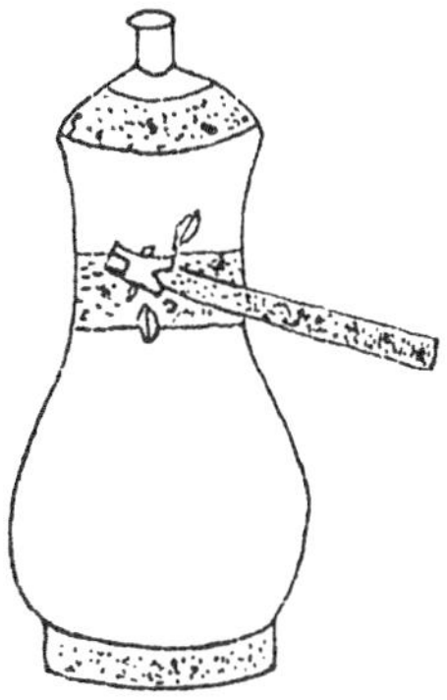

一

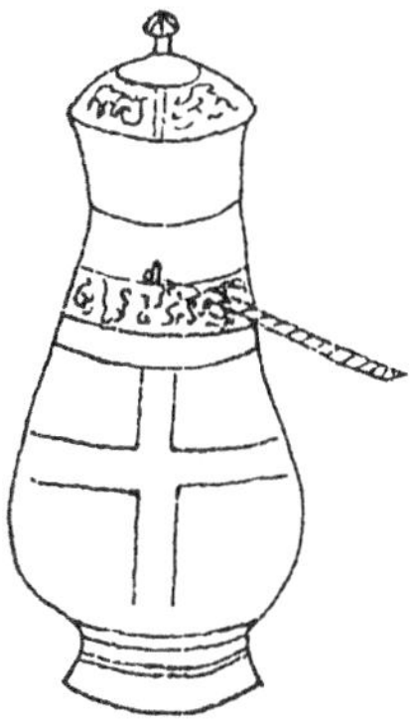

二

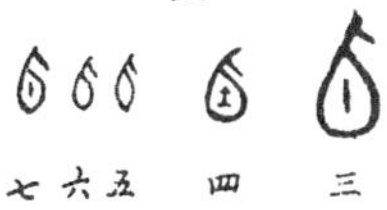

三　四　五六七

一、田父辛卣、瀓秋一、三三　二、父乙卣、善齋三、一三　三、大盂鼎　四、呂鼎　五、六、七、見上。按：此外如洒清一六、三四㳻父癸卣，陶齋二、三二功卣，長安獲古一、二一己父庚卣……等，若側斜其提梁，其狀無不與上列諸古文相肖，此不舉。則亦可顯著其宛肖之狀矣。所以知其必盛香酒者，金文凡「鬯」必盛於卣，未嘗例外。卜辭亦同；如此片（指湔一、一八、四）即云：「鬯口卣」，其證更明。其在經典，則書文侯之命、詩大雅江漢，春秋僖公二十八年左氏傳，並有「秬鬯一卣」之文，書洛誥則有「秬鬯二卣」之文，斯誼可推見卣為盛鬯之罇器矣。李巡注爾雅釋器曰：「卣，鬯之尊也。」得之。」（殷虛書契解詁第二三四——二三五葉）

唐蘭　「盧即卣字，盧雨疑與田雨（鐵六四、一）同。田當釋卣。卣卣並假為脩，（周禮鬯人「廟用脩」，脩即卣也。）脩長也，久也，蓋謂雨之綿長者。卣字卜辭多作卣，（鐵六六、一）前人未識，蓋字形譌変也。」（天壤文釋二四葉）

按：此亦「卣」字，當併入1890「卣」字。

1898

栗　

羅振玉　「説文解字㮚，古文作𣡌，从西，石鼓文作，與此畧同。案許書卤之籀文作卤，栗之籀文亦从卤，栗之古文从卤者，殆亦从卤之譌矣。」（殷釋中三十六葉上）

李孝定　「《說文》：『栗，木也。从木，其實下垂，故从卣。㮚，古文㮚从西从二卣，徐巡說木主西方戰㮚。』絜文象木實有芒之形，以其形與卣近，故篆誤从卣。石鼓文直从三卣，字為小篆所本。按木名栗从卣無義，若謂所以乃艸木實𠂹之卣，則絜文明是象形，不得以會意說之。且木實下𠂹者不獨栗木為然，何以㮚獨从卣，義尔難通。蓋从□乃象實上有芒之形，篆从卣乃形近而譌也。許說不可據。至其說古文栗字引徐巡說尤為望文之訓，羅氏謂是从𠧪之譌者是也。」（《集釋》二三一三葉）

1846

按：釋「栗」可從。字在卜辭為地名。

王襄　「古栗字」。（《類纂》正編第七第三十三葉下）

陈邦怀　「□盖为□字简体。《后编》卷上十八页有□字，商氏承祚云：『《说文解字》：㮚，嘉谷实也。籀文作𥻆。此象手持黍之形，当为粟之初字』。按商氏谓当为粟之初字，不确。从字形观之，殆为采之初字。《说文解字》禾部：『采，禾成秀，人所收者也，从爪禾。穗，俗从禾、惠声。』段玉裁云：『《月令》注黍秀舒散，即谓黍采也。人所收，故从爪』。□象黍舒散，从又，又，手也，与从爪同意，其义即许说人所收也。卜辞『出□』，盖谓出至田间收黍也。出黍且记时间，丁卯日，生月、兹月，蕙（此是暮字异体，说见上条）。卜辞『丁亥其□』。可证出□为采黍之事矣。」（《小屯南地甲骨中所发现的若干重要史料》，《历史研究》一九八二年第二期一二八页）

孙海波　「□，前二·一九·三。从𠧪。□，乙二七六二。不从卣，象栗实之形。」（《甲骨文编》三〇二页）

王贵民　「此二字原篆，一作以手持二卣，一作以手爪持一果实形（似甲骨文西字，《说文》之㮚字，篆本作㮚，足证西卣实相通变）。均象摘取谷实之会意字。《说文》：『卣，艸木实垂卣卣然』，『㮚，木也，其实下垂。』『㮚，嘉谷实也，』均为谷实下垂意。其源应即甲骨文此形，后经讹变，□几卣的卣字，甲骨文亦作此形，故易混。此省禾或木，只突出其穗粒，采摘

之意尤显，字音尚未可读，而其义可知。」（就甲骨文所见试说商代的王室田庄，中國史研究一九八〇年第三期七一页）

温少峰、袁庭栋「古人收割庄稼有两种方式，一次连秆割去者称为『刈』，亦即卜辞之『萑获』；只割穗者称为『采』，说文：『采，禾成秀也，人所以收，从爪禾。』作为动词就是以手割穗。采字在甲文中作𢦏，从又从禾，象以手采撷禾穗之形。卜辞云：

(216)囗囗卜，才（在）囗貞：王……采粟，往來「亡灾」？（后上一八·一一）

以上二辞以『采粟』、『采黍』连言，可证『采』字之释不误，又可知殷人对粟和黍都曾采用割穗收获法。」（殷墟卜辞研究—科学技术篇二二三页）

考古所「𢦏：卜辞中𢦏与黍有時連在一起，如南坊三·一七：『勿呼婦姘往𢦏黍』，本书七九四：『其𢦏黍』。𢦏黍是收割黍。𢦏像手握黍粒（或穗），是收割黍的一种方法，這种方法是只取穗而不要稈。殷代遺址中有一种小型有孔石刀可能就是這种收割工具，后代称之為銍。颜注急就篇：『銍，刈黍短鐮也』，释名：『銍，穫黍鉄也』。小尔雅：『截穎謂之銍』。說明銍是专门收割黍的工具，收割的方法是截穎，這种方法可能就是卜辞中的𢦏。」（小屯南地甲骨八六四頁）

洪家义「栗，甲骨文作樂(3)、樂(4)，从形状看，当是『橡栗』的本字。6是橡栗的剖視，体椭圆而一端有帽盖。

甲骨文有θ，金文作θ，小篆作皀。说文『皀，谷之馨香也，象嘉谷在裹中之形，匕所以扱之。或说：皀，一粒也。又读若香。』……我以为θ上之θ是一颗橡栗形，亦即6之正視，中一小横表示上半是帽盖。『或说』的『一粒』指的大概就是一颗橡栗。θ下之ㄩ象器皿，即皿之简化。此字应从皿，θ声。所以有『又读若香』的说法。香当为橡之谐声。说文香部：『香，芳也，从黍从甘。』我怀疑甘乃θ之形讹，应是从黍，θ声。说文常以皀为声符，如鄉、饗、卿等字皆是，实即以皀所从之白（θ）为声符，即取橡栗之『橡』声。

甲骨文又有樂，金文作樂，其上所从之θ显然是后加的声符。此形易与白混，但不是白字，因为声类绝不相同。把形与音結合起来考虑，它应该就是θ上之θ，亦即橡栗之本字。说文常以樂为声符，如鑠、櫟、濼、礫等字皆是，实即来源于樂字所从之白（θ），即取橡栗之『栗』声。

以上例证说明，θ有两读，一读[zang]一读[lauk]……θ在古代实际語言中念双音綴[zang

[auk]，变成文字后……調和办法有二：(一)当这个念双音綴的事物单独出現时，便用两个汉字来反映它，如果用「橡栗」反映日实物的双音綴。辭海于「橡实」条下云：「果名，亦云橡子，即櫟实也。圓形，大如拇指头，端尖鋭，在碗状之壳斗内；其仁如老蓮肉，可充食料。」這里描述的正是日的实物。植物名实图考：「橡即橡栗也。」列子說符：「冬日則食橡栗」，這里的「橡栗」便是日的双音綴專名。(二)当這个念双音綴字形作为声符附加在别的字体時，那就只能是二音择其一了。如日附加在鄉、饗等字上取其「橡」声[zang]，而附加在樂、礫等字上則取其「栗」声[lauk]。這就是日有二音的由来。」(古文字札記，文物研究第一期六一——六二頁)

彭邦炯　参𥝾字条

按：卜辭皆以「敹」為動詞，義為收穫禾黍。陳夢家已詳加論證，唯「敹」不當是「𥝾」之簡體。合集九五四七辭云：

「庚辰卜，穷貞，叀王敹南囧黍」

又屯七九四辭云：

「丁亥卜，其敹穧叀今日丁亥」

其所敹者有「黍」、有「穧」等穀物，當專指采取其穗言之。

1900　晍

按：字从「卣」从「日」，其義不詳。

1901

1902

按：此當是「」之省。

按：合集二三五六〇辭云：「戊子卜，矢貞：王曰余其曰多尹其令二侯上絲眔[🄐]侯其……周」乃方國名。

1903

羽

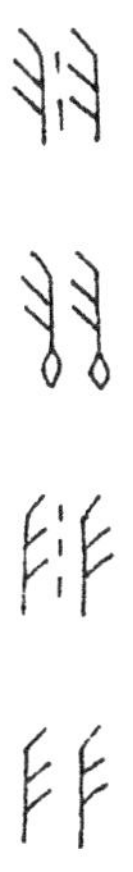

孫詒讓　「羽字亦難識。攷說文又部友古文作羿，金文大鼎作羽，叔友父敵作羽，與此略同。（或當為羽之反文亦通）」（舉例下十五葉上）

羅振玉　「說文解字：『濯，瀚也。从水，翟聲。』此从⋮象水，羽象帚所用以瀚者。置羽水中，是濯也。許書作濯亦後起字。」（殷釋中六十八葉下）

王襄　「古羽字。」（類纂正編四卷十七葉下）

葉玉森　「按羅振玉氏釋羽為濯，予舊釋霰，（說契）並非。此乃𩂣（雪）之省文，亦省作羽。他辭云『貞羽受年』，（徵文歲時第四版）羽即『王曰羽』（卷二第三十六葉之七）之羽。曰雪眔羽蓋言雪地眔羽地也。」（前釋卷七第十六葉上）

葉玉森又曰：「雪之初文，疑為羽羽羽，象雪片凝華形。變作𩂣，从雨為繁文。復變作𩃗，从二𠂭，即羽之譌。……再變作雪，古意益晦。（許書霸字訓水音，疑即誤認雪之古文以制篆者）」（說契一葉上）

又曰：「按羽古雪字。羽羽象水雪雜下，乃古文霰。爾雅釋文『雨霓為霄雪』，注『水雪雜下』是也。霰霓並後起字。」（說契一葉上）

陳晉　「羽為習之省文，亦吉之義。左傳『多習其祥』，杜注『不習謂卜不吉』也。」（龜甲文字概論七十葉下）

陳邦懷　「敦煌石室唐寫尚書釋文雨古作羽，與卜辭之羽極類，當為古文雨字。釋名：『雨，羽也，如鳥羽動則散也，』可證羽字譌為雨，羅參事釋為濯，殆不然矣。」（小箋二十四葉上）

唐蘭　「右羽字，即小篆彗字。孫詒讓釋彗，又釋羽，皆誤。（契文舉例下一五）羅振玉釋羽為羽，羽為濯。（並見考釋）葉玉森改釋羽為雪，象雪花凝華形，羽為霰，象水雪雜下，（說契）後又謂羽仍雪之變。（前釋七·一·六）今按諸說皆非也。卜辭以⿱雨羽為䨮，說文䨮從彗聲，則羽固彗之本字也。卜辭習字从羽，而說文彗字或作篲，古文作䈆，从竹習，正合展轉相从之例，則羽即彗字，更可無疑矣。（展轉相从例見王筠說文釋例九。如奴、共、拱之類，與羽、習、䈆正同，皆古今字也。）說文：『彗，埽竹也，从又持甡。篲，彗或从竹。䈆，古文彗，从竹从習。』按彗為埽帚，古之通詁，然從又持甡，無由取象。別本作甡，亦非帚形。獨卜辭作羽，與帚形相近。然則羽是土帚，本象草形，羽為埽帚，乃狀其器。及羽變為彗，其本義遂不可尋矣。卜辭羽字，多為人名，或段為䨮，䨮者，彗之孳乳字也。……雪（⿱雨羽羽）字，即小篆䨮字，於卜辭當為从雨羽聲。羅振玉謂从二又，雪為凝雨，得以手取之，亦不經之談也。」（文字記十五葉）

孙海波　「羽，鐵六〇·四。習字从此，旧释雪非。乍，粹八六三。地名。」（甲骨文编一六六——一六七页）

杨树达　「原书（指殷人疾病考）辞一云：『☐旬亡囚？（禍，按当释咎）旬㞢（有）希（祟），王疒首，中日羽（雪）』。羽字胡君释为雪，释中日羽为中日降雪，以为灾祸之事。余谓雪非丰年，古今以为祥瑞，未闻日中降雪为灾異也。按此字以字形核之，当释为彗。说文三篇下又部：『彗，掃竹也，从又持甡。』甲文字象掃竹之形，与篆異者，不从又耳。甲文自有从雨从彗之雪，不必混而一之。雪字本从彗声，假彗为雪，自极可能。释辞依义，释字终当据形。彗为扫竹，用以扫除，故引申有除字之义。孛星似彗，古书谓为除旧布新之象，字从彗，亦训除，（广雅释诂三）皆受义於扫竹之彗。卜辞盖谓王病首中日而除也。有祟指疒首言，中日彗附及之耳。」（读胡厚宣君殷人疾病考，积微居甲文说卷下八五页）

李孝定　「唐釋彗是也。孫王諸說均非。楊謂彗有除義，其說極是，以說『王疾首中日彗』一辭尤為允當。卜辭亦有段彗為䨮者，以䨮從彗聲也。其從雨作者，則為雨䨮之專字。契文羽象掃竹之形，篆文彗則更象手持之，為羽之繁变。古文偏旁每多省略，然此非彗省作羽也。許書古文作䈆，从羽，則卜辭羽之譌变也。」（集釋〇九四一——〇九四二）

于省吾释羽见黑字条下

饒宗頤「按溮殆即𨚕。說文：「𨚕，南陽舞陰亭。」漢書地理志南陽郡有舞陰縣。」（通考四五一葉）

温少峰　袁庭栋　「甲文有羽、羽、𦐀字，唐兰先生释彗，他说：「ᄏ是王帚，本象草形。羽为扫帚，乃状其器」，「作羽者，并象尘土之状」（殷虚文字记）。其说可从。小篆变为彗，乃讹羽为丰，而加手执之，示其为「扫把」。故说文训：「彗，扫竹也，从手持丰」。由于天空中彗星形如扫帚，故亦称之为彗。尔雅释天：「彗星为搀枪」，注：「亦谓之孛，言其形孛孛然如扫彗。」释名：「彗星，星光梢似彗也。」「彗」在卜辞中之用法有：①用为人名、地名。如：「彗氏王族从𡚨」（續一一·七），「贞：彗受年？」（簠岁四）。②读为䨮，即雪。如：「帝隹二月，令䨮？其隹丙，不吉，䨮隹庚？」（丙六二），「贞：……䨮，十二月」（京四七九）。③作为祭祀对象，这就是我们现在要加以分析和考察的。卜辞云：

(121)㞢（侑）姚庚，㞢（侑）彗？

其㞢（侑）于姚庚，亡其彗？（乙七五一）

此辞之「㞢」读「侑」，祭名。此辞乃一事对贞。大意是：侑祭姚庚，同时又侑祭彗呢？还是侑祭姚庚，不侑祭彗呢？在这里，姚庚和彗很明显都是侑祭的对象。「彗」而成为祭祀对象，当然不是指雪，更不可能是打扫尘土的扫帚，只有天上的彗星才足以当之。

(122)己卯卜，贞：今月（夕）小子㞢（侑）彗？

贞：羽（翌）庚辰，小子㞢（侑）彗？五月。（汶七九四·七九五）

上辞仍是一事对贞，大意是：今天晚上叫小子侑祭彗星呢？还是明天晚上叫小子侑祭彗星呢？

值得注意的是，此辞记祭祀彗星是在晚上进行的。当是夜晚晴空，横彗经天，故殷王贞卜是否令人致祭也。还有，此辞记月为「五月」，由此亦可证此辞之「彗」决不能读为「雪」字。

(123)己酉卜，贞：亚㐺（从）㞢（侑）彗？三月。（后下二五·九）

此辞之「㐺」即「从」之初文。「亚从」者，即「让亚跟从殷王侑祭彗星吗？」

(124)戊申卜：𢆶，㞢彗？

戊申卜：𢆶，囗彗？（前五·三八·三）

𢆶字不识，以其他辞例推之，当是一种祭名（同版有「癸未卜，𢆶龙」，可证）。故此辞大意是卜问：是否对彗星实行𢆶祭和侑祭？

(125)戊戌贞：彗异，隹其亡黑？攸？（南明四一八）

此字之「彗异」，即彗星之形状异常，殷人见之，以为预兆着非常之天变，故卜问「隹其亡黑：攸（啟）？』『黑』，在此辭之含义，据于省吾先生解释，指『日气晦冥的昼盲』（甲骨文字释林·释黑），『攸』读啟，即晴。故此辞之大意为：彗星的形状异常，不会发生黑暗的昼盲吧？会是晴天吧？此辞是直接记载彗星形状异常的卜辞材料，甚可珍贵。

必须指出的是，在着名的马王堆西汉帛书中有天文气象杂占一书，其中绘有彗星图（見席泽宗马王堆汉墓帛书中的彗星图，载文物一九七八年二期）。图中彗星形象有□（历彗）、□（帚彗）、□（蚩尤旗）等形，与卜辞之羽、□等形相比较，极为相似。二者互证，更可确知卜辞中『出彗』之文中祭祀之『彗』就是所谓『光芒长，参々如埽彗』（汉书文帝纪注引文颖说）之彗星无疑。』（殷墟卜辞研究—科学技术篇）六二頁—六四頁）

1852

按：字當從唐蘭說釋彗。

卜辭彗字可分二類：

一，為地名及人名，如：

「彗不其受年」前七·四五·一

「于彗受年」鐵八六·三

「羽眔𦎫弗其以出取」前二·二一·四

「叀羽令以戈人伐𢀛方𢦏」續五·二二

二，為「除」義。楊樹達謂前六·一七·七之「王疾首，中日羽」即「王病首中日而除也」。與此相類似之辭例如「小子出羽」（綴七九四、七七九五、八四九）並當為疾除之義。唐蘭、李孝定並謂卜辭有假羽為雪者，遍檢卜辭，均未見有此等文例。其說非是。乙七五一辭云：「出匕庚出彗；其出于匕庚亡其彗」，蓋祭祀於妣庚以祈求疾除，不得讀作「雪」。卜辭「雪」字均从雨，無一例外，說見雪字條下。或以「彗」為孛星，乃誤解卜辭，不可據。卜辭關於「彗星」之記載為「雉星」，參見「𣶒」字條。

1904

習

唐蘭 「說文：『習，數飛也。从羽，从白。』（小徐本作『白聲』，誤。白非聲，或讀為脂部之自，以轉入侵部，更非。）今按卜辭从羽，从日，既不从白，亦不从羽。蓋彗羽本殊，後世誤以羽為羽字，遂又誤謂習為从羽耳。（羽當作彗。）古日或作⊖，與⊖（白）相近，故又譌

从白。以聲類求之，習字當从日羽聲，羽今彗字也。古緝部字每变入脂部，金文「即立」、「朕立」之立，今作位，是其證，則習可從羽聲也。說文彗古文作篲，从竹从習，今按當作从竹習聲，然則彗之古本音若習，習从羽聲，可無疑焉。習既从日羽聲，則「鳥數飛也」，非其本義也。賈誼傳云：「日中必熭。」說文：「熭，暴乾也」，按暴曬者日之事，作熭者特段借字耳」。疑習之本訓當為暴乾矣。玉篇：「嘒，呼惠切，衆星皃。」（萬象名義同）則段借為「有嘒其星」、「嘒彼小星」之嘒，（彗引申之，當為搖動皃，舊說微皃，非。）其字則即習之後起字，猶羽之為彗矣。習聲與疊襲相近，故有重義，慣義，引申之乃有學義，本無飛義也。月令：「鷹乃學習」，始有飛義，蓋誤羽為羽，始自戰國也。卜辭云：「習一卜」，「習龜卜」者，習重也。金縢云：「一習吉」。左襄十三年傳云：「先王卜征五年而歲習其祥，祥習則行，不習則增修德而改卜」。皆其證」。（文字記十六葉）

商承祚

「習當非習字。」（佚考三四葉）

郭沫若

「今案釋騽甚是，疑許說習為習亦是。然謂習為古文友字則蛇足也。此字分明从羽从日，蓋謂禽鳥於晴日學飛。許之誤在誤日為白，而云「白聲」，聲紐俱不合。古文友字就見於金文者而言乃作習（毛公旅鼎「習其用習」）若習，（曆鼎「孝友隹井」）乃从甘友聲，殆循之初字，毛公旅鼎文正用為循。用為朋友字者乃假借也。字亦省从口，如濃𥂤「卒友」字作習，大史友甗作習是也。說文則訛友為習，羅又因此訛形而誤習為友矣。」（卜通一五六葉）

楊樹达

「战後寧滬新获甲骨集伍壹捌片云：「习二卜，习三卜，习四卜。」树达按：习与易坎卦习坎之习义同，重也。余疑卜辞於辞外往往记一二三四等数字，皆记卜数，与此辞所记「习二卜」，「习三卜」，「习四卜」义蓋同。特此片详言之，彼文止记数字略言之耳。」（卜辞琐记一七页）

饒宗頤

「按習，即襲，重也。習卜非吉，易蒙卦所謂「再三瀆，瀆則不告。」詩小旻所謂「我龜既厭，不我告猶」是也。卜辭恆見「習卜」語。癸未卜：習一卜。習二卜。王其鄉在庙。弜鄉。佚存二二〇。通纂別何一、八、三、習二卜。習三卜。習四卜。寧滬一、五一八」（通考六六葉）

屈萬里

「習，唐蘭所釋（唐記）。於此當讀為尚書金縢「習吉」之習，重也。習一卜，

意谓重卜一次也。」（甲释第一四二叶）

裘锡圭　「卜辞所见『习一卜』『习二卜』之『习』，我以为当与礼记曲礼上『卜筮不相袭』之『袭』同义。袭、习古通。周礼地官小胥『袭其不正者』，郑注：『故书袭为习』；左传襄公十三年『岁习其祥』，礼记表记『天子无筮』郑注及周礼春官大卜正义引传文，『习』皆作『袭』；文选齐竟陵文宣王行状『龟谋袭吉』，李善注『袭与习通』，皆其证。郑玄注『卜筮不相袭』曰：『卜不吉则又筮，筮不吉则又卜，是渎龟筮也。』可知用不同的方法同卜一事可以叫『袭』。」（读安阳新出土的牛胛骨及其刻辞，考古一九七二年五期）

于省吾　「说文習『从羽白声』。按契文、金文習均作習，从羽从日，许书误以会意为形声。汉印及汉碑習作習，亦从日不从白，与古文合。」（诠释书每合于古文，中国语文研究第五期一六页）

柳曾符　「说文云：『習，数飞也。』此当是本义。『袭』字，王筠说：『重衣也』，『因也』，朱骏声云習袭皆假作叠。所以習字的引申义常作重复、连续解。而『習卜』中的習字仍当作连续解，而『習卜』则似当为连续获得吉兆之意。『習一卜』就是连续一次吉卜，而『習二卜』当是连续获得二次吉兆。同样，『習四卜』就是连获四次吉兆，每连吉一次只增一卜，这样也能符合三、四期卜辞卜记兆序的数几乎未见『五』以上的事实。曲礼说：『卜筮不过三』，那也许是以后才趋向于每卜三龟。如用这种解释来看上文所引『龟谋袭吉』等语，辞意也更能一致。尤其再读左传襄十三年的传和注，似更可了解『習卜』一辞所指具体情况，其文为：

石㚟言于子囊曰：先五卜征五年（杜预注：先征五年而卜凶吉也），而岁習其祥。祥習则行（杜预注：五年五卜皆同吉，乃巡狩）。不習则增修德而改卜（杜预注：不習，谓卜不吉）。

杜预注『不習，谓卜不吉』，明白说出了『習』字是形容吉的连续。『習』即『習吉』一语的减省。……可知殷人卜法之大概。其一事常多卜，但常卜于同版。凡同卜于一版的，所用的材料则常或同为龟甲或同为兽骨，即偶有龟甲兽骨并用的，亦只可作特例看待，并无骨甲轮卜之限，当和『習卜』之释无关。」（释「習卜」，中国语文一九八一年四期三一三至三一六页）

林政华　「囗卜，習龜一卜，五（月）。」粹一五五。「囗卜用，習二卜。」摭续六一。習，重也。唐兰所释，極碻。考周易坎卦，象传云：『習坎，重险也。』是其证。又：论语首章『学而时習之』，此習字义为温习，重习；重習犹鸟之数飞——说文解字释習字。卜辞中谓習若干卜者，犹云再卜若干次也。古文献中亦有其例，如尚书金縢云：『乃卜三龟，一習吉。』左传哀公十三年石乞言於子囊曰：『先王卜征五年，而岁習其祥，祥習则行。』杜预注：『五年五卜皆同吉，乃巡狩。』」（甲骨文成语集释上，文物与考古研究第一辑五五页）

宋镇豪　「……『習卜』仅仅是具体的占卜手段，在不同时间上对同一事情进行因袭占卜，用以达到人神间交流的目的。因此所谓『習一卜』、『習二卜』，其真正意义在于因袭前事作再度或三度占卜，『習三卜』、『習四卜』则因袭前事作四度以至五度的占卜，三番五次的因袭占卜，其实并没有增用新卜骨，只是利用原骨进行，最先用三骨，其後也用此三骨，故『習四卜』不会用至十二骨。三四期卜骨的卜数没有超过『三』者，以及同版同事异日卜而卜数全一致，即是最好的证明。

当然偶尔也有趋用新的占卜材料的，如原先用龟卜，因袭占卜时换用骨卜，出现这一情况时往往在後卜的一套卜骨上兼记『習龜卜』或『習龜一卜』，以作申明，但这样的情况毕竟是不常见的。……甲骨文『習卜』强调占卜事情前後的因袭关系，是不同时间上对同一事情进行若干回合的占卜。至于殷人在什么情况下进行『習卜』，并非短短数言所能说明得了的，这要结合具体的历史事件作出纵深的考察。」（殷代「习卜」和有关占卜制度的研究，中国史研究一九八七年第四期一〇〇至一〇一页）

按：小篆習字形體已經譌變為从羽从白（自），繫傳以為从自聲。許慎據譌變之形體从羽，故解為「數飛」。今據甲骨文，則習字當从彗，从日，彗亦聲。說文彗之古文作䨮，足證彗與習形同聲通。唐蘭之說是對的。至於說解習之本義，則未免迂曲，祇能存疑。

1905

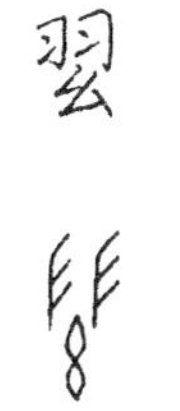

按：字不可識，其義不詳。

1906

按：字不可識，其義不詳。

1907

按：此當是「疾彗」之合文，謂疾除也。

1908

翌

孫詒讓釋巤讀為獵。（舉例上四葉）

羅振玉　「說文解字：『昱，明日也。从日立聲。』段先生曰：『昱字古多假借翌字為之。釋言曰「翌，明也」是也。凡經傳子史，翌日字皆昱日之假借。翌與昱同立聲，故相假借。其作翼者誤也。』卜辭諸昱字變狀至多，初不能定為何字。王君國維因盂鼎『粵若昱乙酉』之昱作𦏸，謂卜辭中『癸酉卜貞䀚日乙亥』之䀚日亦是昱日。予徧推之他辭，無不相合，知王君之說信也。諸字或从立，或从日，或省立與日。石鼓文第九鼓『日隹丙申』下亦有𦚃字，與卜辭略同，知亦當為昱矣。卜辭凡稱次日或再次日為昱，數日以後為來，數日以前為昔。」（殷釋中七十七葉）

王國維　「以上諸翌字，作䀚𦏸昍諸體，或但作羽，或从立，或从日，又有兼从立、从日者。如小盂鼎之𦏸字是也。此字於卜辭不下數百見，初不知其為何字，後讀小盂鼎有『粵若𦏸乙亥』語，與書召誥『越若來三月』、漢書律曆志引逸武成『粵若來二月』文例正同，而王莽傳載太保舜奏『公以八月載生魄，庚子，奉使朝用書，越若翊辛丑，諸生庶民大和會』。王舜此奏，全模倣康誥、召誥，則召誥之『若翌日乙卯』、『越翌日戊午』，今本尚書殆本作『越若翌乙卯』、『越若翌戊午』，故舜奏仿之。然則盂鼎之𦏸，其為翌字無疑也。又其字从日、从立，與說文訓明日之昱正同，因悟卜辭上述諸體皆昱字也。後世假用翌字，今尚書作翼，則唐衛包所妄改。羅叔言參事以此說證之卜辭諸甲子無不相合。惟卜辭之翌，雖十九指明日，亦間指第三日、第四日，與說文明日之訓稍異耳。又案卜辭或作甲者，殆其最初之假借字，甲即巤之初字。石鼓文：「君子員邋」字作𨘋，从甾，說文甶部：「巤，毛巤也，象髮在囟上，及毛髮巤巤之形。」甲則但象毛髮巤巤之形，本一字也。古音巤、立同聲，今立在緝韻，巤在葉韻，古音此二部本自相近，故借甲為昱，後乃加日作昍為形聲字，或更為小盂鼎作𡿺為一形二聲之字。又省日作𡿺，則去形但存其二聲，古固有一字二聲者。說文竊字注云：「禼、廿，古文疾字，皆聲」，盩字注云：「次、朿皆聲」，則此字从日，立、巤皆聲，固不足怪也。商人又以翌日為祭名，卜辭屢云：某日卜貞王賓某翌日亡尤，蓋翌日既訓明日，殆與肜日同為又祭之名矣。」（戩考廿七葉至廿八葉上）

王襄「昱，明日也」又「翊，飞皃，」尔雅释言：「翌，明也」尚书金縢：「王翌日乃瘳。」昱翊同谊，古殆是一字而有或体。殷契昱之初文作甲甲诸形，凡百数十名，繁简任意無一同者。盖製字之始，取象于蝉翼，因摹写匪易，故无定形，疑為翼之本字，借為翌日字。天宝时，卫包尽改尚书之翌為翼，或見古文固如此欤。后则因其与日有关，加偏旁之日作昍，為会意字，又因其由立得声，乃加立作𡗥，為形声字，昍、𡗥皆从甲演出，已佚之盂鼎：「雩[illegible]𡿺乙酉，」其𡿺字兼从日立，為翌之繁文，許书之昱，為𡿺之省文，翊之偏旁羽亦為翼之省变，因分隶于日羽二部，即改易殊体，孳乳浸多之说。」（古文流变臆说第二一——二二页）

王襄「甲，古巤字，與臘、腊均通，宰椃角作甲，與此文同。師寰𣪕作甾，石鼓文作𨘋，均从甲作。許說「毛髮巤巤之形也。」春秋僖公五年左氏傳：「虞不臘矣。」注：「歲終祭眾神之名。」禮記月令：「臘先祖五祀。」注：「周禮所謂腊也。」郊特牲：「伊耆氏始為腊也。」獨斷：「夏曰嘉平，殷曰清祀，周曰大腊。」說文解字：「臘冬至後三戌臘祭百神。」按許說是漢家臘法，此卜辭不完，殷世臘日不可知。然云「臘日」，又云「惟王祀臘」，知臘祭亦有定日也。茲釋甲日之甲為昱。」（簠考典禮三葉）

王襄「古昱字。許說明日也。殷契用為明日為第二日不定。……文曰丁酉卜貞昱壬寅，則為第五日矣。」（類纂正編第七第三十二葉上）

葉玉森「按釋巤通獵，通臘，于卜辭均不合。自以王氏釋翌為正，惟其字多肖蟲翼或鳥翼形，如同叢第四版之甲作蟜翼形尤肖。予舊釋為翼之象形，古文変而从立作𡿺，乃翌之所由孳。又変而从日作昍，乃昱之所由孳。書武成金縢「翼日」之翼，乃本字。翌昱並後起。（說

辭綜述）卜辭之翼及翼日並爲祭名，惟翼亦用作翊。」（通釋一卷十葉背）

董作賓　「翌祭之翌，……在卜辭中除祀典之外，均假借爲翌，謂明日曰翌日。唐蘭氏謂『當釋羽，象羽翼之形，翼之本字也。』其說是也，今按羽爲舞名，所謂翌祭，乃舞羽而祭。周禮地官：『舞師，掌教兵舞，帥而舞山川之祭祀；教帗舞，帥而舞社稷之祭祀；教羽舞，帥而舞四方之祭祀；教皇舞，帥而舞旱暵之事。』注云：『羽，析白羽爲之，形如帗也。』又引鄭司農云：『皇舞，蒙羽舞。書或爲翌，或爲義。』玄謂：『皇，析五采羽爲之，亦如帗。』可知羽以舞，古有其制。又羽舞亦即後代之佾。佾與翌同爲喻母字，得相通轉。春秋隱公五年左氏傳云：『九月，考仲子之宮將萬焉，公問羽數于衆仲，對曰：「天子用八，諸侯用六，大夫四，士二。夫舞，所以節八音而行八風，故自八以下。」公從之。於是初獻六羽，始用六佾也。』說文：『佾，舞行列也。』漢書樂志，匡衡更定詩『千童羅舞成八溢』。師古曰：『溢與佾同，列也。』翌祭爲持羽而舞之祭，即春秋時之『佾』，漢時之『溢』矣。彡與翌連續舉行，彡祭重在鼓樂，翌祭重在舞羽，而同時皆奠以酒，故卜辭中又嘗備之爲『酒彡』，『酒翌』也。」（殷曆譜上編卷三祀與年十四葉下）

唐蘭　「甲當釋羽翼之形，翼之本字也，王先生釋巤非是。巤字上半與子字之古文、沼伯𣪘作□、宗周鐘作□者正同，象人首之有毛髮，則巤甲二字不當相混也。羽古讀與異近，羽及異皆喻母字，聲得相轉。春秋隱五年經『初獻六羽』，左傳釋之曰：『初獻六羽，始用六佾也。』羽佾亦同爲喻母字，可以爲證。故羽之孳乳爲翼，从羽，从異聲矣。召誥『若翼日乙卯』，金縢『王翼日乃瘳』，則用其孳乳字。羅振玉先生反謂作翼者爲誤，失之矣。卜辭或作䎽者，當釋爲翌，作□者，當釋爲翢。小盂鼎之䎽則當釋爲瞾，並从羽得聲。至漢時，翼聲與立聲相近，故說文翌昱二字並从立聲。江有誥諧聲表云：『昱，余六切，說文誤作立聲。』其實許君所用乃當時之音耳。又按詩周頌小序云：『絲衣繹賓尸也』，毛傳云：『繹，又祭也，周曰繹，商謂之肜』，繹及肜亦均爲喻母字也。魏君建功云：『翼字之轉从立聲者，喻母本从羣匣定三母，轉來定母與來母同爲舌頭音，故得相轉，乃立爲位之本字，可以爲證，繹爲入聲而肜爲陽類字，翼爲入聲而羽爲陰類字，並爲同母故得相轉，聲揚洋溢，是其例也。』」（卜釋二葉下至三葉）

又曰：「羽字，……孫詒讓誤釋爲巤，（巤作甾，與此迥異）因以爲田獵之事。王國維以小盂鼎䎽字爲證，讀爲翌或昱，甚是，然猶承孫說，謂是巤之初字，古音巤立同聲，故借巤爲昱，則大誤矣。葉玉森謂象蟲翼，上有網膜，當即古象形翼字，雖較釋巤爲勝，亦未確。蓋甾即翼之象，本無佐證，且何以不象鳥翼乎？按字形，卜辭之䎽，即後世之翊，則其所以之甲，即應是羽字，本皦然無可疑，然昔人卒未悟此。故知文字之學，不自分析偏旁入手，終是歧路也。羽字所象，則鳥羽之形也。作𦐁，作甲，猶可見其勢騶。余獨者謂羽象羽翼之形，乃翼之本字，（什釋二葉）今乃誤其非是。蓋毛羽皮革，咸共日用，而其形可象，故原始文字已可有之。若翼字則用既不繁，形復難象，古初殆借異字以為之，蓋異象人舉兩手，有類夫翼也。形聲字興，乃製㦔翼兩字。則翼不當有象形字也。羽之為字，取象鳥羽，然小篆之作羽，與古文不類，此又何故？按商人書彗為羽，或誤以為象羽形，是未見鳥羽者也。其實小篆之作羽者，文字変譌使然，猶羽之為豐，（彗）了之為斤，（斤）去原始象形，亦已遠矣。象形文字，每多奇詭。方其始作之時，文字與圖畫為一，即物取象，事若甚易。及歷世曠邈，圖書分途，書者務趨簡約，苟衆所共喻，即不妨媘変，媘変既繁，則與原形往往乖背。卜辭羽字，変化至多，如𦐁𦐁𦐁毌等形，雖俱由𦐁形所悅化，派衍支分，遂不可究詰。蓋彼時學者已不以象物為工，但以書法為主，崇尚新體，以成風氣矣。（甲骨中常見學書者所刻羽字，皆其時新體也。）銅器中之宰椃角云：「隹王廿祀𦐁又五。」𦐁亦羽字，與卜辭𦐁字相類，亦同時之作風也。小盂鼎云：「雩𦐁𦐁乙酉。」𦐁字从𦐁，猶與卜辭相近。毛白嗝父毀之嗝，毛公層鼎云：「金嗝金雁」之嗝，皆當釋翊。（翊當即翊字。毛公層鼎「金翊」當讀為「金羽」，蓋用以飾馬者，𦐁同柤，釋嗝，讀鞶，）孫詒讓釋𦐁，讀鬣，並誤。其所從之𦐁與𦐁，俱已小变。秦雍邑刻石云：「𦐁朝避其用衛」，翊字所從則变為𦐁矣。然無論作𦐁，作𦐁，作𦐁，仍不離羽形，未書譌也。逮戰國初之楚王酓章鐘則其翌字已作𦐁，所从羽形，與甲骨之羽混。遂疑春秋後人不識羽之為彗，觀𦐁𦐁等字，類似從羽，臆謂羽為羽，因以應作𦐁形者改作羽，遂致傳譌耳。至小篆作羽，則又羽形之变也。羽字見於卜辭者，凡有二義，皆叚借也。曰「羽丁丑」，「羽辛巳」云者，紀時之偁，猶言「來」也。（漢書作翼字，羽翼聲相近，故得通用也。卜辭偁羽者，不限于明日，與後世用翼日為明日者異。且偁羽者有遠至六十日後，見簠七、四、一、片，羅振玉以為「偁次日或再次日為昱，數日以後為來」，誤也。宰椃角云：「廿祀羽又五」，則即廿又五祀，與卜辭以「十月又二」為十又二月同，羽當是語詞。）曰「羽日大甲」，「羽彡壬」者，祭名，殆即肜日，羽肜聲亦相近也。（文字記九葉下至十葉下）

唐蘭

「翊字，从立，从羽，本甚易明，王維既誤釋𦐁為鼠，遂謂𦐁為𡧍者，立鼠皆聲，蓋雖贅者亦不能無蔽也。葉玉森謂「似象一人立於翼側，其會意為輔翼」，則以意附會，不足辨已。說文：「翊，飛皃，从羽立聲」，廣雅釋詁：「翊，飛也」，爾雅釋言：「翌，明也」，翊、翊，翌同字，古文字偏旁本無固定位置，上下左右，隨時制宜，故也。然卜辭止有翊翊二形，而無翌者，則其翌形不宜於上下作也。作翌字，其在羽作羽形之後乎？說文謂翊從立聲者誤也。

以近世音言之，翌與翼同，立與邑近，本自有殊。自卜辭觀之，則羽、翊、䎦三字，同作翼日用，惟同聲母，始相叚借，則翊䎦同从羽聲無疑。羽翌一聲之轉，則翊字正應从羽聲耳。翊字本義今不可知，許慎殆以訓飛之故，誤以為从羽。卜辭用為翼日，與爾雅同，則叚借義也。」（文字記十葉下）

唐蘭「右䎦字，知非羽日合文者，以卜辭每云『䎦日』也。王國維謂借㲸為昱，後來加日作䎦為形聲字，固誤，近人以䎦𦒿䎦三字通釋為翌，亦非；卜辭云：『羽丁未䎦于父丁』，則羽䎦不應無別，明矣。䎦字當从日羽聲，雍邑刻石作𦒿，與此同。又云：『羽辛䎦于口辛』，則羽䎦字也。古初字少，假借羽毛之羽，以為羽日，形聲字興，因注日於以字例考之，孟即羽之孳乳字也。古初字少，假借羽毛之羽，以為羽日，形聲字興，因注日於羽旁而為䎦字矣。䎦字之用未廣，或又假借從立羽聲之翊以為之，其後更注日於翊旁而為𦒿字，小盂鼎之𦒿是也。後世誤認翊從立聲，於是省𦒿為昱，說文所載是也。蓋由羽演變而為昱，當如左圖：

卜辭

羽 本象羽形段為羽日

䎦 從日羽聲 䎦日也

翊 從立羽聲 段為翊日

小盂鼎 周康王時

𦒿 從日翊聲 𦒿日也

小篆

昱 從日翊省聲 昱日也

昱 說文从日立聲

翊 說文从羽立聲

王國維氏泥于䎦即昱字，遂不可通，至謂翊為𦒿省，與史跡不符矣。」（文字記十二葉下至十三葉上）

吳其昌「『翌』者，王國維釋昱曰：『……』（畧，見觀堂集林六、說昱——摘錄者）唐蘭曰：『……』（畧，見燕京大學殷契卜辭釋文頁二——摘錄者）今按先師及唐說皆是也。綜合萬餘片甲骨，悉索其『翌』字而觀其會通，則『翌』之一字，其形誼表裏，嬗衍變化之源流曲折無不宛委明矣。蓋『翌』字之原始朔義，乃羽翼之形也。所以知者，其字形初作

一  二  三 

酷肖羽翼之形，斯其證也。（一、見洪二七〇片，二、三見洪二六六片背）其後以羽舞、羽葆之屬，薦之于祭，若春秋隱五年『初獻六羽』，禮記祭統『八佾以舞大夏』，論語『八佾舞于庭』……等之所述，於是其義乃轉變而為翌，祭也。

其在卜辭，如云：『隹王祀，翌』（續二、六、二）『翌』猶『祀』也。如云：『䎦，衣，亡

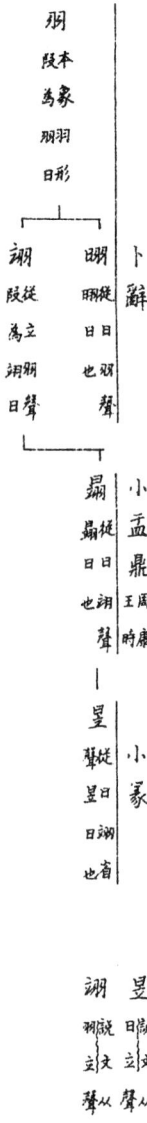

尤」。(燕四五)「翌」猶「衣」也。(凡卜辭「衣」皆為衣祭，絕無例外。)如云：「甲戌翌上甲上乙亥翌報乙，……壬午翌示壬，丁圂翌大丁……」(燕二〇)「甲寅翌小甲」(淋一、二一七)如云：「翊大丁奭妣戊」。(淋二、二五、七)「翌」誼皆為祭也。卜辭又有「翌于某某」之文，如云「□□□貞，翌于且丁，亡尤，在五月」。(滴四八〇)尤足徵「翌」之為動詞也。「翌于且丁」猶云「祭于且乙」(後一、一九、一一)「祭于中丁」(後一、二、一〇)矣。

「翌」又通作「翌日」。

其在卜辭，如「王宾且辛，翌，亡尤」(滴一、一一、七)「王宾大乙，翌，亡尤」(後一、一、一一)……等，其在他處皆作「翌日亡尤」。(例多不舉)斯其證也。是故「翌于」，又通作「翌日于」。如云：「翌日于大乙」。(滴九〇六)「翌日于父丁」。(淋一、二一、五)「翌日于且辛」(燕二二)皆翌日為祭名之明證也。翌日之祭，皆祭于祖之生日，如此片于壬戌日「翌日」于示壬(指滴一、一、二)即其證也。然又有例外者，

「翌」之義又為祭之明日又祭。

其在卜辭，如云：「癸卯王卜貞，酌。翌日，自上甲至多后，衣」。(後一、二〇、七)是癸卯標祭，翌日甲辰，又衣祭也。如云：「癸巳卜徝貞，……在十月甲午，翌日犾甲」。(後二、二八)「癸酉卜貞：……在七月甲戌，翌日上甲」。(續一、四、三)「癸未卜貞：……在十月甲申，翌日，羊甲」。(續一、二三、四)「癸未王卜貞：……在二月甲申翌虎甲」。(續一、五〇、六)「癸巳，王卜貞：……在五月甲午，翌大甲」。(燕一〇六)「癸困王卜貞在十一月，甲申翌日小甲」。(滴四二八)凡此皆「翌」與「翌日」之義，為祭之明日又祭之證也。

在經典則謂之「繹」。

按爾雅釋天云：「繹，又祭也。周曰繹，商曰肜」。孫炎注：「祭之明日，尋繹復祭」。又春秋宣公八年公羊傳曰：「繹者何？祭之明日也」。何休解詁，畧同。又詩周頌絲衣序鄭箋曰：「繹，又祭也，天子諸侯曰繹，以祭之明日。……周曰繹，商謂之肜」。又國語魯語：「宗不具不繹」。韋昭注：「繹，唐尚書云祭之明日也」。「繹」蓋即「翌」之同聲假字矣。(唐蘭曰：「翌」「繹」「肜」皆喻母字)從祭之明日又祭之義而引申之，則

「翌」之義，又為明日。

按說文解字「昱，明日也」。段玉裁曰：「昱字，古多假借翌字為之，釋言曰：『翊，明也』。是也」。其在卜辭，如云：「甲申翌乙酉」。(滴一、一〇、二)……若此例者多不勝舉。殷契說文，相互證譍。由明日之義而稍縱焉，則

翌之義，又為弟三日。

其在卜辭，如云：「乙巳翌丁未」(滴五、四、七)「乙酉翌丁亥」。(滴七、三四、二又鐵一、二二、

三）『癸丑翌乙卯』（後一、一九、二）『乙未翌丁酉』（鐵三、一一九、四）……（下畧——摘錄者）皆其證也。

又爲第四日。

其左卜辭，如云：『丁酉翌庚子』（續一、三、一）……等，皆其證也。

又爲第五日。

其左卜辭，如云：『甲戌翌戊寅』（燕七）……等，皆其證也。

又爲第六日。

其左卜辭，如云：『己卯翌甲申』（燕二三五）……等，皆其證也。

又爲第八日。

其左卜辭，如云：『壬辰翌己亥』（燕三一）……等皆其證也。

乃至有爲第十日者，

其左卜辭，如云：『戊午翌丁卯』（後二、二七、六）……等，皆其證也。

此『翌』之一字其本義及其孳乳之義之究竟也。（殷虛書契解詁十六——二一葉）

孫海波

「翌，亦祭名。其義未詳。意者與彡日相同，連續致祭之意與。」（誠齋考釋九葉）

孫海波

「釋文錄一三三甲片云：此辭上翌字乃翌日之翌，下翌字蓋祭名，卜辭習見，翌于某某，皆係祭祀之名，其義則未詳。」（文錄九葉）

孫海波

「𦐂，佚二七〇。此亦羽字，象羽翼之形。卜辭借用為翌、昱字从此。」（甲骨文編一六七頁）

孫海波

「𣅀，甲四六五。昱从日从羽。羽，古翌字。」（甲骨文編二八六頁）

于省吾

「卜辭昱字作𦐂𣅀𢍁，其畫繁省無定，不煩備錄。王國維謂𦐂即巤之初字，古音巤立同聲，故借巤爲昱（觀堂集林卷六）。葉玉森謂象蟲翼上有網膜，當即古象形翼字（說契一葉）。唐蘭謂當釋羽，象羽翼之形，翼之本字也（殷契卜辭釋文二葉）。按𦐂與巤非同字，已詳唐說。惟葉、唐二君以爲羽翼字亦誤。昱字盂鼎作𣅀，宰椃角作𦐂，前三、二二、五有𢍁字，左象器形，兩側插羽，非从又也。金文从羽之字，如史喜鼎翟字作翟，習生簋習字作𦏧，是𦐂與羽翼字迥別。如謂爲形之演變，則石鼓文昱字猶作𦐂，其非羽翼字，不待辯矣。卜辭昱字實象古刀形。近年安陽出土商代之刀，刀背及刀之兩面每有縱橫陽文線，其花文成正方形或斜方形，與卜辭昷字絶相類。再以商代出土彝器銘文之有刀形者證之，刀作□形，數見不鮮，君庚途文編附錄所撫者已略備，其畫成虛匡或有花紋者，如刀爵作□，□父乙卣作□，父乙爵作甲，減刀爵作甲，與卜辭昷之作甲形者相仿。又刀字父辛卣作□，初殷刀字作刀作□。予所藏父己尊有□字，左右均象刀形。父辛爵有□字，正爵有□字，均象以手持刀之形，與卜辭昷之作□□者相仿。是昷字之初文，本象刀形，灼然明矣。古籍昷亦作翌，翌从羽乃刀形之譌變也。卜辭有□字，从口从刀，當即儒多方叨懫之叨。又□字習見，从三止从刀，不識。舊釋邋，未可據。說文：「昷，明日也。从日，立聲」。以聲言之，昷喻母四等字。古讀喻母歸舌頭音。卜辭假刀為昷，是古讀昷為刀，猶古讀繇如陶、讀揄如舀、讀攸為調矣。」（駢枝二十葉釋昷）

魏建功

「今音喻母古初原分屬喉牙及舌頭之濁聲，聲變而後失其舊乃合歸為喻異韻，應屬之部之入。說文𩙪从飛異聲讀入職韻。職即之之入，是異字本音今為陰入兩類相轉蓋語言孳乳以對轉為之郵者也。从異聲之𩙪說文重文作翼，為篆文與从羽立聲之翊同韻部立聲收脣聲，隨與翼收舌根聲．隨本殊翼聲喻母之源自定類者翊立聲自來類變而相同，疑定來遂初合為複輔音，翼翊皆為De之聲，（來母變喻基於定母變喻之理）聲同，而韻類則以兩諧聲之母主音相同而通今音固有之，如此賓拾於許叔重時。翊翼形當自昢眃衍流，憑疑甲者翼翊之初文也，音讀以繹繹固定母，當讀與鐸澤諸字同聲，今亦變喻母．至於昷字又當晚在翊从立聲轉讀職韻時出者，且更轉為余六切並變韻讀之主音．所謂職德轉屋沃也。再案文字之音義相闗者往往得而說其語根，如用之為翊翼蓋有嬋聯似續之誼，文字結體是否寓其義不敢臆說，而凡嬋聯似續之詞皆與翊翼聲類相同則可知，故祭而又祭之謂繹者肜，皆由甲之一義相生者也。」（卜釋三葉下至四葉上）

李孝定

「說文：『羽，鳥長毛也。象形。』契文上出諸形詭變特甚。孫釋巤，謂段為獵，非是。王國維雖仍承孫氏之誤釋此為巤，然讀為昷，以釋卜辭無不文从義順，其說塙不可易。王襄氏釋巤讀為臘，是仍沿孫氏之誤。卜辭此字之作祭名解者，幾於無月無之，不限歲終，王說之誤不辨自明矣。葉氏釋翼，較孫說為長，然其未確則唐氏已言之。葉謂□乃翌之所由孳，□乃昷之所由孳，於字形衍變之迹，雖若心知其故，然不知□即許書之翌，二者本非孳乳，蓋緣蔽于以□為翼，故不知二者固即一字也。唐氏釋此為羽段為昷，說不可易。拾三、四、羽字作□，正象鳥羽之形，究體雖詭變無常，皆書者徒逞姿媚不以肖物為工，然于羽形猶能得其髣髴也。卜辭以此紀時者大多為次日，即許書訓明日之昷之假字，少數為再次日，羅氏之說是也。唐氏舉前七、四、一辭以證卜辭之昷羽不盡為明日，按該辭云『乙亥卜穷貞羽乙亥酒緜易日乙亥酒允易日』，僅昷乙亥辭例與昱日同，昱日為第二日，昱乙亥則為第二乙亥也。雖遠在六十日後，然其間不得更有一乙亥，故亦偁昱，猶今日與明日間別無另一日也。至用羽為祭名者，當即彝羽而祭，董先生之說是也。」（集釋一二三六葉）

李孝定「說文『翌飛皃从羽立聲』段注云『漢郊祀歌「神之來泛翊，甘露降慶雲集」。廣雅亦云師古曰「翊音弋入切，又音立」。按翊字本義本音僅見於此，經史多假為昱字以同立聲也訓飛，當本說文。許說則不知何所本，以訓飛故說為从羽，然卜辭皆用為明日之義，與羽同為段借，經史用翊亦同。許說本義既不可知，則从羽从立正未易明。唐說此字甚是，惟謂說文从立聲為非，則其意蓋謂字當『从立』唐又謂王氏『皆聲』之說為有所蔽，是其意蓋當如是也。羽聲』，而从立之義經籍及金甲文均無用之者，是『立』不當為意符形符。形聲之字不為形符即為聲符，然則許君立聲之說不為無徵。昱字正从立聲，故翌昱得相通段。唐氏又以卜辭翊䎐相通以證二者當从羽聲，其說是也。然則翊字从立从羽皆非其義，王氏皆聲之說固不可遽斥為非也。蓋明日之義初但段羽為之，後乃增日為偏旁，变段借為形聲。後更增立為聲符，如小盂鼎之⿰昱羽卜辭雖未見作⿰昱羽形者，然不可遽斷為必無。復省日作翊，或省羽作昱，至說文遂歧為二字，以從日立聲者為明日之專字，實則䎐昱並為『明日』專字，以作翊者為訓飛之專字，故以為从羽耳。實則卜辭之『翊』其義既為明日，未見有用為『飛皃』或與『立』義有關之義者，則羽立二字皆聲符甚明，王氏之說正未可議也。此字之衍变當如下表：

羽（假為明日之義）

↓

⿰明羽（明日義之專字，後起形聲）

↓

⿰昱羽（一形二聲）

↓

翊（者形符但存二聲符其義仍為明日經史及卜辭均同說文訓「飛皃」乃後起之義）　昱（从日立聲為許書訓明日之專字）

此字與羽䎐二字卜辭同誼，前人多視為一字，今本唐氏之說分收為羽翊昱三字，亦所以崇許例也。」（集釋一二四〇葉）

李孝定「以卜辭𦐖小篆作翊覘之，唐氏釋冃為羽是也。馬氏謂此乃从日葉聲於形於聲雖皆略近，然無解於翊之作𦐖。于氏釋冃為刀，舉金文刀之象形數文謂與冃字相仿。按契文羽字形體詭变至繁，而能附會以說為刀形者實鮮。且于氏所舉金文數器未著明所見書名卷葉，各器銘文有無它字不可知，然則所舉冃冃冃冃諸文並即羽字亦未可知。所舉初字疑即栩字也。即于氏所舉金文數形並皆刀字，似亦不能僅據三數疑似之文遂謂契文所見形體不一之諸文悉皆刀字。于氏又謂金文从羽之字皆作羽，與冃字不類。實則冃為原始象形文與圖畫初無異致，羽則文字化程度已深之象形文，固不能謂形體已殊即非一字。如盂文虎字作□而篆文作□，契文鳳字作□而篆作□，寧能謂非一字。于氏又謂昱刀古讀相近，然从刀得聲諸字據陳立諧聲生述所載無一字與昱聲相近者，于說似有可商也。」（集釋二二〇七葉）

李孝定　「說文『昱，明日也。从日，立聲。』為後起篆文明日專字。契文多段羽為明日字，或又段翊為之，此从日羽聲為後起契文明日專字。說詳四卷羽字條下，請參看。金文作□盂鼎『雩若翊乙酉』从日羽立並為聲符乃明昱二字之混合體□宰椃角『在六月隹王廿祀昱又五』段明為之。」（集釋二二〇三葉）

饒宗頤　「『乙丑卜，尹貞：王室匚乙，羽日，亡尤。』（寧滬三、一八九）按羽日即明祭，宗廟羽舞也，『羽』稱羽日，如劦之作劦日，彡之作彡日耳。」（通考一〇〇二葉）

饒宗頤　「所謂『翌』者，實有二義，即定指明日，及不定指明日以後之任何一日，卜辭云：『甲辰卜，王貞：翌日丙午（橫）？』（見綴合編六二）丙當指甲辰後二日之丙午，則此翌日亦非確指明日者也。」（通考一〇九〇——一〇九一葉）

饒宗頤　「䎀乃祭名，字亦僅作『羽』，蓋即羽舞也。周禮樂師『凡舞：有帗舞，有羽舞，有皇舞，有旄舞，有干舞，有人舞。』鄭司農云：『帗舞者，全羽；羽舞者，析羽。……社稷以帗，宗廟以羽。』鄭玄則謂：『帗析五采繒，今靈星舞子持之是也。……四方以羽，宗廟以人。』殷時羽舞，不必如周禮分別之細，惟宗廟祭祀，習用羽舞，則先鄭說『宗廟以羽』，蓋殷時制耳。」（通考九八四葉）

屈萬里　「翌字卜辭最習見，然自王國維指識之，以為即說文訓為『明日』之昱，後世假用之翌字（戩釋二七頁）。按以卜辭覘之，作翌者較作昱者為多，知翌固亦本字，非假借也。」（甲編考釋五葉）

張秉权　「□，是羽字，亦即后世的翌字，在此是紀時之字，但其意义則不仅為第二日，即使是若干天之后，还是可以称為翌或翌日的。在卜辭中，翌字有二种不同的用法（祭名，紀時），和三种不同的写法（羽，翊，䎀），我曾经統計过数千条卜辭，归纳出它們的形体，用法和時间的关係如下（注一）：

第一期：紀時用「羽」。祭名用「⿰日羽」。「翊」字未見。

第二期：紀時用「羽」。祭名用「羽日」或「⿰日羽」。「翊」字未見。

第三期：紀時用「羽」「羽日」「翊日」。祭名也用「羽日」和「翊日」，但不用「羽」。

「⿰日羽」字則辭例不明。

第四期：紀時用「羽」「⿰日羽」「⿰日羽日」「羽日」等詞，未見用作祭名之例。

第五期：紀時用「羽日」「翊日」。祭名用「翊日」「羽日」。「⿰日羽」字則未見。

由此，可知「⿰日羽」字祇見於前四期的卜辭中，是比較早的一种形体。「翊」字祇見於后三期的卜辭中，是比較晚一些的写法。「羽」字則五期都有，在形体上没有什么显著的时代性，只有在用法上，最初只用於紀時，稍晚則兼用於紀時和祭名」。（殷虛文字丙編考释第五四頁）

（注一）見拙著殷虛文字劄記，集刊第二十五本p.p.二四三——二五〇。

周国正

「由于「羽」是五种周祭之一，按一定的日程舉行，因此大概是一种主要的祭祀，而与「羽」並見的乙类祭祀可能就是用于伴同辅助「羽」的舉行的。例如：

甲子卜，羽日入乙，出升歲（劌）三牛。　乙五三九四

在向入乙舉行羽日之祭的时候我们应该出祭、升祭和歲祭三牛。

癸巳卜，旲貞：翊日祖甲，歲（劌）其牢。　粹三三三

在向祖甲舉行翊日之祭的时候，我们应该舉行歲（劌）祭，（歲祭）一牢吧。」（卜辭兩种祭祀动词的语法特征及有关句子的语法分析，古文字学论集初编二五五——二五六页）

姚孝遂　肖丁　2106

(1)「乙亥貞，今來翌受禾」

(2)「不受禾」

(3)「甲子卜，佳笙告禾」

第(1)辭与第(2)辭为对貞。「今來翌」很費解，前此所未見。

卜辭于时间概念的区分很是細微。「今」指「現在」，「來」指「未來」。「今」之前为「昔」；「今」之後为「來」。但「翌」亦是表示未來之时间概念。「翌」与「來」的区别在于：「翌」是表示距「今」較短的，一般是一、二日；「來」則是更遠一些的未來。

粹692：「自今辛至于來辛又大雨」，「今辛」与「來辛」相距十一日。

存1.1467：「乙亥卜，大貞，來丁亥易日」，「乙亥」与「丁亥」相距十三日。

在大多數的情況下，「翌」是表示第二日，不得超出旬日之内：

河178：「癸未卜，行貞，今日至于翌甲申不雨」。

乙6385：「甲寅卜，殼貞，翌乙卯易日」。

至于揃7.4.1：「乙亥卜，穷貞，翌乙亥彡𢆶易日？乙亥彡，允易日」。相距六十日，則是比較特殊的例子。

卜辭「翌」有两种概念：一為祭名，一為将来时间。作為将來的时间概念，「今翌」或「今來翌」连言，都是非常特殊的。粹878：「今翌受黍（一年）」，「今翌」显然是表示时间概念。然則，是否可以認為「今翌」是同时表示「現在」和「将来」这两个时间概念？

卜辭「今來」經常连言：

乙979：「今來戌我受年」

拾109：「今來戌我不其受年」

陈梦家先生以為「今來云云近乎『最近的将來』……『今來戌』『今翌』当指最近的下季」（綜述119）。这种理解是值得商讨的。

據粹447：「丁亥卜，叀今庚寅彡用及。」又佚883：「癸未貞，叀今乙酉又彳伐于且乙五豕，𢆶用」。丁亥与庚寅相距四日；癸未与乙酉相距三日，均可称之為今。

丙一关于时日的记載最為完整，也最為明確，能給我們以啓示：

「癸丑卜，爭貞，自今至于丁巳，我戋留？王固曰：丁巳我毋其戋，于來甲子戋。旬又一日癸亥，車弗戋，之夕皿。甲子允戋」。

可以肯定，以「癸丑」（今）為基点，「丁巳」不能称「來丁巳」，无疑也包括「甲寅」不能称為「來甲寅」。

廣言之，以「今」為起点，第一輪的天干之内，不得称作「來」，而可以称作「翌」。

然則，我們于粹447及佚883就可以解釋。粹447的「丁亥卜」而称「今庚寅」，「丁亥」後的第一个「庚」日是「庚寅」，故可称之為「今庚寅」；佚883的「癸未貞」而称「今乙酉」，「癸未」後的第一个「乙」日是「乙酉」，故可称之為「今乙酉」。

拾282的「辛亥卜，爭貞，今來乙卯出于成十牛」，以及續148.3的「丁丑卜，今來乙酉出于成五宰，七月」，都可以进一步证明当如此解释。

「今來乙卯」应是两个「乙卯」。一是距「辛亥」五日的最近一个「乙酉」；一是距「辛亥」六十五日的較遠一次的「乙卯」。「今來乙酉」同样也是如此。

当然，我们应该注意到，相对地说来，象这样的纪时方法，终究是少数。在大多数的情况下，就「干支」日来说，当日称今，次日以後的十日之内称「翌」，十日以外的「干支」日称「来」。

卜辞经常见有「今岁受年」，「来岁受年」。「今」和「来」是相对的。「今岁」只能理解为本收获年度，「来岁」只能理解为下一个收获年度。「年度」实际上也就是收获「季节」。这一点大家的意见是一致的。那么，「今来岁」就不可能解释为「最近将来」的一个收获年度，否则的话，就与「来岁」无法区分。「今来岁」只能是指「今岁」和「来岁」。卜辞只有「日」称「翌」，「岁」和「月」都不称「翌」。而收获是不以「月」、「日」为单位，而是以「岁」为单位的。此片之「今来翌受禾」，难以理解。」（小屯南地甲骨考释一四一——一四三页）

常玉芝「……以上附记甲名先王祭祀的卜旬卜辞说明，翌祀的祭祀开始于「翌工典」之旬，终于「翌祖甲」之旬，共需十一旬的时间。如以甲名先王的祀序表示，其祭祀周期如下：

翌祀的祭祀周期

第一旬	翌工典	第二旬	翌上甲
第三旬	空旬	第四旬	翌大甲
第五旬	翌小甲	第六旬	空旬
第七旬	翌戋甲	第八旬	翌羌甲
第九旬	翌阳甲	第十旬	空旬
第十一旬	翌祖甲		

」（商代周祭制度一四七——一四八页）

常玉芝「……以上依次分析了翌祀与祭壹劦祀组、祭壹劦祀组与彡祀、彡祀与翌祀的接续关系，得知翌祀的终止旬即翌祭祖甲的下旬是祭壹劦祀组的第一旬，即「祭」祀的工典祭的一旬，祭壹劦祀组的终止旬即劦祭祖甲的下旬是彡祀的第一旬，即彡祀工典祭的一旬，三个祀组的两者之间都是紧相连接的。但彡祀的终止旬即彡祭祖甲的下旬则是个空旬，空旬的下旬才是翌祀的第一旬即翌祀工典祭的一旬，两个祀组之间是相隔一旬而连接的。由这种接续关系来看，五种祀典是一套首尾相接、周而复始地、连绵不断地举行的祀典。那么，哪一种祀典是首先被举行的呢？也即五种祀典的祀首是什么呢？

……许进雄先生……受島邦男先生的两种祀典之间是否有截然分离现象一说的启发，主张翌祀是五种祀典的祀首，认为五种祀典是以翌→祭壹劦→彡的顺序周而复始地举行的。其理由有二：一是翌祀与前一祀典彡祀不论在任何周期中都截然分离；二是三个祀组在同一条卜辞中出现时，其顺序是翌、劦、彡。第一点理由原则上可以同意，第二点理由也是有根据的：

（1）于既酌父丁，翌日、劦日、彡日，王迺宾？（南明六二九）

（2）……鄉……翌日、劦、彡日，王弗每？（续存上一八五六）

两版卜辞中，三个祀组的排列都是翌→劦→彡的顺序。这种一致性恐怕不是偶然的，一定是实际举行祭祀时的次序，即翌祀首先被举行，接着是祭壹劦三祀（辞中用劦祀表示祭壹劦祀组），最后才是彡祀。翌祀为五祀之首的態势是至为明显的。

综上所述，许进雄先生关于祀首和祀次的主张是正确的。五种祀典在实际举行的过程中，只有翌祀的工典祭与前一祀典彡祀的终止旬相隔一旬而截然分离，所以翌祀应为五祀之首，整个祭祀是以翌→祭壹劦→彡的顺序周而复始地举行的。」（商代周祭制度一八六——一九一页）

常玉芝「周祭的祭祀周期

上面依次讨论了各祀组的祭祀周期、各祀组间的接续关系以及五祀的祀首，根据这些讨论结果，就可以列出五种祀典即周祭的祭祀周期了。下面即是以翌为祀首，以翌→祭壹劦→彡的祭祀顺序排出的五种祀典的祭祀周期。

五种祀典祭祀周期

第一旬	翌工典	
第二旬	翌上甲	
第三旬	空旬	
第四旬	翌大甲	
第五旬	翌小甲	
第六旬	空旬	
第七旬	翌戋甲	
第八旬	翌羌甲	
第九旬	翌阳甲	
第十旬	空旬	
第十一旬	翌祖甲	
第十二旬	祭工典	
第十三旬	祭上甲	壹工典
第十四旬	壹上甲	劦工典
第十五旬	劦上甲	祭大甲
第十六旬	壹大甲	祭小甲
第十七旬	劦大甲	壹小甲
第十八旬	祭戋甲	劦小甲
第十九旬	祭羌甲	壹戋甲
第二十旬	祭阳甲	壹羌甲　劦戋甲
第二十一旬	壹阳甲	劦羌甲
第二十二旬	祭祖甲	劦阳甲

第二十三旬　壹祖甲
第二十五旬　彡工典
第二十七旬　空旬
第二十九旬　彡小甲
第三十一旬　彡戋甲
第三十三旬　彡阳甲
第三十五旬　彡祖甲

第二十四旬　劦祖甲
第二十六旬　彡上甲
第二十八旬　彡大甲
第三十旬　空旬
第三十二旬　彡羌甲
第三十四旬　空旬
第三十六旬　空旬

这是以甲名王的祀序表示的周祭祭祀周期。一个周期三十六旬。其中翌祀和彡祀的三个空旬各是本祀典该旬无甲名王受祭的一旬，最后的一个即彡祖甲旬后的空旬，则是地地道道不进行任何祭祀的一旬。这后一个空旬是三个祀组接续关系中唯一间隔的，起着从这一祭祀周期过渡到另一祭祀周期作用的一旬，所以也是周祭周期的组成部分。

……卜辞表明，翌祀的祭祀周期和「祭」祀的祭祀周期各有两种周期，因此周祭祭祀周期也有两种周期。翌祀周期十一旬，周祭周期为三十六旬，翌祀周期十二旬，则周祭周期为三十七旬；或者「祭」祀周期十一旬（祭壹劦祀组周期十三旬），周祭周期为三十六旬，「祭」祀周期十二旬（祭壹劦祀组周期十四旬），则周祭周期为三十七旬。三十六旬型周期和三十七旬型周期，都是黄组周祭卜辞反映的祭祀周期。在出组卜辞中，翌祀和彡祀的祭祀周期各是十旬，祭壹劦祀组的祭祀周期是十二旬，五种祀典的祭祀周期就是三十二旬。董作宾先生认为翌祀工典祭、「祭」祀工典祭都不是单独一旬举行，所以错误地认为周祭周期是三十旬。

为什么黄组时五种祀典的祭祀周期有三十六旬型和三十七旬型两种类型呢？陈梦家先生说：「两联续之祀，若一为三十六旬一为三十七旬，则两祀等于两年，因一太阳年约为三十六旬又半。」就是说，两种类型周期很可能是为了迎合天时而设置的。如一个太阳年是三百六十五天（约数），而三十六旬的周期才三百六十天，不足一年，故设三十七旬型周期予以调整，使两个祭祀周期约相当于两个太阳年的时间，从而保持周祭周期与太阳年的日数的基本平衡。如果确是如此，三十七旬型周期中增加的那一旬，有时也可能是彡祀的一旬。而在一个周祭祭祀周期内，也决不会有三个祀组或两个祀组同时增加一旬，即成为三十八旬型或三十九旬型，以致造成两个周期与两个太阳年天数失去平衡的情况。至于三十六旬和三十七旬两种周期的设置，则未必是先后一年依次相间，很可能是在一定时期内因时制宜就便错置的，后面复原的祀谱中就可看到这种迹象。当然，情况究竟如何，尚需待将来材料丰富时复原更加详细的祀谱来加以说明。

……我们在上节曾根据卜辞反映，对三十七旬型周期进行过论证。其中所举的第（2）版卜辭中翌祭上甲在翌祀工典祭的后两旬举行，第（3）版卜辭中翌祭大甲在翌祀工典祭的后四旬举行，以及第（4）版卜辭中「祭」上甲在「祭」祀工典祭的后两旬举行，三版卜辭都同样反映在工典祭与祭上甲旬之间多出了一旬，这种情况决不是偶然的，而是一种带有规律性的现象，即在工典祭与祭上甲旬之间多出的一旬，应该就是三十七旬型周期中增加的那一旬。也就是说，三十七旬型是由在工典祭与祭上甲旬之间增加一旬构成的，三祀组都有增此一旬的机会。此旬的功用在于调节太阳年与太阴月的不符，而工典祭的举行时间也可能延長了一旬。」（商代周祭制度一九一——二一六页）

何金松 参西字条

按：卜辭羽、翊、昱通用無別。均當讀作說文訓為「明日」之昱。典籍多作翌或翼。唐蘭論圖書之分途，其說極是。書者務趨簡約，去圖象已遠。但卜辭昱字所从之形體仍極繁雜，猶未趨於約易，謂其象鳥羽之形，終覺不類。且以用為羽，唯一有力之根據為翌字从羽，故此必為羽字。然小篆為已經譌變之形體，且說文訓翌為飛皃，難以據此推斷古文字初形之所象。昱日之義，無形可象，只能假借為之。初形究屬何所取象，難以確指。

1909

按：字不可識，其義不詳。

1910 角 

羅振玉 「說文解字：『角，獸角也。象形。角與刀魚相似。』石鼓文作，此作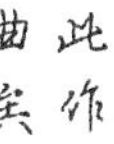，皆象角形。（象角上橫理。橫理本直文，作曲形者，角為圓體，觀其環形，則直者似曲矣。許君云『與刀魚相似』，蓋未知（象角之橫理也。」（殷釋中三十一葉上）

唐蘭 「角字，象形。由形而變為，（見雍邑刻石）更變而為小篆之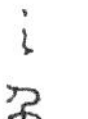，說文遂誤謂『與刀魚相似』矣。」（文字記七十二葉下）

按：卜辭角字均爲人名或地名，宛肖獸角之形。小篆形體譌變，許慎既謂角字爲「象形」，又謂「角與刀魚相似」未免蛇足。

1911

般 觳

葉玉森　「按从角从殳，象持物擊角形。說文殳部當作角部「觳，盛觵卮也。一曰射具，从角殼聲」。又「殼从下擊上也，从殳声聲」。般觳爲古今字，初誼當爲擊角。本辭不完，（指前一、十一、二）完辭云「令般」「庚子卜賓貞其令般又（右）商」（甲骨文字一、廿六、）曰「令般」，則般似爲商臣名或官名。」（前釋一卷六十一葉背至六十二葉上）

商承祚　「疑即觳字之省。」（類編三卷十五葉）

陳邦福　「案當釋作般，即觶之古文，周禮考工記云「梓人爲飲器觚三升」。鄭注：「觚當爲觶」。疏引鄭駁異義云：「觶字角旁支，汝潁之間師讀所作，今禮角旁單」。福因悟卜辭之般，爲說文所無，實觶之本字，所謂角旁支，正卜辭从殳之誤，所謂汝潁之間師讀所作，正用三代相沿之真古文。」（瑣言三葉下）

唐蘭　「右般字，即觳字。商承祚云：「疑即觳字之省」，非是。觳爲般之增，非先有觳而省爲般也。（般亦即敝字，玉篇：「捔，助角切，攙捔也。又古樂切。敝同上」。新撰字鏡：「敝，且古反，甚角皃。大也。又配肩反。捔上字」。）以字形言之，般象以殳擊角。以象意字聲化例推之，則當讀角聲。般變爲觳者，猶投變爲毀，角之與殼，聲皆相近也。說文：「觳，盛觵卮也。一曰射具。从角殼聲。讀若斛」。昔人於此字多不得其解。今按觳即經典習用之「角」，爲酒器之卮，其受則又爲量器之斛也。上古器用未周，或以獸角爲酒器，故後酒器之名，多从角，如觚觶觛觴觵皆是。角爲酒器，其字或作般，猶皀爲食器，字或作毁矣。特牲饋食禮記：「二爵，二觚，四觶，一角，一散」。禮器云：「尊者舉觶，卑者舉角」。許慎五經異義引韓詩說，鄭玄注特牲記引舊說，並云：「爵一升，觚二升，觶三升，角四升，散五升。」此五器中所謂「角」，則酒器之專名，非角製酒器也。此「角」字，說文以「觳」爲之，蓋許以角爲獸角，觳爲酒器，耳。（如許意是經典借角爲觳也。角觳通用，李斯傳觳抵，即角抵。）許訓觳爲盛觵卮者，卮即觶也，觳爲卮屬而能盛觵酒，故玉篇云：「盛酒卮也」。昔儒因此遂訓觳爲盛器，而不知其即角，亦蔽甚矣。……觳為盛觥之卮，則即五器中之角，無疑也。自宋以來，考古者以角形為爵屬，其實誤也。往時所稱為角者，當是古爵，故有三足一耳。蓋禮五器中可分為二類，爵與散（即斝）有三足者為一類，皆有象形文字足以象其器形；觚觶與角，當爲一類，其字並从角，當由角製之飲器演變而來也。……酒器與量器易混用，『酌以大斗』，酒器也，勺所以酌也，而斗勺皆用為量器。考工記陶人：『鬲實五觳，庾實三觳』。注：『鄭司農云：「觳讀為斛，受三斗」。玄謂豆實三而成觳，則觳受斗二升』。是觳又為量器也。觳本作般，又變从斗作斛，猶斝本作𣁋而變从斗也。量器所容，大率隨時遞增，故聘禮記以十斗為斛，較考工記為多。段玉裁因此謂『觳即斛者誤』，甚矣其固也」。（文字記七十三葉上至七十四葉下）

孫海波文編三卷十四葉下收此作般以為說文所無字。

李孝定　「說文『觳，盛觥卮也。一曰射具。从角殻聲。讀若斛』。栔文作般，商疑為觳之省，惟仍隸定作般，收入殳部，以為說文所無字。葉謂般觳古今字是也。唐氏說此甚審諦，可从」。（集釋一五六四葉）

按：唐蘭謂「般象以殳擊角」是對的，但謂即酒器之「角」，為「觳」之本字，復變為从斗之「斛」。然則據唐氏所云，觳、斛實本同字，其初形皆作般。此說非是。典籍中觳、斛二字多通用，嚴章福說文校議議論之甚詳，但若混為一談，則勢必造成誤解。

唐氏以般為五器中之「角」，角大於觶而小於斝，容四升，是為酒器。

唐氏又以般為「觳」，「鬲實五觳」，鄭司農以一觳為三斗，鄭玄以一觳為一斗二升，是為量器。

唐氏又以般為斛，斛在漢以前為量器，容十斗，無異說。古人量器，亦甚嚴格精密，「隨時遞增」則有之，差異不可能過大。聘禮記與考工記之時代，相去未遠，「角」、「觳」、「斛」三者顯然有別，不能混同。

般觳為古今字，可備一說。至於觶或作觗，乃从支聲，般則不得謂从支聲。觶之異體甚多，均為形聲字，說見王國維觀堂集林釋觶觛卮䏙𦛗。

卜辭般皆用為人名。

又按：出土商代酒器，「角」形與「爵」近，與「觶」相去甚遠。「角」有三足，有二流，觶則無之。「角」之所容，皆小於「觶」、「觥」。「角」與「觶」不能混同。

1912

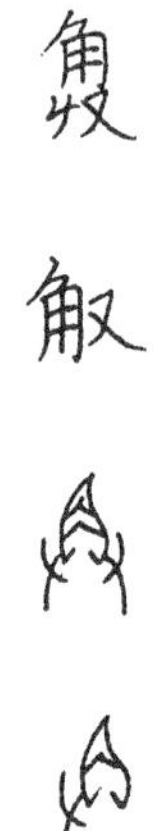

孫海波　「[glyph]，乙八七七。从奴从角。說文所无。方国名。𢦏[glyph]。」（甲骨文編一〇二頁）

朱芳圃　「上揭奇字，象兩手奉角形，结構與[glyph]象兩手奉觥相同，當為觵之初文。說文角部：『舩，舉角也。从角，公聲。』兩手舉角謂之舩，因之凡舉一切之物亦謂之舩。魏大饗碑：『上索蹻高，舩鼎緣橦，』是也。一作扛，作舡，又作掆，史記項羽本紀：『力能扛鼎，』文選西京賦：『烏獲扛鼎，』李注：『扛與舡同。』集解：『韋昭曰：「扛，舉也。」或作掆。』按扛、舡皆舩之異文，掆、後起之俗字也。」（殷周文字釋叢，卷中，第一二三葉。）

按：釋「舩」不可據。卜辭皆用為方國名。

1913

解 

王國維　「[glyph]字，余釋為解，祇以从兩手判牛角，與从刀判牛角同意。」（類編王序一葉下）

王襄　「古解字。」（簠室殷契類纂第二十一葉）

商承祚　「說文解字『解，判也，从刀判牛角也。』此象兩手解牛角，〃象其殘麤。卜辭从[glyph]象文又省从彡，由彡又省作彡，遂與刀形相似而非刀字也。卜辭从彡之字或省从彡，與刀形相混矣。」（類編四卷十六葉）

曾寶先　「卜辭一見[glyph]字，隸定為[glyph]，其辭殘闕文義未詳。高田忠周釋[glyph]，古籀編卷九十三第三一葉。陳邦懷疑觸，見小箋，說並非是。商承祚釋觸，解其說幸中矣，而其釋義亦誤。以愚考之，[glyph]不見於它辭，則其非動詞與祭名甚審。蓋為方名也。金文有[glyph]子甗，録遺一〇〇圖、[glyph]子鼎，三代三卷一六葉，是皆解方所作之器。[glyph]隸定為[glyph]，其字乃从攴从牛角以會意，與[glyph]之从臼从牛角以會意，其例相同。良以臼義為手，而从手與从攴義可互通。證之說文，是猶扶之古文作㧝，揚之古文作敭，播之古文作𢾺也。見說文手部。篆文从刀作解者，證之重文，是猶𢻱之作劇，見攴部。證之轉注是猶拂之作刜也。蓋以剖判牛角必須以手，故其字从臼作⿱臼角。攴義為杖，杖與刀所以供手使用，故其字又从攴作⿰角攴。或从刀作解，以此證之，⿱臼角⿰角攴並為解之異體，其義甚審。商氏之說是未知⿱臼角之从臼，其義為說文訓叉手之臼，而從手與從刀義可相通也。證之典記，解方當即周之解邑，左昭廿二年，在今河南洛陽縣。若晉之解梁，在今山西臨晉縣，距殷虛懸遠，當非卜辭之解方也。」（斠詮之三第二〇葉）

陳邦懷　「此字从臼，从角，从牛，疑即觸字，汗簡集韻觸字古文皆作⿱角牛，按⿱角牛字從角，從牛，觸誼未顯，疑已省臼，卜辭作[illegible]當為⿱角牛之初字，從角，從牛象形，從臼會意，蓋牛角觸人，人以兩手拒之，觸誼乃顯，臼亦聲也。羅參事云象取牛角，（見待問編）僅以意說字形，未得其誼與音矣。」（小箋二十四葉下）

唐蘭　「王（國維）氏極賞此說（商承祚的解說），以為神悟，其實非也。凡麋鹿之角自解，牛角必㮚刀判之，說文解訓本不誤。（古鉩即解字並从刀）以字形言之，从牛从⿱臼角，當是形聲字。Ψ本作Ѱ，已象雙角，⿱臼角象兩手持角，以象意字聲化例推之，當為从臼角聲。故知非象意字也。⿰牛⿱臼角及⿱臼角字，今字無之。爾雅釋器：『角謂之觷』，說文無觷字，徐鉉新修十九文有之，云：『治角也』。疑本當作⿱臼角矣。⿰牛⿱臼角从牛⿱臼角聲者，當即觕字，或作⿱角牛，尤與卜辭作⿰牛⿱臼角者近。說文無觕⿱角牛字，古鉩印習見⿱角牛字，汗簡觕同觸，⿱角牛古文，是許氏偶遺也。觕⿱角牛當从牛角聲，此从⿱臼角聲，同。」（文字記七十四葉下至七十五葉上）

李孝定　「說文『解，判也。从刀判牛角。一曰解廌獸也』。絜文此字商氏釋解，甚是。唐氏謂牛作Ψ已象雙角，不應更作角形，是有蔽之言也。如人作[illegible]象人側立之形，其上已象頭形，遂得謂頁字之上不應更作百首形乎。解之从角，蓋與頁字从百，見字从目，[illegible]字从耳，事出一例，乃就字義之重要部分加以強調耳。至从刀之解是否為从廾之譌，抑本為从廾後乃更制从刀之字，說俱可通，勿泥可也。魯氏謂从手从刀者是一字之異體，似有未安。拂刜二字謂其義近則可，謂是一字之異構則有可商也。本辭殘泐，解字是否方國之名，亦未可必也。」（集釋一五五八葉）

按：商承祚釋「解」，金文作[illegible]、[illegible]，均不从刀。中山壺「夙夜匪解」作[illegible]，借為懈。其所从之[illegible]，已與刀形近似，蓋為篆文从刀之所本。卜辭殘缺，又僅此一見，用義不詳。

1914

慶

郭沫若　「卜辭亦有从心作之慶字，見左列之一片。（辭云『乙未卜行，貞王其田，亡巛，在二月，在□（慶）卜。丙申卜行，貞王其田，亡巛，在□。』）此二慶字與召伯毁戕叔禹文正同，特心字例作微異耳。」（卜通一五五葉）

李孝定　「說文『慶行賀人也从心从夊吉禮以鹿皮為贄故从鹿省』契文不从夊，郭氏釋為慶是也。惟復據秦公毁『高弘有慶』之文謂慶有二體，不知彼乃假借此是正字也。字在卜辭為地名。金文作□慶孫之子簠□召伯簠□戕叔慶父禹與此畧同。」（集釋三二五五葉）

按：契文「慶」字从「廌」从「心」，不从鹿。林義光文源以為「从鹿則慶義未顯」，疑不从鹿是對的。但又以「古作□，本義當為喜，象人喜樂犄首頓足形」，則不可據。卜辭為地名，本義不可曉。

契文又有「□」，字从「鹿」从「□」，亦當釋「慶」。參見1719「□」字條。

1915

貝

羅振玉　「象貝形。作□者，與盂鼎同。作□者，與貝父己爵同。」（殷釋中四十一葉上）

饒宗頤　「按卜辭成語『㞢貝』『亡貝』對貞，貝借為敗，說見前。有時貝即指貨幣之貝朋。如云：『貞：易（錫）多女，㞢貝朋。』（後編下八、五）『……皿不囚，易貝一朋。一月。』（南北坊間三、八一）故㞢貝可讀為『侑貝』。古聘禮饗賓時，每侑幣致饋，似殷時亦以貝為侑。他辭如：『戊申卜，㱿貞：缶㞢（侑）其□貝。』（前編五、一〇、四）此㞢字讀為侑較通。」（通考四二六葉）

饒宗頤　「『戊辰卜，車：允畋貝，今㞢。』（屯乙三二四）貝為地名，疑即貝丘，此卜畋獵事。」（通考一一七二葉）

饒宗頤 「『癸未卜，㱿貞：丝霽，不隹降禍。甲申卜，㱿貞：雫口，（方）亡貝。貞雫口其出貝。』（屯乙九七一＋九七二）『出貝』『亡貝』對言。貝應即他辭之𣪘字，此省口；貝之為𣪘，猶冊之為冊也。按貝𣪘并讀為退，通作敗。說文：『退，敗也。』引周書曰：「我興受其退。」今尚書微子作『受其敗』。禮記孔子閒居：『四方有敗。』注：『敗謂禍烖也。』此言『出貝』『亡貝』，即出敗亡敗，與出囚亡囚義略同。」（『𣪘』說參續殷契駢枝見通考二四七葉）

張秉权 「第（三）辭的『貝』，當是地名，其地濱河，所以言『涉』，這也是殷王的畋猎之地，乙編三二四版有：

戊辰卜，車：允畋貝，令之☐？

饒宗頤說：『貝為地名（殷代貞卜人物通考卷十八P.一一七二），是很对的，但他以為『疑即貝丘』（同上引），却有可商之处，案庄八年，左傳『齐侯田于貝丘』杜注：『博昌县南有地名貝丘』，即今山東博兴县南，其地在殷都安陽的東北方，而卜辞中所見的『貝』，則在南方，譬如甲編二九〇二是一版相当完整的牛胛骨，其中自『戊午』至『壬戌』五天之内所卜的那些事情，都和『南土』有关，今录数条於下：

戊午卜，弜克貝　南邦方？

己未卜，隹雷方其克貝弜？在南。

己未卜，貞：多冒亡囚？在南土。

庚申卜，貞：雀亡囚，南土囚，告史？

卜辞中的『貝』，既被称為『南邦方』那末它的方向，似乎不該在殷虛安陽的東北，而应在它的南方，所以左傳所說的貝丘，實与卜辞不合。案貝疑即郥，高士奇春秋地名考略（卷十，二十三葉，清吟堂刻本）：郥陽昭十九年，楚子在蔡，郥陽封人之女奔之，生太子建，蓋在今新蔡境。』（此条承陳槃庵先生揀示，謹此致謝），郥陽或因在郥之陽而得名，則郥即貝亦当在今河南新蔡附近，其地正在安陽之南，與卜辞相合。又甲編二九〇二版，『己未』同日卜『多冒亡囚？』冒在高郵附近（陳夢家說，見綜述P.二八九），在安陽之南，而在新蔡之北，曰：『在南土』者，大概是因多冒叁与克貝之役的缘故。這一版的反面，即下一图版的第（三）（四）辞。卜問：『有来婠自西？』也許是为了將要南行狩貝，遂问西方是否会有『来婠』，以便決定行止，而免后顧之憂。」（殷虛文字丙編考释第四一七—四一八頁）

按：甲骨文貝字象貝有齒之形，段玉裁以為「小篆象其背穹隆而腹下歧」，實則篆體已經譌變，去其初形已遠。歷來釋契諸家，均混𠙹字為貝，于先生甲骨文字釋林釋𠙹為心，有詳細之論證，說見「心」字條下。島邦男卜辭綜類亦曾注意及此，分列□□二形，但未識□為「心」字耳。卜辭「貝」字用法之可知者，皆為其本義，其餘則辭殘不詳。

1916

⿰貝鬼　□

按：字从「貝」、从「鬼」，隸當作「⿰貝鬼」。佚二四四二辭云：「其遘⿰貝鬼日」其義不詳。

1917

⿱貝口　□

孫詒讓　「□當為遣之省。說文辵部『遣从辵𠳋聲』，𠂤部『𠳋，商小塊也。从𠂤从臾。臾古文蕢字』。金文遣小子敦遣作□，又从口。大保敦省作□，此又省𠂤，與彼正同。降遣，遣當讀為譴，（說文言部『譴，謫問也』）降譴謂降譴責，譴𠳋謂降譴甚也」（舉例下十五葉下）

商承祚　「像盛貝於盤，曰貞□，貞不⿱貝口，⿱貝口牛似于貞祭時或用貝、或不用⿱貝口也」（福氏考釋二葉）

吳其昌　「亡⿱貝口、弗⿱貝口，其詞似與亡𢦏、弗每等詞相近」（解詁七續五二二）

吳其昌　「『⿱貝口』字、說文所無，金文中亦未見；未詳其義。前一、三五、一片文云：『⿱貝口牛』。他辭亦云：『牛⿱貝口』。（前、六、四〇、五）並不曉其語旨云何。卜辭又云『……国曰：□方其至于□土，亡⿱貝口』。（前、七、三六、一）『貞競弗⿱貝口』。（續、六、二五、八）云：『亡⿱貝口』『弗⿱貝口』則其詞似又與『亡𢦏』『弗每』（悔）……等詞相近矣。材料過少，有待續考」（殷虛書契解詁第三六二葉）

于省吾　「……孫商二說並非，吳說得其意，而仍未識其字。⿱貝口當即退之古文，今通作敗。說文：『退，毀也，从辵貝聲。周書曰：「我興受其退」。』按今書微子作『我興受其敗』。

又「敗，毀也，从攴貝」。段氏注、王氏句讀、嚴氏校議，均謂貝亦聲。朱氏通訓定聲亦謂貝聲。按从貝聲是也。退同敗，說文歧為二，經傳通作敗。敗行而退廢矣。昌之作退，猶契文[illegible]字金文亦作[illegible]也。前一、三五、一：「昌牛」。六、三九、三：「甲辰卜，㱿貞，今揩貞，不昌」。六、四十、五：「尹昌」。七、三六、一：「曰呂方其至于癸土，亡昌」。八、六、三：「癸子卜，于槃月又昌」。八、十五、二：「乙酉，子卜，貞，口丁昌我」。藏十九、二：「辛口口，𦣞其降昌」。八七、四：「隹帝昌西」。續五、十四、二：「貞，商其昌」。「貞，商不昌」。六、二五、八：「貞，競弗昌」。湽二：「買自般龜」。綜上所舉，敗義可徵。敗訓毀壞，乃係通詁。而卜辭用法有二：一、昌牛為殺牲，猶他辭言盟、言卯矣。昌自般龜，謂殺自般之龜也。一、昌為禍災不利之義，降昌猶言降災。禮記孔子閒居：「四方有敗」。注：「敗謂禍裁也」。「隹帝昌西」，言不利於西也，洪七七三：「出福才西」，與此反正可互證。「口丁昌我」，猶言某丁壱我，「尹昌」，辭已殘，或謂某事先敗；或就征伐言，逆之則敗。不昌、弗昌、亡昌即不敗、弗敗、亡敗也。金文余冉鉦係晚周器，有「女勿喪勿敱」之語。敱為敗之繁文，其言勿敱，與契文不昌、弗昌、亡昌辭例相等。要之，昌為退退之初文，較然明矣」。（騈續三五葉釋昌）

李孝定 「說文「退，數也，从辵貝聲。周書曰『我興受其退』」。」卜辭作昌，从口芏貝聲，與遺字同。于說是也。今通作敗」。（集釋〇五四三葉）

李孝定 「說文「敗毀也从攴貝敗賊皆从貝敳籀文敗从賏」。契文與許書籀文同，當云从重貝，非从賏。賏為頸飾，金文[illegible]字从此。卜辭云「敗[illegible]事𦣞受」。前五、二二、四：「戊戌卜，㱿貞王曰侯虎母毋歸」。「貞王曰侯虎敗女汝事𦣞受」。「己亥卜，㱿貞王曰侯虎余其敗汝事[illegible]」。續七、一、「口曰侯虎敗女事𦣞受[illegible]曰呂方其主于𢍰土亡昌退」。前七、三六、一。其義與許書說解同。弟三辭敗退並見，其義似亦相近，是則敗退之歧為二字，蓋殷時已然矣。昌字于省吾氏釋退，謂昌為退敗之初文，見騈續三五至三六葉，亦見本書二卷退字條下引。惟于文所舉前七、三六、一、一例，僅引此辭後半，未及敗退同辭之事，故亦未加說明。金文南彊鉦作[illegible]，亦與許書籀文同」。（集釋一〇六一葉）

張秉權 「昌孫詒讓以為遺字之省（註一），商承祚以為在問祭時用不用貝（註二），吳其昌謂亡貝弗昌其詞似与亡戋弗每等相近（註三），于省吾以為即退之古文，今通作敗。又謂卜辭用法有二：一昌牛為殺牲，另一，昌為禍災不利之义，降昌猶言降災（注四），按于說可信」。（殷虛文字丙編考釋第二四五頁）

（註一）見契文舉例

（註二）見福氏所藏甲骨文字考释

（註三）見國立武漢大學文哲季刊第六卷第三号殷虛书契解詁七续P.五二二。

（註四）見殷契駢枝续编释𣆪P.三五—三六

白玉峥 「峥按：前贤所释，率以□与□及□字，相淆为一，校诸卜辞，□与□及□之辞例，显然有别。……□与□、□名皆为字，似不得释为一字。至□之释，诸说中于氏所论，似颇有理致。」（契文举例校读中国文字第八卷第三十四册三八九三—三八九四页）

于省吾 「甲骨文𣆪字作□形。……说文：『退，𣪘也，从辵貝声。周书曰，我兴受其退。』又：『敗，毁也，从攴貝。』按敗应从貝声。甲骨文𣆪字即退或敗之初文，说文误分为二字，典籍通作敗，敗行而𣆪退废矣。甲骨文称：『囚吕方其至于𡆥土，亡𣆪。』（前七．三六．一）『贞，□方不其𣆪。』（乙八一七一）……以上诸𣆪字均应读作敗。……训为失败或灾害，无有不符。至於『𩂣其降𣆪』，言𩂣方将有灾害降临也……」（释𣆪，甲骨文字释林五三至五四页）

柯昌濟 「𣆪字余疑為讃字古文省寫，降讃与降凶文同。」（殷墟卜辞综类例证考释，古文字研究十六辑一四四頁）

按：甲骨文□即退之古文，典籍作敗。此猶□即小篆之昔，典籍作遺，其形體演變之迹，如出一轍。于先生已論之甚詳，字隸定作𣆪。

1918

得 

孫詒讓 「□……㝵字。說文見部㝵，取也。从見寸。寸度之亦手也。又彳部得，古文作得省彳。二字同。此文似从貝。又金文虢叔鐘作□，即从手，與彼略同」（舉例下十五葉下）

羅振玉 「說文解字：『得，行有所得也，从彳㝵。古文省彳作□』許書又有㝵字，注『取也，从見从寸。』複出當删。此从又持貝，得之意也。或增彳。許書古文从見，殆从貝之譌」

（殷釋中六十葉上）

王襄　「古得字，象手持貝形，有持而不失之誼。虢叔鐘得作𠭰，亦从手持貝。」（簠室殷契類纂第八葉）

王襄　「疑得字」（類纂存疑第二第八葉下）

孙海波　「㝵，前五、二九、四。說文得从見乃貝字之譌。从，甲二四一八，不从彳。」（甲骨文編七五頁）

李亞農　「此字从貝从又，又字可隸化為文，例如古敔字，亦可書作敔，即今敢字。所以从貝又之敗，實應釋為敗。『貞𢀛羌不其敗』者，大意是說：『和羌人作戰，不一定戰敗』。『𣏟允敗』者，『𣏟人果然敗了』。『敗汝事』者，敗壞了你的事。『多宴敗』者，就是說：『許多宮寢毀敗了』。或釋㝵為敗，不對」（釋敗，殷契雜釋，中國考古學報，第五冊，第一、二分合刊，一九五一年十二月）

饒宗頤　「『不其㝵』（殷綴一〇九）語，可參京津二二五一至二二五九諸片。『得』猶今言成事，賜豫九四：『大有得，志大行也。』𣪘殷：『南征伐楚荊，又得。』語同。」（通考四五四葉）

胡厚宣　「得，左傳定公九年說，陽虎逃，『追而得之』。其義為追而獲得」（甲骨文所見殷代奴隸的反壓迫鬥爭，考古學報，一九六六年一期）

李孝定　「从爪从貝，說文所無。按辭云『戊申貞羌不其㝵十二月』。拾十四、三。疑與㝵同。从又从爪在偏旁中應可通。」（集釋〇八六五葉）

李孝定　「說文『㝵取也从見从寸寸度之亦手也』又二卷彳部『得行有所得也从彳㝵聲𢔶古文省彳』彼卷以㝵為得之古文，而此又重出㝵字訓取，當係艸落未盡者，二者實一字也。篆文从見乃从貝之譌。古者貨貝而寶龜，字从手持貝正取得之義。貝見隸體形似，此字篆體之譌當在隸變之後。蓋後世傳鈔致誤，許君原文當不如此。蓋从見於義無取，且漢世尚小篆與隸體並行，當不致譌貝為見也。說詳前二卷得下請參看」（集釋二八一七）

李孝定「說文『得行有所得也从彳㝵聲 㝵古文省彳』又八下見部『㝵取也从見从寸 寸度之亦手也』見部之㝵與彳部得之古文全同，其義亦相因。古文偏旁从彳或省彳無別。而許書一為篆文一為古文，乃複出之刊落不盡者。羅以為當刪，其說是也。古文从又从寸無別，許云寸亦手也，正以明其相同。契文亦或从彳或否，與金文篆文並同。金文作得得罍 㝵師望鼎 㝵虢叔鐘 得舀鼎 得師旂鼎 得[illegible]簋 得父乙觚 㝵亞父庚鼎 㝵亞父癸卣 第二三兩文从手與从寸从又得通」（集釋〇五八一葉）

徐中舒「得：說文从見从寸，作得，『行有所得也』。見和寸与得字有何关系，使人怀疑。此字甲文作得（前八．一三．三），金文作得（昌鼎），从又持贝，是有所得之义。說文误贝为見，误又为寸，形变而义亦不明。」（怎样研究中国古代文字、古文字研究第十五辑五页）

按：㝵即今得字，从又持貝會意。或增彳，通用無別。說文譌从貝為从見，分㝵與得為二字，殊誤。戴侗六書故已辨及之。金文或作得，與甲骨文同，或从手作㝵。卜辭均用作得失之得。惟前五．二九．四（合集四七一九）「叀得令」，當為人名。

1919

严一萍「又有繁寫作𣪠形者，為向所未识，今以上下文义推之，知亦得字。菁华七．一版曰：

戊戌卜，㱿貞：王曰：侯虎！往，余不𠦪其合氏乃使歸。

戊戌卜，㱿貞：王曰：侯虎！毋歸，卯汝使受。

己亥卜，㱿貞：王曰：侯虎，余其得汝使受。

貞：王曰：侯虎，得汝使眢，受。

……記武丁派侯虎出使眢國授命之事。此得字之义与左襄二十四年传：『公如越，得太子適郢』之得相似，杜注：『得，相親說也。』以此訓得𣪠，正為武丁亲悦侯虎之誼也，故知𣪠

為⿰貝又之繁文。」（釋得 中國文字第一卷三三頁至三六頁）

按：字為「⿰貝又」之繁體，亦當釋「得」，嚴一萍之說是對的。卜辭累見「侯豹⿰貝殳」，而合集三三〇一辭云：

「己亥卜，㱿貞，王曰：侯豹，余其得，毋……」

可證「⿰貝又」、「⿰貝殳」通用無別。嚴一萍以「侯豹」為「侯虎」誤。

1920

㝵 

按：合集八九八七辭云：

「壬辰卜，亘貞，弗其以㝵𠂤」

當為人名，與「㝵」有別。

1921

敗 

嚴一萍「从又亦有訛作从父者，當為偶訛。前三·二七·五版辭曰：『貞亡得』作⿰貝攴，僅此一見。」（釋得 中國文字第一卷三六頁）

按：字从「貝」、从「攴」，乃「敗」字，不當釋「得」。

1922

⿹勹貝  

羅振玉「从勹貝，乃珤字也。篆文从玉，此从貝者，古从玉之字，或从貝。如許書玩，亦作貦，是其例也。勹貝為珤，乃會意。篆文从玉缶聲，則变會意為形聲矣。」（殷釋中四十一葉上）

柯昌濟「卜辭云『丁亥三自雩玄十茅⿹勹貝示』疑即包字，茅⿹勹貝即茅苞也。古包字許訓『象

人褢妊已在中象子未成形也』又云『包褁也象人曲形有所包裹』與此字外形从相似。內从貝，古異文也。』（補釋）

唐蘭　「圓从貝而以冂繞之，冂即勹字，亦即句字，圓即是貝，當釋為駒，玉篇：『駒，稟給』，新撰字鏡：『駒，贖也。』天治本，十、十七，王仁煦切韻：『駒，稟給，又貨贖』，殘卷本說文偶遺其字，羅振玉釋為珍，郭又以為龜甲，並非也。圓，他辭均用為人名，此不知何義。』（天壤文釋十葉）

郭沫若　「圓字舊釋珍，不確。余疑是蠇，从貝象形，貝亦聲。說文『蠇，蚌屬，似螊微大，出海中，今民食之。从虫萬聲，讀若賴』又蠆字下注云『偁者為蠆，圓者為蠇』此字形既有圓意，而貝聲與萬聲同部，故疑其為古今字也。然字在此乃人名。』（粹考二○○葉下）

又曰：「蓋殷人于龜甲亦稱圓也。」（粹考二○四葉下）

陈梦家　「明义士先生藏骨又一件作『壬辰寅三骨三旬』，『骨』殷作榻鍋，而旬字罗释珍，非是。窃疑此字是包裹之包，說文『勹，象人曲形，有所包裹，』卜辞此字象包貝；金文彙字或从缶从貝（戊辰殷）其义一也，故旬字从貝犹言有所包裹也。』（释骨附记，考古学社社刊第五期二十二頁）

孙海波　「圓，徐一七·二。丁山释駒。』（甲骨文編七六八頁）

李孝定　「从貝从勹丩，說文所無。唐丁二氏释駒是也。羅氏释珍於字形絕遠。字在卜辭為人名，辭云『癸丑卜宏貞叀駒令』後·下·三四·五，『貞乎駒眔內入御事』前·四·二八·三，『貞叀駒令』前·六·三三·二是也。又此字例與貴為二字同見，辭云『貴三駒為三』鐵·四六·五『囗三駒為八』粹一五二六，郭謂『蓋殷人於龜甲亦稱圓也』粹考二○五葉上說似未安。唐云『不知何義』，存疑是也。又云『其出駒』前·六·三二·六，丁云『正用駒字本義』。按此辭殘泐，其義亦不可確知。『癸亥駒乞自雩十屯𠛱』粹一五○三，似亦為人名。柯氏释此为包，亦未是。』（集釋二一六一葉）

饒宗頤　「旬字即駒，與古陶文賄字形近。（從丁山說，舊釋『珍』未確。）玉篇：『駒，稟給也。』卜辭旬為人名。』（通考六四一葉）

丁山　「晚周陶文有作負䞠，古陶文孴録正承囗形一脈演來，依陶文當释爲䝱。說文不見䝱字，而玉篇有之，云：『稟给也。』䝱，从貝，句聲。句从口，丩聲。按，由丩聲孳乳的觓字，說文云：『角貌。詩曰，「兕觵觓觓」。』觓觓，今本毛詩桑扈作觩觩。賕，見於說文云：『以財物枉法相謝也。』此就漢律爲說，似乎不知䝱即賕本字。現在敢據陶文上溯甲骨文補正說文曰：『囗，賄也，从貝，丩聲。䞠，古文負。賕，或从求聲。』知道負諧句聲，那末，卜辭所見的『負氏』自可指爲句瀆之邱了。卜辭通六、三二、六，識四六、五，所見負字，當作貨賄解，正是用負字的本誼。」（甲骨文所見氏族及其制度一〇九至一一〇葉）

考古所　「負，在卜辞中多为人名、地名或邦族之名。」（小屯南地甲骨一〇一三頁）

姚孝遂　肖丁　「869 『……負方……』

974 『……負……』

前此于卜辞但見『負』为人名。揃6.33.1有『叀負令』；揃4.28.3有『乎負眔⿵冂入知事』。均为人名。且骨面特种记事刻辞常見『負』之署名，是『負』为武丁时期与卜事有关之官吏。『負方』之名，为过去所未見。」（小屯南地甲骨考释一〇六頁）

饒宗頤說參伏字条下。

按：字不从「勹」，亦不从「丩」。釋「珍」、釋「䝱」、釋「包」皆不可據。姑隸作「負」。卜辭為人名及方國名。

1923

貯 

羅振玉　「象內貝于宁中形。或貝在宁下。與許書作貯，貝在宁旁意同。又宁貯古為一字。說文宁訓辨積物，貯訓積，初亦非有二誼也。」（殷釋中十二葉下）

郭沫若　「甲骨文中有⿴宁貝字，揃四、二、三，原片折損，僅餘三四字，辭意不明。羅振玉釋貯，謂『象內貝于宁中形』，然今知宁本卣之初字，貯若賓乃以宁為聲，則此⿴宁貝字直是卣字之異卣上

作貝文而已」（金文餘釋二〇六至二一九葉釋千卣）

張秉权「貯，是武丁时的一位方國的首領，是卜辭常見的人物，他有部隊，也有領土，今略举数例如下：

（一）甲午卜，爭貞：貯其出囚？

貞：貯亡囚？（乙編七二五八）

（二）貞：乎奴貯𠙶？（乙編七八〇六）

（三）羽（戊）囗乎我基戈貯缶？（珠四六三）

从上面的卜辭中，可以知道貯与王室的关系，有时为敌（見辭三），有時为友（見辭二），他的方位，大约与我、基，缶，蜀等地相去不远，缶在今山東定陶县境，蜀在今山東泰安县境，那末貯似乎也应該在定陶与泰安附近的地方。」（殷虛文字丙编考释第七八頁）

白玉峥「：罗振玉氏释貯，曰：『象纳贝于宁中形。或貝在宁下，与许书作貯、貝在宁旁意同。又宁、貯古为一字。說文歧之，初非有二意也。』（考释中十三页）峥按：字见于卜辭者，为第一期武丁时之人名、或方国、地名，如：

甲午卜，爭贞：貯其有囚？

贞：貯亡囚？ 乙七二八五

令貯从侯告？ 人三一四五

貯入十。 乙一五七八

貯入二十。 乙四九五四

见于第三期之卜辭者，字作（后下一八·八）。然宁字则散见于多期之卜辭；尤以『多宁』一語，多期之卜辭多用之。其间，亦有为人名者，如：

今六月，宁至？ 乙一七九二

令宁……… 續六·一四·五

又有为方国、地名者，如：

宁入十。 乙二一四九

宁鉾入。 南坊三·一九

是宁、貯二字，虽或为一字，然见于甲骨文字中者，至少在武丁以后，二字已各自为用；且其用，亦非造字时之初誼矣。」（契文举例校读中国文字第八卷第三十四册三八八六——三八八七页）

于省吾　「甲骨文⿴宁心字习見。罗振玉混⿴宁心于⿴宁貝，并释為貯（增考中一二）。甲骨文编和續甲骨文編均从罗释。按⿴宁心字从宁从心，和⿴宁貝字从宁从貝迥别。商器爵文有⿴宁心字，金文編也误释為貯。⿴宁心字應释為㤿。甲骨文偏旁的位置，在内与在外往往无别，例如：弘字也作□，豚字也作□，□也作□，是其证。玉篇：「㤿，竹与切，知也。」广雅释诂：「㤿，智也。」甲骨文㤿字均作人名用」。（甲骨文字释林释心）

白玉峥说参⿴宁心字条下。

張亚初说参□字条下。

按：自羅振玉釋「貯」以來，諸家多從之，無異辭，唯李學勤據金文辭例讀作「賈」。卜辭皆用為人名，無其它用法。

1924
寶 

羅振玉　「貝與玉在宀内，寶之誼已明。古金文及篆文增缶，此婠」。（殷释中四十一葉上）

葉玉森　「从王即玉，从亜即珏。篆从珤，乃珏之譌」。（鉤沈八葉下）

按：説文訓「寶」為「珍」，契文从宀从貝从玉會意，貝玉皆屬可寶之物。金文小篆複从「缶」聲，葉玉森以篆文从缶乃譌體，其説非是。卜辭「帚寶」為人名。

1925
貭 寶 

郭沫若　「貭字从貝在宀下，疑是寶字之省」。（粹一二七九）

按：合集三五二四九僅餘殘辭孤字，是否即「寶」之省，難以確指。

1926

孙海波「，灋杂四九。从宀从䁈。説文所无。人名。子寏。」（甲骨文编三二六页）

按：字可隸作「寏」，合集二二六正辭云：「癸酉卜，殻貞，父乙之寏自羌甲至于父……」辭例完整，「寏」為動詞，疑為祭名，可能為「賓」字之異體。

1927

按：合集二九七一一辭云：「不遘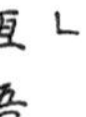日」「日」為卜辭恒語，當為祭名。

1928

按：字不可識，其義不詳。

1929

按：合集四三〇一辭云：「貞，呼商比」為人名。

1930

羅振玉 「說文解字鋑，注：『錊也，从金𡕒聲』。又出錊字，注：『十一銖二十五分銖之十三也。从金寽聲。周禮曰重三錊，北方以二十四兩爲三錊』。鄭注考工記曰：『許叔重說文解字云：錊，鋑也』。是許書鋑錊二字互注。今卜辭有賤字，殆即从金之鋑。鋑爲重量之名，誼亦爲罰金。古者貨貝而寶龜。至周而有錢。至秦廢貝行泉。故从貝从金一也。又篆文从寽之字，古文皆从又。知鋑錊本一字，後世誤析爲二矣」。（殷釋中四十二葉上）

王襄 「古賤字」。（類纂存疑第六第三十五葉上）

商承祚收此與𢿱（敗）字並作鋑，「羅師釋賤。說文解字：『鋑，錊也。从金𡕒聲』。此从貝从𡕒。古者以貝爲幣，至秦廢貝行錢，謂之鋑，殆不知本有賤字也。徵此義失其初矣」。（類編十四卷一葉）

孫海波 「前四·二八·七。罗振玉释鋑云，古者以貝为幣，故字从貝，至秦废貝行钱，則謂之鋑，殆不知本有賤字。」（甲骨文編五二七頁）

郭沫若 「賤疑是敗字。說文『敗，毀也。从攴貝，敗賊皆从貝。𣪊，籀文敗，从賏』。（見朱芳圃文字編補遺六葉下引）

李孝定 「羅氏释𢿱爲賤是也。見十四卷賤下。惟羅書賤字條下並收作𢿱𢿱者二文則誤，當删」。（集释一〇六一葉眉批）

饒宗頤 「⿰貝寽，字書所無，當即錊，古與鋑通。說文：『錊，鋑也』。書呂刑：『其罰百鋑，閱實其罪』。史記周本紀鋑作『率』，索隱舊本率亦作『選』，或作『饌』（尚書大傳）此皆今文尚書之異寫。此辭言⿰貝寽，或指罰鋑事」。（通考四二五葉）

按：字當釋賤，篆文从金作鋑。卜辭用義不詳。前四·二八·七辭云：「乙未卜爭貞，賤王呼曰宎」，葉玉森集釋讀「蓋王命搜索金貝」，臆測之辭，不可據。

1932

狽 

按：字从「貝」从「𠂤」，隸可作「䝗」，其義不詳。

郭沫若粹一五五二片考釋隸作「狽」。

孫海波 「，粹一五五二。从犬从貝，說文所无。今狼狽之狽作狽。」（甲骨文編四〇八頁）

李孝定 「字从犬尾着貝，當隸定作狽，从犬貝聲。雷浚說文外編卷十四云『說文無狽字，或以足部跟字當之。』浚案後漢書任光傳狼貝不知所向祇作貝』。玉篇犬部有狽字，解云『布蓋切，狼狽也』。今契文已有之，許書蓋偶失收，或本有之轉寫敚佚耳。金文亦有此字作狽濴盉與契文今隸並同。」（集釋三一二一葉）

按：字當釋狽，在卜辭為人名。

1933

買 

商承祚 「象以网取貝之形。」（佚考六六葉下）

郭沫若釋買，無說。見粹考三〇七葉下。

孫海波 「佚存四六二版：，从网从貝，即買字。說文：『买，市也。从网貝。孟子曰，登壟斷而网市利。』金文买毁作買，买王鼎作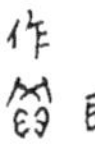、与此同。蛾术编：『买字注市也，从网貝，孟子曰，登壟斷而网市利，莫蟹切。孟子无买字，引之何为。』按从网从利，有获得之义，与㝵之从手持贝意同。古者交易以贝，网貝有市利之义，引申之训市，故許君引孟子网市利以训。」（卜辞文字小记，考古学社社刊第三期六十九頁）

金祥恒收上出諸形作買，無説。見續文編六卷十七葉下。

屈萬里　「𡿺字不可識。」（甲釋四四葉二七六片一辭釋文）

李孝定　「説文『買市也从网貝孟子曰「登壟斷而网市利」』契文正从网从貝。网或在下，與左上同。郭釋買可從。金文作□買王卣□□買簋□右買戈□吳買鼎與契文同。」（集釋二一五七葉）

按：字从网从貝。説文：「買，市也。从网貝」大徐本）金文買字亦同。卜辭用為人名。甲骨文「買」字或倒書作𡿺，金祥恒、李孝定以此為「買」字是對的。

1934

心

于省吾　「説文心字作□，并謂『心，人心，土臧也，在身之中，象形。博士説以為火臧。』王筠説文釋例：『其字蓋本从心，中象心形，猶恐不足顯著之也，故外兼象心包絡。』按許氏據小篆為解，王氏又从而傅会之，似是而非。甲骨文心字作□，正象人心臟的輪廓形。又甲骨文心字也有作□，有时倒作□□。商器祖乙爵作□，父己爵作□，金文編误入于附录。又甲骨文貝字作□，心貝二字截然不同，可是研契諸家一向淆惑莫辨，甲骨文編和續甲骨文編均混列在一起。甲骨文的寶、𢔶（得）、賓等字，均从貝作□，无一从□。甲骨文的文字作□，商器的文簋作□，其所从的□与□即古心字。周代金文的文字从心者常見，无从貝者。这也是从心与从貝有别之证。……」

甲骨文的『多□王心若』（綴合一七七反），心字作□，下同。『庚戌卜，□貞，王心若，□□其佳䏌（孽）。』（拾九·一一）叶玉森误释心為貝。你雅释言『若，順也』，又释诂『若，善也』。王心若即王心順善之意。甲骨文称：『壬午卜，貞，王心亡鼓（艱）。』（陳七八）詩何人斯的『我心孔艱』，毛傳的『无有后艱』，鄭箋并训艱為難。然則王心亡艱，是説王心没有困難，如果释為王貝无艱，是根本讲不通的。

……此外，还有很多从心之字，例如：□字应隶定為𢙢，旧误释為續（增考中七四）；□字應隶定作㥞，旧误释為員；□字應隶定作𢗉，旧误释為𧵍；□字應隶定作𢘉，旧误释為𧶠；□字應隶定作𢜛，旧误释為賸；□字應隶定作嫖，旧误释為數；这类从心的字虽然还不认识，

但辨明了其偏旁之从心，為将来作进一步研究提供了有利条件」。（甲骨文字释林释心）

按：契文「心」與「貝」有别。王襄、屈萬里、郭沫若皆嘗論及，于先生更詳加申論。但在偏旁中「心」、「貝」亦偶相混。

1935 ⿱心口

于省吾　「甲骨文字屢見，旧释為⿱貝口。按其字从心从口，和敗字作⿱貝口者迥别。甲骨文称：『貞，王㞢⿱心口，不之○貞，王㞢⿱心口，允之。』（乙四五八四）『癸子卜，于㮚月又⿱心口』（前八·六·三），『⿱心口牛』（前一·三五·一）。按⿱心口牛之⿱心口，叶玉森误释為『从貝在口上』（集释一·一一○）。郭璞三仓解詁謂『吣音狗吣之吣』，今本譌作沁。玉篇口部謂『⿱心口，七浸切，亦作吣』。但与甲骨文語意不符，存以待考」。（甲骨文字释林释心）

白玉峥说参字条下。

按：于先生謂字从「心」从「口」，與「⿱貝口」有别是正確的。卜辭用義不詳。

1936 ⿱口心

白玉峥说参字条下。

按：字乃「⿱心口」之倒書，在卜辭皆為人名。

1937 ⿱木心

于省吾　「甲骨文常見的字，也作，从木从屮古每无别。甲骨文的『㞢于⿱木心』（后上九·六），⿱木心字旧不识。按⿱木心即杺字，尔雅释木謂『樕樸，心』。广韵侵部謂『杺，木名，

其心黄。」甲骨文的「出于志」，志為被祭对象，未知所指，存以待考」。（甲骨文字释林释心）

按：字从「心」从「木」，或从「屮」，于先生釋「杺」。合集三一九〇辭云：

「壬戌卜，貞，呼子𡚬出于志犬」

「……般……呼子𡚬出于志叀犬出羊」

為祭祀之對象。

1938

沁

屈萬里 「，从水，貝聲；當是浿字。說文：『浿水，出樂浪鏤方，東入海。……一曰：出浿水縣。』本辭浿字，當亦為水名；然料非樂浪之浿。其詳待考。」（甲释二一一片二辭）

李孝定 「說文『浿水出樂浪鏤方東入海从水貝聲一日出浿水縣』卜辭云『□未☒魚□浿☒禽』魚字屈氏以為漁之省見同上當是，則浿為水名。許君謂浿水出樂浪鏤方，說者謂即今韓國之大通江。殷王田漁，所至當不及此。許君又云『一日出浿水縣』浿水縣未詳。」（集释三三〇一葉）

于省吾 「甲骨文沁字作（甲二七五），也作（京都三一六六），文残，甲骨文編誤释為浿。說文：『沁水出上党穀远羊头山，東南入河。从水心声。』汉書地理志上党郡：『穀远，羊头山世靡谷，沁水所出，東南至荥阳入河，过郡三，行九百七十里。』顏注：『今沁水至怀州武涉县界入河。』甲骨文的『□未☒魚☒沁☒』（甲二七五），当係網魚于沁水之貞。甲骨文沁字也省作心。『貞，涉心，獸』（乙六三七七），是說涉沁水以从事狩獵。如果依照旧說释沁為浿，不仅背于字形，而且汉書地理志和說文均謂浿水出朱浪郡，于地望也显然不符。」（甲骨文字释林释心）

按：字从水从心，不从貝。于先生釋沁。甲釋圖版八三「……未……魚……沁……畢」，沁當為水名。說文：「沁水出上黨羊頭山，東南入河。」漢書地理志：沁水「東南至滎陽入河」，顏注：「今沁水至懷州武涉縣界入河。」此云至滎陽，

疑轉寫錯誤」。段玉裁以為「古水道與唐時不同」，非轉寫之誤。

1939 恕

于省吾 「甲骨文𢖫字（后下一六·七）只一見，文已残。甲骨文編誤入于附录。余永梁殷虚文字續考释為春，这和續甲骨文編释𢘉為媢，以从心為从臼，同样是错误的。按𢖫即忎字，从心尗声。甲骨文督（督，汉隶多从日）字常見，其上部叔字左从尗作𡭙，周器克鼎的叔字左从尗作𡭙，均可互证。典籍中的尗字通作叔或叔，后汉書光武本紀的「麻尗」，犹以尗為叔。玉篇尗部尗之重文作𡭙。然則忎即恕，也即诗汝墳「恕如朝飢」之恕的古文」。（甲骨文字释林释心）

按：于先生釋「恕」。卜辭殘缺，其義不詳。

1940

按：字不可識，其義不詳。

1941

按：字不可識，其義不詳。

1942

按：字不可識，其義不詳。

懋 □

严一萍

「貝塚先生的释文指□是地名，是对的，這一条卜辞（京都二〇六二片），原来是說到□地去耕田，用𦥑田的方式，最后說『受又年』于氏把一个『年』字割掉，遂变成『受又』了。于氏又把地名之□去掉一『、』筆，变成从□，释成『愗』，以『微愗双声通用』，說成『上甲微的異稱』。這样的改变卜辞的字与句，来考释卜辞，用卜辞，难免有誤释誤讀的地方，但是如此主观强詞，对于氏考释卜辞的可信度，就不能不打折扣了。（于省吾强詞造『愗甲』 中國文字新十一期一七〇頁至一七一頁）

于省吾

「甲骨文称：『叀愗甲劦，受又。』（京都二〇六二）愗作□，甲骨文編附录误摹作□。按愗字从矛作□，商器敄觶的敄字从矛作□，周器毛公鼎的敄字从矛作□，說文矛之古文作𢦏，左从矛作□。因此可知，矛字前后演化之迹宛然可寻。說文懋之或体作愗。『叀愗甲（原作田）劦，受又』，愗甲為被祭者。甲骨文中先公先王的庿号，只有上甲之甲作田，因上甲名微（見国語魯語和楚辞天问），微愗由于双声而通用，古无轻唇，故微紐應归明紐。因此可知，愗甲当是上甲微的异称」。（甲骨文字释林释心）

张亚初

「□（京都二〇六二）、□（综类二〇九页）、□（金文编九六四页）、

□（同上九四〇页） 卜辞之□字……从心从□。金文敄从□（金文编一六五页、一〇二二页）。□与金文敄字的偏旁完全相同，所以可以隶定为矛。从矛从心可写为愗。說文以为愗是懋字之省。愗字实际上是懋字的初文。甲骨文有愗无懋，懋字应为以愗为声符的后起字。西周铭文懋字从林从愗，愗是声符，林是意符（金文编五六六页）。懋是茂的本字。此字从林为林木茂盛之意。诗木瓜传云：『木瓜，楙木也。』释文云『楙本作茂』。汉书律麻志：『使长大楙盛』，师古曰：『楙，古茂字。』汉书郊祀志和司马相如传集注也都以楙为古茂字。懋、茂双声迭韵，音义並通。传注家以懋、茂为古今字之说是可信的。楙为懋省（金文编三二五页）。如果我们注意一下字形，就会发现，愗字敄字所从矛，並不是矛盾之矛，而是美字的侧立人形。甲骨文美字作□（甲一二六九），其上部与愗字所从雷同。这就是说，愗和敄是以美字变体字作为其声符的。美，敄、懋都是明母字，韵部也相近。所以，愗和懋古也训为美。愗字用心作意符，是美在心里的意思。懋字以愗为声符而有美意，则是声中见义。懋、茂训美是保存了古义的。懋字初文以□为声符，西周则转换为矛盾之矛（□、□）和牝牡之牡（□）

作为声符。懋字的变化情况是较为复杂的，也是富有趣味性的。悉和敄字所从的矛是新创造的声符字，这是过去我们所不清楚和不理解的。西周的懋字改以矛盾之矛及牝牡之牡作为声符，使文字形体结构呈现出多样性。这些现象，都是值得我们重视并加以研究的。下面，我们把懋字的演变情况作一图示：

弄清了悉字的造字本义和形体结构以后，以下几个字就迎刃而解了。

：从木从矛省，可隶定为柔。

：从木从矛省，矛字出头，与懋史鼎之懋字相同，故也是柔字。

：从言从柔，即諫字。」（古文字分类考释论稿古文字研究第十七辑二五六——二五七页）

按：于先生释「懋」是正确的，唯在卜辭乃地名。

1944 

按：字不可識，其義不詳。

1945 悤 

于省吾「甲骨文有字（菁一一·四，辞已残），只一見，旧不识。按即悤字之初文。周器克鼎作，番生簋作，宗周鐘作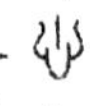，蔡侯盘作。说文古籀补释鏓，并谓『乃蔥之象形字』。金文編谓：『从丨在心上，示心之多遽悤悤也。说文云，从心囱，囱当是丨之变形。』这是对的」。（甲骨文字释林释心）

按：于先生释「悤」。卜辭残缺，其義不詳。

張秉权　「在這批甲骨文中，重要的資料，固然很多，但我認為最可貴的莫過于第四七五片的反面，即胡氏摹本一〇七，有着『貞出□妣』的記載，這已經可以確切地證明『□』是當時被祭的祖先之一。可是至今還有些人在懷疑像那一类的名字是不是殷人的祖先，甚至更進而懷疑他是不是人名。現在原物的拓本出現了，我想，這些疑慮，是可以祛除了。」（跋冬飲廬旧藏甲骨文字中央研究院历史語言研究所集刊第三十七本下冊六八〇頁）

姚孝遂　肖丁　「『□』為殷人経常乞雨祈年之对象，為『先公』之一。其祭祀主要為『燎』，与『河』、『岳』等同时祭祀（《甲》3610）。陈梦家先生释『□』為光，亦即『炎』，以為是『少皞氏四叔之重』，或是《楚語》『乃命南正重司天以属神』之『重』；亦或是《左传》昭公廿九年之『董父』（見《综述》344），其説游疑莫定，乃推測之辞。」（小屯南地甲骨考释一四頁）

姚孝遂　肖丁　「2388 (1)『來庚子其桒年于□』

(2)『叀羊，六月』

陈梦家先生以□与□同字是对的，但以□為从『以』声則不可据（《综述》344）。字乃从『比』而不从『以』。陈先生盖由于误『□』為重、為『董』，故以此相附会。」（小屯南地甲骨考释一五頁）

罗振玉　「説文解字『□如野牛而青，象形，古文作兕，从儿』。此殆即許書之兕字。」（增订殷虚书契考释中三十頁）

王襄　「□，古兕字，許説，如野牛青色。《尔雅释嘼》『兕似牛』。按，兕今名为水牛，殷人亦用以为祭。」（簠室殷契徵文考释典礼七页下）

朱芳圃　「説文解字『禼，蟲也』，段注『殷玄王以為名』。（甲骨学文字编補遗廿四頁）

唐兰　「□，旧释兒，吳其昌释兒，並误。卜辞自有兒或兒字也。近人將此无释。余谓当释为頁，蓋由頭、馘、𩠹等之偏旁证之，頁本作□，此第小变其形耳。頁与夏本一字。『湯既勝夏，欲遷其社不可，作夏社。』疑此夏字即夏社。故卜辭之祭与河岳比隆也。」（天壤閣甲骨文存考释三十四頁下）

郭沫若　「□，人名，亦习見。罗振玉释兒。今案，卜辞自有兒字，与此不相紊。許书二文当以冩为正，虽稍讹变，尚未尽失。□形当有訛误，未可据諦。案卜辞此字实与兒、兒、頁、兒等字同意，当是属於人之事物，与兒形决不类，不得释为兒也。余意当是兒之古文，象小兒有總角之形。兒声与豹声相近，或即高辛氏之才子叔豹矣。」（卜辭通纂五七頁上）

郭沫若　「兒或释为兒，說为王倪。案此片残文兒、兒并見，兒之非兒，明如觀火，其非王倪更毋庸置辯矣。」（殷契粹編考释十五葉上）

董作賓　「兒是殷之先祖契。」（斷代例）

唐兰　「光字本作□，或体作□，从丘，卜辞习見。□字或作□，旧不识，由此知亦先字。」（古文字学導論下五七頁下）

魯实先　「卜辞有□、□、□、□诸字，罗振玉释兒。高田忠周释兒（古籀篇卷三十一第八葉）唐兰释頁，容庚谓为若之形讹（于省吾駢枝三编第九頁引），陳梦家释□，說并非是。知者以卜辞兒作□，兒作□，頁作□，若作□，□作□，皆与□、□、諸文结体迥異也。葉玉森释奔（說契），形益乖违。郭沫若释兒，尤为臆說。良以兒义为額儀，小兒雖有額頦而無儀度，唯成人始有額儀可言，故篆文兒字其象面形之白头盖密合，正所以示成人之义。成人之入仕者，始服弁冕，故训冕之覍字亦从兒，乃释□为兒，而谓象小兒总角之形，是非唯字形不合，且亦陳义乖妄矣。以愚考之，□、□諸字乃說文训蘺蔽之兆，其作□、□或□、□者，则为益体，以象邕蔽之形，犹篆文之丂、巛并从一以象雝蔽之形。亦犹卜辞之牛或作□、□，牡或作□、□，以象輻衡之形也。」（殷契新詮之六第一至第六頁）

饒宗頤　「卜辭：己巳卜，殻貞：來于兇。（福氏二三）

戊申卜，㱿貞：方帝。來于土，兇……上甲。（後乙五二七二）

按兇字，契文作□，舊釋兕。近陳夢家改釋「兇」。凶象地穿交陷其中。此字上从凵，似丘，正象中间窪落，以當凶字，頗當。兇亦稱「兇父」。如「于兇父，來雨」。（摭續二二）左傳昭二十九年有董父，好龍，擾畜之。舜賜姓曰「董」，氏曰「豢龍」，封諸鬷川。知鬷川之鬷即濁名于兇。「㚇」「兇」一字，說文：稯，籀文作「稷」，即其明證。卜辭兇又作㚇，上益「从」字爲聲符，正與㚇同音。故兇父即㚇父，後稱董父，蓋古之豢龍氏，故殷人每向之祈雨祈年也。（通考一二一——一二二葉）

屈萬里 「在卜辭中，□常與河、岳、昌等並見於一辭；疑乃神祇之類，而非殷之先祖也」。（甲編考釋一二四葉）

陳梦家 「罗释兒，不可从。字殆是兇字，亦即㚇字。古音与重从相同。凶可以是少皞氏四叔之重，可以是楚語下『乃命南正重司天以屬神』之重也，可以是左傳昭卅九畜龙的董父。」（殷墟卜辞综述三四四頁）

李平心 「卜辞所载先公先妣有□，其人在祭典中或独祀，或与河、夒、土、王亥等合祀。……从文字形声义与史实各方面考察，□实即兇字。……卜辞有一则说：

（上𦥑）固日（下𦥑）

（上𦥑）兒兇𡴆（此字残剩上半）

（上𦥑）卯八牛 粹六七

兇既与兄通，兄古读如皇，兒当读倪，兒兇显然就是倪皇，倪皇或作娥皇。」（甲骨及金石文考释（初稿），李平心史论集一四〇頁）

白玉峥 「字究以何者为当，迄无定论，惟屈万里先生谓：『在卜辞中，□常与河、岳、昌等，並見於一辞，疑乃神祇之类，非殷之先祖也』（甲考一二四頁）。是也。且字仅見於旧派之辞，旧派隆礼，祀祀天地神鬼，□字其或为人鬼之灵欤？故字从□作。然究为何神何灵，缺乏确证，颇难考知，其或为人鬼之主宰者欤？故其祀礼頗隆。」（契文举例校读十四，中国文字第五十二册五七六六頁）

按：□為殷先公之一，卜辭習見，其或體作□。諸家所釋，皆不可據，只能存疑待考。

1947

入

王襄

「古入字。」（類纂正編第五第二十五葉下）

陳夢家

「一、入者，包括龜甲刻辭中「某入」和「某氏」「某來」「某取」等形式，亦包括「自己入」前八、四、六「來自吳」（續七三善「剪氏自某」（林二、四、一〇、一以上皆甲橋）等形式，……入與來」意義有別，（乙七六七三右甲橋刻辭「雚入二百五十」，左甲橋刻辭「帚羊來」，可證。二、被乞者，包括「乞自某」和「自某乞」「某乞自某」「乞于某」等形式。在「某乞自某」的形式中第一個某是乞者，乞有「取」義，所以被乞的人就是「入者」。不過胛骨刻辭只用「乞」，不用「入」。被乞者之「某」和「入者」皆是為准備卜事而收集甲骨的人。三、示者，示的意義，需加推定。說文「視」的古文作「眎」「眡」，周禮大卜「眡高」，鄭玄注作「視高」，士喪禮作「示高」。大卜云「卜大封則眡高作龜」，鄭注云「視高，以龜骨高者可灼處示宗伯也……作龜謂以火灼之」。大卜又云「大祭祀則眡高命龜」。示高是灼龜命龜以前的事，所指當係荀子王制篇的「鑽龜」，韓非子飾邪說篇的「鑿龜」。今驗實物，龜甲自劇剝鋸錯磨平之後，先在反面鑿鑽槽長形的槽和圓形的窠以備灼，既灼於所鑽的圓窠之後乃有兆文現於正面，即於兆旁刻卜辭。「某示」的之「某」大約即係鑿鑽的人；「帚某示」之例最多，或許多由「帚」擔任的。四、乞者，「某乞自某」只有數例，都是胛骨刻辭。我們稱第一個「某」是「乞者」，乃骨面刻辭「癸亥，貞乞自零十屯，品」（粹一五〇五）「癸亥，貞自乞零十屯，充」。（明續七、又見殷綴附圖八〇）這是癸亥那天貞（乞者）乞自零（被乞者）十，對骨，而爲署者是品和充兩人。由此可見「乞者」「被乞者」和「爲署者」是各別的。五、爲署者，刻辭的通例，最先是「入者」或「被乞者」，其次是「示者」，最後是「爲署者」。爲署在一刻辭中的地位有不同的例：1.刻左第二行，「帚井示五屯。亘」臼（林一、一八、二）骨 2.刻在左甲橋，「肆入卅（右甲橋）殼（左甲橋）」（乙四九五四）3.刻左一行而空隔一點「做入七，帚井示。葬」（乙三三三〇、乙五二八一（背甲一對））4.聯刻於一行，「幸丑，邑示二屯，帰。」（林一、一八、五）5.單刻的，「缶」[illegible]。以上五種人，我們名之為「卜官」，相當於周禮的大卜、卜師、龜人和華氏一類。他們和命龜者的「卜人」是不同的。上舉乙編背甲一對，有鑽鑿而無灼迹，亦沒有卜辭，只有記事刻辭，知此等刻辭刻在卜以前。

我們所謂「卜人」乃是刻在卜辭上的命龜者，董作賓氏名為「貞人」的。命龜者的卜人和嘗卜事者的卜官是不同的，然而是有關係的。某些卜官，也兼為命龜者，故其名字亦見於卜辭署寫卜人之處，即在『甲子卜』與『貞』之間。卜人與卜官或者是兼職的，或者是移調的，今已不可考知。」（綜述一七七葉至一七八葉）

陳夢家　「卜辭內乙之內作『入』，即入字。古『入』『內』同用，故定為內外之內。內乙與下乙（祖乙）并卜，所以他不是祖乙。」（綜述四一七葉）

饒宗頤　「『己丑卜，穷貞：羽庚寅，令入戈人。』（前編七、三四、二）按『入戈人』之『入』字，讀為內，即納也。他辭又見『自戈』，如：『口辰卜，口貞：王隹自戈囚。』（南北誠明三八）是其證。」（通考三一三葉）

屈萬里　「卜辭：『𢦏入。』（甲編二九七四此甲尾記事之辭。）入，謂貢獻也；指此卜龜言。」（甲編考釋三八四葉）

屈萬里　「卜辭：『乙未口，貞：王口衣入，口邁口？』入，謂歸來也。」（甲編考釋一七二葉）

丁山　「卜辭常見『某入』，或者就是某氏入夕的省文，大概是紀載公卿諸侯自其邦國采邑來到王都或行在供應王事的。君甲冉云：『𡧊入百』，『雀入十，𡨄』，背甲云：『小臣入，二』，『𡫹入百廿』，『雀入二百五十』，入下但綴數量，不著名物，而且最高數量多至五百，與骨臼刻辭所謂『吾干夕』，當然不能混為一談。（乙編四五一九『雀入首五百』，乙編四九四八甲冉『我𢀛五十』，𢀛當是萬字，『我萬五十』，當是『我入萬五十』的省文，『入萬』猶言進入執干而舞的人，這種人就是『備一之衛』的武士。同樣『雀入䨼五百也』，也可說是入衛的人數。」（甲骨文所見氏族及其制度）

丁山　「卜辭常見『王入』，『王勿入』，或曰『入某』，『入于某』，入字的通訓，謂自外來。」（甲骨文所見氏族及其制度）

陈炜湛　「甲骨文入字多作入，下通常作𠆢，然亦可省作入，遂与入字同形而易相混。甲骨文编將入一律释入（见该书卷五第十八页，合文卷第二至三页）。卜辞人名有下乙，或作𠆢乙，或作入乙。作入乙者有的同志释为入乙，也有的释为内乙，均有未安。案《乙》四五四九片云「乙酉卜，出岁于下乙」。另一辞同。两辞对贞，下乙两见，而一作⿱∧乙，一作∧乙，此为下可作∧之有力佐证。《京津》七〇一片亦「又于∧乙」与「又⿱∧乙」共见一版，足证∧为下而∧乙非入乙。再如《乙》一七八三片「甲子卜，𢼸羊于（案此字首画适残，不可误认为「七」）下乙，又用」，三四七八片「乙卯卜，又岁于下乙，宰用」，七五一二片「癸酉卜⊠年下乙，宰」，八六七〇片「宰又𢼸于下乙」，诸辞之下乙亦均作∧乙。此下乙，胡厚宣先生谓即祖乙，或以为乃小乙。案上述诸辞皆武丁时所卜，而武丁称小乙为父乙，安得呼为下乙，当以胡氏之说为是。又据《丙》三九片，下乙的地位和大甲与咸一样的崇高，也可「宾于帝」，可知下乙决非小乙。《丙》四一片云：「翌乙酉出伐于五示：上甲、成、大丁、大甲、祖乙。」而《乙》五三〇三片则曰：「桒上甲、成、大丁、大甲、下乙。」二辞对比，亦可证明下乙即祖乙也。

卜辞又有下己之名，作∧己，见《殷缀》一四九片：「丙辰卜，𢼸牛于祖己∧己？」作为下的∧与六亦相似而有别，不可混为一谈。《佚》七六片（《粹》四〇片重出）云：「癸未贞：∧旬又希，不于妣田？」∧旬，商承祚、郭沫若先生均释六旬，无说，《甲骨文编》亦从之。案卜辞中六字多作介、∧、∧诸形，如六示作⿱∧丅，六祀作介祀，六日作⿱∧日，六人作⿱∧人，六牛作⿰∧牛，六百作⿱∧百，六宰作⿱∧宰，六字都不作∧，∧旬之∧释六似有未安，实亦当释下，与下乙之下作∧者同。下旬犹来旬也，与今旬相对。《乙》三〇四片「今旬雨」，《粹》七四七片「自今旬雨」，《粹》七五一片「自今旬壬子雨」，《铁》一四七·四片「癸酉卜自今旬不其〔雨〕」，其余如《佚》七〇三，《续存》上三四〇，《南北坊间》四·四二，《京都》二〇九，《续》四·二三·八，《乙》二六二九诸片亦均称「今旬」。此称「下旬又希」与「旬亡田」意同，乃于癸日即一旬之末日贞卜下旬是否有灾祸，若释六旬则了无意义矣。

∧作为下字毕竟是少数，在大多数甲骨文中，∧则是入字，其辞例或称入日，入商，王入，王勿入，义均为出入之入，如《佚》四〇七片即入日（∧日）与出日（⿱出日）共见一版；或称某入若干，见于甲桥刻辞者不下数百例，义同入贡。而作为入的∧，亦有误认为六字者。如《粹》七五七片（新版为八八八之乙）有⿱∧百一语，郭沫若释为六百，谓「唯六百不合书，为一异例」。案此实「入百」二字，「百」在下侧之亘则为史官签名，「入」上一字刚好残失，补足之，当读为「□入百。亘」。余外「雨」、「易」、「日」三字则为另一辞之残，与本辞无涉。甲桥刻辞称「入百」之例亦屡见。如《乙》七七六及一〇二三片均称「𡧊入百」。又如《佚》三七〇片之背，商先生释为「□六百」，案此片第一字实叀，虽微蚀，尚可辨。二、三两字作⿱∧百，亦宜释入百，连读之则为「叀入百」。叀入若干的记载亦见于《乙》五三二〇片「叀入十」；六八二五片「叀入二」；七六五二片「叀入三十」（朱书）。」（《甲骨文异字同形例》，《古文字研究》第六辑二二七——二二九页）

按：説文以入為「象从上俱下」不可解。朱駿聲通訓定聲以為「象艸木根入地形」；于省説文職墨以為「象芒刃形，芒刃能入物者，故其象如此」；林義光文源以為「象銳端之形，形銳乃可入物也」。凡此諸説，均難以置信。

卜辭「入」與「來」相近，但有別，「王入于商」不得言「王來于商」；可簡稱為「王入」，不得簡稱為「王來」；「來日」與「今日」相對，「入日」則與「出日」相對。大體言之，「來」為遠近之分，「入」為内外之別。

丁山以「某入」為「某氏入夕的省文」，非是。甲橋刻辭「某入」是貢入龜甲之意。説詳胡厚宣五種記事刻辭考。且乙四九四八亦非「萬」字，「執干而舞」，更屬無據。

卜辭「六」字之最初形體作「∧」，與「入」無別。其後逐漸分化，唯兆序紀數字猶有作∧者。「入」與「六」乃同源字。紀數字源於刻劃符號，乃抽象之形體，當自成體系。

裘錫圭曾詳論卜辭「卜」與「外」、「入」與「内」之關係，其説至確。古文字「入」、「内」、「納」皆同源，于先生曾論及之。

1948

衣

孫詒讓　「□字奇古難識，諦案疑褱之省。説文衣部褱，解衣而耕謂之褱。从衣毀聲。此从仌，似即衣字。从爻者，毀之省」。（舉例下十葉）

羅振玉　「説文解字衣，象覆二人之形。按：衣無覆二人之理。段先生謂覆二人則貴賤皆覆。其言亦紆回不可通。此蓋象襟衽左右掩覆之形。古金文正與此同。又有衣中著人者亦衣字」。（殷釋中四十二葉下）

王國維　「衣為祭名，未見古書，濰縣陳氏所藏宍豐敦云：『王衣祀于丕顯考文王』。案衣祀疑即殷祀，殷本㐆聲，讀與衣同，故書康誥『殪戎殷』，中庸作『壹戎衣』，鄭注『齊人言殷聲如衣』，呂氏春秋慎大覽『親郼如夏』，高注『郼讀如衣，今兗州人謂殷氏皆曰衣』。然則卜辭與大豐敦之衣，殆皆借為殷字，惟卜辭為合祭之名，大豐敦為專祭之名，此其異也」。（殷禮徵文六葉殷祭條，靜安先生遺書第二十四冊）

王襄　「古卒字，爻象衣之題識」。（類纂正編第八第三十九葉上）

王襄　「□，古卒字，或作□，爻乂均象其衣之題識。」（簠考雜事十三葉下）

葉玉森　「按□之異體作□□□□等形。內从爻，或省作乂。其字不可識，本辭為地名。」（前釋二卷一葉）

陳邦懷　「余以為卜辭之衣祭，即小戴記之殷祭。鄭君注記謂『齊人言殷聲如衣』，是殷商之衣祭，即姬周之殷祭。衣祀之偁，雖見於周之聃敦，然其祭義判然各別，蓋殷之衣為統祭，周之衣為專祭也。」（小箋自序一葉下）

金祖同　「甲文之衣，即殷之初字，殷則周初所制以之稱商者，故甲文不見殷字。」（卜辭講話四十——四一葉）

孙海波　「□旧无释，窃疑衣字，从爻，象衣文饰之形，即後世卒字所从出。……按衣卒古音同居微部，义亦相通。吕览离谓篇：『鄧析约与民之有狱者，大狱一衣，小狱襦卒，』卒即䘹，犹衣也。史记淮南王安传：『又欲令人衣求盗衣，』集解引汉书音义曰：『卒，衣也。』颜注，『求盗卒之掌逐捕盗贼者。』是衣卒通用之证。古者卒衣染衣，以昭识别。』尉繚子兵教篇：『卒異其章，书其章曰某甲某士。』是皆卒衣有题识也。有题识之衣，衣者为卒，故名其衣曰卒，然则卒当从衣象形，此正象衣有题识之形，故曰衣字繁文。小篆别卒于衣襟之衣，加一以识之。段氏不察，增云『故从衣一，』非其朔矣。」（卜辞文字小记，考古学社社刊第三期六十三页）

吴其昌　「『衣』者，商代之大祀，臚列諸代先王妣而合祭之也。知之者，卜辭有云。『甲戌卜貞，王賓求；且乙、且丁、且甲、康且丁、武乙、衣。亡尤。』（後.一.二〇.五）謂臚列小乙、武丁、祖甲、康丁、武乙、五代合食也。又云：『丁丑卜貞，王賓自武丁至于武乙，衣。亡尤。』（後.一.二〇.六）亦記上列五代合食之渻文也。其在帝乙帝辛之時，又往往定期舉行盛大之合祭，自上甲起，悉列有商一代之先王綜合曆祭之，則在卜辭中記之，其文每行『……王賓自田（上甲）至于多后，衣。』（卜辭中見此者凡九次：前.二.二五.二、前.二.二五.四、前.二.二五.五、前.三.二七.七、前.三.二八.一、後.一.二〇.七、林.一.二一.七、林.一.二七.四、續.二.一.三）『多后』云者，即殷代先王全體綜合之渻稱也。若其所合祭，上起上甲、而下止于武乙者，則其文自當云：『王賓……自𠂤至于武乙，衣。……」（後．一．二〇．三）矣。以上述羣證考之，則知「衣」義為多后合祀，甚明確而不易矣。此商時盛行之「衣」祀，隸至帝乙、受辛之時而舉行益復頻數；此觀于九報，有「衣」祀之辭，其字體作風皆在李葉第五期時，即可見，又帝辛游田之時，在未馳逐之時，亦必舉行「衣」祀，故卜辭屢見「王田，衣，逐，亡災」（前．二．七．三．又．二．一〇．二．又．二．一一．五．又．二．一五．一．又．二．三一．六．又．二．三二．二．又．二．三二．三．又．二．四一．一）或「王田雞……」（前．二．一二．三）「田雞……」（前．二．二八．五）「田率……」（前．二．四三．一）「……衣，逐亡災」之文，亦可為左證。此商末愈益盛行之「衣」祀，商社既屋，猶傳至周民族，沿襲而不絕，故周金文中，武王時之大豐毀文云：「王衣祀于王丕顯考文王。……」又康王時之庚贏鼎文云：「王客（格）周宮，衣事。（衣祀）」（酒清．三．三九．又大豐毀見愙．一一．一五、攈三．三一）皆其證也。下訖昭王之世，則「衣」已聲借為「殷」；故昭王十年之作冊翻卣文云：「隹明保殷成周年……」（善齋．四．三四）昭王十一年之臣辰盉文云：「……王命士上眔史寅殷于成周」。（善齋．九．三三）可證。書康誥：「文王殪戎殷」，禮記中庸引作「壹戎衣」；鄭玄注曰：「衣，讀如殷。……齊人言殷，聲如衣」。是即「衣」「殷」一字同聲最佳之說明也。其後經典，遂皆通行假字之「殷」，而不復知有本字之「衣」。如易豫象傳云：「殷，薦之上帝」。禮記曾子問云：「除服而後殷祭」。又周禮大宗伯云：「率五年而再殷祭，一祫一禘」。是也。且由大宗伯之說考之，則「殷祭」即「一祫一禘」，是周時殷祭，猶仍商代衣祀多后合食之遺制也。又在商代，「衣」祀與「彡」祭每有相連共舉之事實，不容吾人忽視者，如本片文（即前一．三〇．四）云：「彡，自母辛，衣」。有他辭之記彡祭與衣祀相連涉者，尤不止一見。或云：「……貞酒，彡衣」（後．一．二〇．二）或云：「□亥，其戠，彡、衣。在二月」。（續．三．二八．一，即佚．一一三）或云：「……彡、衣。……十二月」。（佚．六〇七）悉其例證。又殷代銅器中有豐鼎者，其銘曰：「乙未，王商（賞）宗唐豐貝二朋。彡日衣。豐用作父丁彝。……」（陶齋．一．二五、摹文如下：）

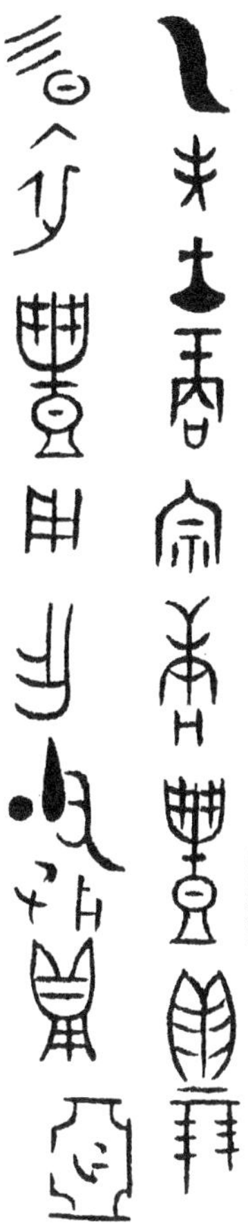

是又金文中之例證，足與上述卜辭例證，相互贋印者也。至其所以連涉之故，今無可攷，殆指其所祭對象，不止一人而言之，則謂之「彡」歟。（詳第八片疏證）又，以其他卜辭考之，則商代「衣」祀，其所合食者，至上甲至于武乙，或武丁至于武乙，皆為先王，不逮及于奭，然而本片明云：「……自母辛，衣」。則衣祀合食之多后，有時亦專指諸先妣而言，第尚未發現有記

載先王先妣相爽合食之契文耳。王若衣字捨假借為祭名，而言其原始獨立之本義則實為衣裳字之初文，羅振玉曰：『蓋象襟衽左右掩覆之形。』是也。」（殷虛書契解詁第三二五——三二八葉）

吳其昌　「衣，亦即『衣』字也。所以碻实知之者，前編有文云：『……自田衣。……亡丧』（前、二、二四、七）其『衣』字正作衣，与本字字形同，可証也。『衣宅』之誼，殆為衣祀于宅歟？」（殷虛書契解詁第三三二——三三三頁）

郭沫若　「哀或释衣，或释歲，均不確。」（粹一三二五片考釋）

郭沫若　「衣亦讀為禋，精意以享曰禋。」（青銅一卷大豐殷韻讀廿二葉）

聞宥　「王氏謂象題識，說是也。惟必謂為卒字則尚難定。」（甲骨文字中ㄨ文之研究前釋二卷一葉上引）

孙海波　「衣，鐵二三、二。旧释卒。」（甲骨文編八〇一頁）

孫海波　「衣，甲三三七。象形。卜辭衣、殷通用。合祭稱衣祭，即殷祭。衣，甲一一九〇。地名，即殷，在今河南沁陽縣境內。」（甲骨文編三五五頁）

陳夢家　「卜辭的『衣』即殷祭。尚書康誥『殪戎殷』，中庸作『壹戎衣』，鄭玄注云『齊人言殷聲如衣』，呂氏春秋慎大篇高誘注云『今兗州人謂殷氏皆曰衣』，公羊傳文公二年曰『大祫者何？合祭也。……五年而再殷祭』。此所說殷為合祭是對的，五年而再殷則是後世之制。卜辭『衣』祀始於武丁卜辭：

……貞翌甲其酒自上甲衣，亡它，七月。　佚三四、一

……戊寅卜貞翌彡歲自毋辛衣　前一、三〇、四

……癸亥卜古貞來年自上甲至于多后　甲二九〇五

武丁時有周祭的萌芽，至祖甲周祭始為完備。」（綜述三九七葉）

陳夢家

「……卜辭有『衣』而無『殷』，所以西周初期金文天亡𣪘『衣王』，沈子它𣪘『克衣』都是殷字，康誥『殪戎殷』而中庸作『壹戎衣』，可以為證。西周改商為殷，所不改者乃是地名之商，……周武王滅周以後，立其子武庚於朝歌之商邑，其後武庚叛，成王伐之而封康侯於此，國號曰衛。此所謂衛其實就是殷：

呂氏春秋慎勢篇　湯其無郼，武其無岐豐也　注云：郼，殷舊封國名。

呂氏春秋慎大篇　夏民親郼如夏　注云：郼讀如衣，今兗州人謂殷氏皆曰衣。

路史國名紀丁　郼，殷也。讀如衣，蓋本杜亳，契都，故不韋曰湯嘗約於郼薄。

……

此可證郼、衣、殷之為一，而郼即衛，所以康侯啚𣪘曰：『王束伐商邑，祉令康侯啚于衛』，史記衛世家曰『封康叔為衛君』，而逸周書作雒篇『俾康叔宇於殷』。……」（綜述第二六三葉）

陳夢家

「卜辭中的衣有兩種用法：一為動詞，一為名詞。動詞之衣為祭名，王國維首先據古書和天亡𣪘（舊稱大豐𣪘）衣殷通用之例，定為殷祭之殷（殷禮徵文）。地名之衣，則郭沫若首先指出，說『衣當讀為殷，水經沁水經又東逕殷城北，注引竹書紀年云秦師伐鄭，次于懷，城殷。地在今沁陽縣』（卜通六三五）。他在卜辭通纂序中又申述此說，以為盟、衣、盂、雍、四地相近，晚殷『畋遊之地多在今河南沁陽附近』。此說與王國維所考定的雍盂二地名（觀堂別補三——四），正相符合。王氏個別的考定，經此田獵區的聯系，乃更為可信。董作賓則以為田獵區在大邑商附近，以為商即商丘，都是對的；而以大邑商為商，則是錯的（殷曆譜下九：六二）。據沁水經殷城在懷縣之南，沁水分隔兩地，殷在水南而懷在水北。此殷城即卜辭之衣。

卜辭作為田獵區地名之衣，始見於康辛卜辭（甲三九一四），武文卜辭亦偶有之（粹一〇四一），而最多所於乙辛田遊的卜辭中。證之尚書無逸稱祖甲以後殷王之逸於田遊之戒，可知晚世殷王好田」。（綜述二五九葉）

李学勤

「商王狩猎时有时采用『衣』或『衣逐』的方法。『衣』读为『殷』，训同或合，衣逐即合逐之意。前人解『衣』为地名，指为沁阳的殷城，是错误的。例如在廪辛卜辞中常见『衣豕（逐）』或『王衣豕（逐）』：

□□卜狄贞，（王）其田，衣逐，亡灾？（京四四四一八三、一）.

戊午卜贞，王其田，衣逐，亡灾？（甲一五四九八三、一）

□丑卜贞，王衣逐，（亡）災？　　甲一二三四（三、一）

如以「衣」为殷城，则于「王衣逐」就无法读通。五期卜辞常见「于支卜在某贞，衣逐，亡災」之例，其所在地名有十八个之多。同时下列卜辞明举了所田之地：

辛巳卜在敦贞，王田䆁，衣，亡災？　　前二·四三·一

壬申卜在口贞，王田湛，衣（逐），亡災？　　前二·一二·二

□□卜在禾贞，（王田）瀗，衣（逐），亡災？　　林二·二〇·九

足證「衣」在此並非地名。」（殷代地理简论第七页）

李孝定　「卜辭諸㚈㚈字讀為卒，辭意頗多允協。辭云「壬辰卜爭貞王于八月入　乙亥卜爭貞之七月王勿卒入戠」前·四·六·三，「翌甲戌其雨　翌甲戌不雨毋其卒佳八月」乙·一二〇六、「貞其𡚻于河　貞勿卒𡚻于河」乙·三二二二，「甲辰卜貞殼王入𣦵　甲辰卜殼貞王勿卒入𣦵」乙·三二七四，諸辭卒字並當讀為猝。首辭言七月王勿猝入戠地名八月入乃佳也𣦵亦地名，辭例與首辭同。第二辭言甲戌不雨佳其有驟雨否也。第三辭言勿卒𡚻于河者，國之大事惟祀與戎，恐蒙臨事不敬之咎也。「貞翌口辰王口卒入」前·六·三三·七本辭有闕文，恐仍當讀為猝，非士卒之卒也。「貞翌己巳步于卒」「貞于庚午步于卒」乙·八一一·地名。金文作𠆢外卒鉼此盖晚期文字，已與篆文全同矣。」（集釋二七二四葉）

饒宗頤　「按「衣」即「殷祭」。公羊文二年傳：「大祫者何？合祭也……五年而再殷祭」。但辰盉作：「𣪘祭」。中庸鄭玄注：「齊人言殷聲如衣」。大豐殷：「衣祀于王」。庚嬴鼎：「客王口宮，衣事」。晚期卜辭每言「自上甲至于多后衣」，乃祭自上甲而遍祀各先王，為大合祭。殷字，說文訓為作樂之盛稱。湯豫卦：「殷薦之上帝」。左襄二十二年傳：「殷以少牢」。殷皆訓盛，殷為合祭故有盛義。」（通考一五七葉）

張秉权　「㚈，或作㚈，与㐅是一个字的数种不同的写法，我在本编上輯（一）图版叁叁、三六片的考释中，把它释為「衣」字，而没有加以特别的說明。最近友人李陸琦（孝定）兄撰甲骨文字集释，採用王襄郭沫若丁山唐兰孫海波等人之說，以為這是「卒」字（見卷八ㄉㄇ、二七二五——二七二七），但我认为這个字，仍应释為「衣」字。因为本编图版叁壹、三四至图版叁伍、三八等五版，是一套成套的大龟腹甲，在图版叁叁、三六的第（四）辞中，則作㐅形，它们的詞性、詞位和用法完全一样，而且在一套卜辞之中的同样地位，所以我认為那是一个字的异体。」（殷虚文字丙编考释第四二三頁）

屈萬里　「衣，地名。即水經沁水注『又東經殷城北』之殷，在今沁陽縣」。（甲編考釋一七二葉）

丁山　「上从京省，下象箕形，疑即基之本字。周頌絲衣『自堂徂基』，毛傳『門塾之基』。爾雅釋宮則謂塾为门側之堂。禮記稱臺门九，疏『兩边築土为基，基上起屋曰臺门』。臺門殆期門所以昉歟：期門者即左定二年之雉门是也。以字形言，正象起屋臺上之形。箕形亦象其音。史記孔子世家孔子五世孫『箕字子京』。箕者讀为『自堂徂基』之基。」（殷商氏族方國志一三七頁）

丁山　「卒蓋讀為周官射人『掌王倅車』之倅。中書翼辭所稱卒氏，殆亦以車倅得名，所謂以官為族也。卒，孳乳為崒，又轉為崔嵬，語轉為畏隹，為翠微，漸失正字，聞當疑翼辭所見卒氏，或讀為崔。」（殷商氏族方國志一三六葉）

柯昌濟　「島氏释為卒字，按字似从重複衣之象形，余疑為萃字，萃字与卒字古字形义皆相近，萃又有集合之义。卜文中之□入释為萃入即卒入，似亦可通，姑举以俟証。」（殷墟卜辞综类例证考释，古文字研究十六辑一四九頁）

白玉崢　「就字之解体言：自甲文至今日之楷书，无甚衍变；而其为用，在五期之卜辞中，除为祭名外，於第三期时，有田狩区曰衣。」（契文举例校读十七中国文字第五十二冊五八七七頁）

赵诚　「衣，甲骨文写作□，象衣之形。卜词用作副词有集合、会合之义，不明和衣之本义有何联系，似为借音字：

戊寅卜，才高貞，王田，衣逐，亡災。（前二·十一·三）。——田，畋猎。逐，追赶野兽之专用动词。『衣逐』，卜辞常见，近似於近代所说的合围。不同的是：『衣逐』只限於对野兽；『合围』不仅对兽，也可以对人。『衣逐』之逐与追义近；『合围』之围虽不完全排除追，但主要在於围。衣作为副词的这种用法仅见於商代。」（甲骨文虚词探索，古文字研究第十五辑三〇二頁）

裘錫圭說参□字条下。

按：徐灝段注箋云：「古鐘鼎文多作衣，與小篆同體。上為曲領，左右象袂，中象交衽，此象形文，明白無可疑者，許君蓋未審耳。段謂覆二人則貴賤皆覆，穿鑿無當。」張文虎舒藝室隨筆亦同此說。

其作衣衣衣諸形者，舊釋卒，實亦衣字，象衣之有文飾。王筠釋例云：「卒下說解，段氏改竄，皆非也。卒為衣名，故入衣部。其衣名卒，而衣此衣者亦謂之卒，猶甲士謂之甲也」。衣有題識者謂之卒，乃後世之區分，進而衣此衣者亦謂之卒。卒與衣段氏古韻皆在十五部，卒之義亦為盡，為訖、為悉、為竭，並一聲之轉。

𣶒圖版三一、三二、三三、三四、三五為同文，其三三版云：

「貞王衣室盟日」

其三五版云：

「貞王衣室盟日」

此為衣衣同字之鐵證，張秉權即均隸定作衣。李孝定集釋釋讀乙三二七四有敘文，當作「王勻衣入，于𢦏入」。此兩版亦可證衣衣同字，張秉權已言之。

其作衣形者，則非衣字。

要之，「衣」與「卒」乃後世所分化，卜辭猶未區分。

1949

按：合集二四三〇三辭云：

「……丑卜，王在自衣卜」

為地名，當亦「衣」字。

1950

表

于省吾释祄，参王字条下。

按：字从「衣」、从「王」，于先生釋「祄」。卜辭殘缺，其義不詳。

1951 衣 

按：合集一四七五五正辭云：「貞，戠亡囚在」為地名，當亦「衣」字。

1952 初 

王襄 「古初字。」（簠室殷契類纂第二十一葉）

李孝定 「說文：『初，始也。从刀，从衣，裁衣之始也。』契文與篆文同，辭多殘泐，其義未詳。金文初字多見，作旂鼎沇兒鐘禹攸比鼎鄦諆尹鉦楚子簠大簋邾太宰簠蔡大師鼎姞口句鑃與契文小篆並同，例多不具舉。」（集釋一五二一葉）

前·五·三九·八辭云『囗王初囗㝴囗攺』，同片它辭『刺令其唯太史㝴令』，其義似亦當訓始。

按：甲骨文初字與金文、小篆同。辭多殘缺，用義不明。

1953 依 

羅振玉 「衣中著人者，亦衣字。」（殷釋中四十二葉下）

王襄 「古依字。或釋衣。」（類纂正編第八第三十七葉下）

商承祚 「疑是依字。」（類編八卷五葉）

李孝定 「字象人體著衣之形。『倚也』其引申義也。其本義當為動字，即『解衣衣人』之第二『衣』字之義也。」（集釋二六三三葉）

按：从人从衣，釋依可從。卜辭用義不詳。

1954

陈汉平　「甲骨文𠂤字（前編四·五六·二）旧不识。此字从衣卜声，当释为补。补字疑即補之初文。說文：『補，完衣也。』此字所从之衣形作𠂤，象衣服不完全之形，以卜为声符，表示为完衣。」（古文字释丛，考古与文物一九八五年一期一〇四頁）

按：字不从「卜」，釋「補」不可據。辭殘，其義不詳。

1955

裘 

孫海波　「裘，前七·六·三。不从求，象皮裘之形。」（甲骨文編三五六頁）

李孝定　「說文：『裘，皮衣也。从衣，象形，與衰同意。求，古文裘。』契文作上出二形。裘象已製成裘，獸毛在外之形。古者衣裘毛均在外也。求則象獸皮一喙兩耳四足一尾之形。製獸皮者恆於鼻端穿孔懸之，正作此形也。作裘者，在卜辭為地名。作求者，其辭多為『求雨』、『求年』、『求禾』、『求生』、『求于岳』、『求于河』、『求于X數字示』，釋為求以讀諸辭，無不辭從理順，形合義諧。至求字諸家或有釋求者，誤也。字與求字形近而有別，當釋希，讀為祟。說見九卷希下。求象生獸之形，故其字夭矯作態，求則象死獸之皮，故其字平正對稱，此其異也。求字或又釋𢍉，亦非。𢍉字當作求，與求亦形近，故說者每多轇轕纏结，自為矛盾也。金文作求君夫簋、求番生簋、求齊鎛、求鼎、求郑君求鐘、求𦉢伯簋『錫女口裘』、裘又卣『錫馬錫裘』、裘庚壺『衣裘』。前數文與卜辭作求者形近，弟首微左屈為異，此為許書古文所自昉。後文从衣从又，又當為聲，以辭例推之，當為裘字。契文有裘字，見前金氏續文編收作卒者，竊疑即裘之初文，為形聲字之裘之最早形體。求則裘之象形字也。以求假為求匄字既久，因更製从衣又聲之字耳。卜辭衣衩字為方國之名。辭云『裘入五十』（乙七二〇〇。押刻辭『辛卯卜伐口衣』（𨚓六四），無由證其為裘字，故本書暫收作衩，入衣部，以為說文所無字。」（集釋二七三六葉一）

之古文。

按：唯作𢦓形者為裘字，卜辭為地名。釋契諸家或混𢦓、希等字為求，均誤「求」為「裘」之古文。隸變以後，「求」與「裘」始歧為二字。李孝定釋𢦓為裘，非是。

袁 遠

裘錫圭

「《小屯南地甲骨》著录的一版三四期卜骨有如下三辭：

(1)王其田後，湄日亡（無）𢦏（災）。

(2)其鈇田，湄日亡𢦏。（屯南3759）

二者前后相次，当是对貞之辭。(1)的「後」字，按照卜辭一般文例似应是地名。但是此辭的「其田後」跟(2)的「其鈇田」对貞，「鈇」显然不是地名（如是地名，应该说「其田鈇」或「叀鈇田」），所以「後」也有可能不是地名。有一条三四期卜辭说：

(3)口其田于口（此处所缺一字当是地名），其後，（湄）日亡𢦏。（合28705）

此辭「後」字紧接「其」字之后，词性显然跟(2)的「鈇」字相同。据此可以推定(1)的「王其田後」应该理解为「王其田，其後」或「王其後田」，「後」不是地名，而是意义跟「鈇」相对的一个词。

在《后编》著录的一对三四期卜辭里，也有彼此相对的「後」、「鈇」二字：

(4)于後俚。

(5)才（在）鈇俚。（后下42.8）

「俚」字不识，但是从有关卜辭可以约略推知其意义：

(6)王其乍（作）俚于旅口邑口其受口（后下4.8）

(7)☐其乍王俚于兹，術☐（宁2.113）

(8)丁卯王其☐牢俚，其宿。

(9)弜（勿）宿，其每。（粹1199）

(10)于盂俚，不雨。（粹779）

从上引卜辭看，俚似是性质跟后世的行宫相类的一种建筑。牢俚、盂俚是建筑在牢地、盂地的俚。牢和盂都是商王田遊常到的地方。

在上引那对卜俚之辭里，「鈇俚」之前用「在」字，「後俚」之前用「于」字。这很值得注意。商朝人卜问祭祀时日的卜辭，如果以「今」与「翌」、「來」对貞，往々在「今」前用「叀」字，在「翌」、「來」前用「于」字，如：

如以「翌」与「来」对貞，往々在「翌」字前用「叀」字，在「来」字前用「于」字，如：

(11) 叀今夕酒。
(12) 于翌日〔夕〕酒。（甲578）
(13) 叀今日。
(14) 于来日。（拾94）
(15) 其又（侑）大庚，叀翌日酒。
(16) 于来日庚酒。（京津4204）

总之，在卜问祭祀时日的时候，如果对貞的两条卜辞所用「介词」不同的话，一定是所卜时间较近的用「叀」，较远的用「于」。上引卜僻之辞里「在」和「于」的关系，跟这类卜辞里「叀」和「于」的关係是相类的。由此可知𢓊俚和䠶俚当有远近的不同。

根据「𢓊」、「䠶」二字的字形，结合上述卜辞文义上的线索来考虑，可以断定「𢓊」应该释作「遠」，「䠶」应该释作西周金文借作「邇」字用的「䠶」。

下面先讨论「𢓊」字。

三四期卜辞里有写法跟「𢓊」很相近的𢓊字，简体作𢓊：

(17) 于𢓊七囗
(18) 于䕺𢓊（擒）。
(19) 于𢓊𢓊。（屯南2061）

按照汉字构造的原则来看，这个字应该是从「彳」「𧘇（𧘇）」声的一个形声字。根据西周金文里的有关材料，可以知道这个字就是「遠」字。

这个字的声旁跟西周金文「睘」字的声旁相同。「睘」、「袁」古音根近。小篆「睘」字作睘，从「目」「袁」声。西周金文「睘」字有以下一些写法（据《金文编》184頁）：

声旁作𧘇𧘇𧘇等形，跟上举那个甲骨文的声旁显然是一个字。西周前期铜器遽伯簋有如下一字（《金文编》79頁）：

旧释「還」，其实也是从「目」「𧘇」声的「睘」字。前人把「又」和「衣」的下部合在一起看成趾形，因而误释。古文字从「彳」从「辵」通常没有区别，金文「遠」字就有从「彳」的

写法（《金文编》83頁）。所以上举那个甲骨文没有问题就是「遠」字。「𢓊」应该是从「彳」「叀」声的形声字。如果研究一下「叀」字跟用作「遠」、「睘」二字声旁的[字形]字的关系，就可以肯定「𢓊」字也应该释作「遠」。

「叀」字見于屬于第一期的甲桥刻辞：

(20) [字形]入五十。（乙7200）

(21) [字形]☐（乙2650）

還見于下引三四期卜辞：

(22) 𢆶（韶）庸才八，又D（肉？），其[字形]。（粹518）

《殷契粹编·考释》认为这个字是「袁之异文」，不可信。《甲骨文编》把它隶定为「权」，附于「又」部之末。这对于辨认这个字毫无帮助。

在三四期甲骨文裡还有在「叀」上加「○」而成的一个字：

(23) ☐來廼令[字形]㞷（往）于☐

这个字跟[字形]无疑是一个字。甲骨文[字形]或作[字形]，[字形]或作[字形]，与此同例。于省吾先生认为「○」是「圜」的初文，「袁」字本从「○」声。其说可信。所以这个写作[字形][字形]等形的字，应该分析为从「叀」「○」声。

在古文字里，形声字一般由一个意符（形）和一个音符（声）组成。凡是形旁包含两个以上意符，可以当作会意字来看的形声字，其声旁绝大多数是追加的。也就是说，这种形声字的形旁通常就是形声字的初文。例如：「寶」字本作[字形]（《甲骨文编》317頁），象室中有貝、玉等宝物，后来加注「缶」声而作[字形]（《金文编》410—416頁）。「耤」字本作[字形]（《甲骨文编》202—203頁）象人蹠耒而耕，后来加注「昔」声而作[字形]（《金文编》231頁）。如果不算那些在一般形声字上追加形旁而成的多形形声字，如「鎜」（《金文编》270頁）、「銓」（同上240頁）之类，这条规律几乎可以说是毫无例外的。[字形]（[字形]）显然不是追加形旁而成的多形形声字，所以「叀」应该就是它的初文，「○」则是追加的声旁。由此可证「𢓊」和「[字形]」是一字的异体，「𢓊」也应该释作「遠」。

这里也附带讨论一下「叀」字的本义。

三四期甲骨文里还有一个很象是在「叀」上加「止」而成的字：

(24) ☐[字形]（安明1897）

(25) ☐[字形]☐每。（合31774）

西周金文「遠」字所从的「袁」作[字形]（《金文编》83頁），「環」字的声旁有的也不作「睘」而作[字形]（同上21頁）。这种「袁」字所从的[字形]，显然是由上举那个甲骨文省变而成的。西周金文「袁」字的「袁」旁作□（《金文编》427頁），小篆「袁」字作□。这种「袁」字所从的□（□）又是由□讹变而成的。

前面已经说过，按照古代形声字构造的通例来看，「娄」和「□」应该是一个字。根据同样的理由，上举那个甲骨文跟「袁」字也应该是一个字。「□」和「袁」都可以用作「遠」字和「睘」字的声旁，二者也应该是一字的异体。所以「娄」、「□」、「□」、「袁」实际上都是一个字。前二者是「袁」的表意初文，后二者是「袁」字加注声旁的形式。

「娄」上加「止」无义可说，□字上部的「止」当是「又」的讹变之形。古文字中「又」「止」二形往往相乱。例如金文「□」字或作□（《金文编》216頁），下面的「又」写得象「止」；「復」字或作□□（同上87頁），下面的□（倒「止」）讹变为「又」。甲骨文「毓」（有）字有一个作□的繁体（《前》2·1·13），胡厚宣先生解释它的字形说：「右旁从两手持衣。……象女人产子接生者持襁褓以待之。」其说可信。在这个「毓」字所从的两手持衣形里，上面的那个「又」如果跟「衣」形上端斜出的那一笔结合在一起看，也很象「止」字。这是□字上端的「止」形由「又」形讹变而成的明证。也有可能写刻这个字的殷史並没有把「又」误认为「止」，只不过把「衣」形右上部的那一道斜划写得太长了一些，客观上造成了「又」、「止」相混的后果。不过金文□字的上部則确实已经讹变为「止」了。

在上举「毓」字的繁体里，两手持衣形表示要给婴儿穿衣服。「袁」的本义也应该是穿衣一类意思。结合字音考虑，「袁」应该是「擐」的初文。《左传·成公二年》「擐甲执兵」，杜注：「擐，貫也。」《国语·吳语》「乃令服兵擐甲」，玄应《一切经音义》十七引賈注：「擐甲，衣甲也。」《颜氏家训·书证》引肖该：「擐是穿著之名。」「擐」和「袁」古音都属元部。「擐」是匣母字，「袁」是于母（喻母三等）字。于母古归匣母，直到《切韵》时代都还如此。「擐」字的读音既跟「袁」字如此相近，字义又跟「袁」字表意初文所表示的意思相合，无疑就是表示「袁」字本义的后起字。

《说文·衣部》：「□，长衣兒。从衣，叀省声。」解说字义，分析字形，都不可信。

甲骨文里所見的几个「袁」字，所用的都已经不是本义了。上引(20)(21)两条甲桥刻辞里的「娄」，按照这种刻辞的文例，应该是人名。(23)的「娄」从上下文看也应是人名。(20)(21)属第一期，(23)属三四期，这两个「袁」大概不会指同一个人。不过商代往往用族氏作人名，第一期和三四期的「袁」可能都是袁族人。(17)(19)的「遠」似是地名。「遠」从「袁」声，二字可通。这两条卜辞所说的遠，也许就是袁族所居之地。上古时代，地名、族名、人名三者往往相因。这一点很多学者都已经指出来了。不过(17)、(19)的「遠」是跟对貞卜辞(18)的「蓐」为对文的。「蓐」即「蓐」字，亦即「农」字（「蓐」、「农」古音阴阳对转，本由一字分化）。也有可能「蓐」指「农」

郊」而言（《诗·卫风·硕人》「说于农郊」，《毛传》「农郊，近郊」），「遠」指「遠郊」而言。(22)「其夌」的意义尚待研究，也许应该读为「其遠」。(24)(25)两辞残缺过甚，「夌」字的意义也难以确定。不过从残文或同版卜辞来看，这两条应该是田獵卜辞，「夌」有可能是地名，也有可能应该读为「遠」。

正由于「袁」字经常被用来表示本义之外的其他意义，所以后人又造了一个「擐」字来表示它的本义。这种现象在汉字发展的过程里是根为常见的。「擐」字的声旁「睘」，本以「擐」的初文「袁」为声旁。这跟「疆」字的声旁「彊」以「彊」的初文「畺」为声旁，「廪」字的声旁「稟」以「廪」的初文「亩」为声旁，是同类的现象。

下面再讨论「𤞷」字。

上引(5)的「𤞷」字，《甲骨文编》隶定为「⿰立犬」。其实这个字的左旁的下部明明是「土」字，甲骨文「立」字的下部从来不这样写。「土」上的「个」应该是「朩」（木）旁之省。在甲骨文里，朩和屮在用作表意偏旁时可以通用。这是大家都很熟悉的现象。其实朩旁不但可以写作屮，而且有时还可以写作个。例如「莫」字既可以写作⿳林日林⿳艸日艸，也可以写作⿳竹日竹（《甲骨文编》24页）；「朝」字既可以写作⿰𠦝月，也可以写作⿰𠦝月（同上20页）。甲骨文有㪔字（《佚》292），就是《说文》「散」字所从的「㪔」。金文「散」字多从㪔（《金文编》223页），竹也是林的简写，并非「竹」字。所以「𤞷」字没有问题，应该释作「𤞷」。《甲》1519有⿰坴犬字，《甲骨文编》隶定为「𤞷」（408页），其实也是「𤞷」字。有一条三期残辞说：

(26) 庚午卜鼎（貞）：王其田⿰钅豕☐

「田」下一字也应释作「𤞷」。

「𤞷」字屡见于西周金文，是一个从「犬」从「⿰坴凡」省声的字。「⿰坴凡」是「埶」的本来写法，后来繁化为「蓺」，古书多写作「藝」。「埶」、「爾」古音相近（《尚书·尧典》「归格于藝祖」之「藝」，今文作「禰」），所以克鼎和番生簋都假借「𤞷」字为「柔遠能邇」的「邇」。上引(1)(2)、(4)(5)两对卜辞都以「𤞷」与「遠」为对文，「𤞷」字用法与金文「𤞷」字相同，也应读为「迩」。「遠俚」和「𤞷（迩）俚」可能分别指离王都较遠和较近的俚。「其遠」和「其𤞷（迩）田」，当是占卜王应在遠处还是在近处田獵的对貞之辞。

下面附带讨论一下甲骨文里的「埶」字以及可能跟「𤞷」是一字异体的「⿱髟美」字。弄清它们的各种繁简不同的写法，能使我们更加相信「⿰钅犬」是「𤞷」的简写。

甲骨文有「⿱木豆」字：

(27) ☐☐〔卜〕，穷鼎（貞）：⿱木豆☐于宫。（前6.13.2）

(28) ☐午卜古鼎：☐⿱木豆木。（邺二下38.7）

罗振玉认为此字象「两手持木植于土上」，可能是「树蓺」的「埶」字（《殷虚书契待问篇》6.3上）。其说可信。古文字从「臼」从「丮」往往无别。金文𡉚（奉）字也可以写作𡉚，「对」字异体有作𡉚等形的，也有作𡉚等形的（《金文编》119—122页），都是例子。金文「埶」字作𡉚（《金文编》137页）等形。它们和甲骨文「坴」字的关系，跟「奉」和「执」、「莽」和「埶」的关系是一样的。从「坴」字在卜辞里的用法来看，把它释作「埶」也很合适。(28)说「坴木」，等于我们现在说「种树」。《甲骨文编》不取罗氏释「埶」之说，把这个字隶定为「望」（520页），是审慎过了头。

甲骨文还有𡉚、𡉚、𡉚等字：

(29) 鼎（贞）：王其𡉚（有𡉚，「生」）。

(30) ☐不其生。（乙3251）

(31) ☐𡉚☐（乙3541）

(32) ☐𡉚，不其生。（乙3534）

它们显然都是「坴」字的异体。从(29)(30)(32)诸辞的文义来看，把它们释作种埶之「埶」也是合适的。他辞或以「乎（呼）耤，生」与「不其生」对贞（《丙》233），文例跟这几条卜辞相类。《乙》3622有𡉚字，也有可能是「埶」的异体，可惜此辞已残，无法核对辞义。

以上所引的「埶」字都见于第一期卜辞。「埶」字的这些异体说明它所从的「𡉚」可以省作「又」，「木」可以省作「屮」。

三四期甲骨文里有写作𡉚的「埶」字：

(33) 其罝（罞），于东方𡉚，单（擒）。（屯南2170）

(34) 于北方𡉚，单。

「埶」、「设」二字古音相近，可以通用。武威汉墓所出《仪礼》简多以「埶」为「设」。上引卜辞里的「埶」字也应该读为「设」，是设置捕兽之网的意思。三四期甲骨文里还有从「罝」从「𡉚」的一个字：

(35) ☐王𡉚罝，单。

(36) 先王𡉚罝，单。（屯南778）

(37) ☐王𡉚，单。（京津449）

这应该是「埶罝」之「埶（设）」的专字。(37)此字后无「罝」字，也可以看作「埶（设）罝」二字的合文。

三四期卜辞里又有一个写作𡉚𡉚𡉚等形的字。郭沫若考释这个字说：

𡉚即金文𡉚字……𡉚实𡉚之省，𡉚当从犬埶声，埶者𡉚之异，从臼与从丮同意，是则

𢍰若𢦏当是狝之古文矣。（《殷契粹编》991片考释）

甲骨文有时对从「臼」与从「𠬞」不加区别。郭沫若把「𢍰」字所从的「望」释作「埶」，认为「𢍰」和「𢦏」是一个字，大概是可信的。第三期甲骨文有𠈝字（《京津》4885），依郭说应即「埶」字，可惜辞已残缺，文义不明。前面举过的几个「𢍰」字，上部或作𡐀，所从的「坴」省作𡉉，更可证𤞷字确实是「𢦏」的简写。

三、四期甲骨文里还有两个被前人释作「狂」的字，也有可能是「𢦏」字的异体：

(38) 王𤞷田，湄日不𣄼（𣄼）大风（風）☒（甲615）

(39) 王𤞷田，湄日不𣄼大风，亡戋。（后上14.8）

上引这两条卜辞是为同一件事占卜的同文卜辞。这两条卜辞里的「王」下之字，一般都释作「狌」（狂），读为「往」，实不可信。前面说过，第一期甲骨文里的𡐀可能是「埶」的简写，(38)𤞷字的左旁也很可能是「埶」的简写。所以这个字有可能也是「𢦏」字的异体。(39)跟(38)是同文卜辞，此辞「王」下一字跟𤞷字无疑是一个字。它的左旁的上部讹变成「止」形。这跟前面讲过的「袁」字的情况如出一辙。《人文》2104「𢍰」字所从的「望」作𡐀，下部的写法跟这个字左旁的下部很相似。(38)(39)说「王趺田」，前引(2)说「其𢦏田」，「趺」、「𢦏」二字用法相似。看来「趺」是「埶」字异体的可能性是很大的。

「𢍰」字在卜辞里一般用作地名，如「田𢍰」（《合》29330、29331、29335）、「弜田𢍰」（《合》29335、29336、29339）、「叀𢍰田」（《合》29333、29334、《屯南》2531）、「射𢍰口」（《合》28806、28807）等。《合》28376说：「☒逐𢍰麋，亡戋，毕。」颇疑「麋」上一字也是「望」的异体，在此用为地名，与「𢍰」指同一地。至于卜辞里的「𢦏」、「趺」等字，一般都用作「迩」的假借字，只有(26)「王其田𢦏」的「𢦏」似是地名。但是从(1)「王其田遠」的文例来看，这个「𢦏」字读为「迩」的可能性，也还是很大的。如果「𢍰」确实就是「𢦏」字的话，当时人可能有意分用「𢦏」字的繁体和简体——「𢍰」和「𢦏」、「趺」，来表示不同的意义的。」（《古文字研究》第十二辑八五—九五页）

考古所　「𢍰：地名。」（《小屯南地甲骨》一一〇四页）

陈汉平　「安阳甲骨有卜辞曰：来𡇒令𠬝往于……（《沪》一·五〇一）此辞第四字从衣从又从〇作，旧不识。按〇即古文圆字，甲骨文员字作𡇒（《续》一八〇七）、𡇒（《佚》一一），即以此为员字声符。《说文》：「袁，长衣皃。从衣叀省声。」实际亦以〇为声符。金文袁字作□，所从亦相同。又侯马盟书衮字作□，字从又作，可证古代从衣之字偏傍可衍又形。故甲骨文此字当释为袁。此字在卜辞中今字下，若为名词，则为人名。若为动词，则读为遠。

甲骨残辞又有：……□……每（續下五〇八）

前一字旧不识，字从止从衣从又作，从又可视为衍傍。說文新附有寰字，此字于周代金文中作：□（寰盘）、□（中山王鼎）、□（古璽汇编三〇二〇）、□（古璽汇编四〇八六），字于宀形之下或从止从衣作，或可省去声符。甲骨文此字从衣从止作，字当释为遠。（古文字释丛出土文献研究二二六頁）

按：字當釋「袁」，亦即「遠」，古「袁」、「遠」同字。卜辭與「邇」對言，讀作「遠」，裘錫圭已詳加論述。刻辭類纂編號為一九五六，分見於七二四及八七九頁。八七九頁有部份□字形體混入，當刪去。

1957

律

孙海波

「□，佚七二〇〇。从又从衣，說文所无。人名。衩入五十□，粹四六五。祭名。」（甲骨文編一二五頁）

金祥恆释卒.

李孝定

「疑當釋裘，从衣又聲，與□為一字。彼象形，此形聲，存以俟考。」（集释二七三一葉）

郭沫若

「衩乃裘字，读为求。」（殷契粹编考释七〇頁上）

「衩殆裘之異文。乖伯簋『錫汝貂裘』字作□，从衣又声。此当读为祈求之求。」（同上七六頁上五一八片释文。）

按：字从「卜」或从「屮」，不从「又」，隸作「衩」非是。今訂正。當為□之省體。可隸作「律」。刻辭類纂復將此部份辭條混入八七九頁「遠」字，應刪去。

1958
⿰衤聿 

孫海波　「⿰衣聿，粹一四〇。从衣从聿。說文所无。⿰衣聿，粹三六八。或从聿省。」（甲骨文編三五六頁）

屈萬里　「⿰衣聿，隸定之當作⿰衤聿。卜辭習見，乃祭儀之一種。」（甲編考釋一八三葉）

按：字从「衣」从「聿」可隸作「⿰衤聿」。其簡體作⿰衣聿或⿰衣聿。一九五七、一九五八兩條當合併。在卜辭均為祭名。

1959
褮 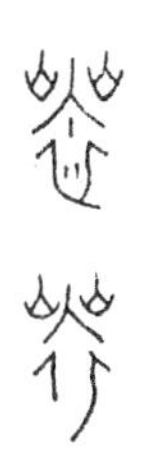

王襄　「疑褮字。」（類纂存疑第八第四十三葉上）

郭沫若　「王國維疑褮之初文，案此衣中尚有點滴，蓋褮之初文也。」（朱芳圃文字編補遺十九葉上上引未从郭說補作褮）

李孝定　「說文『褮鬼衣从衣熒省聲讀若詩曰「葛藟縈之」一曰若「靜女其袾」之袾』契文从二火，从衣中有點滴，或但从衣，二者實一字。字在卜辭均與自字連文作『自褮』，作褮者均同乃地名，與篆文褮字極近，王說當不誤也。金文作𤇾齊鎛『陶革吊又成褮于齊邦』𤇾齊侯鎛『恐褮朕行辭』又云『蓋褮其政事』亦省冖，與卜辭同，其義則假為勞」（集釋二七二九葉）

饒宗頤　「褮當即熒。左宣十二年『及熒澤』，即河南熒陽縣。殷本紀：『仲丁遷于隞。』正義：『熒陽故城，殷時敖地也。』褮為殷人故都，必有宗廟，故于褮卜祭。」（通考一〇四九葉）

按：字隸當作「褮」，釋「褮」可從。字在卜辭為地名。

1960

䘼

裘錫圭釋䘼參⿱交皿字條下

按：字从「衣」、从「交」。辭殘，其義不詳。

1961

按：字在卜辭為地名。

1962

按：字不可識，其義不詳。

1963

按：字不可識，其義不詳。

1964

陈汉平「甲骨文有字，旧不识。甲骨文编收入附录。此字与下列金文显然为一字：

 毛公鼎  录伯戎段  师兑段  番生段

 吴方彝  斱尊  斱尊  古璽

上列诸字中，𩏂尊二器𩏂字为人名。毛公鼎、彔伯𢦚毁、师兑毁、番生毁、吴方彝诸器字俱为马饰。此数体依偏旁分析之，字从朿，从木，从東或从東，从𠘧，从衣，从斤，斤为声符，其他偏旁为形符或意符。其中𠘧形与师覩鼎𩏂𩏂二字作□、□二字所从之□形意略同。说文：「𩏂，束也。」是知𠘧、□二形有束缚、色束之意。金文𩏂、𩏂字𠘧形之上或从束作，亦可为证。甲骨文𩏂字作□，或省作□、□，所从之彡或彡形亦有围束意。甲骨文□字所从之一木形在衣之中，以衣形表示色束之意。是□形与毛公鼎𩏂字从朿从衣相同，而□字所从之一木形在衣之中，从衣形表示色束之意。是□形与□形之意相同。又古玺文□字（古玺文编附录）从朿从□作，古文字从朿（禾）与从木可通用，此字从□与金文从□、□之意相同，知此玺文与甲骨文金文同字。金文中作为马饰之𩏂、𩏂字，郭沫若释为靳（参见西周金文辞大系考释彔伯𢦚毁；金文丛考毛公鼎），其说甚是。说文：「靳，当膺也。从革斤声。」形旁改从革作。靳乃古代车前夹辕两马当胸之皮革。甲骨卜辞曰：

甲戌卜昱乙亥王獵□　佚存四九七

此辞文字残缺，未可通读，然据上文字形比较，知当释为靳字。又古玺文□字亦当释为靳字」。（古文字释丛，考古与文物一九八五年一期一〇六至一〇七页）

按：合集一〇九九七辞云「……戌卜，翌乙亥王狩□」，为地名。

1965 

1966 

1967 

按：诸字均不可识，义亦不详。

1968 今 A 冃

羅振玉 「說文解字：『今，是時也。从亼从乁。乁，古文及。』古金文作冃冃（召伯虎敦）A（盂鼎），與此同。」（殷釋中七十七葉上）

劳榦 「若金字為本义，則今字与金字宜有同为一字之可能，但一為繁体一為简体耳。如果其今与金两字同出一源，則其同点在字之上部A形或冃形部分，对於此一部分，必須有較为合理之解释。

金属雖有形體，但其形体並不固定，隨器而異。惟其製成器物之前，当採鉱，熔金，鑄器之時，当可略为形繪。尤其以鎔金，鑄器之時，更为具体；而其中最具代表性者則坩鍋及鑄銅鎔液也。坩鍋在殷虛發現，当地人称之為『將軍盔』。此种尖底之坩鍋与天工开物所記及現代銅鎔匠及銀匠所用形式相同。若將此种坩鍋翻倒，則其形式極与冃之形相近。如果其中有銅鎔液，則可以一点為代表，或以流下之形〔为代表。故『今』字非常可能为一种指事字，指出銅液从坩鍋傾出之形狀。」（古文字試释，历史語言研究所集刊第四十本四十一頁）

李孝定 「疑今乃借字，即段A字為之，契文今或作A，下不从『一』可證。或又增『一』者以示與A有別。篆从『乁』，則从『一』之譌也。」（集釋一七七八葉）

于省吾 「說文：『今，是时也，从A乁，乁，古文及。』段注：『会意。乁，逮也，乁亦声。』王筠說文句讀：『今与A乁皆平入叠韻，是A乁皆又又皆声也。』徐灝說文段注箋：『乁即乙字，艸木冤曲难出之义。』林义光文源謂A『即含之古文。A为口之倒文，亦口字。A象口含物形。』按今字甲骨文早期作A，后期作A，金文作A或A。甲骨文作A，为今字的初文，然則說文以为从乁，以及諸家的解說，均失去了依据。我认为，今字系从一A声（洋释安），說文：『A，三合也，从入一，象三合之形，读若集。』按說文从入一之說，殊误。A与集叠韻，均居緝部。今字的造字本义，系于A字的下部附加一个横划，作为指事字的标志，以别于A，而仍因A字以为声。」（甲骨文字释林释古文字中附划因声指事字的一例）

方述鑫「今，甲骨金文都作A，小篆作今，是一个指事字，象人为事物之形。……外面的A形象铜铃，内面的一形象摇动的铃舌。这种铜铃，商周以前谓之铎，后世谓之句鑃。」（甲骨文口形偏旁释例，古文字研究论文集，四川大学学报丛刊第十辑二八〇页）

按：許慎說解今字形體不可據。李孝定「疑今乃借字」是對的。假「A」字為之，增「一」以示與「A」有別。可備一說。至於謂契文今字「或作A，下不从一」則不然，卜辭所未見。孫海波甲骨文編、島邦男卜辭綜類均屬誤摹，不可據。

林義光文源以為今字「象口含物形，含从今得聲，音本如今。含不吐不茹，有稽留不進之象……今為是時，亦從稽留不進之義引伸。」臆說不可信。

1969

按：字从「A」从「立」，其義不詳。

1970

按：字不可識，其義不詳。

1971

按：字不可識，其義不詳。

1972

按：合集二〇七二六辭云：「丁亥卜……日……兔……隻，允隻終……」

為地名。

1973 貪

按：字从「Ａ」从「貝」，其義不詳。

1974

按：懷：一二六二辭云：「貞，婦不其㚤」為人名。

1975

按：字不可識，其義不詳。

1976

按：字不可識，其義不詳。

1977

按：字不可識，其義不詳。

1978

余 

按：合集三四五八正辭云：「貞，王自余入」為地名。

1979

余 

羅振玉 「《說文解字》：『余，語之舒也，从八，舍省聲。』《盂鼎》作仐，與此同。」（《殷釋》中七十一頁）

王國維 「按仐為余之古文，《說文》：『余，从八，舍省聲』，非。」

王襄 「古余字。」（《簠室殷契類纂》第四頁）

葉玉森 「契文余作𠅃仐仐，上為倒口，下从手形。手指口為余。猶指鼻為自也。則余之本義亦應訓我，但其音舒徐」。（說契三葉背廿行）

陳晉 「說文舍字上从亼，下从中，从口。卜辭是舍之省。」（龜甲文字概論七三頁）

聞一多 「仐之緐化，一變而為仐，再變而為余，時賢類能言之，然未有質言其為何物者，有之，蓋自郭沫若始。郭氏以余為瑹之初文，即玉笏。（郭沫若古代銘刻彙考釋非余）斯說也，竊嘗疑之。請先考仐與余之關係，以證仐之確當釋余。仐之狀上為銳角形，下有柄。從余之字多與此意相合。淮南子兵略篇『剡㮰筡，奮儋钁，以當脩戟強弩』，高注『㮰筡銳也』，廣雅釋詁四『橇、捈、剡、鐵，銳也』，廣韻『捈，銳也』（筡、捈、梌同）廣雅釋器『瑹珽，笏也』。

廣雅釋草「蕛，茲，茅穗也」。士喪禮既夕記注，吳語註並云「荼，茅秀也」。漢書禮樂志「顏如荼」，注曰「荼者今俗所謂兼錐也」（荼蕛同）案漢書天文志「有三星銳曰罰」，注「上小下大，故曰銳」。上揭高注淮南釋荼，廣雅釋捈，廣韻釋捈，並為銳。此荼（捈捈）之為物，與今之形合，一也。廣雅訓瑹珽為笏。據鄭注玉藻，珽即大圭，杼上為椎首，荼（瑹）圜殺其首不為椎頭，此特謂瑹首之角度不若珽之銳耳。實則瑹珽雙聲，本皆圭類。白虎通瑞贄篇「珪者兌（銳）上」，莊子馬蹄篇李注「銳上方下曰珪」，周禮大宗伯鄭注「圭銳，象春物初生」。珽瑹蓋皆銳首而略有程度之差別耳。此瑹之為物與今之形合，二也。廣雅訓蕛為茅穗，鄭注禮經，韋注國語，並訓荼為茅秀，秀亦穗也。顏注漢書謂俗呼荼為兼錐，錐狀正言茅穗之形。此荼（蕛）之為物亦與今之形合，三也。農具之荼（捈捈），禮器之荼（瑹），植物之荼（蕛）其狀皆銳首，與今之形密合，而字皆從余，是學者謂今為余之初文，信而有徵矣。

然則余之本義，究指何物？觀今之筆意與茅穗之形相距最遠，一望可知。茅穗稱荼，但以其形相彷彿，而余之本義不指茅穗，蓋可斷言。故欲求余之本義，植物之荼，可置勿論。所爭者惟在農具之荼（捈）與禮器之瑹，孰近本真耳。

禮儀之飾器無不起源於實用之工具，此器物演化之通例也。準此言之，禮器之瑹決不能早於農具之荼。然淮南所說農具之荼，似仍非此物之最初形態。兵略篇說陳勝「舉兵，伐棘棗而為矜，周錐鑿而為刃，剡攕荼，奮儋钁，以當脩戟強弩」，高注不釋荼義。廣韻「遂，竹名，又杖也」，集韻遂本作荼，是荼蓋竹杖，剡其端為銳鋒，可以刺物者也。此其形雖與今之銳首相彷，然論其全形猶未切合。竊謂余之本義當指畬刀。元稹酬樂天得微之詩知通州事因成四首詩曰「田仰畬刀少用牛」。古未有犁時，以刀耕，其刀即余也。以余耕田謂之畬，故畬田之刀謂之畬刀。畬字之最早見於記載者皆作動詞用，義為發土除草。

周頌臣工「嗟嗟保介，維莫之春，亦又何求，如何新畬？」新與畬皆動詞也。說文曰：「新，取木也」，小雅大東「薪是穫薪」，新薪同。殺草與殺木皆曰新，新畬之新謂殺草也。新謂殺草，則畬義可知。

易無妄六二「不耕穫，不菑畬」（注略）。案說文「薅，拔去田草也」，籀文作茠，廣雅釋詁三「楙，除也」，耨薅茠楙並同。董遇注曰「悉耨曰畬」。董以耨訓畬，張以除訓楙，是畬之言猶除也。除訓治，說文「畬，三歲治田也」，「治田」之義最古，「三歲」者後儒緣飾經書之曲說。（註略）

知畬本訓除草，則余之本義亦可知。上文云古未有犁時，以刀耕，而其刀即余。然則余殆即犁之前身歟？試觀今亇諸字，無不與犁之形制脗合。今之形無論矣。今長期豎畫以入△中，象木柄入鑿處也。發土除草之具其柄宜曲，曲則用力少而功多，今之豎畫引而左折，象其柄曲也。由此又進一步，柄之曲由一曲變為二曲，余之發展殆已達到其最高階段。至此，再益以衡軛而以牛負而引之，即為犁矣。（註略）在人類未知使用金屬之先，余必係石製。石製之余，即瑹之濫觴矣。禮記玉藻記瑹之型類曰：

天子搢珽，方正於天下也。諸侯荼（瑹），前詘後直，讓於天子也。大夫前詘後詘，無所不讓也。

疑珽當余中之个，荼前詘後直，當余中之个。所謂「前詘後詘」者亦荼也，不言荼者省文，此當余之二曲其柄者，如上圖，後世之如意，蓋亦出於此。鄭注云與經文不合，蓋瞽說也」。（註略）（釋余見古典新義下五五九——五六二業）

胡厚宣　殷代甲骨卜辭中，屢見「余一人」。如祖庚祖甲時卜辭說：

癸丑卜，王曰，貞翌甲寅三酉（酒）畬，自上甲衣至后，余一人亡囚（禍）。茲一品祀。在九月，冓示癸𧊒彘，

癸未卜，王……三蠣，甲申……自上甲至□□□，余一人□□。……余一人亡囚（禍）。

帝乙帝辛時卜辭說：

甲戌王卜，貞令𪓐孟方。西戌典西田，□人妥。余一人從多田亩正，又自上下于若。

四辭「余一人」者，皆為殷王所自稱。「余一人」亦省稱「一人」。如武丁時卜辭說：

貞其于一人囚（禍）。

「其于一人禍」，猶言「其于余一人禍」。此「一人」者，或為殷王武丁所自稱，或為貞卜史臣對於殷王武丁的專稱。總之，由甲骨卜辭看來，自殷武丁以迄帝辛「余一人」與「一人」者，已為國王一人所專用的稱號。……倘盤庚果為殷代當時記載，則「余一人」為殷王的專稱，自盤庚時已然。……

是由周人追述的作品和傳說看來，在商湯時或者即已自稱「余一人」了。從商湯盤庚武丁以迄周之列王，只有天子纔可以稱「余一人」，到這時且給了它這樣一個獨裁的理論根據。

古代東方社會的特點之一，就是中央集權的「專制主義」。在這種制度下，全國最高權利，

集中在國王手裏。他把全部土地宣布為「王土」，把所有土地的直接生產者，都算作「王臣」。國王「高居在所有這一切小集團之上」，「以最高的所有者或唯一的所有者的資格而出現」。並利用國家這一「維護一個階級對另一個階級的統治機器」，「來鎮壓其階級的敵人」。「余一人」者，以天下之大，四海之內，惟天子一人為至高無上，惟我獨尊。這便充分代表了這種專制暴君的獨裁口吻。

這種專制暴君「余一人」的稱號，不但由經籍金文觀之，周代已經普遍使用，而從甲骨文和商書看來，在殷盤庚武丁甚或商湯時即已行之。這是一個值得注意的問題。（釋「余一人」，歷史研究一九五七年第一期）

李孝定

「說文『余語之舒也从八舍省聲 余余 二余也讀與余同』。契文上似从A許訓之A集，下似从中、或从木，其義不詳。而于卜辭則用為余我字。契文無从八者，許君以為从八，舍、省聲，非。又，說文余下出⿱余八一篆，以為余之重文。鈕樹玉說文校錄嘗疑之。沈濤古本考引玉篇謂『⿱余八即余字，古本余下當有重文⿱余八注云「或从二余」』。竊疑⿱余八為余之籀文。段氏云「易困九四『來徐徐』，子夏作『荼荼』，王肅作『余余』』皆舒意也』。是謂⿱余八乃余之二字，恐未然也。金文作余盂鼎、余毛公鼎、余散盤、余宗周鐘、余召伯簋、余師嫠簋、余洗鼎、余汪孫鐘、余者沪鐘、余齊鎛、余涂鐘、余秦公簋，早期與卜辭同，晚期則與小篆無異矣。」（集釋〇二七八葉）

屈萬里

「卜辭『己卯卜，王：在余，御口？』（甲編二七〇）余，為地名；或以為即後世之徐，當否尚難定。」（甲編考釋四三頁）

白玉峥

「峥按：余於甲文中有二义：其一，為第一人称之指称词。其二，為人名。其為第一人称指称词者，征于卜辞，如：

(一)口口卜，王贞：余从沚戠……？ 佇三·八〇

(二)癸亥卜，王贞：余从侯专？八月。 前五·九·二

其為人名者，又有二焉。一為武丁时之人名。如：

(三)乎余知⿴？ 乙六八七九（背面有贞人争之签名）

(四)不隹乎余⿴？ 乙一九〇五

又為武乙时之贞人名。如：

(五)辛未，余卜贞：我有事，入商。 續一一·一九

(六)己巳，余卜，陶往……？ 乙三七三」（契文举例校读中国文字第八卷第三十

四册三七一八——三七一九頁）

洪家义　「舍，金文作舍、舍。甲骨文无舍字，但有人认为亼（余）即舍之省文。从舍字的基本結构看，可以分为三部分：上部之A是房頂，包括横梁；中部之屮是立柱，以支撑横梁；下部之口象火塘。綜合起来看，舍就是一幅当時住房的正面剖視图。不过，还要补充説明两点：(一)从字形看，立柱似乎在火塘里面。其实不然，是在整个室穴的中心。火塘靠近门口，但正当纵横线上，正面剖視容易造成錯覺。(二)从上引字形中只能看到一根立柱。但甲骨文有余字，其下部之木可能表示木质之柱，也可以表示多根支柱。金文之舍，其中八形可能是飾筆，也可能是两根支柱的讹变。」（古文字札记，文物研究第一期六四頁）

徐中舒　「此字应与宗、它、舍諸字联系起来研究。亼象木棍支撑屋顶之形。后变为余下面象用两根木棍斜撑在地上，不会倾倒之形。宗，甲文作㝉（㑷一〇一七）或宗（甲二〇七），説文：『宗，居也』。又如宅字，甲文作宅（前四·一四·七），説文：『宅，所讬也』。舍，金文作舍（矢方彝），象中柱立於土堆之上。这几个字，都象原始住宅有木柱撑持之形。如果不明这几个字的原形，那么我们就无法解释古代住宅形状。」（怎样研究中国古代文字，古文字研究第十五辑三頁）

方述鑫　「余，甲骨文作亼（甲二七〇）、金文作亼（盂鼎）余（王孙钟）、小篆作余，是一个指事字。上面的A形象以横木支撑的屋顶，下面的屮米形象支撑房屋的木柱。由於人居住在这样简单的房屋里，故余可以训为我。尔雅释詁：『余言我也』。」（甲骨文口形偏旁释例，古文字研究论文集，四川大学学报丛刊第十辑二八七頁）

饒宗頤説參朩字条下。

陈炜湛説參𠀠字条下。

按：余字當从A从屮，説文以為「从八，舍省聲」，不可據。葉玉森以為「上从口，下从手，以手指口為余」，更屬荒誕。卜辭余字用作第一人稱代詞，爾雅釋詁：「余、身也」，邢疏引舍人曰：「余謙卑之身也。」余乃自我之謙稱，但卜辭唯見商王自稱曰余。余當屬假借字，其本義已不可晓。

1980 悆 

于省吾 「甲骨文字兩見（綜六〇〇），文残。甲骨文編误释為賒。按其字从心余声，即悆字。説文悆字引『周书曰，有疾不悆，悆，喜也』。今本書金縢作『王有疾弗豫』。偽传训豫為悦豫，与説文训悆為喜同义。悆乃豫之古文，豫為后起的借字」。（甲骨文字释林释心）

按：于先生釋「悆」。辭残，其義不詳。

1981 涂 

王襄 「古涂字」。（類纂正編第十一第四十九葉上）

孫海波 文編十一、二釋「涂」，無說。

饒宗頤 「按涂者，左昭二十八年傳有『涂水大夫』。杜注：『涂水，太原榆次縣』，疑即其地」。（通考四〇九葉）

饶宗颐说参字条下。

按：說文：「涂水出益州牧靡南山，西北入澠，从水余聲」。朱駿聲通訓定聲：「今出雲南臘谷，入金沙江，至四川入江」。續二·一·五「在涂」為地名，與地理志、水經所言之涂水地望不符。

1982 亯 

羅振玉 「說文解字：『亯，獻也。从高省，曰象進孰物形。篆文作』。古金文作（㪣）（豐兮㪣）（周憙鼎）（師寰敦）諸形，與此同。吳大澂云：『象宗廟之形』，是也」。（殷釋中十七葉上）

朱芳圃　「亯，烹飪器也，先民迷信鬼神，每食必祭，食物孰後，先薦鬼神，然後自食，故引伸有進獻及祭祀之義。爾雅釋詁：「享，獻也。」（舍人云：食物曰享。）廣雅釋言：「亯，祀也。」享即亯字。篆文作亯，隸変作享。書盤庚上：「茲予大享于先王，」易隨上六：「王用享于西山，」詩小雅天保：「是用孝享，」周頌載見：「以孝以享，」皆其引伸之義。至於禮記曲禮：「五官致貢曰享，」考工記玉人：「諸侯以享天子，」則以神道為事人王。蓋階級制度形成後，王權擴張之現象，與王、皇諸字原以火光象徵神靈，嗣後移以為人主之尊稱，恰相適應。」（殷周文字釋叢卷中第九十二葉）

楊樹達　「粹編一三一五片云：「甲申卜，舞楚，亯？」樹達按古文亯字，後世分化為享亨烹三字。此當是享字。舞以悅神，問神享之否也。」（求義九葉上）

李孝定　「說文「亯，獻也。从高省，曰象進孰物形。孝經曰：祭則鬼亯之。亯篆文亯。」饗燕之饗當作饗，此作亯與金文同。吳清卿以為象宗廟之形是也。宗廟為亯獻鬼神之所，後世亯饗多混用不別。段氏說文注亯下言，經籍用亯用饗之例頗詳，周禮祭亯用亯字，饗燕用饗字是也。饗古作鄉，从皀象孰物形。亯則象宗廟，為祭亯之所，故祭亯字用之。許謂曰象孰物形者非也，其說蓋涉饗字而誤。字在卜辭或為祭亯之義，辭云「辛丑弗亯」藏一一三·一、「我宰伐亯丁冊」藏一五二·三、「癸卯貞酌大圖于口高伐囗」後上·廿一·六是也。或為地名，「壬寅卜貞王田亯京往來亡巛」前二·三八·四、「乙卯卜殻貞今日王勿往于亯」後上·十二·九是也。金文作亯簋文 亯父乙殘簋 亯盂鼎 亯仲師父鼎 亯杞伯簋 亯周窸鼎 亯豐兮尸簋 亯齊鎛 亯虞司寇壺 亯王孫鐘 亯曾侯簋 亯邿伯祁鼎 亯鄀公鍼 亯由仲艾匜 亯白者君盤 亯邵鐘 亯 亯龔李氏簋 亯鄦侯簋 亯楚嬴匜 亯苯伯簋 自餘尚多見，除後二器从田為形誤外，形體略同，其義大抵為祭亯字。」（集釋一八四八葉）

屈萬里　「亯，當與亯同，即亯字。吳清卿（說文古籀補）所謂「象宗廟之形」者也。」（甲編二一三二片釋文）

徐中舒　「亯字，甲骨文、金文並作亯，上象穴居的小屋顶，下象地下火塘所在的地方。一家人飲食睡眠皆在其中，今边疆少数民族，还保存这样風俗。亯在楷书中则分化为烹、亨、享三个字。人们只要看到这个小屋顶上炊烟上升，就意识着这家人正在烹调食物飽餐盛馔之时，故亯有烹、亨、享诸义。吴大澂字說說亯象宗庙之形，宗庙用牺牲祭祖，就是请先祖吃这些牺牲，只有这一点还合于享食之义，但与烹、亨（通口）的意义不合，故吴說实难憑信。

篆文孰作𦏧，合亯、羊、丮三字以会双手持羊熟食之义，可见亯只能是象穴居时的火塘而不是宗庙，吴大澂之说显然是错误的。」（怎样考释古文字 古文字学论集初编一一——一二页）

白玉峥「峥按：亯，自吴氏倡『象宗庙』之说后，学者盲然从之，而不审辨其非者，久矣。缘斯，吴说遂氾滥於中国矣。其所以然者，盖缘人之观念也。此观念为何？曰：『学而优则仕』也。考诸史籍，为仕者，固宜学优；然学而不优，或虽学亦未必优者，世多有之；更况不学而为仕乎？且吴氏之学，未必优也。窃疑：字盖象亯献天神之所之形。上从介，象亯献之所；下从口，乃其基及阶之形，当即说文之『人所为绝高丘也』。亯献天神之所，於今世曰天坛；徵於北平外城天坛祈年殿之构形，与亯正相吻合。前贤就其形，造其字；就其事，赋其义；故卜辞恒有受年、不受年之固。而殷人亯献天神，以祈丰年之礼，虽此一字，亦可覘其概矣。甲文又有介字，今释宗，宗庙也。字象奉祀人鬼之所之形。从冂，象其所，从丅，乃祀主之形。其与亯之异，不仅为下无所从，且准之六书，介为会意，而亯则为象形。无乃李孝定先生认为『宗庙为亯献鬼神之所』；若然，则殷人之宗庙，为天神人鬼杂祀之所，殷人之无礼，亦复何言？然殷人於天神人鬼之隆祀，各有专祠，为稍有甲骨学常识者，所熟知之事，岂料李先生竟以鬼神杂厕於宗庙而说解之，宁非怪哉？」（契文举例校读十七 中国文字第五十二册五八八五至五八八六页）

王慎行「甲骨文亯字作亯（京津一〇四六）、亯（京津一五五四）形，正象营造在堂上的一座庑殿式建筑；京字作京（后二·三九·一一）、京（铁九三四）；高字作高（后一·六·七）、高（存三一〇）、高（乙一二七五）诸形，均象高台之上的建筑物，此其以夯土术筑堂、积土为高台之证。」（商代建筑技术考，殷都学刊一九八六年第二期九页）

1983

按：吴大澂說文古籀補以為亯「象宗廟之形」可從。徐灝說文注箋云：「享即亯字，小篆作亯，因變為享，又變為亨，又加火為烹，實一字也。檜風匪風篇誰能亨魚；禮運以亨以炙，鄭注亨煮之鑊也，是亨與烹同。湯鼎亨飪繹文，亨本又作亯，是亯與亨同。漢劉熊碑，子孫亨之，亨即享也；張公神碑元享利貞，享即亨也，皆其明證」。至於徐氏進一步說亯之形與義，則非是，不具錄。

王襄　「疑亯之繁。」（類纂存疑五卷卅一葉上）

李孝定　「从重亯，說文所無。字在卜辭爲地名，與亶同意，象重屋形，或竟爲同字。」（集釋一八五七葉）

考古所　「𩫖：在卜辭中多用为地名，在本序卜辭中因辭残，其义不詳。」（小屯南地甲骨一一〇〇頁）

按：字可隸作「𩫖」。合集三七六六二辭云：「壬申卜，貞，王田𩫖，往來亡巛」為地名。

1984 亯内 

李孝定　「从亯从丙，說文所無。」（集釋一八五七葉）

饒宗頤　「亯内字从亯从内，隸定為亯内。亯内，獻也。疑獻納之『納』字繁體。亯内又爲人名。通別一大龜二：『丁巳卜，㱿貞：令亯内易（錫）歩食，乃令西史，三月。』可證。」（通考一二七一——一二八葉）

按：合集九五六〇辭云：「丁巳卜，賓貞，令亯内易乞食，乃令西史」為人名。

1985 亯京  

王國維　「亯，籀文就字从此作，三體石經春秋京作亯，疑亯亦京字。」（遺書十六冊克鼎銘考釋二葉上）

又云：「粢殷虛卜辭與古金文多見⿱亯京字，克鼎、師克敦等均云：『醽𩫏乃命』，乃重𩫏之意，籀文就字當从𩫏省。」（遺書十七册史籀篇疏證十九葉上）

王襄　「从高从京，与許書就之籀文就偏旁所从之⿱亯京近，疑為京之异文。克鼎、師克敦、師㦰敦均有『令余佳緟⿱亯京乃命』之文，克鼎作⿱亯京、師克敦作⿱亯京、師㦰敦盖器作⿱亯京与⿱亯京，由文誼求之，皆有就意，乃京之借字。」（古文流变臆說三〇頁）

王襄　「⿱亯京疑古京字繁文，說文解字就古文作就，从⿱亯京从尤，⿱亯京即京，⿱亯京與⿱亯京相似。」（簠考游田十一葉上）

葉玉森　「按金文師克敦師㦰敦散盤並有此字。卜辭為地名。契法或離為二，或合為一，頗疑為高京二字合文，或因許書就下出籀文就，謂从⿱亯京與从京同。則𩫏仍當釋京。然卜辭固自有京字也。」（前釋二卷六十五葉背）

陳邦福　「王氏襄釋⿱亯京為京。……邦福案：此正殷世重屋制也，淮南子覽冥訓云：『粢重京』，逸周書作雒解云：『重亢重廊』，又考工記殷人重屋之制，『四阿重屋』，皆其切證。卜辭京，地名，詩鄭風叔于田序：『叔處于京，繕治甲兵，以出于田』，又左隱公元年傳云：『請京使居之』，杜注：『鄭邑』。」（辯疑六葉）

郭沫若　「地名多見𩫏字，金文亦屢見，每言『醽𩫏乃命』。王國維云『醽字孫仲容（詒讓）釋為緟，是也。……疑𩫏亦京字。緟，益也。京，崇也。』今案王說可信，其字蓋从京，高聲。京為象形字，𩫏為形聲字也。地與噩相近，當在今沁陽縣附近之地。」（卜通一四六葉背）

孙海波　「⿱亯京，前七、一四．二。从高从京。說文所无，地名。」（甲骨文编二四七頁）

李孝定　「字从京从高，象重屋之形，陳說是也。與京高同意，然非即京字也。王國維兩說不同，當从史籀疏證說。葉謂非京字，孫氏收作說文所無字，均是。字在卜辭為地名。金文亦屢見，作⿱亯京師克簋⿱亯京⿱亯京師㦰簋⿱亯京克鼎⿱亯京散盤⿱亯京子鼎」（集釋一八四三葉）

談。

按：此乃「亯京」二字合文，亦有分書者。在卜辭均為地名。偶與金文相合，不能混為一談。

1986

𦎫 敦 

孫詒讓　「說文亯部云『𦎫，孰也。从亯羊，讀若純。一曰鬻也。篆文作𦎫』。金文齊侯𦎫作𦎫。（借為敦字）此𦎫即𦎫之省」（舉例下廿四葉上）

羅振玉　「說文解字：『𦎫，孰也。从亯从羊，讀若純。一曰鬻也』。段先生曰：『純熟字當作此。純醇行，而𦎫廢矣』。今卜辭文曰：『甲辰卜，王貞于戊申𦎫』。又曰：『壬辰卜，大（？）井𦎫見』。厥誼殆與亯同。許君亯注：『獻也，从高省，曰象進孰物形』。夫許於亯注既曰象孰物形，又於𦎫注曰孰也，二義自相近。且是字从亯羊，會合二字觀之，無从得純孰之誼。疑古與亯是一字矣。卜辭又有作𦎫者（乃地名），不知與𦎫是一字否」。（殷釋中二十六葉）

王國維　「𦎫𢧵皆迫也，伐也，𦎫者敦之異文，說文以𦎫為純孰之純，殆非。古器如齊侯𦎫等皆以𦎫為敦，詩魯頌『敦商之旅』，箋云：『敦，治也，武王克殷而治殷之臣民』。其實敦商之旅，猶商頌云『裒荊之旅』，鄭君訓裒為俘是也。宗周鐘云：『王𦎫伐其至』，𡩧子卣云：『以𦎫不淑』，皆𦎫之訓也。𢧵與虢季子白盤『搏伐』之搏，宗周鐘『𢧵伐』之𢧵同義，詩常武『鋪敦淮濆』，鋪𢧵之例文矣」。（靜安先生遺書十六冊不𡢁敦蓋銘考釋七葉）

王国维　「𦎫，即𦎫字。說文：『𦎫，孰也。从亯从羊，读若纯，一曰鬻也。』」（戩壽堂所藏殷墟文字考释第四页）

王襄　「𦎫古𦎫字，說文『𦎫，孰也』。宗周鐘：『王𦎫伐其至』，不𡢁敦『汝及戎大𦎫戰』，𡩧子卣：『以𦎫不淑』，按金文𦎫字皆有攻擊之誼，是為𦎫之古訓，許氏訓孰之誼，殆後起也」。（簠考征伐三葉上）

王襄　「又𦎫疑侑亯之段」。（簠·地弟八葉）

葉玉森　「按卜辭云『在𦎫』，『田𦎫』（前、二、十五、一；前、二十六、一）則𦎫為地名。曰『弗𦎫田』，（藏龜拾遺四、十二）則𦎫即游𢓊武『鏞敦』，不嬰敦『大𦎫戟』之誼。（从王國維氏說）『大𦎫』二字亦見於卜辭，（前、四、四三、一）其誼不盡為言也。」（前釋二卷十葉背）

唐蘭　「𦎫者敦伐也。」（天釋五葉上）

陳邦懷　「羅參事謂卜辭𦎫字誼與亯同，其說極塙。又謂𦎫亯疑是一字，未知是叚借字也。考齊侯匜膳亯作膳𦎫，亦為叚借字，與卜辭正同。知匜中𦎫字，當讀為亯，而不讀純者，以與下句無疆為韻，後二句無期與用之亦為韻也，可證𦎫亯古非一字矣。」（小箋十二葉下）

孫海波　「𦎫字卜辭習見，其義有三：有用為地名者，藏龜五七、二『□□□，亘，貞王卅人口坐自𦎫』是也。有用以為祀享字者，前三、二四、二『甲辰卜，王，貞于戊申𦎫』是也。有用為撻伐意者，前二、五、三『庚寅，王卜，在𢍰，貞余其𠂤在丝上𠭰，今𢦏其𦎫其乎𢀛亍口商正，余受又，王𠧞曰吉』是也。王國維不嬰敦蓋銘考釋謂𦎫為伐，其說確。羅振玉於卜辭𦎫字一律釋享，殆未詳檢也。」（文錄三七葉至三八葉）

郭沫若　「𦎫字習見，有用為地名者，有用為撻伐意者，……其全辭當為『某方大出，𦎫某地』。字之見於金文者多撻伐之義，……辛鼎言『呂𦎫不弔（淑）』，宗周鐘『王𦎫伐其主戳伐卒都』，不嬰段『女（汝）及戎，大𦎫戟』，均是。（王國維）其說至確。羅振玉於卜辭𦎫字一律釋為享，更特別舉六例以為『卜享』之文，（增訂殷虛書栔考釋下、廿七）此三字殘文亦在其內，大謬。」（卜通五葉上）

楊樹達　「遺珠三九三片云：『辛卯，卜，大貞：洹弘，弗𦎫邑？七月。』樹達按：𦎫，經傳通作敦。此貞：洹水盛漲，不至敦迫商邑否也。詩北門常武釋文並引韓詩云：『敦，迫也。』」（求義五十葉上）

李孝定　「說文『𦎫，孰也，从亯羊，讀若純，一曰鬻也合羊篆文𦎫』卜辭之𦎫，王國維氏讀為𢾭，敦，訓為迫為伐，其說極塙。𢾭从攴𦎫之與敦聲韻並近，故得段為敦也。執此解以讀卜辭𦎫字諸條，除用為地名者外，幾乎無不可通，誠塙詁也。羅氏謂疑𦎫古與亯是一字，陳氏已辨之，其所舉卜享者六辭之曰『甲辰卜王貞于戊申𦎫』，『壬辰卜弋弗𦎫見』，『大㞢𦎫』，『𤰔其大𦎫岄』，『癸亥卜王方其𦎫大邑」，「丁卯卜𣪊貞王亯于蜀」，除第一辭之𦎫或當讀爲亯，然亦無碻證，自餘諸辭均當讀爲敦，訓爲伐也。羅氏所舉六辭見贈考下二十七葉。金文作𦎫，鼓𦎫觶𦎫，不嬰簋𦎫，宗周鐘𦎫，寡子卣𦎫𦎫，齊侯敦𦎫，𦎫于戠或于亯羊之間多一短横畫，與栔文同。」（集釋一八五五葉）

饒宗頤　「按𦎫即『𦎫』，說文『孰也。从亯从羊，讀若純。』淮南子說林訓高注：『錞讀若頓首之頓。』此𦎫爲地名，疑讀爲頓。詩氓『送子涉淇，至于頓丘。』或其地。」（通考一〇八葉）

饒宗頤　「按『𦎫』讀爲『敦』。詩『敦商之旅』，宗周鐘：『王𦎫伐，其至。』不𡢁𣪘：『女及戎大𦎫戟。』義并同。」（通考一八九葉）

白玉峥　「勿乎𦎫人　續一七五·二

……峥按：甲骨文字中之𦎫，其结体约有二焉：

1. 𦎫：见于前期之卜辞；亦或作𦎫。

2. 𦎫：见于后期之卜辞；尤於第五期时，最为習见。亦或作𦎫、𦎫等形。

其誼，約有三焉；其一，为亯祭之誼，如：

貞：其𦎫兄？　綜九六

其二，为迫伐之誼，而甲文中之𦎫，此誼至为多见，如：

乙酉囚，王𦎫陶，受又？　粹一一七六

其三，为地名誼，散见于各期之卜辞中；前期之𦎫地，殷王常川駐蹕，故卜辞中习见『在𦎫』、『往于𦎫』之辞。至第五期时，则成为田猎区，故卜辞中习见『田𦎫』之辞。其地，屈万里先生谓：在今河南沁阳附近（甲考）。至本辞之『𦎫』，当为地名。『𦎫人』，盖即『𦎫地之人』之谓；犹如春秋中之『某人』也。」（契文舉例校讀中國文字第八卷第三十四册三八六〇——三八六一页）

陈炜湛　「征伐璞循𦎫：这是一组关于征伐战争的同义词。……𦎫作𦎫𦎫𦎫等形，从亯从羊，在卜辞中除作地名者外，均读作敦，训为迫，有征伐义。王国维曰：『𦎫、戟皆迫也，伐也，𦎫者敦之异文。』郭沫若谓：『𦎫者撻伐也，诗鲁颂「敦商之旅」，宗周钟「王𦎫伐其至」』，信然。从具体辞例看，『𦎫』可施之于商王朝对方国，亦可施之于方国与方国之间，例如：

乙酉卜，王𦎫缶，受又？（粹一一七六）

貞：吾方弗𦎫祉？（洪五一）
癸亥卜，王：方其𦎫大邑？（前八．一二．二）
丁卯卜，㱿貞：王𦎫缶于蜀？二月。（后上九．七）

其义与征同，唯不见下对上即方国对商王朝称𦎫之例。」（甲骨文同义词研究古文字学论集初编一三八——一三九頁）

考古所　「𦎫形，当為𦎫字之异构。」（小屯南地甲骨九五五頁）

考古所　「帛、𦎫：地名。𦎫位置在衣附近，屬沁陽田猎区範圍。」（小屯南地甲骨八六三頁）

姚孝遂　肖丁　「1099『𦎫召方』，『𦎫』即『敦』，詩、常武：『鋪敦淮濆』，『敦』又為逼迫。

卜辞关于军事行动，名称繁多。有『伐』、『逆伐』、『𢦏伐』、『正』（或『𠀠』）、『戠』、『𦎫』、『𢦏』、『册』、『啓』、『𠦪』（或『執』）、『追』、『保』、『見』、『呈』、『𢦔』等等。其具体所指，有些我们知道，有些并不十分清楚。『𦎫』当有迫近其境加以围攻之意。卜辞所見敌方来『𦎫』者，只有『𠙵』、『土』、『方』这些势力强大的敌国。前8.12.2：『方其𦎫大邑』，謂『方』迫而围攻『大邑』，即商邑，从此可以有助于使我们了解『𦎫』之涵义。」（小屯南地甲骨考释九六頁）

劉釗　「卜辞『𦎫』之对象有『邑』、『大邑』、『墉』等，皆有『兵临城下』之义。『𦎫』同『伐』的区别是：伐基本上祇用於殷对方國之征伐，而𦎫則殷与方国皆可称用，這一点与『征』接近。」（卜辞所見殷代的軍事活動，古文字研究一一五頁）

按：卜辭「𦎫」字除用作地名外，尚為敦伐之義：

「𦎫召方𢦏又」　寧一．四二六
「王𦎫缶于𦊧」　續一．五二．一
「大丁𠂤王𦎫衛」　續五．三一．一
「王𦎫缶𢦏又」　甲二六一
「王𦎫𠈂𢦏又」　合三三二

王國維以𩫖、戟同訓迫、訓伐，即詩常武之「鋪敦」，其說極是。上列諸辭即殷人撻伐敵方之占卜，敵方來犯亦曰「𩫖」：

「方其𩫖大邑」 前八·一二·二

「舌方其𩫖」 珠一七四

「舌方弗𩫖沚」 佚五一

卜辭未見用「𩫖」爲享者，羅振玉「疑古亯高是一字」，其說非是。郭沫若已辨之。

1987 𩫖 郭

孫詒讓 「說文『𩫖度也民所度居也从回象城𩫖之重兩亭相對也或但从口』金文齊侯鎛西𩫖字作□亦从回，而𩫖伯敦作□，毛公鼎作□，石鼓亦同，則皆从口，是說文亦或二體古金文並有之。唯說『墉城垣也从土庸聲古文作□』，依許說則古文墉字與篆文𩫖亦同，與字例不合，恐有誤也。召伯虎敦云『余考亦公僕□土田』，□當即墉之古文，古音僕與附相近字通。『僕墉土田』猶詩魯頌閟宮云『土田附庸』也。此敦義得確詁，其爲古文墉無疑」其形蓋从𩫖省从口。古文凡有冂巿各受之義者多从口，故說文『高崇也象臺觀高之形从冂口與倉舍同意』此□字从口蓋與彼同。若墉作□，或从𩫖从高者，於字例亦通。要與𩫖字實殊不同，許書或傳寫之誤爾。」（名原下三葉下至四葉上）

王國維 「殷虛卜辭有□字，象四屋相對，中函一庭之形，又有□字，當即此字之省也。按古文變化，往往繁簡任意，如弁字作□，（見石鼓文）或省作□（見孟鼎）之類是也。□字他無所見，□字古金文或作□，（毛公鼎）或作□，（齊國差甔）或作□，（召伯虎敦）或作□，（伯尊盉）小篆之□字□字皆由此變。說文𩫖部：『𩫖，度也，民所度居也。从回，象城𩫖之重，兩亭相對也。或但从口』。又土部：𩫖，古文墉』。又亯部：『𩫛，用也，从亯从自，（古鼻字）自知臭香，（段注以香爲亯字之譌，是也）所食也，讀若庸同』。是許君以𩫖、𩫛爲二字，又以𩫖字分爲二字，（古文墉，篆文郭）其字本是一字，□爲□之變，猶□爲□之變形，其跡甚明，此二字祇是古文墉字。召伯虎敦之『僕□土田』，即魯頌之『土田附庸』，左氏傳之『土田陪敦』也。（古僕附陪三字同音，附作僕作陪者，聲之通，庸作敦者，字之誤也。）國差甔之『西□寶甔』，即『余非庸又昏』也。故古文垣堵諸字皆从𩫖，說文垣籀文作□，堵，籀文作□，城，籀文作□，陴，籀文作□，徵之古金文，則𨜆鐘之□，散氏盤之□，虢仲敦之𩫏，史頌鼎、史頌𣪘之𩫏，皆从𩫏作，故𩫏𩫏二字為古文墉字，蓋無可疑。又古者先有宮室而後有城郭，必先有宮室之垣墉，而後有城郭之垣墉，則凡从𩫏之字，非取象於城郭，而取象於宮室必矣。又𩫏𩫏字上下所从之介及介，實象屋形，（古文自有此部首，昔人釋為屋形，其實宀广二部首，即由此変，本一字也）更分析之，則△∧象屋，而下二直‖象其垣墉，故高、京、亭諸字，兼取象於△及‖，而𩫏、䵢、𩫏諸字但取象於屋下之二‖，以‖不足以象垣墉，故必以介介象之，義各有所當也。然則𩫏、𩫏之為字，實象兩屋相對之形，而非象兩亭相對之形，則𩫏字之為四屋相對之形，又可決也。又古者祭祀（除郊社外祭）必於屋下，被髮祭野，古文以為戎狄之俗，故𩫏字又引申為祭亯之義，殷商卜文云：「癸卯卜賓貞口𠂤𩫏于京」，（前編五卷九葉）又云：「癸卯卜賓貞𩫏𩫏」，（同上三十葉）伯尊盂「伯作朕配平姬𩫏宮祀彝」，此數字其義略同於享，而其音當讀為庸，忠即說文𩫏字音訓之所自出。庸字作𩫏作𩫏，與享字之作𩫏作亯同取象於廟形，不獨墉庸同聲，可通假也。由此觀之，則𩫏𩫏二字所象可知，并知四棟之屋，實起於制𩫏字以前，殆為宮室最古之制矣」。（見朱芳圃文字編五卷十葉𩫏下引又王靜安先生遺集十六冊毛公鼎銘考釋九葉之說與此略同而較簡原文見觀堂集林卷三明堂寢廟通考初本定本節去）

王襄

「古郭字。許說度也，民所度居也，从回象城𩫏之重，兩亭相對也。或但从口。」（類纂正編第五第二十六葉下）

商承祚

「說文解字『𩫏，度也，民所居也，从回象城𩫏之重，兩亭相對也，或但从口。』白尉𣪘作𩫏，與此同。許君之从𩫏，乃𩫏傳寫之誤。予意卜辭凡从亯字者，皆作介，以亳高京亯𩫏之例是矣。可證許書之失。又高低之高，小篆作高，今隸作高，亦古文之存于今隸中者。又案：王徵君說此字，說文有二說：一為城郭字之篆文，一為墉之古文。召伯虎𣪘『土田僕𩫏』，即詩之『土田附庸』，左氏傳之『土田倍敦』也。」（類編五卷十五葉至十六葉）

丁山

「𩫏，亦殷商鉅族，其事跡見於卜辭者，略如：『癸卯卜，穷，貞將𩫏于京。』（前五．八．四）『癸丑卜，穷，貞𩫏魚降，从陟。』（前五．三十．六）『貞，羽眔𩫏弗其勹，出取。』（前二．二一．四）『癸酉卜，貞𩫏其出疾。口，貞𩫏亡疾。』（前四．十．七）『貞，𩫏亡其左鼓。』（燕佚六八一）『令𩫏曰，犬征田。』（金璋七一五）『乙亥貞，邑令𩫏以眾𡕥逆口。』（後下二七．一四）『令𩫏勹多𩰫衛氏乎吾（呈）。』（後下二五．八）『丁未卜㱿貞，令𩫏勹出族尹戎，出友。五月。』（林二．七．六）『己亥卜，㱿貞，勿乎衣𩫏𩫏。』（前七．二．三）『己丑，子卜貞，子𦣞乎出

□。」（前七、十、一）□王國維謂象城郭之上，四亭相對，本古文墉字，是也。墉本四亭相對，卜辭多省兩亭作□，毛公鼎作□，琱生𣪘作□，𪉪尊蓋作□，已開秦篆从亯从自，作□之漸，然則，辛𩫖鼎當是𩫖文辛尊省文，殆即武丁時代卜辭所見𩫖氏遺物。𩫖讀為鄘，即詩邶鄘衛之鄘矣。」（殷商氏族方國志一三九葉）

陳直「卜辭有□字，象四屋函一庭形，予疑為殷太學之象也。殷太學名瞽宗，禮記明堂位云：『米廩有虞氏之庠也，序夏后氏之庠，瞽宗殷學也，頖宮周學也。』大戴禮保傅篇注云：『天子之學與明堂同制，虞名學為庠，夏為序，殷為瞽宗，周人兼取之以名其四堂，詩曰：「鎬京辟雍，自西自東，自南自北。」謂辟雍居其中，四室環之，卜辭正象其形，知殷禮與周禮同也。』」（讀義八葉上）

郭沫若「□余謂亦𩫖字，从四亭於城垣之上，兩兩相對，與从二亭相對同意。字亦地名，蓋即邶鄘之鄘。」（卜通一六一葉背）

又云：「𩫖，說文以為墉之古文，又以為郭之古文。金文毛公鼎以為昏庸字，召伯虎𣪘以為附庸字，則以墉字說為得其實，庸字在此似為時限，疑假為彤，若融，用為明晨，或晨刻之意，故古者以昏庸連文也。下第七一五片有『𩫖兮（曦）至昏不雨』之辭，其明證。」（粹考九〇葉）

于省吾「粹編六五二片：『至𩫖昏。』七一五片：『𩫖兮至昏不雨。』七一六片：『𩫖兮雨。』郭沫若云：『𩫖殆假為彤，明日也。兮假為曦。』按郭謂兮假為曦，允矣。謂𩫖殆假為彤，非是。𩫖即今郭字，郭廓古籍同用，𩫖兮應讀作廓曦，謂晨光開廓曦明也。又廓與闓，曦與圛，並雙聲字，闓圛當即廓曦之聲轉。詩載驅：『齊子豈弟。』鄭箋：『豈當讀為闓，古文尚書以弟為圛，圛明也。』按說文『闓開也。』是卜辭言𩫖兮，猶詩之言闓圛，即開明之義也。」（駢枝十四葉釋𩫖兮）

孫海波「𩫖，甲五四七。古郭、庸通用，𩫖兮猶言晨曦。商代紀時名，天剛明時也。𩫖兮嚴。□，前八、一〇、一。或作四介，象城郭之四重亭，兩兩相對也。」（甲骨文編二四五—二四六頁）

楊樹達「前編一卷五十二葉之三云：『丁亥，卜，殼貞，出伐于黃尹，亦出于蔑』。丁字作口，作四方蔽障之形，殆城之初字也。城與丁同音，故得相通假矣。說文五篇下𩫏部云：『𩫏，度也，民所度居也，从回，象城郭之重，兩亭相對也。或但从口』。按許君云象城郭之重者，回从二口，外圍象郭也。兩亭相對謂上下也。或但从口，則有城而無郭也。說文十三篇土部墉訓城垣，古文作𩫏，與𩫏字同，甲文作𩫏，正从口而不从回也。說文五篇下冂部同下云：『古文冂从口，象國邑』。象國邑者，象其城也。後世讀口為圍，嚮非甲文假口為丁，則此字終不可曉矣。說文五篇下高部云：『亭，民所安定也，亭有樓，从高省，丁聲』。按亭龜甲文作□，乃象形字，非从高省，丁聲後加，故甲文無之也。𩫏字之象，中為城，上下為亭，然城與亭古音實無異也。蓋城也，亭也，古人一名而已，其別用圍者為城，高聳者為亭，乃後起之事矣。」（求義五六葉下至五七葉上）

陳夢家「郭　㠱罘郭弗其氏出取　前二、二一、四

令郭氏出族口出友　前七、一、四

令郭氏多射，衛　下二五、八

……

郭作𩫏，亦即說文古文墉字。古郭、虢音同相假：左傳僖二隱元之虢，公羊傳作郭。鄭語之濮虢，即北虢，漢書地理志以為在河東郡太陽，今山西省平陸縣。大雅皇矣述文王『以伐崇墉』，墉或是國名。郭旦是另一地名，今河南孟縣北十五里有郭旦鎮，亦作穀旦。（綜述第二九四——二九五葉）

陳夢家「郭作𩫏，亦即說文古文墉字。古郭、虢音同相假：左傳僖二隱元之虢，公羊傳作郭。大雅皇矣述文王『以伐崇墉』，墉或是國名。郭旦是另一地名，今河南孟縣北十五里有郭旦鎮，亦作穀旦。」（綜述二九五葉）

李孝定「說文『墉城垣也从土庸聲𩫏古文墉』契文與古文同。𩫏字重文，說詳五卷𩫏下。」（集釋三九九九）

李孝定「說文『𩫏度也民所度居也从回象城𩫏之重兩亭相對也或但从口』又十三卷土部『墉城垣也从土庸聲𩫏古文墉』訓度之𩫏與墉之古文全同，二者當為一字，許書歧而為二，義雖相近而音讀迥殊。以金文𩫏之音讀測之，此字古當祇讀余封切，可證也。王國維氏說此字

義訓極是。字在卜辭為國族之名，雖無由確證其音讀，然以金文例之當以讀庸為是。或用為紀時字，郭氏讀為彤，于氏讀為廓，似仍以郭說為是。以音言之此字本當收入十三卷作墉，以許書亯為部首且義與墉亦相近，故仍次此。別於十三卷土部收此作墉，以為亯字重文。金文作□毛公鼎「余非亯又昏」當讀作庸□召伯虎簋「僕亯土田」孫氏謂即魯頌「土田附庸」是也□師鼎□亯鼎□國差𦉜「西亯寶𦉜」□拍鼎蓋為許書亯部之𩫖所自昉。魏三字石經庸之古文亦如此作□郭伯𣪘蓋□周公簋」（集釋一八三六葉）

饒宗頤　「即墉字。殆讀為庸；庸，用也。」（通考三一五葉）

饒宗頤　「卜辭『缶乍亯』（見殷綴一二一十，佚乙七九八一）謂『于缶地作墉』。詩皇矣：『以伐崇墉』。墉，城也。」（通考一七六葉）

饒宗頤　「卜辭『子臤于出墉』。（見前編八、一〇、一）出墉者，易解上六：『公用射隼于高墉之上，獲之，無不利。』同人九四：『乘其墉，弗克攻，吉。』墉即城也。」（通考七四一葉）

饒宗頤　「按說文：『亯，獻也。』孝經曰：『祭則鬼亯之』。篆文作□。故亯乃享字。詩楚茨：『或剝或亨，或肆或將。』依少牢饋食禮：司馬刲羊，司士擊豕，所謂『剝』也；熟牲體于雍爨，所謂『亨』也。升牲體于鼎，所謂『肆』也，載牲體于俎，所謂『將』也。（禮經釋例）」（通考六七〇葉）

屈萬里　「說文亯部云：『亯，度也；民所度居也。回象城亯之重；兩亭相對也。或但从口。』又說文土部墉字古文亦作亯。段注云：『五篇曰：「亯，度也；民所度居也」。字音古博切。此云「古文墉」者，蓋古讀如庸，秦以後讀如郭。』諸家據此定亯為郭字，是也。亯地又見周公𣪘及亯伯𣪘。周公𣪘云：『易臣三品：州人，東人，亯人。』（兩周金文辭大系圖錄）亯伯𣪘云：『𡩜于宗周，錫亯伯𣪘貝十朋。』（貞松堂集古遺文補遺卷上）以此證之，此兩器所謂亯者，當距宗周不遠。而此兩器皆西周時物；則其所謂亯者，當與甲骨文之亯為一地。綜述以為亯即晉南虞虢之故地，在今山西平陸縣境（二九五葉）；其說是也。」（甲編考釋二三葉）

屈萬里　「卜辭：『☒邑亯商？』（甲編二二九一）此或當讀為城郭之郭也。」（甲編考釋二八九葉）

一一屋萬里　「㙯，即說文古文墉字。隸定之當作𩫖。諸家或以為郭字。『㙯入十』。（甲編一一）於此為地名，乃殷之屬國也。此為記事之辭，言𩫖貢龜十隻也。」（甲編考釋十九葉）

張政烺　「『墉商』（按指『……立邑墉商……』（綴合三〇）的墉字義為城墻，在這裏是動詞，即修城墻，如詩經·韓奕『實墉實壑』的墉字，毛氏傳說是『高其城』。墉商是把商的城墻培修加固。『立邑墉商』是說徵聚众人城商。這就證明築城是殷代徭役中的一項，是殷代众人的沉重負擔之一。」（卜辭裒田及其相關諸问題，考古學報一九七七年一期）

張亞初　「我们曾经在甲骨文中发现了下面几条关于商人在殷都修筑城堡和出入都城的直接记録和珍贵史料：

① 甲申卜，我庸于西，多氏人；

甲申卜，我庸于西，七月（库一五〇七、一五六二、綴编一三六）

② 己丑子卜，贞，余又呼出庸；

己丑子卜，贞，子商呼出庸；

子蚩呼出庸（前八·一〇·一；京都B三二四一合；綴编三三〇）

③ 乙亥子卜，丁延于我庸（南上四七）

以上这三条卜辞，都是武丁时期的子组卜辞。第一条卜辞，占卜我（子自称）是否要在西面庸，即修筑城墻，要不要多派些人去（說文氏训至，这里作派遣讲）。卜问我要不要在七月修到西边去修筑城墻。『庸于西』的庸是动词。庸作为本文是名词城，作为动词用就是修城。

第二条卜辞，是子占卜我呼出城墉，还是子商呼出城墉，抑或是子蚩呼出城墉。这个墉字如果作名词解，出墉就是出城。但是，第一条第二条卜辞时间上是互相衔接的，前后相差只有五天。由于时间不長，修城这样的大工程，未必能完成得这样神速。所以，这一条卜辞的庸可能是动词。这样的话，『呼出庸』就当是招呼命令出去筑城了。当然，如果修补城墻的话，这一工作在四五天内也不是不可以完成的。所以『出庸』也不能排除是出城的可能性。

第三条卜辞，占卜者也是子。卜问子组卜辞中的人物丁（丁是人名，参《合》四二四等）是否能继续（延）在我这里修筑城墻。在子组卜辞中，屡次见到『丁来』、『丁有執』等（《合》四二四等），可见丁可能活动在殷墟都城以外的某个地方。他与子组卜辞的子有着一定的从属关係，所以占卜丁是否继续为其服役筑城。

上述材料表明，商代后期，在殷墟是筑有城墙的。……这与文献上殷墟有古城的记载是相合拍的。……上面「庸于西」之「庸」，可能是新筑，也可能是修整旧有的城墙。不管怎么理解，西面有城墙这一点则是没有疑问的。从武丁时期的卜辞可知，当时主要的敌人是在西方和北方，特别是西方。所以卜辞所载的「庸于西」，应该说不是没有道理的。……

不但殷都有城，商代其他的方国，也是有城的。在甲骨文和古代文献中就有这种明确的记载。……

① 口口卜，㱿贞，勿[glyph]，基方缶作庸，子𢀛𢦏，四月（乙七九八一）

② 辛卯卜，㱿贞，勿[glyph]，基方缶作庸，子𢀛「𢦏」；

辛卯卜，㱿贞，基方作庸，不[glyph]，弗吉，三月（合一二一）

这两条卜辞，是商王的卜人㱿，贞卜基和缶这两个方国修筑城垣，是否要派子𢀛去摧毁它。𢦏训伤害。这里是懲讨、杀伐和摧毁之意。基和缶是山西省境内鬼方的两个方国，据此卜辞可以知道，它们都曾修筑过城堡。在这两条材料中，庸字都是名词，即城垣。作庸就是修筑城垣。

（殷墟都城与山西方国考略古文字研究第十辑三九二——三九四页）

姚孝遂　肖丁

「……卜辞[glyph]、[glyph]、[glyph]等，皆象城郭之形，亦用为城郭之义：

缀合121：「基方作𩫖，其𢀛……」

缀合136：「我𩫖于西，多氏人……」。「基」为商之敌方，作郭势必造成威胁，故云：「其𢀛」。「我𩫖于西，多氏人」，谓招致众多之人筑城郭于西，「𩫖」用为动词。

说文：「𩫖，度也，民所度居也。从回，象城𩫖之重，两亭相对也。或但从口。」许氏谓𩫖象城郭两亭相对之形是对的，但谓「从回」则非是。

说文墉之古文作𩫖，与郭之形体同。金文又用为「庸」字。段玉裁以为「古读如庸，秦以后读如郭」。实则郭与墉乃一字所分化。

卜辞「郭兮」为一关於时间之专有名词，与其形体无涉。简称可作「郭」或「兮」。郭沫若先生粹715考释谓「𩫖殆假为彤，明日也。兮假为曦」，其说非是。盖由误读粹717之「昃」为「昏」，因而造成一系列之误解。误以为是「昏至郭兮」，则「郭兮」难免附会成明日之晨曦。

卜辞「昃」字作[glyph]、[glyph]、[glyph]……诸形，象日西昃时人影之倾侧。说文小篆作[glyph]，谓「日在西方时侧也，从日仄声」。（小屯南地甲骨考释一三八——一三九页）

按：卜辭𩫖字即象城郭之形，亦用為城郭之義：

「基方作𩫖其𢀛」　　合一二一

「子商乎出𩫖」　前八・一〇・一

「我𩫖于西，多以人；

我𩫖于西，十月」　綴一三六

「𡐓」為商之敵方，「作郭」勢必造成威脅。「𡐓」為「𡐓」之繁體。「我𩫖于西」，𩫖為動詞，築城郭于西之意。

此外「𩫖」或為地名，或為人名。

說文古文墉與「𩫖」之形體同，金文又用為「庸」字，但音讀懸隔。段玉裁以「古讀如庸，秦以後讀如郭」說之。商周音系當有別於戰國秦漢音系，段氏是有見地的。

卜辭「郭兮」或省稱「郭」，指「昃」以後，「昏」以前之特定時間而言。參見「兮」字條下。

1988

韓陴 

羅振玉　「說文陴籀文作𩫏，與此同。史頌敦作𩫏，借為俾。其所从之畀，亦卑字，乃从甲（即甲乙）从𠂇（即又），吳中丞以為𢍏从禺，非也。」（殷釋中十一葉下）

王國維　「說文解字𨸏部：『陴，城上女牆俾倪也，从𨸏，卑聲。韓，籀文陴。』案殷人卜辭有𩫏字。（殷虛書契卷二第八葉）」（史籀篇疏證三十六葉）

葉玉森　「說文『陴，城上女牆俾倪也。从𨸏卑聲。籀文作𩫏』。史頌敦亦作𩫏。契文作𩫏𩫏，从𩫖象城𩫖之重兩亭相對。从畀之象手持一物，大若鬼頭。（契文鬼作𢐦）蓋椎類古兵器，持之以守𩫖者。（契文畢一作𢐦，為手持𢐦形。畀亦象手持甲形，造字之例正同。）後乃沿譌為卑。」（說契二葉下）

孫海波　「𩫏，前二・八・三。陴从𩫖，与說文籀文同。」（甲骨文編五三六頁）

陳夢家　「前二・八・四才苗貞王步于郫，苗地當相近，字或是苗，說文『草，生於田者』。左傳襄二十六年『若敖之亂，伯賁之子賁皇奔晉，晉與之苗』，杜注云『苗，晉邑』；瀵水注（卷四）『瀵水西屆運闕城南，歷軹關南，逕苗亭，苗亭故周之苗邑也』，今濟源縣西十五里，西接垣曲。佚三一、一武丁卜辭云『其𦥑衣于亘，冓雨，才苗魚』，則知苗近于桓」。（綜述二六〇葉）

1989 

李孝定「說文『陴城上女牆俾倪也从𨸏卑聲籀文陴从𩫖』契文與籀文同。从𩫖象城垣，从叟象手持甲，葉說是也。甲與契文毌干諸文形近，疑象執盾之形，沿譌為卑遂以為聲耳。辭云『在陴』『步于陴』，地名。史頌簋作饋與此同。羅氏說字形是也。簋銘讀為俾，為字當釋陴之證。」（集釋四一四九葉）

按：卜辭陴為地名。史頌簋乃字。卑與叟形體迥殊，不得混同。

1990 

按：合集五九一〇辭云：「……隹…………」似為方國名。

按：字从「艸」从「高」。合集八二二二正辭云：「貞，于蒿……若」為地名。

1991 

按：字从「林」，从「高」。辭殘，其義不詳。

1992

按：合集三〇二八四辭云：

「于廳門[illegible]禽王弗每」
當為「丮享」二字之合文。

1993 [亯/隹]

李孝定 「从亯从隹，說文所無。象苑囿之形。」（集釋一八五七葉）

按：字可隸作「[亯/隹]」，辭殘，其義不詳。

1994

按：合集九五七六辭云：「貞，令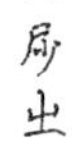歸出田」為人名。

1995 京

王襄 「古文京，克鐘作，靜敦作，古鉨作，与契文同。」（古文流變臆說三〇頁）

王襄 「古京字。或釋亭。」（類纂正編第五第二十六葉下）

瞿潤緡 「京，地名，左傳隱公元年請京使居之，謂之京城大叔。京縣在今河南滎陽縣東二十里一里賈魯河亦名京水逕焉，在殷都之西南，殷之京當即其地。」（卜辭釋文十五葉）

孙海波　「京，掇二、一一一。人名。京，甲一一二四。地名。」（甲骨文編二四六頁）

陳夢家　「說文『京，人所為絕高丘』，爾雅釋丘『絕高之為京』注『人力所作』。人為之高丘即積土之高臺，故卜辭的義京即宗地的義臺。然人為之京和天然之丘，有時亦可通用：鄘定之方中傳『京，高丘也』，皇矣傳『京，大阜也』。」（綜述二六六葉）

李孝定　「說文『京人所為絕高丘也从高省丨象高形』。古文京高字均略同，當亦與高同意，象臺觀高之形也。爾雅釋詁『京大也』，段氏云『凡高者必大』，是也。字在卜辭為地名。金文作京克鐘京靜白京靜簋京師酉簋京史懋壺京井鼎京芮公鼎京矢簋京辛巳簋京適簋京傳卣京臣辰盉京屬羌鐘京臣尊與契文小篆並同。篆下从巾乃冂之譌，蜀本說文作巾聲者非也。」（集釋一八三九葉）

屈萬里　「卜辭：『癸卯卜，賓貞：令章茲在京奠？』甲編三五一〇。京，地名。隱公元年左傳：『請京，使居之；謂之京城太叔。』杜注：『京，鄭邑，今滎陽京縣。』」（甲編考釋四四六葉）

考古所　「京：地名。」（小屯南地甲骨八五四頁）

于省吾　「說文京『从高省，丨象高形』。按契文作京，金文作京、京，汉章京鈎作京，与古文合。」（論俗书每合于古文，中国语文研究第五期一五页）

徐中舒　「京字，甲骨文、金文俱作京。说文：『京，人所为绝高丘也。』丘与京同是穴居，丘象半穴居，京则象深穴居。亼象地上有小屋顶为穴居出入通风之处。其下冂形，则象深穴居下面有木柱撑持之形。后汉书东夷挹娄传说挹娄『土地极寒，常为穴居，以深为贵，大家至接九梯』。京就是象周人居邠时所居的深窑洞。周人迁居周原以后，虽有宫室宗庙的地上建筑，而人民还称他们所居的地方为京。大雅大明歌颂大任（王季之妇）『自彼殷商，来嫁于周，曰嫔于京』。周人初居周原时，还是周京並称的。」（怎样考释古文字　古文字学论集初编一一页）

王献唐

「……古代亭形建筑，由构木而起，取其高耸，所以避水湿恶物，据而推释高字本体，即为亭形建筑之一，若音与义亦都与相应。契文字作□作□作□，……上从□下从口，口为后加，初文祗作□。△象屋顶，下象壁，如今所画正面尖顶屋形。再下为冂，左右二直，即支亭两柱，上覆横画，又中间之层隔也。形或作□，顶下壁间，横加二画，则象窗牖。亦或省作一画，与不作窗牖者，成繁简数体，得相通用。……今制亭子屋顶之下，即支四柱，此则于上更作一层，别象亭楼，形义极显。字祗象其正面，若改作立体图之，则为□□诸状，尤易省识。……观于中国沿江居民，架屋诸制，即可想象先民居处情形。所以构木突起者，本取其高，高为惊叹发声。人见巍然高崇者，不期嗷然，发为蒿声，迄今犹然。其巍然高崇者，初本无名，以发声表象，即不期以发声为代。彼此相习相喻，一发其声，即知其义。久而发声，遂演为巍然高崇者之形容词。……故高之初文，当祗作高，训为亭楼。许云象台观高之形，正与相应。……

然高字音义，虽由形容词出，而形容词中，仍有高音。其形容词虽由惊叹词出，而惊叹词中，亦仍有高音。此形容词、惊叹词两高音，如笔于书，例可同声通假，取名词之高字当之。久恐淆溷，以惊叹词为语声，声从口出，复于高下加口，会意作高，为惊叹词专字，用别于名词之高，又高字形体所由起也。说以亦有义例，当从高声从口会意。……至形容词高音，原出惊叹词，施于语言，初时义本相通。以惊叹为形容，代形容以惊叹，界说不分，故高之从口，即兼寓语言形容意，而形容词与惊叹词，亦通用一高字。迨后词例愈密，字体愈分，更以高为纯形容词，复于其旁加口，会意作嗃，为纯惊叹词。……」（那罗延室稽古文字二〇五——二〇七页）

王献唐

「契文京作□作□，金文作□作□作□，形体与高相合，惟下多一直。高字本象亭楼，下象左右亭柱支之。以形求之，如今四柱亭式。此则于两柱中间多加一柱，即今八柱亭式，每面视之，各成三柱，综计则为八柱。盖亭楼之制，亦有大小，小祗下支四柱已足，大则力不能胜，必各于一面加柱。若过高大，或加两柱，不等。高为四柱，故于左右作二直象之。京为八柱，面各三柱，故于下作三直象之。所象皆为正面，面各相同。故或二或三，形义初极明显。而以八柱四柱之制，推证京高，知京特高大，高稍低小，形式则彼此相仿。……要其所以多加一柱者，因过大过高，不得不加。加则为京，知京特高大，不加为高，知高较低小。高京建筑制度之不同，其要点在此。字体下有二直三直之分，其形义亦在此。京者，古隶阳部，与擎音通，擎义犹撑，声亦相会。京本亭楼之制，其下以柱支撑，支撑为擎，因以擎呼之。久而成名，象形造字作京，音转，或入阳部读彊，实一事也。凡言擎者，皆为高立支撑义。柱号擎天，亦即撑天，或云砥柱，砥亦犹抵犹支。以此证京，固由高柱支擎义出。执名求制，因制求名，合以字体之造作，其形、声、义，本息息相通也。……

京之为制，在古代一切建筑中最高，因引申有绝高义。尔雅释诂、诗文王大明传，京大也，是也。凡高者必大，复引申有大意。尔雅释丘、诗公刘笺，为绝高之京是也。凡高者必大，复引申有大意。西京赋注，积高为京是也。高大之制，不限于京，京为高大之名，凡累而成，引申有积高意。西京赋注，积高为京是也。高大之制，不限于京，京为高大之名，凡他物类高大者，皆可称京。因而高丘大阜，亦或以京呼之，诗定之方中，甫田传京，高丘也。皇矣传京，大阜也。是也。尔雅诗笺，绝高为京，即指丘阜言，而绝高一意，固渊源于京之本义也。丘阜有天成者，有以人力成者，天成者谓之京，若荥阳京索是也。人力成者亦谓之京，若公孙瓒所筑易京是也。既有天成之京，故风俗通山泽篇云，尔雅丘之绝高大者为京，谓非人力所能成，乃天地性自然者也。又有人为之京，故说文云，京人所为绝高丘也。而吕览禁塞，为京丘，若山陵，注，合土筑之，以为京观。淮南览冥训，筑重京。亦皆指人为者言也。丘阜之高大者称京，仓廪之高大者亦可称京。广雅释室，京仓也。管子轻重丁，有新成囷京者，注曰，大囷曰京。皆可证。京既训大，得称大曰京，方言，京大也。燕之北鄙，齐楚之郊，凡人之大，或曰京。不特人大为然，物之大者亦然，因又呼大鱼为京，后造字从鱼作鲸。羽猎赋骑京鱼，注，或为鲸。似此例不胜举。要皆音义同京，而借用京字。京之本字，本亭楼建筑之一，既不为丘阜，又不为仓廪，复不为人鱼。许君乃以人为绝高丘释之，求诸字形，无一而合。」

（那罗延室稽古文字二一〇——二二〇页）

王慎行　参髙字条

按：卜辭京為地名，亦或稱「𣪊京」、「殸京」、「㤈京」等，京當為高丘之通名。「京」與「髙」有時形體相混，當屬同源。又凡从「京」之字，當屬合文，不能視為獨立之形體。

1996

王献唐　「主在小篆作𡈼，求诸卜辞有地名为主京，亦简称主。先后体制，变化不一。武丁时代，多作主京，合书为𣓝（佫一二·七）为𣓝（前六·二·一），主体之木，其上◊形即▲，以複笔书者，下从木，指事为燃木火把。木↓通用，↓下又或从火，意愈明切。字亦

作（后下二五・一九）、作（同上三九・五）。皆烛，象燃木，木上歧出∪形，为火燄。下或省木条枝，但作直干，皆一事。中又作複笔者，即许君所谓亦声也。字复作，作（前五・一九・二），作（后下二・八・九），体与上同，祇变○为，前用複笔，后则填实。字又作（后下三・一七），书主作，正前说燭字之。将燭代主，知主确为燭，旁作二火，为赫盛义。此外更有一体作（拾一二・六）以火代之。又有一体作（同上五）以木当之。体变不同，义用则一，大抵皆董彦堂氏所谓第一期书体也。」（古文字中所见之火烛，第四九至五〇页）

按：字乃「𣎵京」二字之合文。卜辭或分書，或合文，均為地名。

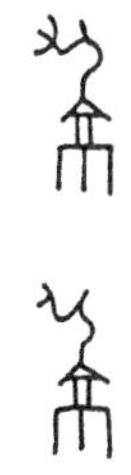

屈萬里　「殷曆譜隸定作倞，恐未的。於此疑是山丘之名。」（甲三九三九考釋）

張亞初　「……會意字也有整体和局部之分……：

——芒（屯南三八五四）

——喬（綜类二六六页；文物一九六四年七期三二页）

——何（甲二五一三、二五二九）

——𪓿（美集录尺二三九、金文编八〇四甲骨文编八三九页）

——爯（綜类四五四页）

——若（綜类四七页、鉄云七七・一）

——伐（綜类三二九页、三三三页）

——聽（綜类一一四页）

——扶（綜类四〇页、三四页）

——専、𨍭（金文集成一字毁）

上面除了伐字是戈形之省外，都是人形的省略。喬即嶠和蹻，是举足行高的会意字。卜辞喬字有从高从京两种写法。说文曰京，人所为绝高丘也，文献京训高、训大，与高字义近，所以左偏旁中可以互作。集篆古文韵海卷二庚韵以亯亰为同字，可为京、高二字义近而左右文字偏旁中可以通用之证。春秋、战国时期之喬都是从止从高的局部会意字。有的喬字止字移于高字下面作𩫖（侯马盟书三三四页）。恒簋从止从京之字应释为喬字。何字是同版上面的同一个贞人名的繁简两种写法，省略人形的可以肯定是何字的局部会意字。

根据这种整体会意与局部会意字的形体变化的规律，甲骨文、金文中这一类字，就都可以得到合理的解决。例如：字可以考定为印字（综类二六页）

字可以考定为字戎字（金文编七九九页）

陈汉平　「甲骨文有字作，旧不识。甲骨文编收入附录。按此字虽上部残缺，然可知从企从高省，以甲骨文企字作、等形可证。说文：『企，举踵也。从人止声。𨀥，古文企从足。』而说文：『蹻，举足行高也。从足乔声。诗曰：小子蹻蹻。』又《吕览·异用》：『左蹻。』注：『字𨀥。』说明企字与蹻字有关，以是知此字当释为蹻。」（古文字释丛出土文献研究二二八页）

按：字当系「丱京」二字之合文，乃地名。

1998

按：合集八〇五九辭云：「……于」當為「𡴀京」二字之合文，乃地名。

1999

子京 

陳夢家　「卜辭果作𣏟，象木上果形。它可以和山字相合為一字，此相合之字又可和京字相合，也可以分之為果京、果山京。其地雖無從考求，但由其構形的變化可見『京』與『山』『丘』的關係。」（綜述二六七葉）

饒宗頤

「⿱果京字常見，舊釋主與果，皆未確。他辭有不從火作⿰米京，（拾遺一二、七）⿱米京（庫方一八〇五）⿱果京。（後編下二五、一四）又或不冠京字，但作果，（拾遺二、一六）米者。（佚八六一）又或省作木（後編上一五、一）繁變之體甚多。考卜辭干支之「未」，其異形有作米（拾遺五、三「癸米」）及米（京津三〇四七「乙米卜，㞢」）以是知此當釋為「未」字。他辭妹字有作「𣊤」，（拾遺一一、八）亦其佐證。故⿱果京乃妹京之合文。書酒誥：「明大命于妹邦。」妹即沫，詩桑中：「爰采唐矣，沫之鄉矣。」毛傳：「沫，衛邑。」在今河南淇縣東北。」（通考四六六葉）

2000

考古所

「⿱子京：地名。」（小屯南地甲骨九二〇頁）

按：字當是「子京」二字之合文，為地名。陳夢家以為「果京」，非是。

2001

⿱山京

按：字从「山」，从「京」，辭殘，其義不詳。

2002

按：合集二八二四五辭云：

「其桒……隹⿱⿱京」

當是「京」之異體。

膏 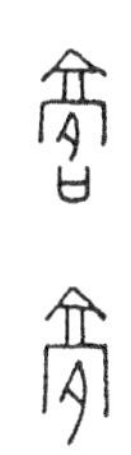

羅振玉　「説文解字『膏，从肉高聲』，此从高省聲。」（殷釋中二十五葉下）

王襄　「古膏字。」（簠室殷契類纂第二十一葉）

商承祚　「其从口者亦膏字，與篆文略近。」（類編四卷十四葉下）

李孝定　「説文『膏肥也。从肉，高聲。』契文从高省聲，或又从口字，在卜辭爲地名。」（集釋一五〇五葉）

于省吾　「甲骨文称：『戊寅□，王獸（狩）膏魚，单（擒）。』（前一·二九·四。又前四·四五·五）膏魚的膏字已残缺）膏字本作膏，从肉高省声，旧误释为亳或京。甲骨文高字省作高者屡見，旧不识。又甲骨文膏字亦作膏（后下五·一，京津二七六九），从高不省，但从口已移于下部，古文字偏旁部位每变动不拘。膏与膏乃膏字的初文。膏与高古通用，膏魚爲地名，典籍作高魚。『京相璠曰，高魚魯邑也，今廩丘东北有故高魚城，俗謂之交魚城。』按高魚后世也作高梧（見資治通鑑唐乾宁二年）。魚与梧古通用，国語晋語的『交』字的『暇豫之吾吾』，韦注谓『吾讀如魚』。列子黄帝的『姬，魚語汝』，張注謂『魚当作吾』，是其証。高魚又作高吳（見旧五代史梁太祖本紀）。总之，典籍的高魚或作高梧、高吳、交魚，音有通转，地望不殊，但据甲骨文則本作膏魚。」（甲骨文字释林释膏魚一三四頁至一三五頁）

姚孝遂　肖丁　「59[2]『其桒于膏土』

卜辞膏爲地名，或作膏。『膏土』謂膏地之社，此例爲前所未見。（小屯南地甲骨考释八一頁）

于省吾　「説文膏『从肉高声』。按契文膏字有省口作膏者，汉曹全碑作膏，魏崔敬邕墓志銘膏作膏，与契文合。」（詁林书每合于古文中国语文研究第五期一四页）

按：釋「膏」可從，卜辭用為地名。

2004 高

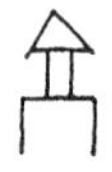

按：「高」即「高」之省。參見2006「高」字條。

2005 亳

羅振玉　「說文解字亳从高省，乇聲。乙亳鼎作，吳大澂謂是从止。按宅字卜辭亦作，晉邾盦作，仍从乇。乇聲殆不誤，非从止也。从屮者殆亳之異體。」（殷釋十一葉）

王襄　「古亳字。父乙方鼎亳作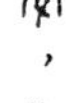，與此同。吳愙齋先生云亳从京从止，湯建都之地也。」（類纂正編第五第二十六葉上）

丁山　「亳字，象草生臺觀之下形，當然是堡字本字。堡，古文作保。左氏襄公八年傳，『焚我郊保』，晉語，『抑為保障乎』，禮記檀弓，『遇負杖入保者息』，月令，『季夏之月，四鄙入保』，這些保字，舊多釋『小城也』。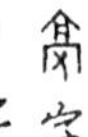字，正象小城之上壽有臺觀，所以保障人物安全的。然則，湯之居亳，殆即城主政治的開端，也是殷商文化劃時代的標準，學者必欲探尋成湯的故居。由『韋顧既伐，昆吾夏桀』兩句詩的方位測之，疑即春秋時代齊國的博縣。此博位于豕韋，有扈，昆吾之東，所以欲滅夏桀居洛陽附近的夏后氏，必先滅此三國。亳，到了商代末年，已成為專名，故卜辭云：

□亥卜，……亳……○夢邾亳于良鼎。（後上六、四）

□□□卜在商貞，……于亳，亡災。○甲寅，王卜，在亳貞，今日……堆，亡災。（後上九、十九）

癸亥卜……貞其……亳……必。在七月。□□又。王……（揃二、二、四）

癸丑……亳□今夕……（揃二、二、五）

王先在商卜，後在亳卜，可見商之與亳，時已分為兩地。這是否為王國維的考定，商即商邱，亳即蒙亳？余不敢言。因為商臺，我在上文已論定在小屯，這個亳，可能仍指泰山郡的博縣。在盤庚遷殷以前，商人常盤桓於大河以東，除了『龍山文化』可做證明外，尚有若干地緣的根據。」（商周史料考證第二十七葉龍門聯合書局出版一九六〇年）

丁山　「亳字，在甲骨文里，常有下列几种写法：

亳　后上六·四　亳　后上九·一九　亳　粹二〇　亳　粹二一　亳　粹二二

象艸生臺观之下形，当然是堡字本字。堡，古文作保。左氏襄公八年传：『焚我郊保』，晋语『抑为保障乎』，礼记檀弓：『遇负杖入保者息』，月令：『季夏之月，四鄙入保』，这些保字，旧多训为『小城也』。亳字，正象小城之上筑有臺观，所以保障人物安全的。然而，汤之居亳，殆即城主政治的开始，也是殷商文化划时代的标准。学者必欲探寻成汤的故居，由『韦顾既伐，昆吾夏桀』两句诗的方位测之，疑即春秋时代齐国的博县。」（商周史料考证二十七页）

孙海波　「亳，甲一六四〇。亳土，即亳社。」（甲骨文编二四五页）

陳夢家　「亳，即薄。王國維以為即漢書地理志之薄縣，今河南曹縣境，在今商丘之北，即（觀堂一二：二——三）汳水注稱之為蒙亳，以其在大蒙城。我們以為卜辭之亳在商丘南，即穀熟之南亳」。（綜述二五〇至二五一葉）

又曰：「卜辭有亳社和亳。地名之亳僅數見於乙辛征人方卜辭中：『□□□卜□商貞□□于亳，亡𡿧；甲寅王卜才亳貞今日步于堆，亡𡿧』。（止九·一二）『癸丑王卜貞旬亡禍，才十月又一，王正人方，才亳』。（金五八四）『癸丑卜□亳貞□今夕亡禍』。（前二、二、五）征人方是自北往南行，亳在商之南而商即商丘，則亳之地望可以推知。王國維說亳（觀堂一二：二——三）列三事以證亳為漢書地理志山陽郡之薄縣，今曹縣南二十餘里。今地之曹、商丘、亳三縣雖分屬於山東、河南、安徽三省，但南北相望成一直线，商丘北距曹縣約五十公里，南距亳縣約六十公里。

古書所載有三亳之說。殷本紀正義引『括地志云宋州穀熟縣西南三十五里南亳故城，即南亳，湯都也；宋州北五十里大蒙城為景亳，湯所盟地，因景山為名；河南偃師為西亳，帝嚳及湯所都，盤庚亦徙都之』。立政正義引『皇甫謐則云三處之地皆名亳，蒙為北亳，穀熟為南亳，偃師為西亳』。

南北二亳雖同在宋州、梁國範圍之內，相距百里之遥，恐不是一地。在大蒙城者，當漢之

高 𠅏 𠅏 亯

薄縣：左傳莊十二『宋萬弒閔公於蒙澤：：公子御說奔亳』，杜注云『亳、宋邑，蒙縣西北有亳城』；又哀十二『景公曰不可，薄，宗邑也』；汳水注『汳水又逕大蒙城北，自古不聞有二蒙，疑即蒙亳也，所謂景亳為北亳矣』。在穀熟者，當漢之睢陽縣之西南：睢水注『睢水又東逕高鄉亭北，又東逕亳城北南亳也，即湯所都矣；睢水又逕睢陽縣故城南』。淮水注『又逕亳城北，帝王世紀曰穀熟為南亳，即湯都也』。

根據征人方的路程，卜辭之亳應在古商丘之南，可能在今穀熟集的西南方，地名高辛集或與湯從先王居之傳說有關（參看考古式：八六插圖）。

宋州、宋城縣、睢陽縣皆在今商丘縣。但此城屢因水患遷移，根據縣志自宋開寶四年至清康熙四十年（九七一——一六九九年）河決大水凡十七次。古之商丘或在今城之北。根據睢水注南亳當在睢水之南而睢陽在睢水之北，南亳在睢陽之西南。今之勒馬集和高辛集在今商丘縣西南洪河西岸，南亳故址當在此附近求之」。（綜述二五八至二五九葉）

屈萬里「卜辭：『癸丑卜：其又亳土，叀祒？』（甲編一六四〇）亳土，亳社也。亳社，本亳地之社。然其所在，常隨殷人之遷徙而遷徙。春秋時魯有亳社，是其證也。本辭之亳社，或當為爾時之殷都。」（甲編考釋二一七葉）

洪家义「甲骨文中亳（亳）字所从之乇、宅字所从之乇也是一字二音，也是实际語言中双音綴的反映。乇、乇应与卜字同源，都是兆紋的象形，也是对灼坼声的摹拟，在实际语言中应念双音綴『爆炸』〔Pauk tsak〕。由于前文所说的理由，作为声符，只能取其一声，或取其爆〔Pauk〕声，或取其炸〔tsak〕声。如亳、支取其爆〔Pauk〕声，宅、吒〔tsak〕声是也。关于咤的音讀问题，陆宗达先生說：『說文有吒字，训嗔，形容嗔怒爆发，即叱吒风云之吒。唐韵音陟駕切。今谓物体因内部气体膨脹而突然破裂曰炸，形容憤怒突发也用炸，实即吒之孳乳。』(5)此论甚确。需要补充的是，吒从乇得声，形、音、义均来自甲骨文之『卜』。」（古文字研究第一期六二页）

按：卜辭亳為地名，又彙見祭祀「亳土」之占。陳夢家以為「亳土即亳地之社」，並引春秋哀四年杜注：「亳社，殷社」為證，其說可從（綜述五八四）。

羅振玉　「卜辭畗字或省口，觀倉廩所在，亦可知為畗矣。」（殷釋中七葉下）

王襄　「古高字。」（類纂正編第五第二十六葉上）

楊树达　「太平御览八十三引古本纪年云：『小甲高即位，居亳。』今本纪年云：『小甲名高。』按殷虚文字甲編伍伍壹片云：『△申，其桒于高，尞牛？』又柒捌伍片云：『乙卯，卜，貞，桒禾于高，尞九牛？』……以上诸辞之高，皆小甲也。」（竹书纪年所见殷王名疏証，积微居甲文说卷下五四頁）

楊樹達　「今本紀年云：『小甲名高。』……甲編五五一片云：『□申，其求于高，尞牛？』又七八五片云：『乙卯，卜，貞，求禾于高，尞九牛？』粹編六五七片云：『其炆高，又（有）雨？』……諸辭之高，皆小甲也。」（續甲文說三六葉）

陳夢家　「前二、一二、三此是才高貞王田衣，則高衣必相近。左傳宣十二年『晉師在敖鄗之間』，杜注云『敖鄗二山在滎陽縣西北』，今滎澤縣境，大河在其西北。」（綜述二六一葉）

屈萬里　「卜辭：『丙寅卜，狄貞：其高□至麥，王受又？』甲編一六一一高，疑靈聖之地。」（甲編考釋二一四葉）

屈萬里　「高，地名；其地有河宗：蓋殷人心目中靈聖之地也。胡厚宣謂：『高，讀為嵩，即中嶽嵩山。』（商史論叢二集卜辭中所見之殷代農業）按：謂高讀為嵩，非是。高究為何地，待考。」（甲釋五五一片釋文）

又云：「本編七七九片，有『于岳宗酒』之語；本辭『癸亥卜：河其即宗于高。』則言『河即宗』，知殷代河、岳皆有宗。宗，廟也。河宗，蓋猶後世之河神廟矣。……高，當是地名，……河之宗廟，殆不止一處；此卜問河神其就于在高之宗廟否也。諸家以河為殷之先祖，因謂河宗乃先祖河之宗廟，蓋不然矣。」（同上七一七片釋文）

饒宗頤　「『丙寅卜，狄貞：其高……至麥，王受又。』（屯甲一六一一）高當為地名，疑即晚期之『蒿』。鹿頭刻辭云：『戊戌，王蒿田……。文武丁祈……，王來征……』（屯甲三九四〇）穀梁桓十五年：『公會齊侯于蒿，』公羊作鄗，乃齊地，與麥丘相近。」（通考一一三八葉）

饒宗頤 「『癸酉，子卜：高不乍若』。（前編八、一三、一）按高爲殷先公名，他辭云：『米于高，叀牛』。（屯甲五五一）小甲名高，或謂高即小甲。」（通考七四二葉）

考古所 「冋乙：『午組卜辭』问疑者的先祖称乙者，著录中未見此名，属首次发現。」（小屯南地甲骨一〇三八頁）

考古所 「亯[illegible]：京都一八二八有『亯[illegible]□眔卯羽』之辭，故知亯应為高，当為高之异体，也可能是契刻時筆誤。」（小屯南地甲骨一〇三五頁）

姚孝遂 肖丁 「卜辭『高』有三种不同的用法。一為地名，如：

《前》2.32.7：『王田高，往來亡災』

《前》2.12.6：『戊寅卜，在高貞，王田衣逐亡災』

第二种為『高祖』之省称。如：

《甲》785：『乙卯卜貞，桒禾于高，來九牛』

《甲》585：『桒高，王受』

916、4071之『高』，显然為『高祖』之省称。

第三种用法，如『高且乙』，『高匕庚』等，則是与『毓』相对為言。

卜辭有『高祖夒』、『高祖王亥』（或為『高祖亥』）『高祖河』。《屯南》2384尚有『高祖圉』，則居前所未見。陈梦家先生虽然在《綜述》339承认卜辭称『河』、『夒』為高祖，但他的主要傾向是主張卜辭的高祖不包括『河』。陈先生根据《明續》453『桒禾于河』与『桒禾于高祖』对貞；《明續》471、《京津》3916『分卜酌祭于『高祖』与『河』，认為『高祖』与『河』总是对立的。因此，他主張《摭續》2的『高祖河』不能连读，而应分读，作『高祖』、『河』（《綜述》343）。『高眔河』此种辭例前所未見。據此，則『高祖』与『河』明显是对立的。……」（小屯南地甲骨考释九——十頁）

姚孝遂 肖丁 「2384（1）『庚辰貞，其陟……高且圉丝用王吉……』

『高且圉』此居仅見。……但卜辭『高祖』与『圉』是相对為言的。

明續470：「庚寅貞，其告高且，求于囲三牛」綴13：「辛未卜，高且桒，其卯囲」據此，則此片之「高且囲」不能連讀，应分讀作「高且、囲」，犹言「高且眔囲」。（屯南地甲骨考释三四頁）

于省吾　「說文高『从冂口，与倉舍同意』。按契文、金文、鉨文、陶文作高、高、高等形，汉代篆隶多作高，今楷亦每作高，与古文合。九经字样以为隶省，字鑑谓俗作高，並失之。」（论俗书每合于古文中国语文研究第五期一六頁）

王慎行　參高字条

王獻唐說參亼冂字条下。

按：說文以高「象臺觀高之形」這是對的。以為「从冂口」則不確。高字或作，象城郭之形，與此類似。禮記樂記「窮高極遠」，「高」與「遠」義相因，卜辭之「高祖」即「遠祖」。廣雅釋詁「高，遠也」。楊樹達以卜辭之「高」為「小甲」，其說非是。所引諸辭，高均為地名。卜辭「高祖」或簡稱「高」，「高」字或不从「口」，與「京」字時相混。「高」與「京」字同源。卜辭稱「高祖」者惟有「夒」及「王亥」。至於「高祖」之釋讀，過去曾有爭議，賴有小屯南地甲骨之出土，發現「高眔河」之記載，則「高祖河」當理解為「高祖」及「河」，此一爭論始得到解決。

2007

按：字不可識，其義不詳。

2008

2009

按：合集七〇五六辭云：「己未卜，徙[illegible]眾[illegible]」為人名。

2010

按：字不可識，其義不詳。

2011

按：字不可識，其義不詳。

2012

按：英一一六〇正辭云：「甲戌卜，穷貞，求年……尞于[illegible]十牛[illegible]……」為祭祀之對象。

2013

按：合集一六二四二辭云：「……卯卜，争貞，王乞正河新[illegible]？允正」當為宗廟建築之名。

按：字不可識，其義不詳。

2014

亳 

按：當是「亳」字之異構。合集二二二七六辭云：「壬戌卜，貞，亡刚子亳」為人名。

2015

禕 

按：字从「韋」从「永」，辭殘，其義不詳。

2016

亩 廩 

王襄 「古廩字」。（類纂五卷二十六葉下）

孫詒讓 「當即亩之古文。說文亩部亩，穀所振入也。蒼黃亩而取之，故謂之亩。从入从回，象屋形中有戶牖。或作廩，从广稟。此即亩字。龜文啚作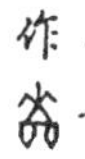，啚作，並从此形，可以互證。」（舉例下卅六葉下）

郭沫若 「今案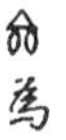若為倉亩之象形，一望可知。金文从亩之字多作形，（鐘銘嗇字多如是作）而兮甲盤啚字作，師寰毀牆字作，故延至小篆遂形变而為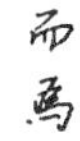，說文乃謂『从入从回』也。」（古代銘刻滙考．殷契餘論．釋啚面廿九葉）

陳夢家 「亩作，象露天的穀堆之形。今天的北方農人在麥場上，作一圓形的低土臺，上堆麥稈麥殼，頂上作一亭蓋形，塗以泥土，謂之『花藍子』。與此相似」（綜述五三六葉）

孙海波　「□，甲五七四：卜辞亩与啚皆用为鄙。」（甲骨文编二五〇頁）

李孝定　「孫詒讓釋亩是也。金文濃白稟作□，康侯啚簋啚作□，雍伯啚鼎作□，所从均與此同可證。說文又有稟字，訓賜穀也。疑亩廩稟古衹是一字，亩象形，稟會意。廩又增广，則偏旁累增字也。卜辭又有□（沝、二二一、疑稟字之異構，羅氏混此與□為一非也。从口或日者為啚字，不从日者當从孫說釋亩。」（集釋一八七七頁）

姚孝遂　肖丁　「卜辞『亩』字作□、□、□諸形，孫詒让契文举例下36以为亩之古文，是也。陈梦家综述536谓『亩象露天的谷堆之形』。說文：『亩，穀所振入也。苍黄亩而取之，故谓之亩。从入从回，象屋形中有户牖。或作廩，从广稟』。王筠释例则以为许慎所谓『从入回』殊牵强，『此乃全体象形字，不可阑入会意』。戴侗六书故谓『象禾露積为亩，上入象覆亩』，此当为陈梦家先生说卜辞『亩』字形体之所本。卜辞亩均用其本义。」（小屯南地甲骨考释一五六—一五七頁）

按：說文以為亩字「从入回，象屋形，中有户牖」，王筠說文釋例認為「从入回殊牽強」，「此乃全體象形字，不可闌入會意」。戴侗六書故謂「象禾露積為亩，上入象覆亩」，此即為陳夢家說卜辭亩字形體之所本。李孝定「疑亩廩稟古衹是一字」是對的，實則饒炯說文部首訂即已論及「亩、稟為一字重文」，「廩」則「亩」之或體也。又李氏疑□為稟字之異，其說非是。外二二一，字从木不从木，从高省，不从亩，嚴一萍釋□是也。

殷之統治者重視廩集，常往巡視：

「令□省亩」；

叀□令省亩；

叀竝令省亩；

（□）□令（省）亩」

「令□省在南亩，十月」

「令省在南亩，十二月」

「南亩省，十月」

粹九一五

前五、六・二

續五・一一・九

前四・一一・六

國語周語「廩於籍東南，鐘而藏之」，廩多於嚮陽之地；卜辭唯見「南廩」。又卜辭有「焚亩」之記載，此猶春秋桓十四年「御廩災」之義。

卜辭或以「亩」為人名。

2017

亶 

孫海波　「亶，粹一一六四。人名。」（甲骨文編二五〇頁）

孫海波　「窃疑此仍是啚字，金文师寰𣪕稽字偏旁作啚，虢叔钟稽字偏旁作啚，与此正同，上作亩，即亩字。卜辞圖字作啚，此将口移在亩下者，其体微变也。」（卜辞文字小记，考古学社社刊，第三期六十二頁）

饒宗頤　「亶亦作亶丘。（屯乙六九二六）即廩丘。左襄二十六年傳：『以廩丘奔晋。』今山東范縣東南有廩丘城。」（通考第一一〇葉）

赵诚说参  字条下。

饶宗颐说参 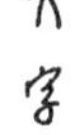 字条下。

按：此乃「亩」字之繁體，多用作人名。隸可作「亶」。卜辭每於人名或地名增「日」形。合集一八六四一辭云：「貞，不其亶」用為動詞，當為「亩集」之義。

2018

啚 鄙 

孫詒讓　「啚即古文啚字，說文啚部啚，嗇也。从口，从亩。亩，受也。」金文圖卣圖字从啚，與此形近。古啚鄙字通，此亦為鄙之借字，但義究難通耳。又有到文，如云『丁酉卜亶口隻』。（藏一四五、二）此邊口着亩下，實一字也。」（舉例下卅六葉下）

羅振玉　「此即都鄙之本字，說文解字以為啚嗇字，而以鄙為都鄙字。考古今文都鄙字亦不从邑，从邑者後來所增也。散白敦圖字作啚，與此同。卜辭啚字或省口，觀倉廩所在，亦可知為啚矣。」（殷釋中七葉上）

王襄　「古啚字，散伯敦啚，吳愙齋先生以為圖之省。圖字重文。」（類纂正編第五第二十六葉下）

王襄　「疑啚字。」（類纂存疑第二第三葉下）

郭沫若　「啚字从口从面，亦倉面所在之處，自為邊鄙也。」（古代銘刻滙考．殷契綜論．釋啚面廿九葉）

陳夢家　「卜辭之鄙有：

沚戠告曰：土方品于我東鄙𢦏二邑，𢀛方亦侵我西鄙田　菁二

乎伲取麑于敎鄙　續五.七.九.

又敎于𠂤，攸侯𠙶鄙；又敎于義，攸侯𠙶鄙　掇二.一三二

王來征人方才攸侯喜鄙永；王來征人方才攸　明續七八六

才攸侯喜鄙永　掇一九〇

才意雷，商孝鄙　塗七二八

後世典籍上關於『鄙』的意義，是多種的。一為『縣鄙』，周禮遂人以五百家為鄙、五鄙為縣，而小司徒十六邑為甸、四甸為縣，則鄙和甸約略相當，為十六邑五百家。二為『都鄙』，周禮太宰注云『都之所居曰鄙……都鄙、公卿大夫之采邑，王子弟所食邑』，大司徒注云『都鄙、王子弟公卿大夫采地，其界曰都，鄙、所居也』；左傳莊二八『凡邑有宗廟先君之主曰都，無曰鄙』。三為邊邑，左傳莊廿六注云『鄙、邊邑也』，月令注云『鄙、界上邑』。由上所述，可知『鄙』當為都城之外居住的地區，聚若干小邑而成。此等小邑據周禮鄙、甸之制推之，大約為三十家，則其小可知．殷人之邑祇會更小的。

我們假設卜辭有宗廟之邑為大邑，無曰邑，聚於大邑以外的若干小邑，在東者為東鄙，在西者為西鄙，而各有其田。左傳有東、西、南、北鄙，有縣鄙、邊鄙」（綜述三二二——三二三葉）

孫海波文編五卷十七葉下金祥恆續文編五卷二九葉上均收⿱亼吕⿱亼吕為一字釋啚，从羅說。

孙海波　「⿱亼吕，鐵六八四。卜辭用啚为鄙。重見啚下。」（甲骨文编二八一頁）

饒宗頤　「『啚』即『鄙』。春秋襄八年：『莒人伐我東鄙』。左隱元年：『大叔命西鄙北鄙貳於己』，語正相類。左莊二十六年：『羣公子皆鄙』。杜注：『邊邑也。』禮記月令『四鄙入保』，鄭注『界上邑』。」（通考一六四葉）

屈萬里　「啚，羅振玉所釋（殷釋中七葉）。蓋邊鄙之義。」（甲编考釋一五一葉）

李孝定　「不从邑。啚字重文。說文云『五酇為鄙从邑啚聲』。」（集釋二一七一葉）

赵诚說參八ㄖ字条下。

按：說文關於「啚」字之說解不可據。「啚」字从囗（圍）从㐭會意，猶邑之从口从卩。邊鄙有邑、有田、有㐭，常遭敵方之侵犯：

「土方征于我東啚，𢦏二邑，𢀛方亦侵我西啚田」

「𢓊乎告曰：：：征我奠，𢦏四（一邑），亦焚㐭三」（續編二一一七）

徐灝說文解字注箋云：「啚古鄙字，左氏莊二十六年傳：『群公子皆鄙』，杜注：『鄙，邊邑也』，此即啚之本義。」陳夢家謂鄙「當為都城之外居住的地區，聚若干小邑而成。此等小邑據周禮鄙、甸之制推之，大約為三十家，則其小可知。殷人之邑只會更小」（綜述三二三頁）。卜辭又有⿱亼口字，據綜八〇一：「大方伐：：⿱亼口廿邑：：」，其用法近似於啚而不同於啚，又多用為人名。今暫定為㐭字。孫詒讓以為「邊口箸㐭下」，實則一从囗（圍），一从口，判然有別。

2019

⿱罒啚 

王襄　「古⿱罒啚字」。（類纂存疑第七第四十一葉下）

于省吾 「前八、七、三：『叀右隻⿱罒啚。叀左隻吉。』按此二語上下對貞，係卜田狩左右獲之事。叀讀惠，乃發語詞。右獲⿱罒啚與左獲吉反正為義。⿱罒啚字舊無解，以音求之，應讀為湯否泰之否。金文污甲盤有⿱罒啚盧，乃地名。王國維污甲盤跋云：『⿱罒啚字雖不可識，然必為从冈啚聲之字，盧則古文魚字。以聲類求之，⿱罒啚盧疑即春秋之彭衙矣。』按王說是也。⿱罒啚从啚聲，與否字同音，沽襄三十一年傳：『以議執政之善否。』淮南子人間：『故善鄙不同。』善否即善鄙。書堯典：『否德忝帝位。』史記五帝紀，否德作『鄙德』。莊子大宗師注：『不善少而否老。』釋文：『否本亦作鄙。』釋名釋言語：『否，鄙也。』釋洲國：『鄙，否也。』契文及西周金文鄙字通作啚，是均⿱罒啚可讀否之證。湯師初六：『否臧凶。』釋文：『否，惡也。』太玄積初一：『冥積否。』注：『否，不善也。』湯否六二：『小人吉，大人否。』遯九四：『君子吉，小人否。』此與契文『叀右獲⿱罒啚，叀左獲吉』，均屬對文，可資互證」。（駢三第三十葉上釋⿱罒啚）

戴家祥 「此字从网从啚，許書所無。以聲類互易求之，殆罟字也。說文『罟，兔罟也，从网否聲』。古匋文作罘，古鉩文作罘。古音否啚同部。釋名釋言『否，鄙也』。釋洲國『鄙，否也』。書堯典『否德忝帝』。史記五帝本紀作『鄙德』。論語雍也『予所否者』。論衡問孔引作『予所鄙者』。莊子大宗師『不善少而否』。釋文『本作鄙』。晉邾盦都鄙作『者否』。是从啚即从否之證。又說文『罟，覆車也』。引王風兔爰篇『雉離于罟』。爾雅釋器『罬謂之罦。罦，覆車也』。禮記月令『罝罘羅網畢翳』。淮南時則訓亦同。呂覽慎人篇『編蒲葦結罘網』。莊子胠篋篇『削格羅落罝罘之知多則獸亂於澤矣』。釋文『罘又作罦』。又爾雅『繴罟謂之罿』。郭注『罿，幕也』。釋文『本或作罠』。罿罠幕一聲之轉，是罦罠罠罿罟罘⿱罒啚即一字之聲類互易例也」。（釋甫清華國學論叢一九二八一：四）

孫海波甲骨文編七卷廿六葉下收此作⿱罒啚，以為說文所無字。

于省吾 「甲骨文称：『叀又（右）隻⿱罒啚○叀ㄓ（左）隻吉。』（前八·七·三）按此二语系卜田猎之事，下上对贞，反正为义。叀旧读惠，乃发语辞。⿱罒啚字旧不识，甲骨文编谓『说文所无』。金文兮甲盘之『⿱罒啚盧』，乃地名。王国维兮甲盘跋：『⿱罒啚字虽不可识，然必为从网啚声之字。盧则古文鱼字。以声类求之，⿱罒啚盧疑即春秋之彭衙矣。』按王说是也。……⿱罒啚从啚声，啚与否古通用。……否均应读为啚，此与甲骨文之『叀右获⿱罒啚，叀左获吉』，均属对文。……至于甲骨文之右获与左获，是指射猎之方向。大义是说，向右射则不能获之，故以⿱罒啚而不善为言；向左射则能获之，故以吉利为言。甲骨文之『又（有）豚才（在）行，其ㄓ（左）射隻（获）』（前三·三一·一），诗驷铁之『公曰左之，舍拔则获』，可以互相验证。」（释⿱罒啚，

（甲骨文字釋林五五至五六頁）

按：字當釋罴，亦作罘。卜辭用為臧否字。

2020
嗇 □ □

孫詒讓　「□當即嗇字，說文嗇部：嗇，愛濇也。从來亩。來者，亩而藏之。故田夫謂之嗇夫。一曰棘省聲。」此上从屮，即來之省；下从□，即亩之省。『牟嗇射囗』，（藏二四二・二）蓋謂呼田官使射獸。大戴禮記夏小正：『十一月王狩，嗇人不從。』又左傳昭十七年引夏書『嗇夫馳』。儀禮覲禮：『嗇夫承命告于天子。』鄭注以為司空之屬。此嗇人嗇夫等，蓋夏商周咸以此為田官之名也。」（擧例上卅一葉下）

羅振玉　「說文解字：『嗇，愛濇也。从來，从亩。來者，亩而藏之，故田夫謂之嗇夫。古文作𤲯，从田。』又穡注：『穀可收曰穡，从禾嗇聲。』案嗇穡乃一字。卜辭从田，與許書穡字從禾形合。穡訓收斂，从秝从田，禾在田可斂也。師寰敦穡作𤳮，亦从秝。左氏襄九年傳：『其庶人力于農穡。』注：『種曰農，收曰穡。』田夫曰嗇夫，誼主乎收斂。又穡字，禮記皆作嗇，此穡嗇一字之明證矣。其本義為斂穀，引申而為愛濇，初非有二字。」（殷釋中三十五葉上）

王襄　「古嗇字，象禾生田中。穡字重文。」（類纂正編第五第二十七葉上）

葉玉森　「按孫氏釋□為嗇，羅氏謂嗇穡一字，並塙。惟羅氏考釋，商氏類編于嗇字下僅錄𤲯𤳮二文，□字並見于藏龜第二百四十二葉，均未收入，殆偶疏耳。」（前釋卷一第一〇一葉上）

吳其昌　「『□』者，从四，（亩）从禾，或从來，象亩屋之上有禾來之形。殷代之亩屋作□狀，足基甚高，可以避溼。其後衍為□狀，□狀，四狀，而至說文之㐭狀。

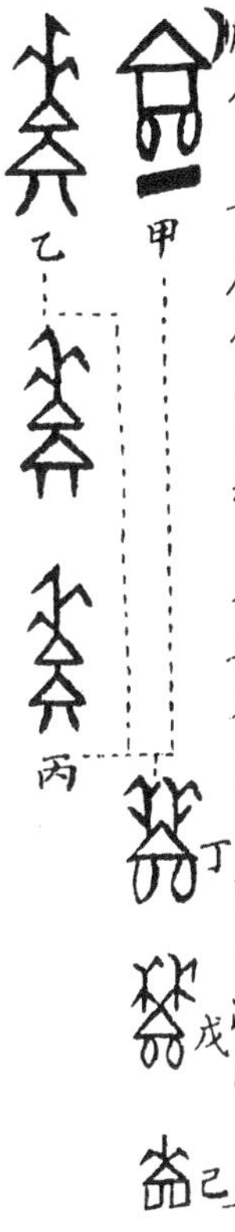

今以契文，金文，說文合攷之，則其衍變之迹如上圖之所示。（甲）為父己甗。（續殷二、一、三〇）（乙）為𠦪卣一，（續殷二、六八）（丙）為𠦪卣二器蓋、（西清二六、一一、故宮月刊、七、四、貞松八、三）綜合（甲）、（乙）、（丙）、三形，則成（丁）（燕、二、二）（戊）（拾遺、二二、三）二契文之狀矣。由是而變為則為（己）狀，（本片：按即前一、二九、七）。更去其屋極「來」「秝」之形，而變為小篆之㐭狀，則為後世之「㐭」字矣。說文：「亩，穀所振入宗廟粢盛……从入，回，象屋形，中有户牖。」……按說文「从入」之「人」實為倉亩屋極之形，餘說俱是也。其不去屋極上「禾」「秝」之形者，則又為後世之「嗇」字矣。說文云：「嗇，愛濇也。从「來」，从「亩」，來者亩而藏之，故田夫謂之嗇夫。……」又云：「𤲸，籀文从二禾。𤲸，籀文亦从二來。」

今按許書悉是。禾來之屬藏之于「㐭屋」，是農穡事也。是田嗇夫之業也。是可愛濇寶歛者也。師寰殷：「師寰虔不㒸，（墜）。夙夜卹厥𤲸事。其「𤲸」字，可以證實說文之籀文。其翮意，可以證實說文「愛濇也」之引申誼。是則契文、金文、說文，三者可以同條而共貫矣。又卜辭「嗇」字，亦作𤲸（後、二、七、二）𤲸（前、四、四一、三）𤲸（戩、四四、九）𤲸（續、五、三〇、八）……諸形，从「田」、从「秝」，或「𥟖」。說文亦云：「𠻏，古文嗇，从田。」又說文於「穡」字云：「穀可收斂曰穡」。羅振玉曰：「按嗇、穡，乃一字。穡訓收歛，𤲸从禾田，禾在田，可斂也。又禮記穡字皆作嗇，此嗇、穡，一字之明證」（殷釋、二三五）其說是也。是亦卜辭與說文形義相合之一例矣」。（殷虛書契解詁第三二一——三二二葉）

于省吾　「契二：「酌三𤲸云」。𤲸即嗇，應讀為色。嗇與色為雙聲疊韻字。三嗇云謂三色之云也」。（駢三第一葉）

陳夢家　「……亩是積穀所在之處，即後世倉廩之廩。動詞所以斂收之則曰𤲸，武丁卜辭云：

□其亦𤲸—□不其𤲸　　涂七三九十津一八四四

乎𤲸：　　戩四一、二

說文「穡，穀可收」，左傳襄九杜注云「種曰農，收曰穡」，詩伐檀毛傳云「種之曰稼，斂之曰穡」。凡此即尚書多士、無逸「稼穡」，伐檀「不稼不穡」之穡。穡當从爿（莊）得聲。西周晚期金文師寰殷：「卹厥𤲸事」，即湯誓所謂「舍我穡事」。由此可知詩書之穡即金文之𤲸，而金文之𤲸即說文牆（今作墻）之籀文𤲸，金文籀文之𤲸源自卜辭之𤲸，而增爿（莊）為聲符。由此可知古之「稼穡」即今之「莊稼」。說文車部的轖字，朱駿聲以為是車牆；左傳僖廿三年惠廧伊戾，釋文云「或作牆」。凡此可證嗇牆互通。說文「嗇，愛濇也，來亩而藏之，故田夫謂之嗇夫」。嗇夫應是大誥之穡夫，亦即莊稼之人。說文之嗇即卜辭之嗇，後者與嗇當是一字。說文嗇之古文作𤲹，或與卜辭之嗇有関，武丁卜辭云：

今日雨不隹嗇　　後下七、二

不隹嗇　　續五、二五、六

嗇禾　　湖四七九

與農事有関而其義不詳。」（綜述第五三六——五三七葉）

又云：「庚子酌三嗇云　燕二　：我們則讀嗇為穡，假為祥，即祥雲。」（綜述第五七五葉）

李孝定

「契文作𤲹與小篆同。或作嗇从秝非。許訓秝疏適秝之秝乃禾之鯀文，从禾與从來同意。或作嗇从田，與許書古文同，並是一字。孫羅兩氏之說均是也。陳氏謂嗇與農事有関而其義不詳，蓋不知嗇嗇之為一字也。作嗇若嗇者，藏禾麥于亩，作嗇者，田禾成熟可收嗇也。陳又舉師寰𣪘穡字作牆，左傳釋文廧或作牆，因謂「嗇」即「牆」之文，「稼穡」即「莊稼」，說似有可商。嗇之與牆，聲韻並遠，又僖廿三年左傳未見「惠廧伊戾」之文，但有「廧咎如」，蓋其音讀在良反，是其讀本與牆同。成公三年左傳「晉郤克衛孫良夫伐廧咎如」，瀔梁作「牆咎如」，釋文音本同，故得通作。廧字本不讀所力切之嗇也。廧字說文無之，疑是牆之異構，广取其形，嗇取其義也。至師寰𣪘之穡作牆（衹當作嗇），則疑偶誤，非穡牆得通假也。按「惠廧伊戾」之文見襄廿六年左氏傳，釋文亡音牆，固不音嗇也。嗇之音讀既不能與牆相通，則卜辭言「三嗇云」當以于省吾氏所說為是也。」（集釋一八八六葉）

陳夢家

「亩是積穀所在之處，即後世倉廩之廩。動詞所以斂收之則曰嗇，武丁卜辭云：「□其亦嗇｜□不亦嗇」（佚七三九加續一八四四）「乎嗇」（識四一、二）說文「穡，穀可收」，左傳襄九杜注云：「種曰農，收曰穡」，詩伐檀毛傳云「種之曰稼，斂之曰穡」。凡此即尚書多士無逸「稼穡」、伐檀「不稼不穡」之穡。穡古當从爿（莊）得聲。西周晚期金文師寰𣪘「鄉厥穡事」，即湯誓所謂「舍我穡事」。由此可知詩書之穡即金文之牆，而金文之牆即說文牆（今作墻）之籀文牆，金文籀文之牆源自卜辭之嗇而增爿（莊）為聲符。由此可知古之「稼穡」即今之「莊稼」。說文車部的轄字，朱駿聲以為是車牆，左傳僖廿三年「惠廧伊戾」，釋文云「廧或作牆」。凡此可證嗇、牆互通。說文：「嗇，愛濇也，來亩而藏之，故田夫謂之嗇夫」。嗇夫應是大誥之穡夫，亦即莊稼之人。說文之嗇即卜辭之嗇，後者與嗇當是一字。說文嗇之古文作𤲹，或與卜辭之嗇有関，武丁卜辭云：「今日雨，不隹嗇。」（後下七、二）「不隹嗇。」（續五、二五、六，又五、三〇、八）

「嗇來」。（明四七九）與農事有關而其義不詳。（綜述五三六至五三七葉）

又曰：「⿱林嗇云：『庚子酌三嗇云。』（燕二）于省吾讀嗇為色，因謂二云三云等乃指二色雲三色雲等。駢枝Ⅲ、1、我們則讀嗇為穡，假為祥，即祥雲。」（綜述五七五葉）

白玉峥　「字盖从亩从来，准之六书，即会意字也。从亩象藏来之所；从来，来，麦也，北地产麦，秋收之后藏之於亩也。许书之解甚是……」（契文举例校读十一　中国文字第四十三册四九〇五页）

温少峰　袁庭栋　「卜辞中对收获之谷物加以歛藏称为『啬』，其字作⿱屮亩、⿱来亩、⿱林亩等形。说文：『啬，爱濇也，从亩来者，亩而藏之，故田夫谓之啬夫。』啬字后作穑，说文：『穑，谷可收』。左传襄公九年『其庶人力于农穑』杜注：『种曰农，收曰穑』。卜辞云：

(218)……：乎（呼）啬（穑）？……（𢦔四一·二）

(219)戊午卜，王：⿱𢆶北其亦啬（穑）？（摭一八四四）

(220)戊午卜，王：⿱𢆶北不亦啬（穑）？（金七三九）

(218)辞之『呼穑』，谓下令号召进行收割歛藏之事。后二辞之⿱𢆶北为人名，二辞对贞，乃卜问其是否进行收割歛藏之事也。」（殷墟卜辞研究—科学技术篇二二三页）

按：徐灝說文解字注箋謂「嗇即古穡字」。方言、廣雅並云：「嗇，積也」，蓋嗇之本義謂收穫，故从來从㐭。來，麥也，非行來之謂也」。朱駿聲說文通訓定聲亦謂嗇「本訓當為收穀，即穡之古文」。其說皆與古文字合。牆字籀文从嗇作⿱秝嗇从二禾，或⿱林嗇从二來，禾與來均屬穀類，㐭而藏之，示收穫之義。卜辭皆以「嗇」為人名或地名，無用為「稼穡」之義者。陳夢家以𢦔四·一二之「乎嗇」亦為斂收之義，非是。此乃人名（參見合八五）。牆盤嗇⿱林嗇同見，用法有別，裘錫圭釋⿱林嗇為稼（文物七八年三期），但苦無佐證。稼穡之別，或後世區別之文。

至於穡與牆之關係，王國維以為師寰𣪘之「𡋌乃牆事」為「誤以牆為嗇也。古金文刻，別字往往有之，未可執以議後世之正字也」（史籀篇疏證）。地下出土文獻偶有別字者有之，但以牆為嗇，似不當目為別字。參見「⿱林嗇」字條下。

2021　啚

按：字可隸作「⿱秝回」，在卜辭皆為人名。

2022

⿱秝回

饒宗頤　「按說文嗇古文作⿱秝回。此从秝从回，契文亦作⿱秝㐭、（金璋七三九十庫方一八四）⿱秝田、（後下七．二）及嗇，（戩壽四一、二）俱稼穡之穡字。」（通考二五九葉）

屈萬里　「⿱秝冂，與師寰𣪘⿰爿嗇字之偏旁相似，當是穡之本字。師寰𣪘从吅者，乃繁文；卜辭有作⿱秝田、⿱林田（二字羅振玉釋嗇，見殷釋中三五葉）者，亦其異體也。」（甲釋第二〇一葉）

張秉权　「⿱秝㐭，从二禾从㐭，当是稟字，或释為嗇，非是。說文五下，㐭部：『稟，賜穀也，从㐭从禾』。段玉裁注曰：『凡賜穀曰稟，受賜亦曰稟，引申之凡上所賦，下所受皆曰稟』，方言六：『稟、浚敬也，秦晋之间曰稟，齐曰浚，吳楚之间自敬曰稟』。是稟有『賜穀』『授』或『自敬』之意。罗振玉流沙墜簡二，沈戍丛残考释（頁二九）云：

出粟十七石四斗以食庐候士戍（下缺）

右簡記稟弦士卒之事。

□□疆和里張廣成車一輛　□十二□□二石禾一斗後卌四石二斗三升□以稟卒凡卅石六斗六升大卩

右簡同上。粟者稟之別字。前戍役类第二十二簡，粟字亦作稟，此簡之粟，以文义求之，則稟之別字，曹全碑：以家钱糴米，粟賜瘠盲。昔人皆释稟為粟，其实則稟字。說文：稟，賜穀也。广雅：稟，予也。广韵：稟供穀。又予也。晋太康起居注詔曰：其依令什尚书各亲信五十人稟賜。則稟賜二字為汉晋间成語。

又（三十一頁）云：

西部候長治所謹移九月卒徒及守狗當稟者人名各如

右三簡記稟給畜食之事

又勞貞一先生居延汉簡云：

入稟啐哏隧戍卒关遂四月食。（图版七八　簡号二五五、三三）

出麦五斗　稟吏胡隊長王勤五月食。（图版八二　簡号五三、二二）

粟並山隊卒賈延元月食。（图版八三　簡号一七七、一五）

出稟大石一石八斗以食史一人十一月己卯朔己卯☐。（图版三八四 簡号四八八、五）

稾字罗氏作稟，謂是稟之別字。貞一先生释稟（注一），亦即稟字。照上举各簡的文义来看，稟字有『供穀』（用作动詞者）及『穀糧』（用作名詞者）之义。也就是后世所謂的『发糧』及『糧草』的意思（注二）。又儀礼特牲饋食礼：『众賓長自左受旅如初』，郑注：『旅，行也，受行酬也』。不过旅字在這里也可以作部众或子弟讲，詩小雅北山：『旅力方剛』，傳：『旅，衆也』。爾雅释詁：『旅，衆也』。詩周頌載芟：『侯亞侯旅』，傳：『子弟也』。又說文徐淺引戴氏侗曰：『並人在社』下，以旗致民之义也，合祀五帝天神為旅上帝，偏祀山川為旅四望，祀群神於泰山之下，為旅於泰山，同見為旅見，徧酬地下為旅酬，廷賓之陳以白為旅白，皆取於众义也，借為行旅，羈旅』。係傳曰：『众出則旅寓，故在外為旅』。卜辭称：『稟我旅』当是『稟食我衆』之意」。（殷虛文字丙編考釋第一八六——一八七頁）

（注一）見居延汉簡考釋上釋文卷二簿錄錢穀类。

（注二）有关汉簡部分的材料承陳槃庵先生检示，谨此志谢。

1976

劉釗

『嗇』字諸家釋『嗇』，不确。卜辭『嗇』字作『嗇』，或省形作『嗇』，从来从亩。金文作『嗇』，构形不变。而卜辭牆字初文『嗇』字作『嗇』，从二禾从亩，或加爿声作『牆』，『小臣嗇』又作『小臣牆』。這犹如卜辭『嗇』或加爿声作『牆』一样。金文仍作『牆』。說文籀文作『牆』，同于卜辭和金文，而篆文作『牆』，玉篇作『牆』，皆讹禾为来，与嗇字混。金文牆盤『嗇』、『牆』同銘，『嗇』从来，『牆』从禾，区别至为明显。卜辭『牆』当假為『戕』，典籍『戕』訓傷，同訓残。『缶方嗇我旅』，犹云『缶方其戕我史』。卜辭有『三嗇云』，当读作『三牂雲』。汉书天文志云：『乙酉，牂雲如狗，赤色，長尾三枚，夾漢而行。』……占曰：『太白散为天狗，为卒起。卒起見，禍無時，臣運柄。』牂雲为乱君』』。（卜辭所見殷代的軍事活动，古文字研究十六輯七五頁）

按：契文『嗇』與『嗇』有别，劉釗論之甚詳，可供參考。篆文、籀文多混，不能據以論商周古文。

2023

王襄　釋高。（簠室殷契徵文考釋天象三頁上）

白玉峥　「籀頎先生釋皀，又箴为豆省。孙海波氏文编入於附录（一十二一。李孝定先生集释列为待考之字（四五九九一。高笏之先生释燀，曰：『甲文有烨字，人多不识。亼，金象烛光形，应是託形寄意之字。託光烨之形，以寄光烨之义。光为形，故为名词；烨为态，故为状词。由亼变烨，由象形变为形声，由甲文至小篆，虽可征诸他字之例而合，惟此字金文无覩，中缺八百余年演变之跡，殊为可惜。然吾笃信不疑者，以更有吉字谨明也。吉字甲文变形甚多，而其最多最完之形，则为㿝。此从口亼会意也。烨，犹谓善言也』（中國字例二·二。五页）。峥按：笏之先生释烨之说，可从。且㿝字见於第一期武丁时代之卜辞，而他形之吉字，则为后期之演变。亼与㿝之所从同，且均见於同时，而同时期之𤉯字既可释主，即今炷字，则亼之释烨，殆无可疑也。」（契文举例校读二十中國文字第五十二册五九五一至五九五二页）

考古所　「亼：字不识，疑为祭名。」（小屯南地甲骨一一六二页）

張秉权　「亼，孫詒讓疑為豆之省，又疑皀字？孫氏曰：說文皀部：皀，穀之馨香也，象嘉穀在裹中之形，匕所以扱之。或說皀，一粒也，又讀若香。（契文举例下廿二）鮑鼎則謂从葉釋吉（注一），按孫釋皀近是。皀讀若香，與享音近，疑假為享，甲骨文中享字作㿝，與此形近，而且甲骨文作『口』與作『一』往往可以通用，譬如天字可作𠀘，也可作天。所以即使說亼即㿝字也不為过」。（殷虛文字丙编考释第一四七页）（注一）見鐵雲藏龟第十二頁第四版释文

按：合集二〇〇六正辭云：「丙戌卜，散貞，𡢁王亥亼；貞，勿亼𡢁十牛」，又屯附一四辭云：「丙辰卜，王于來丁亼祖丁」，均為祭名。張秉權疑為「㿝」字，極有可能。

2024

王襄　「古稾字。北征稾葡稾作𦾓从茻从高，殷契从茻从𣛧之字，偏旁每相通。莫，説文从茻，殷契从𣛧，其例也。此从𣛧从高，即稾字。」（類纂正編第六第二十八葉下）

葉玉森隸定作𣡕。云：「𣡕宕疑地名。」（拾考十一葉下）

孫海波文編六卷一葉下收此作稾無說。

孫海波《甲骨文編》二十二頁收作蒿。

孫海波

「⿳艹高艹，甲三九四〇。地名。鹿头骨刻辞。⿲木高木，潸一〇·一〇。或从𣏟。」（甲骨文编二二頁）

金祥恆《續甲骨文編》一卷十四頁收第二形作蒿。

李孝定

「說文『稾木枯也从木高聲』此从高省，从林與从木得通，孫收作稾可从。金氏續文編六卷二葉上收⿲木高木作蒿稾古文从屮从木亦得通。本書前已收蒿作蒿，且數字皆爲地名，無義可說，姑仍之。」（集釋一九七九葉）

按：甲骨文从茻與从艸無別，此即蒿字，均用作地名。

2025

⿱高林 

按：字从「高」、从「林」，「高」即「高」之省，隸當作「⿱高林」，以契文每單複無別例之，或當是「稾」字。在卜辭爲地名。

2026

陈汉平

「甲骨卜辞例六四二文曰：『在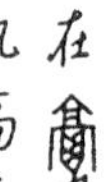』。此地名字从高省，娄声。說文：『高，崇也。象台观高之形。从冂口与仓、舍同意，凡高之属皆从高。』是知此字有台观崇高之意。又六书通收入楼字古文一体作，字从𩫖，娄声。此字当有所本。說文：『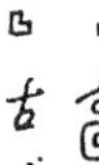，度也，民所度居也。从回，象城𩫖之重，两亭相对也。或但从口。凡𩫖之属皆从𩫖。』古代汉字中之形声字，从高与从𩫖意略同，可以通用。故此从高省，娄声之甲骨文地名字当释为楼字，后世形旁改从木作楼。說文：『楼，重屋也。从木娄声』。」

此楼字于甲骨文中为地名，字当读为⿰娄阝。說文：「⿰娄阝，南阳穰乡，从邑娄声。」此地于战国时先为楚邑，后为韩国穰邑。秦置穰县，明废。地在清代河南南阳府邓州东南二里穰县故城地。穰字又作⿰襄阝，說文：「⿰襄阝，今南阳穰县是。从邑襄声。」即今河南省邓县地。后世人以楼或娄为氏为姓者，其源盖出于此地。」（古文字释丛出土文献研究二三〇页）

按：合集二四三七九辭云：「……在□」

為地名。字不从「婁」，釋「樓」不可據。

2027

荣

按：合集三三九五八辭云：「丁丑卜，在□今日雨？允雨」

為地名。

2028

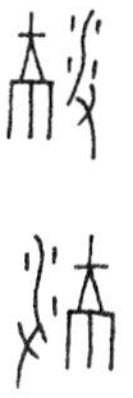

按：合集七〇三三辭云：「丙……卜，王隹□皐」

為方國名。

2029

按：合集二〇二七一辭云：「壬申卜，王陟山□，癸酉暘日」

為地名。

2030

按：字不可識，其義不詳。

2031

按：字不可識，其義不詳。

2032

按：字不可識，其義不詳。

2033

按：字不可識，其義不詳。

2034

按：字不可識，其義不詳。

2035

郭沫若　「楢殆稟字之異。禾木字古每湑易」。（粹考一六七葉上）

李孝定 「古文偏旁禾木二字固多误混，然究以不混者為正，此字仍當隸定作檣，从木从亩。說文所無。字在卜辭為地名。」（集释二〇二八页）

張亚初 「在甲骨文中，仓廪的廪字作亩（综类二六八—二六九页），是仓廪的象形字。后世增加意符禾或米作稟、稟或𥻦。增加表示房舍的广作廪，也或作㐭。卜辞中还有从木从亩的檣字（综类二六九页），檣即檁。还有从亩从攴的啚字（同上）。啚字到西周增加声符林就是𪎭，增加意符米就是𪎭（金文编九五〇页）。𪎭即𪎭。」（古文字分类考释论稿古文字研究第十七辑二三五页）

按：字从「木」、从「亩」、从「虫」，隸當作「檣」。合集二九四〇八辭云：「虫檣彔先畢」為地名。釋「稟」，不可據。

2036

宀 

張秉权 「⋂，乃宀字，說文七下，宀部：『宀，交覆深屋也，象形。』乙編八八九六有：辛亥卜，作宀？是卜建築房屋之事，則此版残缺之第（十五）辭当亦為作宀于杆而占卜者。」（殷虛文字丙編考釋第四七一頁）

金祥恆 「介，形与六似，实象屋形。……故『乍介』疑亦『乍𩏑』之意。」（释乍𢼄𢿘 中國文字第五卷二一九五页至二一九六頁）

丁驌 「宀之為宅字簡，由ナ之為宇可知，比較乙八八九三、八八九八，二版辭便知，二版均有『甲申卜令啄宅正』，八八九八对貞辭但曰『不十』。又有辭云：『癸巳卜，妫十』即卜『妫宅』。『不十』乃『不宅』也。『宅正』当是官名。」（屯乙八八九六版辭释 中國文字第九卷四二三六頁）

于省吾 「甲骨文第一期的宀字作⋂、⋂、⋂等形。說文：『⋂，交覆深屋也，象形。』徐铉引唐韵谓『宀，武延切』（音绵）。自来文字学家对宀字的形与音均无异议。今以甲骨文验之，则宀字本象宅形，也即宅的初文。甲骨文宀与宅互见，用法有别，今分条择录于下，并加以阐述。

甲，宀字

一、丁卯卜，作宀于兆○弓作宀于兆（缀合二九五）。

二、辛未□卜，作宀（乙八八一二）。

三、辛未卜，作宀（乙八八九六）。

四、丙寅贞，宀（乙九○三一）。

五、宀亡囚（乙八八三三）。

六、于东宀（京津四三四五）。

七、出东宀（续存上八一二）。

乙，宅字

八、叀今二月宅东⿱宀帚（寝）（前四·一五·一）。

九、今二月宅东⿱宀帚（燕五九五）。

十、☐三帚宅新⿱宀帚，衣，宅（掇存二四）。

十一、乎帚粲于兆宅○弓乎帚粲于兆宅（缀合二九五）。

十二、贞，乎宅丘剢（乙一四一○）。

十三、贞，乎宅⿰卣卣○弓乎宅⿰卣卣（缀合二三二）。

十四、甲申卜，令脉宅，正。叀征宅，正（乙八七一二）。

十五、収雀人，乎宅雀（乙五九○六）。

十六、叀其不宅（乙八六八五）。

从以上第十一条乎帚粲于兆宅的反正对贞和第一条的作宀于兆反正对贞来看，就说明了宅与宀的用法显然有别。以上所列甲类的宀字均指住宅为言，係名词。乙类各条的宅字均作动词用，专训为居住之居。尔雅释言谓：「宅，居也。」但也有广义狭义之别。其言宅东寝、宅新寝，专指居于宅舍言之，其言宅于某地，则不限于宅舍，属于广义。第十条的衣，宅，是说先举行衣（殷）祭，然后居之。甲骨文的名词也作动词用，例如以黍为动词，其称「黍于龐」（续五·三四·五），是说种黍于龐地。也有由于名词动词的不同而用字有所区分。例如宀为第一期贞人名，第一期也以宀为动词，如「咸宀于帝」（丙三九），是其例。但自第二期起，「王⿱宀止某」之⿱宀止作动词用，则于宀下加止以别之，可以互证。

王筠说文释例谓「宀乃一极两宇两墙之形也」，这是对的。但还不知其为宅字的初文。宅字是由象形的宀字加乇为声符，遂成为形声字。

总之，甲骨文的宀字，乃宅舍之宅的初文，而宅字则作居住的动词用。两者并不混同。《说文》既不知宀为宅之初文，《唐韵》又以为『武延切』，自係汉代以来相传的讹音。这和甲骨文作为否定词用的弜字，本读如弼（详张宗骞《卜辞弜弗通用考》），而《唐韵》误作『其两切』，其误正同。后世则宅行而宀字只习见于文字的偏旁中，并且据前文的辨解，初文宀与宅之用法迥然不同。后世……音读也误。二千年来沿讹袭谬，不知其非。」（《释宀》，《甲骨文字释林》三三四——三三七页）

蔡哲茂　「『宀』字，康殷氏在《文字源流浅说》一书六〇三页，以为『即房屋的侧视图也』。其云：

『愚以为介即廬字初文，见宀，借声以为数字六，今南音尚读如陆，古音概与廬同。』

按《说文》廬『寄也，秋冬去，春夏居，从广盧声。』《诗·小雅·信南山》『中田有廬』《汉书·食货志上》『馀二十晦，以为廬舍。』师古注『廬，田中屋也』。《周礼·天官·宫正》『大丧则授廬舍，辨其亲疏贵贱之居』注『廬，倚廬也，舍，垩室也。亲者贵者居倚廬，疏者贱者居垩室。』《荀子·正名》『屋室廬庾』注『廬，草屋也。』《集韵》『廬，一曰粗屋总名。』《左传·襄十七年》『吾侪小人皆有阖廬以辟燥湿寒暑。』廬为田中屋，也是居丧之所，也是小人的住屋，其简陋可知，甲骨文的『∧』字，彭曦氏在《我国远古数学初探》上说：

『∧为人类早期房舍的侧视图，半坡遗址出土的聚落房屋，不论圆椎体或是两面坡式，其侧视均为∧形。』

∧　介　介　介，很可能就是代表简陋的房舍，而为廬的初文。金文廬字见于师汤父鼎『王在周新宫在射廬』及趞曹鼎『王射于射廬』廬字从广，金文中从广与从宀意义相同，如庭又可作宔，廟又可作寛，宅又可作庑，可知宀同于广，那么廬从广盧声，宀可能即廬之初文。……殷卜辞中『介』除了作为数字的六之外，也有可能作为『廬』的意义的地方，其例如下：

丁卯卜，作介于彡？　《殷缀》二九五
勿作介于彡？　《乙》八八一二
辛未口作介？　《乙》八八八六
辛未卜作介？　《珠》一四八五（艺文印书馆本）
⊠作介⊠

」（《说金文「陆」「睦」二字——兼论六、入、宀、尤为一字》，《故宫学术季刊》第六卷第一期一〇七——一〇八页）

李孝定　「說文『宀，交覆深屋也。象形。』絜文家室安諸字所从均作宀與此同，象房屋正視之形。辭云『辛未卜作宀』（乙·八八九六）字當與宮室同義。許訓交覆深屋，其意亦同。金文家室諸字所从之宀亦與此同。」（集釋二四二七葉）

朱芳圃　「說文宀部：『宀，交覆深屋也。象形。』按宀，象一極兩宇兩牆之形。」（殷周文字釋叢卷上第四十五葉）

按：于先生論「宀」與「宅」之關係甚詳。卜辭之「作宀」當讀作「作宅」。今「宅」行而「宀」廢。

向 

羅振玉　「口象北出牖，或从日，乃由口而譌。口日形近，古文往往不別。古人作書，不如後世之嚴矣。」（殷釋中十二葉下）

朴海波　「向，甲五〇六。地名。」（甲骨文編三一六頁）

李孝定　「古室宅多南北向，宀象正視之形，口象牖形，羅說是也。段氏注改篆作向。古文口日不分久矣，必从口从日而其字各殊，如咸作𢦏成作𢦏則其別始顯，始嚴其別，不則通作無別也。字在卜辭為地名。」（集釋二四四三葉）

赵诚　「窗户有一点象房子的口，所以用日形来代表，这和现代还有人把窗户叫窗口的想法差不多。向从宀象房屋，下面的日象窗户，与说文作向形近，当即向字。说文释向为『北出牖也』，似即向字的本义。」（甲骨文字的二重性及其构形关系古文字研究第六辑二二一页）

按：說文：「向，北出牖也」，詩豳風七月：「塞向墐戶」，毛傳：「北出牖也」，此為許說之所本。韓詩則解為「北向窻也」。从宀从日，日即象牖形，非「口舌」之意。契文及金文皆如是作，不必如羅振玉謂「乃由口而譌」，段玉裁改篆作向，亦以意為之。甲骨文編七·一七向字下錄前二·

二九．七作向，實當為宮字之殘，殊誤。卜辭綜類二七〇錄入宮字是正確的。卜辭均用作地名。

宮

王襄　「說文解字：『宮，室也，从宀躳省声。』爾雅釋宮云：『宮謂之室，室謂之宮。』段注云：『統言之为宮，析言之为室。』按室亦謂之內，鼂錯所謂一堂二內也。郭云：『明同，实而两名。』段注云：『宮，从宀从吕，或吅。宀，許訓：『交覆深屋也』，段注：古者屋，四柱，东西与南北皆交覆也。有堂有室，是为深屋。』意宀象上交覆下柱之形，自平面观之，祇见二柱，吕象室，吅象连室，明所覆非一室，故曰深屋，金文之宮均作宮、亦象交覆深屋，有二室形，許说从宀躳省声，段注云：『孜说宮謂从宀吕，会意，亦无不合，宀統其外，吕居其中，吕者，脊骨，居人身之中者也。』」（古文流变肊说五四至五五页）

朱芳圃　「說文宮部：『宮，室也。从宀，躳省聲。』羅振玉曰：『宮从吕，从吅，象有數室之狀；从吅，象此室達於彼室之狀，皆象形也。說文解字謂『从躳省聲』，誤以象形為形聲矣。謂躳从宮省則可耳。』（殷虛書契考釋中一一）按羅說非也。字从宀，吕聲。吕即口之繁文，甲文或作吕，或作吅，皆其異形也。」（殷周文字釋叢卷中第九十七葉）

孙海波　「宮，甲五七三．地名。」「宮，續一〇．二．宮名．天邑商公宮。」（甲骨文編三二七頁）

李孝定　「說文：『宮，室也。从宀，躳省聲。』契文作上出諸形．除作宮宮宮形者各家皆釋宮並無異說外，餘作吕吕或吕形者各家說者紛紜．今以字形及卜辭辭例考之，諸形並當釋宮，他說皆有可商．作宮者，宀象正視之形，吕則象俯視之形，羅氏之說是也．其省宀而僅作吕若吕形者，亦是宮字，蓋字之本義訓室，作吕若吕於義已顯也．卜辭宮字除稱『公宮』『皿宮』，从宮為時王居住之所外，自餘諸宮字皆為地名．其作吕若吕者，諸家多分釋為二字，今舉其辭例於下：(一)地名．『壬子卜取吕』甲編三〇七三．『乙亥卜至吕占女』『己亥卜不至吕』佚五三二．『戊午卜吕受年』佚七三四『貞吕不其受年』佚一九八〇．『于吕王由』為由字之漫漶不明者『田亡戈』粹九八四．宕辭言『田宮亡戈』者數數見，當為一地，但省『宀』耳．同為地名，而一作吕一作吕，正猶宮字或作宮或作宮，所从雖不同，然固一字也．(二)動字．『又吕于口受祐』佚四三三．『吕于萬」（甲二二十三）「呂于口」（乙八七〇九）言宮于某地名者將于某地營建宮室卜吉凶也。字作⊞亦作呂。（三）辭意不明者二例。「⊠⊞示⊠」（甲編三四四七）「呂示」（乙八九五六）辭意雖不明而辭例全同，其字亦一作⊞一作呂也。以上就⊞呂二字辭例可以證其必為一字。又絜文金文雝字並从此為聲，所从亦⊞呂通作，更可為二字同形之塙證。諸家於此二形所釋不一，而皆有扞格難通者。釋環、釋呂、釋房、釋蛤、釋予、釋田、釋營，於古文雝字从此為聲無以為解。至呂字許訓脊骨篆作8，象脊椎兩節之間有相屬者，而呂兩節不屬，是釋呂於字形亦無徵也。至營字从宮熒省聲為形聲字，而⊞呂則為純象形字，其音讀當於宮宮宮宮諸字求之，並無可以讀營之旁證，知非營字也。于氏从吳氏說釋雍，於字音雖若可通，然於字義字形及古文辭例殊多扞格。雍字許訓雍䳄，明是从隹宮聲。如謂⊞呂為雍之本字，則不知將於六書居於何等，即以辟雍為雍之本義，則字形作⊞作呂果何所取象乎。于氏於卜辭⊞呂諸字悉讀為饔，雖亦勉可通讀，然卜辭自有饔字作𩞁見前五卷也。」實則此乃宮字，古文雝字乃从此為聲，金文⊞市字當讀為雍為緼，于氏之說是也。金文作宮頌鼎宮頌壺宮𩑡侯鼎宮庚嬴卣宮休盤宮舀父鼎宮宮散盤宮雍伯鼎宮㠯鼎蓋又滴六、二三五辭宮字作宮从二口，固是誤書，亦足見古人於偏旁从㘣从口之字每多任意為之也。」（集釋二四九九葉）

考古所　「宮：地名，在康丁田猎卜辞中多与喪、盂、向等地同版，蓋与之相去不远。」（小屯南地甲骨八五六頁）

按：李孝定說解「宮」字之形體結構是對的。「呂」、「⊞」、「吅」應亦「宮」之初形。卜辭「宮」多用為地名：「公宮」、「皿宮」則為其本義，即「宮室」之「宮」。諸「宮」皆在「天邑商」，為祭祀之所。

陳夢家、李孝定皆謂卜辭有「从宮」，實乃誤解卜辭。佚二三五七有較完整之辭例：

「王其省盂田延从宮亡𢦏」

「弜延从宮，其每」

「宮」乃地名，非「宮室」之「宮」。

2039

按：合集二〇三〇六辭云：

「……卯卜，王亡⿱宀品」「⿱宀品」與「宮」形義皆有別，不得混同。

2040

饒宗頤「丙戌卜，穷貞：……雨。宮雀（風）。不……」（《林》二·二六·二），按品為狂字，此从宀，品之作宮，猶福之作富、新之作寴矣。狂穀一字，通作穀，「宮風」即「穀風」。《爾雅·釋天》：「東風謂之谷風，」《詩·邶風》毛傳說同，云：「陰陽和而谷風至。」孫炎注：「谷之言穀；穀，生也。」《國語》：「瞽告有協風至。」《善齋藏骨記四方風名，東曰「劦風。」是古籍稱「協風」「谷（穀）風，」卜辭均見之。」（《通考》二五頁）

按：字从「宀」从「品」，「品」與「㗊」有別，且均無由釋「狂」。辭見於合集一三三一：「丙戌卜，穷貞：……雨⿱宀品風不……」辭殘，「⿱宀品」與「風」是否可以連讀，是否即爾雅釋天之「谷風」，難以確指。

2041

宗  

王襄以為「古宗字。」（類纂）

郭沫若「蓋示之初意本即生殖神之偶象也。……故宗即祀此神象之地。」（甲研釋祖妣十二葉下）

吳其昌「「宗」者，周禮肆師「凡師甸用牲于社宗，」杜子春云：「宗，謂宗廟。」是其本義。殷虛文字中之「宗」，亦已作宗廟解。故其文有云：「其征于宗。」（渋五三五）「爯口（祊）即于宗，吉。」（揃五·二一·五）「丁亥卜，在宗，又夂戠。」（揃八·一五·一）「在于宗，酒，卅小牢，九月。」（後一·二〇·八）之數「宗」字，必須以「宗廟」解之也。且契文「宗」字，从山从示，「山」象屋宇，「示」為祭事，屋下設祭，是必宗廟然矣。云：「武且乙宗」者，乃武祖乙之廟。每一先王設一專廟，周制特感，『成宮』。『康寢』『穆廟』『犀室』之詞，觸蓰滿目，『九廟』。『七廟』，禮家諍訟。而不知殷時此制已萌。如云：『在中丁宗，左三月』。（續一、一二、六）是仲丁之專廟也。『在且丁宗』。（續一、二二、二）是祖丁之專廟也。本片（指前一、一〇、三）等八片，是武乙之專廟也。『文武丁宗，祊』。（後二、五、六）及『在三且丁宗』。（洪四一九）是文丁之專廟也。『囗井方于唐宗』。（後一、一八、五）是湯之專廟也。可以證廟數之制實始叔自殷矣。『宗』亦間作『宮宗』，如云：『其又（侑）勹小乙宮宗』（續一、二三、七）是也。亦間作『新宗』，如云：『……且丁，名（咎）新宗』（洪一三三）是也。『新宗』殆似後世之新廟矣。（望殷『在康宮新宮』）『宗祊』者，謂于宗廟之內舉行祊祭也。故有『再祊』，即于宗廟之語，『再』即洛誥『肇稱』之『稱』，此即最切之自注矣。『宗囗（祊）』，亦間有顛倒而作『囗（祊）宗』者，其在卜辭，如云：『乙酉卜旁貞囗宗七不若』（續四、三五、五）『貞咸粁囗宗』（續四、四四、三）是也。其在全文，如云：『用室囗宗彝』（乙酉彝薛氏二、三八）是也。若其義，則更無別異耳。」（殷虛書契解詁第一五七——一五八葉）

陳夢家　「宗與示的分別，即神主（或廟主）與神主所左之宗廟、宗室的分別。神主所左之宗廟宗室與王所居之寢室，二者也自有區別。然卜辭中所見有關建築的名稱，多屬於廟室。合而論之，可分為以下三類：

一、先王先妣的宗廟：宗，升，家，室，亞，宎，旦，寏，户，門；

二、集合的宗廟：宗，大宗，小宗，中宗，亞宗，新宗，舊宗，虫宗，又宗，西宗，北宗，丁宗；

三、宗室及其他：東室，中室，南室，血室，大室，小室，叕室，司室，室，南宣，公宮，皿宮，从宮，宧，門，户，寧。」（綜述四六八葉）

饒宗頤　「『甲申卜，即貞：其又于兄壬，于母辛宗。』（後編上七、一一）按母辛有廟，故曰『母辛宗』。」（通考九八七葉）

饒宗頤　「禮記雜記：『大夫之喪，大宗人相，小宗人命龜，卜人作龜。』」（通考一二九五葉）

宗人及大卜（補通考二七葉）　饒宗頤　「曲禮云：『天子建天官，先六大，曰大宰、大宗、大史、大祝、大士、大卜，典司六典。』鄭注：『謂此殷時制也。』周則大宰屬天官；大宗曰宗伯，屬春官。如曲禮言，知殷時『大卜』地位甚高，與大宗及大史并列，周時太卜地位則

低矣」。（通考一二九六葉）

屈萬里釋「其用尨方口于宗，王受又？（甲編五〇七」云：「宗，宗廟也。」（甲編考釋七七葉）

屈萬里「宗廟也」。又云：「蓋卜辭中所見之宗，除河、岳、夒等外，皆謂直系先王之廟矣」。（甲編考釋一二一葉）

李孝定「卜辭恆言祖丁宗武乙宗，其義正與許訓同，言祖丁武乙之廟也。陳夢家云『大宗小宗都是宗廟，大宗的廟主自大甲起，小宗的廟主自大乙起』。（綜述四七三葉）是也。言大宗小宗猶大示小示之别，示象神主，宀象宗廟，宗即藏主之地。郭說非是」。（集釋二四七九葉）

白玉峥「甲申卜，即貞：其又于兄壬？母辛宗？……又傳世之卜辭，凡祭祀母、妣，而稱『宗』者，独为武丁之配；亦即只二期时之『母辛』，或『妣辛』，始贅以『宗』字。此外，皆不与也。即父輩之祭，亦不与也。此亦可說明，『母辛』或『妣辛』，在祖甲心目中之权威也。

[宗]口卜，貞：𢦏于母辛宗？酒。（鐵一五七·四）

⿱宀介：当为宗字之讹。除于本版外，他如：后上七·十一，后下二四·三，皆与此同；續二·九·九，则更讹变作⿱宀介；然最奇譎者，莫若鐵一三九·一之作⿱宀介。凡此，皆当释为宗。……契文吴其昌氏曰：『周礼肆师杜子春注：「宗，谓宗庙」；殷虚文字中之宗，亦已作宗庙解。』（解诂一五七页）夫宗字，从宀从示；宀，象屋宇；示为祭事；屋下设祭，是必宗庙然矣。』（严一萍）曰：『說文：「宗，祖庙也」。仪礼士昏礼：「承我宗事」，郑注：「宗事，宗庙之事也」。卜辞宗作⿵宀丅，宀，为屋，丅，为神主；置神主于备祭之屋，祖庙之义甚明。』（夏商周文化异同考四〇九页）」（契文举例校读中国文字第八卷第三十四册三七三八——三七三九页）

姚孝遂 肖丁「卜辞上甲以前诸先公『夒』、『王亥』、『河』、『夔』、『岳』均有宗，唯先祖始有宗，此点应无可怀疑。《粹》4有『夒即宗；河即宗』，《甲》717亦有『河其即宗』，盖谓先祖降临于宗廟。古人认为：神祖歆饗，可以求得福祉。所以卜辞每『即宗』或称『即于宗』（参见《續》121.2），

見有「即于又宗又大雨」的记载（《粹》685）。但「上甲即宗于河」則费解。」（小屯南地甲骨考释一八頁）

晁福林　「殷墟卜辞里的「宗」绝大多数与殷先王有密切关系。其中，除了少数可以直接理解为殷先王集合称谓以外，多数的「宗」指祭祀先王的场所，犹如后世之宗庙。过去，研究者多笼统地分析殷代「宗」的特点，却对「宗」的演变注意不够。其实，弄清楚殷代各个时期「宗」的不同发展情况，对于其规律性的研究和其它相关问题的探讨是至关重要、不可忽视的。

武丁时期的卜辞关于「宗」的记载不多。这个时期一般不为某位先王单独立宗庙，仅开国之君——大乙属于例外。一期卜辞有「唐宗」（合集一三三九）之载。「唐」为大乙的众多名称之一。春秋时齐器叔夷钟有「成唐」之称，卜辞里，「唐」又屡次排列在上甲与大丁之间，所以，专家们断定唐即成汤，亦即大乙，是有根据的。一期卜辞里有两例「庚宗」（合集三三三、三三四），因甲骨文唐字从庚，故疑「庚宗」为「唐宗」之异称。一期卜辞里有「于宗」（合集一三五四九）举行祭祀的记载，此「宗」可能是合祭先王的宗庙。武丁时期多在「祊」合祭先王。祊是商王室的公共祭祀场所。这个场所的宗庙建筑称为「祊宗」，绝大多数见于一期卜辞（合集一三五三四——一三五四四），只偶见于二、三期卜辞（合集二六七六四、屯南七三九）。

祖庚祖甲时期继承了武丁时期的做法，亦有「于宗」（合集二四九五四）祭祀的记载。「宗」在这个时期主要是公共祭祀场所，先王单独的宗庙仍然少见，仅武丁及两位先妣有宗庙，称为「父丁宗」（合集二三二六五）、「妣庚宗」（合集二三三七二）、「母辛宗」（合集二三五二〇）。这个时期卜辞里的「新宗」（合集二四九五〇）和其它名目的「宗」（合集二六〇一〇）似不应以某先王的单独宗庙视之。祖甲时期开始有了周祭制度，商王及王室贵族用翌、祭等五种祀典对先祖「轮番和周而复始地进行祭祀」。周祭是否在宗庙进行，尚无确切材料可以肯定或否定。

廪辛康丁时期，关于在宗庙祭祀的卜辞增多。商王先祖的单独的宗庙虽然有「祖丁宗」（合集三〇三〇〇）、「父己宗」（合集三〇三〇二）的记载，分别指武丁和孝己的宗庙，但大多数先王仍然没有单独的宗庙，许多卜辞还是称「既宗」或「于宗」，宗仍然是公共祭祀场所。值得注意的是，这个时期出现了大宗、中宗、小宗的区别。这种区别可能是从合祭转变为分组祭祀的反映。这个时期卜辞里所出现的「亚宗」（合集三〇二九五）、「旧宗」（合集三〇三二八）、「又（右）宗」（合集三〇三二一）、「新（？）宗」（合集三〇三二三）等，可能是专祭某一些先王的宗庙名称，有些宗庙名称里宗字之前的修饰词可能是宗庙情况的说明。由于材料的局限，现在对于当时的宗庙制度还说不大清楚。

武乙文丁时期，虽然仍有一些合祭先王的卜辞，但作为时代特点的是大量涌现了单独致祭于某一位先王的宗庙，如「大乙宗」（合集三二三六〇）、「大甲宗」（屯南二七〇七）、「大庚宗」（屯南三七六三）、「大戊宗」（屯南三七六三）、「中丁宗」（合集三八二二三）、「祖乙宗」（合集三四〇五〇）、「祖辛宗」（合集三八二二四）、「祖丁宗」（合集三四〇五三）、「康祖丁宗」（合集三八二二九）、「文武丁宗」（合集三六一五七）等。这个时期，在祭祀方面应当是从祖庚祖甲时期处于初级阶段的周祭向帝乙帝辛时期完备的周祭过渡的时期，也可以说是五期周祭的准备阶段。这个时期既然为多个先王建置了单独的宗庙，那么，就势必要定期致祭于这些宗庙。周祭很可能与定期致祭的完备发展有直接关系。

帝乙帝辛时期，一般的作为公共祭祀场所的「宗」很少在卜辞里出现，仅偶有「西宗」（合集三六四八二）、「北宗」（合集三八二三一）的记载，盖为殷都以外的宗庙。这种情况并不意味着先王宗庙的消失，而是例行的关于某先王的周祭一定要在某先王的宗庙举行，从而无须载于卜辞的缘故。与武丁时期普遍出现「祊宗」的情况相反，这个时期普遍出现了关于「宗祊」的记载。「祊宗」是公共祭祀场所的宗庙，而「宗祊」则是某先王的宗庙所附属的祭祀场所。五期卜辞里关于「宗祊」的记载为数不少，但只限于武乙、文丁两位先王，称为「武乙宗祊」（合集三六〇八二）、「文武丁宗祊」（合集三六一五四）。由此可见，这个时期对于父、祖两代先王是格外重视的。

分析殷代「宗」的演变情况，可以看到其发展趋势是由合祭所有先王的公共祭祀场所，渐次变为合祭某一些先王的场所，最后变为某一位先王的单独祭祀场所。殷代祭祀先祖的神庙殿堂是由大而小、由集中到分散而演变的。殷墟建筑基址的发掘情况和卜辞关于「宗」的演变趋势的记载相一致。殷墟已发掘出的五十多座基址，许多分布在祭祀坑附近，应当是宗庙遗址。其中属于殷代早期的乙类基址范围最大，如乙八基址，南北长约八五米，东西宽约一四．五米，可以想见当初其规模是颇为壮观的。属于殷代中期的甲类基址则比乙类为小，而属于殷代晚期的丙类基址则面积最小，如丙十五基址的面积就只有四．三平方米。殷墟建筑基址的这些情况可以与卜辞关于「宗」的记载相互印证。

过去以为卜辞里的「大宗」、「小宗」是宗庙建筑，「中宗」是先王称谓。现在看来，并非绝对如此。应当说，大宗、中宗、小宗既是宗庙建筑，又是先王称谓。它们之间的区分标准应当和大示、中示、小示一样，以时代先后划分，而不在于所谓的「直系」与「旁系」的区别。一般说来，大示者入大宗；中示者入中宗；小示者入小宗。卜辞「大示」所包括的大乙至大戊

楊樹达　参窮字條

按：說文訓「宗」為「尊」，謂為「祖廟」。戴侗六書故云：「宗，祭祖禰之室也。」段玉裁說「从宀示」之義云：「示謂神也，宀謂屋也。」殷之先祖皆有「宗」，即其神主之所在。陳夢家謂「卜辭某某宗的特點如下：（1）上甲以後，沒有早於大乙的；（2）沒有旁系的；（3）沒有先妣的」（綜述四六九）。實則卜辭有「母辛宗」（懷一五六六），是先妣亦有「宗」。

甲骨文編宗字條下列有之形體，李孝定集釋從之。但集釋復單列字，以為「从宀从壬」。說文所無字。前後矛盾。卜辭均殘，是否為「宗」字，待考。

2042

⿱宀帚　寢

羅振玉　「說文解字寑，籀文作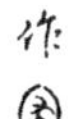，於帚下增又。師遽方尊、商方卣均作，與卜辭同。」（殷釋中十二葉上）

王國維　「說文解字宀部：『寑，卧也，从宀𠬶聲。𠬶，籀文寑省。』案殷虛卜辭及師遽方尊皆作⿱宀帚省又。」（史籀篇疏證二十四葉下 遺書第十七冊）

又曰：「㞋，从又持帚在厂下，古宀厂通用，疑亦寝字」。

王襄 「古寝字」。（類纂正編第七第三十五葉下）

葉玉森 「說文『寑，卧也。从宀侵聲，籀文作𡪱。』釋名『寝，權假卧之名也。』按契文多假帚為歸。㝲㝲並契文寝。从宀从帚，當為歸屋之誼。古人日入而息，歸屋以寝，訖可小休，即寝之初誼。許書所出籀文从宀从𠬶，已譌变矣」。（說契二葉下）

唐蘭 「右㝲字。說文：『寑卧也。从宀侵聲，𡪱籀文寑省』。按籀文𡪱字當是从𠬶聲。甲骨金文俱作㝲，則从帚聲，帚古讀如侵也。葉玉森乃謂『从宀从帚，當為歸屋之誼』，而謂籀文从宀从𠬶為已譌变，真野言也」。（文字記廿二葉下）

丁山 「㝲當是寝字的初文，帚為婦省，婦人所居之室，禮經謂之『燕寝』。卜辭有㝲、小㝲。㝲都該作大寝，或路寝解。小㝲當是武丁食息之所」。（甲骨文所見氏族及其制度六八至六九葉）

陳夢家 「㝲即寝的省文，有王寝、新寝、東寝、西寝、大寝等的分別。西北周出土铜盂有『㝲小室』的銘文，則小室當是附屬於寝的。卜辭凡說寝的都與祭祀無関，當是王居住之所」。（综述四七九葉）

李孝定 「契文从宀从帚，當是𠬶省聲，亦有从宀从𠬶不省者，（𢿔二七七二）可證也。唐說甚是。凡說帚為歸為婦會意者皆非也。卜辭用寑之義為時王燕居之所，乃名詞，猶今言寝室也。辭云『作王寝』（前四·一五·五）『宅東寝』（燕五九五）『宅新寝』（前一·三十·五）『于西寑，于東寑』（京津四六一四）是也。玉後下二九·四一文作㞋，王氏疑亦㝲字似有可商。辭云『己未卜𡧊子屢亡疒』乃人名，與它辭㝲字有別。唐蘭云『右屢字舊釋寝。按宀厂二形不近，疑屢乃掃之異文』。按唐疑掃之異文亦無據。金文作㝲（燕自）㝲（師遽尊）㝲（乙未鼎）㝲（寝孳）均與契文同」。（集釋二四六七葉）

孫海波 「㝲，甲五五。从帚，与說文籀文相近。㞋，後二·二九·四。或从厂。人名。子㞋亡疒」。（甲骨文編三一八頁）

邨笛　「……小屯南地发现的新材料表明，寝不但是居住之所，也是祭祀之所。如屯南一〇五〇就有此种内容。该片卜辞内容是：

弜刚于寝？

辛巳贞：其刚于祖乙寝？

刚在此条卜辞中是动词，为祭名。寝与祖乙相连，说明是宗庙之一部分，在此条卜辞中是举行刚祭的地点。

作为宗庙之寝，相当于文献中的寝庙。礼记月令：『寝庙毕备』，郑注：『凡庙，前曰庙，后曰寝』。孔疏：『庙是接神之处，其处尊，故在前。寝，衣冠所藏之所，对庙为卑，故在后』。此条卜辞说明，寝同样是接神之所。」（卜辞考释数则　古文字研究第六辑一八七页）

于省吾　「说文寑『从宀㑴声』，籀文作𡨦。按契文金文均作帚，惟𡨦爵作𡨦，汉朱龟碑作帚，与古文合。」（论俗书每合于古文　中国语文研究第五期一六页）

考古所　「但本片之寝，则为祭祀場所，刚为祭名，刚于祖乙寝即祭于祖乙之寝。此寝可能与文獻中寝廟之含义相同。礼记月令：『寝廟畢備』，注：『凡廟，前曰廟，後曰寝』，疏：『廟是接神之处，其尊处，故在前；寝，衣冠所藏之处，对廟为卑，故在后。但廟制有東西廂，有序牆，寝制惟室而已。故释宫云：「室有東西廂曰廟，無東西廂有室曰寝」是也』。从卜辞看，商代寝也是接神之所。」（小屯南地甲骨九二〇页）

按：帚即古寑字，沈濤說文古本考據汗簡即謂「許書（寑下）尚有重文帚字」。帚从宀从帚，契文以帚為婦字。唐蘭以為形聲字，謂「帚古讀如侵」，不知何所本。金甲文帚作帚即象掃帚之形，籀文寑作𡨦，形體確已譌變。葉玉森謂「契文多假帚為歸」，「歸屋以寑，即寑之初誼」。「帚」从未見有假作「歸」之例，葉說非是。丁山謂「帚為婦省，婦人所居之室」，即謂之寑，其說較為近是。京津二七七二□不得釋「帚」，李孝定集釋謂「帚」从「㑴」省聲，以此為證，不可據。

2043

室

王襄　「古室字。」（類纂正編第七第三十五葉上）

陳夢家　「爾雅釋宮『室有東西廂曰廟』，是室為廟中之一部份，處于兩夾之中間。」（綜述四七一葉）
又謂商代「藏主與祭祀並以宗室為名」。（綜述四七九葉）

孫海波　「□，甲二一五三。从宀从矢。說文所无。地名。」（甲骨文編三二二頁）

饒宗頤　「□字疑从宀从交，蓋即窔也。他辭習見『窔』字，有『小乙窔』（寧滬一．五一六十五一七）『父甲窔』、（續編三．三一．五）或言『于窔』，（南北明五七九）字从宀从夭。爾雅釋宮：『東南隅謂之窔』；字或作『窔』，漢書敘傳：『守窔奧之燭』，應劭注引爾雅：『東南隅謂之窔』。既夕禮：『埽室聚諸窔』，郭璞注：『窔亦隱闇』，窔即窔也。說文作『窅』。」（通考九〇六—九〇七葉）

屈萬里　「卜辭『☒且丁室☒』（甲編四九一）室，謂廟中之室也。」（甲編考釋七五葉）

李孝定　「从宀从矢，說文所無。」（集釋二四八九葉）

李孝定　「說文『室實也从宀至聲室屋皆从至至所止也』小徐本。契文與金文小篆並同。卜辭偁『中室』『南室』『血室』亦猶後世『廳室』『宣室』『請室』，蓋宮中房室之名也。金文作室頌鼎室師奎父鼎室伯晨自室無叀鼎室縣妃簋室曾姬無卹壺」（集釋二四三九葉）

按：說文：「室，實也。从宀从至。至，所止也」。徐鍇繫傳以為「从宀至聲」。卜辭「室」字所从之「至」或倒書作「□」（甲二六八四、二一五二），或从矢作「□」（京津四三〇七），是或从「矢」聲也。卜辭每稱「大室」、「中室」、「盟室」、「司室」等等，均為祭祀之所。亦稱「且丁室」（甲四九一）、「大甲室」（林二．一．三），蓋廟中之室。

2044
家 

羅振玉　「或从豕或从亥，亥亦豕也。古金文亦多作宀下豕形（汶庚卣及家𣪘）。說文解字家，古文作□。」（殷釋中十二葉上）

王襄「說文解字：『家，凥也，从宀，豭省声。』（依段氏本）又云：『按豭省声，读家，学者但见豕而已，以豕之字多矣，安见其为豭省声。窃谓此篆本谊，乃豕之凥也，引申假借，以为人之凥，牢牛之凥也，引申为所以拘罪之陛牢，借用其字，久而忘其本谊，盖自古而然。』吴愙斋云：『古家字从宀从豕，凡祭，士以羊豕，古者庶士、庶人无庙，祭于寝，陈豕于屋下而祭也。』契文之家，象宀下豕，又圂字作□，或倂作□，象一豕或两豕聚于囗中，圂为豢豕之所，故或从两豕，状其多也。古廄字，𥂕羌鐘作□，亦有多马之谊。家果为凥豕之所，自不能从一豕，应有从豩或□之家。许书有豩，契文有□，王白尊之□为三豕，□卣之□从□作，亦为三豕，古家字祇从豕，吴说于字义是为得之。契文之家本从豕，演用久，或从豕之简体，更讹而为亥。古文豕、亥形近，三豕渡河云者，无足異之。」（古文流变肊说五五至五六页）

王襄「古家字。吴愙齋先生云家从宀从豕，凡祭士以羊豕，古者庶士庶人無廟，祭於寢，陳豕於屋下而祭也。此从宀从豕，象陳豕屋下之形。」（類纂正編第七第三十四葉下）

葉玉森「按豕為初民常畜，許君訓豬曰『叢居』。豵曰『叢聚』。家字从豕，當寓聚族而居之意。……又栔文家字亦从亥……羅氏謂亥亦豕形。予疑亥即象形古豕字之变體，假作支名耳。」（説契二葉下）

楊树达「殷虚书契前编肆卷拾伍之肆云：『贞，我家旧𡆥臣亡害？』树达按：书大诰云：『天降割于我家。』我家或言吾家。书微子篇记微子语云：『曰：父师！少师！我其发出狂，吾家耄孙于荒。』吾家我家义同。微子殷人，知我家吾家之称真殷人语也。卜辞为殷王室贞卜，辞称我家旧臣，则我家盖与今言我国义同……毛公鼎云：『王曰：父厝！余佳肇巠先王命，命女辥我邦我家！』又云：『王曰：父厝！今余唯𤕤先王命，命女亟一方，𢀛我邦我家』，则兼言我邦我家。按毛公鼎皆述周王命辞，周王有何家可言，则其称我家与我邦义固无異，古人自有复语耳。」（卜辞琐记一五页）

唐蘭「當為豭之本字。說文：『𧱏，豕也，从彑，下象其足，讀若瑕。』朱駿聲云：『當為豭之古文。』（通訓定聲豫部）其說極允。蓋□之変為□，即㝵轉為𧱏。然則□即□形之変，而說文僅云豕也，下象其足，已失其義。豭則後起之形聲字，遂獨專牡豕之義矣。說文家字从豭省聲，段玉裁疑之，謂：『此篆學者但見从豕而已，从豕之字多矣，安見其為豭省耶？何以不从段而紆回至此邪？』因謂家為豕之居。余謂家固豕居，段所疑者，亦正中輕説省聲之病，凡省者當本有不省之字，不然皆誤也。然許説此字未為大誤。蓋卜辭家作（前．四．十五．四）象豭在宀中。以象意字聲化之例推之，當讀豭聲，其但作豕形者，可謂為豭省聲。豭即古豭字也。」（天壤文釋三十五葉）

陳夢家　「卜辭云：『□午卜貞其㞢匚于上甲家，其□』，（拾一．七）『父庚父甲家』，（甲編二七七九）爾雅釋宫『牖户之間謂之扆，其内謂之家』，家指门内的居室。卜辭『某某家』當指先王廟中正室以内。」（綜述四七一葉）

陳夢家　「左傳昭四注云：『个，東西廂』，寏疑即个。又説文曰：『陔，階次也。』」（綜述四七二葉）

劉克甫　「『家』字本義的演變應當由目前所能見到最早的原始史料——甲骨卜辭——談起。

據卜辭得知，殷人祭祀祖先的場所稱『家』。第一期卜辭有『上甲家』：

拾一．七：『□午卜貞：其㞢匚于上甲家』。

此『上甲家』即先王上甲微的宗廟。第二期卜辭有『父丁家』：

前一．二六．五：『辛酉卜貞：暜□于父丁家』。

此『父丁家』即祖庚、祖甲之父——武丁的宗廟。第三期卜辭有『父庚、父甲家』：

甲二七七九：『☐鄉父庚、父甲家』。

此『父庚、父甲家』即廩辛、康丁之諸父——祖庚、祖甲的宗廟。殷人祭祀先妣的場所亦稱『家』。第二期卜辭有『母辛家』：

鐵二五七．四：『貞：□于母辛家』：

前一．三〇．七：『☐保于母辛家，宕，酒，酒』。

後上七．二：『甲申卜即貞：其又于兄壬于母辛家』。

此『母辛家』即祖庚、祖甲之母，武丁之配偶——妣辛的宗廟。第二期卜辭又有『妣庚家』（錄四四七），妣庚雖不能確定為何王配偶（示壬、祖辛、沃甲、祖丁、小乙均有配偶名庚），但此『妣庚家』亦為先妣的宗廟無疑。此外，第三期卜辭有『王家』：

粹一九七：『壬子卜：又于岳。壬子卜：又于伊尹。☐其☐王家』。

此辭有闕文，但從上下文看，『王家』當解為『殷王的宗廟』。

從「家」的字形觀察也可以推定其本義為宗廟，即宗族團體進行共同祭祀的場所。正是因為如此，「家」字進而引申為「宗族」之義。其字義的發展與「宗」字相彷彿。卜辭中「宗」也是宗廟（或僅限於先王；先妣的「宗」未見），而後世「宗」亦引申為「宗族」。「家」為宗族（或氏族），卜辭已有之：

「前四·一五·四」「貞：我家舊臣亡壱我」。「我家」之稱亦見於《尚書》：《大誥篇》：「天降割于我家」。

關於「我家」的解釋，楊樹達在《卜辭瑣記》中有考證：「卜辭為殷王室貞卜，辭稱我家舊臣，則我家蓋與今言我國義同」，並引毛公鼎「我邦我家」為證，謂「我家與我邦義固無異」。我們認為，「我邦」「我家」並稱，正說明其有所不同，所以卜辭的「我家」當解為「我族」。

按除「我家」而外，卜辭尚有「牛家」者：

「前七·四·二「☐戊申亦㞢來，告：「牛家」」」

此「牛」為氏族名，由甲二〇二、存下一六一、乙七一九一等辭可證之。所以「牛家」猶言「牛族」也。卜辭又有稱「宋家」者：

甲二〇八「令亢从宋家☐」。

此「宋」為氏族名，見洪一〇六、續六·二九·五等辭。所以「宋家」亦即「宋族」。類推之，卜辭中「我家」當作「我族」解無疑。」

（西周金文「家」字辭義　考古一九六二年第九期）

孫海波　「，甲二三〇七。从豭省。，乙四二九三。或从豭。」（甲骨文編三一五頁）

屈萬里　「卜辭「令比宋家」？西周文獻，每以家字為邦國之義。尚書大誥：「王若曰：……天降割于我家。」又多士：「矧曰其有聽念于先王勤家。」兩家字皆指邦國言。此言宋家，亦謂子宋之國。」（甲編考釋三二至三三葉）

饒宗頤　「「……卜，彭貞：其征异禾。……鄉父庚父甲家卜。」（屯甲二七七九骨）此辭于廟內稱曰「家」，爾雅釋宮：「牖戶之間，謂之扆，其內謂之家。」拾遺一·七云：「其㞢匚于上甲家」，與此同。」（通考九〇五葉）

邵君樸　「家字甲骨文从宀从豕，或从亥，亥亦豕也。古金文亦多作宀下豕形，而不見有从豭不省者，則段氏之疑不从宀豭省聲而从豕宀為會意是矣。吳承志家字說云『鈕氏樹玉說文注訂云「家當从豭省聲古文不省可證也蠡从彖聲劉子政九歎蠡與嵯峨為韵楊子雲賦蠡與它為韵廣韵蠡亦收戈與家字古讀合」今按鈕說得之互部云「彖豕也讀若弛古文作㒸讀若瑕」瑕在歌部弛在支部音理相近古得通轉家从彖聲于六書為協』按如此說則為會意兼聲非純形聲亦非省聲也然未盡得其本義也。考家字从宀从豕，宀室廬也，豕畜獸也，其義重在豕而不在宀，故頌鼎『廿家』之字可省宀而作豕也。郭忠恕汗簡有古文家字从宀下犬者，後下四二、十四有一家字作□其中所从之犬與它辭犬字之作犬者相類疑即犬字也犬亦家畜也，故其義在畜而已。英吉利韻家曰family，其字原於羅馬之familia familia又原於oscan之famel（oscan為居住compania之古代義大利民族之一）famel者，奴婢之謂也。古者戰勝所獲之男女不殺而係纍之使為奴婢僕隸，或司牧救，或執田功，甲骨文僕字作□，乃執賤役之俘虜奴婢，又或使為妻妾，而妻妾又實處同奴婢，奴婢犬豕皆其人所畜，平等無差，故得冒家之名也。妻妾如此，兒女亦爾。古人謂妻子曰帑，是以妻為貨幣也。妻子奴僕與牛羊犬豕皆其產業，幾有差等。由此觀之，何人獸之分乎。然牛羊犬豕既為當時重要畜獸，則牢窂突家四字理應同義。而今家牢二字殊，意甲骨文家字从犬从豕者並有之，絕無从牛从羊者，牢字从牛从羊者並有之，絕無从犬从豕者，以犬豕本豢養於內故畜之於室廬為家，牛羊本放牧於外，故閑之於室廬為牢也」。（集刊五本二分釋家）

李孝定

「自來治說文者於家字从宀豕或豭省聲聚訟紛紜，莫衷一是。舊說从豕乃亥字之誤，亥則一男一女室家之意也，嚴章福于鬯等皆主是說其說似若可信，而古文亥字殊不見一男一女之象，或則以豕居穌之引申以言人居。此說段氏若膺實主之。而嚴氏校議議云『余謂本義果屬豕圈，當从口不當从宀，豕圈重闌不重屋則為圂字。口部圂廁也，象豕在口中而非家字。許君人獸之辨極嚴，若以家為豕圈，宀部不應首列此字而訓為居也』。嚴氏之說是也。鈕氏段注訂謂家當从豭省聲，且引漢賦蠡字與嵯峨它為韻，廣韻蠡亦收戈為證，說較允當。吳承志家字說遂本之，而謂彖古文㒸讀若瑕。吳氏謂彖古文㒸係从小徐本蓋據汪本言之今本繫傳彖㒸分別唐蘭運謂家从㒸省，而引朱駿聲『按㒸當為豭之古文』為言，證以古文字形作□形㒸作㒸，於字形字音並極允當，其說蓋鈕吳二氏實啟之也。金文家字多見，作□頌壺□□頌簋或省宀□伯家父簋□伯家父鬲□寡子卣□𤔲肇家鬲□伯家父簋□□□毛公鼎□□克鼎□獻伯簋□叔向簋□枚家卣□戈父庚卣□林氏壺从亥似亦从㒸，豭之古文枚家卣一文於兩足古文彖四足者例作二足外中一短畫即其勢，其形尤顯也。或亦从亥」。（集釋）

胡厚宣

「豭即家，讀為嘉。詩・節南山及左傳桓公八年，都有周大夫家父，儀禮・士注禮鄭玄注作嘉甫，漢書，古今人表作嘉父，梁玉繩說，『嘉家古通』。朱駿聲說，『家假借為嘉』。其義為美、善、祥。」（甲骨文所見殷代奴隸反壓迫鬥爭考古學報一九六六年一期）

于省吾　「家从豕，少數民族豕就在屋中。」（引陳士輝怀念于省吾先生，古文字研究十六輯一八頁）

罗琨、張永山　「甲骨文家字的字形有从豭从豕两种，因为当时象形字和会意字象形部分还沒有完全由复体向单体转化，所以又分四种形式（按：指□、□、□、□）。金文复体较少，但还可以找到这四种形式的痕迹，对比说文古文和小篆，从笔画结构来看楷书的家字，确是由『从豭省声』演变而来。这个演化过程今示意如下（略）。

甲骨文前两种写法不论单体还是复体均从豕，这是豭的本字，作牡豕的象形。后两种从豕，也可以说是『豭省』……

在字义上，甲骨文的家有两种含义：第一，表示一种血缘亲属集团和社会组织。卜辞有『我家』、『王家』，同样的提法也见于尚书和周金文。在以商王为主体的甲骨卜辞中，它们代表王族或王室。此外还有『宗家』、『牛家』，都指某一个族氏。第二，卜辞有『上甲家』（佚二七七九）。这个家是『藏主之所』，先秦文献中亦有此用法，如左传昭公十六年关于郑大夫孔张曾有『立于朝而祀于家』的记述，这个家显然就是家庙，而尚书盘庚中篇『永建乃家』的家则作家国——一个血缘亲族的聚居地。左传桓公二年『天子建国，诸侯立家』的家是指一种贵族的宗法组织。毛公鼎銘『我邦我家内外』的提法又表示它是一种与邦国既有联系又有区别的社会组织。

……今天，我国丰富的考古学和民族学材料回答了摩尔根的问题，那个字就是『从宀从豭省』的家。它成为独立的社会细胞，是始于私有制出现的时候。这本是一个会意字，以房屋和猪表示一个打破氏族公有制而拥有一定的私有财产的血缘团体。但随着文字的发展，特别是『形声文字一产生就立即比图画文字占优势了。原来声化的象意字及少数合体之类也完全被吞沒而作为形声文字了。』家字也是这样首先由会意字变化到形声字，再由从豭变化到从豭省。」（家字溯源，考古与文物一九八二年第一期七五至七九頁）

罗琨　「在甲骨文中，家字实有两种写法（见合集一三五七九——一三五九五），宀内除作牡豕之形外，亦有单作豕形的，……。家本从宀从豭，但在商周甲骨金文中就已出现将豭写成豕的省变。而随着文字的发展孳乳，豭之本字由豕演化成豖，与豕混淆起来，一并隶宀作豕，並产生了新的形声字豭以专壮豕之意，家从字形看仅从宀从豕，故称豭省声。……

……家是一个會意兼形声字，从宀从豭表示房屋和猪——财富的标志，由于在农业部落唯有家猪才能象征财富，所以家从特指家猪的豭。它的涵义是指居住在公共房屋里，有共同财产的一个血族团体。这就是家族——打破氏族公有制而产生的一种新的社会机体。……

在甲骨金文中它曾被借为宗庙，然而我们在家字溯源一文中考察过，並非所有宗庙都可以称为『家』，武丁卜辞中只有『父乙家』、『上甲家』、『丁家』（合集一三五七九—一三五八三），廪辛卜辞中有『父庚父甲家』（合集三〇三四五）。此外，卜辞见『匕辛』（缀一·三〇·七），有人释作家，然其字从亥，与家不同，陈梦家释宧是有道理的。所以在甲骨文中除上甲以外的所有先公、时王父辈和祖父辈以外的所有先王以及所有先妣都没有称为『家』的寝庙，这就揭示出对某些祖先的祭祀场所称之为『家』，是因为祭祀对象与设祭者有需要强调的或特别亲近的家族血缘关系，可见它借为宗庙还是从家族这个本义演化出来的。」（释家古文字研究第十七辑二一〇——二一六页）

⿱宀豩

按：卜辭家字多从豕，亦有从亥者，唐蘭釋亥為「豭」是正確的。其从豕者，不得謂从豭省聲。从豕者為會意，从豭者為形聲。徐灝說文解字注箋謂「家从豕者，人家皆有畜豕也」，其說較安。卜辭家或从「亥」，「亥」亦「豕」也。陳夢家釋「宧」，讀作「个」或「陔」，不可據。

胡厚宣

「至于殷人对于粪便的储置，则武丁时卜辞说，

甲戌卜，贞般圂氏。（铁云藏龟拾遗一二·三）

贞般圂氏。

贞□（勿）氏。（殷虚书契前编四·一六·八，甲骨续存补编五四九四）

贞般圂氏。（殷虚书契后编下三·一五）

或者就是翻动厕肥的卜辞。

圂字卜辞作，从两豕在，者，上象庇覆，一象其阑。罗振玉释为圂字，是对的。说文，『圂，豕厕也，从囗，象豕在囗中也。』广雅释宫，『圂，厕也。』一切经音义九引苍颉篇，『圂，豕所居也。』国语晋语，『少溲于豕牢』，韦昭注，『豕牢，厕也。』汉书五行志，『豕出圂』，颜师古注，『圂者，养豕之牢也』。又武五子传，『厕中豕群出，坏大

官灶」，颜师古注，「厕，养豕圂也。」……可见自古以来，都是以养豕的牢为厕，一直到汉魏，还是如此。近年来地下汉魏墓葬所发现难以数计的陶厕豬圈等明器，也是很好的证明。即如今天广大农村，厕所连着豬圈，仍旧沿着古代的遗俗。这种厕所豬圈，便是储藏粪便的地方。

般，说文，「辟也，象舟之旋，从舟从殳，殳所以旋也。」段玉裁注：「般辟，汉人语。谓退缩旋转之貌也。」徐灏说，「戴氏侗曰，般，旋舟也。舟在水上，旋莫易焉，故取类于舟。引之为般辟之义。又为般游般乐，通作盘。今俗又因之为般移之般。」灏案，凡言盘旋盘桓，皆本作般。从殳者，楚金云，「撥之屬是也。」卜辞言般圂者，谓旋动圂厕粪便，使之均匀。氏读作致。说文，「致，送诣也。」……卜辞说，「般圂氏」，意思或者就是说，般动粪便，使之均匀，然后再把它送到田地里去。

急就篇说，「屏厕清溷粪土壤。」广雅释宫，「圊圂屏，厕也。」王念孙疏证，「说文，厕，清也，清与圊通。屏与廁通，溷与圂通。」圂厕粪便，所以肥沃土壤。殷人对于耕作，不但知道施肥，而且知道以圂厕储粪。粪便必须经过一个时期的储藏，才好使用，储藏的粪便，加上别的废物，又必须常常翻肥。由卜骨卜辞看来，殷人或者已经初步晓得了这种方法。」（再论殷代农作施肥问题 社会科学战线一九八一年一期一○六——一○七页）

孙常叙 「甲骨文从宀之字，除𡨦外，还有一个𡨦字。这个字诸家多以为「圂」。按「圂」字从「囗」，像豕在囗中，卜辞自有「圂」字作圂圂形。从宀和从囗不同，释「圂」之说是不可信的。同时，也不能把它和从宀之𡨦相混。因为宀和「交覆深屋」之形是不同的。𡨦应是冢字的初文。

我们在研究𡨦字的过程中，已经知道：宀就是说文之冂的本形，它与「冒」「矛」同音，是幽部字；从豩和从豕可以是同一字的繁音；𡨦就是说文冢字的初文，在字形结构上是从豩冂声，是形声而不是会意。甲骨文宀是它的声符，小篆从豕是甲骨文从豩之省。

知甲骨文𡨦为从豩宀声之「冢」，则甲骨文合集第四册，第一三一九页、第九○六二、九○六三、九○六四、九○六五正诸片的般𡨦由于𡨦从宀声，它当是与「螌蝥」同音的双声音节词。说文「螌，螌蝥，毒虫也，从虫般声。」「蝥，螌蝥也，从虫敄声。」「蝥」从敄声，「敄」字从矛声，「矛」与「冃（冒）」古音同在幽部明母，而宀乃冂之初文，因知「般」有「螌蝥」之音。

以幽转入东，「雺」音为「蒙」例之，「般𡨦」不仅就是「般蒙」，而且由于后一音节对前一音节的影响，致使「般」由元转东，发生韵尾同化，变「般冢」为「蠭蒙」、「逢蒙」。孟子离娄下「逄蒙学射于羿。」赵岐云「羿，有穷后羿。逢蒙，羿之家众也。」春秋传曰「

羿将归自田，家众杀之。」赵注所据左传，左传襄公四年，夏训有之曰，有穷后羿……将归自田，家众杀而烹之。」孔颖达正义说：「孟子云，『逢蒙学射於后羿，尽羿之道。思天下唯羿为愈己，於是杀羿。』则杀羿者逢蒙也。」「逢蒙」是有夏时人，而「逢蒙」为「般家」者变。「般家」卜辞作「般圂」。般国於夏。卜辞「般家」作为人名，非有夏之遗族，亦承其命名之遗俗也。」（释圂豕——兼释各云般圂，古文字研究第十五辑二四九至二五一页）

温少峰　袁庭栋

「甲文又有圂字作圂、或作[囗豩]、[囗豩]。说文：「圂，厕也，从豕在口中也」。圂，就是猪圈，也是厕所，我国农村至今犹存此俗。圂是农家积畜粪肥之所，卜辞中有关圂的记载，是殷代农业施用粪肥的一种反映。卜辞云：

(181) 贞：乎（呼）乍（作）圂于专？
弓（勿）乍（作）圂于专？（乙八一一一）

(182) 甲戌卜，贞：般圂，氏（氐）？（拾一一·二·三）

(183) 贞：般圂，氏（氐）？（前四·一六·八）

「般圂」，胡厚宣先生在殷代农作施肥说中的解释是：「谓旋动圂厕粪便使之调匀，犹如近代肥料科学之翻肥法」。我们认为此说未当。我国农作施肥，南方多用水粪，北方多用干粪、至今亦然。北方农村中用垫圈之法，使家畜粪尿渗入所垫之秸秆泥土之中，变成干粪，施肥时就将这种干粪运送田中，齐民要术卷端杂说载：「踏粪法：凡人家秋收治田后，场上所有穰，谷䅌等，并须收贮一处。每日布牛足下，三寸厚，每平旦收聚堆积之。……经冬，一具牛踏成三十车粪。至十二月、正月之间，即载粪粪地。」殷代之施肥方法，应大体如是。(182)、(183)辞之「般圂」，应读为「搫圂」，广雅释诂：「搫，除也。」「搫圂」就是除圈，清圈，将已成之干粪运出，另垫秸秆与新土。「氏」，读如「氐」，在卜辞中常用为「致送」之义。「般圂氏」，就是清圈除粪，并送到田间施用之意。这种记载与近代北方农村施粪方式完全一致。」（殷墟卜辞研究——科学技术篇二一七）

平一洋　参尾字条

按：「[宀豖]」與「[囗豩]」形義皆有別，不能混同。「[宀豖]」有可能為「家」之異體；「[囗豩]」有可能為「圂」之異體，但均難以確指，只能存疑待考。

2046

家

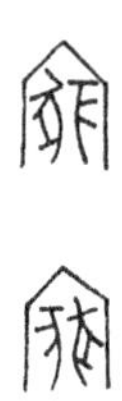

孙海波　「，汇四六七八。疑家字。」（甲骨文编七八二页）

按：合集二二一〇三辭云：「甲午家亡囚」乃人名。

2047

宊

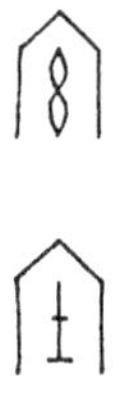

闻宥　「其字当为网之别构，说文：『网从冂，下象网交文。』古文宀冂不分，第以交覆为义……故卜辞从宀；（正始三字石经网之古文正从宀）8丨则象其纵横交午之形，与乂乂同意。在辞中又实孳乳为羅字，汗简所出古文羅字为㒺，与此全同，可为确证。」（殷虚文字孳乳研究，闻宥论文集一一〇至一一三页）

闻宥　「陳氏說亞迂曲，其字當為网之別構。8土其從橫交午之文，與XX同意。在辭中又孳乳為羅字，汗簡所出古文羅為㒺，與此全同，可為塙證。古文之网即有从网作㒺諸體，而其義又兼通捕魚捕鳥之事。一形數讀為事不便，後世分析漸細，乃綴隹以別之。而綴者不察，誤將XX8兩體並存，遂成羅。此觀于网之或體。更有罬字，既象交文又復从糸重累為之羌，無異議。可知誤存者不僅羅之一字已也。」（殷虛文字孳乳研究載東方雜志廿五卷三號五五葉）

李孝定　「从宀从午，說文所無。字在卜辭為地名，無義。陳氏謂午吾古音同部說雖可通，然卜辭宊字無一有害寤之義者，形音雖有可說，而於詞義無徵，不敢必其為害寤之異構。聞氏謂是网之異體則尤有未安。蓋字上明為从宀，與网之从冂象其綱者已迥不相侔。XX之與8形亦大異，倘謂俱象縱橫交午即為同字，則準此以求古文字間不幾于大半可通乎。又羅字从8，聞氏亦明知為糸，糸者絲之古文，綱羅之屬以絲為之，故字以糸，與縱橫交午象网形之XX殊不相涉，固非『綴者』並存之也。」（集釋二四八七葉）

屈萬里　「[宀吕]，與甲編八六七片之[宀王]，當為一字，隸定之當作[宀午]，地名」。（甲編考釋一七一葉）

考古所　「[宀午]：地名。」（小屯南地甲骨八八三頁）

陳邦福　「从宀，从午，疑是寤之古文。說文解字宀部：『寤，寐也。从宀吾聲』。故吾午古音同在五部，故知[宀午]為寤之古文。又㝱部：『寤，寐覺而有言曰寤。从㝱省，吾聲。一日，晝見而夜夢也』。是寤寤二字異文而同誼，[宀午]从午，與許君一日晝見說合」。（小箋七葉上至八葉上）

按：字隸可作「[宀午]」，在卜辭均為地名。與「网」、與「寤」均無涉。

2048

宋 

商承祚釋宋，無說。見佚考二〇葉上。

王獻唐　「余謂宋即宗字异体，庄子在宥篇，过有宋之野，释文，宋本作宗。左宣四年传，郑公子宋，字子公，亦用宋为宗，盖出於詩思齐惠於宗公也。宋宗通用，不特同音，实属一字。宗为神主置示宀内会意。宋亦神主，置木宀内会意，木非树木字，乃神主也。」（古文字中所见之火烛，第七二页）

李孝定　「說者多謂『从木，木，社也，宀，屋也。勝國之社則屋之，示與天地絕。屋者居也，此制字之義。故宋字周武以前無之，特為此而起，亦無他訓可求。釋名「宋，送也。地接淮泗，而東南傾，以封殷後。若云滓濊所在，送使隨流東入海也」。與許說相發明』（王紹蘭說文段注訂補說），从之者甚多。若謂周興始有宋字，今卜辭已有之，且亦為國名（佚一〇。六稱『宋伯』）可證，則屋社之說為不可據。按困許訓故廬，而其義實為門橛（說見六卷困下），宋字與困之結構相近，其義或亦相同。訓居其引申義也」。（集釋二四七五葉）

孫海波　「[宀木]，甲二〇七。方國名。令允从宋家。」（甲骨文編三一八頁）

考古所　「宋：从商承祚释。（佚考二〇頁，一〇六片卜辞释文）在此片作地名。」（小屯南地甲骨九二六頁）

徐中舒　参余字条

按：說文訓「宋」為「居」，徐鉉以為从宀从木，讀若送，「木者所以成室以居人也」，是為會意字。徐鍇則以為从宀、木聲，是為形聲字。主會意者，有段玉裁、桂馥、錢坫、王紹蘭等。李孝定集釋所引實錢坫說文解字斠詮之說。李氏誤以為王紹蘭之說。王紹蘭段注訂補引錄錢坫此說而駁之云「其說未然」。王氏據周官大司徒以為「社木在野不在屋下。宋於文木在宀下，明非社木」。「宋从宀者，即公羊所云『揜其上』；郊特牲所云『喪國之社屋之』也。義取『不受天陽』。从木者，即公羊所云『柴其下』，康成所云『棧其下』也，義取『不通地陰』矣」。語涉牽傅，不可據。公羊傳哀四年：「亡國之社蓋揜之，揜其上而柴其下」，解詁：「揜柴之者，絕不得使通天地四方以為有國者戒」。此與「宋」字風馬牛不相及。其誤與錢坫謂木為社木同。

主形聲者有徐鍇、朱駿聲、宋保、葉蠹等。朱駿聲通訓定聲以為「松省聲」，宋保諧聲補逸以為「朿省聲」，皆以意為之，不可據。葉蠹宋字形聲說以為「宋」从「木」聲，猶「容」从「谷」聲（宋保亦言之），「谷」與「木」同部，「容」與「宋」亦同部。其說可從。字在卜辭為地名及人名。

2049

寧 

羅振玉　「說文解字：『寧，願詞也。从丂，寍聲。』此从寍省心，从丂。寍母父丁鼎亦省心，與此同。卜辭此字皆訓安。」（殷釋中七十二葉下）

王襄　「古寍字。」（類纂正編第七第三十五葉上）

孙海波　「，甲二七二二。卜辞寧从甹得声，用为安寍之寍。」（甲骨文編二一三頁）

孙海波　「，京津五三五五。不从心，疑宁字印脱。

□，甲二七二二。卜辭用寧为寍。重見寧下。」（甲骨文編三一六頁）

按：卜辭寧、寍、寧諸字通用無別，均為安定止息之意，無用為願詞者。左傳昭十八年「不敢寧居」，徐鍇以假借言之，實則古本同字。典籍亦無區分，許慎強為之別耳。地名作□，不作其它諸形。

2050

㝡 

孙海波　「□，宁滬一・三四〇。从宀从取。說文所无。地名。」（甲骨文編三二一頁）

于省吾　「甲骨文早期地名的㝡字作□，凡三見：『才㝡』（宁沪一・五一七），『才㝡卜』（宁沪一・三四〇，又續一八二・六，文残）。㝡字旧不識，甲骨文編謂『說文所无』。按㝡即說文冣字。說文：『冣，积也，从冂取，取亦声（才句切）。』又說文：『最，犯而取也，从冂从取。』段注：『冣之字訓积，最之字訓犯取，二字义殊而音亦殊。』按說文冣字从冂乃宀之形讹。从冂与从宀本来有别，而晚周古文和汉代金文有时混同不分。例如古鉩文安字从宀也从冂，富字从宀也从冂。至于汉代金文，从宀与从冂有时互用不分，詳續金文编和汉印文字徵的宀、冂两部。总之，㝡字讹作冣不始于說文，而当始于晚周。㝡字从宀訓聚，宀系古文宅字（詳释宅）。聚积物品于宅内，于义尤为符恰。」（甲骨文字释林释㝡一四九頁）

按：字从「宀」、从「取」，隸作「㝡」，于先生以為即說文之「冣」字。卜辭均為地名。

2051

廳  

孙海波　「□，邺三下・四一・六。从宀从耳。說文所无。于省吾以为廷，庭之初文。
□，河五五五。祝于□。茲不用。□当是屋舍之名。
□，鐵一二七・二。或从耳。」（甲骨文編三二四——三二五頁）

于省吾　参耳字条

2052

⿱宀耳

按：宧當從于先生釋庭。說文無廳字，朱駿聲通訓定聲謂廳乃庭之俗字。今據契文宧，从宀从耳，實亦廳字之初形。卜辭宧與耳有別，參見耳（聽）字條。

張秉权

「□，从宀从臣，当是宧字，說文七下，宀部：『宧，養也，室之東北隅，食所居，从宀臣声』。第（一一）辞至（一六）辞，是问酒祭宫而伐于宫之宧，宧字訓養，大概是因為那个角落是吃飯的場所的缘故，至於把它指定為室之東北隅，也許因為汉代的一般习惯，是在屋子的東北角上吃飯的缘故，在殷代，则可能指室東北隅，也可能不是，我们虽则相信許氏的解說，但有其很古的来源，却也无法确定它所指定的方向，一定没有掺杂后来的观念，不过這个字是在指屋子的某一方向的角落，是可以肯定的。第（二七）、（二八）兩辞的『𩍉于西南』，也許与這几条卜辞是有着相当的关系的」。（殷虚文字丙编考释第八一頁）

按：字从「宀」、从「耳」，隸可作「宧」，實亦「宧」之省。卜辭習見「在宧」，即「在庭」，「庭」、「廳」為古今字。參見2051「廳」字條。張秉權釋「宧」，非是。

2053

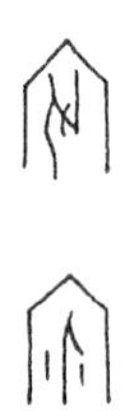

商承祚類編十一卷五葉作浴，云：「□，殆亦浴字，象人浴于室中之形」。（引自集释一○六四頁）

葉玉森

「按郭氏粹臣宰篇謂『多□』與『多臣』例同，亦罪隸俘虜之類，極是。惟釋為宰之初字則非。明之持械入室，不得謂象執事之罪人，予舊釋為寇。說文『寇，暴也，从攴从完』。卜辭作□□□□等形，疑寇之初文，象盜寇手持干梃入室抨擊，小點或象室中什物狼藉形。衛姬壺寇作□，虞司寇壺作□，卂从左爵已失持械之意。又于亼上加一或二，乃小點之譌變，篆文遞襲誤為元。許君乃謂从完也。（說契）殷人于俘虜歸其部勒者，仍名曰寇，曰多寇，曰臣，曰多臣。寇與臣竝驅之伐敵，曰早（俘）曰多早，（俘）曰多早（俘）族，則使之作奴，作伹，又或使之鑿金，名偁既異，待遇或有差別耳。又商氏錄諸寇字散入浴字，澡字下。浴者，澡者似無手持干梃之理」。（前釋卷四第三十一葉）

郭沫若　「寇字作𡨦若𡨦，象爕人宗廟，還其重器之意，字形雖奇異，必為古寇字無疑。

（說譯甲研釋寇）」（卜通考釋第一一八葉）

郭沫若　「卜辭別有一字（按𡨦字）與臣字用例多相同者，字未可識，羅氏收入於「待問編」中，今臚舉其辭例之明白者如下：「癸酉卜受（按即爭字）貞爭呼多𡨦伐呂方」（前、七、三五、二）「貞爭𡨦伐呂方」（前六、三十、五）「貞爭𡨦口呂。貞勿爭𡨦伐呂」（續九七）此與「貞爭多臣」之例同，知此字必與臣字同義。「貞爭追𡨦，及」（鐵一一六、四）此與「逐鹿，獲」同例，知此項人物可逋逃，卜呼追，而及。「癸丑卜㱿貞五百口」「㱿貞五百𡨦」（前七、九、二、）此準卜牲之例，疑是用此項人物為牲而卜其數。「貞勿爭賁个𡨦」。（前六、六、六）此與「貞个牛五十」（鐵二五、一）同例，且繫於賁字，顯係用為人牲。綜合此項辭例，可知此項人物本罪隸俘虜之類，祭祀時可用為人牲，征伐時可作兵士，而時有逋逃之事，余疑此即「宰」之初字也。說文云「宰，罪人在屋下執事者，从宀从辛，辛罪也」，此字正象一人在屋下執事之形，其必為罪人，則由辭意可以證之。从辛作之宰字例當後起，蓋由絕端之圖形文字已化為會意字也。彝銘之較古當是殷文者，如宰椃角字作𡨦，宰峀殷字作𡨦，均从宀从辛，則字之遷变似已在殷代矣。」（甲研釋臣宰五至六葉）

容庚　「葉玉森謂疑寇之初文。唐蘭謂「𡨦，似非寇」，尚待商，寇為𡨦即𡨦賓也，郭沫若說甚是。」（卜釋十八葉）按郭氏釋𡨦為寇，唐所引郭說見甲研上冊釋寇，已見本書二卷璞下

饒宗頤　「按𡨦（前編六、三十、一及二）字亦作𡨦（前七、九、二及金璋五二一）乃一字異寫，均象人手執器形。𡨦作𡨦（前六三十、三）字下體明从父或支，契文父支不分。又繁形多从山从水，如酒或作酒及酒，故此殆為支字，蓋即「朴」也。（舊釋寇或宰，均于形義不合。）朴通作撲。天問「朴牛」，山海經作「僕牛」。卜辭言「𡨦伐」，應即宗周鐘之「戰伐」（卒都）、虢季子盤作「搏伐」，與詩之「薄伐」（西戎）同。故「𡨦伐呂方」即「戰伐者方」。𡨦又為名詞，可讀為僕。其言「多𡨦」，「五百𡨦」（前七、九、二）即「多僕」「五百僕」，多僕猶多臣也。又為地名：「……𡨦（寢）于𡨦」（前六、三〇、三）……當即濮。春秋隱四年：「衛人殺州吁于濮」，杜注「濮，陳地，水名」。」（通考一七〇葉）

張秉權　「𡨦，象人在室中持朴之形，商承祚釋浴（注一），釋臣宰釋宰（注二），叶

玉森释寇（注三），其中以叶释较可信，在這里，是人名。」（殷虚文字丙编考释第一〇六頁）

（注一）見殷虚书契类编第十卷第三葉。

（注二）見甲骨文字研究释臣宰

（注三）見說契又見殷虚文字前编集释卷四第三十二葉。

東世澂

「宰字象罪人在屋中打掃的形狀，當較輕的罪犯」（歷史研究一九五六年一期四五葉夏代和商代的奴隸制）

張政烺

「从字形看，从宀、从隶，隶古定当作𡪶，说文三篇下隶部：隶，及也，从又、尾省，又持尾者，从后及之也。许氏以为隶字从又、从尾省。又便是人的手，从甲骨文看，『又持尾』的形象最明显，不过甲骨文尾向上，是人持尾在家内作扫除工作，即周礼司隶所谓『役其烦辱之事』。我们家乡一直到近代还用兽类的尾巴插进一根棍子作拂尘的工具。由繁到简是中国文字发展规律，由甲骨文𡨦到说文隶，中间不止经过一次的改革，最後只保存了『又持尾』这一最基本的内容，因此就产生了『从后及之』的说法，这显然是后来的附会。……隶、㣇、隸古韵同部，音也很近（定泥、来三母发音部位相同，容易转化），隶字在形声字声符中有读来母的，如逮（从立、隶声，力至切），因此推测隸原来只作隶，后来发音稍有变化，才加上一个㣇字作声符。甲骨文𡨦当是隸之初文。」（释甲骨文俄、隸、蘊三字，中国语文一九六五年四期二九七页）

李孝定

「說文『寇，暴也，从攴从完』，契文作𡨦，葉释寇是也。蓋契文所从之𠂆象人手執兵杖形，即篆文攴之所自昉。蓋古文衍变凡人形而附加一手者，其後遂衍变為手形，往往與人形分離而為另一偏旁。如矩字古作𢀜，象人手持矩，工即矩之象形，其後遂衍变為𢀜，其左旁象人形之大復譌而為矢，遂為小篆之矩。寇字衍变之過亦猶是也，以形之人與手執杖形分離而為攴，又变而為攴為攴為攴，（變為短橫畫，畫復變而增一橫畫，唐蘭古文字學導論論之已詳，是也。）遂為小篆之寇，矣。郭释宰於字形無據。郭所舉諸辭，其中𡨦字释為寇均可通，蓋殷人於俘虜俘臣，或亦俘寇，義本相近，非如後世寇臣二字有敵我之分也。故卜辭恆見『呼多寇伐某方』之辭，亦有『追寇及』之語，蓋服則為用，或有逋逃則追之也。又卜辭自有宰字，作宰（佚五一八）宰（佚四二六）宰（掇一一九六），明此非宰字也。朱芳圃文字编七卷从郭說收此作宰，又於補遺十二葉下另收宰作宰。金祥恆續文編卷七第十九葉並收宰𡨦二文作宰，蓋襲朱書之誤。又二書三卷並从郭說收𡨦作寇，亦非，今正。金文寇字作𡨦（曶鼎）𡨦𡨦𡨦（虞司寇壺）𡨦（司寇良父簋）𡨦（司寇良父壺）人形均已與手執

伏形離析，為小篆从攴从完之所本。」（集釋一〇六六葉）

唐兰　「𡨦㝱一字，卜辭又作𡨦或𡨦，象有人持杖或火炬，就是用手表示人，正如相字是用目来表示人在观察树木，𡨦字是用足趾来表示人的征行，所以𡨦𡨦是一字。說文把𡨦讹作𡨦，說：『从又从𡨦闕，』已经不知道应该怎样写了。」（論周昭王时代的青銅器銘刻　古文字研究第二輯六八頁至六九頁）

何琳仪、黄錫全　「（啟卣）𡨦，从形体分析是由宀、卜、廾三个部件所组成，应隶定為寇。宅与甲骨文𡨦（沖一一二二）形，非一字而莫屬。甲骨文编附录（上七二）又收𡨦、𡨦、𡨦、𡨦等形，均為此字之或体。……我们认為啟卣的寇亦為寇之初文。金文寇作𡨦（曶鼎）、𡨦（揚簋）等形，宅们与啟卣的𡨦，乃至甲骨文的𡨦並无本质差别，唯冂（宅之初文）下攴形一在左一在右而已。至于廾恰好是𠂇与又的合文，相当于凡字。古文字从凡从又往往互作，从又或从攴在偏旁中又往往无别。如甲骨文敹本作𢼸，或作𢼸；啟本作啟，或作𢼸；𢼸本作𢼸或作𢼸。换言之如果将𡨦分解為𡨦，再与𡨦形相较，其嬗变之迹宛然可尋。……金文𡨦字的辨识為我们确定甲骨文寇字增添了一个新的佐证。」（啟卣啟尊銘文考釋　古文字研究九輯三七四頁至三七五頁）

张亚初　「一期卜辞的𡨦字，有时省作𡨦，这也是由整体会意字省变为局部会意字的例子。这绝不能看成是两个单字。这个字在西周的𩁹叟父鼎铭文中作𡨦（金文集成二二〇五）。后者与小篆之叟作𡨦字形相同，无疑是同一个字。啟卣同形之字释为『叟𨗨山谷』，即搜索山谷，是文从字顺的。这说明我们释此为叟（搜字初文）是完全正确的。」（古文字分类考释论稿　古文字研究第十七辑二六二页）

张永山　参众字条

按：字在卜辭為方國名。在被殷人俘獲後，或用為祭牲，或參加軍旅以事征伐。諸家所釋皆於辭義無徵，存以待考。

考古所　「□：字又作□，疑是□的省体。卜辞中□都是一种人的身份，他们或参与征伐，或被用为人牲。」（小屯南地甲骨九〇二頁）

姚孝遂　肖丁　「2260 ⑶「己卯卜貞，井方其□我戉」

𠂤1163有「己巳貞，執井方」之文，可知「井方」為殷之敌国。陈梦家先生谓：「殷本紀祖乙遷于邢，尚书序作耿，索隐曰：「今河东皮氏县有耿乡」，今山西河津县。汉书地理志：「皮氏，耿乡故耿国，晋献公灭之」。河津之耿国，非祖乙所迁之邢，然邢，耿古通，则耿可能即卜辞的井方」（綜述288頁）。「□」字过去所見資料皆為地名或方国名，无例外。而此处则用为动词，较为特殊，辞又不明，可能与军事行动有关。」（小屯南地甲骨考释一〇二頁）

張亞初釋叟，參□字条下。

按：此與「□」字有别，不能混同。合集九八〇九辭云：

「貞，令□歸」

為人名。又合集九八一五辭云：

「……王𡨦于□……受年」

則為寢宫之名。

2055

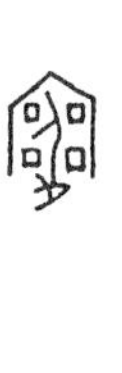

姚孝遂　肖丁　「□字或作□（𠂤1569），从虚框与从实点是一样的。「雷」字或作□或作□即其证。或作□，為其主要形体，均省「□」。」（小屯南地甲骨考释一七九頁）

郭沫若隸定為窋，無說。見萃考二〇九葉下。

按：字在卜辭均為地名。

2056

考古所　「⿵宀⿰小⿰小口、哭、盁、⿱公儿：皆为地名。」（小屯南地甲骨一〇一一頁）

按：此與2055同字，當合併。

2057　冗

考古所　「冗：在此似为方名。」（小屯南地甲骨九二〇頁）

姚孝遂　肖丁　「1050 (6)「丁巳貞，其酋冗，告……」「冗」字曾多見，然辭均残缺，难以确定其涵义。今得此片，則可以确定冗为方国名。此乃将征伐冗方，祭告于先祖之占卜。」（小屯南地甲骨考释一〇〇頁）

按：合集三二七三〇辭云：「癸巳卜，弜將冗」亦為方國名。

2058　⿱宀乚

于省吾说⿱宀乚参乚字条下。

裘錫圭　参乚字条

按：合集四八八五辭云：「壬戌卜，令周宓若」，用為動詞。

2059 ⿱宀𢎘

按：字可隸作「⿱宀𢎘」，从「宀」，从二「弋」，乃「宓」之繁體。

2060

裘錫圭　參「字条

按：合集三二九二九辭云：「……酉卜，叀令」，為人名。又屯九六四辭云：「……巳卜，眔魔叀壬……」為地名。

2061 ⿱宀氐

張亞初　「（综类二七四页）　此字从宀从氐，可隶定为⿱宀氐。古文字从宀从广往往无别，卜辞眉子广的广作⿱宀黄（综类三六五页）、金文广字也有从宀的（士父钟）。……底训山居、训下，玉篇训止。」（古文字分类考释论稿　古文字研究第十七辑二五二页）

按：合集五五六〇辭云：「貞，乎自眔⿱宀氐入卸事」為人名。

2062 宅

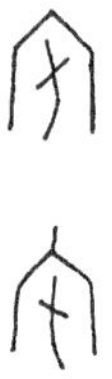

羅振玉　「晉邦盦作，與此略同。說文解字宅，古文作二形。」（殷釋中十二葉上）

王襄　「古宅家」。（類纂正編第七第三十四葉下）

張秉权　「『我宅茲邑』語法與堯典的：『宅嵎夷』『宅南交』『宅西』『宅朔方』相同，爾雅釋言：『宅，居也』。」（殷虛文字丙編考釋第二一五頁）

于省吾說參宀字條下。

徐中舒　參余字條

按：卜辭宅字與金文、小篆同，从宀乇聲。其用法有三：

此用為名詞。玉篇：「人之居舍曰宅」。
「……宅」
「今二月宅東寢」　合二九五
「……三帚宅新寢……」　契五九五

此用為動詞，釋名：「宅，擇也，擇吉處而營之也」。居宅為宅，營建居宅亦謂之宅。
「帚宅亦二屯，箙」　前一・三〇・五

「帚宅」為人名。　師友二・二二

此外，佚四四〇〇辭云：
「癸丑卜，甲寅又宅土𤆍牢，雨」
當為祭名。

2063

宀卩

王襄　「宀卩即賓之省」。（簠室殷契徵文天象二葉）

孫海波　「，乙一三七九。从宀从卩。說文所无。人名。子宀卩。」（甲骨文編三二二頁）

金祥恆續文編七卷十七葉下收此作㝉，無說。

張秉权　「⿱宀卩在本版似是地名，但在另一些卜辭中，則有子⿱宀卩之名，例如：

辛卯卜，㱿貞：𢀛子⿱宀卩于☐？（佚一二二）

貞：乎子⿱宀卩禦于㞢妣鼎㞢龍？（乙編一九七一）

勿乎子⿱宀卩？（乙編二二四六）

隹婁壱子⿱宀卩？

不隹婁壱子⿱宀卩？（乙編一三七九；丙編待刊）

所以這个字和其宅的名詞一樣，是人名，亦是地名。卜辭又有子宜即子㝉（參圖版壹柒壹、一八二考釋），不知与子⿱宀卩及子⿱宀卩是否為一人」（殷虛文字丙編考釋第二四五頁）

按：字从「宀」、从「卩」，或加小點。多為人名。合集七七七二正辭云：「貞，王㞢匚在⿱宀卩宮」則用為地名。又合集二三六五一辭云「乙巳卜，中貞，卜若茲不⿱宀卩，其大不若」「⿱宀卩」似當讀作「安」。

安

商承祚　「安父彝作⿱宀女，與此同」（類編七卷十二葉）

王襄　「古安字。許說靜也，从女在宀下。安父彝作⿱宀女，安陽鉨作⿱宀女，从宀从⿱宀女省，與此相似」（類纂正編第七第三十五葉上）

饒宗頤　「𡧛為安之繁體，益止旁，爾雅釋詁安與妥俱訓止。𡧛義殆如詩楚茨『以妥以侑』之妥，謂尸處神坐，拜以安之。詩鳧鷖：『公尸來燕來寧』，燕與安通。又『㑆』『宴』亞訓安。（見說文）俱借字。契文安作𡧛，如方之作㝑，其例正同」（通考一二六葉）

孫海波　□，鄴三下．四四．八。地名。王其迍于安，亡戈。（甲骨文編三一七頁）

李孝定　說文：安，静也，从女在宀下。女在宀下會意，言室家之安也。卜辭云：貞□其□。拾十．十七．佳母庚宦子安。乙四九六。其義與許訓同。金文作□賀鼎□安父簋□國差𦉥□□□卣□□尊□□格伯簋，从广與宀通；□陳猷釜。（集釋二四四九葉）

按：大徐訓安為静，小徐訓止。續五．六．一辭云：王腹不安亡祉，不安謂不適，指腹有疾言之，乃安之引伸義。乙四九六：佳母庚宦子安，子安乃人名，卜辭屢見。又京津四四三六：其田安亡戈，安為地名。

2065
宀賓 □ □

孫詒讓　「完貝疑當讀為賓貞，蓋賓敬之意。說文宀部賓，所敬也。从貝宾聲。古文作賓，从完。此疑即賓之省。金文賓字如史頌敢、𤔲卣、叔賓父盨、鄭井叔鐘並从貝从□，盧鐘則直省作□。此與彼正同，□雖為完字，而賓誼校近也。」（舉例上九葉上）

葉玉森　「按卜辭賓字譌變孔多，其初文當為□，象足跡在室外，主人跽而迎賓。與客字構造法同。變而作□，跽形已失，復省作□□，室外之足跡已失。再變作□□□□□□，省作□□□□□□□等形，乃莫明其誼矣。」（揅釋一卷九葉上）

孫詒讓　「諸文大同小異，實即一字。□即古文正字。从宀从正，當即定字。然从□則為月形，与卯字同。此疑為邑之省。古都邑名多增邑形，或古有此字也。」（契文舉例上卅九頁上）

罗振玉　「說文解字客从各（各即格之古文），古金文多与許書同。此从□即各字，增人者象客至而有迎之者，客自外来，故各从止，象足跡由外而内，从口者自名也。或省口。」（增訂殷虚書契考释中二十一頁下）

羅振玉　「祭者是王，則所祭者乃賓矣，書洛誥：『王賓殺禋咸格』，亦謂文王武王，孔

傳釋為成王賓異周公者，失之。』」（王所引羅説見增考下五十九葉）

羅振玉　「說文解字賓，古文作𡧍。古金文皆从𡧍从貝。盧鐘作𡧍，省貝，與卜辭同。惟古金文中未見从止作者。卜辭中賓字变形至多，或省止，或省万。」（殷釋中廿一葉上）

王國維　「按卜辭賓字多作𡧍，或作𡧍、作𡧍、作𡧍，盧鐘作𡧍、邾公鐘作𡧍，其所从之宀宀與宀同意，皆象屋形。古文自有宀宀二部首，𠀤㕣𠆭諸字皆从之。又宀宀二部首即宀之省，亼部亦然。含倉諸字从亼可證。𡧍上从屋，下从人从止，象人至屋下，其義為賓。各客二字从夊，意皆如此。金文及小篆易从止為从見者，乃後起之字。古者賓客至必有物以贈之，其贈之之事謂之賓，故其字从貝，其義即禮經之儐字也。後世以賓為賓客字，而别造儐字以代賓字，實則𡧍乃賓之本字，賓則儐之本字也。賓之本字具省者从宀从万，其誤变也，乃以宀中之一畫屬於人上，如盧鐘之賓作𡧍，若此字从山从丂，蓋已非其朔。」（觀堂集林與林浩卿博士論洛誥書）

又曰：「檀弓孔子謂『周人殯於西階之上則猶賓之也』。雜記曾子論遣奠曰『父母而賓客之所以為哀也』。是生則親之，死則賓之，古代當有此義。於禮卿大夫之繹祭謂之賓尸，則殷周間稱先王為王賓亦不足怪也。」（同上）

王襄　「古賓字，不从貝。」（類纂正編第六第三十葉下）

吴其昌　「『王𡧊』者，『𡧊』即『賓』也。所以知者，卜辭『王𡧊』之『𡧊』作𡧍，『方貞』之『方』作𡧍，雖絕然不同，但『王𡧊』之『𡧊』在數千片甲骨中有四處例外：其一，『丁丑卜，王𡧍且丁。』（戩二．五九．四）其二：『貞，王𡧍，叡，亡尤。貞，王𡧍，叡，亡尤。』（續二．一〇．六）其三：『貞，王𡧍妣甲。』（後一．七．一一）據此三次例外，故知𡧍亦通𡧍。𡧍即『賓』字也。邾公釛鐘『樂我嘉賓』之『賓』作𡧍，盧鐘『用樂好賓』之『賓』作𡧍。是其證矣。𡧍既通𡧍，故𡧍亦即為『賓』字矣。是故『王𡧊』者，即洛誥之『王賓』。（中略——摘録者）（下引郭説云：）余謂『𡧊』，當為儐導之儐。說文：『儐，導也，从人，賓聲。擯，儐或从手』。止，乃趾之初文，从止，示前導也。故『𡧊』當為儐若擯之古字；『王𡧊』者，王儐也。禮運：『禮者所以儐鬼神』，即卜辭所用𡧊字之義。按郭說是也。」（殷虛書契解詁一五——一六葉）

葉玉森　「按羅氏釋客較確。卜辭之客似俘虜之優待之名稱，曰『𡧍客』，如𡧍𠂤、𡧍寇例。夕疑夕（艮）之變体。曰「孚客艮令」，即令客服吾命也。曰客俘則客为俘虜尤为显証。同卷第三十一頁之版「□□□𦭓貞，从異𡨦。」異即韋，違之別构，合离畔意。𡨦即𡨦或女性之俘，故从女。曰「艮違客」，即判服离畔之客也。罗氏因𡨦从女，谓古别有婎字，如賓之与嬪。予按从人、从女，当为一字，犹侸之与娃，仔之与好，㦰之与戩。」（殷虚书契前编集释卷四第三十九頁）

「𡧍字罗振玉释賓（增考中二十一）森按，罗氏释賓，殆疑𡧍者。商氏类编乃分录𡧍、𡧍二文于賓（六卷八頁）客（七卷十三頁）两字下，殊不可解。予疑𡧍乃𡨦（客）者，𡧍又其省仍当释客。」（殷虚书契前编集释八卷二頁上）

葉玉森

「按陳氏謂王賓之賓即竹書賓于河之賓，即儐字，其説極確。卜辭有云『王其賓父□』（後下七·一）『弜賓于止若』（鐵二四·一）『乙亥卜允貞賓唐𠂤不遘雨七月』（徵文、天象、八十）曰『其賓』曰『賓于』曰『賓唐』賓字確用為儐，非賓客之賓也。」（前釋一卷十葉眉批）

唐蘭

「宄按指𡧍字與完按𡧍字同，武丁時卜人名。字當釋為完，亦即宄字，舊逕釋為賓，非也。」（天壤考釋四葉）

唐兰

隶定𡧍字作宼。（天壤閣甲骨文存考释五九頁下）

郭沫若

「𡨦字旧释客，不确。字在此乃人名。」（殷契粹编考释一六七頁下）

郭沫若

「説文云『賓，所敬也，从貝㝉聲。𡨦古文。』此古文之形與金文形近。金文大抵作𡨦（王孫遺諸鐘『用樂嘉賓』）若𡨦（史頌𣪘『賓章馬四匹』）亦或省貝，如邾公鐘之『用樂嘉賓』作𡧍，𨞇鐘之一之『用樂好賓』作𡧍。卜辭不从貝从止，亦或省止，變形頗多，如𡧍者為𡧍，𡧍者為𡧍，𡧍者為𡧍，𡧍者為𡧍。余謂此後二者當係賓之最初字，蓋从宀七，七亦聲。賓七脂真陰陽對轉也。从七在宀下，與宗同意。或从亼者，與宀同。其或一之，所以繫之。近時鄉人猶有祀飯瓢神者，當即古俗之孑遺也。𢿍鐘二器其『用樂好賓』語一作『用樂好宗』，又二編鐘亦一作賓，一作宗，（四器具見《金文存》）是賓宗同義之證。又卜辭賓字乃祀神之意，王祀其祖若妣每曰『王賓』。字从止者即示人至神下頂禮也。字或从女（疑是母字，卜辭母女字每不別）作𡨦若𡨦，於意尤顯。或省七作𡨦若𡧍，則是字之變例。賓之省為方，字作方若𡧍，曰『甲寅卜其帝（禘）方，一羊，一牛，九犬』。（㴬·七一八·）曰『貞方帝，（亦禘字，猶言禘方）卯一牛，㞢南』。（前·七·一·一、）羅『疑即五方帝之祀』。案所疑近是。蓋古人於內外皆有祀神，祀於內者為妣，祀於外者為方，猶牡之祀於內者為祖，祀於外者為土（社）也」。（甲研釋祖妣十三葉）

又曰：「㝑亦賓字，金文姑馮句鑃賓字作𡨦，此省貝耳。羅振玉釋家，謂『从亥，亥亦豕也』，非是。亥為豕之說始於漢，古人無之」。（卜通七六葉上三六七片釋文）

又曰：「此片原拓析而為二，今復合之。辭內容與通纂三六七片（前·七·三八·一·）同，彼二㝑字均作㝑，或釋為家，謂从宀从亥。……釋為㝑。今此二㝑字正俱作㝑，是得其鐵證矣。㝑者，余謂即武丁時所習見之卜人㝑。『巳㝑』者，蓋謂罷免其官職」。（粹考一四三葉上一一一三片釋文）

孫海波　「按此辭王其賓，言王儐敬仲己也。亦王賓之當訓王儐之一證，若讀為賓客之賓，則不辭矣」。（文錄二四葉）

孫海波　「㝑，甲三〇四。貞人名。賓，甲二二六八。賓用為儐。王賓，王所儐敬也。」（甲骨文編二七八——二七九頁）

胡厚宣　「賓之義為配。楚辭天問『啟棘賓帝』，山海經大荒西經『啟上三嬪于天』，逸周書『太子晉解』，『上賓于帝所』。賓于帝即配于帝，配于帝猶言配于天」。（殷虛卜辭中的上帝和王帝（下）歷史研究一九五九年十期）

饒宗頤　「『癸巳卜，大貞：王賓尸，歲亡尤』。（天壤二八）按書皋陶謨：『祖考來格，虞賓在位』。洛誥：『王賓，殺，禋，咸格』。賓即賓尸之禮」。（通考八三一葉）

饒宗頤　「按逸周書克殷篇云：『乃命宗祀崇賓饗，禱之于軍』。孔注云：『賓，敬也；饗祭前所禱之神』。卜辭言『賓𩰫』與『賓饗』語例相同」。（通考九五六葉）

屈萬里　「卜辭言王賓者，賓字後多著先王之諡，繼之以祀典之名。亦有但著祀典而不著先王之諡者，蓋蒙相關之辭而省文也。按：儐迎接也。尚書洛誥：『王賓，殺，禋，咸格』之賓字，當與此同義」。（甲編考釋四五五葉）

屈萬里 「賓日，義蓋類似堯典之『寅賓出日』；此蓋謂迎出日之祭也」。（甲釋第四一○葉）

郭沫若 「『易賓』，賓有贈義，睘卣『王姜令作冊睘安夷伯，夷伯賓睘貝布』，是也；又有贈品義，仲几父段『仲几父史几使于諸侯諸監，用厥賓作丁寶段』，是也。此爲贈品義，『易賓』謂大保予某以賞賜」。（考古學報一九五八年第一期）

張秉权 「㝐，是賓字。『乍㝐』就是『作賓』，乍㝐与乍邑辞例相同，乍㝐，疑是作賓之邑的意思」。（殷虛文字丙编考释第四五頁）

張秉权 「㝐即賓字，尚书堯典：『寅賓日出』，馬融曰：『賓，从也。』父乙賓于祖乙，意即父乙从于祖乙而享收祭祀，按其文义当是因祭祖乙而及父乙。」（殷虛文字丙编考释第四○九頁）

孙海波 「卜辞屡見王賓連文，罗振玉先生曰：『卜辞称所祭者曰王賓，祭者是王，则所祭者乃王賓矣。周书洛诰：王賓杀禋咸格，犹用殷语。前人谓王賓，賓異周公者，失之。』郭沫若先生非之曰：『从止则当为儐导之儐。说文：儐，导也，从人賓声。擯，儐或从手，止乃趾之初文，从示、前导也，故賓当为儐若擯之古字，讹变而为宾，说文以冥合说之，形义俱失矣。是故王賓者，王儐也，礼运：礼者所以儐鬼神，』即卜辞所用賓字之义，』（卜辞通纂考释一，按郭说甚塙。龟甲兽骨文字卷二第一叶十三版云：『口貞王，口㝐口亡尤。』㝐字从賓从人，即儐字。盖賓字之本义为儐，从人者即所孳乳，儐所以接賓以礼也。故礼运：『礼者所以儐鬼神，又山川所以儐鬼神也。』接賓以礼曰儐，是儐有敬事之意，故亦训敬。卜辞賓字之用有三，王賓之賓从止，卜賓貞之賓作㝐，乃人名，賓客之賓亦作㝐，皆与王賓字别，兹录各辞于後：

丙申卜𡧊貞叀賓为　同見前五·三十·四
丁酉卜𡧊貞叀賓为
貞勿为賓　同見後下十·一
叀賓为
勿为賓　又下十·十二
乙丑卜㱿貞我叀賓为

丁未卜犄貞我為[賓]　　同見下十·十三

□□[卜]㱿貞[我]叀賓為

丁卯□□貞我叀賓為

乙丑□□貞我叀賓為

丁未卜㱿貞我叀賓

丁未卜㱿貞勿為賓

乙丑卜㱿貞我勿為賓

丁卯卜㱿貞我勿為賓　　此一版明义士藏

以上諸辭，云我為賓，我勿為賓，猶言我其為客，我其弗為客，賓即賓客之义也。」（卜辭文字小記，考古学社社刊第三期六十七至六十八頁）

丁驌

「保于母辛家祠酌：之日不魚六月。（前一·三〇·七。𡧊𡧊：家祠。）

：同母辛歲于𩣞家氏柴十月。（前一·三〇·五，二·二五·六。𡧊：家。）」

（諸妣母中国文字第八卷第三十三冊三五二九頁）

白玉峥

「峥按：王宧之字，除吳（其昌）氏所举三版外，如：1、鐵二五七·四、2、前五·三〇·四、3、前六·三六·三、4、后下一〇·一三。字皆作𡧊或𡧊。吳氏三处例外之說，似嫌臆斷。虽然，貞人专名之𡧊，却未发现有作𡧊止者。是𡧊可借作𡧊止，而𡧊止却不能为𡧊。盖以𡧊乃专名之故也。」（契文举例校读中国文字第八卷第三十四冊三六四四——三六四五頁）

饒宗頤說參扵字条下。

白玉峥說參𡧊字条下。

按：契文「賓」字變體甚多，此為最常見之簡單形體，乃祭名。合集一四〇二正辭云：

「貞，大甲不穷于帝；

貞，下乙不穷于帝；

貞，咸不穷于帝；

貞，大甲不穷于咸；

貞，咸宾于帝；
貞，大甲宾于咸；
貞，下乙不宾于咸；
貞，大……宾于帝」
其義為「儐」，謂配享。
卜辭人名但作「㝢」，不作其它形體。

定 賓 

羅振玉 「嫆从女客，猶嬪从女賓。此字不見於許書，蓋古有專字而今無矣。或省山，或省口」。（殷釋中二十一葉下）

羅振玉 「說文解字：『嬪，服也。从女，賓聲』。卜辭云：『貞嬪歸好』。與堯典『嬪于虞』大雅曰『嬪于京』誼同。又云『王嬪□』，則又借嬪為賓矣」。（殷釋中二十一葉上）（集釋三三六三葉）

李孝定 「說文『嬪服也从女賓聲』契文同。或从卩偏旁得通也。羅說可从。」

王襄 「古嬪字，从女从賓省，或从止，與客从止之誼同。」（類纂正編第十二第五十五葉上）

王襄 「契文客，从□或□，即人。罗叔言云：客至有人迎迓之者，中義父鼎作□，亦从人，或从□，為女，人与女同誼。契文之宾作□、□、□，从大，从女，从人，是人女大相通之证。客从□或从□，皆□之省变，□、□、□、□諸字即客字，周愙鼎『王為周客』之客作□，吳愙齋云：『古愙从□，后人变□為心，許氏說：愙，敬也。春秋傳曰，以陳備三愙。』即大澂案：愙当即客之异文，二王之后謂之客，周封三客，虞夏商之后也。』按詩有客之客亦即愙字，或从宀从各，或从宀从夂，夂為各之省，亦即客之省。古陶作□，古鉢作□，乃后世恪之所从出。徐鉉云：『愙俗作恪，』是客、愙、恪為一字。恪見于古陶、古鉢，徐氏俗作之說，非也。平安君鼎作□，与小篆同。」（古文流变臆說三九——四〇頁）

王襄　「古賓字。賓或省宀」。（類纂存疑第十二第十七葉上）

王襄　「按卜辭之例，凡祭祖先前言『王賓』，後均記『亡厭』，間記祭名。又卜辭習見『王賓戠亡卟』之文，此王賓確非祭祀，當爲朝會燕享之禮，戠，即王所賓敬者也」。（簠考人名九葉下）

又曰：「□，婦貝从止爲賓之異文，殷契王賓有二誼：一爲祭先祖，一爲燕賓客，誼皆爲王所賓敬者。此王賓與書洛誥『王賓殺禋咸格』，孔傳以爲『成王賓異周公』之誼近」。（簠考天象三葉上）

郭沫若　「□字常與王字連文，羅振玉釋爲賓，並以『王賓』爲名詞，……此說自王國維以來，凡言卜辭者均奉爲定論，案實大有未諦。蓋『王賓』二字如連爲名詞，則是卜辭中凡言『王賓』云云之例，均缺主要動詞，不合文範。而它辭有言『王其□某某』者，（本書第一六一、又後下七、一）於王與□之間挾一『其』字，則□字分明動詞。是則『王□』者亦猶卜畋遊之例言『王田』，『王徙』，『王步』而已。余謂□乃小篆宓字所從出，說文『宓，冥合也，从宀丏聲，讀若書曰「藥不瞑眩」』。又『賓，所敬也，从貝宓聲。□古文。』今按賓客若賓禮字之見於金文者與此古文之形相同，無从宓作者。邾公釛鐘『用樂嘉賓』作□，瀗鐘『用樂好賓』作□，均省貝作。是則卜辭之□若□蓋从止□聲若□聲之字也。从止則當爲儐導之儐，說文『儐，導也。从人賓聲。擯，儐或从手』。止乃趾之初文，从止示前導也。故□當爲儐若擯之古字，訛變而爲宓，說文以『冥合』說之，形義具失矣。是故『王□』者，王儐也。禮運『禮者所以儐鬼神』，即卜辭所用□字之義。卜辭亦多見□字，介在卜貞二字之間，乃人名。从貝之賓，當是賓禮之賓。（饋贈意）洛誥之『王賓』乃假賓爲□若儐也。『王賓』者儐文武，舊說『賓異周公』固失。羅說爲名詞則直爲文武，王國維洛誥解即采此說。亦未爲得」。（卜通十五葉至十六葉上）

孫海波　「卜辭賓或作□从人即儐字。蓋賓字之本義爲儐，从人者即所孳亂，儐所以接賓以禮也，故字亦訓敬。卜辭又有用爲賓客字者」。（考古三期六七至六九葉）

聞一多　「孫說未塙。卜辭或言『賓爲』，其可訓爲客爲乎，賓殆動辭也」。（考古六期一八六至一八七葉）

孫海波　「□，乙一一九二。从宀从如。說文所无。□，涂四七七。或从止。地名。」（甲骨文編三二五頁）

孙海波　「□，乙三二九七。从宀从女从止。說文所无。义与賓同。癸未卜，㱿貞，翌甲申，王宾上甲日。王固曰，吉宾允宾。□，乙六七三二。人名。子宾。」（甲骨文编三二〇頁）

考古所　「宾、□：皆为祭名。」（小屯南地甲骨八四三頁）

孫海波　「□，鉄二六一·一。或从人。」（甲骨文编四七七頁）

孙海波　「□，乙三二七四。从宀从止。說文所无。义与賓同。」（甲骨文编三二三頁）

孙海波　「□，乙三一〇八。从宀从攴。說文所无。义与賓同。」（甲骨文编三二五頁）

饒宗頤　「㝩即嬪也。大荒西經：『夏后開上三嬪于天』。而卜辭言『不宾于帝』。帝即天帝，宾讀為嬪」。（通考二四二葉）

李孝定　「从女从客，說文所無。羅氏增考姳字條下並收□□□諸文，按□字當釋姳，已見前姳字條。餘二形當隸作㝩，見下，不能混為一字也。」（集释三七〇五葉）

李孝定　「說文『儐導也从人賓聲。擯儐或从手』。栔文賓儐同文。說見前賓字條下。」（集釋二六三一葉）

田倩君　「說文校议云：

……家字本無别义，所从之豕，非犬豕之豕，乃古文亥字，亥為豕，与豕同集韵，亥古作豕。亥下云：一人男，一人女也，乙，象裹子咳咳之形。礼云：男有室，女有家，亥為一男、一女而生子，非家而何（严章福着）。我对此一字極感兴趣，我認為它就是真正的家了。恰……即□（佚六〇四）□（乙九〇七二）和周礼小司徒注：『有夫有婦，然后為家。』」（說家　中國文字第六卷二七七七頁至二七七八頁）

于省吾　「第三期甲骨文称：『貞，其卯羌，伊宾〇王其用羌于大乙，卯叀牛，王受又』。

（粹一五一）按伊乃伊尹的省称，這也是伊尹配祀成湯之貞，可以补充陳說。第一期甲骨文貞人名的賓字作穷。穷字有时也作动詞用，例如：『咸穷于帝』，『咸不穷于帝』（丙三九），是其証。甲骨文中期以后，穷字用作动詞者均作宾。在上述之外，甲骨文称：『癸丑卜，上甲歲，伊宾。』（南北明五一三）這是說，用岁祭于上甲，伊尹配享。由此可見，伊尹不仅从祀成湯，也从祀上甲。此外，甲骨文有『伊其宾』、『伊弜宾』和『伊宾』之貞，也都是指配享言之。」（甲骨文字释林 释伊宾二〇七页）

许进雄 「＊B 0989 第一期

☐嫁㣈牡☐☐

[illegible]㣈於他處作[illegible]，知为异体，暂隶定作嫁。」（怀特氏等藏甲骨文集第五一页）

周国正 「现在我们要讨论第三类，即时间句——『在做了甲之后，我们应该点去（或继续去）做乙』。例如：

贞：王咸酌登，勿宾羽日。（丙三四（三））

王已经完成了酌祭去助成登礼，他不应该在羽日之祭的时候举行傧接（上甲的仪式）。

甲辰卜，㱿贞：王宾羽日。（丙三四（四））

王（已经完成了酌祭去助成登礼），他应该在羽日之祭的时候举行傧接（上甲的仪式）。

（「上甲」之名出现在丙三六（三）（四），丙三六与三四属于同一成套，因此可以据以补上）

在甲骨文中，宾礼时常和其他祭祀並见，虽然我们难以知道进行的实际情形，但在尚书有一段说及宾礼的可以作为参考：

戊辰，王在新邑，烝祭歲，文王骍牛一，武王骍牛一，王命作册逸祝册，惟告周公其後，王宾殺禋，咸格，王入太室祼。十三经注疏卷十五，页二七

（注释：这一段尚书之中与「宾」並见的多项祭仪都见于甲骨文，如：登（＝烝）、歲「庚辰卜，即贞：王宾兄庚登眔歲，亡尤（？）。」（库一〇二一）祭「乙丑卜，何贞：王宾報乙祭不遘……。」（后上八·一一）祼「甲戌卜，卜贞：王宾大乙𠭯（祼），亡禍。」（南明三三九）殺「丁巳卜，行贞：王宾父丁殺牛，亡尤（？）。」（京三二八四）虽然我们现时难以知道其中有何异同，但甲骨文中的宾礼与后代典籍中宾礼的传承关系仍然可以从中看到。）

有关这一段的传统解说，有些是必需加以修正的：

（1）歲

疏：『此歲始于新邑烝祭，故曰烝祭歲也。』

……事实上在甲骨文中“歲”最有可能是一种具体的祭献牺牲的方法：

又伐十五，歲（劌）小宰上甲。 佚七八

丙……卜，贞：皐裸，歲羌卅，卯三宰，葡（䍿）一牛，于宗用。八月。 林二·三·二

“歲”与“又”、“卯”、“䍿”等乙类词处于明显的平行并列地位，都带有祭牲宾语。唐兰先生认为假作“劌”（天壤阁甲骨文存考释页二八）。尚书“歲文王骍牛一”和合一四九中的一条卜辞结构上极为类似：

丙辰卜，歲于祖乙牛。

（2）賓

正义：“王賓异周公者，王尊周公为賓，异於其臣”。

甲骨文中有大量卜辞可以证明“王賓”的结构是主语＋谓语，而被賓（儐接）者是祖灵，套入尚书文中，“王賓”应该是“周王儐接（文王武王）”的意思（参殷契賸义页三）。而“咸格”点应该解为“文武之祖灵都来歆饗”。尚书中有“祖考来格”的文句。至于儐接天地神灵之多，点在尚书堯典：“寅賓出日”。礼记“父殁而賓客之，所以为哀也”（十三经注疏卷四二，页一一）的说法，可能点是这种远古宗教信仰的曲折反映。

将注释中所列举的各辞和“王賓殺禋”比对来看，我们可以将尚书中这一句这样解释的：

“在进行殺禋祭仪的时候，王举行儐接（文王武王）的仪式”。

尚书这一段记载中显示出有些祭仪（即烝、祭、歲）是在賓礼之前举行，而另一些（即裸）却在賓礼之后。因此前文中我们对“王咸酒登，勿賓羽日”及“王賓羽日”的理解点可以得到旁证。

根据仪礼的记载，不少祭仪的进行是耗时多日的。就以“特牲馈食”为例，在主礼进行之前数日就要开始预备，因此有“前期三日之朝，筮尸……厥明夕……夙興”等等标明时间的语词。虽然甲骨文中很少类似的标明时间做法，但以商人施祭之繁多及隆重来看，可以肯定他们的祭祀点是延续多日的。在进行了一项祭仪之后，商人要决定是否要（或者如何去）进行下一项祭仪时，就会有类似下面的贞问：

癸酉卜，筆贞：羽甲戌迄酒，𥃝自上甲，衣……于多后。 通XI 2

在下一个甲戌日完成了酒祭之后，我们应该自上甲开始举行𥃝礼，（然后）推及到所有的先王。

癸亥……甲乙迄酒，羽日自上甲，衣至于多后，亡禍。 粹八五

如果在甲子完成了酒祭之后，我们自上甲举行羽日之祭，（然后推及）到所有先灵的话，那我们就不会有灾禍。（後一·二四；明三〇七；庫一二三〇；林一·二一·七；續存一四八三

等都有同类的卜辞，例多不尽举。）

关于「王宾羽日／勿宾羽日」的结构，还有些地方是需要说明的。首先要解释「宾」和「羽日」之间的相对关系。

甲骨文中「宾」时常出现在「王＋宾＋OB＋祭祀动词」的形式之中，在语法和语意上有两种可能的分析方法：

（1）「宾」是甲类祭仪，需要乙类祭仪的助成，即：「王在举行傧接某祖灵的时候，应该举行某种乙类祭仪以去助成」。

（2）「宾」是乙类祭仪（举行与否并无定例），可以在举行其他祭仪作为一种从属的选择，即：「在举行某种祭仪的时候，王应该举行傧接某祖灵的仪式（去助成）某种祭仪」。（注释：「宾」礼不是主要仪式这一点是从岛邦男先生的研究中得到启发的（殷墟卜辞研究页三一一——三一四）。事实上岛氏根本就否定宾是祭祀仪式之一。正文中所引明六九，宁一·二一八本来是由岛氏征引用来否定「宾」是祭式的证据。岛氏在这一方面是正确的，不过他把「宾」解为「去（祭所）」这点却难以信从。）

陈梦家先生虽然没有运用甲类乙类的概念，但他显然认为「宾」是一种主要祭仪（殷墟卜辞综述页一〇〇）。……事实上，陈氏这种看法是很容易理解的。「宾」是甲骨文中最常见的动词，与四〇〇多个动词出现于类似「宾＋OB＋祭祀动词」的形式中，我们自然而然会觉得它是需要其他祭仪助成的主要祭祀活动。

不过，这种分析却遇到不少困难，往往难以解释很多现象，例如：

庚子卜，贞：妣庚岁，王其宾。明六九

勿宾。

贞：小丁岁，其宾。遗八五〇

贞：勿宾。

（类似的卜辞见于陈三四；人一五五〇；存二·六〇〇。）

从这两组对贞的省略方式和「其、勿」的出现情况中很容易可以看出岁祭是商人早已决定了进行的，贞问的重心在于是否在岁祭进行之时（或之后）再举行傧接之礼。因此认为宾是主要祭祀，而与宾并见的祭祀是属于从属性质这种说法就难以成立。或者有人会认为「……岁，……宾」是时间句，即「我们已经举行了岁祭（以为预备），应该／不应该继续进行宾礼」。这样解释就可以保持「宾」是主要祭祀的看法。不错，单以明六九和遗八五〇而论是可以这样分析的。但这种分析却不能适用于其他卜辞：

戊戌卜，其示于妣己，王宾。

弜宜。守一・二一八

「其」字的出现表明了在贞问进行的时候，「示」祭仍然是未曾进行的，因此不能如上拟的分析为时间句。余下的可能分析方法就是：

「在向妣庚／小丁举行岁祭的时候，我们应该／不应该举行傧接（祖灵的仪式）。」

明六九 遗八五〇

「我们大概要向妣己举行示祭，王应该／不应该举行傧接（祖灵的仪式）。」守一・二一八

在这种情况下，就很难再维持「宾」是主要祭仪的说法了。」（卜辞两种祭祀动词的语法特征及有关句子的语法分析 古文字学论集初编二七〇——二七六页）

常玉芝　「（黄组）王宾卜辞。辞例如：

戊辰卜，贞：王宾大戊𠩍日，亡尤？　安明二八五一

卜辞的大意是：戊辰日占卜，贞问王在此日用𠩍祀祭祀大戊，没有忧患吧？因为此类卜辞中有「王宾」字样，故称其为王宾卜辞。它广泛地适用于受祭的各位先王。辞中所用祭名较多，但在使用五种祀典时，其卜、祭日的天干日都是与先王的日干名一致的，极少例外（发现两条卜祭日与受祭先王名不一致的特例：一条是粹二〇八（京五〇一八），其辞为：「□午卜，贞：「王宾」雍己彡日，亡尤？」干支日中无「己午日」。另一条是前一・一三・五（通一二五），其辞为：「丁未卜，贞：王宾南庚彡，亡尤？」由于在总共二百二十多条此类卜辞中，仅此两条例外，所以不影响我们的结论。）。这种卜辞不记年月，是商王在当日祭祀某祖先时的占卜记录。这种卜辞一般都刻在龟背甲上。」（商代周祭制度一三——一四页）

柯昌济　「二文相证，知安、寍为同一之字，第二文字从宀、从女、从正，疑为定字、安则为其省文。」（殷墟卜辞综类例证考释，古文字研究十六辑一四九页）

柯昌济　「

贞司乎安侯　（乙七四七六）

丙申卜从贞乎寍侯　（乙二六四一）

二文相证，知安、寍为同一之字，第二字从宀从女从正，疑为定字，安则为其省文。」（殷墟卜辞综类例证考释，古文字研究十六辑一四九页）

高明説參𡪞字条下。

孫海波　參賓字条

白玉崢説參𡧈字条下。

按：□、□、□、□、□當同字。辭云：

「子□」　乙二九六四

「子□」　乙一九二

「子□」　鐵七八·四

「□庚」

「□庚」　丙一八九

字不从「客」，不得隸作「姳」。由「㝐」字或从𠂎，或从𡆠，或从止例之，「□」與□當同字。而丙一八九□與□互作，其為同字無疑。字隸作㝐或㝐。為人名。涂四七七「才□」則亦為地名。

張秉權謂「㝐與㝐對貞，可知其為一字之異構」。其說是對的（丙一八九考釋）。

2067

㝐　□

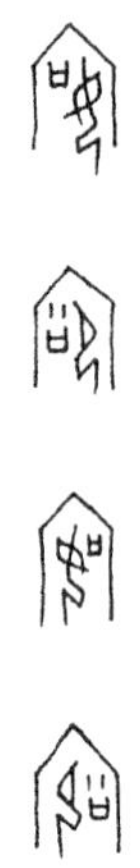

孫海波　「□，鐵九六．一。从宀从口。説文所无。人名。」（甲骨文編三二三頁）。

按：「㝐」與「□」通用，多用作人名。懷二一辭云：「貞，勿于丁□……」，是亦用為「賓」。

參見2066「賓」字條。

2068

按：合集一一〇一八辭云：

「勿□于出妣」

當亦是「賓」字。

2069

宋 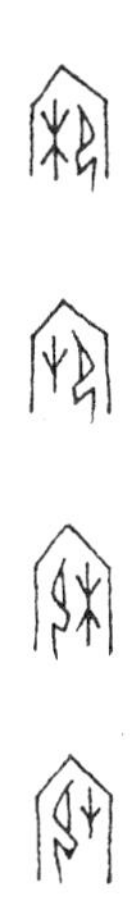

王獻唐　「宋字本訓神主，用為宗廟，訓居乃同音假借。卜辭有□（前二・五・二），亦作□（同上六・二九・六），作□（同上六・二九・四），从人从宋，疑即其字，人或作男作女，皆一事。」（古文字中所見之火燭，第七三頁）

朴海波　「□，乙一〇四六。□，前六・二九・四。或从中。□，前二・五・二。或从广。□，乙九〇七〇。或从口。」（甲骨文編三二九頁）

按：字在卜辭皆為地名。參見2070「寐」字條下。

2070

寐 

商承祚　「羅師釋寐从寢省，木聲。」（類編七卷十四葉）

葉玉森　「按古人以木為枕，□之異體作□□，人或女在室內就枕，即謂之宋。寐（寐）或木亦聲耳。」（前釋二卷八葉上）

李孝定　「辭云『韋寐』前六・二九・二『在宋』前二・五・二，乃方國之名。羅釋寐無據。」（集釋二四八三葉）

按：「□、□、□，當同字，从屮、从木，从□、从□在偏旁中每無別，卜辭用為地名及方國之名。羅振玉釋『寐』不可信。

2071

□ 

按：此當是「[illegible]」之繁構。參見2069「[illegible]」字條。

2072

⿱宀⿰女皿 ⿱宀⿰皿卩

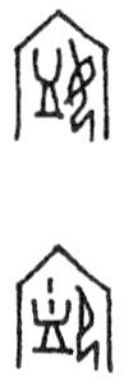

按：合集一四〇二三辭云：「帚⿱宀⿰女皿娩⿰女力」又合集二一七二七辭云：「帚⿱宀⿰皿卩子曰戠」皆為人名，當同字。

2073

⿰女⿱宀⿱罒丂

按：字从「宀」、从「女」、从「⿱罒丂」，隸可作「⿰女⿱罒丂」，亦可作「⿱宀⿰女⿱罒丂」。辭殘，其義不詳。

2074

按：合集二〇〇八四辭云：「壬子卜，貞，岂伯亡疾」，當為人名。

2075

按：卜辭用為地名。

2076

按：字不可識，其義不詳。

2077

按：字不可識，其義不詳。

2078

按：字不可識，其義不詳。

2079

按：字不可識，其義不詳。

2080

㝅

按：卜辭為地名。

2081

害

按：字可隸作「害」，卜辭用為地名。

2082

宪

按：字从「宀」从「先」，隸可作「宪」。合集八八一一正辭云：「貞，呼宪取羊不于𪚰」

為人名。

2083 ⿱宀艮

按：字从「宀」、从「艮」，隸可作「⿱宀艮」。合集三六九〇九辭云：「𠦪白賓弜改亡⿱宀艮王其呼⿱宀艮于京白又巛，若」當為「艮」之繁體。

2084

按：字不可識，其義不詳。

2085 ⿱宀⿱罒又

按：字不可識，其義不詳。

2086 ⿱宀酉

按：字从「宀」从「酉」，隸可作「⿱宀酉」。合集二一九〇正辭云：「貞：．．亥．．．商．．．于父．．．⿱宀酉．．．」為祭名。

2087 ⿱宀酉

按：此亦當是「⿱宀酉」字。合集三四三九三辭云：

「……其至……祝⿱宀酉……」為祭名。

2088 ⿱宀酒

按：字可隸作「⿱宀酒」。辭殘，似當為祭名。

2089 ⿱宀𦣞

按：字从「宀」、从「𦣞」，可隸作「⿱宀𦣞」。合集二八三二甲正辭云：「勿知于四⿱宀𦣞婦龏」「⿱宀𦣞」似可讀作「姬」。

2090

按：字不可識，其義不詳。

2091

按：字不可識，其義不詳。

2092 ⿱宀米

按：字从「宀」从「米」，隸可作「⿱宀米」。合集一〇六七八辭云：「壬辰……⿱宀米焚……」

為地名。

2093

⿱止⿱林几

按：合集二七七三九辭云：「辛酉卜，𠂤令日辛⿱止⿱林几弗每」似為合文。

2094

⿱宀鑿

按：字从「宀」、从「鑿」。合集四六〇辭云：「己亥卜，貞，叀羌用⿱宀鑿」，當為「鑿」字之繁體。

2095

⿱宀⿰女各

按：字从「宀」、从「⿰女各」，「各」字倒書，實亦「⿰女各」字。

2096

按：此當是「宄」字之異體。綜二三〇一辭云：「甲子卜，𠂤以王族方在[illegible]，亡𡿧」，乃軍事行動，義當為驅逐。參見1860「寇」字條。

2097

按：字不可識，其義不詳。

2098

⿱宀多

按：字从「宀」从「多」，為地名。

2099

按：合集三五二一四辭云：「……㞢乞骨七自⿱宀自」為人名。

2100

⿱宀朿

考古所「又⿱宀朿：当为右⿱宀朿。⿱宀朿可能屬宮寢廟堂之类。」（小屯南地甲骨八八六頁）

按：字从「宀」、从「朿」，隸可作「⿱宀朿」。佚六六二辭云：「于又⿱宀朿學」其義不詳。

2101

宇

按：字从「宀」、从「于」。說文：「宇，屋邊也。从宀，于聲。易曰：上棟下宇」。卜辭殘缺，其義不詳。

2102

按：合集二七一二四辭云：
「大乙史王饗于」
為祭祀之所。

2103 

考古所「：字不识，地名。」（小屯南地甲骨一〇一五頁）

按：屯二四三六辭云：
「丁巳卜，貞，今夕亡囚，在」
為地名。

2104 

按：字不可識，其義不詳。

2105 

考古所「：此次仅见，不识。在此片卜辞中用为动词，义殆属侵扰之类。」（小屯南地甲骨九九四頁）

2106 

按：屯二二六〇辭云：
「己卯卜，貞，廾方其我戌」
用為動詞，與軍事行動有關。

按：字不可識，其義不詳。

2107 襄

按：字當隸作「襄」，在卜辭為地名。

2108

按：合集三〇四五六辭云：「……其……于小山有大雨」為祭名。

2109

按：合集三四〇六九辭云：「丙子卜，王……其自日……于室」為祭名。

2110

按：字不可識，其義不詳。

2111 宛

郭沫若「宛乃容省，即客之古字。此讀為格，至也」。（粹考六六四）

李孝定　「从宀从文从人，說文所無。金文客字有作㝘者，仲義父作新客鼎郭釋此為客祕是。辭云『今日丁酉王其㝘麓僊弗每』讀為格亦可从。以其義非客，故仍收為說文所無字」。（集釋二四八五葉）

考古所　「㝘為动詞，可能有停留、駐扎之义，殆為寢之初形。」（小屯南地甲骨一〇三三頁）

赵诚　「㝘，㝘。构形不明。甲骨文用作动词，有『到』、『至』之义，如『今日□酉王其㝘麓僊弗每』……（粹六六四）。」（甲骨文简明词典三四八页）

按：郭沫若釋「客」，不可據。字當釋「宛」，讀作「館」。合集三〇二六八辭云：「今日丁酉卜，王其宛麓僊，弗每」「僊」為行宮離館之類，裘錫圭曾言之。佚二六三六與此辭例同，明為「宛」字無疑。

2112

2113

按：合集二一四八二辭云：「辛酉卜，王貞，余㝉……」疑為「家」字之異構。

2114

按：合集三六四一七辭云：「戊戌卜，王其巡㝉馬……」為地名。

按：字从「宀」从「我」，其義不詳。

2115

按：字不可識，其義不詳。

2116

甯

按：合集三一八一五辭云：「弜甯」，用為動詞，可能有止宿之意。

2117

塞

郭沫若隶定作𡫼，無説。見萃考九四五片。

于省吾「甲骨文称：『口兇卜，才斳田尤榛波𡨦其囗。』（粹九四五）此段辞文难通。但其中𡨦字作，为旧所不识，甲骨文编谓『说文所无』。按近年湖北枝江出土的𡨦公孙诒父盘，𡨦字作。为初文，说文：『𡨦，窒也，从㠭从𠬞窒宀中，㠭犹齐也。』段注：『穴部曰，窒，塞也。此与土部塞音同义异，与心部𡩟音同义近。塞，隔也，隔，塞也，与𡫼窒训别。𡩟，实也，实，富也，与𡫼窒训近。凡填塞字皆当作𡫼。自塞行而𡫼𡩟皆废矣。』按说文之𡨦，来源于周代金文。𡨦又孳乳为塞与𡩟或賽，由于用各有当，遂至分化。但文字学家皆知从𡨦之字隶变作实，今验之于甲骨文，才知道𡨦之初文本作𡨦」。（甲骨文字释林释𡨦）

按：于先生釋「塞」，卜辭用義不詳。

宰 宰 宰

吴其昌　「宰字宰父乙觶作宰，宰德工壺作宰，宰峀毁作宰，以二三推一，始知一亦為宰字，以一釋二三，始知宰之義乃為屋下有辛類兵器。惟辛為兵刃之器，故辛之義為宰殺為宰割。漢書宣帝本紀『本始四年損膳省宰』師古曰『宰為屠殺也』。又引漢儀注云『太宰令屠者七十二人宰二百人』又『陳平為宰分肉甚均』師古曰『宰主切割肉也』。蓋宰本示於屋下操辛以屠殺切割牛羊牲牷者，故引伸之又為宰夫職主烹飪也」。（金文名象疏證兵器篇）

郭沫若隸定宰（粹一一九六）為宰，無說。（粹考一五五葉上）

商承祚釋宰（佚四二六）為宰，無說。（佚考六二葉）

孙海波　「宰，粹一一九六。或从广。地名。在宰。」（甲骨文编三一七頁）

郑慧生　「武丁卜辞乙八二六十二〇〇五十二上三七十二一三八十二一六八十二四五一十五四三一十七一三二十七一六〇十七三七七说：丁巳卜，弃（媵）多宰于柄。丁巳卜，勿弃（媵）多宰于柄。宰在商代是奴隶的专称，郭沫若先生早已论定（见甲骨文字研究释臣宰）。『弃多宰』，就是陪送一批奴隶和主人姑娘一起出嫁。」（卜辞中贵妇的社会地位考述，历史研究一九八一年第六期三二页）

詹鄞鑫　「辛是治玉和治木的工具，故说文鐫字云：『穿木鐫也，一曰椓石也。』由此可知辛是古代手工业的重要工具。推而广之，辛也可以代表百工。宰字甲文作宰，宀表示屋室，辛是手工业工具的代表。由此观之，宰的本义是室内手工业劳动。以宰为官，则是手工业主管，旧称为司工或司空。

原来，在奴隶社会，手工业者是工匠奴隶，身份跟仆妾相似。管理他们的头目、就叫做宰。蔡毁云：『王若曰，蔡，昔先王既命汝作宰，嗣王家……，嗣百工……』这是宰掌家务和百工的明证。说文：『宰，辠（罪）人在屋下执事者』，其义训跟宰字初义很接近。」（释辛及与辛有关的几个字，中国语文一九八三年五期二七一页）

按：説文：「宰辠人在屋下執事者，从宀从辛。辛、辠也」（大徐本）。契文所从之平或平，與

辛有別，金文始譌變而近於辛。吳其昌以「辛」為「兵刃之器」，故有「宰殺」、「宰割」之義。「屠殺」、「宰割」之義實較後起，非其本朔，吳氏之說不可據。卜辭「宰」為官名，與金刻同。其辭云：

「王錫宰丰寢小指祝」 佚五一八

「宰丰」亦見乙八六八八。「丰」為「宰」之私名，商承祚以「丰寢」為宰官名，誤。儀禮聘禮「宰命司馬戒衆介」，鄭注：「上卿貳君事者也」。又京津四八二九「在宰」，為地名。

2119 实

陳邦福

「簠徵地望第三葉：『乙丑王嘫下𠭯父在实』。邦福案：实為大坰二字合文，說文冂部云：『冂，邑外謂之郊，郊外謂之野，野外謂之林，林外謂之冂，象遠介也，古文从口作冋，或从土作坰』。卜辭大坰地名，史記殷本紀云：『湯歸至於泰卷陶』。集解云：『一本無此陶字，孔安國曰：「地名」』，索隱：『卷當為坰然，（定按此陳氏節引史記索隱之文原文然字應屬上讀）解尚書者，以大坰今定陶是也』。」（辨疑十葉上）

陳夢家

「实　癸亥卜翌日辛帝降，其入于燃大实才寂（卜）　于獄小乙实　寧滬一、五一六十五一七

叉于实，叀令羌甲日鼎　明續五七九

𠬝于王实　鄴三四〇·四

丁丑卜彭貞于丈实　甲二六八四

丙子卜王其实自日戊室　京津四三四五

乙丑卜訊父甲实　續三、三一·五

才八月乙丑寧且乙弜易：才实彝　續三、三一·一

实字从矢，與作宾者或是一字。『矢』『昃』古與『側』相通，內則『居側室』，注云『謂夾之室，次燕寢也』。爾雅釋宮『室有東西廂曰廟』，注云『夾室前堂』，郝疏云『按廟之制，中為大室，東西序之外為夾室，夾室之前小堂為東西廂，亦謂之東西堂』。疑所謂夾室、側室在大室的兩旁，大室在正中」。（綜述第四七一——四七二葉）

李孝定

「从宀从大，說文所無。陳氏以為大坰合文蓋誤。坰古作冂，而此字从冂，實

非同字」。（集釋二四八四葉）

按：「宎」、「宊」有別。宊為地名，宎或作寞，陳夢家以為即「側室」，其說可從。但陳氏誤混「宎」、「宊」為一，且甲二六八四之□，實乃「室」字之異構，陳氏以為「宊」字，屈萬里亦沿其誤。卜辭綜類二七二以「□」為「室」是正確的，但亦誤混「宎」、「宊」為一字（四〇）。

2120
寞

饒宗頤引讀編三．三一．一云：「寞可讀為昃，古與側通，內則：『居側室』，注云：『謂夾之室，次燕寢也』。大戴禮諸侯釁廟有『郟室』，其義應同」。（通考九〇六葉）

屈萬里「□，隸定之當作寞；與甲編二六八四之宊，或是一字」。（甲編考釋三四六葉）

2121
璞

按：字从「口」，不从「日」，不得隸作「寞」。合集二七五四三辭云：「甲子卜，彭貞，王𩰫禘其寞于祖」用為動詞，為祭名；「宊」則無此種用法。又合集三五六七三辭云：「……日在八月乙丑帚……祖乙翌弜易……在寞……」其用法則與「宊」同。參見「宊」字。

2122
璞

按：合集六八一九辭云：「……酉……令上絅……戻二……璞周」為動詞。當併入2122□字條，

郭沫若

「《說文》云：「寇，暴也。从攴完。」从完之義無說。古金文如《虞司寇壺》二器，器蓋四寇字均與小篆形近。然如《曶鼎》、《揚𣪘》、《衛姬壺》等器之寇字則作□。所从之□非完字也。余謂寇不从完，當从賓省。古金文賓字通作□（《王孫鐘》「用樂嘉賓」）若□（《史頌𣪘》「賓章馬四匹」），或逕省貝，亦或省止，與《𨜒獻》二鐘同。寇字二體其所从者即此賓字，或賓之省也。然則寇何以从賓？曰賓之古義與今有別。卜辭稱所祭之祖若妣為王賓，是賓即是《神獻鐘》之「用樂好賓」。另一器又另一編鐘作「用樂好宗」，則賓與宗同義。知此則知寇之从賓蓋毀人宗廟之意也。古人於為寇期，必毀人宗廟。《墨子·非攻篇》下曰：「燔潰其祖廟，遷其重器」（《天志篇》作「焚燒其祖廟」），《孟子》曰：「毀其宗廟，遷其重器」，二家之說全同。蓋古之行事，本有如是者。卜辭有奇文作□者，余謂此乃毀人之寇字。字之左半於屋下从王，从甶、甶，即《說文》「東楚名缶曰甾」之甾。是即古寶字，寶乃古人之蘊藏。右半或象雙手捧械，或竟从攴，即遷人重器之意。屋頂之著火光者，殆又焚燒燔潰之意也。字於卜辭凡四見，今遂釋之如下：其一「☐貞令旃从□侯□田」（《前》七·三一·四）□侯為當時武將，屢見，所見均關軍旅之事。田字亦屢見於金文，前人多釋為卣，假為魯。吳大澂於《公伐郤鼎》「田受多福」，始釋周（見《愙齋剩稿》）孫詒讓之《契文舉例》，商承祚之《殷字類篇》，容庚之《金文編》，均釋周。然所舉《𣪘》之「公仲在宗田」，及《免簋》之「王在田」，均非究極之證明。因魯亦可稱宗魯，《孟子·滕文公篇》有「吾宗國魯先君」。余謂字固周（近出《矢令彝》兩周公字一作田一作田者，此田為周字之鐵證）字，其證有二：一為《無惠鼎》之「王各于周廟」，作□，乃□之省。則知田乃□之省。一為畫字，古金文畫字从周，如「畫轉畫輯」二畫字，《毛公鼎》作□，《師兌𣪘》作□，《番生𣪘》作□，从周省。與《無惠鼎》周字同。《彔伯𣪘》作□，蓋琱字之省，琱亦通周（《函皇父作周娟匜》之周娟（《皇父𣪘》作琱娟即其明證）而《宅𣪘》則作□，从□省，是田為周之明證矣。至畫字何从周？觀其字形殆為以規畫圓也（圓周之网《說文》本作□，然經典中未見此字，古器物中亦未見此字）。□侯為武人，周乃殷人之大敵。則侯與周間之一字必為寇伐之意無疑。古人自稱亦曰《易·蒙》之上九云「不利為寇利禦寇，」其二「貞田㚔今从寇周貞隹火五月，」（《後》下二一·七·四）其三「癸未令旃族寇周山王事」（《前》四·三二·一），山即古字。「古王事」者當即勤勞王事之意。《詩》亦屢言「王事靡盬」，古必盬之初字。其四「貞令多子族眔犬侯寇周，山王☐」，此折為二片，子片六字曰「貞令（缺）族眔（缺）寇（缺）山」（《前》五·七·七），母片亦餘六字曰：「多子（缺）犬侯（缺）周（缺）王」（《前》六·卅一·七），統上四例，均為寇周之事，可見帝乙以前，殷周亦饒有交涉。曩見羅王二家之考釋，見殷與鄰敵征伐俘掠之事極多，而獨不見周人之痕跡，頗以為異。今得此，始釋此疑。且言寇之例獨於周，於他國均言征伐，可見周寶大國，惟周方有可遷徙之重器也。」（《甲研．釋寇》）

葉玉森

「近讀郭沫若氏《釋寇篇》（《甲骨文字研究》）始謂金文之□為从賓省，又以《𪔳鐘》之「用樂好賓」，別一編鐘作「用樂好宗」，遂悟賓與宗同誼。因斷定寇之从賓，蓋殷人宗廟之意。古於為寇必毀其宗廟，乃引《墨子．非攻篇》下曰「燔其宗廟，遷其重器。」孟子曰：「毀其宗廟，遷其重器」為證，遂釋□為寇。予謂孟墨二氏之言並非作寇之箋注，似不能援以說寇。予舊釋此為鑿，从□□□□象似屋非屋之巖穴形。上峙諸峰从王，即玉，从由，即象盛土石之器，亦變作田，从□、□象兩手或一手持鑿石之器。□字為初民入山采玉之象事圖畫，必造於石器時代。至銅器時代仍襲用之，當即古文鑿字。篆人以巖形丵嶽並出，故易从丵，復易由為臼，易王為□，易□、□為□，蛻變之迹，仍可探索（《說契》）。郭氏乃以□象火光，□象宗廟，又認王由為古寶字。卜辭寶作□□，或从貝玉，或从貝玨，無作□者。金文中亦未見郭氏思切合燔宗廟遷重器語。故如是云云，不知此字簡體有作□者，（《徵文》文字第三十四版，此字非王氏所能臆造）从□象巖穴，持斧鑿之，∴象墜落之玉石。是體且無郭氏所謂火光及寶字。而鑿意固瞭然也。推郭氏之苦心，蓋欲認定□為周，故不得不強釋上一字為寇。考殷人于他國言征，言伐，或曰𦎫，曰戈，曰𢦏，亦多殺傷意，無言寇者。何獨於周言寇？又卜辭于征伐某國下每繫習語如：「受之又（佑）」等，亦無言「□王事」者，是尤可斷定□非寇字矣。」（《前釋》四卷四十一至四十二頁）

唐蘭

「右□字，即璞，舊不能識。郭沫若釋寇，葉玉森釋鑿，林義光釋璞，謂「从熒業聲，乃璞字。熒又从玉□声。□象屋上火光，當即熒。」（《卜辭□即熒惑說》），見葉玉森《前編集釋》四卷四十三葉引）今按三氏之說，各窺一斑，未見全豹。此字从□，與嵳字同，（詳《釋嵳》）乃火字也（詳《釋火》）。《說文》：「火入山之深也。」今按其字實象高山之狀。此字作□，象兩手舉辛（或省為一手），撲玉於甾，於山足之意，即璞之本字也。何以言之？从辛之字，恒變為業（如雚變為□，辛變為□）。是□即□也。古文字之太繁者，後世恒有省略（如□省為□），此字以撲玉之象為主，火形以示事之所在，甾形以示玉之所盛，均非必要，故其省變當如下圖：

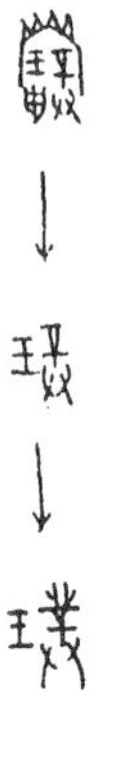

則為璞字矣。由象意化為形聲，則為从玉菐聲矣。其義謂初采於山之玉，則《秦策》所言：「鄭人謂玉未理者璞」矣。《說文》無璞，乃誤脫之。……卜辭屢言「□囲」者（囲即周字，此為近代金文學家之常識，葉玉森誤釋為金，在《前編集釋》中猶呶呶爭辯，其妄可哂），云「放族□周」，「𤔲从□侯□周」，及多子族从犬侯□周」等辭，□字介於兩名詞之間，必動詞也。周為殷之鄰敵，是必征伐之事。蓋□即璞，於此當讀為戳，《周王㝬鐘》云：「王𦎫伐其至，戳伐氏都。」戳薄聲近，故《詩》稱「薄伐玁狁」，《虢季子白盤》作「博伐厰執。」周為殷之大敵，故必戳伐矣。」（《文字記》三十四頁《釋□》）

丁山　「武丁时的甲骨文，于吉方、土方、𢀛方、虎方諸外族，或征或伐或𢦏或途，独於周人言□。□字，篆作：

□ 前七・三一・四　□ 後下四七・四　□ 前五・七・七

此字，罗王阙疑，林义光始释为璞，唐兰先生伸之曰，『□象高山之状，乃𡿺字。说文所谓火，入山之深也。□右之𢦏，象两手举辛，扑玉於凷，即璞之本字。於此当读为戳，即戳伐』。山按，唐说极为精谛。□右之𢦏，碻是菐字初文，象双手举杖（即辛）形。书尧典曰，『扑作教刑』。襄公十九年左传曰，『薄刑用鞭扑，所以威民也』。菐，盖古代刑名，轻罪者杖为隶仆；凡从辛之字，皆有罪犯之谊者，谓其为曾施鞭扑之人也。而菐之本谊，实象以杖扑击形，□则象深入大山，扑击黑石（即凷字）而取金玉形，疑是𡼖字最初写法。……辞云：

其□。　佚九七六

雀其𢦏□　佚九六一

□篆作□，当是□字简写，字则读为保。左传成公十三年，晋吕相绝秦曰，『伐我保城，殄灭我费滑』。国语韦昭注，『保城，盖近滑之城也』。费滑，在今河南偃师县南；保城，疑当今洛阳之西，瀍吴之东；此正当商周两国的交通要道。『其□』之宝，正是『宝周』的省文了。」（商周史料考证九六至九七页）

孙海波　「□，前四・三二・一。唐兰释璞，以为即戳伐之戳。」（甲骨文编六・九一页）

楊升南　「再从字形上分析，其字是在屋下，左半从玉从由，『由』即說文『東楚名缶曰凷』之『凷』，其右半像举辛扑玉于凷中，应是在屋下从玉从𢍏，缶（古寶字）声，当为古之宝字。郭老也曾主張其字本讀為『宝周』。

『宝』与『保』在古文献中是相通的。易系辞（下）『聖人之大宝曰位』，释文：『宝，孟喜本作保。』史記周本紀『展九鼎保玉』，集解引徐广曰：『保一作宝』，考証引閻白駒曰：『保讀為葆，与宝同』。玄应一切经音义卷九『保，守也。』左傳哀公十一年，『見保者而泣』杜預注云：『保，守城者。』庄子列御寇『入將保汝矣』，注云：『保者，聚守之謂也。』今之保守，保卫是其义。商人『保周』，因周是商之諸侯，周之領土乃是商王國的组成部分，故派出武装力量，助其对戎狄作战，以保其国境的安全。」（卜辞中所見諸侯对商王室的臣属关系，甲骨文与殷商史一六二頁）

陈炜湛　「卜辞中与征、伐相关、词义相近者还有璞（𢧢撲）、循和𦎫。璞作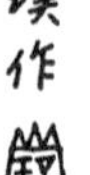，郭沫若曾释寇，后改释聘，皆非。此实巖下攻玉之形，为璞之本字，假借为撲，义同金文之𢧢伐。卜辞屡见『璞周』之辞，如：

乙卯卜，㱿贞：令多子族眔犬侯璞周，古王事？五月。（續五·二·二）

□□卜，㱿贞：令旃从冒侯璞周□（前七·三一·四）

贞：令多子族眔犬侯璞周，古王事？（新綴三八七）

唐兰曰：『周为殷之邻敌，是必征伐之事。盖巖即璞，于此当读为𢧢，周王𢧢钟（案即宗周钟）云：「王𦎫伐其至，𢧢伐厥都」。𢧢薄声近，故诗称「薄伐玁狁」，虢季子白盘作博伐厥執。周为殷人大敌，故必𢧢伐矣。』奇怪的是，璞之用为征伐之𢧢，也只限于周，而不见于其它方国。」（甲骨文同义词研究，古文字学论集初编一三七——一三八頁）

按：唐蘭釋「璞」，讀若「𢧢」，其說可從。字或省作「」，合集六八一九辭云：「璞周」，辭例與此字同。

2123

按：合集二七八八八唯餘此残辭孤字，其義不詳。

2124

齊

2125

王襄　「古齊字」。（類纂正編第七第三十三葉下）

孫海波　「亝，乙八二六七。从四穗。」（甲骨文編三〇三頁）

李學勤　「齊可參見下版，它近於下列二地：

癸巳　在↓餗

癸卯　在災餗

癸丑　在齊餗　後上一五，一二（五）

『齊餗』又見于摭二，一五，四（五），它可能與河陽濟水有關。『齊』決不是周代原名營丘的齊城，看左傳所記晏子所述營丘的沿革便可明白」。（殷代地理簡論第五十九葉）

饒宗頤　「卜辭：

甲寅卜，殼貞：求于土，虫。虫羊，虫一人。虫，𠚉犬虫羊。虫一人亝。（屯乙五三三五）

亝即齊，讀為齍。詩甫田：『以我齊明，以社以方』。傳：『器實曰齊，謂黍稷也』。則兼具粢盛，于此可見祭社祀典之隆矣」。（通考一二一葉）

饒宗頤　「按亝即齊，粢盛也。『示齊』讀為『寘齍』。『己亥卜，穷貞：不牛，示（寘）亝（齊）𠦪……』（摭二·二五·一六）辭意言不以牛，而以黍稷寘奠也。他辭言『不黍佳育，』（屯乙一九六八）與此義正相反」。（通考二九二——二九三葉）

陳秉新　「按：癸巳在齐餗，第二日甲午『在高貞，王步于剌』，剌在徐州、肖縣、宿縣一帶，齐當距此不遠，不可能是臨淄，似亦非大小齐城。疑齐当读为济，齐餗或在定陶西古济水之滨。」（殷虛征人方卜辞地名汇释，文物研究五輯七九頁）

按：說文：「齊，禾麥吐穗上平也，象形」。徐鍇繫傳云：「生而齊者莫若禾麥也，二，地也，兩旁在低處也」。王筠繫傳校錄謂「兩旁在低處，未免望文生訓」。釋例疑「齊為臍之古文」。未免臆測。王襄以卜辭亝為齊之古文是對的。齊字與禾麥吐穗之形無涉，初亦不从「二」。本形本義難以考索，在卜辭為地名。

考古所　「亇：貞人。亇作为人名，曾出現于武丁時期的卜辞中，但未作为貞人。亇在著录中是乙、辛時的貞人（塗七四三、遺須一五）。而在這里作为武丁時代的貞人。這是卜辞中存在异代同名问题的又一个有力例证。」（小屯南地甲骨一一三〇頁）

按：合集一三四九〇辭云：
「丙辰卜，爭貞，叀亇令比沚䀠；貞，勿隹亇令比沚䀠」
為人名。又合集二四九五一辭云：
「……三帚宅新寢亇宅」
則為地名。
「屯四一七七辭云：
「丙辰……亇貞」
當為地名，非貞人名，乃「在亇貞」之殘。

2126

櫅

按：字从「木」、从「齊」。說文：「櫅，木也，可以為大車軸。」卜辭用義不詳。

2127

按：合集二三五正辭云：
「貞，甲用□來羌」
為人名或氏族名。

2128

按：字从「屰」、从「◇」。合集九〇〇三辭云：

「……其以⺊」
當為方國名。

2129 

按：字不可識，其義不詳。

2130 

按：字从「家」、从「因」。懷一二六八辭云：
「癸酉卜、貞，旬㞢希，不于㝃子」
似為人名。

2131 丙 

孫詒让「丙字皆作內。金文魚父丙爵、父丙爵並略同。」（契文举例上一页上）

郭沫若謂丙象魚尾，說見甲字條下引。

葉玉森「卜辭丙作冂冂內……並象几形。」（前釋二十二葉上）

陳晉「內為叓之省並疑古叓字亦作丙。說文：『鯁，魚骨也』，爾雅：『魚尾謂之丙』，丙蓋即鯁字，此一證。石鼓文鯁字作[illegible]即从二丙，此霍作靃敗作敳之例，此又一證也。」（龜甲文字概論二八葉）

于省吾「說文：『丙，位南方，萬物成。炳然，陰气初起，陽气將虧。从一入冂，一者陽也。丙承乙，象人肩。』爾雅釋魚：『魚尾謂之丙。』按說文爾雅說丙之義均不可據。卜辭丙作冂冂，早期金文作□□冂，均象物之安。安亦謂之提，提同莛。淮南子詮言：『瓶甌有堤』，注：『提，瓶甌下安也。』泰族『作甂甌有莛』。按安與提莛，即今俗所稱物之底座。丙之形，上象平面可置物，下象左右足，與古文□□下象足形者同。卜辭習見□字，象兩手奉牲首置於座上之形，是丙可置物之證。」（駢枝三一葉上釋丙）

吳其昌　「至于『丙』字之義原從□內□□諸形足部衍化而來，乃象戈矛之屬植立之『柄』，本為『柄』之原始象形字。」（殷虛書契解詁第三六九葉）

李孝定　「說文：『丙位南方，萬物成，炳然，陰气初起，陽气將虧。从一入冂，一者陽也。丙承乙，象人肩。』契文丙字左右壁畫皆平行不詰曲，殊不類魚尾，亦不象肩形，說文爾雅之說並不足據。葉氏象底座之說與于氏象底座之說相類，此說於字形頗覺切適，然於音義無徵，仍不敢信為定論也。金文作□丹丙爵□枝父丙卣□㭬父丙鼎□□父丙觶□□父丙觶□天君鼎□□鼎□敔簋□輔侯鼎□鄦侯簋□子禾子釜」（集釋四二三二葉）

徐中舒說參□字条下。

按：許書說干支字，概以陰陽五行，據篆形比傅，殊無足取。徐灝段注箋云：『丙之字形不可曉。从一入冂，望文為說耳。古鐘鼎文多作內或作□，狀似魚尾，故爾雅云魚尾謂之丙。然亦非其本義，闕疑可也。爾雅又曰：『魚枕謂之丁，魚腸謂之乙』，皆物形偶似篆文，非造字取象於魚也』。

于先生謂丙象物之底座是對的。前二·一九·一「馬卄丙」；綜圖一六「車二丙」，陳夢家謂「車馬的單位丙，可能和詩的乘相同，但幾匹馬構成一乘，尚待考定。金文馬的單位是匹，而金文兩字像兩個相並立的丙，所以甲骨文的丙可能是單數」（綜述九四）。馬稱「丙」，猶言「匹」，非後世之「乘」。車稱「丙」，猶言「把」。

甲骨文「丙」與「內」難以區分。大體而言，「丙」作「內」，「內」則从「入」作「內」。但區分不甚嚴格。

孙诒让 「內字作內，与丙作內微异。」（契文举例上十页上）

商承祚 「內字董彥堂先生謂是內字，而非丙。丙，卜辭作內从入，內作內从人，微有分別。案董說確信。攷說文『入，內也』，『內，入也』，同部互訓轉注兼疊韻，且內从入得義，故義同。史記范雎蔡澤傳『惡內諸侯客』，索隱『內，猶入也』。金文無叀鼎『入門』入字作內，頌鼎作入門，尤為同義之證。內字之初形，本當以卜辭作內，因與丙字分別其微，每易混淆，後乃銳其頂作內內，可于金文中見之，金文丙皆作■丙內，其人皆上連，若內之人則不上連，間有寫誤者，百十一耳。至小篆遂變作內形矣。」（福考三葉）

孫海波 「內，鐵一三·二。貞人名。」（甲骨文編二四〇頁）

饒宗頤 「卜人內字，契文所見，大抵作內，（如林一·二六·一〇及二·二八·一，佚乙六七五〇）與丙字顯別。惟佚乙五三五五同版天干之丙，與卜人內二形迥異，故知此必為內字。」（通考四八四——四八五葉）

按：內為早期貞人名。「入」、「內」、「納」為同源字，其後遂漸分化，于先生已詳論之。

2133

按：合集三〇二八三辭云：「叉𠕋其祉父甲門」為祭名。

2134

按：字不可識，其義不詳。

2135

按：懷四三四辭云：「壬戌卜□余勿在孫耕」似為貞人名。

2136

按：合集二七四五九辭云：「壬戌卜，貞，叀□用；貞，弜□」為祭名，疑為「鬻」字之異構。

2137

按：英一三三辭云：「貞，牵子暜于□」為地名。

2138

曾寳先　「此丙之繁文，楊氏釋更非是」。（幼獅學報二卷一期姓氏通釋二葉）

楊樹達　「此乃更字，即紀年南庚名更之更」。（甲文説三八葉）

楊樹达　「太平御览八十三引古本竹书云：『南庚更自庇迁于奄。』今本纪年云：『南庚名吏。」按卜辭未見吏字，然有𠕋字，其人為殷人之所尊祀。鐵云藏龜拾玖叶貳版云：「辛亼，𠕋其降𡆥（敗）？」，考吏字說文作𠭥，从攴丙声，而金文師𠭥師嫠二毁及𨖍尊𥕞鼎四器吏字皆从𠕋作𠭥，字盖从𠕋声。甲文之𠕋疑是𠭥之省形，𠕋即謂南庚也。」（竹书紀年所見殷王名疏证，积微居甲文説卷下五七頁）

李孝定　「从二丙，說文所無。楊氏釋吏蓋以金吏均作𠭥皆从𠕋作也。然金文吏字無省文者，惟石鼓文有鰟字，疑即許書之鯁，楊氏釋此為吏雖無確證，其說實為近之。魯氏釋丙似有未安，卜辭干支字之丙無如此作者。辭云『辛囗𠕋其降敗』藏·十九·二『壬子卜白𠕋其禍』前·三·一·一『丁酉囗白𠕋凡人其眉』後·下·二五·七『乙丑囗𠕋其車囗眔肩』後·下·三八·四辭義雖未詳，然決非干支之丙。言白𠕋，白即伯字，猶他辭言侯某𠕋，似為人名。」（集釋四二三七葉）

按：卜辭「𠕋」為方國名、為人名。佚三五二二之「𠂤𠕋」，「𠂤」為職官名，「𠕋」為私名，與「𠂤般」同例。

楊樹達釋「吏」，謂即「南庚」；饒宗頤謂即「巫吏」，方國名「𠕋」，饒氏以為即「鄭」，均不可據。

至於林一·一·一之殘辭，當為「驗辭」，饒氏誤連讀作「𠕋六旬」，謂「猶言歷六旬」，且𠕋字从重丙，無以示賡續之意。

王襄　「古㕯字，與訥通。」（簠室殷契類纂第十葉）

吳其昌　「『㕯』字未詳，然其字實从『丙』从『丁』；由其浮表觀之，乃極似从『內』从『口』者，淺人不察，遂皮傅于說文之㕯字，不知此字作㕯，彼字作㕯，固有『己亥』『三豕』之辨也。此形態之別異也。說文云『㕯，言之訥也。从口，从內……』。桂馥謂『㕯經典叏為訥』。引檀弓『其言吶吶然』為證，其說至碻。其後亦通作『訥』，穀梁集解序經典釋文云『訥，或作吶』。可證，是則『㕯』『吶』『訥』一字也；其義為口訥，為木訥，而卜辭兩見『㕯氐』，乃似以宰割為義者，相距可謂遠甚。此誼詁之不同也」。（殷虛書契解詁第三六八——三六九葉）

孙海波　「前编卷一第三十六页六版「口之于匕辛冏歲其至風口，」龟甲兽骨文字卷一第五页十二版「口匕辛冏岁至風口，」冏字从冂从口，疑即许书之冏。说文「冏，言之纳也，从口从内，」徐锴曰「论语云其言冏冏然如不出诸其口也。」经典变为呐，檀弓作「其言呐呐，」注「呐呐，舒小貌，」正义云「发言舒小。」又谷梁传释文引字诂云「讷，迟于言也。」卜辞之冏，殆祭名。」（考古学社社刊第四期十七页）

李孝定　「說文「冏，言之訥也，从口从内」。栔文正从口从内，孫説可从。辭云「囗于妣辛冏歲其至凡囗」（前一、三六、六），「囗妣辛冏歲至凡囗」（粹一〇八七、甲一、五十二同），「于且丁冏帝十」（續一、二一、二，簠徵帝系七七、同），「若冏祖乙𢆶王受又」（粹一四六），「其若叒冏福祖乙又正」（粹二三四），其義不明。」（集釋〇六九一葉）

考古所　「冏：說文：「言之訥也」。在卜辭中為祭名，可能為祝禱或獻歌。若冏相連可能為獻歌舞之祭。」（小屯南地甲骨八八七頁）

按：甲骨文或不从口而从口，釋呐可備一說。字在卜辭為祭名。

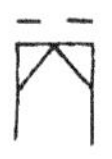

张亚初　「㗊冂、丷冂（综类二七八页）　岛邦男把这两个字看作一个字，是对的。㗊省变为丷与㗊、𠱠省变为丷情况是相类似的（综类二八八、二八九、四五八页）。𠱠已省变为丷与㗊、𠱠省变为丷，情况是相类似的。这两种形体是一个字，这是没有疑问的。问题在于这是什么字。我们认为合文口也往往省为点。这两种形体是一个字，这是没有疑问的。问题在于这是什么字。我们认为这是尚字初文。尚字发展的序列如下：

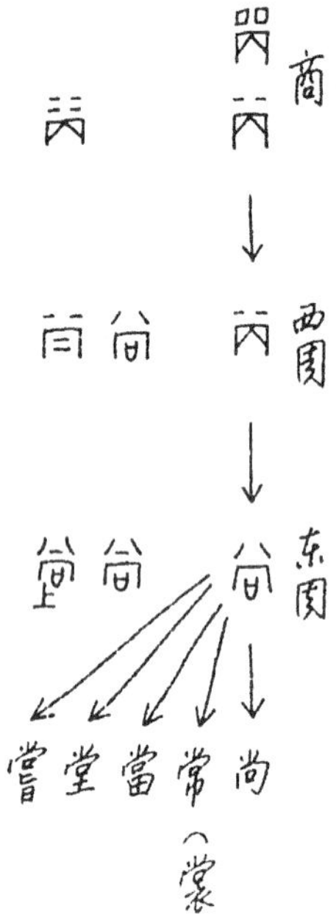

卜辞之㗊冂、丷冂，金文之𡆧，从口（丷）、从冂（𡆧）。冂、𡆧为𢀛冂、𢀛𡆧（商）

字之省。尚字以商省作声。竹书纪年周显王二十八年秦封商鞅于鄔（於），改名曰尚。尚即商，故商於又作尚鄔。金文赏賜之赏或借商为赏（金文编一〇二页），或从贝从尚作賞、賞（同上三四三页）。商与从尚声的常字音义也相通。从文献与金文商赏这两个字的字形与用法可知：①商尚音近字通，尚是商字的孳乳字；②从口不从口均可（甲骨文商字也是从口不从口互作）。卜辞的初文尚字都不从口，到西周才出现从口的尚。但西周时左右两斜划已省略。从商省的声的尚字后来分化出从尚的尚上（尚为上字的标音符号）、从田从尚的當、从戈从尚的戠（擋）、从土从尚的堂、从尚从巾的常和从尚从旨的嘗。卜辞之尚为地名。」（古文字分类考释论稿古文字研究第十七辑二五三页）

2141

按：丙、𠕒同字，張亞初已詳論之。卜辭「婦丙」亦作「婦𠕒」，斯為明證。合集二四三九八辭云：「……王其步自丙……」為地名。

2142

按：此與「丙」同字。卜辭「婦𠕒」，亦作「婦丙」可證，地名亦「𠕒」、「丙」互作。

2143

按：字不可識，其義不詳。

㝸 更

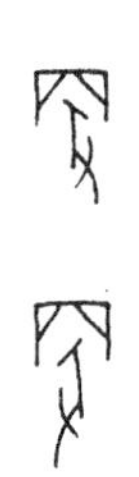

于省吾「甲骨文㝸字屢見，作□或□形，甲骨文編釋為更。按㝸即古文鞭字。說文鞭字作鞭，并謂：『鞭，驅也，从革便声。㝉古文鞭。』就古音言之，鞭从便声，㝸从丙声。丙鞭双声。㝸字隶变作更，丙更叠韻。周礼考工记乾人的『眂其綆』，鄭司农谓『綆读为关东言丙餅之餅』。按綆从更声，更本作㝸，从丙声。是丙更古通之证。西周金文驭字作骏，其从㝸，乃甲骨文㝸字的省变。说文谓『驭从又马』；又乃㝸形的讹省。西周金文驭字均作骏，右从㝸，乃古文鞭字，用鞭以驱马。石鼓文驭字作骏，右从鞭作㝸，就存古形。……有关㝸字的甲骨文，辞多残缺，其较为完整者，例如：『戊午卜，㝸罷，弗其毕（擒）』（汇七六八〇）又：『王㝸囗罷（麋）囗。』（虢续一二八）以上两条均属第一期。前一条的罷字，即掘坑坎以陷麋之陷的专字（详释罷）。这是说，王（依第二条补）用鞭以驱麋，使之陷入坑坎，不该擒获。此条缺对贞辞。第二条虽然残缺，但王字可以补充第一条。由此可见，商王的狩獵，用鞭驱罷，使之陷入坑坎，以便擒获。总之，鞭字的古文，商代甲骨文作㝸，周代金文偏旁作㝉，说文引古文作㝉，石鼓文始作鞭。又驾车之鞭，周代車器作鞍，金文編以为说文所无。『鞭作官刑』之鞭，周器𠑇匜作㑻，象以鞭击人之背。说文训便为安，误以后起之义为本义」。（甲骨文字释林释㝸）

晁福林「卜辞中的『王更』之称，当即南庚的生称。如：

㈠壬……卜，王更……虎……。合集一〇九五二

㈡……丑（卜），王更……麋……。合集一〇三八〇

㈢王庚死。合集二一三七一

……从内容上看，无疑是南庚在世時所契刻的……这有两种可能。一是这类卜辞为南庚在奄地时所契刻，盘庚迁殷之後将其从奄带到大邑商。二是南庚曾经迯位于阳甲，为了与时王相区别而在卜辞中称其为『王庚』，这类卜辞应当契刻于阳甲至小乙之时。从卜辞文例看，后一种推测应当是近于实际的。……殷王南庚名更，在卜辞中称为『王更』。他继位以后只经过几年时间可能就迯位于祖丁之子阳甲。这以后，南庚虽然不参与殷王朝的军国大事，但仍然参加田猎。贞人为了将南庚和时王相区别，因而在卜辞中称其为王更。」（殷墟卜辞中的商王名号与商代王权，历史研究一九八六年第五期一四一至一四二页）

按：合集一九三六一辭云：「丁酉卜，叀來……豕弗其禽在……」，又合集二〇一一八辭云：「……午卜𠬝叀步」，皆為人名。據此，則合集一〇九五一之「戊午卜，叀𧇛𠬝？允𠬝二……」當為人名或地名。

2145

按：合集六五七一正辭云：「貞，自今壬寅至于甲辰，子商𢦏基方𦎫𢀛」為方國名。

2146

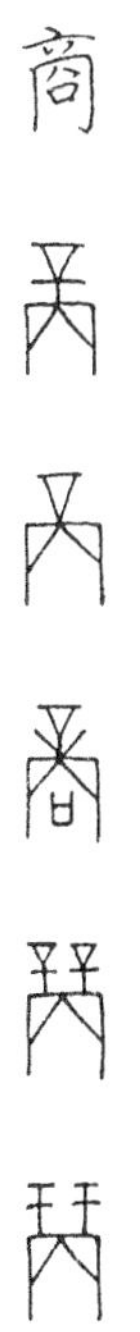

孙诒让「𢀛即商之省。說文㕯部：『商，从外知内也。从㕯，章省声。』此从㕯省，于字例无牾。金文丁未伐商角作𢀛，形与此略同，唯此又省口，形尤简耳。商盖指商都而言。」（契文举例上三十页下）

孫詒讓「𢀛似从辛从丙，然古無此字，竊疑當為詣之変體。說文言部：詣，競言也。从二言。龜文簡易，変兩口為内，誼亦得通。蓋競皆从彼為形，或其叚借。」（舉例上廿八葉）又曰：「此琹字上从𢆉與从玨器同。古文从玉之字或変作𢆉琹，琵字上𢆉與玨形近，故亦省作𢆉，或原始古文本如是，象絃柱聯繫形，後変而成玨，未可定也。下作内與𣛮攺𢑱𢍏从工亦相近。」（名原上廿六葉）

羅振玉「說文解字：『商从㕯章省聲，古文作𧶜，亦作𠷎，籀文作𧶜。』卜辭與篆文同。惟篆文上从辛，此从𢆉耳。乙亥鼎作𢀛，丁未角作𢀛，均與此同。卜辭或又省口。」（殷釋中十一葉上又中五十七葉）

羅振玉「史稱盤庚以後商改稱殷，而徧搜卜辭，既不見殷字，又屢言入商。田游所至曰往曰出，商獨言入，可知文丁、帝乙之世，雖居河北，國尚號商。」（殷虚書契考釋序）

王國維　「其（羅）說是也，始以地名為國號，繼以為有天下之號。其後雖不常厥居，而王都所在，仍稱大邑商，訖于失天下而不改。……且周書多士云：『肆予敢求爾于天邑商』。是帝辛、武庚之居，猶稱商也。」（集林卷十二說商）

王襄　「卜辭屢見『王入于商』，『大邑商』之文。此云『在商』，當為契封之故都，即河南之商邱。」（簠考地望一葉上）

商承祚　「賁即商之繁體，于此讀賞，商賁本是一字，故卜辭及金文賁皆作商，作丙𤰈𧶘，（三四八版）金文殷虛後別以从貝之賣為賁（虢鐘卣）伯而以商（卜辭、金文）為商矣。（說文又以賣為行賈，非。）」（佚考七十葉至七十一葉）

葉玉森　「按孫氏釋詁釋𢍏，均未確。王氏釋商，（按葉氏前釋謂王襄釋商，見簠考卷三。而王氏簠考商下並未收此形，葉氏蓋誤引。）殆以丙丙為丙（商）之繁文，宜若可信。惟卜辭云早（俘）丙則概作丙丙。云『入商』則概作丙商，無相通者。似仍非一字。」（前釋一卷一三七葉上）

郭沫若　「商字殆叚為賁，古金文賁字多叚商為之。」（卜通別一第五葉背五二及五三辭釋文）

孫海波　「商，甲二四一六。晚期商字从口。　大邑商。丙，甲七二七。早期商字多不从口。丙，乙四五一八。𤔲于丘商。　丘商疑即商丘。丙，后一・九・一二。此帝辛征人方時卜辭云，在商，而今日步于亳。則此商即商丘之商。」（甲骨文編九三頁）

陳夢家　「商，濮陽的商丘或睢陽的商丘。前說見瓠子水注，以為是閼伯相土之所都，今河南濮陽境。後說見左傳襄九正義引杜預『釋例云宋、商、商丘一地，梁國睢陽也』，今河南商丘境。」（綜述二五〇葉）

李學勤　「按帝乙、帝辛時卜征伐之辭常卜問三事：（一）是否受祐於上下、與視示；（二）

是否不曾找；（三）告於大邑商，是否亡徙才猶。商王出征時所採取重要行動須告知『商正』，如前二，五，三記王留居在上𨛜，命人亦於商正。『商正』即大盂鼎所說『殷正』，指商內服的百辟羣寮。所謂『告於大邑商』也就是告於國人之意。此種卜辭多稱『大邑商』，而甲三六九〇在同樣位置上稱『天邑商』，可證二者是一。粹九〇七以四土與商對舉，佚六五三以四方與大邑對舉，此『大邑』、『商』均指商人心目中四方之中的一個區域。它既稱『大邑』又稱『商』，應即『大邑商』。羅振玉殷虛書契考釋卷上說『大邑商』即『天邑商』，而『大邑』意即『王畿』，大致是不錯的。」

（評陳夢家殷墟卜辭綜述，考古學報，一九五七年三期）

丁山「商之為商，得名於商水。滴字，當如葛毅卿君釋滴說『讀為漳』。韓非子外儲說左下，『臣不如弦商』，呂覽勿躬作『弦章』。王念孫讀書雜志嘗謂『商與章古字通。』，

那麼，卜辭所見滴字，確乎是漳水的古名了。

漳水，始見於尚書禹貢云，『覃懷底績，至于衡漳。』衡障，漢書地理志作濁漳云，『上黨，長子，鹿谷山，濁漳水所出，東至鄴，入清漳。』又曰，『沾縣，大要谷，清漳水所出，東北至阜城，入大河。』按：大河自滎波以下，數千年來，游移不定。每次大河改道，總使沖積地內大小河流，或通或塞，跟着變形。自禹貢、漢志、水經注看到清一統志，遂不易清理各河的故道來。清漳入河以後，漢志不再提漳水了，而水經河水篇云，『又東北過高唐縣東，又東北過楊虛縣東，商河出焉。』酈注更詳商河的原委道：

『商河首受河水，亦漯水及澤水所潭也。淵而不流，世謂之清水。自此，雖沙漲填塞，厥迹尚存。歷澤而北，俗謂之落里坑，逕張公城西，又北，重源潛發，亦曰小漳河。商漳聲相近，故字與讀移耳。商河又北，逕平原縣東，……又東北逕富平縣故城北，又分為二水：南水謂之長叢溝，東流，傾注於海；北水，世又謂百薄溝，東北流，注於海水矣。』

這條商河，趙一清水經注釋云：『按：元和郡縣志云，漢鴻嘉四年，河水泛溢，河堤都尉許商鑿此河，通海，故以商為名。』這完全是臆測之辭。此河，俗稱小漳河，世又謂之清水，顯然由清漳一名分衍出來的。成公十七年左傳，『齊侯使勝國告難於晉，待命於清。』清，當然即是史記蘇秦列傳所謂『趙，南有河漳，東有清河；齊，西有清河，北有勃海』的清河。我認為這條清河故道，即漢以前的『屯氏別河故瀆。』屯氏河通於張甲河，張甲河通於濁漳（即漢志的清漳）會萃漢志與水經注而審之，清河可以說清漳水的下游。蓋河水屢次改道，穿過清漳的中流，隨地而名張甲河，屯氏河，將清漳與小漳河，割成兩段；於是後人但知濁漳入滹沱，而不知清漳古代本由商河入海了。卜辭所見滴字，从水，商聲，正是商河的本名。商河改名漳水，也許是新莽改漢中為新成；曹魏改廣漢為廣魏；或是周公德政吧！商之為商，得名於滴。

由於周人改滴為漳，而漳水初由商河入海，後來改道滹沱，幾乎湮沒了殷商民族遷徙的痕跡；在此，我所以不能不略弁漢志與水經注關於漳水的傳古之誤。」（商周史料考證，第十三—十四葉。龍門聯合書局，一九六〇年出版）

朱芳圃「說文𠂢部：『商，从外知內也。从𠂢，章省聲。商，古文商。商，亦古文商。商，籀文商。』按商，星名也。左傳襄公九年：『陶唐氏之火正閼伯居商丘，祀大火而火祭時焉，相土因之，故商主大火。』公羊傳昭公十七年：『大辰者何？大火也。』何注：『大火謂心星。』字象𣏟置丙上。丙，物之安也，亦謂之堤，淮南子詮言訓：『瓶甌有堤，』高注：『堤，瓶甌下安也。』今俗謂之底座。蓋商人祭祀時，設燭薪於丙上以象徵大火之星。或增○○，象星形，意尤明顯。又增口，附加之形符也。考心宿三星為東方七宿之一，在房宿之東，尾宿之西，中有一等大星，其色極紅，故謂之大火。商人主之，始以名其部族，繼以名其國邑及朝代。」（殷周文字釋叢卷上第三十六葉）

李孝定「說文：『商從外知內也从𠂢章省聲商古文商商亦古文商商籀文商』卜辭恆言大邑商，當即契始封之都，王說是也。亦段為賞，卜通別一大龜第三版五二辭云：『癸巳卜貞商再冊』，五三辭云：『貞勿商戠𢀛』，郭謂當讀為賞是也。書費誓『馬牛其風臣妾逋逃，勿敢越逐，祗復之我商賚爾』，傳云：『我則商度汝功賜與汝』，實則此商字當讀為賞，言我賞賚爾也，與卜辭金文假商為賞者並同。商字，商氏以為商之繁文，可从。原片為一獸肋骨，正面鏤刻華文，與卜辭為紀事刻辭，乃殷晚期物。辭云：『壬午王田于麥彔，獲商戠兕，王易錫宰丰寑小智，祝在五月，隹王六祀肜日』。字作商，與許書籀文同。至商氏謂此商字當讀為賞，則有未諦。竊謂此商字仍為地名。辭言王田于麥彔而獲商之戠彔也。金文作商商婦甗商商尊商商商丘叔簠商取盧匜商康侯簋商商䱷簋商辛巳簋商庚壺商𡢁尊，與契文小篆略同。」（集釋〇六九四葉）

李孝定「从丙从辛，說文所無。孫氏二釋均與字形不合，其誤至明。至葉氏所引王氏釋商（王氏類纂未見此說）亦非。卜辭省見子商，乃人名。至言在商言大邑商，言在商則為地名，而字並作商商，字从口作，而商字無从口者，二者顯非一字。金氏續文編卷三商下並收此文，似有未安。」（集釋四二三六葉）

饒宗頤「『乎商（賞）从羌旦。』（前編七、一九、四）按商讀為賞，此賞小臣从以羌地之貝。𠫑鼎云：『商（賞）乎征人斤貝。』句法正同。貝字並一橫筆者，如自之作㠯，乃飾文。」

（通考六五四葉）

張秉权　「商，疑借為賞。」（殷虛文字丙編考釋第四二六頁）

王玉哲　「甲骨文的商字作『□』或『□』形，上面的『□』即凤凰的凤字上部之鸟冠，大概『商』字以『□』代表他们所崇拜的鸟图腾；而『□』，徐中舒先生说似穴居形。所以我们说『商』字似乎是商族用以称呼自己的族名。后人就把商族居住之地，也名之为『商』了。」（商族的来源地望试探，历史研究一九八四年第一期六六页）

姚孝遂　肖丁　「『奏商』一词前所未見，亦可能与上辞连读：『貞𢇁鬼，于□告：其奏商』。『商』字之本形，本义，一直是悬而未决的问题。卜辞『商』字作□、□、□、□、□等形，曾疑其象某种管乐之类，而苦无佐证。『奏商』有可能指祭祀时奏某种管乐而言。」（小屯南地甲骨考释一五頁）

姚孝遂　肖丁　「1066（6）『侯商』卜辞『商』为地名，亦为人名。前8.10.3曾卜『商受年』，粹230有『令伐商』卜辞□、□、□、□当同字。『侯商』为前所未見。」（小屯南地甲骨考釋一一四頁）

裘錫圭説參□字条下。

按：卜辭商字除用作地名外，亦有用作人名者，如纪六三〇〇之「乎商」，「匄乎商」；前七・一九・四之「乎商从□」；粹一二三九之「子商」均是。卜通別一之大龜，即佚二一二三「商爯冊」與「匄商戠卒」之「商」均當用為人名。郭沫若疑「假為賞」，不確。又佚五一八「獲□戠彖」之□，與説文商字籀文同。商承祚謂「即商之繁體」是對的，但謂「于此讀賞」則誤。于此為地名，謂獲商地之赤犀。西周金文而後，始見假商為賞者，甲骨文則所未見。

滴

王襄　「古滴字」。（類纂存疑第十一第五十三葉上）

孫海波　「□甲六二三。从水从商。說文所无。商都附近水名。」（甲骨文編四四一頁）

楊树达　「考殷代屡易国都，大抵皆在大河南北，而甲文中所见水名，如淮水出自南阳，洧水出自颍川，汝水出自卢氏，洹水出自林虑，皆在河南省境。以彼推此，滴水盖亦今河南省境内之水，以字音求之，盖即今之漳水也。考浊漳水出今山西长子县之发鸠山，流入河南林县，与清漳水相合。清漳水出今山西乐平县之少山，流入河南涉县，至林县与浊漳水相合。知二水皆在今河南省境之水流也。今字作漳，甲文从商作滴者，古商章音同。說文三篇上㕯部云：『商，从外知内也，从㕯，章省声。』白虎通声音篇引刘歆钟律书云：『商之为言章也，物成熟可章度也。』汉书律历志文同，律历志固本刘歆也。白虎通商贾篇云：『商之为言章也，章其远近，度其有无，通四方之物，故谓之商也。』伪费誓云：『我商赉女。』商徐仙民音章。匡谬正俗卷七云：『商字旧有章音。』水经河水篇云：『又东北过杨虚县东，商河出焉。』郦注云：『一曰小漳河。』此皆古章商通作之证也。」（释滴，积微居甲文说卷下七〇頁）

陳夢家　「滴是商水或以為是漳水，僅僅以聲類推求之，未必可信」。（綜述五九七葉）

考古所　「滴：水名。」（小屯南地甲骨八五七頁）

孙淼　「滴水的情况，从甲骨文可以看到以下几点：

首先，这条水比较大，见以下卜辞：

……丑卜，行贞，王其□舟于滴，亡灾。　後上一五·八

米年于滴。　库一三三

米禾于滴，又（有）大（雨）。　掇一·三八四

第一辞中的□字，不识，是动词。□舟，当是在水中行舟的一种方式。这里所占卜的是商王行舟，贞问其有无灾祸。不可能想象，这种行舟，只是驾一只小船，行进在一条不大的溪水

里，而应该是有一定数量的船只行进在较大的河流里。因此，此滴，应是一条较大的河流。

其次，滴水应是一条东西流向的河。有一片甲骨，记有「滴北」二字（邺三・四五・一一）。滴北，即滴水以北。有「以北」，当然也应有「以南」。还有一片甲骨记有「于滴南𠂤」四字（甲编六二三）。其中「𠂤」字不识，但辞意大略可知，这里提到的滴南，当是滴水以南。滴水既然有「以北」、「以南」之称，可知这条水应该是东西流向的。

再次，滴水距殷都不远。

在甲骨文中，常见有「涉滴」的记载，如：

王其田，涉滴，至于勞，亡𢦏。（京津四四七〇）

……涉滴，至勞，射又（有）虎，毕。（粹九五〇）

王涉滴，射又（有）鹿，毕。（续三・四四・三）

王其省，涉滴，亡𢦏。（粹一五四九）

乙未卜，王涉滴。（京都二一三九）

商王经常外出打猎，猎区有远有近，但总不会跑到太遥远的地方。……其地应靠近商都。

以上说明：滴水具备这样几个条件：甲，距商都不远；乙，是东西流向；丙、是一条比较大的河流。符合这几个条件的，只有两条水，一是洹水，另一个是漳水。甲骨文有洹字，字形作汩、亘等，是水名，此即洹水。因而滴水不可能是洹水，而只能是漳水了。……」（夏商史稿二六〇至二六三页）

按：卜辭「滴」為水名：

「……丑卜行貞，王其尋舟于滴亡𡿧」（後上一五・八）

「王其田涉滴，至于戠亡𢦏」（京津四四七〇）

「王涉滴，射又鹿，毕」（續三・四四・三）

「……涉滴至……戠，射又虎毕」（粹九五〇）

「𠦪年于滴，又大雨」（掇一・三八四）

「……𠦪年于滴」（庫一三三）

「滴」即「漳」，葛毅卿始發其疑。陳夢家以為「僅僅從聲類推求之，未必可信」。卜辭言「王其尋舟于滴」，言「涉滴」，言「𠦪年于滴」，按諸殷墟左近水名，非「漳」莫屬。

「漳」有「濁漳」、「清漳」、「南漳」。「南漳」地處鄂境，可以無論。「濁漳」、「清漳」皆合流於鄴之故地以入海。王應麟通鑑地理通釋卷五十謂「漳水入河，周定王五年河徙而東，故漳水不入河而自達於海」。段玉裁非之云：「王氏特臆度之詞。依班許則漢時未嘗不入河也」。說文擬漢志以為濁漳入清漳。水經則以為清漳入濁漳。桂馥說文義證謂：「水經以濁漳流長，清漳入於濁漳，蓋以合流之下屬濁漳也」。其說可從。

粹九五〇郭沫若考釋誤「虎」為「豕」，祖庚、祖甲以後，「虎」字多變易，諸家考釋多誤為「豕」，實則形體迥異。參見虎字條。

纂釋總集及刻辭類纂誤隸「虎」作「犬」（合集二八八八二），今正。

2148 ⿱啇止 

按：字从「商」、从「止」。辭殘，其義不詳。

2149 

按：字从「商」、从「子」。辭殘，其義不詳。

2150 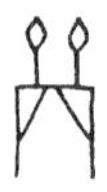

按：英二六七四正辭云：「蚰子曰」乃人名，當亦「商」字之異體。

2151 

按：字不可識，其義不詳。

冥 娩 冥 冥 㚘

陳邦懷　「此弁之初字，從冃冂皆象以冂掩物形，㚘其聲也，說文解字弁之古文作𡨦，（此依段注本。段先生依汪篇韻篇及毛刻初印本改㚘作㚘，極是之。）從冂殆由冃冂而譌，大徐及段先生注弁字古南切，又一儉切。證之卜辭，從㚘則弁字於古必讀古南切矣。此字在卜辭中段借作娩，（卜辭女娩亦有段果作者，是其例之文曰：「娩冥」，又曰「娥冥」，是其證也。卜辭又有𡢁字，（前七、二八）則為說文娩之古文，許君說娩字曰：「女有心娩娩也，從女弁聲」，按集韻二十二覃收娩字，亦足證弁及娩字古皆讀古南切，而大徐及段王諸家於娩字注衣檢切，則未敢信。」（小箋廿葉下至廿一葉上）

葉玉森　「陳氏釋弁是也。惟謂段作娩則非。許書訓弁為蓋，奄為覆。實則弁奄一字。揜掩並為今文。西山經「崦嵫之山」，穆天子傳列子並作「弁山」亦其證。他辭云「王入于弁」，（藏一八六、一。）「貞勿如弁」，藏一七九、三。按本辭嘂當釋訊，非如字。其下亦無冥字，葉誤引。是弁為國名。書多方「王來自奄」，注「國在淮夷之旁」。本辭云「弁不其奴」，則弁為動詞，其誼為沒入。（拾遺考釋十九葉）與容納誼亦近。即言容納之而不使為奴也。」（前釋四卷三十四葉下）

郭沫若　「……冥放二字，此二字舊釋為弁奴，字形既異，義亦難通。細案此二字，冥當為動詞，上舉第六例「帚孜不其冥」，續四、二九、三，可證。而放當是形容冥之狀詞，第一例之「帚妝冥允放」，續四、二五、一，燕大、一八四，合及第十二例「帚斂冥不其放」，後下、三四、四，可證。又此二字恆專係于帚某之下，此外無所見。放字有左列二例稍異，「口辰王卜在兮[貞]娥𡢁放（王）卟曰吉在三月」，簡二、一一、三。「乙亥卜㱿貞王曰㞢孕放㚘曰放」，佚五八六，第一例乃帝乙時所卜，娥下一文左旁从毓右旁从止衣又當是毓之緐文，象女人產子持襁褓以待之。第二例當在帝乙之前武丁之後。孕即身之緐文，象人懷娠之形。準此則放當是嘉之省，讀為嘉。放字係於毓與身之下而加以貞問必係吉祥之意。前例谷曰吉後例谷曰放，是放亦猶吉矣。放字系於冥下既與系於毓下身下之例相同，而冥又專為女子所有事，則冥蓋娩之古文，从向从㚘，㚘亦聲也。」（古代銘刻彙考續編骨臼刻辭之一攷察五葉下至七葉下）

唐蘭　「卜辭習見冥妫，妫舊誤釋奴，冥則自陳邦懷始釋弁，而以𡢁為娩，學者從之，初不計帚某𡚸奴之當作何解也。郭沫若釋□幼（娶）而讀為娩嘉，為卜辭研究中一重要之貢獻。惟以□為從向從𠂇𠂇亦聲，則殊勉強。余謂□即冥字，冥之本義當如幎，象兩手以巾覆物之形，說文作冥，其形既誤，遂謂「從日從六冖聲。日數十十六日而月始虧，幽也」。穿鑿可笑。卜辭㝠字當釋娊冥或娊之用為動詞者，並段為娩「生子免身也」。余前作卜辭文學一文中釋□為冥，（清華學報）而未詳其說，今故補之。郭氏粹編考釋亦逕作冥，則其近時之見解，或與余意符合矣」。（天壤文釋六十葉）

丁山　「陳邦懷先生釋𡚸，甚確。𡚸，當為盤庚遷殷之前故必讀為奄」。（殷商氏族方國志一四二葉）

丁山　「甲骨文兩见『入于□』云：

丁酉卜，殻貞，来乙巳，王入于□　續三・一四・七

丁酉（卜），殻贞，来乙巳，王入于□　續三・一五・一，原脱卜字。

此武丁时卜辞，当是一片之折。由上文『入于商』与『入文』为例，商、文并是王都之名，此□不能例外。□，陈邦怀先生殷虚书契考释小笺尝释为𡚸。由左传的『𡚸中』，与尚书大传所传，周公践奄之后，作揜诰考之（见国学纪闻），武丁入𡚸，𡚸当即南庚的故都之奄了。」（商周史料考证三四页）

丁山　「□，陈邦怀先生释𡚸，甚確。𡚸即掩之本字，象双手持巾掩冪器口形。月令『孟冬之月，其器闳以奄』，郑注，『象物闭藏也』。掩藏，盖即奄之本谊。引而伸之，男子之精气闭藏者曰奄，曰阉；女子『十四而精化，小通』者，必以巾帨掩之，宜亦谓之𡚸。凡卜辞云，『妇某𡚸』或『不其𡚸』者，通常是受孕的象征；也有时属于病态。」（商周史料考证一二二页）

屈萬里　「按卜辭□字，唐蘭釋冥（唐記）。其說良是。本□，象雙手施幎之狀，蓋即幎之古文。」（甲編考釋四二五葉）

孙海波　「□，鐵六七・一。郭沫若释冥，读若娩。同，綝二、三〇、一六。或不从𠂇。」（甲骨文编六九三页）

李孝定

「說文『冥，幽（段注改作窈）也。从日从六，冖聲。日數十，十六日而月始虧幽（段注改作冥）也』。篆不从十而解云『日數十』，篆不从月而解云『月始虧』，既云『日數十』矣，而又云『十六日』，支離穿鑿，莫可究詰，治說文者固多疑之矣。栔文作上出諸形，郭唐均釋冥，郭氏復詳辭意，其說均塙不可易。陳氏釋舁於卜辭之義均不可解，其說非是。字象兩手以中蔽日，或从D乃象蔽月形之形，許君『幽也』之解為其本義，蓋幽有闇義，許書莫下云『日且冥也』，昏下云『日冥也』，均其義也。从『𠬞』之字偏旁或通於『収』，『収』之隸定為『廾』，再變則為『大』，冥之今隸正从『大』，猶與此偏旁衍變之迹相合。篆譌从『六』，而義始難解，此許君支離穿鑿之說之所由作也。字在卜辭除一二例用為地名，如瀸一八六、一『王入于冥』，瀸九十四『丁酉殻貞來乙巳王入于冥』，它辭均為『帚某冥妨』連文，冥當讀為娩，妨則讀為嘉，郭氏論之審矣。郭謂𠂤為身字其意是而釋字則小誤，卜辭身作𠂤，𠂤則孕字也。惟郭氏謂放與吉同意，其說稍有未諦。卜辭中有數條饒有趣味之辭例，可見放字之塙義，其辭云『壬寅卜殻貞帚口好冥娩放嘉，王固曰其佳申娩吉，放其佳甲寅娩不吉，𡿺遐佳嘉　壬寅卜殻貞帚好娩不其嘉，王固曰𡿺不嘉，其嘉不吉于殸若兹乃死』亿四七二九、『甲申□卜殻□貞□帚好娩嘉，王固曰其佳丁娩嘉，其佳庚娩乃吉。甲申卜殻貞帚好娩不其嘉，三旬又一日甲寅娩□（此字於本辭之意殊閱重要，惜己漫漶不明）不嘉，三旬又一日甲寅娩不嘉佳女』亿七七三一、二辭均吉嘉對文，知嘉字之義非泛指嘉祥。上辭言『不吉』、『乃死』，則不吉，蓋謂難產而或至於死也。次辭言『不嘉佳女』，知所謂嘉不嘉者，蓋卜其生男抑生女也。是則重男輊女之俗固不自詩之弄璋弄瓦始矣。又次辭兩言『三旬又一日甲寅娩』，似前者為貞問之辭，而後者為既驗之繇辭，若然，則其預卜產期之精確亦可驚也。又有辭云『☐卜殻貞子昌娩不其嘉』亿六九○九、它辭均言『帚其娩』，而此辭獨言『子昌娩』，則子昌者蓋武丁之女子子也。據此以推它辭之言『子某』者，蓋亦男女並稱也。」（集釋二二四一葉）

饒宗頤

「按冥向讀為娩，卜辭：『辛丑卜，爭貞：小臣冥妨。（嘉）』（拾掇二・四七八）此與小臣聯言，釋為分娩，殊不辭。冥當讀如字。冥嘉，猶湯之言『冥豫』。冥，夕也，他辭屢言夕福，義略同。」（通考四二八葉）

饒宗頤

「丁酉，殻貞：来乙巳，王入于冥（鄍）（续三・一五・一）按冥即鄍。說文：『鄍，晉邑也。』左傳二年：『伐鄍三门。』杜注：『鄍，虞邑。』未審即此地否？」（通考一〇六页）

張秉权

「娩字在卜辭多作分娩解，但在此处似是名詞。」（殷虛文字丙编考释第三一五

頁）

白玉峥「此字奇古难识；唯从𠬢甚明析。今以䜌作[illegible]证之，疑此当为奱之省。说文𠬢部：『奱，樊也；从𠬢，䜌声』。此上从向者（一九二·二三四·二）盖䜌之省。向又变作[illegible]（此与牢从古文终省相类，而实不同）；散氏盘以䜌作䜌；则此字从䜌省，亦与从䜌同。惟展转变易，遂不易辨耳。」（契文举例校读十八中国文字第五十二册五九〇〇页）

白玉峥「地名之冥，与动词字之冥，不得混为一字。不仅构形相异，且其在卜辞之为用亦异。或谓：其异仅在其中之从口与否，大率相同。然此并不是肯定为一字之坚强证据与理由，乎杨的说，实乃遁辞耳。究当今之何字，何地，以俟论定。」（契文举例校读十九中国文字第五十二册五九〇二页）

姚孝遂「甲骨文编4942有嫇字，续甲骨文编12.11、李孝定集释3654皆承袭其误。查前6.28.4作：『……亥卜……女……冥……』是对的。叶玉森释『嫇』，即已误女冥为一字。综类282.3读作『……亥卜……女……冥……』是对的。」（殷虚卜辞综类简评古文字研究第三辑一八七页）

杨潜斋「卜辞『冥字，象以巾覆物之形，於六书为比类会意。说文冥部：『冥，幽也，从日从六，冂声。日数十，十六日而月始亏，幽也。』今斠以卜辞，则许君所云，於字形与字义，胥失之矣。变易为幎：巾部：『幎，幔也，从巾，冥声。周礼有幎人。』按今周礼天官叙官作冪人。郑注：『以巾覆物曰冪。』孙诒让正义谓冪即幎之变体。今谓幎训以巾覆物，正可与卜辞冥字字形互证。

惟卜辞冥与放连文，则其义当云何？盖谓怀子。知者，卜辞有[illegible]（菁华页四）字，冥即娩字之借。娩字见於经典者，其义正谓怀子。如太玄沈次五：『其腹好娩恶粥。』范望集解：『娩，怀；粥，生也。』按粥殆借作育。其以娩与粥连文，犹卜辞以冥与放连文也。娩又变易作䎃：管子五行：『䎃妇不销弃。』尹知章注：『䎃，古孕字。』通作绳：周礼秋官薙氏：『秋绳而芟之。』郑注：『含实曰绳。』陆德明释文：『绳音孕。』孙诒让正义：『按草之含实犹人之怀孕，故谓之䎃，绳䎃声类同，字得相通借。』娩又变易为孕：说文子部：『孕，裹子也。从子，从几。』孕字亦见卜辞。如云：『乙亥卜㞢，贞：王曰：㞢（有）[illegible]，放？大曰：放。』（佚存五八六片）」（释冥放，华中师院学报一九八一年第三期一〇九至一一〇页）

泉

高明　「如以冥為病，無須多加解釋，无不文从义順。再就參加貞冥的人員來看，其中既有王婦也有子妾；既有王子也有小臣。又因病者有輕重之別，所以有的人貞卜次數較多，有的較少；有人持續时间較长，有人很短。……

冥在商代卜辭中含有病义，但在字书中找不到這种解釋。从音训考慮，冥昏音义相同，古為通用，如國語·楚語：『昭明德而废幽昏焉』；楚辭·惜誓亦云：『世俗之幽昏兮』；淮南子·原道篇則作『幽兮、冥兮，应無形兮』；說山篇亦作『謂之幽冥』。冥昏相通，冥可讀為瘠，詩經·大雅·桑柔：『多我覯瘠』，箋云：『瘠，病也。』」（武丁时代貞卜辭之再研究　古文字研究九輯五一頁）

李瑾　「冥字甲骨文雒形（、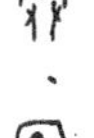、），上部象妇女下肢，中部棱形、半月形、口形或省作一竖画者，则象征阴道孔开口處，后来『口』形在发展中取得优势，又衍一羨画讹变为日形；其下从廾者，象助产者背反两手向左右两边用力撑开产妇两腿以导产之状……故『生子用力』、『努力』乃冥字的本义。词义扩大，则发展为用力、努力……黾勉一词中，勉有『用力』之义，黾字也有『用力』之义，故谷風下陆德明的释文作：『黾勉，犹勉勉也。』否则，按一般的训诂方式当作：『黾勉，犹勉也。』重复一『勉』作『勉勉』，无此必要。证据之二尔雅释诂：『勔，勉也。』释文『勔，本作僶，又作黽。』由此足见，黾字在『黾勉』一词中与『勉』同义，有用力、努力之义。黾字本象蛙类之形，原无用力、努力之意义，其所以有此义的原因，是它从『冥』字那里取得的。」（「冥」字与「黾勉」词两者音义关系分析，华中师范大学学报（哲社版）一九八七年三期一〇二至一〇六页）

金祥恒　参[illegible]字条

按：字當釋「冥」，讀作「挽」，今則作「娩」。合集一三九七五之「子娩」，「子」當是「好」。又屯附二二亦有「小臣娩妫」之記載，「小臣」為女性，不能據此否定讀「冥」為「娩」。又「冥」為地名，見合集七八四二及七八四五。

王襄類纂正編第四十九葉以為「古淵字」。又正編第五十二葉以為「古泉字」。

王襄　「說文解字：『泉，水源也。』爾雅釋水：『濫泉正出，正出，涌出也。』疏：『李巡云：水泉從下上出曰涌泉。』『沃泉县出，县出，下出也。』疏：『李巡云：水泉上溜下。』所录一至七泉字象水从上溜下之形，当為沃泉，末二字象水从下上出之形，当為濫泉。許書濫字下引詩曰：『觱沸濫泉』，今本毛詩小雅采菽、大雅瞻卬均作『觱沸檻泉』，檻泉即濫泉，濫与檻同声，故借檻為之，卜辭用此二誼之泉字，疑当時知水有就下之性，先製泉字，继見有濫泉，遂別製凵字。覩异物，製新字，許氏所謂遠取諸物也。段玉裁云：『倉頡、爰歷、博学三篇字数，当秦汉之際，小篆只有三千三百，至許洨長作說文解字，為九千三百五十三文，幾增至二倍，其原因不外孳乳浸多，及广收别字之故。』可知創製新字，亦应用之通例。」（古文流變臆說二八——二九頁）

羅振玉　「說文：『泉，水原也，象水流出成川形。』此从⺊象石罅涓涓流出之狀。古金文原字从泉（散盤），與此略同。新莽錢文曰『大泉五十』，泉字作泉，尚略存古文遺意。」（殷釋中九葉下）

按：契文泉、泉、泉並象泉水之形。甲九〇三「戊子貞，其奈于洹泉……三宰俎宰？戊子貞，其奈于洹泉……三宰俎宰？」洹泉即洹水，用其通義。

卜辭泉名每多合書。如：

「……巳卜，才泰泉……王旬亡猒」外九三

此片嚴一萍釋作「麥泉」，胡厚宣南師一·二〇〇亦摹作「麥泉」，島邦男綜類二八二摹作「𣳾」，當以「泰」為是。（參見合集三六九一〇）

前二·一五·六：「……在泰泉餗」；綴一八五：「丁亥卜，在泰泉餗貞：……」于先生駢枝一·二三以為泰泉即輝縣之「百泉」，陳夢家綜述二六五以為即詩泉水「我思肥泉」之「肥泉」，「在今淇縣附近」。

寧滬三·二七九有「來泉」，辭殘，當亦為地名。

乙四〇五六「乍泉入卅」；前六·五二·一「令泉单子呂歸」，南坊五·六一「其又子𠂤泉辨兄癸牢，王受又」，凡此均合書，為人名。

甲二九〇二、前六·四六·一有「㿝」合文，李孝定集釋釋「𣶒」，不可據。

2154 ⿰泉又 

按：字从「泉」、从「又」。佚一一一一辭云：「己巳貞，⿰泉又芻其奠于京」為地名。

2155 ⿰泉刂 

按：合集三一一九九辭云：「米庚⿰泉刂東乃霾無大雨」為祭名。

2156 夲泉 

王襄 「疑華泉合文。」（類纂存疑第十一第五十六葉上）

陳夢家 「……才夲泉餗 渝二、一五、六，止一五一三

乙亥卜才夲泉餗貞韋𠂤寮妹……又宜，王其令宜不每克𠙵王令…… 前四、三一、六十續三、二八、六，

此乙辛卜辭。『夲泉』為合文，……我們以為應是肥泉。說文蓜或作蕢，艸、麻是形符的替代，肥、蕢是聲符的替代，可證肥、夲同音，而卜辭金文夲即蕢字。詩邶風泉水『我思肥泉，茲之永嘆』，淇水注『又東南注淇水為肥泉，即詩泉源之水也。……博物志謂之澳水，詩云『瞻被淇澳，菉竹猗猗』。地當在今淇縣附近。」（綜述第二六四至二六五葉）

龙宇纯 「甲骨文有合书之⿱夲泉，为泉水之名。

叶玉森前编集释云：疑華泉合文。

金祥恆兄续甲骨文编释作麥泉。

孙海波甲骨文编释作夲泉。

于省吾双剑誃殷契骈枝亦释桒泉，并且说桒泉即百泉……

今按桒疑即诗卫风泉水之肥泉。桒賁二字关系之密切，前已言之。賁字在广韵有符文、符非、博昆、彼义四读，其中符非切一读与肥字同音，肥字古韵属微部，与賁或为同部或有阴阳对转的关系。方言三：蘇，周郑之间谓之蕡，蕡字郭音翡翠之翡，此可证賁古音近肥，而说文艸部萉字或体作黂，一从肥声，一从賁声，尤賁肥古同音通用之证。水经注淇水云：……。肥泉与朝歌近在咫尺，而附近一带川迴崿转，泉响不断，极山川之胜，故卫女思归而曰我思百泉，殷王畋遊亦常至此间了。

然而说桒，即是肥泉，似乎并不止於声音及地理的相合，此泉而名曰桒者，或者以此地水道流派歧出，有似桒字之形，遂以为名。诗毛传云同出異归为肥泉；尔雅云归異出同曰肥……如果我们无视於水的流向，只从静止的画面看，桒字的字形确乎与水经注所写这一带水道的形式是相似的。」（甲骨文金文桒字及其相关问题，历史语言研究所集刊第三十四本下册四二四至四二五页）

按：「桒泉」合文，為地名。參見2153「泉」字條。

2157

孫海波

「，乙三四〇四反。从邑从泉，說文所无。方國名。」（甲骨文編四〇四頁）

按：釋𩫖不可據，卜辭為人名。

2158

按：合集三〇七六辭云：「癸巳卜，貞，令卓子㠯歸」為人名。

2159

隹泉 

按：合集三二一八三辭云：「辛巳貞，弜奠于𩀣」「隹泉」合文，乃地名。

2160

鳥泉 

王襄　「古𩁹字。」（簠室殷契類纂弟十九葉）

羅振玉　「說文解字：『𩁹，鳥羣也。从雥𣶒聲。』卜辭从鳥在𣶒上。」（殷釋中七十八葉上）

葉玉森　「案此字在卜辭似為地名，上為鳥形，身有斑點，疑鵜之象形文。下為泉字，其地或名鵜泉。此乃鵜泉二字合文。」（前釋六卷四十三葉上）

李孝定　「說文『𩁹鳥羣也从雥𣶒聲』契文从隹或从鳥，不从雥。以雧或作集例之，羅釋此為𩁹可从，下从泉與𣶒同。卜辭𩁹為地名。甲二八一〇辭云『庚申貞其令亞𡗜馬𠂤乚𩀣』二九〇二辭云『戊午卜弜克貝𩀣南封方』，屈翼鵬云『弜不也，綜述（一二八九葉）謂是殷之邦侯誤，克攻取也，貝、𩀣皆地名，南封即南境，南封方即南境之國也。貝𩀣兩地蓋在殷之南境，故云』。見甲釋三七四葉屈氏隸此字作𩀣，謂不見於字書，見甲釋三六一葉蓋偶未察耳。前六、四六、一、之文从鳥，僅餘殘文，當亦地名。」（集釋一三五五葉）

李孝定　「葉謂字从鵜無據，仍以羅釋為是。古𣶒泉同文，汪孫鐘肅字作𦘼，沈子它簋淵字作𣶒，所从𣶒字均與卜辭泉字作𡿧者形近也。」（集釋一三五六葉）

按：羅振玉釋𩁹不可據。字在卜辭為地名。乃「鳥泉」二字合文。

2161

户 

孫海波甲骨文編十二卷二葉收入户字下。

李孝定「契文户字甚少見，而从户字門字習見，所从與此正同，孫收作户可从。後下一辭云『岳于三户』似為地名。乙編一辭僅數單文，無義，似為習刻者所作。金文肁門等字从户作 ，亦與此同。」（集釋三五〇九葉）

柯昌濟「三户見史記項羽本紀孟康注『在鄴西三十里』。又水經丹水注『丹水又東南逕一故城名曰三户』。」（殷墟卜辭綜類例證考釋，古文字研究一四七頁）

按：說文：「户，護也。半門曰户，象形。凡户之屬皆从户。㦾，古文户从木」。「半門曰户」嫌迂曲，當如玉篇「户所以出入也。一扉曰户，兩扉曰門」。㦾亦不當是户之古文。王筠釋例云：「疑是許說挩佚，後人見其在户下，遂命為户之古文也。户而加木，不成為古文。衆經音義云：㦾，又作槏，同，户減反。通俗文：小户曰㦾；字書：㦾，窗也。玄應恪遵說文，此獨不引，是可徵也。而槏當作槏。木部：槏，户也」。陳夢家綜述四七三謂「卜辭有宗門、宗户，所以丁宗户、且丁門乃是丁宗與且丁宗廟中的户與門」。其說可從，南明六七七：「己巳卜，其啟庭西户，祝于妣辛」，此亦用户之本義。卜辭「于三户」，或稱「于三門」（粹七三、甲五二七），門與户對言，均為本義。李孝定以為地名，非是。

2162

康 

按：字从「户」、从「朿」，隸可作「康」。合集三二九七辭云：「丁酉卜，殻貞，呼宅康」為地名。

2163

⿸户商 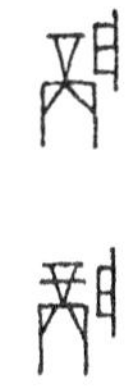

白玉峥　「孙海波氏文编，列为不识之字（附录二二）。金祥恒先生续文编，入于户部之后（十二·四）。李孝定先生集释，既列於户部之后，且隶定为⿸户商（三五一一），又列为待考之字（四〇六三）。峥按：字从户从商，兹姑隶作⿸户商，以俟考定。（契文举例校读十五中国文字第五十二册五八〇〇页）

按：合集一〇九五〇辭云：「我叀七鹿逐，七鹿不⿸户商」用為動詞，與田獵有關，義當為擒獲。

2164

⿸户黄 

按：字从「户」从「黄」，隸可作「⿸户黄」。合集一八六六三辭云：「……戌卜，韋……⿸户黄若」疑為人名。

2165

⿸户鳥 

按：字从「户」从「鳥」，隸可作「⿸户鳥」。合集一三九二五辭云：「貞，呼取⿸户鳥伯」。

2166

啟 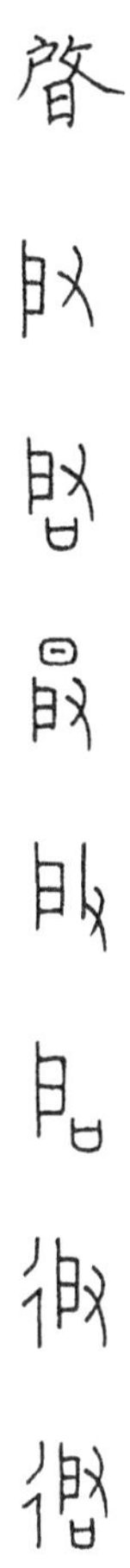

孙诒让　「⿰户又当为啟之省。说文攴部：『啟，教也。从攴启声。』此从又者攴之省，从户者启之省也。金文遂攺谋鼎攺作⿰户又，与此可互证。啟似国名，故云征啟、获啟。又云啟之，又啟䀠，並与征昌方文义略同。又云『戊辰卜宂貝之仔䀠』（藏二四五·一）此正作啟字不省，亦可与䀠字互証。金文受鐘宗氏宝林鐘啟字作䀠，形亦相近。」（契文举例上三十四页下）

王襄　「攴，古啓字，姢。說文：『啓，雨而晝姓也，从日啓省聲』。此省日，卜辭有『之夕允雨，辛丑攴』及『不攴其雨』之文，是攴即啓之省無疑」。（簠考天象十三葉下）

王襄　「古啟字。許說雨而晝姓也，从日，啟省聲」。（類纂正編第七弟三十二葉上）

王襄　「古启字，許說開也，从户从口」。（簠室殷契類纂第五葉）

王襄　「古肇字。吳愙齋先生云：肇、肁、肇三字古通」。（簠室殷契類纂第十四葉）

王襄　「古肁字。肇肇重文」。（類纂正編第十二第五十三葉下）

王國維　「栔上諸攴字，从又持户，義當為启，疑即啓之借字。說文：『啓，雨而晝姓也』。此條攴字之上有从日之迹，知正作啓矣，至云『不啓句其雨』，與說文啓字之訓正合。」（戩考六十葉下）

葉玉森釋启無說。（前釋五卷二十五葉七行）

葉玉森　「王氏說較碻。予曩言殷虛卜辭第二百九十版『不䁥』之䁥从日尤顯。造字初誼蓋象推户見日。鴻範五卜其二曰霽，卜辭未見霽字，似啓霽為古今文」。（前釋一卷一二〇葉背）

商承祚　「䀠或从日作晵，或从月作䁥，王靜安先生謂即啓字。董彥堂先生謂啓霽疊韻之轉，霽晴又雙聲之轉。栔攴為開启之本字，以手启户為初意，或增口作啓，或省又作启。羅師叙言謂自名以評門往者以又启之是也，（類編三·六）其後借以為雨而晝姓之霽，觀其上从日作晵，象晝姓启户見日，从月作䁥，象夜姓户見月，亦可以知其遭变之迹矣」。（佚考一葉）

董作賓　「䀠从日从啟蓋啓與攴與䁥為一字，而霽與晴亦一語之轉」。（商代龜卜之推測，安陽發掘報告一期九二葉）

九十二葉）

董作賓　「啟、霽、疊韻之轉，霽、晴又雙聲之轉」。（商代卜辭之推測載安陽發掘報告第一期

孫海波　「从又从启省，古通啟。」（文編三卷十五葉）

孫海波　「啟即晵字之省，說文『晵，雨而晝晴也，从日攴省聲』。段玉裁曰：『晵之言闓也，雨而晝除見日則謂之晵』。錢坫曰：『此晴霽字』，與卜辭之義正合。」（文錄十葉）

孫海波　「㫤，粹六四六。說文晵，雨而晝姓也。㫤，甲五四七。从啟省。」（甲骨文編二八四頁）

李孝定　「說文『啟教也从攴启聲論語曰不憤不啟』。啟之本義當訓開，故引申得有晴意，雲開而日見也。卜辭用啟義多為啟，啟為晴之專字例當後起。說詳二卷启下。金文作晵虢叔鐘从戈啟番生簋从又啟晵叔氏鐘啟啟𢼄伯啟𣪕啟𢀛啟鼎啟遥啟鼎晵召卣晵訴啟鼎啟玉子啟彊尊」。（集釋一〇四三葉）

李孝定　「說文『启開也从户从口』。卜辭用启或與啟同，意均為晴。辭云『口口卜狀園乙未又启因戈』甲編八一五。說文『啟教也』。桂馥義證「玉篇『啟開發也』，莊子『歘啟寡聞之夫』，经家訓啟為開。馥謂『啟，開教也』。論語『不憤不啟』者，皇疏云『啟，開也』」。桂說是也。卜辭作啓，从启、从又，開誼益顯。卜辭用為晴，說者謂並假為晵。竊謂：晵當為後起字，啟訓開，引申之即有晴意。蓋晴者，雲開日見也。今吾鄉湘省謂晴猶曰『開天』，蓋古語之遺也。作㫤晵者，則天晴之專字。」（集釋〇三六七葉）

李孝定　「說文『晵雨而晝姓也从日啟省聲』。卜辭此義字多作㫤，若晵是用開启之引申義，非徒以音近假借也，此後又从日作㫤會意，攴亦聲，諸家說此是也。說詳二卷启、三卷啓下」。（集釋二一八三葉）

饒宗頤　「『辛巳卜，㪃：又升，妣庚豕』。（屯乙八九七〇）按㪃疑即子㪃，大英博物院藏骨譜：『隹子曰㪃，叔曰㪃』。他辭卜子㪃亡疾者，有南北無二四〇片」。（通考一一七三葉）

白玉峥「峥按：𢼄字于甲骨文中，固为霁之初文，而啓字则别又有一义也。考后汉书岑彭传章怀太子注曰：「凡军在前曰啓」。又左襄二十三年传杜注：「左翼曰啓」；孔疏：「凡言左右，以左为先，知啟是左也；名之曰啟，或使之先行。诗云：『以先啟行』，服虔引司马法谋师篇明之；如服言，古人有名军为啟者」。其见于卜辞者，如：

丙辰卜，争贞：沚戠啟，王从，帝若，受我又？ 乙七八二六

贞：沚戠啟，王勿从，帝……？ 乙三二六二

贞：沚戠啟，王从……？ 合四七一

甲午卜，宕贞：沚戠啟，王勿从，弗其受……？ 合一九二

沚戠，为武丁时重要将领之一，曾参予伐土方、伐鬼方、伐下旨诸大战役，彦堂先生曾将其有关之卜辞，整理排比，而成武丁日谱（见殷历谱下编卷九），此录诸辞，或其伐土方之行欤？殆殷世行军佈阵之法，载籍虽无传焉，而于三千年之下，征之于卜辞者也。」（契文举例校读中国文字第八卷第三十四册三七七〇——三七七一页）

白玉峥「𢼄字于甲骨文中，固为霁之初文，……。𢼄，于卜辞中，亦为人名；有单名曰「攺」者，有复称曰「子攺」者，如：

㞢攺？ 乙七一六二

王梦攺，不佳囚？

贞：王梦攺，佳囚？ 乙五二二四

右之名「𢼄」者，似为殷之先世，然于传世之经传中无征焉。

甲戌卜，宕贞：□、□、攺，叶王事？ 甲三三三七

右之名「攺」者，盖武丁之时也。

辛巳卜，攺又丬妣庚羌？ 乙八七一三、乙八九七〇同例

……攺又丬妣庚□？ 乙八八五七、鄴三·三四·六同例

右之名「攺」者，见于武乙之世。

乙卯卜，贞：子攺亡疾？ 乙八七二八、八八一四、八九六五同例

口辰卜，贞：（子）攺亡疾？ 乙八七二〇

又殷时有地名、或方国名曰「攺」者，如：

在攺。 合二五八

戊申卜，永贞：望乘㞢保？在攺。 库一五九三

攺入。 甲考图版一七八」（契文举例校读中国文字第八卷第三十四册三七七〇）

于省吾 「甲骨文有启、啟、启、晵、𢼄等字。说文训启为開，训啟为教，训晵为『雨而晝姓（晴）』，典籍则通作啟。甲骨文启和从启的字均从又，不从攴，周代金文多演变为从攴。甲骨文以启或啟为啟晴之啟，後又以晵或𢼄为之。启字象以手開户，孳乳为啟。第三期卜辞的『其啟翁西户』（邺三下四一·六），是启或啟本有開义，故引伸为晴。本文所论述的是，甲骨文的征伐方国，有时以啟或启为言。今择录十条于下，并加以阐述。

一、丙辰卜，争贞，沚戜啟，王比，帝若，受我又〇贞，沚戜啟，王勿比，帝弗若，不我其受又（丙四〇九）。

二、甲午卜，穷贞，沚戜啟，王勿比，弗其受☐（缀合一九二）。

三、贞，沚戜啟，王比（缀合四七一）。

四、贞，沚戜啟，王勿比，帝☐（乙三二六二）。

五、辛卯卜，穷贞，沚戜啟𠂤，王叀之比。五月〇辛卯卜，穷贞，沚戜啟𠂤，王勿隹之比（丙二七六）。

六、贞，見羊启雀〇見羊弗其启雀（乙四六九三）。

七、癸卯贞，出启龍，王比，受有又〇贞，出啟龍，王勿比（外四五三）。

八、癸卯卜，贞，出启龍先，受出又〇贞，出啟龍，勿（平津元嘉一一二）。

九、戊申卜，辰贞，皇乘出保，在启（库一五九三）。

十、叀沚或启，我用若（邺三下三九·九）。

以上各条于征伐言啟或启，为旧所不解。我认为，啟有左前之义，典籍多训啟为開为發，左前之义乃由開發所引伸。啟既有左前之义，故尔雅释畜谓马『前右足白，啟』。又古代出征往往称前军为啟。诗六月叙征伐猃狁：『元戎十乘，以先啟行。』这是以元戎军车十乘为前导。左传襄二十三年：『啟牢成御襄罷师，狼蘧疏为右。』杜注：『左翼曰啟。』左传会笺：『凡言左右，以左为先，知是啟左也。』论语雍也：『孟之反不伐，奔而殿。』集解引马注：『前曰啟，后曰殿。』周礼夏师贾疏：『军在前曰啟，后曰殿。』商君书境内：『其先入者，举为最啟，其后入者，举为最殿。』甲骨文的征伐方国，往往用联盟方国的将领率军左前，而商王或妇好则比次在后以督阵，因而称前军为啟。

上文所引的前四条，均以沚戜啟和王之比不比为言。沚戜啟，乃是占卜征伐某方，沚戜为啟的省语。典籍多训比为次，次谓次于前军，指在后督阵言之，故以比不比为言。第五条的沚戜啟𠂤，乃是沚戜为啟以伐𠂤方的省语。因为甲骨文『王比沚戜伐𠂤』的反正对贞是常见的。

王𢀛佳之比，之為代名詞，指的是沚戓。第六條見羊启雀与吾，和第五條語例相同。第七條的龙指龙方言之，甲骨文伐龙方之貞屢見。㞢（有）𠬝龙与沚戓啓𢦔語例也同。只是省去主語而已。第八條的出𠬝龙先，乃先出𠬝龙之倒文，是說先有前軍為𠬝以伐龙方。前引詩六月的『以先啟行』可資參証。第九條的呈乘出保，才𠬝，是說征伐某方，有呈乘為保障，因為他在前軍。第十條的重沚或𠬝，我用若，是說出征以沚或為𠬝，我因之而順利。甲骨文有『王比沚或伐口方』（京津四三九五）之貞，可互証。

在此需要附帶說明一下，甲骨文第三期的『甲覓卜，亞𢦏耳龙，毋（毋）啓，其啓。弗每又雨』（綴上三〇·五）。耳龙為方國名。其讀為該（詳釋其）。啓訓為晴。這段甲骨文是因為亞之𢦏伐耳龙而占卜天氣的晴或雨。這和前文征伐方國之啓指前軍為言者截然不同。」（釋啓甲骨文字釋林二八七——二九〇頁）

曹定云

「『亞弜』、『亞𠬝』就是卜辭中的『弜』、『𠬝』，同『亞其』一樣，同是殷代的重要諸侯國。……『𠬝』与『受』关系密切，不会离『受』很远，其地可能在离七垣較近的河北或山東境內。這雖然是推測，但『𠬝』离『受』不远，位於殷王都的北面或東北面大体可以確定。（亞弜亞𠬝考甲骨文与殷商史一九四頁至二〇一頁）

考古所

「𠬝：即啟。左傳襄公廿三年：『𠬝，牢成御襄罷師，狼蘧疏為右』。注：『左翼曰啟』。疏：『凡言左右，以左為先，知啟是左也，名之曰啟，或使之先行』。」（小屯南地甲骨八三六頁）

考古所

「𢼊：可能是啟之异构。」（小屯南地甲骨一〇〇二頁）

姚孝遂　肖丁

「說文訓『启』為『开』；訓『啓』為『教』，訓『晵』為『雨而晝姓』。卜辭有𢻮、𣈅、晵、𣈆、𣈆諸形。這些形体屬于同一个來源，其用法也沒有什么差別，只是𣈆或晵相当于小篆的『晵』，未見有其它的用法。

卜辭𢻮和晵的用法較為复杂，除用作人名、地名而外，尚有兩种主要的用法：

一為与軍事行動有关，如：

『貞，沚戓𠬝𢦔，王比？』

『丙辰卜，爭貞，沚戓𠬝，王比，帝受我又？』

汇給
7826 223

孔穎达疏：「攺」及「啟」有征伐之义。左传襄二十三年：「啓牢成御襄罷師」。杜預以「左翼曰啓」，倳车居焉……如服言，古人有名军为啓者。」朱駿声説文通训定声：「凡军在前曰攺，在後曰殿，在旁曰胠，」卜辞攺即「以先啓行」之义，谓在前驱。

另一种用法如説文训为「雨而畫姓」：

「不啟，其雨？」

「不雨，攺？」

「丙戌卜，今日攺？」

「今日攺？」

説文以「雨而昼姓」为「啓」，「雨而夜姓」为「姓」，卜辞则不沧晝夜，均通称作「攺」、「啓」，或称「日攺」，或称「夕攺」，犹今通称作「晴」。

菁八有辞为：

「貞，翌辛丑不其攺？王固曰：今夕其雨，翌辛……之夕允雨，辛丑攺。」

據上辞，「攺」正是雨後天晴的意思。」（小屯南地甲骨考释一四六—一四七頁）

姚孝遂

「在卜辞中，「昅」既可用作「启」，也可用作「啓」。卜辞稍晚又出现了「𣆶」的形体，开始分化，作为「啓姓」的专用字。「𣆶」从不用作「开启」之「启」。」

（再论古汉字的性质古文字研究第十七辑三一五页）

徐锡台释启見𢼸字条下

按：甲骨文的基本形體作昅，變體作𣅀，亦或作𣆶，其後又增形符日作𣆶或𣆶。小篆演化為启、攺、啓三字。由卜辭「𣆶」或「𣆶」專用作「啓」觀之，已開始出現此種分化。「𣆶」不一定如許慎所言為晝晴，卜辭多見「夕攺」，是夕晴亦得謂之「啓」。

2167

門 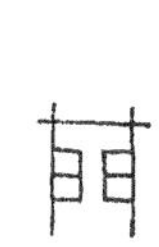

羅振玉

「象兩扉形，次象加鍵，三則上有楣也。」（殷釋中十二葉下）

郭沫若　「『門令』者，門當作動詞解，謂榜之于門也。周禮冢宰職『縣治象之法于象魏，使萬民觀治象』。又秋官士師職『掌國之五禁之法以左右刑罰，……皆以木鐸徇之于朝，書而縣于門閭』。即此所謂『門令』事也。」（粹考一三五葉下）

陳夢家　「卜辭『父甲門』，『且丁門』當指祖甲、祖丁的廟祊。乙門、丁門的乙、丁似亦指廟主。南門、宗門、宗户、和門，當指宗室祖廟的門。西周金文羣臣入廟門立中庭北嚮，則所入當是南門。」（綜述四七八葉）

屈萬里　「卜辭：『門，其雨？』（甲編一三二四）門，作動詞用，疑謂修門或祭門也。」（甲編考釋一八七葉）

屈萬里　「卜辭：『乙丑卜，彭貞：其為祖丁門于賓、启、衣、𢦏、彡？』（甲編二七六九）門，謂祭門也。」（甲編考釋三五四葉）

李孝定　「說文：『門，聞也。从二户，象形。』契文亦从二户，或象加鍵，或象上有楣，羅說是也。金文作門門且丁簋門頌鼎門頌壺門頌簋門門師兌簋門散盤門師酉簋與契文小篆並同。」（集釋三五一三葉）

饒宗頤　「卜辭云：『……勿于乙門令』（佚存五八）門即閎，故又見『宗門』（屯甲八九六）即宗閎也。乙門之外，復有丁門（見林二、二一、五）或祖丁門（見屯甲二七六九）是門之乙，雖不知指大乙祖乙小乙，惟為廟主之名甚明。」（通考二二二葉）

考古所　「盥、門、圬、呰：皆地名。」（小屯南地甲骨八五三頁）

柯昌濟　「三门即禹貢之砥柱。」（殷墟卜辭綜类例證考釋，古文字研究十六輯一四七頁）

按：卜辭「門」多用為「門户」之義。陳夢家謂「乙門、丁門的乙、丁似亦指廟主。南門、宗門、宗户和門，當指宗室祖廟的門」（綜述四七八）。其說可從。郭沫若以「門當作動詞解」，非是。

卜辭「田門」、「門田」，則為地名。

2168

問 𨳿

羅振玉釋問無說。（殷釋中五十七葉下）

李孝定「說文『問，訊也。从口門聲』契文與小篆同。陳侯因資鎛『朝問諸侯』字作䎽，假昏為之。後下九、十、辭云『☐問☐若』殘泐，不詳其義。」（集釋○三六三葉）

按：从口从門，與說文同。卜辭辭義均不明。

2169

焛 閊 閊

王襄「古焛字。」（類纂正編第十第四十六葉下）

商承祚「說文解字『焛，火皃，从火㒼省聲』。今卜辭亦有焛字，不知與許書同誼否。」（類編十卷九葉）

郭沫若「焛與大甲同例，所祭之神名。」（粹考一九二葉）

屈萬里釋卜辭：「其求焛，又大雨？」（甲編一二五九）云：「粹編（一一九二）辭：『閊，奈叀小牢？』粹釋隸定閊字作焛，云：『焛……所祭之神名』。本辭之㒼，當與閊為一字。綜述（五七七葉）云：『焛，當是與雷雨有関的神。』按：說文有焛字，云：『火皃……讀若粦。』其義與卜辭不同。」（甲編考釋一七八葉）

按：郭沫若以焛為神名，殆有未然。粹一一九二辭云：「焛奈，叀小牢？大甲𣪘叀大牢？」「焛」與「𣪘」同例，而不得與「大甲」同例。粹九八九辭云：

「叀⿰𠂤吉田省，不遘雨？」「⿰𠂤吉」於卜辭均為地名，無例外。粹一九二之「⿰𠂤吉」，郭沫若釋「陸」，以為「與柰同例，亦用牲之法」，而於粹九八九則以為地名。蓋偶失檢。金一八九辭云：

「叀閔柰酌又雨？弜柰于閔亡雨？」

粹一九二之「閔柰」，即「柰于閔」之倒。後下四一・一五云：

「貞乎射閔犯禽？」

閔為地名無可疑。綜類纂錄後下四一・一五之閔為門，亦未免疏失。

2170

⿵門女

陈汉平 「甲骨文有⿵門女字，旧不识。甲骨文编附于女部之後隶定为⿵門女字，并云：『从女从門，说文所无。』按此字从门从女作。说文：『閒，隙也。𨳿，古文閒。』『閑，闌也。从门中有木。』准閒、閑之造字方法。知从门中有女之⿵門女字，当释为嫺。说文：『嫺，雅也。』卜辞曰：

貞其⿵門女物。十一月。后编下二一・八

此辞未能通读。」（古文字释丛，考古与文物一九八五年一期一〇五页）

按：合集二六〇六五辭云：

「貞，其⿵門女牝」

用為動詞，釋「嫺」不可據。

2171

⿵門叜

按：合集三六七七三辭云：

「……在元……王步……⿵門叜……」

為地名。

2172 闌

按：合集八九六一乙正辭云：「……陕从……闌羽……」為地名，當與「闅」同字。

2173

按：字不可識，其義不詳。

2174

按：字或可隸作「户」，在卜辭為人名。

2175 闝

按：合集一五八四四辭云：「貞，今禰于嵍闝……」「嵍闝」為地名。

2176

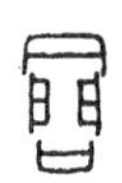

考古所「第五段辞『王令冒歸侯以田』，有两种解释：第一种，冒为人名，歸为动词，为饋之叚字。侯是某侯之省，即『王令冒饋某侯以田』；第二种，冒为动词，歸侯是侯名，即郭沫若所说『后世之夔國』，辞义可能是王賜歸侯以田。二者孰是，不能遽定。」（小屯南地

甲骨九九五頁）

姚孝遂　肖丁

「2273 〔4〕「丁丑貞，王令冒歸」

〔5〕「己卯貞，今日王令臾因我」

「臾」為臾之异体，亦見於京津4776。「冒」字前所未見，在此為人名。」（小屯南地甲骨考释一一三頁）

2177

閺

按：屯二二七三第（四）辭與第（五）辭相比較，「冒」亦當為人名：「王令冒歸医以田」，此為卜辭所僅見。其解釋有多種可能性，考古所之解釋為其中之一。亦有可能「田」即「甸」，「医以田」可能為「医與甸」。疑未能决，存以待考。

按：字从「門」从「攴」。合集三一〇二三辭云：「其奏庸閺美又正」當為用牲之法，義當如「攴」。

2178

按：合集一二一六四辭云：「貞，不隹𡆥」為人名。

2179

丁

口

孙诒让　「丁字皆作口，金文父丁爵亦同。」（契文举例上一页上）

葉玉森　「按卜辭丁作□□△□○○等形。古鉢文魯丁之丁作↑，有尾象鐕，今言釘也。先哲造丁字，果取象於鐕，似當作Ｐ♀个等形方顯，不應僅象鋪首。予疑實象人顛頂也。故呆卩等字以是作。丁顛頂並一聲之轉，素問云「是生大丁」，叚丁為釘。故後儒多以釘訓丁。鄭氏界謂爾雅魚枕為魚睛之說，未能遽信」。（前釋一卷四十葉上）

吳其昌　「丁之本義釘也。中畧丁為釘之本字，往昔通人亦已有甚明之者，朱駿聲說文通訓定聲曰：「丁，鐕也，象形。今俗以釘為之，其質用金或竹若木」。又曰：「以丁入物亦曰丁」。說文作「朾，撞也」，俗字亦作打，又作劉。字林、「劉設幕案从丁登聲」。徐灝說文解字注箋曰：「許云夏時萬物皆丁實，蓋以為象果形，然果實未有稱丁者，疑丁即今之釘字，象鐵弋形。鐘鼎古作●，象其鋪首，个則下垂之形也。丁之垂尾作个」，自其巔混而視之則為●」。案朱徐二氏之說，皆通論也。以錢大昕古無舌上但有舌頭音定律律之，則鐕音古正讀若釘，故鐕、丁、朾、劉實皆一聲，而丁字實為古代釘與針即鐕之共稱，丁形實為古代釘與針之共象。究極而言之，古初實無釘與針之別異，但僅有丁狀之物而已矣。以其形而言之，則既知古初釘與針皆原於此丁狀之物，自其巔而下視之，則成■狀，然則此丁丁之得聲何自而來耶，此於原始語音學所謂摹倣動作聲，即象椓釘之聲也。詩兔罝「椓之丁丁」，讀若篤，毛傳「椓杙聲也」，此杙即釘之木質者也。故丁●象丁之狀，丁象丁之聲也。聲，此至自然之事，孔子高所謂甚易知而實是也。丁又通釘，說文「釘，鍊鉼黃金也」，鍊鉼黃金鍛聲丁丁，故釘即丁，實無別也，必究竟而別之，則當云「丁以木者謂之朾，弋以木者謂之杙」耳。及竹木之朾說竹，始更造追从金之釘以示別異耳。中畧從名詞而轉入動詞，則丁之義又轉為朾。說文「朾，撞也」。今俗作打，反較說文合于六書之原則。丁之聲又轉為成。呂覽長攻曰「反斗而擊之，一成腦塗地」，高誘注「一成，一下也」。案謂打一下也。章氏云「簫韶九成之屬，亦謂撞鐘擊鼓一度為一成耳」。章說是也。又禮記月令疏「丁，成也」，皆其證也。椓杙撞鐘之聲為丁丁，亦為當當，故以其聲而言之，則丁又通當，丁丁又通當當。爾雅釋詁「丁，當也」，詩大雅雲漢「寧丁我躬」，毛傳同，楚辭惜賢「丁時逢殃」，尤思「丁文王聖明哲」，王逸注同，皆其驗矣。又金文凡人形皆作亣或亣或子或孑，其已被斧鉞誅戮者則作亣，象已喪其元。至其元首之形之作●或○狀者，與丁字之作●或○狀者正無二致，此蓋即原指之頂字也。古丁釘二字已如上述。莊子大宗師「肩高于頂」，釋文「頂，崔本作釘」，是陸氏所見崔本作「肩高于釘」，甚覺不辭，必古寫本作「肩高于丁」，六朝丁釘通寫故耳。此頂即丁字之堅證，亦即亣亣等形所从之●○等形即為丁字之堅證也。頂又同聲通假為顛，易大過「過涉滅頂」，虞翻注「頂，首也」，而說文及一切經音義卷十三引倉頡篇云「頂，顛也」，尤可為證。其後國家之于民人授田徵役，則有丁口人丁之稱，人以丁計，蓋猶牛之以頭計耳，斯亦丁義為頭之一驗也。丁義之所以為顛為首為頭無他，以人形亣之頭●與丁字●無別

故耳。此又丁字所孳乳旁生之枝義也」。（金文名象疏證）

唐蘭　「右丁字，卜辭習見，今略采殊體釋之。金文多作●■等形，卜辭大抵鈎其廓作□○等形，與日○（即圓之本字）等字相混。■形引而長之，作▼（三體石經古文，蓋出六國時）。或作↑，（古鉨魯丁）變而為小篆之个。今說文作个，是个之譌體也。丁為十日之名之一。三代之禮，人卒後，以甲日祭者即稱為甲，乙日祭者稱為乙，故十日之名，又為祖妣父母兄之稱號矣。十日之名與十二辰之名，其字本各有專義，顧假借為日辰之名已久，原義幷彰，字形又多變革，故說者多誣。說文：「丁，夏時萬物皆丁壯成實，象形也。丁承丙，象人心也。」（據小徐本）按此凡二說，然皆非也。丁壯成實，乃叚借義，丁既無由象果實形，果實亦未有稱丁也。其象人心之說，出於太一經，淺陋可笑，前人固多識之矣。鄭樵釋為蠆尾，尤無所本，蓋以意推測者。朱駿聲云：「丁，鐕也。象形。今俗以釘為之，其質用金，或竹若木」。學者多从其說。然此第能解釋小篆之作个形，抑猶不甚類，而古文作●，愈不可解。廻護此說者，或謂●象釘頭之平面，个象釘之側面；或謂當作▼象釘形，而古文作●，或○。此二說俱不可通。蓋自古文字發生歷史言之，●為最原始之形，作○者其變形，而作▼者實後起也。▼為●形之延長，不可謂先有▼形象釘，而後變為●，證之次圖，殊易明也。

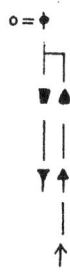

个形之起更遲，其形乃演變而來，欲知个形所象，必先知●字方可。若先認定个象釘鐕之側面，而逆推●為其平面，則為正辭，因僅就■形觀之，無以知其為釘鐕之平面也。章太炎謂「彝瓶作●，雖似釘尾，然于伐木之訓不合。古字固多聲借，●象一注之形，或本古文霝字，聲借為丁。」（文始）此昧於个即●之演變，其謂●為古文霝，亦無所據。郭沫若據爾雅「魚枕謂之丁，魚腸謂之乙，魚尾謂之丙」以釋乙丙丁三字，不知爾雅此節乃晚周、秦、漢間人語，取其與篆文相似而為名耳。郭璞云：「枕在魚頭骨中，形似篆書丁字，可作印」。其解至為確切，蓋其形當為▼或↑也。而郭沫若氏則謂以篆文為說為匪夙，又謂「枕或係字之誤，而丁則當係睛之古字」。此說除音相近外，亦無所據。若謂●象瞳子，亦可謂是人目，不必泥以魚目。郭又引「目不識丁」之語，謂「達視不能見其睛」（淮南注術訓）之古語，尤屬錯誤。「不為識一丁字」，丁當為个之誤，郭氏引此，實疏於檢校也。余謂丁者釘之本字。說文：「釘，鍊餅黃金也，從金丁聲」。猶存古誼。桂馥說文義證引世說：「帝以金五餅授陳矯」，又云：「今閩甌湖南皆傾銀作餅，即餅之遺也。玉篇釘又都定切，馥案今俗以金為一鋌是也」。其說至確。然則丁字古作●形者，實象鍊為餅之黃金也。爾雅釋器：「餅金謂之鈑」。周禮職金：「旅于上帝，則共其金版，

饗諸侯亦以之。」注：「鉼金謂之版。」此服所施，未聞。」按鉼為鍊金以鉼形，鈑則以版形也。須歲壽縣所出楚器羣內有銅方版千餘，余曾見之於安徽圖書館，殆即金版也。此類金版為數既巨，當是冶鍊儲藏，以備製器之用者。其旅于上帝共金版者，古者金與貝玉，俱可以祭。卜辭有𢦏字，象持貝以祭，亦作𠆢。金文我鼎云：「我乍絜𠙴且乙匕乙且己匕癸」，（須松堂集古遺文補遺、善齋吉金錄）郭沫若釋𠙴為禮，今謂非是。𠙴字上象凵中盛丁，丁即鉼金也。（又桒字殆從凵聲，即旅祭之旅之本字與？）字雖未可識，要為奉金以祭可知。玉饗諸侯亦共之，則其施未明。釘為丁之孳乳字，而●象金鉼之形，尚有可資旁證者。效父簋云：「休王易效父∶三」，（攈古錄二、二、四）舊釋∶為貝。執尊云：「易∶二，聿二」。舊釋∶為二。（攈古錄二、二、八一刋）郭沫若于效父簋之∶字，初釋朋，（兩周金文辭大系）後又釋仌。（大系圖錄考釋）今按釋貝、朋，均非，字形絕不相類也。釋仌較近，然亦未是。余謂∶字鉤廓作之，則○○字也。說文以吕脊為同字，訓為脊骨，乃由小篆作吕而致誤，金文作○○，無由象脊骨也。余謂吕作○○形，其本義當為金名，（邾公牼鐘：「玄鏐鏞吕」，少氏劍：「玄鏐鏄吕」，所用皆本義也。其字孳乳為鋁，（叔夷鐘：「吉金鈇鎬玄鏐鏷鋁」，邵黛鐘：「玄鏐鏞鋁」，儔兒鐘：「得吉金鎛鋁」，皆是也。（鋁从金吕聲，與鑢同。說文缺。金文編遂附吕下，非）∶即吕字，本甚易知，而郭釋仌者，以金文陳逆簋「冰月」之冰作∶仌故也。又郭云：「古金字亦多从此作，如過伯簋作∶金，偏鼎作∶金，即其確例。蓋古人以金生于水，故从仌也。其幟已昭，而為釋仌一念所蔽，殊可惜也。」金字从∶者，顯示∶為金形，古人雖謂金生于水，五行家又謂金生水，水與仌亦不同，作金字而象仌形，決無其理也。余謂冰字作∶仌，其所从之∶，亦即吕字而非仌也。蓋冶冰二字，本同从∶，省作=，後人說之，以為从仌耳。說文：「冶，銷也。从仌台聲」。顧冶當以銷金為正義，（王筠說文句讀說）从仌，非所取。前人有鑒於此，故三倉說之曰：「冶，銷鑠也。」遺熱即流，遺冷即合，與冰同意，故字从仌」。使前人知冶不從仌而从吕，而吕為金名，固無用是迂迴矣。冶者鎔金使為流質，而冰者鍊金由流質凝合為圓體，故作水旁∶以見意，冰即古凝字，實非仌字也。後人以冰冶二字之偏旁省作=者，與仌無別，（仌本作=，三體石經冬字篆書可證，変為仌，又変則為仌）因誤混之。而冰字意與仌相近，後人又以冰為仌，而別造凝字，於是冰字與仌之關係益切，莫知其為从吕矣。∶為金名，象二●之形，則●為金鉼，無可疑已」。（汶浮記八十——八十二葉）

楊樹达　「余疑口字象东南西北四方之形，乃四方或方圆之方本字。今作方者，方为併船，乃同音借字，非本字也。口或作匚，乃四方省为三方之省形字也。國字从口，而国差𦉜及王孙钟之国字并作國，从匚不从口，知口匚本不異也。省形之匚，說文读若方，知不省形之口亦当读如方矣。𦰩字甲文屡见，中皆从口，而从𦰩之衛字，皆从方作……此皆口方同字之确证也。」（释田匚匚匚，积微居甲文说卷上四二页）

屈万里　「甲骨文丁与祊皆作口，字形无殊。此口字则当读为祊。祊，即诗楚茨『祝祭于祊』之祊；说文所谓门内祭也。」（甲编考释三页）

又：「卜辞：『丙子又梦祊人于河，其用？』（甲编六九〇）此当读为祊；说文所谓门内祭也。言『有祊祭之梦，梦以人为牲，而祭于河；其用人为牲以祭河乎？』」（甲编考释一一〇页）

李孝定　「說文：『丁，夏時萬物皆丁實，象形，丁承丙，象人心。』契文作上出諸形。葉氏引齊个諸字說丁為釘，頗宜若可信，然無以解於篆體作个。唐氏謂●象金餅，舉呂作●●為證，其說甚辯，然●丁果象金餅，何以丁后作↑↑形者，豈餅形固如是乎。唐氏乃謂丁之作↑乃由形變，其所作丁字演變表中間介一●字未注出處，此與金文盾形之毌相似，而金文之丁實未見作此形者，此蓋出於唐氏之想像以證成其演變之說者。且古文點畫每多所象，類視所施而異其義，不能執一以求。唐氏謂●象金餅，以說●字固尚可通，然於金文䣃字僧姬無䣃壺作䣃从●乃象血點於器之形，寧亦將以金餅說之乎。唐氏乃謂冰字亦當从呂，其說蓋亦類此。吳氏引朱駿聲徐灝三氏之說，●象釘之鋪首，↑象釘之側視，於字之形音義及其孳乳引申之義莫不切適，其說確不可易也。金文作●父丁鼎●且丁尊口𥁕婦卣口册且丁尊●師𤼈簋●虢季子白盤▽者𣁋編鐘▼王孫鐘▼邾鐘」（集釋四二四九葉）

陳邦福　「案白虎通五行篇云：『丁者強也。』史記律書云：『丁者，言萬物之丁壯也。』許云『夏時萬物皆丁實』者，蓋推衍史記又參小篆為說矣。又案：殷契文幹枝人名丁字，作口〇0諸形，……周金文幹枝人名丁字，為父丁鼎作●，王孫鐘作▼，𨚕桐盂作口，象有虛實也。大一經謂丁象人心，正殷周古籀文丁字之象，蓋小篆之个，于形不效，福因斷大一經出六國人著矣。」（十幹形誼箋四葉上）

李孝定　「契文有从心之字，金文則心字多見，大抵作𢗰，與此殊不類。陳氏乃據大一經以說契文丁字，說殊剌謬。」（集釋四二五一葉）

饒宗頤　「按口即四方字，此讀為祊。《周禮》凡國祈年于田祖及祭蜡，並擊土鼓；又

祭祀饗食，以鐘鼓奏燕樂。故祊字或从彭作鬃，即擊鼓于門，此即口鼓之義。」（《通考》七三三頁）

张秉权　「我以为如果从甲骨文中的那些象人形的字来看，丁象人头，亦即颠顶，应该是最早的意义。」（甲骨文中所见的「数」，历史语言研究所集刊第四十六本第三分三七一页）

金祥恒　「卜辞中之口，其形与天干之丁无别，故释为丁，又与殷先公之报甲至报丁皆从口匚与日名合文，匚为盛主匣之形。说文「匚，受物之器也，读若方」，又「匰，宗庙盛主器也。」以石为之曰祏，说文「祏，宗庙主也」，周礼有郊宗石室」，左传庄公十四年「先君桓公命我先人典司宗祏」。杜注：宗祏，庙中藏主石室也」。说文「祏宗庙主也。一曰大夫以石为主。」又「宔，宗庙宔祏也」。宔从宀，说文：「交覆突屋也」，亦藏主之所也。宗：「尊主庙也，从宀示，示谓神主，宀谓屋也，亦藏主之所」。殷王报丁之子孙，史记殷本纪作主壬、主癸，而卜辞作示壬、示癸，盖主示相通，故宗之与宔，其义一也。曰其报甲至报丁卜辞作田、区、匬、匚，报甲从口，象正面之形，报乙、报丙、报丁从匚，象侧视之形。说文匚读若方，金文國或作或（毛公鼎），或作國（國差罎），或作國（彔卣）。说文：「國，邦也。」又：「或，邦也」。古或、國同用。國之所从口或匚，与报甲、报乙之所从相同。古方、國互用，如诗皇矣「维彼四国」，毛传：「四国，四方也」抑「无竞维人，四方其训之：有觉德行，四国顺之」，四方与四国对文，知其一也，以是甲骨文之口又释方，即祊字，故「丁宗」祊或即「祊宗」。左传襄公二十四年「若夫保姓受氏，以守宗祊」，杜注：「祊，庙门也」，祊宗或即宗祊也。卜辞之口，释丁释祊无定说，如以「己丑卜，大贞：于五示告于丁、且乙、且丁、羌甲、且辛」（佚五三六）言之，丁与且乙、且丁、羌甲、且辛并言，且为五示，丁，殷先王名无疑，若释为祊，则不辞矣！故「口宗」释为「丁宗」为是。」（释丁中国文字第四十四册四九六一至四九六二页）

李殿魁　「卜辭中之有「口人」者，似非祭名，而為方國人名。如：

1．口⺈　（前八·四·五）

2．☒☒卜口来卩（即）雀㓰我　（乙八八九三）

3．乙丑卜，又豕口⺈　（明三八七）

4．丙午卜，爭貞：效口⺈嫞不死，在口家有子

5．丙戌卜，爭貞：吙效口⺈𡢃（艰）？　（林一·二一·一二）

6、丙子……，又𢦏□𠂤于河，其用……？（甲六九〇）

7、丁酉……，貞又于伊□……（南明四九三）

8、……貞于乙亥……伊□𠂤（南明四九七）

9、……日其取伊□𠂤？（南明四九七）

10、……卜貞，今日其取伊□……（宁一·二三五）

11、癸卯卜，貞：往田……𦍋取寅伊□𠂤，七月（粹七·三二）

12、……貞，于乙亥六寅伊□𠂤？（游二·二二九）

13、癸丑卜，爭貞：旬亡禍，三日乙卯，有鼄（艱），斲□𠂤𢀛𠂤于𠂤……丁巳，𠀠子𢀛𠂤……鬼亦得疾……（菁三）

14、貞馬歸不死，廼令□侯……（京一六八六）

……而□𠂤各条，並无受祭祀之人称，且□𠂤上大都有『永』、『敖』、『伊』、『寅伊』、『斲』等字；又綜一六八六片有廼令□侯，則知□在此必為地名，蓋古者諸侯称侯，如滕侯、薛侯；無爵称人，如宋人某、郑人某；此处某□人，犹言□𠂤某也。此字不知其声义，按左传隐公八年：『郑伯请释泰山之祀，而祀周公，以泰山之祊易許田。三月，郑伯使宛来归祊，不祀泰山也。』杜注：『郑桓公周宣王之母弟，封郑，有助祭泰山湯沐之邑在祊。』事又見桓公元年：『辛易祊田。』是知古有此地也。今从屈先生之音讀而释為祊地之祊。」（冬飲庐藏甲骨文字考释，中國文字三三〇四頁三三〇九頁）

考古所　「口：此字可能是祊，也可能是丁。卜辭『往』后有連以地名者，如往于𩫖（游下三七一）、往于喪（遺九〇〇），此往有来往之义。也有連以先祖者，如往于上甲（游下一八七、南誠一七、乙四五七八）；『往』当为祭名。此片卜辭『往』后一字也可能是先祖名，即祖丁或兄丁的省称。」（小屯南地甲骨八七八頁）

赵诚　「口，丁。本象人之头顶。甲骨文用为卜官之私名，则为借音字。」（甲骨文简明词典七〇页）

高明　「前文已经谈到，帝字的本义是花蒂，商人用它来称呼主宰宇宙的神灵——帝，本来就是一个借用字；丁与帝两字古代同音，帝古属端纽錫部字，丁是端纽耕部字，錫耕乃一声之转。因此，商人借用帝字代表主宰宇宙的天神和用丁字代表主宰宇宙的天神，都是借用其音，彼此的作用是相同的。但是，商人在用字上似乎遵从一种习惯，因此，凡是向帝進行祈求的卜辭，均写作「帝」，而向帝進行享祭的卜辭，則多寫作「口」。因而在島邦男先生尚未识出借「口」為帝之前，很难看到商王祭祀帝的卜辭。陳夢家先生对此一現象曾產生过误解，他說：「上帝与先祖除了賜雨而外，第二个不同点绝無上帝享祭的卜辭，上帝不享祭，是上帝非可以享先祖之道之。」並說：「殷人的上帝是自然的主宰，尚未賦以人格的属性。」事实恰恰相反，在卜辭中不仅能看到商王对帝进行隆重的享祭，而且还能看到当時对這一信仰的发展和变化。」（以甲骨文中所見王与帝的实質看商代社会，古文字研究第十六輯二五頁）

唐兰　參子字条

晁福林说參字条下。

饒宗頤说參字条下。

張亚初说參字条下。

按：釋「丁」為「釘」，不可據。郭沫若以為象「魚睛」，唐蘭以為象「金餅」，均屬臆測。「丁」字本形本義難以稽考，只能存疑。卜辭「丁」與「祊」同形，唯以大小作為區分，大者為「祊」，小者為「丁」。「口」實「方圓」之本字。「祊」為祭名，「丁」為干支名，均屬通假，其義迥殊。商代文字，就其體系而言，已經過符號化的改造。通假字已屬純符號化之文字，不能單純根據其形體本身以探求其涵義。

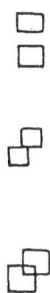

2180 雍 

孫詒讓釋為田見鐵雲藏龜二一〇葉三片鮑鼎釋文引。

王襄　「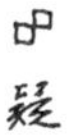疑宮字」。（類纂存疑七卷四十一葉上）

羅振玉　「从呂，从，象有數室之狀；从，象此室達于彼室之狀，皆象形也。說文解字謂从躳省聲，誤以象形為形聲矣。謂躳从宮省則可耳」。（殷釋中十二葉上）

薛尚功釋金文之為環。見鐘鼎款識十四卷一二九葉。

郭沫若　「吕字屢見，宮字从此作□。雝亦从此作□，若□。蓋从宮省聲。字象連室之形，聲當與宮雝相近，蓋即古房字。字在此當是人或國族名。國語周語『昭王娶於房曰房后』，或即此吕。」（卜通七葉上）

吳其昌　「絜文雍己合文作□若□，然則此口已合文之口字果為何字乎，曰北邑字古文作□者所从之口，亦即宮字卜辭作□作□者所从之吕或□之單文，亦即說文邕字籀文作□者所从之吕之單文，亦即古辟雍字甲文作□者之原始初文也。」（解詁二續六七六葉）

于省吾　「金文亦□市習見，……按薛、吳、郭、李四氏說並誤。□即雍字之初文，……『乎吳其昌說是也。惟謂為邑字所从之口，待酌。佚七三四：『□受年』。□為地名。後下四一、三：『乎□』。林二、二十、三：『□于萬』。零拾二：『弜弗其氏，□罘萁』。□□□為同字，均應讀為饔。郭沫若釋□為房，（通考七）失之。雝字絜文作□□□，金文作□□□。宮字絜文作□□□。金文作□（格于宮尊）□，均从□得聲。其所从之□，或合或分一也。說文以宮為从宀躳省聲，誤矣。雝字小篆作雝，隸變作雍，以絜文雍己合文作□及雝宮从□聲證之，知金文□字譌為雍之初文。絜文作方形，金文作圜形者，以契刻易於為方也。……要之，金文言赤□市，言□市，□為雍之初文。赤雍市即赤緼市，雍市即緼市。赤猶朱也。雍謂黃也。赤黃市即游斯干箋所稱『芾者天子純朱諸侯黃朱』之黃朱也。」（駢三雜釋九葉下釋赤□市）

李旦丘　「此字實从二厶，口既可隸定為厶，當然可反書作マ，二マ相重而稍延長其在下之一點，即成予字。說文云：『予，推予也。象相予之形。』」（零拾七葉上）

孙海波　「說文：『予，推予也，象相予之形。』宋育仁說文解字部首箋正，吳錦章讀篆肊存杂说並云予上之吕，当为古文环字。从丨推，正取持环相外之象，故训为推予。龟甲兽骨文字卷二第七叶九版，『口貞□，□字正象从丨推□之形，（□罗振玉释宫，商先生释环，容先生曰非环字）即古文予字。㞢人名，旨地名，貞□见犹言余见，亦用为代名词，借其声而不取其义例也。』」（卜辞文字小记，考古学社社刊第三期五十六页）

孫海波　「吕吕羅振玉釋宫，余疑環。容庚曰此與金文吕皆非環字。」（文編附錄二六葉）

孫海波　「□，鐵二一〇、三。此古文邕。卜辭雝宮等字並从此得声。」（甲骨文編四

四七頁）

孙海波　「呂，汇一九八〇。地名。呂不其受年。」（甲骨文編三二八頁）

陳小松釋𠚤為呂。見考古學報一九五七年三期六一葉釋呂市。

饒宗頤　「金文呂字作呂，與甲骨文同。說文：『呂，脊肉也。昔太岳為禹心呂之臣，故封呂侯。』潛夫論：『宛西三十里有呂。』括地志：故呂城在鄧州南陽縣西三十里。」（通考三六一葉）

屈萬里　「𠚤，蓋邦族之名。濮釋以其為宫雝等字所從，疑為古房字。按：此當是孟子『上者為營窟』之營字；連環之窟穴也。說見焦循孟子正義。」（甲釋三〇七三片一辭）

黄然偉　「呂的本义是脊椎骨，為人體中的重要部分。後来它被假借為國名、地名和姓氏了。國語周語下「灵王二十二年……賜姓曰姜，氏曰有呂。』……括地志記載：『故呂城在鄧州南陽县西三十里』……如汇一九八〇、汇二六六〇與二六五八合拼的兩片，便很清楚的刻着『呂不受年』和『貞：呂不其受年』的句子。……此外粹九八四一片卜辞也可作為一个佐證『王其田飒，湄日亡𢦔，于呂延田，亡𢦔。』……上述卜辞的呂是地名……今之河南省西南部的南陽县在三千多年以前，已属殷的势力范围之内了。」（說呂　中國文字第一卷六九頁至七四頁）

白玉峥　「窃疑似宜似𡨦。說文解字：『𡨦，地室也；从穴復声。』詩曰：『陶𡨦陶穴』。字又作𡎺，說文未收。玉篇：『𡎺，亦作𡨦。』顏堂先生曰：『小屯遺址中多大圓坑，底平有出入之口，有土阶；在当时坑上必有圍墙，构木为顶，覆以茅茨，现存者仅坑口而已。卜辞中的宫字，就象屋顶下有圓坑之形。詩经大雅所称：陶復陶穴，復穴即指此类地下室而言。圓坑本是一般社会的居室，小屯附近的殷代遺址中均有。復穴的形式，有渾圓的，有椭圓的，呈方形或长方形的；壁上的麦楷泥，坑底的席纹等，可以推知，这种大圓坑，必为居住的所在。大圓坑中又有圓井或方井，则是专供储存物品用的」（見甲骨学六十年三〇页）。可知𠚤字，盖象此类地室断面之形者；上为住居之處，下则乃其屯积物品者。且也，类此之建筑，今之西北黄土高原，人们的住居，仍可寻知其遗跡；即今之洛阳以北一带，亦可寻得其遗跡。甲骨文字中有□字，释复，其上从之亞，盖亦□字之形近者；下从夊，示往来於此，因之复有重义。是復乃地下之重屋也。」（契文举例校读九中国文字四八四九至四八五〇頁）

于省吾「甲骨文雍字作□、□、□等形。甲骨文雍己的合文作□，可以互證。□字又孳乳作雝或□。金文作□，小篆讹作雝，隶变作雍（以上均详双剑誃古文杂释释□市）。甲骨文每以雍为人名，其作为地名者尤为习见。今将甲骨文祭祀之言□者择录数条于下，並加解說。

一、貞，翌乙亥，彭□伐于宰〇貞，翌乙亥……〇癸酉卜，穷貞，翌乙亥，彭□伐于□宰〇貞，翌乙亥，弓彭□伐……〇貞，翌乙卯，彭，我□伐于宰〇貞，翌乙卯，弓彭，我□伐于宰（丙四七）。

二、□亥卜，王貞，𢦏弗其氐（致）□眾奠。四月（藏二一〇·三）。

三、己亥卜，不至（致）□〇至□今己〇己亥卜，至□占女（乙五三二一）。

以上三条的□或□字均应读作雍，通作饔。周代金文邻王鼎的「以雍賓客」，以雍为饔。仪礼少牢馈食礼的「雍人」和有司徹的「雍正」，也均以雍为饔。饔字始见于周器郑饔邍父鼎，乃后起字。說文謂「饔，熟食也。」因此可知，前文所引三条的□或□乃雍字的初文。就祭祀言之则应读作饔。第一条的彭、饔、伐，彭字从酉（酒），当具有酒祭之义。饔为熟食。伐谓人牲。彭饔伐是用三种品物以致祭。其言弓（讀勿）彭，我饔伐于宰，宰为地名。是說不用彭祭，而我只致饔与伐于宰。第二条的𢦏弗其致饔眾奠，𢦏为人名。是說𢦏不要致熟食和奠祭。第三条的不致饔和致饔反正对貞。今己即今日己亥的省文。（甲骨文字释林释□一八〇至一八一頁）

姚孝遂　肖丁「2070（2）「子□」

「□」即「雝」之本字，說見于省吾先生釋林180頁。佚734有「雍受年」；京津2200有「令雍」，而称雍为「子雍」，则居前所未見。」（小屯南地甲骨考释一一一頁）

饒宗頤說參□字条下。

按：字当釋「雍」，于先生已詳論之。在偏旁中，或可省作「口」，如「雝」可省作「售」，「雍己」合文可省作「㔾」，均其證。

2181

吕 吕

邱德修 「本文利用『●●』与『吕』二文之孳乳体系，釐分为二字：『●●』为『金』字之初文，『吕』为『郘』、『鋁』之初文，二者之间彼此原本互不干涉也。至于吴其昌、燕耘、李孝定三家之说，以为『●●』与『吕』实为一字之论，恐不足信据矣。」（金文编附录中「●●」文考 故宫学术季刊第五卷第四期一一二页）

按：契文「吕」即金文之「●●」，或从「金」作「鋁」。「金」字即从此。唐蘭謂象「金餅」形。字作橢圓形，與「雝」之作「吕」者有别。

合集二九六八七及英二五六七皆有「其鑄黄吕」之記載，當指冶鍊金屬言之。

2182

按：合集四三一八辭云：「……卜王來呼叟」為人名。

2183

吅

李孝定 「說文『吅驚嘑也从二口凡吅之屬皆从吅讀若讙』辭云『往于吅其⊠』地名，不詳其義。以卜辭从口之字或作ㅂ例之，金文收此為吅是也。惟金書吅下收作合者二文乙一四二五、八七〇〇，疑當釋合，非吅字」。（集釋〇四二七葉）

何琳儀 「島邦男殷墟卜辭綜类二八八頁『吅』，亦应释『鄰』，参注68。」（战国文字通论七六頁）

按：字不从「口舌」之「口」，釋為「驚嘑」之「吅」不可據。何琳儀釋「鄰」，可從。郭沫

2184

按：字不可識，其義不詳。

若即釋為「鄘」，參見2188「咢」字條。合集一五三五一辭云：「…貞，𢦏允往于吅，其…」。又佈一一一一辭云：「甲子貞，今日又乂歲于大甲牛一？兹用。在吅」皆為地名。合集二六〇七辭云：「貞，婦好出匚于吅妣彡」，其義不詳。

2185

按：字不可識，其義不詳。

2186

按：字从「口」，从「止」，其義不詳。

2187

孫海波「，乙九〇三一。此囿字，説文口部又別出図字云，下取物縮藏之。从口从又，讀若聶。」（甲骨文編二七六頁）

金祥恆續文編六卷十四葉下收此作因，無説。

李孝定　「說文：『因，下取物縮藏之。从口、从又，讀若聶』。此亦从口从又，釋因可从」。（集釋二一一七葉）

饒宗頤　「汗簡，因即柙字。說文因讀若籋」。（通考一一七六葉）

按：合集二二一七三辭云：「癸未卜，因在我用隹祖乙盟……」，似為國族名。

魯實先　「卜辭一見⿱吅亍字，其辭曰『戊戌卜出貞其㞢匚于𠂤于⿱吅亍室酒』（文錄三七九），或疑⿱吅亍與𠦪為一字並隸定為競，又疑⿱吅亍為僉之初文，說並非是。以愚考之，⿱吅亍乃麗之初文。案說文鹿部載麗之籀文作丽，諸本作篆文，惟毛晉本作籀文。案汗簡集韻類篇並以丽為古文，是知作篆文者非是。汗簡引作丽，並為⿱吅亍之省變。其文从吅者，吅即鄰之古文。漢孫根碑云『至于東吅大虐戕仁』，見隸釋卷十二孫根碑之東吅即漢書敘傳所載幽通賦之東从，師古曰『从古鄰字』是其證也。惟東吅之吅字乃从訓回之二口以示二室相鄰之義，非說文訓驚呼之吅也。夫象二室相鄰而從口者，是猶舍高倉亩之從口也。逸錄者誤以所从之口即人所言食之口，而口之古文多作∀，隸變則為厶，是以漢書遂譌吅為从。⿱吅亍所從之亍乃『从』之或體，所以從『从』者以示二人相儷之義。據此則⿱吅亍之為字乃從从、從吅，吅亦聲。鄰麗俱為來紐，故以古文之鄰為麗之聲符，是⿱吅亍乃形聲而兼會意。其據以會意者為二室相鄰，二人相儷，是以其本義為兩為耦，即麗與儷之初文。說文以旅行訓麗者乃其引申義也。以𠬝儷訓儷者則失之形義不符矣。⿱吅亍省之則作丽，審是則⿱吅亍即丽丽之正體，亦即麗之初文，非特形體脗合，亦且聲義密符，無可致疑也。言故訓者乃謂『丽从二元，元首也，以二首相並為意』，見孔廣居說文疑疑據省变之字以溯初義非其指矣。所謂麗室者，謂二室相耦中介一堂，即禮記雜記下之夾室，亦即國策燕策之歷室，與史記樂毅傳之磿室。夫室不相鄰，而曰麗者是猶先民畫卦以兩陽介一陰，而名之曰離，亦取附麗為義也。其曰歷或磿者，以歷磿與麗聲同來紐，故假歷磿為麗。小雅魚麗毛傳曰『麗歷也』，是即以雙聲為訓，可為二字聲同義通之證」。（新詮之一第廿七至廿九葉）

魯實先　兀之繁文。（卜辭姓氏通釋之二第五頁，幼獅学报二卷一期。）

孫海波　「𡆥，河三七九。室名。」（甲骨文編六·六八頁）

李孝定　「說文『麗旅行也鹿之性見食急則必旅行从鹿丽聲禮「麗皮納聘」蓋鹿皮也丽古文丽籀文麗字』『丽聲』之丽諸家以為即此字之古文是也。麗以古文為聲，則从鹿必屬後起。魯氏釋契文之𡆥為麗，竊謂丽正與許書古文籀文校許書者多主丽為籀文是也今从之形近，其說字之形音義亦是，可从。竊謂丽之本義訓兩訓耦，麗字从鹿當為鹿之旅行之專字，二者本非一字。麗為丽之孳乳字猶子之與毋也至許書始誤混為一耳。不然兩耦之義可从以見意之字甚多，何必从鹿，且字从吅鄰从从於義已足，今更从鹿不覺重複已甚乎」。（集釋三〇六九葉）

李孝定　「按，字下从下似非从一从人，而与亥形略近。」（甲骨文字集釋存疑四五四〇頁）

張秉权　「𡆥字不識，但卜辭有：貞于𡆥東？（前一·五一·二）知𡆥為地名。」（殷虛文字丙編考釋第二四四——二四五頁）

按：字从「吅」、从「才」即「亥」，「吅」即「鄰」。釋「麗」不可據。类一一八〇辭云：「貞，于𡆥東奠」為地名。

2189

田　田　畕

羅振玉釋田，無說。（殷釋中七葉下）

王國維　「卜辭中凡田狩之田字，其口中橫直二筆皆與其四旁相接，而人名之田，則其中橫直二筆大抵與四旁不接，與田字區別較然。（間有與田字無別者顧不多見惟作畕者其下往往與田狩字無別）」（戩考三葉上）

郭沫若　「畕字，以下數片參比之，或作田，或作畕，而多用於坚字下。由字形而言，蓋田圃之象。卜辭田字多見，均作田，圃則作畕若𤳳，此當別為一字。余意當是場之初文。說文注場為『山田不耕者』，又謂為『治穀田』。別有畕字，注曰『比田也』，舊音居良切。實則畕場蓋古今字。而畕則田之形變耳。詩豳風七月『九月築場圃』，此言『壃田』當即築場圃之事矣。」（粹考一五八葉）

又曰：「……正分明是劃為井字形的一些方塊田。……但我揣想，恐怕是說文的畕字（居良切），『比田也』。」（奴隸制時代七葉）

胡厚宣　「……然乃前引卜辭言『擾我示䅘田』『擾我西啚田』『擾我田』『岳于丝田』之田，其義皆為田地，而字作田，其中之十，則明之象田間阡陌之形，與今之貓田無異。」（商史論叢二集卜辭所見之殷代農業）

楊樹達　「按郭釋田為場殊無顯證。至畕字从二田訓比田別為一字，其字見於甲文及金文偏旁，後下、二、十七、及盂鼎彊字並作彊是也。郭謂畕田為一字尤誤。余謂字象窗牖之形，當即囧之变體。說文囧讀若獷。龜甲獸骨文字一、十、十二、有𤰞字，郭釋為明，謂象方窗玲瓏之形，其說是也。此諸田田田之形與彼明字偏旁不異者，繁簡不同耳，彼是偏旁不嫌與田字混故簡作也。其囧字說文讀若獷，此田字則假為磺。說文『磺，銅鐵樸石也，从石黃聲，讀若穬』。按磺即今礦字。圣說文讀若兔鹿窟，實掘或搰之初文。圣田即掘礦，即今語之挖礦也。」（卜辭求義九葉）

陳夢家　「卜辭云：

乞令擊田于先侯。前二、二八、二

乎田于枀，受年。佚四〇、一五

叀阜令田。粹一二二四

凡此都是動詞種田之田，詩多方『力畋爾田』和詩信南山『曾孫田之』之畋和田，與此同。

有名詞農田之田：

土方侵我田，十人。菁三

帚井田穫。卜中三〇一

西單田受出年。旅順博物館

令尹作大田。佚一一五五

來中田。佚四四七一

所侵之田是族邦之田，而大田、中田當是王之田。我田當是商王國之田。詩大田『大田多

稼』，信南山『中田有廬』，兩名與卜辭同。」（綜述五三八——五三九葉）

胡厚宣　「田田田者，郭沫若先生釋作『場』之初文，說『此言堅田，當即築場圃之事』。又以爲即是『說文的畕字』，意思是『比田也』。戴裔煊先生由郭說引申，釋爲井田的井。楊樹達先生則釋爲礦，以『𡉚田』即是『掘礦』。吳恩裕先生從其說，謂『甲骨文中有掘礦的記載』。我舊作卜辭中所見之殷代農業釋作田。

今案田田田字，在武丁時成語中，分明都作『田』字；又武乙文丁時卜辭『多田亞』之田，也作田，則其必爲田字，當毫無可疑。

『場』『畕』之說，楊樹達先生曾疑之。甲骨文自有井字，皆作井，亦絶無作田田田者。所以知其決不能爲『掘礦』『開礦』的礦字者，武乙文丁時有一牛胛骨卜辭說：

二一、癸亥，貞于罘𢦏□。

二二、癸亥，貞王令多尹𢦏田于西，受禾。

二三、癸亥，貞多尹弜□，受禾。

二四、癸亥，貞其𠦪禾自上甲。

二五、乙丑，貞王令𢦏田于京。

二六、于𢀛𢦏田。

二七、戊辰，貞𠦪禾自上甲其燎。（京大研究所藏骨）

通版卜辭，殘存七節，皆貞𢦏田𠦪禾之辭。先𢦏田而後𠦪禾；𢦏田之後，繼而有受禾之貞。倘非土田耕稼之事，還能是什麼呢？」（說貴田歷史研究一九五七年第七期）

屈萬里　「卜辭『多田于多白』，見甲編二三九五。郭某讀爲『多甸與多伯』（通纂後記），是也。甸，即尚書『侯、甸』之甸，與伯皆諸侯之稱也。」（甲編考釋三〇一葉）

李孝定　「說文：『田，陳也。樹穀曰田。象四口，十，阡陌之制也。』契文同。其作田者非別有家類，乃田之草率急就者耳。卜辭田多爲田狩字。亦有用爲田地之義者，如云『辛未貞今日蒋田』甲編一九七八、『☐田蒋☐登』前·五·四八·二是也。」（集釋四〇二五葉）

李孝定　「說文：『畕，比田也。从二田。』契文正象比田之形。按象形之字有象單數者有象多數之形者，習見不鮮，具舉。若品是之古文田諸文則並象其多數，蓋君象一田則『口』形已足，而嫌於口圍故另作『田』形，阡陌縱橫實爲比田之象，而其義則爲一田行之既久『田』之一形，為「一田」之義所專，至比田之義乃不得不繫之作田囲囲諸形以示之，或會意而作畕，或指事而作畺，其始實一字也。郭初釋場，按場許訓「治穀田」，即農家暴穀曬場之所，吾湘謂之禾場，其平如砥不得有阡陌縱橫之形，釋畕是也。卜辭「圣畕」之辭與「圣田」並見，其義蓋本相同，然其字實已孳乳為二，董先生謂為田之異，似有可商也。楊氏釋圄非是。圄字契文作⊚，與此迥異，不能執卜辭明或作佃遂謂田囲皆為圄字也。蓋佃所从之田為偏旁與月字並見故不嫌與田形混，若田囲囲皆獨體之文，何緣證其為圄字乎。金文作畕 朱伯友鼎銘云「萬年無畕」與疆（畺）為一字與他器作畺作疆者辭例相同。」（集釋四〇三二葉）

饒宗頤 「按田即畋。左傳畋獵字多作「田」。宣二年傳：「田于首山。」文選朱浮與彭寵書注引「田」作「畋」。昭二十年傳：「齊侯至自田。」釋文「田」本又作「佃」。易：「以佃以漁」，釋文亦作「田」。「田」「佃」與「畋」并通。廣韻：「畋，取禽獸也。」卜辭云：「王往出田」，即出畋也。」（通考二六〇葉）

張秉权 「大田，是畋獵時候的一种閱兵典礼，周礼春官大宗伯：

大田之礼，簡众也。

鄭注：「古者因田习兵，閱其車徒之數」。這里大概是因為武丁要派𠂤正化等去「𢦏方」，所以使尹行大田之礼，因田习兵，校閱車徒，準备用武。」（殷虛文字丙編考釋第一一一頁）

林澐 「从甲骨文来看，孟子所说的五等爵制在商代是根本不存在的。胡厚宣先生早年在殷代封建制度考中实际上只是列举了甲骨文中所见的称谓和五等爵的爵号有相合的表面现象。甲骨文中「公」这个称谓虽然颇常见，但只有用作先公之公，没有一条是可以确定为生者之爵称的。甲骨文中的「伯」和「子」，确是对生者使用的称号，但都是通用的尊号而非等级性的封爵。因为，直到周代金文中，伯和子仍是通用性尊号，而不是封爵之专号，杨树达先生早已详细列举证据，在此就不再赘述了。

根据金文来看，「诸侯」是周代确实存在的一种概念，但周初的诸侯只有三种。令方彝铭：「明公告于成周，诰令舍三事令，眔卿事寮、眔诸尹、眔里君、眔百工、眔诸侯：侯、田、男。」大盂鼎铭则只举了两种：「唯殷边侯、田，雩殷正百辟，率肄于酒。」

在甲骨文中，「侯」这一称谓很常见。前文已经举出许多王比某侯和王比侯某的例子，可见侯是联盟方国首领的一种专用称号。

「男」在甲骨文中作「任」（甲骨文中另有男字，但均无法确定为爵称），前文已举过王比因任的例子；而且，王所比的而伯，也称「而任」（乙七七四六）。此外还见有：

贞：呼取[古文字]任　（乙五二五五）

贞：呼取[古文字]任　（乙七四三八）

丁卯卜，曰苗任出征[古文字]？允征　（甲三一〇四）

口口卜，畀，贞：戈任疾七……　（前一·三七·六）

己巳卜，王，贞：其执肯任？六月，允执　（六级六五‖存下三〇二）

……多任……　（京津七九九）

足见「任」也是对联盟方国首领的一种专用称号。

「田」这一称谓在甲骨文第一——三期未见，第四期卜辞有「以多田、亚、任」（粹一五四五）是和亚、任这两种身份性称谓相并举的。第五期卜辞中「田」这一称谓较多见。如：

余其比多田于多伯征盂方白𡵂　（甲二四一六）

……比多田于多伯征盂……　（甲二三九五）

……比多田……盂方伯……　（后上二〇·九）

余其比侯田甾戋四邦方　（续三·一三·一）

余其比……田甾盂方……　（前二·三八·二，河六〇二）

因为在武乙以前的卜辞中迄今未见「田」这一称谓，推想「田」是一个较晚发生的称号。

总之，周初金文中所见的三种诸侯称号，在卜辞中都存在，而且又恰恰都是王在征伐中所比的对象。这不能不使人想到，实际存在过的诸侯制度已是源自方国等了联盟制度。……所以周初实际存在的是三等爵制：侯、男、田。由此而上推商代，在方国联盟首领的地位上也可能已形成了这种差别。」（甲骨文中的商代方国联盟古文字研究第六辑八五——八八页）

陈炜湛　「卜辞田多用为畋（诗、书、易皆有此用法），与獸（狩）同义。獸作[古文字]、[古文字]，从犬从[古文字]（單）即單（或省为干）。[古文字]为田猎之工具，犬为助猎之牲畜，字之本义当即持[古文字]驱犬出猎。李孝定曰：「單干古为一字，並盾之象形。田狩者以單自蔽，以犬自随，故字从單从犬会意。亦犹戰字从單从戈会意也。」早期卜辞多用獸，中晚期卜辞多称田。又有省字，亦田猎之义。尔雅释天谓：「春猎为蒐，夏猎为苗，秋猎为獮，冬猎为狩。」是以猎为总名，而四时之猎各有专名。关于这春蒐夏苗秋狝冬狩之说，经典多有异文，仅周礼大司马及左传隐公五年与尔雅合（详郝懿行尔雅义疏）。验以卜辞，一年十二月皆有田猎了，並无专称，而通称为田、獸、省。郭沫若读省为狝（见粹九六六片考释），然「省」亦通用于全年而不限于秋。即以武丁卜辞而论，占田猎多而辞末纪月者不乏其例，如：

勿乎省田。二月。（合集一〇五四五）

往者牛。三月。（合集二一一七〇、二一一七一）

令𫊸田于口（合集一〇九六四）（同版有「今一月」）

其令雀田于口？（合集一〇五六七）（同版另一辞记「十一月」）

翌癸卯獸。（合集一〇六一三）（同版有「生五月」）

王獸。七月。（合集一〇五八四）

獸。七月。（金六〇五）

翌丁卯獸敝录，禽。八月。（合集一〇九七〇）

王自往从獸？九月。（合集一〇六一一）

獸。九月。（合集一〇六二八）

庚戌卜，今日獸，不其禽㞢？十一月。（乙一四三）

可见，「省」可在二、三月，「獸」则五月、七月、八月、九月、十一月皆有之。在第五期的田猎卜辞中，一概称田，其称明月份者如：

田𠦪，在正月。（合集三七七五八）

田税，在二月。（金四九二）

田税，在三月。（合集三七六二七）

田朱，在四月。（合集三七四七三）

田于麦录，在五月。（佚五一八）

田，往来亡灾，在七月。（契五一）

田宫，在八月。（合集三七六〇六）

田曹，在九月。（续三·一六·一〇）

田玟，在十月。（前二·三五·一）

田曹，在十月又二。（合集三七七一二）

可见一年到头，均称「田」，无有异名。

在中期卜辞中，亦有田獸并见一版者，如遗珠六七四云：「其獸，亡灾？弜射旃鹿？王其田旃？不冓大雨？」屯南二七一云：「于壬王迺田，𢦏？辛，王叀田省，亡𢦏？其獸，亡𢦏？」同书二二六九云：「王叀田省，亡𢦏？其獸，亡𢦏？吉。」又有田獸连言者，如屯南二二六云：「王其田獸，亡𢦏？」同书二一一四云：「☐戊王其田獸，亡𢦏？」皆中期卜辞。此「田獸」并言，殆后世所谓畋猎也。」（甲骨文同义词研究古文字学论集初编一七一——一七三页）

考古所　「多田：郭沫若释为『多甸』（通后記）。甸，即尚书『侯、甸』之甸。在卜辞中，如：甲二三九五、二四一六，多田与多伯並列，皆为殷諸侯之称。」（小屯南地甲骨九四八頁）

姚孝遂　肖丁　「田、囲、囲、囲諸形体与田有别，諸家或释『囧』读作礦，或释畕读作疆。由于卜辞『多田』、『坚田』等这种形体通用无别，我们目前还只能认为这些都是『田』字。」（小屯南地甲骨考释五五頁）

裘錫圭　「在大量土地尚未开辟，为野兽栖身的林莽几乎随处可見的上古时代，田猎与农业有很密切的关系。」中国农史（初稿）说：

用火驱逐野兽，是古代狩猎活动中常々采用的方法，用火驱逐野兽的结果，必然会把长满了野草杂树的猎场烧成空地。这种空地，在适当条件下就会被人们利用来垦为耕田。耕田的「田」，和田猎的「田」，完全同字，这决不是偶然的，正反映着田猎为农耕做了准备工作。

这段话很正确。

在殷墟甲骨上可以看到一些关于「焚」某地之事的卜辞。过去有些人以此証明商代农业使用烧田耕作法。但是这类卜辞往々卜问焚某地是否能擒获野兽，有的还附有记载获兽情况的验辞（如合一〇四〇八正）。因此又有人认为殷人的「焚」纯粹是一种猎兽的方法，与农业无关。张政烺先生在卜辞裒田及其相关諸问题一文里，把这两种意見统一了起来。他先引用了唐代吕温的道州观野火诗，指出从吕诗可以得知两事：「（1）野火中可以猎兕虎，其他小兽自然更不用提了，（2）野火使农田开辟，得到增产。」又引用了大戴礼记四代所记孔子的一段话，说明古人都知道「最好的猎场通过焚烧便可成为最好的农田」（考古学报一九七三年一期一〇六頁。以下引用时简称张文）。接着，张先生对甲骨卜辞作了具体考察，指出卜辞中的「田」既可以当耕种或所耕种的田地讲，也可以当打猎或打猎之地讲，而且「从第三期以后，把打猎几乎完全改称『田』」。此外从卜辞还可看出，田猎区往々就是重要的农业区，例如卜辞中常々提到的盂这个地方就是这样的。所以他认为商代的农田有很多是由猎场改成的，「耕田和打猎本来是两回事，在焚山烧泽这一点上统一了，许多猎区终于不免变成农田」（同上一〇六—一〇七頁）。这些意見是很精辟的。很可能在卜辞所提到的田猎活动里，有一些活动的真正目的就在于为开垦农田作准备，擒获野兽只是附带的收获。

古代野兽多，农田往々受它们蹂躏，田猎还有为农田除兽害的作用。古书里屡次谈到这一点：

说苑修文：「其谓之畋何？圣人举事必反（返）本。五谷者以奉宗庙养万民也，去禽兽害稼穑者，故以田言之。」

白虎通田猎：「古者诸侯所以田猎何？为田除害，上以共宗庙，下以简集士众也……四时之田总名为田何？为田除害也。」（今本中此文已佚，据左传隐公五年正义太平御览八三二转引）

公羊传桓公四年何休注：「已有三牲，必田猎者，孝子之意以为已之所养不如天地自然之性逸豫肥美。禽兽多则伤五谷。因习兵事，又不空设，故因以捕禽兽。所以共承宗庙，示不忘武备，又因以为田除害。」

左传隐公五年「故春搜，夏苗，秋狝，冬狩」句杜預注：「苗，为苗除害也」。此外，月令也说孟夏之月要「驱兽毋害五谷」。又据周礼秋官雍氏，古代为了防止禽兽害稼，每年春天都要设置捕兽的阱获（参看郑玄注）。这些措施虽然跟大規模的田猎不同，但是也反映了防止兽害对古代农业的重要性。

在民族学资料里也可以看到为保证农作物而进行田猎的例子。如我国解放前的攸乐人「在秋收前后和农闲季节，为了防止成群的野猪，猴子侵害庄稼，往々举行集体围猎」（攸乐人解放前的社会历史初探，民族团结一九六三年十·十一期）。

在商代，「为田除害」无疑也是促使殷人进行頻繁的田猎活动的一个因素。」（甲骨文中所见的商代农业，全国商史学术讨论会论文集一九八二——二四四頁）

裘錫圭

「下面我们来讨论商代的『田』的性质。

矢令彝銘所说的『诸侯：侯、田、男』的『田（甸）』，作为一种称号来看，跟商代的『田（甸）』无疑是有一脉相承的关系的。但是这并不说明商代和西周的『田（甸）』的性质必然完全相同。

在经籍旧注中，把『侯、甸、男、卫』等名称的原来意义解释得最为简明的，当推晋代孔晁的逸周书注。孔氏在职方篇讲『九服』的一段文字後面注释说：

侯，為王斥候也。服言服王事也。甸，田也，治田入谷也。男，任也，任王事。……卫，為王捍卫也。

以『治田』解释『甸服』之『甸』，是汉以来经师的共同见解，各家之说不具引。卜辞经常称『田』为『在某田』。这种人应该是被商王派驻在商都以外某地从事农垦的职官，就象『在某犬』是被商王派驻在商都以外某地管理田猎事务的职官一样。卜辞对侯总是称『某侯』而不称『在某侯』。如果田是诸侯的话，卜辞就不会经常称他们为『在某田』，而应该把它们都称为『某田」了。

「田」除了从事农垦给商王提供谷物以外，有时也提供一些别的东西。上引(7)提到的「在湾田黄右赤马」，大概就是「在湾田黄」所進贡的一匹马。与宾组卜辞同时的记龟甲来源的背甲刻辞里有如下一条：

(36)武入口。（京津二〇〇）

这位进贡龟甲的武也许就是「在攸田武」。

有些田的驻地在侯伯封域之内。……大概是为了就近取得侯、伯的武力的保护。从这一点看，田也不象是诸侯。

但是另一方面，我们也应该看到，在当时条件下，田这种职官的确比较容易发展成为诸侯。从卜辞看，商王的臣僚往往是族团的君长，他们通常是率领着自己的族众为商王服务的。我们可以用宾组和历组卜辞中屡见的一个人物——犬征，来说明这一点。关于命犬征从事农业、田猎、征伐等工作的卜辞很常见，例如：

(40)丙戌卜贞：令犬征田于京。（燕五三）

(41)口寅卜：令犬征田京。（存上一八五二）

(42)癸巳卜贞：犬征屮（有）毕（擒）。（续三·四一·四）

(43)庚戌犬征允伐方。（明后二五三七）

这些工作，显然不是犬征一个人所能完成的。有一条卜辞说：

(44)戊子卜穷贞：令犬征族坚田于虢。（人文二八一）

由此可知，犬征实际上是带领整族的人为商王服役的，只不过有关的卜辞通常没有说出「族」字而已（以上大体用张政烺先生说）。商代的「田」无疑是率领着自己的族人以及其他从属于他的人，去为商王从事农垦工作的。

在商代，方国林立，而且國与國之间并无防守严密的边界。因此在商都以外的地方进行农垦工作，往往是相当危险的。……多田除了依靠近處侯伯保护以外，本身也必須配备有武装。

……

在商代后期，生产力有很大提高，「田」完全有可能长期固定在一个地方进行农垦。由于当时存在世官制（即一种职务长期由一个族的人——一般是族長——先后继任，在很多场合下实质上就是让一个族世世代代固定地担负某种劳役），一个族的几代人相继在同一个地方担任「田」的职务的情况，也很可能出现。在这类情况下，拥有族众和武装的「田」，显然是相当容易发展成为诸侯那样的人的。从西周时代把「田（甸）」当作一种诸侯封号这一点来看，在商代晚期「田」应该已经大量发展成为诸侯，并且商王有可能已经在主动建立称为田的诸侯了。

上引(1)(2)(3)等晚期卜辭说明，田已经成为商王征伐方国时所依靠的极为重要的力量，其地位与侯伯相当。这应该是当时的『田』大部分已经具有诸侯的性质的反映。」（甲骨卜辞中所见的「田」、「牧」、「卫」等职官的研究，文史第十九辑第五至七页）

姚孝遂说参字条下。

伊藤道治说参字条下。

俞伟超说参字条下。

按：田字其中象阡陌形，不必从「十」，其作田、𤰝諸形者，亦為「田」字，釋「場」、釋「畺」、均非是。釋「井」、釋「礦」尤誤。胡厚宣已詳辨之，其說是正確的。「畋」、「甸」皆由「田」字所孳乳，卜辭通作「田」。甲二四一六「余其从多田于多白征盂方白炎」，亦見甲二三九五，陳夢家卜辭綜述以為「多伯既非侯田，亦非方白。多白的性質，與多田大約相近；他們和酒誥所稱妹土的『庶伯』相近。他們也有在邊域上的，也有在邦境內的」（三二八頁）。又謂「多田實即多侯」。其說參雜後世內外服的觀念，糾纏不清，自相矛盾。實則殷人與諸方雜處，離合無常。「多田」當為殷之部屬，「多白」當為與殷人聯合之外方。卜辭每言征「某方白」，而「田」則無之，是其明證。

2190

王襄　「古畁字，从田，為說文異鼻之所从，依段注本。」（簠室殷契類纂第十一葉）

王國維　「此殆畁字，與與、受諸字同意，字亦作畁，鼻、尊、𢍜字从此，為聲。說文分畁畁為二字，或失之。」（引自集释○七八五頁）

商承祚从王國維說，收此作畁。（類編五卷三葉）

余永梁　「欽罍有畁字，舊以為二字。余謂即說文畁字。說文『畁相付與之約在閣上也

从丌由聲」由乃由之譌。畁从由丌，由亦聲。畁譌作畀，猶廾部畁字从由。徐鍇本从田，或又誤作鬼頭之甶矣。蓋由甶形既相似而聲亦近，故致誤耳。契文之𢍜乃廾部畁字，从廾从由。又有𢍜字（掇二·三一三），與鼻尊之𢍜疑是一字，皆以畁為聲。王先生謂說文分畁畀為二字或失之者，是也」。（引自集釋〇七八五頁）

朱芳圃 文字編收作畁，見該書三卷四葉下。

李孝定 「說文：『畁，舉也。从廾，由聲。春秋傳曰：「晉人或以廣墜，楚人畁之」。黃顥說：「廣車陷，楚人為舉之」。杜林以為騏麟字』。段氏改篆體作𢍏，改『由聲』作『甾聲』，說云『各本作由聲，誤，或从鬼頭之甶，亦非也。此从東楚名缶之甾，故左傳作𢍏。今左作惎。糸部緥从𢍏聲，或字作綦，甶聲，其聲皆在一部也。』桂氏義證亦云『甶聲者徐鍇曰「由音甾」，據此則作甶聲，或非鬼頭。』二氏之說是也。契文所从雖與甾之作甶者稍異，當亦甾字異體。蓋田或鬼頭之甶均非可舉之物，且偏旁中字體每有譌变，如卜辭異字从甾作𢍜，或又从田作𢍜也。（說見異字條下）至篆體从由，本不誤，由甾本一字（王國維說見甾字條下）也。卜辭畁為方國之名，辭云『壬子卜王令雀𢍜伐畁』（後下三十九、）『囗𢍜伐畁』（後下六·十一、二）『貞叀韋令畁𢍜』（甲編二二五八）『貞令畁希莫（鄭）』『十二月』（甲編三四七三、）『貞多犬及畁𢍜』（文徵雜事五十八、續二·二四一重見）『囗九示自大乙至丁祖（祖丁倒文）其从庚畁』（粹四九一）均是。金文作𢍏𢍏（師酉簋）正从甾从奴，可為小徐佐證。」（集釋〇七八六葉）

饒宗頤 「卜辭云：……卜㱿：羽甲辰㞢上甲𢍜（異）……（𢍜編九八）於甲日祭上甲。𢍜从奴从田，乃『異』字，讀如翼。爾雅釋詁：『翼，敬也。』詩：『有嚴有翼，』『以引以翼，』翼俱訓敬。此言敬侑于上甲也。」（通考一二七葉）

按：𢍜（隸定作畀）即小篆之畀及畁，王國維之說可從。字不从田，亦不从由或甶，乃象器物形。即「東楚名缶之甾」。甲骨文異字或作𢍜、或作𢍜可資佐證，參見異字條。甲骨文訓鬼頭之「甶」，缶名之「甾」，在偏旁中均或作田，與土田之「田」形體混同。如鬼字作「𢍜」，畏字作「𢍜」，所从之「田」即「甶」，非土田之「田」。

按：字从「畀」、从「口」，辭殘，其義不詳。

2192 寰 [glyph]

按：字从「宀」、从「畀」，卜辭為人名或方國名。

2193 䅍 [glyph] [glyph]

孙海波 「[glyph]，記一二四。人名。

䅍，餘一六・一。或从秝田。

[glyph]，后二・七・二。或从三禾。

[glyph]，[glyph]一一六一。或从片，与籀文同。小臣牆。」（甲骨文编二五〇——二五一頁）

温少峰 袁庭栋 「甲文又有䅍、䅍字，旧多从罗振玉释畨，但新出之史墙盘铭文有「農畨成䅍佳辟」之文，畨、䅍同見，知二者必非一字。在关于史墙盘铭文的讨论中（見文物一九七八年三期，考古学报一九七八年二期），裘锡圭同志释「稼」，李学勤同志释「苗」，我们认为皆不妥，此字应从唐兰先生之说，仍读为秝。卜辞云：

(156) 辛丑卜：……䅍粟？（明四七九）

此辞之䅍，读秝，很明显当作为动词，当即按一定窝距下种之意。「秝粟」，即种粟而使之稀疏适宜。其非撒播，当无疑义。

(157) ……来[glyph]䅍。（南南一・一三〇）

此辞之[glyph]为地名，䅍即秝用为名词，当即行列均匀之禾谷。此辞虽残，但知其为祈求该地窝种之作物能得到丰收之辞。

(158) 貞：今其雨，不佳䅍？（后下七・二）

(159) ……丝（兹）雨……佳䅍？（缀一二四一）

以上二辞之䅍即秝，当读为诗王风黍离：「彼黍离离」之离。马瑞辰毛诗传笺通释谓：「离离者状其有行列也」。「离离」在古文献中又作「历历」、「蠡蠡」，其义当从「秝秝」而来。窝播之种籽，得雨而萌发出土，望之历历在目，此二辞正记此事，即：現在下雨，正种之禾谷，会历之出土吗？吴泽先生在中国历史大系古代史中谓□字「甚像田中插禾，一行一行地间隔有序，井然不紊，这与今田野麦田中所长麦苗情形相彷彿。」这种看法是正确的。」（殷墟卜辞研究—科学技术篇二一二頁）

按：卜辭「□」與「□」判然有别，金文□盤亦然。合集九六一七辭云：

「辛丑卜……□□」

又合集九六一八辭云：

「……不隹□」

皆為與農事有關之動詞，當是「稼啬」之義。裘錫圭釋其義是對的，但不必是「稼」字。字或从三「禾」作「□」，釋「林」，非是。參見「□」字條下。

孙詒讓　释惠。（名原卷上）

魯实先　謂乃栗之繁文。（卜辞姓氏通释之二，幼獅学报二卷一期三葉三行）

白玉峥　「籀廎先生释为采之异文，其说可从；然未必为采。窃疑：当即稠之初文。盖字从□从田；从□，象果实众多之形；从田，即今楷之周，为字之声符。說文解字：『稠，多也；从禾周声』。此从三屮；三有众多之意。推其造字之初，似为描述果木稠密，果实众多之谊者；然欤？否耶？尚待考定。」（契文举例校读十二　中国文字第四十三册四九一〇頁）

按：諸家所釋皆不可據。字从「田」、从「□」，斷非从「周」。合集四七三五正辭云：

「壬戌卜，穷，□其出囚；
壬戌……穷貞，□亡囚；
壬戌卜，穷，□其出囚；
壬戌卜，穷貞，□亡囚」

為人名。

陳夢家

「字从田从个，疑是說文「穧，稷也」，或體作粢。爾雅釋草「粢稷」注「今江東呼粟為粢」。左傳桓二正義引舍人曰「粢一名稷，稷，粟也」，齊民要術引孫炎爾雅注同。凡此皆以稷為穀子，其米為小米，即粟。清程瑤田九穀考以稷為高粱，是不可信的（參燕報三六：二七五—二八八）。但漢代急就篇「稻黍秫稷粟麻秔」，稷、粟並存，兩者之間應當是有區別的。曲禮「稷曰明粢」，士虞禮「明齊」注云「今文曰明粢」。明粢當指虋或穈。詩生民以穈芑為嘉種，毛傳說穈是赤苗而芑是白苗。爾雅釋草作「虋、赤苗，芑、白苗」，郭注以為「今之赤粱粟、今之白粱粟，皆好粟」。由此可知赤粱、白粱是穀子中的精米。粱是穀子的精米：史記太史公自序索隱引三蒼「粱，好粟也」，陸隴其漆稷辨「又稷有別種，穗如狗尾草而味最美者謂之粱」。（綜述第五二八葉）

饒宗頤

「畬，从田从齊省。考黍或益田作番（屯乙七七八一）例同。此畬疑即穧。說文「穧，稷也。从禾齊聲」。經典或僅作「齊」，（禮記祭統）說文或作次作粢，又作齍。契文則从田，殆即一字。」（通考九三——九四葉）

温少峰　袁庭栋

「卜辞中，有一种谷物之名为畬，其辞云：

(39) 贞：我受畬年？……𠂤。（拾四〇九）

此辞之𠂤乃是地名（乙七八一一有「才（在）𠂤」之辞可证），此辞乃卜问在该地是否「受畬年」？以此与卜辞中「受黍年」、「受粟年」、「受秫年」等辞例相比较，可知畬与黍、粟、秫一样，是一种谷类作物之称。类似卜辞还有：

(40) ……弗其受畬年？

……受畬年？（拾一三八）

(41) ……弗受畬年？（乙六四〇）

关于畬字，陈梦家先生曾认为：「字从田从个，疑是说文：『穧，稷也。』或体作粢」（殷墟卜辞综述第五二八页）。此说不可信。因为甲文中齐字作[illegible]、[illegible]，与畬字所从之个，迥然二字。我们认为，个字应是余字之异体。金文中艅一即俞一字在豆闭簋中作舲，在小臣俞器中作舲，在黄韦俞父盘中作舲，在俞伯尊中作艅。林义光在文始中认为是「从舟，余省声」，这是正确的。甲文中之□字，汉语古文字字形表和古文字类编均释「畜」，殷虚卜辞综类释「盇」，其实应释为畬。甲文之粉、粉，古文字类编释「榆」，其实应如甲骨文字释林释稌。故甲文之「受畬」字应是从余从田，当隶定为畬。畬在说文中训「三岁治田」，不是作物之称。在辞中，「受畬年」之畬，当读为「稌」。「受畬年」者，「受稌年」也。

诗周颂丰年：「丰年多黍多稌」，毛传：「稌，稻也。」说文：「稌，稻也。从禾余声。周礼曰：牛宜稌」。可知稌就是稻。卜辞「受畬年」就是「受稻年」。这是我国古代关于种稻的最早的文字记载。今天种稻多在南方，古代北方也种稻，今天的冀、鲁、豫三省，特别是黄淮平原，古代种稻还颇为兴盛（参见高敏我国古代北方种稻改碱经验的探讨，载中国社会经济史论丛第二辑。在考古材料中，从河南渑池的仰韶文化遗址开始，一直到洛阳的汉墓中，多次发现过稻谷的遗迹（参见佟屏亚等农作物史话。）

下面进一步讨论，「稌」稻是什么稻呢？说文训「稌」为「稻」，而广韵却训为「稬稻也」。广韵此训是有问题。说文：「稬，沛国谓稻曰稬。」段注：「许曰沛国浮稬，而郭璞注曰：今沛国呼稌。然则稌稬本一语，而稍分轻重耳。」齐思和先生据此认为：「稬，本是稻的别名，以后则专指黏稻了」（毛诗谷名考，见中国史探研。）游修龄先生认为：殷人所种之稻「当居稉稻。因为稉稻居北方型，耐寒。籼稻居南方型，适于南方栽培，现在也还如此。汉杨泉物理论：「稻者，乃稉之总名」可证。至于稉稬之分，始于汉代，尔雅释文引字林云：「穤，粘稻」也」。（殷代的农作物栽培，载浙江农学院学报二卷二期）我们认为他们的意见可从。殷代之稻还无严格的稉、稬之分，在北方所种者，应是稉稻，是今天北方所种稉稻的祖先。」（殷墟卜辞研究——科学技术篇一七五—一七七页）

裘锡圭「宾组卜辞曾以「受畬年」与「受黍年」同卜：

己巳卜，㱿贞：我受黍年。在……

己巳卜，㱿贞：我弗其受黍年。

贞：我受畬年。在……。

□弗「其」受畬年。 洽九九四

畬也应是一种粮食作物，但其字难识。「齐」（亝）所从的「亼」跟此字上部相似，所以陈书疑此字可释为说文训为「稷」的「粢」（五二八页）。如陈说可信，其字形似可为关于稷的讨论提供一些线索。先秦古书中的稷究竟指哪种谷物？在这个问题上长期以来存在不同意见，比较流行的有粟、穄和高粱三种说法。高粱说起得最晚，但清代学者程瑶田在九谷考里加以阐发之后，一度曾占有压倒的优势。今人大都不信此说，齐思和《毛诗谷物考》辟之尤力。可是如果畨确是「粱」的表意初文的话，它所象的植于「田」上的穗大而直的作物，与其说成粟或穄，却还不如说成高粱合理。陈书认为稷指比较好的谷子，跟畨的字形不合。

及对稷为高粱说的学者所持的重要理由之一，是高粱在中国开始种植的时间比较晚。但是从解放后的考古发现来看，在西汉和战国遗址里都发现过炭化高粱（参看于文八一—八二页、万国鼎《五谷史话》四一页），甚至在仰韶晚期的新石器时代遗址里也发现了炭化高粱（《郑州大河村遗址发掘报告》，《考古学报》一九七九年三期三七二页）。可见它的历史还是相当古老的。所以稷为高粱的说法恐怕也还不是绝对没有考虑的价值的。

陈书把汇三四二六的[glyph]字看作畨的异体（五二五页）。这是不正确的。这个字型，在甲骨文中多形，跟畨显然不是一个字，用法也不同。」（《甲骨文中所见的商代农业》，《全国商史学术讨论会论文集》一九八—二四四页）

赵诚　「畨，象田地里有所种植之形，但不知道象何种植物，隶定可以写作畨。从卜辞辞例及所卜内容来看，畨在商代应该是某种谷物的名称，如『[glyph]畨年』（受畨年）、『弗[glyph]畨年』（弗其受畨年）（合一三八），即指是否获得畨类植物的丰收而言。」（《甲骨文简明词典》二一〇页）

按：字不从「齊」，釋「齋」非是。温少峰等釋作「畬」，讀作「稌」，即稻，較為近是。

2196 邦 畨

王襄　「畨，古嗇字，與穡通，象田中藝禾之形，殆即禮記郊特牲先嗇司嗇歟？」（簠室殷契徵文歲時二葉下）

王襄　「古邦字。」（類纂正編第六第三十葉下）

王國維　「古封邦一字，說文邦之古文作畨，从之田，與封字从㞢从土，均不合六書之指，㞢皆丰之譌，殷虛卜辭云：『貞勿求年于畨土』（前四·十七）畨字从丰田，即邦字，邦土即邦社，（古社土同字，詩冢土即冢社）亦即祭法之國社，漢人諱邦，乃云國社矣。籀文社字从

土丰聲，與㽙之从田，邦之从邑同意，本係一字，毛公鼎邦作邦，从土又从邑」（史籀篇疏證）

郭沫若　「釋㽙為邦甚是，然『邦土』殆即相土也。邦音雖在東部，然每與陽部字為韻，則邦相音相近，古人之為邦土者，後人音变而為相土也。」（卜通七十葉）

孙海波　「㽙，前四、一七、三。王国维释邦。」（甲骨文编二八一頁）

陳夢家　「㽙土為㽙地之社，遺織一七、一八是否失録一土字，因拓本被剪裁，未能判定。但遺織二四之『甲申卜亘貞帚禍，不于𡈼，由八人，㽙五人』，則為地名無疑。」（綜述五八四葉）

李孝定　「字在卜辭有兩義，一為邦土連文，『貞勿𢍰年于邦土』前、四、十七、三、『丙子卜貞𢍰年于邦口土』遺徵、歲時、十七、『貞勿𢍰年于邦口土』遺徵、歲時十八、邦土亦當如王氏所說，即漢之國社也。一為方國之名，『壬申卜亘貞祟禍不于𡈼𡆥八人邦五人』遺徵、歲時、二四、續、一、四七、二重出是也。又云『口子邦口王』乙、六九七八、殘文邦似為人名，『子』乃為干支字，則邦義不可知。金文作邦師寰簋邦邦毛公鼎邦彔伯簋邦豆閉簋邦齊鎛邦邦盂鼎邦余周鐘邦子邦父甗邦散盤均从邑，與篆文同。武又皆土，从田从土从邑其義一也。散盤一文形已譌矣。」（集釋二一六八葉）

饒宗頤　「甲申卜，亘貞：帚𠂤，不干𡈼，古（辜）八人，㽙五人。（遺歲二四）㽙即甫，讀為膊。左成二年傳：『殺而膊諸城上』。周禮秋官掌戮：『諜而搏之』。鄭注：『搏當為「膊諸城上」之膊，』『膊謂玄衣磔之』。（魯賓先說）甫亦可讀脯。佚周書明堂：『膊鬼侯以享諸侯』是也。」（通考弟四六七——四六八葉）

饒宗頤　「㽙即甫，讀為膊。甫亦可讀脯。佚周書明堂：『脯鬼侯以享諸侯』是也。」（通考四六七——四六八葉）

赵超說参丰字条下。

按：㽙字與說文邦之古文形體同，王國維釋「邦」是對的。但謂「古封邦一字」則有未然。卜辭封邦二字形義判然有別，金刻亦同，參見「封」字條下。段玉裁云：「古邦封通用。書序云

「邦康叔」、「邦諸侯」；論語云「在邦域之中」，皆封字也」，謂之通假則可，謂之同字則非是。卜辭甫為地名，「邦土」乃邦地之社，陳夢家之説是對的。其餘諸説，可以勿論。

2197 甫

羅振玉　「御尊蓋有圃字，吳中丞釋圃。此作甫，象田中有蔬，乃圃之最初字。後又加口形，已複矣。」（殷釋中八葉上）

王襄　「古甫字，圃字重文。」（類纂正編三第十六葉上）

孫海波　「孳乳為圃。」（文編三卷二五葉）

李孝定　「説文『圃種菜曰圃从口甫聲』契文不从口，甫字重文。金文作圃御尊圃辛巳簋」（集釋二一一五葉）

温少峰　袁庭栋　「……但从卜辭材料看，殷代之圃不仅种果蔬，也种粮食。如：

(58) 甲戌卜，宾貞：甫受秝年？（乙六五一九）

(59) 甫弗其受秝年？（佮四五八）

(60) 丁酉卜，争貞：乎（呼）甫秜于始，受㞢（有）年？

甫耤（籍）于始，受年？（乙三二一二）

以上諸辭之「甫」，有的学者释为人名（卜辭中以甫为人名者，如粹一二六九：「甫其㞢疾？」）但我们认为，如释甫为「圃」，用其本义，则各辞均词意通顺，这几辞都是卜问在圃中种秝或种秜之辞。值得注意的是，从現有卜辭材料来看，在圃中种植的作物只有秝和秜两种，而不見殷代的大宗作物如粟、黍之类。这很可能是因为当时麦类与稻类作物种植不多，故有一些尚在殷王室的圃中专门种植。而且殷王甚为关心其丰歉，故有此卜年之辭。

卜辭中又有「𢍰甫」之载：

(61) 癸亥卜：令多尹𢍰甫于西？

乙酉卜：令𢍰甫于京？（书道一·一〇·三）

王贵民同志在解释上辞时，从说文通训定声之说，认为𢍰字「从爪从冓省」，从而认为「

爯有举亦构成之义。西、京都是王室垦田种黍之地，即是就农田所在地建圃（就甲骨文所见试说商代的王室田庄，载中国史研究一九八〇年三期。我们认为，释「爯圃」为「建圃」，不确。甲骨文中爯字作爯，象以手提举篝篓之形。说文训爯为「并举也」，从爪从冓省「冓」字在甲文中作冓，象两个篝篓系在一起，并非说文所释的「交积材」。古人最初衡物之重量用手估量，继之则用二篝篓连在一起，一头置所衡之物，一头装石块（即后世之砝码），以手提举之，度其重量是否相等。说文训「爯，并举也」，正是此意，谓以手将两个篝篓提起以衡量故而称字有「称量」之义，「稱」字说文才会训「铨也」，即铨量轻重。所以，爯字并无「举亦构成之义」。「爯圃」之义，应是拔举（即收获）圃内成熟的果蔬作物而称量之，即「获而量之」。

殷王之圃，面积当较大，有林木鱼池之类，卜辞云：

(62) 貞：今日其雨？十一月，才（在）甫魚？（綴二一九五）

(63) 貞：其风（风）？十月，才（在）甫魚？（揃四・五五・六）

以上二辞之「甫魚」，多以地名释之。但我们认为释「圃魚」，即在圃中捉魚，也通。詩大雅・灵台载文王的囿圃之中情景曰「王在灵沼，于牣魚跃」，此可与卜辞中「在圃魚」之载相印証。

(64) 丁巳卜：⋯⋯甫⋯⋯隻（获）鹿。（鉄二三〇・四）

(65) ☐申卜：☐貞：甫其毕？（揃六・三二・一）

(66) 壬申卜，殼貞：甫毕麋？丙子𡧊（阱），允毕，二百㞢（又）九一⋯⋯（揃四・四・二）

以上三辞，记殷王在圃猎获麋鹿之事，可知殷王之圃面积不小，内有森林，林中有麋鹿方可供猎逐。詩大雅灵台载文王的囿圃之中情景曰：「王在灵囿，麀鹿攸伏」，此可与卜辞中「甫毕麋」之载相印証。」（殷墟卜辞研究―科学技术篇一八三―一八五頁）

按：說文：「甫，男子美稱也」；又：「圃，種菜曰圃」。以此說篆文則可，說古文字則非是。所謂「男子之美稱」，古作「父」，稍晚作「甫」。「甫」之初形作凶，从屮从田，象田中有植物形，實亦「圃」之本字。卜辭用為人名或地名。

唐蘭據揃四・五五・六以為凶、「當釋為苗」，原片甚清晰，作凶，辭為「在凶魚」，此例卜辭習見，釋苗非是。「甫魚」亦作「甫魯」，乃地名。不能理解為在圃中捉魚。

2198

按：卜辭屢見「由」之記載，乃方國名。合集二二三四三：「其由缶……」，用為動詞，其義不詳。

2199

按：合集八二七五正辭云：「……㞢……十牛于」，當為祭祀之對象。

2200

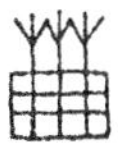

按：字不可識，其義不詳。

2201

囿

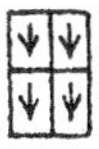

羅振玉　「說文解字囿籀文作。石鼓文囿字亦作，與卜辭同。或从茻，與森同意。」（殷釋中八葉上）

王襄　「古囿字。」（類纂正編第六第三十葉上）

王國維　「殷虛卜辭與石鼓文囿皆同籀文。卜辭或作，从茻。」（史籀篇疏證）

孙海波　「，前四．一二．四。或从四木，与說文囿字籀文同。」（甲骨文编二七六頁）

李孝定　「說文：『囿，苑有垣也。从囗有声。一曰，禽兽曰囿。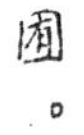，籀文囿。』契文与许书籀文同，罗说可从，字在卜辞为地名，金文作秦公簋已为形声字。」（集释二一一三）

温少峰　袁庭栋：「卜辞又有囿字作□、□或□，字象亘内分区养植草木之形。说文：「囿，苑有垣也。从口有声。一曰禽兽曰囿。𡈭，籀文囿」。周礼地官囿人：「掌囿游之兽禁」，注：「古谓之囿，汉谓之苑」。是知囿乃皇家之植物园与动物园。卜辞云：

(67)癸卯卜，亘贞：乎（呼）囿，叀（惟）之？（前七·二〇·一）

此辞之「乎囿」与它辞之「乎黍」、「乎麦」同例。乃号召有关人员去囿中进行种植或渔猎之事。「叀之」，即「前往」之意。

(68)☒酉卜，贞：羽……王往……囿，亡（因（咎））？（前四·一二·三）

(69)乙未卜，贞：黍才（在）龙囿，啬受出（有）年？二月。（前四·五三·四）

由上辞可知殷人在囿中种黍，当也可种植果蔬之类。夏小正有「囿有見韭」、「囿有見杏」之文，与卜辞中「黍在龙囿」之载相类。可見最早之囿是有种植之事的。」（殷代卜辞研究——科学技术篇一八五页）

按：說文：「囿，苑有垣也。从囗，有聲。一曰所以養禽獸曰囿。𡈭籀文囿」（段注本）苑囿之制，諸說各異。淮南本經高注：「無牆曰囿，有牆曰苑」。玄應引字林亦謂「有垣曰苑，無垣曰囿」。左傳僖三年：「齊侯與蔡姬乘舟于囿」，杜注：「囿，苑也，蓋魚池在苑中」。太平御覽引風俗通：「囿者，畜魚鼈之處也」。夏小正正月「囿有見韭」，四月「囿有見杏」，故徐鍇繫傳謂：「周禮有囿游之禁，亦樹以果菜也」。

垣牆以養禽獸，商代殆不其然，事當晚出。段玉裁以為「凡淵奥處曰囿」，「凡分别區域曰囿」，當屬「囿」字之本義。段氏誤以為引伸義耳。卜辭云：

「乙未卜貞，黍在龍囿，啬受出年，二月」　前四·五三·四

「龍囿」者，「龍」地之囿也。既言「受有年」，則不當是養禽獸之所。有關之卜辭為：

「……酉卜……貞翌……王往……囿亡……」　前四·一二·三

「……酉卜……翌……王往……囿……」　前四·一二·四

此當為「王往某囿」之占。卜辭又云：

「癸卯卜亘貞，乎囿叀之」　前七·二〇·一

此「囿」字用為動詞，謂於此為囿也。

卜辭囿字與說文籀文及石鼓文同。

2202

曾 [glyph] [glyph] [glyph]

葉玉森 「按說文『甾，艸生于田者，从艸从田』。此正象苗生田中形。卜辭从田之字，每變而作曰。如𤲸之作[glyph]，[glyph]之作[glyph]，胥是。前二辭之桒苗、[glyph]苗及他辭之闇苗，（前六・五七・六）羊苗，（後下・二四・十一）犬苗，（甲二・二十七・二）鼠苗（拾五・六）為苗之六種。（前釋六卷四十九葉）」

丁山 「甾讀為潧。水經：『潧水出鄭縣西北平地』。酈注：『史伯荅桓公曰，君若克虢鄶，主芣騩而食潧洧，修典刑以守之，可以少固。詩所謂潧與洧者也』。潧洧，今毛詩本作『溱與洧』。溱水介於現今的河南省新鄭與密縣之間，正是周初經營南國必經之路，中甗所謂『在甾』，應該在此；卜辭所謂『王自于甾』，也該在此；即春秋所謂『鄫子』，與夫曾伯霥簠之曾，可能為甲翼骨面諸種刻辭所見的甾氏之後。（中略）『𤲸字，于氏無說。按，詩魯頌閟宮有云：『公徒三萬，貝胄朱綅，烝徒增增』。毛傳『增增，衆也』。箋則謂：『烝，進也；徒進行增增然』。如鄭氏箋說，增增當讀與層層同。說文訓層為重屋；重屋，後世或名為樓，不必从尸作層也。層字語根，有重累意，孫之孫曰『曾孫』；臣之臣古亦曰『曾臣』。左襄十八年言晉平公伐齊，禱于河曰：『曾臣彪將率諸侯以討焉』。杜注『彪，晉平公名；稱臣者，明上有天子，以謙告神』。曾臣，猶末臣』。末臣者，臣之臣也。[glyph]字，甲文作[glyph]，續一八八・三[glyph]淋一・二四・一八，正象徵『臣之臣』。由是言之：𤲸[glyph]甾即『曾臣』合文，亦即謂『增』本字，逕讀為層可也』。（殷商氏族方國誌一〇六至一〇七葉）

于省吾 「葉說殊誤。栔文从艸之字習見，無作ㄚ爪者。甾即金文曾之初文，茲條述於左：一、甾為曾之初文。說文：『曾，詞之舒也，从八、从曰、田聲』。按古文曾字無从田从曰者。許說失之。金文曾字，曾宓伯鼎作[glyph]，殷毀作[glyph]，曾子中宣鼎作[glyph]，曾大保盆作[glyph]。栔文甾字與曾宓伯鼎曾字上从甾形同。是曾字初文上兩畫與田形相連，積漸孳化，離析為二。栔文从ㄚ尒作爪者，猶卓[glyph]之或作[glyph]。其从田亦作曰者，乃省畫，猶界或作畀是也。栔文作甾而金文作[glyph]者，古文从口與否每無別。如栔文周字作囲，金文或作[glyph]；栔文朿点作[glyph]，商点作商；金文吕尒作台。此例不勝縷舉。續三・二四・五：『田于𤲸』。𤲸字金文𤲸鼎作[glyph]，右从疊體之甾與从曹一也。古文複體單體每無別，𤲸與[glyph]自係同字。然則甾為曾之初文，斷可識矣。一、甾為地名。前六・五七・六：『令門[glyph]』，文已殘。續三・二四・五：『田于𤲸』。𤲸為地名，未詳所在。

篕游六八：「王㞢于甾，廼乎𣪊中。」曾亦當為地名。中甗：「王命中先省南或國，貫行𫝤应，在甾。」與栔文之甾自係同地。一、甾為祭名。前六．五四．二：「𠂤用。」後下十二．十三：「牧氐羌，征于口祊，𠂤用。」後下二四．十一：「允征羌，甾大口。」林二．十七．二：「犬甾用自大示。」栔六一八：「易甾用。」殷虛卜辭七〇七：「咸奏亦甾左𡆧。」甾均當祭名。段殷：「王鼎畢壹，戊辰曾。」曾亦為祭名。曾當讀為贈。周禮占夢：「乃舍萌於四方以贈惡夢。」注：「贈，送也，欲以新善去故惡。」男巫：「冬堂贈無方無算。」注：「故書贈為矰。杜子春云：『矰當為贈，堂贈謂逐疫也。無方四方可也。無算道里無數，遠益善也。』玄謂冬歲終以禮送不祥及惡夢皆是也，其行必由堂始。」按栔文言甾，金文言曾，周禮言贈，此殷禮周禮可資互證者也。綜之，栔文甾字乃曾之初文。从口為後起字。其以為地名者，即中甗在甾之甾也。其以為祭名者，即周禮堂贈之贈。」（駢三第十二至十三葉釋甾）

饒宗頤　「甾即曾字，他辭云：『王㞢于甾。』（篕室游田六八）左襄元年傳：『次于鄫。』杜注：『鄭地。』在河南歸德府南。」（通考六三七葉）

饒宗頤　「口卯卜，㱿貞：犬征，其㞢死。……卜㱿貞：王㞢于甾（曾）……㱿貞：犬征，亡死。」（續編二．二四．四）按甾即曾，從于省吾釋。篕室游六八：「王㞢于甾，廼乎……。」與此同地。春秋僖十四年：「鄫子來朝。」杜注：「今琅邪鄫縣。」詩溱洧，水經注引作「潧洧」。潧水出鄭縣西北，殷之曾，或即此。」（通考一〇九葉）

李孝定　「說文『曾，詞之舒也。从八，从曰，田聲。』卜辭之甾𠂤甾，于氏釋曾，謂除地名一義外，其作祭名者當讀為贈。丁氏考曾之地望，又解曾為層，說並可從。金文作曾曾伯霥簠、曾余義編鐘、曾湯鼎、曾佣姬簠、曾殷簋、曾曾子中宣鼎、曾曾大保盆、曾曾子簠、曾曾諸盨、曾曾姬無卹壺、曾曾子簠，均從口或曰，从曰乃由口形所繁衍。其上與栔文同。古文从口與否，每無別也。」（集釋〇二五六葉）

考古所　「甾：地名。」（小屯南地甲骨九〇〇頁）

陳初生　「『曾』字甲骨文作甾，金文中甗同，它器皆作曾或曾，从八（八）从田从甘

（口）。許慎据小篆作曾解为从八从曰，四聲，非是。朱芳圃曰：「曾即甑之初文，象形。……甑以炊飯，与鼎以京肉同。其器下體承水，上體盛飯，中設一箅，金文曾字从田即象其形。」上出之丷、八、八疑象蒸氣之形。」（商周古文字讀本三〇〇——三〇一頁）

于省吾　「甲骨文甾字作甾、㽬、㽬、㽬等形。叶玉森误释为苗（集释六・四九）。按甾即曾之初文，兹阐述如下：

说文：「曾，词之舒也。从八，从曰，田声。」按古文曾字无从田从曰者，许说失之。周代金文曾字常见，曾窞伯鼎作曾，曾子中宣鼎作曾。甲骨文甾字与曾窞伯鼎曾字上从甾形同。是曾字初文上两画与田相连，积渐孳化，离析为二。甲骨文从丷之字亦作丷，犹曾之从甾或作甾、甾之或作甾，是其证。其从田亦作曰者，乃省画，犹果或作果。又周初器中甗之「才甾」犹存初形。甲骨文之「田于𨰻」（续三・二四・五），以𨰻为地名、又：「令门𨰻」（前六・五七・六），乃𨰻字之纵列者，下从叠甾，已省其一。叶玉森集释误释为𦜏、苗二字。𨰻字金文𨰻鼎作𨰻，右旁已由甲骨文之叠甾变为从甾，然则甾为曾之初文，断可识矣。甲骨文甾字常见，每用为地名。又甲骨文称：「弓甾用。」（燕六一八）「貞，辛甾彡牛。」（佚一一）「牧氏（读致）羌，征于口（祊）甾用。」（后下一二・一三）则以曾为祭名。曾当读为赠。周礼占梦：「乃舍萌于四方以赠恶梦。」郑注：「赠，送也，欲以新善去故恶。」又男巫：「冬堂赠無方無箅。」郑注：「故书赠为𪿫，杜子春云，𪿫当为赠。堂赠谓逐疫也，無方，四方可为也，無箅，道里無数，远益善也。玄谓冬岁终以礼送不祥及恶梦，皆是也，其行必由堂始。」按甲骨文言甾，金文言曾，周礼言赠，此殷礼与周礼可资互证者也。」（释甾，甲骨文字释林二七至二八页）

按：字當釋曾。葉玉森釋苗，不可信，于先生已辯之。

2203

按：合集二〇七一〇辭云：「甲……尞于𦥑⿶凵田罷虎」，乃地名。又合集二一〇二二辭云：「己酉卜，𢍏……其雨？抑不雨？田𠬝」，「田𠬝」為驗辭，「田」似當讀為「翌」，與⿶凵田不同字。

周 田 用

吳大澂　憲齋剩稿於公伐郜鼎「周多受福」之田始釋周。

孫詒讓　「田即周之省，金文宂敵周字作周，周文旁尊省作田，周公作文王鼎周公字作田，公中鼎宗周字作田，（舊並誤釋魯）此省口與彼同。周即周國，疑在太王肇基以後。云『令周宂甹』，蓋周君朝聘于商以國賓之禮待之。若猶言順命也。『弗戈周』者，說文戈部『戈，傷也』，言不伐周也」（舉例上卌二葉）

王襄　「田，古周字，象田中壟結之形。公伐郜鼎段為魯」（簠考游田三葉第二十二片釋文又類纂正編十二第五十三葉說同並云「魯字重文」）

商承祚　「說文解字『周，密也，从用口，古文作𤰈』。公中鼎作田，與此同」（類編二卷七葉）

商承祚　「按知田即周者，金文公伐郜鼎周作周，又省口作田。免簠『王在周』，亦作田，是以知之」（引李孝定集釋〇三八三）

郭沫若　「田字亦屢見於金文，前人多釋為鹵段為魯，吳大澂始釋周。孫詒讓契文舉例，商承祚之殷字類編，容庚之金文編均釋周。然所舉𤼈敵之『公仲在宗田』，及免簠之『王在田』，均非究極之證明，因魯亦可稱宗魯也，孟子滕文公篇有『吾宗國魯先君』。余謂字固周字，其證有二。一為無惠鼎之『王各于周廟』作用，乃周之省，則知田乃周之省者。近出矢令彝兩周公字一作田，一作田，此田為周字之鐵證。一為畫字，古金文畫字从周，如『畫鞹畫輴』之畫字，毛公鼎作𤰈，師兌敵作𤰈，番生敵作𤰈，从周省，與無惠鼎周字同。彔伯敵作𤰈，蓋琱字之省，琱亦通用。（一函皇父敵作琱娟即其明證）（一函皇父作周娟匜之周娟，而宅敵則作𤰈，从周者，是田為周之明證矣。至畫字何以從周？觀其字形，殆謂以規畫圓也。（一種圓周之周，說文本作𤰈，然經典中未見此字，古器物亦未見此字）」（甲研釋寇二葉）

郭沫若　「周字作田若𤰈，字於金文亦屢見，舊多釋鹵，說為魯，其或釋周者，亦若無確證。今案近出矢令方彝銘『周公子明保』字蓋文作周，器文作田（見大系插圖一）此字之釋

已成讖案矣。」（卜通考釋一一八葉）

葉玉森　「𤰈之異體作𤰈，田，田，田等形。予往者徧檢卜辭，未見金字，因疑金文中之金字即由卜辭之𤰈田譌变田𤰈田。田象古代盛金粒之器，有界格。∷象所得之金粒，厥後変田𤰈田田為金。譌∥為八，仍注∷于界格中，造字精意已失其半。卜辭屢令某鑿金，或言令某族从某侯鑿金，是鑿金固殷代之要政也。（新獲卜辭寫本三八四）有「𤰈田」二字，金文魯公伐郭鼎晃作𡇳，疑𤰈古面字，段作晃。田乃田之別構。卜辭云晃金也。又按鉢文鉢之偏旁有作田者，金文周駱盨之田，周棘生敦之𤰈，並為田之譌文，周人已不詳其誼，僅用為器銘之末行之末補空飾文。據郭氏說必釋為周，然本辭田上之𤰈如無人證明為寇為非鑿，則予之臆說仍當存在。殷代文字流傳至周，往往厥形尚存而音訓迥異。如好為殷文之浮而周則為好。魄為殷文之祝而周則為鬼。似不能持鼎彝文字強釋卜辭𤰈為殷代金字，殆至周始譌变為金，乃無人識田為金者。古文凡增小點均精意，至周或作為繁飾，惟求古致並無精意內函。周之正字固當為𤰔，省作田，又変作田。小點之增徒作繁飾而已。卜辭之田絕非一字，至卜辭之𤰈為國名者……各辭內之田字並應釋金，金蓋侯國。殷人或賓之，或辜之，或執其俘為侸。又卜辭有从金之字，如「𤰈」（後下二十五），如「𤰈」（藏二一二）。一作「𤰈」（藏二四六），「𤰈」（拾十四、十三）。孫詒讓釋惠（舉例下十八）未碻，並附於此以供參考。」（前釋四卷四二至四四葉）

朱芳圃　「說文口部：『周，密也。从用，口。𠮷，古文周字，从古文及。』按𤰈象方格縱橫，刻畫文采之形，當為彫之初文。說文彡部：『彫，琢以成文也。从彡，周聲。』廣雅釋詁：『彫，畫也。』又釋言：『彫，鏤也。』或假彫為之，禮記少儀：『車不雕幾。』鄭注：『雕，畫也。』國語晉語：『穆公衡雕戈出見使者。』韋注：『雕，鏤也。』聲轉為敦，詩大雅行葦：『敦弓既堅。』毛傳：『敦弓，畫弓也。』孔疏：『敦與彫，古今之異。彫是畫飾之義，故云敦弓畫弓也。』或从口，附加之形符也。（殷周文字釋叢卷下第一三七葉）

孫海波　「𤰈，甲四一九。卜辭周不从口。」（甲骨文編四三頁）

孫海波　「𤰈，存六〇七。疑周字。」（甲骨文編八八三頁）

李孝定　「說文：『周，密也。从用口。𠮷，古文周字，从古文及。』契文作田，正象密致周帀之形。許君說字之本誼是也。從口乃後增。金文周字或作𤰈田，或增口作𠱱𠱱，至篆文則無不從口者矣。

各家釋周，丕碻。在卜辭為國名，即後世代殷之周。葉氏於金文之囲則釋周，謂小點為繁飾無義。於卜辭之囲，則釋周，謂小點象金粒，均有精意。且謂文字流傳往往徒存其形而音訓迥異，在古為彼字，在後世則為另一字。衍定寧有是理，是真贅說也。且卜辭𨾴字，唐蘭釋璞，讀為戳，以讀栔文諸辭，無不暢適，其說已無可疑。然則葉氏之自謙為臆說者，殆亦可少息矣。金文作囲（𤔲簋）、囲（免簋）、囲（仲鼎）、囲（周𠬝旁尊）、由（無惠鼎）、囯（成周戈）、𠶷（免簋）、𠶷（周公簋）、𠶷（善夫克鼎）、𠶷（散盤）、周（盂鼎）、周（虢季子白盤）、𠶷（毛公鼎），所見甚多，大抵不出以上諸形。小篆从用者，當由無惠鼎作用而誤，（鼎文有銹蝕，疑古文不从用也」。（集釋〇三八七葉）

按：甲骨文周字不从口，為方國名或地名之專用字。古文字中方國名或地名之專用字如「𠱕」、「商」、「唐」、「吳」等等，每每增「口」作為偏旁，說文从用口，乃譌變之形體，林義光文源已言之。許慎說解「周」字為「用口」會意。從而導致各種臆說。段玉裁以為：「善用其口則密，不密者皆由於口」，尤屬牽強。林義光據金文田之形體以為象周帀之形，可備一說。又以為「口象物形」，則非是。

2205

⿱宀⿱巛田

按：字从「宀」、从「甾」，「甾」倒書。合集三〇二四七辭云：「于⿱宀⿱巛田有雨」為地名，上當有「坆」字。此當與2206合併。

2206

⿱宀⿱巛由

按：字从「宀」、从「甾」，隸可作「⿱宀甾」。合集三二二八九辭云：「戊辰坆于⿱宀甾、雨」為地名。

2207

⿱宀甾

盧　畀　昇　因

按：字从「宀」、从「人」、从「甾」，「甾」倒書，隸可作「㽕」。辭殘，其義不詳。

郭沫若　「周恭王時趞曹鼎『王射于射盧（廬）』字作𥁕，與此作𥁕者相同，故知此亦盧字。案此乃鑪之初文，下象鑪形，上从虍聲也。」（粹考二十葉上）

饒宗頤　「陳夢家讀因為界字，非也。因又訓陳牲，蓋讀為臚。故卜辭屢見『因豕』（如屯乙三五二一）及『因羊豕』（屯乙五五九六）之語，亦言『因用』（屯乙三八〇三）則借為臚陳字。」（通考七五三葉）

饒宗頤　「因即盧字，本人名。『因豕』在文意上乃動詞，可讀為臚。『因豕』一詞，屯乙習見，即臚豕也。字與旅通，詩『殽核維旅』，傳及爾雅釋詁『旅陳也』。」（通考六九八葉）

郭沫若　「兩『𥁕豕』字，原文作因，在卜辭中多見，舊未能識。今案卜辭中有从此之字作𥁕，我于一九三七年春纂述殷契粹編時，根據周恭王時趞曹鼎『王射于射盧』字作𥁕，釋定為卢，以為『乃鑪之初文，下象鑪形，上从虍聲也』。（粹一〇九）然于因字亦未能解釋。其實因既象鑪形，即古鑪字。要這才真是『鑪之初文』。今隸定此字為『𥁕』。說文『卢飯器也』，故『𥁕豕』猶言『鼎犬』。」（安陽新出土的牛胛骨及其刻辭考古七二年二期）

于省吾　「甲骨文因字习见，亦作畀、畁、昇或畀、畀、冄等形，旧不识。甲骨文编入于附录。甲骨文称：『虜彡力自上甲。』（粹一〇九）郭沫若同志云：『周恭王时趞曹鼎，王射于射卢（庐），字作𥁕，与此作𥁕者相同，故知此亦卢字。按此乃鑪之初文，下象鑪形，上从虍声也。』按虜彡力之力，本应作乇（详释乇舌祰），虜彡乇乃三种祭名。郭释虜为卢是也，至于因字，又为卢与鈩之初文，上象卢之身，下象款足。虜字后世作盧，从皿为累增字。甲骨文因、虜并见。周代金文盧字或从因，或变作从由、从田。说文卢字变作从甾，又籀文卢作𥂝，变作从図。凡此皆因、虜、卢演变之源流。兹将甲骨文之因与虜之用法分别加以阐述。

一，因字训为剥割。甲骨文称：『壬辰卜，㞢母癸，因豕〇癸子卜，㞢母甲，因豕〇甲午卜，出母乙，因豕〇乙未卜，出母，用豕。」（鄴初下二六·四，佚三八三背）此外因豕凡四十余见，不备录。甲骨文之因豕，皆就祭母某或妣某言之，其言「出戠于天（大）庚，出因豕，用」（乙五三八四），罕见。甲骨文之因牲，皆就豕言之，其言「用羊戠囚」（乙一〇六二）亦罕见。因豕之因，乃后世卢之初文。卢与膚古通用。周代金文金名之鑪通作鑪，鑪器之鑪则作盧。论语颜渊之「膚受之愬」，即「盧受之愬」，详论语新证。说文臚之籀文作膚。此乃卢与膚通用之例证。广雅释言：「膚，剥也。」又释诂：「剥，膚皮离也。」王氏疏证：「说文云，剥取兽革者谓之皮。韩策云，因自皮面抉眼，自屠出肠。郑注内则云：膚，切肉也。是皮膚皆离之义也。」按王说是也。皮与膚皆系名词，作动词用则有剥离之义。礼记内则之「麋膚」，郑注：「膚或作胖」。按膚与胖双声故通用。周礼腊人之「凡祭祀共豆脯薦脯膴胖」，郑注：「郑大夫云，胖读为判。」是胖与判通，乃割裂之义。然则罝而易见，因豕当为割裂豕肉以祭。

二，膚字通旅。除前引「膚彡乇自上甲」外，甲骨文亦称：「庚辰卜，膚翌日甲申。」（一鄴三下四一·九一）「庚申卜，膚翌彰甲㞢。」（甲八八六）膚为祭名，当即周代之旅祭，膚即盧，盧与旅音近相借。伯䢅鼎之「旅弓、旅矢」，书文侯之命作「盧弓一、盧矢百」。周礼司仪「皆旅擯」，郑注：「旅读为鸿臚之臚。」仪礼士冠礼「旅占」，郑注：「古文旅作臚也」。以上是旅与盧或从盧之字相通之证。周礼掌次：「王大旅上帝」。又大宗伯：「国有大故，则旅上帝及四望。」郑注：「旅，陈也，陈其祭事以祈焉。」汉书叙传：「大夫臚岱，侯伯僭时。」郑氏曰：「臚岱，季氏旅于泰山是也。」师古曰：「旅陳也，臚亦陈也。臚旅声相近，其义一耳。」按周器中尊：「王大省公族，于庚辰旅。」旅谓陈列祭品以祭。但甲骨文言膚，并非如周礼就祭祀上帝四望为言。

三，因为人名地名。甲骨文以因为贞人名者屡见。甲骨文称：「贞弓用因氏羌。」（前六·六·四）则以因为人名。又：「辛卯贞：，以㴋涉〇辛卯贞，从獸因涉。」（粹九三四）以两者为对贞词验之，则从獸因涉即獸从因涉之倒文，是因当为水名。

综之，因为鑪之初文，本象鑪形。其作膚者，加虍为声符，由象形孳乳为形声。甲骨文膚与因用法不同，义亦有别。」（释因、膚，甲骨文字释林三〇至三三页）

饶宗颐说参[illegible]字条下。

按：卜辭因字形義演化之原委，于先生已有詳盡之論述。王筠說文釋例云：「甾部𥃩，㽉也，讀若盧同，是知𥃩盧一字也。篆文作𥃩，籀文作𤬪。案皿甾皆器而義尚微別，甾缶則異名同實矣。盧既从甾，盧又加皿，罏又加缶，鑪直从兩甾矣，豈有古人制作而蕪雜如是。大抵盧為古文，盧為重文，餘皆任意分別文也。盧之籀文作盧即可徵盧盧制作之先後。

2209

按：此乃「盧子」二字合文。卜辭累見「家盧子」，均分書。合集二七八八九辭云：「𤔲馬盧子」，「盧子」合文，「馬盧子」，未詳何義。

2210

畂 畯 

羅振玉 「說文解字：『畯，田官也。从田，夋聲。』古金文皆从允，（盂鼎頌敦及追敦並同）與卜辭合。」（殷釋中二十葉下）

王襄 「古畯字从允。」（類纂正編第十三第六十葉）

孫海波 「畂，前四．二八．五。畯，甲骨文金文皆从允作畂。」（甲骨文編五二三頁）

李孝定 「說文：『畯，農夫也。从田夋聲。』契文均从田从允，允夋之異在足之有無，金文人形之字往往增趾作夊若中，篆文則作夋，實一字也。金文作畯盂鼎畯頌鼎畯頌簋畯追簋畯克鼎畯宗周鐘均同。」（集釋四〇二九葉）

按：說文訓畯為「農夫」，爾雅釋言孫炎注「農夫，田官也」。卜辭「畂」字用義不詳。

2211

男 

王襄 「古男字。」（類纂正編第十三第六十葉上）

商承祚　「力在田上，與左田下之意同，古金文加字多如此作。」（類編十三卷八葉）

徐中舒　「男从力田，力字即象耒形，惟省去下端岐出形；力耒古同來母，於聲亦通。」（耒耜考）

李孝定　「說文：『男，丈夫也。从田、从力，言男用力於田也。』栔文同。徐謂力象耒形說亦可從。辭云『貞男不其』（藏一三二.二），『貞男亡禍』（前八.七.一），『☐貞☐雚男☐受☐』（甲.二.二二.十二）。疑爵名。金文作⿰田力矢簋、⿰田力弔男父匜、⿰田力趞小子簋、⿰田力雙侯簋末一文下所从象手執耒形。」（集釋四〇四七葉）

于省吾　「今本說文：『男，丈夫也，从田力，言男子用力于田也。』唐元度九經字樣：『⿰田力、男，上說文，下隸变。』桂馥說文义证：『今篆作男，后人因⿰田力男二字改之。』王筠說文句讀：『蓋⿰田力男二字，本以並书不便，遂田于力上。』按汉印的男字多作⿰田力，汉代騶男虎符的男也作⿰田力。这是說文男字本应作⿰田力的确证。虽然古文字的偏旁变动不居，但也不是绝对的。周代金文的男字皆作⿰田力。春秋僖十六年许男之男，魏三体石经古文也作⿰田力。甲骨文的男字作⿰田力、⿰田力、⿰力田等形，都是右力左田。……男字的造字起源，涉及到古代劳动人民的从事农田耕作，关系重要。男字本应作右力左田的⿰田力，而不应作上田下力的男。⿰田力字从力田，系会意字，是說致力于农田耕作。如果改⿰田力为男，从田力，那就失去了造字的本义。」（甲骨文字释林释男二五九——二六〇页）

林澐說參田字条下。

按：釋男可從。卜辭均殘，用義不詳。李孝定疑為爵名，非是。五等爵之名，語出孟子，商周均無此典制。

2212

畋　⿰田攴　⿰攴田

孫海波文編卷三第十六葉收此作畋。

李孝定「說文『畋平田也从攴田周書「畋介田」』卜辭云『□辰卜□貞畋囗』，拾九、七、其義不詳。」（集釋一〇七五葉）

按：說文訓畋為「平田」，猶存古義。典籍多以畋為田獵字。朱駿聲說文通訓定聲謂佃當訓平田，「畋當訓獵」，其說非是。卜辭田獵字均作「田」，無一例外。畋字之用法則由於辭均残泐，難以確指，但與田獵無關，則可以肯定。

2213

按：字不可識，其義不詳。

2214

卑

按：字當釋「卑」。與金文「卑」字同形。說文：「卑，賤也，執事也，从ナ甲。」段玉裁以為「甲象人頭」，非是。朱駿聲通訓定聲以為「卑」乃「椑」之古文。謂象圜榼酒器，ナ持之。周禮廬人注：「齊人謂柯斧柄為椑」。「卑」即象手持某種有柄工具之形。卜辭殘缺，其義不詳。

2215

按：合集九五四四正反為相連之完整刻辭：「壬戌卜，古貞，呼⿰丰田致黍？王固曰吉，其⿰丰田」「⿰丰田」為動詞，與農事有關。

2216

按：字不可識，其義不詳。

2217 盧 

按：此亦「盧」字，當列入2208「盧」字條下。合集二二〇七三辭云：

「乙酉卜，卯新于妣辛白盧豕」

「白盧豕」當讀作「膚白豕」，「白」字倒書，故其辭亦倒。

2218 畕 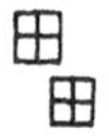

羅振玉　「說文解字畕，比田也。畺，界也。从畕，三其界畫也。或从彊土作疆。案此从弓从畕，吳中丞曰：『儀禮鄉射禮「侯道五十弓」疏云：「六尺為步。弓之古制六尺，與步相應。」此古者以弓紀步之證。古金文亦均从弓。』知許書从彊土之或作非也。又此从畕，象二田相比，界畫之義已明。知畕與畺為一字矣。」（殷釋中八葉上）

葉玉森　「金文作𤰈（盂鼎）彊（頌敦）彊（師遽方尊）彊（虢季子白盤）𤳳（師兌敦）……按金文从一或二三，並象界畫。篆文或體从三，契文作𤰈𤰈从畕，不作界畫。蓋兩田相比，已自有界。从弓，知古代本用弓紀步。且不止起於殷代也。」（說契二葉上）

丁山　「彊當以𤰈為正字，繁演為彊（盂鼎）彊（𢼸氏盤）彊（師遽尊）彊（對仲敦），彊右有三畫者為後起字，省弓為畺，畺之形又起於彊形之後，畺非古於彊也。至于畕者不見于壁中古文則必許君因畺為首，猶屾之因嵞為字。比田也者望文生誼也。經傳及金石古文皆不見畕字，是可徵也。」（引集釋四〇三六頁）

李孝定　「說文『畺，界也。从畕，三其界畫也。疆，畺或从彊土。』契文作𤰈與金文近。本條僅殘存𤰈字，其義不詳。羅氏謂畺畕一字見也，就其田之相接言之則為比田，就其相接之處言之則畺畺界，實二而一者也。金文畺字多見，大抵作畺毛伯簋𤰈盂鼎彊不嬰簋𤰈師遽尊彊𢼸氏盤彊虢季子白盤彊史頌簋彊邾公華鐘彊子仲匜彊克鼎彊弔氏鐘彊井人鐘彊喪史賓鉼𤳳彊仲師父鼎彊弔家父匡彊齊侯匜𤳳曼龏父盨𤳳番君鬲彊秦公簋𤳳王子啟彊尊𤳳南疆鉦彊邾公簋。」（集釋四〇三六葉）

按：英七四四辭云：「……彳……于畕」似為地名。

2219

畐

孫海波 「畐假為福。說文：『畐，滿也，从高省。象高厚之形。』福，備也，从示畐聲。卜辭福作象人以兩手奉畐于示前，所以祀神求福也。則兩手所奉之畐與酉自之器形相似，正象盛酒之器形，知說文訓滿也，乃後起義，非古誼也。畐字本象器形，奉畐于示前而為福，字故可假為福，福亦祭名。」（誠齋考釋十一葉）

孫海波文編五卷十七葉收此作畐，云：「孳乳為福。」

李孝定 「說文：『畐，滿也。从高省，象高厚之形，讀若伏。』此與畢當為形製相近之容器，訓滿其引申義，其朔義乃象形字。許解云『象高厚之形』雖誤，然猶可見與畢字之義相近也。辭云『丁亥卜貞王穷畐亡尤』乃段為福，孫說是也。金文作畐父辛爵弔氏鐘『降余魯多富』亦段此為福與卜辭同。」（集釋一八六九葉）

按：字當釋「畐」，合集三〇〇六五「其畐」，又合集三〇九四八「弜畐」，皆用為動詞，其義不詳。

2220

⿰畐甫

考古所 「⿰畐甫：祭名或用牲法。」（小屯南地甲骨八八二頁）

按：合集三〇九四七辭云：「辛丑卜，⿰畐甫彭有大……」為祭名。

2221

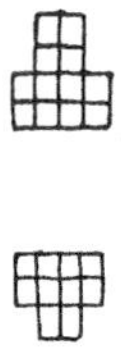

按：合集一一四五二辭云：「……巳，𠕁示二屯，岳」為人名。

2222

曲

于省吾「甲骨文有𠃊字（京都二六八），辞已残，甲骨文編入于附录。按𠃊即曲字的古文，商器曲父丁鼎作𠃊，其框内文饰之划有繁有简。汉无极山碑的「窮窕𠃊隈」。以𠃊为曲，而框内已省去文饰。说文：「凹，象器曲受物之形也。或说曲，蠶薄也。𠃊古文曲。」按凹乃后起字，𠃊乃𠃊形之讹。说文段注：「匚象方器受物之形，侧视之；凹象圜其中受物之形，正视之。引申之为凡委曲之称。不直曰曲，诗曰，予发曲局。又曰，乱我心曲，笺云，心曲，心之委曲也。又乐章为曲，谓音宛曲而成章也。周语曰，士献诗，瞽献曲，韦云，曲，乐曲也。毛诗传曰，曲合乐曰歌，徒歌曰谣。韩诗曰，有章曲曰歌，无章曲曰谣。按曲合乐者，合于乐器也。行葦传曰，歌者比于琴瑟也，即曲合乐曰歌也。」按段氏依据匚和凹形，而为侧视正视之解，实属妄加附会。」（甲骨文字释林释曲）

2223

按：于先生釋「曲」，卜辭殘缺，其義不詳。

2224

按：字不可識，其義不詳。

考古所「□：著录中未見，字不识，在此为动词。」（小屯南地甲骨一一三八页）

按：佚四三一〇正反對貞，其辭云：「甲午卜，征亡□印」；「甲午卜，㞢𡆥□印」皆為動詞，「印」讀為「抑」，乃對貞之省略形式。

2225

按：字从「𠂤」、从「田」，隸可作「𩠐」，辭殘，其義不詳。

2226

按：字不可識，其義不詳。

2227

按：字不可識，其義不詳。

2228

按：字不可識，其義不詳。

2229

按：合集三六九二一辭云：「癸…在𢀛…旬亡…」為地名。

2230 西

羅振玉 「說文解字：『席从巾庶省，古文作㕾，从石省。』案从石省之說難通，古但象形作因耳。卜辭作图與因同，象席形。詳後謝字注。」（殷釋中四十七葉）

王襄 「古席字，象織紋方幅之形。」（類纂正編第七第三十六葉下）

唐蘭 「字象簟形，即西字。羅釋席誤。」（導論下五八葉五行）

魯實先 「此字當隸定為宿。」（姓氏通釋之一載東海學報第一期十九葉十六行）

楊樹達 「粹編六二二片云：『己酉，易日？』又云：『口图口入。』图為古席字，與入字義不相承貫，夕與席古音同，席蓋假為夕也。」（求義八葉上）

李孝定 「說文：『西，舌皃。从谷省，象形。㔾，古文西，讀若三年導服之導。一曰竹上皮，讀若沾。一曰讀若誓，弼字从此。』惠棟讀說文記云『案導本古文禫，鄭注士喪禮云「禫或為導」，知導服即禫服也。許氏所據儀禮古文。』案許讀此為導，據士喪禮鄭注，則導禫古音相近。此字復象席形，當即許書竹部簟之古文。說文云：『簟，竹席。从竹覃聲。』覃聲正與此下說解『讀若三年導服之導』音讀相同，而西下一解曰『竹上皮』，其義亦與簟義相近，許書古文作西與契文作图者相近，故知图必為西字無疑也。又契文宿字作㑬，而小篆作宿，除增偏旁宀外，其所从之西正與契文之图相當，更可為图西一字之證。」（集釋〇六八九葉）

李孝定 「按此為宿字所从，不能謂即宿字也。」（集釋〇六九〇葉）

按：說文席字古文作㕾，西字古文作西，均係甲骨文图形之譌變。許慎關於西字之說解為

「舌皃」，與席簟之義毫無牽涉。又於西字之古文下羅列衆說，游疑莫定。實則許氏由本象席形之㐁譌變成㐁，亦或譌變成西（參見宿字條），與篆文西字類似，故誤以為西之古文。許書古文形譌，誤置、重出者甚多，須審慎加以分辨。釋甲骨文㐁為西，乃以譌傳譌。當從羅振玉說釋為席。其理由如下：

一，西字惟見於說文，訓為「舌皃」，列入谷部，已屬不倫不類。前人多已疑之，廣雅：「西，席也」，王煦說文五翼云：「西即㐁字之誤，㐁為古文席字，張氏以古今字相訓也」。其自注云：「傳注家以古今字相訓者甚多，廣雅如『㦹，燸也』；『花，華也』，亦其例」。廣雅訓席之「西」字，乃席字古文之譌體，非說文訓為「舌皃」之「西」；王煦已論及之。不得據此認為說文「西」字可訓為「席」。

二，說文「宿，止也，从宀㑀聲。㑀，古文夙」。又說文夙（今體作夙）字之古文作㑀、㑀。實則甲骨文作㑀、𡧯，象人止宿於席上，即宿字之初形。甲骨文自有夙字作𡖍，其用法判然有別，後世典籍或假夙為宿。許氏以㑀、㑀為夙之古文是錯誤的。

三、釋㐁為西，亦即簟，其另一主要依據為說文解西之古文㐁為「讀若三年導服之導」，導服即禫服，西亦可音簟，以此展轉迂曲，不若徑據席之古文作㐁，釋作席更為直接了當。且席為通名，簟為專名。說文訓簟為「竹席」；詩載驅毛傳訓為「方文席」；禮記內則訓為「席之親身也」。甲骨文㐁之所象，只能是通稱之席，不必是專稱之簟。

要之，篆文西字只是偶然形似，許慎誤列席字古文於西字之下，宿字所从之西，亦不必是許慎訓為「舌皃」之西。實則均屬席之初文㐁之譌變。釋㐁為西，讀為簟是不足信據的。

後記：

上段按語撰於一九七九年。現在回顧起來，不禁啞然失笑。釋簟、釋席，不過是五十步與百步之爭。都不免受說文傳統思想之束縛。各執一端而已。實則「西」與「席」初本同字。追本說文訓為「舌皃」之「西」，本屬子虛烏有，典籍無徵。「簟」與「席」乃後世區別之文。追本溯源，於甲骨文均作㐁。凡此爭論，可以休矣。姑存此以見認識之過程。一九九一年四月十六日。

2231 宿

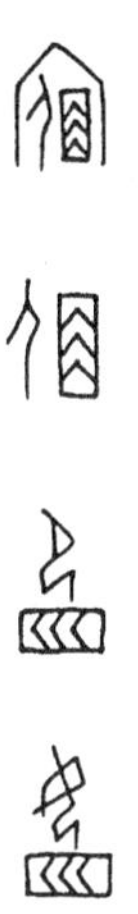

羅振玉 「說文解字：『宿，止也。从宀，㑀聲。㑀，古文夙』。又夙注古文作㑀㑀。案古金文及卜辭夙字，皆从夕从丮。疑㑀㑀為古文宿字，非夙也。卜辭从人在㐁旁，或人在㐁上，

皆亦止意。古之自外入者，至席而止也。豐姞敨作[字]，與此同，但卜辭婿宀耳。故改隸宿下以俟考。」（殷釋中五十五葉下）

葉玉森 「宿字从人从茵，表就宿意。」（引李孝定集釋二四六三）

葉玉森 「宿作佰、𠕎，从人从茵，表就宿意。造字之例註同。（按契文作[字]、[字]、[字]之偏旁）上象木近女首，下象木在女旁。古以木為枕，女子鷄鳴而起，時方枕卧，東方未明，故卜辭用為昧爽之昧，妹同昧之初文。契文休作[字]，从人从木，亦象枕，表休息意。」（說契三葉背）

孫海波 「佰，甲九二一。从人从西。与說文殂字古文同。𠕎，甲一〇五三。象人宿于席上。」（甲骨文編二九八頁）

孫海波 「[字]，乙七一九三。从女从西。說文所无。疑佰之异文。」（甲骨文編四八〇頁）

饒宗頤釋宿引「……丙申王佰（宿）固。光卜曰：不吉！㞢希（殺）。丝……」（戴遺珠六二〇背，通纂別二·三·一重）云：

「按宿讀為肅。肅，戒也。見周禮大宗伯鄭注及祭統注。說文夙古文作佰，則此亦『夙』字。夙，早敬也。夙肅聲義同，詩『載震載夙』。箋：『夙之言肅也』，是其證。」（通考二二一—二三葉）

屈萬里 「𠕎字象人跪坐席上之狀，羅振玉釋宿（殷釋中五五葉），恐非是；疑是居字之古文。於此則為地名。」（甲釋第一五六葉）

李孝定 「按，𠕎字羅釋宿固非，然恐亦非居字……卜辭𠕎字其义当为坐，中島氏之言是也。然与今字之形有异，是否即坐之古文待考。疑古有作[字]者，为許书古文所自昉。至篆文[字]則[字]之讹也。」（甲骨文字集釋四五九三頁）

李孝定 「說文『宿，止也。从宀佰聲。佰，古文夙』。契文作佰若[字]，羅氏釋宿甚是。佰即宿之古文，从宀與否無別，契文亦有从宀者可證也。惟羅氏謂𠕎亦宿字則似有未安。佰象人卧席上之形，盄則象人坐席上之形，混言之固皆訓㑦止，析言之則坐卧有別也。且二字卜辭用法亦有別，辭云「弜宿」（粹九七〇）、「丁卯王其尋宇墮其宿　弜宿其每（晦）　吉」（粹一一九九）、「王☐宿亡戈」（甲九二一）、「甲午卜爭貞王宿𠂤師（字原翼鵰，甲釋四四九葉誤合宿𠂤為一字，謂不可識，不☐當是張字，袁也，說見二卷亡☐𢀛字，屈氏甲釋謂不亡或為一字）三月」（甲編三五三〇），凡此均為止宿之意。其作盄者，辭云「貞且辛盄　貞且辛不☐盄」（乙一一七〇）、「盄于父乙」（乙二五二五）、「☐盄不☐」（乙三九八九）、「盄隹有害」（乙七一九三）、「☐貞☐隹☐（殘餘『丫』字疑是步字）于盄」（佚五三八，陳浚）一辭似為地名外，餘辭盄字當為祭名，與宿字義別。盄之本義當為坐，惟不知究當於今之何字耳。金文作𡨦弔宿簋𡪨宿父尊𡫓弔簋」（集釋二四六三葉）

中島竦「說文『坐，止也。从土从畱省土所止也。此与畱同意。𡋾，古文坐。』是殆無可識者。然余視其篆形，古文𡋾是兩人對立，非對坐形，對坐宜如卯。說文从畱省者，初恐作卯，卯乃卯之訛。唯坐未必指對坐，不作對作狀亦可。殷虛文字有盄，恐是古文坐字，人在席上而坐也。古人席上屈膝而坐，不據牀而坐也。」（書契淵原第一帙中八六頁下）

贾平「㑣𠂤字，应是㑣、𠂤二字。㑣，說文：『宿，止也。从宀，佰声。佰，古文夙。』𠂤是𠂤字，释作师。」（读殷虚文字甲编考释

罗振玉释宿，至确。在这里，宿有宿止之意。

古文字研究第三辑二一三至二一四页）

按：上出諸形均當釋「宿」，義為「止宿」。又用為祭名。合集一六九九八辭云：「……宿隹出巷」「宿」从「女」作「盄」，則為人名。

2232

㪅

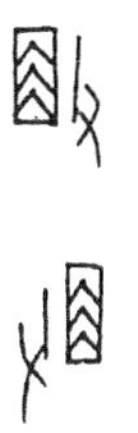

饒宗頤「按辭云：『將東（人）于旌，毋㪅。』㪅字从攴西聲。考弼字篆作弻，从弜西聲，古文亦作弜，別从攴，則㪅殆弻字。（因本席字，『宿』字从此。廣雅釋詁：『西，席也。』古文席作𡚶。即㳅之茀字。）弻通弗及拂，漢書五行志：『君臣故弼茲謂悖。』注：『猶相戾也。』故知『毋㪅』猶言『毋弼』，『毋拂』，即『毋相戾』之意。」（通考四三二葉）

按：字可隸作「㪅」。合集二八一九〇辭云：「戍其㪅𤓰于西方東鄉」為動詞，似為祭名，其義不得為「拂」。又英一二四正辭云：「貞，钟子：于㪅」則為名詞，似為地名。

2233

尋

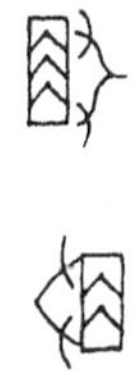

羅振玉　「說文解字：『謝，辭也，从言射聲。』卜辭諸謝字，从言，从兩手持席，或省言，或省兩手。知為手持席者，許書席古文作㓩，从𠙴，古金文宿从𠙴，皆象席形。此作𡆹作𡆸作𡆹，文有繁簡，形則同也。禮記曲禮：『七十杖於朝，君問則席。』注：『為之布席堂上，而與之言。』正義：『知兩手持席為謝者，祭義：「七十杖於朝，君問則席」。注：「為之布席堂上，而與之言」。』此从兩手持席者，蓋臣於君前，不敢當坐禮，故持席以謝也。此古禮之僅存於祭義中者。今由卜辭觀之，知賜席之禮亦古矣。篆文从䠶聲，乃後起之字也。」（殷釋中五十八葉）

孫詒讓　「𢍉當是謝字反文，右『言』形與小篆同，但省『二』為『一』，金文多如是作。」（舉例下十六葉上）

王襄　「古謝字。」（簠室殷契類纂第十葉）

葉玉森　「卜辭諸謝字為地名，本辭之𦥑象兩手擎一物形，疑與𠬪（爰）為一字，爰舟即援舟，乃引舟之誼。」（前釋卷二第四十八葉）

吳其昌　「𡆹者，卜辭中，或作𢍉（鐵九六、三）𡆸（菁二、一）𡆹（前五、二三、二）𡆹（林二、一〇、一七）𡆸（後一、一二、一一）𡆹（前五、二三、四）𡆸（後一、一五、八）……諸形。羅振玉釋『謝』，其言曰：『說文：「謝，辭也。从言，䠶聲」。卜辭諸「謝」字，从言，从兩手持席，或省言，或省兩手。知為持席者，許書：「席」，古文作㓩，豐姞敦；「宿」字作𡨦所从𠙴，皆象席形；

此作□、□、□文有繁簡，形則同也。知兩手持席為謝者，祭義；「七十杖于朝，君問則席」。注：「為之布席堂上而與之言」。正義：「布席，今坐也」此从兩手持席者，蓋臣於君前，不敢當坐禮，故持席以謝也……篆文从「䠶」聲，乃後起之字也。（考釋二·五八）近郭沫若氏非之，其言曰：「卜辭「乙亥卜，行貞，王其□舟于汅（河）亡災」。（通二二六·二）乙丑卜，行貞，王其□舟于滴。亡災」。此二片□、□，自係一字。……羅釋謝，於義難通。按此與舟連文，當是浮泛之意。疑即「汎」之古文？象人以篙若竿浮於水。詩邶風「汎彼柏舟」。……（通纂一六一）其昌按：二說不同，似當分別觀之，其从「言」作□、□……諸字，羅釋為「謝」，竊意非誤。其餘郭說較長較搞，但未必即為「汜」字耳，又以多數卜辭觀之，此字似皆為地名。如云：「癸巳卜，王貞，□往來亡𡆥」。（鐵、九六·三）以同類詞例解之，謂王于□地，往來亡災也。如云；「貞于□……」。如云：「王于□……」。如云；「王于出□……」。皆為地域之名甚顯。更著者如云：「王步自□于□司。（桐）」，「司」即「祀」，卜辭「佳王口祀」，亦通作「佳王口司」，可證。「王步自□」，猶春秋傳之「公至自某」也。此蓋記王由□步行至于□而祀也。若然，則不特可知此□、□、□……之決為地名，且知其地實離□不遠，故殷王得步行而至也」。（殷虛書契解詁第三七一——三七二葉）

郭沫若

「□字羅釋謝，案它辭言「王其□舟于滴」（見卜七四六片）「王其□舟于河」（第七四五片）當是浮泛之意，斷非謝字」。（卜通一一七葉五三二片釋文）

又曰：「右二片滴二、二六、二云「乙亥卜行貞王其□舟于河亡災」，又後上一五、八云「口丑卜行貞王其□舟于滴亡災」。□□自係一字，羅振玉釋謝，於義難通。案此與舟連文，當是浮泛之意，疑即是汎之古文，象人以篙若竿浮於木，詩邶風「汎彼柏舟」」。（卜通一六一葉七四六片釋文）

唐蘭

「□字卜辭恆見，或作□□□□□□□□等形。按卜辭有□字，孫詒讓釋作謝，謂从古文射而小異。羅振玉襲其說，以□□□□諸形同釋為謝，然羅氏已知□之非射，故易其說。……然持席以謝，全出臆說。考殷虛文字者多好向壁虛構，實羅氏啟之也。葉玉森疑□與□為一字，當釋爰，爰舟乃引舟之義。郭沫若疑是汎之古文，然□與□同之說，既非事實，茵竿浮水，亦僅由□舟或□舟之辭推測而得，他無佐證。余謂□若□實尋之古文。由字形言，八尺曰尋，大戴王言云：「舒肘知尋」，小爾雅云：「尋舒兩肱也」。按度廣曰尋，古尺短，伸兩臂為度，約得八尺。卜辭偏旁之□，正象伸兩臂之形。其作丨者文形，說文文作攴，从十，十在古文當為丨，以手持杖是為文。卜辭作□，則伸兩臂與杖齊長，可證其當為尋文之尋也。卜辭

或作𠧗者，公食禮記：「加萑席，尋。」注：「文六尺曰常，半常曰尋」，是席長亦八尺故伸臂與之
等長也。卜辭又有□字，地名，（見後上一四、續九·三）前人不識，余謂當是从口□聲，蓋□
形小變而為□耳。又有□（續四·十三·四）字，前人亦未釋，余謂□即□之变體。此□及□，當
即今隸之尋字。蓋古文口或作丨，（如□為□）故𠧗與□可併為一字。口或变工，（如邑即邑）
故𠧗或□可变為從工，則作□形者，可变為□。稍易其形，即為𢍑矣。卜辭又有□若□，（續四·
五〇·一、後下十七·八）前人亦未識，余謂此即小篆縛字所从出。蓋彳字小篆作彡，與彡相混，
故小篆尋作𢍑也。由是推之，則□當即□之異構，從口者或從言也。卜辭又有一地名，作□□，
等形，前人所未識者，當是㨯字。（㨯木龍燭見吳鄀獄）金文齊鎛：「與□之民人都鄙」，舊誤
釋為邶者，當即鄩字。（疑斟尋故地）說文：「𢍑，繹理也。從工，從口，從又，從寸。工口亂
也，又寸分理之，此與嚴同意。度人之兩臂為尋，八尺也。」其釋字形，至為紆曲，蓋襲小篆之
誤而然。今以古文考之，則□象張兩手，兩臂為尋之本字也。作□者，尋常之尋之本字，故後
世有㨯字。（馮融傳誤作㨯）作𠧗者，萑席尋之本字。作□若□若□者，從口□聲，或从言，
尋繹之尋之本字。作□若□者，從彳□聲，殆有度廣之義，為□之動詞。然則卜辭云「□舟于
河」及「𠧗舟于济」作者，尋舟猶用舟也，小爾雅廣詁云「尋，用也」。或云：「辛丑卜，貞，□氏
羌王于門𠧗」。（後下九·四）或云：「王于出𠧗」（後上十二·十一）義當同。或讀如㨯，（尋之
後起字）方言「㨯，取也」。本片云：「𠧗來于羔」。他辭云：「丙辰卜，㝉貞：𠧗告集于口」，（續四·
四·六）「……沚戛𠧗再……土方我受……」（續五·二三·二）則疑當訓為重。左傳哀十二年：「若
可尋也」，服虔注「尋之言重也」。」（天壤文釋四十二葉至四十三葉）

陳邦福曰：「羅振玉曰釋謝，至确。邦福案，席中从□、□、□正二重、三重、五重之象。
考礼記礼器云：『天子之席五重，諸侯之席三重，大夫再重。』是周礼亦与殷礼相符合。又卜辭
宿或作㑰、□，据說文巾部席，古文作□，皆为礼記大夫再重之象。」（殷契瑣言五頁）

屈萬里：「……按前編二第二六葉二片：『乙亥卜，行貞：王其□舟于河，亡巛？』後編
上一五葉八片：『□丑卜，行貞：王其𠧗舟于滴，亡巛？』由此兩辭證之，知□、𠧗乃同字而異
體。□即度字，說見六三九片。則𠧗亦度字也。」（甲釋第一六八葉）

屈萬里：「□，羅振玉釋謝，葉玉森釋爰，郭沫若釋汎，唐蘭釋尋，皆未的。按：其字
象手伸雙手度物之狀，疑是度之初文。卜辭中或假為渡，前編二第二六葉二片辭云：『王其□
舟于河』，是也。」（甲釋六三九片釋文）

又曰：「前編二第二六葉二片：『乙亥卜，行貞：王其𠬝舟于河，亡巛？』後編上一五葉八片：『口丑卜，行貞：王其𠬝舟于滴，亡巛？』由此兩辭證之，知𠬝、𠬝乃同字而異體。𠬝即度字，則𠬝亦度字也。……本辭𠬝字，殆亦渡水之義。」（甲釋一一五九片釋文）

又曰：「𠱫，從口，度聲。隸定之當作喥。玉篇喥字云：『本作吒，同咤。』書顧命：『三祭三咤。』釋文：『咤，音妒。』故書中度宅二字常通假，是以喥咤為字也。本辭喥字（辭云『翊日乙，王其𠱫盂？』）疑當讀為宅；居也。」（甲釋一九六七片釋文）

严一萍 「按諸家考释於字形之剖析，均未通一间。其实圀席也，ナナ乃舒張兩臂也。似礼燕禮有言：『公揖卿大夫乃升，就席。』郑注曰：『揖之入之也。』乃恍然悟此字之形，实象有客临门，主人出迎，躬身舒張兩臂邀客入席，盖即揖字之初形也。今字作揖者，自𠱫演变而来，从耳者，圀之讹变耳。揖，說文訓攘也。攘、訓放也。以释卜辭，則全部涣然通顺矣。如曰：『𠬝舟』者『放舟』也。……於諸先祖神祇之祭祀曰揖，如……於賓客亦曰揖……揖又相當於卜辭之逆字，如……」（释揖 中國文字新十期一一一一頁至一一一二頁）

張秉权 「謝字，从罗振玉释。『謝冊』的意思就是告冊。」（殷虛文字丙編考釋第一〇二頁）

李孝定 「說文『㝷繹理也从工从口从又从寸工口亂也又寸分理之彡聲此與𤔔同意度人之兩臂為㝷八尺也』契文作上出諸形，孫釋謝，羅氏從之，而復數陳其說，葉疑𢓊，郭疑汎，並無據。唐氏既辨之矣。唐釋㝷於形義兩皆允當，於栔文小篆隸體衍變之迹又𢖻若合符，說不可易也。惟謂𠬝為兩臂為㝷之本字，𠬝為尋常之尋之本字，𠬝為荏席尋之本字，則稍有可商。蓋凡此數義均為八尺，舒兩臂已可示其意，又恐與舒張之意相混，乃復增象度器之丨即唐所謂丈為偏旁以會意，仍以示舒兩臂之長也。至𢦏从圀者，圀為西簟之古文，象席形。席為寢具，其長約略與人之身長相埒，今猶如此。舒兩臂之度亦如之也，故於文𠬝𠬝其意相同，古人必不為荏席尋制專字也。至从口从言之字，唐以為尋繹之本字，其說𢦏是。至小篆則尋繹尋常已混為一字矣。屈君謂字象張兩臂度物形，其意是也。謂即是度字，蓋就卜辭『𠬝舟于河』一辭所推想，然度字之形與𠬝𠬝之形均無涉，不如唐說之於形有徵也。」（集釋一〇三七葉）

李孝定 「𣐩字从仌若仌象席之織紋，非三重再重之义。陳說非。」（甲骨文字集释补遺四四三八頁）

于省吾釋師，參字條下。

張政烺說參字條下。

何金松　參西字條

按：字當從唐蘭說釋「尋」，李孝定已就其形體進一步加以申論。許慎說解「尋」字多誤，唯謂「度人之兩臂為尋，八尺也」，猶存本形本義。

2234 酊

按：字从「酉」、从「刀」，隸可作「酊」。辭殘，其義不詳。

2235 酚

按：字从「酉」、从「力」，辭殘，其義不詳。

2236

按：字不可識，其義不詳。

2237 齒

王襄　「疑齒字」。（類纂存疑第二第十葉上）

商承祚　「此與說文解字古文齒字作相近，象張口見齒之形」。（類編二卷十九葉）

全祖同　「遺珠一五二片辭云：『戊寅卜，亘，貞取牛不𠚕』。𠚕當釋齒。小宗伯『省牲察其不如法』。又曰：『用犢尚誠也』。故取牛以齒，禮謂『齒路馬有誅』。」（遺珠八葉）

吳其昌　「齒，卜辭中……奕態滋繁，凡以像張口露齗，上下編齒，粲然巉列而已。繪形究肖，不待猶豫。……小篆作齒，正由此𠚕形衍化而出，亦無可疑。說文解字：『齒，口斷骨也。象口齒之形，止聲。……』然則『止』字乃後加之聲符耳。初文但作𠚕也。上齒不當倒生，則初文實作𠚕也。此非即本字乎。在卜辭中，則齒字之誼……其應作本訓者，如本片（指前一、二五、一）云：『貞，痛齒，御于父乙。』又云：『貞痛齒，不隹𡆥乙……』（鐵一九〇、二）又云：『甲子卜㱿貞，王痛齒。隹……』（前四、四二、又前六、三二、一……）此皆謂病齒可證也。又引而申之，物之排列整勑，可以次序者，近取諸身，宜莫如口齒也。故从口齒之義，轉衍而為齒列、次序、編次，……諸義，此亦在殷時已然。卜辭有云：

丁丑卜，㱿貞，𠦬㝵。王固曰：『其㝵隹庚？其隹丙？』其齒三日庚辰，𠦬允㝵。十二月

（前七、四二、二）

于『丁丑卜』而云『其齒三日庚辰』，丁丑後四日適為庚辰，則上辭所云『其齒三日』者，猶云『其次四日』也。此可謂明確之堅證矣。其在後世經典，則如禮記祭義云：『壹命齒于鄉里』。周禮大司寇云：『三年不齒』（鄭注：『不齒者，不得以年次列于平民』）亦皆謂于鄉里中序年次立，整齊如口齒然也。與卜辭之義，相密符矣。」（殷虛書契解詁第二八〇——二八一葉）

馬叙倫　「齒是𠚕的後造形聲字，𠚕也當依甲文裏寫做𠚕，𠚕裏的口是口字，𠚕是表象牙齒的。齒是一般的牙，畫出來和口字就可以相混，或者造字的人因為這個原故，所以在口裏畫幾個凵來表它們。但也許原來也有齒的象形字，後來因為和別的字混了，所以纔造𠚕字。」（原流與新傾向馬氏論文集四二集）

孙海波　「𠚕，甲二三一九。商承祚釋齒。」（甲骨文編八五頁）

饒宗頤　「按禮記王制：『終身不齒。』注：『猶錄也。』齒亦訓『列』。（左隱十一年傳注）不齒謂不錄也。」（通考四六七葉）

李孝定　「說文：『齒，口斷骨也，象口齒之形，止聲。𠚕，古文齒字。』契文作上出諸形。商釋齒是

碻。字作𠚕或作𠚔，正象口齒之形，小篆更增之止以為聲符，則為形聲字矣。篆作齒，實从口犯切之凵，一齒間隙也，此蓋以象上列齒之从位於一上，故云然耳。實則篆當作𠚔乃合，今篆作齒形偶誤耳。卜辭多言疾齒，如「貞疾齒不隹囚」（藏一九〇、二）「貞疾齒御于父乙」（前一、二五、一，言齒有疾禱于父乙（一或祈父乙祐之也），蓋謂父乙祟之也。「甲子卜設貞王疾齒隹囗易囗」（前四、四、二）「甲子卜囗貞王疾齒亡易」（前六、三、二、一，言易疑當解為更易之易。「帝好弗疾齒」（亿三一六四）「貞有疾齒隹有吕」（亿四〇〇九，疑當釋古，讀為故）「貞疾齒　貞疾齒不隹父乙𡆥」「貞疾齒唯齒喃、人名囗　貞疾齒不隹喃圉（亿四五二一，上言疾齒父乙祟之手，下言抑喃祟之手。「貞疾齒隹父乙𡆥」「王固曰不吉（疑段為疾，殆華誤也）齒」（亿四六二八）「母庚御婦好齒勿于母庚御」（亿六四二五、此言婦好齒疾是否御于母庚也。「壬戌卜亘貞有疾齒隹有𡆥」（續五、五、四）「囗辰卜囗貞疾齒隹囚」（粹一五一九）是也。又云「囚有祟三日乙酉夕盟丙戌允有來入齒」（藏一八五、一）齒如讀如字，則疑為来貢象齒之記載，《禹貢》所謂「厥貢唯金三品瑤琨篠簜齒革羽毛惟木」，《詩》所謂「元龜象齒」是也。又疑假為值，則紀諸侯入備宿衛之事。《漢書·枚乘傳》「腐肉之齒利劍」，注云「謂當之也」，未知孰是。「𪓐其有來齒」（續四、三二、三）「來齒」（亿一四九六），其義不明。來齒與𪓐連文，疑有來侵之義。藏一八五、一辭上言有祟下言允有來入齒，似亦有來侵之義，則疑莫能明也」。（《集釋》〇六二四葉）

白玉峥　「𠚕之构形，於甲文中頗为繁难，且甚乏时间因素；盖多見於旧派之卜辭，且多以本义为用也。兹将所见诸形，摹写如左：

𠚕　粹一五一九　　𠚕　前四、四、二　　𠚕　前六、三二、一　　𠚕　亿七三四八

𠚕　亿三一六四　　𠚕　前一、二五、一　　𠚕　外九八　　𠚕　续五、五、四

𠚕　外三五　　𠚕　亿七五一五　　𠚕　佚七一六　　𠚕　甲二二七四

右录诸齿字，除最末二文，为第四期文武丁时之外，餘均为第一期武丁时之构形。统观诸形，见於第四期者，大较趋於苟简粗略。」（《契文举例校读》九《中国文字》第四十三册四八三四至四八三五頁）

張秉权　「齿与史，事，吏，古音同在段氏第一部，可以通假，「有来齿」疑即「有来史」之意。「来齿」「来嬉」「来𠚕」等都是卜辭中的常用习語」（《殷虛文字丙编考释》第八二頁）

于省吾　「甲骨文齿字有三种用法：一、习見的「疒齿」之占，指齿牙有疾言之；二、

『取牛不齿』（珠一五二），指牛的年齿言之；三、齿指差錯或災害言之。關于第三項，自来研契家均不得其解。今將有关這类的詞例分条择录于下，然后加以說明。

一、王𣎆（夢）隹齿（乙七四八三）。

二、丁丑卜，㝉貞，𠦪得。王固曰，其得隹庚，其隹丙其齿。四月庚辰，𠦪允得（前七．四二．二）。

三、王固曰，不吉，其氐齿（綴合二六八）。

四、貞，号曰戈氐齿王〇曰戈氐齿王（林一．六．二）。

五、王固曰，吉，亡来齿（乙三三八〇）。

六、今五月亡其来齿（乙一〇七一）。

七、☐媗，其出来齿（續四．三二．三）。

八、癸未卜，𡧊貞，旬亡田。王固曰，出希，三日乙酉夕𥁕，丙戌允出来入齿（庫一五九五，藏一八五．一暑残）。

說文：『齿，口断骨也，象口齿之形。』又：『牙，壯齿也，象上下相錯之形。』周礼冥氏賈疏謂：『齿即牙也。』按分别言之，门牙曰齿，在两旁者称牙。統而言之，則齿牙无别，所謂对文則殊，散文則通。齿为名詞。就其作用来說，則有相磨相錯之義。王筠說文釋例謂牙作𦥑，『乃象上下相錯之形』，这是对的。甲骨文对于人事的舛牾和禍祟，往往以齿为言，犹之现在方言所謂『出岔子』。詁又說回来，其所以往往以齿为言，乃是由齿牙相磨相錯之义引伸而来。前文所引第三条，以不吉和其氐（致）齿连言，第五条以吉和亡来齿连言，第七条以媗（艰）难和其出（有）来齿连言，第八条先言出希（祟）其驗詞为允出来入齿。因此可知，甲骨文之言齿，其为发生某种事故或禍祟之义，是显而易見的。」（甲骨文字釋林釋齿二二一頁至二二三頁）

于省吾　「說文齒『象口齒之形，止声』，古文作□。按契文作□、□，金文作□，均象口之露齒形。加止为声符，乃后起字。汉宋齒印齒作□，不从止，說者以为印文省便，不知其合于古文也。」（論俗书每合于古文中国语文研究第五期一五頁）

姚孝遂　「『□：乎来，其氐齒？』前六．四五．二

在古代，象牙习以称作『齒』，典籍习見。卜辭『氐齒』当是指贡纳象牙而言。」（甲骨刻辭狩獵考古文字研究第六輯六五頁）

2238

宀齒 

闻一多 「右一字殷虚文字类编入待问篇，甲骨文编入附录，于省吾释𡪿，云即𡪿即㑥𡪿

按：甲骨文齒字本象口齒之形，與說文古文齒形近。其从止聲者，乃後起形聲字，卜辭齒之用法為：

一、口齒之齒

「王疾隹齒」 乙七四八二

「帚好弗疾齒」 乙四六〇〇

「疾齒隹父乙㞢」 乙三一六四

此為齒之本義，疾齒之占，卜辭習見。

二、齒為象牙

齒字本象人之口齒，引伸之為一切齒牙之稱。書禹貢：「齒革羽毛」，傳：「象牙也」。是齒亦可為象牙之專稱。卜辭云：

「𠦪來，其以齒」 前六·四五·二

「戈以齒王」 珠一四三一

「以齒」之占亦習見。蓋貢納象牙之記載。殷墟發掘，屢見極精緻之象牙工藝品。

三、年齒之齒

「取牛不齒」 珠一五二

廣雅釋詁：「齒，年也」，數齒以知年，故齒有年義。卜辭此齒字用為動詞，相當於禮記曲禮「齒路馬有誅」之齒，鄭注：「數年也」。

四、來齒、入齒

「王固曰吉，亡來齒」 乙三三八〇

「□□嬉，其㞢來齒」 續四·三二·三

「癸未卜，爭貞：旬亡𡆥。王固曰，㞢希！三日乙酉，夕亞，丙戌，允㞢來入齒。」 綴一四三

「亡來齒」為「吉」，「有來齒」曰「嬉」，曰「有祟」。漢書枚乘傳：「腐肉之齒利劍」，注：「謂當之也」。文選注：「猶觸也」。齒之用為齧、為齩今字作咬，引伸之為觸犯之義。「來齒」、「來入齒」，當指外族前來侵犯而言。

，齹⿱宀齒谓齿参差，又云蹉跎就足言，齹⿱宀齒就齿言，则似又谓齹⿱宀齒为失齿，犹蹉跎为失足也。案于说非是。初期文字往往一字数义数读，后世更於其形体亦多加区别，故古者一字，往往当於后世数字。即就□之一形言之，或为虫，或为它，或为蟲，或为蜀，或为蚰，或为蜎，或为禹，其流万端，其源则一而已尔。学者若狃於近习，一概以虫若它释之，则拘於墟矣。

金文秦公毁禹字作□，从□从九，□其本形，九即又，象人手执之，与□加九作□同意。□之本形既祇作□，则□於此即禹之初文。□与□同。此从□从齒，当即齲字。《说文》：「𤘘，齿蠹也。」重文作齲。《释名·释疾病》：「齲，齿朽也，蟲齧之齿缺朽也。」《篇海》有⿰齒虫字，云：「齿病朽缺也」，丘主切，即齲之异文，从虫从齿与契文合，尤为此字当释齲之切证。

齲一作⿰齒虫，亦可证此虫即禹之初文。它辞有卜疾齿之文：

甲辰卜□貞疒（疾）齒，隹……（粹一五一九）

卜齲犹卜疾齿耳。若齒参差或失齒，则焉用貞卜哉？（释齲中国文字第四十九册五四一一至五四一二页）

闻一多

释𤘘。（闻一多集二卷五五七页释𤘘篇）

于省吾

「前六·五四·四有⿱宀齒字，商氏殷虚文字類編入於待问编。孙氏甲骨文编入於附录。」按，其字从宀从齿，即⿱宀齒，即⿱穴齒。《集韵》「⿱穴齒，唐何切。馬齿長也。」《篇海》「⿱穴齒，齿不正也。」从宀，从佗一也。《说文》「齹，齿参差。从齿，差声。」然则齹、⿱宀齒谓齿参差也。《楚辞·王褒·九怀·株昭》「驥垂两耳兮，中坂蹉跎。」注「蹉跎，失足。」是蹉跎就足言，齹⿱宀齒就齿言也。」

（殷契骈枝四七页上）

杨树达

「殷墟书契前编陆卷（伍叶肆片）残文云：「△卸△⿱宀齒△勿△」，⿱宀齒字从齿中有蟲虫形，于思泊释为⿱宀齒，以《篇海》训齿不正之⿱穴齒字释之。（《骈枝》肆柒页）余谓此盖𤘘字也。《说文》二篇下牙部：「𤘘，齿蠹也，从牙，禹声。」或从齿作齲。（禹训蟲，禹声兼义。𤘘即今之虫牙也。」（释𤘘，积微居甲文说卷上十七页）

孙海波

「⿱宀齒，乙三六六一。从齒从宀，《说文》所无。闻一多释⿱宀齒。按，《集韵》「⿱穴齒，馬齒長也。《篇海》⿱穴齒，齿不正也。」（甲骨文编八六页）

李孝定

「按，字从齿从□，□既非禹，亦非宀。实象钩上傅饵形，乃会意，非形声也。

字疑有鈎誼。当隶定作鮈。或即鈎之古文。因字有鈎音，故篆文讹句为勹，以为从勹声耳。本辞残泐。其文未详。姑附於此以俟考。」（甲骨文字集释存疑四四六八——四四六九頁）

裘锡圭说参[illegible]字条下。

按：字當隸作「畗」。合集一三六六三甲正辭云：「貞，勿于甲妣婦[illegible]畗」當與禍咎有關。

2239

唐蘭　「囧亦卜辭奇字之一，旧多不释。顷郭氏論之云『当是黑之初文，象卜骨以火灼处呈黑也。字有作卣者，即牛胛骨之象形。甘象骨臼上有点着，示臼上有刻辭也。凡曾与卜骨接觸者，一見即可知此字与骨之施畫面相似，而其面之显著印象，则灼处之黑也。金文作𪐗，下从赤，上端犹存其遺意。』（释亢黄四）今按，此說殊多可議。骨上灼痕无由代表黑色，金文𪐗字当由果若果变来，亦与此无关。且同一点也，在上则为刻辭，在下乃为灼处，可見其矛盾。盖郭氏以𠂤为象骨形，又因卜辭言『𢦏囧犬来三宰卯黄牛』（續二·一八·九）以为囧犬、黄牛同例，故定为黑字。其实殷人於黑色用幽字，而卜辭别有一例云『𢦏囧一犬、一青，来四豭、四羊、青二，卯十牛、青一。』（渾一九八七）囧与来、卯同例，则『𢦏囧犬』者，当是因犬兼囧犬，非色名也。余按，囧或卣仍是卣字。卜辭醜作𩲇（其冃作冒），可证卣以盛𢀛，其为倉，则以盛来穀。故於𠂤或𠂤形中实以点象𢀛或来穀形也。卜辭此字之用法有六，曰『佳卣我才因』（前五·二二·五），曰『：方出不佳卣我才卣』（戩四六·一二）。其卣字仍当读为咎。佳卣我在因者，唯咎我在𥝐，犹后之言亡巷在因矣。』此一也。曰『出二卣不佳𢀛』（𣿅六三八），『貞：二卣：出：从：𢀛』（𣿅五七九），此当为名词，其义未详，二也。曰『：囧雨𤸰』（𣿅六四·一），疑与蛊雨之蛊同，三也。曰『：其出来：允出来：口乎：東啚𢦏二邑，王步侗戬，于臨司：丑夕良，壬寅王亦凡夕卣』（潰六）郭氏释夕良为月蚀，因谓卣为恶意之动词（通纂考释九一一）。余谓非是。卣当如留若休。辛丑之夕良，壬寅王亦终夕稽留。曰『貞王囧其虎。』（佚六六四。此辭或有缺字。）囧或亦读为留，四也。曰『来于西，囧一犬、一青，来三豭、三羊、青二，卯十牛、青一。』（渾一九八七）

『求于東三豕、三羊，囧犬，卯叀牛。』（鄴典一八）『帝于東，𠭰犬，求三宰，卯叀军。』（鐵一五〇·一〇）『此為北大藏龜。』『出于：母囧犬：三羊、三豕、一：卯：』（續二·一八·八·一·今歸馬衡氏。）『：東，囧：西，囧犬，來白：豳：』（後下九·五）『乙卯：祈：囧犬：』（渝六·三·六）『囧犬，來：』（續二·五五·六·此北大藏骨。）凡此囧字皆用于犬，疑當讀若辜磔狗以祭也。汏宗伯『以疈辜祭四方百物』，此云求于東，求于西，正是方祭也。☐及囧卜辞往往借為咎，咎音如皋，當可轉為辜，五也。『卯囧于父乙』（後上二三·七），『：卯：囧』（鐵餘十·一），皆為人名，六也。」（天壤閣甲骨文存考釋十二頁——十三頁）

楊樹達　「原書（指殷人疾病考）辭一〇四、一〇五並云：『☐囧雨疾。』胡君云：『囧雨字疑用為動词，与降同义。』樹达按：此辞当先明囧字，始可為释。甲文有囧字，囧字，商承祚释為齿字，是也，此囧亦是齿字。齿雨义不相承，雨当读為𥽈。说文二篇下牙部云：『𥽈，齿蠹也，从牙，禹声。』或作龋。雨禹古音同（说文有䨞字，云雨皃，此与雨之加声旁字，与囧疰同例）故假雨為𥽈也。」（读胡厚宣君殷人疾病考，积微居甲文说卷下八九頁）

金祖同　「吾友陳德鉅释囧，通增。『囧我在田』，谓增我田也，可信。」（殷契遺珠释文十頁）

陈梦家　「卜辞又有囧字，见甲骨文录附录十七頁，象卜骨上有黑点，疑是点或墨。辞云：『囧犬』者黑犬也，又云『囧雨疾』谓点雨急也。周礼卜师『揚火以作龜』，『致其墨』，注云：『揚犹炽也，致其墨者熟灼之明其兆，』又占人『凡卜筮，君占体，大夫占色，史占墨，卜人占坼，』卜辞此字象致墨于卜骨之形，故疑是墨字也。」（释丹，考古学社社刊第五期十七至二十二頁）

饒宗頤　「囧為𡇒字。『𡇒犬』為用牲名，蓋讀為珥與衈。周禮士師：『凡刉珥則奉犬牲。』鄭注：『珥讀為衈，釁禮之事。』𡇒音莫兮切，疑通作珥。（如弭之通侎，靡之通麋矣。）」（通考二八七葉）

饒宗頤　「囧从米在口中，乃玉篇口部之『𡇒』字，音莫兮切。每用作疾病名。如云：『車不囧。』（明義士一三三四）王繪：『佩之，令人不眯。』西山經郭璞注云：『或曰眯，眯目也。』亦作寐，即昏迷字。『不囧』，猶不迷也。他辭言：『王亦冬夕囧。』（菁華六·一）謂王终夕

違不醒也。又言：「貞：邹□于且乙」（後乙六九〇）謂于祖乙禦眛疾，禳以弭災也」。（通考一三二——一三三葉）

鍾柏生 「（14）貞：王□異，其疾不□？

……貞：弗□□□？（乙六八一九）

例（14）「貞：弗」下缺了一个字，檢視原物，只見殘字右下方有短划「丨」，很可能是「疾」字殘缺。卜辭云：

（16）戊寅卜，𡧊貞：王弗疾出□？

貞：其疾？七月。（甲三五一〇）

例（16）「戊寅卜，𡧊貞：王弗疾出□？」其原意應是「戊寅卜，𡧊貞：王出□弗疾？」故其對貞為「貞：其疾？」□，严一萍疑為體的初文，「王體」即周禮春官：「君占體」之體，兆象也。唐兰則釋為「卣」字，島邦男从之。按：此字中「□」「□」的形体，很清楚地像牛肩胛骨之形，不像卣形，唐說不可从。□或□亦可用為骨，如：

（17）貞：疾□不佳𡆥？

貞：出疾□佳𡆥？（甲三八六四）

（18）貞：出疾□佳𡆥？（甲三八六五）

我們从卜辭中出現頻繁的「七田」来观察「田」的形体，有作「田」的，見于續四・四七・二；有作「□」的，見于林一・七・二；有作「□」的，見于乙六六八四。因此「□」「□」「□」乃同指一件事物，也可以代表骨的形状。从「□」出現的文例看来，「□」可能是一种与骨有关的疾病，但从例（16）看来，並沒到大病的地步。卜辭云：

（19）貞：王□佳蠱？

貞：王□不佳蠱？（丙四一五）

（20）甲子卜，殼貞：疾役不祉？

貞：疾役其祉？

出疾齿，佳蠱虐（□）？

不佳蠱？（乙七三一〇）

例（20）之「役」，李孝定師釋為「疫」；……「不佳蠱」張秉权師云：「与不佳田，不佳𡆥同意。」例（20）之「□」，按：說文云：「虐，殘也。从虎、爪、人……」段注：「歹部曰：殘，賊也。」广雅释詁三：「虐、惡也。」书金縢：「……遘厉虐疾……」屈師注：「虐、恶也。」在此例中有「害」「恶」之意。例（19）与（20）同看便可知道：「疾齿」相当于「□」。卜辞云：

（21）贞：王□□？……（丙三二）

「□」大部分出现在占卜疾病的卜辞中，……诸家虽说法不一，但其与疾病有关的用字，是可以肯定的。由此例（21）之「□」为疾病的一种便无所怀疑了。广韵没韵有「𤺓」字，言同「□」字。笔者认为此字即是卜辞的「□」字。「□」，卜辞又作「□」（丙四一五）、「□」（乙七七八一）、「□」（后上二三·七）、「□」（乙七四九五）。前文已说过「□」「□」「□」表示骨形，「□」「□」其中或骨臼上面的点，则表示骨病。⿺尢骨字又见于说文，说文云：「⿺尢骨，病也。从尢、骨，骨亦声。」以「𤺓」解说含有「□」字的卜辞，大都可通。卜辞云：

（22）隹□？
□人？

（23）贞：□方出，不隹□我，在□？（遗一七二）
……方出，不隹□我，在□？（续六·八·六）

（24）贞：勿□？
隹□我，在□？
贞：□？（前五·二二·五）

（25）甲申卜，□贞：與方来，隹□余，在□？
……與方来不隹□余，在□？（丙三一九）

𤺓与猾音近，尚书虞夏书：「蛮夷猾夏」。猾，郑康成云：「猾夏，侵乱中国也。」小尔雅广言：「猾，乱也。」广雅释诂：「猾，扰也。」「在□」第五期卜辞又作「在畎」，卜辞云：

（26）丁卯王卜，贞：今□巫九备，余其从多田于多白正盂方白□。叀衣羽日步，亡𡿧自上下□示，余受又=？不替戋……告于兹大邑商，亡徭在畎？……弘吉！在十月遘大丁羽。（甲二四一六）

「在畎」屈师云：「在，俗为灾。」但卜辞又有「亡𡿧自畎」例（见前三·二七·七），因此笔者认为「在田」的「在」，有如「佳」「其」之类的意义。（注：战国策：「中山君喟然而仰叹曰：与不期众少，其於当厄；怨不期深浅，其於伤心。」注云：「其，指物辞，犹在也。」王叔岷师於古书虚字新义页一〇一云：「在犹其也。」並举唐景龙碑本老子十四章：「其上不皦，在下不昧。」其、在互文。古书虚字集释释五有：「其、犹在也。」卜辞云：（一）癸未王卜，贞：酢彡羽日自上甲至于多毓衣亡𡿧自畎？在四日佳王二祀。（前三·二七·七）「亡告自畎」，又見於后上二十·七，菁三·二八·二，「自畎」之「自」，王叔岷師於古书虚字新义頁一〇三云：「自，犹有也。」並引庄子人间世：「颜回曰：回之未始得使，实自回也，得使之也，未始有回也。……」说明自、有互文。「自畎」即是「有畎」之意。另外，卜辞云：（2）癸巳贞：乎子戠先步，在尤？一月。己丑……子戠先𢦏（戠），在尤？一月。（甲七八六）「在尤」，屈师释「尤」为地名，「在」並不释为「災」。但比较（22）（23）（24）（25）知：「在尤」即「其尤」，（续一·四一·四有：「……𢦔，其尤？」的例子，粹一二七〇有「丁亥卜，贞：其出尤？十二月。」的例子，可供证明。）例（22）中一问「佳田」，一问「吕方出，不佳冎我，左田？」「佳田」与「在田」相较，亦知「在」与「佳」辞性相同。除了以上用法外，左卜辞中冎还是用牲祭祀之法，卜辞云：

（27）甲申卜，宾贞：賁于东三豕三羊，冎犬卯黄牛？（续一·五三·一）

（28）贞：☐年于王亥，冎犬一羊一豭一，賁三小牢，卯九牛三青三羌？（京六〇九）

此二例中的冎（瘠），即礼书中的骨，周礼天官内饔：

「凡宗庙之祭祀掌割亨之事，凡燕饮食亦如之。凡掌共羞、脩、刑、膴、骨、鱐以待共膳。」郑注：「骨，牲体也。」

仪礼有司徹：

「主妇薦韭菹醓……佐食设俎，臂脊肺皆牢，鱼一，腊臂。」注：「……牢腊俱臂，亦所谓腊如牲体。」疏云：「……所谓腊如牲体者……特牲记文。案彼（特牲记）云：「腊如牲骨」。骨即体也，故以体言。」

而体，周礼天官内饔云：

「内饔掌王及后……辨体名肉……」郑注「体名脊脅肩臂臑之属。」

例（27）（28）中，不论「賁」「瘠」或「卯」，都是祭祀用牲之法。从有司徹或内饔中「体」的意义来推断，「瘠」这种用牲之法，大概是将牺牲宰杀后，再分为脊脅肩等部分，用作祭品。仪礼特牲记载诸侯之士祭祀祖祢，尸俎上所盛的牲体为「右肩、臂、臑、肫、胳、正脊二骨、横脊、长脅二骨、短脅、膚三、离肺一、刌肺三、鱼十有五。」而少牢记载诸侯卿大夫祭其祖祢，尸所用羊俎上有：「肩、臂、臑、膊、胳、正脊一、脡脊一、横脊一、短脅一、正脅一、代脅一、皆二骨以竝，肠三、胃三長皆及俎拒，举肺一、长终肺、祭肺三……」当然特牲和少牢篇中所用的牲体都是煮熟过的。至于殷代瘠祭的祭品是否经过煮熟？是盛之以鼎，或盛之以俎？是否牲体分割有如仪礼所用之细？今不得而知。卜辞云：

（29）贞：☐二瘠不佳若？七月。（卜六三八）

……此『二㾬』是指牲体什么部分，今天並不清楚。『□』字的意义了解后，再读例（14）便可知悉此条卜辞占卜的用意：『殷王得了膝疾，而且有了变異（变化），懼怕其病加重，故有此问。』異字在此地的意义，如同公羊隐公三年传：『记異也』注云：『異者，非常可怪，先事而至者。』」（说「異」兼释与「異」並见诸词 中央研究院历史语言研究所集刊第五十六本第三分五四七——五五一页）

李孝定　「桉，此与契文冎之作□者形同，所异者为小点之有无。疑仍冎之异构，象卜骨反面之形，小点鑽灼痕也。陳释曾於辞例不能通读。唐氏释卣是亦谓与□为同字。然卜辞□字所見诸辞辞例与□不尽同（□字見四卷冎下），说宜存疑。」（甲骨文字集释存疑四五一八——四五一九頁）

張秉权　「□，未詳，疑是骨的象形字，有時則假借為禍，這与『火』假借為禍，同样是音近的关系吧。」（殷虚文字丙编考释第六一頁）

白玉峥　「□：未详；或疑为骨之象形字。」（契文举例校读中国文字第八卷第三十四册三六七六页）

周國正　「不少学者对□作过研究，但至今仍未有定论。□之或体作□、□，三者有互用之例，见丙九八（一二）、九八（一四）、八三（八）、八三（七）、三二（一七）、乙三四四一。金祥恆先生指出，以字形而言□、□无疑是象贞卜用的肩胛骨之形。□与□、□相近的有『禍』字（□、□、□、□、□）。两者不仅形体相近，而且在意义上都有不吉之意，如：

贞隹妣己夊（咎）王□　丙四六二（一）

帝其作王□　乙四八六一

贞王□佳蛊　合二八六

己未卜殻贞王梦蛊佳□　合三〇一

米高先生指出，□不时出现于卜字之后。由此更证明□代表不详之事，否则就不会加以禳禦。目前还未能为此字下一精确说解，□与□等字的关系及差异点有待详细分析，暂时仍解释为『禍』（名词性用法）或『杀伤』（动词性用法）。」（卜辞两种祭祀动词的语法特征及有关句子的语法分析古文字学论集初编二八四——二八五页）

按：「𡆥」、「𡆥」之形體，諸家說解皆不足以令人信服。至於其義為禍咎則無可疑。合集一〇二九九辭云：「貞，王𡆥不隹出𡆥」，據合集一七二四八：「隹𡆥我在𡆥」，是「𡆥」、「𡆥」與「𡆥」有別。是此種禍咎之程度比較輕微，可以不至於達到「有𡆥」的程度。卜辭云「𡆥犬」或「𡆥犬」，乃用牲之法，不得釋為「黑犬」。

2240

王國維　「卜辭中屢見王𡆥曰之文，𡆥即占之奇文，亦即乩之初字」（朱氏文字編十二卷十一葉上引）

華石斧釋卟。（類纂正編十五葉引）

葉玉森　「似即古文𡆥字。……與𡆥之偏旁合，或即𡆥之省文」（鈎沈十八葉）

又曰：「按『亡𡆥』二字卜辭恆見，余始亦疑𡆥為𡆥省，後因卜辭中未見𡆥字，而𡆥之異體有作𡆥𡆥𡆥𡆥𡆥𡆥等形者，林義光謂熊𡆥篆之𡆥即許書之𡆥，乃骨之古文（文源）乃悟卜辭之𡆥與篆文𡆥相似，𡆥亦象𡆥，疑即古文𡆥字，陵骨為之。……其上之𡆥𡆥𡆥𡆥則兼象首或首頸，又𡆥𡆥𡆥𡆥則作側面形，骨部突出愈顯，至本辭作𡆥，乃普通正面形，仍象骨部之寬，丫其識別，非占卜之卜，猶篆文𡆥字作ㄨ為識別耳。予是說乃教信，則卜辭中所云『之𡆥』，『隹𡆥』，『降𡆥』，『其𡆥』，『亡𡆥』，即『之凶』，『隹凶』，『降凶』，『其凶』，『亡凶』也」。（前釋一卷三十葉）

郭沫若　「『癸卯□乙□允□癸丑貞旬亡𡆥。癸酉貞旬亡火。癸卯貞旬亡𡆥。癸酉貞旬亡𡆥』。（《粹》一四二八）　𡆥字余舊釋為繇，以其字象卜骨呈兆之形。後于骨臼刻辭得『四𡆥出一𡆥』之例（《林》二・卅・十二）釋𡆥為冎，謂即骨臬。𡆥即此𡆥、𡆥字之𡆥率者，其字簡畧出之則為𡆥𡆥諸形，因疑凡卜辭『亡𡆥』字均是『亡冎』，讀為無禍，但苦無確證。今得本片，此疑乃斷然證實矣。卜辭『貞旬亡𡆥』之辭不計其數，然本片第三辭獨云『貞旬亡火』。火禍同紐，而音亦相近，古音火蓋讀如*huaii*（燬），禍蓋讀如*hua*（化），故得通假。是則𡆥之為冎，為禍，確不可易矣。𡆥字入帝乙時代則代以𡆥字，其字从一獸形，似犬而实非犬，余初釋為猷，今案實象形冎聲，乃猓然之猓也。《文選・吳都賦》『狖鼯猓然』，劉注

「猓然猿穴之類」。狖之為物仰鼻長尾，與所从象犬形正相當。故𣪘必為猓，而以同音假借為禍。如此則字字順適矣。（《莊子·逍遥游篇》「適莽蒼者三飡而返，腹猶果然」言腹如猓然之肥滿也，舊未得其解。）」（《粹考》一八九頁一四二八片釋文）

郭沫若　「卜辭有𡆥字，其用例屢曰『亡𡆥』，或貞『旬亡𡆥』，多至不可勝數。余按此乃繇兆之繇之本字，从卜，象契骨呈兆之形。上端之作凵若ㅂ者，亦骨之端面，與卣同意。卣說文以為『冎剔骨之殘也，从半冎』，然冎骨字於卜辭金文均未之見。即其旁从亦未有見例，當後起，故卣不得从半冎。案乃从卜象形，古人卜以骨，故从卜。此與𡆥之別在一為會意，一為象形，其次於字音亦有一證，戊辰彝曰『戊辰弜師錫肄𠧢卣𠕋貝』，𠧢即𠧢字，ㅂ為廿字，𠕋即𡆥之省，凡𠧢數言若干卣，乃殷周文通例。此言『𠧢廿𡆥』，乃假𡆥為卣，是則𡆥字亦確讀卣繇之音矣。由形而言，既象契骨呈兆，由音而言復可通假為卣，則𡆥之為繇可無疑憲」（《甲研·釋繇》）

又曰：「𡆥字余舊釋為繇，以其字象卜骨呈兆之形。後于骨臼刻辭得『四𠬝㞢一𠧢』之一例（《林》二·卅·十二），釋𠧢為冎，謂即骨棄。𠧢即此𠧢字之草率者，其字簡略書之則為𡆥𠧢諸形，因疑凡卜辭『亡𡆥』字均是『亡冎』，讀為無禍。但苦無確證。今得本片，此疑乃斷然證實矣。卜辭『貞旬亡𡆥』之辭不計其數，然本片第三辭獨云『貞旬無火』，火禍同紐而音亦相近，古音火蓋讀為huai（燬），禍蓋讀為hua（化），故得通假，是則𡆥之為冎，為冎，為禍，確不可易矣。𡆥字入帝乙時代則代以𣪘字，其字从一獸形，似犬而實非犬。余初釋為猷，今案實象形，冎聲，乃猓然之猓也。」（《粹考》一八九葉前一卷禍下已引此說）

又曰：「作𠧢者當即冎字，說文『冎，剔人肉置其骨也。象形，頭隆骨也。』冎骨同紐，義亦相禪」（《古代銘刻彙考續編·骨臼刻辭之一考察》十葉背）

柯昌濟釋𡆥為凶而謂𣪘為从悔从豕殆即悔各字。（《殷虛書契補釋》）

胡厚宣隸定作𡆥，釋為禍。（《商史論叢》四集一冊四二葉背）

唐蘭　「卜辭亡𡆥亡𣪘之文，王固王𠭯之語，數盈千百，然迄無使人滿意之詮釋。諸家所釋，極魚龍曼衍之觀，然既未盡通其詞例，又不詳考其字體，望文生義，不求會通。且以華氏以𡆥為卟，𣪘為狐。柯氏以𡆥為凶，𣪘為悔。葉氏初謂𡆥為𣪘者，後又以𡆥為凶，𣪘為戾。以董作賓氏斷代例推之，亡𡆥與王固，當為前四期所同，亡𣪘王𠭯則第五期帝乙帝辛時物也。余嘗得拓本，且最錄𣪘字異體，謂其偏旁非𡆥字。此皆昧於詞例之相同，與字體之有變遷者。

其卜人有名猒者，其從田至頭。然則田変從犬作猒，而固又変為𠕀，是不僅四字之形有関聯，其聲亦必相近也。狐凶悔之屬，與字形了不相涉，唯以𣅝為庚，與字較近，故頗有從者，然猒為庚則田將為户，固不能通也。郭氏先釋田為繇，謂由形而言，象契骨呈兆，由音而言，可通假為卣，然繇田之形，相去絕遠，因謂田字已失傳，而以墨子耕柱「言兆之由」之由字，為田字之誤。其次又以𣅝字用例與田全同，而定為一字。謂以聲類求之，𣅝當為猒之別構。而卜辭有猒字作𣅝，或作𣅝，𣅝猒殆非一字。因謂𣅝𣅝𣅝俱不從犬而从鼠，而以猶為鼬鼠。因以𣅝為從田鼬聲，或𣅝省聲，田之繁文。更謂繇為周人所造，以代替田𣅝之用。而𠕀字則釋乩，謂從田乙。固則釋卟，謂從田口，與从口卜同。綜觀所釋，蓋分四字為二系，固較勝於葉柯葉諸說。然釋𠕀為乩，𠕀所從實非乙字，固字亦不得謂從田口，已不能通。其以田為繇，𣅝為猒，則先有契骨呈兆為繇之觀念而牽合之，既無直接之證，於𣅝謂為從鼬聲，或𣅝省聲，尤近穿鑿。故郭氏於其後自変其說，而以𠮚𠕀𠮚田𠕀諸形連釋為冎字，而以𣅝為猓然之猓，從冎聲。以偏旁分析之法言，其新說自較圓通。然其支離之點，亦正不少。郭於釋田為繇時，曾舉𤅩彝之𠮚𠕀為證，謂𠕀為田之省，而改田為卣。此為田字在卜辭以外唯一之良好證據，且郭釋𠕀為卣，至精且當，為吾人所心折，而於新說中竟不復論及矣。余嘗釋𢓊為過（導論下二八），郭氏於大系攷釋過伯𣪘下云：「過字原作𢓊，唐蘭說為是。卜辭有𠕀字，（日本京大藏片）又有從𠕀之字作𠕀（疑是𠕀之古文）。魚鼎匕有兩𦬣字亦從此作。依唐釋，則𠕀當是骨字矣」。（攷釋五四）今於其新說亦不復通，不知其意於𠕀及從𠕀之字，又釋為何字也。由形體論，予釋𠕀為冎，不可移易。然則田不得同釋為冎，明甚（陳夢家君謂予，田𠕀實一字，然余尚未見此兩字間有若何之關係）。且郭氏之於田字，始終為象骨形之觀念所誤，不知田之或體不從卜而作𠕀𠕀等形者，顯然非骨形也。陳夢家頗支持郭說，而謂田即象卜用獸骨之形，今即不論𠕀之兩直筆必高於横畫，不類骨形，而冎字固不得象卜骨之形。何則，文字源於繪畫，非一人之力所能創造者，骨肉毛羽，隨所見而象之，豈必有卜用之牛胛骨始制冎字哉？至若漏海之類，不足引據，田之音舅，為知非因字之譌字也。吳氏謂田為瓦缶之象形，其以𠕀𠕀等形為象盛皿之狀，且引李濟溦周陶器初論兩瓦罐，其一作形，（第一圖）又一作（第二圖）為證，為諸家所未及，其卓識亦未可泯沒。按李濟之說本諸吳大澂，蓋緣古尊字象兩手奉尊形，因推知其盛不作平底而作圓底。其說至為精確。惟尊字象兩手奉酉，酉即古酒尊字耳。酉與卣聲相近，爾雅：「卣中尊也」。然則卣是尊之屬，其字形當與酉之作𠮚者相近。卜辭𠕀目諸形，與尊形畧同，而為平底，有似李文中第二圖之瓦罐，𤅩彝云：「曹𠕀」，又正讀為卣，則𠕀即象卣形無疑。余既考定𠕀象卣形，則與𠕀有關之字，及其在卜辭中之讀法，可迎刃而解矣。然尚有一事宜注意者，田字象卜在口中，吳氏謂𠕀𠕀同象盛形，實誤。郭氏之所以訓𠕀為契骨呈兆者，蓋謂卜象兆璺之狀，故不得不謂冎為契骨。及其釋冎為丹，則又畧去从卜一點而不問矣。冎為卜在卣中，當讀卣聲，書傳並借繇或由為之。本當為卜所得吉凶之象，引申之則為象之繇，辭矣。占字从口从卜，為見卜象而以口占之。然冎之與占，其事至近，聲亦相轉，猶酉之為尊，卣之為倉也。卜辭冎即卣字，用法有八。最習見者，為㞢冎亡冎等辭，其字作冎冎冎冎冎冎冎冎等形，或作冎，與酉相近。其讀皆當借為咎，王國維引易「雖旬無咎」，以釋卜辭之亡冎，或亡冎，最確。卣咎聲相近。書曰：「非予有咎」，有咎即㞢冎也。其次為卣凡㞢疒之辭，其字作冎冎冎冎冎冎冎冎等，變形甚多，學者往往以為非一字，其實作冎冎等形，本狀卣之有流，其所从之冎形，最多傳神，此類均其媚變也。卣凡郭讀游盤，非是，或釋骨盤，尤屬可笑。余按凡卜辭讀為同，卣當讀為迨，尚書攸字，漢書多作迨，是卜辭之卣凡，即古書之攸同。禹貢「澧水攸同」，「九州攸同」，詩蓼蕭：「萬福攸同」，文王有聲：「四方攸同」，可見為習語。攸與猶猷通，攸者維也，攸同即維同。故卜辭習見之卣凡有疒，當讀為猷同有疾，亦即維同有疾。三曰卣告，昔人或冎以誤為王字，雖非，然可見其為冎形也。卣告當讀乃猷告，多士曰：「王曰猷告爾多士」，多方：「猷告尔四國多方」，可證。四為「四攴㞢一冎」之文，冎即郭氏所誤釋為骨者。余意當釋為四豕有一卣，卣讀為猷，說文「隴西謂犬子為猷」，卣幼聲極相近，卣義殆為豕之幼者。五為「……奚三」，「圓冎三」（戩四六、五），「……圓冎一」（林一、七、三），「丁未，奚三，冎六」（粹一五二四）……等辭，郭沫若謂「殷人於龜甲亦稱圓」，因讀叏為鐫及鑽，冎為刖，謂「鑽若干龜，鑿若干骨也。下繫以「自口」者，志龜骨所自來。」（粹二〇四）按郭說假擬太多，不可从。圓从貝而以冂繞之，冂即勹字，亦即句字，圓即是貞，當釋為駒矣。叏及圓，他辭均用為人名，此不知何義。以句例推之，似當以叏幾圓，卣幾圓為句。六為祖庚祖甲時之卜人名。七為「戊辰卜，王，貞：歐冎冎㞢事」，冎為卣字，疑讀作由。八為「今卣巫九畓」，及「今卣巫九冎」之辭，卣當讀為繇若由，亦即說文卜問之卟。盤庚「不其或稽」，漢石經作「不其或迪」，迪从由聲，則由稽之聲可相轉也。冎字象卜（朴）在卣中，當讀卣聲，故卜辭多與冎通用，亦即卟字，蓋冎之異構為肖（前八、一四、二），移卜於冎上，或又移卜於卣旁，則冎可為卟，有似从口矣。卟字在卜辭之用法有五。其最習見者為亡冎，㞢冎，佳冎，不佳冎，至冎，乍卣，降冎，來冎以及（某）冎不（某）冎之類，皆當讀為咎，與卣字同。今讀乃稽者，殆由咎之聲轉也。柳王寇……亡冎，其後恒作亡尤，㞢來亡冎，其後恒作亡巛，則卟之讀乃稽，或自殷世已然矣。其字形以作冎或冎者為最普遍。二為才冎之詞，如：「佳冎我才冎」（前五、二、二、五），「……至于口疏，亡巛才冎」（前八、一八）。疑並當讀為繇，所得之象也。三為人名。四為「王冎曰」之辭，其字作冎（後下、十二），或作冎（後下、十七、九）。學者往往以冎猷與冎冎分為兩系，據此可證其本一貫也。五為今冎巫九备之辭，仍讀卟，與作冎同。或作冎冎，無多变體，……然占繇之本義亡矣。卣字之代冎字，在第五期，卣旁着丿，象有箍盛之，猶医之作医也。其字或从卣，作卣卣卣卣卣等形，或从囟，作囟囟囟囟等形。俱與卣之作卣者相近。此期中以此為王繇之專字，而於它幾卣之文，反作卣（本書三二）故卣卤專行而卣卣廢矣。」（天壤文釋第四至十二葉）

吳其昌 「𡆥」者，自王先生以下，其字皆譯寫為𡆥，然此字之义訓，始終至今尚无適当之詮释。惟最近唐蘭云：「𡆥，当讀卟。說文：『卟，卜以问疑也。』是先卜而后问。」（燕释二）

按唐氏以為𡆥即說文之卟字，事殆近是。然「旬亡𡆥」之文，絕无先卜后问之义，唐說殊為舊肌塗附。卜辭所云「旬亡𡆥」「今月亡𡆥」，此「亡𡆥」之誼，自与「亡它」「亡尤」相等，此可断言。然「它」义為蛇，「尤」之初义，当亦係蟲类象形，此𡆥字原始之义，又果為何物耶？今悉索卜辭「貞，旬亡𡆥」之文，蔡萃以观「𡆥」字种种不同之异状，則此一字之初形，实賦有下列各种之变体，……以上四組各𡆥字，詳加審辨，实乃象一器皿之狀，燦陳目前，不煩詞費，不容聱諍。其器為盂，為缶，為盦之属，殆為上古陶罐陶甕之象形矣。李济殷商陶器初論，著录殷虚发掘之陶器数事，其中第一圖，第二圖兩瓦罐，一作□形，一作□形，正与目……諸字相肖。又著录殷虚发掘之陶器残片，其中第五残片，其剖面作(形，其正面作□形，則其器正与𠤏……諸字相肖。此尤可為𡆥字之原始初文，乃為陶缶象形之显証。又卜辭成語之「往来亡巛」亦间有作「往来亡甾」（鐵．六．二六一．三．）此尤可為「亡𡆥」之誼，与「亡它」「亡尤」相等之显証。然而瓦缶之象形，与「亡它」「亡尤」之义，何以相涉？此則未可知矣。惟可委曲隐微以推見者，卜辭又云：「壬午卜，旁貞：禽𠤏……」𠤏而可擒，則𠤏自必為虺蛇之属；而「亡𠤏」与「亡它」「亡尤」，宜相等矣。（見林．二．二．四．）卜辭又云：「貞蟲𠤏」「蟲允𠤏……」（鐵．一．五．三．）𠤏字与蟲字連文，故即疑𠤏字最初之义，殆本為儲蛇虺之陶缶之專名歟？故得碻象缶形，而又碻与「亡它」相等矣。易云：「盈缶有它。」（比初六文辭）斯其誼也。」（殷虚書契解詁第四三——第四四頁）

吳其昌 「唐氏以為𡆥即說文之卟字，事殆近是。然旬亡𡆥之文絕無先卜後问之義，唐說（定按：唐說見卜辭二葉，已見前三卷卟字條。）殊為舊肌塗附亡𡆥之義，自與亡它亡尤相等。然它義為蛇，尤之初義當即蟲類象形，此𡆥又為何物耶。𡆥蓋象箍皿之形，為盂為盦之屬，殆為上古陶罐陶甕之象形。卜辭又有『禽𠤏』之文，𠤏必為蛇虺之屬。又以𠤏與蟲字連文，疑為儲蛇虺之陶缶之專名。」（詳見武漢大學文哲季刊三卷六號二六二葉）

魯實先 「𡆥𡆥諸文當隸定作曲，通假為咎為鞫。」（〈卜辭姓氏通釋之一〉〈東海學報〉第一期二葉廿三行又八葉十行）

戴蕃豫 「殷契中吉語有亡𡆥、亡畎諸辭。畎字从𡆥，必先識𡆥字之形聲誼，然後畎字乃可得而醳。故𡆥字之見于卜辭者，簡體作𡆥，繁體作𡆥，其変也作𡆥，若𡆥，其省也作𡆥若𡆥。他若金文〈𡆥尊〉之因，〈旅虎簋〉之屮，卣文之日，〈戊辰彝〉之日，〈王命明尊〉𡆥，疑並是𡆥之異文。徵諸舊醳，凡有六說，葉石斧釋卟，四也，郭鼎堂氏釋卣，五也，王國維氏疑與咎同，六也。豫案卟字卜辭作𡆥，〈鐵四七．四〉云「𡆥丙鼎𡆥」，从口从卜，瑑畫明晳。卜古文作卜，此作H者與〈說文〉合，此乃契刻時契乃偶上引耳。是卜辭本有卟字，與𡆥字有別，葉商唐諸氏之說胥失之矣。凶字彖文作凶，與𡆥𡆥𡆥諸形相去甚遠。且葉氏既以𡆥為鬳，棄釋戾，謂从户从犬字偏旁矣，兹又以凶字釋之，其說實自相剌謬矣。郭說最辨，然攷之故書疏記罕有以亡繇連文為休咎之徵者。唯王氏之說最為精當。攷〈篇海〉「𡆥音剮」，〈龍龕手鑑〉「𡆥其九反」，〈古文四聲韻〉有佃字，从𡆥，夏氏書人多非之，然相承有𡆥字，必無疑。从口从卜，卜象龜甲上兆裂縱橫之形，口象兆域，後世謂之體。卜辭中之亡𡆥，速語也，釋舅不可通，當是咎之本字。〈荀子‧臣道篇〉「晉之咎犯」，〈左傳〉作「舅犯」，〈儀禮‧士昏禮〉「質明見于舅姑」，鄭氏注「舅古文皆作咎」，〈穆天子傳〉「咎氏燕晏飲毋有禮」，咎氏即舅氏，是𡆥為本字，咎為後出，舅為假借，若然者，卜辭之亡𡆥即〈周易〉之無咎矣。亡咎之咎，故訓或為過，或為災，或為病，或為罪，或為厲，或為害，或為謗，要之，義文不可執一。故凡天象、水旱、禮祭、人事之屬，大而刑戮征伐，小而行止往來，靡非籀卟，卜以定休咎，是以死咎之屬見於卜辭及〈周易〉者不一而足也。至言𡆥之辭例，間嘗綜覽殷契，得十有九例。一曰亡𡆥，二曰有𡆥，三曰隹𡆥，四曰其𡆥，五曰口人名𡆥，六曰大𡆥，七曰在𡆥，八曰取𡆥，九曰亡𡆥若，十曰一人𡆥，十一曰㞢𡆥，十二曰其㞢𡆥，十三曰弗其𡆥，十四曰不其𡆥，十五曰不主𡆥，十六曰降𡆥，十七曰㞢𡆥，十八曰其有𡆥，十九曰作𡆥。殷契亡畎之畎从𡆥，疑即𡆥之繁文」。（考古社弟五期〈殷契亡𡆥說〉原文見該刊二三至四十四葉，此係節引）

陳夢家 「𡆥之最初象形作𡆥，象卜骨上有卜兆形。〈史語所集刊〉四本二分董作賓〈釋譚〉附繪殷虛卜骨作形，與卜辭𡆥字相同，故知𡆥者卜骨之形也。卜辭之𡆥，其形類甚多，約而分之有二大類，甲式作𡆥𡆥，簡作𡆥。由甲式衍变為金文〈明公𣪘〉「魯侯有𡆥工」之𡆥，〈秦泰山刻石〉「男女體順」之「體」，所从之骨从𡆥。由乙式之衍变為金文〈過伯𣪘〉之過，从𡆥，〈漁匕〉「籍入籍出」之籍，从𡆥，與秦刻石之𡆥略同，其左右兩直中斷。〈說文〉「冎剔人肉置其骨也象形頭隆骨也」，小篆作冎則由卜辭𡆥譌变，且顛倒其上下矣。〈過伯𣪘〉从冎不从咼，知古文咼本从冎，口乃後加，故知說文之過禍皆當从冎，而過禍實孳乳字也。冎為卜骨之形，引申為骨，故小篆骨字从冎，有肉者亦冎之孳乳字也。骨之從肉乃其義符。瀛海『冎音剮』，龍龕手鑑『冎其九反』，說文『剮』與咎聲近相假，說文『咎災也』，洪範『其作汝用咎』，疏『咎是過之別名』，是咎與過同義。說文『禍害也，神不福也』。禍即過也。卜辭凡言『亡囚』皆謂亡咎亡過亡禍也。凡言『鳳不隹冎』鐵一八八、一：『今日鳳冎』，後上三一、一四：『今辛未大鳳不隹冎』，庸八、一四、一：皆謂風不隹禍風禍也。卜辭冎又假為器名，鐵四六、三『……寅三貞冎三』，明義士藏骨『癸丑三冎一槃一口』，冎即禍也。說文『禍盛膏器从木咼聲讀若過』，方言九『車釭齊燕海岱之間謂之鍋，或謂之錕，自關而西謂之釭，盛膏者謂之鍋』。卜辭謂三禍一槃，與槃對言，必器名無疑。竊疑骨本中空，古或有以之盛膏者，猶今人之以羊角盛物，故謂之咼也。後編下十七、九『己卯卜口貞今日啓王冎日其啓隹其晦大啓』與卜辭習見之『王固曰其雨』鐵一、四、七，前四、二五、二等同例，是固字亦或作冎，明固之音讀亦同于囚。囚讀若咎，則固聲亦當近之，然則固者卟字也。說文『卟卜以問疑也从口卜讀與稽同』又曰『稽留止也』『䅲䅲徹而止也从稽省咎聲』是稽䅲一字，而稽亦咎聲，故卜辭固从冎咎聲，與說文卟讀若稽同。又卜辭屢言『王固曰其雨』，皆問疑之辭，故固卟應是一字。晚期卜辭『王固曰』之固皆作𠕀，从冎从丿。案骨白辭云『七𠂤又一』（後下三三、十）又云『四𠂤又一冎』（林二、三〇、一二），是冎即（、（象卜骨横剖面之形。殷之晚世合二者為𠕀，其字仍讀為咎，即說文之卟，尚書之稽。又晚期卜辭『亾囚』之囚皆作猧，从咼以犬，犬即狗也。狗咎音近，乃聲符，猧仍讀若咎。總上所述，卜辭之咼象卜骨之形，讀若咎。故同音假借為咎，孳乳為過，為禍，加義符肉為骨，為肯，又孳乳為禍為鍋為器名。卜辭亡冎、出冎、降冎為名詞。冎加口為固、為問疑之卟之專字，為動詞。卜辭囚又有作𡆥者，文編附錄十七象龜殼之形，讀若龜，龜咎音亦近。」（考古社刊第五期十七至二二葉釋冎）

陳夢家　「禍作囚，即禍字，說文『禍，害也，神不福也』。所降之禍，常指天災，但也包括人禍。」（綜述五六五葉）

孙海波　「冎，前八、一四、二。从卜在冎上，或从卜在冎中。冎蓋盛卜之器，唐兰以为即卣也。卣、咎声近。卜辞假为咎字。亡囚，即亡咎。冎，前四、九、三。貞人名。冎，粹一五二六。器名。囚八。」（甲骨文編一五〇——一五二頁）

白玉峥　「峥按：冎字多見于第一、二、三期时之卜旬辞，然间亦有作冎或冎者。

至第四期武乙时，則又多作□或□矣。文武丁时之卜旬辭，多不紀𡆥字，而简作「癸巳貞：旬𡆥（佚七○），或「癸酉鼎：旬。八月𡆥（佚一四六）。第五期时字皆作□。今通常讀若禍，殃咎之义也。」（契文举例校讀中国文字第八卷第三十四册三六九○頁）

李孝定

「說文『冎剔人肉置其骨也象形頭隆骨也』卜辭作上出諸形，諸家之釋此者亦紛紜糾纏，誠如唐氏所言，極魚龍曼衍之觀。孫釋悔、釋胸段為凶，（胸上而呈卜兆，殆為龜凶之專字乎可發一笑）諸說之誣可以無辨。郭釋冎，陳氏於冎字形體之演变複舉例加以證明，其說極是。而唐氏疑之，謂字當釋𡆥，或讀為攸、或讀為卟、或讀為咎、或讀為繇，其意蓋謂卜辭之固與囚𡆥均為一字，以其所居辭例之不同而音讀各異。按固當釋占，𡆥當釋卟，字並从𠚕（冎），而實非𠚕字，已詳三卷占卟二字條下。𠚕實象卜用牛肩骨之形。其與原物最肖者作□，自餘詭变雖繁，大抵為筆畫繁簡曲直小異，而其形則仍與牛胛骨相似。字上从ㅂ象骨臼，Ｈ象骨臼下（就牛身之生理部位言，實當云骨臼上）經整治後所具之坎陷，其右側或左側作ㄣㄏ形者，卜用牛胛均於骨臼下之一側鋸去直角形一小塊，故作ㄴ亅以象之也，其下作凵，均下侈而上斂，亦胛骨之形自然形狀。今舉卜骨之照片一幀（見下圖）以與卜辭諸冎字相較，則無待繁言而解矣。其中以卜亦象卜骨呈兆形。唐氏謂卜為枚卜，其說亦非，已詳三卷卜字條下。

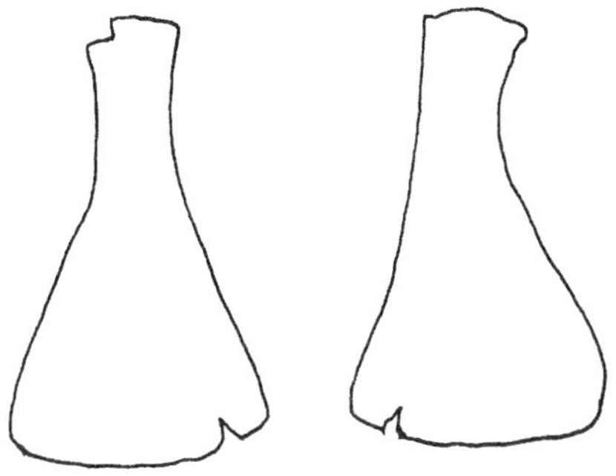

至唐氏謂骨肉毛羽隨所見而象之，豈必有卜用之牛胛骨始制冎字，是亦不然。蓋骨之為物既有人獸之別，復隨其部位而異形，長短方圓殊難畢肖。惟牛胛骨既用於卜事為當時習見習用之物，則先指制骨字即於此取象實不足異，所謂近取諸身遠取諸物也。冎即骨之初字，小篆作骨為後起。𣦵字許訓列骨之殘，卜辭作□作□，正□□之殘體，此亦可為□當釋冎骨之左證也。占卜二字既皆卜事，則其字从卜骨，取象正理所宜。然其字从口从冎卜骨卜篆从口从卜，則从冎之者也。冎或不从卜，象未用之骨，从卜者則已卜之骨，二者實為一字。字在卜辭凡數百見，間嘗徧檢其辭例，其絕大多數皆當讀為禍。唐氏謂王固曰之固亦作□（後下十二，或作□後下十七、九），即據以斷言𡆥（冎）與固（占）為一字，惟细審影本後下、十二、片之固作□，實不作□，仍是固字漏刻一横畫一直畫者，二者皆非冎字。自餘諸冎字絕無一用為王固曰之固者，足證固字雖以冎為旁从，而二者絕非一字也。今錄卜辭所見冎字諸辭之例如下，除少數當釋為人名或地名者外，自餘數百條釋為冎讀為禍，無不文从義順也。其一曰「有冎」（禍下

同「亡冎」者四十三見，珠一一五八、粹一二六四、藏二九、三、藏三六、一、藏一三、一、一八九、三、拾十、十二、前四、三一、五、前七、五、三、後下十一、六、後下十四、二、後下二九、十六、甲一、十六、三、甲二、六、十、續四、二〇、十一、徵、貞三十、錄八五〇、甲編二二七、三八四、八三八、三六〇五、乙一三三六、二一七〇、六三八二、六三九〇、六四〇〇、六六九〇、六六九八、六七二八、七二〇五、七二三三、七二五八、七九〇〇、八四〇六、八四五九、八六九四、八七一三、八七一六、八八六〇、八八八八、佚七五八、其二曰「旬亡冎」者凡二百餘見，佚三三九、三七七、（八見）三八五、三八六、九八〇，續四、三七、五｜四、四九、五、徵、雜二九、三三、三四、錄、五九｜九三、佚、五｜八、十一、甲編、三八五、六五四、七五八、八三三、八三九、二四二二、三六二五、珠一九七｜二〇九、二一一、六九五｜七〇〇、七三九、九四二、一〇一一、一二一四、一二一八、一二二三、一二二四、一二二六、一二三三、粹一九三、一四一六、一四四八、藏二九、一五、五、一六九、三九六、二〇七、三二二、三二四七、二二六〇、三、拾、十、十一、前一、二六、五、四一、八、六、三八、六、七、三九、二、後下三、八、十一、五、二五、十、菁、一、一、三、一、四、一、五、一、甲、一、五、一三、一、七、二、一、二七、十、鐵、二九、七｜三〇、七。

其三曰「夕亡冎」「夕有冎」者四十五見，續四、十二、一、徵、地三、錄、三〇｜五七、佚四、珠、五〇二、粹、六九〇、前二、四、八、四、二、六、四、三八、六、五、十二、四、六、三八五、六、六四、五、鐵、二七、十三。

其四曰「王賓執福亡冎」者四見，佚四〇一、珠、七一四、後、下、三、十、十一。其五曰「作冎」者六見，續、三、十、二、徵、征、十八、十九、（與續、三、十、二、重述）乙、六八九五。其六曰「夢白牛隹冎」者一見，徵、人、六。其七曰「降冎」者二見，徵乙、六五九四，前四、二九、一。其八曰「作茲邑冎」者二見，徵、雜、七六、續四、二八、四、辭云「洹弗作茲邑冎」「洹其作茲邑冎」，洹水流經殷都，此辭貞其是否泛濫為災禍也。

其九曰「貞娩亡冎」者一見，徵、雜九四、此貞某婦生子是否有福也。其十曰「王夢隹冎」「王夢不隹冎」者六見，乙、六三七一、六七〇七、六四〇八、七七七一、七八〇九、藏一四八、二。其十一曰「王聽隹冎」「王聽不隹冎」者一見，乙、七八二八。其十二曰「子汏隹冎」者一見，佚、五八。其十三曰「方來不隹冎」者一見，乙、八〇七二。其十四曰「隹冎」者一見，珠、一七二。其十五曰「往來亡冎」者三見，乙、六四〇〇、六九八八、藏二六一、三。其十六曰「雀亡囚禍南土囚冎、人名告史」甲編二九〇二。其十七曰「方冎馬」者一見，乙七三八〇。其十八曰「在冎」者二見，珠一七二、乙八〇七二。其十九曰「多舌亡冎多口亡冎」者一見，乙八八九二。其二十曰「祟冎不于壴凶八人畜五人」者一見，續一、四七、二。其二十一曰「今日風冎」者一見，後、七、三一、一四。其二十二曰「多鬼夢不至冎」者一見，後、下、三、一八、以上諸辭皆當讀為禍。又它辭當讀冎字，即骨之初字者。其一曰「冎同有疒」者十四見，續三、四七、七、四、一、一、錄、五四七、五七九、乙、七一六三、珠二七六、前五、十一、七、二二、七二二、二、藏、七二、一、甲、一、二二、二〇、二、二四、三十一、十二、十四、十六、諸辭唐氏均讀為「攸同有疒」。攸同舊訓所同，

凡經籍言攸同者，其主詞均為多數。如禹貢「澧水攸同」，言漆沮與澧俱入於渭也。「九州攸同」（孔疏），言禹濬川敷土，諸水既平，九州所同也。詩蓼蕭「萬福攸同」，言「萬福之所同皆得歸聚之」（孔疏）

語也。文王有聲「四方攸同」，言為天下所同心而歸之也。而卜辭「冎同有疒」之文，其主詞均為一人，無在一人以上者，則不得釋為攸同甚明。竊謂冎當讀如字，即骨之古文，同當讀為痛，其同痛古音同在九部，謂某人骨痛有疾也。乙七一六三辭云「帚好冎同有疒」，同版它辭云「王其疒冎」，如釋為疒攸疒，自均覺不辭矣。其二曰「疒冎隹壱疒冎不隹壱」者一見，乙三八六四。其三曰「王其疒冎」一見，乙七一六三。其四曰「冎同不其冎同」者三見，乙五三一四、前一四三、六、後下十七、十三，凡言「冎同有疒」「疒冎」「冎同」之冎均作旧無一从Y者，蓋从Y（卜）之冎為卜骨之尊字，不从卜者則為凡骨之偁。凡言「冎同」，乃指人之疾病，故字不从卜也。其五曰「大牛冎」者一見，甲編四三二，僅殘餘三字，蓋即謂大牛骨也。其六曰「取冎」者一見，續四·二八·四，辭云「勿字取冎任伐弗其凡」，冎疑即骨，又或為方國之名，不可確指。其七曰「卜冎」者一見，前八·十四·二，辭云「丁丑卜王貞令众人不于卜冎古朕事十三月」，「卜冎」二文相離頗遠，唐氏謂是移田中之卜於占上者，非是。惜「于」上數文不可解，未審是卜骨連文否也。它辭冎字均為人名，如「小臣冎」，甲編二七八一，「帚冎」，乙七三四五、八六九九，「冎爯冊子从」，前七·六一，「冎貞」，前四九三、後下七十九、十五，甲二、三〇、一，戩四六、十三，又或為方國之名，如「冎允其取女」，乙七一六一，綜之卜辭諸冎字釋為冎骨讀為禍於諸辭均可通讀。至固𡆥二字則為从冎之字，當釋占若卟，與冎非一字也。」（集釋一四九二葉）

考古所

「𡆥：当为冎之异构，即囗。」（小屯南地甲骨一〇三七頁）

沈建华

「甲骨文中常见术语「ㄓ文」、「ㄓ囚」、「ㄓ壱」、「ㄓ巛」、「ㄓ斫」、「ㄓ斫」，前贤分别释为「亡尤」、「亡咎」、「亡壱」、「亡災」、「亡𢦔」、「亡斫」，认为这几个辞语属同义词，……我们从词义上看颇有道理，但从许多卜辞文例来作进一步分析，「亡尤」、「亡咎」、「亡壱」、「亡災」、「亡𢦔」、「亡斫」辞语上用法並不完全相等。卜辞中的「亡因」、「亡咎」、「亡尤」一般多用于祭祀先公先王、占卜疾病于物的惯用语，即无災祸的意思。「亡災」、「亡𢦔」用于田猎、往来卜辞。「亡斫」用于战争征伐卜辞。以上这些卜辞术语，它们用法上往往十分接近，有的可以互为通用，但又有它本身意义上的独立性

「亡因」，唐兰、于省吾先生释为「无咎」，这是对的。「因」音舅，龙龕手鑑：「因，其九反。」说文：「咎，災也。」洪范：「其作汝用咎」，疏：「咎，是过之别名。」咎与过同义，说文：「祸，害也，神不福也。」「祸即过也」，卜辞凡称「亡因」指災祸的意思，我们发现殷人在旬卜吉凶用辞上只用「旬亡因」，而绝不用「旬亡尤」，与占辞「出希」对应。例如：

有时也用「亡卷」对应。例如：

癸子，卜秋贞：旬亡囚。王固曰：㞢希。 人八四八

癸未，卜争贞：旬亡囚。王固曰：㞢希，三日乙酉夕㞢，丙戌允㞢来入齿。 京一八〇二

癸口，囗争贞：旬亡囚。王固曰：㞢希。旬壬申……。 邺一、二九·三 缀一四三

王固曰：亡卷。 邺三·四七·七

王固曰：亡卷。 乙三二一七

如果认为「亡尤」与「亡囚」一辞可以相等话，我们至今未发现有一条「旬亡尤」的卜辞，为什么呢？可以通过一组卜辞从中得到一点启示。例如：

……巳，帝……其降囚。 京一一二五

……雨帝……降丝邑囚。

癸未，卜宾贞：丝雹，不佳降囚。 库一三四

癸未，卜宾贞：丝雹，佳降囚。

王固曰：吉口降囚。 丙五七

以上卜辞中「降囚」一语无疑指的是灾祸，殷人不用作「尤」字是对自然灾祸有不同概念的。「𡰪」王国维释为「无尤」。「尤」通作郵。管子侈靡：「然有知强弱之所尤。」注：「郵，怨也。」又洪范五行传：「御思心于有尤」，注：「尤，過也。」又尔雅释言：「言无郵」，注：「赦郵非义也。」「亡尤」似乎有无过失、怨咎的意思，在某种情况下並非指灾祸，多见与「岁宰」、「彤日」、「翻」王宾祭祀卜辞紧密联系在一起。例如：

庚辰，卜尹贞：王宾大庚，劦亡尤。 海一·一九

乙酉，卜行贞：王宾报乙，彡亡尤。在十月。 金二六

戊子，卜咼贞：王宾大戊，翻亡尤。 人一五四六

丁丑，卜旅贞：王宾父丁，岁四宰，亡尤。在……。 后上一九·八

以上劦、彡、翻、岁，都是卜辞常见的祭名，大意是：「用这种祭祀来祭祀祖先，不会有甚么过失吧？」。「亡尤」在此如果当灾祸理解就很难解释。如果作为灾祸讲，为甚么在祭祀卜辞中我们发现殷人从来不用田猎卜辞中的习惯语「亡𢦏」呢？可见「亡灾」与「亡尤」有着十分明显的区别。

「亡卷」罗振玉释为「无它」。说文：「它，虫也，从虫而長象寃曲垂尾形。上古草居患它，故相问无它乎。」卜辞中「有卷」与「无卷」曾见同版对贞（前编八·一一），易坤下坎上：「初六有孚比之无咎，有孚盈缶，终来有它吉。」有它与无咎对文，可见「无卷」意指无灾害，故殷人得病占卜不言「无卷」只用「有卷」，和「囚」有联系。例如：

贞：㞢（有）疾囚，佳卷。

贞：疾囚，不佳卷。

贞：㞢（有）疾囚，佳卷。〔乙三八六四反〕

贞：疾囚，佳㞢卷。〔金六一四〕

以上举各例可以看出亡囚与亡卷有联系，而「亡卷」与「亡尤」却有严格的区分，下面列举一例是个证明：

丁丑，王卜贞，今囚巫九咎口典𤔲侯𢀛口尤眔。二数，余其从戋，亡ナ，自上下䢅示受又（有祐），不茧𢦏，因告于大邑商，亡卷才畎。〔前四·三七·五〕

这条卜辞「尤」字前缺「亡」字与「亡卷」同版并用，可见「亡卷」与「亡尤」用法上一个明显不同。除此外，殷人常用习语「王亡卷」而不用「王亡尤」。例如：

贞：王亡卷。〔乙二三七八〕

贞：翌庚辰，王亡卷。〔乙四九三〕

甲寅，卜穷贞：王亡卷。六月〔甲一六五四〕

殷王有疾只言「卷王」不言「尤王」。例如：

父庚卷王。〔乙三八六二〕

兄丁卷王。〔合四五四〕

且丁卷王。〔乙三一八七〕

「亡𢦏」和「亡𢦏」，过去甲骨学者皆释「亡𢦏」，《说文》：「𢦏，伤也，从戈，从才声。」近年来，不少学者对「𢦏」字有不同解释，……各家说法不一，总而言之，对「亡𢦏」与「亡𢦏」这二个词语已经区分对待了。从有关卜辞的文例来看，「亡𢦏」用法往往和「亡巛」「亡𡿧」内容上是一致的，则多用于田猎，往来卜辞，意「无灾」也。而「无𢦏」则多用于征伐战争。两辞用法显不完全相同，下列卜辞可以看得很清楚。例如：

叀濕犬𢦏从。亡𢦏，卒。〔粹一五六一〕

贞，𡿧疋化弗其𢦏，王固曰：吉，𢦏。之日允𢦏𢦏方。十月〔合一一八〕

……卜，古贞：𡿧化疋受又（祐）。又三旬又……日戊子幸𢦏𢦏方。〔乙二〕

二〇三

其中的𢦏字显然是动词，𢦏为方国名，从材料来看，这种区别始于武丁时期。𢦏几乎都用于战争和征伐，为武丁时期之特点，「𢦏」与「伐」字义十分接近。例如：

（一）癸丑，卜殻贞：召𢦏，㞢蛊……。〔合二六四〕

庚申，卜争贞：召其伐，㞢蛊罹。〔合二五五〕

（二）乙未，卜争贞：我𢀛猷，在孚。（乙七七五一）

贞：我勿伐猷。（遗四八一）

「亡𢀛」一辞，每々用于田猎往来，与「亡𡿦」「亡巛」「亡𡿧」同属一个词语系统，从下列同版卜辞可得到证明，例如：

戊午，卜㹠贞：王其田往来，亡巛。

戊辰，卜㹠贞：王其田往来，亡𡿦。

戊午，卜㹠贞：王其田往来，亡𢀛。

戊辰，卜贞：王其田往来，亡𡿧。（缀二四）

「亡𢀛」与「亡巛」、「亡𡿦」、「亡𡿧」（续三·三二九）不仅词语同等，词义上与「亡因」、「亡卷」也相互通用。例如：

……丑，卜争贞：戬往来，亡因。（丙二九）

……午，卜㹠贞：王其往来，亡𢀛。（缀二四）

……卯，卜[木大]贞：王其[中止]……卷，十三月。（库一一五〇）

戊子，卜尹贞：王其[中止]……亡巛。（戬四五·九）

可见「亡𢀛」的意义作灾祸是十分清楚的，从卜辞内容的同属关系来看，「亡𢀛」一辞，我认为「𢀛」字，应是灾字的假借，因为到了帝乙帝辛时期，「亡灾」一律作「亡𡿧」或「亡𡿧」形。

「亡尤」、「亡卷」、「亡因」、「亡灾」、「亡𢀛」这些辞语，在卜辞中多个时期更交地出现，也是十分值得注意的。在武丁时期卜辞中就出现了「亡尤」一辞（如粹一二八四、甲二四〇二），但不常用，到了第二期祖庚祖甲时始用于王宾卜辞，例如：

第一期王宾卜辞用「亡卷」：

乙亥，卜宾贞，王宾歲亡卷。（前七·二〇·二）

第二期王宾卜辞用「亡尤」：

乙卯，卜尹贞，王宾岁亡尤。（续二·二·八）

祖庚祖甲祭祀卜辞「亡尤」和「亡卷」、「亡因」互为通用，例如：

（一）「亡尤」与「亡因」通用：

戊寅，卜旅贞，王宾大戊戠亡因。（粹二一一）

戊午，卜旅贞：王宾大戊戠亡尤。（粹二一八）

（二）「亡卷」和「亡因」通用：

甲戌，卜王贞：翌乙亥彡于小乙，亡因。在正月。（文三〇五）

甲戌，卜即贞：翌乙亥彡于小乙，亡巷。在一月。后上一九·三

（三）「亡巷」与「亡尤」通用：

丁丑，卜即贞，王宾父丁彡，亡尤。诚一五八

丙午，卜行贞：翌丁未彡于父丁，亡巷。戬六·五

到了帝乙帝辛时期，凡王宾卜辞一律用「亡尤」。例如：

丙子，卜贞：王宾外丙祭，亡尤。前一·五·四

甲申，卜贞：王宾大甲彡日，亡尤。前一·五·六

甲申，卜王宾象甲𠂤日，亡尤。前一·一四·七

「亡𡆥」、「亡巛」、「亡巛」、「亡𢦔」等辞，同样在卜辞中存在多个时期变更性，武丁时期「㞢𡆥」均写「㞢𡆥」或「又𡆥」，很少写「亡𡆥」，否定词用「弗」或「不」。例如：

辛亥，卜㱿贞：弗其𡆥。铁三九·三

……丑，卜争贞：……不𡆥。乙二七三

武丁、祖庚、祖甲时期「无灾」写作「亡巛」或「亡巛」。例如：

庚申，卜行贞：王其往田亡巛。佚七三五

乙亥，卜尹贞：王其田亡巛。存一·一六·一八

康丁、廪辛时期「无灾」写作「亡𡆥」，例如：

戊戌，卜贞：王其田亡𡆥。南南二·二一一

乙亥，卜贞：王其田亡𡆥。遗六七三

帝乙、帝辛时期「无灾」一律写作「亡𢦔」，例如：

壬辰，卜贞：王其田亡𢦔。粹九六五

戊戌，卜贞：王其田亡𢦔。摭七二

从卜辞用法的更变特征，使我们认识到「亡尤」、「亡田」、「亡巷」、「亡𡆥」、「亡灾」的词语异同，是与每个时期语言风习紧密联系在一起，又在不断变化中，既有它词义的普遍性，又在一定条件下保持词义的独立性，从以上举出的例证说明了殷人在特有的环境下所使用的语词也是特定的，在旬卜时只用「亡田」不用「亡尤」；在得病时只用「无巷」，不用「无尤」；祭祀时只用「无尤」，不用「无灾」；田猎时只用「无灾」不用「无𡆥」等等。」（论亡田、亡巷、亡尤、亡灾、亡𢦏、亡𡆥的辞义异同中国语文研究第五期二三——二七页）

于省吾　「甲骨文田字作𡆥、田、团等形，晚期作𡆥。田字不见于说文，其造字本义待

考。旧释田为祸为冎为骨为卟为戾为凶，均臆测无据。又旧也读亡田为亡咎，可信，但无佐证。晚期甲骨文常见『亡徙才畎』和『亡徙自畎』之贞，郭沫若同志释繇一文读畎为繇（爻），颇有道理。田字的音读，可于周代金文、西汉竹简和后世字书得到验证。今特分别加以引述：一、周代金文鲁侯簋：『唯王命明公遣三族伐東國，才𣄨，鲁侯又（有）田工。』田字金文编误释为卟（稽）。田工郭沫若读为猷功（殷周铭文研究三九）。这是说，鲁侯奉王命率三族以伐東國，既有谋猷又有功勳。二、前年罗福颐同志以所著临沂汉简佚书零拾见赠。其中务遇篇残简，有『尧问许田曰』之词，许田二字凡三见，其即许由无疑。由此可见，西汉时还借田为由。三、龙龛手鑑口部上声有田字，音『其九反』。这是由于古音往往平上不分的缘故。总之，依据以上三项证明，则甲骨文之以田为咎，以畎为繇，周代金文以田为猷，汉简之以田为由，字书之音田为『其九反』，均属古韵幽部。其音读之递嬗相承，由来已久。」（甲骨文字释林释田二三一页至二三二页）

2172

裘锡圭说参𠨘字条下。

陈炜湛说参巛字条下。

按：唐蘭評斷舊說，至為通達，但以為象「卣」形則誤。陳夢家論證其形音義之流變甚詳，可資參考。要之，「田」當讀為「咎」，于先生已進而加以證明。「田」與「㽞」、「𤰟」有别，不能因可相通假而加以混同。參見「㽞」字條下。

2241

骨

丁驌

「……『冎風有疾』，乃風湿症也。」（释䀏与龍中国文字第八卷第三十二册三四一七页）

裘锡圭

「子妥田凡。」乙6273

……宾组卜辞的『田凡』当是卜辞常见的『田凡有疾』一语的省文。」（论「歴组卜辞」的时代古文字研究第六辑二九九页）

饒宗頤　「卜人冎異形頗多，有作𠚕（屯乙八八九九）𠚕（明義士一二五八）冎（屯甲八〇八）者，而以作冎為最多。由卜『疾冎』之辭，證知冎即骨字。

冎曾官小臣職。『丙……叀小臣冎立』（屯甲二七八一）

又記冎司告事云：『……在南土，冎（一此字多作𠚕）告事……冎告事，……南土，冎告……』（見屯甲二九〇二）冎司告事，此為殷人經略南土之重要紀錄。同版有雀為武丁時人，則冎之時代可以推知。」（通考九一〇——九一一葉）

柯昌濟　「『冎凡』當為一种卑词，今尚未得其解，余疑為篤字。按說文：『篤馬行頓遲，從馬竹聲。』又『竺厚也，从亯竹声，讀若篤。』是篤、竺义近可為一字之通用，竺字形与甲骨文此字形亦近似，亯或为此字之变形，故疑为篤字。冎凡或为卜病之词，尔雅释诂：篤厚也，或言疾疾篤重之义。史記蔡澤傳：『应侯遂称病篤』亦此意义。」（殷墟卜辞綜类例证考释，古文字研究十六辑一四五頁）

陈梦家　　参冎字条

饒宗頤说参𠂇字条下。

鍾柏生说参冎字条下。

于省吾说冎冎冎冎冎冎参𠄌字条下

按：字當釋「骨」，與「冎」、「冎」、「冎」皆有別。合集一三五〇五「冎」、「骨」見於同辭可證。骨面刻辭習見「乞骨」之記載，其為「骨」字無可懷疑。

2242

按：字與「骨」有別，辭均殘缺，其義不詳。

劉鶚　「卜占二字往往加囗以為識別，未詳其誼。」（鐵雲藏龜序四葉下）

羅振玉　「說文解字：『占，視兆問也，从卜从口。』又：『卟，卜以問疑也，从口卜。』二者疑一字。卜辭中又屢見固字，於占外加囗，不知與占為一字否。」（殷釋中十八葉上）

王襄　「古占字。」（簠室殷契類纂第十六葉）

王襄　「疑占字。」（類纂存疑第二第四葉上）

王襄　「固疑卟之異文。」（類纂存疑三十四葉下）

葉玉森　「按此字異體作固固，誼則占也。未知即占之变體否？」（前釋一卷一二一葉上）

瞿潤緡　「固或釋為洪範『稽疑』之稽，說文引作『卟，卜以问疑也。』按卜辭『王固曰』以下似非疑问之辭，最明顯者如『王固曰吉』四〇二背之類，自與洪範之稽說文之卟不同，攷其辭與盤庚上『卜稽曰其如台』之句法相似，乃繇詞而非命詞也。稽考也，視兆考定吉凶也，是固即稽字而非說文之卟矣。」（卜釋一葉）

唐蘭　「田當讀卟，固當讀占。說文云：『卟，卜以问疑也』，是先卜而问。又云：『占，視兆问也』，則既卜之问，已卜得兆，發書而占其事也，此古義之猶存於許書者。」（卜釋二葉）又曰　「固或作固固，無多变體，盖與乜卟之作田者同為第一期作風也。較後則作田若𠚤，更後則作𠚤，則知固當從古𠚤聲，『王固曰』當讀為『王繇曰』矣。然田讀為卟，卟古音轉，則謂為从𠚤古聲亦未嘗不可，讀為『王古曰』亦通。其字今為呫，商氏已啟之。余按由固变為呫，後人不知口之為𠚤，遂為呫字，與卟字同。史記魏其侯傳：『呫囁耳語』，汪瀟引穀梁傳『呫血之盟』，則漢以後有呫字，然古繇之本義亡矣。」（天壤文釋十一葉至十二葉）

商承祚　「此字知其形而不知其音誼，疑即後世之呫字而讀占聲。又曰『王固曰』，或王

躬自占卜則用此字所以別於太卜也。」（殷虛文字考）

商承祚　「王固者，王親自卜問也，故曰固，不曰卜，其字疑即古占字。加口者，亦尊卑有別也，亦猶田𤰈𤰈𤰈之意也。」（補攷十一葉）

郭沫若　「此許書之卟字也。」（見前卟字條下引）

孫海波　「固即許書訓視兆問之占。从口者為王占之嫥字。」（考古三期五四葉文錄十一葉三十四行亦載此說）

孫海波　「卜辭王曰之間屢介以固字，王襄釋稽，於形義不合。竊疑是占字，說文『占，視兆問也』。蓋既卜得兆之後，發問而稽其吉凶也。……如簠華『癸卯卜殻貞，旬亾囚，王固曰云云』，即癸卯之日，卜者殻貞問此旬無囚，是既卜之後，兆辭已見，王復自占曰云云，與許書視兆問也之誼正合。卜辭別出占字，此从口者，為王占之嫥字。」（文錄十一—十二葉）

陈梦家　「後编下（十七·九）『己卯卜口貞今日啓。王冎曰：其啓？隹其晦？大啓。』与卜辭习見之『王固曰：其雨？』（戩一四·七及前四·二五·二等）同例，是固字亦或作冎，明固之音读亦同于囚；囚读若咎，则固声亦当近之，然则固者卟字也：说文『卟，卜以问疑也，从口卜，读与稽同』。又曰『稽，留止也』『𥝌，𥝌𥝌而止也，从稽省咎声』，『是稽与𥝌一字而稽亦咎声，故卜辭固从冎（咎）声，与说文卟读若稽同；又卜辭屢言『王固曰其雨』，皆问疑之辭，故固卟应是一字。

晚期卜辭『王固曰』之固皆作囙，从冎从丿（甲骨文编坿录三五）案卜辭骨臼辭云『帚杞示，七𠂤又一乚，賓』（後下三三·一〇）又云『文示，四𠂤㞢（又）一冎，口』（林二·三〇·一二），是冎即乚，乚者象卜骨横剖面之形，殷之晚世合二者为囙，其字仍读若咎，即说文之卟，尚书之稽。（日本东洋文库藏未改字古文尚书盘庚篇两稽字作㕦，又宋牛鼎铭『帚若稽古』之稽作𠲺，皆从占。）又骨臼刻辭之『一冎』疑亦楬字，器名。（又）与冎或为同音段借字，囙则为从冎丿声）。

又晚期卜辭『亡囚』之囚皆作𤞞，从冎从犬（甲骨文编卷十頁六）犬即狗也，狗咎音近，犬（狗）为声坿，故亡𤞞之𤞞仍读若咎。」（释冎，考古学社社刊第五期十七至二二頁）

孫海波

「占或從口」。（文編三卷二十一葉）

孙海波

「固，鐵七七·一。武丁时卜辞王自占之，占字皆从口，口盛卜具之器。」（甲骨文编一四九页）

李孝定

「固字所从之口為卜骨之象形，田习因可所从之口若凵，則象盛主之祏，皆非普通之標識。二者之意不同，似不可並為一談也。」（集釋一一一四葉）

李孝定

「說文『占視兆问也从卜从口』。卜辭占字有作占者，有作固者，其義亦有別。作占者，其義如貞。辭云『戊戌卜大占口』（徵一·一三）、『口內占』（前四·二五·一）、『壬子卜口占』（後下·四·二）、『口占口旬口禍』（甲編一一八一）。辭例與卜辭習見之『口口〔干支字〕卜口〔貞人名〕貞』之辭例全同，且大內均為貞人名，『內』字葉氏前釋以為『丙』字，非是。故知此數辭之占其義當如貞，貞許訓『卜问』，占訓『視兆问』，其義相近，故卜辭或以占易貞也。然此為卜辭中極罕見之特例，且前數辭占下均殘泐，後一辭占上干支及貞人名亦闕，無以實吾說耳。它辭云『丁丑卜王貞余勿𢦏占余𢦏三月』（前八·十四·二）其義不明。作固者其辭多作『王固曰』云云，乃得兆後之繇詞，占與許訓小異，釋占是也。字从口或曰，乃冎字，象卜骨斗胛骨之形，說詳四卷冎下。从占，占亦聲，乃貞卜之事，故以象卜骨形之曰為其意符，作占者其省體也，或以為王占之專字，說亦可通。蓋此字在卜辭均與王字連文，無一例外。从口作固所以別於占字，然口固冎字，非普通之標識，或口字也。唐氏謂作固者為第一期書體，較後則作囚若固，蓋以謂囚若固，即卜辭習見之田若固字，說非。按唐氏所稱『較後』之二文，係據後下十、二、及後下十七、九、兩片轉錄（見沃瀼文釋十一葉九行引）。惟諦審原拓後下十、二、之文作田，同書十七、九之文作固，似皆為固或固之漏刻或拓印不明，文編三卷二二葉下收後下十七、九，壹文亦誤摹非其字僅从曰从卜也。卜辭占叶同文。說詳前叶字條下。」（集釋一一一二葉）

張秉权

「固，即占字。因為它的字形可以表現出時间性，所以楷定為固。說文三下卜部：『占，視兆問也。』」（殷虛文字丙编考释第五頁）

赵诚

「固。或写作固。构形不明，很可能是占字的繁体。甲骨文用作动词，经常出现于惯用语『王固曰』（王固曰）中。从卜辞内容来看，这个固近似于後代的占……。固字有时也写作固。甲骨文还有一个固字，或写作固，用法意义和固字同，可能是异体字。」（甲骨

文簡明詞典（三一二頁）

方述鑫「占，甲骨文早期作固（鐵七七·一）、晚期作乩（簠雜八〇）、金文作固（明公簋），小篆作占。占是會意字，所从口形為卜兆的骨版，卜為卜兆骨版上所呈現的兆紋，从囗內之口為占問者的口形。說文：『占，視兆問也，从卜从口』。又，『卟，卜以問疑也，从口卜，讀與稽同』。王筠說文句讀：『卟與占同體，此从口卜，謂卜也。占从卜口，謂得兆而問來占者所為之事也』。王篇卜部亦作卟，而乙部又收乩字曰：『今作稽……乩，蓋卟之俗字』。按占、卟、乩當是異體字，王氏謂三字是『同體』『俗字』，可从。考之卜辭，固（占）與乩（乩）的辭例一樣，均稱『王占曰』或『王乩曰』，如：

貞，今夕其雨，王占曰其雨。（粹八〇四）

己巳王卜貞，（今）歲商（受）年。王乩曰吉。東土受年，南土受年，吉。西土受年，吉。北土受年，吉。（粹九〇七）

辭中占和乩的意思都是『視兆問』，占乩為異體字當無疑。」（甲骨文口形偏旁釋例，古文字研究論文集，四川大學學報叢刊第十輯二九二至二九三頁）

按：「固」、「乩」乃早晚不同時期之形體，當釋「卟」，讀若「稽」。陳夢家論其形音義之關係甚詳，其說可從。唯謂「吠」从「犬」，「犬」即「狗」，為聲符，則不可據；「固」為繇辭，非命辭，瞿潤緡已言之。諸家爭論，實集中於「占」與「卟」。王筠、朱駿聲以為「占」與「卟」當本同字，李孝定已論及之。

2244

王國維「與固為一字」（類編待問編二卷一葉下引）

王襄「疑古啟字，从户从丿，丿有从又作者，殆即書金縢『啟籥見書』啟之本字，又別出𣅀，多段為啓。」（簠考）

葉玉森「按卜辭屢見『王乩曰吉』之文，……王襄氏疑即書金縢『啟籥見書』之啟。然卜辭固有啟字。予疑即書洪範『明用稽疑』之稽。汗簡引古文尚書作乩，與乩形尤近，許書

引作卟。」（前釋一卷七十八葉背）

郭沫若　「从𠧟之𠧟字屢見于『王𠧟曰』之語，即乩之初字。从𠧟乙，乙者乙治之也。𠧟或作𠧟若𠧟，从𠧟口，此則許書之卟字也。許書『卟，卜以問疑也。从口卜。讀與稽同』。从𠧟與从𠧟同意。日本未改字尚書古寫本東洋文庫藏盤庚備兩稽字均作𠧟，此又一稽之異文矣」。（甲研第一冊釋𢀛八葉下）

唐蘭　「𠧟字之代𠧟字，在第五期，𠧟旁着丿，象有蕤㦰之，猶医之作𠤷也。其字或从𠧟，作𠧟，前二・一一・三、𠧟前二・一一・六・𠧟前二・三二・一・𠧟前二・三六・七・𠧟前二・四二・三、等形，或从囗，作𠧟，前二・三四・三・𠧟前二・一七・八・𠧟前二・二二・二、𠧟前二・三三・二・𠧟前二・二五・一、等形。俱與𠧟之作𠧟者相近。此期中以此為王𢀛之專字，而於卺戋𠧟之文，反作𠧟，本書三二・故𠧟𠧟專行而𠧟𠧟廢矣。」（天壤文釋十二葉）

吳其昌　「𠧟字未詳。郭作𡧍，並釋為『乩』，殆是也。同此字者，其文或曰：『王乩曰：吉』。或曰：『王乩曰，大吉』。或曰：『王乩曰：弘吉』。諦譪其义，蓋乃卜后呈兆之斷詞，而有若易卦爻彖象詞之比尔。惟卜辭則遇『吉』斯从『大吉』『弘吉』斯更乐从；既从，斯契文以紀事。若不吉，則根本不从，根本不記，故傳于后者，惟見吉辭，有異乎易之待人決疑，故卦爻彖象，吉凶悔吝，杂然並陳矣。又，凡此『王𠧟曰：：』之文，其時代皆在殷末叶帝辛之世，此实數十百見而無一爽者。今更穷其究竟，悉索傳世卜辭而純計之，則凡此『𠧟曰』之所昭示者，按其事之性質，可別為五大类焉。

一类為祭祀，有：

『祭上甲』前・四・一九・一・續・一・五・一・『翌上甲。翌太甲』。『濊・一〇・六・『遺大丁、爽妣戊』續・一・四・四・『彡大甲，彡小甲』沿・一・一九・四・『祭大甲，𢦏甲，四啓羴甲』𣏟・二・一四・四・『啓小甲』𣏟・一・一二・九・『翌日小甲。翌日𢦏甲』僕・四二八・『啓小甲，囗𢦏甲』𣏟・一・一一・一〇・『翌𢦏甲』前・四・一八・一・『啓𢦏甲。啓𡆥羴甲。祭虘甲』續・一・五〇・五・『彡羴甲』𣏟・二・一四・三・續・一・二二・五・『啓羴甲。𡆥虘甲』前・一・四二・二・『翌羴甲，𡆥虘甲』前・五・一六・二・『翌虘甲』續・一・五〇・六・『翌日虘甲。祭且甲』續・三・一九・二・『啓且甲』本片・后・一・一八・七・『翌日且甲』續・一・二五・九・『彡且甲，𡆥且甲』續・五・四・五・『𡆥上甲至多后，衣』前・二・二五・一・『祀多先且』續・二・三一・六・即徙・八六〇・『多后，衣』前・三・

二八·一·「于西宗，㸚。」湔·四·一八·一·……等。

二类為征伐。有：

「正三㞢方。」紿·一·一八·二·「伐三㞢方。」綾·三·一三·一·「王来正盂方白。」紿·一·一八·七·「盂方……其出伐。」淋·二·二五·六·「囸蔿方。」后·一·一八·九·「囸尸方。」淋·二·二五·八·「正戋。」湔·三·二八·三·「……其𦎫……」湔·二·五·三·……等。

三类為巡幸。有：

「在𦬊。」湔·二·三、二·「在湶。」湔·二·四、六·「在兮。」湔·二·一一·三·「在劉。」湔·二·一七·八·「在噩。」湔·二·三二·一·「在坡。」紿·一·一〇·二·「在洒。」潕·一〇·九·「在徬。在橅。」湔·二·一〇·三·即淋·二·一八·一二·「在齊師。」湔·二·一五·五·「在䨲師。」湔·二·一五·七·「在曹師。」湔·二·四〇·三·「在劉師。」綾·三·二九·一·「在妟師。」綾·三·二九·二·「徬于宮。」湔·二·二二·一·「徬于𥁕。」湔·二·二二·二·「徬于雔。」湔·二·三六·五·「徬于盂。」綾·三·二三·七·即徙·九七一·「至于攸若。」湔·五·三〇·一……等。

四类為畋猎。有：

「田壇。」湔·二·一一·六·「田𦎫。」湔·二·二六·五·「田壇。田𦎫。」湔·二·三八·五·即淋·二·二〇·一·「田曹。」湔·二·二九·四·「田曹。」湔·二·三九·四·湔·二·四〇·一·湔·二·四〇·二·綾·一·四·四·綾·三·一六·一〇·潕·五〇·「田宮。」綾·三·一六·一·「田曹。田宮。」湔·二·三〇·三·「田曹。田𦎫。田宮。」湔·二·三一·三·「田𦔻。」湔·二·三八·六·湔·二·三九·三·湔·二·三九·六·湔·二·四〇·四·綾·三·一七·七·「田曹。田𦔻。」綾·三·一七·九·「田𦎫。田曹。田𦔻。」綾·三·一八·二·「田噩。」湔·二·四一·八·淋·二·一八·一五·綾·三·一六·八·「田曹。田噩。」湔·二·四一·二·湔·二·四一·四·綾·三·一七·一·綾·三·一七·四·綾·三·一八·一·「田𦔻。田噩。」湔·二·四一·六·「田𦔻。田宮。田噩。」徙·四三四·「田棕。」湔·二·三三·二·湔·二·三三·三·淋·二·一八·一九·綾·三·二三·九·「田宮。田棕。田曹。」湔·二·三四·三·「田奚。」湔·二·四二·三·「田鸡。」湔·二·三六·六·湔·二·三七·二·「田曹。田𦔻。田鸡。」綾·三·一八·三·「田藝。」湔·二·三四·四·「田藝。」湔·二·三四·四·「田藝。田曹。田玟。」湔·二·三五·一·「田𦎫。田麓。」湔·二·一六一·「田戩。」湔·二·四四·四·「田戩。田曹。田藝。」湔·二·四四·五·「田盂。」湔·二·三七·三·「田曹。田來。田盂。」綾·三·一八·七·「田𤴓。」淋·一·七·一三·綾·三·

二四・四・「田盛」。前・二・二七・一・前・二・二七・三・「田斿」。前・二・二・二・二六・六「田
千」。前・二、二七、三、「田宰」。前・二・三一・五、「田高」。前・二・三二・七・「田㞢」。
涫、一・一三・八・「田□」。前・二・二八・一・等。

「五类為卜旬，有：

「貞旬亡𡆥」。前・四・七・一・又・五・一五、五、又・六・六、七・𣏟・一・一七・
一三・𫏋・四・三九・一・又四・三九・一一・又・六・一・二・又・六・一・四・又・六・
五・八・𣿰・一〇七・又・一〇八・……等。

綜上以觀，則「𠧩」之涵义，蓋為吉凶先見之機祥，明甚。此五類者，乃悉為王所躬亲決策，以衡向違，布示群下，載契史龟，則当殷末紂辛之時，邦國大政，度無有更鉅重於此五类者矣。」（殷虛书契解詁第二四九——二五一頁）

饒宗頤：「按亦作『王殷曰』（前七・二九・三，鐵二五五・一，後下二八・五）殷讀為挋。士喪禮鄭注『古文挋皆作振』。爾雅釋言『振，訊也』。又釋詁『訊，言也』。此言『王殷曰』猶『王訊曰』：謂王有所謀訊；洪範所謂『謀及卜巫』之謀，即是義。」

又曰：「或言『王如曰』（前五・三〇・三）按爾雅釋詁『如，謀也』。是『王如曰』，猶言『王謀曰』，與『王挋曰』之為『王訊曰』義同。」（通考二〇——二一葉）

屈萬里　「𢆶從第一期形體，隸定作固；讀為占。周易繫辭上傳：『極數知來之謂占。』占，即推斷之意。」（甲編考釋四八葉）

李孝定　「說文：『卟，卜以問疑也。从口卜，讀與稽同。』（同下大徐有『書云「卟疑」』四字段注云『俗作乩』。王筠句讀云『卟與占同體，此从口卜，謂卜也。占从卜口，謂得兆而問來兆者所為之事也。玉篇卜部亦作卟，而乙部又收乩字，曰「今作稽」，廣韻則但收卟字，繹略曰「楊備得古文尚書釋文知乩為古文稽字。箋乩蓋卟之俗字，從乙似不成意也」，朱駿聲通訓定聲云『从口从卜會意，讀與稽同。按與占同意，疑即占之或體，音讀異耳』。契文乩字僅見於晚期，第五期其辭皆為「王乩曰」，與早期第一期固字之作「王固曰」者辭例全同。王國維氏謂二者同字，當是，蓋形體小異耳。郭忠恕汗簡引古文尚書稽作乩，殆即由此字所𠉀变。玉篇亦收乩字云『今作稽』，則知乩為古文。段王謂乩為卟之俗字，證之卜辭殆未然也。卜辭固字，諸家释占可从。古乩固實為一字，至篆文始歧而為二，固作占，乩作卟。許以『視兆問也』及『卜以問疑也』分別解之，雖有後先之別，而其為貞卜之事則一也。朱駿聲氏疑卟即占之或體，殊具

卑見。許訓云云者，特就篆文為說耳。𠂤字偏旁𠂤與冎字之作㠯者相同，而冎字卜辭多段為禍，說詳四卷冎字條，請參看。與此文義殊不相涉。疑此作𠂤者乃从固省，蓋五期卜辭字體特小，故作字每趨约易。至何以早期作固，而晚期則增丿形作𠂤，則不可知矣。唐氏謂𠂤為白字，當於四卷冎字條下辨之，此不具論。本書收𠂤作卟，收固作古者，从許例也。」（集釋一一〇一葉）

2245

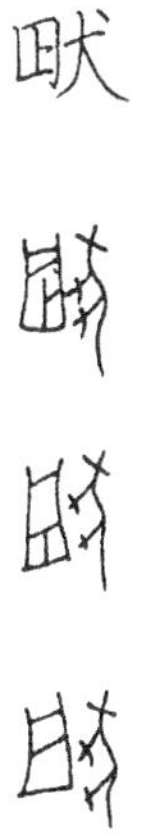

陈梦家　参固字条

方述鑫　参固字条

按：此為「固」字晚期之形體，參見「固」字條。

王襄　「古戾字。」（類纂正編十第四十五葉下）

葉玉森　「按郭氏認卜辭之固䀀𨟻為一字，均釋為繇，（案見一卷禍下四卷冎下引郭說）故立說如是。予曩者亦疑固為䀀者，讀郭氏說玄妙，證絡繹于扃，而予懷好奇之念，亦油然而起。欲證明郭說，第一、須證明固為䀀者，第二、須證明䀀字所从之犬為鼠形非犬形。予乃先就卜辭中所見䀀字之異體最錄如下，以供研究。如：：其偏旁作㠯由𠂤𠂤㠯㠯㠯囙日目ＡＡ等形，變態極多。卜辭中百數十見之固字乃無一作此諸形者。又其下橫十九向右斜上，而固之下橫乃一致平行，是固非䀀者，可以斷定。：：：又所从之犬為犬形鼠形，欲得確證，仍求之卜辭。按先哲造犬字，象其剖腹拳尾，固為特徵。而搜集異體，覺剖腹則同。尾則或垂或直，是尾雖不拳，仍不能謂之非犬。：：：且䀀字所从之犬，十九繫爪形。卜辭中大字繫爪形者如：：說文云「犬，狗之有懸蹏者也」。故先指造犬字，殆亦以繫爪為特徵。至若鼠字，則惟象其尖喙細腹脩尾及旁有食物卻顧懷疑之狀，如□□□，固無一繫爪形者。鼠之正字且不繫爪形，用作偏旁十九繫爪，恐亦無此理。是䀀字所从之犬乃犬形，非鼠形，亦可以斷定矣。至予釋䀀為戾，已於舊著殷契鉤沈中言之。茲請更申其說。卜辭中未見戶字，从戶之字如扉，卜辭作□（前二、四、八）□（前二、六、六）□（甲、一、九）如啟卜辭作䀀（前一、四三、五）□（前、六、九、一）其戶形作𠂤𠂤𠂤，與䀀之偏旁有相似者。且下橫亦向右斜上，尤為顯著。犬以雙足抵戶，

則露很戾之狀，故為古文戾字。言『亡戾』猶言『亡尤』也。」（前釋一卷卅五——卅六葉）

唐蘭 「在第五期中，則以亡⿰𡆥犬代亡𡆥，亡徙才⿰𡆥犬代亡老才𡆥。其讀當與𡆥同。其字當从犬𡆥聲，然後世既無⿰𡆥犬字，亦無从犬卟聲之字。余謂⿰𡆥犬實周以後之猷字也。小篆無卣字，然卣與酉之關係，確至密切。蓋酉卣之形本最相近，其音又同，其字形之作㠯㠯者，與酉之作𠨍者又相似。則於以卣代卣，而卣字亡佚之後，其用卣字為偏旁之字，失其據依，除卟㠯之類變從口者外，若猷字之類，必以其一家眷屬之酉字代之，可無疑也。猷變從酉，酉酋一字，斯以猷為猷矣。」（天壤文釋十一葉）

柯昌濟 「从㹕从豕，殆即㹕各字。」（補釋）

胡光煒 「㠯⿰𡆥犬」「卜𡆥」均釋為亡戾，謂「亡戾多用于貞旬，𡆥蓋⿰𡆥犬之省。」（甲骨文例二四葉）

郭沫若 「⿰𡆥犬字之變形亦頗多，其常見者多省作⿰𡆥犬，用例與𡆥全同。曰『亡⿰𡆥犬』、曰『貞旬亡⿰𡆥犬』為例亦多至不可勝數，此外亦有『亡老在⿰𡆥犬』或『亡老自⿰𡆥犬』之例，案此自當與𡆥為一字。惟由字形可得二解，其一如字，為象形。𡆥聲之字，㠯聲類求之則當為猷字之別構，在此乃出於假借。歷來古籍每多假猷作繇，如馬本尚書大誥『王若曰大誥繇爾多方』，鄭王本繇作猷，詩小雅巧言『秩秩大猷』，漢書敘傳第七十上顏師古注引作繇，又小旻之『我龜既厭不吾告猶』，孔廣森云『蓋言不告我以卜之繇』（見顨軒孔氏所著書經學卮言爾雅『繇于也』下注）實先得吾心之所同。此外，如鼓鐘三章之『淑人君子其德不猶』與次章『其德不回』同例。斯干首章『式相好矣，無相猶矣』，猶與好為對文。巧言末章『為猶將多，爾居徒幾何』，乃亦責小人之語，均可直訓為繇，是⿰𡆥犬猷疑係一字。卜辭亦有猷字作𤞞𤞞諸形，案乃國名，雖或有从由作，然無从𡆥作之例。而『亡⿰𡆥犬』字無慮千數百見均从𡆥作而不从酉若由作，是則⿰𡆥犬猷殆非一字也。」（甲研釋繇三——四葉）

又曰：「其字从一獸形，似犬而實非犬，余初釋為猷，今案實象形㠯聲，乃裸然之裸也。」（粹考一八九葉下）

孫海波 「⿰𡆥犬，甲一四一九。从犬从𡆥，說文所無。亡𡆥猶言亡咎。卜辭前期作𡆥，后期作⿰𡆥犬。」（甲骨文編四。七頁）

李孝定 「从犬冎聲，說文所無。當隸定作猧，當即猾之古文。猾字說文失收而古籍中多有，左昭二十六年傳『無助狡猾』，釋文作滑，漢書酷吏傳寧成傳『猾賊任威』，史記作滑，故知猾古讀與滑同。字在卜辭均假為禍，說詳一傳禍及四卷冎下，請參看。葉玉森釋戾非是，契文自有戾字作𢂗，見前，且其左旁明是冎之演变，契文户字偏旁多作日，不能據一二例外之訛变以為比勘也。字之左旁亦非𠂤，唐釋猷謂即猷非是，詳四卷冎下，且契文自有猷字作猷續存、一九四八、猷粹一一六四、猷衡三一三八，與此迥異也。」（集釋三一二一葉）

史景成 「今按，滑字从犬、骨声；盖即甲骨卜辞『冎』之『猾』字，亦即禍福之禍也。……冎於卜辞当即是骨字，借为禍义，至第五期又加犬旁为形声字。其後寖假失其造字之初谊，遂改作从示咼声之今字……自禍字行而猷、冎诸字遂废。……知今所見故书中：曰、汩、汩、扣、冎、咼、歇、猧、骶、猧、禍、骨、滑、猾、㵾、歇诸字，其本义皆当训禍，其初形即甲骨卜辞之囗卜、𡆧、骶，象牛肩胛骨呈卜兆之形，其加犬旁者，为後起之分别文。……此字由『骨之原始象形文，而增犬旁，更進而讷变为从曰、从水、从手、从欠、从旡，从𠘧之各字，从而失其朔义，转滋新解。若非探其本源，察其流变，孰知其为一字之分化哉！故书以形讷失解者多矣，猾字特其一端耳。」（加拿大安省皇家博物館所藏一片大胛骨的刻辞考释中国文字第四十六册五二〇五至五二一八页）

陈梦家 参固字条

白玉峥说参囗卜字条下。

按：字為「囗卜」晚期之形體，讀如「咎」，陳夢家謂从「犬」，「犬」即「狗」，以為聲符，非是。參見「囗卜」字條。

2246

考古所 「昌：本书九三〇有『左卜昌曰』一語，与此相类，疑昌为固之異构。」（小屯南地甲骨一〇一六页）

按：沌二三八四辭云：「庚辰貞，其𢓊…高祖上甲、茲用。王占茲…」
又懷一六二〇辭云：
「癸酉貞，旬亡𡆥？王占于丙」
皆與「𡆥」有別。

2247
匚 報 コ コ 匚 凵 匚

羅振玉 「說文解字匚，受物之器也。象形。籀文作𠥱」。（殷釋中三十九葉下）

王國維 「匚乙匚丙匚丁史記謂之報乙報丙報丁，誼當爲魯語商人報焉之報，其稱蓋起于後世，至田匚乙匚丙匚丁四名所以从口或コ者，或取匰主及郊宗石室之誼，然不可得考矣」。（戩考五葉）

葉玉森 「按余于揅契枝譚中曾妄立二說，其一：殷之先祖多以十干爲名，然必冠以示、卜、祖、大、中、小、康、南、般、羊諸字以別于十干專名，兼別于後世之同名者。則上甲首曰甲，報乙報丙報丁首曰乙、丙、丁。與干名溷，於同名亦嫌，故增口コ爲分別標識。其二：上甲首曰甲，加口爲示敬標識。報乙報丙報丁之加匚或コ亦同。視口又稍省簡，古代必有此種示敬法。觀二示亦作二司（拾遺一葉）可證。以上係余舊說，姑妄言之而已。復思王國維氏匰主之說似較精確，特爲詳言之。說文『匰，宗廟盛主器也。从匚單聲。』周禮曰『祭祀共匰主。』杜子春云『匰，器名。主木主也。』口象盛主之匰，故作口作凵並可象匰。說文『匚受物之器也』。段注『器蓋正方，文此作者橫視之耳。直者其底，橫者其四圍，右其口也』。則匚亦不失爲匰象。口口凵則正視之耳。或口象捧匰表示最敬，コ匚象啟匰表示次敬，置甲乙丙丁于口コ中作田司，猶之置示于コ中作司。司所加之コ亦匰象也。至卜辭云『𠀠彤亡尤』（殷虛文字第二葉），辭中𠀠字余疑𠥱省……乃禱之古文，……與司非一字」。（前釋一卷二十八葉下——二十九葉上）

金祖同 「口舊釋丁，非。吳其昌釋祊即郊宗石室，說文：祏『受主之器』，匚其側視也。疑殷已有昭穆之制。報乙報丁報丙作匚乙匚丙，具側視形，上甲則正視矣。大合祭自上甲至于多后，上甲爲殷有史時代，故尊之。『口』則代表一切晉祭，與宗同意」。（遺珠三葉下）

陳邦福　「卜辭枝幹作十，上甲作甲，作田，且口為天象，殷人以上甲微帥契，德配如天者也。說文一部云：『天，顛也，至高無上。』春秋說辭云：『天之言顯也，居高理下，為人經緯，故其字从一大，以鎮之也。』故盂鼎天作⿱丶大，象人首所戴也，卜辭或虛象作⿱口大，誼亦正同。是上甲增口亦禮記中庸：『博厚配地，高明配天。』之說已。戩壽堂殷虛文字第二葉云：『丁丑卜口貞王賓𠂤彡亡尤』，邦福案，コ己皆為地象，殷人以報乙報丙報丁皆德配如地者也。」（說存一葉）

陳邦福　「コ己皆為地象，殷人以報乙報丙報丁皆德配如地者也。釋名釋地云：『地，底也，其體底下載萬物也。』考齊侯甗國从匚作國，滴距末國从乚作國，知コ匚同為地象之切證。卜辭又變作己，正釋名底載有物之說也。」（殷契說存第一葉）

陳邦福　「拾遺一葉云：『貞今㞢自上甲二示。』謂上甲至報乙、報丙二示也，コ本地象，殷人祭示圉始用為𡚱字。又殷虛書契前編卷四第十七葉云：『王貞于三示。』亦正指報乙報丙報丁，增丨則地象之略，爰就辭證義，似又為福囊說博厚配地，得一左證矣。」（瑣言一葉）

陳直　「禮記郊特牲云：『大報天而主日也，兆于南郊，就陽位也，掃地而祭，於其質也，器用陶匏，以象天地之性也。』周人報天而主日，殷人當亦同例，疑微本其名，以甲日而報，故名。乙丙丁三字，本非其名，以乙丙丁三日而報，故名。皆因報天主日而得名也。卜辭於上甲加口，報乙報丙報丁加コ，或加匚者，吉曹甫先生（域）云：『殷重報祭，報祭者，禘郊祖宗四祭之特祭也。魯語稱：「殷人郊上甲微」，甲稱上，猶乙稱天，微故名，甲著上者，報以祭天之禮而名之也。祭天於圜丘，故甲从口識矣。（口コ古圜方字）乙丙丁之報禮次于甲，加コ者，方澤祭地也。』……予按口コ己皆地象也，禮記祭法云：『殷人禘嚳而郊冥，祖契而宗湯。』既以冥配天矣，未必再以上甲微為配。祭法又云：『燔柴於泰壇，祭天也；瘞埋於泰折，祭地也。』鄭注云：『瘞埋牲幣，祭地之禮也。泰折即方丘，折之為磬折、折旋之義，喻方也。卜辭口象泰折之方，コ象泰折之折，己象泰折之折旋，殷禮當與周禮同。」（騰義一葉）

傅斯年　「上甲之从口者必設位于中，報乙報丙報丁之从コ匚者必設位于旁，口與匚當即祏一類者，此必是室中之祭。」（新獲卜辭寫本後記跋）

瞿潤緡　「按匚祭名。殷禮祭先公先王皆直稱其名號，即數世祫祭莫不皆然。然如『癸卯卜酌米貞乙巳自甲廿示一牛二示羊口尞三示彘牢四示犬」《殷虛文字》第一葉「乙未貞米自甲十有三示牛小示羊」（後、上、八、）「癸未卜貞彡日自上甲至于多后衣亡尤自畎在四月佳王二祀」（前、三、二七、）則謂自上甲以下諸祖也。因其人多不復記其名，少則記之，此渾言「祖先」則為大祫祭矣。意凡殷之先世皆與焉，以多不勝舉，故統言曰「祖先」，猶今之言歷代祖先也。」（卜辭四十葉下——四十一葉上）

唐蘭　「按匚為祭名，即祊祭也。說文「匚受物之器，象形，讀若方。匚籀文」亦象形。匚即匚字。又說文「鬃門內祭先祖所以彷徨以示彭聲，祊或从方聲」。匚即祊，亦即鬃矣。魯語「上甲微能帥契者也，商人報焉」。韋昭注「報，報德之祭也」。卜辭殷先世有田回因习四人，羅叔言及王靜安先生又謂「報乙報丙報丁稱報者殆亦取報上甲微之類以為義，自是後世追錄，非殷人本稱，當時但稱⿷匚乙⿷匚丙⿷匚丁而已」。上甲之甲字在口中，報乙報丙報丁之乙丙丁三字在匚中自是一例。謂意壇墠或郊宗石室之制殷人已有行之者與」。蘭謂王說報乙報丙報丁即取報上甲微之意是也。謂報為後世追錄，當時稱⿷匚乙⿷匚丙⿷匚丁非也。報即鬃祊二字之雙聲，報祭即祊祭。拾遺一葉七版云「貞其㞢匚于田家其口」當讀為「貞其㞢祊于上甲牢其口」即報于上甲也。報乙報丙報丁即匚乙匚丙匚丁也。蓋殷人祊祭上甲於門內，故甲字从口而乙丙丁三人配兩旁焉，故从匚或コ以象之也。後世讀祊為報則謂之報，金文國或作國，可證，則於門內為藏主方函以祭也，故爾雅即以閍為門矣。後則報祭為極重之典禮，而其他經傳乃無聞焉。常見者為祊鬃二字，國語又云「凡禘郊祖宗報此五者國之典祀也」。云「祊之于東方」，又云「索祭祝于祊」，楚茨云「祝祭于鬃」，然則禮之祊即詩之鬃亦即國語之報矣。左襄二十四年傳「以守宗祊」，宗即卜辭示壬示癸之示而在室內者，亦即史記主壬癸之主也。禮器云「為祊乎外」，郊特牲祊即匚，則即說文訓宗廟主之祏，故左莊十四年傳云「典祀宗祏」，宗祏與宗祊同也。」（卜釋四十一葉——四十二葉上又天壤文釋卅四葉上說略同）

又謂：「即古方字，象石室之形。」（考古期三二九葉又報即祊之說亦見考古六期三三四葉）

吳其昌　「口或コ或匚乃郊宗壇墠石室之形，居中南向者為口形，居兩旁左右向者為匚及コ也。口，即方，亦即祊、閍、鬃、報也。（詳其昌所作《卜辭所見殷先公先王三續考》，《燕京學報十四期》）是故田，實當稱方甲，或報甲；⿴口田，實當稱上方甲，或上報甲乃為合例；今譯上甲，姑從衆，不立異耳。」（《殷虛書契解詁》第四六頁）

孫海波　「廬江劉善齋先生藏卜辭有二版文云：「癸亥貞口乃凶叀口辛未酌，」又云「

彭凹于甲，」諸凹字並為祭名，蓋即許書之曲。《說文》「凵象器曲受物之形也，或說曲蠶薄也。⺃古文曲。」按《呂氏春秋·季春紀》「具挾曲蒙筐，」注云：「曲，薄也，青徐謂之曲，受桑器也。」（考古學社社刊第四期十九頁）

陳夢家

「上甲至報丁皆以口匚與日名合文，匚是盛主匣之象形。《說文》曰：「匚，受物之器也，讀若方」；「匰，宗廟盛主器也」。匚是盛物之器，其作盛主之用者專名為匰。盛主之器自其側面看，作匚形，正面看作口形，金文國字从或从口或从匚，可證口匚之無別。以其形方故音讀如方。以其為石製，故又曰祏。《說文》曰：「祏，宗廟主也。《周禮》有「郊宗石室」，《左傳》莊十四年杜注「宗祏，宗廟中藏主石室」，《釋文》云「祏音石，藏主石函」（《左傳》哀十六年杜注同），《左傳》昭十八年杜注「祏，廟主石函」。祏義雖有石主，石函、石室三種說法，皆為盛主之所而在宗廟之內。卜辭的囲匹後世譯作主甲、報乙，主即廟主，報即匚若祊。

《左傳》莊十四年「典司宗祏」，襄廿四年「以守宗祊」，故知祏之即祊。《乍冊父辛卣》「石宗不刜」（《三代》一三．四六．一），《周語》中「今將大泯其宗祊」，石宗即祏宗，亦即宗祊。凡此與「宗」相對之「祊」或「祏」乃指宗廟中盛主之所在。……祭于藏主所在之門，這種動詞謂之「祊」「鬃」「報」。《說文》曰：「鬃，門內祭先祖……《詩》曰祝祭於鬃。祊，鬃或从方」。《魯語》上「上甲微能帥契者也，商人報焉……凡禘郊祖宗報，此五者，國之祀典也」；《孔叢子．論書篇》「《書》曰惟高宗報上甲微」。凡此報字是動詞祭祀的專名，於卜辭作匚：

于東母出匚　《林》一．二二．二
匚于且先　《燕》二九七
匚于王亥　《天》三三
匚于河　《燕》三七一
匚于上甲　《粹》八一二；《上》二八．二
王多匚于唐　《乙》三四〇〇
匚于高匕己　《粹》三九九
匚于丁　（詳前）
匚于父丁　《粹》三六八；《珠》六三四
匚于保　《甲》三五一〇

……武丁、武乙兩朝匚祭上甲最多，故《魯語》說商人報上甲微。……

語》祊或鬃是祭於藏主所在之門，故祊引申為廟門。《詩·楚茨》傳：「祊，門内也」，《周語》中韋注「廟門謂之祊」，《郊特牲》鄭注「廟門内曰祊」，《禮器》「設祭於堂，為祊乎外」鄭注「謂之祊者，於廟門之旁」，《爾雅·釋宫》「閍謂之門」，《左傳》襄廿四年正義引李巡曰「祊，故廟門名也」。祊最初不是一切廟門而是藏主所在之門。」（《綜述》第四三九至四四〇頁）

饒宗頤　「卜辭云：辛巳卜，㱿貞：酌，我彐（祊）大甲祖乙，十伐十宰。（《乙》三一五三）彐為動詞，即祊字。《說文》：『鬃，門内祭先祖所以旁皇也。』《詩》：祝祭于鬃。祊，鬃或从方。』《毛傳》：『祊，門内也。』」（《通考》一三〇頁）

李孝定　「說文『匚受物之器象形讀若方𠥱籀文匚』受物之器為通名，古金文中凡受物之器如簠簋之屬字皆从𠥱。許書匚部所屬諸字亦然，彐㔾回諸字亦从コ，則象藏主之祏也。」（集釋三八一九葉）

李孝定　「此字當以許說為本義，受物之器為通名，以為受主之匰特其諸用之一耳。二陳氏謂口象天，コ匚象地，說殊無據，天地安得以口匚象之乎。吳唐諸氏謂即祊字，其說未達一間，蓋口コ為匰之象形其讀若方，後因以為祭名，即許書之祊魯語之報耳。當云讀為祊乃合。至卜辭別有彐字，象匰主之形，即祊之初字，其本誼當為匰中藏主之形，祭名之義其引申義也。孟真師謂口コ即祏一類，王國維氏謂即匰主，說並精確，當為吳唐諸說所本。」（集釋三八二七葉）

洪篤仁　「史記殷本紀：『振卒，子微立。微卒，子報丁立。報丁卒，子報乙立。報乙卒，子報丙立。』王國維考訂史記的『振』即『王亥』，『微』即『上甲微』，『報丁、報乙、報丙』的次序當為『報乙、報丙、報丁』（殷卜辭中所見先公先王考），這是無可易的定論。對於字形和字音的分析，王國維說：

田中『十』字，即古『甲』字……（中略）。『上甲』之義尤近。（觀堂集林卷第九，七至八頁）

又說：

魯語：『上甲微能帥契者也，商人報焉。』……（中略）意壇墠或郊宗石室之制，殷人

已有行之者歟。（前揭書卷第九，七至九頁）

又載羅振玉說：

田字即小篆甲字所從出。……（中畧）又田或作亩者，第以為即上甲二字合文。（前揭書卷第九，十四至十五頁）

按，這些解釋並不完滿。第一，國語魯語『上甲微能帥契者也，商人報焉』。韋昭注：『報，報德也，祭也』。但殷人的先公先王皆祭，非獨上甲微一人，而上甲微的寫法，甲骨文有『口』形，並不是舉行什麼特別的報祭才加『口』形，可見上甲微的名稱與寫法，和所謂『商人報焉』的『報』沒有必然的關係。第二，甲骨文的ヨ匚，唐蘭先生說卜辭以為祊祭之『祊』，又說『報』即『鬃、祊』二字之雙聲，『報祭』即『祊祭』。（殷契卜辭釋文第四十一頁）殲雲藏龜九四頁第四片：『ヨ于妣乙酒』。殷虛書契前編第四卷，三四葉，第一片：『……：其出匚于丁，卅牛。七月』。殷契卜辭第二九三片：『己亥卜爭：……出ヨ于且先』。天壤閣甲骨文存第三十三片：『貞：出ヨ于王亥』。可見受祊祭即報祭者並不限于上甲、報乙、報丙、報丁，為什麼日名之上冠以『報』者僅限于報乙、報丙、報丁而不及其他呢？第三，對於上甲微，國語魯語說：『商人報焉』，孔叢子論書引『書曰，惟高宗報上甲微』，但對於報乙、報丙、報丁，史無『商人報焉』之類的材料可以引證，為什麼上甲微不稱為『報甲』，卻可以稱為『主甲微』（郭璞注山海經大荒東經引竹書紀年上甲微作主甲微）和示壬、示癸（史記稱之為『主壬、主癸』）一樣，而報乙、報丙、報丁卻以『報』稱呢？可見報乙、報丙、報丁之『報』者，未必是『取報上甲微之報以為義』。

事實上，亩讀『上甲微』，匚、囚、冂讀『報乙、報丙、報丁』，正是合文的讀法。羅振玉指出亩亩是合文，孫海波甲骨文編錄匚、囚、冂為合文，這都是對的，問題在於要不要用合文的原則去讀。我覺得楊樹達先生所揭出的卜辭有廟號與名連文之例（積微居甲文說第三十五至三十九葉），倒是可以解決問題的。例如楊先生認為『貞且乙朕弗違』（殲雲藏龜一七四頁，第二片）的『朕』即『祖乙名滕』的『滕』。殷之先人或以動物之名為名（如高祖夔），或以自然現象之名為名（如季、王恆、昭明、昌若），以天干十日為廟號者始於上甲微。王國維說：『疑商人以日為名號，乃成湯以後之事。其先世諸公生卒之日，至湯有天下後定祀典名號時，已不可知，乃即用十日之次序以追名之』。（殷卜辭中所見先公先王續考）而殷之人名拿廟號與名連文者，舊史不乏其例，如古本竹書紀年稱『外丙勝，沃丁絢，小庚辨，小甲高，雍己伷，河亶甲整，祖乙滕，帝開甲踰，南庚更，盤庚旬，小辛頌，小乙斂，祖庚曜，帝祖甲載，馮辛先，帝辛受』（范祥雍編古本竹書紀年輯校訂補）等等即是。這種辭例，皇甫謐誤以為上字下名，如說『微字上甲』（史記殷本紀索隱引）云，其實夏后之世，哪裏有什麼冠而字之禮呢。

然而殷人之名號，不論兩字還是三字，照例都可以合書，例如康且丁作□（殷虛書契前編一、二四、一）。康且庚作□（前揭書一、一八、四），小且乙作□（戩壽堂所藏殷虛文字五、一〇），都是三字合書的。那麼田正是「二」（即「上」字）、「十」（即「甲」字）、「口」（即「圍」的字）三個字的合文；区、囙、司正是「匚」字與「く」、「內」、「口」（即「乙、丙、丁」）的合文。至于「口」的合文，究竟像什麼，似乎難以望文生義（有壇墠郊宗石室說，特廟說，識別說，示敬標識說，等等），在還沒有確鑿的證據以前，說文總可以算是較早的材料吧。說文有與「口」「匚」同形的字。說文六篇下：「口，回也，像回帀之形。」段注：「回，轉也。」按圍繞週圍字當用此，圍行而口廢矣。」又十二篇下：「匚，受物之器，像形。」凡匚之屬皆从匚。讀若方。」據此，則「口」可讀若「圍」，「匚」則讀若「方」。按之上古音，「圍」、「微」同屬微部，差異在於聲母：「圍」是匣母，「微」是明母；從先秦至於漢代，語音經歷了長期的變化，下的諧聲現象反映出匣母和曉母曾經有關係（例如「訶」、「何」聲首相同，「何」屬匣母，而「訶」屬曉母；「微」、「徽」相諧，「微」屬明母，而「徽」屬曉母。）這樣看來，匣母之與明母，在上古語音發展的過程中，也斷然不是毫無關係的（「虞」字从「文」得聲，「文」字屬明母，「虞」字中古屬羣母，上古正是屬匣母的）。那麼，「圍」的音讀曾經讀為「微」的音讀，這是完全可能的事。「方」、「報」上古同屬幫母，其差異在於韻部：「方」屬陽部，「報」屬幽部；上古語音發展所留下的異文現象反映出陽部與東部相通、幽部與東部對轉的痕跡來（例如尚書堯典的「靜言庸違」，左傳作「庸回」，楚辭天問作「康回」，「康」屬陽部而「庸」屬東部；毛詩齊風南山的「衡從其畝」，經典釋文引韓詩作「橫由」，「由」屬幽部而「從」屬東部）。然則陽幽二部，似亦非全無關係者。（揚雄河東賦：「爪華蹈衰」的「爪」字，朱駿聲列入孚部（即幽部），說文闕音義，蘇林曰：「掌據之是蹈之也」，顏師古曰：「古掌字」，酈注水經、李注西京賦皆引作「掌」（陽部）。段玉裁謂「其兩切」乃後人臆說，似未必然。）由此可見，「方」的音讀曾經與「報」的音讀相近似，這也是完全可能的事。（唐蘭先生說：「後世讀祊為報，則謂之報。」見殷契卜辭釋文第四十二葉）漢人之稱「上甲微」、「報乙」、「報丙」、「報丁」，殆亦其來有自也。……（下略）」（卜辭合文商榷，廈門大學學報（社會科學版）一九六三年第三期）

孫海波　「匚，鄴初下四〇·一一。三匚，即三報，即匚、匸、匚之合稱。」（甲骨文編五〇〇頁）

周國正　「貞：㞢于上甲三牢告我匚（報）埶。」　丙一一四（八）

我们应该向上甲出祭三牢来（助成）向三報（？）的神灵用𩀴缚的囚虏禀告（征战的胜利）。

贞：一牢于上甲告我匚（報）𩀴。　丙一一四（九）

应该用一牢向上甲（出祭）来（助成）向三報（？）的祖灵用𩀴缚的囚虏禀告（征战的胜利）。（注释：說文：「匚，受物之器也，象形，籀文作匚，读曰方。」传统上学者都认为这是盛载神主的器形。甲骨文中匚、匚时常与乙丙丁等组成合体字，即史记中的報乙、報丙、報丁。有时即使不与乙、丙、丁等字结合，仍然可代表这三位祖灵，例如：

祝三匚叀羊　粹一一八

除了代表祖灵之外，甲骨文中的匚点可以用作祭名，可能与国语魯语中的報祭有关。在丙一一四（八）中「匚」似乎可能作祭名，但问题在于並无以𩀴为匚的OV的其他例子。目前尚难以决定。

还有一种可能性是匚假借为報，說文：「報，当辠人也，从𡙕从𠬝，𠬝，𠬝辠也。」告我「報𩀴」可解作向上甲禀告我（商人）如何判定（𩀴缚）囚人之罪。）」（卜辭兩种祭祀动词的语法特征及有关句子的语法分析　古文字学論集初编二六一、二九八页）

姚孝遂　肖丁　「三匚中，『匚丁』之辞亦远々多于『匚乙』、『匚丙』。目前尚無法对此种現象作出令人满意的解释。」（小屯南地甲骨考释三七頁）

楊树达　参口方條

金祥恒　参丁字条

按：陳夢家曾歸納衆說，謂「上甲至報丁皆以口匚與日名合文，匚是盛物之器，其作盛主之用者專名為匰。盛主之器自其側面看作匚形，正面看作口形，金文匚是盛主匰之象形。……卜辭的匰匚後世譯作主甲、報乙，主即䄂主，報即匚若祊」（綜述四三九頁）。以其為石製，故又曰祏。……卜

國字或从口或从匚，可證口匚之無別。以其形方或音讀如方。

卜辭「匚」亦為祭名：

「貞，㞢匚于王亥」　天三三

「㞢匚于囗」　庫一二一三

「㞢匚于高匕己」　粹三九九

「匚」即後世之報祭，即魯語「禘、郊、祖、宗、報」五種典祀之一。

2248

匚 示 〔囗丁〕

李孝定

「从匚从示，說文所無，當即許書祊字。匚下許云讀若方，是祊匚同聲之證。匚象祏中藏主之形。許書祏下云「宗廟主也。周禮有郊宗石室。一曰大夫以石為主。从示从石石亦聲」。上言「宗廟主」，下引周禮「郊宗石室」，義涉含混。五經異義則云「祏石主也」，是又與「大夫以石為主」義近是。一字而前後之說略有殊異，即以說文言之，一曰云云，固屬或義，可以不具論，然宗廟主與郊宗石室亦非一物，則祏者果為「主」乎，抑「石室」乎，似宜明辨。玉篇云「祏廟主石室也」，五經文字云「祏宗廟中藏主石室」，義甚明白，蓋祏實藏主石室也。摯虞決疑要注曰「凡廟之主藏于戶外北牖下有石函故名宗祏」，石函即石室也。然則此所謂石室，乃受物之器，非宮室之室也。〔匚丁〕字正象匚中藏主之形。後又从方作祊，許君解云「門內祭先祖所以傍徨」，此蓋後起義，字又作鬃，彭聲方聲並與匚聲同。其初誼當為藏主之函。至祏字則為藏主石函之專字，此祏行而祊匚之初誼廢矣。辭云「貞勿出自上甲二〔匚丁〕」（拾一、六）。葉玉森云「卜辭中〔匚乙〕〔匚丙〕〔匚丁〕羅振玉參事釋報乙報丙報丁，乃殷先公名，至確。森疑繫匚或コ為分別標識或示敬標識，與上甲之甲繫口同。說詳研契枝譚。今觀本辭示字亦繫コ，乃僅見者。示為先王先公之通偁，是繫コ非分別義，乃示敬義也。殷虛書契前編卷四第十七葉「王貞于三示」三示左側繫一「｜」之標識當示敬之例。見拾遺二葉下。按此云「自上甲二祊」者即「自上甲二報」，祊報古音同，二祊謂報乙報丙也。祊既為藏主之函，故亦可為祖先之代稱，且卜辭殷先公報乙報丙報丁之名字亦从匚作也。葉氏以示敬之標識說之非是。契文上甲之甲，从「口」，按「口」即匚字，匚象藏主函側視之形，口則正視之形也。上甲為殷先公近祖第一世，於宗廟中其主當位於正中。報乙報丙報丁則以次為昭穆，其主當位於兩側，故作字象之。殷世固未必有昭穆之制，然宗廟主之排列宜有尊卑之序也。或謂自報丙以次之先公先王其廟號何以不繫匚字而獨於上甲以次四世繫口若匚コ，此實為一有趣之問題，一時亦無恰當之解釋。或者殷人於此四世以歷代緜邈廟號已不可確知，故但以甲乙丙丁為次而繫口コ以為標識，葉氏分別之說實為近之。至其廟號可確知者則逕偁其廟號，此予肊說，姑錄存之以俟高明。至報乙作〔匚乙〕或亦作〔囗乙〕，報丙作〔匚丙〕或亦作〔囗丙〕，報丁但作〔匚丁〕未見作〔囗丁〕者者，蓋但示其主位於兩側而左右無定，亦以見殷時未必有昭穆之制也。又史記殷本紀所載殷世系自帝嚳以次至於振凡八九世不以日干為名，當為生稱時號。據卜辭所考殷世系於此八世，為夒之當帝嚳、王吳之當昭明，土之為相土，季之為明，王亥之為振，亦各有專名，不用天干字。殷人之以日干為名者自上甲始。自上甲以次至於帝乙均以甲乙為名。其為生偁抑係廟號此不具論，惟於此有一可注意之現象，自大乙以至於帝乙，其所用干字與日干之次序絕不相應，此蓋根據其生日或死日之日干為名之自然結果。惟自上甲以至示癸凡六世，前四世以甲乙丙丁相次為天干之首四字，後二世以壬癸相次為天干之末二字，則此天干字無論其為生日或死日斷無如此巧合。此現象之可能解釋蓋當如余上所言，殷人於此六世之廟號不可確知，惟知王亥大乙之間尚有六世，乃據後世以日為名之制度，以日干之首末六字以追名其先公，史記僅上甲微卜辭無僅微者前四名加口若コ，後二名加示，其意一也。口若コ乃盛主之函已如上述示則主也至以日為名之制度究自上甲始抑自匚始則不可確知，蓋史記僅上甲微而卜辭無此僅，自此以次則史記所載與卜辭所記皆屬以日為名矣。史記以報丁報乙報丙為次卜辭則以報乙報丙報丁相承當從卜辭余之此意懷之已久，惟苦無實證，姑妄說之，存以俟考」。（集釋三八三五葉）

按：合集一一六一辭云：「貞，勿……出自上甲……匚」此例卜辭所僅見，「匚」當為「匚示」二字合文。卜辭每言「三匚二示」，此「匚」當指「三匚二示」而言。

2249

王襄 「古匩字，許說：『飯器筥也，从匚，𡈼聲。』此从羊，羊𡈼同聲，故相叚。史頌匩作𨒅，亦从羊作」。（類纂正編十二第五十七葉上）

按：釋匩可從。史頌簋「日遷天子顯令」，蔡侯鐘「天命是遷」，遷與遷同字，是契文之匩，即金文及小篆之匩，今字作匡。卜辭用為動詞：

「癸酉卜，王匩，隹入于商」 庫二七三

「貞，好匩于……」 庫一五一七 左羊為偽刻 右辛不偽

其義不詳。

2250

羅振玉 「𨙵子簠簠字作𥲅，从匚从𠧪，此从个个，即𠧪之省」。（殷釋中三十九葉下）

王襄　「古⿷匚余字。說文⿷匚余之古文从夫，此从余省，余夫同聲，故相叚。」（簠室殷契類纂第二十二葉）

葉玉森　「按此為地名，異體作⿷匚舍。羅氏謂个个為舍省，似未塙。予疑象矢鏃形，或医字也。」（前釋六卷三十四葉背）

孫海波　「⿷匚余，前六·三五·四。从余，⿷匚余字古文。」（甲骨文編五〇〇頁）

李孝定　「从个為余之省，當釋盦字。在卜辭為地名。金文作𨯀仲斜父鬲」（集釋一七〇七葉）

按：李孝定釋盦，不可據。字不从「齊」。疑是「匬」字。說文：「匬，甌器也。从匚、俞聲」。契文「俞」即从「个」。合集六七一七辭云：「壬午卜，㱿貞，𢀛方出于匬，允其出」為地名。又合集一三八八九辭云：「匬骨凡……疾」為人名。

2251

石

孫海波　甲骨文編九·七金祥恆續文編九·六并收作厂，無說。

李孝定　「从石之字契文多从𠂆，此當即石之古文。許書以為厈之篆文，今姑从金說，……卜辭云『己亥卜内貞王㞢厂在鹿北東作邑于之』乙·三二一二、厂字義未詳」。（集釋二九五七葉）

李孝定　「說文『石山石也在厂之下口象形』契文皆从𠙵，古文偏旁𠙵口每無別，此字从𠙵無義，書者任意為之耳。辭云「貞戌出石」鐵·一〇四·三、『貞戌出石一牛』甲·一·二五·十二、與它辭「己亥卜內貞王㞢ㄗ在鹿北東作邑于之」（乙三二一二）均偁「㞢石」或「㞢厂」，辭例同，足證ㄗ、𠩺一字至小篆孳乳為二，義近音殊矣。它辭又云「貞雀𠬝石人雀不其𠬝石口」（乙四六八三）「癸巳卜石亡禍」（乙四六七八）石為方國之偁。它辭多言「御石」與前言「㞢名」義並未詳。金文作𠩺（己侯簋）𠩺（鄭子石鼎）𠩺（鐘伯鼎）亦从口。」（集釋二九五九葉）

丁驌「金兄文中有言曰：『后所从厂口，是否从人从口，實可懷疑。疑后為石之異文……而后石為一字……故石后得通假。』金兄之言卓有見地，惜契文只有司石通假之例。石字早有，石司通假，司字當是正字也。后从反司。今說之如下：

契文厂（ㄗ），說文山石之崖也。前人隶此字為石，則𠩺當成咟，故生混殽。字當釋為厓。辭例如乙三二一二曰：『王有厓，在𡕝北東，乍邑於之。』南明三三九：『𡗬厓雨。』鐵一四一、一：『取岳厓。』後下一四、八：『取保厓。』綴一、三八五：『王其佑于滴在右崖叀，又雨。』人二一一三：『得厓：。』此厓字之用為地形名詞，亦似為人名，又似通段作祀之例。『岳厓、保厓、𡗬厓』，并可為『某祀』也。保崖似傅說之稱。……

从厂从口為石，亦作司。辭作司字用者如：

司之㞢，今之有血。（庫一五一六）

貞戊有司一（鐵一〇四、三）

帚知又司（乙五四〇五）

弜司知于妣癸盧豕。（乙四九二五）

此字一般亦隶定為石，以石字入諸辭，便是祀祭山石之意。以司字入之辭中，有司命之意。亦可以司段為祀釋各辭。是非則難說也。惟此字不是后字。辭皆是一期，弜辭可能是二期（因弜名見於旅貞辭），故此石段為司字二期已不用。殆因上節所言，后字代司之故也。」（說后，中國文字第七卷三三六七頁至三三六八頁）

按：ㄗ、𠩺均當釋石，ㄗ象石之形，或增口為飾作𠩺。說文：「石，山石也，在厂之下，口象形」。金甲文皆从口，嶧山碑亦从口。許書蓋以从口不可解，故改為从口，以象石形說之。孔廣居說文疑疑謂「石从厂口聲」亦屬臆斷。

乙三二一二「王有石在𢀛北東，作邑于之」，𢀛即鹿之省，為地名。謂𢀛地之東北有石，可於該地建城邑。

前四．五三．四「丁亥卜……岳石有从雨？……貞……𣅀石有从雨？戊戌雨」

鐵一四一．一「……寅卜爭……取岳石……」

「石」均假作「祏」，謂祭於「岳」或「□」之祏以祈順雨。取讀作「棷」，為祭名。

2252

祏 

王國維　「㡿，卜辭作□，从示从□，□即石字所从之厂字也。《說文》：『厂，山石之厓巖，人可居，象形。』又厂部，有□字，即卜辭𣪘字所从之□、□，故知□、□一也。㡿疑祏之省。」（《戩考》十八頁）

孫海波　「《説文》『祏，宗廟主也。』《周禮》有郊宗石室，從示從石，□古文石省。」（《文編》一卷五頁）

屈萬里　「祏，《甲骨文編》所釋。蓋宗廟中藏主之石室也。」（《甲編考釋》一四五頁）

按：王國維釋祏可从。據許愼的解説，祏為宗廟藏神主的石函，或以石為神主亦可謂之祏。卜辭祏字均用作祭名，可以補充許説。卜辭祏或假□為之，不从示。卜辭云：

「丁亥卜，……岳□出从雨？」

「……貞：……□□出从雨？戊戌雨」　佚四·五三·四

「□寅卜爭：……取岳□……」　鐵一四一·一

「□」均為祏之省，「取」讀作「棷」，謂祭於「岳」或「□」之「祏」以祈求順雨。凡卜辭从「示」之字，多為孳乳分化字，均可省「示」作原形。

2253

石 

按：此亦「石」字。卜辭「祏」皆从「□」，不从「□」。古文字凡增「口」多以示區分，而「□」與「□」尚難以辨其區分。合集七六九五正辭云：「貞，戊有石……」，當係用其本義。又合集三七六正辭云：「乙丑卜，㱿貞，甲子𢀛，乙丑王夢牧石麋，不隹囚？隹又？」為地名。

司

「石」與「司」迴然有別，不得混同。

羅振玉　「商稱年曰祀，亦曰祠。爾雅釋天：『商曰祀』。徵之卜辭，稱祀者四，稱司者三。曰『惟王二祀』，曰『惟王五祀』，曰『其惟今九祀』，曰『王廿祀』，曰『王廿司』，是商稱年曰祀又曰司也。司即祠字，爾雅：『春祭曰祠』。郭注：『祠之言食』。詩正義引孫炎云：『祠之言食』。（音賜）為郭注所本。是祠與祀音義俱相近，在商時殆以祠與祀為祭之總名，周始以祠為春祭之名。故孫炎釋商之稱祀謂『取四時祭祀一訖』，其說殆得之矣」。（殷釋下五十三葉下）

王襄　「古司字。祠字重文。……」（類纂正編第九第四十一葉上）

王襄　「疑司字」。（類纂存疑第二第三葉下）

王襄　「古祠字，不从示，司字重文」。（簠室殷契類纂第二葉）

王襄　「后即祠之省文，祭名。……許說春祭也，書伊訓伊尹祠于先王」。（簠考人名二葉上）

葉玉森　「后乃司之反書，即司字。卜辭似假作祠。堯典『汝后稷』之后，經生聚訟紛紜。鄭玄王充劉向並引棄事作汝居稷官，近儒俞樾王先謙遂據以訂正。謂后為居譌。予思卜辭后字與后形同，知堯典古文必為『汝司稷』。又卜辭后字叚毓為之，一作居形。古文傳寫譌变，或誤后為居。鄭玄等所見之本，乃更譌作居矣」。（前釋六卷廿五葉上）

葉玉森　「司即祠。羅氏考釋謂『商稱年曰祀，又曰祠』是也」。（前釋二卷廿八葉下）

朱芳圃　「字从𠙵，从ㄋ。𠙵即甌，盛食之器；ㄋ為匕之倒文，扱食之具，二者皆所設食，即司之本義。孳乳為祠，爾雅釋詁：『祠，祭也』；又釋天：『春祭曰祠』，郭注：『祠之言食』。考古人每食必祭，郭云『祠之言食』，引伸之義也。說文示部：『祠，春祭曰祠，品物少多

文詞也。从示，司聲。」望文生義，其失甚矣」。（殷周文字釋叢卷中第一〇一葉）

陳夢家　「居字从尸从倒『子』，並非居住之居。五居即五后，卜辭后作『毓』，亦即育字。『庚子卜貞其出于五居牢』。續一·五四·二卜辭『至于多后』『后且丁』等皆作『毓』，但『毓且乙』（甲四一四）亦作『居且乙』（比二〇·一二）『毓且』（甲八四二）亦作『居且』（粹四〇二）而『居匕癸』（前一·三八·四）即『毓匕癸』。詩下武『三后在天』，書呂刑『三后成功』，此周代稱先王為『后』之例。此五后可能指大庚至中丁五王（包括小甲、雍己、大戊）」。（綜述四九五葉）

陳夢家　「卜辭或言司癸、司戊、司辛，疑皆先妣，又言且司疑與且匕相類」。（綜述四九〇葉）

屈萬里　「卜辭：『乙丑卜：其又歲于二司，一牝?』二司，三司，蓋猶多父，或六示，十示之比，殆謂二個或三個先妣也」。（甲編考釋一三六葉）

屈萬里　「王國維所釋，王謂：『毓，後，后三字本一字』。是也。卜辭『多后』，謂諸先公先王也」。（甲編考釋五四葉）

金祥恒　「甲骨文有后司字，司罗叔言释为司云：『說文司，臣事于外者。从反后。其文与此正同。然古金文司字皆作詞，疑此乃祠祀之祠字』（殷虚书契考释中二十頁）郭鼎堂商錫永从之。商氏殷虚文字类编祠下云：『祚案此即祠祀之祀字，省示耳，与祖之作且意同。』郭氏殷契粹编：

丙寅卜，又伐于司，绢𤔲卅羌，卯卅豕。

丁卯卜，今日令夹。

考释云：『司盖殷为春祭曰祠（尔足）之词。下片司与乡对文可證。绢殆𤔲省，与卯为对文，亦用牲之法，盖即湊为磔，狗牲，用辜磔殷周秦汉均然。

丁未，大示。

其五牢。

丁未貞：又岁于司（此乃祭之误）彝。

丁未貞：又岁于劦彝。　粹四三一

郭氏释文司乃祭之误，仔细察之，其字作𠭥，以象以手持肉，小象酒也。即說文祭，祭与劦为对方，均为祭名，盖卜辞通例也。故此片之𠭰非司，郭氏谓为司也。第四三〇片：「丙寅卜，又伐于司，绢卅芍卯卅豕。」之司，亦非。司下之绢，原片漫漶不明，似从糸从司，姑如郭氏释为绢，然以整句卜辞言之，当为「丙寅卜，又伐于后，绢卅羌卅豕。」后绢为领位格，受祭之对象。伐为舞乐，又为祭名，若如郭氏释为祠，「又伐于祠」则不辞矣。故司，当若说文：「后，继体君也，从人口」之后，后引申为皇后。曲礼：「天子有后。」白虎通嫁娶篇：「天子之妃曰后。」汉书外戚传上：「帝母称皇太后」注云：「后谓天子之妃」独断下：「帝嫡妃曰后，帝母曰皇太后，帝祖母曰太皇太后。」今以卜辞证之如：

甲戌卜，㞢龔后，知子汰。 续五六六 徵人九

龔后𡆥我。

帝好 乙二二七四

龔后者后繫母家之姓龔，以示所自出也。金文左传亦然。龔为武丁时地名。

至龔 佚六七〇

叀龔伐 佚五八〇

辛未卜，在龔貞：王今夕亡畎。 前二、一三、六

貞：王于龔𠂤。

勿于龔𠂤。 乙五四〇三

龔之地望，春秋时，郑太叔出奔共，周共伯和之封邑，或即今之河南省卫辉县。盖龔或作共。汉书项羽传：「又帝柱国共敖」颜師古注：「共读曰龔」龔即共也，籀文从龍作龔，金文亦然。于思伯商周金文录遗第七七司作父乙鼎十二字，其铭文漫患，不可卒读，然「龔后母」则甚明，与甲骨文之龔后，或为一人，至少与之有关。故此器为商器无疑，其时代早不过武丁，晚至祖甲祖庚。

后母大室

其□□后母叀 粹一二五一

郭氏释司为司云「读为祀。卜辞：王廿祀，或作王廿司，其证。司母大室者，祀母于太室也。」然不知司母者后母也。

□□卜，賓貞又后母。 佚四六六

若以郭氏释后为司则「又司母」之又，非祭名，而为动词有也。然又乃㞢祭，至第二期改为又，此为又（祐）祭后母。

癸未
㞢后 续存一〇八〇

正又作出。

臣㚔其入，乎从，又后母，我克孝二人。 侯家莊三四

戊辰卜：：：亡尤。

后母其。

文武帝乎福后母（合文）于癸宗，若，王弗每？ 珠八四

此片又見于林泰辅龟甲兽骨文字第二、二五、三。而拓片有遲早而已。福祭正与（出）祐祭同。

其唯后母（合文）福足。 续六六

□□卜，貞：：：：文武帝：福

丁卯：：帝后母 明义士殷契卜辞三○八

戊辰卜，𠛱貞：酌，小宰，至豕后癸？ 乙五九八五

己卯卜，𠬝出匕己？ 续一、三九、二

叀豕后母？

叀豕后 续五四

叀豕后衍吉。 前六、二三、一

癸卯卜，来癸，其酌𠬝后母，至，

豕后

豕后母或豕后癸皆為人名无疑。以上均為武乙文丁时卜辞。

丁卯卜，弜降母尹后于父乙，亡囚，尹。

〔丁〕卯卜，貞：〔召〕于弜降母□亡囚，尹。 乙一三三六

丁卯降母后于父乙，亡囚尹。

〔丁〕〔卯〕〔卜〕貞：三于〔弜〕降母亡〔囚〕，尹。 乙七九○○

以上二片為一版之斷簡，為文丁之卜辞。母尹后者，尹后母也。 前五九、六

□□〔卜〕貞：翌辛卯，出于后辛，𦞦出（有）羌十。

丁卯卜，

叀今日彷。

于后辛 甲八二四

知

商

后癸 新九二八

乙丑卜，其又歲于二后，一牝。 甲八七五

二后為淮，或即豕后癸与后辛也。或曰有三后，如胡厚宣甲骨学商史論丛三集：

□未卜大三后日　清晖山馆一七一

三后亦不知所指，或加后母戊也。殷鼎铭后母戊者始见于民国卅五年十月二十七日上海申报第九版，郘慎之的殷代祭器出土记：考盘庚之后，王后名戊者凡三：一为武丁后，二为祖甲后，三为武乙后。称母戊者，一在祖甲之世，二在康丁之世，三在文丁之世。今就字形考之，或当在文武丁时。

己酉贞：王其令火后我占？
己酉贞：火协王事？　掇四三一

火后者后之母姓火也。火之地望不详。

壬辰卜贞：叀勿令后占？　续存七〇。

此虽不言明某后，然以上例比较之，亦可知司为后，非司也。

后，说文云：「继体君也。象人之形，施令以告四方，故厂之从一口，发号者君后也。」徐灏曰：「说解沩舛，既以厂象人，不得又析为从厂一口，盖后人窜乱。」段氏删成「后，继体君也，象人之形从口，易曰：后以施令告四方。」并于「象人之形」下注：「谓上体厂也，厂盖人，字横写，不曰从人而曰象人形者，以非立人也，下文卮解立曰象人。」后所从厂口，是否从口人实可怀疑疑后为石之异文。说文磬之古文作[illegible]，从后圣声。甲文磬作[illegible]，象以殳击悬磬也，磬为乐石，故从[illegible]。[illegible]即古文磬之后所从之斤。说文[illegible]之古文作[illegible]，繫传作[illegible]，玉篇作[illegible]，[illegible]盖即石所从之厂，故后为后之异文而后石为一字。尚书尧典：「击石拊石。」释文：「石古文作石磬」谓古文作后，下有磬字，盖后为石之讹也。至于石音禅纽，后匣纽，同为次浊摩擦音，故石后得通假，后非继体君之本义矣。借后为皇王帝后之称，如尚书盘庚：「乃祖先父丕乃告我高后曰」尧典：「群后四朝」汤誓：「我后不恤我众」泰誓：「元后作民父母」顾命：「皇后冯王几」后以「皇天后土」（左传僖公十五年）遂借为皇妃之后。易经乾为天为父，坤为地为母。以皇对后，君既称皇，故其妻称后也。曲礼曰：「天子有后」诗经关雎序疏曰：「曲礼云：天子之妃曰后。」后与祀同为匣纽，故又得假借为祀。如：

庚寅卜徜，王品后，癸巳不二月。　甲二四一
丁酉卜况贞：其品后，在兹？　后下九·一三
丁酉卜兄贞：其品后，在兹？八月。　微人八
丁酉卜兄贞：其品后在兹？　后下一〇·一

王品后之品，于思泊殷契骈枝三释系下云：「礼记郊特牲云：笾豆之实，木土之品也，不敢用亵味而贵多品，所以交于神明之义也。周礼内饔：辨百品味之物。注：百品味，庶羞之属。」盖品为遂

豆之祭。王品后者，王以籩豆品物祭祀也。殷后为祀。金璋所藏甲骨卜辞，其中有一片：

癸丑卜王曰貞：翌甲寅，乞酉𠭯自上甲衣，至毓，余一人亾囚（禍）丝一品祀？在九月

冓示癸𩰫豕。（金一二四）

其品后与品祀同，盖后假借为祀之证。卜辞常见后室如：

壬辰卜，貞吺后室（揃四、廿七八，外七六四）

□□卜貞吺后室（佚八四三，续六一〇二，外三四七）

过去均释为司室，以为司即祠，祠即祀，其实假后为祀也。

癸未卜，在上𩱦貞：王旬亾𡆥？在六月，王廿后（祀）。

癸卯卜，在上𩱦貞：王旬亾𡆥？在十月（揃二、一四、四）

癸未卜，在上𩱦貞：王旬亾𡆥？王廿后（祀）。

癸卯卜在上𩱦貞：王旬亾𡆥？（揃二、一四、三）

癸未王卜，貞：旬亾𡆥？在九月，在上𩱦王廿后（祀）。（揃二、四二、加四、廿八、一）

说文：「司，臣事于外者，从反后。」凡从反后，其实为一字。甲骨文亿二二七四龔后之后作司，亿五九八五龔后之后作后，正是正反书之证。因甲骨文字左右对称，常々正反书之其实为一字。故司之说解为臣司事于外者与后发号者君后也，其义一之与二也。许氏不见真古文，不知为一字，强分为二，而易其说解。至如说文中反从为比，反身为㐆，反欠为旡，反永为𠂢，反亻为亍多可疑者也。」（中国文字第三卷第九册一一〇三—一一一三页）

丁驌「(1)按契文又字，右方也。无论何辞，左或右行，右字不能反契，不然便成左字矣。反后為司之司字，意义為司，為祀，亦可為另一字也。由武丁时代之辞研究，便知原来之后字，确因对称关係，右起左行之辞，便作司字之形，故此时后司二形均是后字。

辞左起右行→　　　　←辞右起左行

甲戌卜出龔后䢅子示（续6.6.6）　（金文77）毋司龔

貞隹龔后㞢帚好（乙7143）　（乙2274）我㞢司龔…好帚…

叀永。后用（续1.39.2）　（京54）后。永叀

叀永。后…衍…吉（前6.23.1）　（乙5985）　發司永至宰小彭貞训：卜辰戌

金兄引契辞有永后者，係误读。該辞『叀永，后用』之后名省去。全辞当如例辞乃『至永后癸用之奏也。

(2)及至祖甲時，后字仍写為后，但可作為祀义。契字则不分辞之左右行，均一律作后字形。如

『王品后』應解為『王品祀』。而写作后，但為有別於后妃之后起見，凡用后為人者均作合文。
故『小歸』之『后哥』二字合，便知是人名也。

辭左起右行→
貞其品后于王出。丁酉卜兄貞其品
后在茲（後下9.13）

←辭右起左行
品其貞兄卜酉丁。出王于后品其貞卜
（後下10.1・徵人8）茲在后
月二　。不乙癸。后品王衛卜寅庚
（甲241）
月八　。癸　日歸小羽貞出卜申丙
（後下10.1）
㞢囚亡乙父于后。㞢用降卜卯丁
（乙7900）

丙申卜出貞羽小歸。　八月
（後下9.13）
丁卯卜羽降用㞢。后于父乙，亡囚
㞢。（乙1336）

末一辭『后于父乙』即『祀于父乙』。……
(3) 祖甲以后各期卜辭，后字一律写為司形。与㞢文同。不论辭之左右行均作司，其意則仍為后。
在一辭之中如用為司，段為祀者，必係單文。用為后者，一律為合文。例如：

辭左起右行→
王司祠王受又（京都B1855）
貞羽辛卯㞢于司辛艆㞢羌十（前5.9.6）
（此疑一期辭之左行者，司辛二字
不作合文。）
其王司司𡚸又足（京都B1854）
卜貢貞又𡚸（合文）（佚466）
卜貞丁卯…文武帝…福司（明308）

←辭右起左行
（明1983）　歸小又
月八　。死歸小□㔾日二鼓…㞢其貞
（甲824）纟丁日今叀祠于…卜卯丁

（綜660）足福祠唯其
王若宗祭于祠福乎帝武文，其祠福
（林2.25.3）每弗
（按此后毋為母祭可知。）

其用為有司之司，作名詞或动詞用，亦係単文。例如：
壬辰卜貞叀弘（當係子弓）令司
…（續存70）
…王廿司（前2.14.3—4）

。叀王協火。王我司火令其王貞酉乙
（掇431）
（前4.28.1）司廿王

司工，官职。王廿司，一般讀廿祀。疑仍应讀司，职司之司也。

由上举三節之例，可見司字后字，在一期原是一字。二期改為全部写作后。三期以降又全写為司。疑司為本字，后為其段。此与坐見所說后為本字不同。」（說后　中國文字第七卷三三六三頁至三三六六頁）

孙海波　「后，甲二四一。司字反形作后，与篆文后字同。王品司癸。」（甲骨文编三七三頁）

饒宗頤　「卜辭『出于五后』（滓方一五四二）后字从尸从倒子，與毓字同構，綜述釋為『后』字是也。（該書頁四九五）書呂刑、詩下武、離騷并稱『三后』，陳氏謂此五后可能指大庚至中丁五王，然殷存辭明云至于『龔司』，龔司指『龔甲』即和甲，疑五后乃指上甲、大甲、小甲、戔甲、龍甲（和甲）五甲，故與二示異其宗廟也。」（通考八八七葉）

饒宗頤　「司與祠字通。詩天保：『禴祠烝嘗』。爾雅釋詁：『祠，祭也』。周禮春官大宗伯：『以祠春享先王』，公羊桓八年何休解詁：『春曰祠，薦尚韭卵，祠福食也，猶繼嗣也。春物始生，孝子思親，以繼嗣而食之，故曰祠』。此以『嗣』訓『祠』，說文『祠，春祭曰祠，品物少多文詞也』。則引禮記月令為說。卜辭『品司』，下云八月，則知殷禮之『祠』，非指春祭之祠，但取祭之義而已。此以論於殷禮，不指夏祭，斯即殷周禮制之異也。禮記祭義：『春禘秋嘗』。鄭注：『春禘者，夏殷禮也，周以禘為殷祭，更名春祭曰祠』。今觀卜辭有『品司』語，則祠祭不自周始可知矣。」（通考八六六葉）

李孝定　「說文：『后，繼體君也，象人之形。施令以告四方，故厂之从一口，發號者君后也』。許說此殊支離，字亦不象人形，厂之亦與告四方無涉。契文从尸既非人亦非厂也。卜辭『多后』字皆假毓字為之，从無作后者，后字辭義不詳。辭云『叀𢆶后衍吉』（前六、二三、一、丁酉卜兄貞其品后于王出』（後下九、十三、『癸卯卜今日又后四羌用』（乙一四六、『己卯卜口口尹后于父乙亡禍尹』（乙一三三六、其義均不可確知。前六、二三、一、言『𢆶后』，乙五九八五、云『戊辰卜永貞酒小宰至司癸』，似后與司為一字，葉說可信。本書仍从許例分收為后司二字」（集釋二八六〇葉）

李孝定　「卜辭司或讀祠，辭云『癸未卜在上𩰫貞王旬亡禍王廿司』（前二、十四、三、『癸未卜在上𩰫貞王旬亡禍在九月王廿司』（前二、十四、四、『☐亡禍☐王廿司』（前四、二八、一、廿司即廿祠猶言廿祀，蓋取一年祭祠一過之義。又如『壬辰卜貞㱿司室』（前四、二七、八、司室即祠室，宗廟中祭祀之所也。或當如陳氏所言有祖妣之義。辭云『貞翌辛卯虫于司辛葡龠虫羌十』（前·五·九·六）、虫司辛亦以辛日卜，與它辭祀祖妣同例。或云『家司』（乙·五九八五），則司當訓掌家司，猶言司家，亦周禮牛人羊人犬人之比耳。」（集釋二·八六一葉）

考古所「后父丁：武乙諸父中除康丁外可能还有廟号为丁者，故对其中之一加后以便区别，称为后父丁。」（小屯南地甲骨八八五頁）

考古所「司：可能为神祠之祠，伊司殆为伊尹之神祠。」（小屯南地甲骨八九六頁）

考古所「据目前所看到的材料，有后祖丁之称的，除甲一八三五、給四一是廩辛卜辞外，余皆康丁卜辞。在廩、康卜辞中，以丁为庙号的先祖有：匚丁、大丁、中丁、祖丁、武丁（直系）。在此五丁中，只有武丁对其它所有各丁来说都可以称『后』，故武丁应为后祖丁。换言之，所谓后祖丁，就是最后一个祖丁的意思。」对后祖丁，学术界一直存有不同看法：董作賓认为是武丁（断代例三三七页）；郭沫若在通别二8頁释文中认为是武丁，在粹四二二頁二四八片卜辞释文中又认为是武丁；陳夢家认为是祖丁（綜述四二四——四二五頁）。此片祖丁与后祖丁同版，说明董作賓的看法是正確的。因为虽然祖丁（小乙父）与武丁在廩、康卜辞中都可称为祖丁，但二者相比，武丁称后比祖丁更为合适。故此片卜辞之祖丁应为小乙父，不是武丁，后祖丁为武丁。」（小屯南地甲骨一〇〇七——一〇〇八頁）

陳初生「甲骨文作司、司、后，从又者，从口，表示发号施令，与『后』为一字。後为与『后』相区别，新增意符『冊』、『司』則作为声符。声符『司』或省作ㄋ。小篆以后偏旁位置固定，『司』、『后』二字乃得区别。」（商周古文字讀本三八八頁）

陈炜湛说參司字条下。

按：說文訓「后」為「繼體君」，以為「象人之形」；又以「司」為「臣司事於外者，从反后」。許氏說解「后」字形體支離牽強，段玉裁、桂馥、徐灝等均已致疑。古文字反正每無別，均當釋「司」，復孳乳作「祠」。至於「后」字，乃「毓」之譌變，說詳「毓」字條下。治說文諸家，皆昧於許慎「司从反后」之說，妄加臆測。段玉裁注謂：「臣宣力四方在外，故从㞢后，……惟㞢后，乃鄉后矣」。王筠句讀謂：「集韻：『后道寬悳，司家㣺急』，違於君也；論語：『出納之吝，謂之有司』，非君道也」。朱駿聲通訓定聲謂：「从㞢后指事。㞢后為向君，古倒子為順生」。司既不从㞢后，則諸說之誤，勿庸置辨。

卜辭司字从「𠃌」从「ㄩ」，金文「𤔲」字从「司」或省作「𠃌」。吳大澂說文古籀補云：「𤔲、古司字，从𤔲从𠃌。許氏說𤔲治也，讀若亂同。大澂案：𤔲象兩手理絲形，理則治，否則亂。𠃌治絲之器也。从𠃌為治，疑司治一字」。吳說亦不可據。

卜辭司用為祀，亦用為祠。

2255

宕  

陳邦懷　「此字从宀，从石，（卜辭辰字作𠨖所从之𠂆即許君說篆文辰字所謂从厂聲之厂，可證卜辭宕字所从之𠂆即篆文厂。）乃宕字也」。（小箋二十五葉）

屈萬里　「卜辭『叀宕田，亡𢦏？』甲編六五三□，隸定之當作宕。地名。亦字書所無」。（甲編考釋一〇四葉）

屈萬里　「□，地名。或釋宕，非是，以其字从日不从口也。按：古文四聲韻路字作□，云出古經並古春秋。然則□乃古潞字也。潞，蓋古潞子國；故地在今山西潞城縣東北四十里」。（甲釋三五八八片）

李孝定　「屈氏據古文四聲韻所引古經及古春秋路字作□，遂釋此為路，其說似有未安。□之與路，於字形字音殊不相涉，路之古文似無作宕之可能。且古文四聲韻一書晚出，所引未必可據。屈氏又以此字从日不从口，故謂不當釋宕。按石字古祇作𠂆，象石壁峭削之形。从口乃後增，無義，古文衍變多此例，固非从口耳之口，日亦非以口象石形。且古文从日从口每無別，此以从此為填充符號之字為尤然，如从口从口而其字有別者則二者不得通作，如咸成是也。□實即小篆之宕也。字在卜辭為地名。惟前一・三十・七辭云『☐仔于母辛家宕彫』，言宕彫，其義不明。疑為司之字誤。金文作□不嬰簋□召伯虎簋亦从日不从口」。（集釋二四七四葉）

丁驌　「保于母辛家祠彫……之日不魚六月。（前一・三〇・七。□□：家祠。）」（諸

（姚母中国文字第八卷第三十三冊三五二九頁）

按：陳氏釋「宕」可從，說文以「宕」為「从宀碭省聲」，張文虎舒藝室隨筆云：「去碭存石，孰知為碭聲？疑本作从宀石會意。洞屋者，石通迵，似屋者也。」契文石字作𠂆，口乃其增飾。屈萬里釋「路」，李孝定已辨其誤。惟前一·三〇·七之「宕彭」，不得謂為「祏」字之誤。

2256

庶

于省吾「卜辭庶字是『从火燃石、石亦聲』的會意兼形聲字，也即煑之本字。凡會意兼形聲字，仍應屬于形聲的范疇。人類在原始生活中，把獵獲的動物截斷頭尾和四肢，有時也剝切為塊，以烙烤于燃石之上或投燃石于盛水之器以煑之，是熟食的一種習慣作法。又為了生活上記事的需要，象意依聲，因而造出應用的庶字。足徵文字的發明，與人類的生產和生活是分不開的。古籍中借庶為众庶之庶，又別制煑字以代庶，而庶之本義遂湮沒無聞。周禮鄭注雖讀庶為煑，但並不知道庶為煑的本字。說文截取庶字上邊所从之广（音儼）解做屋形，把賸下的炗形釋為古文光字（古文字中的光字無作炗者），因而訓庶為『屋下衆也』，這不僅是隨意加以割裂和曲解，同時也把从火石聲的形聲字誤認為『从广炗』的會意字。漢以後遂沿訛襲謬，習為不察。卜辭廢（[illegible]）字系由庶字所孳乳的从众庶聲的形聲字，也就是典籍中众庶的本字。雖然卜辭中的廢字僅二見，并且也未發現過庶人的詞例，但是就『有廢秋』來說，自系指看有豐多的秋收而言，加之廢字又以众為形符，形中含義，則廢為众庶之庶的原始字是毫無問題的。至於某字流行而某字廢掉，在古文字中也是習見的，例如：風行而雚廢，匪行而斐廢，是行而疊廢，地行而墜廢，靁行而畾廢，雷行而靁又廢，這樣例子不勝繁舉。然則庶行而廢廢，一般說來，是合乎文字變革過程中由繁趨簡的簡化規律的」（于省吾、陳世輝釋庶考古第十期一九五九年）

于省吾「說文：『庶，屋下衆也，从广炗，炗古文光字。』段玉裁注：『諸家皆曰庶衆也，许独云屋下衆者，以其字从广也。』王筠說文句讀：『广下之光，照徹四壁，有衆意焉。古文光广通用。又木部桄、充也，广大充满，皆有庶意。』林义光文源：『按光字諸彝器皆不作炗，庶，衆也，古作[illegible]，从火石声，从火取衆盛之意。』林氏据金文糾正了說文对庶字偏旁結构的错误分析，提出了庶字『从火石声』，这是对的。但仍因袭旧解而以『从火取衆盛』為说，殊有未当。

甲骨文庶字作□、□、□（粹九七九、京津二六七四）等形，旧不识。甲骨文石字作□或□，西周金文石字则变形作石。故盂鼎庶字作□。东周金文者沪鐘庶字作□，故说文作庶。林氏谓庶字是「从火石声」的形声字，有其正确的一面。孟子尽心：「蹠之徒也」，音义引张音：「蹠与跖同」；说文拓之或体作摭；说文「樜木」，山海经北山经作「柘木」；说文「藷，藷蔗也」，司马相如子虚赋作「诸柘」，均可证庶从石声。

但是，庶字之所以从火从石，则是一个悬而未决的问题。其实，用火烧热石头以烙烤食物，或以烧热的石头投于盛水之器而煮熟食物，则是原始人类普遍采用的一种熟食方法。这在一些少数民族中曾经沿用了相当长的时间。例如：「肉皮考人调制食物的技术是站在颇高的阶段之上，从前面说过的可以知道，他们已经懂得用水煮肉和根茎。……不过肉类不常煮食，大半是在火上用烧串烤炙的，或夹在两块热石间烧烤。藷蕻也常放在炽灰中烤炙的，或者切成小块，包以树叶，放在热石间烧烤。」（吴觉先泽经济通史一三五页）又如波里内西亚人，「最常用的炊爨方法是用炽热的石块，上盖树叶，再复以土。先在地下掘小坑，中堆榮薪，视炉坑之大小，榮上置小石块五十至一百枚，榮烧石红，将炽石攤开，堆食物于石上。」（同上，五七三頁）我国松花江下游的赫哲人，「在用铁锅煮物以前，没有知道制造陶器，在他们的传说中……用极大的木盆一个，内盛水，将肉放在其中，以石块烧红，立刻浸入大盆水中，如是数次即水沸肉熟。」（凌纯声著松花江下游的赫哲族上册六五頁）根据上述事实，我们可以判定甲骨文从火从石的庶字，也就是煮字的初文。周礼秋官序官庶氏郑注：「庶读如药煮之煮。」这是庶和煮音近字通之证。要之，古文煮字本作𤆍，即庶字。用水煮物之煮，用火炙肉之炙，均系后起的分化字。

甲骨文中庶与从庶之字文多残缺，其中有两条值得注意：

一、□𡨋牛于□（前六·三一·二）

二、庚戌卜，貞，㞢（有）𤎩（㷷）龜（秋），隹帝令佹○庚戌卜，貞，㞢𤎩龜，告□于丁。四月（前五·二五·一加缀合编八五）。

前一条言𡨋牛于□，𡨋是煮的本字，𡨋为𤆍的孳乳字，因煮于室内故从宀，这是说煮牛于某。后一条之𤎩即众庶之庶的原始字，从夂𤆍声。典籍多训庶为多，也训为丰，尔雅释言谓「庶，侈也」，孙炎注谓「庶，丰多也」。是多与丰又相函。甲骨文的有𤎩秋，是说有丰盛的秋收。书盘庚：「若农服田力穑，乃亦有秋。」「有秋」和「有𤎩秋」语意相仿。（甲骨文字释林释庶）

2257 庶 

于省吾說參字条下。

按：于先生以為「庶」之孳乳字。參見「庶」字條。

2258 硪 

金祥恒續文編九、三收列硪字。

董作賓　「在稟期間，有一事最堪尋味者，為武丁逐兕墮車事。辭為癸巳卜旬，附記次日甲午一段，云：『甲午，王往逐兕，小臣叶車馬，硪馭（禦）王車，子央亦阤（墮）』……硪从石，我聲，當同峨，山麓之石徑嵯峨也。馭同御，此假為禦，當也。硪當『王車』，則『王』車必覆，王必墮，故同車之『子央亦墮』，言『亦』，知王墮。不言王墮，為王諱也」（殷曆譜下編卷九第三十七葉下）

李孝定　「董先生讀硪為峨、馭為禦，謂峨當王車故有覆車之禍，則硪之字亦可通，不必讀峨也。硪之解為人名、馭之字，義亦可通，惟不如董先生所說之辭氣美耳」（集釋二九六一葉）

按：說文：「硪，石巖也。从石，我聲」。此从二石，从我聲，與篆文同。董作賓釋讀猶有誤。當作「癸巳卜㱿貞，旬亡囚，王固曰，乃兹亦有希若偁。甲午，王往逐兕，小臣甾車馬，硪甹王車，子央亦墮」。「甾」讀作「載」，謂小臣任駕驅之職；「甹」不从馬，不當釋「馭」。字或作㲋。說文有「𣘦」字，从木㲋聲，訓為「木葉陊」，「讀若薄」。是㲋有薄音。《合》一三二有辭云：「戊午卜爭（貞），水其甹兹邑？」

戊（午）卜爭貞，……□絲邑？」

謂水漸迫商邑。故同版有「我家祖乙佐王，我家祖辛佐王」之語。

潰一商王曾預言將發生災禍。甲午日王前往殲兕，小臣為王駕車驅馬。王車撞於山巖，子央亦墮於車下。此均驗辭。

或巖石移落於王車亦可通。

董作賓釋甾為叶，以為人名；釋□為馭，假為禦，並誤。又以「不言王墮，為王諱也」為言，卜辭中竟有此「微言大義」，純屬臆測。

2259 姤 

按：字从「女」、从「石」，隸可作「姤」。合集二八二辭云：

「姤其以羌」

為人名。

2260 姛 

按：字从「女」、从「司」。合集三八七二九辭云：

「其唯姛移正」

疑為「司母」之合文。

2261 砅 

于省吾　甲骨文濿字屢見，罗振玉謂『殆即許书之砅字』（增考中十）。按濿与砅构形迴别。甲骨文有□字，中从水，兩側从石。甲骨文石字作□或□者常見，如祏字从石作□或□，是其例。□字隶定应作□，即砅字的初文，为旧所不識。砅之作□，和甲骨文涉之作□，石鼓文流之作㶁，构形相同。甲骨文称：『貞，岦人于□奠〇弓于□奠〇于□〇弓于□。』（綴五〇七）这是貞問是否在□地举行祭奠。其言于□、弓于□，是蒙上文而作省語。說文：『砅，履石渡水也，从水从石。詩曰，深則砅。濿，砅或从厲。」尔雅释宫：「石杠謂之徛。」郭注：「聚石水中以為步渡彴也。孟子曰，岁十月徒杠成，或曰今之石橋。杠亦作矼，广韵平江：「石矼，石桥也。」郝懿行尔雅义疏引馬瑞辰說：「石杠，今江南謂之石步。」按由履石渡水发展为履石桥渡水，都是步于石上。后世借厲与濿为砅，以为桥梁之名，是由履石渡水之义引申而来。戴震毛郑詩考正（匏有苦叶首章）：「酈道元水経注河水篇云，段国沙州記，吐谷渾於河上作桥謂之河厲，此可証桥有厲之名。……卫詩淇梁淇厲並称，厲固梁之属也。」說文砅字段注：「謂若今水汪，蒀（按广韵去桥：「蒀，徒念切，支也。」）軌石而過，水之至浅者也。」按墊磚石以渡浅水，至今还是常見的，段注又謂：「戴先生乃以桥梁說砅，如其說，許当経云石梁，不当云履石渡水矣。」按戴說信而有徵，段注未免拘泥。邵晋涵尔雅正义释水和王引之経义述聞詩匏有苦叶篇，均引戴氏之說，而用后世訓厉或濿為渡水的引申义以驳之，不足為据。本諸上述，則戴氏之說和段邵王的分歧，不是什么連環不可解的问题。砯為砅之古文，砯字中间从水，而側从石，則履石渡水之形尤為鮮明。后世称桥梁为厲，乃砯或砅的借字，其起源于履石渡水，是显而易見的。而說文砅字段注，謂「古假砅為厲」，由于不知砅与砯之造字本义，故本末倒置。」（甲骨文字释林释砯一五〇頁至一五二頁）

陳汉平　「甲骨文有字作□，卜辞曰：

貞敚人于□奠　勿于□奠　于□　勿于□　金璋五〇七

字在卜辞为地名，于省吾先生释为砺（见甲骨文字释林）。按砺字从厉得声，此字不从厉，知非砺字。此字象二石相磨，：象碎糠之形，从石，从靡得声，字当释礳。说文：「礳，石磑也。从石靡声。」字今作磨，即粉碎粮食之石磨。此礳字究为何地，尚待研究。」（古文字释丛，考古与文物一九八五年一期一〇三頁）

按：于先生釋「砅」。卜辭用為地名。

2262

肩　□

張亚初　「□为从厂从肉从爻省的肴字（综类三一三頁），东周的□、□与之是繁简字（三代三·二六·一｜三、录遗七〇），是以肴为声符的形声字。肴为餚字初文，在东周铭文的偏旁中作□（金文编三五九頁），为餚字的省体字。这几个字都是以爻为声符的形声字。」

（古文字分类考释论稿古文字研究第十七辑二三七页）

按：字从「厂」、从「又」持「肉」，隸可作「肩」。合集三五五〇一辭云：「王曰則大乙𣪘于白麓肩宰丰」用為動詞，其義不詳。

2263 ⿰石皃

按：字从「石」从「皃」。合集六六六二辭云：「……貞，曰戉㞢⿰石皃方午……弗其伐」為方國名。

2264 厚

唐蘭「右㕗字，商承祚云：『㕗即厚字，金文𧽊鼎作㕗，魯伯盤作厚，與此形近。』（佚釋三三葉）甚是。說文：『㫗，山陵之厚也，從厂，從㫗。』（此从小徐。大徐作『从㫗从厂。』）今按當是從厂㫗聲，厂𠂆之省，𠂆者石也。」（文字記廿九葉下）

李孝定「說文：『㫗，山陵之厚也。從㫗，從厂。垕，古文厚從后土。』唐氏引商氏之說釋此為厚是也。又引說文說解从小徐，按小徐之說固不誤，惟此字應入厂部，以為从厂㫗聲方合，今許書既誤入㫗部，則其下說解自應作『從㫗從厂』，倘如小徐之言是，許君自亂其例矣。辭云『辛未卜王令厚示㞢』，厚為人名，唐說是也。惟示在此為動辭，㞢亦人名，倘以厚示連讀為名辭，則上屬以令字頗覺不辭，且其下㞢字亦覺無著矣。金文作㕗魯伯盤㕗趞鼎㕗井人鐘㕗齊侯鎛又丁山甲骨文所見氏族及其制度引此作㕗，形體稍誤，見原書三二葉附正於此。」（集釋一八六七葉）

按：商承祚釋「厚」可從，卜辭用為人名。

石甲　阩　阩

裘锡圭　「在見于陈梦家所谓『午组卜辞』的祭祀对象里，有一个名为阩的先人：

甲寅卜，午（禦）阩牢。用。　湔八·八·四

己酉卜，由（惠，用法与『唯』相近）牛于阩。　乙五三二七

甲骨文石字作㕞，一般释阩为『石甲』合文，应该是正确的。一九七三年小屯南地出土的『午组卜辞』里也有石甲之名：

癸亥卜鼎（貞）：酒午（禦）阩至⿱宀帚正。考古一九七九年六期五一三頁图一·8

肖楠同志略论『午组卜辞』一文认为上引卜辞中的后一先人名『可能是盘庚之合文』（同上五一四頁），大概是正确的。石甲与盘庚并提，应该就是盘庚之兄阳甲。

在正统卜辞里，相当于阳甲的先王名的『甲』上一字写作□、□、□等形。此字所从兽形，董作宾谓是『虎』，郭沫若谓是『象』，唐兰谓是『兔』，陈梦家谓是『象』。从兽形撅尾的特点看，唐先生的意见显然是正确的。『兔』是透母魚部字，『陽』是以母（喻四）陽部字。魚、陽二部阴阳对转。以母古与定母极其相近，定、透都是舌头音，极易相转，从易声的『湯』就读透母。由此可知『兔』和『陽』的上古音是很相近的。所以盘庚之兄旧文献作陽甲，而甲骨文作⿱兔口甲。『兔』、『陽』阴阳对转，故可通用。唐先生以为『逸』当从兔声，『逸』、陽为声之转』，似嫌迂曲。

『石』为禅母魚部入声字。禅母古音亦与定母等舌头音相近，从石声之『橐』、『拓』等字读透母，与兔字同。宕字，说文以为从『碭』省声，其实很可能就从石声，『宕』、『石』二字阴入对转。石、兔、陽诸字古音都很接近，石甲、⿱兔口甲、陽甲应是一名的异写。」（古文字研究第四辑一六三—一六四頁）

考古所　「石甲：『午组卜辞』独有的称谓，不見于其他卜辞，当为此种卜辞问疑者的先祖（详見本书上册前言）。」（小屯南地甲骨一〇三六頁）

郑慧生　「凡有子为王就有妻入祀，凡有妻入祀就有子为王，这是商代帝王祀谱的通例。造成这种通例的原因，是因为儿子要祭祀自己的生身之母，因而凡有子为王的王妻，均被儿王列入祀谱，成了入祀配偶。说的更明确一点，那就是说：入祀配偶，均系登位儿王的生母。这就是商代祀法中的『生母入祀法』，因为从数目上来说，那入祀配偶与登位儿王的数目，往往

是一致的。

1．入祀配偶与登位儿王数目的比较如下：

一母入祀，一子为王：

示壬妻妣庚——子示癸　　示癸妻妣甲——子大乙

大丁妻妣戊——子大甲　　沃甲妻妣庚——子南庚

2．一母入祀，数子为王：

小乙妻妣庚——子武丁　　康丁妻妣辛——子武乙

大乙妻妣丙——子大丁、外丙、「仲壬」　　大甲妻妣辛——子「沃丁」、大庚

大庚妻妣壬——子小甲、雍己、大戊　　大戊妻妣壬——子中丁、外壬、戋甲

祖乙妻妣己——子祖辛、沃甲

一母生数子，所以有一母入祀数子为王的现象。

3．几母入祀，几子为王：

祖丁妻妣甲、妣乙、妣庚、妣癸——子阳甲、盘庚、小辛、小乙

武丁妻妣戊、妣辛、妣癸——子祖己、祖庚、祖甲

祖甲妻妣戊、妣己——子「廪辛」、康丁

祖己即孝己，旧文献所载，多以为未立而卒。但卜辞中他被列入祀谱，与其他诸王同样受到后王祭祀。因此，祖己应该和祖庚、祖甲一样被视为商代一王。

以上几个儿子为王，就有几个母后入祀；那入祀的母后，应该分别是这些儿王的生母。

4．两母入祀，一子为王：

中丁妻妣己、妣癸——子祖乙　　祖辛妻妣甲、妣庚——子祖丁

这两项例证，应该是商有嫡妻之制的最有力的证据。因为一子二母，必有一母非生母；非生母而能入祀，其不为嫡母而何？但是，这在商代十六世祀谱中只占两例。特别是，这两例发生在中丁之后的九世之乱中，就不能不使人怀疑到它的可靠性。殷本纪说：「自中丁以来，废适而更立诸弟子，弟子或争相代立，比九世乱。」因此，我认为祖乙、祖丁应各有一个兄弟登上过王位；登上了王位就把自己母亲的庙主请进了宗庙，把自己母亲的名号排入了祀谱。但不久他们本人却被别人赶下了台，不为后王所祭祀。于是他们本人被摒弃于周祭祀谱之外，使自己的母亲成了无子为王（实际上是无子入祀）的入祀母后了。

这样推测的根据是：商王武丁，特祭自己的先祖，其中被祭的，有石甲、也甲。殷虚文字乙编五三二七说：

辛亥卜翌用于下乙。

2266

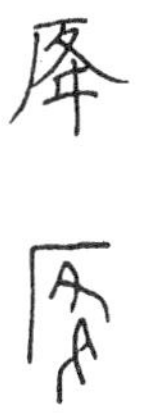

辛亥卜帝往一羊牝祖壬。
辛亥卜兴祖庚。
庚戌卜侑岁「　」下乙。
辛亥卜兴祖庚。
己酉卜叀牛于石甲。
己酉卜侑岁于祖乙。

殷虚文字乙编四五〇七说：
辛丑卜其御中母己。
癸卯子卜御□甲。

石甲、□甲之名，在殷本纪和祀谱中都没有出现过。但石甲和祖壬（外壬）、祖乙、祖庚（南庚）、下乙（指小乙）同版受祭，□甲和中母己（武丁之母辈）同版受祭，他们的地位，应不亚于一般先王。论其时代，石甲要早于□甲，他们应在外壬之后祖乙与祖丁三世之间；而这三世，恰々就空着二甲两位。因此，石甲应在祖乙之世，□甲应在祖丁之世。（日本学者岛邦男在殷虚卜辞综类中也把□甲排在沃甲、祖丁之间，与本文排法一致。）他们是登过王位又被废黜的王，因废黜而未被后人列入祀谱，并被摒弃于商代帝王世系之外。

由于以上原因，所以中丁、祖辛之妻、子入祀情况应为：

中丁妻妣己、妣癸——子石甲、祖乙　祖辛妻妣甲、妣庚——子□甲、祖丁

这情况，与几母入祀、几子为王的情况也属相同，应列入该项例证之中。

从以上情况看，商代哪些王妻能够入祀，完全在于该人有没有儿子为王。这就形成了我的看法：商代王妻的入祀法是「儿王生母入祀法」。生母入祀说的成立，揭开了商代宗法制度的一个谜底，那就是，所谓入祀配偶，不过是登位儿王的生母，并不是什么「法定配偶」、「正妻」之类。至于到了商代后期武乙、文丁、帝乙、帝辛之世，王位继承完全变为父传子制，这时的婚姻制度，有没有出现嫡妻之分的变化，则因卜辞史料缺乏，不敢强作解释。但是到了周初，嫡妾制度、嫡庶之分却以一个完整的宗法体系出现了。」（从商代无嫡妾制度说到它的生母入祀法　社会科学战线一九八四年四期一〇六——一〇七页）

按：以為「石甲」二字合文，當即「陽甲」。

孫海波 「□，乙五二九六。从厂从夅。說文所无。疑降之異文。甫□弄乎帝厗食受祐。」（甲骨文編三八五頁）

赵诚 「□，厗。从厂，从两倒止（趾），表示从山岸上走下来，构形之意与降同，似为降之异体，甲骨文用其本义，为动词，如□□□□□□□□□……（乙五二九六）。」（甲骨文简明词典三五一页）

于省吾释降，参□字条下。

按：字當隸作「厗」，于先生以為「降」之異體是正確的。合集二一〇七三辭云：

「庚午卜，叀斧奠，乎帝厗食，受又」

「帝厗食」，即「帝降食」，此為卜辭所僅見。

2267

按：字从「石」、从「□」，「□」于先生釋「斧」。粹辭類纂作「硈」，誤。合集六〇一六辭云：

「其出□得」

其義不詳。

2268 硞

孫海波 「□，甲三〇八〇。疑即說文之𤶣字，不能言也。王□□不隹□。」（甲骨文編三八四頁）

屈萬里 「□，从石从舌，隸定之當作硞；胡厚宣疑舌之別體（甲骨學商史論叢初集殷人疾病考），蓋是。」（甲編考釋三九八葉）

按：字當隸作「硞」，釋「𤶣」不可據。合集一三六四一辭云：

「貞，王砧疾，隹㞢由」

當與疾病有關，僅此一見，其義難以稽考。

2269

⿰石冀

于省吾释見字条下。

按：于先生以為从「石」、从「冀」，隸作「⿰石冀」。合集一八七五七辭云：

「……于⿰石冀……」

為地名。

2270

按：合集三三一三六辭云：

「于高伐」

為地名。當與「砓」同字。參見2272「砓」字條。

2271

孙海波

「，佚三九三九。地名。牛头刻辞。」（甲骨文编三四〇頁）

按：合集三七三九八辭云：

「在九月隹王……祀彡日，王田盂于……隻白兕」

為地名。

2272

砓

2273

按：字从「石」、从「殳」，隸可作「殸」，當為「磬」之省。參見2277「磬」字條。

2274 ⿱亯石

按：字从「亯」（高）、从「石」，隸可作「⿱亯石」。辭殘，其義不詳。

2275 ⿰石享

按：字从「石」、从「享」，隸可作「⿰石享」。合集三三一三七辭云：「甲午卜，于⿰石享」為地名。

2276

按：此亦當是「砅」字。參見2261「砅」字條。

2277 磬

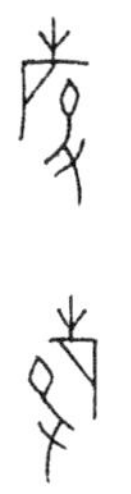

羅振玉「說文解字磬从石，象縣虡之形。籀文省作殸，古文作硜。卜辭諸字从屮，象虡飾，卩象磬，又持𠃉，所以擊之，形意已具。其从石者，乃後人所加，重複甚矣」。（殷釋中四十葉上）

王國維　「說文解字石部：『磬，樂石也，从石殸象縣虡之形，殳擊之，古者毋句氏作磬。殸，籀文省。』案殷虛卜辭磬作殸，與籀文略同，𠂆即說文𠂆字，許云『𠂆，岸上見也』，實則屮象磬飾，𠃍象縣磬，與豈同意，殸與殸與鼓同意。」（古籀疏證二十七葉）

又曰：「从石上加飾，象磬之形，又攴以擊之，與鼓字同意，此為地名。」（戩考廿三葉上）

王襄　「古磬字省石，象擊磬之形。」（簠考天象十三葉下）

王襄　「古磬字。許說樂石也，从石殸象縣虡之形，殳擊之也，此不从石。」（類纂正編第九第四十二葉下）

陳夢家　「說文磬之籀文作殸，古文作硜。殸、巠古音同。說文『陘，山絕坎也』，『陘，谷也』，廣雅釋山『陘，阪也』，爾雅釋山『山，絕陘』。太行山首始於河內，北至幽州，凡有八陘，而在河內者謂之太行陘，元和郡縣志『懷州河內縣太行陘，在西北三十里』。左傳隱十一與鄭人向、盟、州、陘、隤、懷之陘，即此，約在今沁陽縣以北三四十里清化鎮一帶。說文开與井分別，金文周公子所封之邢作井，鄭井作井。說文刑剄互訓，荀子非十二子宋鈃、孟子作宋牼，可知开與巠之相通。以上曾考證邢丘應在沁水之北，太行山之南，其地實當陘南，所以邢丘也者指太行陘南的高丘。於此邢、陘、殸實是同源異作。」（綜述二六一葉）

李孝定　「說文：『磬，樂石也，从石、殸象縣虡之形，殳擊之也。古者毋句氏作磬。殸，籀文省。硜，古文从巠。』栔文與籀文同。羅王國維兩氏之說是也。王襄氏謂『省石』，失之。卜辭言『田殸』，言『在殸京』，地名。元嘉八六云『勿往逐破彔其弗禽』，破亦地名。胡氏釋殸，當是，但省縣虡之糸耳。許書古文从石巠聲。」（集釋二九六四九葉）

孫海波　「殸，甲一三一九。不从石，象击磬之形。」（甲骨文編三八六頁）

按：羅振玉釋磬是對的。卜辭皆以為地名。𠂆即石，古懸石為磬，故稱磬為石樂。殷墟出土之磬多見，均為石製，形亦近於𠂆。或省屮作殸、殸，亦為磬字。

⿱殸亥 □ □ □

羅振玉釋𣪊為⿱殸亥，曰：「說文解字無⿱殸亥字而有欬，注：『屰气也。』又謦注：『欬也。』通俗文：利喉謂之謦欬。』（此二字亦見莊子徐無鬼篇）知⿱殸亥即謦欬之初字矣。」（殷釋中五十九葉上）

陳邦福　「說文無⿱殸亥字，疑郣之音假。說文邑部云：『郣，陳留鄉。』」（蹟言五葉）

楊樹達　「字當釋謦，羅釋欬者誤。字左卜辭為地名，而或作⿱殸亥或作殸可證。字實从殸得聲，同音通作也。」（甲文說五葉釋⿱殸亥）

楊树达　「甲文有⿱殸亥字，字作□，从亥从殸，罗振玉说之云：『说文无⿱殸亥字而有欬，注云：屰气也。又謦下云：欬也。通俗文：利喉谓之謦欬，知⿱殸亥即謦欬之欬矣。』（殷墟文字类编捌之玖下）余谓罗氏此说殊误。说文欬字从欠亥声，如罗说⿱殸亥亦欬字，字当为从亥殸声。然殸为磬之古文，欬字何以从殸，说不可通也。按说文言部云：『謦，欬也，从言殸声。』余谓甲文之⿱殸亥乃謦之初文，字从亥者，实从欬省，篆文变为从言，义泛而不切。」（释⿱殸亥，积微居甲文说卷上十三页）

孙海波　「□，甲一五五〇。从𢧵从亥，说文所无。地名。」（甲骨文编五七五页）

孙海波　「□，粹九三一。豕、亥形近，此讹从豕。」（甲骨文编五七五页）

孙海波　「□，佚二四四．五。从殸从豕。说文所无。疑即欬字。」（甲骨文编五七五页）

饶宗颐　「（⿰殸方字）偏旁颇多异形，其下有从方者，如：

戊子卜，贞：王其田⿰殸方，亡𢦏。（邺初下三三．一）

……王其射⿱殸方鹿，亡𢦏。（拾遗六．三）

有从亥者，如：

戊子卜，贞：田⿱殸亥，往来亡𡿧。王占曰吉，兹知，隻……。（前编二．四四．四）

⿰殸方字间有从豕者，如：

2279

𣪊 𣪍

翊日壬，王其田𣪊，𫶧又大𨖸。（粹編九三一）

其上体有从殸者：

……卜貞：王田于𣪊，亡𡿧，丝卬，隻鹿。（前編二、四四、三）

并仅一见，是知从𢦏与从殸无别，而𣪊与鼛原为一字，考𣪊乃盂方地名，在漳水流域。……

……𢦏为殸之异形，说文磬，籀文省作殸，古文作硜。殸疑借为陘字，即左传隐十一年与郑人向、盟、州、陉、隤、怀之陉，地在沁阳县北。」（巴黎所见甲骨录二〇页）

屈萬里 「𣪌、𣪍、𣪎。𣪌之當作𢦏，即羅振玉所謂𣪊字者也。『叀𢦏田，亡𡿧？』甲編一五五〇片云：『王其田，涉滴至于𣪊，亡𢦏？』知𢦏亦殸王田獵之地。佚存四四二片云：『王其田盂至𢦏，亡𢦏？』又津新四四七〇片云：『王其田，涉滴至于𣪊，亡𢦏？』知𣪊在盂及滴水附近。」（甲編考釋一九六葉）

李孝定 「从亥从𢦏，或从殸，說文所無。釋磬釋𣪊並無據。字在卜辭為地名。辭云『王其射鼛鹿亡𢦏』（拾六、三）『囗子王卜貞囗鼛生囗來亡𡿧』（前二、三四、四）『囗子卜貞囗田鼛囗往來亡囗𡿧』（前二、四四、四）『戊申卜貞王田鼛不遘雨丝卬』（前二、四四、一）『囗卜貞王田于鼛囗往囗來亡𡿧丝卬獲狐囗』（前二、四四、三）可證。楊氏謂为作殸者，未知見於何處。从戌从𠬪同意，戌為兵器，𠬪象以手執杖許訓積竹杖事類亦相近故得通也。陳氏謂疑郩之音假，當是。」（集釋四四三〇葉）

考古所 「𣪊：地名，佚四四二『王其田盂至𣪊』，可能二地相距不遠。」（小屯南地甲骨八五六頁）

按：字隸作鼛。在卜辭為地名。釋「磬」、釋「郩」均無據。楊樹達以「殸」為「鼛」之或體，非是。「殸」當釋「磬」，與說文「磬」之籀文同。且「殸」多「殸京」連言，「𣪍」字則否，不得以為同字。

按：字可隸作「𣪊」，與「鼛」同字。參見「鼛」字條，當併入。

2280 磬

按：合集一八八九四辭云：「叀磬田，亡𢦏」為地名。與「磬」同字。參見2277「磬」字條。

2281 聲

郭沫若 「𪔂當即聲字，惜上端略損而辭亦殘缺，未明其義。」（粹一二二五片考釋）

于省吾 「契文聲字僅一見，粹一二二五有𪔂字上已殘，應補作𪔂，从耳殸聲，即古聲字。」（駢三第十九葉下）

李孝定 「說文『聲音也从耳殸聲殸籀文磬』郭于兩氏釋此為聲是也。从耳从殸，殸亦聲。篆文特省『口』，从耳从口聽其意一也。後上七十有字，當亦聲字。」（集釋三五二三葉）

考古所 「聲，在此为地名。」（小屯南地甲骨一〇九〇頁）

赵诚 「𪔂，声。象以殳击磬、会声闻于耳之意，当是声之本字。简体写作。甲骨文用作馨，为『香的』意思。」（甲骨文简明词典一七九至一八〇页）

2282 聲

按：屯三五五一辭云：「丁丑貞，聲有咒，其……」為地名。其省體作「」。

于省吾「甲骨文的『聲齋其禝兄辛』（佚上七·一〇），是康丁祭祀其兄廩辛的占卜。聲是聲的省体，繁体也作聲（粹一二二五）。聲字应讀作馨。說文聲馨都从殸声。汉衡方碑的『耀此聲香』以聲为馨。詩文王的『無聲無臭』，文選嵇叔夜幽憤詩引作『無馨無臭』。可見聲与馨古字通。左传僖五年引周书，谓『黍稷非馨，明德惟馨』。礼记郊特牲的『萧合黍稷』，孔疏：『馨香謂黍稷。』馨齋其登兄辛，是說康丁用馨香的齋祭祀其兄廩辛。甲骨文登齋的次数大大超过登黍，足見齋在祭品中占有比黍更重要的地位。」（甲骨文字釋林釋黍、齋、來二四六頁）

按：此亦「聲」字。「聲𪗉」，于先生讀作「馨𪗉」。釋作「聲」地之「𪗉」亦可通。

2283

⿰声斤

按：字从「声」从「斤」，隸可作「⿰声斤」。合集一八七六一辭云：「……卜𡗗……⿰声斤……」當為地名。

2284

⿸声夫

按：合集二八三〇七正辭云：「王其射⿸声夫大豕」為地名。

2285

亘

吳其昌「『曰貞』者，曰亦武丁時史官也。其字象迴环之形。卜辭：『𧼮』作㠯，背九·一二·殷虛洹水之『洹』作𣲴，前·六·六〇·三、佰淋·二·二三·七。則此字今隶自当作『亘』也。董作賓說：『武丁時貞人九位：𣎆，敝，亘，穷，古，吅，𢦏，永，箙』，其說是

也。證之明顯可見者，如或與『殻貞』同版，前．四．一三．一，等或與『㱿貞』同版，前．六．二．一，等或與『敲貞』同版，前．七．九．二，等或於『亘貞』之卜辭中乃有『出于羊甲』前．七．四○．二，或『酒于羊甲』續．一．二三．三，之文。或於『亘貞』之卜辭中乃有『伐呂方』鐵．二．五○．一，之文。皆足明証『亘』之確為武丁時人也。」（殷虛書契解詁第二九四頁）

張秉权 「亘是常見的貞人之一，他常常代表國王去貞問國家大事，本編中有『亘亡禍』的卜辭，可見時王对他的关切，其宠信程度可想而知。卜辭中又有亘方之名（例見本編考释P．六），貞人亘大概是亘方的首領服务於王朝者。从這一版上的卜辭看来，虽親信如亘者，也有叛逸的時候。於此，我们也可以窺見殷商時代君臣之间的关系之脆弱的一斑了。」（殷虛文字丙編考释第三六五頁）

孫海波 「㠯，甲九○三。水名。亘水泉。㠯，甲三二一八。貞人名。」（甲骨文編五一六頁）

饒宗頤說參字条下。

張亚初說參字条下。

晁福林說參字条下。

按：字當釋亘，亘回實本一字，後始分化。卜辭以為方國名及人名。

2286

宣 

羅振玉 「卜辭中洹與桓从㠯，故知此為宣矣。」（殷釋中七十二葉下）

王襄 「古宣字。从宀从㠯，㠯即亘字。殷契洹作㳄，亘亦从㠯作，篆文之亘即㠯㠯之繇文。」（類纂正編第七第三十五葉上）

杨树达「战後宁滬新获甲骨集叁拾玖片云：『丁巳，卜，于南宣名？』树达按：明义士殷虚卜辞贰叁玖片云：『贞告执于南室，三牢。』此辞卜行劄祭于南宣，彼辞卜以三牢行告告祭于南室，宣室字並从宀，疑南宣与南室为一事而异名也。淮南子本经篇云：『武王破纣牧野，杀之于宣室』，注云：『宣室，殷宫名。一曰：宣室，狱也。』文记殷事，以宣室连文为一名，然则或称南宣，或称南室，为一事明矣。」（卜辞琐记一六至一七页）

孙海波「宣，后一、二四、七。方名。弜宣方㚇。」（甲骨文编三一六页）

李孝定「說文：『宣，天子宣室也，从宀，亘聲。』契文同。辭云『弜宣方』後上二四·七。似為方國之名。金文作宣虢季子白盤宣曾子仲宣鼎宣鄭簋宣晉姜鼎从亘。」（集釋二四四一葉）

按：說文：「宣，天子宣室也。从宀亘聲。」殷代有宣室，淮南子本經訓：「武王甲卒三千，破紂牧野，殺之宣室」。京津四二六九有辭云：「丁巳卜，于南宣召」，「南宣」猶言「南室」。陳夢家謂南宣「為祭祀之所」（綜述四七七）。後上二四·七殘泐，似當讀作：

「方出，于……卜㚇；

弜宣㚇」

李孝定集釋以「宣方」連讀，以為方國名，似未妥。刻辭類纂於合集二八〇〇三釋讀亦有誤。

趄 

羅振玉「說文解字：『趄，趄田易居也，从走亘聲。』此从止从亘，殆即許書之趄矣。此當為盤桓之本字，後世作桓者，借字也。」（殷釋中六十七葉上）

王襄「古趄字，許說从走亘聲。此从止，省夭。」（簠室殷契類纂弟六葉）

丁山「𬦾字，从止，亘聲，當是趄字初文。甲骨文作亘，正是回字。象回互之紋。因此，我認為趄即還字本字，許書釋為『趄田』，非也。骨面刻辭所見的亘氏，應即左氏春秋所謂『繯轅』。十二家吉金圖錄番禺商氏契齋藏器中有鼎甗等十一器銘文皆作『亞趄街』，街字从止行，與遠字古文𨑊甚為形近。亶衎，應即轘轅的本字，左傳作「轘轅」者，乃漢以後俗字也。」（甲骨文所見氏族及其制度七十二至七十三葉）

李孝定

「說文『趠，趠田易居也。从走亘聲』此字羅釋趠可从。偏旁从止从走得通，猶上文从彳从走得通之例也。辭云『丙戌卜在亶貞今回王步于口亡巛』前二·八·七。亶為地名。『中亦亶』前四·三七·三疑當讀為還。『庚申口至于口雨亶口』辭殘不完，疑亦段為還。許君訓為趠田易居。段注引周禮大司徒『不易之地家百畝，一易之地家二百畝，再易之地家三百畝』之說解之，此後起之義，亦由田亘之義所引申者也。丁氏以為即轘轅氏，與郭某釋金文[illegible]為轘轅者說異，郭說見青銅上冊二至三葉，待考。金文作[illegible]趠衎鼎[illegible]虢季子白盤[illegible]秦公簋[illegible]陳侯因資錞[illegible]封仲簋[illegible]者沪鐘[illegible]曾姬無卹壺[illegible]史趠簋[illegible]大王戈 趠衎鼎與栔文同。史趠簋从辵，可證从止从辵从走無別。虢季子白盤云『趠〻子白』，秦公簋銘『剌〻趠〻』，趠〻，武也，與經訓合。（集釋〇四四五葉）

張秉权

「亶恐怕是垣曲之垣。（參閱本編圖版壹貳零，一二八考釋四四·一九二——一九三）。現在我又怀疑剌，或即史記項羽本紀：『楚起於彭城，常乘胜逐北，与汉战滎陽南京索间，』的索。裴駰史記集解云：应劭曰：『京，县名。属河南，有索亭，晋灼曰：索音栅。』正义曰：『括地志云：京县城在郑州滎陽县東南二十里，郑之京邑也。』晋太康地志云：郑太叔段所居邑，滎陽县即大索城。杜預云：成皋東有大索城，又有小索城，故城在滎陽县北四里。京相璠地絡云：京县有大索亭，小索亭，大小氏兄弟居之，故有小大之号，按楚与汉战滎陽南京索间，即此三城耳。按春秋郑之京邑，在今河南滎陽县東南二十里。索之故城又在古滎陽北四里，大約当今河南滎陽县東南十六里左右的地方，与河南杞县相距約二百里左右，卜辞的記載是壬辰在杞，而甲午卜步于剌。計其行程京約略相当。」（殷虚文字丙编考释第二九四頁）

張秉权

「亶与亘同，恐系垣曲之垣，由垣曲至杞的距离，与由安陽至杞差不多。」（殷虚文字丙编考释第一九三頁）

陳秉新

「按：据征人方历程，亶断非洹水，以声求之，蓋即古貫國，桓与貫，元部叠韵，匣見旁纽，例可通假。貫在山東曹县南，距蒙亳較近。貫國為西周所封，但殷商時亦当有此地，

西周國地建國，此種情況，典籍習見，不煩舉例。」（殷虛卜辭地名汇释，文物研究五輯七八頁）

按：釋䢅可信。古文字偏旁从止，从辵、从走通用無別。卜辭用作地名，或為貞人名（卿彼一·七五）。

2288

黹 

饒宗頤

「□丁未卜，殻貞：乙受年。三月。」（沈乙七〇〇九）

按乙即䣛。周語中：「昔摯䣛之國也，由太任。」韋注：「摯䣛二國，任姓，奚仲、仲虺之後。」書序：「中虺作誥。」史記「虺」作「䗈」，荀子堯問作「中䗈」。左定元年傳：「仲虺居薛，以為湯左相。」卜辭□亦作圖，䗈疑其異構。（通考九七——九八葉）

張東权

「乙，饒氏释䣛，曰：『周語中：「昔摯䣛之國也，由太任」，韦注：「摯，䣛，二國，任姓，奚仲，仲虺之后」。书序：「中虺作誥。」史記「虺」作「䗈」，荀子尧问作「中䗈」。左定元年傳：「仲虺居薛，以为湯左相」。卜辞乙亦作圖，䗈疑其异构。』（见上引书P．九八）。按乙释䣛，待考，而薛在今山東滕县東南。与卜辞方向，似亦不合。姑備一說，以待續考。」（殷虛文字丙编考释第四〇一頁）

按：字當釋「黹」。說文：「黹，箴縷所紩衣。从㡀、丵省」。契文象箴縷文飾之形。其作□形者，則與金文「黹」形近。「黼」、「黻」乃由「黹」所孳乳。字不从「㡀」，亦不从「丵」。合集八二八四辭云：「癸未卜，㱿貞，王往于黹」為地名。

2289

行 

羅振玉

「卝象四達之衢，人所行也。石鼓文或增人作㣄，其義甚明。由卝而譌变為兆，形已稍失。許書作㣔，則形義全不可見，於是許君乃釋行爲人之步趨，謂其字从彳从亍，失彌甚矣。古从行之字，或省其右作彳，或省其左作卜。許君誤認爲二字者，蓋由字形傳寫失其初狀使然矣。父辛觶亦作卄，與卜辭合。訓宮中道之𡪞字，正从此。許君謂从口象宮垣道上之形，不知口但象宮垣而象道路者，乃在口內之卄字也。作㣔與石鼓文同。作𧗝則衜行之半，義已明矣。」（殷釋中七葉下）

李孝定　「說文：『行，人之步趨也。从彳从亍。』古文象四達之衢，羅氏之說是也。或从人作衍，錢氏謂當讀戶郎切，此就石鼓文辭例言之，是也。實則名詞之行祇當作卄，乃象形字；動詞之行當作㣔，乃會意字，今音以戶郎、戶庚別之，卄當解云『道也』（說文釋宮「行，道也」），人所步趨也，象形。引申之，人之步趨亦得作行。古文作行、衍二形，今則『行』行，而『衍』廢矣。金文作行曾伯簠、卄虢季子白盤、卄行文、行辛觶、行史免匡、行陳公子甗、行右走馬嘉壺、行公父宅匜、卄爲甫人盨、行喪史賓鈚、行曾子簠、行南疆鉦、行郾王詈戈、行蔡侯戈。」（集釋〇六一〇葉）

屈萬里　「卜辭：『貞：祉復雀行？十月。』（甲編三五三七）行，讀爲『周行』之行，道路也。此卜問『祉返歸其由雀之途乎？』」（甲編考釋四五〇葉）

屈萬里釋卜辭「隹面行，用戋羌？」（甲編五七四）云：「行，往也；意謂遣戍。」（甲編考釋九〇葉）

寒峰　「甲骨文里『行』字用法，除作人名者外，有作行走用的，如『乙丑，王不行自雀？』（乙九四七一）『行东至河』（京三一〇四）『勿行』（南明六七）等是；有作军队行列讲的，如第一期卜辭：

(1) 从福（？）行來：遣方？不获？（北大藏骨）

第二期卜辭：

(2) 辛未卜，行，貞：其乎永行，有遣？（粹五一一）

(3) 丙寅卜，旅，貞：其乎☒行……，不遣方？（七集R3）

(4) 癸未卜，王曰貞：有豕在行，其左射，获？

第三、四期卜辭：

(5) 貞：勿用☒行？叀袖行用，戋𢦏方？于之不雉人？（甲一九〇九）

(6) ……用戋方？叀面行用戋𢦏？……叀𣏗行（用）（戋𢦏）？（甲五七四）

(7) 貞：☒行☒戋，不雉众？（粹一一五八）

(8) 戍，叀义行用遘羌方，有戈？
勿用义行，弗遘方？（佔下一三·五）
(9) ……义行，……羌方，有戈（京四三八三）

这些辞例一个基本辞例是『叀某行用戈羌方』和『用某行遘方，辞义很明白，就是调用某行去征伐方或羌方，其中或占问有无俘获，或能否胜利，或是否『雉众』、『雉人』。雉是陈列之义，即是占问用某行征伐，要不要陈列众或人等武装人员。除了(4)辞是指田猎中发现有豕在行列的左翼，能否射着之外，都无疑是军事活动，所以这里的『行』只能以军队的行列来解释，『福（?）行』、『袙行』、『亩行』、『杫行』、『义行』、『廿行』可能都是由地名或族名组成的军行名称。这些军行应该是比较固定的，用某行时还要陈列『众』或『人』，似是军行之外增加的人员。」（甲骨文所见的商代军制数则，甲骨探史录四〇〇至四〇四页）

温少峰 袁庭栋「……卜辞中的『行』，亡是交通大路之称。

(69) 乙巳卜，出〔頁〕：王行逐〔兕〕？
乙巳卜，出貞：逐六兕，毕（毕）？（后上三〇·一〇）

此乃狩猎之辞，『行逐』者，以車循大道而追逐也。

(70) 貞：弜（勿）行出？
貞：行出？（乙七七七一）

以上二辞与『貞：王往出，若？』同版。『行出』者，由大道出行也』。『弜行出』者，不由大道出行也。

(71) 癸未卜，王曰：貞，又（有）豚才（在）行，其又（有）射……（撷三·三一·二）

『有豚在行』者，有一肥大之野猪站立大道之中也。此辞卜问射杀大道之中的野猪，是否有灾异也。

(72) 辛未卜，行貞：其乎（呼）永行，又冓（遘）？（粹五一一）

此为选择进军道路之卜辞，前一『行』字乃貞人之名，『永行』指永地之大道。全辞大意为：如果命令从永地的大道进军，会遭遇（敌人）吗？

(73) 叀（惟）亩行用，𢦏羌……（甲五七四）

此辞之亩，乃是地名，𢦏读为捷，有战胜之义。全辞大意为：若从亩地之大道进兵，会战胜羌（方）吗？

(74) 貞：𦈡行，𢦏，不雉众？（粹一一五八）

『𦈡』乃非字异体，此为地名，『𢦏』读为捷，战胜之义。『雉』有伤害之义。众，这里是殷王之军队及随军之民众的总称。全辞大意为：如果从非地的大路进军，会胜利吗？不会伤害自己的部居吧？

(75)弜（弗）用義行，弗遘方？

戍東（惟）義行，遘羌方，又（有）𢦏（捷）？（后下一·三五）

『義行』者，義地之大道也。此辞是卜问戍兵地点之辞，其大意为：如不在義地之大道驻兵，就不会遇到敌兵吧？如果在義地之大道驻兵，羌方来攻，能够胜利吗？」（殷墟卜辞研究—科学技术篇二七八—二七九頁）

饒宗頤說參𠂔字条下。

按：甲骨文行只作𠂔。其从人作𢓊者，用法與行字迥然有别。不當據石鼓文釋𢓊作行。𢓊行或𠂔當釋永，永、𠂢古同字，說詳永字條下。

延

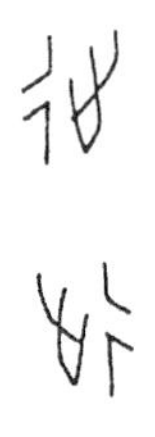

孫詒讓 「征皆作𢓊，如云：『□申卜，手雀出于伐𠀠□，五月』（藏一七六．二）『貝不其△雨』。又云：『貝今月𢓊雨』（藏九八．二）是也。說文辵部：『延，行也，从辵正聲。或作征，从彳』。（又𢓊从辵止聲，或作𢓊，今隸变作從，𢓊與此形同，而與伐征義不合，故不據釋）此與說文或體同，但以𢓊為正字，畫散省耳」（舉例下二葉下）

羅振玉 「說文解字：『延，安步延延也，从廴从止』。師遽敦及盂鼎作𢓊，與卜辭同」（殷釋中六十七葉下）

王襄 「孫仲容先生云延延相通，說文古籀補𢓊亦收入延字下」（類纂一卷八葉）

王襄 「古延字與延通。說文解字：『延，長也』。延雨與後世之說積雨同歟？」（簠考天象六葉）

葉玉森「按卜辭征伐之征作正，孫氏釋征爲延之或體，征未諦，胡氏釋征訓得，讀征風征雨征貝似適，以讀他辭仍未安。王氏謂延、延古通，較可信。許訓延爲長行，本誼爲長行，引申則專訓長。方言『延長也』。曰『征風』『征雨』，即風雨延長也。他辭曰『辛亥卜貞征雨不多雨』（徧三．十八．六．）即言雨雖延長而不多也。曰『囚貞王其𢦏征囚于夫征至盂往來亡巛在七月』（徧二．二○．四．）即言王出𢦏後既長行至夫，（地名）更長行至盂（地名）也。曰『丙午卜許雀出于伐征』（藏一七六．二．）即言命雀（國名）人出伐而延期也。曰『其征𣪊』（徧二．二八．三．）即其延釐也」（前釋一卷十九葉上）

胡小石「許書訓乍行乍止之辵與延迻之或體征爲一字，與安步延延之延亦爲一字。作辵者重形，無謂。予意古文延實止作征。卜辭屢言征雚風征雨，又丁未伐商角文曰『伐商征貝』，與征風征雨文例正同。吳語『征其大舟』，注『取也』，說文『㝵取也』，是征取㝵三誼並通，則征風、征雨、征貝猶言得風、得雨、得貝矣」（說文古文考）

郭沫若「征字屢見，說文中與此形近之字凡三。一爲辵字，云『乍行乍止也，从彳止，讀若春秋傳曰「躇階而走」』（公羊宣二）。一爲徙之重文。又一爲延字，篆作𢓊，从廴，廴謂『从彳引之』，以廷建諸字隸之。然金文廷字多見，又旁均作乚，石鼓文有𨔝字作鏈，又亦作乚。是則『从彳引之』之又，古竟無此字。辵與延是一非二也。延讀丑連，辵讀丑略，亦聲之轉。徙即金文所習見之圖形文若，示人足於街頭徙倚，乃會意字，並非从辵止聲，亦非从辵止，則無有作征之理，許蓋出於誤會。此言『不征雨』即不延雨，言雨不連綿也。又每用爲霊辭，則是詩書中所常見之誕字」（粹考一○三葉七六○片釋文）

董作賓「延从止在途中，有前進之誼。爾雅釋詁『延進也』。」（引李孝定集釋○六○五）

楊樹達「征當釋徙。辭曰『王疒首勿征』者，古有患病遷地之俗，殷人尚鬼，蓋早有此風，故占步否也。字又假爲止。」（甲文說五十九葉）

又曰「按說文征爲徙字之或體，然卜辭言征雨、征雪、征風、征啟，釋徙文義難通。疑征字从止聲，征蓋假爲止也。」（甲文說十四葉釋征）

楊樹達「續編卷肆（壹伍之壹）云：『己酉，卜，貞，今日征雨？』前編卷貳（玖之叁）云：『乙未，卜，穷貞，今日其征雨？』又卷叁（貳拾之叁）云：『貞今丙午征雨？今丙午不其征雨？」又卷壹（肆玖之伍）云：「△子，卜，亘貞，今夕不征雨？」續編卷肆（廿之肆）云：「貞今夕不其雨征？」又（廿之叁）云：「貞征多雨，茲御？」前編卷三（壹捌之陸）云：「辛亥，卜，貞，征雨，不多雨？」此皆貞征雨者也。龜甲獸骨文字卷壹（柒之廿壹）云：「貞征彗雪出△？」前編卷叁（壹玖之伍）云：「辛卯，卜貞今日征雪？妹，（昧）征雪。」此皆貞征雪者也。鐵雲藏龜（百式拾之式）云：「貞不其征凡？（風）」此貞征風者也。又（壹零叁之肆）云：「貞征攺？」又（壹壹式之叁）云：「夕攺？癸巳，征攺。」此貞征攺者也。按說文征為從字之或體，然從雨從雪從風從攺，文義雖通，疑征字从止聲，征蓋假為止也。卜辭多云其雨其雪其風其攺者，未雨未雪未風未攺時貞卜之辭也；云止雨止雪止風止攺者，已雨已雪已風已攺時貞卜之辭也。上舉辭云：「貞征多雨？」又云：「貞征雨？不多雨？」足為吾說之徵。鐵雲藏龜（伍伍之叁）云：「鳳（風）止」殷契佚存（柒伍零）云：「酉晝，止雨。」字皆作止，不作征，允征當讀為止之確證矣。夫風雨為人所不樂，而晴啓則人所願樂也。卜辭於征雨征風之外復貞征攺，知殷人此等之占，意蓋在天象之紀錄，不關人情之願望與否也。或謂卜辭有貞攺者，攺即說文之啓字，此即止雨之貞，不勞別貞止雨。然說文云：「啓，雨而晝姓也。」字本从日攺聲，說文謂从啓省聲者，誤也。（詳釋戶啓扁）啓字从又从戶，象人手開戶。引申之，訓為開。今語通謂雨後晴霽為天開，正啓字之義也。雨而晝晴為啓，然徵之天象，有雨止不必即晴者，故卜辭於貞啓之外別有止雨之貞，不得合二事為一事也。如謂吾說為不然乎？其風其雨其攺等皆有貞，而止風止雨止攺等無貞，於事理為不可通矣」。（積甲文說十四葉釋征）

楊樹達

「甲文征字从彳从止，事至顯明。此字明見於說文二篇下辵部，謂是徙之或字，是也。乃羅振玉讀說文未熟，不知其書本有此字，而強以訓安步延延之延字當之，此已覺離奇矣。何者？甲文之征與徙之或體征形體全同，而與延則相異也。自羅氏為此釋，諸甲骨學者大都從之，不知其捨同形之字不用而別求他字之誤也。然安步延延之訓，不能適用於甲文之征雨也，於是又別求一从延之延字說之，（說文說延从延丿聲）謂征雨為延雨，謂為雨之連綿。然古書謂雨之繼續不止者為淫雨，為久雨，不聞有延雨之文也。且甲文於「征雨」之外，尚有「征風」「征攺」者征雪」之貞，如說為「延風」「延晴」「延雪」，文不可通也！余讀征為止，核之於文字之征从止聲，稽之於事理之貞風雨必貞止風雨，證之於甲骨文本身之有「止雨」「鳳止」，似皆較羅釋為長，而世人不肯輕信者，殆以有先入之言為主也。故余不得已，明羅氏之說為根本錯誤，非好施駁詰也。

殷人注意天象，無風雨則貞其將有與否，有風雨則貞其將止與否，此事理之宜也。余為此說，世或疑之。今試據甲文一證之。殷契粹編六六五片包含七辭，皆貞雨者也。惟第五辭云：「辛丑卜，不征雨？」余謂此辛丑日已降雨，故有此貞也。知者，同片第三辭云：「丁酉卜，辛丑至癸卯，雨？」下文記其應云：「允雨」。辛丑至癸卯允雨，故辛丑日貞止雨也。」（積甲文說十四葉釋征篇後記）

楊樹達

「原書辭二云：『甲辰，卜出貞，王疾首，亾征？』胡君云：征即延，言殷王武丁患頭病，勿延纏也。按征字自羅振玉釋為說文訓安步延延之延，（見書契考釋中六七葉下）近人皆從之。（見商承祚殷虛文字類編孫海波甲骨文編）胡君又似以延延為一字，故釋甲文之亾征為勿延纏。然說文辵部徙或作征，則甲文亾征即無徙也。疒首占無徙者，古有患病遷地之俗。漢書原涉傳記涉所知母病避疾在里舍，後漢書來歷傳記皇太子驚病不安，避幸乳母王聖舍，魯丕傳記趙王商欲避疾，移住學官，皆其事也。今俗人迷信，尚有其事。殷人尚鬼，蓋已早有此風，故占徙否也。（辭三一、四二至四六並同，不復出）又按征字从止，蓋即假為止。殷契卜辭六三九背云：『疒止？』殷契佚存九八片乙辭云：『辛亥卜，蛊貞，王疒出舌，隹止？』正用止字，可以證也。經傳恒言疾已，止已義同。又按甲文雨征風征之文常見，亦以征為止，與此文可以互證。」（積甲文說五十九葉亡征）

楊树达

「按说文征为徙字之或体，然徙雨徙雪徙風徙启，文义难通，疑征字从止声，征盖假为止也。卜辞多云其雨其雪其風其启者，未雨未雪未風未启时贞卜之辞也，云止雨止雪止風止启者，已雨已雪已風已启时贞卜之辞也。上举辞云：『贞征多雨？』又云：『贞止雨不多雨？』足为吾说之徵。铁云藏龟（伍伍之叁）云：『鳳（風）止』殷契佚存（柒伍零）云：『西晝，止雨。』字皆作止，不作征，尤征当读为止之确证矣。夫風雨为人所不乐，而晴启则人所願乐也。卜辞於征雨征風之外复有征启，知殷人此等之占，意盖在天象之记录，不关人情之願望与否也。」（释征，积微居甲文说卷上二五頁）

平心

「征从彳从止，止训至，与降各（㣂、格）的古义相合。方言：『㣂，至也。』诗经：『神之格斯』传：『格，至也；』格又训来，来与至义相通。金文和古书的降字恒有至义，凡言降、言各（㣂、格），都有到临的意思。小尔雅广诂训格为止，正与征从止相合。彳说文训小步，实即步履之义。古字从彳与从辵无别，说文：『辵，乍行乍止。』辵有行止之意，所以从彳从止，读为降各，是毫无窒礙的。」（甲骨文金石文杂记，华东师大学报（人文科学）一九五八年第一期一二页）

孫海波「𢓊，亿三二八七。貞人名。甲午卜，𢓊貞，東土受年。」（甲骨文编八一頁）

李孝定「說文『延安步延延也从廴从止』又『延長行也从延丿聲』。契文作𢓊，孫釋征，契文自有征字从𠂤，此从止不从正，孫說非是。羅釋延，王謂延延古通是也。而郭說尤為審諦，雖郭謂徙字與辵延無涉則未必然。竊疑辵征徙延延古本一字，及後孳乳寖多音義各別。而辵許訓『乍行乍止』、徙訓『迻也』、其重文作征延，訓『安步延延』，延訓『長行』，義猶相因也。契文之征釋為延，讀為延，於卜辭辭例均可通讀。如『貞今夕不征雨』藏三三、一，言雨不連綿也。『壬申卜殻貞王勿征狩』藏八八、三，謂王勿从獸無獻也。『貞征攸』藏一〇三、四，言雨霽或有待也。『貞不其征月風』藏一二〇、二，言風其久不息也。『貞曰師毋在茲征』前一、九、七，毋，葉玉森疑假為毋，是也。此言王師毋羈遲於此也。楊氏所舉『王疒首勿征』者，期其早占勿藥也。金文作𢓊濂侯鼎篇辭云『征命康侯啚于衛』。容庚云『孳乳為誕』其說是也。𢓊丁未爵 𢓊禦父己鼎 𢓊呂鼎 𢓊王孫鐘 𢓊延盤均與契文同」。（集釋〇六〇七葉）

赵诚「甲骨文写作𢓊，或写作𢓊，左右无别。均象止（趾）行走于道路之形。一切行走均有继续之义，则为本义之引申。卜辞用作副词，有『连绵』、『继续』之义，应为进一步之引申。从词义发展的角度来说，当是一种抽象、虚化的现象。

己酉卜，贞：今日征雨。（续四·一五·二）——今日继续下雨。

贞：今日征啟。（佚二一二五）——今天继续天晴。甲骨文征字或释作延，读作延。」（甲骨文虚词探索，古文字研究第十五辑二七九页）

按：字當釋延，讀作延，隸定作征。古延、延當本同字。與辵、徙有別。許慎說文解字實誤。郭沫若之說最為允當。延訓長，引伸之為連綿繼續之意。卜辭習見「征雨」、「征風」，謂風雨連綿不止息。「征攸」謂長有姓日。「帚好其征有疾；帚好不征有疾」（綴二七五），謂婦好之疾纏綿或不纏綿。猶綴二一〇「㞢疾目其征；㞢疾目不征」，謂患目疾是否纏綿。「王弜征往田，其雨」（後一·三〇·一六），謂將有雨，王勿繼續前往田獵。征亦用為祭名，祭而復祭乃謂之征：「㞢其征先甲，王受又」（佚三九四），即征用為祭名之例。字或作𢓊，係個別的通用現象。其辭云：「丙子，雨亡𢓊，丁丑攸，允攸」謂雨不連綿，次日將晴。次日丁丑，果然雨過天晴。（甲四七六）

祉乃貞人名之專用字，乃由㣚字所孳生。所有已經分化之文字，有時可以單向通用，但不得視為同字。

字亦从行作衎，甲二二一一「衎雨」連言，當為祉之異體無疑。或釋辵，非是。

2291 徙 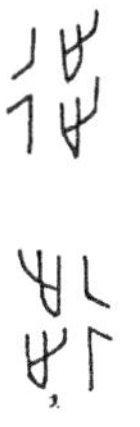

羅振玉 「說文解字徙从辵止聲，或从彳作祉，古文作𢓊。此與篆文同」。（殷釋中六十五葉下）

王襄 「古從字」。（簠室殷契類纂第九葉）

葉玉森 「許書之步，从止㞢相背。契文从二止，或相背，或否，象兩止前後進行狀。後下四三·三之𣥠，羅雪堂釋延。……非延字，又前六·二十二之𣥠，从行，亦步之繁文」。（說契五葉三行）

商承祚 「此步作衠，象人步行于通衢也。」（福氏所藏甲骨文字二頁上）

董作賓 「𢔏疑同衛，从兩止相背立於道上，即守衛之義，作𧗿者，衛之繁文」。

吳其昌 「『祉』者，亦殷代祭典之一種也。其原始之初形，作下列諸狀

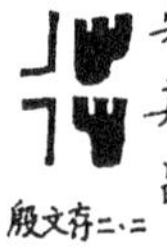

殷文存二·二四·一二

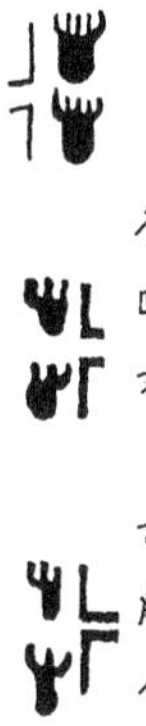

尊 殷文存一·二〇·九

乃象雙足步于通衢之形，斯即其朔義也。其後乃省二足為一足，而作㣚狀或𣥠狀，義亦已明，故說文解字云：『延，安步延延也』。于通衢上步，宜其延延安也。其在卜辭，如云：『丁丑卜貞，其還旅祉從于盂，往來亡巛』。（滴九七一）足證祉義之為步矣。『祉』義既為安步，而與『往』『來』『從』『旅』同類，斯亦得與『遘』義同類。其在卜辭，如云：『遘雚』，（後二·六·七）亦作『祉雚』。（後二·六·八）是相等之證也。又如云：『貞，其祉雨。』『貞，不其祉雨。』（林二·二七·一四）『貞，今丙午祉雨。今丙午不祉雨』，即他辭之『遘雨』『不遘雨』也。其後義轉而為祭；其在金文，如師遽毀云：『王在周，客新宮，王祉』。謂客新宮，王祭也。小盂鼎

2292

後

云：「王各廟……賓，祉」，謂王格廟，儐鬼神而祭之也。呂鼎云：「呂祉于太室」，謂祭于太室也。其在卜辭，如云：「庚子卜史，其祉于……」（後二、一〇、一〇）「其祉于宗弜」（摘五三五）「……卜王其祉𠙵史」（後二、二八、一一）又如云：「祉于祊宗」（前五、八、五）「于祊宗祉」（後二、一三、一七）此「祉」義皆為祭名之證也。……（中略——摘錄者）然則由「安步祉祉」之義何故而得引伸為祭名之一種耶？以恒情揆之，安步祉祉，由此以及彼也，故「祉」之義，亦得引伸為由此以延及彼。此片卜辭云：「示壬翌日，既其祉于示癸」（前一、一、七）是此片本以祭示壬由此以延及彼，因而祭示癸也。故知祉之為祭，乃推延而及之祭也。卜辭又云：「辛亥卜貞其衣，翌日，其祉。𢀜于室」（續二、一、一）是辛亥日衣祭，推延而及其翌日，又祉祭也。此尤為明確之驗也。且「祉」既與「遘」同類，因祭某某，從而祉及某某，正猶卜辭中因「祭某某」從而「遘某某」矣。此「祉」之一字，其意義源流變化之曲折也。……」（殷虛書契解詁第三〇——三一葉）

饒宗頤

「祉亦稱「犬祉」。祉蓋官犬人之職」（通考七四一葉）

孫海波

文編二卷二十葉收此作䢜，無說。

李孝定

「說文「䢜，迻也从辵止聲䢜徙或从彳𡸁古文徙」孫氏收此作徙，可从。後下四三、二辭云「☑丁尹徙」，殘泐，辭義不明。从辵从止，與小篆同。許書徙之或體作祉，與古文辵延二極相近，疑古本為一字也。金文作□从觚□从觶□子父辛尊與許書或體同」（集釋〇五二九葉）

李孝定

「卜辭中彳辵止及从此數文之字混淆最甚，蓋事類相同而古文繁簡左右每多無別，故有此現象也。後下一辭，其義不明，釋步釋徙均無確證，姑从羅說。至朱氏所引董先生說，揆其文意，董先生實指前六、二二、四之𣥠而言，非指後下四三、二之徙也，朱氏誤引」（集釋〇五三〇葉）

按：釋「徙」可從。辭均殘缺，其義不詳。

王襄 「𠧢，古違字異文」（簠洪第六葉）

李孝定 「契文自有衛字，此當隸定作𢓜」（集釋〇五九九葉）

李孝定 「从彳从止从夂，說文所無董彥堂先生曰『𢓜疑同衛从兩止相背立於道上即守衛之義作者衛之繁文』」（集釋〇五九九葉）

王襄釋步，參𠧢字条下

按：字可隸作「𢓜」，在卜辭為人名。其作「衛」者，在卜辭用為動詞，與「𢓜」有別，不能混同。

2293

⿰彳⿱止口 

董彥堂先生釋出，見寫本後記十四葉。

李孝定 「从彳或从行从出，說文所無。貞人名。金文作⿰彳⿱止口 矢簋 ⿰彳⿱止口 郭伯馭簋 ⿰彳⿱止口 魚鼎匕 ⿰彳⿱止口 且辰自」（集釋〇五九七葉）

夏淥釋出，參凵字条下。

按：字乃从「征」从「口」，釋「出」不可據。卜辭為人名或貞人名。

2294

⿰彳各 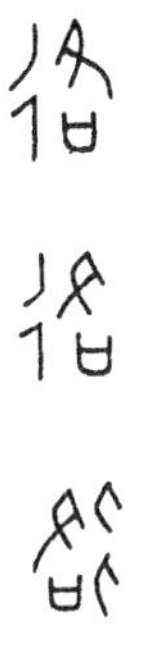

李孝定 「从彳从各，說文所無。郭說是也。許書與此字音義相當之字作假，解云『至也从彳叚聲』段注云『方言「假佫至也，邠唐冀兗之間曰假，或曰佫」。按佫，古格字。假，今本方言作假，非也。集韻四十禡可證。毛詩三頌假字或訓「大也」，或訓「至也」。訓至則為「假」之假借，僞書古文作「格」，今文作「假」，如「假于上下」，是也，亦假之假借」。按訓至之假經傳多假「假」字爲之，音義與格並同。許書彳部無洛有假，或偶失收耳，當於假篆下出重文洛，以爲假之古文。」（集釋〇五九八）

按：字从「彳」从「各」，隸當作「洛」，乃由「各」所孳乳，即說文訓爲「至」之「假」，典籍或假「格」或「假」爲之。卜辭皆用爲動詞。合集三七三八六辭云：「……卜，貞，衣彡日……犬𡫶祝……咒翌日……亥王其洛……每學」「洛」義當爲「格鬥」之「格」。卜辭或作「𡆧」，詳「各」字條下。

2295

征

孙海波「𢓊，續一·三·二。說文，延，正行也。或从彳作征。此与說文或体征字同。征系。」（甲骨文編六三頁）

孙海波「𢓊，燕八二五，从行从正，說文所无，疑为征字异文。」（甲骨文編八二頁）

按：字从「彳」、从「正」，隸當作「征」，與說文「延」之或體同。卜辭残缺，其義不詳。

2296

迨

按：字从「辵」、从「台」。辭残，其義不詳。

2297

衎

王襄「古辵字。許說乍行乍止也，从彳从止，此从行；彳行古通。散氏盤𨒪之辵，亦从衎作。」（簠室殷契類纂弟七葉）

孫海波文編二卷十九葉收後下十四·一八一文作辵，無說。

金祥恆續文編二卷二一葉下收上出第二至四形作辵無說。

李孝定　「說文『辵乍行乍止也从彳从止凡辵之屬皆从辵讀若春秋公羊傳曰「辵階而走」』。上出諸形，孫、金兩書收作辵，可从。古文从行从彳每無別，辵與徙仁卜辭當是一字。二字在小篆僅形體小別甲編二二一一辭云『卜狱囗衜雨』，與他辭言『徙雨』者，當是同字。徙字實應於小篆之辵，惟其義則與許書徙同。故本書仍分收衜作延，其實一字也。金文辵字偏旁均作祉，亦與卜辭延之作徙者同。乙三二八七之徙，當是徙之殘文」。（集釋〇五〇三葉）

2298

衜 

屈萬里　「衜，疑是征字之繁文，俟考」。（甲編考釋三一〇葉）

屈萬里　「衜，隸定之當作衜；當是征之異體」。（甲編考釋二七九葉）

饒宗頤　「『衜雨』（見屯甲二二一一）按衜雨殆即征雨，謂延雨也。从彳从行，祇是繁簡之異耳」。（通考一一三〇葉）

按：「衜」乃「征」之繁體。參見「征」字條。

王襄　「衜，从行，即步之繁文」。（簠考帝係六葉下）

許敬參　「衛（衜）羅釋衜，王釋違，均未安。按當是道字，行為路界，中步乃足跡，別有衛為籀文，與韋鼎中从口者迥異」。（考古社刊三期八十五葉鐵釋補正）

孫海波　「衜，鐵一二八·二。或从行。衜，鐵一四·一，二止相背。衜，佚二·一一·九。或从四止。

𠧄、前六・二二・四。或从彳。」（甲骨文編六〇——六一頁）

按：字从「行」、从「步」，隸當作「衛」。釋「衛」不可據。卜辭或稱「戎衛」、或稱「韋衛」，皆為征討之對象，為方國名。合集六八八二辭云：

「壬……內貞：……衛其來征我于茲宼」

則為「衛」前來侵犯，為殷之敵國無疑。

又合集六四七七反辭云：

「勿令子衛涉其……」

「子衛」則為人名。

2299

衛 

羅振玉　「說文解字：『歬不行而進謂之歬，从止在舟上。』此从歬从行，或省从彳，誼益顯矣。」（殷釋中六十七葉下）

王襄　「古前字。前或从行。」（簠室殷契類纂第六葉）

陳邦懷　「从止者，人足也，从舟者，謂人足歬進，如舟之歬進也。足與舟皆行而不已，歬誼昭然。考金文歬字，已不从行，許書因之。許君曰：不行而進，謂之歬，从止，在舟上。竊恐未諦。衛歬从舟，蓋與履顛古文履从舟同意，履顛从舟，謂履行者舟之行。許君說舟象履形，殆不然也。」（拾遺一葉）

葉玉森　「衛之異體作衛𧗿偂等形，本辭曰：『歬兄戊』，猶他辭言『先祖辛』（殷虛卜辭七十八）也。」（前釋一卷一一七葉）

李孝定　「說文：『歬、不行而進謂之歬。从止在舟上。』契文作上出諸形，从行从肖，或省行从彳，或並彳而省之，祇作肖，與小篆作肯者形近，當是一字。篆文之舟即卜辭之月所鵲变，字非从舟也。月乃般之古文，亦即今之盤字，象形。肯字从止在盤中，乃洗足之意，會意字也。衛若偂，乃从行或从彳肯聲。其但作肯者，乃段洗足字為前進字，非前進字本作此形也。下逮小彔歬字，反為借義所專，乃別出从水歬聲之湔字，以為洗足之專字。說文『湔水出蜀郡緜虒玉壘山東南入江，从水前聲。一曰「手瀚之」』。鈕樹玉說文校『手瀚之』下云『集韻引之作也」，當不誤。韻會、六書故引亦作也，而瀚作澣俗。』水經注江水條下引呂忱云「湔水一曰半浣水也」，蓋手譌為半，遂誤以為水名。玉篇「子田切。水名。又浣也。又子濺切，水湔也」，廣韻收去平二聲』。段注改『手瀚之』作『湔，半瀚也』，下注云『各本作手瀚之，今依水經注引字林手作半，依集韻玉篇之作也，此別一義，半瀚者，瀚衣不全濯之，僅濯其垢處曰湔。今俗語猶如此，此相沿言語，如云湔裙是也。廣韻湔「浣也。一曰水名」。此用說文而互易其先後耳。字林蓋全襲說文語而酈書於「湔水出緜虒玉壘山」下引呂忱云「一曰半浣水也，下注江」。此妄增「水」字，謂半浣為湔水別名，亦其涉獵者博，不無牴牾，濯者，瀚也，湔者，半浣也，說文屬辭之法』。王紹蘭段注訂云『按半即手之譌。玉篇云「又浣也」，其非半可知。集韻引之作也，六書故、韻會引亦作也，並不作半。各本一曰下無湔字』。按王氏所訂是也。今據栔文肯字字形及諸書湔下說解證之許書湔下說解當云『一曰洒或作瀚足也』，轉寫到誤，遂為『一曰手瀚之』，『足』誤為『手』，『也』誤為『之』，『瀚』字復到著『手』下，至『半』字分明是『手』字之誤，王說是也。廣韻湔下解云『洗也，一曰水名』，猶不誤，可證。自湔下說解沿譌日久，其所存瀚足之古義亦晦，乃不得不別出洗字以為洒足專字。說文『洗洒足也，从水先聲』。今許書湔下云『一曰手瀚也』，復另出洗字以為洒足專字似不誤。此種情況可有兩種解釋，其一許君已昧肯為洒足本字，湔為肯之後起字之義，而湔有瀚洒之義，猶相承未失，於是乃於湔下出『一曰瀚之也』之訓，而於水部別出洗字，以為洒足專字。其一則為許君猶未失湔為洒足之義，乃於湔下別出一解云『一曰瀚足也』，然經轉寫到誤為『手瀚之』，古義遂晦，後人乃不得不於水部增一『洗』字以為洒足專字耳。此又湔之後起字也。要之，肯當訓洒足，其用為前進之意者，假借字也。前進之本字當作𧗳或衛或𨒢，𨒢字未見於古文，衛之古文偏旁相通之義，此字當有栔文可證也。金文作肯兮仲鐘肯追簋肯善鼎弟一形猶與栔文相近，二、三兩形所从已漸與舟字相類矣」（集釋〇四五二葉）

按：合集三二〇七辭云：「……卯子衛于父乙」。「子衛」為人名。或但稱「衛」。

衛

2241

羅振玉　「說文解字：『韋，相背也，从舛口。韋獸之韋，可以束往戾相違背，故借為皮韋。古文作𩏑。』又：『衛，宿衛也，从韋帀从行，行列衛也。』卜辭韋衛一字，从口从㞢，象足守衛口內之形。獸皮可束枉戾，故由守衛之誼而引申為皮韋之韋。或从行从止从方。古金文作衛（衛父卣）。此省𠂤為ㄓ，又或增𠂤為𢔶而省方。」（殷釋中六十五葉上）

羅振玉　「說文解字：『徬，附行也，从彳旁聲。』案後世傍偟之傍，殆从旁省，與傍同。此从行方聲，與彷同。」（殷釋中六十七葉上）

王襄釋步參䜌字条下

王襄　「古衛字。（下字）衛之異文。」（簠室殷契類纂第九葉）

葉玉森　「按从行，象宮路四通。从䜌，象足跡環守。乃衛衛之繁文，衛衛从㞢（方）。方（方）象懸刀於架。以表守衛。……曰『多射衛』者，殆殷代虎衛，賓兼射人。」（枝譚二葉十八行）

又曰：「『多衛』（前一、三、四）官名，亦曰『衛臣』（鐵四十、一）或曰『多射衛』（前五、四二、五）又曰『虎衛』（押一、二九、九）疑即周禮夏官之虎賁氏。曰『多射衛』，殆殷代虎賁賓兼射人，漢制期門羽林虎賁同隸光祿寺卿，猶合古制。（枝譚）」（前釋卷一第三十四葉上）

商承祚　「此从旁省聲，意即傍偟之彷，雖不見于許書，然莊子史記皆有之。」（類編二卷十六葉）

郭沫若　「迒即彷若徬字，此假為防。卜辭『多射衛』習見，防猶衛也。」（粹十五考釋）

郭沫若　「衛疑是防字之異。」（卜通考釋一〇三葉背四七五片釋文）

吳其昌　「……且『衛』之初文見於夢郼草堂吉金圖續編葉二十三衛彝者，其文如上（錄如左——摘錄者）。

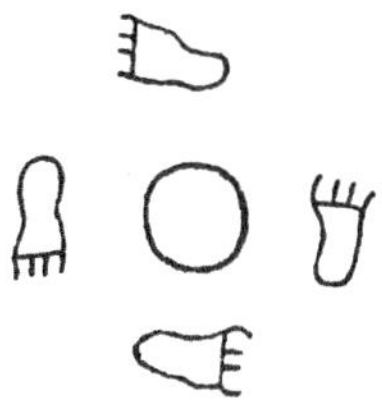

中像有地一方，而四旁足跡迴環繞之，（順次左旋）是有地而守衛之意也。是原始衛字之朔義也。其後或由[字形]形（前八、四、七）[字形]形（後二、一一、九）而增汴，則象其所周帀守衛之方，有四達之衛之狀也。其中央所守衛之地或作口形而字作[字形]，則如衛司寇良夫壺，司寇良夫毀，及隔攸从鼎……諸『衛』字是也。或从『方』而字作[字形]，則如穌衛妃鼎、衛父卣、衛公叔兕觥……諸『衛』字是也。此片（指前一、三、四）卜辭其『衛』字已從『方』亦足證甲骨契文『口』形與『方』字之無別矣。」（殷虛書契解詁第六五——六六葉）

孫海波

「[字形]，湖七一六。或从彳。韋 前四三一．六。卜辭用韋為衛，重見韋下。韋自寮即衛師寮，官名。」（甲骨文編八二頁）

陳夢家

「卜辭『多射、衛』似當讀作多射與衛，都是官命。衛字於武丁時作衛，廩辛以後作衛，與西周金文衛國之衛同。以下各辭的衛，亦是官名：

乎衛——勿乎衛　續五．一五．一〇，五．二三．一〇
令射、衛　續三．四七．一
其乎北御史、衛　甲一六三六
廼乎歸衛、射、亞　甲二八二七
戍、衛不雉衆　粹一一五三
邊儥衛又戈　佚二二．一六
才丂遊來告辰，衛其从史，受又　思泊藏器

凡此衛與戍、射、亞、北御史等官名並列，它可能是『侯、甸、男、衛』之衛，乃界於邊域上的小諸侯。」（綜述五一二葉）

李孝定

「說文『徬附行也从彳旁聲』契文作徬即後世徬徨之徬，當為徬之古文。羅商

之說是也。辭云「多射彷」（前五、四二、五。葉玉森云：「按「多射衛」官名，一作「多射衛」。一後下二六、一）衛與衛及他辭之衛（後下二十二、十六。）同字，疑衛為虎賁之官，从𠂔象懸刀於架，示守衛意。以止或步象足跡巡行」（前釋卷五第四十七葉）又云「貞衛不口寇」（乙五二八八疑並當讀為防。防之本義為隄，引申之為凡備禦之稱也。葉氏以多射彷為官名，可從，然實非衛字。他辭言多射衛者，同實而異名也。又乙五二八八辭與「貞勿出乙」對貞，又疑衛當讀為彷，單辭孤證不能確指也」（集釋〇五七五葉）

李孝定　「从行从方从先，說文所無。辭云「乙巳卜余乎卜衛」，疑衛之異構」（集釋〇六二一葉）

李孝定　「从辵从方，說文所無」（集釋〇五五四葉）

李孝定　「說文：「衛，宿衛也，从韋帀，从行，行，列衛也」。契文从行韋省。从方殆即篆文从帀所由譌變。郭疑衛為防字之異，非是。契文另有衛字，疑或假為防，見前彷字條。字不从止，與此有別，許訓宿衛當即此字朔誼。金文作衛弓衛且己爵 衛爵文 衛康侯啚簋 衛衛父卣 衛賢簋 衛伯衛父盉 衛衛簋 衛 衛衛尊 衛穌衛妃鼎 衛司寇良父壺 衛司寇良父簋 衛鬲攸比鼎 衛衛子簋作衛者，與契文全同。衛子簋一文已譌方為不，當為小篆从帀所自昉，其遞嬗之迹可尋也」（集釋〇六一六葉）

饒宗頤　「卜辭：乙酉卜，㱿貞：呂方衛，王其勿告于乙。續三、四、二
……卜，㱿貞：呂方衛，沚（一率）伐不王……南北明七九

按衛从行从方，又益止旁或西旁，當是「彷」字。卜辭云：「其衛于𠂤示」（續編五、九、二）為門內祭先祖彷徨之彷，此則讀為「方命」之方。堯典「方命圮族」，孟子「方命虐民」，方，叛也。右辭言者方叛不來王，乃率伐之」（通考一七一——一七二葉）

饒宗頤　「按卜辭恒見「多射衛」「多馬衛」一類之語。衛即彷，有巡視義。舊釋衛，非」（通考五六九葉）

饒宗頤　「按衛即門內祭先祖彷徨之彷，與祊同用」（通考五一六葉）

饒宗頤　「按衔字舊釋衛，然其字有从方从行者，如『王衔』（李棪藏骨）又為祭名，（如『衔于食示』（續編五、九、二）明為彷徨之彷。其云『多馬衔』，或『多射衔』（粹編一五）多馬多射並武職；衔者，後世演為聮緜字之彷徨、彷徨，猶徘徊也。卜辭之『衔』，有巡行意。」（通考五二九葉）

屈萬里　「卜辭『出于口，从東衛？』（甲編四三六）衛，蓋即尚書侯，甸，男，衛之衛，亦諸侯之一種也。東衛，謂東方之侯衛」（甲編考釋六八葉）

屈萬里　「卜辭：『癸巳卜：其乎北御史衛？』（甲編一六三六）衛，於此當為動詞；謂護衛也。綜述謂為武官之職名（五一二葉）；蓋不然矣」。（甲編考釋二一六葉）

裘錫圭　「卜辭里数见『在某（地名）卫』的称呼：

(56) 口亥贞：才丆卫来。（邺三下四八·六）

(57) 丁亥卜：才𡆥卫酒元（？）鞍册又奏方列今藲（秋）王其史口　（合二八〇〇九）

(58) 口巳卜：才𡆥卫囗（珠六八二）

(59) 其取才㳄卫凡于口，王弗每。（屯南一〇〇八）

上引诸辞，(56)属历组，(58)(59)属三、四期，(57)的字体介于二者之间。(56)(57)的地名皆不识。(58)的𡆥也写作𡆥，或释『寻』，(59)的㳄或释『演』，都是卜辞屡见的地名。『在某卫』应该是被商王派驻在商都以外某地保卫商王国的武官。『卫』后来也成为一种诸侯（指广义的诸侯，包括所谓附庸，下同）的名称。尚书的酒诰、顾命都有侯、甸、男、卫之语。国语郑语『妘姓邬、郐、路、偪阳，曹姓邹、莒，皆为采、卫，或在王室，或在夷狄，莫之数也。』

综述既把卫列为武官的一种，说卫在卜辞中为边地的一种官，又说『它可能是侯、甸、男、卫之卫，乃畀于边域上的小诸侯』。二说似有矛盾。其实，卫应该象田、牧一样，先是一种职官，后来演变成诸侯，中间经历了一个发展过程。」（甲骨卜辞中所见的「田」、「牧」、「卫」等职官的研究、文史第十九辑第九页）

裘锡圭　「贞：叀木令衔。一月。　燕598

壬午贞：癸未王令木[⿴行止]。　甲600

『[⿴行止]』也是『衛』的异体，或析为『方』、『止』二字，非是。」（论「历组卜辞」的时代古

文字研究第六辑二八七页）

陈炜湛：「裘（锡圭）谓㞢也是衛的异体，似过于武断。且不论衛与㞢是否一字；㞢与㞢虽然均由止与方组成，但结构方式正好相反，就未必是一字。甲骨文中同一组偏旁部首（构字部件）只因配置部位不同而构成不同文字者可谓不乏其例，如𨸏之与𠂤或𡴂，𡳾之与𣎵，能说是一字异体么？」（裘锡圭论「历组卜辞」的时代一文中二十组文例的商榷，出土文献研究一八页）

姚孝遂 肖丁：「728

(1)「方其至，王……戍𠂤」

(2)「王其乎戍征衛，弗每」

(3)「㢽乎衛，其每」

(4)「㢽乎戍衛，其每」

此片各辞，均与「方其至」有关。「方」来侵犯，商王征集师旅进行保衛。「衛」即「衛」字。

「戍」为军事组织之一种，有较为固定之驻地。「戍𠂤」连称，则前所未见。

「王乎戍衛」，为调集地方之驻军进行保卫。卜辞「乎卫」之对象尚有「多射」（甲1167）「𠂤」（前4.31.5）等。」（小屯南地甲骨考释九二—九三页）

刘钊：「「衛年」、「衛禾」是指保衛成熟之谷物而言。殷边鄙之田地经常受到侵扰，成熟的谷物随时有被掠走的危险。」（卜辞所见殷代的军事活动，古文字研究一一七页）

柯昌济：「令多射衛一月（后下二六·一）

贞令多射𧗿（粹一五）

𧗿为㣬字古文，与衛字义无涉，疑为衛之假用字形相近之字。」（殷墟卜辞综类例证考释，古文字研究十六辑一四九页）

按：甲骨文㣬、衛、㣬、衛、𧗿诸字，均当释衛，试比较其辞例如下：

「令多射衛，一月」後二·二六·一

衛　違　衛　衛

「令多射衛」（粹一五）

「多射衛从陟，八月」（前五·四二·五）

陳夢家謂「卜辭多射，衛似當讀作多射與衛，都是官名。衛字於武丁時作衛，廩辛以後作衛，與西周金文衛國之衛同」（綜述五一二）。多射與其為職官名，不如為軍隊組織名，更為確切。卜辭或稱「三百射」。「令多射衛」，衛為動詞，用當如「趙策」「願備青衣衛王宫」之衛。陳氏所據佃二八二七以為衛、射、亚並列，均為職官名，乃誤釋原文所致。

衛之引伸義為凡一切維護之稱：

「衛王目于匕己」（南坊三·三九）

「王其乎衛目，其來，王受又」（識四〇·一）

均為商王患目疾，乞求祖妣之庇護。

字亦作衛：

「王衛祝于且辛」（鄴一·三二·六）

「从東衛」（佃四三六）

至於韋字，當釋韋，只用作人名，無用作動詞者，與衛有別，不能認為「卜辭韋衛一字」。若衛或衛，均為地名，亦不當視為衛字之異構。

唐蘭　「衛舊不識，余謂是還之本字，卜辭曰：『貞，呂方衛，𢀛告于且乙』者，（𢅤上二九·二）『貞呂方還勿告于祖乙也。』『貞呂方口衛』者，（𥂴文十四）貞呂方其還也。此云『貞方不口衛』者，貞方不其還也。字从行从方从西，從方與口同，卜辭以衛為衛可證。衛袁古一字，卜辭衛或者作衛，師遽尊環字偏旁作㫄，當即衛之省變。衛從西與目同，伯睘卣睘作𥄕可證，然則衛即古睘字，亦即還字也」。（天壤文釋四十九葉）

胡厚宣从唐說。見殷代吾方考十葉下引唐說。（商史論叢初集第二冊）

李孝定　「說文：『還，復也，从辵，睘聲』。唐氏釋此為還，於辭形辭義兩均洽適，其說是也。金文作𨘢免簠𨘢散盤𨘢鄂侯鼎𨘢伐遽伯簋𨘢鯀還鼎與契文略同。金文編還字下又收作𨘢一文，見乙亥鼎。諦審乙亥鼎見愙齋第六葉下銘文實作𨘢其上半漫漶不明大致如此疑當釋還，

決非還字」（集釋〇五三一葉）

劉　劍　「『衛』字又作『衛』，或釋『還』，不確。其構形原理是在『衛』或『衛』上加『眉』字而成，這可能有声音的因素在內。合集七二一一片『衛』字作『衛』，从眉从衛，甚為显明。『衛』字祇用於方國的防禦。這种用法上的区別如同『正』和『品』的关係一樣。」（卜辭所見殷代的軍事活動，古文字研究十六輯一一八頁）

按：唐蘭釋還，非是。其所从之睘與睘迥然有別。摘明七九辭例較為完整：

「……卜，㱿貞，舌方衛，率伐不？王告于且乙，其征，匄又，七月；……㱿貞，舌方衛，率伐不？王其征，告于且乙，匄又。」

義為舌方反叛，商王準備前往征討，祭告於且乙，乞求保祐。所有其它衛字用法，均與此相同。決無還義。字當从「𠂤」聲。疑當讀作「違」，乃由「韋」字衍化而來：「韋」「衛」「違」諸字同源。

衞

朴海波　「衞，前六·二三·四，从行从武，說文所无，疑为㣟字异文。」（甲骨文編八五頁）

沈之瑜　濮茅左　「……拓本缩小后刊登在双剑誃殷契骈枝三编上。……一九八一年六月邓（雅）女士将此骨慨然捐献上海博物馆。……在研究过程中，我们发现了郭若愚同志编纂的殷契拾掇第一·四二〇版，与本版是同时奇卜的，版序为一，辞式、内容、契刻部位完全一致，惜骨下半部已残缺，但近臼头骨面处有一重要决辞，为本版所无，上面刻着四个醒目大字『兹用丁亥』，这一关键之语，使我们明白了整个占卜的结果，同时又提供了本版有时日三辞的线索。……

断代：于省吾先生双剑誃殷絜骈枝释上乙下乙中将此版断为第四期卜辞。从本版的字体风格来看，确当属于第四期（即武乙文丁时期）之物。……

释文：

（1）辛未贞，在丂，遨（牧）来告：辰衞其从史（事），受又（佑）？　三。

（2）𢎥从？　三。

（3）𠦪其上？三。
（4）𠦪其下？三。
（5）𠦪其上自祖乙？三。
（6）𠦪其下自小乙？三。
（7）𠦪叀（唯）甲酒？
（8）𠦪叀（唯）乙酒？
（9）𠦪叀（唯）丁酒？
（10）𠦪其即宗于圕（上甲）？
（11）弜即宗？

内容大意：本版自下向上而读。辛未日，王在丂地时，遊来报告，是否要跟从辰去出伐？为了这件事进行了占卜，问这样做先祖会保佑吗？王对此事非常慎重，接着要向上、下祖神祈求保佑，范围是上自祖乙、下自小乙诸祖神，并且准备酒祭的仪式进行，究竟在哪一天呢？于是选了甲日，占卜后结果得兆不吉，又选了乙日，占卜后还是不吉，最后选了丁日得吉。占卜结果本版虽无叙述，但与本版同套的殷契拾掇第一·四二〇版中，明确地告诉我们：「兹用丁亥」。即在丁亥日进行酒祭，向上自祖乙、下自小乙的诸祖神祈求保佑，骨版最后一组对贞卜辞是问在宗庙进行酒祭，向祖神祈求保佑，先祖上甲会来就享祀吗？……

衛，甲骨文编、续甲骨文编、甲骨文字集释、殷墟卜辞综类均无收入。诸家无释。据其字形来看，似是「衛」或「𢓊」的繁文。……杨树达将「衛」、「𢓊」二形都释作「過」，……卜辞中的「衛」但我们罗列一下与这二字形有关的卜辞，再来看看，就会觉得有问题了。……卜辞中的「𢓊」都和「伐」连用，无一例外……卜辞中的「𢓊」都是下接地名……用法判然有别，绝无通用之例。从卜辞内容来分析，「衛」含有征伐之意，𢓊含有田、往之意，殷人在使用这二字时，是有严格的区分，故把衛、𢓊统释为「过」字是欠妥当的。本辞「衛」，从字形和它在卜辞中的意义来看，有征伐之意。字不识待考。……

上、下，本版5、6辞中的上、下，是指祖神的范围。它清楚地指出上自祖乙、下自小乙的诸祖神。」（套卜大骨一版考释上海博物馆集刊第二期一〇——一四页）

按：辭見於合集三二六一六，沈之瑜已詳加分析。字可隸作「衛」，為卜辭所僅見，尚有待於進一步的辭例證明。參見2344「衎」字條。

2303 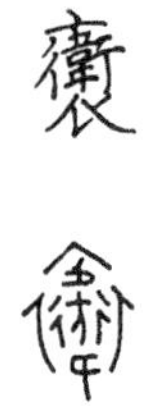

按：字从「衛」、从「衣」。辭殘，其義不詳。

2304 

按：合集二九四二辭云：「……卜，王貞：……勿𦨶𢓊彡……商卸于……」此與合集二八〇〇九「衛彡」之辭例同，疑為「先衍」之合文。

2305 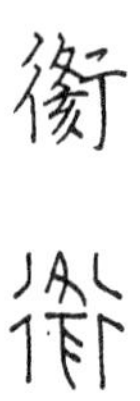

按：合集九二三三正辭云「……永貞，𡆥㞢衡；……永貞，𡆥亡其衡」為祭名，有可能為「衍」之異構。契文「勞」亦作「𤇾」可證。

2306 

孫詒讓　「𢛳字古从彳，左亦从𥃦，當即德之省文。說文德惪皆以直為聲母。𠃊部『直，正見也，从十目𠃊』，此𢛳从十目而省𠃊，即直字也。金文𧀼德氏壺德从𢔶，亦从直省𠃊，與此同」。（舉例下八葉上）

羅振玉　「說文解字：『德，升也，从彳惪聲』。此从彳从𥃦（吳中丞曰，𥃦古相字，是也）。曆鼎與此同。德，得也，故卜辭中皆借為得失字。視而有所得也，故从𥃦」。（殷釋中七十二葉上）

王襄 「𢓊，古省字，从彳，反文如，即眚，从生省，从目。逗閒敦作𢓊，𤼈敦作𢓊，均从生省。許說省从眉省，从屮，屮乃生之省，疑省眚古本一字。周禮大司馬：「馮弱犯寡則眚之」，注：「猶人省瘦也」。省方，見于易之觀：先王以省方觀之設教，又復后不省方。省方，即尚書舜典巡守之禮」。（簠考游田一葉上）

王襄 「契文之省，从彳从𠙴。𠙴从生省，从目，即眚。豆閒敦作𢓊，揚敦作𢓊，均从生省，从目，借为生。許説省从眉省，从屮，屮乃生之省文，疑省、眚古为一字，周礼大司马：「馮弱犯寡則省之」，注：「狱人省瘦也」。卜辞云：「王省方」，又云：「王省土方」，又云：「王往省牛」，省牛，即省牲之礼，周易观：「先王以省方观民設教」，又復：「后不省方」，是均可证省、眚为一字。省方即尚书舜典巡守之礼，或释循。……」（古文流变肊说五三至五四页）

葉玉森 「按林義光氏釋𣪘鼎「𢓊道」為「循道」（文源）至塙。他辭云「貞𢓊不其𢓊」，（藏五五·四）「☐貞多口不其𢓊伐苦方」，（藏一九二·三）「貞王𢓊土☐」，「貞王勿𢓊」（仍𢓊字微省筆）「土方」，（揃七·七·四）「庚申卜殻貞今春王𢓊土方☐之口叉」（押二·九·二）各辭中之𢓊如釋德似不可通，訓得亦未安，當即循字。禮月令「循行國邑」，循即巡。左莊二十一年傳「巡者循也」。循巡古通。（殷契鉤沈）」（前釋四卷二十四葉）

商承祚 「𢓊又作𢔏字，从彳从𠙴，揃六·七·三，有𠙴字，余釋為直。類篇卷十二第一葉孫仲頌詒讓謂𢓊字左从彳，右从𠙴，當即德之省。說文德悳皆以直為聲母，乚部直正視也，从十目乚，此𠙴从十目而省乚，即直字也，舉例下七葉後人多从之。葉洪漁先生謂為循字，通巡。鉤沈一卷五葉郭沫若先生謂循伐猶言征伐是也，謂古文直字僅作𥃦，若循無作直者，小篆从乚，殆彳形之譌。卜通征伐一一〇葉則以為未諦，篆文直从乚乃後增益，非因彳誤也。左襄七年傳能正人之曲，曰直。循从彳者行而正之，義當為征伐之循之專用字」。（佚存考釋八葉）

郭沫若 「𢓊字羅釋德，謂「曆鼎與此同，德得也，故卜辭中皆借為得失字」。然曆鼎德字仍从心作，僅稍鏽蝕耳，與此並不同。曩余釋為循，緣𣪘鼎「師雝父循衛至于𩰫」（衛即春秋時道國）字與此近似。然彼乃从彳眚聲之字，自是省視字之繁文，與此从直者有異。（卜辭十均作丨故知字从十目）今按此蓋直之繁文也。古金文德字均从此作，（曩余謂「於文以省心為德」者當作直）陳侯因資錞「合易氒悳」字作𢔏，省彳，是知徝與直古乃一字矣。說文以悳為道德字，說德為「升也，从彳悳聲」。然金文道德字僅陳侯因𬮭錞一例作悳，餘均作德。陳侯𬮭錞乃晚周之器，斷無古均用假字，而晚世用本字之理。是知許說不足信。又由金文德若悳字觀之，則古文直字僅作直若徝，無作直者。小篆从乚，蓋之形之譌矣。直者正也，「徝伐」殆猶言征伐。又直音古與特同，則由雙聲讀為「撻伐」亦可通」。（卜通一一〇葉五〇八片釋文）

魯實先

「𢓊若𥄎當隸定為徝若直，即直之初文。直於卜辭有六義：1.祭名，即禮鄭特牲「直祭祝于主」之直。2.種植之植。3.徝伐者，徝義為正。4.方名。5.假為遊陟之陟。6.讀如左傳「華元為植」之植」。（詳見姓氏通釋之一第三十九葉）

孙海波

「𢓊，甲二三〇。罗振玉释德云，卜辭皆借为得失字。庚辰卜，王貞，朕德今。六月。」（甲骨文编七四頁）

李孝定

「說文：「循，行順也。」段氏依大誓正義所引刪順字。从彳，盾聲」。契文作𢓊，羅釋德。然金文德字均从心作，契文𢓊字無慮數十百見，無一从心者，可證二者實非一字。且釋德於卜辭辭例亦不可通。郭隸定作徝若直謂即直之古文，於字形差近，於卜辭言徝伐訓為正伐或讀為撻伐亦可通讀。惟卜辭云「丁巳卜貞𢀛于口王𢓊入」（甲編一八九）「庚辰卜王貞朕𢓊今六月」（甲編二三〇四「口𢓊今𣖒春口方」（甲編二八三八）單言𢓊，不與伐字連文，如釋直辭意難通，魯君謂陟為遊陟之陟，按陟許訓登，經傳亦多訓登、訓升、訓上。甲編二八三八於其方言𢓊，如讀為陟亦覺不辭。屈君釋省，訓為巡視，其義是也。惟省从生猶，契文之無一从生猶作𢓊者，其說亦覺未安。惟葉君釋循於字形辭義均優有可說。按說文「盾，瞂也，所以扞身蔽目，象形」。小徐繫傳「象形」之下有「厂聲」二字。沈濤古本考亦宗小徐說。若然，則盾字从目象形，契文𢓊字即从彳从盾省聲，或謂厂聲二字乃衍文，則𢓊字亦可解為从彳盾省聲也。卜辭言循伐者，言以兵威撫循之。史記項羽本紀「於是梁為會稽守，籍為裨將，循下縣，廣陵人召平於是為陳王徇廣陵，未能下」之徇，集解引「李奇曰『徇，略也』。如淳曰『徇音撫徇之徇，徇其人民』」，正義「以兵威服之曰下」。正卜辭循伐之意也。單言循或言循某方者，則行巡視之義也」。（集釋〇五六七葉）

饒宗頤

「按𢓊即循，循方語習見。易復：「后不省方」。淮南精神訓：「禹南省方」。東京賦：「省方巡狩」。中鼎及中甗：「王令中先省南或（國）」。𩛥鼎：「師雝父循衛（討），至於款（甫）」。循有巡視義」。（通考一七三葉）

饒宗頤「以循為是。天問：『降省下土四方』，解言省視下上之順否，省本有占義。後漢書方術傳：『省氣』，注謂：『觀城郭人畜氣以占之』，以省訓占，亦通」（通考一五三——一五四葉）

屈萬里「𥄂，羅振玉釋德，云：『卜辭中皆用為得失字』。按：字當與𥄂同，隸定之當作循，巡視也」（甲釋一八九片釋文）

史景成「按『循』卜辭作徝或𥄂，从彳从十目，而十目之义，据說文，即正見或正視也。又『彳』為行走之义。循巡古通，故循有巡視或巡察之义。如礼記月令：『循行国邑』，循即巡。」（加拿大安省皇家博物館所藏一片大胛骨的刻辭考釋中国文字第四十六册五一四一页）

張秉权「徝，孫詒讓釋德（注一）。罗振玉从之，說是借為得失之得（注二）。林义光釋叡鼎徝道為循道（注二）。叶玉森从之，並据礼記月令：『循行國邑』及左傳莊公二十年：『巡者循也』，說是『循巡古通』（注四）。其說可信，今楷定為徝。『王出徝』就是『王出巡』的意思。」（殷虛文字丙編考釋第四五頁）

（注一）見契文舉例下第八頁。

（注二）見殷虛书契考釋中第七二頁（增訂本）。

（注三）見文源

（注四）見殷虛鉤沈

斯維至「目不是象目（眼睛）之形，而是象种子之形；上面一直，則象种子冒出土面之茎。丨或作屮，也若作十，屮象茎上長出兩边之叶，十則象茎上之包。在金文里已由十变为十，与彳心结合，便成德字。如依何新同志之說，𥄂象目正視一直线之形，那么𥄂不是目視而旁了嗎？否則是目視四方了吗？這是說不通的！我认为，芽初出土，挺秀直立，不必取义于正視成一直綫。

或問：你說象种子之形，前人无說，是否有根据？答曰，有，而且就在說文目部中可以找到例証。

目，叫作眼，也叫做眼睛。小篆作眼。𥃩即今艮字。按𥃩象种子有須之形。后人不知目为种子，又加偏旁目（眼睛），也象眼目之形，岂不重复？当然，形声字重复之例是很多的，但𥃩不是眼目之形，甚明。𥃩本象种子有須，長成之后，即成根，故𥃩即是根之初文。为什么称目为眼呢？意即它就是人体的根本。凡是从艮之字，如根、䯪、𧝔、很、限等，都有根本之义或引申为阻碍之义。

又如目部中之睦、省、生等字，我以为它们所从之目，也象种子之形，而非眼目之目。睦，古文作畓，省之古文作□，形虽小变，但都象人面之形。因为古人不知植物生长之理，而认为它是由精灵的力量所致，所以画一人面形。這人面形不是一般的人面形，而是精灵。种子就是精子，由精灵而知是精子，对人说，這是人类思想上的一大進步，但是它仍离不开种子之一意义。因为对植物说，是种子，对人体说，就是精子了。目之为眼，前面已说。目之为睛，睛者精也，即人体之精的意思，和眼为人体的根一样。睦，小篆作睦，已由人面形变为目形，並且于圥下加土，象草木長于土上。由此可知目之演变的痕迹。眚，說文释为目翳之病，是以目为眼睛。但是我仍认为它可能是象种子之形，否则生与目就毫无关系。因为种子有层层的包裹，且有毒素，故此字往往包含灾眚、征伐、巡行等义。……

总之，目形与种子之形，本甚相似，或者本是同形，而义不同，因为紊淆已久，已难分辨，不过，却值得仔细分辨的。」（关于德字的形义问题，人文杂志一九八三年五期八六——八七页）

陈炜湛

「征伐璞循䡴：这是一组关于征伐战争的同义词。……循作𢓊 □（罗振玉释德，非是），从彳从直，即循，验之卜辞，知其义与征伐确近：

戊辰卜，㱿贞：王循土方？（京津一二五五）

贞：王循方？贞：王勿循方？（遗珠四六七）

丁未卜，王贞：余惠羌循？（铁遗五·一）

亦有称循伐者：

贞：王循伐方，受㞢又？（京都八九一）

庚申卜，㱿贞：今□王循伐土方？（绝一·二七·一一，东京B〇三七一）

疑似后世之征伐。」（甲骨文同义词研究古文字学论集初编一三八页）

赵诚

「甲骨文的循字写作𢓊，从□为□字之简写，有用眼睛看的意思，在整个字里似又用作声符，近似于说文所说之『点声』。从彳表示道路。合在一起似表示巡视，应为其本义，从彳从眚，眚点声，当为形声字。依眚即省之例，则循应即循字。卜辞的循作为动词，大体有两种意义，一为巡视，当是本义，另一为观察之义，当是本义之引申。如：

戊辰卜，㱿贞，王循土方。（京一二五五）

借本为巡视，用为观察、监视之义，……是很自然的引申。」（甲骨文行为动词探索（二）古文字研究第十七辑三三五页）

何新　「考諸甲骨文，德字原形作：

𢔶　伊二三〇四　𢔶　𢔶二四〇。　徝　𢔶三九·七

此字在字形上乃由两部分构成，即：

A．𡗜（直）　B．㐄（行）或　C．彳（彳）卜（亍）

案：A字形象眼目，上竖一直綫，此字即甲骨文和金文中的『直』字，前人早有定論。B字即甲骨文和金文中的『行』字，其形象四通的道路。亦早有定論。C字的二形，一看即明，乃是『行』字析开后左、右二部的省体。即『彳』与『亍』字。

由此可知，甲骨文中『德』字的本字，用楷书的写法，其形当作『徝』或『衜』。此字即战国盟书（九二·三四）上的銘文：

徝（盟书九二·三四，战国）

因之，說文及段注訓『德』从『彳』，是对的。而释其义为『升』或『登』（升、登均古量具也，十合为升），并把它归入『悳』的声部，则是错的。

实际上，甲骨文中並无『悳』或『悳』字。此字出现于晚周金文中，並且颇为多見（說德认为『金文只陈侯因資敦中有悳字』，有误），其形作：

𢛳（者沪鐘，春秋）　𢛳（盟书三·七，战国）

而此形实又演变自早期金文中的：

德（盂鼎，早周）　德（毛公鼎，晚周）　德（史頌鼎，中周）

綜上述字形，我们已可推出『德』字的形变順序，即：

𢔶（甲骨文）→徝→德（金文）→𢛳→德→德（楷書）；𢛳→悳（說文）→悳

在『德』字形变序列中，值得注意的一点是，在周代金文德字中，出现了一个甲骨文中所没有的符号：心　心（即心字）

这一点对于理解周代『德』字的意义变化，至关重要，且容后述。

前已指明，甲骨文中德字原形由「直」和「行」两部分組成。說文訓直：「直，正見也。从十、目、乚」（直）。而在甲骨文中，直字从目、从丨，象目光凝注于一线直視之形：

ㄓ（前四、三三、六）

又案：說文誤直为从「十」。实則甲骨文中目从「十」字乃是「省」字，即：

ㄓ（粹一〇四五）

但說文訓省：「視也」。段注：「省者，察也。察者，覈也。」是正确的。「省」字字形正象目光散射四望之形，与「直」字适成明显对比。

「德」的本字合「直」与「行」二字于一体，显然是取直視前方以行走之义。而直視于前方者，又常有所期求也。故罗振玉谓：「卜辞中德字皆借为得失字」（殷虚书契前编）如：

「庚辰卜，王貞，朕德兮？六月。」（甲二三〇四）

「貞，亡（无）德？」（佚三七五）

「貞，㞢（有）德？」（佚九〇七）

案「得」字在甲骨文中，形作：

𢔶（二一一三） 𢔶（佚一八四） 𢔶（清五、一）

其字形从「彳」（道路），从「又」（手爪形），从「貝」（張开口的貝壳）。取象于路上以手拾貝，或以手持貝之形。說文释得：「行有所㝵也」，古文省彳。這一训义是对的，与甲骨文「得」字的训义均完全相符。而在甲骨文中，「德」与「得」形不同，义相近，音相通。其差别乃在于，得失尚未可定，有疑问、有期求之际，用「德」（如上引卜辞）。而得已定，确有所获之际，则用得貝之「得」。德、得相通，此其古文之一也。但另一方面，又因为德字的造字本义是直視而行，所以一切正直的品行即皆可称为「德行」。（辨德，人文杂志一九八五年四期九七——九八頁）

按：字當釋「循」，讀作「巡」，李孝定已詳加論證，唯不必以兵盾為言。

2307

送 𢓜 𢓜 𢓜

羅振玉　「說文解字：『㣤，迹也，从彳戔聲』。案㣤與踐同，踐訓行（儀禮士相見禮注），訓往（呂氏春秋古樂篇注），此从辵从戈，或省止，與許書之㣤同。但戈戔殊耳。又許書㣤衜並訓迹，乃一字。踐雖訓履，然與㣤亦一字。是一字而析為三矣」（殷釋中六十七葉上）

王襄　「古衛字」（類纂存疑第二第九葉下）

王襄　「從𢓊，古𢦔字，从戔省，从走，彳與走古通」（簠考游田第五葉上）

王襄　「古𢦔字，許說迹也，又訓迹，步處也，有至之誼。文曰王𢦔于某，猶云王至于某也，與踐衛並通」（簠室殷契類纂第八葉）

王襄　「說文解字：『𢦔，迹也，』又『迹，步处也。』『足之步处，在人為至，是𢦔有至誼。』卜辭云：王𢦔于某，犹云王至于某也。𢦔从戔，省作戋，或為戋、戋、戋，彳或省作彡、乚，异体亦多。又行部有衛，訓迹；足部有践，訓履，与蹈同誼。蹈，許訓履也，皆有至誼。𢦔、衛、践古文殆為一字，𢦔、衛、践因有从彳，从行，从足之不同，許氏遂分隶于三部。」（古文流变臆說四三頁）

商承祚　「此字从彳从𣥂，當是步武之專字，又或从行作衛，（前編六卷二三葉）猶繩其祖武傳武迹也，說文𢦔迹也，武與步𢦔意同」（福考四葉）

商承祚　「𢓊，羅師釋𢦔，未安，疑是從字，為步武之專字，從亦步也」（卜釋十四葉）

董作賓　「從非步武專字，仍當為𢦔，羅說是。𢦔亦作衛，即踐字古文。从行彳走止足者，義並得通。說文訓𢦔為迹，訓踐為履，盡言足迹之所踐履也。卜辭凡言𢦔于其地者，下皆稱往來亡𡿧，是王游于某地當日即返，故兼卜往來。如四七（指殷契卜辭四七片）乙編兩辭在丁酉戊戌兩日𢦔于宮召兩地是其例，若訓為步武字，則不可通」（卜釋十四葉上）

郭沫若　「𢓊字羅釋𢦔，謂从走从戈。案其字多作𢓊若𢓊，確是从走从戌聲之字，並不从戈。（或从弋乃戌省）說文走部『越，踰也。从走戌聲。』湯曰『雜而不越』。後世以越為之。凡卜辭言𢓊，乃遠逝之意。左傳襄十四年『越在他竟』，杜注云『遠也』，即此𢓊字義」（卜通一三一葉正）

孫海波　「𢓊，甲六一。从彳从武，說文所无。商承祚說，即步武之本字。𢓊，前二·二一·一。或从彳。」（甲骨文編六七——六八頁）

孙海波　「𢓊，甲五〇六。从走从屯。說文所无。按，說文走部有趍字，注云，邅也。纂文吴以西逐物為趍。经典以屯為之。易屯六二，屯如邅如，馬融注，邅，难行不進之貌，字又作迍，与卜辞同。迍当是屯邅之本字。　王其迍向亡戋。𢓊，宁滬一·四一四，或从彳。」（甲骨文編六九——七〇頁）

杨树达　「余疑此字从辵或从彳，以戈为声，即過字也。书契前编卷貳（捌之叁）云：『癸巳，卜，在长，貞，王迖于射，往来亡巛？』龟甲兽骨文字卷貳（貳拾叁之拾壹）云：『癸巳，卜，貞，王迖于名，往来亡巛？在五月。』甲编玖百柒片云：『辛卯，卜，翊日壬，其迖于𩫏，亡戋？』按王迖于名，犹言王往于名也。吕氏春秋異宝篇云：『伍员过于吴』，与甲文句例同，高注云：『过犹至也。』迖代字又作衙，字从行，与从辵从彳者义无异。卜辞云：『癸卯，卜，般貞，乎雀衙伐亘，戋？十二月，勿乎雀衙伐亘，弗其戋？』衙伐亘，谓往伐亘也。」（释迖，积微居甲文说卷上十五頁）

董作賓　「此字所从是戈非戌，殷人自有步字，仍當以羅释為是。從為王之游踪所至，於踐履之義相近也。」（殷曆譜下編卷八第十三葉上）

李孝定　「說文：『過，度也，从辵咼聲。』契文作上出諸形。羅釋𢓸，謂从辵从戈，或省止與許書之𢓸同，但戈戔殊耳。按許書戔訓賊，从二戈會意，戈則象形。所从既有戈戔之殊，自不能仍為一字。且契文此字無慮數十百見，竟無一字从戔者，可證羅說之誣。商氏以為步武之武之專字，董先生謂商氏以為步之專字殆偶疏耳，以字形言固無可議，然按之辭義，則扞格難通，可見商氏之非。郭沫若釋為迖，較之羅商二氏之說已進一境，惟字所从或作戈、作戈、作戈，於中畫上增〇、•、一，乃文字衍变通例。詳見唐蘭古文字學導論其字形仍為戈字，與戌字作𢦏者迴殊。卜辭戌字作𢦏其形製與戌相近與戈亦迴異明乎此，則郭說之誤立見。惟楊氏釋過，謂乃从辵戈聲，於字形辭義兩皆協洽，其說可从。蓋戈咼過古音皆在十七部，過字自得以戈為聲也。」（集釋〇五一二葉）

饒宗頤　「𢓊于某地，与步于某地义近，旧释𢓸，或释践，均未确。」（巴黎所见甲骨录一九頁）

裘锡圭「第五期的『迷』大概也应该读为『毖』。对某一对象加以敕戒镇抚，往往要到那一对象的所在地去。洛诰说『伻来毖殷』，上引卜辞说『戍往毖沚』，都反映了这一点。迷字所以加上表示行走义的『辵』旁，大概就是由于这个缘故。」（释柲，古文字研究第三辑一七至一九页）

迷字在第五期卜辞里极为常见，下面择要举几条为例：

癸子（巳）卜，才（在）反，鼎：王力（旬）亡（无）畎（咎？）。才五月，王迷于上酱。

癸卯卜，才𪊨，鼎：王力亡畎，才六月，王迷于上酱。

癸丑卜，才宜，鼎：王力亡畎，才六月，王迷于上酱。

癸亥卜，才向，鼎：王力亡畎，才六月，王迷于上酱。

癸酉卜，才上酱，鼎：王力亡畎，才七月。（卜通五九六）

辛丑卜鼎：王迷于噩，坐来亡巛（灾）。

壬寅卜鼎：王迷于名，坐来亡巛。

乙子卜鼎：王迷于名，坐来亡巛。（前二．二一．五）

丁丑王卜鼎：其遇（振）旅，征迷于盂，坐来亡巛。王固（繇）曰：吉。才口（月）（佚九七一；续二．三三．七；簠游五一）

乙丑王卜，才攸，鼎：今日迷从攸东，亡巛。（金五四四）

乙酉卜鼎：王迷名，坐来亡巛（前二．二四．二）

戊辰卜鼎：王迷叀，坐来亡巛（前二．二四．四）

为了说明这些贞迷之辞的意义，需要把它们跟同时期的一般田游卜辞对比一下。这些卜辞，凡是前面说『田』的，后面一定说『往来无灾』，例如：

戊戌王卜鼎：田弋，坐来亡灾。王固曰：大吉。才四月。兹卟。隻（获）狂十又三。（前二．二七．五）

凡是前面说『步』的，后面一定只说『无灾』，例如：

壬寅卜，才曹，鼎：王步于濉，亡巛。（前二．五．五）

贞迷的卜辞多数说『往来无灾』，可见迷跟一般的行路不同。但是迷也不会是田猎一类行为。因为贞田的卜辞常常在辞末附记田猎中的擒获，贞迷之辞的末尾则极少有记猎获的。偶尔有，所记数量也极少。例如有一条卜辞说：『乙丑卜鼎，王迷于名，坐来亡巛。才九月。兹卟。隻（获）鹿一。』这一头鹿应该是在路途中偶然得到的。上引贞迷之辞的第一至第五条，是刻在同一块卜骨上的一组卜辞。从这组卜辞可以知道商王为了迷于某地，可以花很长的时间，走很遠的路程。这说明迭是具有很严肃的意义的一种行动。第六辞说「其振旅，征迭于盂。」这又说明为了「迭」还需要兴师动众，以上述这些情况为来，把迭读为有敉戒镇抚之义的「𢓊」，是合理的。

我们怀疑是𢓊字异体的𢓊𢓊等字，以及怀疑是「迭」字异体的𢓊𢓊字，用法多数与读为「𢓊」的一期𢓊字或五期迭字相似，下面举几个例子：

鼎：口叀于戠。（乙七二六）

口寅卜口鼎：令中犬口。三月。（京津三〇二九）

鼎：令章以出族尹卒出友。五月。（金七三二）

鼎：由（惠）般啚令𢓊鸣友。十三月。

乙卯卜穷鼎：三卜，王坐𢓊𨸏京，若。六月。（鄴初下三三.一一；續上七四四）

丁酉卜：翌日戎王其𢓊于安。（佚一九六）

口口卜：王其𢓊从东。

历组卜辞里有一个用作地名的𢓊：

辛丑，𢓊用，才𢓊。（缀二三三，京津四一八四）

不知与第一期卜辞的地名「𢓊」有没有关系。

……

第三、四期卜辞里𢓊字常见，好像都是用作表示时间关系的介词的。必、比古音极近，𢓊似应读为比。孟子梁惠王下：「比其反也」，音义：「比，及也。」论语先进：「比及三年」。皇疏：「比，至也。」仪礼既夕礼：「比奠，举席埽室……卒奠，埽者执帚……」。礼记祭义「比时具物，不可以不备。」郑玄注把上引两处文字的「比」都解释为「先」，其实这两个比都是临到、临近的意思，就是训为「及」或「至」，也没有什么不可以。三四期卜辞里的「𢓊（比）」大概也都应该当「及」、「至」或「临近」讲。下面把有𢓊字的三四期卜辞解释一下，有些残缺过甚的卜辞从略：

其帛（置）庸（镛）壴（鼓）于既卯。

叀（惠），用法与「唯」相近）𢓊卯。（宁一.七三）

于方既食戎廼（乃）伐，𢦏☐

戎兴伐，𢓊方食☐（安明二一〇六）

上引一、二两辞以「于既卯」与「叀比卯」对贞，第三、四两辞以「比方食」与「于方既食」对贞。第一对卜辞卜问究竟是在卯祭完毕置钟鼓好，还是到卯祭的时候就置钟鼓好。第二对卜辞卜问究竟是到敌人吃饭的时候就进攻好，还是等到敌人吃完饭再进攻好。

辛卯卜：㞢彡酒其又（侑）于四方。（掇后二·一六四、南明六八一）

庚子（卜頭）鼎：其□□㞢日□（金一四）

第一条卜辞卜问到举行彡酒之祭的时候，或临近彡酒之祭的时候，侑祭于四方好不好。第二条卜辞已残，「日」在这里应该是祭名。卜辞里用作祭名的「日」字是很常见的。

执惠㞢各（格）于番用，王受又（祐）。（後下七五七）

于入自𢀛用，王受又。

上引卜辞里的「格」和「入」都是指王在祭祀时的行动，他辞或言「王其各于大乙𢦏伐」，「王各夕□」，「王于㓝酒于□入」，「王出（?）」，于彡酒𢀛入」，可证。上引这对卜辞卜问是到王「格于番」的时候，或临近王「格于番」的时候就用执好，还是在到王「入自𢀛」的时候用执好。用执当指用俘虏作牺牲。

奉父己、父庚，惠㞢㞢（往）𢆶。（粹三一五）

「往」也应该是指王在祭祀时的行动，他辞或言「王㞢于日」，「王㞢于（夕）𢦏」，可证。前面讲过三四期的𢆶可能是「迷」字。上引卜辞最后一字很像它的偏旁，但是如果释为𢆶，辞义难以讲通。并且同辞㞢字所从的𢆶作工，𢆶的字形跟它相差太远，释作一字似乎不大合理。我们不敢完全肯定𢆶𢆶甘字是迷字，就由于卜辞里的𢆶𢆶甘字有一些似乎不能释作𢆶字。

乙丑卜彭鼎：其为且（祖）丁宾（宾）门于㓝衣㞢彡。（甲二七六九）

疑「衣㞢彡」作一句读，意谓至彡祭时行衣祭之礼。「于㓝」与「㞢彡」为对文。

翌日庚其東乃𩃬（雩），㞢至来庚，亡（无）大雨。（粹八四五）

翌日庚其東乃𩃬，㞢至来庚，又（有）大雨。

□𩃬□㞢至□又先大雨。（佚八五七）

「㞢至」犹古书言「比及」「及至」。

一二期的有些𢆶字，用法似与三四期的㞢字相同：

丙辰卜即鼎：叀（惠）[出于夕知（禦）焉。（後下六·一）

「出」也应该指王在祭祀时的行动，他辞或言「王𢆶（勿）叀（?）𧻚出出」，可证。夕跟日一样，在卜辞里也常用为祭名。「惠𢆶出于夕」与上引三四期卜辞的「惠㞢格于番」「惠㞢格于日」，文例完全相同。

癸亥卜䜣鼎：翼（翌）甲子其又（侑）于兄庚，叀[宾（宾）𠚤□。（明后二〇五〇）

乙丑卜出鼎：大事[酒，先酒其㞢（侑）[（祊）于丁卅牛。七月。（續四·三四·一）

这条卜辞的𢆶置于祭名之前，也应该跟三四期的「㞢」字同义。「大事𢆶酒」可能是到酒祭时或临近酒祭时举行大规模祭祀的意思。

卜辭里戈字和从戈之字的用法，我們所舉到的就是以上這一些。（釋柲古文字研究第三輯十七至二十三頁）

考古所　「迖：此字从征从攵，或从征从支。支，于省吾釋屯（釋林一——二頁），故暂隶作迖。」（小屯南地甲骨八三九頁）

考古所　「徙：迖之省。」（小屯南地甲骨八八〇頁）

伊藤道治說參㦸字条下。

按：羅振玉釋衛。在古文字偏旁中，單複每無別。王筠說文句讀「衛」字注云：「衛與衍部衛皆云迣也；足部踐，履也，蓋同字。」早期卜辭作𧗝，其辭云：「乎雀衛伐亘」；「衛伐」（乙七五九、八〇〇九），「衛伐」與呂覽古樂「王命周公踐伐之」辭例同。朱駿聲說文通訓定聲釋此類「踐」字為書序「成王既伐東夷，遂踐奄」之「踐」，依鄭注讀為「翦」。史記作「殘」。衛字或釋武，或釋越，或釋過，均不可通。所从戈字變化較多。據綴一三三𢓊、𢓊見於同版，並當从戈，可以無疑。字不得謂从「屯」从「弋」。

2308
⿺辶㠯

郭沫若　「⿰彳㠯殆疇之古文，此讀為禱」（粹考四十葉正）

饒宗頤　「按⿺辶㠯殆禱之異體，他辭云：『彡日，⿺辶㠯又正。叀父甲，彡日，⿺辶㠯又正』（屯甲三六五二）漢志有：『請禱致福十九卷。』周禮：『凡都祭祀致福于國，國有大故，則令禱祠』是也」（通考一〇八六葉）

按：郭沫若讀⿺辶㠯為禱，甚是。小篆無疇字，說文躊躇作𠷎箸，𠷎蓋甲骨文⿰彳㠯字形體之譌變。凡禱告之禱，躊躇之躊，𠷎箸之𠷎，其初形均作⿺辶㠯。卜辭⿺辶㠯字均讀作禱，無一例外。今擇錄其辭例於下：

「……亥卜，叀且丁彡日⿺辶㠯又正；……卜，叀父甲彡日⿺辶㠯又正」　甲三六五二

永 𠂢 永

「叀乙巳酌遇」

「叀且乙彡日遇」

甲五二四

粹二四三

羅振玉　「此當是水之流別之𠂢字，从彳象川之中流，有旁歧十象幹流岀旁枝，……則水之象也。或省……，知𠂢派本一字。許君分為二非也。又此字之形狀為𠂢字，殆無可疑。而文頗難解，疑假用為他字矣。衍字亦見大保敢。」（殷釋中九葉下）

王襄　「古派字。」（類纂正編第十一第四十九葉下）

王襄　「古𠂢字。許說水之衺流別也，从反永，或釋竹。」（類纂正編十一第五十一葉上）又曰：「古衍字媘文，殷契衍作衍、或作衍，从人作，此媘彳。」（簠考天象八葉上）

葉玉森　「按卜辭衍之異體作衍等形。孫詒讓氏釋𠂢之一體為永。予疑增水象者乃繁文，仍當讀永。至衍作衍等形，羅氏釋衍可信。」（前釋一卷七十七葉下）

瞿潤緡　「𠂢與金文王人甗華季𥏳盨𠂢正反文相同，當是永字。」（卜釋一葉）

柯昌濟　「衍衍並為衍字。洪範曰『衍忒』。鄭康成曰『卦象多變故言衍忒』。繫辭云『大衍之數五十』。鄭注『衍演也』。『卜衍貞』猶言卜大貞也。」（補釋）

李孝定　「說文：『永，長也，象水巠理之長。詩曰：「江之永矣。」』古𠂢永為一字，說詳前派字條下。金文永字多見，作永毛公鼎 永善夫克鼎 永舀鼎 永頌鼎 永李念鼎 永仲師父鼎 永史獸鼎 永寰鼎 永史頌簋 永舒伯簋 永魯遣文簋 永量侯簋 永永止不嬰簋 永宅簋 永伯疑父簋 永永止 永少杞伯簋 永內天子伯簋 永大簋 永吳尊 永番君鬲 永永內大子伯壺 形已譌变，正反無別，惟以左向者為多。契文則左向者僅一見，（珠一八六）餘均右向為小異耳。」（集釋三四一一葉）

饒宗頤　「『攸侯喜鄙永』句，永字可解為永之署名，亦可看作地名。（惟綜述引前編

四、一一.四有『永餗』一名則非。原文應為『……餗泳（貞）』陳氏誤讀。陳氏以永為殷王征尸方經行之地，謂永在今永城附近。（西周銅器斷代三又以斛攸从盨銘『在永師田宮』，比附卜辭之永地，然據散氏盤所記攸从之地，應在陝西，與淮水上游之永城無關。）」（通考五八八葉）

姚孝遂 肖丁 「……『帝降永』前所未見，当与『帝受又』、『帝降若』同為福祐之义。『永』字之用法与田獵卜辞中所常見之『永王』同。」（小屯南地甲骨考释七五頁）

白玉峥 「：……峥按：永字，盖象人游泳水中之形；为泳字之初文，本义为泳。……又凡贞人专名之永，于契文中均作，无一作者，极为规律，且皆为大字，笔势遒壮雄逸，神韵趣緻，极尽书法之善美，所契诸字，一无例外。」（契文举例校读中国文字第八卷第三十四册三七五四页）

刘钊 「甲骨文『永』字形体基本可分为如下几式：

A 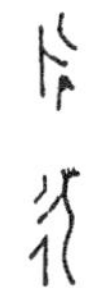

B 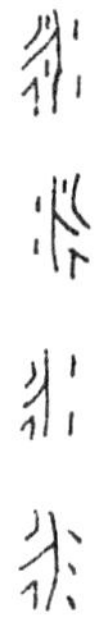

C 

D 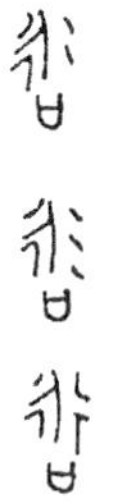

E 

A式为早期构形，形体左右无别，皆从彳从人。說文謂『永，水长也，象水巠理之長永也。』可見說文认为『永』字是象『水巠理』的独体象形字。然而我们从『永』字早期构形从彳从人这一点来看，說文的说解显然是错误的。至于『永』字的形本义到底为何，我们认为以往的研究皆不可信，尚须付之阙如。

B式为加点的『永』字，所加之点开始数量不等，位置不固定。其后位置固定下来，点的数量也统一成了三点。B式『永』字加点的原因推测有两种可能：一种可能是所加之点为饰点，与字义无关；另一种可能是所加之点代表『水』，即当时人已认为『永』字的字义与『水』有关。B式形体旧或释『派』，我们认为是错误的。因为虽然从小篆看，說文『𠂢及永为𠂢』的说解在形体上似乎没有什么问题。但是，『𠂢及某为某』这一说解体例，如果从古文字角度来考察，

2264

没有一个是可信的（如「反正为之」；「反公为私」；「反可为叵等」，「反永为𠂢」也值得怀疑。退一步说，既使「永」、「𠂢」为一字之分化，这种分化的产生也绝不会早到甲骨文时代。

C式形体是由B式进一步演变来的。变化是三点变成了一弯笔。这种变化也有两种可能：一种可能是同类基本形符的替代；因为在甲骨文中，三点和一弯笔皆可以代表「水」。一种可能是为书写简省而造成的「连写」。如金文攸字本作「攸」，中间三点可连写而作「攸」一样。

D式形体是加「口」的「永」字，或释为「咏」。在这里有必要简单考察一下「口」字在古文字中的作用。我们知道口字在古文字中除了用为本字或作为口舌一类字的构形成份外，常两种作用：一是作为孳乳分化的手段，在一些基本形体上加注「口」字，从而造出新字。并沿用原基本形体的声音为新造字的声符。如：

这类字中的「口」字起着区别两个不同形体的作用，与字义无关，不妨将其看作区别符号。一是作为一种装饰繁化手段，在一些基本形体上加注「口」字。所加的「口」字有的逐渐成为这个字构形的一部份而被保留下来。如：

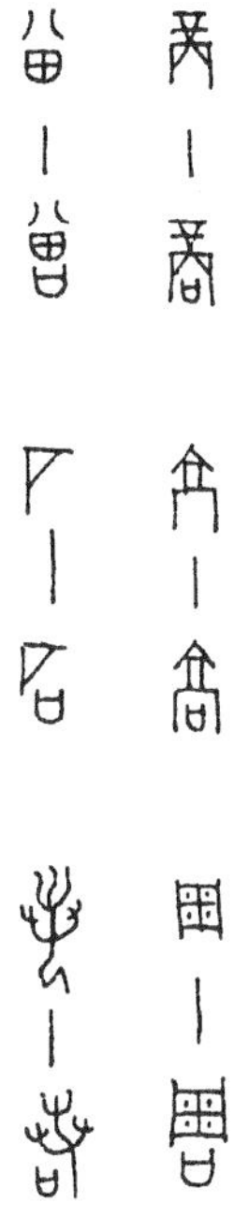

有的字所加注的「口」字没有保留下来，而在发展演变中被省掉了。如：

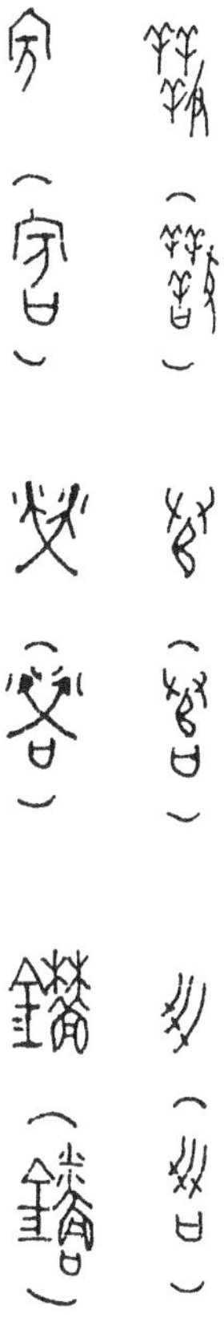

这种在某一时期内通行的不增新字的繁化手段，在战国文字所段表現得尤为突出，增加「口」字以为繁饰的字不胜枚举。D式「永」字就属于此类加「口」繁化的类型，因此我们认为它是「永」字的一种异体，而不将其視为「味」字。

E式「永」字从行从人，变化的由来也有两种可能：一种可能是由A式变来；甲骨文从「彳」的字，往々又写成从「行」。如：

一种可能是由「⿰彳卜」形类化而来。如金文達字作「𢓊」，又作「衜」，「⿰彳」形省去左边两点，将右边两点类化为「卜」。不过推测第一种可能性要大些。E式形体旧或释「行」、释「道」，現在看来是不可信的。

以上「永」字的几种构形中，C式形体在甲骨文中不多見，但却作为标准形体被延续下来。从金文到小篆，「永」字大都采取这种写法。到金文晚期，「永」字所从之「彳」与「人」旁变得随体诘屈，而作「𣴑」、「𠔀」形，很难看出「永」字本从彳从人。以至説文将「永」字误为象「水巠理」的象形字。

下面我们重点谈到的是甲骨文中时代有争议的所谓「历组卜辞」的「永」字。这些形体以往皆不识，而实际上都是「永」字的异体。

A B C D E F G H J K

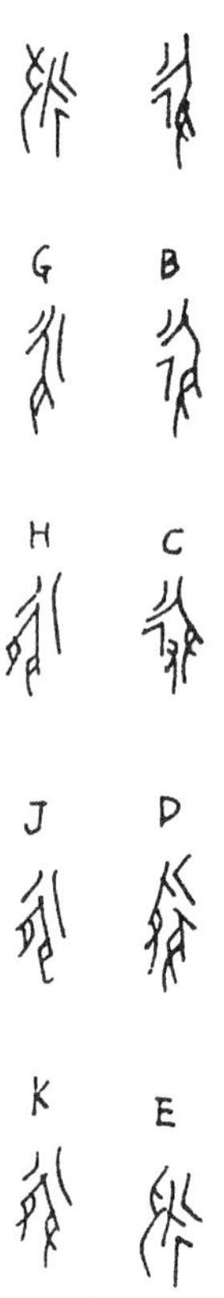

以上形体皆从「永」。与前面分析的「永」字形体的区别在于又都从𠬞或又。这大概是历组卜辞的特有写法。G、H、J、K四个形体的永字有些变形，并有由竖写变成横写的趋势。E、F所从之「𠬞」有些变形。G、H所从之「又」作「⺁」，是「历组卜辞」的特殊写法。

甲骨文有的字有从「𠬞」与不从「𠬞」两种写法，如「𢀜」又作「𢍏」，「冋」又作「⿱冋𠬞」。「𠬞」和「𠬜」字皆为从两手之形，从「𠬞」如同从「𠬜」，甲骨文「⿰𠬜」又作「⿰𠬜」可证。而从「𠬜」与从「又」又往々无别。如：

以上是我们释上揭A—K十个形体为「永」字在构形学上的依据。下面再来看看这些字的辞例：

A　辛未贞不降□。　合集三三二六三、粹九〇一

B　贞不降□。　甲骨卜辞新获一五

C　其……以……□。　合集三四二三六、粹一五四一

D　丙辰贞其……商□。　合集三二九二五、存二二一六

E　癸丑贞今秋其降□。

F　降□。　合集三四七一二、掇一、四二九十宁沪一五九三

G　己卯卜又□。　屯南四五五三

H　庚辰卜不降□。　合集三四七一一、粹一二二〇

J　甲子贞大邑有入在□。　合集三二一七六（与三三一二九重）、掇三〇六

K　□其入王家。

丁巳卜□弗入王家。　屯南三三二

L　己未……不降□。

其降□（左部残）。　屯南三五九四

屯南七二三片「来戌（岁）帝其降□才（在）祖乙宗，十月卜」「帝不降□」。屯南三〇九九片「丙寅……降□……岁五……」。以上两条卜辞有一个相同的辞句「降永」。由这两条卜辞比勘，加之以上形体上的证明，可以肯定上举A、B、E、F、H、L中的「降某」也应释为「降永」。

「降永」是什么意思呢？

姚孝遂师及肖丁先生在小屯南地甲骨考释一书中谈到七二三片时指出：「『帝降永』前所未見，当与『帝受又』、『帝降若』同为福祐之义。」这个見解是极为精闢的。卜辞常言「帝降若」、「帝降不若」，「帝若」、「帝弗若」、「若」、「弗若」。若字以往皆从郭沫若说训为「顺」，于文义不尽密合。按若字本有美善义，「帝降若」犹言「帝降善」。楚辞天问「冯珧利决，封豨是射。何献蒸肉之膏，而后帝不若」；尚书召诰「面稽天若」；毛公鼎：「告于先王若德」，若字皆应训为善。尔雅释诂上「若，善也。」左传定公十年鲁公藐字若。尔雅释诂上「藐々，美也。」按名字义相比类原则，则若亦有美义。

「帝降永」犹言「帝降若」。「永」字也应有美善义。「永」字有美善义虽不見于后世典籍，但甲骨文有许多字（词）所具有的义项在后世湮没，典籍不复使用。如甲骨文「隻」有获义，「自」有鼻义，「隹」有鸟义，「鲁」有嘉美义等，后世典籍皆不見其用例。「永」字的情况与此相似。又「永」字典籍训长，训久。长、久与美善义本相因。长本有善义，如晋书乐广传「沦人必先称其所长，」「此长」即为美善义。

殷代已有天帝观念，在卜辞中的体現是「帝」，在典籍中又称作「天」。卜辞中「帝」可以「令雨」、「令雷」、「令风」，还可以「降莫」、「降做」、「降囚」、「降若」。上帝主宰着下界万物的命运。典籍言「天用剿绝其命」（尚书甘誓）；「天其永我命于兹新邑」（尚书盘庚）；「天既讫我殷命（尚书西伯勘黎）；「敕殷命终于帝」（尚书多士）；西周邢侯簋「帝无终命于有周」等，即是这种观念的反映。故而人们常向上帝祈求永命：「祈天永命」（尚书召诰）；「用供王能祈天永命」（尚书召诰）；「用祈匄眉寿永命」（追簋）；「用来寿匄永命」（善夫克鼎）。

屯南七二三「帝其降永」即「帝其降永命」之意，如尚书金滕言「天降宝命」。

在第三、四期田猎卜辞中，常々出現「王永」或「永王」这样的辞句。永字作「[illegible]」、「[illegible]」、「[illegible]」诸形，其用法与「帝降永」之永相同。「永王」如卜辞言「若王」、「王永」犹卜辞言「王若」。

甲骨文「永」字的用法与金文「休」字的用法在某种程度上很相似。两字都可用作名词和动词，意义有时实指，有时虚括。甲骨文之「若王」犹金文之「休王」（見鄹父鼒、效父簋、盨）。

合集三二九二五之「商永」乃卜问「大邑商」美善与否。屯南三三二「永其入王家」意为美善进入「大邑商」。句式与尚书大诰之「天降割于我家」相近。尚书中「王家」一辞敀見，已由其本义的指王庙中正室之内引申为指整个殷王朝而言。

最后附带说一下大保簋和仲爯簋的「永」字。大保簋和仲爯簋的永字分别作「□」、「□」。旧版金文编将其列于附录，新版金文编将其列于「□」字下，都是不妥的。大保簋之「王永大保」与甲骨文「帝若王」句式相同，永字用法与甲骨文相同。「王永大保」意为「王嘉美大保」。仲爯簋之「用鄉王逆永」，「永」疑指「永命」，「逆永」犹尚书盘庚言「予迓续乃命于天」。」（释「□」「□」诸字兼谈甲骨文「降永」一辞，殷墟博物苑苑刊创刊号一六九—一七四頁）

饒宗頤説參□字条下。

按：字當釋「永」。「□」與「派」乃由「永」字形體所孳乳。契文形體多有變異，劉釗已詳加論列。卜辭亦用為人名。又英二五六二正辭云：「癸卯，王卜，在永師貞，今日步于……；壬寅，王卜，在□師貞，今日步于永，亡巛」均為地名無可疑。

2310

永 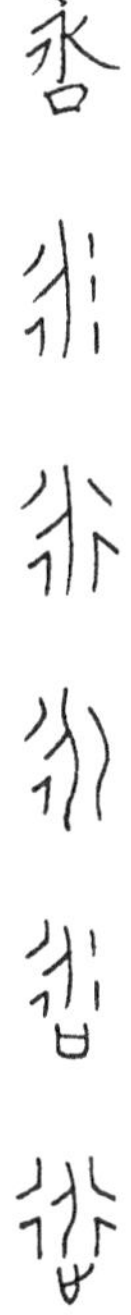

王襄 「古衍字。衍或从人，石鼓文衍亦从人，象人行于四通之衢，衍之誼最著。」（簠室殷契類纂第八葉）

商承祚 「卜辭中彷字又有作□者，象人行於道中。」（福氏所藏甲骨文字釋文二頁上）

孫海波 「□，甲二四一四。卜辭永、𠂢同字。」（甲骨文编四五〇頁）

孙海波 「□，甲五二二。从口从永，説文所无。地名。」（甲骨文编五三頁）

孙海波 「□，甲五九八。从行从人，説文所无。□，拾一五·三。或从彳。」（甲骨文编八三頁）

严一萍　「余谓此𧗟字，当读如礼学记：『道而弗牵』之『道』。注：『道，示之以道塗也』。正为卜辞『𧗟王』的诂。是𧗟即道，为導之本字也。田猎卜辞每向祖先神祇祈求『亡𢦏』『弗每』，今缀以『道王』成语，乃更进而祈求『示王以塗』，期以多获。」（释𧗟，甲骨古文字研究第一辑五九页）

屈萬里　「𧗟，疑與甲編一一〇四片之𧗟為一字；即衍字也」（甲編考釋一九四葉）

屈萬里釋卜辭「王其田于宫，湄日亡𢦏？衍王」（甲編五七三）云：「按：石鼓文有『隹舟以衍』之語。强運開石鼓釋文（丁鼓）云：『𧗟、薛、趙、楊俱釋作道。潘云：「即道字，見古尚書」。錢大昕云：「此字兩見，前協𩃟溼陰陽，後協或陰或陽，當讀户郎切，即古行字」』。今按：錢氏之說甚諦。卜辭行字之原始意義，當為道路，乃名詞；𧗟，則象人行於道上，乃動詞也。因行字亦作動詞用，後世衍字遂罕見。廣雅釋詁：『衍，陳也』（陳，即陣）。左氏襄三年傳：『亂行於曲梁』。杜注亦云：『行，陳也』。此衍王之衍，疑亦列陣之義。衍王乃王衍之倒語，意謂王親布田獵之陣也」（甲編考釋九〇葉）

严一萍　「甲骨文有𧗟字，罗振玉增订殷虚书契考释始見著录于行字之下。其甲寅（民国三年）初版尚未发現，仅云：

𧗟象四達之衢，人所行也。石鼓文或增人作𧗟，其义甚明。

至丁卯（民国十六年）印行增订書契考释时，其卷中第七頁行字下已增列𧗟𢓊两文，並于释文之末补曰：

作𧗟与石鼓文同，作𢓊則媘行之半又已明矣。

知罗氏以𧗟为行，原据石鼓为释。石鼓文之𧗟，一見於鑾車石『𠷎車𢧁衍』，一見於霝雨石：『隹舟以衍』。罗氏石鼓文考释曰：『錢詹事曰：此字两見，前協原濕阴阳，后協或阴或阳，当讀户郎切，即古行字。笺曰：錢說是也。古文行字作𧗟象四达之衢，衢中有人行之，形义昭然矣。商人卜辭亦作𧗟，与古文正同。又作𢓊則衍之省。』张燕昌石鼓文释存据錢說释行，刘心源奇觚室乐石文述亦同，並謂：『它鼓道字皆不如此作』以证之。它鼓即作原『邀水』，皆两見衜字，以字形之不同，故近世学者多以𧗟为行字，于思泊之易經新证卷四，亦讀『隹舟以衍』为行字，案此字薛尚功历代鐘鼎款识法帖石鼓文作道，楊升庵石鼓文音释亦释道，释行盖自钱氏始。那心如先生撰石鼓通考則謂：

『𠷎车𢧁行』句，若是说『田车载道』或『田車載行』义都可通（頁一四一）

足見術之音叉，迄未有定论。今以汉封泥证之，当以释「道」为是。吴式芬陈介祺辑封泥考略卷五第三十七頁著录「術人令印」封泥一，卷十第二十七頁則有「房衜私印」封泥一，字皆作術，与石鼓甲骨无别。考略曰：「按汉书地理志道人县居代郡。衜，古文道」是汉世读術为道。汉书地理志代郡道人县注：「师古曰：本以仙人遊其地，因以为名。」王先谦补注曰：「续志後汉因。㶟水注：「㶟水自狋氏来，东迳道人县故城南」。地理风俗记云：「初築此城，有仙人遊其地，因以为城名，今城北有淵潭而不流，故俗谓之平湖也。」十三州志曰：「道人域在高柳东北八十里，所未详也。㶟水下入阳原。」桒注：師古二字，乃应劭之说。一統志：故城在今阳高县东南「阳高居山西省，在大同县北，即汉之高柳县。南有白登山，乃汉高祖击匈奴冒顿被围处，无论道人故城在阳高之东南，或高柳之东北，其地距殷都安阳亦不甚远。则卜辞地名方国之術，或即道人县名之所自也。如：

一、壬申（卜）贞：命道。後下二、一四

二、叀兹卜用，其用兹卜。弜叀匕辛濡，弜又乙丑。

[乙]丑卜叀。

叀術命。

丁亥卜，用叀（北集又一）

三、□辰卜，道☒（佚七九七）

四、☒叀道田，亡災。（续七七三四）

所不可解字卜辞每以「術王」连文，如：

五、戊戌卜，羽日弗每，毕，術王。後下二一三

六、（庚）寅卜王叀辛焚☐录，亡戈，術王。甲五九八

七、叀☐亡災，術王。诚四五五

八、戊寅卜☒

叀☐田，湄日亡戈。

叀☐田湄日亡戈。吉一

弜省田其每。

王其田于宫，湄日亡戈術王。甲五七三

九、乙未卜王叀☐苗□亡戈，吉。

□☐☒射☒（亡）戈，術王。甲八三六

十、☐☐☒田☒術王。甲一七九八

十一、于戊田，湄日亡戈，術王（毕）

王其田，叀乙湄日亡𢦏衍王𢆶。

（于）戊田，湄（日）亡𢦏，衍王，𢆶　續存一九六五

十二戊，王弜田，其每。

犬𠂤亡𢦏，衍王。　京都二〇四三

或省卜作行者如：

十三戊寅▨父

□行▨　後下二·一五

十四犬▨多臣行▨　拾一五·三

十五丙辰卜王貞余出夢，隹循衍余▨

□用。

□月。　戩三九六

案本片戩壽堂原拓𢓊字，根模糊不清，因思殷虛書契續編或有複出，乃清祥恒兄代查，果得續編卷六第二二頁第一片，惟骨之上面已殘佚，而拓片亦經剪截，𢓊字則甚可辨，行為地名乃得決定，附识以志感谢。

或作彳王衍彡如：

十六叀父（一）𦎫奏，王衍。

叀且丁𦎫奏。

▨至弗每，不雨。　甲六四一

字亦作彳王衍彡若彳王衍彡：

十七辛未卜𡷫貞：今日王衍

辛未卜，𡷫（貞口）其宓▨

□□卜其▨日　七集P八一

十八其用𧖞，弗每，王衍。　續三三

十九▨婁□入乎又司，克𠬝二人

其婁从用□我王衍。　後三四（甲三九三三）

廿▨婁▨若

其用𧖞弗每，王衍，克𠬝二人。　續三五

廿一▨𧖞，若，（王）衍，余□▨。　續三六

或增口作彳𠶷彡，如：

廿二叀𢓊弗每，亡𢦏　𠶷王

叀宮灣省弗每，亡戋，沓，大吉。　佚九五一

廿三　辛又大雨。

壬亡大雨。

壬又大雨。

叀翊日田𢘍「亡戋」沓王。　巴黎一七

廿四　乙巳卜叀小父沓克又戋㣊国　南北明六三二

廿五　叀小臣沓，翊日克又戋。亘小臣彡，沓王。

☒沓王。　甲一二六七

廿六　癸☒戈沓

戊沓其備陣。　甲五二二

廿七　弗及

戊衛不雉衆。

戊亡戋。

叀沓又戋。

叀隽又戋。　佚五

右諸辭之㣊，在甲骨文编入行字下，在續甲骨文编則入第八儿字后作附录，而㣊沓多据彥堂先生侯家莊出土之甲骨文字所释作泳与涾，三十年来，后之治契者，迄未有所匡正，今以词类比观之则亦㣊若沓之别体耳。屈万里君小屯甲编考释于五七三片释「衍王」之义曰：

「衍王之语，又見本编五九八八三六、一七九八等片；六四一片则作王衍，按石鼓文有「佳舟以衍」之语。强运开石鼓释文丁鼓云：「㣊，薛趙楊俱释作道」潘云：「即道字，見古尚书」今按錢氏錢大昕云：「此字两見，前協逢涇阴陽，后協或阴或阳，当读户郎切，即古行字。」今按錢氏之说甚谛。卜辞㣊字之原始意义，当为道路，乃名词；㣊则象人行於道路，乃动词也。因行字亦作动词用，后世衍字遂罕見耳。广雅释诂：「行，陈也」（陈即陣）左氏襄三年传：「乱行於曲梁」杜注亦云：「行，陣也」。此衍王之衍，疑亦列阵之义。衍王乃王衍之倒语，意谓王亲布田猎之陣也（甲考頁九〇）

案卜辞㣊衍二字，形义显别，决非一字。其作「衍王」者，每在田猎卜辞「亡戋」之后，作「王㣊」者，皆与祭祀有关，就辞义观之，与「衍王」似有别，故不得谓「衍王」为「王衍」之倒语也。余谓此㣊字，当读如礼学记：「道而弗牵」之道，注：「道，示之以道涂也。」正为卜辞「衍王」的诂语，是㣊即道，为導之本字也。田猎卜辞每向祖先神祇祈求「亡戋」「弗每」，今缀以「道王」或语，乃更进而祈求「示王以道涂」，期以多获。辞十一「衍王」后着一「学」，

字，其义灼然可見，作『王衎』者，辞义当是『王作前導』，明是王为主格，与『導王』之主作受格者絶不同。辞二十五上言小臣『衎』，下即不称『王衎』而言『衎王』分别昰明，不容含混也。」（中国文字第二卷第七册七一一—七一九）

严一萍　「传世甲骨号称十万余片，可识之字将近两千，迄未发现『皇』字，仅有小屯甲編二二六五版残存一字作𡍮形，其下半为王字甚明昰，惟上加者近乎羊首，既不知上下文，当无由推测，究为何字，遽难确认。」（中国文字第二卷第七册七三六頁）

于省吾　「甲骨文咅字作𠯑、𠯑、𠯑等形，旧不识。甲骨文編附录于口部，谓『說文所无』；续甲骨文編也附录于口部，与𢓊字混在一起。按商器永尊的咅字作𠯑，与甲骨文同形。咅即古咏字，其从口在下与在侧本无别。咏与泳典籍多通用。說文：『泳，歌也，从言永声。咏，泳或从口。』又甲骨文有𠯑字（甲一五五九，原辞已残），旧也不识，甲骨文編入于附录，续甲骨文編附录于口部。按𠯑乃咏字的异构。古文字的邪划有的作折角形，例如商器小子𤔲簋的易字作𠯑，西周器𡚬𥁕母簋的永字作𠯑，是其证。然则𠯑即咏字，了无可疑。說文训泳或咏为歌，汉书扬雄传颜注训頌为歌，歌与頌义相因。甲骨文于祭祀每言咏或不咏，是对被祭者歌頌与否之义。其言『小臣咏王』（甲一二六七），是说小臣歌頌王。甲骨文咏与永每通用。周初器大保簋的『王永大保』，以永为咏。这是说王赞扬大保。此外，甲骨文以永为人名或地名者不备述」。（甲骨文字释林释咅）

考古所　「𢓊：為派之异构。」（小屯南地甲骨九二六頁）

姚孝遂　肖丁　「『咅王』卜辞所习見，字亦作『𢓊』。于省吾先生释林（388頁）谓『咅即古咏字』，乃歌頌之义。佚951：『亡戈，𢓊王，大吉』；甲2608：『既𡴂，王其田，𢓊』，似『咅』与『受又』同义。或称『咅』，或称『咅王』，或称『王咅』，均同义。……卜辞『咅王』亦作『𢓊王』，是『𢓊』乃『咅』或『𢓊』之异体。或释『𢓊』为『行』、为『道』，均非是。」（小屯南地甲骨考释一八四頁）

何琳儀　「石鼓文霝雨『徒騣湯湯，隹（維）舟以衎，或陰或陽。枝深以□，□于水一方。』『衎』，原篆作『𢓊』形，与汗𥳑上一·十『道』作『𢓊』形吻合，但此字在石鼓文绝不能讀「道」。因为此字与「湯」、「陽」、「方」均為入韵字，屬陽部。錢大昕根据这一特定辭例謂「当讀户郎切，即古行字。」頗有見地。然而释「衍」为「行」，在古文字中並无確證，按．甲骨文「永」作「𢓊」形，其異体作「𧗾」形。卜辭「𧗾王」或作「衍王」（綜类三二三）。然則「衍」亦「永」之異体。殷商与秦代文字對比如下：

𣱵（永攸磬）　𧗾（甲骨二·二九）

𣱵（石鼓吾水）　衍（石鼓霝雨）

如果再参照殷商文字「永」与六國文字「衍」的关係：

𧗾（甲骨二·二九）　𣱵（甲骨一一·一〇）

𧗾（彙文一三·五）　𧗾（彙文一三·五）

「衍」释「永」，应無疑義。另外秦文字「詠」作「𧫻」（秦陶三八六），从「永」亦可資旁證。「衍」本是會意字，誤形为音作「衍」，則成为形声字（参第四章第四節）。即「从人行聲」。「永」和「行」古韵均屬陽部，在石鼓仍為入韵字。「佳舟」当讀「維舟」。（爾雅释水）「天子造舟，諸侯維舟」，注：「維連四船」。「永」訓「引」（詩唐風山有樞）「且以永日」（傳）。「維舟以永」，意謂「以維舟引導」。總之，石鼓「佳舟以衍」由于韵文的限制，「衍」祇能屬陽部字。又据卜辭推勘，应讀「永」，訓「引」。汗簡以「道」释「衍」，是因为「道（導）」与「永」的文訓「引」意義相近的緣故。」（戰國文字通說二七八——二七九頁）

饒宗頤说参扒字条下。

姚孝遂说参𠕋字条下。

商承祚　「卜辭中行字又有作衎者，象人行于道中，此步作衎，象人步行於通衢也。」（福考二葉）

按：「永」、「𠂢」古本同字。說文：「永，長也，象水巠理之長」（大徐本）；「𠂢，水之衺流別也，从反永」。古文字反正每無別。金文皆用作長久之義。王筠釋例云：「鐘鼎中𣱵字多矣，皆作永字用……曾無一器用為派者」。又句讀云：「𠂢字見金刻者皆即永字，古文不論反正也」。契文作𣲉、𣱵、片、𧗾、𣱵、𣱵諸形，孫海波甲骨文編一一·一〇均列於「永」字下。羅振玉、屈萬里釋𧗾為行，非是。石鼓文「佳舟以𧗾」字亦當釋「永」。

「永」孳乳為「泳」，說文訓為「潛行水中」，段玉裁謂「邶風傳云：『由厀以上為涉』，然則言游潛者，自其厀以下沒於水言之，所謂泳也」。「泳」實與「游」同義，爾雅釋言「泳，游也」。游行水中謂之泳，此亦當是「永」之本義。石鼓文「隹舟以永」，謂「維舟以游」也。粹五一一「辛未卜行貞，其乎𠂢行又冓」，可證羅振玉釋𠂢為「行」之非是。卜辭云：

「叀𥃲田，湄日亡𢦏，畢，𢓊王」 綴一・四〇一

「……未……射……𢦏，𢓊王」 甲八三六

「……王咏」 甲一一六九

「叀𢓊……弗每，亡𢦏，咏王……」

叀宮營省，弗每，亡𢦏，咏王，大吉」 佚九五一

「于戊田，湄日亡𢦏，𢓊王……」

「王其田叀乙，湄日亡𢦏，𢓊王，畢」 存一・一九六五

「王其田于宮，湄日亡𢦏，𢓊王，畢」 甲五七三

此可證𢓊、咏、𢓊皆同字。而武丁時貞人「𠂢」亦作「𢓊」，凡此諸形，或隸作「永」、「泳」，或隸作「𠂢」、「派」，其實一也。今據金文概釋作「永」。

卜辭或稱「永王」，或稱「王永」，均涵有吉慶之義。據佚九九五：「……往來亡巛，王其咏」為動詞。

卜辭「永」或為人名：

「壬寅卜古貞，𠂢夆𠪚；」 乙七〇四〇

貞，𠂢弗其夆」

「貞，冓眾𠂢隻？允隻一鹿」 洽二八四

「……戊卜古……令𢓊……㞢人……方……」 京津一二二四

「戊辰卜㝊貞，令𢓊望田于𦍌」 前二・三七・六

「丙申卜，令𢓊……」 京津二三三六

此均為一期卜辭。

卜辭又有「小臣咏」（甲一二六七），乃廩、康時人，饒宗頤巴黎一七七片考釋據前五・四六・四以為祖甲時人，非是。屈萬里誤讀甲一二六七卜辭，解為「此卜問小臣咏盟日能否戕害於𡆥，並卜問其是否來朝王」。實則此當參見南明六三二，讀作「叀小臣咏克又𢦏，咏王；翊日……𡆥小臣……」，綜類一〇九釋讀是正確的。

卜辭亦用為地名：

「王其田咏」 甲二六〇八

2311

「戌□其□戋」
「叀□田，亡𢦏，𢀛」　甲五二二
戩一一、四

李孝定　「从廾从永，說文所無。郭某隸定作□从□从辰許書反永為辰从奴為□」（集釋○八○二葉）而契文則反正無別也郭說見粹考二○六葉上

按：合集三二一一二辭云：「乙卯卜，不降□」又合集三三二六三辭云：「辛未貞，不降□」又合集三四七一二辭云：「癸丑貞，今秋其降□」均與「降永」之辭例同，均為「永」之異構。

2312

⿰彳次

按：字从「彳」，从二「人」。辭殘，其義不詳。

2313

⿰彳从

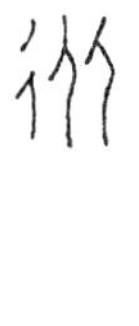

按：字从「彳」、从「从」。辭殘，其義不詳。

2314

⿰亦永

吳其昌　「𧙡」者，乃武丁時之人名，悉索傳世之甲骨，計此字凡四見。他辭又云：「命𧙡往于𦥑」。後、二、一四、一七、則𧙡為人名明白可証。他辭又云：「隹𧙡乎𦥑」。後、二、一八、一〇、謂隹呼𧙡以守壂也。又前、七、五、三、有「𧙡車」語，当謂𧙡之車也。「𧙡見」者，謂𧙡未覲見于王也。此「𧙡見」之文，与金文中刺鼎「刺見」償、𠦪、一、一〇、之文相同」。（殷虚書契解詁第三一〇——三一一頁）

孫海波　「𧙡，續三·二七·五。从永从兄。說文所无。地名。」（甲骨文編四五一頁）

李孝定　「从永从克，說文所無。辭云『丁卯王狩𢓊𧙡𡿪馬☐☐在車𡆥馬亦☐』。佚、九八〇、𧙡似當為人名，疑永克二字合書者」。（集釋三四一三葉）

考古所　「𧙡：不識，在此片为地名。」（小屯南地甲骨九八四頁）

按：甲二一二四「乙卯卜古貞，令𧙡取𢼸眾十人于𧀼」；甲三四三〇「……辰卜㱿貞，王今日往𢼸𧙡」；甲三五一〇「貞，令𧙡保在甫」；掇一·九七「貞，𧙡眾𧙡以出取」均為武丁時人名。李孝定集釋三四一三「疑永克二字合書」，無據。

2315

徖 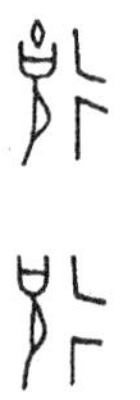

孫海波　「徖，前六·二二·三。疑徖字。」（甲骨文編六七八頁）

2316

𧙡 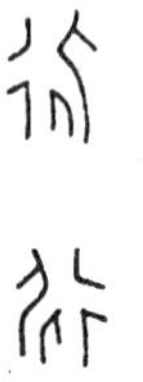

按：字从「彳」、从「克」，隸可作「徖」。卜辭均残，其義不詳。

羅振玉　「此於文从彳从𠂆，象二人相背而行，殆即逋逃之逃」。（殷釋中七十葉上）（注）杜預於下文「明日以表尸之」注云「表所指木取其尸」，於「尸女於是」無注。竊謂上下文兩尸字皆當讀為遲，詁為待，於文義於情理乃得順適。

王襄　「古逃字」。（類纂第七葉下）

王襄　「疑逃字」。（類纂存疑第八第四十二葉上）

葉玉森　「𢓊疑𠂤之古體，仍當釋行。卜辭彶一作𢓊，是从彳與从行同。（鐵沈十七葉五行）他辭云『貞乎𢓊逐𢀛獲』（戩七、三十、十一）𢓊仍行之古體，曰乎行則行為官名，職司逐獸，疑即周禮天官之獸人。又卜辭云『□□□卜𢦔貞乎𠂤从可𢀛𢀛』（前四、十一、一）乎𠂤即乎𢓊可為碻證。王商二氏釋逃，似官不能名逃也」。（前釋一卷一四〇葉背）

商承祚　「象二人背逃之形。許書之𠂆殆由𢓊傳寫而誤也」。（類編二卷十三葉）

郭沫若　「𢓊即遅字，遲字之異也。三公山碑『慇俗陵遅』，繁陽令楊君碑『徲伲樂志』，則正作伲。或作遅，說文『遅，遲或从尸』。段注云『甘泉賦曰「靈遲遅兮」，說者皆云上音棲，下音遲，遅即遲字也。然文選作「迟遅」，與漢書異。玉篇汗簡亦皆作遅。集韻引尚書遅任』（伲字羅釋逃，謂『象二人相背而行』。商承祚更謂小篆殆傳寫而誤，大謬）」。（卜通五十七葉二六〇片釋文）

東世澂釋逃，謂是「逃」人，即逃跑的奴隸。（詳見歷史研究一九五六年一期五十葉至五十一葉夏代和商代的奴隸制）

李孝定　「說文『遲，徐行也。从辵犀聲。詩曰「行道遲遲」。遅，遲或从尸。遟，籀文遲从犀』。徐灝段注箋引孔廣居曰『古文當从尼。漢三公山碑「慇俗陵遅」，李翊碑「棲遅不就」，可證』。卜辭作𢓊（上出）諸形，正从尼，孔說是也。桂馥義證遅下云『𡰥古文仁字。漢銅印有𡰥字，乃古文夷也。或从𡰥者，錢君大昕曰「史記張釋之馮唐傳『陵遲而至於二世』，漢書作『陵夷』，平準書『選舉陵遲』，漢志亦作『陵夷』，司馬相如傳『陵夷衰微』，漢書作『陵遲』……說文遲或作迟，从𡰥，𡰥古文夷字」』。按夷古文與尸為一字。金甲文夷均作尸。遲、夷音近，故陵遲或作陵夷。宣十二年左傳曰『尸汝於是』，即『遲汝遲待也於是』也。（注）尼字篆作𡰥，正與上出諸形所从者同。尼遲音近，遲自可從尼浮聲也。葉氏釋行之謬，郭已言之。葉引卜辭「乎㳄」「乎行」以證其為一字，所乎者各殊，寧浮謂卜辭乎下諸文皆為一字耶，卜辭遲字當為人名。辭云「貞遲弗其夲」（拾九、十四）、「貞遲獲」（拾九、十五）、「貞遲弗其」「遲得」（前一、五二、一）、「貞遲不其獲鹿」（前三、三三、一）、「貞乎遲逐眔獲」（佚八後上、三十、十一）、「令遲」「貞弗其獲」「令遲」（佚五七）、「令遲」（珠三〇四）、「囗卜殼貞遲以囧賦亡禍」（佚八五）、「貞遲囗其有囗」「貞遲往來亡禍」「令遲」（佚五七一）可證。金文遲从屖，與許書籀文同，如𨒌仲𣪘文、蓋𨒌伯遲父鼎，與卜辭从尼者有別。」（集釋〇五三六葉）

饒宗頤「字从𡰥从土，隸定作𡰥，殆𡰥之繁形。𡰥即遲遲之異字，見三公山碑。說文又作遲，云：遲或从𡰥。盤庚「遲任有言」，殷有遲姓，日本唐寫本作𡰥任，漢簡經及𨑔弃遲之異形。（參郭沫若說）」（巴黎所見甲骨錄一二頁）

饒宗頤「𡰥舊釋遲，遲之異字，說文又作遲。盤庚「遲任有言」，鄭玄云：遲任古之賢史，日本唐寫本作𡰥任，𡰥即遲姓之遲。然除京津明義士作𡰥外，其餘字並从𡰥。說文几部：「𡰥，處也。从尸、几。」契文有彳旁，似釋為𡰥之古文史合」（通考七六九葉）

于省吾「甲骨文无尼字，而有从尼的𡰥𥝐二字。𡰥𥝐二字均属第一期。𡰥为常见的人名。𥝐为「自生稻」（详释𥝐）。说文：「𡰥，从后近之，从尸匕声。」王筠说文句读：「匕者比也，人与人比，是相近也；人在人下，是从后也。」王说颇有道理，但和其他说文学家一样，都误从许氏以尼为形声字。林义光文源：「按匕尼不同音。𠂉，人之反文，𠂉亦人字，象二人相昵形，实昵之本字。」按林说甚是，但举不出具体事实以说明问题。甲骨文𡗜字从夻作𡗜，象一人骑在另一人的脊背上（详释𡗜）。又甲骨文有𡗜字（江三八四三），象一人骑在另一人的头上。汉武梁祠堂画像，画夏桀骑在二妇人的背部，即后汉书井丹传所谓「桀驾人车」（详瞿中溶汉武梁祠堂画像考）。又汉书叙传谓成帝屏风上「画纣醉踞妲己」。这是说，商纣醉后，伸其两腿盘踞于妲己的背部。依据上述，夏桀和商纣或骑或坐于妇人背部，既已在汉代画像和汉书得到验证，而甲骨文从尼之字作𡰥，从夻之字作𡗜，正象人之坐或骑于另一人的背上，可见汉人所画所记，是有着一定来历的。

关于从尼之字在义训方面的滋化源流，今特略加阐述。尼字的构形既然象人坐于另一人的背上，故尔雅释诂训尼为止为定；人坐于另一人的背上，则上下二人相接近，故典籍多训尼为近。尔雅释诂训即为尼，郭注谓「尼者近也」（按尼后世作昵或暱）。典籍中多训即为就，就

三——三〇五页）

2317

按：字从「彳」、从「尼」，隸當作「徲」。如隸作「遲」，則與「遲」字混。卜辭「徲」皆為人名，與「遲」迥然有别。

张亚初释𨓈，参字条下。

按：字从「行」、从「」。合集九〇五三辭云：「……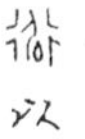以」為人名。

2318

徲

羅振玉　「从彳从辛，辛即辟字。人有罪，思避法也。說文解字載遲之籀文从犀作遟，殆誤認避為遲矣」。（殷釋中六十六葉下）

王襄　「古避字」。（簠室殷契類纂第七葉）

容庚　「遲說文籀文从犀，而篆文从犀。『犀南徼外牛』，『犀（遲）』从犀，正合遲義，不當从犀。五經文字曰『今从籀文』。足證唐人經典用遲不用遲也。與徲通」。（金文編二卷二十一葉下）

朴海波 「徲，前五．三〇．一．容庚說，从犀，通遲。說文从犀，乃淺人所改。」（甲骨文編七五頁）

李孝定 「卜辭作上出諸形，不从口．古文衍安往之增口也．就字形言，似與許書遲之籀文作遟者相同．然卜辭之遲作徲，與許書遲之或體作遲者正合，則此不當釋遲。且與篆文之避形亦極近，辭云『其徲于之若』，前五、三十、一言其避於此甚善也，釋避似無可疑．遲究何所本，今無可考。羅氏謂誤認避為遲，亦覺莫能明也．金文編未見避字果如羅氏所言則容氏以為遲字者固當改釋為避矣。」（集釋〇五三九葉）

屈萬里 「卜辭有徲字，羅振玉釋避（殷釋中六六葉）。此𢽚字，與徲字形近，疑亦避字也。」（甲編考釋二〇一葉）

按：甲骨文徲字隸定當作徲，同於說文遲之籀文遟、當如容庚說釋「遲」。卜辭或用為人名，如：

「今徲以王族比蜀甾王事，六月」 前七．三八二

或為地名，如：

「王于徲使人于美，于之及伐望，王受又」 掇二．七八

或用作動詞，如：

「其徲于之若」 前五．三〇．一

此當即用遲之本義。說文訓「遲」為「徐行」。

金文或作徲、與甲骨文同．或从辵作遟，隸定即作遲。

2319 衎

2320 𢔭

按：字不可識，其義不詳。

2321

⿰彳大

商承祚　「⿰彳大乃行字，与彳为一字。」（殷契佚考六三頁下）

商承祚　「⿰彳大即徉，亦即逆。逆从到人，此从側人，其意同也。」（殷契佚考三六頁上）

按：字从「彳」、从「大」，隸當作「⿰彳大」。釋「行」、釋「逆」皆不可據。卜辭用為方國名、人名。

按：字从「彳」、从「敹」。合集三四二一九辭云：「取岳于三門徹」為祭名。

2322

⿰彳矣

孙海波　「⿲彳矣亍，濬三八。疑為⿰彳矣字异文。」（甲骨文編八三頁）

屈萬里　「⿰彳矣字未識其音義，隸定之當作⿰彳矣。」（甲編考釋一六九葉）

按：字隸當作「⿰彳矣」或「⿲彳矣亍」，在卜辭為人名。

2323

⿲彳矣亍

2324

疑

于省吾說參字条下。

按：說文：「⿰匕矢，未定也」段玉裁、桂馥皆以「未」為衍文。徐灝段注箋云：「⿰匕矢即古疑字，游移不决，故曰未定也」說文訓「疑」為「惑」，古「⿰匕矢」、「疑」本同字，「惑」亦「未定」之義。合集一二五三二正辭云：「……貞……王固曰：茲乞雨。之日允雨」，當用為「疑」。0208之「吳」

則用為人名。

2325

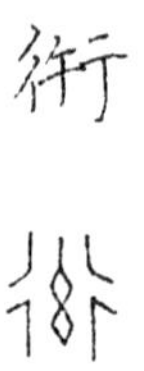

郭沫若 「衔當是御之異文」。（粹考一四四葉背）

李孝定 「說文：『䘙，將衛也（各本作衛依集韻引改也），从行，率聲』。段注云『將如鳥將雛之將，古不分平去也。達，導也，循也，今之率字，率行而䘙廢矣。……將帥字古祇作將䘙，帥行而䘙又廢矣。』毛公鼎辭云『䘙懷不庭方』，正導循之義，字作衛，从行从辵古得通也。粹一一二五辭云『壬申卜衔旨于𢀛』，字與毛公鼎文全同，言導旨方國名于𢀛也。三體石經衛之古文作衟，與此及鼎文正同，字从行从止，正衛得通之證」。（集釋〇六一三葉）

屈萬里 「當釋衛；亦即率字。毛公鼎率字作䘙，與本辭衔字，形極相近。說文以率為『捕鳥畢』，以衛為『將衛』，吳清卿氏曾謂其非是（說文古籀補）。其在本辭，蓋地名也」。（甲釋一八二七片釋文）

按：當以郭沫若釋「御」為是。字亦作「衚」，皆「𢓊」之繁體，用為「防禦」之「禦」。

參見2326「衚」字條。

2326

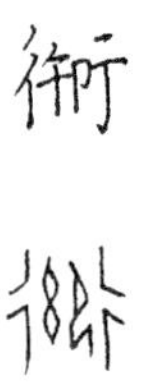

孙海波 「𢓊，燕七二。卜辭御从彳从卸。𢕟，前六·六·三。或从攴，象執朴驅馬。𢔲，前六·二二·六。或从卸。衚，后二·一九·二。或从行。𢓊，甲二七〇。或不从彳。」（甲骨文編七六頁）

按：合集一三九一一辭云：「丁未貞，衚」，此乃「卸」之增繁。从「行」、从「卸」，用為「防禦」，不用作祭名，當已開始分化。

2327

衔 

按：字从「行」、从「牛」。合集一六二二九辭云：「貞，令衔戠」為人名。

2328

𢓜 逆  

羅振玉　「說文解字：『逆，迎也，从辵屰聲』。案从辵从屰者（屰為倒人形），象人自外入，而辵以迎之，或省彳，或省止」（殷釋中六十六葉下）

王襄　「古逆字」（簠室殷契類纂第七葉）

孫海波　「[字形]，乙四八六五反。人名，逆入十。」（甲骨文編六五頁）

李孝定　「說文：『逆，迎也，从辵屰聲。關東曰逆，關西曰迎』。羅氏釋此為逆，是也。卜辭用此有三義，其一為迎，辭云『辛丑卜殻貞𢀛方其來逆伐』，前四．二四．一．『辛丑卜殻貞𢀛方其來王勿逆伐』，後上．十六．十一．『辛未卜殻貞王勿逆伐𢀛方下上弗若不我其受又』，後上．十七．三．『癸酉卜爭貞王勿逆伐𢀛方下上弗若不我其受又』，戩十一．十五．四辭所卜殆係一事。以後數辭徵之，知第一辭應讀為方其來句絕，逆伐句絕，言𢀛方其來，王其往迎擊乎．它辭言𢀛方其來，王勿往迎擊，蓋下上不順，我其不受祐也。其一為地名，辭云『甲戌卜☐曾角取逆芻』，前四．五三．二，言曹角往取逆地之芻秣也。其一為人名，辭云『庚子卜𢓜貞翌辛丑丙』，前五．二六．五．『貞𢓜其囚』，後下十一．十六．『癸亥卜逆貞旬亡囚』，甲編二○二。从辵，从彳，从止得通．金文作[字形]宗周鐘[字形]矢作丁公簋[字形]禹比盨[字形]仲冉簋从辵或从彳，無但从止作者」。（集釋〇五二一葉）

饒宗頤　「按逆讀為迎，禹貢『逆河』，今文尚書作迎河。說文：『逆，迎也』。逆伐即迎

伐」。（通考一六九葉）

饒宗頤　「『辛丑卜，𢓊：𥁕方。癸卯卜，丘：令田正𢓊。』（佚存二三四）知𢓊曾為農官，故稱田正。銅器有亞𢓊卣，（金文編附錄）殆𢓊所用之器。」（通考七七六葉）

屈萬里　「逆，謂迎之也。戰國策齊策：『故專兵一志以逆秦』。高注：『逆，拒』。拒，即迎擊之義矣」（甲編考釋一三六葉）

裘錫圭說參字條下。

按：此乃重出，當倂於0270「逆」字條。

2329

牧 

于省吾釋牧，參字條下。

按：此為「牧」字之繁構。合集七三四三辭云：「……，旁貞，叀今秋……牧，各來自……」又佚一四九辭云：「……子貞，牧告擻……」皆為人名。

2330

⿴行羊 徉 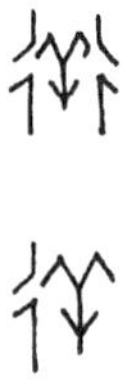

葉玉森　「按⿴行羊徉一字可信，惟謂即牧字恐非」（前釋一卷一三一葉背）

商承祚釋牧，云：「其从行者，與从止之義同，又或从二羊」（類編三卷十九葉）

补海波　「⿲彳羊亍，前六·二三·五。从行从羊，說文所无，疑为徉字异文。⿲彳羊亍，京津二六一九。或从華。」（甲骨文編八二頁）

孫海波　「从彳从羊，說文所無，經典通作徉，廣雅釋訓『仿徉徙倚也』。又『徜徉戲蕩也』。」（文編二卷二十五葉）

李孝定　「从彳从羊，說文所無，而經籍多有之。古祇作羊，後或作佯或作徉。如離騷『聊逍遙以相羊』，王逸注『逍遙相羊皆游也』。逍遙一作須臾，羊一作佯。史記司馬相如傳『招搖手襄羊』。索隱引郭璞曰『襄羊猶仿佯也』。廣雅作『儴佯』，王氏疏證云『開元占經石氏中官占引黃帝占云「招搖尚羊也」。尚羊與儴佯古亦同聲，或作徜徉』。王氏廣雅疏證卷六釋訓『逍遙儴佯也』及『仿佯徙倚也』『徜徉戲蕩也』諸條下說此甚詳。呂氏春秋行論篇作仿佯，史記吳王濞傳作仿佯，濟風鐵驅傳作仿徉均是，此不具引。契文徉字似是人名，辭云『貞于徉』前一·四八·一『令御于徉』前一·四八·三。與後世用徉字義無涉。惟契文及經籍中多有此字而許書無之，殆偶然佚耳。高釋牧非是，孫說是也。」（集釋〇五九三葉）

按：字當釋徉，卜辭用作地名，義無可考。

2331　⿲彳華亍

按：字从「行」、从「華」，當與「徉」、「衛」同字，皆為地名。

2332　⿰彳華

按：此與「徉」、「衛」、「衛」皆當同字。

2333　⿺辶華

按：字當隸作「𨔶」。佚七二五辭云：「……貞，𨔶來羌，其用于父丁」又英二四一一辭云：「己卯貞，𨔶來羌，其用于父……」皆為人名。

2334 徵 牧

于省吾釋牧，參字條下。

按：字當隸作「徵」。卜辭牧牛為「牧」，牧羊為「⿰羊攵」，後世統一作「牧」。合集三二〇一四辭云：「于祖乙以徵來羌」「徵」為人名或職官名。

2335 ⿺辶臺 馹

王襄 「古⿺辶臺字，許說近也。」（簠室殷契類纂第八葉）

李孝定 「說文『⿺辶臺近也从辵臺聲』辭云『其⿺辶臺至于攸若王乩曰大吉』，其義似亦訓近，人名，攸，地名。」（集釋〇九四九葉）

于省吾 「甲骨文第一期有字，第三期作、、等形，第五期作。……說文：『至，鳥飞从高下至地也，从一，一犹地也。』按甲骨文至字作，或倒作，乃于矢端著一横划，本象矢有所抵，因而引伸为凡至之义。說文鳥飞至地之說，与至字的初文显然不符。古文字偏旁中的至字，其矢尾有的变形为⋀⋀。甲骨文的葡字，即盛箭之箙的本字，作或，周器番生簋作，毛公鼎作。又商器矤鼎的矤字从矢作，周器仲殷父簋的室字从至作或。以上是从矢之字，其矢尾由∨变作⋀⋀的例证。由此可知，甲骨文第三期的⿴行臸字，确是从行从臸。它所从的臸，也有省变作[illegible]或[illegible]者，其中间加一横划，是表示二至之形。

尔雅释言：「驲、遽，传也。」郭注：「皆传车驲马之名。」释文：「郭音义云，本或作⿺辶臸，声类云，亦驲字，同。」说文谓：「驲，驿传也，从马日声。」又：「⿺辶臸，近也，从辵臸声。」清代说文学家都认为驲是本字，⿺辶臸是假借字，未免本末倒置。以甲骨文验之，⿺辶至孳乳为⿺辶臸，⿺辶至与⿺辶臸为本字，驲为后起的代字。至于甲骨文偏旁中从止从彳从征或从行，往往互作无别，都是表示行动之义。广韵六脂：「⿺辶至，处脂切，走皃。」后世已不知⿺辶至即⿺辶臸字的初文。⿺辶至从至，至是到意。其孳乳从叠至，则表示从此至彼为递至。就音符来说，⿺辶至从至声，臸从至声。段玉裁说文解字注，谓「至亦声」。王筠文字蒙求谓「余兼之音，又同余意」，其例并同。今将甲骨文有关⿺辶臸传之贞择录于下，并加以解释。

一、己卯贞，⿺辶臸来羌，其用于父丁（佚一一八，摹本中的⿺辶臸字误摹作⿺辶羊）。

二、贞，勿牧出示鄉[illegible]，⿺辶至来归（续存下一九五）。

三、☐衣其⿺辶臸☐（佚九四〇）。

四、壬戌卜，狄贞，亚旅其陟，⿺辶臸入（甲三九一三）。

五、丁丑卜，狄贞，王其田，⿺辶臸往（甲三九一九）。

六、[illegible]其⿺辶臸至于攸，若。王占曰，大吉（前五·三〇·一）。

以上所举的⿺辶至来归、⿺辶臸入、⿺辶臸往，是说乘⿺辶臸传以归以入以往。甲骨文还有「傳氏（致）孟伯」（后下七·一三）之贞，傳应读去声，指的是傳车。周器洹子孟姜壶有「齐侯命大子乘遽来句宗伯」之语，遽同傳，也指的是傳车。孟伯是孟方的首领，傳致孟伯，是说用傳车将孟伯送来。总之，甲骨文既于⿺辶臸言往来，又于傳言致，可见商代的⿺辶臸传已相当发达。」（释⿺辶臸，甲骨文字释林二七七——二八〇页）

姚孝遂　肖丁　「725」

(2)「……贞，⿺辶臸来羌其用于父丁」

……「⿴行臸」字的形体结构很清楚，可隶定作「⿰彳臸」或「⿺辶臸」。

佚118与此同辞：「乙卯贞，⿺辶臸來羌，其用于父（丁）」

看来佚118所摹写⿴行臸的形体，过去虽仅见，今得此片，可证明是正确无误的。「⿺辶臸」在卜辞为人名，亦为地名。与⿰彳臸、⿴行臸等同字。古文从彳、从行、从𢓊在偏旁中可通用无别。如彳亍或作彳亍、或作彳亍；彳亍或作彳亍；徃或作徃；彳亍或作彳亍；德或作德等等，均可为证。『徉』、『逢』与徃或徃（隶作『遣』或『逞』）在形体上及用法上都有明显的区别。『逞』或『遣』于省吾先生以为『驲』之本字（释林277—280页）。在卜辞为动词。」（小屯南地甲骨考释一一二—一一三页）

按：于先生释「遣」，以为「馹」之本字，其說是正確的。金一一八與屯七二五同文，乃「徃」字，而非「遣」字。

2336

徯

按：字从「彳」、从「奚」，隸可作「徯」。辭殘，其義不詳。

2337

倬

孫海波 「倬，粹一一六〇。于省吾释倬。引金文卓林父鼎卓作卓，蔡姞簋韓字从卓作卓，證卓即卓字，謂倬当即金文趠鼎之趠字。說文趠，远也。此辞云，倬人已，即远人已，意謂去人远已。桉，說文辵部有逴字，与趠音义並同。以从辵之字常省从彳例之，此当是逴。」（甲骨文編六九頁）

于省吾 「甲骨文称：『其曰倬人吕〇其曰毋㝅吕〇其隻口执吕。』（粹一一六〇）郭沫若同志释倬人为遊尸，並云：『遊尸殆即猶与、猶豫。毋㝅即毋扰。三吕字均著於辞末，当是虚词，即典籍中常见之已若矣。』按吕今作以，郭谓即已若矣，是也。释倬人为遊尸，失之。倬字从彳卓声。卓即卓。金文卓林父鼎卓作卓，蔡姞簋韓字从卓作卓，石鼓文潮字从卓作卓，其中间有点，为后来乘隙所加，乃古文字之常例。說文：『卓，高也，早匕为高。』按卓字初文本不从早匕，许说误矣。甲骨文卓字从卜，下从子，上象子之头顶有某种标帜之形，故有高义。倬当即金文趠鼎之趠字，从彳从辵一也。說文：『趠，远也。』甲骨文编谓說文『逴字与趠音义並同』，是也。」（释倬，甲骨文字释林九一至九二页）

郭沫若　「『遊尸』　　殆即猶與、猶豫。『毋安』即毋擾。三吕字均着於辭末，當是虛詞，即典籍中所常見之已若矣。字雖未盡識，而語饒有風致」（粹考一四九葉一一六〇片釋文）

于省吾　『粹一一六〇，其曰𢓊人吕，其曰毋安吕，伐雋口執吕。……』郭謂吕即已若矣是也，釋𢓊人爲遊尸失之。𢓊字从彳卓聲，卓即卓。金文淖林父鼎卓作□，蔡姞簋𩏂字从卓作□，石鼓文淖字从卓作□已稍譌变。說文：『卓，高也，早匕爲卓。□古文卓』。按卓字初文，下从子，上象子之頭頂有某種標識之形，故有高義。說文以早匕爲卓失之。𢓊當即金文𧾷鼎之𧾷字，从彳从走一也。說文『趠遠也』。『其曰𢓊人吕』，即其曰遠人已，意謂其去人遠已」（駢續三十九葉釋𢓊）

李孝定　「說文『趠遠也从走卓聲』于氏釋此爲趠，可从。古文从彳、从止、从辵、从走，在偏旁中每得相通，尤以彳止辵三文爲然，蓋其事類相同，義例自亦相通也。許書辵部『逴遠也』，音義相同，而从走从辵有別，蓋一字之異構，此篆文从走从辵，猶得相通之證」（集釋〇四四四葉）

按：于先生釋趠可信。隸定當作𢓊，小篆作趠及逴，典籍作踔。从彳、从走、从辵、从足，在古文字偏旁中每通用無別，實則𢓊、趠、逴、踔均由卓字衍化而來。卜辭「𢓊人」似當爲「卓人」。漢書孔光傳：「非有踔絕之能，不能踰越」。今字則作「卓絕」。「𢓊人」謂「卓絕之人」。「高遠」、「踔絕」，義實相因。

2338

按：字从「彳」、从「王」、从「丮」，隸可作「𢓋」。卜辭累見「賓𢓋」連言：

「……賓𢓋……」　合集三一五五

「……中子賓𢓋牡……」　合集三一五六

「……賓𢓋牡」　合集三一五七

「……賓𢓋牡……」　懷九八九

當爲祭名。

週 徆 𢓊 徆

王襄　「古通字」。（簠室殷契類纂第七葉）

王襄　「𢓊，當釋通」。（簠考文字二葉下第三十片釋文）

商承祚　「徆字从彳从用，疑通字也」。（佚存考釋八二葉）

孙海波　「𢓊，京津三一三六。卜辭通字从用。」（甲骨文編六六頁）

孫海波　「說文：『通，達也，从辵甬聲』。佚存六六一版：『口卜王丁酉口夕口徆士』。徆商先生疑通，是也。彳即辵之省，衍用之聲。用，說文訓『可施行也』。引申為行，方言六：『用行也』。為役，漢書賈誼傳：『彭越用梁則又反』。注引晉灼曰：『用，役用之也』。為通，莊子齊物論：『用也者通也』。故通亦有行達之訓。易繫辭上傳『往來不窮謂之通』，又云『推而行之謂之通』。與用義相近，是知通乃受用之誼。金文頌鼎作𨔛，所以與甬形相近，小篆則以為从辵甬聲矣」。（考古社刊第三期七十葉）

郭沫若　「以上三片均有徆字，乃國族名，當是通之異」。（粹考一五四葉下一一九三片釋文）

李孝定　「說文：『通，達也，从辵甬聲』。又『甬从弓用聲』。是甬用聲通之證。此彳或辵用聲，諸家釋通，是也。金文作𨔛頌鼎𨔛𨔛頌簋𨔛頌壺从辵从用，與卜辭同。又从⊙，非从日也，乃鐘柄旋蟲之象。徐灝段注箋甬下云『此當以鐘甬為本義。考工記「鳧氏為鐘舞上謂之甬」鄭云「鐘柄」。灝按甬古篆或作甬，兩旁象欒銑，中象篆帶，上出者，象鐘柄，小圓象旋蟲。以字形與記文互證，其義瞭然。小篆从弓者，形近之譌耳。用本古鏞字象形，甬即用之異體。阮氏鐘鼎款識漢陽武劍用字作甬，是其證。因甬篆上有小圜與用微異，遂專以為鐘甬字耳，凡器之圜者，如筩桶之類皆从甬。又為斗甬籚甬之稱。花之蓓蕾稱圜，因亦謂之甬』。徐氏說甬用得通，皆象鐘形，其說是也。是甬用非特同音，抑亦同義矣」。（集釋〇五二七葉）

考古所　「徜：國族名。諸家皆釋通。」（小屯南地甲骨一〇三四頁）

姚孝遂　肖丁　「3568
(1)「戊寅卜，韋徝受……」
(2)「……徝……又」
(3)「生月」
3604「韋徜受又」
「徝」或作「徜」，為方国名。粹1191：「丁酉卜，生十月，王韋徜……又」；粹1192：「辛未卜，王夲徜」；粹1193：「乙未卜貞，乙巳王韋徜受又，十二月」。郭沫若先生考釋謂：「以上三片均有徜字，乃国族名，字当是通之异」。京津3136「韋徝，受又」，字亦作「徝」。卜辭或稱「韋徜」，或稱「夲徜」，京都3132則稱「𦉢徜」，均为征讨之意。迄今尚未見「徜」稱「徜方」之例。」（小屯南地甲骨考釋一〇一頁）

饒宗頤説參𠂆字条下。

高明説參𢓜字条下。

按：字當釋通、用、甬聲同義通，說詳用字條下。在卜辭為方國名。合集二一三八四辭云：「……巳……既夢……作徜耳鳴終……大……」當用為「通」，此為卜辭所僅見。

2340

迨　[彳合]　[合止]

孫海波　「[合止]，鄴初下三三·八，地名，𠂤迨。[合止]，河六七五，或从彳，与說文會字古文同，疑古迨、會同字。」（甲骨文編六四頁）

金祖同　「迨古會字，見魏正始三體石經。」（遺珠十四葉）

李孝定　「說文：『迨，遝也，从辵合聲。』契文正从辵合聲，或从彳。揆之它文，从辵从彳相通，當是一字。三體石經會之古文作祫，不作迨，金氏引誤。說文會古文作祫，與石經同，迨會疑是一字。金文作𢓊宜子鼎辭云「王命宜子迨西方于省」，容庚云「迨當讀作會，說文會古文作祫」。中二·二五·六辭云『乙巳王貞啟乎兄曰「盂方奴人其出伐↓𠂤高其令東迨于口高弗每不𢦏」』王乩曰口』似亦當讀為會，益可證迨會二者為一字。許君之訓殆係後起，然亦與會義相近也」。（集釋○五一九葉）

按：容庚金文編二·二二迨字注云：「戍甬鼎王命宜子迨西方于省，迨當讀作會。說文會古文作祫，从彳與从辵同義」。甲骨文或作𢓊，與金文同；或作㣛，與說文古文同。合集三六五一八辭云：「乙巳王貞，啟呼祝曰盂方奴人……其出伐↓師高其令東迨于……高弗每不𣅀𢦏王乩曰……」，此「𢓊」字即讀作「會」。又卜辭屢見「𠂤祫」，亦作「𠂤𢓊」，皆為地名，「祫」、「迨」無別。

2294

2341

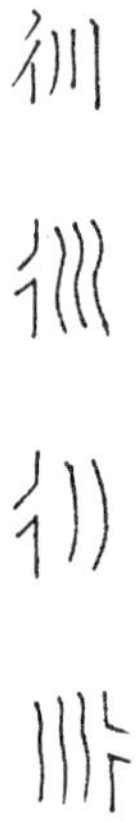

王襄　「古衍字」。（類纂正編第十一第四十九葉上）

又曰：「衍或从行省」。（仝上）

羅振玉　「說文：『衍，水朝宗于海也。从行，从水』。此从巛，示百川之歸海，義彌顯矣。或省行作彳，或又省巛作巜，或变巛作𡿨。古金文朝字从此。枯衍敦蓋有𧗊字，與卜辭略同」。（殷釋中九葉上）

郭沫若　「𢓷者巡之異，从川省辵省。或釋為衍，非是」。（粹考一六一葉下）

郭沫若又曰：「衟乃巡之異，或釋衍，非是」。（粹考二○九葉下）

孙海波　「𧗊，甲三○四九。从行从川，說文所无。武丁早期貞人名。𢓷，存下五八五。㣺用为巛。」（甲骨文編八四頁）

陳夢家　「……由此可知子、余、我、𢓷、𢓷是同時的。而後二者可能是一個名字的兩種寫法，就是後來的巡字」。（綜述第一五八葉）

屈萬里　「疑是巡字。」（甲編考釋四一八葉）

按：字當釋「衍」。契文「洐」字或从巛，是偏旁中巛與氺可通之證。字或从行，或省作彳。為武丁時貞人名。又摭八·三·五「帚衍又子」，為女字。存二·五八五：「戊寅卜歸，我入隹衍？丙子歸卜，亡衍在來？丙子歸卜，我又衍在來？」疑借作「延」。獅椒卿「蕃衍盈升」，一切經音義十九引作「蕃延」；周禮大祝「二曰衍祭」，注讀「衍」為「延」。「又衍」、「亡衍」，即「有延」、「亡延」，淹留之意。契文「巡」作「𢓊」，參見2354。

2342

邀

徼

按：合集五八九九辭云：「丁未卜，爭貞，令夲𠂤甫　呼徼戈夲……」用為動詞，當與征伐有關。

2343

㣔

考古所　「㣔：可能為𢀛之異構。」（小屯南地甲骨九二四頁）

按：合集三二八八三辭云：「丁未貞，王令戠㣔在𠂤」又合集三三〇八六辭云：「……𨽸𢀛伐盧帝……」當為「𢀛」之異構，參見「𢀛」字條。

2344

衎

㣔　㣔

張東权　「『衎』疑即『戈』，粹編一一六五之辭似乎可以作一旁証。」（殷虛文字丙

編考釋第三六六頁）

沈之瑜、濮茅左說參衛字条下。

劉釗　「戈」又繁化作「𢓭」，与「伐」組辭为「𢓭伐」。」（卜辭所見殷代的軍事活动，古文字研究十六輯一一二頁）

楊樹达　參戈字条

按：合集六九四八、六九四九均有「𢓭伐」之記載，卜辭亦稱「戈伐」，但「𢓭」與「戈」有別，二者已分化。「衛」可能為「𢓭」之繁體。參見2302「衛」字條。

2345

按：字不可識，其義不詳。

2346
徠 

孙海波　「徠，甲三五一〇。从彳从束，說文所无。人名。子徠。」（甲骨文編七八頁）

按：合集六辭云：「辛卯卜，宾貞，以子徠奉，不丼」「子徠」為人名。

2347
佗 

李孝定　「从彳从⿱宅止，說文所無，辭云『丁未卜在𢀛貞王其入大邑商亡徝』，⿱宅止即宅之繁文。从彳从止从宅，會意，言行道踐宅也。」（集釋〇五九七葉）

裘錫圭　「……𢓜字，用法与『叀』字不同，与『徝』是否一字尚待研究。」（釋叀　古文字学论集初编二二六頁）

按：字从「彳」、从「叀」，「叀」即「𠃉」。參見「⿱宅止」字條。

2348　徦

按：字从「彳」、从「叚」，辭殘，其義不詳。

2349

按：合集二一五八六辭云：「庚子卜，𢓉貞，翌又隹𢓉人以」義不可曉。

2350　迖

按：字不可識，其義不詳。

2351　⿰彳木

按：字从「彳」、从「木」，隸可作「⿰彳木」。辭殘，其義不詳。

2352

按：合集九一六八辭云：「……粉以」當為人名。

2353

律 建 

孫海波　「徣，京都二〇三三，地名。」（甲骨文編七六）

考古所　「徣：即律。許進雄著怀特B．一五八一也有『𠂤叀徣用』之語。律，可能即出以律，律不可失』。『𠂤叀徣用』之𠂤即師。」（小屯南地甲骨八四五頁）

肖楠釋律，參𠂤字条下。

按：屯一一九及懷一五八一均有「𠂤叀徣用」之記載。合集二八九五三及懷八二七均有殘辭作「律」，是「徣」即「律」。說文：「律，均布也。从彳、聿聲」王筠句讀：「以均釋律者，周語『律所以立均出度也』爾雅釋詁『律，法也』段玉裁云：『律者，所以範天下之不一者而一之』」卜辭「𠂤叀律用」，即師出當依法度之意。

2354

巡 

按：字从「辵」、从「巛」省，當即「巡」字。說文：「巡，視行也。从辵、川聲」（據段注本）段玉裁注云：「視行者，有所省視之行也」合集三六四一七辭云：「戊戌卜，王其巡𩡶馬……」謂王巡視「𩡶馬」。

2355

徆

按：字从「彳」从「由」，隸可作「徆」。辭殘，其義不詳。

2356

⿰彳甾

按：字从「彳」、从「甾」，隸可作「⿰彳甾」。釋「迪」不可據。卜辭辭義不詳。

屈萬里「徆字卜辭習見。汗簡及古文四聲韻迪字均如此作；此當是迪字」（甲編考釋二九八葉）

2357

按：字不可識，其義不詳。

2358

⿰彳戠

按：字从「彳」、从「戠」，當是「戠」字之繁體。參見2415「戠」字條。

裘錫圭說參字条下。

2359

⿰彳旋

按：字从「彳」、从「旋」。辭殘，其義不詳，有可能為人名。

2360

按：字不可識，其義不詳。

2361

按：字不可識，其義不詳。

2362

⿰彳魯

按：字不可識，其義不詳。

2363

⿰彳先

按：字从「彳」、从「先」，隸可作「⿰彳先」。合集一五八辭云：「貞，⿰彳先隻」似為人名。

2364

⿰彳可

按：合集二一〇一三辭云：「⿰彳可曰延雨……」為人名。

2365 

張亞初釋摘，參字条下。

按：字从「彳」、从「㝅」，隸可作「[彳㝅]」。合集二二三〇二辭云：「甲辰卜，亞[彳㝅]用」為祭名，義當如「禘」。

2366 

按：字不可識，其義不詳。

2367 

按：合集九六七一反辭云：「入十」為人名。

2368 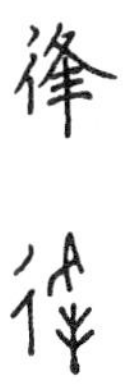

羅振玉「說文解字：『逢，遇也。从辵夆聲』。此从彳。古文从辵者，或从彳，許書所載篆文亦然。如退或从彳作徂是矣」（殷釋中六十六葉上）

王襄「古逢字」（簠室殷契類纂第七葉）

孫海波「[彳夆]，後一.一〇.四，地名。」（甲骨文編七五頁）

李孝定 「說文『逢遇也从辵夆省聲』校議謂當作夆聲段注亦作夆聲卜辭从彳夆聲。羅說是也。卜辭徸為地名。徸字重文」（集釋〇五二五葉）

按：羅振玉釋逢，在卜辭為地名。

2369

按：合集六〇三三正辭云：「丙戌卜，韋貞，令𢓊往于乇；丙戌卜、韋貞，勿令𢓊于乇」為人名。

2370

徥 

张亚初释趧，参字条下。

按：合集八一一一辭云：「……𢓊往于𡧊」為人名。此當與2317「𢓊」為同字。

2371

姚孝遂 肖丁 「1035 (1)『丁酉，其立𢓊』(2)『弜立𢓊』……『𢓊』字前所未見。从『彳』、从『徥』，字不识。『立𢓊』似与『立中』之内容有一定关系。

《續》4.4.5：「……酉卜，穷貞，翌丙子其（立中，亡風？丙）子立中，允亡風」。
《存》2.88：「丙子，其立中，亡風？八月」。
「立中」當与「宇風」之祭仪有关，故其驗辭每言「亡风」、亦即「无风」。「中」即旗帜。「⿰彳㫃」从「㫃」亦像旗帜之类。「⿰彳㫃」即象肩負旗帜之形。（小屯南地甲骨考释一七頁）

劉釗 「『⿰彳㫃』字也应指旗帜。」（卜辞所見殷代的軍事活动，古文字研究十六辑一三八頁）

按：卜辭「立⿰彳㫃」當與「立中」有關，殷人「立中」既為召集人衆，亦為觀測風嚮。

2372

化 ⿰彳匕

按：字从「彳」、从「匕」。辭殘，其義不詳。

2373

⿰彳來

按：字从「彳」、从「来」。「来」當是「來」之異構。合集三七五一七辭云：「……卜，在勳……田徠……亡巛」為地名。

2374

彶 ⿰彳及

孫海波 文編收此作彶。

李孝定 「說文：『彶，急行也，从彳、及聲』。契文與小篆同。辭九〇一云『辛未貞不降彶不受禾王其舟』，言『不降彶』，辭義不明。」（集釋〇五七一葉）

2375 径

按：李孝定所舉粹九〇一从「彳」、从「𠬝」，乃「永」字之異體，不得釋「役」。此从「彳」、从「攴」，隸可作「彶」。合集二一六五三辭云：「……卯卜，[illegible]貞，彶五月呼婦來歸」其義不詳。

2376

按：字不可識，其義不詳。

2377

按：合集三二九一二辭云：「于大乙衍」似當讀為「于大乙祉匕」。

2378 [illegible]

按：字不可識，其義不詳。

2379

按：合集一三六七六反辭云：「庚申婦扑……」為人名。

2380

按：合集二八一四五辭云：「……出于……不雨」當為地名。

2381

按：字从「彳」、从「夂」，辭殘，其義不詳

2382

按：字从「彳」、从「子」、从「貝」，隸可作「」。辭殘，其義不詳。

2383

按：屯一一一一辭云：「己巳貞，[illegible][illegible]在奠」。字不可识，在卜辞为地名。

2384

2385

按：字不可識，其義不詳。

2386

达

孙海波「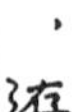，存二〇一一。，佚四二九。或从彳。」（甲骨文编六七页）按，説文，達之或体从大作达。此与之同。今定为達字。

2387

按：字从「辵」、从「大」，隸可作「达」。合集二七七四五辭云：「达往于……戈」當為人名。

2388

按：字不可識，在卜辭為地名。

2389

按：字从「辵」、从「人」，辭残，其義不詳。

為祭名，義與「癸」同。

2390

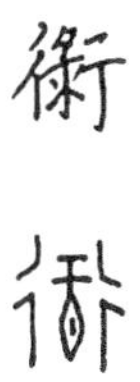

按：字从「行」、从「彔」，辭殘，其義不詳。

2391

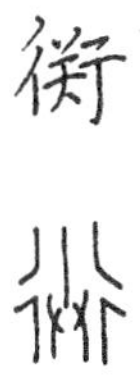

按：羅振玉釋徙，不可據。此與2343「⿲彳山亍」同字，均為「𠂤」之繁構。

2392

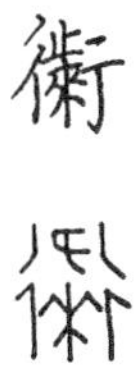

按：字不可識，其義不詳。

2393

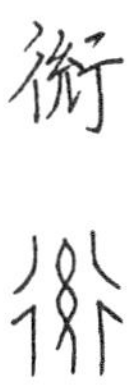

按：字从「行」、从「允」。合集三一一二七六辭云：「叀衛……弗每」為地名。

2394

按：字或當是「⿲彳非亍」之殘。辭已殘缺，難以確指。

戈

羅振玉　「說文解字：『戈，平頭戟也。从弋一横之象形。』案戈全爲象形，丨象柲，一象戈，非从弋也。古金文或作戈形，已失矣。許君於象形諸字，多云从某者，因字形失而誤會也。」（殷釋中四十六葉）

王襄　「戈或从木作，與金文象形戈字之作□者近。阮文達公云：『戈之内末，每作三垂，疑古制必有物下垂以爲飾，如旌旗之有斿。』」（類纂正編第五十五葉下）

于省吾　「戈爲殷代之方國，契文稱戈及戈人者習見。鐵一、九：『癸卯卜，貞，彭奉，乙子，自𡆥廿示一牛，二示羊，土來四戈彘，牢四巫豕。』（亦見佚八八四，續一、二、四）王國維釋四戈爲三示，四巫爲四示，並誤。（四巫當謂東巫南巫西巫北巫。東巫見粹一三一一，北巫見明二九四四）前六、三八、三：『丙寅卜，朩于四戈。』粹二二一：『壬寅卜，奉，其伐歸，叀北𡆥用，廿示一牛，二示羊，氐四戈彘。』又二二二亦有『四戈』二字，郭沫若誤釋戈爲弋。四戈乃方國名。氐四戈彘，言致四戈之彘以祭也。四戈之名舊無釋，余所藏殷契拓存有辭云：『王从東戈乎灰𢦔，王从南戈乎灰𢦔，王从西戈乎灰𢦔，王从北戈乎灰𢦔。』𢦔字均作□，乃異構，舊釋戈非是。然則四戈者，謂東戈南戈西戈北戈也。」（駢三第五葉上釋四戈）

郭沫若　「其賓□是戈。」（粹考三七葉上）

楊樹達　「卜辭或言『弋彘』弋當讀爲特。說文特訓牛父，此言特彘謂牡彘也。」（卜辭求義〔甲〕文說二十四葉釋弋彘）

孫海波　「□，甲六二二。方國名。東戈、西戈、南戈、北戈。」（甲骨文編四八八頁）

陳夢家　「卜辭又有四戈之稱：

甲子卜王从東戈乎侯𢦔

乙丑卜王从南戈乎侯𢦔

丙寅卜王从西戈乎侯𢦔

丁卯卜王从北戈乎侯戎　甲六二二

說文或、域一字，西周金文或、域、國一字，从亘或亘，戈聲；前者象疆界或邑外四垣之形。卜辭的四戈疑是四或四國，但因為於四戈乎諸侯出伐，則「戈」當指邊境之地。由四境、四域而引申為四境至於國都的四方面，則成為西周之四國。」（綜述第三二〇——三二一葉）

李學勤　「所謂「四戈」並不是「四國」。甲六二二「甲子卜，王從東戈，乎侯戎？」中的「乎侯」是一侯名，見下列各辭：

甲辰卜，□戠叔侯？　綴一四〇
戊申卜，令□伐叔侯？　甲一八三
……□伐乎侯？　甲四四〇

乎侯即叔侯，商王自不能分從「四國」去征伐乎侯。「東戈」等當如「北羌」、「上𩜁」之例，指四名「戈」之地或「戈」地的四部分。」（評陳夢家殷墟卜辭綜述考古學報一九五七年三期）

李孝定　「說文「戈平頭戟也从弋一橫之象形」。契文作上揭諸形。羅王兩氏之說是也。字為全體象形，中豎象柲，中長橫畫一端象刃他端象內，直畫下端或作巾，象其鐏，橫畫一端象內之一端或从巾，象垂緌。金文多从此，見下可證也。辭云「在□」（後·下·四三·九）□即他辭之□，乃方國名。又云「甲子卜王从東戈乎侯□　乙丑卜王从南戈乎侯□　丙寅卜王从西戈乎侯□　丁卯卜王从北戈乎侯□」（甲編·六二二）此片與于氏所藏拓本同。戈為方國名，□則其君之名，从□作者殆所以故示別異，□即□之繁體，並當釋戈。屈氏隸定作□，于氏釋戎，並有未妥。□乃戈字，郭釋弋誤。金文作□尊文 □盤文 □戈父丁盤 □卣文 作此形者尚多見，與契文从□木者同。又作□盤文 □戈妣辛鼎 □□文 此與契文从□者同。□宅盤 □師奎父鼎 □□侯鼎 □衰盤 □盧盤 □陳兆鋯戈从金後起 □楚王戈 □子口戈 後二形為晚出之鳥蟲篆。」（集釋三七五五葉）

饒宗頤　「卜辭云：

己亥卜，㱿貞曰：戈氏齒王。
曰：戈氏齒王。
貞：勿曰戈氏齒王。（林一·六·三十　林一·六·三）

按戈故夏國，即禹所封。左哀元年「遂滅過戈」。又哀十二年：「宋鄭之間有隙地。其一邑曰戈」。即此。他辭云：「壬子貞：子戈亡囚」。（京津三一四七）即殷代封於戈者。戈致齒于王，謂戈人入貢象齒。」（通考一九二葉）

屈萬里　「殷釋中（四六葉）釋𢦏為戈；恐非是。按：鄭惠鼎「官司工」之工字作紅，𢦏至吴大澂謂即紅字（字說廿一葉）；其說甚允。以此紅字證之，則本辭之𢦏，乃从糸从戈；𢦏之當作綫。惟不識為何字。而在本辭中則為人名。……綫乃諸侯之一也」（甲釋四十葉二四七甲三辭釋文）

劉釗　「卜辭戈字作『十』，本为名詞，用作动詞表示一种殺伐方式……『戈』以往多被作为地名或國名，以为『東戈』即『東國』。然而实际上這里的『戈』字乃用作动詞，『从東戈』即『从東面戈伐』。」（卜辭所見殷代的軍事活动，古文字研究十六輯一一二頁）

按：説文以為「弋」「从弋一横之」，羅振玉謂「非从弋」，其説本於王筠。釋例云：「弋者橜也，許慎『从弋一横之』之説，未可厚非。一横之説，又不可解，蓋後人所附益」。今據商周古文字及出土古器物，非戈所當从。一横之説，未可厚非。朱駿聲通訓定聲云：「弋者柲也，長六尺六寸。其刃横出，可句可擊，與矛專刺，殳專擊者不同。亦與戟之兼刺與句者異」。統言之，納戈於柲，下有鐏，是為「戈」之全體，通謂之「戈」。析言之，「謂之『弋』，亦即所以納戈之『柲』」。「一横之」乃指狹義之「戈」而言。考工記冶氏「戈廣二寸，内倍之，胡三之，援四之，倨句外博，重三鋝」。是「戈」與「柲」分言之。契文有丨字，當釋「弋」。王筠惑於「弋者橜也」，橜為短木，故斷為「非戈所當从」。實則長短乃相對而言，凡木杆皆可謂之弋。契文丨字即象「戈」去其横出之「一」形。丨而加「一横之」即成十。

2396　或

王襄　「古國字，省口，宗周鐘國作或亦省口。或字重文」（類纂正編第六第三十葉上）

王襄　「古或字，國字重文」（類纂正編第十二第五十六葉上）

孫海波　「説文：『或，邦也，从口从戈，又从一，一地也。』海波按，从口从戈，国谊不显，加一則更晦，許説殊迂迴。卜辭作𠮷，（前二·六·五）或，（後下三八·六）𠮷，（後下三九·六）并从戈口，蓋口象都邑之形，从戈以守国之义也。知口象城形者，国古皆訓城；周礼仕师：『三曰国禁。』礼记曲礼：『入国而问俗，』注『国，城中也。』又周礼司士：『掌国中之士治，』注『国中，城中也。』考工记匠人：『国中九经九纬，』注『国中，城郭中也。』荀子致仕：『惠此中国，』注『中国，京师也。』……由是言之，则国即城也。卜辞从口，象城郭之形，从戈有戍守之义。金文作或（宗周鼎），或（毛公鼎）加一者，繁缛文也。小篆仍之，遂成今体。吴大澂古籀补云『从戈守口，象城外垣，』於义颇近。系传臣锴曰：『口音围，』失之。」（卜辞文字小记，考古学社社刊第三期六十頁）

孫海波「『口』象城形，从戈以守之，國之義也。古國皆訓城。」（考古三期六十葉）

洪家义「甲骨文中还有一个或字，学者或释为国，但于口形则解释不一，或以为表示『城墙』，或以为表示『人口』。其实口是宗庙的标志。『国之大事，在祀与戎』。口象征祭祀，戈象征兵戎，或字正好体现了这两件大事。」（古文字札记，文物研究六四——六五頁）

李孝定「說文：『國，邦也，从口从或。』契文不从口。或字重文。或字从戈从口，口即口字，象有土也，戈字即執干戈以衛社稷之義，即國之古文。後段為語辭之或，乃復增口為偏旁耳。國下段注云『戈部曰「或，邦也」，古或國同用』。或國皆訓邦，知古或國同字，非僅同用也。金文作或毛公鼎 國王孫鐘 國邵差鐘 或宋距悍 國散盤 國魚鼎 或齊侯鎛 或从土，知域國亦通用也。拾遺十九有口字，辭云『貞口下上若』，葉玉森謂『口疑國之古文』。見拾考二二葉 非是。」（集釋二一一一葉）

李孝定「說文『或，邦也，从口从戈以守一，一地也。域，或又从土。』契文多从『日』，或亦从『口』，此二形於偏旁中每混用無別。『口』象城形，孫說是也。古國訓城，『大都不過三國之一』，『懸之國門』，皆此義也。金文作或毛公界 或同上 或宗周鐘 或王命明公簋 或齊鎛『勿或渝改』為不盡然之詞 𢦏師寰簋 除齊鎛外，餘均為邦國字。」（集釋二一一一、三七七三葉）

饒宗頤「或字見佩觿云『地名』，音哥。彼殆與𢦏同為沚地之君長。」（通考五一七——五一八葉）

裘锡圭「宾组卜辞里常见的『沚戠』（丙22、24、粹1317、缀16等，亦称戠）与歴组卜辞里常见的『沚或』（佚695、京津4395、后下38.6、邺三下39.10等，亦称或），实际上也应该是同一個人名。甓組「沚戓」，安明2432作「沚戈」。「戓」「戠」大概都从「戈」聲，所以可以通用。甓組綴一452「沚戓」的「戓」，仔細審視，似不从「口」而从「目」，字形與「戠」接近。……甓組卜辭中沚或或稱伯戓（安明2413），賓組卜辭也有伯戠（天90）。」（論「甓組卜辭」的時代 古文字研究第六輯二八〇——二八一頁）

田倩君　「咊這便是國字的初文，其右边的朩（朩解）是兵器，取其意亦取其聲，左边的口，是土地，取其形亦取其意。這個口是來自邑字的上部。……這便是后來甲骨文文中可字的構造。（國字的演變 中國文字一五〇頁至一五一頁）

按：釋或可備一説。金文、篆文皆从口，不从日，與此異。卜辭皆用為人名。裘錫圭謂「沚戓」即「沚戠」，其説可信。

肇

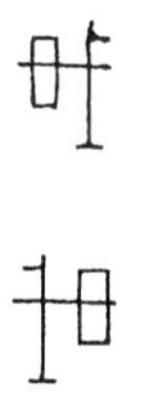

饒宗頤　「按毌為戎字，戎訓大，（爾雅釋詁、書盤庚、詩江漢烈文等傳。）故戎丁應即大丁。卜辭如：『甲子卜，貞：今夕酌戎丁，十一月。』（燕大三七二）」（通考五二一葉）又曰：「稱戎丁，不曰大丁，戎丁乃其別名；羅王以來所未言及，可補經史之缺。」（通考五二二葉）

丁山　「字从戈，从户，當是肇之初文。肇，在金文中常見，作肇（彔伯戎𣪘）肇（宗周鐘）肇之言始也，謀也，今本詩書多譌為肇字。説文『肇，擊也。』此就从攴為説也。實則肇上所从之戌，猶是甲骨文毌字正寫，象以戈破户形；使户為國門之象徵，則戍之本誼，應為攻城以戰之朕兆，卜辭曰：『百人戍。』曰：『戍馬，左右中人三百。』皆謂戰爭之先鋒；曰：『戍受。』蓋謂始受矣。」（氏族及制度一二六——一二七葉）

李孝定　「説文：『肇，上諱。』段注云『按古有肁無肇。从戈之肇，漢碑或从殳，俗乃从文作肈，而淺人以竄入許書攴部中。玉篇曰「肈，俗肇字」。五經文字戈部曰「肇作肈譌」。廣韻有肇無肈。伏侯古今注時斷無从文之肈，李賢注後漢書亦斷不至認肁肇為二字，蓋伏侯作肁與許作肇不同。和帝命名之義取始肁者始開也，引申為凡始，故伏云「諱肁」而易之之字作始。實則漢人肁字不行，祗用肇字，訓始。以詩江漢傳、夏小正傳可證。……李舟切韻云「肇，擊也」。其字从戈肁聲，形音義皆合，直小切，許諱其字故不為之解。今經典肇字俗寫从文，不可不正。攴部妄竄之肇今已芟去」。段氏定肇肇為正俗字，並引切韻訓擊為肇之初誼，並具卓見。契文从戈肁戶，應為肇之初文，丁氏說是也。金文均作肇，如肇毛公鼎 肇弔向簋 肇服尊 肇衛鼎 陳肇賸虎簋不从戈，餘尚多見，大抵與前三形同」。（集釋三七五七葉）

高嶋謙一

「丙申卜貞：𢦏肇馬左右中人三百」（前編三·三一·二）

（丙申日灼卜，貞測：（我們）应該分編馬為左（師），右（師），中（師），人數為三百。）

（注釋：我們之所以將「𢦏肇（卌）」解作「分裂·分开」是基于鄭玄对尚书：「𢦏肇（肇）十有二州」的注。鄭玄將「肇（肇）」解为「兆」——界线，划界。这个意义初看似乎和甲骨文中与征伐疾病有关的卜辭文义不協，不过它仍然保留了这个字较原本的意思——分裂，分开。如果我们再加引申，把「𢦏肇」解作「把（混聚的人众）分组」或者「把（被束缚·牢陷的东西）释放」的话，那么不仅上引的尚书诗句易于解释，而且下面一条有关商王病患的卜辭点可以理解：

貞隹帝肇王疾　乙編七三〇四

（貞測：是上帝医好（释放）王的疾病。）」（甲骨文中的並联名词动词古文字研究第十七輯三三九、三五一頁）

饒宗頤

「□……卜，㱿貞：岳戎我雨」。（盧沃二六）按戎，助也。見詩常棣「烝也無戎」傳。此云「岳戎我雨」者，禱于岳以求佑助也」。（通考八〇葉）

徐錫台

「肇病，見殷墟卜辭云：『貞：隹帝肇王病』（乙七三〇四）；『貞：隹爻多匕肇王病』（乙六三二四）。『肇』即正也，如国语齐语：『縛本肇末』，注：『縛，等也，肇，正也。』謂先等其本以正其末也』。按『正』与診同声韻，係借『正』為診字，故『肇』為診也。」（殷墟出土疾病卜辭的考释中国语文研究第七期二〇頁）

劉釗

「『戕』乃『肇』字，金文復加『聿』為其声符。集韵認為与『肇』同字，訓作『敃』，訓作『開』。『戕馬』即啟动騎兵之义。卜辭还有『貞佳帝戕王疾』（一一四二二正）；『□□卜㱿貞𢀛戕我雨』（一四四八七），戕皆应訓作啟。」（卜辭所見殷代的軍事活

協．古文字研究十六輯八二頁）

按：字當釋「肇」，今作「肇」。卜辭均用為動詞，當訓為「啓」。「帝肇王疾」，即「帝啓王疾」，謂疏導王疾。合集五八二五辭云：「丙申卜，貞，肇馬左右中人三百」，「肇馬」謂啓動馬隊。卜辭「肇」亦用為祭名。

2398

肇　旺

按：合集三一三〇辭云：「癸酉卜，穷貞，呼雍旺師黹」亦當是「肇」字。

2399

肇　旼

按：合集二一五四一辭云：「甲子卜，我叀卯旼祖，若」用為祭名。此與合集二〇六二之「……㞢卜肇祖……」及合集一四八二三之「貞，勿肇……元示……」之辭例類似，當亦「肇」字之異構。

2400

𣇄

張秉權「𡆥，即說文𦬁字，今楷寫為𡆥，乃方國名，卜辭中往往與蜀同版，例如：

辛巳卜，爭貞：𡆥不其受年？

貞：蜀不其受年？（乙編六四二二）

癸巳卜，旬亡𡆊，在𡆥？

癸亥卜，旬亡𡆊？

癸未卜，旬亡𡆊？

更有与商及蜀同版如本版者，例如：

癸巳卜，旬？在蜀？

癸卯卜，旬亡𡆥？（續九九三；續一一一○）

癸巳〔貞〕：〔旬〕？在蜀。

☑在𤉲。

（癸）卯卜，入于商？（續九八一）

而𤉲之地望虽不能確知，但其方位，当在殷都之西，此由下列卜辞可以証明，例如：

丁未貞：王正旨方？在𤉲卜。九月。（宁沪一·四二七）

癸丑卜，貞：旬亡𡆥？在𤉲。

癸亥卜，貞：旬亡𡆥？在總。（粹一四二六）

壬申卜，㮚旨于總？（粹一一二五）

戊寅卜，㝉貞：令𪓐呂方其征于總？（續存五五）

又由上举續九九三及一一一○等版所記『癸巳……在𤉲』与『癸巳……在蜀』可知東西二地相距当有六十天的路程，卜辞以蜀和𤉲对貞，亦枕粹九。七版之『東土』『南土』『西土』『北土』等之連續貞卜。」（殷墟文字丙編考釋第二四八頁）

按：英二三正辭云：「……卜……貞，叶𠂤先……亦捍」字亦作「𢦏」。參見2403，當合併。

2401

戋 捍 ⿱中土 ⿱中土

孫詒讓 「此文从⿱十一者，即从戈。其作⿱中土者，皆文之省。⿱中土當即或字。古文以或為國。說文戈部或，邦也。从口戈以守其一。又囗部國，邦也。从囗从或。此以口箸于戈中，與可字微異，實一字也。」（舉例下十八葉下——十九葉上）

羅振玉疑亦戈字。見商氏待問編。

王襄 「疑與可為一字。」（簠考人名五葉下）

又曰：「疑古或字，即國之省。」（遺考地望六葉上）

胡厚宣

「今案字从戈从口，口即盾，从戈从盾，當即是說文之戎。說文，『戎，兵也，从戈从甲。』金文有𢦏字，即卜辭地名𢦏，从正反兩戎字。又有㦰字即卜辭之戎，从戈从盾。盾作中十，與甲字相似，說文誤以為甲，遂以戎字从戈从甲。其實戎字从戈从盾，正是兵戎之義。說文，『戎，兵也。』用為動詞，則為伐。禮記·中庸，『壹戎衣』，鄭玄注，『戎，兵也，衣讀如殷，壹戎殷者，一用伐殷也。』左傳宣公六年引周書，『殪戎殷』，杜預注，『殪，盡也，以兵伐殷盡滅之。』故戎有伐義。」（甲骨文所見殷代奴隸的反壓迫鬥爭考古學報一九六六年一期）

于省吾

「按孫羅說並非。𢦏當即後世戰字。說文：『戰，盾也。从戈旱聲。』𢦏字从戈从中，其省中盘者，借戈柲之竪畫為之也。中即毌字，象方盾形。卜辭作申申申申申等形，金文作中中中申申申中等形。郭沫若謂毌貫古干字。又謂盾上飾以析羽，而以下出為蹲，遂演化成為干字之形。（見金文餘釋釋干鹵）按郭說非是。毌形無由變作干。毌干以音近相通。前五、三九、二）有𢦏字，商氏類編孫氏文編均列入毌字，誤矣。佚存六〇四亦有𢦏字。𢦏即𢦏，二書拓本已殘，下端應有橫畫。粹編九一六作𢦏，从申从中一也。𢦏象縛盾於戈柲之中部，兩器而並用之，以戈句物，以盾自扞，當係从戈毌聲。戰从旱聲，旱从干聲，聲符異耳。然毌干固一聲之轉也。卜辭習見𢦏字，象兩𢦏一倒一正形。葉玉森以辭例證之，謂與𢦏當為一字。（見集釋四·二八葉）按葉說未知然否。商器父年𣪘有𢦏字，即𢦏。其形繼異者，一為貫之中部縛於戈之柲，一為盾之側部縛於戈之柲，其為同字，視而可識。臧卣有𢦏字，戈盾二字不相屬，當亦戰字。說文訓戰為盾，按經傳以干為之。爾雅釋言：『干，扞也。』孫注：『干盾自蔽扞。』書文侯之命：『女多修，扞我以艱。』說文扞作斁，云『止也。』詩兔罝：『公侯干城。』傳：『干，扞也。』正義：『言以武夫自固為扞蔽如盾。』是戰干扞斁音訓並相通。要之，卜辭𢦏字即說文戰字。依文義言之，除用為國名者，並應讀為扞，謂扞禦也。前六、二六、一：『弜其隻（獲）正（征）𢦏，才東。』後下三四、四：『見弗隻正𢦏。』後下三七、二：『三日乙酉，出來自東，妻乎毌告旁𢦏。』戊疑係東方國名。藏八一、三：『貞，獸歸其乍𢦏。』言獸歸其作扞禦也。藏十八、一：『沚其𢦏羴。』沚人名。羴國名。言沚其扞禦羴方也。前四、三五、三：『羴不𢦏。』言對於羴無須扞禦也。後下四十、十：『庚辰卜，貞，宁𢦏魚，弗不𠧟才茲。』卜辭魚字習見，商承祚謂以文義觀之，疑亦魚字。按商說可从。魚吾古音近字通，金文自稱之吾，均以獻盧為之。書微子：『吾家耄遜于荒。』偽泰誓：『吾有民有命。』隸古定本吾並作魚。水經濟水注：『運魚山南山。』即吾山也。列子黃帝：姬魚語汝。』注：『魚當作吾。』是其例證。毛公林師毀扞敔並省作干吾。卜辭之宁𢦏魚，宁係人名，即𠂤扞敵也。前四、二二、一：「庚午卜，𡧊貞，叀王卿𢦏。」言惟扞衛王卿也。後上十八、四：「甲辰卜，𡧊貞，𠀠方其爯，隹𢦏。」言𠀠方其有所舉動，惟扞禦之也。甲二、七、九：「貞，予見𢦏。」佚存七二六：「貞，㣻人，叀王自𡆥𢦏。貞，勿王自𡆥𢦏。」前四、四五、五：「癸巳卜，𡧊貞，多馬爯𢦏。」拾九、十二：「庚子卜，㱿貞，我勿𢦏衛。」續五、三、三：「□申卜，㱿貞，亘𢦏，隹我隹其冬（終）于之。」續六、十二、三：「戊戌卜，其𢦏。」遺珠一八七：「戊其𢦏。」凡𢦏字讀為扞，於義均可通也。」（駢枝三三葉釋𢦏）

李孝定　「說文：『戰，盾也，从戈旱聲。』契文从戈从毌。毌干實同物而異名，同為盾之象形字，盾之形製多殊，象形字或隨之而異也。說詳三卷干字條下。于氏謂毌字無由變作干，說有未安。毌干字形各殊者，以其形製實異也。契文从戈从毌，毌亦聲。篆變之始當作戎，从戈从干，干亦聲，後遂从旱而以為純聲符。戎之與戰亦猶扞之與敦也。于省吾氏謂字象傅盾於戈柲之中部，亦有可商。蓋戈干為用一以自擊敵一以自蔽，取其運用靈便，當左執干而右執戈，金文敵字正象此形。倘如于說則於用殊有未便，且所舉商器父辛斝一文謂傅盾之側部於戈柲，天下寧有是理。字作𢦏者，蓋取結體整齊，非象傅盾於戈柲也。」（集釋三七六八葉）

唐健垣　「貞：𩰫人由王自望戰？（佚存七二六）

貞：勿（由）王自望戰？

……戰于此辭乃国名，卜辭多见。他辭云：

貞：勿乎（呼）望吾方？（鐵二四一·二）

望者，监视观察也。犹左傳桓公八年：「望楚师」。卜辞之「王自望」某方国，犹逸周书羅匡篇：「君亲巡方」之亲字語法。

庚午卜，争貞：由王卿（饗）戰？（前四·二二·一）

……于省吾氏释云：「言惟捍卫王卿也。」（駢枝三四頁下）按于氏说误，戰字于此乃人名，非戰卫之动词，或即上举戰方之君長。卿即饗字，前人已言之；戰方与商时而交好，时而开战，此盖戰来朝觐商王武丁（貞人争属一期武丁时人），故貞问应否由武丁亲自饗燕之也。周礼春官大宗伯：「以饗宴之礼，亲四方之宾客。」郑注：「宾客谓朝聘者。」可证。」（繹自中国文字第八卷第三十二册三四三五——三四三七页）

考古所　「毌、干是否一字，难以肯定，存以待考。毌字在此为动词。」（小屯南地甲骨九一六页）

齐文心

「戎，孙诒让释或，罗振玉疑为戈。于省吾先生释戦，丁山释戎。胡厚宣先生亦释戎，并认为『用为动词则为伐』。甲骨文𢦏，从戈从中，中象盾形。戈为进攻武器，盾为护体装备，𢦏象并戈盾为一体，象征兵器。《说文》『戎，兵也，从戈从甲』。『甲』指铠甲，盾也是护身的装备。《周礼·司甲》郑注『甲，今之铠也』。《广雅·释器》『函、甲、介，铠也』。早期用皮甲，安阳侯家庄一〇〇四号墓出土了商代的皮甲。『甲』，金文、甲文都作『十』，与戎字所从之『十』正同。甲骨文中关于『戎缶』的卜辞，《掇一·二七五》作『𢦏缶』，子组卜辞《前八·七·一》和《前八·一一·三》都作『𢦏缶』。又为𢦏者释『戎』提供了一个有力的佐证。

戎字在甲骨文中至少有三种不同的用法，现分述如下：

（一）戎为族名

……甲骨卜辞中也有一个被称作『戎』的敌方，过去未被认识，现在对有关的甲骨卜辞进行分析，我们认为它就是史书上记载的戎族，或即犬戎。有关戎族的卜辞如：

(26) 贞登人唯王自望戎？

贞勿（唯）王自望戎？ 《佚七二六》

(27) 贞勿乎冓见戎？ 《续存一·二三八》

(28) 贞乎冓見戎？ 北京图书馆藏

(29) 癸巳卜，宾，贞多马冓戎？ 《前四·四五·五》

(30) 贞𢀛其冓戎？ 《安明二二九六》

(31) 辛卯卜，贞𢀛其先冓戎？五月。 《金五三五》

(32) 辛未卜，亚𢀛冓戎？ 《安明二六七九》 三、四期

(33) 戊甬其冓戎？ 《识四七四》 三、四期

(34) 甲戌卜，㱿，贞我马及戎？ 《丙三〇六》

(35) 贞弗其及戎？ 《丙三〇六》

(36) 我𢦏戎？ 《真一·九三》

(37) 辛未卜，争，贞帚好其从沚戓伐巴方，王自东页伐戎阱于帚好立？

（贞）帚好其（从）沚戓伐巴方，（勿）自东页伐戎阱于帚好主？ 《乙二九四八》十《乙二九五〇》

(38) 壬寅卜，见弗隻趾戎？ 《后下三四·四》

(39) 壬寅卜，㱿，贞亘，戎其𢦏我？

壬寅卜，㱿，贞亘，戎不我𢦏？七月。 《丙三〇六》

『望戎』、『见戎』、『冓戎』、『及戎』、『伐戎』、『隻趾戎』、『𢦏戎』等，与卜辞记录其它敌我与殷朝发生战争关系的词句雷同……证明『戎』确是一个国族名，而且经常和

殷朝处于战争状态。……

(二)戎作征伐和来犯解。

国语周语下"戎商必克"。韦昭注"戎，兵也"。"以兵伐殷必克之也"。……在甲骨卜辞中，两个敌国之间发生戎事，应释作"征伐"和"来犯"。

以下卜辞"戎"释作征伐，如：

(40) 辛未卜，㱿，贞王戎衔八受㞢又？ 绝一·七·九

(41) 庚子卜，㱿，贞我勿戎衔？十一月。 拾九·一二

(42) 癸卯卜，贞䚄其戎沚？ 珠九六四

(43) 沚其戎羴？ 铁一八·一、续六·一九·三

(44) □未卜，羴其戎[宀丂]？ 前四·三五·六

(45) 庚申卜，□其戎巛？允戎。 铁二九·三

(46) 丁酉卜，王令戎大方？ 南坊三·六一

衔、䚄、沚、羴、[宀丂]、巛、大方等皆地名。

以下卜辞，戎释作来犯，如：

(47) 贞其㞢来戎？ 摭九八

(48) ……来戎 京二七三八

这两条，与卜辞"其有来鼓"的句式相同，都表示有敌人来侵犯。

(49) 癸未卜，贞旬亡祸？三日乙酉，有来自东画乎毋告旁戎……。 后下三七·二、通五五二

……

(50) 贞北羌有告曰戎 邺三下三四·一四

……上举(49)和(50)戎皆作动词，用"戎"一个字来概括有敌人来侵犯的情况。

(三)戎作暴动解。

从文献上考察，"戎"和"寇"二字为同义词……戎、寇两字均有暴乱之义。在甲骨卜辞中可解作"骚乱"，当奴隶阶级发生戎事时应解作暴动。

甲骨文中有占卜邑内是否发生骚乱的卜辞，如：

(51) 贞兹邑其有[辰止]？ 拾四·九

(52) □寅卜，争，贞兹邑[辰止]？□月。 绝一·三〇·七

(53) 乙丑卜，㱿，贞兹邑亡[辰止]？ 续三·一·三

[辰止]，屈万里释，认为"[辰止]震同声，义固相通。震者惊也、警也，亦骚动也。"以上卜辞的内

容是从正面或反面贞问邑内有无骚乱发生。

由于「戎」亦有骚乱之意，所以「邑其出𢀛」，「邑亡𢀛」亦可作「邑有戎」，「邑亡戎」，如卜辞：

(54)其𣐈邑有戎？

邑亡戎？（甲编考释图版二一二）

𣐈，地名。卜辞从正反两面贞问该邑有无骚乱发生。

「戎」在另一些卜辞中应释作暴动，如：

(55)庚午卜，旁方其圍作戎？（文录六三一）

……「乍戎」即「作乱」，也就是暴动。」（殷代的奴隶监狱和奴隶暴动，中国史研究一九七九年第一期七二至七五页）

连劭名　「甲骨文中的□字，胡厚宣先生释为戎字，是很正确的，这个字又写作：

□　乙四六九二　□　乙七二六　□　佚一六七四

这个形体与金文中的写法是一样的，仅仅因刻写时的方便，将戎字下面填实的部分，用空廓的形式刻了出来。

金文戎字从戈、从中，中为盾字初文，见于西周初年的青铜器小臣宅簋：「隹五月壬辰，令宅事白懋父，白易小臣宅画盾，戈九……。」

卜辞中戎字的使用情况极为复杂，有许多问题仍待研究，现仅就其中某些可与其他卜辞及文献相印证的，加以讨论。

卜辞中的「戎」字可以指少数民族，武丁时的卜辞曾卜问征伐戎人：

丁未卜：其𠦪？

丁未卜：其御？

丁未卜：不征戎，翌庚戌？

丁未卜：其征戎，翌庚戌？

丁未卜：令戉、光，出隻羌？

丁未卜：田，于翌？

丁未卜：其田東？　乙四六九二

卜辞中还大量见有「遘戎」的记载，遘者，遇也，这是卜问是否会遇到戎人。

戍啓其遘戎？（合集二八〇三八）

戎侮其遘戎？（《诚》四七四）
贞：戎不其遘戎（《续》一·一七·一）
令戎弋者……？（《前》四·四五·五）
癸巳卜，宾贞：多马遘戎？（《金》五三五）
「多马」是一种职官的名称，可能是商王军队中的一种职称，关于遘戎的卜辞还有：
辛卯卜：旃其先遘戎？五月。
贞：在弗，王其先遘戎？五月。
辛卯卜贞：在寍，其先遘戎？五月。（《金》四七七）
上二版卜辞应为同时的占卜，旃是人名，这里卜问商王与旃、谁更有可能先遇到戎人。……遘戎一词的含义应类似于卜辞中的常语「遘方」，「遘方」指遭遇敌方的人员。……卜辞又言「乍戎」：
戊申……
于翌日己酢？
戍及叡方？
弗及？
𢀛方叀叡方乍戎？（《合集》二七九九七）
贞：獸归其乍戎？（《铁》八一·三）
……伐獸……乍戎？（《外》二三五）
不乍戎？（《粹》四〇一）
庚午卜，宾贞：旁方其圍，乍戎？（《文录》六三一）
「乍」即「作」，「兴事之辞也」。《春秋经·僖公廿年》：「新作南方。」杜预注：「言新，以易旧；言作，以兴事，皆更造之文也。」所以，「作戎」犹言「兴戎」，意指发动战争，敌我双方将要兵戎相见。「兴戎」一辞也见于文献记载，例如：《左传·僖公十五年》：「使我两君匪以玉帛相见，而以兴戎。」这里「兴戎」指双方反相为仇，将要大动干戈。
卜辞又言即戎：
贞：方其大即戎？
乎御事？（《乙》三四二二）
「即戎」一辞也见于文献，例如：《周礼·春官·巾车》：「革路、龙勒、条缨五就，建大白，以即戎，以封四卫。」郑玄注：「即戎，谓兵事。」

上引一版中的『御事』也是卜辭中的常语，意指臣下，諸侯根據国王的命令去从事某事。左传昭公十二年：『跋涉山川以事天子，唯是桃弧丝矢以共御王事。』（甲骨文字考释，考古与文物一九八八年第四期）

按：字當釋「戰」。本象盾形，小篆乃从「旱」聲。卜辭或為方國名，或為捍禦義。

2402 

校：纯一九辭云：「庚寅……令馬中人北」亦當是「戋」字。

2403 

王襄 「[illegible]，地名。說文解字：誖，籀文作[illegible]，此疑其初字。」（簠考典禮十二葉下）

葉玉森 「卜辭云『貞衛[illegible]』，（甲骨文字一·七·五）與『貞王車[illegible]』，（甲骨文字一·七·九）『貞我勿車衛』，辭例並同，則[illegible]與車當為一字，然[illegible]即[illegible]戋之繁文，車亦應為戋。說文訓殘也，即殘之古文，與戋訓傷正同。」（前釋四卷二十八葉）

魯實先 「[illegible]為戋之繁文。」（東海學報第一期第二葉第四行姓氏通釋之一）

張秉权 「[illegible]，从二車，孙詒讓釋車為或（注一），此作二或相向，即誖字的籀文[illegible]，說文三上，言部：『誖，乱也，从言孛声。[illegible]，籀文誖，从二或』[illegible]在此，是地名。」（殷虛文字丙編考释第七一頁）

（注一）見契文举例下第十九頁。

李孝定 「說文『誖亂也从言孛聲悖誖或从心[illegible]籀文誖从二或』絜文正从二或相向，應是𢦔之古文。字在卜辭為地名，不詳其義。或為國之古文，兩國相向，亂之意也。篆文作𢦔作悖，均後起形聲字。許書戈部又有戔字訓殘，與𢦔義相近。戔於栔文作𢦔，从兩戈相向，亦與𢦔之作𢦏者略同，二者古殆一字，許書已岐為二字，茲从其例分收作𢦔若戔。」（集釋〇七五五葉）（陳邦懷釋𢦏為𢦔，見小箋廿四葉下，說詳戔字條。）

姚孝遂 肖丁

「10 (1)「壬午卜，其戒𢦏」
(2)「壬午卜，弗忖𢦏」

「𢦏」字旧释「戋」或释「𢦏」即「𢦔」之擂文。释「戋」不可据，释「𢦔」则待考。根据以往所箸录的资料，「𢦏」为地名。粹1448：「癸酉卜贞，旬亡囚，在𢦏」。乙6422：「辛巳卜争贞，𢦏不其受年」。今得屯南10这一片，可以还知「𢦏」为方国名。「忖」，从巾从十，与𢦏为同字异体，隶定为𢦏，在此用作动词，有打击、伤害之义，与从才从戈之「𢦏」有别。卜辞「戋」与「𢦏」有别。「戋」一般均用为动词，又为「戬御」（释林58页）。「𢦏」则为地名及方国名。」（小屯南地甲骨考释一〇七页）

2404

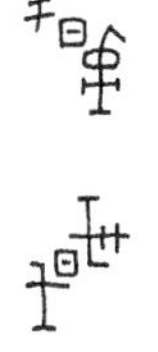

按：釋「戋」、釋「𢦔」皆不可據。在卜辭為方國名及地名。據佚一〇辭云：「壬午貞，𢦏弗𢦏𢦏」、則「戋」與「𢦏」斷非一字。葉玉森說非是。字當與2400合併。

2405

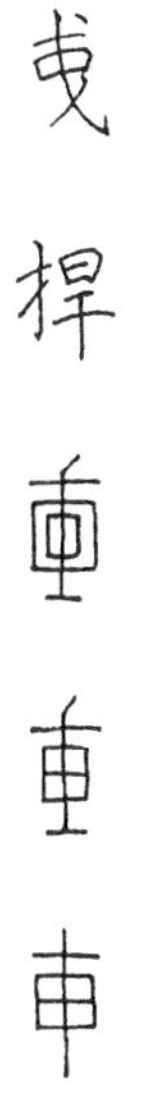

按：合集二四四二五辭云：「壬寅卜，旅貞，王其往觀于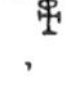，亡𡿧」為地名。

于省吾 「甲骨文𢦏字习見……𢦏即戬之初文，今分别予以阐述。

一，甲骨文𢦔字亦作𢦔、𢧁，从戈从口，口或作日、回形。其中间之直划，乃借用戈柲之竖划。中与申、申即古毋字。……

二，𢦔字本象缚盾于戈之中部，两器并用，以戈钩物，以盾自卫。甲骨文地名习见之𢦔字，商器父辛鼎作𢦔，象两𢦔一倒一正，旧释为㦰，可备一说。甲骨文𢦔字亦作𢦔（缀合九八），其倒正两戈所从之中，缚于戈柲与否已无别。又𢦔字商器卣文作𢦔，爵文作𢦔，其所从之盾形亦与戈柲分离。以上所举之例，更足以证明戈与盾之有分有合。或释𢦔为戎，其实甲骨文戎字作𢦔（前八·一一·三）或𢦔（京津四〇〇〇），与𢦔字迥然不同。戒与𢦔同字，均为从戈中声之形声字，后世改声符之从中为从干，则应作戎。说文作戰，其从旱乃由干字所滋化。古从干之字滋化为从旱者习见。

三，说文："戰，盾也，从戈旱声。"又："戰，止也。周书曰，戰我于艰。"按许氏训戰为盾，训戰为止，误分为二字。其实戰止与戰卫之戰，甲骨文本作𢦔，𢦔字又变为戒或戎。说文戰字段注："戰扞古今字，扞行而戰废矣。毛诗传曰，干，扞也，谓干为扞之假借，实则干为戰之假借也。"按段说失之，以周代金文验之，师询簋和毛公鼎之"干吾王身"，干吾即斁敔。说文训敔为禁，敔与圉、禦古通用。又大鼎和者沪钟均以攼为干，戰乃攼之后起字。戰与戰典籍又通作捍，故慧琳一切经音义（四六·一二）谓古文捍亦作斁、戰。

四，甲骨文以𢦔为戰卫之戰者习见，例如："贞歔归，其作𢦔。"（藏八一·三）"甲辰卜，穷贞，由方其爯（称，训举），隹𢦔。十一月。"（后上一八·四）……以上各条之𢦔字读为戰卫之戰，于文义无有不符。……又甲骨文有"在𦎫圉羌"（前七·一九·二）之贞，是就抗禦羌方言之。"（释𢦔，甲骨文字释林五八至六二页）

按：此亦「𢦔」字之異構。屯三七〇六辭云：

「戈弗抔𢦔」

是「𢦔」不得釋「戈」，「抔」亦不得釋「戈」之明證。此當與2401、2402合併。

2406

毌 申 中

孫詒讓　「申似即毌字。說文毌部毌，穿物持之也。从一横貫，象寶貨之形。讀若貫。此变横為從，其形義亦可通。……申疑亦毌之異文。詩大雅『串夷載路』，串字說文不載，疑即因毌变為申，與二中形近，復又变作串。經典俗字亦有所本也。」（舉例下卅三葉上）

又曰「說文毌部『毌穿物持之也从一橫貫象寶貨之形』依許說則以一貫毌於象形義不甚密切。攷龜甲文有申字，當即毌之原始象形文，又有作申者則申之省變也。蓋回為寶貨有空好之形，以丨貫之從橫小異而於貫穿寶貨之義則尤明確。又毛詩大雅皇矣『串夷載路』，串亦即毌字之異文。蓋因古文申本从兩口大小相函，變之為兩口直列則成串字，因其流變以推其原始本形，亦可知初文之必从兩口也。薛氏款識晉姜鼎『毌通』，毌字作畢，則从兩毌從橫午貫形。攷金文子荷貝父鼎作形，左右各為直毌兩貝，與晉姜鼎畢字可互證。若然，畢本兩形直毌省為一形直毌，後又變為橫毌要不及作直毌之近古矣。說文玉部『王象三玉之連丨其貫也』義亦通於此毌之為串或本作申而兩口分別，或本作畢而省其兩橫，皆未可定，要必在秦漢以前。說文毌部『貫錢貝之貫也从毌貝』金文南宮中鼎作，字从兩貝而丨貫之，與畢同意。蓋古穿寶貨之毌作申从兩口，穿貝之毌作从兩貝，其字形異而例同。後省變作貫，則參合兩文為之，秉寶貨與貝為一字，而毌字變直為橫，遂與字不得相貫，遠不及古文字例之精。說文攴部『敗籀文作𪇉』，即从重貝形，而齊侯鎛鐘敗字作𪇉，薛氏款識即變貫為貫，此亦貫貫同字之證也。說文貝部又有賏字云『頸飾也从二貝』與貫字別」（名原上廿八葉）

王襄「古毌字。許說穿物持之也，从一橫貫象寶貨之形。此从丨縱貫之，即後世串字所由譌。貫字重文。」（類纂正編第七第三十三葉下）

商承祚「說文解字『毌，穿物持之也，从一橫田』。段先生曰：『古貫穿用此字，今貫行而毌廢矣』。」（類編七卷六葉商氏並收申申中申等形作毌）

葉玉森「按孫氏釋毌是也。竹書紀年之申戎，疑申為申誤。他辭云『丙子卜貞申亡不若六月』（押二·二四·六）『己未口貞申尹歸』（押二·十六·四）曰『毌亡不若』，若順也。即言毌夷無不順也。曰『毌尹歸』，毌尹即毌君，亦言毌君來歸也。（鈎沈）」（前釋五卷四十三葉下）

郭沫若「干字小篆作干，說文以干犯義說之，云『干，犯也。从一，从反入』。字在金文者與此說有異。

彔毀『甲冑干戈』作干。毛公鼎『干吾（敦敔）王身』作干。其从干作之字，如䜌卣『王在序』作序，虞嬴卣『冉一序』作序。虢季子白盤『博伐厰𤞤』作𤞤。所从干字雖若从反入而並不从一。

類似从一作者亦有之。如汗氏叔子盤作干，大鼎之攼字作攼，趞尊之『王在序』作序，趞卣作序，散氏盤析字作析若析。毛公鼎有閑字作閈。仔和子釜有桿字作桿。此等字雖似从一作，然竇前項从圓点作者之所演進也。依古文通例，凡字之肥筆作或从圓点作者，後均演化而从一，如十，如土，如古，如朱，如午，如辛，而舉不勝舉，此干字亦正其一例耳。故凡从圓点作之干字必先於从一作之干字，說字之源非探其初字不可也。

就从圓点作者以觀之，余謂古干字乃圓盾之象形也。盾下有𨱇，盾上之∨形乃羽飾也。非洲朱盧族之土人所用之盾正作此形，可為本字之證。又詩秦風小戎「蒙伐有苑」，毛傳云「蒙，討羽也，伐，中干也。苑，文貌」。陳奐疏云：

「傳云『蒙討羽』者，蒙，覆也。討，治也。謂治羽而覆於中干之上，是曰蒙伐。鄭司農周禮舞師注『望舞，蒙羽舞』，又樂師云『望舞者，以羽冒覆頭上』，案仲師所云『蒙羽』，即本此傳『蒙羽討』之義。後云『蒙，厖也。討，雜也。畫雜羽之文於伐，故曰蒙伐。』鄭（玄）說不同。玉篇引三家詩作䋣，毛詩用假借作伐。傳云『伐，中干』，玉篇誤為後語，非也。說文『戰，盾也』，干與戰同。中戰即中盾也，大盾曰櫓。苑訓『文皃』者，謂羽飾也。禮稱朱干，舞大武，或舞干以染朱羽為飾與」？（陳著毛氏傳疏卷十一）

今得朱盧盾制及干之象形之意，可知先鄭用毛意者得之，後鄭說為畫羽，非也。古有五盾之制，漢已失傳。周禮夏官「司兵掌五兵五盾」，後鄭云「五盾，干櫓之屬，其名未盡聞也。」釋名釋兵多載盾名，其數在五以上。

「盾，遯也，跪其後，避刃以隱遯也。大而平者曰吳魁，本出於吳，為魁帥者所持也。隆者曰滇盾，本出於蜀，蜀滇所持也。或曰羌盾，言出於羌也。約脅而鄒者曰隱虜，言可以陷破虜敵也。今謂之曰露見，是也。狹而長者曰步盾，步兵所持，與刀相配者也。狹而短者曰孑盾；車上所持者也，孑小稱也。以縫編版謂之木絡。以犀皮作之曰犀盾。以木作之曰木盾。皆因所用為名也」。

凡此所列舉盾屬，均不言有羽飾，亦不言有上下出，蓋漢制然也。漢盾之見於壁畫者，武氏祠刻石中頗多，其形均狹而長，上有畫文，大抵即釋文所謂步盾也。鄭玄僅見漢盾，故於「蒙伐」以畫羽為說也。

然劉熙所云，亦有望文生訓之處，如謂「吳魁本出於吳為魁帥者所持」，其事殊有未然。今案吳魁一作吾科，楚辭九歌國殤「操吳戈兮披犀甲」，王逸注云「或曰『操吾科』，吾科，楯之名也」。此楚辭或本之「吾科」即釋名之「吳魁」，並非吳越魁帥之意。余疑吾科本作「羽干」，與「犀甲」為對文，楚辭於傳誦之間音更變而為吾科，若吳戈，更變而為吳魁也。

古人以干羽為舞器，原始民族之舞亦多用兵盾。周禮樂師「凡舞有帗舞，有羽舞，有皇舞，有旄舞，有干舞，有人舞」。鄭司農云「帗舞者全羽，羽舞者析羽」。鄭玄謂「帗，析五采繒，今靈星舞子持之」，鼓人注亦云「帗，列（裂）五采繒為之，有秉」。說文羽部有翇字，云「翇，樂舞執全羽以祀社稷也，讀若紱」。說同先鄭，疑古周禮本作翇，後鄭以帗字易之也。今案翇殆同𢧵字之異，古人之𢧵有羽飾，字故以羽，以𢧵與舞，故謂之𢧵舞。山海經海外西經「大樂之野，夏后啟于此舞九伐」，墨子明鬼篇引古曰「吉日丁卯，用伐祀社方」。（原作「周代祝」，並形近而譌）卜辭於卜祭之例亦屢言「伐若干人」。凡此均為翇舞，亦即𢧵舞也。古人𢧵有羽飾，後人圖簡易，僅取其羽飾而去其盾，故有全羽析羽之舞，而全羽者仍沿翇名。漢人更改用五彩繒以代羽，故字又易作帗。帗舞既本為𢧵舞而與干舞並舉者，蓋古人之干有有羽飾者，亦有無羽飾者，其有羽飾者別謂之𢧵若伐，則𢧵干正不妨並舉。周禮乃周末儒者所述錄，其時翇舞或已僅用羽飾而去伐，則並舉尤不足異矣。

知古人之干有有羽飾者，其羽用染自是意中事。續漢書禮儀志「旱，公卿官長以次行雩禮求雨，立土人舞僮二佾」，劉注引周禮曰「翌（皇）舞師而舞旱暵之事」，鄭玄曰「翌，亦皁染羽為之也」。說與今鄭注異，惠士奇以為干寶注，又「亦皁」之皁，毛晋本續漢志作草。孫詒讓云「草即皁本字。亦草染羽，未聞其說。鍾氏，染羽以朱湛丹秫，先鄭注以丹秫為赤粟，疑赤草又當為赤粟也」。案用赤草染羽殆以茜根為染，實事有之，不必一一求諸故訓也。翌羽用赤染，則象伐之羽自當亦用赤染，陳奐疑朱干為「舞干染朱羽為飾」，其疑是也。原始民族之盾之有毛羽以為飾者，亦多染以朱色，其有力之旁證也。

古干亦有無羽飾者，貞松堂集古遺文有二「執戈盾形」文，今並揭之如次

人執戈盾形　祖丁

人執戈　父乙
盾形
鼎形

右乃二尊之銘文，殆一家之器，「執戈盾形」者其族徽也。所執固是盾形，然實古干字。小臣宅𣪘「畫中戈九」，小盂鼎「金中一，咸戈口」，中一奇字舊所未識，今得二尊文，始渫然縣解，蓋即干之初文也。古干戈字每相將，盾字稍後起，金文無盾之字，典籍中之較古者亦所罕見。宅𣪘與盂鼎乃成康時物，二尊或尤古，形雖為盾，而字則當讀干也。

據上諸圖形文字，可知古干亦或呈方形，而有上下兩出。今原始民族之盾亦多有上下兩出者，如非洲丁加族之盾，中以二竹桿為脊，張以象皮，用繩繫皮於脊，㨂其裏周當有細條以為框，有橫枝以為肋。此盾之最原始者也。繼進則如南洋島民之盾，脊與脊之兩出，及橫肋之外痕均成盾上之裝飾。更進則朱盧民族之盾，脊之上出成為羽飾，下出成為盾蹲矣。

古之方干殆與南洋島民之盾為類，別有中、申、中等形者，均同是一字也。知者，有左列諸器者可證。

一、秉干父乙爵（原見貞松堂卷十、十六葉）

二、秉干冊父乙毁（貞松堂四、四二、原作彝）

此與前爵自為一人所作之器，𠕁乃冊之緐文，冊者書也，題也。干中之白圓乃干上之文飾。

三、秉干丁卣（貞松堂八、十一）

此銘，王國維有跋文以專論之。（觀堂別集補遺『秉中丁卣跋』）其說云『第一字从又持禾，當是秉字。中字之中乃中（伯仲之仲）字，其外从口。殷時祖父之名頗有於人名外加口或コ匚，以上甲之甲於甲外加口作田，報乙報丙報丁於乙丙丁外加コ作乙丙丁。口コ或即郊宗石室之制。此「中丁」二字連文，而於「中」外加口，或與田乙丙丁諸字同義歟？』王氏殆未見前二器而云然也。汪跋全體均作依稀髣髴之辭，不意以王氏之矜慎乃有此作。

又云：『復齋款識有「秉中鼎」（博古圖王薛均著錄）其文作秉中與此卣上二字絕相似。彼中作中，與古文中字不類，此卣第二字在口中者，實中字也。』不知彼之秉中與此之秉中寔同係一人，中亦干字也。此有父乙卣及父乙鼎二文可證。（二器具見殷文存）

父乙卣

父乙鼎

中與上『秉干冊父乙毁』文同，中即『秉中鼎』之中字也。凡此殆即一人之器，其人乃以秉為氏，以干為名，而為父乙或丁作器也。（周金文存卷五第百廿九葉有中爵，亦即干字，舊釋為中，非是。）

攗古錄金文有『立戈中爵』（卷一之二第十七葉）其銘如次：

案此首字即干戈之合方，或即小篆戭字所從出者也。又有「日舉父乙爵」（卷一之三第十八葉）

此第一字舊釋為日，案亦是干。又有「日父乙爵」（卷一之二第六七葉）

此器亦見積古（二卷九葉）第一字阮釋日，第二殘字說為刀形。吳以阮為非，改釋為「孫子」二字。案此與前器乃一人所做之器，⊡亦盾形，亦當為干字之異，特有四出而已。第二字右旁泐損，故成今形也。

方盾形之干字，亦屢見於卜辭。其字有左列諸異形：

中（鐵雲藏龜第廿六葉「中弗戈周。十二月」）

中（同，第一葉「中口戈口」）

中（龜甲獸骨文字卷二第三葉「中侯來」）

中（同。第廿六葉「己未卜口中尹歸」）

中（殷虛書契後編下第卅七葉「三日乙酉㞢來自東妻，乎（呼）中出旁口」）

右列諸字商承祚殷虛文字類編（卷七葉六）列為一字，甚是。商釋為毌，云：「說文解字「毌，穿物持之也，从一橫⊞」，段先生曰「古貫串用通字，今貫行而毌廢矣」」。案毌實古干字，特字早廢，許因貫字从此作，故以貫穿義解之耳。今知毌寔是干，許書毌部之貫字，云「从毌貝」者，當云「从貝毌聲」。又「虜，獲也，从毌从力」，知毌為干，於虜獲義尤相契合也。

準上，可知古干字有種種異文，今更表列之如次：

象方盾形者（卜辭）……中中中中
（金文）……中中中中 → 毌（廢）

象圓盾形者（金文）……⊡ Y Y……干

象方盾形之毌字見於卜辭及金文中器之較古者，象圓盾形之干字卜辭所未見，且見於金文中器之較晚者，據此可知古干之進化。蓋干制之最古者為方盾而有上下兩出，其後圓之而於上下左右四出，更其後則於盾上飾以析羽，而以下出為鐏，遂演化成為干字之形。入漢而後，羽飾與鐏出俱廢，干字之為象形文，二千年來無人知之矣。又卜辭之毌字均係國族之名，金文之古者亦多用為族徽，蓋古有毌國或干國，而其國與周為毗鄰，周金之干氏叔子盤之干氏，殆即其後裔矣。

干字既明，請進而說卤。說文「櫓，大盾也，从木魯聲，樐或从卤」。古書多用卤為之，如史記秦始皇本紀「流血漂卤」，集解引徐廣曰「卤，楯也」。漢書陳勝項籍傳讚同此作，顏注亦云「卤，盾也」。又天子出，車駕次第謂之卤簿，封氏見聞記（卷五卤簿）「卤，大楯也……甲楯有先後部伍之次，皆著之簿籍，天子出入，則案次導从，故謂之卤簿耳」。卤字說者以為假借，緣卤古又用為鹹地之剛卤，說文云「卤，西方鹹地也，从卤省，象鹽形。安定有卤縣。東方謂之㡿，西方謂之卤」。

今案大盾之櫓當以卤為本字，象形，櫓樐均後起字，卤之用為鹽卤字者乃假借也。許以假借之義為卤本義，又以字似从西，故以西方鹹地說之。實則鹽卤多產於海，以中國之地理而言，海在東南，何以鹹地獨限於西方耶？

卤字金文作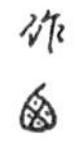，免盤云「王在周，命作册內史錫免百陾」，陾殆障字之異，「錫卤百障」者，「錫櫓百鏄」也。字象圓楯之形而上有文飾。亦有作長方形而上下各有三出者，攈古錄金文卷一之一有所謂「卣卣」者，其銘僅一字，作

舊釋為卣，案實卤之象形也。菲律賓人所用之盾，其形與此極相似，上亦有三出，所異者唯下僅二出而已。集古遺文卷十（第十六葉）有「𢧵形父乙爵」者亦有此字。

首字舊未釋，案與上卣乃同族之物也。卤為族徽，其次之獸形文乃作器者之名，形乃虎豹之類，非祭犧也。別有父丁斝者，余以為乃一人之器，其銘為：

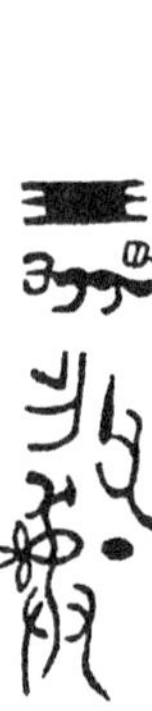

即卤形，或作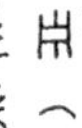（宁未盉乃是作）亦即小篆之字。說文以為貯積字，云「宁，辨積物也」，蓋因貯从宁聲，遂誤以宁為貯之初文耳。爾雅釋宮「門屏之間曰宁」（齊風著篇「俟我於著乎而」作著），則又佇若詝之者，世以說文無佇詝字，視為俗作，未必然也。第二字則从貝作，人作父戊卣亦見有此字，器文作，蓋文作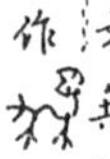，集古遺文卷四（第三十六葉）有「作狽寶彝」，字作。亦即此文，蓋乃象形貝聲之字。以聲紐求之，疑古貔字也。說文「貔，豹屬，出貉國，从豸毘聲。詩曰『獻其貔皮』（大雅韓奕）周書曰『如虎如貔』（牧誓）貔猛獸。豼或从比」。

韓奕傳亦云「貔，猛獸也」。書某氏傳云「貔，執夷，虎屬也」。爾雅釋獸「貔，白狐」，狐疑字誤。方言云「貔，陳楚江淮之間謂之貅，北燕朝鮮之貊，關西謂之狸」。蓋又沿爾雅之誤而再誤者矣。細審微著文，貔與虎為對文，而同為勇武之形頌，則貔自當為猛獸虎豹之屬，而不得為狐狸之類。豹有白色者，疑古人別以為一類而名之曰貔，釋獸之「白狐」殆白豹之譌矣。又古人有多父之習，至周初猶存（參看臣辰盉銘考釋）故爵言父乙，而斝言父丁也。

知古卣形多作長方，而上下各三出，彝銘中所習見之「戈在櫝形」文，即可迎刃而解。其文有竪作者，有橫作者。

集古遺文二、「戈在櫝形鼎」

殷文存下、十三「櫝戈父丁爵」

右監書之例。

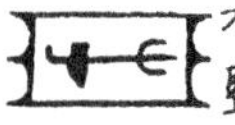

殷文存上、卅六「遊作父乙尊」

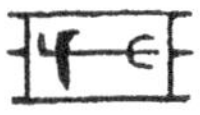

集古遺文八、卅九「櫝戈形父丁盉」

右橫書之例。

案此字亦當釋卣，或書為戠字，似亦無所不可。框中之戈形乃卣上之文飾也。卣上之文飾頗不一，有作新月形者，殷文存卷上（第廿七葉）之「季卣父乙卣」是也。亦有橫書作二工字形者，

集古遺文卷八（第六葉）之「癸卣」是也。

季卣父乙卣文

癸卣文

又甲骨文中有𠧻字（前編卷四葉二片三）原片折損僅餘三四字，辭義不明。羅振玉釋貯，謂「象內貝于宁中形」。（類編卷六葉七）然今知宁本卣之初字，貯若賓乃以宁為聲，則此𠧻字直是卣字之異，卣上作貝文而已。

要之，干卣均盾之象形文，其制自殷代以來所舊有。殷制作方形，上下兩端均有出，面有文飾。周人圓之，干上以析羽為飾，以下出為蹲。卣以字形而言，上端似亦有飾，下則無蹲，左氏襄十年傳「門者狄虎彌建大車之輪而蒙之以甲以為櫓」，以車輪為櫓，其圓可知也。秦漢以後形制又變，古干卣之制乃幸得於古文字中保存其大畧，故備述之如此」。（金文叢考．金文餘釋．釋干卣）

陳夢家「串作申，郭沫若釋毌（卜通五四〇），爾雅釋詁貫串並訓習，所以串可能是湋皇矣「串夷載路」之串夷。卜辭的侯串（庫一一〇九、龜二、三、一六）則為某侯的私名。龜二、二

六、四有『串尹』則為串國之尹」。（綜述二九四葉）

金祥恒續文編三卷一葉下收此作干。

李孝定　「說文：『干，犯也，从反入，从一』。金氏收此作干，未加說解亦未言明係何人所釋，然其說可從。猶憶郭某嘗釋卜辭之串為毌，謂與干為一字，（詳七卷毌下引郭說）恐即為金說所本。徐灝說文段注箋曰：『按阮氏鐘鼎款識虞彝銘有□字，乃古象形文。疑干即古竿字，亦即古杆字。木之正出為干，亦作榦，旁為支，亦作枝，干支同物，故干之用為杆與支距同義。引申為干犯之偁，相犯亦相近，故凡事之相涉曰相干，而干求之義生焉。若干戈之干訓為盾者，乃戰之假借耳』。又桂馥說文義證干下云：『犯也者，戴侗云：「蜀本說文曰：『干，盾也』。」案戟者執干自蔽，以前犯敵，故因之為干冒干犯。書曰：「干先王之誅」，傳曰：「干國之紀」、曰：「天為剛德猶不干時」、曰：「弗能教訓使干大命」、孟子曰：「以食牛干秦穆公」，後人不曉此義加女為「奸」。傳曰：「子父不奸之謂禮」、曰「事不奸矣」、曰「奸先王之禮」、曰「奸絕我好」、陸氏皆音干。馥案書「舞干羽于兩階」、詩「干戈戚揚」、方言「盾自關而東或謂之干」、論語「而謀動干戈於邦內」、孔安國曰「干，楯也」。湯澆鑿渡」，「泰表載干」，鄭注「干，楯也」。皆與蜀本合』。王筠說文句讀干下云『戴侗引蜀本說文云「干，盾也」，案云「一曰盾也」以為別義乃可，若以為正義則从反入從一，何以得盾義，而羊羊二字亦不得在此部矣』。定案桂氏引書詩方言論語之文以證蜀本說文訓干為盾，其說是也。契文上出諸文即為盾之象形字，上从M其飾也，金文作□亦由□所衍变，其遞嬗之迹當如下圖所示：

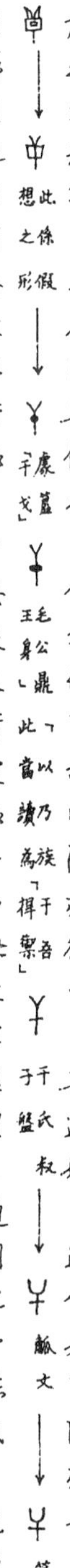

契文作空廓形之口者金文率皆作●，其後又皆变作一，此文字遞嬗之通例也。徐氏之說適得其反，蓋干之本義為盾，及後為引申義之犯所專，乃不得不別造从戈旱聲之戰耳，非段干為戰也。王氏所說乃據篆體為言，非朔誼也。干當以訓盾為本義，訓犯則其引申義，當為解云「干，盾也。象形。一曰犯也」。契文別有毌字，諸家釋毌當即□之異體，乃象上無M形飾物之盾。又單字古作□，疑亦與此同源，皆為盾之象形字，第以所象之物形制稍殊遂致衍為數字，然其音猶復相近（據段氏六書音韻表三字古音同在十四部）義亦相因也。（單有大義，魯語「堯能單均刑法」，鄭語「夏禹能單平水土」，史記春申君傳「王之威亦單矣」，匈奴傳集解「單于者，廣大之貌」是也。單又有厚義，詩天保「俾爾單厚」，昊天有成命「單厥心」，傳並云「單，厚也」。此大也、厚也，均為盾之通性，蓋盾皆欲其大且厚也。毌之訓穿，則亦由盾義所引申，蓋盾雖以自蔽，然固常為戈矛弩矢所穿矣」（集釋〇六八三—〇六八六）

孫海波　「串，佚三一三三。象盾形。」（甲骨文編三〇〇頁）

李孝定　「說文：『毌，穿物持之也，从一橫貫，（段改作毌復重一毌字）象寶貨之形，讀若冠』。契文上出諸形，孫氏釋毌是也。惟仍囿於許説以貫穿貨貝説之，故與𨷼及𢍜混為一談。按舊説以為子荷貝形者實乃嬰之古象形文，貫則嬰之異構也。郭氏謂干毌古實一字，其説可从。「毌」之訓穿乃引申誼。説詳前三卷干字條下，請參看。金文毌字已見郭文所引，不贅。卜辭毌為國族之名，孫謂即後世之串夷是也。」（集釋二二九四葉）

于省吾　「甲骨文的盾字作甲中申申，均作长方形或方形。商代金文的𢦏字习见（金文编附录），象一手持戈，一手持盾形。其所持之盾作中申中申节形。商代金文和西周早期金文的盾字作中中申中……等形，金文编均误入于附录，以上所引早期古文字中盾字的形体和安阳出土的实物相验证，脗合无间。说文：「盾，瞂也，所以扞身蔽目，象形。」说文系传：「厂象盾形，厂声」，说文段注：「用扞身，故谓之干。毛传曰，干，扞也。用蔽目，故字从目。」孔广居说文疑疑：「厂象盾之体，目象盾之用，兼形与义而成文也。」王筠说文句读：「释名盾，今谓之曰𢦏见，与蔽目合。」按许说既误，而诸家又曲加阿傅，都是肊说。下文所引西周中叶师旋簋的盾字作𢦏，乃盾字构形的初文。以说文为例，则应释为：「𢦏，所以扞身，从人由，由亦声。由象盾有脏有文理形（并非从目）。」盾乃会意兼形声字。因此可知，不以古文为准，而依小篆为解，则多凌空虚架，不着边际，不独盾字为然。」（释盾，古文字研究第三辑三至四页）

李孝定　参干字条

按：字當釋「毌」，象干盾之形。合集四九三四辭云：「……毌……放」又合集六九七一辭云：「丁巳……貞，毌弗戕雀……」皆為方國名。

2407

毌　申

唐兰　「中就是说文毌字，本象盾形，卜辞作中，或作申，作申，作申的写法横过来就是毌字。古书多借用干字，毌与干一声之转。」（论周昭王时代的青铜器铭刻　古文字研究第二

緝四八頁）

張秉权曰：「𢆶，或释串，謂即詩皇矣：『串夷載路』的串夷。可备一說」。（殷虚文字丙編考释第一七九頁）

于省吾　参毌字条

按：此亦「毌」字，卜辭皆用為方國名。

2408

張秉权：「𢆶，唐兰释為『古』字，但卜辞中自有古字作𠮛形，而且這个字从𠀠作𠮛者，而『古王事』之古，亦从𠀠作這样的形体的，所以二者恐非一字。𢆶是第一期武丁时代常見的貞人之名，在這一般上，𢆶是族，或族長之名，而非貞人，他辭或称𢆶子，例如：

癸丑卜，貞：𢦏𢆶子？（京津二〇九七）

這和穷称子穷，韋称子韋，亘称子亘，兄称子兄，洋称子洋，何称子何，取称子取，尹称子尹，𠂤称子𠂤，帚称子帚的情形相同，可見殷代的貞人之職，是掌握在一群貴族的手里的。」（殷虚文字丙編考释第四一二——四一三頁）

按：合集二一二四二辭云：「𢆶不𠂤」字當从「毌」、从「口」，與常見之「𢆶」有别，均為人名。是否同字，待考。貞人「古」無作「𢆶」者。

2409

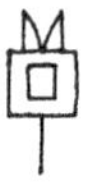

按：此亦「毌」字之異構，郭沫若已詳論之，此與2406、2407當合併。

伐

羅振玉　「伐，从人持戈，或从丮，與丁未角、畢仲敦同。或从大，或从又，或又象人倒持戈。知人持戈亦為伐者，其文曰『手伐芳』，曰『貞乎伐𢀛方』，以是知之矣」。（殷釋中六十八葉下）

又曰：「右言伐者二十有二，殆以樂舞祭者也。禮記樂記『夾振之而駟伐』注：『一擊一刺為一伐』。湯以武功得天下，故以伐旌武功。伐當是武舞。『伐三十人』，『伐十人』，猶左氏言萬者二人矣」。（殷釋下十二葉）

王襄　「古伐字」。（類纂正編第八第三十八葉上）

葉玉森　「案羅氏釋伐為武舞，董氏則指為羌舞。考卜辭有云幾伐，或伐幾人者，似殷人自為伐舞，不能謂伐舞必用羌人。辭內並無羌人。董氏所引之辭乃『王其又（侑）于小乙，羌五人，王受又』。祐（寫一九八）『羌十人』。（押二、十三）辭內並無伐字，亦不能證明為伐舞之羌人。……如董氏說，遽難徵信」。（前釋一卷七十五葉上）

郭沫若　「『伐若干人』，羅云『……伐當是武舞……』。案伐當是中干之伐，謂干舞也。山海經海外西經『大樂之野，夏后啟于此舞九伐』，當與此同例。郭璞以九伐為馬名，非也。又墨子明鬼篇『吉日丁卯，周代祝社方』，『周代』當是『用伐』之譌」。（卜通十六葉上）

又曰：「殷周古文伐字與戍字頗相亂，然亦有區別之處。伐象以戈伐人，戈必及人身。戍示人以戈守戍，人立在戈下。此其大較也」。（粹一一五五片考釋）

吳其昌　「『伐十人』，『伐二人』，『伐三十人』者，此片亢記『伐口人』之下，必繼以『卯口牢』，『卯』『伐』對舉，『人』『牢』並稱，卜辭亦有同類之例，文云：『……且辛，伐三人，卯牝』。（續一、一八、八）是蓋殷代人祭之記載，而為周以下農稼生計碻立以後之人所不瞭解者。……（中略——摘錄者）……如此片（指前一、一八、四）等『伐人』與『卯牢』『卯牝』同義，而卯義為以刀宰戮，

證一。

卜辭又云：『……口卅，伐十宰』。（續二、一七、一）『貞，御于父乙，㞢三牛，𠕋三口，伐

卅㝈」。（佚八八九）「伐羊」。（佚六七三）「伐羊」「伐卅㝈」之語，不與「伐十人」之語絕相同乎。證二。

又云：「又（侑）丩伊，伐卯一牛」。更何解乎。證三。

又云：「十㝈，五伐。五㝈，五伐」。（後一、二一、一二）非謂于斯有十㝈或五㝈焉而㝈其五以祭乎。證四。

又云：「……王宾武乙，執伐，亡尤」。（續一、二七、三）「執伐」之語，不當作「執而刑之」解乎。證五。

又云：「王又（侑）伐，于父丁，茲用」。（續一、三二、五）按「茲用」之語，在卜辭義皆為「刑牲以用」，此義直至左氏春秋，凡「用之」之文，義皆為殺人或刑牲以祭。證六。

又云：「甲辰，貞，又（侑）伐于田，九羌，卯口牛」。（後一、二一、一三）此蓋記「伐九羌，卯口牛」，以侑于上甲，「羌」即殷人禽虜入寇之羌族，故告上甲以祝勝，而遂刑以祭矣。證七。（後世白練組頸，獻俘太廟，即其遺制，但免一死耳。）

又云：「乙丑，卜，酌御于庚妣，伐廿，鬯卅」。（前一、三五、五）「癸未，卜，御庚妣，伐廿，鬯卅十，卅牢，及三」。（前四、八、二）又云：「戊寅，卜，貞，三卜，用血，三㝈冊，伐廿，鬯卅，牢卅，及二伏，于妣庚」。（前八、一二、六）「……來庚寅，酌，血，三羊，于妣庚，冊，伐廿，鬯卅，牢卅，及二伏」。（後一、二一、一〇）同為祭于妣庚，所伐同為廿人，似有定數。「妣庚」非他，蓋即「文武丁」之爽也，本片（指前一、一八、四）記伐人以祭之數，武丁十人，且庚二人，而「文武丁」至三十人，文丁四十人，故其配妣庚用羊數而濟廿人矣。此蓋帝乙之世，以祭其考妣者，以此可見伐人之禮，其所祭先王親愈近者，其禮愈重，而伐數愈多。又可以見殷代伐人，獻血，以薦祖妣，國之隆典，時之隆憲，舉行頻數，非只偶然一見者也。證八。

更以經典言之，廣雅釋詁一：「伐，殺也」。呂覽高義：「山不敢伐材下木」，高誘注：「伐，砍也」。書牧誓：「不愆于四伐五伐」，鄭玄注：「一擊一刺，曰伐」。是「伐人」云者，謂殺人，伐，砍人，擊而殺之，刺而殺之也。詁訓昭然，證九。

詩甘棠：「蔽芾甘棠，勿翦勿伐」。翦伐並稱，正猶卜辭之卯、伐並稱。證十。

春秋僖公十九年經：「夏六月，鄫子會盟于邾。己酉，邾人執鄫子，用之」。……又春秋昭公十年左氏傳云：「秋七月，平子伐莒，取郠；獻俘，始用人於亳社」。杜預注曰：「以人祭亳社」。……「亳社」又殷遺民之社，國君，世子，不異牲犧，更何有于臣虜。此可見殷人遺風，遍于南國，淪肌浹膚，五百年而未改。證十又一。

易豫卦初六爻辭：「利用刑人」。書皋陶謨：「天討有罪，五刑五用哉」。周人於「用」字之義，為刑牲以祭之專名，一自金文以至經籍，莫不盡然、詳人祭考）是則周人之對于俘虜、罪囚，（「刑人」「天討有罪」）亦未嘗不有時宰僇以為高，此即其可窺之嫌疑間隙矣。證十又二。

羅振玉未明此刹，故其釋「伐」云：「禮記樂記：「夾振之而駟伐」。湯以武功得天下，故以「伐」旌武功。「伐」當是武舞。「伐三十人」「伐十人」，猶左氏言：「萬者二人」矣」。（考釋下）念其根本未知古有人祭之禮，故亦無責。商承祚从而是之，而反難鄙說。必以羅商之解，則「伐卅宰」「伐十宰」云者，乃長鬣殭尾，咩聲芈芈之「羊」十或廿卅，羣起婆娑而舞，以旌湯之武德，不亦奇觀也哉！」（殷虛書契解詁第二三〇——二三三葉）

吳其昌　「伐為用人之祭。卜辭或云「伐廿鬯卅牢卅」，皆謂殺二十人與三十鬯三十牢同祭也。左僖十九年傳「夏，宋公使邾文公用鄫子于次睢之社，欲以屬東夷」。昭十一年經「冬十一月，楚子滅蔡，用隱太子于岡山」。杜注「用之殺以祭山」。昭十年傳「秋七月，平子伐莒取郠，獻俘始用人于亳社」。杜注「以人祭亳社」。東夷小國至春秋末葉尚保存殷舊俗人祭之證也。」（殷代人祭考載清華周刊文史專號第三十七卷第九第十期）

商承祚　「綜觀卜辭之伐人或省略曰伐，若謂用人而祭，由二人至二十人，滿一、十八、四無乃殘酷太甚。商世行政百官俱備，不能仍謂為野蠻時期，邾之用鄫子，楚之用隱太子，乃對待敵人殘暴行為，不能視為習尚也。羅師謂伐者殆以樂舞祭，斯為得之。二人三十人者言其數，伐者詞之省也。」（佚考三三葉）

董作賓　「伐為人荷戈形，乃征伐之意，亦為舞名。詩皇矣「是伐是肆」，箋云「一擊一刺曰伐」，山海經海外西經亦云「大樂之野夏后氏於此舞九伐」，則伐為舞名可知。商人使俘獲之羌人樂舞以襄祭祀，并卜其所用人數」。（獲白麟解下篇釋羌載安陽發掘報告第二期）

陳直　「案詩秦風「蒙伐有苑」。毛傳云：「伐，中干也。苑，文貌」。又案小爾雅廣器云：「干，盾也」。方言云：「九盾，自關而東或謂之干」。周禮樂師有舞干，是干即盾，伐即干，中干為九盾之一，蓋為殷人舞干之祭無疑」。（賸義五葉下）

陳夢家　「「伐十人，卯三牢」相當於「伐羌十，卯五宰」，所伐之人即所殺之人牲。……關於卜辭用人牲祭先王的記載，應和安陽西北崗陵墓附近的成排的與零散的小墓相聯系，這些小墓當有一部分埋置了祭祀以後殺用了的人牲。羅振玉以卜辭的「伐若干人」之伐為武舞，至吳其昌作殷代人祭考始駁正其說」。（綜述二八一葉）

陳夢家　「戍字从戈从人，人在戈下。伐字亦从戈从人，而象人負戈之形。（鄴三四四·五）名詞之戍與動詞之伐並見於一辭，可見兩個字是有分別的。羅氏考釋、商氏類編和甲骨文編都不錄戍字，唯王襄類纂二·五六和郭沫若粹一一五五俱有分辨。西周金文「戍」「伐」有別，動詞之「戍予某自」和名詞之「監某師戍」，其戍字都與卜辭同」。（綜述五一六葉）

張秉权　「方，未詳，象戈头斬人頸之形，与方字有别，商承祚釋方（注一），郭氏於殷契粹編考釋第二四九片中釋方，說是訪问的意思，但在一一四六片中則对於同样的這个字釋為伐字，說是：「此字未刻全」。現在，我们可以在本版上看得很清楚，它显然不是伐字的没有刻全。也不是方字。但在卜辭中如：

貞：乎□方不□左？（佚三二八）

貞：方？（粹一一四六）

貞：令卓方東土告于祖乙于丁？八月。（粹二四九）

方是当作一个动詞用的，它的意义和「征」「伐」等字相似」。（殷虛文字丙編考釋第十四——十五頁）

（注一）見殷契佚存考釋三二八片。

屈萬里　「卜辭：「其伐羌，又囚？」（甲編三三六三）此伐字，當是斬首之義，非謂征伐也」。（甲編考釋四二七葉）

李孝定　「契文伐戍之別，誠如郭氏之言。陳氏謂伐象人負戈之形，說非。㑀乃何之異構，非伐字。伐則皆象戈刃加人頸，以示擊義，不象人負戈也。卜辭恒言伐某方，征伐之義也或言伐若干人，殺人以祭也。殷虛發掘所見王室大墓，其墓道中嘗見有排列整齊之人頭骨，為數頗多，舍殺人以祭外，此種現象實無由解釋。且後世文獻中復有相同之記載，固不能謂為野蠻而遂斥其必無也。……是，此則是一字」。（集釋二六六一——二六六二）

馬薇廎　「伐舞究為何种之舞，罗董二氏均无說明，无人能知之。依愚之臆度，戈谓击兵，矛謂刺兵，一击一刺為一伐。伐有四伐至九伐等名称，大概是用戈矛之类的兵器，演击刺

之術也。可謂武器之舞，非干舞也。是否如此待考証。」（釋伐 中國文字第六卷二五七二頁）

賈平 「𢦏是一字，非二字之合文。張秉权謂：『𢦏是当作一个动词用的，它的意义和征、伐等字相似。』我们同意这种为法。如：

丙一〈5〉：『庚申卜，王貞：余𢦎不？』

丙一〈7〉：『庚申卜，王貞：余𢦏不？』

𢦏与𢦎（伐）通用，可能是伐字的简体。我们认为，甲二二四可以释为：『丁丑卜，在尤，缶伐……』」（读殷虚文字甲编考释 古文字研究第三辑二一一页）

于省吾释伐，参𢦏字条下（甲骨文字释林释𢦏一六六頁）

林澐 「……𢦏即伐，由丙编第壹版之『庚午卜，王，贞：余伐不（否）？』伐字同一版上或作𢦎、或作𢦏，可证。」（甲骨文中的商代方国联盟 古文字研究第六辑七九頁）

伍仕謙 「说文『伐，击也，从人持戈，一曰败也。』甲骨文的伐字，异形很多，但都与用兵器杀人有关。把一系列相关的字，排列在一起，既可以追溯伐之原义，和引申的意义，更可以探索伐字字形的演变和分化。在甲骨文伐字的许多例句中，伐有三种意义：

①丁丑卜贞王宾武丁𢦎十人，卯三牢、鬯（二卣），𢦏，亡尤。（前一·一八·四）

②甲戌𢦎上甲。（乙四五九）

③呼多臣𢦎吕方。（前四·三一·三）

①是杀人，象以戈击人头。②是祭祀，伐上甲即杀人以祭上甲。这种祭祀方法，甲文很多。③是征伐之伐。即以武力打击敌人之意，这是属于引申的意义。既是祭祀，又是用牲法。

伐在甲骨文中异体字很多。

①人体从左或从右，意义相同。例：

貞勿隹王𢦎吕。（前四·三一·三）

貞勿隹王呼𢦎吕。（粹一〇九三）

②省去戈形，只保留上部击人头部的形状。例：

庚申卜賓貞今春王从望乘𢦎下旨受（又）。（粹一一〇九）

庚申卜㱿貞今春王从望乘𢦏下旨受有又。（续三·一一·三）

③两戈相背亦伐也。例：

貞勿乎𢦔𢀛方。（存一·五五九）

貞勿乎𢦔𢀛方。（林二·五·一四）

④戈在人上，亦伐也。例：

叀𢦔射又正。（甲九一〇）

叀壬𠄎射。（邺三·四六·四）

⑤杀一人为伐，杀两人亦伐也。例：

勿㞢𢦔。十月（宁三·五四）

曰𢦔。八月（乙一七八）

⑥杀人为伐，杀羌亦伐也。例：

乙巳卜㱿貞今日彡𢦔啟。（乙三四七一）

庚寅卜貞叀丁酉彡𢦔。（人三〇五三）

伐之意义既为用戈杀人，或杀人以祭祀。用戈杀人为伐，用戌杀人，也应该是伐。

⑦……卜㱿貞翌庚辰其雨，雨㞢𢦔。（祭名）（乙六六六三）

……㱿……高京𢦔……。（伐高京）（林二·二一·一八）

⑧用斤杀人亦伐也。例：

貞勿乎𢦔𢀛。（乙三一二九）

貞勿乎𢦔。（掇一·三五二）

用戌杀人为伐。故金文中之𢦔形亦伐之异体。……伐为以戈杀人头之意，𢦔为人头之繁体，或作𢦔或作𢦔，以戈击之，即为𢦔字，此亦伐也。此字在甲骨文中有很多异形。例：

①戊寅卜㱿貞，雨，其𢦔。（後下三七·三）

②戊午雨𢦔（佚三二七）

③乙未卜賓貞𢦔雨，隹蚩。（前六·七·六）

④㞢于𢦔。（缀合二四五）

⑤貞㞢于𢦔。（後上九·五）

⑥辛酉卜賓貞㞢于𢦔。（续一·五一·四）

⑦貞勿冊𢦔。（前一·四四·七）

⑧貞勿葡㞢于𢦔。（遗三四四）

⑨貞㞢于𢦔，十牛，牡。（续一·五一·四）

⑩丁亥卜行貞，𢦔岁。（人一五四一）

⑪己卯卜余𠦪于□，三牛，允正。（前六·七·七）

从以上例句分析，此字之异形字，或从戈，或从予，或从亻，或从女，或从□，或从□，尽管字形有些差异，而意义相同，例1、2、3、10为祭名，与伐祭同。其余则为神名。这种神，究竟是掌管什么的？看来似乎与□字有关。此處暂不论述。总之□为伐之異形字，从字形的演变和例句的意义观察，是没有问题的。……

此外还有一个□字。也与伐字有密切的关系。例句如下：

①丙子卜𡆥贞乎□吕；贞勿乎□吕方。（存一·五七〇）
②壬申卜㱿贞奴人乎□吕。（掇二·一一七）
③壬辰卜其𠦪年于□，燎，又羌，兹用。（续一·五一·五）
④其𠦪年□叀酢，又大雨。（粹一六）
⑤其𠦪年于□燎九宰。（粹一五）
⑥乙未卜贞于□，告龝。（存一·一九六）
⑦屮于□。（前六·一八·三）
⑧貞□雨。（後上二四·九）
⑨口口卜其𠦪禾于□燎二牛。（京二九三〇）
⑩于□𠦪，又大雨。（金四〇五）
⑪癸巳卜往□以雨。（南明四二九）

例句1，2都是「□吕」，与伐字之例句相同，可以认为伐之异体字。以后的例句都是神名，求雨、求年、告秋、求禾，都要向他致祭，这与前面□的例句，大略相同，都是「屮於□」或「屮于□」。「于□𠦪」，或「𠦪于□」。意义都相同。求雨的例句也同，看来似乎是同一种神。当然以後分化了，□戌为以後的蔑字，而□字不用了，戌为死字，但他们的原字都是□字。」（甲骨文考释六则，古文字研究论文集，四川大学学报丛刊第十辑第七七至八二页）

罗琨　「……伐却不然，在后世文献中如广雅释诂释「伐，杀也。」甲骨文则是以戈断人头的会意字□（见前七·一五·四），还有一种写法省戈，作方，在人的头、身之间加一横划，表示身首异處的人（见南明六六、后上二二·七）。所以伐字的本义专指断人头，作为动词—祭法—表示杀人以祭，引申为动名词，指一种特定的牺牲——砍去头颅的人牲，奉献这种牺牲的祭典则称为伐祭。这样在伐字之后没有牲畜作为受词是很可以理解的了。……钺和伐一样表示断首，它也有两种写法：多数从奚从戌作□（见甲二八七六），是以钺断首的会意字。或省戌作□（见后下三三·九一）。它同样具有动词和动名词两种词性，作动词用法上和伐

的区别在于：对仆和屯只用戠不用伐，而对羌则反之。」（商代人祭及相关问题，甲骨探史录一二〇至一二六页）

姚孝遂　肖丁　「第(2)辞「叀㞢方」，辞残。「方」字形体罕见，实即「伐」之省体。《丙》一「余伐不」和「余方不」对贞，张秉权先生《考释》以为「方」即「伐」之省略体，「伐」同字是对的。島邦男先生《综类》333列「方」字于「𢦏」字之后，以为征伐之伐。「叀㞢方」之「方」用作伐祭之伐，可补「方」用为祭名之阙。」（小屯南地甲骨考释一一頁）

考古所　「𢦏：根据辞例，应为「伐」字之误。」（小屯南地甲骨一一一四頁）

考古所　「伐：在卜辞中有时是人牲，有時是一种用牲法，此片之伐即为用牲法。」（小屯南地甲骨八四二頁）

劉釗　「卜辞与「征」义近的有「伐」。卜辞伐字作以戈斫首狀，或省作「才」，同方字的区别是伐字从人，而方字从刀。說文「伐，击也」。广雅「伐，殺也」。挟击殺应为伐字本义，后引申为征伐义。孟子告子下「伐者，敌國相征也」。卜辞伐字除个别辞例，皆用於殷对方國之征伐，同孟子所释不合相同。左传庄公二年「凡师有钟鼓曰伐」，這是后世概念的进一步專门化，卜辞不一定如此。」（卜辞所見殷代的軍事活动，古文字研究一一〇頁）

姚孝遂　「「才」是「𢦏」的简化字，从这个角度说，也是属于衍生的范畴。作为「征伐」之「伐」，二者没有区别，此为其「同」。但是其引伸义，作为祭名、祭法、祭牲等，均作「𢦏」，不见有作「才」者。然则「才」与「𢦏」也只是在特定的情况下相同，是在一种特定情况下的简化，二者不能完全相等。「才」这一简化形体只见于第一期宾组卜辞，其后不复再见，极为特殊。」（再论古汉字的性质古文字研究第十七辑三一六页）

李棪　「其次是「伐」字，习见。疑点砍人头作牲的方法。广雅释诂：「伐，杀也。」甲骨文伐字作𢦏，正象以戈穿过人的颈部之形。管子霸形：「伐钟鼓之县。」注云：「伐，斫断也。」尤近於首之意。金文父乙鼎，父己鼎，父乙盉，父乙爵，父丁尊等，均有伐字，点均象以钺斫断头颅之形。兹举一例：「王㝉武丁，伐十人，卯六牢，鬯六卣。」（粹一·一八·四）。所谓伐十人者，盖斫十人之头颅以作牲之意。」（《殷墟所出头骨刻辞》中国语文研究第八期三五页）

高嶋謙一

「王其伐若乙丑允伐右卯眔左卯隹匕牛 丙编一五三·一〇

（如果王子能去举行分割之祭的话，那么（上帝）会满意。乙丑日（他）真的举行了分割之祭；在（祭器？）右面被一分为二「和」（即併合起来）在左面被一分为二的是只公牛。）

张秉权论证说……「卯」是人名或部族之名，「左」「右」指他们所处的位置。张氏引粹编五五五、五九四、五九一中的「又羌」、「𠂇羌」以为证据。不过，这一说法大有商榷的余地，粹编五五五的「又」肯定是个动词，义为「侑献」，因为这「又」字出现于「勿」（彡）字之后，而带有直接宾语「羌」。同样的，粹编五九四的「又」也是释为「侑献」的动词，前带情态语词「其」，后带直接宾语「羌」。至于粹编五九一中的「𠂇」很可能是误刻（郭氏已说过：「𠂇殆又之误」，第八〇及五五五片考证）。「勿左羌」一语似乎不成文义，但闻国正已经提出「左」是个动词，意义「割裂」，这是正确的。张氏把「右卯眔左卯」释作「在右方、左方的卯族人」，这样就和下文的「隹匕牛」（那是公牛）接不上了。即使我们认为由「乙丑允伐」至「右卯眔左卯」是独辞而把「右卯眔左卯」释作「伐」（攻伐之伐）的宾语，还是难以和下文的「隹匕牛」连起来。因此我们怀疑「伐」不是「攻伐之伐」，「右卯眔左卯」也不是「在右方、左方的卯族人」。

否定了张秉权的分析之后，我们可以找到一个更切合上下文义的解释，这个解释在字义和语法上都不会有问题。「𢦏」的字形是「用戈砍斩人头」，代表商代语言中「人牲」或「因虏」这个词，这是已成定论的。在某些刻辞中，当「伐」用为动词的时候，我们认为应该解为「分割」，而不是一般学者所说的「斩首」或者「攻击」。事实上，传统上对「伐」的解释主要是基于字形的分析而较少考虑到这个字所代表的是甚么词。「伐」的古音拟构是*bjat，与「别」*pjiat，「八」*priat（八，「著分为细部」？），或甚至「半」*panh（一半，这个情态性的语意往往由韵尾*-s表示出来）有语义上的联系。如果这种讲法是正确的话，那么「伐」就可能有一个比「斩首」更广泛的意义，即「分割」。例……中的「伐」是个动词。「伐」的语法上的宾语在这里没有表明出来，不过「伐」可能是一种带有内在宾语的动词（即「伐」单独出现时已经具有内在宾语），（注释：不过，当「伐」的宾语是表现出来的时候，那「伐」的意义就明显的是「攻击」。在与战争活动有关的刻辞中，「伐」的宾语大部分都是方国（我们认为这些方国与商为敌，请参考殷墟卜辞综类三二九·四——三三一·一）。即使在这些卜辞中把「伐」解为攻击也可以切合文义，我们仍然可以顺畅的把「伐」解释为「去分割↓去击破、去粉碎」。换言之，「伐」敌是以击破敌人、粉碎敌人为目的。）这个宾语往往是人牲，但也可能是其他动物。在（例）的『子后叙述』中，我们知道被『伐』的是〓牛。我认为加上『隹匕牛』的用意是在于解释『伐』字在这句中的特例，换言之，在这句中『伐』的内在宾语是只〓牛而不是人牲。因为如果是人牲的话，那商人就毋须特别加以说明这是只〓牛。最能切合上下文义的做法就是把『王其伐』和『（王）允伐』分别解为『王可能会举行分割（〓牛）之祭』和『（他）真的举行了分割之祭』。

至于『右卯眔左卯』又怎样解释呢？我们认为最佳的方法是把它解为并联的名词仂语，甚义暂时定为：『在（祭器）右面劉的和在（祭器）左面劉的』。亦即是说，我们提议把『卯』解为一个名词化动词，相当于古代汉语中的『所劉』，『左、右』是方所修饰语，即『右（俎上？）之所劉』和『左（俎上？）之所劉』。

一般学者将『卯（𠨍）』解为『屠宰』，这是基于古代汉语中以『卯』*mrəgwx为声符的形声字『劉』*ljəgw的说解——『杀、断、毁』。但是，甲骨文中『卯』字的意思却显出是『切开、一分为二』。虽然从『卯』的字形中很难确知它代表的是甚么东西，甚么情况或甚么动作，但肯定是以『分为两半』或『形式双倍』为特征。（我倾向于认为「卯」是代表一种动作，而不是一种东西或情况。）『卯』的潜在意义应当是前者，因为它肯定和『劉』、『戮』*ljəkw（诛杀）有关，而『劉』和『戮』都隐含『破坏』而不是『形成』的意思。」（甲骨文中的并联名词仂语古文字研究第十七辑三四九——三五〇页）

张亚初说参〓字条下。

裘锡圭说参〓字条下。

陈炜湛说参〓字条下。

按：說文訓「伐」為「擊」，訓「戍」為「守邊」。至於其構形，則均以為「从人持戈」，實則「伐」象以戈斬人首，「戍」象人荷戈，迥然有別。卜辭「伐」為用牲之法，即斬人首以祭祀神祖，引申之為祭名。所謂「干舞」、「羌舞」之說，皆不可據。「征伐」亦為其引申之義，凡征戰必有所斬伐。說文訓「伐」為「擊」，乃後起之義。

戍 

王襄釋伐。（簠考征伐五葉上）

王襄　「古戍字。吾鄉弟云伐戍二字，許書皆訓从人持戈，甚難辨別。按伐字段注戍者守也，故从人在戈下，入人部。伐者外擊也，故从人杖戈，入戈部。此字从人在戈下，即戍字說甚塙，存之。」（類纂正編第十二第五十六葉上）

郭沫若　「戍乃師戍之戍，與辰戍之戌有別。」（粹考一四七葉上）

又曰：「殷周古文伐字與戍字瀕相亂，然亦有區別之處。伐象以戈伐人，戈必及人身。戍亦人以戈守戍，人立在戈下。此其大較也。」（粹考一四八葉上）

孫海波　「戍，後二、一三、五。人名。」（甲骨文編四八九頁）

孙海波　「戍，佚九三五。形与戍同，伐虘。林，鐵二〇九、二。此亦伐字。象人持戈正面而立之形。」（甲骨文編三四五頁）

屈萬里　「卜辭：『戍，弗及㱿方？』戍，乃戍邊之意。」（甲編考釋一二七葉）

李孝定　「說文：『戍，守邊也，从人持戈。』契文象人立戈下之形，與小篆同。郭氏說戍伐二字之異是也。卜辭用『戍』之義為戍守。辭云『癸巳卜王其令五族戍𠂤』（粹一一四九）。𠂤為地名。卜辭恆言『王族』『多子族』，法儔亦云『中軍王族』，則五族蓋軍隊之番號也。又云『戍衛不雉眾』（粹一一五三），雉眾者集眾也。衛為地名，其義均為戍守與許書同。金文作戍矢作丁公簋戍宜子鼎戍遹甗戍彔卣戍甬簋與契文小篆並同。」（集釋三七七一葉）

姚孝遂　「甲一五五四：『叀戍射兕？』京津四五〇一：『叀王以戍罝兕？』卜辭『戍』或用作动词，乃戍守之义。又用作名词，陈梦家先生綜述五一六以为官名。我们认为『戍』也有可能为军事组织名。指戍边之军旅而言。」（甲骨刻辞狩猎考古文字研究第

六輯五六頁）

考古所 「戍多：戍，官名；多，人名。」（小屯南地甲骨一〇〇九頁）

考古所 「戍派：戍为官名，派为人名。」（小屯南地甲骨九一五頁）

考古所 「右戍、中戍、左戍：戍，陳夢家认为是官名（綜述五一六頁）。从本片卜辭看，戍是帶兵作戰的武官，並有右、中、左之分，這是与殷代軍隊編制分右、中、左之分，這是与殷代軍隊編制分右、中、左相联系的（如殷有右、中、左三师及右旅、左旅）。从『右戍不雉众』，『中戍不雉众』，『左戍不雉众』来看，众在作战时也是分成右、中、左三隊的。」（小屯南地甲骨一〇〇二頁）

肖楠說參、二字条下。

按：郭沫若言「伐」、「戍」、「戎」之別甚詳。說文「戍，守邊也。从人持戈」。王筠句讀云：「持乃傳寫之譌。廣韻云：从人荷戈也，蓋據說文古本。：．荷戈者，備豫不虞耳。且詩曰：『彼候人兮，何戈與祋』，祋即殳也。彳部役，戍邊也。古文作役，从殳从人，與祋合，亦與本文闕會也」。朱駿聲說文通訓定聲亦謂「戍者下人上戈，人何戈也」。卜辭皆用為戍守義，亦為軍旅組織之名稱，指戍邊者而言。

2412

按：字从「戈」、从二人相背，與「伐」之結構同。或以為即「伐」之繁構。然合集二一一四六辭残，且為卜辭所僅見，不足以證明其必為「伐」字。

2413

按：字不可識，其義不詳。

2414

𢦔

羅振玉釋𢦔，無説。（殷釋中六十八葉）

王襄「古𢦔字。許説絕也。」（類纂正編第十二第五十六葉上）

孫海波「𢦔，甲八·六八。人名。」（甲骨文編四九二頁）

饒宗頤「按説文𢦔，絕也。古文讀若咸。佚周書世俘『咸劉商王紂』，𢦔與殲義近。」（通考五八三葉）

李孝定「説文：『𢦔，絕也。一曰田器。从从持戈。古文讀若咸。讀若詩云「攕攕女手」。』契文象戈擊二人之形，未見有『从从持戈』之象。」（集釋三七七九葉）

伍士謙「殺一人為伐，殺兩人亦伐也。例：勿㞢𢦔。十月（寧三·五四）曰𢦔。八月（乙一七八）（甲骨文考釋六則 古文字研究論文集七八頁）

考古所「刜、𢦔：二字在此片卜辭中当为人名。」（小屯南地甲骨一〇〇〇頁）

按：許書𢦔字説解有誤，前人多已疑之。王筠釋例云：「𢦔下説解有誤……蓋『从从持戈』即不詞。从，相聽也，可云从相聽持戈乎？」卜辭「𢦔」為人名。李孝定謂「象戈擊二人之形」亦不可據。

2415

戠

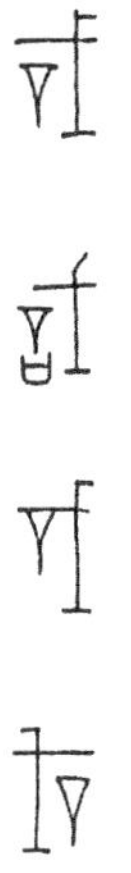

羅振玉「説文解字：『戠，闕。从戈从音。』此从言，古金文識幟諸字皆如此作。遲尊

『錫趩戠衣』文作𢦏，格伯𣪘作𢦏，吳中丞以為識字。一从音，與許書同。一从言，與卜辭同。古从言从音殆通用不別。」（殷釋中五十九葉上）

丁山　「篆文𢧵左之𠶷明係𠶷之形譌。𠶷变自𡆧，𡆧变自𠮛。𡆧上近毛公鼎𡆧字，前賢釋光，下則頗似卜辭𢀛字，疑即𢀛者，則𡆧亦火光之類，殆即𢀛字。許君言『織𢧵也从大戠聲𢧵古文織』𢧵左之𡆧亦从𢀛者而近于𡆧，疑𢦏𢦏皆𢧵之初形，戠熾為古今字矣。」（說文闕義箋五十葉）

羅振玉　「說文解字無此字，卜辭中又有𢦏𢦏二文，此从戈，與𢦏殆一字，故知此字从牛从戠。考說文解字『埴』注：『黏土也，从土直聲』。禹貢：『厥土赤埴墳』。釋文：『埴，鄭作戠』。是古戠與直通。禮記王制：『大夫以犆牛』。周禮小胥釋文：『特本作犆』。由此推之，知⿰牛戠即犆，犆即特矣。然由卜辭觀之，⿰牛戠當為牛色，與前𦍩字同例，後人以特釋犆，或非初誼矣。」（殷釋中二十七葉）

王国维　「𢦏未详。卜辞有𢦏日亦作𢦏日（前四、四、四），罗参事释为戠日，殆与肜日、翌日等同为祭名。案戎都鼎有此字作𢦏，戎都敦作𢦏，与说文熾之古文𢦏相似。今此字作𢦏，或即戠字。说文戠之音义阙，古文尚书假为厥土赤埴墳之埴，虞氏易以为朋盍簪之簪。」（戬寿堂所藏殷墟文字考释三十七页）

王襄　「古⿰牛戠字，說文所無，羅叔言先生以為犆特字，牛色也。」（簠室殷契類纂第四葉）

王襄　「⿰牛戠，說文解字所無，舊說與犆通，即特字。」（簠考典禮十葉）

王襄　「古識字，幟、戠、織重文。」（簠室殷契類纂第十葉）

吳其昌　「『⿰牛戠』者，罗振玉曰：『⿱戠牛，說文解字无之。卜辞中又有𢦏、𢦏二文，此从戈，与𢦏殆一字，故知此字从牛从戠。考說文『埴』注：『黏土也，从土，直声』。禹贡：『厥土赤埴墳』。释文：『埴，郑作戠』。是古『戠』与『直』通。礼记王制：『大夫以犆牛』。周礼小胥释文：『特，本作犆』。由此推之，知古『⿰牛戠』即『犆』，『犆』即『特』矣。然由卜辞观之，⿰牛戠当为牛色，与前『𦍩』字同例。后人以特释犆，或非初谊矣』。殷释、二、二七。郭沫若曰：『罗释⿰牛戠为犆为特，甚是；然谓当是牛色，与𦍩字同例，则不必然。特者，牛父也。言⿰牛戠，犹它辞言犅言牡矣」。（通纂、二。）其昌按：𢦏从䇂，䇂形本為仰植之刀鑿，詳金文名象疏证。故凡从䇂之字，殆皆為𦍒人，如妾、童、僕、……諸字是也。郭氏又尝云：「……辛宰，本為剞劂，其所以轉為愆，𦍒之意者，盖古人於異族之俘虜，或同族之有罪而不至死者，每黥其額而奴使之，易睽之六三曰：『見輿，曳其牛，掣其人天且劓』。釋文：『引馬云：「剠凿其額曰天」』。此服牛引重之人，当即臧獲而剠其額，截其鼻，此古代虐待奴婢之真相也」。郭此說，至碻不易。「𢦏」之得义，正以其有䇂狀剞劂之迹，故易以識別耳。是故「𢦏」為「識」字之本字。今传世宋人畫之作馬圖者，其馬尻之上，皆剞劂其毛革而識以數号。如南唐顧德謙滋戠图。此字从牛从𢦏，殆殷時之牛，固亦嘗剞劂其毛革以示有識別，故遂以「樴」名此类牛矣。「樴」又通「犆」，「犆」又通「特」，「特」者，「犆」「特」一声之轉；或者又因此类经剞劂以示識別之牛，率皆用以祭高，故每選牡牛為之，致「犆」「特」之誼，又得為牛父歟：「特」為牛父，其說是也。「特」即「牡」」。（殷虛书契解诂第二五八——二五九頁）

商承祚 「戠即戠別體，作𢦔，金文作戠，遐尊此其省也。說文：『埴，黏土也。』禹貢『厥土赤埴墳』，釋文『埴鄭作戠』，是埴戠同聲段借，釋名釋地『土黃而細密曰埴』是戠乃黃色也。則卜辭之樴牛（續一、二一、四），與此之戠累皆指色黃言，與物犁同為毛色意同也。」（佚考七一葉）

東世澂謂戠是犁之初文。其說曰「勿字是作為動詞用的。戠字是名詞，其字正象犁的形狀」（歷史研究一九五六年一期五三葉）

葉玉森 「按上二辭中之『戠日』並為祭名，丁山謂吕為𧶠者，似可疑。卜辭則作吕𠮷，固絕非𧶠者也。」（前釋四卷七葉下）

陳直 「羅振玉以為即植字，為特字之段借，是也。然特，獨也，禮記郊特牲謂以獨牲祭天也。卜辭樴字當作卜其用牢多寡解，非卜毛色也，羅說似誤。」（賸義六葉）

郭沫若 「羅釋樴為犆為特，甚是。然謂『當是牛色，與華字同例』，則不必然。特者牛父也，言樴猶它辭言犅言牡矣」（卜通卅葉第五十三片）

陳夢家 「卜辭戠的用法有三：1.日戠；2.『王賓戠』，是祭名；3.佚五一八『叀商戠兕』，假作樴，是戠色牛的專名。日又戠有兩種可能的解釋：一如郭沫若在粹五五考釋所推測，以為『戠與食同音，蓋言日蝕之事；』一讀若識誌或痣，乃指日中黑氣或黑子。由前說，則武乙卜辭稱日又食爲日又戠；由後說則殷代已有日斑的記錄。漢書五行志成帝河平元年（紀元前二十八年）『日出黃，有黑氣如大錢，居日中央』，是爲世界記日斑的最古的文獻（詳朱文鑫：中國日斑史，天文考古錄）。廣雅釋器『黖，黑也』，弋戠古音同，說文曰『樴，弋也』，『酨，酒色也』。」（綜述二四〇葉）

陳邦怀　「七二六号　壬寅貞，月又（有）戠，其又土，尞大牢。

七二六号　壬寅貞，月又（有）戠，王不于一人囚，又（有）囚。

『月有戠』，是新发現的重要材料。『日有戠』已見于殷契粹編五五片……

按『月有戠』蓋言月有黃色。尚书禹貢：『厥土赤埴』、经典释文：『埴，市力反。郑作戠』。尚书正义：『戠、埴音义同』。释名释地：『土黃而細密曰埴』。据此知埴（戠）为土黃色。然则卜辞所云『月有戠』，蓋謂月色异常有如土黃也（日戠同此意）。殷人視月有戠为灾异，故卜辞有『其又（此又字为祭名，卜辞常見）土，尞大牢』之语。月有戠而祭土者，所以達天地之气也。礼记郊特牲：『社，祭土而主阴气也。天子大社，必受霜露风雨以达天地之气也』。此可为卜辞因月有戠而用大牢祭土之证。」（小屯南地甲骨中所发現的若干重要史料，历史研究一九八二年第二期一二六頁）

楊樹達　「戠者忒之段借字也。」（甲文說二二葉釋戠條）

杨树达　「卜辞云：『己卯卜，王貞：余勿从洗戠戠？』（续编伍卷壹贰叶贰版）又云：『貞勿ΔΔ丁宗，亡戠？』（甲编壹贰玖陸）或云戠，或云亡戠，依字读之，义不可通。余按：戠者，忒之假字也。易豫卦彖传云：『天地以顺动，故日月不过而四时不忒。』释文引郑注云：『忒，差也。』诗大雅瞻卬云：『鞫人忮忒』，毛传云：『忒，变也。』甲文言亡戠，犹他辞言亡它亡尤也。戠得假为忒者，说文十二篇下厂部云：『弋，橜也，象折木衺锐著形。』又六篇上木部云：『樴，弋也，从木，戠声。』按弋樴古韵同在德部，声亦相近。弋为象形，樴为后起之形声字，实一字也。弋樴字同，而忒字从弋声，故得假戠为忒矣。」（释戠，积微居甲文说卷上三七頁）

朱芳圃　「說文戈部：『戠，闕。从戈，从音。』林義光曰：『戠，从戈，从言，即題識本字。言在戈上者，戈有識也。』（文源八、一〇）按林說非也。字从戈从辛，當即熾之本字。說文火部：『熾，盛也。从火，戠聲。𤊩，古文熾。』戈爲兵器，辛爲薪柴，會合二字以示盛意。辛下

戓壇口，附加之形符也。」（殷周文字釋叢卷上第三十五葉）

饒宗頤　「按戠即職，鄉射禮記：『薦脯用籩五職祭，半職橫于上。』鄭注：古文職爲截。說文：『戠，大臠也。』賈之卜辭亦作『王㞢戠，亡尤。』（佚存七三九）『戠』與『戠』同，皆肉祭也。曲禮『左殽右胾，』殽爲豆實，則戠與胾乃籩食也。」（通考九五〇——九五一葉）

饒宗頤　「按戠讀爲職。聘禮：『薦脯五職，祭半職橫之。』入戠謂納職也。」（通考三六六葉）

饒宗頤　「『乙巳卜，取貞：𠂤（終）夕戠。』（前編八、五、七）『終夕戠』者，戠爲動詞，易豫卦『朋盍簪』，釋文虞作『戠』，云：『戠，聚會也。』荀本作撍，京作宗，此辭『戠』字可以『聚』解之。」（通考六九三葉）

饒宗頤　「丁未卜，歸貞：魚（漁）歸，我又戠。（佚乙一五六〇）按漁人名。……『我又戠』與『我又事』義近，說文繫傳戠古職字。」（通考第七三〇——七三一葉）

屈萬里　「戠，讀爲職。此卜用六勿牛爲戠以祭也。」（甲釋第一三五葉）

屈萬里　「戠字假爲災害之𢦏，亦罕見之例也。」（甲釋第一八二葉）

孫海波　「戠，前一·二一·四。姓名。其戠茲用。罗振玉释戠云，說文解字埴注，黏土也。从土直声。禹贡，厥赤埴墳。释文埴，郑作戠。是古戠与直通。礼記王制，大夫以犆牛。周礼小胥释文，特本作犆。由此推之，知戠即犆，犆即特也。然由卜辞观之，戠当为牛色，与華字同例。后人以特释犆，或非初誼矣。」（甲骨文编六五一页）

孫海波　「𠦪，燕六四四。疑戠字。」（甲骨文编八六一页）

李孝定　「說文『戠闕从戈从音』契文从戈从言或从言省。古言音偏旁中得通，羅氏釋戠是也。商氏說字義甚是。丁氏以爲戠从𧶠省。按契文𧶠作米君𠕋，與此从言迥異。來氏謂字象犁形，契文犁作𠃉，與此亦絕不相類，其說並非。楊氏謂戠讀爲弋，蓋謂樴牛也。戠將音韵並同，說亦可通。然卜辭言戠牛戠冢似均言毛色，商說仍較長也。金文作戠（趩尊）「錫趩戠衣」亦言衣色　戠免盤　戠　戠格伯簋　戠豆閉簋」（集釋三七八七葉）

李孝定　「羅說可从。王戠字在卜辭其義或為牲色，如甲、一、六、十辭云「勿牛　圍戠國用」，勿戠對貞，勿訓牛不純色，則戠當亦言牛色也；又或為特，言牲數也，如「丙辰卜貞☐康且丁其牢☐其戠茲用」（前一、二一、四）「☐卜貞☐必☐牢　圍戠國用」（後上五、四）二牢、戠對貞，牢為大牢，三牲具也，則戠當為特。辭言其用大牢乎，抑獨牲也；或一字兼有二義，疑莫能明也。郭說言戠猶言犆，言牲，卜辭用戠未見此義，陳氏謂「戠字當作卜其用牢多寡解」，「牢」當作「牲」，於義乃合。」（集釋〇三三四葉）

于省吾　「甲骨文于祭祀言戠，乃膱字的初文，周代金文識与織的初文也均作戠。戠字在周代典籍中多孳乳作膱。儀礼鄉射礼記：「薦脯用籩五膱，祭半膱，橫于上。……膱長尺二寸。」鄭注：「膱猶脡也。」又聘礼記：「薦脯五膱」，鄭注：「膱脯如版然者，或謂之挺，皆取直貌焉。」又公羊传昭二十五年：「与四脡脯」，何注：「屈曲曰朐，申曰脡。」說文：「朐，脯挺也。」又：「脯，乾肉也。」脯也通膊，說文：「膊，薄脯，膊之屋上。」方言七：「膊，暴也。燕之外郊，朝鮮洌水之间，凡暴肉，发人之私，披牛羊五藏，謂之膊。」总之，膱即脯脡，指曝晒的乾肉言之。今將甲骨文于祭祀言戠之例，择引数条于下，並加以解說。

一、辛酉貞，大乙戠一牢〇弜又戠（甲七四七）。
二、其牢又戠（珠三九七）。
三、弜戠夕，其彫年（粹四六〇）。
四、辛子卜，貞，王宦且辛，戠一牛，亡尤（佚五六四）。
五、☐庚辰卜，王☐貞，翌辛子，☐戠于且辛物（粹二五二）。
六、☐百牛，其用于毓且乙，戠（文录三〇七）。
七、戊寅卜，旅貞，王宦大戊戠，亡囚（粹二一一）。
八、貞，弓𢼸戠（續存下二五一）。

以上各条的戠字应讀作膱，均就祭祀时所用的乾肉为言。第一条的大乙膱一牢，膱作动詞用。是說用一牢的乾肉以祭大乙。第二条的其牢又膱，是說祭祀不只用牢而又有乾肉。第三条的弜（讀弗）膱夕，其彫年，膱与夕二字平列。夕通昔，說文訓昔为乾肉，典籍也通作腊。甲骨文言膱，指大牲的牛或牢言之，而昔則指小牲的羊豕言之（詳释夕）。……第八条的弓𢼸膱，𢼸与膱二字平列，𢼸是支解牲体，膱是乾肉。弓𢼸膱即勿𢼸膱。本条的对貞辞已残缺。」（甲骨

文字释林释戠一八二页至一八四页）

胡厚宣　「又一九七三年中国科学院考古研究所在安阳小屯发掘出土有牛胛骨一版，一九七五年曾在全国出土文物汇展中展出，其照片又曾发表在考古一九七五年第三期。骨版上刻有四条卜辞，发掘者以坑位定为武乙时期。卜辞说：

壬寅，贞月又戠，王不于一人祸。一

又祸。一

壬寅，贞月又戠，其又土，尞大牢。一

兹用。

癸卯，贞甲辰尞于土，大牢。一

……四条卜辞，有着连带关系。是占卜一天晚上，月亮的颜色，忽然变赤，殷王武乙害了怕，赶快占卜对他一个人有无灾祸，并贞问在那一天祭祀祖先才能够得到保佑的一套卜辞。「月又戠」汇展说明及考古论文都从旧说以为月食。今按「戠」当读作「埴」，「埴」的意思是赤色。尚书禹贡说，「赤埴坟」，经典释文，「埴」，郑作「戠」。又说，「韦昭音试。」是郑本禹贡及韦昭所据汉书地理志引禹贡「埴」都作「戠」。太平御览卷三十七引尚书禹贡「埴」要作「戠」。孔颖达尚书正义说，「戠埴音义同」。戠者释文说，「徐、郑、王皆读曰熾」。文选蜀都赋李善注引郑尚书注曰「熾赤也。」玉篇广韵戠加土字作𡍮，云：「赤土也。」是戠即埴，埴犹熾，即是赤色的意思。「月又戠」，意思是说这天晚上月亮忽然变成了赤红的颜色。「王」犹言「王曰」。……「土」即是殷代的先公相土。「尞」祭名，意思是烧。「大牢」为一牡牛一牝牛的合称，犹言一对牛或一圈牛。……

古文献中，常常讲到日月颜色变赤，乃是一种灾异现象。如礼斗威仪说，「日月赤，君喜怒无常，雠杀不辜，戮于无罪，不事天地，忽于鬼神。」后汉书五行志说，「事天不谨，则日月赤。」其说到月变色的，如晋书天文志说，「月变色，则有殃。」宋史天文志也说，「月变色为殃，赤兵。」是我国古代人民本来就有月亮变色会有灾殃的一种宗教信仰。」（重论「余一人」问题古文字研究第六辑一九——二一页）

姚孝遂　「自罗振玉释□为「犆」即「[牛戠]」，诸家多从其说。实则□乃戠牛二字合文指赤色之牛而言。犹卜辞「黄牛」或合书作□是一致的。郭沫若先生卜通五三片考释谓「[牛戠]」指牛父，「言[牛戠]犹它辞言犅言牡矣」。此乃误解。卜辞「戠牛」多与「[羊牛]」「勿牛」相对可证。且佚五一八有「戠兕」；佚三九三九、佚四二七均有「白兕」，是亦「戠」当指毛色之确证。李孝定《集释》以为「樴」与「牢」相对，当指特牲，并以牢为「三牲具」作为依据。这种后世使用的概念不符合商代的实际情况。且卜辞「牢」与「羊」、「牛」、「伐」、「羌」均可相对为言，此不足以证明「樴」当为特牲。卜辞牛父概称「牡」，未见有例外。卜辞「戠牛」与「黄牛」、「白牛」、「幽牛」同例，均指毛色言之，《综类》三三五以戠牛二字分书是正确的。」（《殷虚卜辞综述简评》，《古文字研究》第三辑一八四页）

考古所　「戠：祭名。」（《小屯南地甲骨》八三七页）

裘锡圭　「「宾戠」的「戠」，一般认为是祭名。「戠牛」的「戠」，一般读为「犆」（特）。「日有戠」的「戠」，有人读为日食的「食」，有人读为「識」或「痣」，认为是指日中黑子。我们要讨论的是「戠」字的另一种用法。

卜辞里有一种「戠」字，经常出现在用否定词「勿」或「弜」的句子的末尾：

（1）丁丑卜王贞：余勿卒占，余戠。三月。《合》二〇三三三

（2）乙卯卜宾贞：勿步戠。十一月。《合》一六二三〇正

（3）口申卜犾贞：乃勿步戠。《京津》三〇二七

（4）口口卜殻［贞］：王勿出戠。二月。《合》五〇六八

（5）☑王勿出戠。《合》五〇六七

（6）乙亥卜争贞：㞢七月王勿卒入戠。《合》五一六五

（7）贞：王勿卒入戠。《合》一五三五

（8）贞：王勿卒入戠。《合》一六一〇五

（9）庚寅卜：王弜入戠。《京津》三一四五

（10）贞：勿卒归戠。《合》一六一〇一

（11）贞：勿卒归戠。《合》一六一〇二

（12）贞：勿卒归戠。《合》一六一〇三正

（13）贞：勿卒归戠。《合》一六一〇四正

（14）口寅卜王贞：勿卒值戎戠。《合》七二六六

（15）贞：勿卒值戎戠。《合》七二六五

（16）己卯卜王贞：余勿比沚酨戠。《合》三九五〇

（17）贞：勿酒戠。九月。在鯀。《合》八一〇五

（18）癸亥卜王贞：勿酒翌酨于黄尹戠。三月。《合》一九七七一

（19）贞：酒黄尹。
勿卒黄尹戠。{乙五三〇五

（20）翌甲申出（侑？）伐自囲。
「勿」卒出戠。{乙五三〇五

（21）贞：翌丁卯呼子出于丁三牢。
贞：翌丁卯勿出戠。{珠一九

（22）贞：勿戠戠。{零拾一〇九

（23）勿戠戠。{合一六一七二

（24）贞：勿用戠。{合一五二三六

（25）其其退彡日丁帝乍。
弜退戠。{安明二四〇二

（26）贞：勿方（伐？）戠。十一月。{合一五五二四

（27）弜方戠。{人文二三二六（同版尚有「口巳口日戠口酉口田」一辞，其义待考。）

（28）庚申卜口勿卒口戠。十三月。{合一六一〇六

在上引诸辞里，「戠」字之前都有一个带否定词「勿」或「弜」的动词。卜辞否定词「弜」的用法与「勿」相同，见拙作说「弜」。（6）至（8），（10）至（15），以及（19）、（28）等辞，在否定词和动词之间还加上一个「卒」字，似应读为「猝」。（19）的「勿卒」之后缺一个动词，据同版的对贞之辞应是「酒」字，不知是偶然刻漏还是有意省略。（1）在「戠」字前重复主语「余」。（14）（15）「戠」字之前的动词「值」带有宾语「我」。（16）「戠」字之前的动词「比」带有宾语「沚戠」（卜辞中常见的人名）。（18）（19）「戠」字之前的动词「酒」「（19）的「酒」字原缺」，也带有宾语。（18）的「酒」好象还带有双宾语。由此看来，这类卜辞里的「戠」字都应读自成一读，否定词只否定「戠」字前面的动词，而与「戠」无关。

（2）（3）都说「勿步戠」「（3）的弜是人名」，而别的卜辞有说「戠勿步」的：

（29）步。
戠勿步。{甲四七五

（24）说「勿用戠」，而别的卜辞有说「戠弜用」的：

（30）丙申卜：戠弜用麑口衬。{合一五四〇一

这也是「戠」字应该自成一读的证据。格式与（29）（30）相类的卜辞还可以找到一些，例如：

（31）辛丑卜𬋩：戠，弜史（使）人于沚。 库一〇九一正（据李棪北美所见甲骨选粹考释校正，文载香港中文大学中国文化研究学报3卷2期）

（32）辛巳☐贞：余戠，勿☐人。 人文三〇五〇

在以上所引的那些卜辞里，「戠」跟否定词后面的动词显然表示对立的两件事。

此外，还可以看到把某个动词跟加「勿」或「弜」的「戠」字并用的卜辞，例如：

（33）贞：才，勿征戠。 合一五五〇八

（34）弜戠，夕其酒匕牛。 粹四六〇

（35）☐亥（或为「丑」）卜贞：弜戠𠦪辛步。 珠六四四

（33）以「才」与「勿征戠」并提，跟（26）（27）以「勿才」或「弜才」与「戠」并提正好相反。（34）以「弜戠」与「酒」并提，跟（17）等辞以「勿酒」与「戠」并提正好相反。（35）如可读为「弜戠𠦪，辛步」，跟（2）（3）以「勿步」与「戠」并提也是相反的。

还有一条卜辞说：

（36）辛巳卜王：勿呼凿即☐𦉪，令戠。十月。 人文三一四三

这条卜辞里，「勿呼」和「令戠」是属于同一主动者的行为，「勿呼」和「戠」的主动者则不是一个人，情况与上引诸辞不同。但是，这条卜辞的意思可以理解为：「令凿勿即☐𦉪，戠」，所以「戠」字的用法仍应与上引诸辞相同。

在前面引过的各条卜辞里，跟「戠」相对的动词，有「占」、「步」、「出」、「入」、「归」、「徝」、「比」、「酒」、「出」（侑？）、「敦」、「用」、「退」、「才」（伐？）、「使」等字。我们的任务就是要根据「戠」的字音，在古汉语里找出一个在语义上可以跟上列这些词处在正反相对的地位的动词。看来这个动词只能是须待的「待」。

从语音上看，读「戠」为「待」是没有问题的。「待」从「寺」声。古代「寺」声与「直」声相通，「戠」声也与「直」声相通。周官春官小胥「士特县」，释文本「特」作「犆」，注曰：「音特，本亦作特。」谷梁传隐公十一年「犆言」，释文：「（犆）声特，独也。本或作特。」这是「寺」声「直」声相通之证。尚书禹贡「厥土赤埴坟」，释文引郑玄本「埴」作「戠」。考工记弓人郑注读「樴」为「脂膏䐈败之䐈」。仪礼乡射礼郑注谓「膱」字「今文或作䐈」。这是「戠」声「直」声相通之证。所以「戠」和「待」的古音一定很相近。卜辞的「戠牛」，学者多读为「特牛」，其说可信。（江陵望山一号战国楚墓所出竹简，记祭祀用牲之事也提到「戠牛」。楚简有「诸侯举以特牛」之语。卜辞和楚简的「戠牛」（卜辞有时省称为「戠」），都应该读为楚简的「特牛」。特牛是相对于「牢」而言的。参看卜辞通纂五三片考释及李孝定甲骨文字集释。）「戠」既可读为「特」，当然也可读为「待」。

从语义上看，把卜引多辞里的「截」字读为「待」，是很合适的。例如：（4）（5）的「王勿出，截」就是王不要马上出去而先等待一下的意思，（17）的「勿酒，截」就是不要马上举行酒祭而先等待一下的意思。其余多辞可以类推。与「截」相对的动词前面往往加「勿卒（猝）」，意思就是不要急于干某件事，正与后面的「截（待）」字紧相照应。殷墟文字丙编三四至三八号著录了成套的五版同文卜甲，上面有一条卜辞说：「甲辰卜，㱿贞：王勿卒（猝）入，于稽入。」意思就是：王不要马上就进入，等到「稽」的时候再进入。拿它来跟「王勿卒入，截」等辞比较一下，就可以知道把「截」字读为「待」是很合理的。

上引（33）（34）（35）诸辞中，加否定辞的「截」跟不加否定辞的动词并用，读「截」为「待」同样合适。（33）的「徃」是卜辞里的常用字，一般读为「延」。「勿徃截」就是不要继续等待的意思。（35）如读为「弜待奉，奉步」，可以解释为：不要等待举行奉祭，在奉那天就「步」。

卜辞里曾一见「織」字：

（37）☑織用☑受□　京津四三一九

这似乎是为「截」字读为「待」这一假借义而造的专字，可以看作「待」的古体。上引这条卜辞「織」上一字尚存下半。颇似「弜」字残文。如果确是这样，「織」的用法正与上面讨论的「截」字相同，读「截」为「待」就又得到一个有力证据了。

卜辞里有的「截」字的用法，从表面上看似乎与上举多辞中读为「待」的「截」字相类，实际上却可能代表着另一个词。例如：卜辞屡见「又截」之语，因此有些卜辞所说的「弜又截」（甲七四七等）可能是「又截」的否定，不应读为「弜又（侑？），截（待）」。还有一种跟带「勿」或「弜」的「商」（赏）字并用的「截」字，其含义也不易确定：

（38）贞：勿商（赏）㱿由（胄？），截。　合一八五九六

（39）丁丑贞：王弜商（赏）望，其截。　人文二五二九

（40）贞：勿商（赏），截阜。　甲二一二三

分别见于这三条卜辞的㱿、望、阜，都是人名。

（41）叀（意近「唯」）阜截。　合四〇四四

这条卜辞跟上一辞大概是卜问相同事项的，「阜」在此是受事的。以上四条卜辞里的「截」似乎应该是一个词。如果把「截由」读为「待由（胄？）」，显然不易讲通。我们曾经怀疑这个「截」字应该读为假贷的「贷」（「截」、「贷」古音相近），但是总觉得不甚妥帖。究竟应该如何解释，还有待进一步研究。

除了前面举过的例子以外，还有一些卜辞里的「截」字似乎也可以读为「待」。例如：

（43）曰戍戠在之。金四五九

（44）己亥卜：戠妇井于受。

弜戠。京津四三〇二

上引二辞或言“某人戠在之”，或言“戠某人于某地”，读“戠”为“待”，辞义都讲得通。

（45）贞：戠吉辰。六元二三七

（46）于丁卯酒。

戠辛酒。邺三下三八·四

（47）其戠日。

弜已戠日。

（48）弜戠日，其又岁于中己。兹用。前四·四·四

以上诸辞似乎都与选择祭祀日辰有关。古人有时把日子叫做“辰”。仪礼士冠礼“吉月令辰”，郑注：“辰，子丑也。”礼记月令“乃择元辰”，郑注：“元辰盖郊后吉辰（一本作‘亥’）也”。（45）的“吉辰”似当与“令辰”、“元辰”同意。不过，周人所谓“辰”，是据十二地支而言的。从卜辞看，商人选择日子重天干而不重地支，他们所说的“辰”是否也以十二地支为据，还不能十分肯定。“戠吉辰”似乎可以解释为等待好日子。（46）的“戠辛酒”应是等到辛日才举行酒祭的意思。（与此辞同版的卜辞中尚有“戠凳雨”一辞，其义待考。）商人通常选择天干与所祭先人庙号相合的日子举行祭祀，例如在乙日祭祀父乙，在庚日祭祀母庚。（47）“弜已”的“已”是见于（47）（48）的“戠日”，可能就是指等待这种日子而言的。

没有具体意义的虚词……（看中国语言学报一期一八三页）。

此外，还有些卜辞里的“戠”字，也有可能应该读为“待”，但是有的上下文太简单（如：“庚寅卜王：余戠。”合一六二二六　“贞：令口戠。”合一六二二九　“贞：戠。十三月。”合一六二二四　“贞：戠。”合一六二二八），有的辞义不可解，无法进一步讨论，所以这里就不引了。”（说甲骨卜辞中“戠”字的一种用法　庆祝王力先生诞辰八十五周年论文集一六六—一七二页）

胡厚宣说参[亼豆]字条下。

按：徐鍇繫傳謂戠，“職从此，古職字。古之職役皆執干戈”。戠之本義已難明。契文作𢦏、作戜，金文形體已稍譌變作𢦏、作戠，石鼓文作戠，小篆則譌為从音。

陳夢家綜述二四〇頁謂「卜辭戠的用法有三：（1）日戠；（2）『王賓戠』，是祭名；（3）《佚五一八》『隻商戠兕』，假作犆，是戠色牛的專名。日又戠有兩種可能的解釋：一如郭沫若在《粹五五考釋》所推測，以為『戠與食音同，蓋言日蝕之事』；一讀若識誌或痣，乃指日中黑氣或黑子」。「日戠」或「日又戠」乃指日食言之。日斑乃科學進一步發展，人類對自然進一步認識深刻，觀察所得，商代當未能及此。

卜辭「戠」又為人名。「子戠」多見。《乙四八五六》：「帚𠫑子曰戠」。

裘錫圭認為卜辭的某些「戠」字當讀如「待」，其說可信。

2416
𢦏 

严一萍　参𢦏字条

按：契文「𢦏」字或作「[?]」形，从「才」，此倒書作「[?]」，乃其或體，猶「[?]」之或體作「[?]」。

參見「[?]」字條。

2417
𢦏 災 

王国维　「[?]，罗参事释为𢦏，从才从之，於声类一也。」（《戬寿堂所藏殷墟文字考释》第四页）

孙海波　「《说文》：『𢦏，伤也，从戈才声，』卜辞作𢦏[?][?]，第一字从戈才声，与《说文》同；二三两字皆从屮（《博古图》所载穆公鼎𢦏字作[?]与此同）疑即《说文》训草木初生也之屮。屮古音在祭部，才在之部，声近可通。屮本义与才同，才者，草木之初也，与草木之生无别。才孳乳为𢦏采材，才亦孳乳为支，去竹之枝也。再变为斯为析，与材采同意，故𢦏亦可从屮作。作[?]者，知屮[?]为屮者，殷契佚存八四版『贞[?]屮』，『屮即草木之初之屮，与𢦏所从之屮正同。作[?]者，其散变也。」（《卜辞文字小记》，《考古学社社刊》第三期六十頁）

严一萍　「《甲骨文编》卷十二𢦏字，所收约有四体：[?]、[?]、[?]、[?]。《续甲骨文编广之，又有□、□、□、□、□诸体。岛邦男氏殷虚卜辞综类，则区别为：(一)□□分□□、□□两目。(二)□□分□□□两目，及(三)□□、□□，(四)其他，(五)□□多类。以上诸体中，续甲骨文编所收之□，中中之一横系骨纹，原形仍是□。□字从禾，当与戈字有别。此两体应予剔除。岛氏之□方，严格言之，应作□方，其与「□方」连文者亦有分别。故卜辞□字，除「□」形，含义与诸体不同外，其余书写形体不同者，仅是时代之异耳。举例言之：

武丁时作□与□。（作□仅一见，与□同。）

续六·七·五　□弗其□

存一·六一二　□弗其□

粹一〇七一　……卜殻贞吾方允□□

粹一一二〇　丁亥卜亘贞……□□二月

外二八一　其出□

第三期作□、□、□。（作□者，必在句末与「亡」字相连，称「亡□」。仅有佚存二三四〇版作□者，亦用于句中，为例外。此版卜辞，尚待再考。）

甲一九四八　……□□方

人三六〇　贞□其□□

合二四　壬午卜狄贞王其田往来亡□

续六·二五·五　叀甲戌伐又□

第四期作□、□、□、□。

粹三六六　☑方出从北□弗□北□

甲六二二　甲子卜王从东戈□侯□
乙丑卜王从南戈□侯□
丙寅卜王从西戈□侯□
丁卯卜王从北戈□侯□

佚六〇四　甲辰卜雀□□侯
口辰卜□……□雀

拾五·二　辛丑卜王贞□□羌

佚九八八　辛酉贞王往田亡□

第五期作□。

前二·八·五　乙亥卜在□贞王……亚其从□白伐东方不□□在十月又口

组，辞曰：说文𢦏，「伤也」。故见于丙七六·七八之「𢦏方」，仍是伤义。因全版共有对贞两

贞我史其𢦏方

我史弗其𢦏方

贞方其𢦏我史

贞方弗𢦏我史

此以卜辞自证，知「𢦏方」虽连文，并非方国。作「𢦏方」则不然，因在𢦏字之后，知两字不相混。

殷虚甲骨刻辞的语法研究（页十三），亦认为「是不同的两个字」，而以𢦏为「蠢」字；又引郭说「𢦏为从戈，者省声，屠之初字」。于𢦏字则无说。今检卜辞第一期作𢦏，亦或作𢦏。第三期有省中之一横作𢦏者。

王固曰由既三日戊子允既𢦏𢦏方。　乙四七〇一十五一〇六合（丙一三四）

囗囗卜𡆥贞甾化正受出又三旬出囗日戊子幸𢦏𢦏方。　乙二五〇三

王固曰吉𢦏之日允𢦏𢦏方十月。　佮一一八（丙二七三全）

由此三辞，知𢦏为方国之专字。然亦或作𢦏。

贞王往𡴀𢦏至于宾𤕫　乙七六八十七一五八合（丙四〇三）

贞方𢦏围佳帝……作我囚三月。　淦四九六

此方𢦏，亦作方𢦏。

囗丑卜㱿（贞）方𢦏（围）由王囚　铁二六二·三

第三期称「伐𢦏」。

癸丑昌廼伐𢦏不鸩人

癸丑𡆥伐𢦏不鸩　邺三·四四·五

愚意作𢦏者正字，作𢦏者或缘笔误；或是段字，两者必声同字通。自第三期后，又省作𢦏，与「其𢦏」「弗𢦏」同形。而「亡𢦏」「亡𢦏」，与「又𢦏」亦皆同时并用，混然无别。遂使方国专名之𢦏，由𢦏而𢦏，不复见其初形。此即金文「𢦔父丁爵」、「𢦔叔朕鼎」、「叔朕簠」、「𢦔叔庆父鬲」、「衡邑𢦔白匜」、「𢦔止爵」等器作𢦔之所本。金文编戈下曰：「孳乳为𢦔，经典作戴。」说文：「𢦔，故国，在陈留。」段氏注曰：春秋经隐十年，宋人蔡人卫人伐载，三经皆作载。惟谷梁音义曰：载本或作戴。而前志作戴。古载戴同音通用耳。许作𢦔，左氏音义引字林亦作𢦔，吕本许，许所据从邑也。前志云梁国甾故戴国，后志云陈留郡考城故甾。注引陈留志云：古戴国，今河南

卫辉府考城县，县东南五里有考城故城，汉之甾县，古之𢦏国也。甾与𢦏古音同。𢦏古字，甾汉字。许云在陈留者，章帝改名，考城属陈留也。水经注汳水篇曰：陈留，风俗传曰秦之穀县，后遭汉兵起，邑多灾年，故改曰甾县。王莽更名嘉穀。章帝东巡，诏曰菑县名不善，其改曰考城。按莽章帝不达同音谐字之源委，故不能正为𢦏字。而风俗传云秦之穀县，则更无稽之言耳。

说文解字六书疏证曰：

钱大昕曰：𢦏即春秋隐十年经伐戴之戴。严可均曰：『在陈留』疑校语。地理志梁国甾县，故戴国。春秋隐十年伐戴，杜云：今陈留外黄县东南有戴城。释文曰：戴，字林作𢦏。

今检通志堂本释文隐十年经作：『伐載，音再。字林作戴，云故国在陈留。』案𢦏之作甾，犹契文之『七屮』作『七巛』，其来亦远。故郑玄诗笺读俶載为熾菑。是菑載戴皆以声同通假。毛际盛说文解字述谊曰：『汉书五行志「滅戴」师古曰：读者多误为載，故隋室置載州焉。小颜不知𢦏为正字，載戴二字皆段借；而載先于戴，转以戴为正。则𢦏字唐时已废矣』。广韵去声十九代『載，姓。风俗通云：姬姓之后』。又『𢦏，古国名』。路史国名纪丁商氏后：『戴，甾也。今拱之考城有故戴城，初併于郑，楚灭宋曰穀，汉之甾县』。史记靳歙传：『别将击邢说军菑南破之』。集解引徐广曰：『今考城』。前汉翟义传：『诸将东至陈留菑』。孟康曰：『菑，故戴国，在梁。后属陈留，今曰考城』。顾氏春秋大事表列国爵姓及存灭表：

「国」　戴

「爵」　阙

「姓」　子

「始封」　阙

「都」　今河南归德府考城县东南五里考城故城

「存灭」　隐十年见不知何年灭于宋

其爵位阙如，始封或当在殷商之世。其为姬姓抑子姓，於卜辞亦无征。吴其昌金文世族谱列姬姓，盖本风俗通。路史及顾表列子姓，未知孰是。惟其地望则斑斑可考。嘉庆一统志卫辉府曰：

考城县在府东南三百里，东西距五十五里，南北距七十五里。东至山东曹州府曹县界三十五里，西至开封府仪封厅界二十里，南至宁陵县界三十五里，北至直隶大名府長垣县界四十里。东南至商邱县界五十五里，西南至开封府杞县治九十里，东北至曹州府定陶县治九十里，西北至長垣县治一百六十里。春秋戴国，秦置甾县，属碭郡。汉属梁国，后汉改曰考城，属陈留郡。晋初省，寻復置，属济阳郡。后魏孝昌中，改置考阳县，兼置北梁郡。北齐天保七年郡废，改县曰成安。隋开皇十八年，复曰考城，属宋州。大业初，属梁郡。唐武德四年，于县置东梁州；五年州废，属曹州。元和十四年，属宋州。寻復属曹州。五代梁开平元年，改曰戴邑，属开封府。后唐复曰考城。宋崇宁四年，改属拱州。大观四年，还属开封府。金初属曹州。正隆中属睢州。元明因之。本朝属归德府。乾隆四十八年改属卫辉府。民国二十五年裁撤，其辖境东南部划属民权县，余属东仁县。金文𢦏氏八器，约在西周至春秋中叶期间。加邑之𨙸，已见于陈侯因資敦，作𨙸。曰：「𩰫𨙸大慕克成」，则借作语词之「哉」，知𢦏字之作点当在春秋以前。今谱其关系演变如左表：

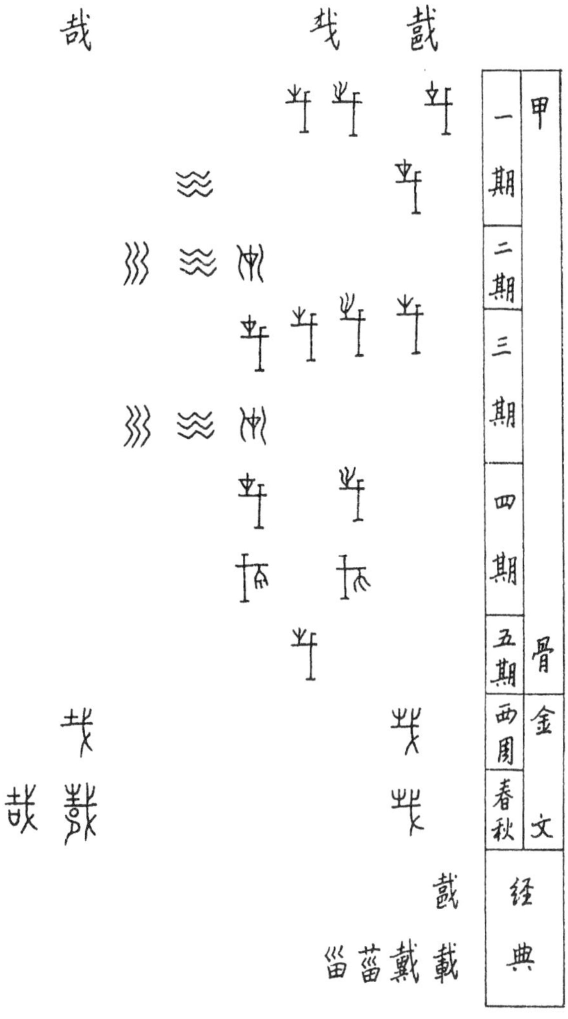

」（释𢦏方 中国文字第八卷第三十三册三四八一——三四八九页）

于省吾 「甲骨文在征伐时言𢦔者习見繁出，今择录数条于下，并略加詮释。

(一)、乙卯卜，争貞，召𢦔罹〇王固曰，吉，𢦔（乙五三九五）。

(二)、其乎戍，御（禦）羌方于義助，𢦔羌方，不喪眾（京都二一四二）。

(三)、貞，猶伐棘（曹），其𢦔（后上一五·一五）。

（四），壬戌卜，伐离，𢦏。□月（京津一三二五）。

（五），☐申弗𢦏周。十二月（鐵二六·一）。

甲骨文于征伐言𢦏，旧均不得其解。說文：『𢦏，伤也。从戈才声。』按𢦏訓伤，伤与『失败』之『败』义训相因。吕氏春秋·君守的『事耳目，深思虑之务败矣』，高注训败为伤。顺民的『内量吾国，不足以伤吴』（越王句践语），分職的『此功名之所以伤』，高注并训伤为败。淮南子·主术的『故一举而不当，终身伤』，高注训伤为病为败。以上是败与伤互训之证。前文所引第一条的『召𢦏罹』，是说召打败了罹方。其称『王固曰，吉，𢦏』，是在王占视卜兆之后言『吉』又言『𢦏』，是说吉祥，能够打败罹方。第二条的『𢦏羞方，不表众』，是说打败羞方，并没有表失众人。以下三条之言𢦏，也同前例。」（墙盘铭文十二解——古文字研究第五辑八頁至九頁）

姚孝遂　肖丁

「卜辞『亡𢦏』、『亡𢦏』、『亡巛』均为『无災』之意。没有区别。但作为𢦏、𢦔、巛诸字之本身而言，其区分则极严格。

『𢦏』为动词，意为征伐或侵犯，故我之军事行动皆可谓之『𢦏』。

丙66：『貞我史其𢦏方？』『貞方其𢦏我史？』

『𢦔』或『巛』均无此等用法。

『𢦔』则用为名词，乃方国名。给118：『王固曰吉，𢦏。之日允𢦏𢦔方。十月』

『𢦔方』为方国名，不得作『𢦏』或『巛』。而且『𢦏𢦔方』足以证明『𢦏』、『𢦔』之区分。

『巛』之初形作『𡿧』、或作『巛』，其作『巛』者，其中部实亦『中』之省体。均作災禍字，无例外。」（小屯南地甲骨考释一八五—一八六頁）

伍仕谦

「甲骨文中有𢦏、𢦔、𣂔、𣃔等字，甲骨文编均释为𢦏，与災害之巛同意。罗振玉、董作賓等俱无異说。今细审例句，𢦏、𢦔二形实非一字。𢦏为方国名，或災害之災，而𢦔、𢦏、𣂔、𣃔诸形，则应释为折。𢦏与巛、巛、𡿧等字之例句：

1 丁未卜贞王往于田亡𡿧（甲二一二三）

2 乙未卜行贞王其田亡巛在二月，在廖（后上一一·三）

3 乙卯卜贞翌日戊王其田亡巛。（甲一九四二）

4 贞王其田亡巛（佚一九七）

5 □子卜貞王其田往来亡災。（甲二七一八）
6 庚午卜王曰貞翌辛未其田往来亡巛，不冓禍，茲用。（京三四五四）
7 乙丑卜卯貞王其田，往来亡巛。（京四五二九）
8 王其田𦎫，亡𢦏。（京四二一〇）
9 壬午卜𢑚貞王其田，往来亡𢦏。（合四）
戊辰卜𢑚貞王其田，往来亡災。（合二四）
10 王固曰叀既三日戊子允既𢦏、𢦏方。（乙四七〇一）
11 王固曰吉𢦏之日，允𢦏𢦏方，十月。（合一一八）

从以上十一例可以看出巛、災等字俱可通用，俱为災害之意。……至于𢦏、𢦔、𢦏、𢦔等字……从以下例句观察，却与𢦏、災字含义不同。例：

1 貞戊弗其𢦏𢀛方（續四·二九·一）
2 辛丑卜賓貞叀羽令以戈人伐𢀛方，𢦏。十三月。（金五二一）
3 辛酉卜殼貞：……疋尼𢦏鼻。（乙四三二七）
4 壬辰卜殼貞雀𢦏祭（乙三五一七）
壬辰卜殼貞雀弗其𢦏祭三月（乙三五一七）
5 貞雀𢦏祭方（南誠三〇）
6 壬子卜殼貞自今日我𢦏𢀛（丙一）
貞自五日我弗其𢦏𢀛（丙一）
7 癸亥卜殼貞我使𢦏缶（丙一）
癸亥卜殼貞我使女其𢦏缶（丙一）
8 癸未卜丙貞子商弗其𢦏基方缶（合一七八）
癸未卜丙貞子商𢦏基方缶（合一七八）
9 辛丑卜殼貞今日子商其基方缶，𢦏。五月。（乙六六九二）
壬寅卜殼貞自今日至于甲辰子商弗其𢦏基方，五月（乙六六九二）
10 从兄告乎往有𢦏（甲一九五一）
11 癸巳卜王其令五侯戌巛……伐，𢦏。（粹一一四九）
12 ……叀㯱犬𢦏，从亡𢦏畢（粹一五六一）

此外还有𢦔、𢦔、𢦏等字，或釋为戈，孙海波釋为𢦏之異文，他说曰声符中倒书，旧释戈非是。

我们认为此字不是𢦏之异文，而与𢦏同为一字。例：

13 ……王𢦏𤞷十二月。（粹一一七七）

14 辛酉卜王嚳壬戌扸。十二月。（寧三·四·三〇）
15 癸丑卜王辜猶，扸。十二月。（鄴三·四〇·五）
16 癸亥卜今夕辜猶，扸。（后下四二·四）
17 甲辰卜雀扸叔疾。（佚六〇四）
18 甲子卜王从東戈，尗疾扸。
乙亥卜王从南戈，尗疾扸。
丙寅卜王从西戈，尗疾扸。
丁卯卜王从北戈，尗疾扸。（甲六二二）
19 癸卯卜其克，扸周。（掇二·一六四）
20 ……方出，从北土，弗扸北土。（粹三六六）

从以上二十个例句分析。释成灾害，似乎不如释「折」之义为長。折，古训有多种意义，言伤害也，断也，截也，死也，《郑风·将仲子》「毋折我树杞」，《笺》「折，言伤害也。」《禮记·祭法》「万物死者皆曰折。」《汉书·五行志》「伤草木曰折」，《仪礼·特牲饋食礼》注：「折俎，節解者皆曰折。」又有曲义，或屈义。《礼·玉藻》「折还中矩」，注：「折，曲也。」《前汉书·武被传》「折节下士」，折之为言屈也。故折有伤害、断截，死亡、曲、屈诸义。《孟子》「为長者折枝」，言为長者曲其肢，行一礼也。引申之则为屈服之义。从此诸义诠释上面的例句，都能解释得很通暢。如以上各句释为灾害，都不如释为屈服確切。同时我们检查卜辞中「往来亡灾」的句子中，从来沒有用𢦏字的。这是从字义方面考察。

再從字形方面去探讨。

甲骨文中有𢦏字，例：

1 在𢦏（人三一三一）

2 ……陟單（前四·八·六）

按《说文》：「折，断也，从斤断草。𣂚，籀文折。」金文中之折字，皆作「折首」之折。如小盂鼎：「𣂚嘼」。不𡢁簋：「𣂚首执讯」。今甲盘：「𣂚首执讯」，皆是。《说文》籀文之𣂚，应即承金文之折。以斤断草为折，以其他武器断草，亦为折，如甲文𢧥（人三〇四三）亦折也。以戈断草亦折也。芉，存其所断之草之上部，扸、𢦏存其所断之下部，皆为折字之異文。」（《甲骨文考释六则》，《古文字研究论文集》，四川大学学报丛刊第十辑八五至八九页）

陈炜湛说参𡿧字条下。

严一萍　參𢦏字条

沈建华说参[卜]字条下。

按：卜辭𡉚、𢦏、巛通用。然亦有別。「𡉚伐」均作𡉚，為動詞。無作𡉚或巛者。方國名作𡉚，為名詞，無作𡉚或巛者。《合一一八辭云：「王固曰吉，𡉚。之日允𡉚𡉚方。十月」。上「𡉚」字動詞，「𡉚方」乃方國名，區分顯然。「𡉚𡉚方」亦見於《乙二五〇三、四七〇一。

但通言災害，則或作「亡𡉚」、「亡𡉚」、「亡巛」，均無別。「𢦏」為从戈才聲，許敬參以會意說之，非是。「才為初生之物」，乃後起之義，不得據此說初形。陳晋以「卜辭假𢦏為栽」為言，謂「版築之事」，乃無稽之談。

語詞「哉」為「𢦏」之孳乳字。

2418

戎　𢦦

羅振玉　「《說文解字》：『戎，兵也。从戈，从甲』。卜辭與古金文从戈从十。十古文甲字。今隸戎字，尚从古文甲，亦古文多存於今隸之一證矣」。（《殷釋》中四十三葉上）

李孝定　「《說文》：『戎，兵也，从戈从甲』。契文正从戈从甲，羅說可从。金氏《續文編》收上出第二形作戎，字从戌从甲，戌亦兵器，當亦戎字。金文作𢦦盂鼎𢦦𢦦不嬰簋𢦦虢季子白盤戎琴生盨𢦦事戎鼎𢦦郘伯御戎鼎」（《集釋》三七五九葉）

考古所　「戎：族邦之名。」（《小屯南地甲骨》九九八頁）

按：釋戎可從。《摭續》一二四《綜類》三四八列入㦰字。

2419

𢦏　災　𡉚　𡉚　𡉚　𡉚

羅振玉　「說文解字：『𢦏，傷也。从戈，才聲』。此从屮从中，乃古文在字。博古圖所載穆公鼎有𢦏字，（非文假為哉字）从屮與此同。卜辭多云『亡𢦏』，猶言無害矣。」（殷釋中六十九葉上）

王襄　「古𢦏字。許說傷也，从戈才聲。屮，古在字通作才。」（類纂正編第十二第五十六葉上）

吳其昌　「㞢者，按：卜辭中，凡『𢦏』字其字體可分三類，絕不紊淆。其第一類字作㞢，乃實為『災』字。卜辭中凡作㞢者，無慮數十百見，其文無一不作『亡㞢』，絕無例外，可覆按也。亡㞢，蓋與『亡州』『亡巛』等耳；此災祇之㞢字也。其第二類字作𢦏，乃實為『哉』字字。卜辭中凡四見『不𢦏哉』之文，（前二、八、五、前四、一八、一、前四、三七、五、林二、二六、五）字皆作𢦏；此外為『正𢦏』（前三、二八、三）『弗𢦏』（前二、八、五）諸文，亦絕無例外，可覆按也。金文中『衰𢦏』字（如減鼎）亦最相近。此語助之哉字也。其第三類字作㞢，與前二類迥不相混。麻按其所啟見之文辭而歸納之，則知其義乃為『至』。如云：『弗㞢𡆥』。（鐵二六、一）『弗其㞢𧊒』。（前六、二六、四）『雀侯弗㞢𠀠』。（前五、九、三）『隹弗其㞢𠕁邑』。（鐵二一三、三）謂『弗至周』『弗至𧊒』『弗至昊』『弗至𠕁邑』也。又云：『㞢𣶃』。（後二、二七、四）『㞢巛方』。（前一、三二、三）『子商㞢基方』。（前五、一三、一）『㞢二邑』。（菁二、一）謂『至于𣶃』『至于巛方』『至于基方』『至于二邑』也。又云：『貞猷伐棘，其㞢』。（後一、一五、一五）者猶宗周鐘言『王𦨶伐，其至』也。如云『口方㞢』。（續五、二六、二）『呂其㞢』。（拾遺四、一四）謂呂寇將至也。『呂允㞢』。（續三、三五、五）『呂方允㞢』（林二、三、三）謂呂寇將至也。『呂方正（征）我口夢，亦（夜）㞢』。（前七、一七、一）謂呂寇夜至也。『呂弗㞢』，（鐵二五七、一）謂呂寇不至也。凡此諸辭之㞢字，必須以『至』義釋之，始可同條而貫也。其在經典，孟子萬章上引伊訓曰：『天誅造攻自牧宮，朕載自亳』亦謂『朕至自亳』也。前一、三一、五云：『弗㞢𤕤』，其義故當為弗至于𤕤地矣。」（殷虛書契解詁第三四四——三四五葉）

張秉权　「卜辭㞢即說文十二下戈部的𢦏字。𢦏，傷也。現在我们把它楷定為『𢦏』字，而把㞢楷定為𢦏，以示分別。『𢦏某方』就是傷害某方的意思；如菁二所說：五日丁酉，允出来嬉自西，沚戛告曰：『土方征于我東啚，（𢦏）二邑。呂方亦侵我西啚田』。出，即有字。啚，即鄙字，是边界的意思。這是沚戛在报告：『土方攻击我们東边的疆土，傷害了二邑。吕方也侵犯了我们西边的田地』。又如《殊》一一八二所說：

囚允出来嬉自西，甾告曰：『囚「吕方」（𢦏）魅，夾，方，相四邑。』像這一类的文例，很多很多，這是不能一一例举，总之，它们都能証明𢦏字的宾語是地名。這里的『我𢦏胄』是『我们傷害胄地』的意思」（《殷虚文字丙編考释》第四頁）

屈萬里 「卜辭：『囚丙伐𢦏，甶囚？』（甲編一二九○）𢦏，於此乃方國之名。乙編四○六九片云：『王固曰：「……之日允𢦏𢦏方」。十三月。』是𢦏亦殷之敵國也。」（《甲編考释》一八二葉）

董作賓 「𢦏字，从戈从中，戈乃兵双足以傷人，又加中聲為之，當為災之後起字。」（《新獲卜辭寫本後記》安陽發掘報告一九一葉）

陳晉 「卜辭假𢦏為栽。《說文》『栽築牆長板』卜辭云𢦏者版築之事也。」（《龜甲文字概論》六十七葉）

孫海波 「𢦔，《甲》二九四八反。𢦏或从屮声。」（《甲骨文編》四九○頁）

饒宗頤 「『𢦔方』殆即戴，《說文》邑部：『戴，故國在陳留。从邑，𢦏聲。』《春秋》字作『戴』。三傳作『戴』。《漢書·地理志》：『梁國留縣，故戴國』。他辭云：『貞：射在𢦏方』。（《瀘室地望》六二）字作『𢦏』。周器有《𢦏叔鬲》。（《愙齋》十七·十五）又殷器有亞文戊爵，亞為國族名，當爾𢦔之省形」（《通考》三○六葉）

李孝定 「《說文》『𢦏傷也从戈才聲』。契文作𢦔者正从戈才聲。或从屮，蓋以屮為聲也。契文火災字作㓛、水巛字作巛、兵𢦏字作𢦔，然每通用無別。金文作𢦔戎甬鼎𢦔戎甬鬲鼎比盨𢦔鼎匕」（《集釋》三七七八葉）

管燮初 「读殷虚甲骨卜辭，读到『王固曰吉，𢦔。之日允𢦔𢦏方，十二月』（乙四○六九）和『王固曰亩既。三日戊子允既，𢦔𢦏方』（乙四七○一）两条，見𢦔（𢦔）𢦏（𢦏）两字用在一起，知道这是两个不同的字，一个从屮（屮）从戈，一个从中（才）从于（戈）。要是同一个字重复，甲骨文一般用重文复号『二』。甲骨文字学者从前是𢦔𢦏不分的。𢦏从戈才声（『才』甲骨文作中或十），就是𢦏伤的𢦏，可以不用多说。𢦔是什么字？我曾经解释过古文『蠢』字。陳邦怀先生提出了批评：『𢦏』管燮初氏谓非戋字。甚是。然不知为何字也。』
陈老先生的批评十分中肯，𢦏释为『蠢』没有充分理由。

……铜器铭文中有戋字。例如：

乌乎哀哉！用天降大丧于二或，亦唯噩侯駿方率南淮尸东尸廣伐南或東或，至于历内。

（禹鼎，見商周金文录遺九九号）

有戋字。例如：

隹周公于征伐东尸丰白尃古，咸𢦏。（塱鼎，見金文历朔疏证卷一·十）

一九七六年冬陕西扶风庄白大队新出土的西周青铜器中也有两篇铭文用𢦏字。例如：

雩武王既𢦏殷，微史剌且廼来见武王。（史墙盘）

上列史墙盘铭文中的𢦏字原文作𢦏，同戋（金文戋）字形近，容易混淆。唐兰、裘锡圭、李仲操三位先生都把它释作戋字。但是同窖出土的另一件铜器的铭文：『雩武王既𢦏殷，微史剌且口来見武王』（瘐钟丙组），句形与史墙盘基本相同，𢦏字作𢦏，很清楚，这不可能是戋字。余拟𢦏是古捷字。西周叀鼎铭文：『王令趞戡東反尸，叀肇从趞征，攻龠无啻，省于人身，孚戈，用作宝尊彝』。两周金文辞大系考释：『戡当是古捷字，魏三字石经春秋残石郑伯捷捷字古文作戡，从木，此从艸，与彼同意。』说文解字：『捷，猎也，军获得也，从手疌声。春秋传曰：齐人来献戎捷。』又：『疌，疾也，从又，又手也，从止屮声。』捷字从屮得声，魏石经古文从戈。𢦏正是从戈屮声，概捷字初文。诗经小雅采薇：『一月三捷』。传曰：『捷，胜也。』甲骨文金文中的𢦏字用胜利或打胜来解释，都能够怡然理顺。」（说𢦏，中国语文一九七八年三期二〇六页）

夏渌「甲骨文编和其它著作，不少把𢦏和𢦏混为一字了。」中国语文一九七八年三期刊登了管燮初同志的说𢦏指出了把𢦏当作𢦏的错误，並且释𢦏为捷。说文：『捷，獵也，军獲得也。从手，疌声。春秋传曰：「齐人來献捷。」』纠正了長期以來甲骨学者将两个不同音义的字当作一字的错误。

这个𢦏字，是许多战争卜辞使用到的关键，不明字义，卜辞内容也无法理解。今就𢦏字的形义解说提出不同看法，请管燮初同志和专家们指正。

以上甲骨文𢦏字，和𢦏字作𢦏是有区别的。𢦏用於战争卜辞，𢦏用于田獵卜辞，也井然区分。从上举甲骨文字形看，它的形文來源是用戈砍断人头或砍断树木之形，它和砍是有音义联

系的，用于战争卜辞中表示「克敌制胜」的含义，疑当读商书西伯戡黎的「西伯既戡黎」的「戡」。古人把敌人脑袋砍下，或者砍下挂在戈上表示胜利是可能的。

戡、𢦏原是一字，声符不同，异体。说文：「戡，刺也。」「𢦏，杀也。」似分为二字。古籍中「西伯既戡黎」一语两种写法都有。汉书五行志孟康注和淮南子许注並云：「𢦏，古戡字。」尔雅释诂：「戡，克也，杀也。」广韵：「戡，胜也，克也。」古汉语中也假龕、堪为戡之。扬子重黎篇：「刘龕南陽。」注：「龕，取也。与戡同。」郭璞尔雅注引商书作「西伯既堪黎」。

与戡字有关的卜辞极为丰富，今列举少数，以明释戡较与古汉语习惯相符合，释捷有些文例读起来不妥切。

一、癸丑卜寺貞：自今至于丁巳，我戡𠂤？王固曰：丁巳我毋其戡，于來甲子戡。旬又一日癸亥，车弗戡，之月㞢甲子允戡。（丙一）

二、癸未卜𣪊貞：旬亡禍？王固曰：有希，其有來艱。迄至七日己丑，允有來艱自西。长戈化告曰：邛方征于我奠。（四日）壬辰，亦有來難自西。𡚩𡿨告曰：「邛方征我奠，戡四邑，亦焚廩三。」（缀一一七）

三、沚戠告曰：土方征于我东鄙，戡二邑，邛方亦侵我西鄙。（菁二）

四、戊戌卜：今一月夷戡？（续五·三〇·五）

戡是克的意思。夷戡，指夷克，被制服；读夷捷，意义相反，指夷战胜。「戡四邑」之类读「捷四邑」也不妥切。（古文字研究第四辑一四七—一四八页）

严一萍「续编三·七·九（簠室九·二二）：

貞由吕方[illegible]伐𢀛

簠室二·六二：

貞射[illegible]𢀛方

貞射[illegible]𢀛方

王襄氏於九·二二版释之曰：

戋即戋方之略称，国名。

今案两版皆非国名。先说簠二·六二条之𢀛方。前于释𢀛方一文中，已证丙七六、七八两版之「𢀛方」非方国，因全版对貞两组，一为：

貞我史其𢀛方

我史弗其𢀛方

另一组为：

贞方其□我史

贞方弗□我史

此处之□乃动词，非名词。今『射矢□方』，词例正与此同。故虽『□方』连文，□字亦为动词，非方国之名也。

簠九·二二条，作看似为『吕方伐□方』，然『伐□』一词亦为卜辞成语，甲八〇七版曰：

戊甲伐□儠方校

『校』，島邦男氏殷虚卜辞综类隶作『大衣』。案同版第五卜尚有一『校』字作□形，甚清晰，胡君释文、甲编考释皆作校，是。屈翼鹏先生並作人名解，果尔，则吕方之□亦可作人名，两者词例正复相同。续存二·三〇〇版曰：

乙未□□贞登三千人乎伐□方□

据此，可知『伐□』者，正与此『伐□方□』之『□』同义。此字西周金文尚沿用之，墾方鼎：『惟周公于征伐东尸豐白尃古咸□』，其非方国甚明。得此证明，前作释□方文中所引第三期卜辞：

癸丑昌廼伐□不鴂人

癸丑□伐□不鴂（邺三·四四·五）

两□字，亦不当作方国解，特此订正。」（□方补释中国文字第八卷第三十四册三五八七—三五九〇页）

考古所 「戈：当為□之异构。」（小屯南地甲骨八五九頁）

許敬參 「𢦏从戈从才，才亦聲，是會意字。說文以為从戈才聲是以之為形聲字，實非。蓋才為初生之物，加之以戈有戕傷之意。戈非能自傷之者，必有人操之，實為人傷之義，故引申為戰争誅戮之𢦏，與水火饑饉施自天然，而字作𢦏者有别。」（存真六十五葉上）

王显 「『𢦏（𢦏、𢦏）』不是形声字，所以它的结构只能解释为：从戈，从屮（艸、木）。会意。意思是用戈这种工具把草丛荆棘去掉。试舒『芟』字来作比較。说文：『芟，刈草也。从艸从殳。』𢦏字所从的屮跟芟字所从的艸是同意的；𢦏字所从的戈，跟芟字所从的殳也是同意的，可以认为它们本是一个字。甲文只有𢦏，没有芟；秦统一文字後，又只有芟，没有戋。这种先后互补的关系，可以认为原是不同时期的写法，即早先写作「戋」，往后才写作「芟」。

说「戋」是「芟」字的古体，不但在字形的解释上能够圆通无碍，而且在语法、语义、语音上也都通得过。

语法上，芟字可以直接带宾语，例如淮南子本经的「芟野莽」，汉书叙传的「夷险芟荒」，文选的「若薙氏之芟草」以及檄吴将校部曲文的「芟敌搴旗」，都是。「芟」的古体既然作「戋」，那么甲文的「戋某方」，金文的「戋殷」，便是合乎规律，源流有自的。

在语义上，古籍中单个的「芟」表示军事进攻的，现能看到的材料，还只有上引文选的「芟敌」一例。但是由芟所构成的词组，大都含有这个意思。例如「芟除寇贼」，「芟夷遗寇」，「芟去无道」，「芟讨暴虐」，「芟刈小民」等等。这些词组所含有的军事进攻的意思，当有一部分是从芟字那里来的。由此可知，单个的「芟」也当有「征伐」、「征服」之类的意思。

……

语音上，……在声母上「𢦏(芟)」跟「捷」字同部位，在韵母上「戴（芟）」跟「捷」字同主元音（谈部跟盍部是相配的，主元音相同，不同的是前者收-m，后者收-p而已），所以从「𢦏」声的「戴」字可以跟「捷」字通假。」（读了「说戋」以后，中国语文一九八〇年二期一三七至一三九页）

严一萍「卜辞𢦏字，除𢀛形含义与诸体不同外，其余书写形体不同者，仅是时代之异耳。举例言之：

贞：我史其𢀛方。

我史弗其𢀛。

贞：方其𢀛我史。

贞：方弗其𢀛我史。（丙七八）

此以卜辞自证，知「𢀛方」虽连文，并非方国。作「𢀜方」则不然，每在𢀛字之后，知两字不相混。……今检卜辞第一期作𢀜，亦或作𢀛。第三期有省中之一横作𢀛者。

王固曰：叀既三日戊子，允既𢀛𢀜方。（乙四七〇一十五〇六合）

口口卜，㱿贞：𠂤化丕受㞢又，三旬㞢口日戊子幸𢀛𢀜方（乙二五〇三）

王固曰：吉。𢀛。之日允𢀛𢀜方。十月（丙二七三（缀合一一八同））

由此三辞，知𢀜为方国之专字，然亦或作𢀛。

武丁时作𢀛与𢀛。（作𢀜仅一见，与𢀛同）。

卩弗其𢦏。《续六·七·五》

贞：卩弗其𢦏。三月《存一·六一二》

囗囗卜，㱿贞：吉方允𢦏□。二月《粹一〇七一》

丁亥卜，亘贞：囗𢦏卩。二月《粹一一二〇》

其出𢦏。《外二八一》

第三期作𢦏、𢦏、𢦏。（作𢦏者，必在句末与「亡」字相连，称「亡𢦏」。仅有《佚存二三四〇》版作𢦏者，亦用於句中为例外。此版卜辞，尚待再考）。

于父甲奉𢦏羌方。《甲一九四八》

贞：□其𢦏□。《京都三六〇》

壬午卜，狄贞：王其田，往来亡𢦏。《缀合二四》

叀甲戌伐，又𢦏。《续六·二五·五》

第四期作𢦏、𢦏、𢦏、𢦏。

囗方出，从北□弗𢦏北□。《粹三六六》

甲子卜，王从东戈□侯𢦏。

乙丑卜，王从南戈□侯𢦏。

丙寅卜，王从西戈□侯𢦏。

丁卯卜，王从北戈□侯𢦏。

甲辰卜，雀𢦏□侯。《甲六二二》

囗辰卜，囗𢦏雀。

辛丑卜王贞：□𢦏羌。《拾五·二》

辛酉贞：王往田，亡𢦏。《佚九八八》

第五期作𢦏。

己亥卜，在□贞：王囗亚其从□白伐东方不□𢦏。在十月又囗。《前二·八·五》

《说文》：「𢦏，伤也」。故见于《丙七六·八七》之「𢦏方」，仍是伤义。因全版共有对贞两组，辞曰：

贞：我史其𢦏方。

我史弗其𢦏方。

贞：方其𢦏我史。

贞：方弗𢦏我史。《丙七六》

贞：王往□𢦏至于□□《乙七六八十七一五八合（丙四〇三）》

贞：方𢀛围，隹帝□乍我囚。　三月　金四九六

此方𢀛，亦作方𢀛。当是𢀛方之倒。

□丑卜，殻（贞）：方𢀛（围）叀王囗　铁二六二·三

第三期称「伐𢀛」。

癸丑昌延伐𢀛，不鴸人。

癸丑昌伐𢀛，不鴸。　邺三·四四·五

愚意作𢀛者正字，作𢀛者或缘笔误，或是假字，两者必声同字通。自第三期后，又省作𢀛，与「其𢀛」「弗𢀛」同形。而「亡𢀛」「亡巛」「又𢀛」亦皆同时并用，混然无别。遂使方国专名之𢀛由𢀛而𢀛，不复见其初形。此即金文「𢀛父丁爵」、「𢀛叔朕鼎」、「叔朕簠」、「𢀛叔庆父鬲」、「衛邑𢀛白匜」、「𢀛生爵」等器作𢀛之所本。金文编𢦏下曰：「孳乳为戴，经典作戴」。说文：「𢦏，故国在陈留」。」（释𢀛方，甲骨古文字研究第一辑二八三至二八九页）

陈炜湛　「征伐璞循𦎫：这是一组关于征伐战争的同义词。……甲骨文还有一𢦏字作𢀛或𢀛，与从屮之𢀛形似而有别，用法亦异，管燮初曾释蠢，后改释捷，王显释芟，均有未安。案此字所从之与等字之所从相仿，其非后世之屮至为明显，疑乃人之头发形，以喻人首。杀敌取首级，缚之于戈，得胜之徵也。此字究为何字，尚难肯定，目前只知其在卜辞中多含伤害义，常用于征伐卜辞，似表征伐之结果，与征伐义近而略异。例如：

贞：戍弗其𢦏湔方？（续四·二九·一）

戍其𢦏？戍弗其𢦏？（续存一·六一二）

己巳卜，殻贞：吾方弗允𢦏戍？（前七·八·一）

贞：伐吾方，𢦏？（粹一〇七五）

王固曰：吉，𢦏。之日允𢦏戈方。十月。（殷缀一一八）

王固曰：叀既。三日戊子允既，𢦏戈方。（乙四七〇一，丙一三四）

土方征于我东啚，𢦏二邑。（菁二）

叀甲戌伐，又𢦏？（续六·二五·五）

度其辞意，颇有征伐而获胜之意。粹一〇七五贞伐吾方，问能否克之；殷缀一一八，乙四七〇一（丙一三四）占辞曰吉，能胜，验辞则记果然打败了戈方。菁二，续六·二五·五𢦏与征、伐共见一辞，其为战争结果之记录，尤为明显。亦有𦎫𢦏並用者，如合集七六七〇，七六七一，六八六七，缀二〇六，乙六六七一等，张政烺先生认为「𦎫和𢦏是征伐过程中的两个步骤，𦎫

是前奏，𢦏是结果。』张氏又说：『征、伐、𦰩、𢦏都是动词，其行为都和战争有关，而字的含义却不一样。征伐都是大事，𦰩前有时加一大字，说明问题也不小。𢦏字在卜辞中常单用（给集七六七〇至七七三三片），但是未见先言𢦏而后言征伐或𦰩者。盖𢦏属于战争的细节，行动比较具体，征伐𦰩是前提，𢦏见成果。』所言极是。」（甲骨文同义词研究古文字学论集初编一三九——一四〇页）

姚孝遂

「『𢦏』和『𢦏』都可用作災祸之災。卜辞晚期则统一作『巛』。此为其『同』。但方国名则只作『𢦏』，不能作『𢦏』；用作征伐义时（或释『截』），则只作『𢦏』，而不得作『𢦏』，此为其『异』。二者之间，不属于衍生的关系。」（再论古汉字的性质古文字研究第十七辑三一六页）

单周尧

「在说𢦏一文中，管先生则把𢦏释作『捷』字，原因是魏三字石经春秋残石郑伯捷的捷字古文作戠，从戈；另一方面，捷从手疌声，疌从止屮声，因此捷字可说是从屮得声。而𢦏正是从戈屮声，义符跟魏石经捷字的古文相同，声符也跟捷字有密切关系。于是管先生认为𢦏是捷字的初文。

问题是魏石经捷字的古文并不是真正的捷字。只不过是戠字的假借，这一点王国维、孙海波、商承祚诸先生都曾经说过，可说已成定论。因此，管先生整个看法的根据就不大可靠了。

再看看甲骨文的𢦏字，在大多数情况下，用法跟征、伐等字很接近。例如：

囗卜，㱿贞：吕方允𢦏戊？ 粹一〇七一

己巳卜，㱿贞：吕方弗允𢦏戊？ 前七·八·一

戊戌卜，㱿贞：戊𢦏湔方？ 续四·二九·一

壬午卜，㱿贞：亘弗𢦏鼓？ 乙四六八四

在这些句子中，似乎都可以把𢦏解作侵害，那就是找伤的引申。当然所谓『侵害』不一定含有贬义。倘若把𢦏释作捷，读来反觉不大通顺，在古籍中实在找不到把捷用作及物动词的例子。而且，在某些情况下，𢦏字很明显不宜释作『捷』。……『𢦏二邑』，如果解释为『侵害二邑』，便文义畅顺；如果释作『捷二邑』，便诘曲难通了。又如：

甲辰卜，王：𢀛弗𢦏朕史（使）？二月。 前四·四·七

这个『𢦏』也只宜解作『伤害』，而不宜释作『捷』。

『亡𢦏』一辞，卜辞屡见，绝大多数作找，但也有一些作𢦏。在戬一一·六，粹一一五三，佚五〇六中，尚可以找到作𢦏的例子。这反映出𢦏与找本来是一个字，不过到了商代，已开始

有名自特定的意义和用法，𢦏多用作动词，戋则用作名词，已分化作两个字了。但无论『侵害』、『伤害』、『灾害』，都跟戋伤的意思有关。这跟亯字分化为享、亨、烹三字有点相似。总之，在大多数情况下，甲骨文中的𢦏与戋用法截然不相混。但若追溯其字源，则是同一字的分化。甲骨文的𢦏字仍当读作『戋』，不应读作『捷』。」（甲骨文中的𢦏与𢦏，中国语文一九八〇年二期一四〇至一四一）

刘信芳 「『𢦔』就是甲骨卜辞的『𢦏』，要說明这个问题，先得弄清楚『𢦏』的具体含义。卜辞中有：

例一，無弗𢦏䆒。（甲骨文合集七〇一一）

例二，𠂤其𢦏蚰。（甲骨文合集七〇〇〇九）

例三，𢀛𢦏𢍰。（甲骨文合集七〇一五）

例四，丙子卜，𢀛𢦏𡘲。（甲骨文合集七〇一七）

金文中亦有『𢦏』：

例五，粤武王既𢦏殷，微史刺祖乃来見武王。（牆盘、瘐钟铭文。見陕西扶风庄白一号西周青銅器窖藏发掘简报，文物一九七八年第三期）

下面就卜辞中、金文中的『𢦏』字分析干次：

『𢦏』的具体内涵：

第一，『𢦏』为祭祀活动。例五提到的『𢦏殷』，可以在古籍中找到相关的記載。例六：周礼肆师『类造上帝，封于大神，祭兵于山川。』郑注：『牧之野，武王之大事也。既事而退，祡於上帝，祈于社，設奠於牧室。』例五、例六所記为同一史事，可見『𢦏』即『造』、『祡』、『祈』、『奠』之类的祭祀活动。

第二，『𢦏』与征伐有关。

例七：□卯卜，叀□寅征人，𢦏。（甲骨文合集六四六四）

例八：：土方征于我東鄙，𢦏二邑。（甲骨文合集六〇五七）

例九：壬戌卜，代𢀛，𢦏，二月。（甲骨文合集六五八四）

其中例七記征人，于出征前舉行『𢦏』仪，誓軍出师；例八記被征，意思是集合二　的軍隊舉行『造』、『祡』之类的仪式，准备应敌。例九記讨伐宅國前的舉动。

第三，舉行『𢦏』的条件，在例一至例四中，『𢦏』都是动詞，其后『䆒』、『蚰』、『𢍰』、『𡘲』等非地名即国名。若为地名，则为举行『戋』仪的处所，若为国名，则为『戋』仪的对象，二者必居其一。还可以看出『戋』仪有两种形式：一为告庙出师，如例七；一为取胜后庆功，如例五『戋殷』，就是战胜殷以后祡祭庆功的活动。鄂君啟節中『王居於蕺郢之游宫』，就和大胜晋师以后的祡祭庆功有关。

第四，『戋』所需要的时间。

例十：

壬寅卜，殻，貞：子商不笞戋基方。

曰：子商于乙韋。

貞：自今壬寅至于甲辰，子商戋基方。

甲辰卜，殻，貞：羽乙巳曰：子商韋，至于丁未戋。」（甲骨文合集六五七一）

壬寅至甲辰是三天，甲辰至丁未也是三天。

例十一，礼记祀器『齐人将有事于泰山，必先有事于配林，三月繫，七日戒，三日宿，慎之至也。』

這一例所記的时代远后于甲骨卜辞，但举行祭祀活动所需的时间相去不远，『戋』、『戒』二字字形、读音相近，其仪式的内容又如此近似，這是值得特别重視之点。下面就談談這个问题。

『戋』与『戒』的比較。

对於卜辞之『戋』，各家释读纷纭，有『蠢』、『屠』、『勦』、『捷』、『芟』等种种解释，都不能包括上文所分析的『戋』的内涵。古书中，唯有『戒』的有关记载与『戋』类似。

首先看字形上的联系：

例十二，周晚期禹作『戒』（三代吉金文存九、一九）

例十三，周晚期戒叔尊作『戒』（三代吉金文存一一、二三）

『戒』說文：『从廾、戈，持戈以戒不虞。』『廾』字說文亦有专门解说：『廾，竦手也。从𠂇、又。』段注：『谓竦其两手以有所奉也。』

由上引可以看出，『戒』的字形是两手持戈，而金文『戋』字则是戈旁有一隻手揮舞。『戋』、『戒』二字的含义在本质上相同的，只是因为历代祭祀的方式不同，内容不同的写法而已。這一点下文将联系『蕺』字作进一步的分析。

其次，对『戒』的内涵可作如下归纳：

第一，『戒』为祭祀活动。

例十四，孟子梁惠王（下）『晏子对曰：……先王无流連之乐，荒亡之行，惟君所行也。

畏公說，大戒于國，出舍于郊，於是始興發，補不足。『郊』是举行郊祀的地方。既将『大戒于國』和『出舍于郊』联系在一起，那么上文中的『戒』应当同祭祀有关。

第二，『戒』与征伐有关。

例十五，詩小雅采薇『豈不日戒』，箋：『戒，警勑軍事也。』

第三，举行『戒』的条件。

例十六，詩商頌烈祖『亦有和羹，既戒既平，鬷假無言，時靡有爭，綏我眉寿，黄耇无疆。』『和羹』为祭祀用物，『綏我眉寿，黄耇无疆』为祭祀用语。毛傳，『戒，至也。』這是音訓，是指胜利后举行庆功典礼，至廟告祖，从此天下太平无事。

第四，『戒』所需要的时间。

由第十一例可以看出，『七日戒』，与『𢦔』所需时间相去不远。『𢦔』与『戒』比較，不难得出结论，『𢦔』与『戒』同为告祭活动，『戒』即源于『𢦔』。（释𢦔郢，江漢考古一九八七年第一期七八——八〇頁）

張政烺「甲骨文有𢀛，学者皆释为𢦏。說文：𢦏，傷也；从戈，才声。

段玉裁注：傷者，刃也。此篆与裁菑音同而义相近，谓受刃也。

段注是，卜辞𢦏多用为災字。甲骨文又有𢀛字，其中的一部分是𢀛缺刻上面一小横画，极为明显，如

王叀孟田省，亡𢀛。戩寿堂所藏殷虚文字一一·七

王國维释这个𢀛为𢦏，是也。过去，学者把它全部都释为𢦏，以至于𢦔𢦏混同无别（见甲骨文编一九三四年版卷一二，一二至一三页），后来则分成两类，也就是把𢦔当作𢦏的异体字（见甲骨文编一九六五年版卷一二，一五至一六页），不认为有音义不同的问题。五十年代初期，管燮初作殷虚甲骨刻辞的语法研究首先把𢦔和𢦏区别为两个字，根据是殷虚文字乙编四〇六九片：

王固曰：吉，𢀛。之日允𢀛𢀛方。十二月。 甲骨文合集（以下简称集）六四九和四七〇一片：

王固曰：叀既。三日戊子，允既，𢀛𢀛方。 集六六四八

『两辞中𢦔𢦏用在一起，很明显这两字是不同的』。……

戋在卜辞中常出现，不少于一百次。戋在金文中仅三见，即墙盘、𤼈钟及𡘆鼎（即周公东征鼎）。墙盘、𤼈钟都有下面引的这样一句：

粤武王既戋殷，微史刺祖乃来见武王。　　文物一九七八年第三期一二及一四页

这是讲周武王伐纣的事，戋字这样用法卜辞中常见，如：

……串弗戋周。十二月。　　集六八二五

口口卜，殻，贞：缶其戋雀。　　集六九八九

串、周、缶、雀都是国或族名，互相攻伐，事正相类，说明戋字在金文中和在卜辞中是一致的。……需要解决戋字问题，……首先考查𡘆鼎，其铭文曰：

唯周公于征伐东尸（夷），豐白尃古咸戋。　　旧金山亚细亚艺术博物馆古代中国青铜容器图版三〇及拓本三九

「咸戋」在卜辞中曾见过（集六九〇二、六九〇三、七〇二〇、七〇二一片），这也说明甲骨文金文的一致性。……尃古即薄姑，亦作蒲姑。……这个尃字，以及金文中的一切尃字，写作𤰈（见金文编卷三，三二页），上部作甾，与说文稍有不同。……金文尃字上部作甾，既不从用，也不从父。𡘆鼎有尃字，又有戋字，两个字上部相同，都从丫，当是声符，因此推想戋和尃读音相同。戋从戈丫声，丫的形象仓猝不易确定，按照说文的习惯假定为尃省声。事有极巧的，那就是在周代中期以后的金文中竟有从戈尃声不省的字。不𡢁簋：

我大同从追汝，汝及戎大𦎧戟。汝休，弗以我車函（陷）于𩁹。　　两周金文辞大系图录考释录编八九页

戟字从戈尃声，疑即戋之繁体。……虢季子白盘铭文有：

搏伐猃狁，于洛之阳。

搏，从手，尃声。从手与从戈同意，搏与戟当是一个字，容庚金文编（卷一二，七页）以为二者皆是搏字异体。按广雅释诂三：「搏，击也」。……

把甲骨金文的戋和上举金文戟搏的例句比较一下，可见其用法非常相似，今分别举例说明于下。

墙盘、𤼈钟「粤武王既戋殷」，戋字这样用法卜辞常见，如：

無弗戋𢦏。　　集七〇〇二

□其戋蚰。　　集七〇〇九

□戋𢦏。　　集七〇一五

丙子卜，□戋□。　　集七〇一七

在这些卜辞中，戋是及物动词，后面皆有宾词，𢧢簋「搏戎𢦏（胡）」的搏字用法完全相同。

䢅鼎「唯周公于征伐東尸(夷)，豐白、尃古咸𢦏」，这里先言征伐，后言𢦏，卜辞则征伐二字分用，或言征𢦏，或言伐𢦏。言征𢦏如：

□□卜，宕，贞：我其征𢦏。　殷虚文字乙编(以下简称乙)七七五一

□卯卜：叀□寅征人，𢦏。　集六四六四

丁酉卜：令奚征𢀛，𢦏。　集六五六一

贞呼征吾方。　允𢦏。　集六三〇八

……土方征于我东鄙，𢦏二邑吾方亦侵我西鄙田。　集六〇五七正

「土方征于我」东鄙，𢦏二邑。　集六〇五七反

……征我奠，𢦏四「邑」。　簠室殷契徵文地理三三

这里𢦏字后面有的有宾词，有的无宾词，无宾词的是省略了。再看伐𢦏：

贞叀吾方𢀛伐，𢦏。　集六三四三

甲辰卜，……叀帚姘「令」伐龍，𢦏。　集六五八四

壬戌卜：伐雨，𢦏，二月。　集六八五四

允伐，𢦏。　集七〇三九

□□「卜」，亘，贞：戊其伐𢀛方，𢦏。

贞戊弗其𢦏𢀛。　集六五六七

奚伐𢀛，𢦏。　集六五六二

癸未「卜」：令奚伐𢀛，入亡不若，允𢦏。　集六五六四

贞伐吾方，𢦏。　集六二八二

癸巳卜：王其令五族戍𢀛，……伐𢦏。　殷契粹编一一四九

在这些卜辞中，先说伐，而𢦏是结束语，和䢅鼎说「咸𢦏」相似。𢦏后皆无宾词，自然是省略了。㦰簋先说对戎胡战争，俘虏一些人、缴获许多东西，接着说「卒搏」，搏后亦无宾词，和这些卜辞相同。

不𡢁簋「汝及戎大𦎫戟」，大是副词，加在动词𦎫前，体现𦎫的规模，这种句子卜辞中也有，如：

戊子，其大𦎫。　集七六六六

車其大𦎫𡵂。　集六八四三

車和𡵂是族名。大是说明𦎫的状况的。𦎫𢦏二字常在一条卜辞中出现，如：

丙辰卜：𦎫𢦏。　集七六七〇

𦎫𢦏。　集七六七一

丁酉卜，殼，贞：王叀乙辜缶，𢦏。三月。《集》六八六七

辛丑卜：王叀桑辜，𢦏。《殷虚文字甲編》二〇六

……辜𢦏獰。不其𢦏。《乙》六六七一

壬寅卜，殼，贞：子商不𢦏基方。

曰：子商于乙辜。

贞自今壬寅至于甲辰，子商𢦏基方。

甲辰卜，殼，贞：羽乙巳曰：子商辜，至于丁未𢦏。《集》六五七一

这些例句和不㝬簋的「辜戟」是一致的。从最后这片卜辞看，辜和𢦏是征伐过程中的两个步骤，辜是前奏，𢦏是结果。

以上列举了一些征𢦏、伐𢦏或辜𢦏二字同在一条卜辞中出现的例子。征、伐、辜、𢦏都是动词，其行为都和战争有关，而字的含义却不一样。征伐都是大了，辜前有时加一大字，说明问题也不小。𢦏字在卜辞中常单用（《集》七六七〇至七七三三片），但是未见先言𢦏而后言征伐或辜者，盖𢦏属于战争的细节，行动比较具体。征伐辜是前提，𢦏是成果。

最后賸下的一个问题是，虢季子白盘的「博伐」在卜辞中找不到。《诗·出车》「赫赫南仲，薄伐西戎」，又《六月》「薄伐𤞤狁，以奏膚公」，「薄伐𤞤狁，至于太原」，可见博（薄）和伐两个字已连结在一起成为一个词。金文𢦏钟「𢦏伐氒（厥）都」，兮甲盘「则即井𢦏伐」，学者说𢦏伐、𢦏伐即博伐（见方濬益《缀遗斋彝器考释》卷七，虢季子白盘），当是可信的。这些都是西周后半期的文献，去卜辞已数百年。这六处博伐都是对异族侵略者讲的，必然带有狠毒的口气，可能就是把卜辞的伐𢦏二字倒转过来，以加重语意。正如学者们说的《诗·常武》「铺敦淮濆」，铺敦即辜戟之倒文」，这关系到语言文字的特点（像单音语，方块字等）和习惯问题，古代汉语中也确实有些类似的例子，这里就不想多扯了。

根据以上引用的许多材料，我们可以较多地理解甲骨金文中𢦏字的音义和用法，但是要找一个现代通行的字直接说𢦏是某字的初文却还有一定的困难，在这种情况下只好沿袭《金文编》把戟博当成搏字的办法，也读为搏。」（《释𢦏》《古文字研究》第六辑一三三——一四〇页）

劉釗「卜辞「𢦏」字皆用於征伐战争，而「𢦏」字则和「巛」、「𡿧」、「災」相近，多用於田猎往来之辞。𢦏方之「𢦏」祇作「𢦏」，决不作「𢦏」。卜辞「𢦏」字多接在「正」、「伐」、「辜」等动词后。「正」、「伐」、「辜」为征伐行动，「𢦏」则为征伐行动的结果，表示征伐后的状态，指给征伐对象造成伤亡和损失而言。卜辞殷与方國皆可言「𢦏」。」（《卜辞所見殷代的軍事活动》，《古文字研究》十六輯一二八页）

「𢦏」亦當讀為「敗」，古施受本無別。

按：字可隸作「𢦏」與「𢦒」有別，而皆與「巛」通用。卜辭「亡巛」、「亡𢦒」、「亡𢦏」同義。至於與征伐有關之「𢦏」，于先生讀為「敗」是正確的，於卜辭皆能通讀：「敗」既可為「敗北」，亦可為「毀壞」，卜辭兼用此二義。合集六〇五七正辭云：「土方征于我東啚，𢦏二邑」，「𢦏二邑」意為毀壞二邑。至於「敗北」之義，于先生已詳論之。張政烺將卜辭與金文相比較，深入探討其形、音、義及語法之相互聯繫，實足發人深思。唯牆盤、𤼈鐘等所載「武王既𢦏殷」，「𢦏」亦當讀為「敗」，古施受本無別。

2420

𢦏 

柯昌濟　「𢦏疑為戡字，尚書有西伯戡黎篇目。」（殷墟卜辞綜类例证考释，古文字研究十六輯一四七頁）

孫海波　「𢦏，佚六〇四。此戈之异文。將戈之声符中字倒书，旧释戈，非是。甲辰卜，雀戈𢀛侯。」（甲骨文编四九一頁）

孙海波　「𢦏，𢶡二四七。疑戈字。」（甲骨文编九四二頁）

孙海波　「𢦏，㐅六五三三。疑戒字。」（甲骨文编九四九頁）

考古所　「𢦏：罗振玉释戈（《增考》中四六頁），恐非。从此字在卜辞中的用法看，与戈相同，义与征、伐相近。」（小屯南地甲骨八三六頁）

伍士謙　「至于𢦏、𢦏、𢦏、𢦏、等字，罗振玉仍以為『从才从中，乃古文在字』，甲骨文编因之。但从以下例句观察，却与𢦏、巛字含意不同。例：

1、貞戉弗其𢦏𢀛方（續四·二九·一）

2、辛丑卜賓貞叀羽令以戈人伐𢀛方，𢦏。十三月。（涂五二二一）

3、辛酉卜殻貞：……正尼𢦏異。（乙四三二七）

4、壬辰卜殻貞雀𢦏祭（乙三五一七）

壬辰卜㱿貞雀弗其𢦏祭三月（乙三五一七）

5．貞雀𢦏祭方（南誠三〇）

6、壬子卜𡧊貞自今日我𢦏㽙（丙一一）

貞自五日我弗其𢦏㽙（丙一一）

7、癸亥卜㱿貞我使𢦏缶（丙一一）

癸亥卜㱿貞我使女其𢦏缶（丙一一）

8、癸未卜丙貞子商弗其𢦏基方缶（合一七八）

癸未卜丙貞子商𢦏基方缶（合一七八）

9．辛丑卜㱿貞今日子商其𢦏基方缶，𢦏。五月（乙六六九二）

壬寅卜㱿貞自今日至于甲辰子商弗其𢦏基方，五月（乙六六九二）

10、从兄告乎往有𢦏．（押一九五一）

11、癸巳卜王其令五族戍𢦏……伐，𢦏．（粹一一四九）

12．……叀𨚕犬𢦏从𢇛𢦏畢．（粹一五六一）

此外还有𢦔、𢦔、𢦔、等字，或释為戈，孫海波释為戋之異文，他說『声符中倒书，旧释戈，非是．』我们认為此字不是戋之異文，而与𢦏同為一字。例：

13．……王𢦏𢦏十二月．（粹一一七七）

14、辛酉卜王𢦏壬戌𢦔．十二月．（𡨄三．四三〇）

15．癸丑卜王𢦏𢦏，𢦔．十二月．（邺三．四〇．五）

16．癸亥卜令夕𢦏𢦏，𢦔．（后下四二．四）

17．甲辰卜雀𢦔𢦏侯．（佚六〇四）

18、甲子卜王从東戈，𢦏侯𢦔．

乙亥卜王从南戈，𢦏侯𢦔．

丙寅卜王从西戈，𢦏侯𢦔．

丁卯卜王从北戈，𢦏侯𢦔．（押六二二）

19、癸卯卜其克，𢦔周．

20……方出，从北土，弗𢦔北土．（粹三六六）

从以上二十个例句分析。释成災害，似乎不如释『折』之义為長。折，古訓有多种意义，言伤害也，断也，截也，死也，《郑風·将仲子》『毋折我树杞』。《笺》『折，言伤害也。』《礼记·祭法》『万物死者皆曰折。』《汉书·五行志》『傷草木曰折。』《仪礼·特牲馈食礼》注：『折俎，節解者皆曰折。』又有曲义，或屈义。《礼·玉藻》『折还中矩』。注，折，曲也。《前汉书·伍被傳『折節下士』折之為言屈也。故折有傷害，斷截，死亡，曲，屈諸义，孟子『為長者折枝』言為長者曲其肢，行一禮也。引申之則為屈服之意。以此諸義詮釋上面的例句，都能解釋得很通暢。如以上各句，釋為災害，都不如釋為屈服確切。同時，我們檢查卜辭中，『往來亡災』的句子中，从来沒有用𣂑或𣂑字的，這是从字义方面考察。

再从字形方面去探討。

甲骨文中有𣂑字，例：

(1)、在𣂑。（人三一三一）

(2)、……𣂑暈。（前四、八、六）

按說文『折斷也，从斤斷草。𣂑籀文折。』金文中之折字，皆作『折首』之折。如小盂鼎『折嘼』，不𡢁簋『折首執訊』。兮甲盤『折首執訊』皆是。說文籀文之𣂑，應即承金文之折。以斤斷草為折，以其他武器，亦為折，如甲文𣂑（人三〇四三）亦折也。以戈斷草亦折也。𣂑，存其所斷之草之上部𣂑、𣂑，存斷草之下部，皆為折字之異文。」（甲骨文考釋六則 古文字研究論文集八六頁至八九頁）

严一萍说参𣂑字条下。

按：此均為「𣂑」之異構。參見「𣂑」字條。

2421

⿹戈爻 ⿹戈爻

按：「⿹戈爻」从「戈」从「爻」，在卜辭為地名。

2422

⿹戈百 ⿹戈百 ⿹戈百 ⿹戈百

孫詒讓 「此从戈从百，當為⿹戈百字。說文戈部戛，戟也。从戈百，讀若棘。是也。」（舉例下八葉下）

于省吾 「余疑⿹戈百即傅說」。（駢續十三葉下）

郭沫若謂㦰乃沚國之長名𢦏者。（中國古代社會研究）

郭沫若 「㦰人名，習見。孫詒讓釋𢦏，近是」。（卜通一〇九葉下）

林泰輔釋馘。（龜甲獸骨文字卷一抄釋三葉上）

吳其昌 「癸未貞，今日命𢦏步」者，「𢦏」實為「㞢𢦏」之簡稱。「㞢𢦏」，武丁時之名將，武丁屢倚之伐土方，及呂方，殆與「侯虎」齊名者也。所以知者，書契菁華之巨骨文曰：「癸巳卜㱿貞，旬亡囚。王固曰：㞢求！其㞢來嬄，三至。五日，丁酉，允㞢来嬄自西。㞢𢦏告曰土方征于我東啚，𢦏二邑。呂方亦牧我西啚田。……一、二」據此可知沚㞢𢦏之封土介于土方與呂方之間而為殷室西陲之外藩矣。因沚之封域，與土呂二方鄰接之故，以致二寇時入，則沚𢦏必先受其兵，故武丁征土呂二寇，沚𢦏亦幾于靡役不從也。卜辭中所殘留之史料除上述精華之巨片外，載記沚𢦏从伐土方之文，如云：「乙卯卜㱿貞，㞢㦰爯冊，王从伐土方，受㞢右」。續三、一〇、二 又云：「戊午卜宕貞，王从㞢㦰伐土方，受㞢因」。佚一一七、六，又云：「貞今从掃伐土方」。續三、九、四 又云：「丁巳卜㱿貞，王叀，㞢掃从伐囗方」。續六、一六、七 「叀」亦擊也。詳前疏 此皆王伐土方而从沚𢦏，殆沚𢦏為王師之前導也。至于伐呂方之史料，則如云：「……貞，㦰啟……王其㚔……呂方」。林二、八、一二 又云：「囗囗卜㱿貞，㞢㦰爯冊，王从……伐呂方·先其囗……」。前七、二七、一 又云：「……囚㦰爯冊，王从，伐呂方。……𦎫……」；續三、五、五「𦎫」即此后宗周鐘「王𦎫伐其至」；不𡢁毀「女及戎大𦎫戟」之「𦎫」；亦即詩常武「鋪敦淮濆」及魯頌「敦商之旅」之「𦎫」也。據此則武丁伐呂方，亦每以沚𢦏為先導也。又據其他卜辭，則似武丁每有所征討，沚𢦏必以，初非征二寇始然，如云：「壬辰卜㱿貞，王叀，㞢掃从」。前七、四、三，可見。馴至遇有巡省，亦復輒隨王後，如云：「王从㦰，貞今王循省土方」。前七、七、四，是也。則沚𢦏為武丁時震代名將，可以概見。至其與侯虎名位齊等，則可由卜辭中有云：「貞叀，侯虎从。貞叀，㞢㦰从」。林三七五、者見之。此沚𢦏一生傳行功烈之概略也。本片乃云：「今日命𢦏步」與前編六、八、三、又一片云：「己卯卜貞，命㞢㦰步，七月」者，文法絕同；時間又同在七月，當亦記一時之事也。此片時代，當在殷之末葉，而沚𢦏為武丁時人，此時其死已久，文中乃云「今日命𢦏步」者，「命」之義為祭告，為告祝也。」（殷虛書契解詁第一四七—一四九頁）

而㞢之為國族名，𢦏之為人名則具莫逆于心，頗少爭議。實則不然，㞢固為國族名者，𢦏亦間似為人名者，然二字相合，則決非一名一姓。……余向疑此應為職官名，揃卷四、三一葉三片：「貞勿隹王往伐𠭯，乎多臣伐𠭯方」，是王自征，治以㞢𢦏从令「多臣」往伐，則不及㞢𢦏，是王與㞢𢦏有不可須臾離者，與國語稱衛武公在輿必有旅賁之規適合。「𢦏」，葉師漁釋戠，雖當時未敢以為定論，實其說無可易。說文盾下曰：「厂象盾之側見形，十象盾之握，即所謂戠也」。

繫傳曰：「盾，象盾形」。說文疑之更詳其說曰：「厂象盾之用，竊啟之玉而禦之，其動迅疾，猶契文則易側見形為正視形矣。玉从目，疑之以為「象盾之側見形，十象盾之握，即所謂𢦏也」。
目映之開闔也。盾以禦矢石而衛其身，猶目映之禦塵沙而衛其精也」。此說似迂曲未諦。因許氏已明言扞身蔽目，目為身首之特徵，古文字之屬身首者，都繪目以示其全，故毌之从目，即扞身蔽目之意也。毌為盾，十則無疑為戈，戈與盾正旅賁所守，國語魯語注：「旅賁掌執戈盾，夾車而趨，車止則持輪，所以備非常、禁災害也」。戠字从戈，从盾，即執戈盾夾車之謂。「天子曰虎賁，習武訓也；諸侯曰旅賁，禦災害也」。（見魯語）虎賁旅賁，名異實同，周禮夏官曰「虎賁氏掌先後王，而趨以卒伍」。蓋即今之衛士，王出必隨此於卜辭亦有徵，……故王出必以出𢦏相从者，所以為衛也。固疑戠為旅賁之本職而賁為同聲相假之後起字。……段氏注與賁俱列在十五部，可證。（遺珠十一一十三葉）

唐蘭「𢦏」孫詒讓釋戛，林泰輔釋𢧀，葉玉森讀為國，孫海波承林說。今按𢦏从毌，實非百或首形，卜辭首字作𢀿𣥂𣥃等形，前人未能識，則戛𢧀之釋俱不足信。孫乃置於附錄，不加解釋，然毌形與戈不聯。且卜辭習見毌字，自為一獨體字，而非附麗于戈者，孫氏繫首於戈，乃昧於偏旁分析之法，其說自難圓通也。葉玉森又謂毌或古盾字，則𢦏即古文戠，其从日者，乃最簡之形，亦非或。今按毌與盾字形亦不類。卜辭有盾字，前人未識。余云：「甲寅卜，冘，貞王𠭯大示」。揃三、二二、三。「貞𠭯王自𠭯大示」。同上，四。𠭯即盾之本字，當讀為循，則毌非盾，可知。余謂毌當為害若𡧯之本字，卜辭或以毌為地名，陳邦福釋𣄰，大誤。象首有物蓋之之形，金文𢧀字於商時彝銘中作𡨛攈古一、二、四九、亞止𡨛𥍉𡨛殷大文存下二二、亞止𡨛角𡨛攈古一、二、十五、亞𡨛角昔人誤為召夫者，其上所從乃𡧯字，周代金文作𢀿若𡧯者是也。或變為𡧯若𡧯，故𡨛變為𢧀，則𡧯害一字之明證也。散盤𢧀亦作𢧀，毌字當本作𢀿，即𢀿之異構耳。卜辭之用毌字，除地名人名外，其云「多𡧯」，藏一一八、二、揃六、七、二、後下四二、九。與「多臣」「多𠑹」等同，疑當讀為奄，奄豎之屬也。割盍聲近，商盍即商奄。云：「口寅卜，𠭯，貞𡧯羊人伐……」𥃩隹四、六。「貞，另𡧯人羊」。𣏟一、二五、一。疑當讀為掩，方言六「掩取也」。其云：「貞，𡧯牛百」。揃

三、二三、三，則當讀為割。𠚪既為害及害，則㓷當為戠或𢦏，其字為說文所無，然從刀之字，古或从戈，如散盤『用失鄰散邑』，戠即仿言之剿，則戠當即割之異文。卜辭㓷字除人名外，有一例云：『庚辰卜，卜亘，貞戠牛于𥂝京』（前六、二、一、）正當讀為割牛，則㓷必从害或害聲無疑。沚戠人名，卜辭或僅言沚，如：『沚其或𧥼』（鐵十八、一、）是沚為國名，戠蓋其國君之名也。」（天壤考釋五十一葉下——五十二葉）

孫海波文編舊版十二卷四葉上收此作聝。說曰「說文『聝單戰斷耳也或从首作馘』此象繫首於戈之形」。

孙海波「卜辞屡见㓷字，東人林太辅释馘甚是。……詩皇矣：『攸馘安安』传『聝获也，不服者杀而献其左耳。』按截耳献聝谓之聝，系首亦得谓之聝。此从戈从𠚪，有系首之谊，而俘虏之人，固当以手引首，牵之使归。羁因之身，非与人数，驱策驯服，若使牛马然。但存畏惧之心，故臣有屈服之谊。」（卜辞文字小记，考古学社社刊第三期五十八页）

張秉权「沚戛在卜辭中，是武丁时代常見的人物，在這一版上，却分别地單称戛（第3辭），或沚（第一〇・一一辭），而且很清楚地可以看出戛是人名，沚是地名。可是沚戛二字又往往連在一起出现在卜辭中，好像是一个人的名字似的。沚在卜辭中單独使用時，虽則多数是指地名而言的，但也有時是指人而言的，例如：

（勿）乎以臣沚㞢冊世邑？（乙編六九六）

□戌卜，争貞：沚乎來？四月。（前七、二八、三）

戛在卜辭中，虽則多数是指人名而言，但有時似乎也可以指称地名（或國名），例如：

丙子卜，永貞：王（登）人三千乎（伐）戛？（乙編六五八一）

所以我们在解释這一类的名詞之時，如果离开了上下文的意义，就很难坐实它指的是人名或地名的，戛在武丁時是一位伯爵：

貞：伯戛執？四月。（沃九〇）（殷虛文字丙編考释第三六五頁）

伍士謙「甲骨文中有二字，实际上是一个字的異形，一是㓷，二是㓵。例句如下：

一、貞王从㞢㓷。（前一・四七・五）

二、辛巳貞王从㞢㓵。（戩三三・一三）

三、甲午賓貞㞢𠛱啟，王勿从弗其受又。（綴合一九二）

四、叀𣲡可啟，我用若。（鄴三·三九·九）
五、貞令𣲡哥歸亾月。（林二·五·六）
六、庚午卜令可歸，若。（外八五）
七、貞王叀𣲡哥从伐印方。（丙附二）
八、乙丑卜王叀可从。（鄴三·二八·一）
九、貞王叀𣲡冊从伐印方，帝受我又。（乙三七八七）
十、己丑卜貞曹以𣲡可伐馭受又。（粹一一六四）
十一、戊午卜賓貞王从𣲡哥伐土方受有又。（后上一七·五）
十二、癸酉貞王从𣲡可伐旨方……又大乙宗。（京四三九三）

从以上例句，可証哥、可二字通用。𣲡应為方國名，此字王襄隶定為沚，可从。此字的例句如下：

丁卯卜王在沚，卜。
叀往沚亾咼。
貞于庚午令沚。
貞呂方弗章沚。

沚哥聯用，哥当為沚方之首領。此人在甲骨文中屢見。他曾帶兵从王及婦好伐過呂方、土方、印方、旨方、馭方。哥，像戈下系人首。而口則為㗊之簡化。以口作人首。本应刻圓形，由于刻圓形不便，遂成方形。林泰輔释戠，是也。此字在金文中，字形稍有变化，小盂鼎『获戠四千八百又二戠。』號季子白盤『獻戒於王。』小盂鼎之戠為巾与口互相倒置，號季子白盤則省口，其实皆哥之形譌。《說文》『聝，軍戰断耳也。春秋传曰，以為俘聝，从耳，或声。馘，或从首。』其实，或字已经是可字之讹变。以耳之說，乃后起之义。詩·大雅『攸戠安安』。今就金文銘辞考審。断耳之說不可信。应為断首。例：不𡢁簋『女多折首執訊』，师寰簋『折首執訊』。兮甲盤『折首執訊』。號季子白盤『折首五百』。琴生盨『折首孚戎器』。左传宣公十二年传『吾聞致师者，右入壘，折戠執俘而還。』杜注『折聝，断耳』。所以甲骨文之哥、可，即或，即戠，即聝。首、耳都是后加的。作首是正確的。本来可之口，已经是首，再加首，踵事增繁，意义重複。从耳則為後起之意，有了割耳的行动，乃有此字，应是錯誤的。可字与國字，没有任何联系。……可、哥，即戠之初字。以后音讀為國，這个音应為后起之音。（甲骨文考释六則 古文字研究論文集九九頁至一〇〇頁）

李孝定

「說文：『聝，軍戰断耳也。春秋傳曰：「以為俘聝」，从耳，或聲。馘，聝或从首。』大雅『攸馘安之」。傳曰「獲也不服者殺而獻其左耳曰馘」。魯頌「在泮獻馘」箋云「馘所格者之左耳」。許書取下引司馬法云「載獻聝」聝者耳也」。一切經音義曰「生獲斷耳曰聝」。他經傳注所說略同，並言取耳，惟或言生獲或言殺而取之略異，惟字或从首，則古當有殺而取首者矣。契文作𢦏，正象取首繫之於戈之形。古文偏旁多以目代首，从𢦏則[illegible]後上二二、一、[illegible]後下八九、[illegible]後下四二、四、[illegible][illegible]後下四三九之譌変，[illegible]則戈之異構也。ㄓ象戈之垂英。古者單戰斷首繫之戈纓之上，字當作[illegible]，其作𢦏者亦猶[illegible]保之作[illegible]，乃文字化之自然結果。唐氏於其古文字學導論一書導論下四五葉及文字記四四下至四五下中論此甚悉，不應於馘字之分書獨拘執說之也。取首效獲偏所獲者多則事甚不便，故改而取左耳，於是从首之「馘」遂変為从耳之「聝」，經傳雖多古文之馘，而所說則後世之新制也。林義光氏釋惑，於字形懸遠，于氏說沚聝為傳說，於字形無說，均可不辯。葉氏釋戠於字形似為近之。按[illegible]从目與盾从目固同，然从巾無由扞蔽之形，且契文自有戠字作[illegible]（乙五七九八），則此非戠字甚明。字既非戠，則金氏旅賁之說不攻自破矣。卜辭沚馘連文，沚國名，馘沚君名也。唐舉前三、二三、三辭言「聝牛」當即殺牛取首之義，馘亦可讀為劊也。玉殷文之[illegible]，其意與「縣」同，其音讀則不可知矣。虢季子白盤聝作戒，其銘云：「丕顯子白，壯武于戎工，經維四方，搏伐玁狁，于洛之陽，折首五百，執訊五十，是以先行。桓桓子白，獻戒聝于王」。小盂鼎作𢦏，銘云「獲𢦏聝四千八百口二聝」並為聝字無疑。从爪乃戈纓之形変。容氏金文編十二卷五葉上謂是从爪可商，均省「首」形亦不从「耳」，為小異耳。鼎文从或，已下同小篆矣」。

（集釋三五四四葉）

林澐

「被『比』者在卜辞中未见明确的称谓，但可用间接方法推定为联盟方国。武丁卜辞中最常见的『比望乘』和『比沚馘』即属此类。在大量的有关望乘和沚馘的卜辞中都没有对他们身份的称谓。当然根据『贞：伯馘执，四月』（佚九十）、『甲子卜，其往皇，叀伯令』（缀二·一三〇）都可以推测他们是『伯』，或者把（缀二·三六三（即南南一·六四））读成『丁卯，贞：皇、[illegible]多方……』则可定望为『方』，但这种解读法都可以引起争议。然而，有一点是可以肯定的：武丁卜辞中卓、雀、婦好、『子䍙』等人地位颇高，也都参加征伐，但从未见到过『王比卓』、『王比雀』、『王比婦好』、『王比子䍙』这类记载。而对望乘和沚馘，则经常称『王比望乘』、『王比沚馘』，並有明确的称『王自比皇乘』（缀二·一二三）的例子。可见在征伐活动中他们和商王是处于对等地位的。所以，把他们理解为商王属下的将领是不妥的，望、沚应该和前举各类例子一样，是和商王联盟的方国名。又如：

癸丑卜，亘，贞：王比奚伐[illegible]（乙七七四一）

卜辞中虽未见『奚方』，但于省吾先生已考定奚为鲜发民族，非商之同族，故亦可推定其为和

商曾有联盟行动的方国。」（甲骨文中的商代方国联盟古文字研究第六辑七七——七八页）

白玉峥 「此字从戈从百，当为戠字。说文戈部：『戛，戟也；从戈百，读若棘』是也。」（契文举例校读十六中国文字第五十二册五八五一至五八五二页）

裘锡圭说参字条下。

裘锡圭说参字条下。

白川静 参册字条

按：字隶定作戠。诸家所释，皆未足餍人意。惟释職较为近是。卜辭戠为人名，未見用作俘職義者。

2423

戔

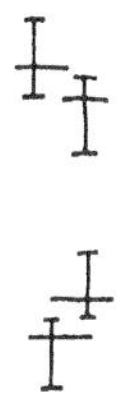

羅振玉 「說文解字：『戔，賊也。从二戈。』周書曰：『戔戔巧言。』案卜辭从二戈相向，當為戰爭之戰，乃戰之初字。兵刃相接，戰之意昭然可見。訓賊者，乃由戰誼引申之。讀武無猒，斯為戔矣。」（殷釋中六十九葉上）

柯昌濟 「戔字當通剗字，剗字不見說文。呂氏春秋權勳：『必剗若类』，始見剗字，當訓為削伐之義。」（殷墟卜辞综类例证考释，古文字研究一四九頁）

王襄 「疑即許書所載詩之籀文[illegible]字。」（類纂存疑第十二第五十九葉下）

王襄 「兆从二戈相背，疑古戔字。」（簠考帝系二十一葉下）

王襄 「古戔字。」（類纂正編第十二第五十六葉下）

葉玉森　「按□甲殷先祖名。□之異體作□□□。王襄氏謂从二戈相背，疑古戔字。予考卜辭別有戔字作□。□甲之□無作此形者，疑非一字。其文兩戈對植，乃止戈之象，疑即書『西伯既戡黎』之勘。說文戈部作□，□象止戈不用為戡定之形。戡音緩讀為河亶，戡甲殆即河亶甲歟？此予肊說，姑录存之。」（前釋一卷五十四葉下）

吳其昌　「……戔甲者，獨惟有河亶甲為可當耳。更以聲音推之，則『戔』與『亶』，古無舌上音，當皆讀若『旦』？此可以經典異文校勘之術驗之：禮記曲禮上：『日而行事，則必踐之。』鄭注：『踐，讀若曰善，字之誤也。』而儀禮既夕禮鄭注則云：『古文襢作膳』，又聘禮鄭注則云：『古文襢，皆為膳。』可證古文从『戔』，从『善』，从『亶』者之實為一字一聲矣。又楊雄方言二：『廛，或曰踐。』而一切經音義十一乃云：『鱣，古文鱣同。』又漢書人表『安陵纏』顏師古注云：『纏，即纏字也。』可證古文以从『戔』从『亶』者之實為一字一聲矣。又管子參患：『甲不堅密，與俴者同實。』注：『俴，單也。』按注語是也。謂所披之甲而不堅實，則其實同單衣也。而詩昊天有成命『單厥心』，國語周語引作『亶厥心』；又詩桑柔：『逢天僤怒』，釋文云：『僤，本作儃。』可證古文从『戔』，从『單』，从『亶』者之實為一字一聲矣。

更以詁詮求之，易賁有：『束帛戔戔』之語，以『戔戔』狀『束』；而廣雅釋詁三，乃明『襢，束也』之訓。由上四道以推瞻之，皆足以為『戔』『亶』古文實係一字一聲一義之佳證。則『戔甲』之即『亶甲』，即以經典上之史料證之，亦致明楚無惑也。又『亶甲』之名，見於經典羣籍者：史記殷本紀作『河亶甲』；云：『帝外壬崩，弟河亶甲立，是為帝河亶甲。河亶甲時，殷復衰。』又云：『河亶甲居相。』尚書序亦云：『河亶甲居相，作河亶甲。亡。』御覽卷八十三又引史記佚文云：『帝河亶甲時，殷復衰。河亶甲在位九年崩。』又引竹書紀年云：『河亶甲整即位，自囂（囂）遷于相。征藍夷，再征班方。』按史記所據，蓋即本之世本。『河亶』之字當即起于戰國時世本及竹書寫著之日；以金文、契文時代之人名之慣例校之，則誠為董氏所疑，不倫太甚。然則此『河』字，果何自而來耶？……疑乃由于『亶甲』曾從宅于『西河』之故，『河亶甲』猶云『西河亶甲』也。故亦頗多直名以『亶甲』者，如尚書序孔傳云：『且乙亶甲子。』正義中作『亶甲』者尤繁不勝舉。宋人考古博古諸圖，于殷虛出土之器往往注云：『出洹水之濱亶甲墓旁』（例如考古四、四五）。王肅、孔穎達輩，必于故書佚籍中，遠有所本；王黼、呂大臨輩，必本之當地土著千載相沿之舊稱也。然則『河』字乃根本後人所加，非其朔也。本作『兆甲』，由聲轉而遞變焉，則為『亶甲』；由形轉而變譌焉，則有作『整甲』者矣。呂氏春秋季夏音初篇：『殷整甲徙宅西河，猶思故處，實始作為西音。』蓋本當作『殷兆甲』，其後由『兆』譌『教』，由『教』譌『整』耳。」（殷虛書契解詁第一二七——一二八葉）

郭沫若 「𢦏甲，羅未釋。別有𢦏字（前、四、三七、五）則釋為戔，……今案𢦏亦从二戈相向，亦戔字也。戔甲當即河亶甲，河亶者戔之緩言也。又殷王之名甲者有大甲小甲河亶甲沃甲（芍甲羌甲）陽甲（象甲喙甲）祖甲。其于甲日卜祭某甲而合祭某甲者，二甲必相次，所祭者在前，所合祭者在後。今舉其例如次：「甲申，祭祖甲，𢼸喙甲」（見前六九片）「甲午，𤔲喙甲𢼸羌甲」（見前一一五片）「甲口，𤔲小甲（𢼸）大甲」（見下二一三片）所祭二甲均先後相次。今言「口戔甲𢼸小甲」，又下一七八片「祭戔甲𢼸日小甲」，戔甲與小甲為次，亦正當於河亶甲也。又與卜壬每同見於一片，卜壬即外壬，外壬之次為河亶甲，世亦相次也。」（卜通四十一葉上）

朱芳圃 「按上揭奇字，象兩弋並植形，當為桓之初文。說文木部：「桓，亭郵表也。从木，亘聲」。戴侗曰：「柱之植立者曰桓。雙植以為門者謂之桓門，亦謂和門，亦謂華表。桓、和、華一聲也。……古者諸侯之葬植桓楹，穿中為鹿盧以繂率下棺。天子之葬，斲石為碑以為鹿盧。記曰『公室視丰碑，三家視桓楹』。後人放之，因刻碑焉以志墓。謂之桓碑也」（六書故二一、五九）徐灝曰：「按雙植為門謂之桓門。公之命圭瑑為二柱，故曰桓圭。因之四植者亦謂之桓，特立者亦謂之桓矣」。按戴、徐二說，與字形及形義之相應，𢦏之為桓，可無疑矣。再以音理證之，殷王有名河亶甲者，卜辭作𢦏甲。𢦏即河亶之合音。是𢦏為桓之初文，不僅形義相符，音亦吻合無間。」（殷周文字釋叢卷中第七十七葉）

陳邦懷 「說文：「誖，亂也，……籀文作𧬄」。段注：「兩國相違，舉戈相嚮，亂之意」。考卜辭皆作二戈相嚮，疑是𧬄之初字。舉戈相向，即為誖亂之象。羅參事釋戔，又謂為戩之初字，似近迂曲。」（小箋二十四葉）

李孝定 「說文：「戔，賊也，从二戈。周書曰：『戔戔巧言』」。契文作上出諸形。戔甲字多作𢦏前、一、九、三𢦏押、二、十一、十、第一形从二戈並立微異，第二形亦从二戈相向，與它文作𢦏者同。惟它文二戈相向而上下連書，此則二戈相向一例一正而左右並列為異耳。相向而左右並列者皆與「甲」字連文，為殷先王名，蓋故為此異形以示別耳。王、郭兩氏於二形並釋戔是也。葉氏釋戩於字形懸遠，其說非是。陳氏釋誖相向而上下連書者亦非。契文別有誖字作𢧀，乃从二戰相向干戈相加有誖亂之意。籀文誤重戰為可或耳。戰或古文形近。陳氏釋此為誖雖未妥，然戔誖誼固相近也。羅氏說字義甚是。辭云「𡕾供人三千乎戔」前、六、三八、四。「貞勿乎戔𢀛方」押、二、五、十四。均有殘賊之意，與伐意近。又云「丁丑王卜貞今𡆥巫九𠭰𢦏林象侯弓口尤眔二𦊰余其从口戔亡左相差左

也與尤意近自下上囚受丕不啚𢦏因囚大邑商亡壱在口」前、四、三七、五，當亦用其本義。或又為人名，

辭云「𢦏來」乙、二二一、「𢦏來八」乙、二七七四，是也。金文作𢦏伯戔盤𢦏伯戔簋均兩戈並列」。

（集釋三七九一葉）

按：字當釋戔。說文訓「戔」為「賊」。段玉裁注云：「此與殘音義皆同，故殘用以會意。今則殘行而戔廢矣。篇韻皆云傷也」。朱駿聲通訓定聲謂「戔」即殘字之古文」；王筠句讀謂「殘者戔之纍增」，其說並是。林二·五·一四「貞，勿乎戔舌方」，乃翦伐之義。校官碑「剷姦戔猾」，朱駿聲以為假作「翦」。實則「戔」自有賊傷之義，不必以通假為言。卜辭「戔」亦為人名。先祖名「戔甲」即「河亶甲」。

戊 屮

孫詒讓「戊字多作屮，或作牛。金文子孫父戊觚作戊，父戊舟爵作戊，與此略同」。

（舉例上一葉上）

吳其昌「戊字父戊盉作片，吉父戊爵作戊，允卣作戊，且戊鼎作戊，皆象斧形」。（金文名象疏證兵器篇）

葉玉森「按屮亦古兵。繫）孤形外向，變作戊戊，其鋒乃平，與戊上之口〇Ɔ〇形，戊上之▷形並異。依左氏傳戚戊乃二物，戚為斧形，宜若可信。然屮上之），則非斧象也」。

（前釋一卷五十二葉下）

郭沫若「戊象斧鉞之形，蓋即戚之古文。許書『戚，戊也。从戊尗聲』，段注云『大雅曰「干戈戚揚」，（案出公劉首章）傳云「戚，斧也。揚，鉞也」。依毛傳戚小於戊，揚乃得戊名，左傳「戚戊秬鬯，文公受之」，（案在昭十五年）戚戊亦分二物，許則渾言之耳』。案戚小於戊之說是也。古音戊戚同在幽部，故知戊即是戚，十二支之戊則戊也，金文骨文均作戊，較之戊形實有大小之別」。（甲研釋干支九葉下）

陳邦福 「案白虎通五行篇：『戊者茂也』，古戊茂音誼均可相假。又聖人篇引禮別名記云：『五人曰茂』，又鬼谷子本經陰符篇云：『盛神法五龍』，陶注：『五龍，五行之龍也』。是戊在六甲五行中，于數為五，故許以說字形，正合五龍拘絞之象也。又案：殷契文干支人名戊字作□□□□□□□□□諸形，周金文干支人名戊字，如口且戊卣作□，父戊鼎作□，父戊彝作□□二形，且戊鼎作□，口父戊爵作□，……形殊誼實同也。大一經謂戊象人脅，正與殷古籀文相合。」（十幹形誼箋四葉下）

李孝定 「說文：『戊，中宮也。象六甲五龍相拘絞也。戊承丁象人脅』。契文金文戊字皆象兵器之形，其形製當與戊戚之屬大同而小異，許書不可據。凡干支字皆假借也。金文作□且戊卣□父戊鼎□丹戊父彝□且戊盉□癸𠭯爵略同」。（集釋四二五四葉）

李孝定 「古文戊字明象兵器形，與戊戚之形製相類。陳氏乃謂大一經戊象人脅之說，正與古文相合，不知何所據而云然也」。（集釋四二五六葉）

按：戊本象斧鉞之形，吳其昌、郭沫若之說是對的。許慎六甲五龍之說，千古聚訟，競相傅會。賴有商周古文字，始得斷此公案。

2425

歲 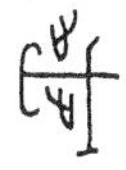

王襄 「說文解字：『歲，木星也。越歷二十八宿，宣徧陰陽十二次，从步戌声，律曆書名五星為五步。』歲星有太歲、蒼龍之异称。契文之歲作□，与小篆同，或从□、从D，或作□，□為歲之异文，或作□，□為歲之変体。歲从步，為二止，止古文作□，太保敦降之偏旁夅作□，□之：殆即□形。止，許訓『下基也』，象草木出有阯，故以止為足。古文之止，实象人之足跡形，二為足跡形之简体，□即□之异文，□所从□，為戈二之合文，二即：之变，子禾子釜歲作□，陳猷釜作□，古陶作□，均与契文同。惟从D之歲，仅見于殷世，后則不傳耳。」（古文流变臆說第二四——二五頁）

勞榦 「今所提出之解释，即据中央研究院史語所在安陽发掘到之成千成百之石鐮刀，其形为  上有兩孔，將鐮刀繫於柄上可成为下列形狀。 現在就已发現之石器及銅器

而言，只有此种石鐮刀具有兩孔。因此歲字上之二小点，只有此种石鐮刀、堪供表示。如此歲字係指此种石鐮刀，則一刀問題，皆当就石鐮刀為中心，提供解答。

　石鐮刀之應用，僅能割草，不能殺牲。故殺牲祭神之事，不能发生意义。因此歲字識可以同時释為歲字，但此劌字係專指收割禾麦而言。从此较方面而言，歲字之命意正与年字有关。以年字指禾之成熟，歲字指禾之收割，二者固同時之事也。若甲骨文𣦼形之歲字為以石鐮刀為主所組成，而用於刈割禾黍者，則𣦼形之歲字亦易於詮释。蓋兩足形正表示刈割時行徧田野，此亦歷来解释难通之處也。（古文字试释，历史语言研究所集刊四十本五十一頁）

卫斯　「甲骨文中的岁字作『𣦼』（涂一·一）或『𣦼』（明二二三五）形，象钺或斧砍向断人的双脚之惨状。甲骨文中有『岁牛』二字，作『𣦼』（乙四五四九）形，象用钺或斧砍向牛头的样子。」（从甲骨文材料中看商代的养牛业，中原文物一九八五年第一期五九頁）

按：此乃「歲」之異構。參見2429「歲」字條。

2426

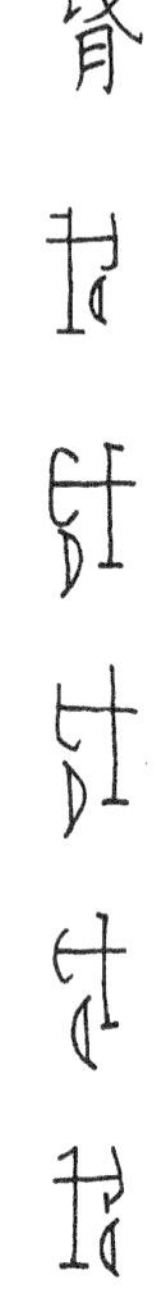

按：字从「戉」、从「月」，當隸作「𢦏」。釋作「歲月」之「月」或「歲月」之「歲」，皆不可據。合集三三八三辭云：「貞，王叀昜伯𦎫𢦏；貞，王叀昜伯𦎫𢦏；貞，王勿衣𢦏，侯告」皆為動詞。

2427

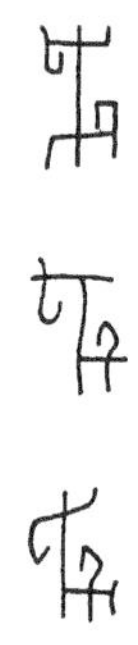

按：英一七七〇辭云：「钔婦𢆶子于子廌」為人名。其或用為動詞者，其義不詳。

2428 戉 

按：合集一九九五四辭云：「己卯卜，用豕二母二戉」當為「戉」字之異構。

2429 歲 

羅振玉 「从步戌聲，說文解字作戌聲。卜辭中又有𢧢字，亦作𢦏。以歲字例之，當為歲月之月本字。作月者，日月之本字。然卜辭中凡某月已借用日月之月，而罕用本字之𢧢矣」（殷釋中六葉下）

孫詒讓 「𢦏……疑即戌字反文。說文戌部『戌，大斧也。从戈㇄聲。』金文虢季子白盤作𢦏，與此相近」（舉例下十九葉下）

王襄 「𢧢，古歲字省文」（簠考歲時一葉下）

王襄 「古歲字，𢦏歲之省文」（簠室殷契類纂第六葉）

葉玉森 「曩疑𢧢為古文戚，二小點象戚上二穿，臆說未敢自信，惟卜辭固有从戌从步之歲作𣦻。祭名之𢧢凡數十見，乃無一作𣦻者。且他辭云『丙戌卜行貞王賓父丁月𢧢叙亡囗』，『丙午卜父丁酒月𢧢一牢』（後上十九）（戩二三．七）似月𢧢為一祭名或二祭名，如月酌，月亜，（禋）月禘，月𢧢例。若釋為月歲，既為月祭又曰歲祭，似覺未安」（前釋卷一第十四葉）

吳其昌 「『𢧢』者，殷代祭名之一也。其原始之本義，乃斧鉞之象形也。其字形本作下列各狀，取與殷虛發掘遺物及傳世古戉相比勘，愈見其摹繪之維肖。

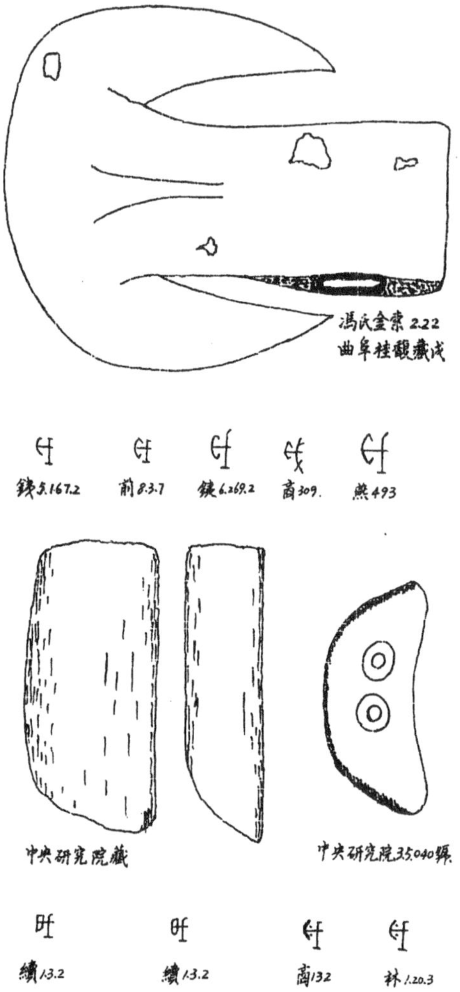

更以金文諸「戉」字相比勘，亦足證契文之「戉」與金文之「戉」，二字實同出於一源，皆為古物斧鉞寫照耳。

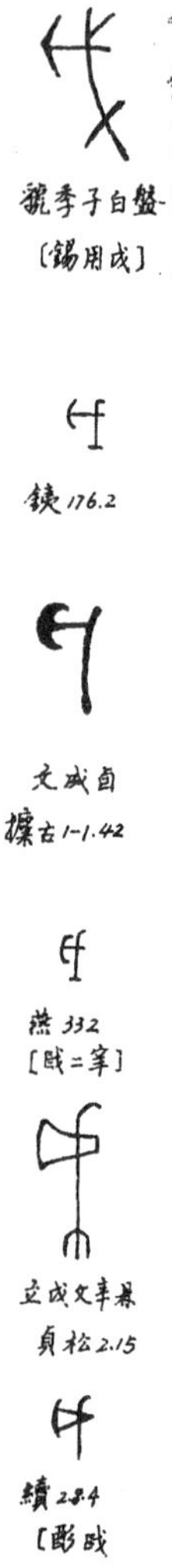

「戉」之本義既為斧鉞之象形；斧鉞可以刑牲，故「戉」字引申之義為刑牲。此徵之以卜辭羣詞而可以確知無疑者。卜辭曰：「戉牛」。（續一、一二、四）曰：「戉一牛」。（淋二、一〇、九）（摘四八三）曰：「戉二牛」。（續二、二、七）曰：「戉三牛」。（後一、一九、一三）曰：「戉宰」。（續一、一八、二又二、二、二又二、二、三，淋一、一二、一五）曰：「戉二宰」。（續一、一四、一八又二、三、五）曰：「戉三宰」。（前一、四〇、五，後一、一九、七，燕三三二）曰：「戉五宰」。（續一、三二、三）曰：「戉二宰」。（後一、二七、四，摘一六六又二九七）曰：「戉小宰」。（續一九四）（此條有誤——摘錄者）凡此皆「戉」義為刑牲之碻證也。曰：「戉牲」。（後一、二五、一四，續二、二、二、一〇，摘五六九）謂刑一父牛也。曰：「戉犛」。（續一、二八、一）謂刑一騂牛也。曰：「戉物」。（續一、三〇、六又一、三一、二，摘四〇一）謂刑一雜色牛也。尤明顯者，曰：「戉苟，卯三宰」。（淋二、三、一一）「戉羊卅，卯十牛」。（前六、一六、一）「戉狗」「卯宰」「戉羊」「卯牛」對舉，卯義為殺，則戉義之亦為殺，不容疑矣。蓋刀刑為卯，戉刑為戉也。故此云：「祖乙戉」者，謂戉牲以祭祖乙也」。

（殷虛書契解詁第二三——二四葉）

唐蘭　「𢦔者戉之異文，其字本當作[illegible]，（鐵一七六．二云：『乎雀𠕋兄丁十牛，戉用』。）象戉之形。（虢季子白盤云：『錫用戉』。戉字作[illegible]，即[illegible]之变體也。字或作[illegible]（甲骨文錄六八七云：『今戉』）。）即十日名之戊字。者沔鐘越字作[illegible]，則戉戊本一字也。由[illegible]形而小变則為𢦔，增點則為𢦔，（子禾子釜作𢦔，則卜辭变點為橫畫也。）古文字往往增點為飾，無意義。『王𡧊口𢦔』者，𢦔當讀為劌（卜辭以今𢦔為歲），割也，謂割牲以祭也。（墨子明鬼引逸古書曰：『吉日丁卯，用代祀社方（「用代祀」本誤作「周代祝」，孫詒讓改為用代祀，郭沫若又改代為伐，今從之。郭說見甲骨文字研究釋歲），歲於祖若考，以延年壽』。（「祖若」本作「社者」，依孫說正））此謂伐人以祭於社若方，歲牲以祭於祖若考也。洛誥云：『戊辰，王在新邑，烝、祭、歲，文王騂牛一，武王騂牛一。』烝為彝，登新禾之祭也。祭即卜辭之夗，以肉祭也。歲文王騂牛一，武王騂牛一者，歲用騂牛於文王武王各一也。此亦王𡧊之禮，烝即卜辭之王𡧊彝，祭即王𡧊夗，歲即王𡧊𢦔，下文又言王賓殺禋，辭有詳略耳。舊以祭歲連讀者誤。鄭玄曰：『歲，成王元年正月朔日也』。（詩烈文正義）蓋以烝祭上屬，然其解歲字亦誤。蓋商周舊典漢儒已多不能知矣」。（天壤文釋三十葉至三十一葉）

于省吾　「卜辭𢦔字作𢦔[illegible][illegible]𢦔等形，孫詒讓釋戉（舉例下十九）。容庚謂子禾子釜𢦔字當釋歲，卜辭正同（國學季刊一卷四號甲骨文字之發現及其考釋）。葉玉森疑即古象形戚字，即二小穿之識，以幼衣戚二小穿為證（鉤沈乙）。郭沫若謂斧身中央每設一圓孔，以便懸掛於壁，點而二者，蓋左右透視之（甲研釋歲）。唐蘭謂增點為飾，無意義（天壤閣考釋三十）。按𢦔為歲之初文，歲字應从戉聲，說文以為應从戌聲誤矣。古文𢦔戉有別，揆厥名始，𢦔戉二字，均象斧之納柲形。後以用各有當，因而歧化矣。容說是也。葉說似是而實非。幼衣戚見周金文存卷六，一一六葉。幼衣二字在納柲處，係偽刻。其近於納柲處有二孔，所以縛繩，去斧刃甚遠，且既已納柲，無以見孔，葉說之失，自不待言。郭說尤誤，斧身中央之孔，非為懸掛，斧與柲倨句中矩，其重心不應在斧身中央。且自側面視之，安能一孔上下並見邪。是不得其解者也。唐謂增點為飾，亦不可據。要之，諸家之說，均無相當實物為之證明。今春余由商人黃濬處索一斧形影本，見附圖一（圖見駢續封裏第一葉）。其內之納柲處已殘，陝西西安出土，為周初器。黃之徒焦萬興又給余以斧之拓本所攝影片，見附圖二（圖見同上一葉下）。其內未殘，且有華文。就以上二斧形驗之，其闊刃處均作弧形，有類於近世武術家所用之月牙斧，上下刃尾卷曲迴抱。由是可知𢦔字上下二點，即表示斧刃尾端迴曲中所餘之透空處也。其無點者省文也。然則古文字有賴於古器物形制之佐證而後可明，塙無疑者，此即其一也」。（駢續一葉釋𢦔）

郭沫若

「說文解字以為木星之本名，……乃謂先有木星名歲，然後始有年歲之歲。日本新城新藏反對此說，謂必先有年歲字，然後舉以名諸木星。故其解歲字之構成，謂由戌步至戌，戌十一月也，由十一月至十一月故為一歲（見東洋天文學史研究九葉）以戌配十一月乃博士之特見，此出發點尚大有問題，且古人並無以十二辰紀月之事，（說詳釋支干篇）故此說了不可信。古金文屢見歲字，均不以戌作，歲（毛公鼎「用歲用政」）歲（曶鼎「昔饉歲」；又下文「來歲弗賞」）歲（國差𦉜「國差立事歲，咸，丁亥」）歲（陳猷釜「陳猷立事歲，□酞月，戊寅」）㦰（子禾子釜「□□立事歲，禝月，丙午」）卜辭有歲字，凡二見：「辛未□午月蝕辛⊠王固稽⊠午𡴎」（𢌿一〇二二）「𡴎」（𢌿二二三五）羅氏據第一例釋歲，云「从步戌聲」。以古金文諸歲字及卜辭第二例按之，「戌聲」之說雖尚有可商，然固歲字無疑也。」此可證殷代已有歲字。惟惜此二例殘闕過甚，不能明定為何義。第一例第三行之「午月蝕辛」，（按郭釋「D𠙵」為「月蝕」）以卜辭記月蝕之恆例推之，當為「庚午月蝕辛未」，第四行亦見「辛未」字，其明證也。則第一行之「午，歲口」字，亦當為「庚午，歲口」云云。於同一片中紀月蝕，且同是一日之事，則「歲口」云云，或係紀歲星之變。因於一夕之中有月蝕與歲異之現象，故「王固」，「王固」者卜以稽疑也。然僅此殘缺之一例，自不敢過於意斷；且歲字之義除年歲與歲星而外，尚有當得推論者。其一，毛公鼎之歲字：「錫女丝戉，用歲用政。」徐同柏讀為「錫汝茲朕所用之錢」；政讀為征，又讀為正。（見從古堂XVI廿九葉）吳大澂釋戉為弁，讀丝為絲；歲如字，政讀為正，謂周禮「太史正歲年以序事，頒告朔於邦國……」即「用歲用政」之義。（見憲齋集古錄）孫詒讓讀戉為俊。「說文「俊，送也」，言賜汝臣僕也」；讀歲為戉，讀「政」為征。（見古籀拾遺卷下）今按三家之說，以徐為近是，吳孫皆非也。虢季子白盤有「錫用戉，用政（征）䜌（蠻）方」，即禮家所謂「錫斧鉞，專征伐」之意。（中略）鼎之「用歲用政」即「用戉用政」也。（中郭說朕字一段从略）要之戉乃古兵字，鼎言「錫汝茲兵」，正與「用歲用政」相呼應。（中略）知戉之為兵，則知歲之先當為戉。其二，子禾子釜歲字：此釜歲字作戉，以國差𦉜陳猷釜例之，自是歲字無疑。但此不从步作而作二點。余以為此乃戉字之別構也，古戉之存世者於斧身之中央部每設一圓孔，揆其意殆於不用時以便懸掛於壁，以其處乃重心所在，設孔懸掛之則無飄搖墜落之患也。點即此圓孔之象形，點而二者，蓋左右透視之，故成二也。是則子禾子釜乃用戉為歲。其三，丁卯斧之歲字：周金文存有丁卯斧（原題鑄庚斧，見卷六第一〇一葉，器藏吳興周氏云）銘凡六字，三行；左二字曰「五冒」，中一字曰「盥（鑄）」，右三字曰「歲丁卯」。鄒安讀為「歲丁卯鑄庚冒」，謂「末字疑作字之變文」，又謂「是器以支干紀歲，與齊國佐𦉜同例，古器稀見」。按此未得其讀，說自綻謬。漢以前無以支干紀歲事，（詳見釋支干篇）古器中有疑似之例，如阮元以宋政和禮器之甲午簋為秦器，孫詒讓已辨之。（見古籀拾遺附政和禮器考）國差𦉜之「國差立事歲咸丁亥」以陳猷及子禾子釜例之，自當以歲為句，咸其月，丁亥其日。自許瀚誤讀「歲咸丁亥」為句，故有支干紀歲之說傳，王國維已辨之。（見觀堂別集齊國差蟾跋）鄒氏之誤與許氏後同出一轍。蓋銘文乃右行，當讀為「囯冃鑄歲，丁卯」。「囯冃」乃鑄器者之名，「歲」乃所鑄之器，「丁卯」乃紀日之干支。此銘文通例，決無第二讀法可有也。此器為斧，而銘之以「歲」，是又歲戉通用之鐵證矣。古音歲戉本同部，凡同部之字均可通用，則歲戉通用固無足異。然余之意更有進者，則歲與戉古本一字也。許謂歲字从步，羅亦因之，然如歲果从步者則當作威若蝛，不應置左右二足形於戉之上下而陽裂之，古人造字無是例也。依余所見𣦼與𢦔戉實本同意。戉之圓孔以備掛置，故其左右透通之孔，以人喻之，恰如左右二足。是則二點與二足形（㞢）之異，僅由象形文安為會意字而已。故以步之說有語病，許書以五星為五步之說解之，尤非其朔也。要之，歲戉古本一字，因後用歲以為年歲或歲星字，故二者遂致分化也。然則年歲字與歲星字，孰先？曰，既知歲本戉之別體，則必先有歲星而後始有年歲字，因用戉以表示歲星之意有說，如無歲星之階段，則用戉為歲字之意無說。歲星運行於天，自地上視之，每嬴縮不定，而光度亦若明暗無常，故古人甚神異視之。……中國亦猶是。星河圖云「蒼帝神名靈威仰」，周官小宗伯鄭注「五帝，蒼曰靈威仰」，蒼帝即木星，名之曰「靈威仰」，正言其威靈之赫赫可畏。洪範五紀「一曰歲，二曰月，三曰日，四曰星辰，五曰歷數」，歲、月、日與星辰並列而在歷數之外，則知歲即歲星，而居於首位，在日月之上。下文「王省惟歲，卿士惟月，師尹惟日，庶民惟星」，以王、卿士、師尹、庶民、配歲、月、日、星，亦有嚴存之等級，亦其明證也。……以此尊重歲星而崇仰之，則以戉以名之為之衍徵者固其所宜。（定按上文郭引西洋人以矛頭 mulmullu 為歲星之符徵，即示其威嚴可怖之意）史記天官書（案此書本多據戰國初年之石氏星經）謂歲失次以下生天棓，彗星天欃天槍。除彗而外，歲之妄形均戉器之象，則歲之為戉，大可想見矣。且歲星主伐，天官書云「其所在國不可伐，可以罰（漢志作伐）人」，主伐亦歲本為戉之一證也，……由歲星再孳乳而為年歲字，則直二五而一十矣。何者？歲星之運行約十有二歲而週天，古人即於黃道附近設十二標準點以觀察之，由子至亥之十二辰是也。歲從一辰而成歲，故歲星之歲孳乳為年歲之歲。（中略）年歲字之使用，爾雅謂始於夏代，曰「夏曰歲，殷曰祀，周曰年，唐虞曰載」，唐虞夏本屬神話傳說時代，其時文字之有無尚屬疑問，此說殊不足信。特歲字之使用為時頗古，則由此可以約略窺知也。殷彝中未見歲字，卜辭雖有歲字，而辭殘泐不明。然有从點作之戉字用為祭名者，其例多至不可勝數。……凡此均是戉字，以子禾子釜戉字案之亦均即歲字。墨子明鬼篇引古云「吉日丁卯，周代祝社方，（孫詒讓云「當為『用代祀社方』，周用祀祝並形近而誤」。余案代亦伐之誤，卜辭於祭每稱伐若干人，羅振玉云「伐，舞也」）歲于祖若考（若本作者據孫校改）以延年壽」。殆所謂歲祭也。洛誥有一事，與此等文例全同：「戊辰王在新邑烝祭歲，文王騂牛一，武王騂牛一」。此與卜辭可爲互證者也。祭名曰歲者，殆因一歲舉行一次而然。（五經異義古春秋左氏說「古者日祭於祖考，月薦於高曾，時亯及二祧，歲祫及壇墠，終禘及郊宗石室」。此以日、月、時、歲對言，則祫當歲行。「終」疑是十二歲。禮家謂三年一祫，五年一禘，制殆後起。又祫本合祭，卜辭言歲者雖亦有合祭之例，然大抵皆特祭也。）……卜辭歲祭之有月繫者凡若干事，（中舉卜辭歲祭繫月之辭例从略）此除十二月之例未見外，殆無月不可以舉行歲祭。（中略）綜上所述，余之所見可得數端：一、歲戉古本一字；二、古人尊視歲星，以戉爲之符徽以表示其威靈，故歲星名歲；三、由歲星之歲始孳乳爲年歲字；四、入後歲與戉始分化而爲二」。（甲研第一卷釋歲）

孫海波　「卜辭紀年之法用祀，與爾雅之說同。然亦有稱歲者，劉氏（劉晦之）所藏有一版文云『癸丑卜貞今歲受年弘吉在八月隹王八祀』。則此歲字確爲年歲之歲無疑」。（考古五期四十八葉）

孫海波　「郭沫若定爲歲字，……其說頗確。『今歲受年』，是歲已用爲年歲字，昔爾雅謂年歲字之使用始於夏代，曰『夏曰歲、殷曰祀、周曰年、唐虞曰載』。卜辭有稱王十祀，有稱今年，有稱今歲，是祀、年、歲三字已爲殷人紀年之通稱矣」。（文錄釋文三五葉）

饒宗頤　「『庚子卜，喜貞：歲，叀王祝』。（簠室貞類六）『……卜喜〔貞〕：□歲其……』（庫方一三一八）按右辭言『歲叀王祝』，或言『歲皀』，此類『歲』字，一向目爲祭名。陳夢家謂周祭即由歲祭所演變，（綜述葉四五〇）然何以謂之歲祭？其義未明。考周人之祭，有直祭、索祭之別。郊特牲云：『直祭祝于主，索祭祝于祊』。鄭注直祭云：『謂薦孰時也，如特牲少牢饋食之爲也。直，正也。祭以孰爲正，則血腥之屬』。又云：『索，求神也・廟門曰祊，謂之祊者，以于繹祭名也』。疏謂：『祭以薦熟爲正，言薦熟正祭之時，祝官以祝辭告于主，若儀禮少牢「敢用柔毛剛鬣，用薦歲事于皇祖伯某」是也』。卜辭於王賓下，每繫祭名，其云：『王賓，祭』，『王賓，歲』者，即正祭；歲爲薦歲事，皆正祭也。其云『王賓，彡』，『王賓，羽日』，則于明日繹祭，乃索祭也。禮器云：『設祭于堂，爲祊乎外』。正祭在堂內，求諸邇，其禮隆；而繹祭于門外，則求諸遠，其禮簡，此二者之大較也。是殷人之歲祭，即薦歲事之正祭矣」。（通考一〇二五——一〇二六葉）

饒宗頤　「『庚申卜，大貞：歲祝』。（誠齋二二四）按殷人言歲祭甚繁，蓋占歲之豐歉。

世本作篇：「后益作占歲」。漢書藝文志有泰一雜子候歲等書。史記天官書云：「凡候歲，美惡謹候歲始」。卜辭所見如「歲由農」，「歲今農」，「歲乜尤」，「㞢升歲」，皆祝歲之習語，甚之卜辭亦言：「歲由王祝」，可與此互證」。（通考八三〇葉）

饒宗頤 「歲由農為祝豐年之語。淮南子天文訓云：「歲星之所居，五穀豐昌；其對為衝，歲乃有殃」，故殷人每為歲占。詩殷武云：「歲事來辟，勿予禍適，稼穡匪懈」，歲事，即指農事也」。（通考九四二葉）

又曰：「按卜辭言王賓歲或言賓某先王先妣歲，即儀禮少牢饋食禮所謂：「薦歲事于皇祖伯某」也。墨子明鬼下：「周代祝社方歲于社者考，以延年壽」。漢書郊祀志：「其令祠官，以禮為歲事」。顏注：「言每歲常祠之」，今觀卜辭所卜，歲祭實盛于殷，乃歲中多祭，用求豐穗，非如顏說漢制每歲為一祭也。殷禮尚有迎歲之事，即賓迎歲星，見于記載者甚多。禮記月令：「立春之日，迎春于東郊」。鄭注云：「王居明堂禮曰：「出十五里迎歲」，蓋殷禮也」。荀子儒效篇：「武王之誅紂也，行之日以兵忌東面而迎歲。至氾而汎，至懷而壞，至共頭而山隧」。楊倞注：「迎謂逆太歲。尸子曰：武王伐紂，魚辛諫曰：歲在北方，不北征」。淮南子兵略訓亦有此說。由上殷人知有歲星，自為事實。卜辭屢言「王賓歲」，如以堯典「寅賓出日」例之，室下一字之「歲」，正可指歲星，賓與迎義正同。史記曆書甲子篇，太乙所在之名，蓋出殷曆，俱足明殷人與歲星之關係。因歲星居其位，則歲豐穗也」（通考九四八葉）

李孝定 「說文：「歲，木星也。越歷二十八宿，宣徧陰陽，十二月一次。从步，戌聲。律歷書名五星為五步」。孫詒讓釋𢦔為戉，已明其字形。諸家謂卜辭之戉𢦔𢦔當釋歲，復通其辭例，說皆是也。郭某詳論戉歲之關係及歲星名歲之故，說極精當。惟說𢦔之字形則小誤，于氏之說是也。按于氏文內所附圖二作形，正與卜辭作𢦔，金文作𢦔者相似，其說不可易也。葉氏舉卜辭有「☽𢦔」連文，因疑𢦔不當釋歲，實則「☽𢦔☽」當釋夕，言某夕舉行歲祭也。即釋為月亦不當解為月祭，仍為某月之月。郭氏文中所舉，除十二月外每月均有歲祭之例，可證。卜辭有作𢆶者，辭例已見郭文所見僅二見，其為歲字自無可疑，惜兩辭均殘泐過甚，不詳其義。郭疑為紀歲星之字，謂同辭「☽」𢦔」為月蝕。按𢦔字以于省吾釋䵣較為可信，詳十四卷䵣字條下。是則郭氏此說無徵。孫氏文編收作𢦔𢦔者三文，於歲字條下𢦔从戌从月，非歲字，當刪。其辭云「☒勿☒西易口脅」前四、十二、「禹冊王脅☒易白疑脅」前五、十一、六、辭例與諸𢦔𢦔字不同，非一字也。羅氏以此為歲月之月之專字。卜辭歲月字與日月字無別，羅說不足信也。金文作𢦔毛公鼎𢦔為甫人盨𢦔曶鼎𢦔國差𦉜𢦔陳猷釜𢦔子禾子釜前四形與餘一、一作𢆶者同，後一形與卜辭習見之𢦔全同。（集釋〇四九二—〇四九三）

于省吾　「甲骨文岁字作旪、扌、旪、戉、旪、扌等形。孙诒让释戉（举例下一九）。叶玉森谓『卜辞之旪，疑即古象形戚字。』（钩沉六）。郭沫若同志谓：『斧身中央每设一圆孔，以便悬挂于壁。点而二者，盖左右透视也。』（甲研释岁）唐兰同志谓：『增点为恣饰，无意义。』（天考二七）容庚同志谓：『子禾子釜戉字当释为岁，卜辞正同。』（甲骨文之发现及其考释）按容说是也。但亦未说明戉从二点之由来。至于叶说，似是而实非。叶氏谓二点为戚上之二小孔，以幼衣戚之二小孔为证。幼衣戚见周金文存卷六之一一六页，幼衣二字正在纳柲处，系伪刻。其近柲纳柲处有二孔，所以缚绳，去斧刃较远。且既已纳柲，无以见孔。叶说之失，自不待言。郭谓为斧身中央之圆孔，以便悬挂于壁，亦非。斧与柲倨句中矩，其重心不在斧身中央，且自侧面视之，安能一孔上下并见邪？唐谓『增点为恣饰』，亦不可据。近年来出土之商器斧钺（例如古铜器精华七册九六页）屡见。其阔刃处作弧形，有类于近世武术家所用之月牙斧，其上下刃尾卷曲迴抱。由是可知，戉字上下二点，即表示斧刃上下尾端迴曲中之透空处，其无点者，乃省文也。然则古文字有赖于古器物形制之佐证而后可以确其构形本原者，此即其一也。」（释戉，甲骨文字释林六七至六八页）

陈炜湛　「歲年祀：这是一组关于纪年的同义词。歲作旪旪，乃斧钺之形，前人论之甚详，解释虽略有分歧，但对于歲作纪年用之属假借，则无异辞。年本为人负禾之形，禾熟为有年，禾一熟为一年，是为义之引申。祀作祀祀，象人跪于示前有所祈祷之状，与祝字寓意相同，卜辞多用此本义；然常假以纪年，称唯王若干祀，晚期卜辞多有之。此三词音义各异，皆因假借或引申，成了一组同义词。试观以下辞例：

贞：其于十歲迺出正？（余五七一）

癸卯卜，争贞：今歲商受年？（契四九三）

今歲我不其受年？在□，十二月。（文录五七四）

庚申卜，出贞：今歲龜不至兹商？二月。（文录六八七）

□亥卜，□贞：受禾今歲？（甲二五一一）

癸丑卜，贞：今歲亡大水？（余二七七）

辛巳卜，亘贞：𡉚来歲受年？贞：来歲不其受年？（乙六八八一）

戊寅贞：来歲大邑受禾？在六月卜。（邺三三九·五）

□□卜，殻贞：今来歲我不其受年？（殷缀一〇九）

癸丑卜，贞：二歲其出祸？（甲二九六一）

从上引完整卜辞看，凡称今歲、来歲、今来歲者多属关于年禾的占卜。此类卜辞绝不称祀。

甲戌卜，出貞：自今十年又五王豐口（續一．四四．五）
口口卜，貞：寅至于十年囗（粹一二七九）
受來年黍？十一月。（絕二．四．六）
囗得四年。在秋，十二月。（遺珠四六五）
癸未卜，貞：奈于[illegible]，十小牢，卯十牛，年十月用？（前四．七．八）

以上為稱年之例。

祀或省作巳，仅得一例：

佳王二祀。（前三．二七．七，三．二八．一）
佳王七祀。（佚五四五）
叀廿祀用，受「又」？（戩三三．一）
王廿祀，肜日上甲。（湖二二八）
口口卜囗九月囗十巳。（甲二六〇）

祀又偶作司，如：

王廿司。（前二．一四．一，二．一四．三，二．一四．四）

又有歲、祀并見一辭之例：

癸丑卜，貞：今歲受禾？弘吉，在八月，佳王八祀。（粹八九六）

命辭稱「今歲」，未稱「八祀」，而不稱今祀或八歲，当是用词习惯如此。《尔雅·释天》云：「載，歲也。夏曰歲，商曰祀，周曰年，唐虞曰載。」证以卜辞，乃知不尽然。唐、虞、夏之世是否稱載稱歲，不能确知；从甲骨文看，商代却是歲、祀、年同义並用的时代，并非只稱祀。」（《甲骨文同义词研究》《古文字学论集初编》一六八——一七一页）

陳初生　「「歲」字甲骨文作[illegible]等，其形可分为四类：第一类象斧鉞之形，第二类在斧鉞形基礎上增飾兩短畫，第三类在斧鉞形基礎上增兩止形，第四类在斧鉞形基礎上增（形。」（《商周古文字读本》三一四页）

张亚初说参[illegible]字条下。

周国正说参[illegible]字条下。

陳夢家　「乙辛卜辭云：「癸丑卜貞今歲受年，弘吉。才八月，佳王八祀」粹八九六。

可證到乙辛時代為止，歲、年與祀三者有別。……在卜辭中，歲既不作紀時的年歲解，亦不作歲星解（辭例從略）」（綜述二二三——二二四）

陳夢家「以歲為一年，當是較晚之事，它最初當是季。淮南子時則篇記春夏秋三季『迎歲』，秋『迎秋』，然則歲與秋皆指一季，這裏的歲和卜辭的歲雖不全同，然而是近似的。至於卜辭之歲究竟是三個月或六個月，則限於材料，未能一定。」（綜述二二八）

按：甲骨文歲字本象斧戉形，與戉同源。後以用各有當以致分化。卜辭歲字用法有：

一，「今歲」、「來歲」此類歲字相當於左傳哀十六年「如望歲焉」之歲，杜注：「年穀也」。指一個收穫季節言之。與卜辭之「年」、「祀」之時間概念有區別，可參見陳夢家的論述。至於此一收穫季節究竟是三個月或六個月，尚無可考。

二，歲為劌，廣韻釋劌為割。在卜辭為殺牲之法，其所「歲」者多為牛或牢，其次為羊或宰。亦有以人為牲者。如：

「戉羌卅，卯三宰，箙一牛，于宗用，八月。」（林二·三·一一）

三，歲用為祭名，引伸之，此種用牲之法以祭先祖之祭名亦謂之「戉」。在卜辭中，用牲之法與祭名每每無別，如冊、伐、俎、沈、埋等均是。乙、辛卜辭，多簡稱為「王宊歲亡尤」，不言所用牲之名稱。其从步作𢧵者，較罕見，辭均殘泐，用義不明。

2430 𢦒 

澤一六二有字，郭沫若隸定作𢦒，謂：「殆戒之省。」（澤考一四九葉背）按其說可从。

饒宗頤「戈即戒，疑讀為祴。說文：『祴，宗廟奏祴樂。』玉篇云：『祴夏，樂章名。』」（通考七八五葉）

按祴夏為九夏之一，見周禮鐘師。周禮分各代之樂以祭祀，此則奏祴樂以侑雨也。

按：字从「戈」、从「又」，或當是「戒」之省。參見「戒」字條。

戒

陳夢家

「戒之本意有兩說，一為持戈警戒，一為持戈而舞，即祴之本字。說文『祴宗廟祭祴樂』。」（謝與郊十葉二行載清華學報卅周年紀念刊）

于省吾

「戒應讀作詩『以介眉壽』之介，二字聲韻並同。亦通作匃。『戒禱于妣辛』，謂匃福于妣辛也。」（駢枝四十葉上二行）

郭沫若

「戒者祴之省。說文『祴，宗廟奏祴樂』。」（卜通二三葉背六三片釋文）

严一萍

「戒字於卜辭，有多义。董理之，一曰諭也。

十八、囗戒取宁　乙六五七

書大禹謨『戒之用休』注『諭也』。本条卜辭虽残，然以諭訓戒，較之以戒為方國者，於义為安。

一曰誡也。說文：誡，敕也。小尔雅释言：敕，謹也。

十九、于𦎫戒音　粹乙七六六

𦎫有戰伐之义，戰伐而戒音响，犹偷袭之师，啣枚疾走，不使敌人警覺也。

一曰警也，备也。

二十、乙巳卜不戒先　屯甲二八七四

說文：戒，警也。方言：戒，备也。本版卜辭，屈万里甲編考释从孫詒讓說释矣，而曰『於此，未詳何义。』

一曰祴乐也

二十一、庚寅卜兕貞由埶戒福于匕辛　珠三六三·卜六三同

通纂释之曰：戒者，祴之省。說文祴宗庙奏祴乐。

又殷契萃編：

二十二、丁酉卜其平吕多方小子小臣

其㪅戒　　萃一一六二

此戒字作𢦔，考释以為『戒之省』是也。别有𠂤五〇七四片曰：

二十三、囗亥卜内　　二月𢦔

亦省作𢦔，惟辞不完，未詳所指。（綫释戒　中國文字第五卷一九二五頁至一九二六頁）

饒宗頤　「『庚寅，何貞：叀𢍜戒，禘于妣辛。（遺珠三六三）戒禘者，祭之前戒告其事。周禮天官：『前期十日，帥執事而卜日，遂戒。』大司寇云：『若禋祀五帝，則戒之日涖誓，百官戒于百族。』此即禋祭時戒告之事也。」（通考一〇八九葉）

严一萍　「殷契拾掇二編一二九版有辞曰：

囗先圍囗𢦔

乙酉𢦔

𢦔字初見，前此未有着录。案即說文『从廾持戈』之戒字。」（中国文字第四卷第十六册一八五三頁）

李孝定　「說文：『戒，警也。从廾持戈，以戒不虞。』又丮部『𢦒，擊踝也。从丮，从戈，讀若踝。』古文偏旁从𠬞从丮每得通用，戒𢦒當本一字，後始分衍為二。『警也』當為朔誼，『擊踝』則别一義也。卜辭戒𢦒二字義均不明，辭云『丁卯卜𢦒』（甲編二一〇）『貞御𢦒子癸冊』（𠂤一五一二、𢦒似為人名。『庚寅卜何貞叀埶戒福于妣辛』，郭讀戒為械，其說亦是。『戒取宁』（𠂤六五七戒似為方國之名。『于辜戒言』（𠂤七六六、此處義不明。全氏收作𢦒固無不可，然許書已分收為二字，且卜辭𢦒戒二形亦未見有顯著相同之辭例可以證為一字，仍以許例分收為二較合。至收後二形以為說文所無字，則偶未察耳。金文作𢦔戒鬲𢦔戒叔尊𢍜𢍜齊侯鎛與契文同。」（集釋〇七九三葉）

伍士謙　「甲骨文尚有一个𢍜字。例句如下：

庚寅卜何貞叀埶𢍜福於妣辛。（遺三六三）

乙酉𢍜。（綴二·一九二）

𢦏取寧。（𠂤六五七）

从這少数的例句中，似乎也可以释献，即双手捧戈之形。或依字形释為戒，从例句研究，似不切。暂存疑。（甲骨文字考释　古文字研究論文集八五頁）

按：釋戒可信。𢦏當是𢦔之省。卜辭文多殘缺，用義不明。與夙字形義俱乖，不得混同。

2432

⿹戈己

按：粹三一四三「乙未卜王⿹戈己」，从戈从己。

2433

⿹戈亘

王襄「疑⿹戈亘字」（類纂存疑第十二第五十九葉下）

按：南明二〇〇有⿹戈亘字，从戈从亘聲。前六·六〇·一形體不類。辭殘，用義不詳。

2434

⿹戈酉

按：字从「戈」、从「酉」，在卜辭為祭名。

2435

⿹戈酉

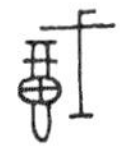

按：合集三〇九四六辭云：「叀入：：·⿹戈酉彭，王受有祐」為祭名，當與2434之「⿹戈酉」為同字。

2436

按：合集二二〇四三辭云：

「丁未……不征𢦏，翌庚戌；
丁未卜，其征𢦏，翌庚戌」
為方國名。

2437

按：字不从羽。合集二三五三四辭云：「……大貞，令𢦏子奠𢦏……」為人名。

2438

賊 

按：字从「戈」从「貝」，隸可作「賊」。辭殘，其義不詳。

2439

戌 

羅振玉 「卜辭中戌字象戉形，與戉殆是一字。古金文戌字亦多作戉，仍未失戉形。說文解字作戌，云：『从戊含一』。於是與戉乃離為二矣。」（殷釋中四葉下）

孫詒讓 「戌多作𢦏，亦作𢦒。金文頌鼎作戌，師寰敦作戉，並與此相近。」（舉例上二葉上）

葉玉森 「卜辭戌作□□□□，上槃○○◊○形，戌字則槃▷▷□形，與戉形迥別，形殊𢇍異，文自不同，羅氏謂戉戌一字，尚待商榷。予疑戌古戚字，大雅『干戈戚揚』，傳云：『戚，斧也』。卜辭戚字正象斧鋒，耑平直。商氏類編中載一體作□，形微近弧，仍為斧形。後人或以戌為支名所擅，乃別造戚字。」（前釋一卷七葉上）

商承祚　「戊戌戉古為一字，金文戉作戉，鄦虢仲段又作戉，鄦恵鼎戉作戉，陳導又作戉，戉寅鼎戉作戉，虢季子白盤後乃嚴為分用」。（佚考三葉下）

郭沫若　「說文『戌，滅也，九月。昜气微，萬物畢成，昜下入地也。五行土生於戊，盛於戌。从戊一，一亦聲』。案此亦字之訛變，古文實不从戊一。骨文作戌若戌，金文作戌，（頌鼎）若戌，（鄦恵鼎）均象鉞形。頌敦之『甲戌』作戌，吳大澂以為戚字假借，案此實古文歲字也。古文歲戌本通用，戌者歲之轉，與陰陽對轉之聲相近也。許以五行生勝之說釋干支，此乃後之事，不足為據。要之古十二辰第十一位之『戌字象戉形，與戉殆是一字』，羅氏之說確無可易」。（甲研釋干支三一葉下——三二葉上）

李孝定　「說文：『戌，滅也。九月陽气微，萬物畢成，陽下入地也。五行土生於戊，盛於戌。从戊含一』。古文戌字象兵器形，與戊戉戚之形製並近。戉戚斧本一物，說戉訓大斧，戚訓戉可證。羅謂字象戉形當是。金文作戌頌鼎 戌頌壺 戌 戌頌段 戌同上與成同 戌鄭虢仲段 戌呂鼎 戌休盤 戌師虎簋 戌無恵鼎 戌康鼎 戌遹鼎 與戊同與契文小篆均同」。（集釋四四一七葉）

姚孝遂　肖丁　「723 (1)『來戌帝其降永，在且乙宗，十月卜』(2)『……帝不降永』，似当作『來戌』。卜辞曾有『戌』作戌之例：第小辞戌有更改的痕跡，屯南2629：『今來戌受禾』，甲2511：『受年今戌』，京津3904：『今戌』『今戌』均当是『今戌』。」（小屯南地甲骨考释七五頁）

唐兰　参子字条

按：契文戌字作戌、戌、戌諸形，變異多端，要皆象斧鉞類之兵器。徐灝段注箋「疑即斧戉之戉，借為辰名，小篆變其體耳」。此即羅振玉說之所本。契文戉戌有別，葉玉森已言之。謂為戚之初形，亦不可據。

2440

成 

王襄　「古成字。」（類纂正編第十四第六十三葉下）

屈萬里　「从丁，不从口，乃成字，非咸字。」（甲釋四一九葉三三〇四片二辭釋文）

陳夢家　「說文戊部成字从戊丁聲，西周金文則从戊丁聲。卜辭口耳之口作『口』，丙丁之丁作『口』，兩者是有分別的。咸戊之『咸』从戊从口，成湯之『成』從戊從丁。有此分別，則我們向來猶疑不定的人名咸，纔得解決。成與先王所處的地位跟大乙、唐完全一致，成由此可知大乙、成、唐並是一人，即湯。大乙是廟號而唐是私名，成則可能是生稱的美名，成唐猶之武湯。」（綜述四一一——四一二葉）

屈萬里　「□，師田父尊，史頌毀成字均如此作；類纂（正一四）釋成，是也。」（甲編考釋一〇五葉）

李孝定　「說文『成就也从戊丁聲𢦩古文成从午』此从戊从丁，金文亦从戊从丨，丨疑金文丁作■之為變，象从戊者蓋形為也。契文咸作□，其別至微，說詳二卷咸字條下。又叢寫定咸字條時嘗引瀕一、四、三辭，辭云『出于咸，出于大丁，出于大甲，回于且乙』謂咸之祀典與先王比隆，比諦審是辭第三文作□實乃成而非咸，成地位正與大乙相當，陳氏之說是也。金文作□頌鼎□此頌簋□善夫克鼎□格伯簋並从戊从丨。惟沇兒鐘作𢦩，从戊从丁而於丁字下垂長畫中著一點，此例古文多有，狀似从午，為許書古文所本。又許敬參徵壼書存真九十葉云『□字从戊从8午與許書成之古文作𢦩从午者正同，當是成之古文』。按契文成均从戊無戊者，許氏所引未見注明出處，當是戊午二字合文，非成字也。」（集釋四二五八葉）

陳初生　「說文十四下：『成，就也。从戊丁声。𢦩，古文成，从午。』『成』字甲骨文作□、□、□，金文作□、□、□，从戊从丨。丨為棒杵之形。沇兒钟作𢦩，与說文古文同。」（商周古文字讀本四〇八頁）

按：陳夢家論「成」、「咸」之別，謂「成」與「大乙」、「唐」並是一人，即「湯」，其說是正確的。但謂成「可能是生稱的美名」則不可據。卜辭或稱「成」，或稱「唐」，「成唐」無連言者。或「成」，或「唐」，典籍作「湯」，並為音假。殷商先王均以天干為廟號，由於商湯始有天下，地位獨尊。如根據張光直商王廟號新考之理論，可能是不同之世系爭以為宗主。故或稱「大乙」，或稱「成」，或稱「唐」。「成」為「丁」系，「唐」為「庚」系。自祖甲卜辭以後，統稱為「大乙」。「□」在卜辭皆為地名，而「成唐」之「成」，皆作「□」，無作「□」者。

2441

㳚 □

陳夢家 「說文歲字從戌得聲，卜辭歲從□與戌字稍異，古或許是一。㳚當是濊水。戰國策楚策一『睢濊之間』，淮水注則謂『睢澮之間』；水經注的澮水即濊水，亦即今世的澮水。澮濊音同。澮水入淮處在今五河縣，臨淮關之東北。」（綜述三〇六——三〇七葉）

按：字从「水」、从「戌」，隸可作「㳚」。英二五六四辭云：「……王步于㳚，亡巛」為地名。

2442

□ □

孫海波 「後編卷下第二十四頁三版：『貞丁宗口□亡𡆥。』□字商承祚先生釋益戊二字合文，竊疑當是盛字。說文：『盛，黍稷在器中以祀者也，从皿成声。』金文曾伯簠作盛，右偒鼎作盛……並从皿从成省，与此同。□外加四点作∷者，示盛黍稷以祀丰满外溢之意。文曰『貞丁宗口盛，』盛亦祭名，殆盛黍稷以祀之礼歟。」（卜辞文字小记，考古学社社刊第三期六十四頁）

孫海波 「商釋益戊二字合文，竊疑當是盛字，从皿从成省，與金文同。許訓『黍稷在器中以祀也』。此从∷示黍稷豐滿外溢之形。」（考古社刊考古三期六十四葉）

李孝定「孫氏釋此為盛可从，惟謂『此从巛示泰稷豐滿外溢之形』以附會許說，則似有可商。竊疑盛之朔誼為滿，與益同誼。此殆象水外溢之形，盛為形聲，益則為會意耳。辭云『貞丁宗曰盛亡匄』，後下二四．三，其義不明。金文作曾伯簠史免匡盛季壺或从成者，與契文同。」（集釋一七〇五葉）

按：釋盛不可據。字不从成，不得謂从成聲。所據金刻，皆春秋以後器，可證盛字較晚出。合集二六七六四辭云：「壬申卜，出貞，丁賓尸毗，亡匄？」為祭名。

2414

2443

咸

孫詒讓「此當是咸字，說文口部：『咸，皆也，悉也，从口从戌。戌，悉也』。此戌作叶，與日名正合。金文駱子卣作，父甲鼎作，亦與此相類」（舉例下十九葉）

羅振玉「伊尹、咸戊之名，或但舉一字曰伊曰咸。又白虎通姓名篇：『臣名亦得甲乙生日名子，殷有巫咸有祖己也』。王氏經義述聞云：『巫咸今文作巫戊，白虎通用今文尚書故與古文不同。後人但知古文之作咸，而不知今文之作戊。故戊為咸耳』。今卜辭有咸戊，殆即巫咸矣」（殷釋上十三葉下）

羅振玉「說文解字：『咸，皆也，悉也，从口从戌。戌，悉也』。卜辭與古金文（及駱子卣、孟鼎）皆从戌」（殷釋中五十七葉下）

葉玉森「咸為巫咸亦即咸戊，宜若可信。酒誥以成湯咸並舉，卜辭中固有此文例。如云：『癸酉卜貞大乙伊其囗』（後上二二．二）伊即伊尹伊，與大乙亦並舉，可證酒誥之成湯咸塙為成湯與巫咸，陳氏之說信也」（前釋第一卷三十九葉背）

吳其昌「『咸』者，在卜辭又作『咸戊』，續一．四三．五，又一．四三．六，新獲三六〇。而在經典群籍，則或作『巫咸』，或作『巫戊』矣。以卜辭考之，則巫咸曾下及祖乙同時，卜辭有云：『丁亥卜貞翌戊，按原脫「子」字用三犬于咸。酒于且乙』。燕一一一．其明証也。且曾更下及而与且辛同時，卜辭有云：『貞㞢于咸。令御于且辛』。林二．三．一其明証也。按經典皆以巫咸為大戊時人，而上舉二片卜辭及本片乃以「咸」為且乙且辛時人，兩說不同者，攷太平御覽卷八十三引史記曰：「帝仲丁在位十一年。帝外壬在位一十五年。帝河亶甲在位九年。帝祖乙在位十九年。」是自大戊至于且辛，中間相距，凡五十四年巫咸但須中壽，即可上下相逮。是御覽所徵之古逸史記，必先秦故书，远有端緒，而异汉人牛腹玉杯之书矣。

至于巫咸史献之見於經籍者：一見于周書君奭「在大戊時，則有若伊涉，臣扈，格于上帝，巫咸乂王家。」今文尚书作「巫戊」王引之經义述聞四有詳辨，疏釋于下「咸巫」片。馬融注曰：「巫，男巫也。名咸。」二見于書序咸乂篇。畧。三見于史記殷本紀：「帝大戊立，伊涉為相。伊陟贊言于巫咸，巫咸治王家有成，作咸艾。」四見于史記天官書：「昔之傳天数者：……殷商巫咸。」五見于封禪书。畧。六見于秦詛楚文，作「丕顯大神巫咸」。絳帖。七見于離騷「巫咸將夕降兮」王逸注：「巫咸，古神巫也，当殷中宗之世。」說者曰：「巫咸，殷賢臣。」一云：「名咸，殷之巫也。」」八見于呂覽勿躬：「巫咸作筮。」九見于世本作篇，十見于說文巫部，並云：「巫咸初作巫。」此外又杂見于尸子逸篇御覽五三。引山海經海外西經，大荒西經，白虎通姓名，論衡言毒篇，汉书郊祀志，五行志，人表……等者，尤不煩悉举。馬融、王逸皆以「咸」為其名，尤与卜辞相符。而王逸以謂咸在殷中宗時，尤必為夙昔相傳之古說。尚书家僉以大戊為中宗，但卜辞則明有「中宗且乙」之文（續·一·一四·六），則「咸」实為殷中宗祖乙之臣。頗疑「咸為殷中宗臣」，其說甚古，但后人已不知殷中宗為誰，第見君奭篇中記大戊时之有巫咸也，遂忖度所謂「殷中宗」者即大戊矣。故遽誤以大戊当殷中宗耳。由卜辞观之，則似「咸」虽可上及于太戊，然不过始起之時耳，而其大部作业之時間則固在中宗祖乙世矣。封禪书且明云：「湯八世至帝大戊……巫咸之兴自此始。」可以楚辞注及卜辞相焰应而互証矣。」（殷虚书契解詁第七四——七六頁）

吴其昌

「咸字，貞戊碪形毁作□、文癸尊作□、咸口鼎作□、文癸尊作□、父甲鼎作□、𤉧敦𤉧作□、史獸鼎作□、矢彝作□，從第一字觀之，始知咸之本義乃為一戊一碪相連之形。迨其後碪形之口衍变成口，於是戊形雖顯，而碪義遂湮。由今考之，咸為一戊一碪相連之形，正猶斧毁之吉作吉，亦象一斧一碪相連之形耳。一戊一碪相連，是可以殺也，故咸之本義為殺。書君奭「咸劉厥敵」，又佚周書克殷解「則咸劉商王紂」，咸劉連文，其義皆殺也。爾疋釋詁「劉，殺也」，說文「鎦，殺也」，左傳成公十三年呂相絶秦文「虔劉我邊陲」，杜注「劉，殺也」，皆可證。」（金文名象疏證兵器篇）

陳邦懷 「書序云『伊陟贊于巫咸，作咸乂四篇』，史記殷本紀云『巫咸治王家有成，作咸乂』，二書稱巫咸為咸，足證羅參事之說。又按尚書酒誥『自成湯咸至于帝乙』之咸，亦即巫咸。酒誥曰『自成湯咸至于帝乙成王畏相』，偽孔傳云『從湯至帝乙中间之王猶保成其王道，畏敬輔相之臣不敢為非』。考酒誥以咸與殷王並舉者，以其治王家有成。君奭云『巫咸乂王家』，是也。所謂成王者，指成湯至于帝乙中间之王也。所謂畏相者，專指咸而言也。如偽孔說：從湯至帝乙中间之王猶保成其王道，則句中不須咸字文義已足。」（拾遺十四至十五葉）

饒宗頤 「『咸』即『巫咸』。書君奭：『巫咸乂王家』。書序作『咸乂四篇』，但稱曰『咸』，與卜辭同。」（通考一四八葉）

饒宗頤 「咸即尚書君奭之巫咸，白虎通姓氏篇作巫戊，卜辭亦作咸戊，或單稱咸。近陳夢家改讀从口从戊之字為成，謂即成湯之成，與从口之咸釐為二名。然成湯者稱曰成，古籍乏證，茲仍舊說。」（巴黎所見甲骨錄一四葉）

張秉权 「至於咸，則又像上帝一样可以讓大甲和下乙『賓于咸』，可見咸在殷人心目中的地位，似乎次於帝而又比大甲和下乙更高一层，譬如乙編二九七七：

父乙宾于祖乙？

父乙不宾于祖乙？

在世系上，祖乙的地位比父乙為高，這是大家都知道的事情。从前，人们总以為咸就是殷代的賢臣巫咸，只有胡厚宣氏曾经认為他是殷代的『先公先王』，但在同一篇文章里，又认為他是『先臣』，前后异說，未免自相矛盾（注一）。及至最近，有人认為咸就是成湯（注二），但是却把卜辭中的『咸』字，分解為从丁的『成』和从口的『咸』字，以為『咸』是巫咸，『成』是成湯，這种說法，虽則新异，但只是根据一些零星碎片而立論的，不能解释所有的卜辭，譬如，在這一版上，咸是从口的，但是如果把他当作巫咸，那就錯了，他的地位应該是相当於一个先王，世次則在下乙和大甲之前的大乙（成湯）（說詳圖版叁捌考释）我们知道卜辭中如露、霰等字所从的『日』，有時就作『口（丁）』形，日口二形相近，原就容易相混，而且在卜辭中一个字有好几种不同的写法，亦是常事，譬如這一版上的賓字，就有二种不同的写法，圖版叁壹至叁伍那一套腹甲中的賓字，又有另二种的写法，這四种不同的形体，在意义上，没有兩样，都是『賓』字，所以无須也不必將它们分解為四个字的。明乎此，則咸字的不必強分从口与从丁，也說无須多加說明的了。」（殷虛文字丙編考释第六九頁）

（注一）見卜辭下乙說第八頁及第四頁。

（注二）見殷虛卜辭綜述p.p.四一一。

張秉权

「在第（一九）辭中，明明白白地記載着咸是『五示』之中的一示，他的世次，在大丁以前，上甲以后。而在這二人中间的先公先王，有報乙，報丙，報丁，示壬，示癸，大乙（成湯，唐）等六人，其中祇有大乙是先王，而且是开國的元首，其余五人則為先公，在這六人之中，誰最有資格，相当於咸呢？我们知道咸是和大甲，下乙一样地『賓于帝』的，而且在『大甲賓于咸』和『下乙賓于咸』的時候，他的地位伊然代替了上帝。至少他的地位是高於大甲和下乙的，這由『文乙賓于祖乙』及『文乙不賓于祖乙』（乙编八九六：二九七七）等辭可以証明的。有時，他和太宗大甲一样，可以有威力『保我田』：

□□（卜），穷貞：大甲保（我）（田）？

貞：咸（保）我田？（乙编六三八九）

有時，又和祖乙一样，可以令王害病

王疾不隹咸？

王疾不隹祖乙？（乙编三九八七十三九九一）

而且卜辭所載对於咸的祀典，亦非常隆重，今略举数例如下：

（一）乙亥卜，爭貞：桒于咸十牛？（前一．四四．二）

（二）辛亥卜，爭貞：令來乙卯出于咸十牛？（乙编四七六一）

（三）貞：令日出于咸三牛？（乙编二三〇七）

（四）丁亥卜，貞：令日用三豕于咸？

丁亥卜，于羽戊用三豕于咸？（契一一一）

丁丑卜，令來乙酉出于咸五宰？七月。（續一．四八．三）

（五）

（六）出于咸冊代？（乙编六〇四三）

（七）彡酒于咸？（戩一．一三．一七）

（八）貞：出卩旧咸宰？（通五二五）

（九）戊戌卜，殸貞：由咸先酒？（乙编一九〇四）

（十）戊（申）卜，☐庚戌余桒于咸允若？（粹四二六）

（十一）甲辰（卜），（王），羽乙巳賁于咸一羊？（佚八四九）

（十二）甲午卜，争貞：王穷咸日？（乙编七五二〇）

（十三）旧咸告至于丁？

勿自咸告？
告于上甲眔咸
勿告？（沐編圖版貳叁考释，插圖叁）

（十四）貞：出勿自咸？（后上九．九）

像這样享受隆重的祀典，具有作咸作福的权力，在那六人之中，只有大乙（成湯，唐）是最有資格的，而且从卜辞里也可看出這五示中的咸所处的地位，正相当於其他記載世系的卜辞中的大乙（成湯，唐）譬如：

□未卜，桒自上甲，大乙，大丁，大甲，大庚，大戊，中丁，祖乙，祖辛，祖丁十示率牡？

□申卜，☒从，辛酉☒自上甲，大乙，大丁，大甲，大戊，大庚，中丁，祖乙，祖辛，祖丁率☒？

□□卜，桒雨自上甲，大乙，大丁，大甲，大庚☒？（佚九八六）

這是一塊胛骨上的三条卜辞，是卜問十示的合祭，除了上甲而外，其余的都是先王，都是以大·

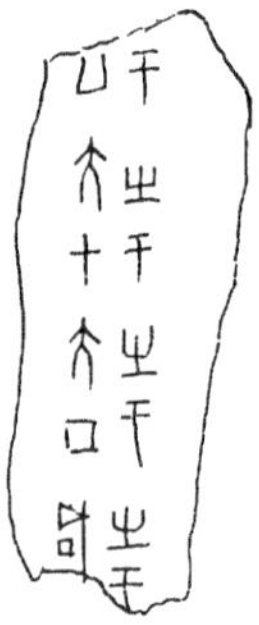
B 前1.4.3

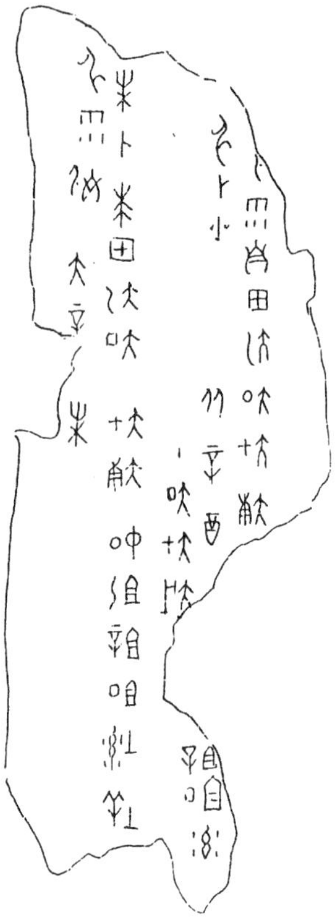
A 佚986

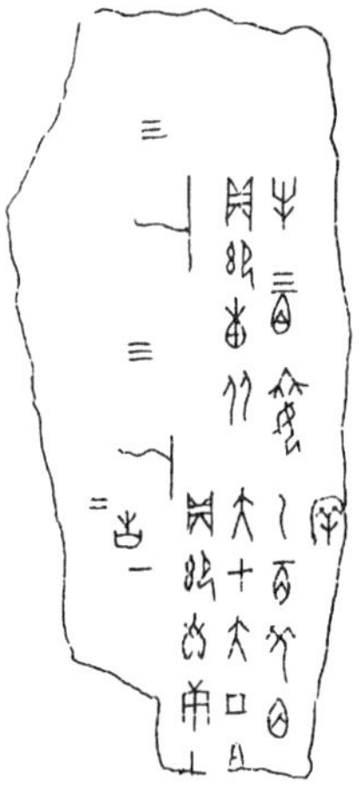
C 佚873

乙承接上甲的，其中第二条以大庚承大戊，与其余兩条不同，大概是契刻者的「筆誤」，所以次序顛倒了，像這一类顛倒次序的錯誤，在卜辭中，也是常有的現象，譬如：

貞：知自唐，大甲，大丁，（祖）乙？（洪八七三）

就是誤將大甲放在大丁的前面了，卜辭固然是研究殷代文化最直接的材料，但是材料的本身，有時也不免會有若干錯誤的，所以我们在引用卜辭時，也和引用其他的古書一样，先要下一番校刊的功夫，从這几条卜辭中的世系，可以看出五示中的咸，正相当於大乙（唐）。現在我们再看看卜辭中，其他的三示或五示合祭的情形：

三示：□亥卜，貞：☒三示知大乙，大甲，祖乙五宰？（洪九一七）

五示：乙丑卜，大貞：于五示告丁，祖乙，祖丁，羌甲，祖辛？（洪五三六）

那些「示」都是先王，決沒有在若干先王的中间，忽然加进一个「先臣」的現象，這也可以反証五示中的咸是先王，是大乙，而不是先臣巫咸。況且巫咸在大戊之世，与本版及乙编五三○三卜辭的世次也不相合，金文有「咸文乙鼎」，鼎的时代虽不能十分确定，但其称「咸文乙」，倒是頗堪玩味的。又詛楚文：「丕显大神巫咸」，則称咸為王，又禮記緇衣篇引尚書逸文尹吉曰：「惟尹躬及湯咸，有壹德」，假使我们不照傳统的断句法。而在「咸」字断句，則湯咸豈不成了一个名詞而和成湯，成唐，成文乙等一样？不过這些旁证，却沒有卜辭自身的证据來得直接而有力，本版就是一个最有力的直接例证。（殷虛文字丙編考釋第七二——七五頁）

李孝定

「說文：『咸，皆也。悉也。从口从戌，戌，悉也。』契文正从戌从口。羅氏謂為从戊，非是。卜辭之咸亦稱咸戊。前一·四三·五辭云「貞出于咸戊」，甲編二六·四辭云「丁未卜廷出咸戊」，是也，即經籍所見之巫咸。亦稱巫戊者，蓋咸戊稱咸自亦得單稱戊，巫，則其職官之稱巫咸，巫戊，非今古文之異也。咸戊為殷之元臣，故其祀典與先王比隆。前一·四·三辭云「出于咸出于大丁出于大甲囗于且乙」（注）可證。又後下十八·九辭云「貞咸大甲☒」，亦咸與先王並舉，可與酒誥相發明。卜辭又有𢦏字，从戌从丁，當释成。辭云「乙亥卜爭貞求于成十牛」（前四·二一）「癸酉卜出于成六月」（前四·一一·四）「口出卜口成口宰」（後上九·九）「口酒于成」（甲三·一二）當即殷之先王成湯，卜辭稱唐，亦稱成也。友人張秉權兄見告，丙編四一片辭云「翌乙酉出伐于五示上甲成（𢦏）大丁大甲且乙」，成之位置在上甲之後，大丁之前，自非成湯莫屬也。咸之與成一从口，一从丁，契文作「口」，篆文之別甚著，而卜辭之別甚微，宜加明辨也。金文作[字形]咸鼎 □[字形]婦女簋 [字形]矢簋 [字形]史獸鼎 [字形]盂鼎 咸秦公簋 咸國差𦉜」

（注）前一·四·三辭字作「𢦏」，似是从丁，若然，則字當釋成，與丙編四一所紀世次相同。至後下十八·九·一辭，則確是咸與大甲並稱也。」（集釋〇三七二葉）

趙诚：「咸，甲骨文写作𠂤，构形不明。卜辞用作副词，表示完成，有『尽』、『皆』、『已经』之义：

咸伐，亦雨。（丙二〇九）——全都进行了伐祭，仍然下雨。孤立起来看，咸和既似乎完全一样。如果参看它们用在同一条辞里的情况就能感到它们之间的差别：

丙申卜，㱿贞：来乙巳酒下乙。王固曰，酒，隹㞢希。其㞢设。乙巳酒，明雨，伐既雨，咸伐亦雨。啟卯鸟星。（丙二〇七）——既仅表示完成；咸不仅表示完成，而且还表示全部。」（甲骨文虛词探索，古文字研究第十五辑二八二页）

按：甲骨文咸字从戌从口，與小篆同。許慎以為「咸」字从「戌」是「戌，悉也」，實屬牽強，徐灝已辨之甚詳。徐鍇改為从口戌聲。朱駿聲曾疑為喊之本字，認為「字从二口，猶俗憾之从二心；俗暮之从二日；俗燃之从二火；俗捧之从二手；俗剪之从二刀也」。這些都是非常卓越的見解。吳其昌以口為礎形，非是。「咸」乃「戌」之孳乳分化字，增「口」以示區別，與「[illegible]」、「唐」諸字同。

卜辭「咸」為舊臣名，亦稱「咸戊」，當即典籍的巫咸。在商代祀典中，地位甚為尊崇。卜辭云：

「咸穷于帝」

「大甲穷于咸」

「下乙穷于咸」（丙三九）

「咸允佐王」（乙七五〇九）

其地位當不在伊尹之下。陳夢家區別「成」、「咸」兩字是正確的。「成」指「湯」，卜辭稱「唐」，亦稱大乙。

卜辭「咸伐亦雨」（合四八一、乙六六六四），此咸字當如說文訓「皆」、訓「悉」。

2444

⿰束戉 ⿰束戉

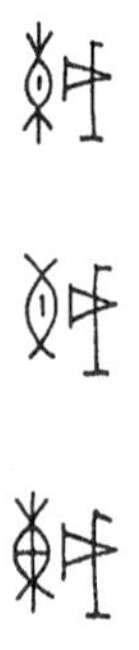

饒宗頤「⿰束戉字从戌𣏟，象束絲形。殆『幾』之本字。幾原从糸，後乃从丝，如畜之作蓄，是其比。隸定應作『綫』，此字習見，為用牲名，即⿱幾皿也。周禮犬人：『凡幾珥沈辜。』字亦作『⿱幾皿』及『祈』。」（通考一四二——一四三葉）

張秉权

「□字不識，楷写為𢦔，罗振玉以為二字之人名（註一），郭氏以為『是动詞，且与祟𡌬諸字為近』（註二）。按郭說近是，這的確是一个与祭祀有关的字，譬如：

𢦔于東？

勿𢦔于東？

貞：𢦔于南？

勿𢦔于南？

貞：𢦔于西北？

勿𢦔于西北？（《乙編》四七三三）

𢦔于西南帝介卯？

勿𢦔西南？（《丙編》四四）

等卜辭都是关于四方的祭祀，又如：

已丑卜，𣪊貞：𢦔于丘商？四月

貞：勿𦱋𢦔于丘商？（《乙編》五二六五）

等卜辭都是关于都邑的祭祀。又如：

貞：𢦔于王亥十牛？（《乙編》七一六一）

貞：𢦔于王夨？（《前》一．四五．三）

勿𢦔于大甲？（《粹》一五八）

勿𢦔于黄尹？（《丙編》七五）

等卜辭都是关於先祖及先賢的祭祀。所以說它与祟𡌬等字的性質相近，亦无不可。」（《殷虚文字丙編考释》第二五五——二五六頁）

（註一）見《殷虛书契考释》增訂本上p．一一

（註二）見《卜辞通纂考释》p．六九

于省吾說參□字条下。

按：字从「朿」、从「戈」，隸可作「𢦔」。卜辭皆為祭名。

按：合集一〇五一正辭云：「貞，𢀛勿涉于□；𢀛涉于□」為地名。

2446

戚 □ □ □

姚孝遂　肖丁說□參□字条下。

姚孝遂　肖丁

郭沫若先生《粹考》疑「□」、「□」同字，亦作「□」。《摭续》7：「□」為「戚」字，但未加以說明。《摭续》20：「貞，陟大𢆶于高且王（亥）：□」「……亥貞，陟大𢆶于高：以□」「□」或「□」或「□」象戈戉形，于卜辞均用為某种祭祀仪式之名。」（小屯南地甲骨考释四頁）

考古所　「□：疑即□之异构。」（小屯南地甲骨一一五八頁）

林沄　「甲骨文中有一个□字，郭沫若殷契粹编释作戚。该字又作□、□，……。郭沫若把该字释为戚，並未说明理由，故未得到公认。孙海波甲骨文编修订时，该字仍归于附录。而金祥恒续甲骨文编竟将该字混列于戉字条内。岛邦男殷墟卜辞综类则将□与□分列为二字，均缺释。

林巳奈夫在中国殷周时代的武器一书中，举出了安阳侯家庄一〇〇一号墓出土的一种商代玉器——两侧有齿牙形扉棱的钺形器（见图一），与□、□的字形加以比较，认为这两个甲骨文的字形正是这种钺形器装柄后的形象（见该书一五三——一五四页）。这个意见无疑是很正确的。小屯南地新出的一版卜辞中该字作□，象形性最强。从象钺形的戉字有□、□、□等不同写法的存在，可证实□、□、□是同一个字，确象一种有齿柄的特殊钺形器。

图一

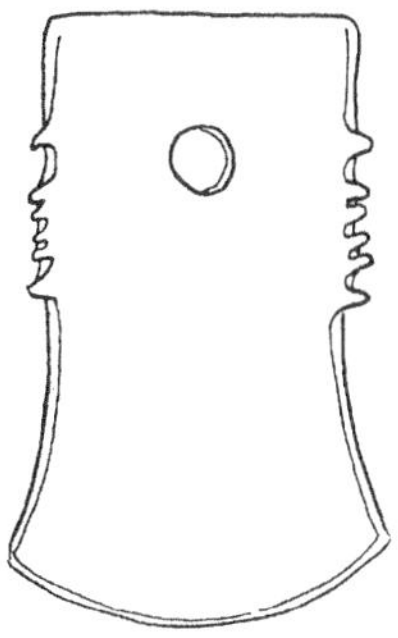

图二

取象于器物的象形字，如果器物名是已知的，这个字也就可以识读了。这种两侧有齿牙形扉棱的钺形器，吴大澂古玉图考著录过（见图二），被吴大澂定名为“玉戚”（见该书九五页）。这倒是和郭沫若把[字形]字释戚暗合的。然而，吴大澂把这种玉器定名为戚，并没有很坚强的证据。他所谈的理由只是“朱干玉戚，见明堂位、祭统。大乐正舞干戚，见文王世子。干戚羽旄谓之乐，干戚旄狄以舞，见乐记。干戚并称，皆言舞器也。说文戚，戉也。诗公刘戚，斧也。是玉形制与斧相似。”如果根据这些理由，我们也可以把两侧不带齿饰的钺形玉器以及任何玉质斧形器都称为玉戚。但吴大澂的定名在古器物研究者中产生了一定影响。近时的考古报告中往往把两侧有齿的钺形器定名为戚，且不限于玉制品。这虽然似乎已经成了“约定俗成”的一种惯例，夏鼐先生在近时发表的商代玉器的分类、定名和用途一文中却批评说：“两侧射出齿牙状扉棱的钺，吴大澂称它为戚，实际上这并没有根据。”（考古八三年五期，四六二页）

林巳奈夫在中国殷周时代的武器中把两侧有齿状饰的钺形器称为“钮戚”。然而他对戚的理解是一种小型的钺（见该书一三三页），凡尺寸较小的钺均定为戚，与有无齿状饰无关。所以才在“戚”上加形容词“钮”来专称有齿状饰者。当然，钺大戚小是段玉裁注说文时就采用的说法，历来颇有影响。但这种见解只能说和古籍中有关戚钺的记述和训释没有直接矛盾之处，也是缺乏任何积极证据的。

既然在商周时代究竟什么样的器物叫做戚尚无定论，单靠[字形]字的形体和两侧有齿状饰的钺形器作对比，并不能最后解决该字的识读问题。

但是，在比甲骨文晚的文字中，我们发现了字形上和[字形]字有承袭关系的字。东周时代的诅楚文中有“幽剌[字形][字形]”一语，元代周伯琦诅楚文音释读为“幽剌亲戚”。按剌字又见于诅楚文“变输盟剌”一语，显然是约字的异构。郭沫若诅楚文考释认为“[字形]字从女，与上文亲仰之亲迹迥然有别”。又认为[字形]应是或字，“或假为馘，字本作[字形]，虢季子白盘折首三百，执讯五十，是以先行，桓桓子白，献或于王，作[字形]与此形近”。“此之‘幽约[字形]馘’即暗中缢杀[字形]地之被俘者。”实际上，亲仰之亲与亲戚之亲文本有别，在区别字很发达的战国时代，是完全可以有不同写法的。在马王堆汉墓帛书老子甲本后古佚书中，“不戚不亲”之戚作[字形]，“迁于兄弟，戚也』之戚作□。所以，诅楚文之『幽刺敄□』当读为『幽约亲戚』而无疑。故下文接言『拘圉其叔父置者（诸）冥室椟棺之中』，即幽约亲戚的具体事例之一。在文字逐渐由图象向符号转变的过程中，不少图形部分都被简化为单线条。例如，原象钺首形的□、□之简化为□、□。又如原象刃部有齿之斧钺的□、□，在两种子卜辞（即「子组卜辞」）和历组卜辞中均简化为□。由此类推，则□、□、□演化为□是完全合理的。故由已知□之为戚，可反推□、□、□确是戚字。

甲骨文中的戚字有如下几种辞例：

（1）叀丝戈用？

叀丝戚用？（屯南二一九四）

（2）乙弜鼗戚，其雨？

于丁亥奏戚，不雨？

丁弜奏戚，其雨？（粹一五四六‖诚七七，即合集三一〇三六）

（3）……「雨」？

叀戚奏？（安明B一八二六，即合集三一〇二七）

（4）叀戚庸用？（屯南一五〇一）

（5）口亥，贞：陟大钔于高……吕戚？（摭续二〇，即合集三四二八七）

（6）口口，贞：陟大钔于高且……「戚」？（摭续七，即合集三四二八六）

（7）口［亥］，贞：陟……吕戚？（宁沪一·五九二，即合集三四四〇〇）

其中第（1）条中之戚，与戈对贞，看来是指一种武器名称而言。（2）、（3）两条于戚均言『奏』，且与卜雨相关。第（4）条戚、庸并举，而它辞亦称奏庸（如南明六八四、甲六四二一）。裘锡圭认为卜辞中的庸是指一种乐器。故戚有可能又指一种乐舞。吕氏春秋仲夏纪：『命乐师修鞀鞞鼓，均琴瑟管箫，执干戚戈羽，调竽笙埙篪，饬钟磬柷敔，命有司为民祈祀山川百原，大雩帝，用盛乐。』淮南子时则训也有相似的记载，都是把戚和其他舞蹈道具及多种乐器并举，而用于祀神、求雨。可推测商代已有执干戚之乐舞而名『戚』。吕氏春秋贵直所言『殷人有『干戚之音』，殆非虚语。（5）至（7）条当为同辞异刻，可以互相补足。全辞应是『口亥，贞：陟大钔于高祖王亥以戚』，至于是以戚这种器物为献祭品，还是献奏戚舞，尚难断言。

由于从字形演变和辞例验证这两方面可以确定甲骨文中的□、□、□是戚字，则历来一直未能弄清的戚钺之别的问题，就得到了一个解答：戚是一种特殊形式的钺，即两侧有齿牙形扉棱的钺。许慎说文：“戚，戉也。”是以公名训专名。诗公刘“干戈戚扬”，毛传：“戚，斧也；扬，钺也。”左传昭十五年“鏚钺秬鬯，彤弓虎贲”，杜注：“鏚，斧也；钺，金钺。”也都不能算错，因为钺亦训斧，说文：“戉，斧也。”但看来自汉以降对先秦之戚的具体形制可能已模糊不清，所以在训释字义时，只是笼统地说明戚的类属罢了。

附带说一说，马王堆帛书中“不戚不亲，戚而苟能亲之”等语的戚字又作慼，附加了人傍心傍。这是因为𢦏原象武器之形，作亲戚之义用是假借。亲戚关系属人事，故可加人傍，亲近之意作为一种心理状态，亦可加心傍。在汉印中，戚姓之戚均作傶、傶或傶，是把人傍和𢦏或戕合并为一体。韩勅碑中地名“彭城广戚”之戚作傶，是把𢦏形的竖划分离而下移。杨统碑“豐贵戚专权”之戚写成傶，是另一种分离方式。夏承碑“群戚”之戚作慼，谯敏碑“亲戚”之戚作慼，是在分离形体后又使戚重新从戉（戉字原由戉形分化而成）。直到北魏汝州刺使元彬墓志中的戚字仍作慽。都是在一定程度上保持了戚的象形字原作形的古老传统。与说文所收以尗为声符的形声字非属同系。”（说戚，我古文字研究第十七辑一九八——二〇二页）

按：此當與2447合併，說見該字條下。

2447 戚 

姚孝遂　肖丁　説中参中字条下。

按：郭沫若釋「戚」，林澐進而詳加申論。説文：「戚，戉也。从戉、尗聲」。而説文訓「戉」為「斧」。實則「戚」類於斧鉞而與斧鉞有别，「戚」為後起形聲字。

2448 戉  

羅振玉　「説文解字：『戉，斧也。从戈，𠃊聲』。按戉字象形，非形聲。古金文戉作，（戉尊）與此同」。（殷釋四十六葉下）

王襄　「古戉字。許說斧也」。（類纂正編第十二第五十六葉下）

葉玉森　「戉乃國名，疑越省」。（鉤沈二葉下）

饒宗頤　「按『戉』亦稱『戉方』（續編二、二一、一一）又有『西戉』（綜述引拾磨三一六云：『……伐西戉……余其比……』）戉即『越』。佚周書世俘解：『呂他命伐越、戲方』。即殷之戉。春秋桓元年：『及鄭伯盟于越』。杜注：『越，近垂地名』。垂為衛地，又宣八年傳亦有越。春秋大事表云：越在山東曹縣，此殆古之東越，與此之為西越別」。（通考一九六——一九七葉）

許敬參　「戉即殷臣傅說」。（考古三期八八期）

李孝定　「戉為單體象形，羅說是也。字在卜辭為方國之名或人名。葉謂疑越省。按金文吳越字但作戉，如者沪鐘『隹越十有九年』字作□、越王矛作□、越王劍作□，或又从邑作□越王劍是國名之越古但作戉。後以其為方國之名故又增从邑作，及後始以度越字為之，非古文省作戉也。其為人名者許氏以為即傅說，待考。金文作□父癸甗□虢季子白盤」。（集釋三七九五葉）

屈萬里　「戉，方國之名；蓋殷之諸侯。……逸周書世俘篇：『呂他命伐越、戲方』。朱右曾集訓校釋云：『越，未詳』。春秋桓公元年：『公及鄭伯盟于越』。杜注：『越，近垂地名』。注又云：『垂，犬丘，衛地』。疑卜辭之戉，即逸周書世俘篇及春秋桓公元年之越，其地在衛；於殷時蓋近畿之國也」。（甲編考釋二八一葉）

按：吳大澂說文古籀補云：「古戉象形字。立戉尊作□，許慎說戉斧也。今所傳古戉或作月形，或作半月形，此象半月形也」。說文割裂戉字以為形聲，非是。卜辭為人名，亦為方國名。

2449
我

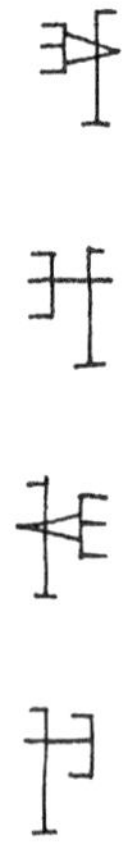

羅振玉　「說文解字我从戈从手。手或說古垂字，一曰古殺字。古文作𢦐。盂鼎作找與此同。知許書古文作𢦐者，乃由找傳寫之譌矣」。（殷釋七十一葉下）

王國維 「我字疑象兵器形，訓余為借義。」（引朱芳圃甲骨學文字編十二卷八葉）

葉玉森 「按卜辭我之異體作□□□，从戈从□□□，疑象足形。甲骨文字卷二第十五葉之□，殷虛卜辭第四百三十一版之□，其足形亦為□□，並與商尊空白足形之□相似。填實之則成□□□，足形尤顯。變作□从□，已譌，復變作我从手則誤足形為手形，與許書古文近。又變作□□□，則愈譌矣。予既斷定我之戈上為足形，乃妄推其誼。疑足形乃戈上附着之兵，如戊戌類，而有鋸鋒五，若趾。□象三趾，舉三以概五。猶□（止）亦象三指，其音當與我近，乃假借為訓予之我。猶篆文□本杼之初文，□象杼，丨象引出之絲。予杼古音同，乃假借為訓我之予也。」（前釋一卷六十五葉上）

王襄 「說文解字：『我，施身自謂也。或說我，頃頓也。从戈手，手，古文垂也。一曰古文殺字。古文作𢦐。』按許書古文垂作□，古文殺作□、□、□。惟垂之偏旁□，殺字第三古文□，其偏旁□及□与古文我之偏旁□近。契文之我，从戈从□，或从□。盂鼎作□，师寰敦作□，皆与契文類，疑古文我由戈嬗变而來，所从之□象古戈内末三垂之形，三垂之形，三垂乃戈之飾，古戈世傳有加飾者，即上文所引与金书或琱鏤畧形面者皆似卫之器，春秋昭公元年左氏傳『二執戈者前矣』之戈是，不加飾者，為击刺之器，春秋文公二年左氏傳『狼瞫取戈以斬囚』之戈是。故金文戈字有□、□二体，契文作□、□、□亦一証。」（古文流変臆說四二——四三頁）

孫海波 「說文『我施身自謂也或說我傾頓也。』以傾頓義為長，卜辭及金文我象立戈之形，有停頓意。从我之字如俄騀均有傾頓之義，是我本誼當訓頓戈，段而為名謂字也。」（考古三期五十六葉）

孙海波 「说文：『我，施身自谓也，或说我，倾顿也，从戈从手。手，古文垂字，一曰，古文杀字。』卜辞作□（前二·十六·二）□（三、三十·三）□（後上十三·四）金文作□（盂鼎）□（名白𣪘）□（散氏盘）□（叔向𣪘），并象顿戈之形，而用为自谓之辞，殊费说解。此字以形言之，以或说倾顿也之义为长。弋乃主戈之形，□为顿戈之器。周书曰：『称尔戈，主尔矛，』称戈主矛，有停顿之义。再证以从我之字：俄，顷即须臾，有停顿小止意。騀，马摇头也，摇头亦倾俄。是我本谊当训顿戈，浸假而为名谓字，徒取其声，非袭其义。许君不察，训为『施身自谓，』胥失之矣。」（卜辞文字小记，考古学社社刊第三期五十五页）

饒宗頤　「『丁丑卜，韋貞：吏人于我』（續編五、一六、七）此我謂地名。或讀我爲論語八佾『儀封人』之儀。（丁山說）按墨家有我子，六國時人，見姓纂引風俗通。姓氏之我，當自殷之我地得名。他辭云：『……卜，穷貞：我叶王事。……貞：我弗其叶王事。』（屯乙四九五三）存甲同版又見『𠬝叶王事』，則我字乃人名。」（通考七〇五葉）

白玉峥　「峥按：我字，于卜辞中，义训甚多：

1、为第一人称之指称词者，如：

甲辰卜，争贞：我伐马方，帝受我祐？一月。　乙五四〇八

壬辰卜，争贞：我伐羌？　佚六三七（簃一·五九六）

贞：寅尹崇我？　续五·二一·四

2、为地名或国族名者，如：

丙寅卜，争贞：我亡囚？　乙八一一一

在我。　外二四（南师一·七六）

丙午卜，争贞：我受年？一月。　佚五五〇

我来十。　乙八四六七（甲桥刻辞）

丁丑卜，韦贞：使人于我？　续五·一六·七

按：地名或国名之我，或谓：当读为论语八佾篇：『儀封人』之儀者，姑备一说。

3、有为人名者，如：

贞：我弗其叶王事？　乙四九五三

贞：我、永、勿出于妣己？　乙六七一九

4、有为贞人名者，如：

己巳卜，我贞：今夕亡囚？　乙四九四九

辛巳卜，我贞：我有事，今十月？　前八·三·三

据彦堂先生考证，『我』为第四期文武丁时之贞人（甲骨学六十年八十四页）。按汉书艺文志谓：墨者有我子之书；通志氏族略谓：我子为六国时人。此贞人『我』，或其先世欤？」（契文举例校读中国文字第八卷第三十四册三七二六——三七二七页）

張秉权　「卜辞中的『我』字，有着二种不同的意义：一是方國之名或人名，譬如：

（一）我来十。（乙编五二二八）

（二）我来卅。（本编圖版叁玖）

（三）我絜干。（乙編六九六七）

那是甲桥上記載入龟的刻辭，那上面的『我』字，如

（一）雀入二百五十。（乙編七四九一）

（二）畫来廿。（乙編七四四）

（三）子𠭯入一。争。（乙編七〇三六）

（四）並入十。（乙編三四〇六）

（五）喜入五。（乙編四五九七）

（六）壴入十。（乙編四五一四）

（七）貯入廿。（乙編七三三七）

（八）唐入十。（乙編九三一）

（九）周入十。（乙編五四五二）

（十）亘入二。（乙編二二〇四）

（十一）𠱿入四。（乙編七一九五）

等字中的雀，畫，子𠭯，並，喜，壴，貯，唐，周，亘，𠱿等一样，是一个方國或人的專门名詞。『我』字的另一意义，便是第一身称的代名詞。在卜辭中，第一身称的代名詞有：『我』『余』『朕』等字。但『余』『朕』只用於王貞之辭，而『我』則用於王及諸貞人所貞之辭。這現象，並非由於『余』和『朕』是國王專用的自称之詞，只因為它們似乎是單数的第一身称代詞，其意义好比現代白話文中的『我』字，而卜辭中的『我』字，則有『我們』之义。卜辭是用来占卜國王，王室，朝庭，社稷之事的，祇有國王，才能代表他或他的朝庭和社稷，所以在卜辭中，也只有國王才能說我或我們怎样怎样，而貞人們則只能說我們如何如何了。這一点是卜辭中的特有現象，在后世的經傳中，我，余，朕，都可以当作单数的第一身称」（殷虛文字丙編考释第四——五頁）

李孝定　「說文「我施身自謂也或說我頃頓也从戈从手手古文垂也一曰古文殺字𢦏古文我』。栔文我象兵器之形，以其柲似戈故與戈同，非从戈也。器身作屮，左象其内，右象三銛鋒形，王說是也。葉說謂上象足形失之附會。卜辭均假為施身自謂之詞。許君或說乃引申誼，植兵於地或有頃頓之象也」（集釋三七九九葉）

胡厚宣　「……这两个殷王自称的我字和王字，到了殷王武乙这一最高奴隶主时，又或合而为一，自称为[我王]。如卜辞说：

癸巳卜，成祟我王。（加拿大安大略博物館所藏明义士旧藏甲骨文字⑥2三）

成即是大乙成湯，殷开国先王名。这是武乙卜问先王大乙成湯是否会作祟于我这个殷王的卜辞。在这里殷王武乙自称则为㦱，是一个我字和王字的合文。」（古文字研究第一辑七二頁）

孫海波　「㦱，沪二二七四。疑我字。」（甲骨文编八六○頁）

考古所　「我：卜辞中，可作地名，如京都七○六：『在我』，也可作人名，如乙四九五三『我古王事』，『我弗其古王事』。在此片卜辞中，我当是人名。」（小屯南地甲骨九九五頁）

赵诚　「我，甲骨文写作㦱，象一种兵器的形状，本为象形字。卜辞用作人称代词，则为借音字……『我』不是商王自指，但却是指以商王为中心的集体，或『我们』，或商王政权所及的国家。可见我和余的区别是明显的。卜辞的我和后代的我也有差别，即后代的我可以代个人，也可以代集体。卜辞的我未见代个人者。」（甲骨文虚词探索，古文字研究第十五辑二九六至二九七页）

赵诚　「㦱，我。象一种带刺的武器或工具，本为象形字。或写作㦱，更近於原形，甲骨文用作动词，是指用这种刀具进行宰、割、剖、切，当为本义之引伸，如『冎不凶㦱』（贞，不其我——（文六八）、『⊔出𠂎㦱』（廿牛不我——二十头牛不割开）（甲二三八二）。」（甲骨文简明词典三四二至三四三页）

晁福林　「从卜辞里可以看到，殷代前期的贞人不是殷王所属的唯命是从的官吏，贞人集团的位置往往超出于殷王和诸部族。关于『我』的卜辞应当引起注意。卜辞里『我』大都是第一人称代词，指殷部族而且。卜辞中的诸部族常和『我』，即殷部族处于平等的位置。如与『我受年』（乙三二三四）相类的有『箙受年』（丙三三二）、『𢀛受年』（乙五六七六）、『永受年』（掇一·四七六）、『雀受年』（京津四五一）；与『我人』（京津三四四三）相类的『雀人』（乙五九○六）、『雀人』（铁一○六·三）、『𦣻人』（录六三八）、『妻人』

（字三·一六五）；与「我自」（乙八一一一）相类的有「𢀛自」（粹三七〇）、「□自」（摭续一四三）、「□侯自」（南坊三·八七）。关于入龟的记事刻辞里常有雀、壴、臭、亘、冉等部族首领及贞人贡纳的记载，但也有「我来十，殻」（乙二三〇六）、「我来卅」（丙四二）、「我来十」（乙二六九四）等贡纳龟版的记载。贡纳给谁？从乙二三〇六片记有贞人名字的情况看，当是贡献给贞人集团的。上述例证说明贞人集团是高于「我」和诸部族的，这与部落联盟会议高于各部落的情况有相似之处。」（试论殷代的王权与神权 社会科学战线一九八四年四期九九页）

陳煒湛

「我朕余：这是一组第一人称代词，甲骨文都可用作王的自称之词，「我」在某种场合下还代表商王朝、朝廷。这三个词，字形上既无联系，声音也绝异。我作□、□，本象一种兵器，用为人称代词，全属假借。朕作□，从舟从□，郭沫若说□象两手奉斧形，殆兵之初字，朕字从此殆谓持斧以契龟。想象虽颇有理，但于卜辞无征。说文：「朕，我也。阙。」「我也」二字可能为后人所补。段玉裁认为当解为「舟缝也」。从舟，灷声。」但在卜辞中朕亦不见「舟缝」之义，仅见其「我也」之义。余，说文：「语之舒也。从八，舍省声。」段注：「释诂云：余，我也。余，身也。孙炎曰：余，舒迟之身也。然则余之引申训为我，诗书用予不用余，左传用余不用予。」案甲骨文余作□、□，不从八，金文亦然，从八作□，者后起，省声之说不可据，「语之舒也」是否本义亦莫能定。所以，朕、余之用为「我也」，同样属于假借无疑。

从卜辞的具体文例看，我、朕、余三词在用法上几乎没有什么区别，只是朕作宾语用为受格者极少见，目前仅见「左朕」与「若朕」二例；余作定语用为领格者尚无确切文例。」（甲骨文同义词研究 古文字学论集初编一六七——一六八页）

林沄

「甲骨文中的□字很早就被认出是我字，但它究竟是象何物之形，历来众说纷纭。不少研究者均以为象兵器而不能确指为何物。叶玉森猜测□形「乃戈上附着之兵如戊成类而有铦锋五若趾」（说契），李孝定在甲骨文字集释的按语中斥为「失之附会」。郭沫若认为殷契粹编第一四六九片的□是「我字之古型」，说它象锯形。又说：「余意，我字本即诗豳风「既破我斧，又缺我锜」之锜。传「凿属曰锜」。说文「锜，鉏鎁也。」旧于鉏鎁不得其解。今案古之所谓鉏鎁，即今人之所谓锯矣。锯之齿不相值，故鉏鎁引伸而为龃龉，龃牙。锯音居御切，正鉏鎁之促音。」其后颇有信从者。赵佩馨在研究□、□、□等甲骨文的字形时说：「这个字所从的□或□，并不是□（阜）的简体，而是锯子的简化形象。殷墟文字乙编二七三○片亦有此字，所从的显然象一把装柄的锯子。□文作□乃是由于刀锯同类，所以也可以在□（刀）上加象征锯齿的横画来表示锯子。」（甲骨文中所见的商代五刑——并释刖、剢二字，考古六一年二期）后来，张政烺先生指出，殷虚文字乙编二七三○片的□字右旁的□，「甲骨文里曾独立存在，如殷虚文字甲编二二七四、二三六三、二三七七、二三八二、二八二五片都写作□……事实上就是我字。」这是很正确的。但对□、□是否为锯子则未作进一步讨论，只说「是一种割截的工具」（释甲骨文俄、隸、蕴三字，中国语文六五年四期）。朱芳圃引陈乔枞韩诗遗说考：「锜之为物盖如鉏而有三齿，故韩诗以为茱属，而说文以鉏鎯为训也。今世所用鉏，犹有三齿、五齿者，盖即是物。」进而推论我字原象「长柄而有三齿之器，即锜之初文。原为兵器，破斧三章以斨、锜、球並言，是其证。自农业发达之后，利用之以为耕具。所谓鉏鎯，即鉏之缓音也。」（殷周文字释丛「我」字条）

朱芳圃的说法，在考古发现的实物中找不出任何证据，纯属臆测。多齿锄始见于战国铁器，而我字先此早已造出来了。商代确实已经有青铜的锯（陈振中：殷周的青铜锯，考古八四年一期），且有刀锯、架锯之分。但是，就字形分析，□字无法认为是形象于刀锯或架锯，而应该是一种刃部有齿的斧钺形器。这只要把甲骨文戌、戚、我三字字形互相对比，便可一目瞭然。

□ 摭续一七四　□ 甲二三五六　□ 甲九五五　□ 佚二八　□ 掇二·二一八　戌

□ 纯二一九四　□ 摭续二○　□ 诚七七　戚

□ 甲二八二五　□ 乙二七三○偏旁　□ 佚五四　□ 甲二七五二　我

由此可见，郭沫若说「□是我字之古型」是很对的，但不应理解为锯形，而是一种特殊的钺。早期金文中的钺形族号作□亦作□，是有力的旁证。因此，三代吉金文存一四·四○·一所著录的觯文中的第一个字，无疑是目前能见到的最原始的我字（见左）。罗福颐三代吉金文存释文将该铭释为「戉且丁」，是只看到该字总体象钺形，而忽略了它刃部有齿的重要特征。

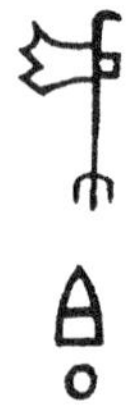

这种齿刃的钺，近年在早于二里冈商文化的二里头文化墓葬中连续出土，举例如左：

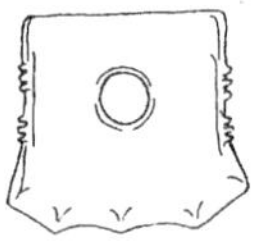

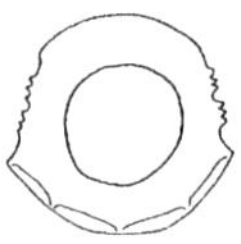

上方一件，是八一年发掘的偃师二里头五区第四号墓中出土的，为粗白玉料制成，两侧有甚小的齿牙形扉棱，刃部有很大的五个齿（《考古》八四年一期，三八页，图五）。一九五四年在洛阳市郊的孙旗屯曾发现过一件同类型式的石器，但两侧没有齿牙形扉棱（洛阳市博物馆展品）。下方一件，是七五年发掘的二里头六区的一座土坑墓（编号为K5）中出土的，为青玉制成，中孔甚大，但显然可以看出是上方那种齿刃钺的演化形式（《考古》七六年四期，二六二页，图六）。在另一座编号为K3的土坑墓中出土同样的青玉器。……

二里头出土的这几件玉器，发掘简报中均名之为「钺」。夏鼐先生说下方那种「应改称为『璧戚』」。实际上，它们虽两侧或有齿饰而同于戚，但与一般戚之更大的不同是刃部有齿。我们既已明瞭这种器物和古文字字形的关系，今后可逕名为「我」。郭沫若说「我」就是《诗·破斧》中与斧连举的「錡」，甚是。錡从奇声，我、可、奇古韵同为歌部，且均属舌根音。所以，《破斧》中的錡，既非毛传所解释的「凿属」，亦非《韩诗》所解释的「茉属」。不是锯子，也不是三齿面或锄。而是刃部有齿的一种特殊的钺形武器，故与斧连举。

附带要说明的是，□、□、□固然均象锯腿之刑而可视为同一个字，然而未必可以由此推论□、□、□均为同一器物。此犹□、□同为□字，未可据之而言屮、木为一物；□、□虽均为采字，亦未可遽谓□为木之异体。由字形与古器物相对比，既知□实乃齿刃之斧钺，又可知□为齿刃之长刀。（参看右图，上方为青铜实物，弗利亚美术馆藏品，林巳奈夫《中国殷周时代的武器》图二九七。下方为铜器铭文，于省吾《商周金文录遗》一三三。）因此，即使□、□可推测为锯，由此类推□、□亦为锯，是并不能成立的。」

（《说戚、我》，《古文字研究》第十七辑二〇二——二〇五页）

饶宗颐说参□字条下。

张政烺　参□字条

按：徐灝說文段注箋云：「元周伯琦曰：『找，戈名，象形。借為吾我字』。按：找即古文𢦔之變體也」。周伯琦之說文字源、六書正譌據鐘鼎彝銘以說解文字，每多創獲。丁福保篤信說文，於戴侗、周伯琦之背離說文深惡痛絕之。其說文解字詁林自叙云：周伯琦「以戊為戈矛之戈，庚為鐘虡之虡，誕謾叵信，視同戲劇」。實則此正周氏之真識灼見處。許慎說文解字，於古文字之學，厥功至偉。然許氏多據小篆立說，不盡合於文字之初形本義。戴侗、周伯琦實開以古文字訂正許書之先河，間亦有臆說，未可厚非。此猶孫詒讓初釋殷虛文字，每多誤解，譏議苛求，均非所宜。張政烺、林澐相繼於「我」字之本形深入探討，其說皆是。

娥 

羅振玉　「从女从找，找古文我，知即娥字矣。」（殷釋中二十二葉下）

王国维　「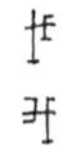找古文我字，从女从我，即娥字也。亦人名。」（戩寿堂所藏殷墟文字考释二十一页）

王襄　「古娥字」。（類纂正編第十二第五十四葉下）

葉玉森　「按娥為人名，良信。郭氏謂即娥皇，安知殷人無名娥者？他辭云『囗卯卜𣪕貞求季娥于妣乙』，季娥二字似連文，郭氏謂求季娥即求季于娥于妣乙之于則訓與。徵之辭例，亦未能信」。（前釋卷四第六十七葉上）

金祖同　「娥即昌若，若在魚部，娥在歌部，歌魚兩部古音可以旁轉，昌若急呼就交成娥了」。（卜辭講話十四葉下）

郭沫若　「帝俊王亥王恒上甲微等胥於卜辭有徵，余意娥皇常羲之名亦所應有。卜辭有所祭之妣名『娥』者，辭曰：『貞子漁㞢（有）豊（豐）于找酒』（鐵、二六四、一）『貞㞢（有）犬于找卯彘』（前、四、五二、二）（羅以『娥卯』為人名，非也。案卯乃用牲之法，卯彘猶它辭言卯牛、卯羊）『囗卯卜𣪕貞：求季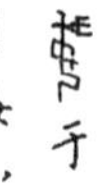于妣乙』（林、一、廿一、十四、『于』猶與也，意當為『求年于娥與妣乙』）『娥』許書云『帝堯之女，舜妻，娥皇，字也』，字於人名之外古無他義，則此妣名之『娥』非娥皇沒屬矣。」（甲研釋祖妣六葉）

孫海波　「□，乙八八九六。或从我在女旁。」（甲骨文編四七四頁）

饒宗頤　「或謂娥即堯女之娥皇，（列女傳）亦即帝俊妻。（大荒南經）史記正義：『舜升天子，娥皇為后。』魯語：『商人禘舜而祖契。』則以卜辭之娥為娥皇，可備一說。」（通考三八七葉）

屈萬里　「娥从羅振玉釋。郭某以為即娥皇；其說尚難徵信。卜辭用娥字，率與求雨之事有關，其義待考。」（甲釋二六三葉二〇九四片第十三辭釋文）

李孝定　「說文：『娥，帝堯之女，舜妻娥皇字也。秦晉謂好曰娙娥。从女，我聲。』契文同。羅氏釋娥是也。字在卜辭為人名。郭謂即娥皇，除字同外無可徵信。金謂即昌若，更屬肊測矣。卜辭所見娥字諸辭亦不盡與求雨有關，究屬何人殊難肊斷。乙編二、廿一、十四辭之『求秊娥于妣乙』葉氏以秊娥連讀殊覺不辭。郭氏詁于為與，其說為長。」（集釋三六三八葉）

按：娥為卜辭祭祀之對象，陳夢家以為上甲以前之「先公」，「娥是女字」（綜述三六一）。至於或以「娥」為「娥皇」，或以為「昌若」，皆不可據。合集五四七七「貞，隹娥尗王；貞，不隹娥尗王」，是「娥」具有極大之權威。「尗王」即「咎王」，卜辭能「咎王」者，尚有「帝」。

2451

⿱我口　

按：字从「我」、从「口」。合集七一八正辭云：「貞，梄于妣己冊艮卯宰⿱我口」其義未詳。

2452

⿰圖我　

按：字从「我」、从「圖」。在卜辭為地名。

2453

按：此與2451之「」形近，唯多出諸小點，或當同字，義亦不詳。

2454

按：合集三七五〇四辭云：「……在……」，為地名。

2455

按：字从「我」、从「」，其義不詳。

2456

義

羅振玉釋義，無說。（殷釋中七十二葉上）

王襄　「古義字。許說己之威儀也。从我羊，今俗作儀」。（類纂正編第十二第五十六葉下）

陳夢家　「義京是宋地：魏世家惠王『六年伐取宋儀台』，集解云『徐廣曰一作義臺』。莊子馬蹄篇『雖有義臺路寢』，郭象注『義臺，靈臺』。地名之義臺在今河南虞城縣西南，商丘縣之東北」。（綜述二六六葉）

（補通考七四七葉）饒宗頤　「義　按商書序有中伯義伯，漢書人表師古曰：『義、仲，湯之二臣』」（通考一三〇一葉）

李孝定　「說文：『義，己之威儀也。从我、羊。𦍩，墨翟書義从弗。魏郡有𦍩陽鄉，讀若錡，今屬鄴，本內黃北二十里』。字从羊無義。段氏以羊與美善同意說之。按羊有美善之意者，以其假為祥也。契文亦从我从羊。金文□齊鎛□□仲義父𣪘□義伯簋□號季子白盤□義仲𣪘□鄭義羌父盨□王孫鐘「惄于威義」，假為儀與許訓同。周禮大司徒注「故書儀為義」。□號弔編鐘」（集釋三八〇一葉）

考古所 「□：此字下残，可能为义、□或□之上部。以上三者在卜辞中皆为地名。此字在此殆为地名。」（小屯南地甲骨一〇六一頁）

按：說文「義，己之威儀也，从我羊」（大徐本）。「从我羊」費解。徐鍇繫傳通論云：「羊者美物也，羊，祥也……我者，己也。人言之，己斷之。又我者，俄也，定於俄頃也」。臆說不可據。當从羊我聲。宋保諧聲補逸謂「義我聲，義我古同聲通用。……徐鉉習陸韻，不解古音，故删聲」。卜辭用為地名。

2457

□ □

李孝定 「从義从子，疑即儀字，非儀省也。从人从子意同，偏旁中例得相通。辭云「在□」疑即衛邑之儀，說未敢必，姑次之於此」。（集釋三八〇四葉）

陳邦福 「當釋義，儀之省。說文我部云：「義，己之威儀也」，卜辭義下从子，即禮記「蛾子時術」之誼，又書文侯之命云：「王若曰，父義和」，鄭注：「義讀為儀」，論語八佾篇云：「儀封人」，鄭注：「儀，衛邑」。」（說契五葉）

按：釋「儀」不可據。卜辭乃地名。

2458

義京 □ □

孫海波 「□，燕一〇。从京从義。說文所无。人名。」（甲骨文編二四六頁）

馬漢麟 「「義京」一詞，原刻作□或□，過去的學者對此曾作過一些考釋：王國維疑峨，羅振玉謂從義京（見商承祚所錄待問編）王襄認為是義京二字的合文，是人名（見簠室殷契徵文第四編），葉玉森說同（見殷契鉤沈第四葉）。

一九二九年郭沫若先生在其所著卜辭中的古代社會一文中也認為這是義京二字的合文，並且說：「人名合書乃卜辭通例。義京由音而言則當即常羲若常儀（古義、羲、儀均讀我音，同在歌部，京、常同在陽部）」。（見中國古代社會研究第二五〇葉）

這就是說義京是帝俊之妻。

一九三三年郭沫若先生在其所著卜辭通纂考釋一書中又進一步根據甲骨文字合文的情況說明義京就是常儀。郭先生說：「以本之讀五千，文之讀五十例之，則義京當讀京義，即常儀矣」。（見原書第七三葉）

一九三七年郭沫若先生在其所著殷契粹編一書中又根據卜辭文例補充說明義京是人名。殷契粹編第四〇九片有「俎于中子」一語，中子是人名，準此類推，則義京當是人名（見原書第六五頁）。

照我看來，王國維疑峨，於字形不合。羅振玉謂從義京，於字形分析則合，但認為它是一個字，則非。王襄、葉玉森、郭沫若諸家認為是義京二字的合文甚是，但是，它是不是人名，是否就是常儀，却是可以商榷的。

讓我們從甲骨文字合文的情況說起。甲骨文人名合書確乎常見。但是就我們目前所見到的材料而論，我們還沒有發現作為人名的合文是由下而上讀的。這一點非常重要。「羲」這個合文是否應該由下而上讀為京義，是可以懷疑的。退一步說，即使可以由下而上讀為京義，但是京義是否就是常羲或常儀，則又是可以懷疑的。不錯，義、羲、儀的上古音是同在歌部，京、常的上古音是同在陽部，但是我們不能只根據上古音韻部相同的關係就說京義就是常羲或常儀。我們還要求更充分有力的論證。

至於說到卜辭有「俎于中子」之語，因為中子是人名，所以說「俎于義京」裏的義京也就是人名，看來恐怕是不能這樣類推的。作為一種祭祀，「俎」是動詞。「俎于」之後可以跟人名，這時介詞「于」就當「對」「向」講，其人名就是受祭者，例如：

丙辰卜，𡆥貞：其俎于妣辛。一牛。（後上一九．一五）

有時不用介詞「于」，例如：

貞：王其俎文武丁。（前四．三八．二）

但是，「俎于」之後也可以跟地名，這時介詞「于」就當「在」講，其地名就是舉行祭祀的處所。例如：

甲辰卜，貞：翌日乙，王其宓俎于𦎫，衣，不遘雨。（後上二〇．一）

何以知道「䢅」是地名呢？因為他辭說：

貞：今日勿往䢅。（粹一〇四八）

五日丁未在䢅口羌。（前七、一九、二）

其為地名無疑。準此類推，知「徂于義京」的「義京」也是地名，甲骨文字中所見地名京者很多，例如：

壬寅卜，貞：王田亯京，往來亡災。（前二、三八、四）

勿往駜京，五月。（佚三六六）

乙卯卜，穷，貞：三卜，王往𡧊于冏京。（鄴初下三三、一一）

且，貞：翌丁亥易日，丙戌霽，囗亥徂于殸京。（續四、四、五）

而更重要的是下列一條刻辭：

囗囗，（徂）于殸京，羌卅，卯囗牛，囗。（前四、一〇、五）

這條刻辭的字體書法文例內容都和本文一開始所舉的那十一條刻辭（指「徂于義京」的刻辭——摘者）相同，應當是同時同類的作品，所不同的是，一個說「徂于殸京」，一個說「徂于義京」，對照起來看，更加令人相信「義京」是地名。

（三）本文對於「義京」的推測

史記魏世家說：「（惠王）六年伐取宋儀臺。」集解引徐廣說：「一作義臺。」索隱說：「按年表作義臺」。

我們推測，後世宋國的義臺可能就是殷的義京。

甲骨文沒有「臺」字，說文說：

「臺，觀四方而高者也，從至，從高省，與室屋同意，止聲。」

「京，人所為絕高丘也。從高省，丨象高形。」

「高，崇也。象臺觀之形，從冂口，與倉舍同意。」

據此可知「臺」「京」在字形字義上的聯系。「京」字甲骨文作□（見前）金文作□（流滙，芮公鼎），其上正象臺觀室屋之形，其下殆象丘形。

又甲骨文字「京」「亯」可以通用：「殸京」又作「殸亯」（比較：續四、四、五和後上二一、六），「亯京」又作「亯亯」（比較：前二、三八、四和後上一四、一一）。從上古音看，「京」「亯」都是見系陽部字。而「亯」字金文作□，□，□（見金文編第五，第三〇葉），更象丘上有臺觀屋室之形。

「義臺」一詞，又見於莊子。莊子馬蹄篇說：

馬，蹄可以踐霜雪，毛可以禦風寒。齕草飲水，翹足而陸，此馬之真性也。雖有義臺路寢，無所用之。
釋文引崔云：「義臺，猶靈臺也。」成玄英疏：「義，養也。謂是貴人養術之臺觀也。亦言義臺猶靈臺也。」俞樾諸子平議說：「周禮肆師鄭注曰：故書儀為義。是儀即古義字也。儀臺猶言容臺。淮南子覽冥篇：容臺振而掩覆。高注曰：容臺，行禮容之臺。儀與容異名同實，蓋是禮儀之臺。」章炳麟莊子解故說：「釋文義一本作𧃍，義𧃍皆借為巍。說文：巍，高也，從嵬委聲。委從禾聲，與義𧃍從我聲者同部，故巍巍即峨峨也。巍臺者，周禮有象巍，鄭司農云：闕也。釋宮：觀謂之闕。左氏僖五年傳：遂登觀臺以望而書雲物。是巍闕而有觀，故曰巍臺。俞先生以儀臺為容臺，未塙。」馬叙倫莊子義證說：「此義臺蓋謂壓巖之臺，義即巖之省。」對於莊子馬蹄篇之義臺，舊說之紛歧如此！

查史記趙世家：

（武靈王）十七年，王出九門，為野臺，以望齊，中山之境。

正義引括地志說：

野臺一名義臺。在定州新樂縣西南六十三里。

可見「義臺」後來已經成一般的臺名了。

知道「京」「臺」是異名同實，那麼我們上文所討論的「俎于義京」疑即俎于義臺，蓋其地有臺名義臺者，臺名遂為地名耳（史記會注考證引中井積德說），根據地望來推測，殷之「俎于義京」的「義京」宜以說為宋之義臺為近實。

刻辭所說的「俎于義京」「俎于殷京」，大約就是在其地之京臺之上舉行俎祭之禮。先民在京臺高處俎享神祇，這在後世文獻上有所反映，太平御覽卷一七七引歸藏說：「夏后啟筮享神於晉之靈臺，作璿臺。」又引山海經說：「享神於大陵而上鈞臺。」是其證。（論武丁時代的祀典刻辭（二、三兩節）南開大學學報（人文科學）一九五六年第二期）

饒宗頤

「按義京二字合文，或謂即宋地之義臺，見史記魏世家。集解引徐廣曰一作義臺，在今河南商丘縣東北。（綜述葉二六六）「圍于羲」為卜辭習見之記事刻辭，慣例于句末別分記右中左。中字每連書于「卯十牛」句下，（如粹編四一一又四一五）書屮又（左右）則另起行，（書「屮」字，如前六、二、二）向認「中」字係卜人中署名，今悟其不然。揣其意，或卜用牲之方位，于左右中何者為宜。殷綴此辭與朝鮮漢城大學所藏同為巨牛胛骨，並有「癸卯圍于羲」一段文字。沈甲鍥于骨左方下隅，末行有「又」字，骨面有「一」字，似為第一卜，漢城則鍥于右方下隅，位置相對，惟末行字缺，，骨面有「三」字，似為第三卜，是則應有第二卜之同文胛骨，今不可見。圍于羲除用羌人外，又有用尸方之夷者，粹編四一二「圉〔于〕羲，尸十人二，卯十牛。中（似「中」字。）」是其例。（此或偽片可疑。）
郭氏釋「尸」字為羌，應正。」（通考五九七——五九八葉）

李孝定 「从我从羊从京，說文所無。或曰義京合文，辭云『己未圉于義京羌三卯十牛』前·六·二·三，其說蓋是。」（集釋三八〇三葉）

按：羲當為合文，或謂即「義臺」，可備一說。

2459

蔑 

王襄 「古蔑字。許說勞目無精也，从苜从戍，人勞則蔑然也。依段本。」（簠室殷契類纂第十八葉）

王襄 「□ 古蔑字。」（簠人第四葉）

王襄 「□，古蔑字。」（簠室殷契徵文考釋人名三頁下）

葉玉森 「商氏並錄□、□二体於蔑下。考卜辭中从戈之字變作□、□者罕見，疑非一字。」（殷虛書契前編集釋一卷一二三頁下）

商承祚類編四卷六葉收作□，並曰：「□乃戈字之變，女與从人之意同。」

楊樹達 「卜辭言『出于蔑』，蔑為殷人所事之神名，蔑密聲近，殆即紀年所記大戊名密之密矣。」（甲文說三十六葉）

楊樹达 「今本紀年云：『大戊名密。』按书契前編壹卷肆拾玖頁叁版云：『貞出于蔑。』肆版云：『貞出△于蔑。』又肆拾肆頁柒版云：『貞勿冊蔑？』按甲文未見密字，而蔑字屢見，确为殷人所祀之神名，而不知其人为谁。然蔑与密音近，甲文之蔑殆即紀年所記大戊名之密矣。」（竹书纪年所见殷王名疏证，积微居甲文说卷下五五頁）

郭沫若「蔑名屢見，或作蔑。山海經『有寒荒之國，有二人，女祭、女蔑』，（大荒西經）女蔑恐即此人。」（卜通五八葉上）

朴海波 —「𦱊，甲八八三。說文蔑，勞目无精也，从首从戍。按，甲骨、金文蔑字並从苗。苗，古眉字。苗、首形近，故說文誤以為从首。卜辞用為人名。」（甲骨文編一八一頁）

饒宗頤「卜辭：

辛亥卜，殻貞：㞢（侑）于戠（蔑）召（招）……大，冊五牛。（續編二、二四、五）

貞：王㞢𢀛于蔑。隹之㞢又（祐）。（乙七七九九）

按卜辭『蔑』字，異形頗繁。或从皿从㚇从婴，又益戈或弓諸偏旁，隸定可有蔑、𧅀、蔑、婴諸體，皆蔑之別構。他辭亦稱『婴介（宗）』（京都大學藏龜一五〇）蔑為何人，郭氏初以山海經寒荒之國有女蔑說之。今按『蔑』當為『眛』或『冥』，左昭元年傳：金天氏有裔子曰眛，為玄冥師』。服虔云：『金天，少昊也。玄冥水官也，師，長也。眛為水官之長』。是玄冥乃官名，漢書人表作『師味』，當是『師眛』之形訛。古『眛』『蔑』二字通。左隱元年：『盟于蔑』，公、穀作『眛』。文七年『先蔑』，公、穀作『先眛』。是卜辭之蔑，即水官之眛也。說文：『莫，火不明也。讀與蔑同』。蔑又通作冥。爾雅釋草『菥蓂』，沐蓂一名『蔑析』。又釋詁：『覭髳』，郝氏云：『字亦變作溟沐，及𧄼𧄼』。是皆同聲通用之證。魯語上：『冥勤其官而水死』。又：『商人郊冥而宗湯』，禮記祭法：『殷人禘嚳而郊冥』。左昭二十九年：『水正曰玄冥』。今本竹書：『商侯冥死于河』。是冥亦為水官也。」（通考一二三——一二四葉）

張秉权「𦱊，或作蔑，楷寫為蔑，在卜辭中有時与黃尹同在被祭之列，譬如：

己亥卜，殻貞：㞢伐于黃尹，亦㞢于蔑？（前一、五二、三；通二六三）

郭氏考釋謂：

蔑名屢見，或作蔑，山海经：『有寒荒之國，有二人，女祭女蔑（大荒西经）』，女蔑恐即此人。（P、五八）

第（五）辭蔑和祭同見于一条卜辭之中，和山海经的記載正合。我也曾考慮到第（五）辭中的祭字可能是祭祀之祭而不是人名，譬如：

貞：帚好不隹之易？（鐵一二三）

就与這一辭的辭例相似。」（殷虛文字丙編考釋第二〇三頁）

伍士謙　「伐為以戈杀人头之意，𢦏為人头之繁体，或作□，或作□，以戈击之，即為𢦏字，此亦伐也。此字在甲骨文中有很多異形。例：

①、戊寅卜㱿貞：雨，其𢦏。（《后》下三七、三）

②、戊午雨𢦏。（《佚》三二七）

③、己未卜賓貞𢦏雨，佳蚩。（《前》六、七、六）

④、出于𢦏。（《缀合》二四五）

⑤、貞出于𢦏。（《后》上九、五）

⑥、辛酉卜賓貞出于𢦏。（《續》一、五一、四）

⑦、貞勿冊𢦏。（《前》一、四四、七）

⑧、貞勿葡出于𢦏（《遺》三四四）

⑨、貞出于𢦏，十牛，牡。（《續》一：五一、四）

⑩、丁亥卜行貞，𢦏岁。（《人》一五四一）

⑪、己卯卜余奉于𢦏，三牛，允正。（《前》六、七、七）

从以上例句分析，此字之异体字，或从戈，或从弓，或从亻，或从女，或从□，或从□，儘管字形有些差異，而意义相同，例一、二、三、十為祭名，与伐祭同。其余則為神名。這种神，究竟是掌管什么的？看来似乎与𢦏字有关。此处暂不论述。总之𢦏為伐之异体字，从字形的演变和例句的意义观察，是没有问题的。由此而联想到金文中有蔑曆一词……其实蔑、伐都是一字，都是功伐之意，杀一人，斩一首就是立一功，這在战国时侯秦趙諸國还实行這种考功制度。所以蔑字本义还是杀人头。」（《甲骨文考释六則》　《古文字研究說文集》七九頁至八一頁）

高明　「人旁甲骨文和铜器铭文均写作『□』（《戬》四一·六）或『□』（《鐵》二七二·二），《說文》云：『象臂脛之形』。女旁写作『□』（《粹》三八一）或『□』（《綜》一〇·一），《說文》謂：『妇人也，象形』。二者虽然不同，但作為汉字形旁，皆表示人的形体。由于意义相近，故有些古汉字既可以从人旁，也可以从女旁，彼此互為代用。嬉 □（《鐵》二七二·二）□（《鐵》一一三·三）　毓 □（《前》一·三〇·五）□（《佚》八九三）　執 □（《京津》一四七二）□（《乙》八六〇九）　蔑 □（《甲》八八三）□（《前》一·四四·七）　奚 □（《京津》四五三五）□（《后》二·三三·九）　嬪 □（《鐵》二六一·一）□（《前》七·二〇·二）」（《古体汉字义近形旁通用例》《中国语文研究》第四期二〇——二一頁）

于省吾　「又第一期甲骨文有『雨其𢦏』和『我其出𢦏』，𢦏字也没有作蔑或𡡈的。足

徵蔑是另一个人，不应与嬿蔑混同。」（甲骨文字释林·释女嬿二〇八页）

于省吾　「今将有关致祭于嬿和蔑的甲骨文择录于下，并加以说明。

一、出于嬿（后上九·五）。

二、辛亥卜，㱿貞，出于嬿召犬，冊五牛（續二·二四·五）。

三、貞，出于嬿（前一·四九·三）。

四、弓笛出于蔑（珠三四四）。

五、貞，弓冊嬿（前一·四四·七）。

六、己亥卜，㱿貞，出伐于黄尹，亦出于嬿（前一·五二·三）。

七、其又蔑眔伊尹（甲八八三）。

郭沫若同志謂：『山海经有寒荒之国，有二人，女祭、女蔑，女蔑恐即此人。』（通考二六三）按郭説是对的。但是以『恐即此人』为言，並非决定之詞。山海经大荒西经郝氏义疏：『蔑当为蔑字之譌』。按山海经海外西经：『女祭、女戚在其北，居两水间，戚操魚䱇（鱓），祭操俎。』郝氏义疏：『女戚一曰女蔑』。按蔑乃蔑的别体字。史記司馬相如列传的『蔑蒙』，文选陸韩卿答希叔詩的『寂蔑』，是并以蔑为蔑之譌。今用甲骨文以纠正山海经，則戚乃蔑字的形譌；再用山海经以驗証甲骨文，則甲骨文的嬿乃女蔑二字的合文。甲骨文祭祀先公先王和先妣先母的廟号，作合文者习見繁出。前引第六条以黄尹和女蔑並祭。甲骨文的女蔑也有称为蔑。前引第七条以蔑和伊尹並祭。可見女蔑和黄尹或伊尹的地位相仿。女蔑之女並非女子之女，乃古代女称姓，男称氏之氏。史記殷本纪引商书佚篇有女鳩、女房，以女为氏，是其証。」（甲骨文字释林·释女嬿二〇八頁至二一〇頁）

温少峰　袁庭栋　「卜辞又有『蔑雨』之辞，或称『雨蔑』：

(160)……今……蔑雨？（佚八二八）

(161)己未卜，宾貞：蔑雨，隹壱（跎）？（前六·七·六）

(162)戊寅卜，争貞：雨其蔑？（后下三七·七）

(163)戊午雨蔑。（佚三二七）

小尔雅：『蔑，无也，末也。』尚书君奭郑注：『蔑，小也。』故知『蔑雨』即雨势微，雨量小，渐至于无之雨。謂『雨蔑』者，言雨已衰减，行将停止也。(161)辞卜问『蔑雨，隹壱』者，当是旱时逢雨，望其霑足，而雨势渐弱，不足农用，故卜问：雨势即将停止，会有灾害吧？」（殷墟卜辞研究——科学技术篇一四二頁）

考古所「𢦏：先祖名。」（小屯南地甲骨一〇〇八頁）

于省吾說參字条下。

伍仕謙　參伐字条

按：說文𢦏字从戍，桂馥說文義證以為「當从戍亥之戍」，朱駿聲說文通訓定聲以為「當从伐聲」並誤。甲骨文、金文均从兂从戈，兂（眉）亦聲。在卜辭為祭祀之對象，與伊尹並列。陳夢家以為殷人之「舊臣」，其說可从（綜述三六六）。楊樹達以為「大戍」，非是。又卜辭「𢦏雨」累見，當與「岳雨」、「䖒雨」之辭例同，在殷人心目中，先公舊臣多與風雨年禾有關。

2460

按：纯二四四五辭云：「三叶王率用弗每木；二叶用」「叶」乃戈戉類武器之象形，此卜問用於祭祀，當與「叶」為同字。參見「叶」字條。

2461

许进雄「B1461　第三期……

丙申卜，叀兹叶用于河？

叀雈叶□□河？

以上两卜问自兹叶、雈叶择一以用于河之事。叶为戈一类之武器象形，不知当今何字，可能为乐舞的名称。祭仪而有不同名目的，以奏为最常见，奏为求雨之祭，河常见为求雨的对象，此用于河，可能如奏也是求雨的乐舞。」（怀特氏等藏甲骨文集第七九页）

按：懷一四六一辭云：「丙申卜，叀茲[illegible]用于河」「[illegible]」亦戈戊類武器之象形，當與「[illegible]」為同字。亦卜問用於祭祀之事。參見2460「[illegible]」字條。

2462 [illegible]

按：字不可識，其義不詳。

2463 [illegible]

按：英一七七七辭云：「辛巳卜，弜呂[illegible]歪[illegible]循果若」其義未詳，當與「朩」同字。參見2465「朩」字條。

2464 [illegible]

考古所「[illegible]：地名。」（小屯南地甲骨九九八頁）

按：屯二二八六辭云：⋯⋯卜王其呼羣戎⋯⋯王受有祐𢦏在[illegible]」，為地名。

2465 朩

按：此當與「[illegible]」同字。

2466 [illegible]

按：字不可識，其義不詳。

2467 ⿰車我

按：字从「我」、从「車」，其義不詳。

2468

按：字从「鼄」、从「戈」，辭殘，其義不詳。

2469

按：字不可識，其義不詳。

2470

按：字不可識，其義不詳。

2471 ⿻戈肉

孫海波「，佚七三九。从戈从肉。說文所无。金文戟与此同。」（甲骨文編四九四頁）

饒宗頤「甲辰卜，貴貞：王室，戠，亡尤。」（佚存七三九）按戠即說文訓大臠之胾，肉祭也。胾與殽別，曲禮：「左殽右胾。」鄭注：「殽，骨體也，胾，切肉也。」孔疏：「熟肉帶骨而脔曰殺，純肉切之曰胾。」《詩閟宮》：「毛炰胾羹」。《荀子非相篇》：「啜其羹，食其胾」。亦以胾與羹對言。胾為切臠之乾肉。羹則和菜之湇，是其別耳。《佚周書嘗麥》：「乃命少宗祠風雨百享，士師用受其胾」。則以祀肉分饋也。」（通考一一五四葉）

陈汉平 「甲骨文有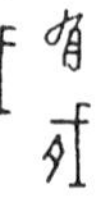字，字旧不识，甲骨文编收入附录。卜辞曰：

甲辰卜暊贞王宾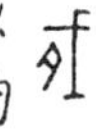

字在卜辞为祭名。按此字从肉从戈作，与西周金文「戈琱胾緱必彤沙」之胾字为一字。又古文字戈𢦏通用，故此字即说文胾字。说文：「胾，大脔也。从肉𢦏声。」甲骨此辞乃卜贞王以胾肉为祭之事。」（古文字释丛出土文献研究二二五——二二六页）

按：字从「戈」从「肉」，隶可作「胾」，饒宗頤釋「胾」，可從。

2472

戢 馘 

于省吾 「第一期甲骨文有「☐戢☐伐☐羌」（佚三一七六）之占，辞已残缺。戢作从戈从耳，戈字横划左端已泐。甲骨文戢字仅此一见，但屡见于商代金文。金文编附录上只引鼎文作（录遗一七）。按商器戢觚一和戢觚二（录遗三一九——三二〇）的戢字作、。甲骨文和商代金文的戢字，旧不识，其实戢即聝字的初文。其从戈从耳，取义于以戈断耳，乃会意字。慧琳一切经音义（卷九九、广弘明集卷二九）谓「聝古文又作戢」，和商代古文恰好相符。说文：「聝，军战断耳也，春秋传曰，以为俘聝，从耳或声。馘，聝或从首。」诗皇矣的「攸馘安安」，毛传：「馘，获也，不服者杀而献其左耳曰馘。」戢字小盂鼎作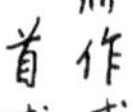，虢季子白盘作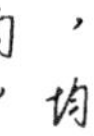，均係后起之异构。说文作聝，则变为从耳或声；典籍作馘，又变为从首或声。总之，上述的多种异构，都失去了初文以戈断耳的形与义。甲骨文的戢字，可与商代金文互证。前引商器的一鼎两觚，每器只有一个戢字，乃是征伐获聝而作器以铭功。」（释戢甲骨文字释林二九一——二九二页）

按：字从「戈」从「耳」，隶當作「戢」。于先生據慧琳音義以為「聝」之古文。合集六六一九辭云：「貞：‥人呼戢伐羌」

「聀」為人名，當即「戠」之異體。

2473 截 

宋鎮豪释截，参⊖字条下。

按：說文：「截，斷也。从戈，雀聲。」此正从「戈」、从「雀」。今字作「截」。沌二二三二辭云：「王其觀日出，其截于日剛」，為祭名。

2474 

按：字不可識，其義不詳。

2475 

按：字不可識，其義不詳。

2476 刀 

王襄 「古刀字。」（簠室殷契類纂第二十一葉）

李孝定 「說文『刀兵也象形』。契文與篆文同。」（集釋一五一三葉）

孙海波 「刀，泙三〇八五。方国名。刀人。」（甲骨文编一九九頁）

屈萬里 「刀又見三〇九二片，與卜辭利、初、劓等字偏旁之刀字形同，當是刀字。於

此爲地名。」（甲釋三〇八五片釋文）

考古所　「刀，地名。卜辭中有刀方，作为地名之刀罕見。」（小屯南地甲骨一〇〇五頁）

邨笛說參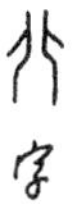字条下。

陈炜湛說參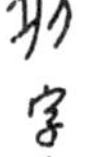字条下。

按：卜辭「刀方」習見，爲方國名。亦省稱爲「刀」。又「刀」亦爲地名，如徳二三四一辭云：「王其田于刀」。至於懷一六五五之「……隹刀疾」，則有可能指刀傷言之。

2477

召 

陳夢家　「郭沫若以爲召即左傳襄二十三戍郫邵之邵，後漢書郡國志河東垣縣有邵亭今垣曲縣東邵源鎮即古之召」（綜述二六〇葉）

饒宗頤　「卜辭云：辛亥卜，㱿貞：㞢（侑）于戠（蔑）召（招）……犬，卅五牛。（續編二·二四·五）召讀爲『招』。周禮男巫『招弭』，女祝『招梗』，亦作招。莊子天運：『巫咸招曰』，楚辭招魂：『巫陽焉乃下招曰』。『招』『祝』可通。鄭注：『招，招福也』。他辭云：『貞：召河，來于蚰㞢雨』，謂招於河。此云『于蔑召』，言侑于蔑以招福也」（通考一二三——一二四葉）

孫海波　「召，地名，舊以當陝西岐山縣西南十里之邵亭，即後漢書郡國志之雍，召穆公采是也。按殷虛書契前編卷二第二十一葉五版文云：『辛丑卜，貞王𢦏于𤰔，往來亡𡿧』。由𤰔至召祇一日間耳。又第二十四葉二版文云：『戊申囗𢦏召，囗亡𡿧。囗吉。己酉卜，貞王𢦏于雍，往來亡𡿧』。是由雍至召亦一日間耳。雍𤰔皆在河北，距召亭甚遠，彼此往還非一日之事，則此召必在河北無疑。考晉書地道記河東垣縣有召亭，通典河南府王屋縣古召公之邑，元和郡縣志王屋縣本召武公之采邑。今按河南懷慶府濟源縣西百二十里有邵原關，唐武德初置邵原縣於此，與山西絳州垣曲縣接界，世傳垣曲爲召公分陝之處，漢爲垣縣，後魏置邵郡，後周與唐初爲邵州，左傳襄公二十三年戍郫邵是也，邵原之東皆古召地，邵原關以此得名，其地與沁陽修武相錯處，由雍疆至召一二日間當可往還也。」（文錄一——二葉）

孙海波 「召，甲八一〇。地名。召方。𥃲，前二·二〇·三。不知偏旁所从，与金文同。」（甲骨文编四〇頁）

考古所 「召，字从刀从口，当为召无疑。字在乙辛卜辞中作𥃲。召在文献中多与邵同。邵，說文：「晉邑也」，地在济源县西北百二十里之邵原関，商之召方可能就在此地附近或者延至山西垣曲以東一带。卜辞中征伐召方的記載在武丁、康丁時已有，但最多的是武乙、文丁卜辞，盖召方此时已成为商王國的主要敌國。」（小屯南地甲骨八三八頁）

姚孝遂 肖丁 「卜辞「召」字从「ク」，「旨」字则从「ク」，二者有着严格的区分，不得相混。

粹1124—1127均有「召方」，郭沫若先生考释以为「旨方」，谓「旨为殷之敌国，唯不详其地望，旨或释为召，然卜辞召字作𥃲，为殷王田遊之地，与此自有别也。」陈梦家先生则释为「黎方」，谓「卜辞杂色牛之物与否定辞之勿读为双唇塞声，其字象带了土块的耒；卜辞作为方国名之勿或名是农具的象形，与耒、利等字读为舌边声。后者除作为方国之名外，偶亦用作动词用牲之法……」（综述285頁）陈先生区分「ク」、「旨」、「旨」为二字，以及「旨方」亦作「ク方」、或但作「ク」，都是正确的。但将「ク」、「勿」、「勿」三形混为一谈则是错误的。卜辞「物」为「勿、牛」二字之合文，粹421则勿牛二字之分书。卜辞「勿」从来不用作动词。勿是牲名，不是用牲之法。否定词的形体作「勿」不作「勿」，西周金文始相混。卜辞方国名但作ク或旨，从无作勿之例。ク与勿绝对不能相混。就其形体的来源而言，「ク」只能是「刀」形。至于「犁」和「耒」与「刀」的关係，则属于另一问题。」（小屯南地甲骨考释九五—九六頁）

陳夢家 參勿字條

按：卜辭「召方」，亦省稱「召」。「召方」即「刀方」。古文字於人名、地名每增「口」以作為專用字，如「商」、「周」、「唐」、「魯」均其例。卜辭「召」亦或為用牲之法。合集一四八〇七正辭云：「辛亥卜，㱿貞，㞢于娥召二犬，卌五牛」，「召」與「卌」同例。

2478 刃 

按：合集五四七五辭云：「辛亥卜，穷貞，刃甾王事」為人名。張亞初釋「刃」。

2479 分 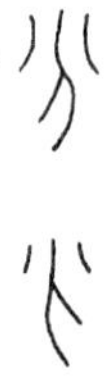

王襄 「古分字。」（《簠室殷契類纂》第四頁）

孫海波 「分，中大四三。甲申卜，貞，我弗其受分。分疑弁字刻訛。」（甲骨文編二九頁）

李孝定 「《說文》：『分，別也。从八从刀，刀以分別物也。』金文作分（禹攸比鼎）、分（郘公牼鐘）、分（梁鼎）、分（大梁鼎）、分（己侯簋）、分（蔡侯甲觶）、分（四分鼎），與契文並同。」（集釋〇二五一葉）

按：甲骨文編二·二所收諸「分」字形體，其作分者近是。其作分者（鐵三八·四）則斷非分字。續甲骨文編所列之分字，見甲二一二四，原篆本作分，其旁乃泐痕，非从「八」。由於卜辭辭例均殘缺，辭義不明。

2480 刃 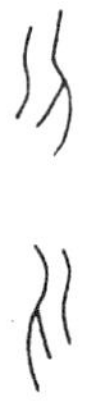

孫海波 文編四卷二七葉下收此作刃無說。

李孝定　「說文：『刃，刀堅也。象刀有刃之形。』許以象形說刃字，蓋誤。周伯琦王筠輩以指事說之是也。字在卜辭為地名，辭云『丁卯卜𢦏貞王往于刃不冓雨』可證。」（集釋一五四五葉）

按：釋「刃」可備一說。字或當是从「水」，與小篆「刃」形體有別。合集六六五九辭云：

「……戋巛方」

又合集六六六〇辭云：

「……弗戋巛……」

為方國名。

2481

匃 

羅振玉　「說文解字：『匃，气也，逯安說亡人為匃。』古金文亦作㓻（師𡘋父鼎及師遽方尊等）㓻（追敢），與卜辭同，與逯安說亦合。」（殷釋中五十三葉下）

王国维　「匃，卜辞作𠣏，从亾人。說文引逯安說亾人为匃，此字正同。师𡘋父鼎作㓻，亦同。」（戩寿堂所藏殷墟文字考释二十六页）

王襄　「古匃字。師遽方尊匃作㓻相同。」（類纂正編第十二第五十七葉下）

郭沫若　「『亡匃』者亡害也。與『亡尤』『亡𡿧』等同例。」（卜通別一、一、第四辭）

又云：「『又匃』殆讀為有害。」（粹考六十三葉下）

楊樹達　「按匃讀害是也。伯家父毀云『用易害眉壽』假害為匃，與此可以互證。」（求義十五葉）

屈萬里　「匃，祈求也。」（甲編考釋九八葉）

按：契文匃作𠣏，从刀，不从人，金文猶然。卜辭亦用為气求之義。辭云：

「貞，王其㞢匃于祖丁」　乙四六八七

「貞，王其㞢匃于大甲畀」　乙七二五七

「于河匃」　乙五一四〇

2482

王襄　「古𠜴字。」（簠室殷契類纂第二十一葉）

按：此當與2483同字。合集九六六八正辭云：「……寅卜，爭貞，今歲我不其受年？在」為地名。

郭沫若讀「㞢」為「害」，「亡㞢」或當讀為「無害」。至於粹四〇一之「于高祖𠬝，又㞢？于毓祖𠬝，又㞢？」猶佚八四之「己亥卜爭貞，𠂤㞢疾，勿𠬝，㞢㞢？亡㞢？十月」㞢均為乞求之義。

「……𣪊貞，𢀛方衛率伐不，王其征，告于且乙，㞢又；……𣪊貞，𢀛方衛率伐不，王告于且乙，其征，㞢又，七月」（南明七九）

2483

王襄　釋𠜴。（簠室殷契類纂正編第八第二十一頁）

葉玉森　「疑象絲緊糾形，从刀取斷截意。絲既緊糾，非斷不克，当即古文斷字。」（殷虛書契前編集釋五卷四十七頁下）

饒宗頤　「𠜴即𠜴字。集韻𠜴或作𠜴。殷契類纂正編：『王步自𠜴于雇，亡𡿧。』則𠜴為近顧之地名。」（通考三六〇葉）

按：此與2482同字。合集二四三四七辭云：「辛丑卜，行貞，王步自于雇，亡𡿧」為地名。

制 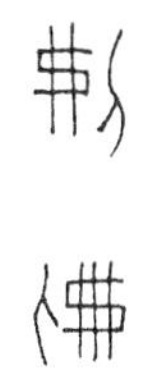

王襄　「古制字。」（簠室殷契類纂第二十一葉）

商承祚　「父辛卣作𠝩，與此同。」（類編四卷十五葉）

董作賓　「制，說文訓『擊也，从刀，弗聲。』廣雅釋詁訓『斷也。』」（殷曆譜下編卷九第四十七葉）

饒宗頤　「按『制云』應讀拂雲。字通作『茀』。楚辭天問『白蜺嬰茀』，王注：『茀，白雲逶移若蛇者也。言此有蜺氣，逶迤相嬰。』洪補注『蜺雌虹也。茀音拂。說文云『霈，雲貌。』疑即此茀字。』卜辭言『制雲』自即天問之茀。」（通考三〇一葉）

李孝定　「說文：『制，擊也。从刀，弗聲。』契文亦从刀弗聲。辭云『丙辰卜爭貞制亡不若』乙二二六、二為人名或方國之名。金文作𠝩父辛卣𠝩晉邦盦」（集釋一五二五葉）

赵诚　「制，制。从刀弗声。本义似为以刀刃击断。甲骨文用为动词，有吹拂击打之义，似为本义之引伸。」（甲骨文简明词典三七一页）

按：「各云自北，雷祉，大風自西制云，率雨」，濃雲密布，雷電不絕，狂風暴作，不旋踵而大雨傾盆，此等情景，則「大風自西制云」不當解為「制斷其云」。制仍當訓擊，謂大風加速雲雨之來臨。左傳昭公二十六年：「苑子制林雍，斷其足」。制之本義為擊，斷則其引伸義。

郭沫若　「（按：滓一二二三辭云：『甲子卜于下尸刖坙田。囲子貞于口方坙田』）『下尸刖』以口方例之，當是地名。」（粹考六五八葉）

2486

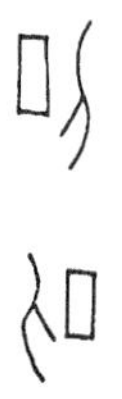

按：字从「肉」、从「刀」。非說文訓「絶」从「刀」、「月」聲之「刖」，只能隸作「[illegible]」。

按：合集六五九五辭云：「……貞，呼行取龏友于[illegible]庶以」為地名。

2487

王襄　「古昏字。」（簠室殷契類纂第六葉）

郭沫若　「昏字，說文云：『日冥也，从日，氐省，氐者，下也。一曰民聲。』段玉裁云：『「一曰民聲」四字，蓋淺人所增，非許本書，宜刪。凡全書內昏聲之字，皆不从民，有从民者譌也。』又云：『昏聲之字蟁，亦作蚊，𢿌亦作岐，敃亦作忞，昏古音同文，與眞臻韵有斂侈之別。字从氐省為會意，絶非从民聲為形聲也。蓋隸書淆亂，乃有从民作昬者，俗皆遵用。唐人作五經文字乃云「緣廟諱，偏旁準式省从氏，凡汦昏之類皆从氏」，以昏類汦，其亦慎矣。』今得此，知殷人昏字實不从民，足證段氏之卓識，而解決千載下之疑案矣。」（粹考九八葉上）

李孝定　「說文：『昏，日冥也。从日，氐省。氐者，下也。一曰民聲。』契文从日从氏，卜辭以為紀時字，蓋即用其本義，謂日暮時也。辭云『章兮至昏不雨』粹七一五、『昏至囗兮其雨』『章兮至昏不雨』粹七一七。郭云『章殆段為彤，明日也，兮假為曦』。其說蓋是，謂由朝至莫其雨也。金文作[illegible]毛公鼎辭云『余非章庸又[illegible]昏』乃段聞為昏字，左象人形右著一耳，與契文[illegible]為同字。鼎銘段為昏，非本字也。」（集釋二一九一葉）

于省吾　「甲骨文旦昏之昏作[illegible]，与婚字的用法截然不同。周初金文的婚字，武王时的利鼎作[illegible]，康王时的盂鼎作[illegible]，已较契文有了讹变。成康以后，不仅婚字又有讹变，而且用法也和昏或婚相通。例如：昏愚之昏，湅簋作[illegible]，毛公鼎作[illegible]；婚媾之婚，克須作[illegible]，殳季良父壺作□。說文婚之籀文作𤕮（說文𩋹𡡉二字从之），其訛变尤甚。周初以后金文的婚字，上端变作尒，下端止字或变作女，于是，王国維史籀篇疏証和林义光文源，均謂𤕮字古从爵女，未免荒謬。

总之，甲骨文婚昏二字有别，婚为闻字的初文。西周金文还未見昏字。周初金文婚字虽有訛变，但仍作闻字用。西周中叶以来的金文，既以婚为昏愚之昏，又以婚为婚媾之婚。䎽䎽闻三字始見于晚周古文：䎽字見于詛楚文的『䌛以䎽䎽』，䎽字見于說文系传的『古文闻』，闻字見于古玺的『左司马闻竘信鉩』。（甲骨文字释林释婚）

按：卜辭昏字从氏，不从民。據卜辭，殷人紀時之次序為「旦」、「食日」、「中日」、「昃」、「郭兮」、「昏」（參見「昃」字條下），而「昏」與「旦」又是相對為言（參見「旦」字條下）。陳夢家以為「卜辭的『昏』、『莫』皆指天黑時的一段時間」，「昏與各日皆指日落」（綜述二三〇）。書堯典疏：「日入後二刻半為昏」，故「昏」之引伸義為「闇昧」。

勿

王国维 「上云（指戩三·七）『古十牛』，下云『古物』，是物亦牛名也。他辞云：『贞𧶠十勿牛』（前四·五四·四）勿亦物之省。說文：『物，万物也，牛为大物。天地之数起于牵牛，故从牛勿声。』案许君说甚迂曲，古者谓杂帛为物，当由物本杂色牛之名，后推之以名杂帛。詩小雅曰：『三十维物，尔牲则具』。传曰：『传曰：异毛色者三十也。』实则三十维物与三百维群，九十其犉句法正同，谓杂色牛三十也。說文：『牻，黑白杂毛牛』，牻物双声，义亦相关矣。」（戬寿堂所藏殷墟文字考释第十页）

王國維 「卜辭云：『丁酉卜即貞后祖乙古十牛四月』，又云：『貞后祖乙古物四月』。（戩三）又云：『貞𧶠十勿牛』，（前四·五四）前云『古十牛』，後云『古物』，則物亦牛名。其云『十勿牛』，亦即物牛之省。說文：『物，萬物也，牛為大物，天地之數起於牽牛，故从牛，勿聲。』案許君說甚迂曲。古者謂雜帛為物，蓋由物本雜色牛之名，後推之以名雜帛。詩小雅曰：『三十維物，爾牲則具。』傳云：『異毛色者三十也。』實則『三十維物』與『三百為羣』，『九十其犉』，句法正同，謂雜色牛三十也。由雜色牛之名，因之以名雜帛，更因以名萬有不齊之庶物，斯文字引申之通例矣。」（集林六卷十三葉釋物）

又曰：「說文：『𤚮，黑白雜毛牛』。𤚮物雙聲，義亦相同矣」。（戩考十葉）

王襄 「勿，古物字。詩無羊：『三十維物』。傳曰：『異毛色者，三十也』。『勿牛』，即異毛色之牛，此卜牲兼卜毛色之一證也」。（簠考帝系二六葉正面）

王襄 「古物字。詩無羊『三十維物』，傳曰：『異毛色者三十也』。周禮雞人：『辨其物』，注：『毛色也』。周禮司常：『雜帛為物』。按物之本訓為異毛色之牛即雜色之牛也。引申之凡牲之毛色皆訓為物；雜帛為物，乃借誼也。又曰：物牛，即異毛色之牛也。（簠室殷契類纂第五葉）

商承祚 「詩小雅『三十維物』，傳『齊其色而別之，凡為色三十也』。然卜辭屢曰『物牛』，以誼考之，物當是雜色牛之名，或又有牛作勿」。（類編二卷四葉）

又曰：「卜辭之𠃟𠃟確為物字，乃物之省，物从此乃牛色之專用字，與不之勿有別，後世合𠃟勿為一，而以勿為物，以𠃟為勿矣」。（佚存三二葉）

胡小石 「勿或作𠃟，余綠文誼釋為『勿翦勿伐』之勿，在卜辭與𠃟異字，𠃟為物之省，其誼為雜色牛」。（文例下卷二七葉言勿例）

郭沫若 「卜辭勿作勿，𠃟字作𠃟，判然有別。勿乃笏之初文，象笏形而上有題識。𠃟乃犂之初文，象以犂啟土之狀。𠃟多假為犂牛之犂，犂之本字作𤘽，若𤘽，舊均誤釋為物」。（粹考六六葉正面四二四片釋文）

郭沫若隸定物作物，𠃟作勿，謂並假為犂。（粹考四二葉反面二五二及二五三片釋文）

徐中舒 「古象耒形之字下端皆作歧出形，可以利勿方三字證之。利，甲骨金文作𥝢（前十八二）𥝢（前二三）𥝢（前三二五）𥝢（晉九）𥝢（師遽尊）𥝢（利鼎）𥝢（宗周鐘），利所从之𠃟諸形即力形之変，象用耒端刺田起土之形。銅器將力旁土利於禾旁，故小篆利或从刀。但古文利及從利之黎棃犂諸字仍是从𠃟，可證從刀乃是省形。利，來母字，自是從力得聲，刺地藝禾，故得利義。利所以之𠃟，或讀為勿，勿、利古韻（皆）脂部字，國語越語以一物失利相叶故得相通。勿之本義當為土色，經傳多借物之。『載師掌任土之灋以物地事，授地職而得其政令』。周禮『北人掌金玉錫石之地而為之厲禁以守之，則物其地圖而授之」。周禮「草人掌土化之灋以物地，象其宜而為之種」。周禮「邍師掌四方之地名，辨其丘陵墳衍邍隰之名物之可以封邑者」。周禮「縣師凡造都邑，量其地，辨其物而制其域」。周禮「冢人物土」。儀禮既夕禮「先王疆理天下物土之宜而布其利」。左傳成二年「士彌牟營成周……仞溝洫物土方」。左傳昭三十二年此諸物字皆勿之借字，物地物土即相土色、相地色。各家注皆訓物為相，惟鄭司農注周禮載師云「物色之以知其所宜之事」，艸人云「以物地占其形色」，卝人云「占其形色知鹹淡也」。訓物為色、為形色，為不誤，物訓色，自非一色，引申之又得為雜。說文「𣃘，旗也……雜帛為之，幅赤白半」。定按𣃘為勿之重文，今各本勿下說解云「州里所建旗，象其柄，有三游，雜帛，幅半異，所以趣民，故遽稱勿勿。凡勿之屬皆从勿。𣃘，勿或从㫃」。徐氏所引不知所據何本。又徐氏原文「雜帛為之幅」句絕，「赤白半」句絕。按幅字應屬下讀。原文標點想係手民誤植。周禮司常「雜帛為物」。雜帛，則勿為雜土，物為雜毛牛。物訓雜毛牛與犂訓「犂，雜文」。論語何注「牛不純色」。淮南說山高注等義又正相應，可證從勿從利義本相通。甲骨文物或作勿，皆謂雜毛牛，無作否定詞用者。銅器則全作否定詞了，勿前六·四·勿前六·二二·勿前六·五四·勿前四·三五·勿前五·三九·物後上三·勿後上十九·物後上·十九 勿甲一·二二·物前七·十六·勿毛公鼎勿盂鼎勿召伯敦勿克鼎勿麥侯鼎勿量侯敦勿齊鎛勿師酉敦勿師嫠敦」。（未耜考集刊第二本第一分冊十三至十七葉）

朱芳圃

「說文牛部：「物，万物也。牛為大物，天地之數，起於牽牛，故从牛，勿聲」。

按物从牛，从勿，勿亦聲。甲文勿物犁二形，後世析為二字。手列者為物，讀miət。王先生曰：「古者謂雜帛為物，蓋由物本雜色牛之名，後推之以名雜帛，詩小雅曰：「三十維物，爾牲則具」。傳云「異毛色者三十也」。實則「三十維物」與「三百為羣」、「九十其犉」句法正同，謂雜色牛三十也。由雜色牛之名，因之以名雜帛，更因以名萬有不齊之庶物，斯文字引申之通例矣」。觀堂集林六·一三其說是也。直列者為犁，讀li。令隸作犂，論語雍也篇：「犂牛之子騂且角」，釋文：「牛雜文曰犂」。物若犂轉陽，孳乳為牻㹁，說文牛部：「牻，白黑雜毛牛。从牛，尨聲」。又「㹁，牻牛也。从牛，京聲」。」（殷周文字釋叢第一八四葉）

朱芳圃

「字从刀，从彡，會意。說文彡部：「彡，毛飾畫文也。象形」。毛飾畫文，謂以毛為飾，畫之成文也。易繫辭：「物相雜故曰文」，故引申有雜色之義。古音讀miət或li。卜辭假作物若犂，是其證也」。（殷周文字釋叢卷下第一八三葉）

饒宗頤

「按勿牛即犂牛，論語雍也：「犂牛之子騂且角」。」（通考五二六葉）

饒宗頤「物即雜色牛。詩：『三十維物，爾牲則具』，傳云：『異毛色者三十也』，周禮犬人『用牷物』，物即牛之毛色。」（通考九八二葉）

陳夢家「卜辭杂色牛之『物』和否定詞之『勿』讀为双唇塞声，其字象带了土塊的耒。卜辭作为方國名之『勿』或『召』是農具的象形，与『耒』、『利』等字讀为舌边声。后者除作为方国之名外，偶亦用作动词用牲之法……以上的勿、召、勿方、召方都指一个方國，可能是黎國之黎。說文曰『𩐨，殷諸侯國，在上党東北。从邑𥝢声。𥝢，古文利。商书西伯戡𩐨。』它是……综上所述，则武丁、康丁、武乙卜辭所記征伐之召方，应是黎方。黎方在壺关黎亭。(1)卜辭所征的召方，(2)商纣为蒐的黎，(3)西伯所戡的黎。」（殷虚卜辭综述二八五——二八七頁）

陳夢家「……『物』『勿』所从之『㔾』，象『𠃌』上有土，而『勿』是農具之象形。易繫辭下『揉木為耒』，『耒』字從又從勿，象手持木耒之形，卜辭『耤』字從之。……卜辭作為方國名之『勿』或『召』是農具的象形，與『耒』『利』等字讀為舌邊聲。……其作為方國名者，有下述各期的卜辭。

武丁卜辭：

令勿、沚戓　續一八七五

𠂤召方，勿从　前四、三六、二

……

康丁卜辭：

己酉卜召方來，告于父丁　甲八一〇

己亥貞令王族追召方，……　明續六一六

……

令卓伐召，受又　安一一、一三

庚戌貞叀王自征勿方　綴一八四

勿方其出　犬祉允伐勿方　明續六一七

王正召方，受又　寧滬一、四二六

王正召方才詩卜　寧滬一、四二六

于辛巳王𤼲召方　佚五二〇

丙子卜令日希召方幸　下二四、一三

壬申卜術名于總　粹一一二五

以上的勿、名、勿方、名方都指一個方國。武乙時征伐名方的規模很大：……卜辭的勿或名，可能是黎國之黎。說文曰『𨞛，殷諸侯國，在上黨東北，從邑𥝩聲，𥝩古文利；商書西伯戡𨞛』。漢書地理志上黨郡（治長子）壺關注引『應劭曰黎侯國也，今黎亭是』。續漢書郡國志上黨郡壺關『有黎亭，故黎國』，注云『文王戡黎即此也』。左傳宣十五杜注云『黎氏，黎侯國，上黨壺關縣有黎亭』。一統志『黎國本在長治縣西南黎侯嶺下』。凡此壺關之黎亭是：(1)殷諸侯國；(2)西伯所戡之黎；(3)春秋之黎侯國。

我們以為春秋的黎侯，與壺關之黎亭應加分別。黎侯國在黎城：……今黎城縣。此黎侯與殷同為子姓……卜辭所伐之勿當不是子姓之黎而是壺關之黎國。」（綜述第二八五——二八七葉）

董作賓

「𠃟與𠃟同為黎之初文，卜辭利即从𠃟，舊釋勿、物，非。𠃟乃勿字，與弗、不、亡、毋皆作否定辭用」。（佚存三二葉正面）

孫海波

「詩無羊『三十維物』，傳『異毛色者三十也』。周禮雞人『辨其物』注『毛色也』。卜辭屢云『物牛』以誼考之，當為雜色牛之名。許書訓『萬物也，牛為大物，天地之數起於牽牛，故从牛勿聲』非」。（文編二卷八葉）

孫海波

「𠃟，甲六四〇。象以耒翻土，土粒著于刃上。土色黧黑，故勿訓雜色。

𠃟，甲七七五。通物。叀勿，即詩三十維物之維物。

𠃟，甲八〇三。勿牛，即物牛。」（甲骨文編三八六頁）

孙海波

「𠃟，甲五八。王国维释物，引詩無羊，三十維物，傳，异毛色者三十也，證卜辭物字为杂色牛之称。郭沫若释犁，以所从之𠃟即犁之初文。桉，卜辭物字專用於祭祀之辭，知物为杂色牛之專称。文云，其牢物。𠃟，前四·三五·二。卜辭用勿为物。重見勿下。」（甲骨文編三七頁）

李孝定

「說文『𤛓，耕也，从牛黎聲』。卜辭上出諸形，舊釋𠃟為勿，物為物，說非。𠃟實犁之初字，當如郭沫若說隸定作勿。今許書無此字，當於𤛓下別出重文作𠃟，云『古文𤛓，象形』。勿之與耒，古韻同屬來母，古音同在十五部，（據段氏音韻表）當是一物之異名，或方言殊異，遂別制一字。勿為象形，耒則為會意耳。此意徐中舒氏已先發之，其說云『管子乘馬篇云「丈夫二犁，童五尺一犁」』。此犂即耒之借字，（犂、耒古同來母。）與後來所稱之犂不同。郝懿行證俗文云「古者人耕，二犂為一耦」，故知此二犂即二耒」。（見耒耜考，集刊二本一分四十二頁。按徐氏之意謂假犂為耒，愚意則以為二者古蓋一物而異名。）彡字象歧頭，田器刺地啟土之形，辭則後起之形聲字。（犂非牛耕之會意字。說見下）徐氏耒耜考一文，舉證甚富，徵引美備，立論精當，所惜於彡之一字仍囿於成說，遂有「利所以之彡，或讀為勿、物、利。古韻脂部字，國語越語以一物失利相叶，故得相通」之說。按越語云「范蠡對曰『節事者與地』，唯地能包萬物，以為一其事，不失生萬物，容畜禽獸，然後受其名而兼其利」。一物失利相叶之說，當本之朱氏通訓定聲。原文「生萬物容畜禽獸」，對舉以文法言，物字以不入韻為宜。（如二句上下例倒置，則以物字入韻於文氣較適。）蓋徐氏以彡為勿，故必多方尋求利、勿二字聲韻相近之理以實其說。實則，利之所以者乃古犂字（彡即勿，即犂），許書利之古文作𥝢（各本古文作𥝢，段注本从彡作𥝢。桂氏義證云彡當為彡。段、桂說是。）可證。然則，勿自為勿，勿自為勿，越語「一物失利之相叶」與否，可無深辨也。釋名利字从勿，之又一明證。徐氏又引物為雜毛牛，犂亦訓「雜文」（論語何注）「牛不純色」（淮南說山高注）以證利之从勿。實則，此將故訓偶同，不足以證彡勿之為一字也。契文勿字作彡彡⺀⺀諸形，其从兩或三斜畫，均不與中長畫相連，此與勿字之作彡彡⺀⺀，其殺斜畫中必有一畫與長畫相連者，判然有別。契文勿字之義，均作否定詞，無一與牛字連用作雜文牛解者，而彡字之義則反是。凡語詞皆假借字。勿之本義，當以許書之說解為正，蓋象旗柄有三游之形。至勿與从勿之物有雜色或雜色牛之義者，則由「雜帛幅半異」之本義所引申。周禮司常云「通帛為旜，襍帛為物」（物乃勿之或體，旆之假字）。鄭注云「通帛謂大赤，從周正色，無飾。襍帛者，以帛素飾其側。白，殷之正色，凡九旗之帛皆用絳」。以帛素飾其側者，即今語鏤邊之意。而許云「幅半異」，段氏解之云「則直謂正幅半赤半白」。釋名則云「以襍色綴其邊為翅尾」。說各不同，然要之，勿之為物，必非一色。其本義為雜色旗，引申為凡雜色之稱。物字从牛、从勿，勿亦聲。其本義當為雜色牛，（雜色牛之義，即由勿為雜帛旗之義所引申，王國維氏謂由雜色牛之名，因之以名雜帛，是蓋到因為果矣。）引申之「以名萬有不齊之庶物，斯文字引申之通例矣」。（此王氏說，確不可易。）至故訓物為相、為色、為形色者，蓋物接於目而成象。象者，視之所生也，故得訓相。至形色之訓，至由雜色牛之義所引申也。至犂亦訓雜文或牛不純色者，蓋犂（勿）之本義為刺地啟土，而土色各殊，和以艸根，彪然襍陳，故亦有雜色之義。物字从勿，遂為牛不純色之專字。卜辭用此皆與牛字連文，是用其本義為形容詞，無用為動詞之耕者。犂之訓耕，（犂為田器名詞，訓耕則為動詞。段氏謂犂、耕皆謂田器，說非。王紹蘭段注訂補已駁之。）義屬後起，蓋當自有牛耕之後始。徐氏中舒云「牛耕或用他種家畜耕，在世界農業史上都屬後起之事。世本云「胲作服牛」，呂氏春秋勿躬篇「王冰作服牛」，王靜安先生謂胲及王冰，即殷之先王王亥。（見先公先王考）又世本云「相土作乘馬」，相土，殷代先王。世本所載多屬傳說，但甲骨文中已有兩馬或牛所駕之車，故古謂服牛，亦僅指駕車而言，籀文駕即从牛作格（中略）。古代服牛乘馬似由戰爭而起（中引呂覽慎大篇周武王稅馬於華山、稅牛於桃林，及偽書武成篇孔疏語，从略），據此文我們可以猜想當此傳說（按指武王發稅牛馬事）

生時，牛馬除了戰爭時乘載外，是沒有別的用途的。民間不但沒有牛耕的習慣，連服牛乘馬也不多見。不然，這些牛馬何必要放之自生自死。周禮地官備載牛之用途，而獨無耕稼之事〔中引地官原文，以略〕，可見周禮時尚無牛耕之事。後魏賈思勰齊民要術序云「故趙過始為牛耕」，實勝耒耜之利。唐賈公彥周禮里宰疏也說「周時未有牛耕，至漢時搜粟都尉趙過始教民牛耕。今鄭云合牛偶可知者（鄭玄注里宰語）或周末兼有牛耦，至漢趙過乃絕人耦，專用牛耦，故鄭兼云焉」。牛耕始於趙過，似覺太晚〔中略〕，周必大泰和曹氏農器譜序舉數證以論牛耕不始於趙過：(1)山海經有后稷之孫叔均始作牛耕之說，(2)孔子有犁牛之言，(3)冉耕字伯牛，(4)月令季冬出土牛示農耕早晚，(5)新書、新序俱載鄒穆公絕牛而耕之言〔中徐氏駁此五證，說長從略〕，以上五說，都不足為牛耕始於春秋的論證。牛耕的開始，今唯於古代遺物中求之。如前輩館形圖，其上「黃人」〔或釋之〕二字，確是先秦以前物。此種大農具決非人力所能勝任，故由物即可推知先秦以前已有牛耕，但亦不得在戰國初期以前。史記載魏李克務盡地力。漢書食貨志「李悝（李悝李克）即為魏文侯作盡地力之教……治田勤謹，則畝益三升；不勤，則損亦如之」。其要點祇在勤謹與不勤謹，可見其時的農具，還沒有甚麼改革」（見殷契粹考五八頁）。徐文雖不能確言牛耕創於何人，始於何時，然就其所舉諸證觀之，牛耕之始當不甚早，則可確信。果誠如世本及山海經諸書所載，則契文中諸彡若𢆉字，不應無一具有田器或牛耕之義者，此點可為徐說一有力佐證。惜徐氏釋彡若𢆉為勿若物字，故處處不及此耳。卜辭「𢆉牛」「彡牛」，當以論語何注「犁雜文」，淮南說山高注「牛不純色」為其本義。各家之所以誤釋為勿或物者，實以形相近，義相同而混耳。王氏舉「古物」「古牛」之例一卜牛色、一卜牲數，言「古」者，當讀為「辜」。周禮春官大宗伯「以疈辜祭四方百物」，司農云「罷辜，披磔牲以祭，若今時磔狗祭以止風」。賈疏云「若今時磔狗祭以止風者，此舉漢法以況疈辜為磔之義」。周禮秋官司寇「殺王之親者辜之」，鄭注「辜之言枯也，謂磔之」。是則古物〔物當釋犁〕、古牛者，謂磔之也。金文無犁及物字，而有勿及勿字，已見徐氏引。惟金文勿及勿之文，其義均為語詞弗、不之勿。如盂鼎作彡，辭云「……王曰「盂若敬乃正，勿廢朕命……」」。召伯虎𣪘作彡，辭云「勿敢對」。師嫠𣪘作彡，辭云「……敬夙夕勿灋（段為廢）朕命」。均當釋為語辭之勿。毛公鼎、師虎𣪘之勿作彡，與卜辭同，蓋亦由形近義同而致混用矣」。（集釋〇三二三葉）

沈之瑜

「新获甲骨有不少大片，……第5片为新缀合的牛胛骨，上版A为卡内基博物馆藏，摹本首见于库一〇二五片，拓片见於合集二三一四八片，B、C未经著录，一九八〇年七月，为上海博物馆收购。三版完全可缀合一体，缀合后的骨版共得十条完整的卜辞，五条决辞。此版中「幽勿牛」与「黄勿牛」对举，为前所未见，这一重要的卜辞发现，彻底解决了几十年来学术界对此词聚讼未决的问题，学者们多释「勿牛」为「物」，即杂色牛。「物」既为杂色牛，那就不应在其前冠以形容词「幽」「黄」。可见，「勿牛」不应释为「物」，也非杂色牛，应是「犁」字。」（甲骨卜辞新获上海博物馆集刊第三期一五七页）

裘锡圭

「甲骨文中有一个写作勿、勿、𠂤等形的字（以下隶定为「刅」），又有一个以它为偏旁的写作物、㸲等形的字。这两个字在卜辞里通常都用来指用作牺牲的牛的毛色。古代牺牲用牛尚骍。卜辞常以「叀刅」或「叀物」与「叀華（骍）」对贞，可知「刅」和「物」指较次的毛色。

甲骨文「刅」字与周代金文「勿」字同形，所以王国维把它释作「勿」，把以它为偏旁的「物」释作「物」。王氏认为「物」字的本义是杂色牛。……他认为卜辞的「物」字正用其本义，「勿牛」「点即物牛之省」。

但是在古籍和金文中，「勿」字通常用作否定词，与卜辞「刅」字主要用来指毛色的情况不同。另一方面，卜辞中又有一个经常用作否定词的勿字（以下隶定为「㫚」），用法与古籍和金文的「勿」字极其相似，字形也略有些相像。胡光炜首先发现这一点。他说：「勿或作勿，余按文谊释为「勿剪勿伐」之「勿」，在卜辞与勿异字，勿为物之省，其谊为杂色牛。」稍后，商承祚在殷契佚存考释中也发表了类似意见。他说：「卜辞之勿勿确为「物」字，乃「物」之省，「物」从此，乃牛色之专用字，与「不」之勿有别。后世合勿为一……」（三二页）。他们都认为「㫚」就是古书中的「勿」（这一点为绝大多数人所接受），但又并不否定王国维对「物」字的考释，因此主张商代有两个「勿」字，一个是否定词，一个是「物」字之省，后世混而为一。

另有些学者根本否定王氏的说法，对「刅」字提出了新的解释。董作宾认为勿与勿同为「黎」之初文，卜辞「利」即从勿，旧释「勿」「物」，非」。郭沫若对董说作了修改和发挥。他说：「盖勿勿实「犂」（犁）之初文。犂，耕也。此字从刀，其点乃象起土之形。其从牛作物若㸲者，点即犂字从牛之意，字稍后起。」他还认为勿是「笏之初文」，「勿为犂，勿为笏，二者各不相干」，周人以勿为「勿」乃是「写别字」。郭说提出后，为很多人所信从，就是仍旧主张释「刅」为「勿」的，也受到此说的影响。例如甲骨文编是释「刅」为「勿」的，但是书中解释「刅」字字形说：「象以耒翻土，土粒著于刀上，土色黧黑，故「勿」训杂色」（三八六页），这显然是脱胎于郭说的。朱芳圃也主张「刅」当释「勿」，但是他认为「物」之「直列者为「犂」，读li。今隶作「犁」……」，仍然部分地接受了郭说。

我们认为「刅」「物」「犂」等字与「犁」「黎」等字并无关系，王国维把它们释作「勿」和「物」是正确的。

先从卜辞中「刎」字的用法来看。卜辞中的「刎」字虽然多数用来指毛色，但是用作否定词的例子也并不是没有：

鼎（贞）：其乍（作）豐，乎（呼）伊𡰥。

鼎（贞）：勿乎（呼）。九月。〔粹五四〇〕

丁卯卜口鼎（贞）：入万口凡于口口口若。〔明七五四〕

鼎（贞）：勿凡。

庚口卜口鼎（贞）：匕（妣）庚岁，王其宾。

鼎（贞）：勿宾。〔人文一五五〇〕

曰雀伐。

曰雀勿伐。〔丙六二一〕

射。

勿。

黹。

勿。

甲戌卜，王曰鼎（贞）：勿告于帝丁，不䜌。〔粹三七六〕

鼎（贞）：勿告。十一月。〔前五·二〇·八〕

鼎（贞）：勿告。一月。〔京津三四一一〕

鼎（贞）：勿宾。二月。〔人文一三二二〕

鼎（贞）：刎𣪊。〔续二·一〇·一一（戬三七·一）〕

鼎（贞）：勿升。口月。〔明三二八〕

勿匕（比）。〔存上一七四四〕

如果把上引这些卜辞所用的「刎」字释为「犁」或「黎」，辞义都很难讲通；如果释为「勿」，就都文从字顺了。上引前十二条是六对正反对贞的卜辞。这些卜辞中的「刎」字更是毫无问题应该释作「勿」。〔粹五四〇片的那个「刎」字，就连郭沫若自己也是释作「勿」的。〕

第一期卜辞中屡见「刎㿝（或作「㿝」……）」之语：

癸丑卜，鼎（贞）：勿㿝羊隹（唯）牛。〔前五·三九·七〕

己卯卜，㱿，鼎（贞）：刎㿝帚（妇）好口䢅☒〔存下四五四〕

丁丑卜，宾，鼎（贞）：勿㿝岁卜㞢（有）㞩（祟）粤用𢇁𢆶㞢☒〔明二九九〕

口口卜，㱿，鼎（贞）：刎㿝其方缶乍（作）𦎫子𠷎𢦏。四月。〔乙七九八一〕

☒勿㿝友曰若☒〔戬四九·一〕

同期卜辞中又有「弓𪓰……」「弓隹𪓰」之语：

〔□□卜〕亘〔鼎〕：弓𪓰不雨帝受（授）我年。二月。　　掇一·四六四（存上七二，天二四）

庚申卜，宾，鼎（贞）：弓隹（唯）𪓰。　　乙八三一四

对照起来看，郭沫若说周人以「刃𪓰」之「刃」似乎也应该释为否定词「勿」，「勿」是写别字，本来就难以使人相信。胡光炜、商承祚认为卜辞中的「刃」既然在卜辞中也发现了不少用作否定词的「刃」，这种说法就根本站不住了。

是「物」字之省，不用作否定词，也是不正确的。从「刃」字字形表示的意义来看，把它释作「勿」也是很合理的。「刃」是一个从「刀」的字。它所从的勹，与甲骨文中常见的「刀」字和「刀」旁毫无区别。有些信从郭说的学者把它说成象耒形或犁形，是没有根据的。刀不是起土工具，「刃」字刀旁的小点不可能「象起土之形」，而应该与分（分）字「刀」形两侧的笔画相类，是代表刀所切割的东西的。所以从字形上看，「刃」字的本义应该是分割、切断。在古书中，从「刀」「勿」声的「刎」字正好具有这种意义：

广雅释诂一「刎，断也。」

后汉书隗嚣传注「刎，割也。」

荀子强国「（良剑）剥脱之，砥厉之，则劙盘盂，刎牛马，忽然耳。」

礼记檀弓「不至者，刎其人。」

史记张耳陈余列传「两人相与为刎颈交。」

在其他从「勿」声之字中，有些字的意义也与分割有关。墨子非攻下：「禹既已克有三苗，焉磨（磨）为山川，别物上下，卿（鄉）制大（四）极，而神民不违。」「别物上下」显然就是分别上下的意思。这个「物」字所代表的，应该是由「刎」孳生的一个词。古书中还常用「物」字表示「物色」的意思：

周礼地官载师「以物地事」，郑注「物，物色之，以知其所宜之事。」

同上卝人「则物其地，图而授之」，注「物地，占其形色，知鹹淡也。」

仪礼既夕礼「冢人物土」，注「物犹相也」。

物色就是分辨事物的性质、特点。古书又常用「物」字表示「类别」的意思：

国语晋语「如草木之产也，各以其物」，韦注「物，类也」。

左传昭公九年「事有其物」，杜注「物犹类也」。

「物色」、「物类」这两种意思显然都是由「分别」的意思引申出来的。方言六：「伆，邈离

也。」这也可以看作由「刎」孳生的一个词。本义为「分解」的「别」字，引申而有「离别」之意，情况与此类似。就是「物」字的「杂色」一义，也可能是由分别之义引申出来的。从「刀」的「班」字既可以当「分」讲，也可以当「斑驳」讲，可以作为参考。

在汉字发展的过程中，时常出现这样一种现象：某一个字由于经常用来表示假借义或引申义，就被加上了一个表意偏旁，分化出一个以它为声旁的形声字来表示它的本义。这样加上去的表意偏旁往往与原字的一个偏旁重复。例如「或」本从「口」，又加「囗」为「國」；「益」本从横写的「水」，又加「水」为「溢」。这种现象是大家熟悉的。「勿」（刅）字从「刀」，「刎」字也从「刀」。「刎」应该就是表示「勿」字本义的后起加旁字。「勿」和「刎」的关系，与「或」和「國」、「益」和「溢」的关系相同。說文把「勿」字看作「旂」的初文，认为字象旗形，是错误的。

卜辞里有「勿牛」於某地之文：

庚子卜，亘，鼎（贞）：勿牛于𦎫。粹四二一

庚子卜，古，鼎（贞）：勿牛于鬻。前四·三五·二（存下二七一同文）

根据卜辞一般的文例来看，这里的「勿」字应该是动词，有可能当读为物色之「物」或刎牛马之「刎」。

甲骨、金文和古籍把「勿」字用作否定词，是假借的用法。卜辞中用来指毛色的「勿」，应该如王国维所考，读为「物」，当杂色牛讲。但是王氏说「勿牛」是「物牛」之省，则有些语病。

王氏认为「物」的本义就是杂色牛。如仅就字形论本义，是可以这样说的。但是字形所表示的本义，与语言学上的本义往往不一致。如果「杂色」一义确是由「勿」的本义引申出来的话，我们就没有必要像王氏那样，强调「物本杂色牛之名，后推之以名杂帛」了。王氏还认为「万有不齐之庶物」所以名为「物」，也是由「杂色牛之名」引申而来的。这就离事实更远了。与把本有「分别」、「类别」等义的「物」字，用来「名万有不齐之庶物」，是很自然的了。与「杂色牛」一义纠缠在一起，反倒不好理解了。」（释「勿」「發」 中国语文研究第二期三五——三八页）

張啓成

「裘先生以「刎」释「勿」，似有局于一隅之嫌，难以成为定论。如「勿勿」，有「勉勉」之意，有「恖遽」之义；又如說文：「吻，口边也。」「⿰目勿，目冥远视也。」均非裘说所能贯通，因此「勿」当另有本义。

笔者认为「勿」宜释为鳥翼或鳥羽，理由如下：

一、「勿」甲骨文写作彡、彡，分明是鸟翼、鸟羽的象形。

二、「物」的本义是杂色牛，可证「勿」当有「杂色」之义。古人造字多以鸟羽表示色彩。如「雜」字，《说文》：「雜，五采相会也」。「隹」是短尾鸟的总称，「五采」之义当自鸟羽色彩而来。他如「翡」、「翠」、「耀」、「曜」诸字，或表彩色，或示明炫，都与鸟羽的色泽鲜明有密切的关系，因而可以推证「勿」即鸟翼、鸟羽。

三、裘先生说：「卜辞中的「勿」字……多数用来指毛色。」所谓毛色，当然是指鸟的羽毛之色，亦可证「勿」即指鸟翼或鸟羽。

四、《说文》：「殄，尽也」。又：「殁，终也」。「殄」字，《诗经·大雅·瞻卬》：「人之云亡，邦国殄瘁」。毛传：「殄，尽」。「殄」，从歹从㐱，「㐱」，《说文》：「新生羽而飞也」。可证「勿」与「㐱」通。又：「刎」、「戮」、「翏」，皆有杂义，从羽从㐱，可证「勿」与「㐱」、「羽」义同。

五、《说文》：「菲，芴也」。「芴，菲也」。「非」，《说文》：「韦也，从飛下翄」。「菲」，《九歌·东皇太一》：「芳菲菲兮满堂」。《后汉书·梁鸿传》：「志菲菲兮升降」。「菲」都有飞扬之义。又《说文》：「扉，户扇也」。「扇，扉也」。可证勿、非、羽义本相通。

六、《礼记·乐记》：「羽为物」。亦可证「勿」与「羽」通。

由上可见，释「勿」为鸟翼、鸟羽，是有多方面的依据的。既然「勿」的本义是指鸟翼、鸟羽，因而「勿」字显然含有双重意义。鸟羽是彩色缤纷的，所以「勿」有「杂色」之义。《周礼·春官·保章氏》：「以五云之物辨吉凶」。郑玄注：「物，色也」。正是「勿」的本义的有力佐证。鸟翼的作用在于飞动，所以「勿」又有飞动之义，并由此引伸出勤勉不息之义与急忙悤遽之义。勤勉不息之义，如《大戴礼·曾子立事》：「君子终身守此勿勿也」。《礼记·礼器》：「勿勿乎其欲其飨之也」。急忙悤遽之义，如王羲之《杂帖》：「吾顷至勿勿」。又：「比復勿勿，来示」。「勿」的飞动之义，也很明显保存在由「勿」组成偏旁的字中。如「吻」，从口从勿，以示嘴唇动如鸟翼；如「眆」，从目从勿，目如鸟之远飞，所以「眆」有「远视」之义。又如「忽」字，从心从勿，心如鸟飞，因而「忽」有三义：其一有忽略、忽视之义，如《汉书·杜钦传》：「而省听者常怠忽」。其二有迅速之义，如《离骚》：「日忽忽其将暮」。其三有失意之义，如司马迁《报任少卿书》：「居则忽忽若有所亡」。

许慎《说文》释「勿」说：「勿者州里所建旗也，襍帛，幅半异，所以趣民，故遽称勿勿」。此说以「州里所建旗」，「所以趣民」释「勿」，虽属不当，但许慎却抓住了「勿」的两个基本含义，即「杂色」与「悤遽」，许慎毕竟有通照全局的眼光。」（《释「勿」异议》中国语文研究第五期二九——三〇页）

卫斯　「笔者认为𤘘或勿与犁並无关系。勿即𤘘的完文，刀旁加碎点以示屠牛时牛血迸溅沾刀之意，因而相当于屠，或即刎字。在卜辞中也是屠意的动词，或省作勿，卜辞『物牛』即『屠牛』。所以『物』字在商代是屠牛的专用词。有人认为『物』为杂色牛之专称不妥。」（从甲骨文材料中看商代的养牛业，中原文物一九八五年一期五八页）

考古所　「勿：在卜辞中有两种用法，第一勿牛是形容牛之颜色，即雜色之牛。第二作动词，为用牲之法，如本片第(5)段辞。」（小屯南地甲骨八四二页）

考古所　「㸬：义同牢。𤘘為杂色牛，㸬则為杂色牢。」（小屯南地甲骨一〇〇一页）

考古所　「勿字在卜辞中可作动词，为用牲法；也可用为勿色牛的勿。此勿羌之勿可能为用牲法。」（小屯南地甲骨一一〇五页）

李孝定　参勿字条

張秉权说参𤘘字条下。

金祥恒　「故𤘘為勿牛合文，非物字，亦非犁字。且卜辞勿牛先見於𤘘，不得謂勿為𤘘之省。勿字，誠如徐中舒所謂象耒剌土之形。郭氏考释為犂之初文。虽卜辞勿無一字作田器或解作牛耕之義，然假借勿為狀词，如：

勿牝　后下五·九

勿牝　新三四三六

☐㞢于亦壬母妣庚宰叀勿牡？　丙编二〇五

壬寅卜，㱿貞：㞢于父乙宰曰勿，卯鼎？　丙编三四〇

己丑卜，王曰貞：勿牡？　戩寿堂四二四、續編二·二二·九（裁剪）

其勿牡，

按論語堯曰篇『曰：予小子履，敢用玄牡，敢昭告于皇皇后帝』。尚书湯誥『敢用玄牡，敢昭告于上天神后』之玄牡，正义云：『檀弓云：殷人尚白，牡用白，今云玄牡；夏宗尚黑，于是未变夏礼，故不用白』。玄為黑，乃狀词，卜辞勿牡之勿亦狀詞。狀其色。勿亦黑色，即后世之黧。楚辞九歎『颜黴黧以沮败兮』，注黧黑也。或作犂，如戰国策秦策『面目犂黑』。卜辞之勿牛，如：

癸卯卜，其叀勿牛，用，虎甲☐　（甲編二八四）

勿牛，其宰勿牛，其☐　（甲編五八）

丙申卜，貞：升武且乙，勿牛其宰兹用？　（后編上四·一五）

父己歲叀羊？　（粹編三一六）

叀勿牛

癸丑☐，父甲☐，勿牛？

弜勿？

戊辰卜，其示于妣己，先彀妣己示？

叀父乙示，先彀？

戊辰卜，其于妣己，叀小宰？

叀大宰？　（甲編考释七九八○）

即犁牛也。論語雍也章『犁牛之子，騂且角』。注『犁，杂文』。刘宝楠正义云：『犁牛者，黄黑相杂之牛也』。戰國策楚策：『幽秀之幼也似禾，黧牛之黄也似虎，皆似之而非者也』。犁或黧，本為黑色，帶黄者，亦称為犁。

……卜辞又有勿馬，如：

其三馬

叀不勿馬

叀勿馬　（佚存二○三）

勿馬即黧馬也。勿或假借為利，如：

癸丑卜，貞勿自魚羊，隹牛？　（前編五·三九·七）

辛卯卜，殻貞：勿自魚，吕方古☐　（乙編五七九○）

癸巳卜，𠱠貞：勿令☐？　（甲編一八三九）

卜亘貞：吕方出，帝☐？

貞：吕方出，帝不隹☐？

卜亘貞：勿，五月？　（續編三·三·一）

此片『貞勿』，犹易經恒語：『貞吉』也。非勿牛之僘，因此片為征伐卜辞，非祭祀也。勿或以勿释之，然以文意言之，释利较勿為优。综言之，卜辞之𠢃字，為勿牛之合文，非物字或犁字。』（释𠢃　中國文字第七卷三二七九頁至三二八九頁）

按：當從郭沫若說隸定作勿。徐中舒以為即古文「利」字所从之偏旁，為下端歧出之農具。

其說可信。但諸家釋𢆶為「物」或「犂」，均非是。此乃勿牛之合文。卜辭大量的辭例是勿牛兩形體之間相去甚遠，明顯地是兩個獨立形體，其形體相距甚近或左右並列作𢆶或物者，相對比地在數量上要少得多。其單稱勿者，絕對不能視為「物」或「犂」之省，而是泛指雜色之牲而言，不專指牛。卜辭或稱勿牛；或稱勿馬（佚二〇三）；或稱勿牡（乙二三七三）；或稱勿牝（後下五·九）；或稱勿牢（乙五三〇三）。凡此均足以進一步證明𢆶乃合文。尤其是（後下五·九）之勿牛與勿牝並列，乙五三〇三𢆶合文，更無可辯駁地說明勿乃獨立之形體，並非「犂」或「物」之省形。

但卜辭勿與勿確實判然有別，不得相混。但西周早期金文即與「勿」相混，用勿為否定詞。但不能由此而否定卜辭時代「勿」、「勿」二形之判然有別。裘錫圭謂卜辭「勿」、「勿」可通用，此涉及對卜辭之釋讀、金祥恆即於有關辭例有不同之理解。即使個別存在相通之現象，亦不能否定「勿」、「勿」之判然有別。

2489

 召 

王襄 「古召字」（簠室殷契類纂第五葉）

王襄 「𥃳，召之異文。」（簠·游第六葉）

王襄 「疑召字。」（類纂存疑第五第二十八葉下）

王襄 「古召字，孟鼎作𥃳，此省酉及廾」（簠考游田五葉反面）

商承祚 「與古今文同」（類編二卷五葉）

瞿潤緡 「召，地名。左傳僖公四年：『經楚屈完來，盟于師，盟于召陵』。水經注云：『汝水東南逕召陵縣故城南，左傳僖公四年齊桓公師于召陵，責楚貢不入，即此處，在今河南郾城縣東三十五里，在殷都安陽之南，又舊屬南陽道有南召縣』。又水經注『雍水東逕召亭南，故召公之采邑也』。在今扶風之東』。按南召縣較召陵遠，且非大邑，召亭似又因召公而得名，則卜辭之召當即召陵矣」。（卜辭十三葉）

郭沫若　「今請更進而論𩰫字。此字前人釋之者實奇異至不可思議。此分明為一人形奉酒甕欲飲而呈喜悅之狀，人形之首乃釋為『格上三矢形』，人形之身、手又釋為『父』字。此種奇釋自宋以來相沿八九百年，直至近人始有能稍稍得其髣髴者。容庚云『象人奠酒于盤之形』，（寶蘊樓第八十四頁）此已近是矣。然余謂酒甕下一器乃酒甕之座而非『盤形』，知其然者，嫡鑄有此字作𩰫（鄒適廬周金文存卷一補遺），酒甕亡陷置於座中。（觀此可知古人釀酒之法，如今之鄉人之釀甜酒一法）正此字亦必為氏族名，於卜辭有二證：1.『𩰫其遷，至于攸，若。王乩曰大吉』，（前五·三十·二）2.『辛卯王……小臣𩰫口其亡[辛]于東對。王乩曰吉』（甲二·二五·十。葉玉森研契枝譚十頁據此例疑𩰫與鼎尊文之𩰫為同字，案此毫無可疑）。讀第一例可知其必為人名或國族名，第二例雖殘闕，而字在『小臣』之下則其為人名或氏族名尤為顯著，此與『冀』、『天黿』等可以參證。復次，余以為此與卜辭及金文所常見之𩰫字當同係一字，蓋省人形而為臼，而坩之以音符召字也。卜辭亦或作□，並無音符。或省酉作□，又或省皿作□（前四·二·二），此與今行之召字甚相接近，金文召王鼎、召王段召字作𨚕，以卩正此□形之省变。案說文『𩰫』字下注云：『此燕召公名，讀若郝。史篇名醜』。醜與𩰫無相通之理，余疑醜字殆即此𩰫字之譌，因召公召字古或有作此者，後人不識，故誤以為召公名醜也。又此𩰫字在彝銘中每以亞形為之範，自宋以來對此亞字形復多作神秘之解釋。或以為象宗廟之形，或以為兩已相背，或以為兩弓相背。今知亞形中字大抵乃氏族稱號或人名，則此亞形者不過如後人之刻印章加以花邊耳。此由亞形之可有可無已可證，又如父乙段之□，於亞形中範以『箕侯』二字，其為單純之文飾毫無疑義」。（青銅器銘文研究一卷七至九葉）

徐中舒　「召，銘文作𩰫，周召之召，金文作𩰫，不從奴，經典皆作召，或增邑旁作邵。夾召連文，亦見他器。師訇簋『用夾召厥辟（君）奠大命』，與此語例全同。召當讀如紹或詔，爾雅釋詁：『詔、相、亮、左右，相導也』，史記魯仲連傳集解引郭璞云：『紹介，相佑助者也』。詔、紹並有輔導佑助之意。左傳昭公二十年『夾輔周室』，夾輔即夾召也。夾召金文或倒文言之：沃盂鼎『盂廼召夾死（主）司戎』，晉姜鼎『用召匹辝（台同，我也）辟』，召夾、召匹並為夾召、夾輔之倒文，匹為匹配，與夾從二人同意。又大盂鼎『夙夕召我一人』，『今女盂召榮敬雍德』，此單言召，召亦應作輔導佑助解，舊注多釋紹為繼，如詩『弗念厥紹』，尋繹文義，似未叶洽」。（考古學報一九五九第三期五四葉禹鼎的年代及其相關問題）

饒宗頤　「按周金文『召』繁形作『𩰫』，契文亦同。（續編三·二二·五）或作『𩰫』（前二·二二·一）他辭每言『召方』（京大二六六：『己酉卜，召方來，告于父丁』）舊誤召為旨。召蓋春秋之召陵。僖四年傳：『盟于召陵』，杜注『潁川縣』，史記秦本紀：『伐楚，取召陵』，故城

在今河南鄧城縣東。殷時召方疑居此」（通考一八七—一八八葉）

李孝定 「說文：『召，評也，从口，刀聲。』」契文之召均為地名。徐氏訓為輔助，乃就金文言之。郭氏謂醜即□，似有可商。醜當即許書醜下說解所云『史籀名醜』之醜。許訓醜為惡，應是後起之義，其始應是族名或人名。郭言是也。金文召作□觶尊 □伯害盉 □召卣 □富鼎 □召伯虎簋 □□召卣 □克鐘 □師宮殷 □召伯鬲 □召樂 □ □大簋 繁體與契文同，其下所从田 □ □ □ □ 契文 □ □ 田 金文 諸形，並疑盧形之譌変。金文盧字作□嬰次盧从□，與此近。」（集釋〇三六一葉）

按：此字變體甚多，繁簡不一，可隸作「□」。契文較晚出，只能是「召」之增繁，而不能視「召」為「□」之省體。二者屬於同源分化。「□」在卜辭皆為地名。

韧 □

屈萬里 「从韭从刀。或是齟字之初文。」（甲編考釋四〇五葉）

屈萬里 「隸定之當作韧。按：汗簡及古文四聲韻並有此字（作韧）。云：『恪八切』。六書正譌謂即契字，其說可信。」（甲釋一一七〇片釋文）

李孝定 「說文：『韧，巧韧也。从刀，丰聲。』此與小篆同，惟原辭殘泐且漫漶不明，不詳其義。以字形言之，丰當即象韧刻之齒，从刀，所以契之也。地官質人鄭注云『書契取于市物之券也，其券之象書兩札刻其側』。易繫辭注『書之於木刻其側為契各持其一後以相考合』。此从丰即其象也。徐灝段注箋丰下云『戴氏侗曰「丰即契也。又作韧加刀，刀所以契也。又作契」。大聲。古未有書，先有契，契刻竹木以為識。丰象所刻之齒』。灝按戴說是也。後漢書張衡傳曰「斯契船而求劍」。李注「契猶刻也」。契尚訓為刻。韧从刀自是刻畫之義。而丰為刻齒之形，可觸類而知……丰音古拜，韧音恪八，契音苦計，一聲之轉也』。徐說是也。韧契當為古今字」。（集釋一五四七葉）

于省吾說韧參丰字条下。

按：字當釋「韧」，即「契」之初文。合集一四一七六辭云：

「……卯丁帝其降囚其㓞」「其㓞」，當讀作「其害」。

2491 剝 

按：說文：「剝，裂也。从刀、从彔。彔，刻割也，彔亦聲」。此正从「刀」、从「彔」，與小篆同。合集一五七八八辭云：「戊申……貞㞢……剝……」辭殘，其義不詳。

2492 剢 

按：合集八一八八辭云：「丙辰卜，爭貞，叀庚申步自剢」為地名。

2493 刺 

考古所「刺、𢦏：二字在此片卜辞中当为人名。」（小屯南地甲骨一〇〇〇頁）

按：字从「刀」、从「朿」，隸可作「刺」。屯二二九八辭云：「戊午卜，在𠂤刺𢦏告麇，其匕畢」為人名。

2494 ⿰冋刂 

于省吾釋𠟭參釋𨑢字条下

按：說文：「𠟭，分解也。从冎、从刀。」合集一七二三〇正：「貞，王往走𢦏至于𠂤𠟭」當與祭祀有關。

2495

按：字不可識，其義不詳。

2496

辛 辥 孽 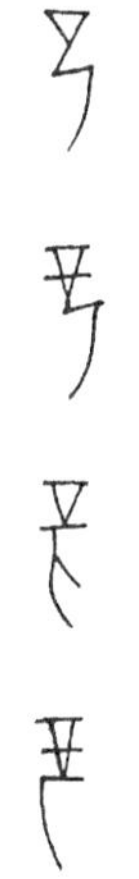

羅振玉 「此即許書部首之辛，卜辭中諸字从此者不少，特不可盡識，其見許書者，則口部之啇一字耳。予案許書辛辛兩部之字，義多不別。許君於辛字注辠也，以童妾二字隸之。辛注从辛罪也，而以辠辜等五字隸之。兩部首字形相似，但爭一畫。考古金文及卜辭，辛字皆作辛。金文中偶有作辛者，什一二而已。古文辛與辛之別，但以直畫之曲否別之。若許書辛部之辭之辥，金文皆从辛。部首之辟，卜辭从𢆉𢆉𢆉，金文从辛辛，其文皆與辛同。又古文言童妾龍鳳諸字，則金文於言童妾三字从辛，卜辭中則妾从▽，言从𢆉，龍鳳从𢆉，意均為辛之或體。蓋因字勢而紐申之耳。凡許書辛辛二部所隸之字，及部首之辟，口部之啇，皆應隸辛部。庚辛之辛字，形與辛之或體𢆉字雖同，然卜辭與古金文從無一曲其末畫者。其初義既不可知，則字形亦無由可說，次於庚部之後但立為一部可矣。（又疑啇即言字之或體，意不能決，附此俟考之。）」（殷釋中七十六葉上）

王襄 「古辛字，許說辠也。」（簠室殷契類纂第十一葉）

王襄 「按說文解字有辛部，無辛部，而口部之啇，實从辛从口，殆辛即辛之譌。」（簠考人名一葉下）

王襄　「疑辥字。」（類纂存疑第三第十一葉下）

饒宗頤　「卜辭『乎滐』（前編五、五、三）乎為動詞，疑即櫱，讀為乂。說文嶭讀如櫱，金文艾、乂辥通用，爾雅釋詁：『艾，相也。』『乂，治也。』『乎滐』謂治黍。」（通考五一五葉）

李孝定　「說文：『辛，辠也。从干、二。二，古文上字。讀若愆。張林說。』羅氏釋契文之乎為辛，其說可从。辛辛二字形近義同，其始當為一字，即許書二部之从屬字，其義亦並相近也。卜辭辛字其義未可確指。有為人名者，如『貞勿乎辛』。甲、二、二十、七。有為地名者，『王其乎戈禽虎辛杲牛』。滐、九八七。辛杲即辛麓。卜辭地名『某麓』者頗多，此言乎戈禽虎及辛麓之牛也，有似用其本義者，『隹辛』。纪三一一九。即惟辠也，『王固曰其有祸隹㞢弗得辛』。後下三六、七。蓋言佳㞢當為人名。弗得罪也。另數辭則辭義不明，如『丙寅卜兄貞令口禹辛十月』，續五、四、二。『癸丑卜穷貞叀駒珍舊釋唐蘭駒令目𠦂辛』，後下三四、五。『貞子目𠦂辛』，後下三七、六。『貞𠦂辛佳疾』，續六、十三、十。其義未可強說也。」（集釋〇七六二葉）

严一萍　参㸒字条

詹鄞鑫　参辛字条

按：王國維謂辛、辛之分「不在橫畫之多寡，而在縱畫之曲直」，「辛、𢆉一字」是對的。甲骨文𢆉、丂，以及从𢆉、丂之字，與「辛」从不相混，不得視為同字。說詳「辛」字條。

2497

肟　孽

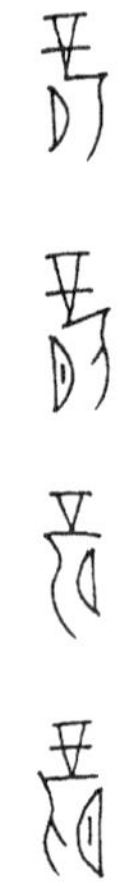

柯昌濟　「𠭹、𠭹二字相通用，或為一字異文，按𠭹字金文辥侯盤以為古辥字。說文：『辥，辠也，从辛𡵂声。』甲骨文似不从辛而从辛，辛說文：『辠也，讀若愆，張林說。』又說文：『孽，庶子也，从子辥声』，孽与辠义亦相通。孟子引尚書太甲『天作孽猶可違』，是辥、孽二字字义亦相通。如卜辞『貞帝其作我𠭹』是可讀𠭹為孽，与尚書之文相证，其它卜辞之𠭹、𠭹二字皆当訓為罪孽之义。」（殷墟卜辞綜类例证考释，古文字研究十六辑一四八—一四九）

2476

頁）

孫海波　「𦔻 鐵二·四。疑䏑字。」（甲骨文編六八四頁）

按：此當與2498「䏑」為同字，參見「䏑」字條。

2498

辥孽

王國維　「彝器多見辥字，毛公鼎云：『𦣻辥厥辟』，又云：『辥我邦我家』，克鼎云：『辥王家』，又云：『保辥周邦』，宗婦敦云：『保辥鄭國』，晉邦盦云：『保辥王國』，其字或作辥，或作辥，余謂此經典中乂艾之本字也。釋詁：『乂，治也，艾，相也，養也』。說文：『𤔔，治也，从辟，乂聲，虞書曰：「有能俾𤔔」』。是經典乂字，壁中古文作𤔔，此𤔔字蓋辥字之譌，初以形近譌為辟，後人因辟讀與辥讀不同，故又加乂以為聲，經典作乂作艾，亦辥之假借。書君奭之『用乂厥辟』，即毛公鼎之『𦣻辥厥辟』也。康誥之『用保乂民』，多士君奭之『保乂有殷』，康王之誥之『用保乂王家』，詩小雅之『保乂爾後』，即克鼎宗婦敦晉邦盦之『保辥』也。『辥厥辟』之『辥』，用『相』義，『保辥』之『辥』兼『相』『養』二義，皆由『治』義引伸，其本義當訓為治。殷虛卜辭有□字，（備六·四）其字从𠂤从䇂，（即說文䇂字）與辟字从人从䇂同意，（古文辟字皆从人从䇂，凡篆文从卩之字古文亦皆从人）𠂤者衆也，金文或加从止，蓋謂人有䇂，𠂤以止之，故訓為治，或變止為屮，與小篆同。屮者，止之譌，猶奔字盂鼎作𡕝，从三止，克鼎及石鼓文均變而从三屮矣。說文不知𤔔為辥之譌字，以辥之本義系於𤔔下，復訓辥為辠，則又誤以䇂之本誼為辥之本誼矣。說文辥字在辛部，从辛，然古文皆从𢆉，或从䇂，𢆉䇂皆說文䇂之初字也。說文辛䇂分為二部，䇂部云：『䇂，辠也，从干二，二古文上字』。又辛部：『辛从一从䇂，䇂、辠也』。羅參事（振玉）殷虛書契考釋云：『說文分辛䇂為二部，卜辭只有辛字，凡十干之辛皆作辛，古金文始有作䇂者，其實本一字。許君以童妾二字隸䇂部，而䇂部諸字若辠辜以下，無一不含辛誼，不當分為二部明矣』。案參事謂䇂部辠辜以下諸字皆當入辛部，其說甚確。惟謂辛䇂一字，則頗不然。余謂十干之辛自為一字，其字古文作𢆉作辛，或作辛，訓辠之䇂又自為一字，其字古作𢆉作䇂作丂作亏，此二字之分，不在橫畫多寡，而在縱畫之曲直。何以證之？凡古文宰辟辥𨐨章諸字，其義與䇂字相關者皆从𢆉或䇂，其中直皆折而左，無一从𢆉若作辛者。（惟童妾言羕諸字䇂字在上，其左折之跡不可見）又殷虛卜辭有𦔻字，即說文𦔻字，說文：

「𤔲，語相訶歫也，从口辛」。是篆文之辛，亦或作丂，蓋辛丂一字。卜辭辥字作𨐨，亦其一證。兮田盤：「王命田政𤔲成周四方責」（即委積之積）𤔲从𤔔㱙，即篆文从𤔔辛之辭，政辭乃政嗣之假借，知㱙乃丂之繁文，丂㱙又一字矣。㱙字當从說文㱙字讀，讀如櫱，即天作孽之孽之本字，故訓為辠辥字，从𠂤止丂，會意，亦以為聲。凡辠辟辭諸字皆从此字會意，至說文所說辛辛辥諸字，皆从後起之篆文立說，故動輒齟齬矣」。（集林卷六第九——十葉釋辥）

王襄 「疑古辥字」。（簠考游田三葉下）

丁山 「此即許書辛部訓辠之辥。……然則，䏁之與𨐨，𨐨之與㱙，在甲骨文雖有从月从𠂤，从口之異，而同从丂聲，可能仍是一字。卜辭習見『作𡿪』，『作䏁』，『作𨐨』即孟子禮記之『天作孽』也」。（氏族方國志一五四——一五五葉）又曰：「詩小雅十月之交『下民之孽，匪降自天』。箋云：『孽，妖孽，謂相為災害也』。相為災害，宜是𡿪、𨐨、䏁諸字本誼。分別言之，則日月之妖為䏁，山川之災為辥，謌謠之怪為𡿪，偏旁不同，其實一字」。（同上）

郭沫若 「𨐨字王國維釋辥，云『从𠂤从丂，與辟从人从辛同意。𠂤者衆也。金文或加从止（辥）蓋謂人有辛，（愆）𠂤以止之，故訓為治。此鼎（毛公鼎）乏止為少，與小篆（辥）同』。（觀堂古金文攷釋六）案此乃假為孽，『不佳孽』者謂『不其有害』也」。（卜通八四葉下）

高田忠周釋櫱。見古籀卷六十九第十五葉

孫海波 「𨐨，鐵一一三、四。王国維說，即古辥字。丂即說文辛字之初文辠也。𠂤者衆也。金文或加止，蓋謂人有辛，𠂤以止之，經典用作嬖。」（甲骨文編五五四頁）

饒宗頤 「按䏁即辥字，讀為相乂之『乂』。克鼎『諫辥王家』。毛公鼎：『亦唯先正𤔲（襄）辥厥辟』。諸辥字并讀作『乂』。書君奭：『巫咸乂王家』。又云：『用乂厥辟』。多方：『爾曷不夾介，乂我周王』。乂即輔相之意。爾雅：『艾，相也』。卜辭言䏁王，即金文之『辥王』，尚書之『乂王』。知此一語相沿，遠自殷時」。（通考四六一——四六二葉）

饒宗頤 「囗申卜，㱿貞：于南庚𢆶（禦）𡿪。（孽）（七集柏十一）

按：「㖀」為「孽」，漢書五行志所記有龜孽、羸蟲之孽。卜辭每言風雨疾病為孽。此祭于南庚以禦禳之。即左傳及東京賦云：「禁禦不若」之意。（通考第一三七葉）

饒宗頤　：「按㖀即辥字，金文《辥侯盤》云：『胯侯作叔妊襄滕盤。』辥字作胯，與卜辭同。《左傳》定元年：『辥宰曰：辥之皇祖奚仲居辥，以為夏車正。奚仲遷于邳，仲虺居辥，以為湯左相。』《春秋》隱十一年：『滕侯、辥侯來朝。』辥故國在今山東滕縣南。」（《通考》四〇三頁）

李孝定　「說文：『辥，辠也。从辛，㕷聲。』契文作上出諸形，（粹四八七、一、文作㖀，與篆文全同。王國維氏作辥辥一文時僅及作㖀者一體，故云『金文或加止』，實則金文作辥（毛公鼎）辥（克鼎）作辥（都斁盤）者，左旁㕷上亦是从之非止字，齊侯鎛鐘文與篆文全同，固非从止。其作辥者克鼎作辥都斁盤者，左旁㕷上亦是从之非止字，王氏以㕷止辛會意說辥似有可商，許說或不誤也。丁山與中島竦二氏謂㖀㖀一字，以卜辭之例按之，說蓋可从。辭云『貞王聽隹辥』『貞王聽不隹辥』（乙、四六〇四）『貞王聽隹胯』『貞不胯』（乙、五三四七）辭例全同而一作『辥』一作『胯』。又云『囚曰已其㞢（有）胯』（藏徵、游田、三二）有亡相對，雖非對貞而辭例相類，亦一作『胯』一作『辥』，可證也。它辭或言『貞隹亡辥』（藏徵、游田、三一、）『貞且乙㖀王』（乙、五三九五）『貞且乙㖀王』（乙、六七一九）『其㖀王』（乙、七〇一六）『勿㖀年有雨』（續、一、三、一、）『貞王夢帚好不隹辥』（佚、九二）凡言辥或胯均含有凶咎之意，蓋與『佳禍』之意同。丁氏謂即逸子『天作孽』之孽，其說是也。」（集釋四二九一葉）

中島竦　「㖀㖀為一字之異體，即說文訓『語相訶歫也』之㖀字。」（渊源第一帙中九十九葉）

按：王國維釋「辥」是對的。卜辭皆用作「孽」，乃災咎之義。胯與辥同字。其从日作㖀者，僅一見，辭殘，用義不詳。粹四八七郭沫若隸作「辥」，金祥恆續文編以為「胯」字，乃肇誤（李孝定集釋四一五四亦沿其誤）。

2499

㖀　㖀　㖀　㖀

王国维　「㖀，卜辞作㖀，㖀即辛字。说文：『㖀，语相诃歫也，从口歫辛，辛恶声也

。」案古文辛並作䇂，說文作辛之字亦然。惟𠯑字所从之䇂形尚未失耳。」（戩壽堂所藏殷墟文字考釋四十六頁）

王國維

「殷虛卜辭有辥字，（前五、二一，前六、二九）即說文辥字。說文：『𠯑，語相訶歫也。从口辛。』是篆文之辛，亦或作䇂，蓋辛䇂一字。卜辭辥字作𢀋，亦其一證。兮田盤：『王命田政𤔲成周四方責』（之積，即委積）𤔲，从𤔔，𠯑即篆文从𤔔辛之辭。政辭乃政嗣之假借，知辥乃䇂之繁文，䇂𠯑又一字矣。䇂字當从說文𠯑字讀，讀如櫱，即天作孽之孽之本字。故訓為辠辥字，从㠯止䇂，會意，亦以為聲。凡辥辟辭諸字，皆从此字會意。至說文所說辛䇂辥諸字，皆以後起之篆文立說，故動輒齟齬矣。」（集林卷六第十葉釋辥下（見十四卷五辥字條下））

王襄

「古𠯑字。」（簠室殷契類纂第六葉）

孙海波

「辥，后二．一〇．五。方名。令作𠯑。」（甲骨文編四五頁）

饒宗頤

「丙……爭……今乍辥。」（後編下一〇．五）按𠯑，說文語相訶歫也，讀若櫱。卜辭亦稱『作膀』，（如前編七．二八．一）與『乍辥』同，即所謂『作孽』矣。孟子離婁引書太甲：『天作孽，猶可違；自作孽，不可活。』知『作孽』一語，實肇于殷。」（通考四三四葉）

丁山

「辥辥當是一字，而辥見於卜辭者，甚衆，或為事類，或為動作，不盡氏族之名也。其字當即𠯑字。說文口部：『𠯑，語相訶歫也，从口辛。辛，惡聲也。讀若櫱。』又，木部：『櫱，芽米也，从米，辥聲。』辛部：『辥，辠也，从辛，𡴀聲。』㠯部：『𡴀，危高也，从㠯，屮聲。讀若臬。』按，櫱臬音讀，今尚相同，則謂『𠯑，讀若臬』，固無不可；即謂，䇂辥古今字，亦無不可。辥，卜辭或作𢀋，或作𢀋，（粹八四七）與毛公鼎『𢦔辥厥辟』之作辥者，為形尤近，如王國維釋辥說，是變字也。然辭云『叀王又作𢀋』，與『貞，令作𠯑』，（後下十五）同，其辭類使𢀋果為變字，則𠯑宜有乂音。不寧惟是。卜辭又有乂字，辭云『☑大貞，作乂小𡆥』（前八．一七．二）『作乂』與『作辥』『作𠯑』，辭類又同。乂，直接演為金文𤔲，膀侯鼎王國維所定為滕薛之薛者也。（見集林六釋膀）然則，膀之與辥，辥之與𠯑，在甲骨文雖有从月，从旨，从口之異，而同从䇂聲，可能仍是一字。孟子離婁公孫丑屢引大甲曰：『天作孽，猶可違，自作孽，不可活。』禮記緇衣亦引曰：『天作孽，可違也；自作孽，不可以逭。』此大甲逸文，證以卜辭習見『作𠯑』之辭，益可信為商書；而𠯑，辥（一𢀋），膀，俱讀為櫱，不必強別辥為變字，亦于焉得堅證。洪範五行傳：『貌之不恭，是謂不肅，時則有服妖，時則有龜孽。說曰：『凡艸木之類謂之妖。妖猶夭胎，言尚微；蟲豸之類謂之孽，孽則牙孽矣。』孽，說文作蠥云：『衣服歌謠艸木之怪謂之妖，禽獸蟲蝗之怪謂之蠥。』大甲逸文所謂『作孽』者，固當作妖蠥災妾解；即卜辭所謂『作⿰齒亏』『隹⿰齒亏』『其膀』『勿膀』『出膀』，亦無往而不作災蠥解．僖十五年左傳：『秦獲晉侯以歸。秦伯曰，寡人之從君而西也，亦晉之妖夢是踐』。妖夢，正卜辭所謂『王寢膀』。鄭三．下．三五．二．詩小雅十月之交：『下民之孽，匪降自天』。箋云：『孽，妖孽，謂相為災害也』。相為災害，宜是啇、⿰齒亏、膀諸字本誼，分別言之，則日月之妖為膀，山川之災為辥，謌謠之怪為啇，偏旁不同，其實一字」。（方國志一五三至一五五葉）

李孝定

「說文『啇語相訶歫也从口辛辛惡聲也，讀若櫱』契文之哥王釋為啇，是也．丁氏謂从口之啇、从𠂤之⿰齒亏，从月之膀，音義並同，尤屬通論」。（集釋〇三九六葉）

考古所

「啇：在此為地名。」（小屯南地甲骨一〇一二頁）

考古所

「辥：丁山认为即孟子、礼记『天作孽之孽』。（殷商氏族方國志一五五頁）。在卜辞中含有凶咎之意。」（小屯南地甲骨九九五頁）

按：卜辭「啇」與「膀」、「⿰齒亏」通用無別。參見「⿰齒亏」字條。

2500

⿱亏告 

按：合集二九三九八辭云：「……⿱亏告田，亡𢦔」。「⿱亏告」為地名。字从「亏」、从「告」。

2501

⿰齒亏 

陈汉平

「甲骨文有字（佚存九〇），旧不识。按此字从齿从亏作，亏亦声。说文：

「訔，語相訶岠也。从口岠䇂，䇂，惡声也。讀若蘖。」「訔」字可視作从齒訔省声，字从䇂与从㓞意略同，又㓞、丰与訔、蘖古韵同部，故此字当释为齧。說文：「齧，噬也。从齒㓞声。」其初文則从䇂得声，可隶定作齭。」（古文字释丛，考古与文物一九八五年一期一〇七頁）

按：字从「䇂」、从「齒」。辭殘，其義不詳。釋「齧」不可據。

2502

按：合集三四二六辭云：「……需吼」為人名。

2503

⿱艹䇂 

裘錫圭

「甲骨文里有「⿱艹䇂」字：

☐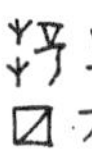☐其每。佚七五七，存上一六五五

甲骨文编把它当作未识字附在艸部之末。⿱艹䇂从二屮从䇂。䇂字之音如「孽」。甲骨文里往々把䇂字写作、，等形，下部从刀，可知「䇂」本象一种刀类工具。根据它的音义推测，「䇂」应是「乂」的初文。「乂」、「孽」都是疑母祭部字，古音极近。乂字繁体作「刈」（見說文），国语齐语韦注：「刈，鎌也」，字义也与䇂相合。甲骨文的肴字有写作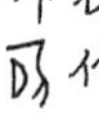的，戠字异体舊有写作或的，䅬字有写作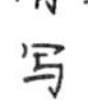的，所从的䇂简化成了了、十等形。这种简写的䇂，尤其是不带「刀」形的那种写法，只要稍加整齐化就会变成小篆的㐅（乂）。既知䇂是乂的初文，就可以断定⿱艹䇂字应该释作「艾」。

古书里有两个艾字。說文艸部：「艾，冰臺也。从艸，乂声。」这个「艾」是草名，讀「五蓋切」（今音ài）。詩周頌臣工「奄观銍艾」，釋文「艾音刈」。詩周南葛覃「是刈是濩」，釋文本「刈」作「艾」，注曰：「艾本亦作刈，魚廢反，韓詩云：刈，取也。」禮記月令仲夏之月「命民毋艾蓝以染」，呂氏春秋仲夏紀艾亦作刈。这个艾字与刈字同音同义，可以看作「刈」的异体（今音为yì）。第一个艾字是纯粹的形声字。第二个艾字则应该分析为「从艸，从乂，

乂亦声」，是一个表意兼形声字。𥞤字的构造与𢼸（刍）、𣂔（折）等字类似，象以斧割艸，应该释为与「刈」同音义的「艾」。

甲骨文里还有个从四「屮」从「十」的字：

□□卜古鼎（貞）：𦳝才（在）唐彔（麓）。〈乙四九六〉

这个字所从的十，跟上面举过的斧旁简体非常相似。甲骨文从四「屮」、从二「屮」每多无别，例如「莫」和「𦱤」（莫）就都有从茻和从艸两种写法。所以这个字应该是「𥞤」的异体。「艾在唐麓」就是在唐地山麓刈草的意思。

知道了「斧」是「乂」的初文，还可以纠正前人对𥞤字的误释。甲骨文常见𥞤字，作𥞤、𥞤等形，孙诒让误以斧旁为「乇」，释作「秅」，余永梁释为「栟」（蘖），陈梦家以为「当是蘖字……指作造酒蘖」，饶宗頤读为「孽」，以为「指禾害而言」，《甲骨文编》则仍把它当作未识字附在禾部之末。既知「斧」是「乂」的初文，就可以断定「稊」的本义当是刈禾。它的构造和「𥞤」相类，应该分析为「从禾，从斧，斧亦声」。「𥞤」（艾）可以看作「刈」的异体，「稊」也同样可以看作「刈」的异体。

商代人用表意字，往往比后世分得细。后世用一个表意字表示的意义，他们往往分用几个表意字来表示。例如在商代，与大牢、小牢之别相应，牢字也有从牛与从羊二体（亦作𡨦），到周代就只用从牛的牢字了。刈草、刈禾在甲骨文里各有专字，而后世只剩下一个艾字，也是由于这个缘故。从前面引过《臣工》篇的「奄观铚艾」，《毛传》释「铚」为「获」，与「铚」并提的「艾」应该当刈禾讲，正相当于甲骨文的「稊」。此外如《吕氏春秋·上农》「因胥岁不举铚艾」，《荀子·王制》「使民有所耘艾」，《谷梁传·庄公二十八年》「一年不艾而百姓饥」，所用的艾字或应作刈禾刀讲，或应作刈禾讲，都跟稊字相当。

卜辞稊字看来绝大部分是用其本义的，下面把有关卜辞简单解释一下：

丁丑卜殻鼎（貞）：王生（往）立（涖）稊，祉从汢戠。〈柏二四，七B三三〉

鼎：王生立稊黍☒　〈胡厚宣先生摹本〉

☒立稊黍。〈续五·二三·五〉

卜辞里屡见「王立黍」、「王往涖稊黍」、「王立𥝀」之文，于省吾先生读「立」为「涖」，可信。上引诸辞的立也应读为涖。「王往涖稊黍」，是王亲往涖临收刈黍子或其他作物之事的意思。

丁未卜穷鼎（貞）：叀（惠，用法与「唯」相近）王□稊黍。〈人文一四三〉

「王」下一字残存右旁「丮」及左上部「才」，疑本是「𩰫」字。《说文·丮部》：「𩰫，设饪也」，在上引卜辞里用作何义待考。也许「𩰫稊黍」就是为刈黍者设食的意思。

甲子卜：〗（弜）䅘来。　续二、五一，二、三三、六，戬四、七

「来」字旧多释「黍」，陈梦家先生认为「可能是梁字」，又说还可能是麋字或粟字」，于省吾先生释为「齋」，以为即「稷」之初文。〗是商王统辖的一个农业区，似乎主要是种来的，他辞或卜问「〗来出（有）正雨」，「〗受来（年）」，可证。上引卜辞是卜问〗地刈来之事的。

辛亥卜鼎（貞）：或䅘来。　铁一七七、三

或大概也是生产粮食的地区，但是也有可能是商王准备派往某地去䅘来的人。来就是周颂思文「贻我来牟」的来，䅘来就是刈麦。

己丑卜宂鼎（貞）：今旾商䅘。

鼎：今旾不䅘。　甲二一二一

旾是表示时间的一个词，于省吾先生读为「秋」。上引卜辞大概是卜问商地在今旾能否有刈穫。

庚辰卜亘貞鼎（貞）：啚受年。

鼎：啚不其受年。

王固曰：啚䅘隹（唯）☒　乙七六七二，乙七六七三（七六七二之背）

上面所引的是一对正反对貞的卜辞以及它们的占辞。卜辞卜问啚地能否有收成。占辞已残，但可以看出「䅘」也是当刈穫作物讲的。

☒弗䅘夫。　佚二六〇，续六二九、六，戬三三、八，铁一九六、四

夫是地名，「䅘夫」当是在夫地刈穫的意思。

盂田禾䆉，其知（禦），吉，䅘。

弜（勿）知，吉，䅘。　摭续一三七

「䆉」当指作物有病。疑「䆉」即「罢」之初文，字亦作「罢」，金文用作「无斁」之「斁」。「䆉」从罢声，似可读为「殬」。说文歺部：「殬，败也。」又说文艸部：「蘀，艸木凡皮叶落陊地为蘀。」「䆉」或可读为「蘀」，指禾叶枯落。上引两条卜辞大概是问的这样一件事：盂田的庄稼有了病，要想有所刈穫，究竟是举行禦祭好，还是不举行禦祭好。

☒小䅘臣。　乙五九一五

☒乎（呼）〔小〕䅘臣。　乙二八一三

小䅘臣当是管刈穫之事的小臣。卜辞里还有小耤臣，是管耕耤之事的小臣。二者可以互证。这是与商代农业生产组织形式有关的重要史料。

鼎（貞）：不其䅘。三月。　腧四、五、三

癸丑卜：穧。兹用。 粹四三三

上引卜辞里的「穧」也都可以当刈禾讲。

此外，甲骨文里还有些用穧字的卜辞，或者用法没有超出以上所说的范围，或者由于文字残缺过甚而辞意不明，这里就不引了。

西周时人有以「穧」为名的：

𫓧作（作）父甲宝毁，迈（万）年孙子宝。 三代七·二二簋

这个字的废弃大概是西周之后的事情。

最后附带谈谈卜辞里的「𦔻黍」：

壬戌卜古鼎（貞）：乎（呼）𦔻𠁁（𠁁?）黍。 前五·五·三，存下六〇

王固曰：吉，其𦔻。 存下六一（六〇之背）

「𦔻」字不识，疑从「𢀛」声，在上引卜辞里似乎也应该读为「刈」。「𦔻𠁁（?）黍」可能是收刈𠁁地之黍的意思。（古文字研究第四辑一五三—一五七頁）

裘锡圭

「「刈」是刈禾的专字。卜辞里曾提到刈黍、刈来：

貞：王往立莅刈黍□ 拾九五八

辛亥卜貞：或刈来。 鉄一七七·三

有的卜辞还提到小刈臣：

□呼小刈臣 汇二八一三

这应该是总管刈获之事的官，性质与小籍臣相类。据上引「王往莅刈黍」等辞，商王有时还亲临刈获的现场视察。

前四·五·三一辞说：

貞：不其刈。三月。

或以三月非刈获之时致疑。其实「不其刈」是卜问会不会得不到收获。他辞或言：

己丑卜賓貞：今𡆥商刈。

貞：今𡆥不刈。 佚二一二一

与此同意。这类卜辞卜问的时间可以在实际收割之前很久。如果卜问是不是去收刈，否定词就不会用「不」而要用「勿」了（关于「勿」和「不」的区别，参看拙文说「弜」，古文字研究第一辑）」（甲骨文中所见的商代农业，全国商史学术讨论会论文集一九八—二四四頁）

裘锡圭

「我们在甲骨文字考释（八篇）·释「𠦝」「穧」里已经指出，甲骨文「𢀛」

字本象一种刀类工具，是「刈」的初文（古文字研究第四辑一五三—一五七頁）。刈就是镰。国语齐语：「时雨既至，挟其枪，刈、耨、鎛，以旦暮从事于田野」，韦注：「刈，镰也」。刈既可用来刈草，也可用来刈禾。甲骨文刈草之字作「𦬸」，刈禾之字作「秎」（详上注文）。商代遗址所出的生产工具，一般以石镰、蚌镰为最多。可见刈在当时是根常用的工具。

从甲骨文可以看到，殷人收获谷物有时只取其穗（详第三节第5小节）。取穗用的长方形或半月形的有孔石刀和蚌刀，在商代遗址中也常有出土。一般认为这种有孔刀应该称为銍（说文：銍，获禾穗镰也。」释名释用器：「銍，获禾铁也，銍銍断禾穗也」）。但是在甲骨文里还没有找到与之相应的名称。（甲骨文中所見的商代农业，全国商史学术讨论会论文集九八—二四四頁）

按：裘錫圭以為「刈」之初文，可備一說。合集三一二六七辭云：「…𦬸…其每」辭残，其義不詳。

2504

李孝定 「金祥恆氏續文編十四卷十六葉辭下收作□、□者數文，按其辭例與辭恐非一字。辭云『貞以人乎伐□』乙、二一三九。『壬戌卜爭貞旨伐□』乙、二八七四、『貞勿伐□』乙、三一二九。『貞旨弗其伐□伯』乙、五二五三、言伐言□伯，□乃方國之名，無一用作辭字者，其字當隸定作□从辛从𠂤，非辭字也。」（集釋四二九二葉）

按：□與辭不同字，為方國名。

2505

辟

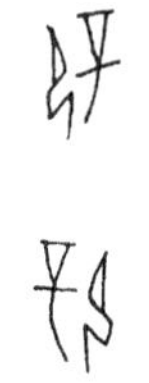

王襄 「古辟字。許說法也，从卩从辛，節制其辠也。从口用法者也。此省口」。（類纂正編第九第四十一葉下）

陳直 「辭云：『己巳卜王于品辟門𡨦』。案虞書：『闢四門』，馬注云：『闢，門也』。禮

記郊特牲云：「索祭祝於祊」，鄭注云：「索，求神也，廟門曰祊」。卜辭辟門冥僅一見，蓋祊祭之冥禮也」。（賸義七葉上）

孫海波 「[glyph]，甲一四九〇。不从口，与屖字之形相同。」（甲骨文編三七九頁）

陳夢家 「多辟臣可能是嬖臣，乃親近的褻臣。鄭制左傳昭元昭七哀五大夫分上、亞、嬖三等，所以卜辭的元臣、小臣、辟臣可能也是等級有差之臣」。（綜述五〇八葉）

陳初生 「甲骨文作[glyph]、[glyph]、[glyph]，从辛从卩，辛為剞劂之刑具，象对跪跽者施刑。字或作[glyph]、[glyph]。」（商周古文字讀本三九一頁）

徐兆仁說參[glyph]字条下。

按：說文：「辟，法也。从卩从辛，節制其辠也。从口，用法者也」。此乃就小篆立說，非其本朔。林義光文源謂：「古作[glyph]，作[glyph]，从〇不从日。〇，束也。从人从辛，以〇束之，與章同意。或作[glyph]，譌从口。作[glyph]，譌从日」。實則契文僅作[glyph]，既不从口，亦不从〇。从〇乃增飾，从日或〇乃譌變，林氏之說亦未免受許慎之影響。羅振玉以為从〇者乃璧之本字，借作辟亦非是。僻、嬖皆由辟字所孳乳。

2506 辟 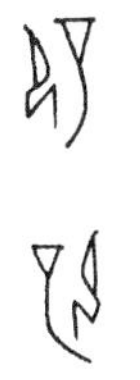

丁驌 「[glyph]郭：人名与[glyph][glyph]字不同。有关之辭除一二条外皆列于下：

一 卜自……帚𦥑……[glyph]（子？）郭卸 （京津三〇一六）

二 乙巳卜自貞王弗其子郭 （甲三〇一三）

三 己未卜卸子郭小王不 卸子郭中子不 卸……郭……月 （人三〇二八）

四 庚午卜王于母庚祐子郭……月 （續一四一．五）

五 戊午卜王二希子郭我…… 戊午卜王勿卸子郭 于中子祐子郭 （續五．五．六）

六 于司卸子郭 （庫四二九）

七 戊午卜王貞勿卸子郭余…… （佚四一五）

八 辛酉卜王至于……郭　（南无二五三）
九 己巳卜王于圃（？）郭门賁　（前四·一五·七）
十 己未卜勺贞帚妌……岁母庚
十一 甲申卜知帚妌妣己　（综二○○五）
十二 甲申卜知帚妌妣己二牡　一牛一羊知帚妌妣己　一牛知帚妌妣己　（前一·三三·七）
十三 知帚妌子于妣己允出畍　（戬七一·六）
十四 戊寅卜知子咭于帚妌于母……在八月　（拾九·六）
十五 癸未卜帚妌出妣己腩豕　帚妌出妣庚羊豕　（库一六○六）　『Ⓐ：隶为吉』　『Ⓑ：腩？』
十六 戊辰卜王贞帚妌娩，余子　（前八·一二·三）
十七 贞帚妌娩余弗其子　四月　（续上一○四一）
十八 ……丑卜王……子妌……出疾　（前六·五○·二）
十九 子（已字）妌亡循　（拾三九○）
二十 ……妌……辛巳……夕……妫　（南南二·一四四）

上列诸辞中之人物妣己、母庚、帚妌、子郭似为四世，一系相承。为帚妌求庇佑于妣己、母庚。为子郭求祐于中子、小王。如小王为孝己，则帚妌为小王、中子、祖庚、祖甲一世。

上列诸人妣己、母庚、中子、小王均已谢世。（辞例三、四、五、一一——一三）后诸辞为二期格式。其句法如卜王辞，中有岁祭，王自称余（辞例七）、我（辞例五），字写作司字形（辞例六），皆非一期卜辞。惟卜人有自，故有以帚妌为武丁之配者。

按亡人妣己、母庚一二期皆有。妣己当可不论。母庚则见于宾、自之辞，亦见于矣辞（综三三○四）。余细究卜人分期，知争、宾、扶、自、勺等人在二期祖庚时代尚存。因争辞与旅、尹、行等人卜辞皆有父丁。扶、旅、即、余、我等人辞皆有父戊。宾、勺、自、旅、尹、行等人辞皆有母壬。旅、即、尹、行等人辞中却绝无父甲、父庚、父辛、父乙等称谓，故知旅、尹、行等人当只是二期以下之卜人，而宾、勺、自、扶、争等人则在二期尚存者也。是帚妌之生存时代当在武丁、祖庚交替之际。而又是祖庚、祖甲一代，子郭、子咭为庚、甲子姪辈，故求子郭之祐于小王。小王即孝己也，故疑其为祖己之配。子郭于辛巳夕生，或即禀辛亦未可知。

郭近似郭，后一字释辟。（通六一五）从辛从卩无疑。辞称『辟臣』『多辟臣』。窃疑辟字实为殉人之意。」（子郭（㔾）中国文字第八卷第三十二册三四一一——三四一三页）

按：「㔾」或「㔾」乃人名，與「辟」有别，當屬同源分化。

稆 

陳夢家

「咸稆來」鐵一七七·三
弜稆來 戩四四·七
稆黍 續五·二三·五
不稆，十三月 旅順博物館
不其稆，三月 前四·五·三
今葉不稆 甲二一二一
弗稆 續六·一九·六。

……說文『嘮』，語相訶歫也，从口芎，……讀若櫱』。卜辭稆當是櫱字，說文訓『牙米』。齊民要術卷八作櫱法，記浸小麥於水而日曝之，又以水澆之至牙生而止。卜辭之稆是動詞，當指作造酒櫱，而所指名為來、秫、黍，都是可以製酒的糧食小麥、粱米和麥子。麥常用以作酒，而齊民要術卷一說『粱米又可釀作酒』。（綜述第五三九葉）

饒宗頤

「『丁丑卜，殼貞：王往（澁）稆，征从沚戠。』（柏根二四，七集柏三三重。）按屯乙七六七二龜：『貞：亩受年。』背云：『王固曰：亩稆、佳……』京都大學九三三『己未卜，口貞：亩王在……亡稆黍。』稆為動詞。說文呼讀若櫱，說者多以稆為櫱字。（明義士考釋）他辭又見『貞：今吉高稆……貞今在不稆。』（屯甲二一二一）則以稆為櫱害之櫱矣。故知稆蓋指禾害而言。『王往澁稆』，殆謂往省視禾之受蟲害也。」（通考九五葉）

屈萬里

「稆，隸定之當作稆，然不可識。」（甲編考釋二六八葉）

彭邦炯

「甲骨文中有稆、稆、稆诸形的字。这个字很有意思，它本身就是一条重要的农业史料，通过对它的正确释读，我们可以了解到商代农业生产过程中一个重要环节的具体情况。

这个字孙诒让在契文举例中曾释作『秏』，也有人曾释作『耕』即櫱（余永梁殷虚文字考）。孙海波在甲骨文编卷七·一四第○八七八号隶定为稆，并称：『从禾从芎，说文所无，地名』。陈梦家则认为是『櫱』字，『指作造酒櫱』（殷虚卜辞综述第五三九页）。香港学者饶宗颐读为孽，以为指禾害而言（殷代贞卜人物通考第四五页）。近有裘锡圭同志提出新解，以为即

「刈」的异体（甲骨文字考释，古文字研究第四辑）。我以为裘说近是，但仍有可商。甲骨文的秎字构形，一旁的「禾」，当指收取过穗头的黍、稷、麦等类作物剩下的稭稈形，而非一般的禾苗形。甲骨文禾苗之禾，一般多作「𥝌」形，而秎的禾旁则多为𥝌或𥝌形，象割去穗头的𥝌（黍）、𥝌（來）、𥝌（稷）、𥝌、𥝌等形。而这些个字一般又多指农作物长大抽穗，或果实成熟的意思（说详后），割去其穗头则成为「秎」字的禾旁形。

另一边的「亏」旁，裘锡圭同志以为甲骨文中还有下从刀的「𠚘」字，当是镰刀一类收割工具。王国维在释辥（观堂集林卷六）中认为「亏」读为从辥得声的「𠜑」，而辥即经典中乂、艾之本字」。裘锡圭同志也认为「亏」是「乂」的初文。我以为「亏」是一种农具是对的，但绝非镰类农具，而应该是鎛类农具的侧视形。比如商周考古第三八页图二〇·四所刊一九五三年在安阳大司空村发掘的一件青铜鎛，其侧视图形，就与甲骨文的「亏」极为相似（见上图）。

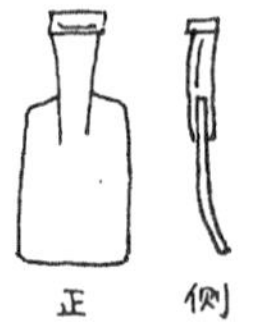

正　侧

对于甲骨文中有少部分下从刀的「𠚘」，我认为是因为鎛器的口似刀刃，可起刀的割断物的作用之意。甲骨文的「秎」字构形是从鎛这种工具铲断已收取过穗头的稭稈形。稭稈形的「禾」下近根部一横划与铲相近，这是示意铲从禾的这个部位砍断。它有如刀字加点为刃，示意刀口这个部位为刀刃一样。由上可见甲骨文的「秎」字就是从亏，从禾，亏是表声兼表意字无疑了。

「亏」既为鎛，则甲骨文的「秎」字就应为从禾（無穗之稭稈），从亏（农具铲形），亏亦声，读如鎛，为以鎛器铲断收取过穗头的稭稈的表意字。此字当为说文刀部「𠜑」字的初文。说文曰：「𠜑，断也，从刀辥声」。前已论及，辥古当读为鎛声，今读𠜑为隉（ㄋㄧㄝ）音，照古代应读为鎛（ㄅㄛ）音。说文𠜑字大致由下从刀的「𠚘」衍变而来的。

我们说「秎」是以农具鎛铲收已割取穗头的稭稈，在甲骨卜辞中也讲得通。此字在卜辞中的用法有作地名或国族名用的，但主要是作动词用，当作收获讲。如卜辞多见的「秎黍」（如续五·二三·五、京人一四三等），「秎稷」（如戬四四·七等）、「秎來」（如铁一七七·三等）之类，都是指的收获黍、稷、麦等稭稈，后来才用以表示收获之义。卜辞还有「小秎臣」、「秎臣」（如佚二八一三、一五九一五），当有如卜辞的「小耤臣」，指管耤耕王田的小头目；此「秎臣」亦当为专管收获诸事的小头目（参见王贵民就甲骨文所见试说商代的王室田庄，中国史研究一九八〇年三期）。

我们再从民俗学、考古学的有关材料，亦可以证明古代这种特有收获方式的存在。在古代，由於生产手段比较落后，一般都是在农作物成熟之后先用镰刀一类的小农具收割穗头。这样既可争取时间，也可因熟透作物易掉籽粒造成损失；同时又便於收藏。待抢收完穗

2491

头以后，再另外砍取其稭稈作为他用。考古工作者曾在云南省剑川縣海门口的一處古代遺址就发现过大量无穗头的稻、麦稭稈。我国云南、西藏甘西南边远地区一些兄弟族直到近现代都还保留有这种古老的收获方式。据民族调查材料，我国西藏的米林縣、墨脱县等地的珞巴族人，就保留有先『用小刀割取穗』头，然后用鉾或别的农具砍断稭稈的作法。近现代国铁器工具广泛使用，砍取稭稈可用多种工具，不少尽用鉾，但古代农业生产上用鉾断取先用鐮类小农具割掉穗头的稭稈——它很普遍。商代人也是先收取穗头，这在甲骨文中也是有反映的。甲骨文中有一个写作『𠬪』的字，就是指的收取穗头的事。先看下面两条辞例：

贞，勿乎婦井往𠬪黍？（南坊三·一七）

□□卜，在□贞：王□𠬪稷，往来□□？（后上一八·一一）

前一条是卜问：『不要叫婦井（人名，卜辞多见）前往督促收割黍穗么？』这是从反面卜问的卜辞。商人占卜多从正反两个方面多次反复卜问。后一条辞虽然有残缺，然意思是明白的，是某日卜，在某地问，商王要亲往督促收割稷穗，往来有无灾祸？这两条卜辞中的𠬪字，是从手采摘『𠧪』形。𠧪即说文的卤字。说文『卤，草木实垂卤卤然，象形。读若调』。又前举甲骨文有𥻆、𥻆（参见前二·一九·三、二·一九·四、缀合五八）。过去一般都释作粟，其实应为说文的𣡌字。说文：『𣡌，嘉穀实也，从卤从米。𥻆，籀文𣡌（即今粟字）。』下面所从的米，应是木或禾的讹变。这个字和甲骨文的𠧪、𠧪𠧪、𠧪𠧪𠧪等字应该是意义相通的，均有成熟的果实之义。所以卜辞的『𠬪黍』『𠬪稷』应该是指摘取黍、稷、麦等农作物的穗头。

𠬪字陈梦家以为即说文的采字，『像手採穗形』（综述五三六页），是正确的。说文：『采』禾成秀也，人所以收，从爫禾，俗作穗。』因此，上举两条卜辞中的穗字是一个动词，专指收取农作物成熟了的穗头。穗本来是名词，商人名词作动词用是常有的……我们这里讲的收割穗头的『穗』（𠬪）字又是一个名词作动词用的例子。』（从甲骨文的穗字说到商代农作物的收割，甲骨文与殷商史第二辑三〇三至三〇七页）

按：字从「禾」、从「亏」，隸可作「秎」。裘錫圭謂與「𥝤」之結構相同，為「刈」之初形，義為刈禾。據卜辭辭例或稱「秎黍」、或稱「秎來」、或稱「秎穧」，皆指收獲穀物而言，裘氏之見解是對的，但是否即「刈」之初文，則待考。

葉玉森 「按說文『辛，辠也』。卜辭作𢆉𢆉𢆉。辛為有罪之人，从又，疑縶文。猶執从又，仍執也。」（前釋二卷四十七葉上）

余永梁 「按此辭字从司，說文辭字籀文从台作辝，木部枱籀文作辝，枲籀文作𣓛。台字古金文作𤔲。台與司通。」（殷虛文字考）

吳其昌 「『𤔲』字未詳。在本片（指前一、三〇、五十前二、二五、六）中，似當為一人名。故云：『既于𤔲宗』。『㞢于五后，至于龏𤔲』。以文例推之自見。他辭又云：『貞□于𤔲，……宰』。（鐵、九五、二）蓋謂以少宰祀于𤔲也，並可與本片互證，此外，在他辭，又屢以『小𤔲』為一人名。綜合各書觀之，約計『小𤔲』之凡七見。（一見于前、二、二五、六，二見于前七、二八、一，三見于後二、九、一三，四見于後二、一〇、一，五見于續二、一八、一，六見于林、一、二六、七，七見于明、一九八三）其在續編之文云：『壬午卜，大貞，翌癸未，㞢于小𤔲，二宰，□一牛』。（二、一八、二）謂以一牛二羊致祭于小𤔲，則小𤔲自為一殷代先人之名，至無可疑耳。『小𤔲』似更有別作『三𤔲』者，他辭又云：『癸丑卜，大貞：子㞢于三𤔲羊五』。（林、一、五、一四）謂以五羊致祭于三𤔲也。諦宷此二辭『㞢于……』之文並同，則『小𤔲』，殆即『三𤔲』不令人疑其為一人之名也。」（殷虛書契解詁三二九——三三〇葉）

孫海波 「𤔲，鐵九五、二。从又从辛。說文所无。人名。」（甲骨文編三七四頁）

楊樹達 「太平御览八十三引古本紀年云：『小辛頌即位，居殷。』今本紀年云：『小辛名頌。』按书契前编柒卷廿捌頁壹版云：『△大貞，乍𤔲小𤔲，亡𡿧？』……按小𤔲即小辛也。𤔲字从又，又所从之辛字下皆作曲出之形。殷契𣪘存貳拾肆版云：『△丑，侑于五后，至于龚𤔲。』𤔲字同，余谓龚𤔲即小辛也。知者小辛名頌，頌从公声，古读与公同。史记吕后纪云：『未敢讼言诛之』，集解引徐广云：『頌一作公』，是其证也。龚与公音同，小辛名頌称龚𤔲，犹河亶甲名整称整甲，阳甲名和称和甲矣。」（竹书纪年所见殷王名疏证，积微居甲文说卷下五八頁）

李孝定 「从𢆉从司，說文所無。余氏謂即辭字。然余氏所論辭或作辝弟足以為台受二文左偏旁中偶可通作之旁證，既不能證司受可以通作則無由證此為辭字。余氏又引枱籀作辝、枲籀作𣓛，似亦與余氏所論無涉。又云台金文作𤔲，遂謂台與司通，說亦無據。葉氏謂字从辛从又，疑辛之繁文。按此乃从司非从又，葉說非是。字从㝵㝵辛辛一字从司，疑即許書辛部之辭。許書辭下云「訟也从𤔔，𤔔猶理辜也𤔔理也。𤕦籀文辭从司」。辭隸辛部，而籀文不从辛者蓋緣古文辭或有从司作詞之異體而致混。許訓𤔔為治，一訓理，司訓臣司事於外者，與治理之義亦近，故辭字或从司或从𤔔會意，其義一也」。（《集釋》四二九五葉）

饒宗頤　「㝵蓋𤔲字，《說文》：「辭，籀文从司作𤔲，」金文「司工」「司馬」「參有司」諸司字皆同，或省口作𤔲。甲文又有㝵字，（《京都大學》一四六五）从司从㝵，㝵乃其省形。《周禮·太祝》作六辭，一曰祠。鄭司農云：「祠當為辭，」此即「辭」「祠」字通之證。契文以辭（㝵）為祠，又省作司。」（《通考》八二六頁）

饒宗頤　「「丁酉卜，大貞：小㝵老，隹丁叶。」（《拾掇》二·一五一）卜辭「作小㝵」，韓司亦作㝵，韓㝵，蓋即「作小祀」。㝵與祀為一字，知者：一、三司亦作三㝵，說已見前。二、韓司亦作「韓㝵」（《綴合》一五）是其證。契文「王廿祀」亦作王廿司，（《前編》二·一四·三）「㝵」「小祀司」互用，其字亦通作祀，故知小㝵乃小祀矣。《周禮·肆師》：「立大祀、次祀、小祀，小祀用牲。」鄭司農云：「小祀，司命以下」是也。卜辭祭小㝵云：「（壬）午卜，大貞：羽癸未，出于小㝵，三宰，箙一牛。」（《簠室·人名》三）用三宰一牛，小㝵為司命之類，司人生死，故卜問死事，及有作喪作孽等語。小㝵亦省作「小号」（《佚存》七〇九）如「龔㝵」之作「龔号」也（《南北·明》三六二）卜辭「小㝵老（考）」（見《林》一·二六·七）有釋為宮廟初成之祭考，（《春秋》隱五年）按讀老為考，是。」（《通考》八二六至八二七頁）

严一萍　「本文所要讨论的是「㝵」字，考释者大都就字形隶定为「㝵」，未有作进一步的说解。我认为这是「后㝵」两字的合文，而了是司字省口。京都大学藏甲骨文字有一司字，全辞是：

☐至司（祠）后㝵，王受又。

后司一字，前一后字读司，借为祠。合文的后字不省口司，即是省口的𠂆字，为后㝵合文的最好证明。……后㝵的㝵，是方国地名。卜辞有：

贞：勿乎㝵。　绝二·二〇·七

王固曰：其出𡆥，佳犇弗得㝵。
癸丑卜，穷贞：亩珍命𠂤𡚬㝵。　後下三六·七

癸（卜，（穷）贞：乎口臣𡆥ㄎ。　後下三四·五

贞：𠃌臣𡆥ㄎ。　後下三七·六

ㄎ汞牛。　粹九八七

ㄎ为何字何地，犹待考定。……我们知道卜辞有『小王』，『小王』的妃称『小后』，当是最合理的解释。小王之称呼自第二期卜辞才见开始，二三期卜辞中所见的小王，应属於孝己的专称，大概不会有问题。那么这小后ㄎ，应是孝己的后妃，当然也有可能了。」（释小㐰，甲骨古文字研究第一辑一九一至一九三页）

严一萍

「四版的释文补缺应是這样：

一、（癸）未（卜□貞旬）亡囚。（六日）己丑小㐰（死）？八月

二、貞：其出（来）艰，二日己（丑）小㐰死？八月

三、丙申卜，出貞：翌小㐰，由癸？八月

四、丙申卜，出貞：翌小㐰，曰由癸？八月

……本文所要討論的是『㐰』字，考釋者大都就字形隶定為『𢏚』，未有作进一步的說解。我認為是『后ㄎ』两字的合文，而司字省口。京都大学藏甲骨文字B一八五五片有一司字……即是省口的㐰字為后ㄎ合文的最好証明。……我们知道卜辞有『小王』，『小王』的妃称『小后』，当是最合理的解释。小王之称呼自第二期卜辞才见开始，二三期卜辞中所见的小王，应属孝己的專称，大概不会有问题。那么這小后ㄎ应是孝己的后妃，当然也有可能了。」（释小㐰　中國文字第五卷二一七一頁至二一七五頁）

按：釋「𡚬」、釋「㲋」均不可據。字从彐，不从又。李孝定集釋七六七誤以為从「又」。

續二·一八·一「（壬）午卜，大貞，翌癸未出于小𢏚三宰，萄一牛」

前一·三〇·五、二·二五·六「……凡母辛氏于𢏚家以⿴，十月；……出于五𢏚至于龔𢏚」

林一·五·一四「癸丑卜，大貞，子出于𢏚羌五……」

後下九·一三「丙申卜，出貞，乍小𢏚日叀癸，八月」

後下一〇·一「丙申卜，出貞，乍小𢏚日叀癸，八月」

「𢏚」或稱「小𢏚」，為祭祀之對象，祭之日多在「癸」。陳夢家以為「五𢏚」「可能指大庚至中丁五王」（綜述四九五），此屬揣測之辭。但「五𢏚」之為「先王」，當無疑義。「龔𢏚」與「五𢏚」連稱，或當是「舊臣」名，存以待考。

2509

湯余惠　「古璽人名有：

𨞚丁（古璽汇编二二四一）

第一个字的左偏旁与侯马盟书凿字所从大体相同，盟书凿字写作：

𨮿（一五六·二）　𨮿（一五六·二三）

等形，所从金、攴两旁可从可省，唯臼旁或繁或简，却无一省略，可见是很关键的部分，疑此旁乃古文凿的变体。从构形看，象以鑿凿打凿孔眼之形。盟书从攴，似取义于凿击，从金或取义于工具的质料。说文小篆讹臼为凿，又变攴为殳，谓鑿字『从金，鑿省声』。然则上揭玺文当释为『鄦』，字右从邑，殆为地名，后转化为姓氏。

循着晚周文字的线索，可以推知甲骨文『叀𢦏令周』（掇二八二）次字大概就是凿字的初文。审视其形，鑿凿施于孔槽之上，碎屑随凿而溅落。倘不误，反过来又可以证明晚周及小篆所从之臼，实即甲文孔槽形的嬗变。这一条卜辞里的『凿』用为人名，大意是卜问是否要让凿这个人去对周方国发布命令的。」（略论战国文字形体研究中的几个问题，古文字研究第十五辑五九至六〇页）

裘锡圭说参𢦏字条下。

按：合集三二八八五辭云：「叀𢦏令周」為人名，字不可識。

2510

陳秉新　「陳释意非是。高或即大垌，书仲虺之诰序『湯歸自夏，至于大垌』。伪孔传：『自三朡而还，大垌，地名。』孔疏：『大垌，地名，未知所在，当是定陶向亳之路所经。』

又一辭不会卜于二地，雷不当是地名，辞云：『雷商孝啚』，待考。」（殷虛征人方卜辞地名汇释，文物研究第五辑七九页）

于省吾释啚見卌字条下。

校：字在卜辭為地名及人名。

2511

辛 𢆉 𢆉

孫詒讓　「辛皆作𢆉。金文父辛鼎正如是作。或作𢆉，（藏一三〇·一）則文尤簡。」

（舉例上一葉上）

王國維　「余謂十干之辛自為一字，其字古文作平作辛，或作𢆉。訓辠之辛又自為一字，其字古作辛作𢆉作𢆉作𢆉。此二字之分，不在橫畫之多寡，而在縱畫之曲直。何以證之？凡古文辠辟辪辥章諸字，其誼與辛字相関者，皆从辛或𢆉，其中直皆折而左，無一从平若作辛者。又殷虛卜辭有𡌆字，即說文𡌆字。說文：『𡌆，語相訶歫也，从口辛。』是篆文之辛亦或作𢆉，蓋辛𢆉一字。卜辭辥字作𢆉，亦其一證。兮田盤：『王命田政𤔲成周四方責。』𤔲从𤔔𡌆，即篆文从𤔔辛之辭，政辭乃政嗣之段借，知𡌆乃𢆉之繁文，辛𢆉又一字矣。𢆉字當从說文𡌆字讀，讀為櫱，即天作櫱之櫱本字，故訓為辠辥字，从自从止𢆉，會意，亦以為聲。凡辠辟辭諸字皆从此字會意。至說文說辛辛辥諸字，皆从後起之篆文立說，故動輒齟齬矣。」（集林卷六釋辥下）

葉玉森　「按卜辭辛作𢆉𢆉𢆉𢆉𢆉等形。其𢆉之一體填實之則成▼，未銳為鍥，上可受椎，似象一工用之器，與𢆉𢆉之象迥別。作𢆉𢆉，下仍象鍥，上或增一作二，乃譌变，非上字。𢆉𢆉乃𢆉之專字。孫氏謂辛有作𢆉者，考藏龜第一百卅版乃贗製，𢆉下仍作丿，實非辛字。金文𢆉之省體或作辛與𢆉相同，似非庚辛之辛。郭氏謂剞劂即辛辛，尚待商榷。」（前釋一卷十三葉上）

郭沫若　「羅王兩家均各有所發名，足補許書之缺，而以王氏辛𢆉為一之說尤屬創見。然而羅氏辛辛為一之說似亦未可以遽改。據余所見，辛辛𢆉實係一字。今左證明此說之前，請先剔出疑似者數字於此範圍之外，其一為言、音二字。其二為龍、鳳二字。言、音二字古不从辛，其與辛類似之形構古本作丫作丫或作丫，殆為簫管之形，此於釋和言中已詳之矣。因之，可知言、音實非一字。龍、鳳於卜辭有从丫作者，：：案此乃象龍鳳頭上之冠，字當為說文部首丵字之省。說文云『丵，叢生艸也，象丵嶽相並出也。讀若浞』。卜辭鳳字亦多从丵作者，：：故言、音、龍、鳳均非从辛若辛之字，其義亦判然有別。此於論字之先自當釐而析之，於事方不至混淆。至辛、辛二字，王氏分之，以為『不在橫畫之多寡，而在從畫之曲直』，其所引證，於宰、辟、辥、縡、章諸字則特筆書之，於童、妾、言、商諸字，（言當除外）則以為『辛字左上，其左折之跡不可見』，而屏諸例外。此事正宜加以推究。如辛、辛果為二字，則童、妾諸字何不準商字之例以示其重要之曲筆，而必冠於字上使與他字混淆？此其可疑者一。王謂辟、章諸字，所从之辛皆作曲筆，此事亦不盡然。卜辭有繹字，文曰『其繹于之，若』（前．五．卅．一）金文有𨐨盨，𨐨鼎。凡此皆从辟之字也，而作直筆。又如章字，其見於頌敦及史頌敦諸器銘中者，誠如王氏所說中作曲筆。然如乙亥敦之作章，師遽方尊之作章，大敦器蓋六章字，器文作章，作章、若作章，蓋文三字與第三形同。凡此則均直筆作，與王氏之說有異。此其可疑者二也。又如僕字，史僕壺器蓋四字，蓋二字作僕，此依王說則確係从辛之字，而器文二字則作僕。靜敦亦作僕，皆無絲毫曲意。此其可疑者三也。然此三疑正辛、䇂、辛為一之三證。且辛字二氏謂無一曲筆作者，然羅氏所編殷文存中有一丙父辛爵（下卷十六葉）辛字作辛，正是曲筆。此品未見原器，不能斷言其真偽，然由字體觀之，似非偽器。是則辛字之結構，橫畫固可多可少，而直畫亦可曲可直。更積極而言之，則辛、辛實本一字。辛、辛同字而異音，此其有說。字乃象形，由其形象以刺之，當係古之剞劂。說文云『剞劂，曲刀也』。一作剞劂，王逸注哀時命云『剞劂，刻鏤刀也』。剞劂，實古之復音字，猶茨為蒺藜，壺為胡盧，為瓠盧，椎為終葵，筆為不聿之類也。應劭注甘泉賦分為二物，云『剞，曲刀。劂，曲鑿』。蓋同。是刻鏤之器，則曲鑿曲刀是一非二。高誘注淮南子則別立異說，其於俶真訓云『剞，巧工鉤刀。劂，規度刺墨邊箋也。所以刻鏤之具』。而於本經訓又云『剞，巧刺畫畫頭墨邊箋也。劂，錘尺』。一人之說而前後互異，此其出於臆度之明證矣。剞劂為刻鏤之曲刀，然其為用則不限於刻鏤。古之簡編亦用鍥刻，故剞劂當即考工記『築氏為削』之削。削之制，『長尺博寸，合六而成規』。鄭注云『今之書刀』。是所謂曲刀者，其形殆即今之圓鑿而鋒其末，刀身作六十度之弧形。（六六三百六十度，故言『合六而成規』。）辛字，金文之作辛（串父辛敦）若辛，（父辛爵）加一乃表示上下意，即其正面之圖形。作丂若䇂者則縱斷之側面也。知此則知辛、䇂、辛何以為一字之故，且三字何即以字同而音異。辛許書云『讀若愆』，古音在元部，此殆剞之音轉。剞在歌部，歌元陰陽對轉，故剞可變為愆音。辛或䇂『當如商讀，讀若蘗』者，則从剞或劂讀。蘗與劂同在祭部，劂在脂部，脂祭二部音最相近。脂真陰陽對轉，則剞劂均可轉為真部之辛音矣。由形而言既如彼，由音而言既如此，則辛辛之為剞劂或剞劂，審矣。因剞劂一名而二音，故辛辛終遂判為二字，更益之以考字之異形，如古物學中之化石，此不細心以考察之，固難觀其會通矣。淮南本經「公輸王爾無所錯其剞劂削鋸」，高注剞劂已如上述，其注削云「兩刃句刀」。案此削字與剞劂並舉，與蔡氏為削之削當有別。削有刀義，在此當係泛指斧斤之類。又高之「刺畫墨邊箋」之說，施之於此，亦覺相宜。辛辛本為剞劂，其所以轉為愆辠之意者，殆亦有說。蓋古人於異族俘虜或同族中之有罪而不至於死者，每黥其額，而奴使之。易睽之六三曰「見輿曳，其牛掣，其人天且劓」；釋文引馬云「剠鑿其額曰天」。此服牛引重之人當即臧獲，而剠其額截其鼻，此古代虐待奴隸之真象也。其留存於文字中者則為从辛之童、妾、僕等字。妾字骨文作□，（前．四．二五．七）金文作□（伊𣪘）若□，（沈𣪘）辛字均在頭上，此與叔向父𣪘之女字「□如」作□若□者有別。童字小篆作□，業已形變。許書引籀文作□，云「从廿，廿以為古文疾字」。案此實象人之頭形，非疾字也。毛公鼎「金踵金豪」之踵字作□，童旁與籀文同。番生𣪘之「金踵金豪」，假用童字作□，从□、當係頁之省。毛公鼎以童為動字，作□，从目，當係首之省。此外尚从童之鐘字，於金文習見，大抵均从首或頁省。是知籀文之从廿者實係首形之變。而童所从之辛，與妾字同意。實在人首之上也。僕字古亦从辛。由此上舉數例之金文已可知其大概。卜辭有此字，其形作□（後．下．廿．十二）。羅氏摘此與金文諸僕字比較，並糾正許書菐僕析為二字之錯誤，與小篆从丵之變，言之詳矣。惟言此字从□，則又不免因金文僕字有類似从言作者而致誤。余謂案此辛下之曰形實乃有尾人形之頭部。父辛盤亦有此字，作□。有尾戴辛之人形與此全同。惟恪手中所奉之物器有損蝕耳。周金大抵均省去人形而改从人作或臣作。然亦有於从人之外猶留存人形之頭部者，如趩鼎之□，湖田鼎之□（一案亦僕字）是也。旅鼎則於人形之外更从人作□，上半為辛，下半為子，子即人形之變。此鼎銘文上言「唯八月初吉辰在乙卯」，下言「旅用乍文父日乙寶尊彝」。初吉乃周制，日乙則猶殷習，而中言「公錫旅僕」，此為周初宋人之器無疑。制度習慣既呈一交替之現象，乃於文字亦然，亦饒有趣味之事也。統凡上舉諸僕字，均係於人頭之上从辛。此與童妾二字既同意，而於辛之上復荷留缶，此可知辛形絕非頭上所插之妝飾，乃於頭上或額上所固有之附屬物。余謂此即黥刑之會意也。有罪之意無法表示，故借黥刑以表示之。黥刑亦無法表現於簡單之字形中，故借施黥之刑具剞劂以表現之。剞劂即辛辛，是辛辛可有剠義。易睽之「天」當即辛之假借矣。辛既乃黥義，故引伸而為辠愆，引伸而為辛酸，引伸而為辛辣殘刻。漢人稱司直者為「刀筆吏」，揆其初意當即濫觴於此。（僕字誤从丵作者金文亦有之，佋伯虎𣪘之「土田僕庸」是也。視此，可知字之譌變不始于小篆矣。）」（甲研釋干支十一葉下——十七葉上）

吳其昌　「『辛』者，十干第八位之名也。其原始之本义，亦為斧形，乃其鋒刃之上向者，由𢆉形，𢆉形，𢆉形，辛形，逐漸而變成辛字。詳金文名象疏證。」（殷虚書契解詁第二二頁）

吳其昌　「辛字伐父辛觶作𢆉、田父辛爵作𢆉、珊鼎作𢆉、庚父辛殷作𢆉，皆象斧屬兵器形。白虎通五行篇云『辛所以煞傷之也』，必兵刑器始能殺傷。又藝文類聚引五經通義云『辛自克辛也』，據爾雅釋詁『克殺也』，而辛乃與克同義，克辛連文益以猶成劉連文，克滅連文，皆為殺也。以衣衣食食之例文推之，則辛之為兵刑之器益已了然。由兵刑器之義一衍則為殺傷，殺傷則苦痛，故再衍則辛之義為苦痛。兵刑器之質為金屬，故旁衍則辛義為金。西方為肅殺之气，故辛屬金，金屬西方」（金文名象疏證兵器篇）

陳邦福　「案白虎通五行篇云：『辛者，陰始成』。史記律書云：『辛者，皆收成也』。又詩十月之交云：『朔日辛卯』，鄭箋：『辛，金也』。又按：殷契文幹枝人名，辛字，作𢆉𢆉𢆉𢆉𢆉𢆉𢆉𢆉諸形。周金文幹枝人名辛字，如父辛敦作𢆉，觶鼎作𢆉，凡辛爵作𢆉，子壬乙辛爵作𢆉，責父辛觶作𢆉，庚作父辛卣作𢆉。大一經謂辛象人股，與殷周古籀文兩筋相比兩股相張之象相合。或屢兩股作𢆉者，誼有繁略也，小篆作辛，益從籀文出矣」（十幹形誼箋）

李孝定　「說文：『辛，秋時萬物成而孰，金剛味辛，辛痛即泣出。从一，从辛。辛，辠也。辛承庚，象人股。』徐灝說文段注箋云『此說解殊可疑，萬物成孰其味不必皆辛，辛痛泣出而从一辛，義尤迂曲。考薛氏鐘鼎款識載商辛鼎作𢆉，辛未父癸尊作𢆉，子孫父辛彝作𢆉，辛父舉卣作𢆉，益亦象器物之形，借為庚辛字又借為苦辛字也。辛部曰『辛，辠也。从干二，二古文上字讀若愆』。辛與辛形聲相近，義亦相通，疑本一字，辠辠辭辭等字並从辛而其義皆當為辛，即其明證。因為庚辛之義所專而其音又異，遂歧而二之耳』。徐氏生於遜清末葉，所見古器銘文遠不及今日之多，而其立論精闢見解卓越，寔與古合有如此者，以視陳氏生於今日而猶抱殘守闕，取大一經五行篇之謬說以相附會者，其相去誠不可以道里計矣。徐說即為羅王郭諸家立說張本。羅王兩氏互有發明，至郭氏遂能融通衆說獨標新解。如云辛辛考初本一字，象刑具曲刀之形，引伸而為辠愆、引伸而為辛酸、引伸而為辛辣殘刻，其說益不可易。惟謂辛即剞劂，剞劂即剞則殊無確證耳。金文作𢆉父辛盉𢆉妣辛盉𢆉盤仲尊𢆉𢆉且乙父辛卣𢆉中父辛爵𢆉父辛盉𢆉𣎆父辛簋𢆉辛巳簋𢆉辛爵𢆉鳥且辛卣」（集釋四二八五葉）

詹鄞鑫　「甲骨文中的𢆉或𢆉是辛字，已屬无疑。甲骨文作偏旁的𢆉字，比𢆉少一横画，即说文的辛字。许慎把辛䇂分为二字。实际上，在古文字里，它们是没有区别的。说文䇂部的妾字，甲文或从辛作□，或从䇂作□；䇂部的童字，甲文从辛作□（屯南六五〇），金文从䇂作□（沇儿钟）；此外甲文的言、商、竟等字，都有从辛从䇂两种。据此可以确定，辛和䇂同字。……为了便于观察比较，下面先罗列一些辛字的不同写法，其中有的见于偏旁。

甲骨文

金文

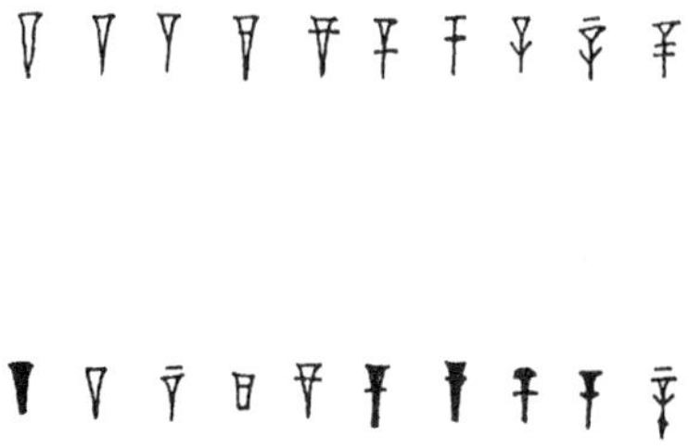

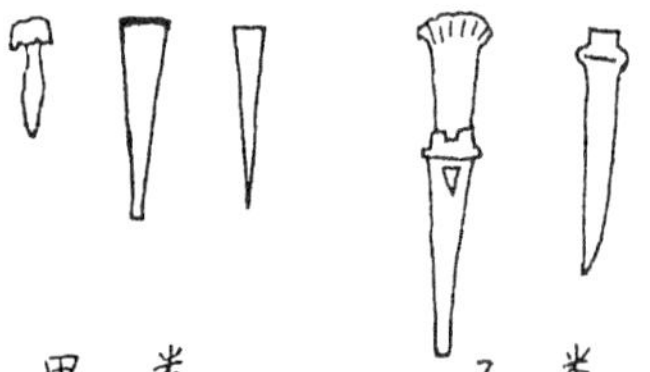

甲类　　乙类

表中各种字形，与出土的商周青铜凿极为相似，参见上图。通过文字与实物的比较我们才知道䇂字是甲类凿具的象形，辛字是乙类凿具的象形，二字的字形区别，反映了实物的不同特征。

辛䇂既然象凿具，就知道辛䇂是鐫字的初文。说文：「鐫，穿木鐫也，一曰椓（应读为椓）石也，读若瀸。」读若瀸即是鑯字，说文：「鑯，铁器也，一曰鐫也。」今字简化作钎。凿岩石的长凿称为钢钎。鑯字俗体作尖。尖又是凿具的丫新会意字，表示头大尾小。字又作錾，说文：「錾，小凿也。」辛与鐫同为齿头音而真元通谐，辛鐫同部，辛与鑯钎尖錾声韵皆同。所以，鐫鑯钎尖錾等都是辛䇂的后起字，而承担了辛䇂的本义。

明乎此，一些与辛有关的字，不仅可以迎刃而解，而且又进一步证明辛䇂确是凿具。」

（释辛及与辛有关的几个字，中国语文一九八三年五期三六九至三七〇页）

按：王國維論「辛」、「䇂」之别，其説是對的。説文「辛」、「䇂」二部所屬諸字，實多相混，與古文字形體不符。不得據此譌變之形體以證「辛」、「䇂」同字。契文辟字作□，辥字作𨐨，皆从「辛」，不从「辛」。金文辭字或作辭（兮甲盤），辭字作辭（齊鎛），亦从「辛」不从「辛」。徐灝段注箋謂「辭辟等字从辛者，疑皆辛之誤也」，雖據小篆立說，而實與古文字合。卜辭𨐨字多見，均从辛，不从辛。前五·三〇·一亦當作𨐨，其末筆適掩蝕，但仍有殘畫可辨。粹一二五五作𨐨，前七·三八·二作𨐨、摭續一四一作𨐨，均可參證。

「童」、「僕」、「妾」為罪人之為奴者，殷代實無以證明已具有此等觀念。卜辭「僕」為人名。「妾」用與「女」同，先妣亦可稱「妾」，如「示壬妾」、「示癸妾」、「王亥妾」均是。上所从之「▽」、「𢆉」乃頭飾，與「龍」、「虎」、「鳳」所从之「▽」、「𢆉」同。

然據卜辭「辛」字數千百見，無一作曲筆者，金文亦然。殷文存下一五仍父辛爵雖未見原器，然據其字體觀之，必偽無疑。不得據此以論辛字「可曲可直」。

郭沫若以「辛」、「辛」、「𢆉」同字，均象剞劂之形。溯其原始，或當如此。然無確證，且卜辭已區分顯然，祇能存參。

2512

按：字不可識，其義不詳。

2513

童 

詹鄞鑫

「我们已知，辛辛即凿具。在古代，黥刑的刑具正好是凿具，而不是剞劂。关于这点，材料很不少。《易·睽》『其人天且劓』《释文》引马云：『剠凿其额曰天』，《五帝本纪》『五刑有服』《正义》云：『墨，点凿其额』，墨刑亦黥刑。《国语·晋语》『中刑用刀锯，其次用钻笮』，笮即凿字，《汉书·刑法志》引作凿，颜引韦注：『凿，黥刑也。』《刑法志》『墨罪五百』颜注：『墨，黥也，凿其面以墨涅之。』以上记载，足证黥刑的刑具确是凿。

古文字在人形头上加辛辛以表示奴隶罪人的身分。童字甲文作𡈼，妾字作𡚤，头上都有凿具标志，表示黥刑。黥刑的目的是防止奴隶逃亡。我们以郭说为基础，又知道辛辛是凿具，而凿又正是黥刑的刑具，那么也就凿通了最后一个环节。」（《释辛及与辛有关的几个字》，《中国语文》一九八三年第五期三七二页）

考古所「𡎸：地名。」（小屯南地甲骨八八五頁）

按：屯六五〇辭云：「……王弜令𢓊……旋……𡎸田于童」為地名。

2514 犀

按：字隸可作「犀」，辭殘，其義不詳。說文訓「犀」為「遲」，此疑即「徲」之省。

2515 ⿰阝旁

按：字从「𠂤」、从「旁」，隸可作「⿰阝旁」。辭殘，其義不詳。

2516 不

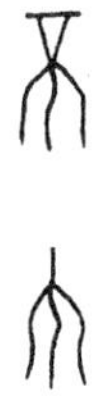

王襄　「不，不之媎文，古與否通。」（簠考天象八葉上）

羅振玉　「象花不形。花不為不之本誼，許君訓為鳥飛不下來，失其旨矣。」（殷釋中三十五葉下）

王國維　「帝者，蒂也，不者，柎也，古文或作𠀚、不，但象花萼全形，未為審諦，故多於首加一作帝、帝諸形以別之。」（集林六卷十——十一葉釋天）

郭沫若　「分析而言之，其▽若▽象子房，⊢象萼，个象花蕊之雄雌。以不為柎，說始於鄭玄。小雅棠棣『棠棣之花鄂不韡韡』，箋云『承華者曰鄂。不當作柎，柎鄂足也。古音不柎同。』王謂『不』直是柎較鄭玄更進一境，然謂與帝同象萼之全形，事未盡然。余謂『不』者房

也，象子房猶帶餘蕊，與帝之異在非全形。房熟則盛大，故不引申為丕。其用為不是字者乃假借也。」（甲研釋祖妣十八——十九葉）

又曰：「不假為柎。楚辭惜往日『乘氾泭以下流』，王注云『編竹木曰泭，楚人曰柎，秦人曰撥也。』泭一作柎。小雅棠棣『鄂不韡韡』，鄭箋云『不當作柎，古聲柎不同。』蓋古不泭柎音同，故相通用也。此與𦥑字聯文，與舟同例，假為泭字無疑。」（卜通別二第二葉）

李孝定 「說文『不鳥飛上翔不下來也从一一猶天也象形』篆形一下从不，亦未見鳥飛上翔之象。王國維氏取小雅鄭箋之說謂不即柎，其說至塙。郭說尤精當。或作不者但象殘蕊萎敗之狀，用作否定詞者假借字也。金文作不毛公鼎不盂鼎不頌鼎不師全父鼎不王孫鐘不齊侯壺不者沪鐘不鄘侯簋不不䣄妃簋與契文略同。其上或增短橫畫豎，或增圓點，為文字衍变通例，無義。䣄妃簋一文則訛变較甚矣。金文不孳乳為丕，恐仍以假借說之為是。郭謂是子房盛大之引申義，可商。」（集釋三四九七葉）

饒宗頤 「不字亦作杈，為地名。不即邳，左昭元年傳：『商有姺邳』，地在山東滕縣。」（通考八〇三葉）

張秉权 「不，是不字，這个字的形狀，与一般的『不』字書体，微有差異，但是根據卜辭中的『不』字，也和這个形狀一樣，所以這也应該是『不』字。在這裏，应該是人或地方之名在以前，一般学者仅把当作否定詞的『不』字看待，譬如：

貞：勿乎从𢦏于不？（乙編五八〇三）

貞：吕「方」其（戈）不？（佚三二八）

商承祚氏的考釋說：『戈不即不戈，如不雨之曰雨不也』。那是因為他沒有看出這是一个名詞，所以只能作這樣的解說了。其实，在卜辭中，有若干处曾見子不之名：

由子不乎阱？

勿隹子不乎？

由子𦣻乎？（本編圖版貳）

貞：子不其出疾？（前四·三二·二）

□□「卜𡆥」，爭貞：子不妾☐？（續五·一三·五）

這和畫与子畫，阱与子阱，𢍚与子𢍚，吕与子吕，宋与子宋的情形是一樣的，在這里把不解释成方國（地）或方國的領袖（人）之名，都可以讲得通。

金文有子不爵，不字諸家皆不識，吴式芬释亥（注一），形狀不像，是不对的，現在由於卜辭的証明，可以知道那是不字，子不爵上的子不与卜辭中的子不當時是一人，或一國之子爵（不同時者）。

不，从不从又，乃权字，疑即不字异构（注二），卜辭有作：

癸丑卜，□貞：貯□权？（拾九·一六）

那个权字，和本版上的一样，是一个专门名詞，在其它的卜辭中，也有称子权的：

子权出？（乙編九〇九一）

卜辭中又有称权人的：

王其乎眔𠧢戍爰人，叀畗土人眔权人又𢦏？（鄴三下四三·六十四六·七）

权人当是权地之人，子权当是諸子之封於权地者，也許這个子权，就是封於不地的子不，因為在另一些卜辭中，权字似乎是一个否定詞，和不字的用法一样，如：

辛巳卜，貞：王宜上甲权至于多后衣亡尤？㊄（滿二·二五·五）

［乙］亥卜，貞：王宜权自上甲至于多后衣尤？㊄（滿二·二五·四）

叶玉森认為权是祭名，他虽则没有說出理由来，我想大概是因為同版上的另一条卜辭作：

乙未卜，貞：王宜武乙彡伐亡尤？

以為『权』和『彡』相当，遂认為是祭名，但是在那两条卜辭中，相当於『彡』的，是『衣』而非『权』，所以权字似乎仍是作為不字之用的。」（殷虛文字丙編考释第十三——十四頁）

（注一）見攈古録金文卷一之一·三十四頁

（注二）叶玉森殷虚書契前編集释卷二：「陈邦福氏曰：当释抔，說文有㨶捁，无抔字，礼記礼運云：污尊而抔飲，注：手掬之也（殷契辨疑十二頁）。森按抔為祭名。」（四十六頁）

白玉峥　「峥按：不，当为丕之初文，▽，象花之茉；个，乃其莖及叶也；故丕有大誼。自段为否定词后，遂为借义所专，乃另造丕字以还其原。其后，文明日進，而不、丕二字，不足以应付生々之諸种事物，遂再造茉字以尽其用。然茉字亦为茉萏字所专，遂又以柎字补之。文字演进之跡，于此见之矣。」（契文举例校读中国文字第八卷第三十四册三六四二頁）

严一萍　「契文不字，无虑數十百見，其形作不不不不，多用作否定词。王襄曰：『不，不字省文，古与否通。』（見簠室殷契徵文考释天象五九）則尚有通假之谊，今寻绎卜辞，则更有作名词用者，如：

一、贞：子不其☒ 《佚九九（南无二六九）》

二、贞：子不其出疾？ 《续四·三二·二》

三、□□（卜）争贞：子不□ 《续五·一三·五》

四、□寅卜，韦贞：䢅子不？

□□卜□（贞）䢅子不？ 《续五·九·一（簠人十一）》

（以上作人名）

五、☒伐不三人于中组宰 《簠典九四》

六、☒（伐）不三人于中☒ 《京都七二三》

（以上以不人作牺牲）

七、☒弗其戋不？ 《摭九〇》

八、□□卜㱿贞：吾方衛率伐不？王告于且乙，其正？匄又。七月

□□（卜）㱿贞：吾方衛率伐不，王其正？告于且乙，匄又。 《殷後B一六七六（卜上、六 南明七九同）》

九、庚申卜，王贞：余伐不？

庚申卜，王贞：余勿伐不？

庚申卜，王贞：余伐不？

庚申卜，王贞：余勿伐不？ 《丙一》

（以上作方国名）

以不为人名者，亦见於彝铭。……王獻唐氏以不为邳国，遗著有《邳伯罍考》，考辨邳与下邳上邳之沿革，至为详审，文曰：

定公元年传：薛宰曰：“薛之皇祖居薛，以为夏车正，奚仲迁于邳，仲虺居薛，以为湯左相。”由昭公元年传（商有姚邳）观之，商代邳与姚国同叛，势力颇大。由定公元年传观之，奚仲初居薛，后迁邳，由其嗣裔仲虺（据左氏传杜注）居薛，为湯左相，是邳薛同属奚仲之后，薛为商王朝服务，邳则不尔。邳之主要区域在江苏邳县，薛在山东滕县。周代薛国故城遗址，今尚为极大村落，出土周汉文物。若仲虺故城，据水经泗水注引晋书地道记在此城西三十里，屡经勘察，有其地无从证实。按今县界，邳、薛之间只隔一峄县，相距非遥。汉代邳名下邳，汉书地理志东海郡下邳注：“臣瓚曰：有上邳，故曰下邳也。”上邳不见汉志。史记惠景间侯者年表有上邳侯，惠帝时封，为楚元王子郢客，至文帝元年国除，后时汉志因不录。邳名分为上下，不自汉始。史记高帝本纪五年正月：“齐王韩

信习楚风尚，徙为楚王，都下邳。」同书留侯世家、韩信传、灌婴传、靳歙传，亦屡言下邳。元和郡县志卷一○：「至秦曰下邳」，是秦已立县。水经泗水注：「汉徙齐王韩信为楚王，都之，后乃县焉。」又谓汉时所立。立县为一事，邳分上下为一事，其时如无上邳，即无下邳，曷为有此二名耶？水经泗水注引竹书纪年：「梁惠成王三十一年，邳迁于薛。」可知邳名初无上下，后由迁薛，原地区在南，新地区在北，曰号前者为下邳，后者为上邳。彼时邳国仍自称邳，迁后两地同名，他人以上下别之，后时曰以立县，其名殆出秦前。汉书地理志下邳注引应劭曰：「邳在薛，其后徙此，故曰下邳。」说与左氏传相违。邳即在薛，何以别有薛名？既名为薛，曷又名邳？一地同时不能有二国，应说殊难自解。然「邳在薛」一语，彼时竹书纪年未发现，应氏殆别有所本；虽不及纪年之详，正可以证纪年之确。「在薛」盖从「迁薛」流传之说而来，知之不审，曰有下二语之误。邳迁薛时，楚国势力早已进入山東南部。梁惠成王三十一年，当楚宣王三十年，邳虽小，亦为北进障碍，殆被压迫使迁也。迁必至薛，以邳、薛同祖能相容，地又密迩；非占薛国而有之，拓地共處而已。邳所處地，即为上邳。

下邳沿革既明，则邳国之地望可定，而与殷商之关係亦可以勾稽得之。……武丁之世，初尚臣服于殷，故卜辞见「子不」之入事朝廷。而终又叛离，所以有「伐不」之卜；其叛当在武丁三十二年平服鬼方以后，故卜辞曰：「鬼方衛李伐不」也。此后终殷之世，尚未见有关卜辞，故更历西周春秋，亦乏史料可寻，至楚襄王时，邳始再见於文献。史记楚世家，记弋人之对曰：「秦、魏、燕、赵者，鶀雁也；齐、鲁、韩、魏，青首也；邹、费、郯、邳者，罗鷲也；外其余则不足射也。見鸟六双，以王何取？」至其灭国之时，据王献唐氏推测，当在齐闵王三年封田婴于薛之后。殆已入战国前期。邳虽小国，上溯夏商，由部落建国而至楚顷襄王时尚存于世，绵历一千五六百年，可谓享祀久远矣。」（不国解中国文字第四十九册五二九五至五三○八页）

陈炜湛　「不弗非亡勿毋：这是一组表示否定意义的同义词。根据王力先生的擬音，不、弗、非，古皆帮母字，亡、勿、毋，古皆明母字：

不 pǐwə　弗 pǐwət　非 pǐwəi

亡、毋 mǐwa　勿 mǐwət

声音是很接近的。它们之为同义词，是由于声音的关系。王力先生说：『这绝对不会是偶合的。』我们还可以仔细分析：用于禁止语的，一般只有明母字，如「勿」、「毋」、「无」；用于否定叙述和否定判断的，一般只用帮母字，如「不」、「弗」、「非」、「匪」。』证以甲骨卜辞，王氏此说不尽相合。不与弗、弗与毋、不与毋、勿与毋在卜辞中皆有互易之例，综类用例所举文例可证。其中弗与毋、不与毋的同义通用说明王先生所谓的“一般”不大适用于甲骨文字。例如：

贞：我史弗其𢦏方？（丙七八）

癸亥卜，㱿贞：我史毋其𢦏缶？（丙一）

癸丑卜，争贞：自今至于丁巳我弗其𢦏𠂤？癸丑卜，争贞：自今至于丁巳我𢦏𠂤？

王固曰：丁巳我毋其𢦏，于来甲子𢦏。（丙一）

祖丁弗它王？（乙一九一二）

☐韋贞：隹祖丁毋它？（邺一·二八·二）

☐雀弗其幸缶？（六中九一）

甲戌卜，内：翌丁丑雀毋其幸？（遗珠五五九）

翌丁巳[字形]不其至？（京都四五九反）

丙午卜，今二月毋至？（佚七六七）

皆为“弗”、“不”与“毋”同义之例，是综类用例所已揭示者（京都四五九反摹录有误，今据原书本文篇正）。值得讨论的是丙一，两辞对贞，尤有说服力。王占曰云云是占辞，是根据卜兆所作的推断，“毋”不会是“禁止语”，依然是否定的推测，与“弗”同。这一组卜辞是问，从今（癸丑）到丁巳五日之内“我”大概不会打败𠂤方，到了甲子日就可以打败了。王的判断是：在丁巳这天恐怕还不会打败（𢦏为动词，说见前）𠂤方吧。

这组同义词中，不字还可置于句末表示疑问，如习见的不雨可称雨不（前三·一九·四，粹二三三五），不征可称征不（京津二九八七，殷缀八六、三六八），不至可称至不（乙一四二、一七七），此“不”就如后世之“否”。又如：

郑子郭中子不？己未卜，郑子郭小王不？（京都三〇二八）

戊辰卜，己启不？己巳卜，庚启不？（摭续二〇五）

其它几个否定词都未见此类用法。但在征伐卜辞中，“乎（呼）”总是与“勿”结合为“勿乎”，而绝不称“不乎”：

贞：勿乎堅吾方？（铁二四一·二）

勿乎王族凡于[字形]？（续三·七·九）

贞：勿乎伐吾方？（续存一·五五九）

至于非字，甲骨文作[字形]、[字形]、[字形]等形，[字形]乃非之初文，[字形]为[字形]之孳乳。除作地名外，也是否定词，用法与经传之非或匪同。辞例有“非褐”（续存二·四四四，契七九四），

「非若」（铁遗一一·一八，明后二五二〇，佚三七四），「非作」（京津四七五六，明后二五二八）等。

「亡」在卜辞中多用为有无之无，相当于现代汉语的「没有」，如亡祸、亡灾、亡它、亡雨、亡风……其后均接名词。作否定词用的辞例较少见，如：

贞：听隹其出自之？听亡其出「自」之？（乙一二六三）

亡与隹相对，义与不、弗同。」（甲骨文同义词研究古文字学论集初编一五九——一六二页）

周国正「贞：勿𦍒裸于祖乙告祸。

我们不应该𦍒（？）向祖乙举行裸礼来禀告王的不幸。（丙九八（一三））

勿出裸祖乙。

我们不应该向祖乙举行出祭和裸礼。（丙九八（一五））

丁巳卜，㱿贞：告祸于祖（乙），勿出岁（劌）裸。

在向祖乙禀告（王的）不幸的时候，我们不应该举行出祭、岁（劌）祭和裸礼。（丙九八（一〇））

贞王不裸，示𠂇。（丙九八（一六））

（如果）王不举行裸礼（的话），祖灵（就）会制造麻烦。

贞：示弗𠂇王不裸。（丙九八（一七））

祖灵不会为王不行裸礼之事而制造麻烦。

……这里要特别提及九八（一六）、（一七）这两条卜辞。它们的结构是比较异常的。在九八（一六）中「王不裸」这结构位于句首，但在九八（一七）中却位于句末。在一般的甲骨文复句中，带否定词的子句多是置于句末的，即*「王裸，示𠂇」和*「王裸，示弗𠂇」。象九八（一六）、（一七）的实在不多见。（九八（一七）中将「示弗𠂇」提于句首可能是有强调的作用，请参高嶋谦一先生所著武丁期卜辞中的否定辞页八〇。上文原句后所附的语译即根据于高嶋先生的分析，但本文作者对「裸」字的解释与高嶋先生不同。）另一点要注意的是九八（一六）、（一七）中「裸」所带的否定词是「不」，而在九八（一〇）、（一三）、（一五）之中却是「勿」。根据高嶋先生的研究（同上书），「勿」字所及的动词代表一种商人能够控制的行动（例如祭祀征伐，商人可以决定进行与否），而「不／弗」所及的动词则代表商人不能够控制的情况状态（例如征伐方国时祖灵是否助佑是商人不能控制的），所以卜辞中只有「今𢦏王勿从望乘伐下危，弗／其受我又」（丙二〇（二））而没有*「今𢦏王不从望乘伐下危，勿其受我又」。裸礼以常理而论是商人可以决定进行与否的事，应该以「勿」为否定词，事实上在九八（一〇）、（一三）、（一五）中用的也确然是「勿」。何以在九八（一六）、

（一七）中却用『不』呢？这是否表示『可控制性』已经消失了呢？我们认为除了上面附于原文之后的译译所表示出的分析方法之外，还有另一种可行的分析，下面是我们的推测：当商人作出九八（一六）、（一七）的贞卜的时候，他们已经决定了不行裸礼，同时举行裸礼的适当时候已经过去了（可能告礼已经进行或完成了）。为了某些我们现时无从猜度的原因，商人很担心没有举行裸礼的后果，于是去贞卜不行裸礼是否会引起祖灵的不满（即制造麻烦）。如果这个推测是正确的话，那么『王不裸』只是一件既成事实的陈述。既然已成过去，自然就缺乏了『可控制性』，于是用的否定词是『不』而不是『勿』。基于这个假设，我们可以把九八（一六）、（一七）解释为：

九八（一六）：『王没有举行裸礼，祖灵会制造麻烦』。或：『对于王的不举行裸礼，祖灵会制造麻烦』。

九八（一七）：『祖灵不会为王不举行裸礼而制造麻烦』。

可惜类似九八（一六）、（一七）的句例很少，我们目前还不能作比较观察去证明上述分析的正确性。」（卜辞两种祭祀动词的译法特征及有关句子的译法分析古文字学论集初编二五六——二六一页）

单周尧「……然细察甲骨文『不』字字形，似不象花柎。郭（沫若）、李（孝定）二氏之说，皆有可商之处：（一）果如郭氏所言，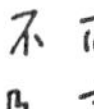象花蕊之雌雄，何以『不』字中之花蕊皆倒悬而位于子房之下？（二）甲骨文中『不』字多作、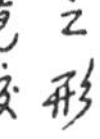之形。果如李氏所言，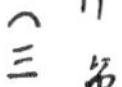象萎败之残蕊，则甲骨文中『不』字之花蕊，何以呈萎败之状者，竟较作壮盛之形者为多？（三）山海经西山经：『渊有木焉，圆叶而白柎。』郭璞注：『今江东人呼草木子房为柎，音府。』一曰：柎，花下鄂。』郭沫若云：『余谓「不」者房也。』『柎为草木子房抑鄂足，兹不具论；然甲骨文『不』字有但作，全无子房或鄂足形者，似不可解。今考『耑』字甲骨文有作（前四·四二·一）、（前四·四二·二）、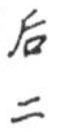（后二·七·三）、（京津四三五九）者；说文解字七篇下云：『耑，物初生之题也。上象生形，下象其根也』。甲骨文『耑』字下半所象之根，与甲骨文『不』字下半颇相似，抑『不』字之本义为植物之根耶？说文解字六篇上木部『本』字下云：『木下曰本。』是『本』之本义为树木之根。案『不』、『本』二字帮纽双声，物文对转。据甲骨文之字形及古音，『不』字似皆与植物之根有关；然古籍中『不』字无作『根本』义者，姑存疑以待考可也。」（「不」字本义为花树说质疑中国语文研究第五期三二——三三页）

严学宭　「在古代文献和字书里，有很多形训所解释的不是原始字形，或者误解了原始字形。如「不」字说文：「□，鸟飞上翔不下来也，从一，一犹天也，象形。」段注：「凡云不然者，皆于此义引申假借。」其实从「不」字原始字形来看，可有三义：

（1）甲骨文作□、□、□，金文作□、□、□、□（这后因之作丕，古金铭文「不」「丕」通用，象土，非如说文所云从一不声。），与「帝」同，诗小雅常棣：「常棣之华，鄂不韡韡」，郑笺云：「承华者鄂也，不，当为柎」。柎，鄂足，这正用「不」字的本义，「鄂不」犹今说萼蒂，故坏、胚从不，后或从丕，「蒂」是花果的胚胎，「不」是花果，种子一变而为蒂，这是种子的否定，蒂再变而为花果，这是否定的否定，故「否」从「不」。

（2）甲骨文作□、□，象草木尚未出头，不成形，淮南子所谓「萌兆牙蘖，未有形埒。」

（3）甲骨文作□、□、□，说文櫱之古文作□，（说文木部：「櫱，伐木馀也，或作蘖，不古文櫱，从木无头」。）伐木的馀干，已不是木了。「杯」字从「不」（「杯」字说文篆文作□，籀文作□，隶作桮或杯，从籀文，从「不」义胜于从音，挖空馀干以为饮器，古杯可分羹，非如现在酒杯那样小）。说文：「不，鸟飞上翔不下来也，从一，一，犹天也，象形。」此说迂曲，且「不」正同古文櫱，不象鸟形，隶小变为不，颇近古金文。」（试论古训的得失与取舍中国语文研究第八期一五四页）

赵诚　「不，甲骨文写作□，或写作□、□、□，构形之意同，均象草根之形。卜辞用作副词，表示否定，则为借音字。

贞，子不其㞢疒。（前四·三二·二）——㞢，用作有。疒，即疾。

王不冓雨。（京三八五三）——冓即遘，有碰上、遭遇之义。」（甲骨文虚词探索，古文字研究第十五辑二八三页）

陈世辉说参□字条下。

按：説文訓「不」為「鳥飛上翔不下來」，説固非是。王國維、羅振玉以為象「花不」形，亦有未當。詩常棣箋謂「不當作柎。柎，鄂足也」，「不」為「柎」之借字，非「不」即「柎」之本字。契文「不」之最初形體作□，王襄以為「不之婧文」，乃顛倒本末。契文「不」之形體演化當如下：

謂象花柎形，實不類。自「不」用為否定詞，本義湮沒，孳衍甚繁。其變化如下：

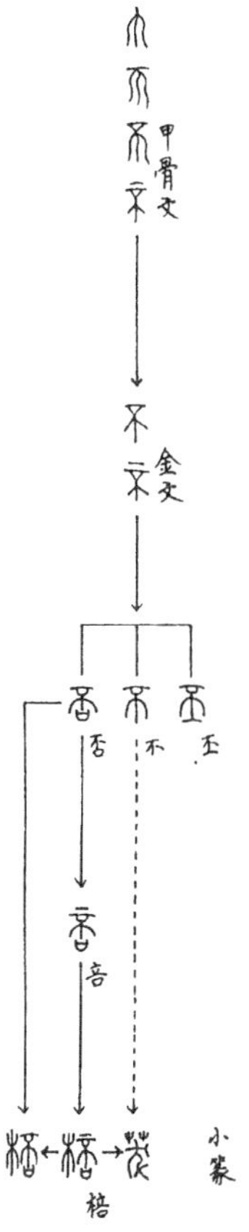

卜辭以「不」為否定詞，金文猶然。「不」亦用為「丕大」之義，但形體尚未分化。及至小篆，始區分為「不」、「丕」、「否」三形，音義亦有別。且「否」字分列於「口」、「不」二部。而「音」則為「否」之孳乳字。林義光文源云：「古不字或作[字形]宋公戈、作[字形]陳曼匿，則音與否同字。音即否，故棓即桮。海內北經：蛇巫之山有人操杯而東立」。操杯者，操棓也。孟子告子則「棓」、「杯」並見。从「不」、从「否」、从「音」一也。

契文[字形]字本象草根形，自用為否定詞，久假不歸，本義久湮，遂別出「棓」字，說文訓為「棁」，今字則作「棒」。然廣雅釋草：「棓、杜、蔽、茇、荄、株、根也」。王念孫疏證云：「棓茇聲之轉。根之名茇又名棓，猶杖之名棓又名棓也」。「根」當為「棓」之本訓，「不」則為「棓」之本形，其音則一。

字亦作「茇」，說文訓為「草根」。方言：「荄、杜，根也。東齊曰杜，或曰茇」。廣雅疏證：「茇之言本也。本茇聲義相近。故槀本謂之槀茇。中山經云：青要之山有草焉，其本如槀本；西山經云：皋塗之山有草焉，其狀如槀茇。郭璞注上林賦云：槀本，槀茇也。草本之為茇，猶燭本之為跋。曲禮『燭不見跋』，鄭注云：跋，本也。淮南墬形訓云：『凡根茇草者，生於庶草』。字亦作菝。玉篇云：『菝䕸，狗脊根也』。」

草之根曰茇，木之根曰本，而音義俱相因，可通。溯其原始，草根實作[字形]，即「不」字。「茇」、「棓」乃其孳乳之形聲字也。典籍以「棓」為「杯」，說文訓「棓」為「棁」，即今「棒」字，實本同源。「棓」本義為「根」，又久湮，乃別出「茇」字以代之。

說文以木為「从屮，下象其根」，丁福保說文詁林後敘據希麟續音義引說文「木下象其根，上象枝也」，謂「屮即上象其枝，[字形]即下象其根」。草根曰茇，木根曰本實乃後世區別之文，其初形均作「不」。易言之，「不」即象一切草木之根形。

卜辭「不」又用為人名及方國名。

2517

杔 

李学勤　「杔见于殷武丁卜辞（前六·一九·二〈一一〉）和三期二类卜辞（缀一八〇），也就是噩侯驭方鼎所记驭方所居的杔。」（殷代地理简论第五十页）

于省吾　「甲骨文的『乞彡乡杔，自上甲衣至于多毓』（鄴初四〇·一〇），和『王宦杔，自上甲至于多毓，衣。』（林一·二七·四）此类贞卜屡见。杔字作𢒈，从不乇声，也应读为磔。因为王宦杔与它辞的王宦戠和王宦伐辞例相同，都指殺牲言之。（甲骨文字释林释𠮷、祰一七一页）

常玉芝　「（出组以五种祀典祭祀先王）祭上甲及多后的合祭卜辞。辞例如：

（1）癸酉卜，洋，贞：翌甲戌乞酌𫹉自上甲，衣，「至」于多后，「亡壱」？（宝二·一四）

（2）庚戌卜，王，贞：翌辛亥乞酌彡杔自上甲，衣，至于多后，亡壱？在十一月。（鄴初下四〇·一〇（京三二二五））

（3）辛亥卜，涿，贞：王宾翌日杔自上甲，衣，至于后，亡尤？（合集二二六二一）

这种合祭卜辞共见到上述三种文例。其中以第（1）例的数量最多，第（2）例的只见到五版，第（3）例的则仅此一版。三者虽皆以五祀典祭上甲及以后诸王，但卜辞文例却很不相同。如第（1）辞于癸日卜问第二天甲日开始祭上甲及以后诸王，这与黄组合祭卜辞稍有差异的是黄组只记卜日癸日，不记祭日甲日（出组此种文例的合祭卜辞也是于癸日卜问第二天甲日开始祭祀的。）；黄组附记年、月，而出组则极少记月，更无记年的。第（2）辞于庚日卜问第二天辛日开始祭上甲及以后诸王，第（3）辞在辛日卜问当天祭上甲及以后诸王，两例卜辞记载的都是于辛日开始祭上甲及多位先王的。上甲在辛日被祭，则祭日的天干日与王的日干名不一致，这是不符合五种祭祀的规律的。其所以如此，可能与五祀典之后的『杔』字（其义不明）有关。第（2）辞作『彡杔』，第（3）辞作『翌日杔』，这在第（1）例的卜辞，即癸日卜甲日祭上甲及多先王的卜辞中是绝对见不到的。黄组中的合祭卜辞，也有类似的情况，如：

（4）辛亥卜，贞：王宾杔自上甲至于多后，衣，亡尤？（龟一·二七·四（通二九七））

（5）辛巳卜，贞：王宾上甲杔至于多后，衣，亡尤？（前二·二五·五（通二九二））

（6）癸亥卜，贞：王宾劦自上甲至于多后，衣，亡尤？後二·二五·二＋後二·二五·四（通二九六＋通二九一）

以上是仅见到的三辞。虽然多辞中均有「劦」字，但都不记有五祀典，也即不是周祭卜辞了。其中第（4）、（5）两辞于辛日卜当天祭上甲及以后多王，这与上举出组第一种合祭卜辞第（3）辞的祭日相同，文例也较近似。第（6）辞于癸日卜祭上甲和以后诸王，这与黄组五祀合祭卜辞和出组五祀合祭卜辞中的第（1）辞的祭日相同。由此可以看到这种带「劦」字的合祭卜辞的演变过程是：出组时，尚记五祀典名称，祭日均为辛日；到黄组时，就不记五祀典名称了，祭日先也在辛日，后来就改定在癸日了。从而可以推测，出组时代的此类卜辞可能是周祭尚未定型之前的卜辞，也即不是周祭卜辞（因祭上甲在辛日，不符合周祭中先王在其日干名之日受祭的原则）。那末出组周祭上甲及以后诸王的合祭卜辞，就只有第（1）例（即于癸日卜）卜辞了。」（商代周祭制度一七——一九页）

按：字从「不」、从「乇」，隶當作「杔」，在卜辭多為祭名。亦有用為地名者，合集二六八九八辭云：

「王其呼衆戍𢀛受人叀𡈼土人眔杔人有𢦏」

「叀杔人有𢦏」

「杔」皆為地名。

2518

陳邦福

「当释权。说文有裒捂无杯字。礼记礼运云『汙尊而抔飲』，注『手掬之也』。卜辭『貯杯』連文，于誼尤切。」（殷契辨疑十二頁）

魯實先

「不之繁文，於此辭为方名。」（卜辭姓氏通释之二六頁五行，幼獅学報二卷一期）

楊树达

「书契前编卷貳（廿伍之伍）云：『辛巳卜，貞，王宾上甲权至于多毓，衣，亡尤？』上甲权亡即上甲微也。权字盖从又不声，与湄微同为唇音字。」（释郲，积微居甲文说卷下六一至六二頁）

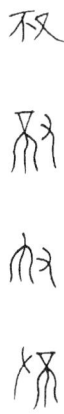

饒宗頤　「按权字，卜辭有二義：一為不之繁形，如人名「不权」。其一用為合祭，所見習語有曰：「权自上甲衣，至于后」者，又有倒裝作「权至于多后衣」者，（甬二·二五·五）「权自上甲」與「𠂤自上甲」同用。（明義士三〇七）知「权」「𠂤」義近。权字陳邦懷釋「杯」，今按實當讀為「𢪒」或「裒」。《詩·常棣》：「原隰裒矣」，《說文》引作「𢪒」。《玉篇》引《說文》：「𢪒，引聚也。」《爾雅·釋詁》：「裒，聚也。」《釋文》本或作「𢪒」。《集韻》𢪒或從「包」从「不。」又云：「𢪒，掬也。」《禮運》：「汙尊而抔飲。」鄭氏云：「抔，手掬之。」故知「𢪒」「抔」原自一字。𢪒訓聚，與𠂤為合正同義。是「抔自上甲」，猶言「裒自上甲」，謂聚合各先王而大合祭之也。」（《通考》一〇〇一——一〇〇二葉）

張亞初　「权字在甲骨文中是作为方国名出现的：

① 丙寅卜，争贞，呼多□侯專殺权（洒一）

② 其奉权（缀二·二三九）

③ □巳，权出（乙九〇九一）

④ 癸丑卜，贞，贮权（拾九·一五）

第一条卜辞之□即先，为地处山西境内的一个方国名。專是先侯之名。卜辞所说的呼先侯專殺权，就是命令先侯專去殺伐权。第二、三条卜辞贞卜权国族是否出动，能否把他们捉住。第四条之贮，《说文》训積，積权是权積的倒装句（由卜辞「基贮」为证，此辞方国名在前，贮字在后，见《遗》一·四六三），意为权被征服后，向商王纳贡。……

我们认为，权就是⿱不十字。权之作⿱不十，又旁隶变为十，与卒字作□，又旁隶变为十是一致的。⿱不十是山西的一个古老的国族。春秋时期晋国有⿱不十郑（即⿱不十郑父，或者省称为⿱不十，见《左传·僖公十年传》、十一年经、昭公四年传）和⿱不十豹（僖公十年、十三年传）。⿱不十郑、⿱不十豹之⿱不十当是以国为氏。

《广韵》上平声六脂下以⿱不十丕为同字，「丕，大也，亦姓，《左传》晋大夫丕郑」。丕在甲骨文和金文中都作不，⿱不十则作权，丕⿱不十古本为二字，后世⿱不十丕才混为一字。

我们释权为⿱不十，从字形上讲，是有根据的，从方国位置上看，与文献记载也是符合的。所以，可以肯定，权（⿱不十）是商代在今天山西境内的一个方国。从卜辞看，它与商王国是相敌对的。」（《殷墟都城与山西方国考略》《古文字研究》第十辑三九六——三九七页）

于省吾释□見□字条下。

按：字从「不」、从「又」，隸可作「杈」。或與「杯」字相混同，非是。合集五八六九辭云：「…其卒杈」為方國名。又合集一三七二六辭云：「貞，杈亡疾」為人名。「杈」之繁體作「□」、「□」。參見2524及2525。

2519

利 

于省吾

「甲骨文利字作□或□，杈字作□或□（从又即古手字），坏字作□，伓字作□（从𡿨从人古同用）。以上四个字均为旧所不识。其从不作□，乃早期的构形。甲骨文无否字，以不为否，否乃不的后起字。早期甲骨文的语尾以不为问词者习见，例如：「今日方其至不？」（佚一七七）「出咸戊牛不？」（缀合六）是其证。西周金文不字有的已孳乳为否。甲骨文有坏字（拾一四·一六），西周金文不坏二字连文者屡见，守宫盘作不□，可见坏字已孳乳为□。

否与音本为同字，后来分化为二。说文音字作□，并谓：「音，相与语，唾而不受也，从丨从否，否亦声。」林义光文源：「从丨声义俱非是。古不或作□（宋公戈），作□（陈曼匠），則音与否同字，音即否，故棓即棓。海内北经：「蛇巫之山有人操杯而东立」，操杯者操棓也。」按许说殊误，林说明确无疑。但陈曼匠的不字，上部本从一小横，非从圆点。蔡侯盘的不字作□，上从。，可以为证。近年来南北各地出土的秦汉简牍，以音或棓为杯，以□为□者，数見不鲜，是从音从不通用之证。又元刻本诅楚文丑驼的倍字作倍，右从否，这也是从音从否同字之证。根据以上对于不否音三个字分析验证的结果，很明显，利、杈、坏、伓乃剖、棓、焙、倍的初文。由于以上所引几个甲骨文从不即从音的字，文辞或简略或残缺，因而又训不详。其用作人名者，如「王令利出田」（粹九三三），「子杈出」（佚九〇九一），是其例。其用作地名者，如「貞，乎比奠取坏、奠、酋三邑」（前七·二一·四），是以坏为邑名。朱骏声说文通训定声，谓说文篇字「俗作焙」，未免本末倒置。甲骨文的「貞，于伓南奞奠」（前四·三六·七），是又以伓为地名」。（甲骨文字释林释利、杈、坏、伓）

考古所「利：在卜辭用为人名或地名。在此片卜辭中当为人名。」（小屯南地甲骨一〇五三頁）

按：字隸當作「利」。合集六七七五辭云：「……未卜……貞，方弗戈利」為方國名。又懷九六五辭云：「貞，子利亡疾」，為人名。

2520

⿰火不

于省吾释⿰火不見火字条下。

按：字从「火」、从「不」，隸當作「⿰火不」。卜辭似用為動詞，其義不詳。

2521

⿰不卩

于省吾释⿰不卩見火字条下。

按：字从「不」、从「卩」，隸可作「⿰不卩」，辭残，其義不詳。

2522

帀

孫海波「后编卷下第三十八叶八版曰辛亥□貞王□尤，𠂤王即帀字。说文曰帀，周也，从反之而帀之也，𠂤往而反之意谓回帀，从意也，故師从帀从𠂤。金文師寰𣪘作不，蔡大師鼎作𣎵，鈡伯鼎作𣎵，孳乳以为师字。卜辭文义残泐过甚，未知其谊与金文同文。」（考古学社社刊第四期二十一頁）

按：釋「帀」可從。英三三七辭云：「戊午卜，㱿貞，叀永帀……」，似用為動詞。

2523

按：字不可識，其義不詳。

2524

𢀩

按：字从「杈」、从「止」，隸可作「𢀩」。合集三〇九五九辭云：「𠂤歲𢀩用」當為「杈」之繁體，謂用「𢀩」為祭牲。

2525

㕤

按：字从「不」、从「收」，當為「杈」之異構。合集二二二〇〇辭云：「戊戌卜，王㞢㕤父乙」乃以「㕤」為祭牲。

2526

兵

王襄　「疑兵字。說文兵之古文作。此省人，象兩手執干形。」（類纂存疑第三第十二葉上）

唐蘭　「舊不識，按殷契佚存七二九片云：『貞出兵𢍰。』」（導論下編廿九葉）

李孝定　「說文『械也从廾持斤并力之皃古文兵从人廾干籀文』契文从𠂇之字甚多，舊均不識，自唐氏釋此為斤乃得豁然貫通，誠盛事也。字从兩手持斤，乃兵之古文。許訓械以為凡兵之偁，乃其引申誼。金文作郘鐘尹鉦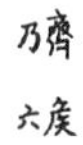庚壺乃六國古文之異構从二亦猶戒之作楚王酓忎鼎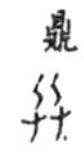

楚王酓志盤金文斤皆作〼，已失初形。後二器作〼，為晚期文字之譌，益不可辨認矣。卜辭云「☐丁☐易☐兵」後下二九·六。殘泐辭意不明。僅存一辭「出兵」連文，蓋與近代語法相同已。引申以為執兵者之偁矣。」（集釋〇七九五葉）

按：似从収从斤，與小篆同，當是兵字。文辭多殘，用義不明。

2527

犷

李孝定 「〼，簠徵帝系、四。按字从犬斤声。当即許书犷字。王氏簠考未释。辞云「壬戌卜，争貞。既出犷，𡲎于土、宰。」其义未详。」（甲骨文字集释補遺四四四七頁）

饒宗頤 「按犷即狺字，此為地名。說文艸部菥下云：「江夏平春有菥亭。」見郡國志。卜辭所見，未必此地，殆偶同名耳」（通考三七五葉）

按：字从「犬」、从「斤」。說文：「犷，犬吠聲，从犬、斤聲」。合集二三六八八辭云：「……丑卜，尹……犷告曰……不……」為人名。

2528

新

唐蘭 「〼一、三十、五，「新〼」，七、十四、一，「出〼新〼」，後下、三、十二，「新〼」，九、一，「出新大品」，舊並不識。甲骨文編把〼當做「妣辛」合文，大誤。按「新」字說文沒有，當即「新」字。」（導論下卅葉上）

吳其昌 「〼即〼也。在同一方域之中，就此築于〼地之宗廟而言之，則謂之「〼宗」。就此宗廟之寢內而言之，則謂之「〼〼」。所以知〼即為宗廟之寢內者，在周金文中稱康王之廟於望毀、休盤、㝨盤、與毀、伊毀、𩰫攸從鼎……諸器，皆云：「王在周康宮」；而師遽方尊獨云：「王在周康〼」。且其「〼」字、从宀从帚，與本片（指〼一、三〇、五十〼二、二五、六）字體結構正同；於是故得確知「寢」即宗廟之寢所矣。此字在殷代金文中小臣𢆶卣（窓、一八、二）之「在寢」字，亦與本片字體同；而左羣籍經傳，則皆已作「寢」或「寑」；惟中平二年之沐龜碑「寢而作頌」，其字尚與甲骨金文，同其體構，足證東漢末人猶得見古遺文耳。周代廟寢之制，本甚簡率；鄭玄注禮記月令曰：「凡廟前曰廟，後曰寢」。（「寢廟必備」注）又注周禮隸僕曰：「前曰廟，後曰寢」。（「掌五寢之事」注。）高誘注淮南時則（「薦鮪于寢廟」注。）其文並同。當時質相，本不過爾。有屋于斯，遂指全體而呼之，則為宮為廟；入而別之，則前可陳設朝奠者，就呼以殿，後可偃息人鬼者，就呼以寢；識為如淳所謂：「前曰殿，後以半曰寢」耳。（漢書外戚傳下如淳注）其制度形成之時代，厘據師遽方尊，及佚周書皇門「余𢓭服在寢」之語，知西周已有。然觀以本片卜辭，則更逆溯而上，知殷代已有「𨚵寢」。又：

後.二.三.一二.

「𨚵寢」之名，且增纏見於別辭，（為上圖，見後二、三、一二）他辭又有「其命多尹乍王小寢」之文，（鐵二五、一三，即續六、一七、一）小臣𢆶卣又有「王……在寢」之文，則其制早盛行于殷世矣。」（殷虛書契解詁第三三一——三三二葉）

李孝定 「說文「新，取木也。从斤亲聲」。實當云「从斤从木辛聲」。卜辭「新寢」「新宗」「新大星」「新豐」字均如此作，唐氏釋新確不可易。或又从「又」作𣂑，當為新之異文。辭云「乙酉卜御𣂑于妣辛曰畀豕」「乙酉卜御𣂑于父戊曰豕」（乙、四六〇三）。新下當有省文。金文作新頌鼎新頌盉新𣪘尊新新望盨新散盤新仲義父鼎」（集釋四〇九七葉）

考古所 「新：在卜辞中多用其本义，即新旧之新，但在此片第(2)辞为地名。」（小屯南地甲骨九八二頁）

連劭名 「卜辞中又有「㞢新」，其义与「㞢食」相近，新指刚刚收获的农作物。「㞢新」之前也行血祭，宾组卜辞有：「七日己巳夕血，……㞢新，大晶，兹㞢……」（後下九、一）依卜辞「夕血」的贯例，「㞢新」的時间当在庚午日的傍晚。」（甲骨刻辞中的血祭，古文字研究十六辑六三頁）

詹鄞鑫 參亲字条

按：唐蘭釋「新」是對的。說文訓新為「取木」，是為薪之本字。卜辭用為新舊之新。除「新寧」、「新宗」、「新晶（星）」、「新大晶」、「新豐」而外，尚有「新鬯」、「新射」、「新𡧊」、「新南」、「新來」等等。

2529

⿱宀新 

郭沫若　「⿱宀新殆新之緐文，讀為薪。詩棫樸（郭誤作樸棫）『薪之標之』，⿱宀新大乙猶言標大乙也。」（粹一四五片考釋）

楊樹達　「按辭稱⿱宀新宗，又稱寨宗，與『羔宗』『唐宗』文例同，⿱宀新與寨自當是殷先王之名。按今本竹書紀年云：『祖丁名新。』⿱宀新字从新，新字从亲，亲新⿱宀新音並同，然則甲文之『⿱宀新宗』『亲宗』皆謂祖丁之廟也。而『且丁召⿱宀新宗』正謂召祭祖丁于且丁之廟，尤⿱宀新為且丁廟之確證也。」（求義五二葉下）

楊树达　「卜辭云：『且丁召（啓），⿱宀新宗。』（佚存壹叁叁）又云：『之⿱宀新宗，王受又？』（佚存貳壹柒）吴其昌謂⿱宀新宗犹后世言新庙，以金文望毁在康宫为证，（见武大文哲季刊肆卷貳号貳拾陆叶）余意恐其未然。凡卜辞言某宗者，义犹春秋之言煬宫武宫，皆指先祖之宗庙为言。……然则⿱宀新乃殷先祖之名，不得以新旧之新释之也。……此则谓行啓日之祭於祖丁也。祖丁之名曰新，⿱宀新与新音同，然则⿱宀新宗者，与羔宗唐宗之称正例相同，正谓祖丁之庙，⿱宀新宗之称，犹他辞之称祖丁宗，行祖丁啓日之祭于祖丁之庙，尤事理之宜也。……此不惟可明说卜辞，又可由卜辞证今本竹书祖丁名新说之可信据矣。」（释⿱宀新宗，积微居甲文说卷下四七至四八頁）

朴海波　「、粹一四五。⿱宀新大乙。⿱宀新为祭名。，明藏六六八。用与新同。王其侑妣庚新宗。」（甲骨文编三二六頁）

屈萬里　「⿱宀新，疑與新字同。⿱宀新宗，即新廟也。其言『⿱宀新大乙』者，⿱宀新作動詞用，蓋新修大乙之廟也。……」（甲釋第一五五葉）（粹編一四五及一六一）

李孝定　「从宀从新，說文所無。許書宀部『寴，至也』，見部『親，至也』，音義並同。廣韻云『寴，古文親也』。以此例之，寴新當為同字，郭屈之說是也。辭云『寴大乙』，郭讀為新大乙，可从。屈解為新修大乙之廟，須增字其義乃完，似有未安也。楊氏謂寴為祖丁之名，寴宗即祖丁之廟，考卜辭言『某某宗』者多見，均係廟號，未見直斥其名者，惟亦係『唐宗』，似為例外。唐即湯，史記殷本紀集解引張晏曰『禹湯皆字也。二王去唐虞之文，從高陽之質，故夏殷之王皆以名為號。諡法曰除虐去殘曰湯』。索隱曰『湯名履，書曰「予小子履」是也。又稱天乙者，譙周云「夏殷之禮，生稱王，死稱廟主，皆以帝名配之」。天亦帝也。殷人尊湯，故曰天乙』。據此，則湯若唐亦非天乙之名。惟究為生稱之字抑為諡號則未可確知。故卜辭稱唐宗亦非直斥其名，楊氏謂寴宗為且丁之廟，其說似仍有可商也」。（集釋二四八二葉）

饒宗頤　「按寴亦祭名，卜辭云：『寴大乙，又㞢，王受又』。（粹編一四五）魯賓先讀『新』為『薪』，詩棫樸：『薪之槱之』。月令：『季冬之月，乃命四監收秩薪柴，以供郊廟及百祀之薪燎』，是也」。（通考一一四〇葉）

陈邦怀　「（屯南）四二八五号：

其寴泣又

寴，字从宀，新声。在甲骨文中与『新』同用，如『新宗』作『寴宗』（殷契佚存一三三号）是其证。泣字左从氵，为水字省文，甲骨文从水之字多如此作。右从立，不读立字本音，当读作隹，殷周文字立、隹同用。从水从隹，释淮。淮训临，其义与诗小雅：『方叔淮止』之淮相同。……『其新淮佑』，是谓新淮临职位，其得上天之佑乎？」（小屯南地甲骨中所发现的若干重要史料，历史研究一九八二年第二期一三〇页）

陈汉平　「甲骨文有字作寴、寴、寴，甲骨文编隶定为寴，附于宀部之後。河北省平山县出土中山王鼎铭文有：『邻邦难寴，仇人在旁。』句，亦有寴字，字读为親。说文无寴字而有寴、親字：『寴，至也。从宀親声。』『親，至也。从見亲声。』可見寴、寴二字同训。由中山王鼎铭寴字读为親，知寴字即寴字异体。卜辞曰：

辛酉卜其召寴且乙王受又　字滬一·一八〇

弜寴王受又

寴大乙又㞢王受又　粹编一四五

寴宗王受又　佚存二一七

……卜且丁𣂔宗王𡆧囚 佚存一三三

……王其又匕庚寴宗王…… 南明六六八

其桒年于河𣂔受年 续存六·一〇·五

上列诸辞中之𣂔字俱读为寴、親。」（古文字释丛，考古与文物一九八年一期一〇八页）

吴其昌 參新字條

按：卜辭「𣂔」字與「新」有別，不得謂為新之繁文。廣韻以「寴」為「親」之古文。中山壺有親字作寴，是契文𣂔當釋「親」，金祖同以為親之古文是也。說文則以「親」、「寴」分列二部，而皆訓「至」，實本同字。其演化之迹如下：

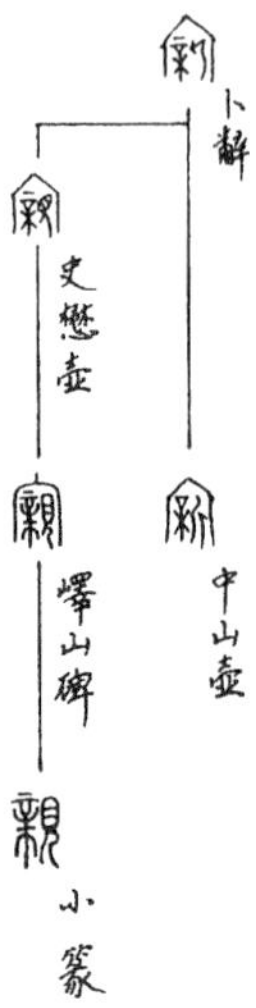

寧滬一·一八〇辭云：「辛酉卜，其告𣂔且乙王受又；弜𣂔王受又」是「𣂔」亦用為祭名，其詳不得而知。郭沫若讀作「薪」，引詩棫樸（郭誤作樸棫）「薪之槱之」，謂「薪大乙猶言槱大乙」，「薪」自「薪」，「槱」自「槱」，以「薪」為「槱」，未免迂曲。屈萬里、楊樹達之說均誤，李孝定集釋已辨之。辨之是也。但李氏以為「寴」、「親」既可同字，則「𣂔」、「新」亦可同字，此種論據過於薄弱，謂其有此種可能性則可，實無此種必然性存在。沌四二八五及四五四八均有「𣂔大乙」，不得釋為「沚」。

2530

新 

于省吾释新，参竹字条下。

按：字从「新」、从「又」，乃「新」之繁構。參見2528「新」字條。

2531

⿰幺斤

葉玉森「⿰幺力从幺从力，即幼字。」（鉤沈乙卷九葉上）

唐蘭「疑是紤的本字。」（導論下廿九葉）

李孝定「从斤从幺，說文所無。契文力作𠃌，此明是从斤，葉說誤，唐說亦無佐證。」（集釋四〇九九葉）

按：丙八五辭云：「壘以⿰阝幺；壘不其以⿰阝幺」，張秉權隸作「紤」，不可據。字不可識。

2532

⿰囧斤

唐兰「佚存八九九片作⿰囧斤，旧不识。按，明或作明，可证此即昕字。」（古文字导论下二十九页下）

屈萬里「字从囧从斤，疑是昕之本字。⿰囧斤之作昕，猶朙之作明也。」（甲釋第七十一葉）

李孝定「說文：『昕，旦明日將出也。从日，斤聲。讀若希。』契文此字屈氏釋昕可从。本辭僅殘餘昕字，其義不明。」（集釋二二一三葉）

按：字从「囧」、从「斤」，隸可作「⿰囧斤」。釋「昕」，不可據。「昕」从「日」、「斤」聲。契文偏旁「日」與「囧」不能互作。且未見「旦明」之義。卜辭言「在⿰囧斤東北隻」（人三一一三合集二〇七七九），當為地名。

2533

折

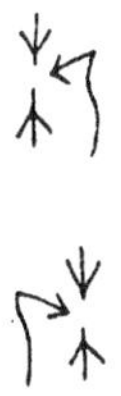

七頁）

唐蘭　「卜辭𦯬或作𦯬，可證𣂺即斮字。」（古文字導論一九六三年版一八七頁）

孫海波　「𣂺，前四·八·六。唐兰释折。」（甲骨文编二二頁）

饒宗頤　「卜辞𣎆字唐兰释折，字凡四见，二为地名；辞云『在𣎆』（京都三一三一，京津一五六五）。在𣎆即在菥，菥即蓍。尚书大传『文王出则克耆』。周本纪『明年败耆國』，正义谓即『黎國』，当即其地。𣎆如即耆國，则菥正为蓍字。巫咸作筮，故甲文之菥字，非蓍莫属。晋以来传本，归藏中有本蓍篇，其残文云：『蓍二千岁而三百茎，其本以老故知吉凶。』卜辞中有𣎆字（加拿大多伦多安大略博物馆藏），从倒屮从斤，金文祈字从斤，字亦作斵声，而可为𣎆字释菥即蓍之佐证。以上祇是联系甲骨文对易纬菥字作些训释，限於材料，聊备一说而已。」（殷代易卦及有关占卜诸问题，文史第二十辑第二页）

于省吾說參𣎆字條下。

按：說文：「𣂺，斷也，从斤斷艸，譚長說。𣂺，籀文𣂺从艸在仌中，仌寒故折。折，篆文𣂺从手。」甲骨文、金文折字形體與說文籀文大體相合。許氏關於籀文𣂺字的說解殊屬牽強。王筠說文釋例云：「𣂺字重文𣂺，說解以為从仌，似非。若从斤仌二字為義，則艸之折也，斤斷之耶？仌摧之耶？義無統屬，是謂雜亂。且論其部位，是仌在艸中，而云艸在仌中，亦非以字形見字義之法。案當以會意兼指事字。二非仌字，但以之界岀之間，以見其為已斷……。」王筠說是對的。甲骨文𣂺字所从之「二」，亦示斷首之意。齊侯壺折字作𣂺，與說文籀文同。……从說文篆文作折，从手。段玉裁等均已疑之，認為「此唐後人所妄增。斤斷艸，小篆文也。……从手从斤，隸字也。九經字樣云，說文作𣂺，隸省作折。類篇、集韻皆云隸从手。則折非篆文明矣。」

卜辭折字均用作地名。其形乃从斤斷木，而非从斤斷艸。

折 𣂺

金祥恒　「然則𣂺字，从手持斤以斷草也。說文：『𣂺，斷也，从斤斷艸，譚長說。𣂺，籀文折。从艸在仌中，寒故折。」……其形与說文合，象以斧斤斷艸形。甲骨文折為地名，其地望不詳。其字或作𣂔，𣂔……卜或象艸木之枝，以斧斤斷之狀，故栔𣂔殆為折字。」（釋栔𣂔中國文字第五卷一九四三頁至一九四六頁）

于省吾釋折，參𣂔字條下。

按：字从又持斤斷木「𣎳」象木之折，篆文訛變為从「艸」。此乃「折」字之繁構。

2535

斧 

唐蘭釋斧。（導論下廿九葉）

按：字當釋斧，卜辭用義不詳。

2536

唐蘭「按此字說文沒有，金文折或作𣂔，疑此亦斷字」。（導論下廿九葉）

按：前四·四三·五「㔾令𣂔歸」，乃人名。卜辭「折」為地名。形體亦有別。唐蘭疑亦斷字，非是。

2537

尋  

按：字从「尋」、从「口」。合集三六九〇四辭云：「癸酉卜，在𢇫貞，王旬亡𡆥」為地名。契文人名、地名、國名每增「口」以示區別，此亦其例。字乃由「尋」所孳乳。

2538

肵 

唐蘭「此字說文沒有，疑是肵的本字。廣雅釋器：『肵脂也』說文闕。」（導論下廿九葉下）

按：字从「肉」、从「斤」，隸當作「肵」，釋「肵」不可據。合集八八三三辭云：「貞，呼取肵」；屯一〇五一辭云：「叀肵牛用」，均為地名。

2539

按：字不可識，其義不詳。

2540

訢 

考古所「訢：說文：『訢，喜也』。漢書·石奮君傳：『僮仆訢訢如也』，晋灼曰：『許慎云：訢，古欣字也』。字在此為祭名。」（小屯南地甲骨八八六頁）

考古所「訢：当即訢之异构，释訢，見本书六五六解释。」（小屯南地甲骨一一五七頁）

按：屯六五六辭云：「其告祭訢祖辛，王受又」；屯四五四四辭云：「丁丑卜，其告祭訢至……」，均當為祭名。

2541

折 

按：合集二九〇九二辭云：

「丙寅卜，狄貞，盂田其遷敝析有雨」為地名。當為「析」字之異構。

2542

矢 

羅振玉 「象鏑幹括之形。說文解字云『从入』，乃誤以鏑形為入字矣。」（殷釋中四十四葉下）

王襄 「古矢字，許說象鏑括羽之形，又似栝隱也，一曰矢栝隱弦處。段茂堂云隱弦處者弦可隱其間也。按□一端之人形為栝一端之↑或□諸形，為鏑，□或○形為羽，|所謂笴也。」（類纂正編第五第二十六葉上）

于省吾 「前一·三·四：『貞，小母矢妥。』葉玉森謂『小母之稱罕見，矢奚殆其名。』（集釋一·三三）按葉說殊誤。妥即奚。前四·五一·三：『貞，叀矢彘。』前四·五一·四：『戊寅卜，貞，□矢彘。』庫六八〇：『其矢。』余所藏殷契拓存有辭云：『貞，弓矢。』爾雅釋詁：『矢陳也。』左隱五年傳：『公矢魚于棠。』注：『矢亦陳也。』逸周書世俘：『武王乃翼矢珪矢憲告天宗上帝。』注：『矢陳也。』卜辭稱『矢奚』，謂陳列奚奴以祭，以人為牲。矢彘謂陳彘。曰其矢弓矢者，矢均就陳牲言之也。」（駢三第十八葉）

吳其昌 「□乃為笴矢之形。其在金文，如須松堂集古遺文卷十頁廿一有父辛爵，亦銘有□矢鏃之狀。又同书叙纂卷四頁廿二其笴矢之形作□狀，並可与此□形参証。前記呂方或虎方 出而為寇之事，而此節摹絵有弩矢之形，此其故殆可以会意得矣。」（殷虛书契解詁第六四頁）

陳直 「卜辭矢字有作□形者，案此象結矢之形也。周禮夏官司戈盾云：『繒矢茀矢，用諸田獵。』鄭注：『結繳於矢謂之繒。』賈疏謂結繩於矢以弋射鳥獸者，⊗正象結繳之形。」（殷契賸義七葉）

孫海波 「□亦殷之先世，故得與小丁同祭，其字與篆文矢字極相似，疑即矢字。」

（文錄三三六片考釋）

饒宗頤　「矢者，爾雅釋詁：『陳也。』或作戻，見廣雅。」（通考三七九葉）

胡厚宣　「㚇□从矢，用爲動詞，意思是射。㞢之義爲逃，用爲名詞，即逃亡的奴隸。㚇㞢、□㞢，即用箭射殺㞢奴，致之于死。」（甲骨文所見殷代奴隸的反壓迫鬥爭考古學報一九六六年一期）

姚孝遂　「『矢』、『寅』、『黃』是逐步分化的，於□形增『一』爲□，是爲寅，復增『口』，是爲□或□，即黃字。『寅』可作□及□或□，但『矢』字只作□不得作□；『黃』字可作□或□，但『寅』字不得作□，其关係如下：

矢□；寅□□□；黃□□。」（古文字的符号化問題古文字学論集初編九八——九九頁）

按：王筠說文句讀以矢爲「全體象形字」是正確的。段玉裁說許慎「从入」之義爲「矢欲其中」，乃以意爲之。

甲骨文錄三三六後半漫漶不清，孫海波疑爲「矢」字者，實當如陳夢家釋作「大丁」（綜述四二五頁）。

2543

□

商承祚　「以寅字之作□□推之，故知此爲演字。」（類編十一卷二葉）

按：釋「演」不可據。卜辭殘缺，其義不詳。

2544

矢　寅　□　□

孙诒让

「寅皆作□（刘释如是）。」（契文举例上一页下）

罗振玉

「《說文》寅古文作□。卜辭中寅字屢變，與古金文亦全異，去許書所謂古文者逾遠矣。」（殷释中三葉下）

郭沫若

「《說文》『寅，髕也，正月，昜气動，去黄泉欲上出，侌尚強也。象宀不達，髕寅於下也。……□古文寅』。此說實最牽強而無理，許氏以曾見殷周之真古文者絕不至以許之誤說。字於骨文作□若□，均象矢若弓矢形。有作□者，象三手捧矢，僅一見。（甲一、一、十六、八）古金文中其為殷器者則作二手捧矢之形，以戊寅父丁鼎作□，甲寅父癸角作□，是也。入周以後，字形頗變，以師奎父鼎之「庚寅」作□，師𨘢鼎「庚寅」作□，無㠱𣪘之「壬寅」作□，盖燕之象形也。矢形譌變而為燕身，兩手譌變而為燕翼。篆文亦由此而變，盖將燕首離析而為宀，燕翼訛變而為臼。其古文亦燕形之變，晚周器以陳猷釜之「戊寅」作□，形極相近。下从之土字疑當在字中，以□伯𣪘之□，寰盤之□，盖象燕之身，疑為後人本「去黄泉欲上出」之語而改移於下。要之，寅字之最古者為矢形，弓矢形，執奉矢形，與引射同意。《漢書·律曆志》「引達於寅」。故有急進、虔敬義。《小雅·六月》「元戎十乘，以先啟行」，《傳》云「夏后氏曰鉤車，先正也。殷曰寅車，先疾也。周曰元戎，先良也」。《箋》云「寅，進也」。《爾雅·釋詁》下亦云「寅進也」。又「寅，敬也」。《尚書》寅字《史記》多引作敬，以《帝典》「寅賓出日」，《五帝紀》作「敬道日出」，又「夙夜惟寅」，作「夙夜惟敬」。《無逸》「嚴恭寅畏」，《魯周公世家》作「嚴恭敬畏」，盖矢乃急進之物，而射則古人以之觀德者也。」（甲研釋干支二三葉）

白玉峥

「□：籀庼先生释矢，孙海波氏《文编》入于附录（一二七），李孝定先生《集释》，列为待考之字（一四六〇六）。峥按：字从□、从一；□，当与□同，矢也。一，当与□所从之一同，矢的也。字盖象矢穿地而进之形，故作□也。就其构形审之：与□同，仅只倒正之异耳。就其在卜辞中之为用言：则与□（绐下二二·二）、□（林一·二四·一六）同。再就时序言：□、□、□均見於前期之辞，□则見於后期之辞；但□与□之辞例异，不当为一字。由上述之三事证明，□、□、□三形，旧为一字一义，仅因时序不同，而为字形之衍变耳。三文既为同义，则□者当即□、□及□也。□，今人或释鸡，则□当即鸡之初形也。矢穿豕为彘，则矢穿佳为鸡矣。是造字之初，以一为佳之意象，而此佳则即矢之的也。（契文举例校读十七《中国文字》第五十二册五八七四至五八七五页）

柯昌濟　「寅尹即伊尹，寅奭即伊奭，寅示即伊示，寅、伊二字二字為脂真二部對轉。按伊尹之名在古籍上从無用寅字代替者，獨見於卜辭，蓋當時卜人以音通假不主故常之故。非有同文之例証。則無以知其文之本义了。」（殷墟卜辭綜类例証考釋，古文字研究十六頁一五四頁）

唐兰　參子字条

姚孝遂說參字条下。

按：「寅」之初形與「矢」無别，即借「矢」為「寅」，進而加「一」作以為區分。其作寅，不得謂為从弓，乃區别之文。「矢」、「寅」、「黄」三字之相互關係，參見「黄」字條。

2545　⿰矢夫　⿱一⿰矢夫

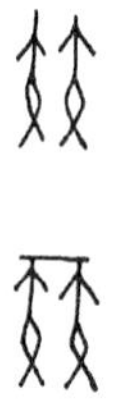

按：字在卜辭為人名。

2546　⿰矢夫

按：合集二六八八九辭云：

「不⿰矢夫众；其⿰矢夫众」

蓋假作「雉」。卜辭「雉众」、「不雉众」習見，字亦或作「雉」。

2547　⿱八矢

按：字从「矢」、从「八」。在卜辭為地名。

2548

浃 演 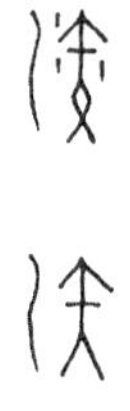

考古所　「演：地名或水名，屬沁陽田猎区。」（小屯南地甲骨九一六頁）

裘錫圭释汥参㚔字条下

按：卜辭演為地名：

「……田于演，往來……隻鹿十又八」前二·三二·四

「甲午卜在演貞，王步于条亡巛」後上一〇·八

「壬申卜……演䕫……亡巛，丝……隻𤜬……」京津五三〇一

商承祚類編一一·五，孫海波文編一一·五、金祥恒續文編一一·六並以後上一〇·八之「演」為「淡」，李孝定集釋三三〇七已辨其誤。前二·二三·一「演䕫」（亦見卜通六一五），商承作類編五·一四釋「矦」，孫海波文編一二·二〇、金祥恒續文編一二·二五、李孝定集釋三八一七並釋「医」，均誤。綜類三六七亦誤摹作。

2549

叀 

考古所　「叀为动词，是加工卜骨之动作。」（小屯南地甲骨八四六頁）

考古所　「叀：在此为人名，武乙、文丁記事刻辞中常見此字，为地名，置于叀乞与若干骨之间或在骨若干之后。」（小屯南地甲骨八七四頁）

姚孝遂　肖丁　說叀見字条下。

按：字當隸作「叀」，在卜辭為人名。

黃 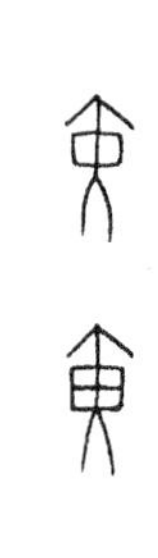

王襄　「𠕋疑黃之省文。」（簠人第三葉）

王襄　「𠕋疑古黃字異文。」（簠考地望四葉下）

郭沫若　「彝銘中錫命服之例多以市黃對言，乃「赤市朱黃」、「赤市幽黃」、「赤市悤黃」、「介市金黃」、「載市同黃」、「赤市同睘黃」凡四十二例，均一律用黃字無一例外。其於典籍市則作芾韍，黃則作珩若衡，可知黃珩衡為一物。珩說文云「佩上玉也」，鄭玄禮注謂「衡，佩玉之衡也」。說金文者多以黃為假字而釋為佩上之橫，如吳大澂說文古籀補收師奎父鼎與毛公鼎文於木部云「古橫字通作黃，今經典橫字多作衡」，容庚金文編亦然，謂「橫不从木」。今案此說殊有未安，蓋古人錫佩何以僅錫其佩上之橫而不及其全，又金文黃字凡卌數例，均一律用黃、珩字未見衡，則番生毁與毛公鼎之「趙衡」。經典作「錯衡」，與「悤黃」同出，衡黃並不相紊，然則安知黃非本字而珩實後起，衡乃叚字耶。攷古佩玉之制，詩女曰雞鳴「雜佩以贈之」，毛傳云「雜佩者，珩璜琚瑀衡牙之類」，周禮天官玉府「共王之服玉佩玉珠玉」鄭注引詩傳曰「佩玉上有蔥衡下有雙璜衡牙蠙珠以納其間」，賈疏謂是韓詩今韓詩外傳無此語當出內傳。國語晉語「白玉之珩六雙」韋注云「珩，佩上飾也，珩形似磬而小，詩傳曰「上有蔥珩，下有雙璜」，」宋本大戴禮保傅篇「下車以佩玉為度，上有雙衡，下有雙璜，衡牙玭珠以納其間，琚瑀以雜之」，賈子容經篇、月令章句、續漢書輿服志劉注所引三禮舊圖、初學記器物部所引漢書五行志注所云並同，均云「上有雙衡」。初學記器物部又引魚豢魏略亦云「有雙璜雙珩琚瑀衡牙玭珠為佩者，乃漢明帝來古文指制也」。雙珩與蔥珩頗有聚訟，參看孫詒讓周禮正義卷十二玉府疏自明案當以雙珩為是，蓋蔥珩乃珩之一種，不能以概佩玉之通制。國語言「白玉之珩六雙」，珩正以雙計也。璜說文云「半璧也」，詩女曰雞鳴鄭箋「半璧曰璜」，周禮大宗伯「以玄璜禮北方」，注亦云然，白虎通瑞贄、淮南精神訓注均以半璧為說。衡牙者禮玉藻云「佩玉有衡牙」，鄭注「居中央以前後觸也」。皇侃謂雙璜為牙，垂於雙璜之間者為衡，大戴禮盧注同此說，孔穎達正義駁之，謂「凡佩玉必上繫於衡，下垂三道，穿以蠙珠，下端前後以繫於璜，中央下端繫以衡牙，動則衡牙前後觸璜而為聲。所觸之玉其形似牙，故曰衡牙」。蠙珠、琚瑀亦頗有聚訟，參看周禮正義玉府疏。大抵蠙珠即真珠，琚瑀乃玉珠之類也。賈公彥周禮疏云「蠙，蚌也，珠出於蚌，故言蠙珠。納其間者，組繩有五，皆穿珠於其間，故云以納其間」。又云「案毛詩傳衡璜之外別有琚瑀，其琚瑀所置當於縣衡牙組之中央，又以二組穿於琚瑀之內角，斜繫於衡之兩頭於組末繫於衡」。孫詒讓則云「琚瑀納閒似五組皆當有之，與蠙珠相錯共處。而賈前疏則謂唯中組有，云古書所說不詳，宋以後說者皆謂瑀在中組雙琚在旁，咸無搞證，今亦無以定之。」如上所述，古佩玉全制終無由確定，將來如有古墓發掘就墓中珠玉之位置或可以恢復其原形，而文獻所載實為無以知其全也，偽書古玉圖譜有古玉珮文全佩圖即採取賈公彥說而以臆足成之不足據然其大略則上有雙珩而下垂三道，所不可知者，唯蠙珠琚瑀之為何貫綴與雙珩之如何安置耳。佩制既得明其大較，今請返論黃字。黃小篆作黃，說文云「地之色也从田炗聲炗古文光」。

金文黃字至多，雖與小篆形近然不類从田亦不類炗聲，其字之特異者今舉數例如下：

黃 買毁　黃 伯家父毁　黃 㒼毁　黃 黃君毁

黃 趙曹鼎　黃 師艅毁　黃 [illegible]黃毁　黃 休盤

黃君毁黃字前人多不識，然以伯家父毁及趙曹鼎黃字例之其為黃字無疑。又該銘有「眉壽黃耇」語，彼黃字上端僅餘下體作不，亦係三垂。此外从黃之字為堇、从堇之字為囏，金文亦習見，其所从黃字大抵與趙曹鼎文相近，今亦舉數例如下：

堇 堇伯鼎　堇 堇臤鼎　堇 女　毁　堇 宗周鐘

堇 頌鼎　堇 頌壺　堇 頌毁　堇 毛公鼎

堇 召伯虎簋　堇 師鼎

囏則不嬰毁之「弗以我車圅于囏」作囏，又召伯虎毁之「帛束璜」作璜，所从黃字均與此為類。

卜辭亦有堇囏二字：

堇　堇 後、下、十八、堇 後、下、廿四。

囏　囏 前、五、四十、囏 同上

囏 前、五、四一、囏 同上

囏 後、上、三十、囏 同上

又有黃前、三、卅四、黃前、四、四六、二字，例推之當為黃，羅振玉仍釋為囏。凡此等殷周古文之黃字及从黃之字，所从之形與許慎所說實大有逕庭，蓋其字並不从田且亦無炗聲之痕迹也。細審其結構當為象形之文無形聲可說。更參以金文，凡言錫佩者無慮四五十例，而均用黃字毫無例外，然則黃實古玉佩之象也明甚。由字形瞻之中有環狀之物當係佩之體，即雙珩之所合成。禮経解「行步則有環佩之聲」，玉藻「孔子去魯佩象環五寸」，蓋以象牙之珩為環其徑五寸列女傳貞順篇「鳴玉環佩」曹大家注云「玉環佩之玉有環」，此皆佩玉有環之證。上有佩衿以繫於芾，爾雅所謂「佩衿謂之褑」者也。方言廣雅褑均作裎下則正垂三道，中間所縣之衡牙為磬形故有若垂。四者有其左右之雙璜故復垂二矣。是故黃即佩玉自殷代以來所舊有，後假為黃白字，卒至假借義行而本義廢，乃造珩若璜以代之或更假用衡字。後世佩玉之制廢，珩璜字義多限於佩玉之

一體，又以衡爲横之本字，故說爲『佩玉之横』，其失彌遠矣。」（下畧詳見金文叢考一八〇——一九二葉釋黃）

郭沫若　「卜辭黃字多段爲衡，乃伊尹一稱黃尹，其例甚多，即阿衡伊尹也（說詳通纂考釋，舊多誤爲『寅尹』）亦正用爲黃色字。例如：

『甲申卜旁貞：𡆥于東三豕、三羊、𡆥犬、卯黃牛。

壬午卜爭貞：帝姘𡆥妨。

壬午卜㱿貞：帝姘𡆥妨。二月

癸未卜旁貞：𡆥犬、卯三豕、三羊。』（續一、五三、一）

『貞帝（禘）于東，埋𡆥犬，𡆥三牢，卯黃牛』（續二、一八、八）

此二例均作𡆥，與師𩛥毁『眉壽黃耇』字作𡆥者全同。又洪有一例曰『叀𡆥牛』（二五八片）亦是黃牛。商承祚疑爲牛色甚是，然疑黃牛爲一字，則非也。」（釋𡆥黃金文叢考）

楊樹达　「戩寿堂殷虚文字玖之玖云：『丙寅，△，即貞，△从𡆥尸。』王国维云：『𡆥尸罗參事释寅父，然卜辞寅字皆从矢，而人名之𡆥尹皆从大，疑非寅字也。尸确是尹字。』（考释廿壹下）郭沫若云：『王释尹，至确，𡆥亦确非寅字。此黃字，乃假为衡，黃尹即阿衡伊尹也。』（通纂貳之伍拾下）树达按：殷虚书契前编叁卷柒之肆『戊寅』寅字作𡆥，龟甲兽骨文字壹卷拾陆之贰『△寅己卯』寅字作𡆥，并与此字同，罗释寅，是。王疑非寅，郭释黃，並非也。寅伊一声之转，寅尹殆即伊尹也。」（卜辞琐记九页）

孫海波　「𡆥，甲三三五五。貞人名。」（甲骨文編五二三頁）

陳夢家　「黃作𡆥，『黃牛』亦見亿七一二二，燕三六三。封禪書述秦襄公『作西畤，祠白帝，其牲騮駒、黃牛、羝羊各一云』，又述雍四時之祀『各以其帝色，黃犢羔各四』，又述漢寬舒議祠后土『黃犢太牢具』。凡此秦漢以黃牛或小黃牛祭天帝后土，與卜辭祭四方之用黃牛，似可推爲一種傳襲的關係」。（綜述五八七葉）

屈萬里　「……師𩛥毁黃字作𡆥，與卜辭𡆥字同；則釋黃是也。……卜辭『黃呂』一辭見甲編一六四七未詳何義；或竟是樂律之名也。」（甲編考釋二一八葉）

李孝定　「說文：『黃，地之色也，从田，从炗，炗亦聲。炗，古文光。𡕛，古文黃。』契文黃字不盡从田，更無从炗者。金文見下與契文略同。郭氏說爲佩玉之象，按郭文一八八葉下附有黃之想像圖一幀與金文黃字形體略近，其說可从。唯謂趞曹鼎黃字及契文黃前、三、廿四、黃前、四、四六、並皆黃字則非。此數文實莫字，象人形。與黃字之別，黃下但有二垂而無左右二出，莫下則有左右二出，象人之兩手交錯置於胸前之形。卜辭每言黃尹，或謂即後世所稱阿衡，其說是也。金文作黃黃韋俞父盤黃曾伯簠黃南簠黃弔單鼎黃陳侯因資錞黃禺邗王壺黃黃師嫠簋黃寰盤黃休盤黃伊簋黃趞曹鼎趞曹鼎銘曰『載市冋黃』，則黃實用爲黃字，而形體與它金文黃字獨異者當是偶誤也。伯家父簋黃字作黃，下三垂亦略異。南簋同」（集釋四〇四六葉）

李孝定　「說文：『寅，髕也。正月陽气動，去黃泉，欲上出，陰尚彊，象宀不達，髕寅於下也。𡏬古文寅。』許君說解牽強附會，幾至不成文理。契文及部分金文見下蓋象矢形，郭說近之。矢疾進，故有進義，射主敬，故訓敬，說亦可通，然苦無確證耳。葉引寅者寅乃廣字，字亦不象人束帶形。金文作寅戊寅鼎寅甲寅角寅豆閉簋寅鄭孝子鼎寅臣辰卣寅臣辰盉寅師奎父鼎寅師𧻓鼎寅伯中父簋寅彔伯簋寅宴簋寅師兑簋寅陳猷釜寅辰在寅簋，形變至繁，與契文此字之變體至多者相類，蓋初誼既失，初形亦湮，作書者遂得任意爲之耳。」（集釋四三四二葉）

饒宗頤　「按『寅尹』即『黃尹』。『黃』『衡』古通。彝銘之『赤市幽黃』，即禮記玉藻之『赤韍幽衡』。殷本紀：『伊尹名阿衡。』詩長發：『實惟阿衡，實左右商王。』『阿衡』與『尹』皆官名。卜辭稱『黃尹』，即『衡尹』，亦以官名之。」（通考一四八葉）

饒宗頤　「寅之字形，有寅（前編二、六、六）寅（林一、五、一三）寅（燕大四四五）之異，惟細按之，實爲一字。知者，卜辭云：『卯寅泮』，（屯乙五二二五）同版亦作『卯寅』，又或作『卯寅牛』（續編一、五三、一）他辭云：『出寅牛，㞢幽牛。』（屯乙七一二二）以幽與黃對言，則寅乃黃字也。（陳夢家燕大及林泰輔所見者，釋寅爲寅，謂據字形繫於祖甲時，與黃分爲二人，見考古學報第六冊，說不可从。）」（通考六一九葉）

于省吾　「說文：『寅，髕也，正月陽气动，去黄泉，欲上出，阴尚彊，象宀不达，髕寅于下也。』按许氏据形讹的小篆妄为之解，而自来说文学家仍拘泥许说，加以缘饰。近代文字学家多援引金文为说，均无是处，无须列引。甲骨文早期干支的寅字均作寅，即古矢字。后来一变为寅寅寅寅，再变为寅寅。金文早期作寅寅寅寅，晚期作寅寅寅。总之，寅字的初文，系借用弓矢的矢字，所谓造字假借，这和借雚（鳳）为凰，借匚为報同例。古音矢与寅双声，矢居审纽三等，寅居喻纽四等，并读为舌头。本诸上述，则寅字的造字由来，假借弓矢之矢以为寅。后来因为矢与寅用各有当，故于矢字的中部加一方框，作为指事字的标志，以别于矢，而仍因矢字以为声。当然，寅字后来讹化滋甚，与矢字大有出入，已脱离了指事字的范畴。」（甲骨文字释林释古文字中附划因声指事字的一例）

裘锡圭

「贞：于乙亥入黄尹族人。 存下229（同版古贞）

☑「令」日其取伊族人。

口口贞：于乙亥「取」伊族人。 明后2442（明续497重，参宁沪1.235）

宾组的黄尹相当于历组的伊尹。见于上引宾组卜辞的黄尹族人也称黄族人：

癸卯卜贞：今日令𡧊取黄族人。七月。 簠7.3.2

与历组卜辞的『伊族人』当指同一种人。上引宾组卜辞的『入』字当『使进入』讲，可读为『纳』，与『取』义近。这条卜辞与上引历组卜辞显然是卜问同一件事的。」（论「历组卜辞」的时代 古文字研究第六辑二八八页）

齐文心

「黄国首领称王，並且经常接受殷王的命令。如卜辞：

（一）『贞令王隹黄？』（簠人十八十簠人三十二十簠人三十三十簠人九十六）

甲骨文『黄』字作[illegible]、[illegible]。隹即『唯』字，在此辞中做副词，有『独』、『仅』之意。也就是『贞令王独黄？』意即『贞令王黄？』在这条卜辞中，王黄是作为及物动词『令』的宾语。此辞的内容是：问命令王黄（去做某事）是否顺利？

（二）『贞勿令王隹黄？』（考胶十八）

与卜辞（一）内容相同，只是从反面贞问。

（三）『贞勿令王？』（簠人十八十簠人三十二十簠人三十三十簠人九十六）

此辞与卜辞（一）同版，直接贞问『勿令王？』王为受命者，可知此王与卜辞（一）内的『王』身份相同，仍指王黄而言。

（四）『贞叀王令隹黄？』（金五三四）（金六五六）

这条卜辞中『叀』用作次动词，引導受式先置，将像卜辞（一）中所举的『令王』的句式改作『叀王令』，以突出受词『王』。将此卜辞还原成普通句式，仍为『贞令王隹黄？』与卜辞（一）相同。

……『王黄』亦称『黄王』，如卜辞：

（五）「貞：：黃王：：：不：：：？」（怀特十二）（《古文字研究》十二辑一四〇—一四一頁）

赵诚　「□，寅。此字本应释黃。为了和另一个卜官□加以区别，所以释为寅。从甲骨文字的发展来看，矢、寅、黃三字同源。皆由矢（□）衍化而来，所以在甲骨文早期容易混同，到了晚期才区别显然，矢作□、寅作□、黃作□。寅、黃从□发展而来，然不详其构形。」（甲骨文简明字典七五頁）

饒宗頤说参□字条下。

姚孝遂说参□字条下。

按：說文：「黃，地之色也，从田从炗，炗亦聲。炗，古文光。凡黃之屬皆从黃。灻，古文黃」。說者皆謂「土色黃，故从田」。林義光文源謂「炗為古文光，無可考。古作□，作□、□，象禾穀可收形與𠂤形近，日束之。秋禾之色黃也」。皆屬望文生訓。

契文「矢」、「寅」、「黃」本同源。以用各有當，漸致分化。

矢　寅　黃

「矢」、「寅」、「黃」諸形，既有聯繫，復有區別，要皆自矢形衍化而出。晚期卜辭則「矢」作□，「寅」作□、□，「黃」作□，區別甚嚴。金文「黃」字，乃□形之譌變。郭沫若以為象佩珩之形，其說非是。佩珩之制，周初金文猶未及見。且契文「黃」字分明从矢，金文借「黃」為「珩」，當無可疑。

乙七一二〇「叀幽牛出黃牛」，「黃」與「幽」相對為言，謂黃色之牛。「黃牛」卜辭所習見。

卜辭又有「黃尹」、字或作「□」，亦作「□」，或釋「寅尹」。「寅」無作「□」者。陳夢家謂典籍或「混伊尹與阿衡、保衡為一人是不對的」。據君奭：「成湯既受命，時則有若伊尹……在太甲，時則有若保衡」，因而認為「是不但伊尹、保衡是兩個人，而且一立於湯時，一立於太甲時」。卜辭之「黃尹」即「阿衡」、「保衡」，「阿、保是其官名，而黃或衡是其私名」（綜述三六三）。

卜辭「伊尹」與「黃尹」究竟是同一人，還是不同的兩個人，其說不一，仍有待於進一步之考索。

2551 

葉玉森 「按卜辭寅作□□，从宀象高屋形，从□□象一人束帶形。初誼為敬，束帶於廟堂之上，持身以示敬也。《書堯典》『寅賓出日』，《舜典》『夙夜惟寅』，《史記五帝紀》寅並作敬，知寅敬古通段。卜辭省作□□，束帶形並顯。再變作□从兩手，仍象約帶。再變作□□□□□□□□□□，金文復由□之一體變作□（《史懋壺》）□（《師𠭰父鼎》）□（《陳猷釜》）與許書寅下所出古文□近，古意全失矣。」（《前釋》一卷十九葉下）

郭沫若 「□字乃从宀黃聲之字，即廣字之異。」（《卜通》一五八葉上）

李孝定 「疑廣之古文。」（《集釋》二四九〇葉）

赵诚 「□，廣。从宀从黄。古文字偏旁从宀从广每无别，故按照後代通用之字隶定作廣。甲骨文用作人名，则为借音字。」（《甲骨文简明词典》一八〇頁）

按：郭沫若釋廣可從。古文字从宀从广每無別。卜辭用為人名。

2552 櫜 

按：《合集》七〇三七辭云：「……𢦏櫜」，當為方國名。字从「□」、「東」聲。或當是「□」之異構。

2553 黄尹 

孙海波 「□，掇一·六·二。黄尹亦作黄父。」（《甲骨文编》五九九頁）

按：此乃「黃尹」二字之合文。

2554

寅尹 

按：合集三〇九七辭云：「丙戌卜，爭貞，取寅尹丁人嬉」，「奴」為「寅尹」二字合文。「寅尹」、「黃尹」是否同一人，難以肯定；「寅尹」與「伊尹」有可能為同一人。合集三二八〇三辭云：「……卜貞，今日其取伊丁人……」，與此辭例同，裘錫圭已論及之。

2555

伊 

王襄 「古伊字。乙亥貞其又伊尹二牛。書般庚：『茲予大享于先王，爾祖其從與享之』。商世祭先王，凡有功之臣得以配享。然詳釋卜辭，……諸文，知須貞卜也」（類纂正編第八第三十七葉上）

孫海波 「伊，甲八二八。伊奭即伊尹之別稱。」（甲骨文編三四〇頁）

陳夢家 「舊臣中之最重要者是伊尹，在文獻記錄上在卜辭上，他都是最顯赫的。據汲冢，伊尹為湯時臣，而紀年記其放大甲而大甲殺之，尚書序謂沃丁葬之，當是可靠的。除此以外：戰國典籍記載伊尹的尚有以下四項：(1)伊尹為有莘氏之媵臣，見孟子萬章上，墨子尚賢下，呂氏春秋本味篇，楚辭天問等處。(2)伊尹為成湯之小臣，見天問，墨子尚賢下，呂氏春秋尊師篇。(3)伊尹名摯，見天問，墨子尚賢中，孫子用間篇。(4)伊尹可以單稱伊，尚書序：『伊尹作伊訓』，即伊尹之訓，叔尸鎛亦稱伊尹為伊。就卜辭來說，亦稱伊尹為伊尹、伊、伊奭。伊是其私名，尹是其官名。卜辭的黃尹、黃奭即詩頌之阿衡、保衡，阿、保是其官名而黃或衡是其私名，與此同例。殷本紀說『伊尹名阿衡』，商頌長發毛傳云『阿衡，伊尹也』，混伊尹與阿衡、保衡為一人，是不對的。古『黃』『衡』相通，阿衡即卜辭之黃尹。」（綜述三六二——三六四葉）

屈萬里 釋卜辭「伊雨？」（甲編五六二）云：「伊，義當如詩召南何彼襛矣『維絲伊緡』之伊，猶維也；語詞」。（甲編考釋八七葉）

名也」。（甲編考釋一八九葉）

屈萬里 「卜辭：『甲午卜，狄貞：伊其賓？』伊，即伊尹；蓋尹為官職名，而伊則私

李孝定 「說文『伊殷聖人阿衡尹治天下者从人从尹𠊩古文伊从古文死』段氏注云『以死為聲』伊从死無義可說，故段氏以死聲說之。許君此說不知何據。金文作𠈌史懋壺𠈌伊簋𠆧伊生簋與契文小篆並同，未見有从𠆧𢦏與之形近者」。（集釋二六二二葉）

姚孝遂 肖丁

「伊尹不是先王，但卜辞对于伊尹的祭祀非常隆重，其地位之尊崇，是超乎寻常的。且伊尹之祭日均于『丁』，种々迹象显示，仅々以『旧臣』來看待伊尹是不够的。这一问题牵涉到对商王廟号的理解，我们对張光直先生所提出的有关问题是重視的。但是，这里牵涉到商代的婚姻制度，王位継承制度等一系列重大问題。对卜辞所发映的某些有关現象，目前还难以作出完滿的解释。……

2342

「…丑貞，王祝伊尹，取祖乙魚，伐告于父丁、小乙、祖丁、羌甲、祖辛」

伊尹在此次祀典中居于非常突出的地位，此一現象是值得重視的。

1110

(3)「甲寅貞，伊戌莽丘日」

(4)「甲寅貞，伊戌莽大丁日」

(5)「丁丑貞，其又酌伊戌」

这再一次証明，伊尹的『法定』祭日是『丁』

978

「丁酉貞，又于伊丁」

此与明續493同文。祭日為丁，又称『伊丁』，当是廟号。

2567

(8)「丁丑貞，多宁以鬯又伊」

3033

(2)「癸亥卜，又于伊尹丁，叀今日又」

3035

(3)「癸亥卜，祝于祖丁」

(4)「…卜，翌甲又于伊(尹)丁」

第(4)辭「尹」字已残，但仍有残划可辨。「伊尹丁」前所未見，当与「伊丁」同。 1007 3035

「……雚于伊奭」

「……雚」可朴定為「𡨦雚」。卜辭多見「𡨦雚于伊奭」的占卜：

粹828「……𡨦觀伊奭一小牢」

郭沫若先生謂：「……觀為伊尹之配……此盖殷人神話，或者以伊尹之配死而為風師也」。

此說难以為据。卜辭亦見「其𠦪雨于伊奭」（明續422）。「𡨦风」、「𠦪雨」之对象或神或祖，不必是风师、雨师。

卜辭常見「伊宾」。「宾」為配享之意。所「宾」者多為囗、大乙：

明續513：「癸丑卜，囗氐，伊宾」

粹151：「……王其用羌于大乙、卯叀牛，王受又」

「貞，其卯羌，伊宾」

屯南1088、2417、2838皆有「伊宾」」（小屯南地甲骨考释六四—六五頁）

裘锡圭说参奭字条下。

按：說文：「伊，殷聖人阿衡尹治天下者。从人从尹。𠇒，古文伊从古文死」（大徐本）。俞樾兒笘錄云：「如許君之說，則是殷為伊尹特製此字，而禹貢已有伊洛瀍澗之文，此字不始於商初明矣。」水經伊水注曰：「昔有莘氏女采桑於伊川，得嬰兒於空桑中，取而獻之，命養於庖。長而有賢德，殷以為尹，曰伊尹也」。是伊尹正因伊水得名。朱駿聲通訓定聲、王鳴盛蛾術篇亦有此說。

伊之古文从古文死，蓋形體之譌，許書誤列於伊字下，前人多已疑之，當刪。

2556 效

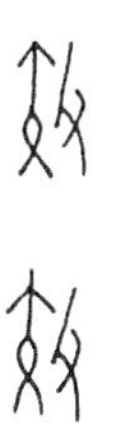

孙诒让 「效当即效字。说文攴部：『效，象也。从攴交声。』金文效卣作𢼛，与此同。子效当亦人名字。」（契文举例上二十九页下）

孙海波 「效，甲七八六。人名，子效。」（甲骨文编一三八頁）

李孝定　「說文：『敎，象也。从攴，交聲』。絜文與篆文同，在卜辭爲人名。辭云『丁卯卜爭貞令子敎□卒于☒』藏二二·四、『丙寅卜子敎不其□羌』藏五九·一、『丙寅卜子敎臣曰隹』藏一七五·一、『敎不其』前五·十九·六、『貞敎往□』後·下·十·十六是也。金文作鈙毛公鼎　鈙曶鼎　鈙效卣　鈙效尊　鈙效父簋」（集釋一○四七葉）

按：自甲骨文至小篆，敎字均从攴从交，形體均無變化。卜辭用爲人名。其形體易與「寅尹」之合文混。其主要區別在於：「敎」字从「攴」，而「寅尹」合文則从「尹」。

2557

矦又

張亞初釋矦又，參字条下。

按：字从「矢」、从「又」，隸當作「矦又」。合集五七七七辭云：「……亘貞，令侯矦又……」為人名。

2558

侯

羅振玉　「說文解字矦从人从厂，象張布矢在其下，古文作医，與此同。古金文亦均从厂。」（殷釋中四十四葉下）

王襄　「古侯字。」（類纂正編第五第二十六葉上）

葉玉森　「按矦國制度，殷以前不可知。蓋古有功之臣，錫以俘虜，裂土以封之，小者曰矦，其字从「厂象疆界，表有土也，从𠂉象交脛人，乃俘虜，表有人也。有土有人，矦國斯建。篆譌从矢，許君乃訓射矦，以引申誼爲本誼矣。」（說絜十葉）

楊樹達　「遺徵征伐四十片云：『戊午，卜，方出，其受侯又？』鐵壽四十七葉之七云：

「甲辰卜，雇受侯又？」樹達按侯爲發語詞，詩「侯栗侯梅」是也，……無義」。（卜辭求義二十一葉下）

居萬里　「「□疾兄丁□日巳宰，□乍歲□」（甲編二二九二）周禮夏官小子：「凡沈辜侯禳飾其牲。」鄭司農云：「侯禳者，侯四時惡氣禳去之也。」本辭侯字，疑即此義。」（甲編考釋二八九葉）

于省吾　「甲骨文称：「王于黍𠦪受黍年。十三月。」（乙四〇五五）甲骨文厌（侯）字倒书者屡見。王侯之侯与时候之候初本同字，候为后起的分化字。说文侯作候，并謂：「候，伺望也，从人侯声。」侯与候古通，典籍习见，今举三证以明之：一、周礼小祝郑注谓「侯之言候也」，广雅释言谓「侯，候也」，均以侯与候为音训。二、俞樾儿笘录（三·二），以为古候字止作侯。三、近年来所发现的云梦秦简，「内史雜侯」和「耐为侯」，均以侯为候（一九七六年文物第七期云梦秦简释文）。由此可見，前文所引的王于黍侯受黍年，是说王在黍子熟的时候能获得黍子的丰收。又甲骨文的「癸丑貞，甲𠬝（啓）𠦪」（南北师一·一一七），厌字倒书，也应读作候。这是说，癸丑貞，第二天甲日乃晴朗时候。」（甲骨文字释林释黍、𪎭、來二四三——二四四页）

林澐　「被「比」者称为某侯，根据前引鬼方之首领称鬼侯之例，可知「侯」也是方国首领之一种。故可据之以推定联盟的方国。如：

貞：今……比□侯虎伐𢀛方，受㞢又（前四·四四·六）

己酉卜，矣，貞：今多子族比犬侯撲周，甾王事，五月（前五·二·二）

己未，貞：王其告，其比□侯（粹三六七）

貞：呼比𩰫（暴）侯（乙二六六一）

卜辭中还有许多「比侯某」的记载，除前举之「侯告」外，还有「癸亥卜，王，貞：余比侯专」（前五·九·二）、「呼比侯知」（后下五·十）、「王比侯屯伐……」（库一一九〇），等等。根据「□侯虎」省称为「侯虎」（佚三七五、菁七等）、「攸侯喜」省称为「侯喜」，可知侯后面的一个字是私名，而不是方国名。卜辭中既有「攸侯喜」，又有「攸侯甾」（掇二·一三二），可見不同的私名，不一定就是不同方国的侯。因此，只有私名的「侯某」是不能和有方国名的「某侯」並列统计的。」（甲骨文中的商代方国联盟古文字研究第六辑七六页）

林澐　「又如侯告，王常比其伐尸（乙二九四八，乙三八六〇，丙伍贰，粹一一八七），则其方国当在商本土之东。」（甲骨文中的商代方国联盟古文字研究第六辑八〇页）

裘锡圭　「不但田、牧、卫经历了由职官演变为诸侯的过程，「侯」又何尝不是这样。伪孔传：「侯，侯也，斥候而服事。」上引逸周书孔晁注也说：「侯，为王斥候也。」从文字上看，「侯」、「候」本由一语分化。汉代人普遍地把侯训作候，不具引。尚书禹贡「侯服」伪孔传：「侯，侯也，斥候而服事。」上引逸周书孔晁注也说……

字是由侯字分化出来的。侯的前身应该是在边境替王斥候的武官。劳榦在侯与射侯后记中说：「侯」这个词分化出来的。但是从诸侯之「侯」这个词却应该是由斥候之「侯」这个词分化出来的。诸侯之事，最先本为斥候，封建诸侯由斥候者变为封国，和汉代的从侯官改为县，是循着相类似的轨道。

这个意见是很精辟的。卜辞所见的侯，一般都已经具有诸侯的性质。前面提到过的攸侯是一个比较明显的例子。攸侯的封国有范围相当固定的鄙。从见于宾组卜辞的攸侯到见于黄组卜辞的攸侯，至少传了二百年左右。这个诸侯国实际存在的时间可能还要長。大概由于侯本是驻在边地保卫王国的主要武官，地位重要，掌握的武力亦强，所以从职官发展成为诸侯的过程比田、卫等完成得早。估计在商代后期，除了由侯发展而成的侯国以外，商王新封的侯国一定也已经不少了。

虽然在商代后期，侯已经具有诸侯的性质，但从商王可以把田、牧等职官派驻在侯的封域之内的情况来看，商王对侯的控制显然仍是比较严格的。侯对王国所负的保卫之责大概也还是比较明确的。当然，这是就一般情况说的。另一方面，商王对个别侯失去控制，甚至彼此兵戎相见的现象，在当时也已经出现。有一条第一期卜辞卜问「令雀伐㝬侯」（甲一八三，参看佚六〇四，续二·三一·四等），就是明证。」（甲骨卜辞中所见的「田」、「牧」、「卫」等职官的研究，文史第十九辑第九至十页）

姚孝遂　肖丁　「3396「多侯……」

「侯」字倒书。卜辞从「矢」之字多有倒书者，如「室」字或作□；「至」字或作□。「旁」字或作□，亦属倒书。我们現在还未发現倒书在涵义上与正书有什么区别。「多侯」与「多方」、「多白」、「多田」均約畧相当于后世所谓之「诸侯」。陈梦家先生谓卜辞「有多田、多白而从无多侯」（综述328頁）。今得此片，是卜辞亦有「多侯」。」（

（小屯南地甲骨考釋一〇八頁）

趙誠　參白字條

按：古文字「疾」皆象矢集於射侯之形，既不从人，亦不从厂。段玉裁以為「張布如厓巖之狀，故从厂」，其說非是。王筠說文句讀謂「厂與布不肖，且既言从，不當又言象也。」葉玉森以「厂」象疆界，以「矢」象交脛人，「有土有人，侯國斯建」，詩於疾字之初形，不可據。

卜辭「疾」字有單用者，為名詞，有可能為人名，亦可能為侯伯之通名，陳夢家以為即泛稱四域的諸侯（綜述三三一）：

「用疾屯自上甲十示」　　給三三三

「貞令疾；弓令疾」　　給二六〇

「疾來告馬」　　乙一九二

「叀某又」者習見繁出，侯為名詞，楊樹達以為發語詞，非是。

卜辭「疾」為方國伯長之通名，論者多以為五等爵之一，實則商代五等爵制度尚未曾有。

2559

族

羅振玉　「从㫃从矢，箄旂之下，矢所集也。」（殷釋中四十四葉下）

王襄　「古族字。」（類纂正編第七第三十三葉上）

葉玉森　「𠂢（族）字乃象交脛人在旗下，从人从交，非从矢。卜辭从矢之字必作矢形。此實从交。族字之原，應創造于酋長時代。古之酋長必俘虜異族之人而歸屬于旗下，以擴張其部眾。故族字象交脛人在旗下，交脛人即俘虜也。（說契九葉廿四行）……殷時殆編制俘虜為若干族，孚即謂之俘。如曰『孚（俘）族』，（藏十四·二·）『多孚（俘）族』，（徵文人名三一·）胥是也。又他辭云『王叀令五族伐羊方』。（後·下·四二·六·）五族未舉其名，當為邊陲防軍，使之就近會師出伐，故略其族名也。」（前釋四卷四十一葉上）

丁山　「族字，从㫃，从矢，矢所以殺敵，㫃所以標衆，其本誼應是軍旅的組織。清八旗的制度，當是族字从㫃正解。每設賜以一箭，故稱十箭焉。箭者，矢也。族字从矢，當然又與部落稱箭的統之，號爲十設。每設賜以一箭，故稱十箭焉。」

丁山　「族字，从㫃，从矢，矢所以殺敵，㫃所以標衆，其本誼應是軍旅的組織。清八旗的制度，當是族字从㫃正解。唐書突厥傳下：沙鉢羅咥利失可汗分其國爲十部，每部令一人統之，號爲十設。每設賜以一箭，故稱十箭焉。箭者，矢也。族字从矢，當然又與部落稱箭的涵誼相同。有是四旗十箭的故事印證，我認爲族制的來源，不僅是自家族演來，還是氏族社會軍旅組織的遺蹟」。（甲骨文所見氏族及其制度三三至三四葉）

又曰：「卜辭又有既稱族，又稱氏，氏蓋是部族的徽號，族則是軍旅的組織，氏與族的區別，或如莫爾甘古代社會所謂一爲聯合部族，一爲胞族」。（同上）

孙海波　「𣃘，甲二七三。又子族，即右子族。王族追召方。」（甲骨文编二九一頁）

𣃘，珊藏六一六。或从口。

李孝定　「說文『族，矢鋒也，束之族族也，从㫃从矢』。許君意蓋以此爲鏃之本字，段氏注亦謂族類誼乃由『束之族族』所引申。按矢族鏃字从㫃無所取義。段注據韻會集韻類篇所引，於『从矢』下增『㫃所以標衆衆矢所集』十字，此乃族類之本義，於矢族之義又無涉。字从㫃从矢，其本義當爲族類，丁說是也。蓋古者同一家族或同一氏族即爲一戰鬥單位，故於文从㫃从矢會意也。許君誤以此爲矢族字，故於鏃下但云『利也』。利也一義實由矢鏃一義所引申，族則族類之本字也。卜辭言『多子族』『五族』『旅族』均部族之義。金文作𣃘毛公鼎𣃘師酉簋𣃘番生簋𣃘王命明公簋𣃘事族簋𣃘不易戈均从矢，與卜辭同，足證葉說从交之誤」。

（集釋二二三二葉）

金祥恒　「卜辭中所見王族如：

戊寅卜，争貞：羽以王族从𡆥？六月。　菁一一·七

囗叀𢓊已王族从𡆥古王事？　前七·三八·二

貞：叀吾方𢦏伐戈？

勿乎王族𡆥于𠬝？　續三·七·九　簠征二二　簠人五八

貞：乎王族𡆥𠬝？　續六·一四·六　簠人六一、五七

貞叀𦥑王族？　前五·七·八

乎多矢尹一𠂤（师）于𢽽？王族？　前五·八·二　通四八九

……

其王族之族作[字形]，从㫃从矢。說文：「矢鏠也，束之族族也。从㫃从矢，㫃所以标众，众矢之所集」。故族或作[字形]，从㫃从两矢。如：

王族　衛二一〇二

□卯卜，殻貞：☐令□王族　绝九三·一

或从凵作[字形]，如：

己亥貞：令王族追召方，及于☐　南北六一六

族本矢鏃义，而引申为氏族之族。……卜辞「王族」，为殷商王朝中軍之親族。」（从甲骨卜辞研究殷商軍族中之王族三行三师　中国文字第五十二册五六六三至五六六四页）

張政烺「這種族的組織究竟有多麼大呢？從殷代的軍隊組織看，一族是一百人。関於這個问題，卜辭中有一些材料，現在舉幾條最明顯的為例，如：

丙申卜，貞：𢀛馬，左、右、中人三百。六月。　前編三·三一·二

□□〔卜〕，賓，〔貞〕：勿𢀛多〔馬〕人三百。六月。　鄴中片羽三集下四七·八

𢀛惟人百。　鐵雲藏龜六三·四

這都是第一期卜辭，𢀛是一個動詞，有征召之義。馬是為殷王養馬的人，很多，不止一族。這幾條卜辭占卜動用三百人或一百人，而三百人分成左右中三個部分，一部分還是一百人。第四期卜辭有：

乙酉卜，惟三百令。

惟三族馬令。

及令三族。

乙酉卜，于丁令馬。

惟一族令。　戰後寧滬新獲甲骨集五〇六

卜辭中惟字後的賓詞倒置在動詞之前，故惟三百令即令三百，惟三族馬令即令三族馬，惟一族令即令一族。這是乙酉日卜问要在丁這天（當是丁亥）使令馬。卜辭文義多重複，令三百和令三族實是一事。即三族是三百人，而一族是一百人。這幾片関於馬的卜辭，中间隔着四五個王，約數十、百年，可見這種族的組織相當穩固，不會輕易改变。通過以上的考證，可以斷言殷代的族是一百人，這是一百個男子，他們是怎麼來的呢？參攷周代文獻，推測當是出自一百家，每家一人。周禮·地官·司徒敘述六鄉的編制，從「五家為比」起，層累而上，中有「族」這一級，鄭衆注「百家為族」，鄭玄注「族，百家」，各家皆無異義。族人要當兵服役，其出人的辦法按照小司徒的規定是「凡起徒役，毋過家一人」，百家

百人，殷周的族基本上相同。百家的首領叫作尹，周代文獻中也有類似的材料。禮記·雜記『里尹』，鄭玄注：

王度記曰：百户為里，里一尹。其祿如庶人在官者。

孔穎達正義（卷五十二）：

案別錄·王度記云，『似齊宣王時淳于髡等所記也』。……其『百户為里』未知何代，或云殷制。

古代儒家說禮，見與周制不合者便托為『殷制』，借此解圍，未必真有什麼根據。王度記說百户一尹與殷制相同，但殷人名族不名里，里是居住地區的名稱，按地區來劃分國家管制下的民，顯然要比族晚多了。周代一族也稱作『百室』，詩·周頌·良耜歌頌豐收，描寫糧食堆積如城，接着說『以開百室，百室盈之，婦子寧之』。鄭玄箋：

百室，一族也。……其已治之，則百家開户納之。……一族同時納谷，親親也。百室者，出必共洫間而耕，入必共族中而居，又有祭酺合醵之歡。

良耜是周王室『秋報社稷』的樂章，其目的是麻醉勞動人民，利於繼續進行剝削。鄭玄順着詩旨講去，所以片面性欺騙性很大，完全掩蓋了農夫遭受剝削和壓迫的痛苦，但也反映了一個落後面，即百家一族的農業共同體。百家成為一個勞動組合，互相幫助和支持，有共同的宗教節日，『出必共洫間而耕，入必共族中而居』的情況，我們推測殷代的農夫也是如此。」

（卜辭裒田及其相關諸問題考古學報一九七三年一期）

李學勤「『多子』這个詞，还包括在卜辭常見的『多子族』一詞中。大家知道，多子族与王族对称，如下列較晚的宾组卜辭：

己卯卜允貞，令多子族比犬侯璞周，由王事？五月。（續五·二·二）

貞，令多子族眔犬侯寇周，由王「事」？

貞，令多子族比犬眔寇，由王事？（前五·七·七）

貞，叀多子族令比寇，由王事？（后下三八·一）

……令𠈇以王族比蚩，由王事？六月。（前七·三八·二）

王族与多子族合見一辭的，有历組卜辭：

□酉卜，王族爰多子族立于𦎫？（南明二二四）

此版可能与下二辭有关：

己亥貞，令王族追召方，及于……？（南明六一六）

己亥貞，三族王其令追召方，及于𦎫？（京四三八七）

凡有王族，多子族等詞的，都是有关軍事的卜辞。

《國語·楚語》上述晋楚鄢陵之战云：『雍子与於軍事，谓欒书曰，楚师可料也，在中軍王族而已。若易中下，楚必歆之。若合而吾中，吾上下必败其左右，则三萃以攻其王族，必大败之。』《左传》成公十六年記此役，亦云：『苗賁皇言於晋侯曰：楚之良，在其中軍王族而已。請分良以击其左右，而三軍萃於王卒，必大败之。』文中『王族』一詞的意义当与卜辞相同。上引《左传》下文提到『欒、范以其族夾公行』，杜預注：『二族強，故在公左右。』這是說欒、范之族即欒氏、范氏的宗族。唐固注释《楚語》王族，也以为『族，亲族同姓也。』韋昭注則不同意此說，『谓族，部属也。傳曰，欒、范以其族夾公行，時二子將中軍，中軍非二字之亲也。』我们認为唐、杜和韦昭的說法都是片面的。古代軍制本与族氏有关，如欒、范將中軍，由其宗族丁壮構成的隊伍即在中軍之中，所以這裏的『族』字，訓为部属，訓为宗亲，本是一致的。

卜辞的王族、多子族也应該這样解释。王族即由王的親族组成的隊伍。多子族是由大臣或諸侯的亲族组成的隊伍。后者和鄢陵之战欒、范二氏的族属，是类似的。」（《释多君多子》，《甲骨文与殷商史》一六頁至一八頁）

考古所「族：一般作族，从㫃从矢，此从㫃从大，为族之异构。」（《小屯南地甲骨》九三七頁）

劉釗「卜辞的『族』，不应单纯理解為『親族』或『家族』，還是理解為由『親族』或『家族』構成的从事战爭的軍事组织。『王族』即以王之『親族』组成的軍事组织，『多子族』即由眾多的貴族家族组成的軍事组织。但是這种軍事组织同『𠂤』這样的专业軍隊不同，而是以『族眾』為主體，战時征伐，平時务农的『民兵』。其性质略同於古希腊城邦的公民兵，是临时徵集的軍事力量。卜辞的『三族』、『五族』，实际並非指固定的几个族氏，而是由三个或五个家族组成的三支或五支軍事武装。《國語·楚語》『在中軍王族而已』，韋昭注谓『族，部属也』。韋昭引唐固注谓『族，親族同姓也』。二人所注角度不同，而实际並不矛盾。班簋銘文王命吴伯曰：以乃𠂤左比毛父；王命呂伯曰：以乃𠂤右比毛父。遣命曰：以乃族从父征』。中『𠂤』与『族』对文，可作卜辞『族』字含义的参证。

卜辞『族』既指由親族或家族组成的軍事组织，就必然涉及到其人数問題。卜辞有一个現象很值得注意：即所有『奴人』、『嗅人』、『旨』這些徵集族眾的記載，其人数基本限於『一千』、『三千』、『五千』三个数字。這三个反復出現的数字表明当时所徵集的族眾数量是基本固定的。奇怪的是卜辞还同时有与其相对应的「一族」、「三族」和「五族」。這样的对应决非巧合。由此可以推见当时殷王朝向每个族氏所徵集的民兵数量是固定的，即每族徵集一千人，所徵集的族氏是变动的，但基本限於三个或五个。如此卜辞中從事軍事活动的「三族」也即是「三千人」，「五族」也即是「五千人」。「衆人三千」即指「衆三族」，「衆人五千」即指「衆五族」。（卜辞所见的殷代军事活动古文字研究第十六辑）

赵锡元　参𠂤字条

按：說文訓「族」為「矢鋒」，非其本義。俞樾兒笘錄云：「族者軍中部族也。从㫃者，所以指麾也；从矢者，所以自衛也。國語楚語曰：在中軍王族而已，韋昭注曰：唐云：族，親族同姓也、韋昭謂族部屬也。傳曰：欒、范以其族夾公車。時二子將中軍，中軍非二子之親也。族字之義，韋昭所說最為得之。經傳族字，惟此為本字本義，其它每以屬字為之。文二年左傳以其屬馳秦師；宣十七年傳請以其私屬皆是也。宣十二年傳：知莊子以其族反之，則字正作族矣。族屬聲近，古每通用，而遂致相混。後漢書靈帝紀注曰：五屬，五服内親也。凡親屬字皆當作屬，而今相承作族；部族字皆當作族，而今相承作屬。故自族字之義明，而从㫃从矢之意亦可無疑矣。」俞氏之說極有見地。

朱駿聲通訓定聲惑於許慎之說解，以族為鏃之正字，又以「公族」、「三族」、「王族」等為「屬」之假借，殊誤。但朱氏又謂：「或說族字當訓大旗。古軍中弓矢之兵聚於旗下，故从㫃从矢會意。矢鋒當為鏃字之本訓，轉注為利，則左傳『在其中軍王族』，為本字本訓，而氏族、類族、聚族字皆得為轉注屬者，義近之聲訓矣」。朱氏之或說是對的。

卜辭有「王族」、「子族」或「多子族」、「三族」、「五族」等等，此類組織多與軍旅之事有關。古代社會，氏族組織與軍族組織實密切相關。葉玉森謂族字「象交脛人在旗下」，「交脛人即俘虜」，其說非是。卜辭族或作□，从二矢。

至

羅振玉　「說文『至鳥飛从高下至地也从一一猶地也象形』謂□為飛鳥形，然考古金文如散氏盤及同敦至並作□，从□，實象矢形，告田敦侯字作□，匽侯鼎同，並从□，量侯敦及盂鼎作□从□，乃□之変，矢伯卣矢字作□，以此例之，知□乃矢之倒文，一象地，□象矢遠來降至

地之形，非象鳥形也」。（雪堂金石文字跋尾）

郭沫若　「『冊至』疑是『歸而飲至』之意。『至祖丁』者飲至于之廟也」。（粹二六五片考釋）

楊樹達　「卜辭『不至众』至蓋假為失，失众猶它辭之喪众也」。（卜辭求義五十一葉）

屈萬里　「卜辭：『貞：不其至？』至，當是來至之義。此蓋卜某人之到來與否也」。（甲編考釋二二三葉）

屈萬里釋卜辭「至且丁求☐？吉」（甲編一九三四）云：「此……至字蓋祭名也」。（甲編考釋二四五葉）

屈萬里　「冊至之語，卜辭習見；其義未詳。粹釋（二六五）云：『冊至，疑是歸而飲至之意。』恐非是。以卜辭凡言冊至每與雨有關也」。（甲釋四八三片釋文）

屈萬里　「，疑是至字，而缺刻橫畫」。（甲編考釋二五二葉）

白玉峥　「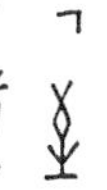：……峥按：罗氏（振玉）所释虽是，然于字形之说解，犹未为达。盖一者，的也；者，象矢离弦远去，而之於的之形也；故至之初谊，当为止也；为到字之初文。矢离弦飞进于空际之瞬间，发矢者，或观射者，仰首望矢，矢之歧尾在上（向己），锐尖（矢镞）下垂（背向），绘其形为，书其文为也。一之为的，点就矢著的之瞬间，视的之形者也。故其义为止，为到之初文也。又字之结体，自甲骨文之，至小篆之，未有若何之变化，逮及隶书，始为之讹变，渐而为今楷之『至』矣。」（契文举例校读中国文字第八卷第三十四册三七八二——三七八三页）

温少峰　袁庭栋　「卜辞中有『至日』的记录：

(57) 今日至日？（押三五五〇）

(58) 壬辰卜：弜（弗）至日？｜壬辰卜：至日？（亿五三九九）

(59) 其至日，戊酚？（押一五二〇）

这些卜辞中之「至日」当作何解释呢？我们先从卜辞文例作一些考查。卜辞中时间之称以日名者，有「今日」，如「今日不雨」（前三·一七·一），「今日雨」（人一三七○）；有「羽日」，即「翌日」、「明日」，如「于羽日彭」（甲三五七八）；有「来日」，即「未来之某日」，如「于来日庚，彭」（存一·一九二九），「于来日甲午」（存一·二二二九）；有「之日」，即「兹日」，「此日」，如「之日允雨」（乙三四一四）；有「中日」，即「中午」，如「中日大啟」（甲一五六一）。卜辞中，表示「到了某一日」，是用「至干支（日）」，或「至于干支（日）」来表示的。如：「自今至于辛亥，雨？」（金七○三）「壬辰卜，争贞：自今五日至于丙申雨？（乙四六八一）「自今至丁丑，不其雨？」（乙一二五）。所以，卜辞中之「至日」不能作「到了某日」理解。卜辞中「迄至某日」，是用「三（气，即乞）至某日」来表示。如「其有来鼓？三至九月辛卯，允有来鼓自北」（菁六）。所以，卜辞中的「至日」，也不能作「迄至某日」解。「至日」是什么？「有人认为是日至记载，有人对此表示怀疑。殷商时代应已有分至知识，看来日至记录是有可能的」（中国天文学史第十九页）。我们认为，可以肯定「至日」就是日至。不仅日至称「至日」，测影以定日至也叫「至日」。以此解释上例各辞，辞意贯通，无一阻塞。」（殷虚卜辞研究—科学技术篇二十二页—二十三页）

王献唐　「……前引卜辞主字，倬亦作□，复笔写之为□，皆象木质火把之烛。烛有手执植地二制，若植於地，下从一，即成□。卜辞至亦作□（前三·二○·四），作□（同上二七·七）室亦作□，正为此形。於烛光之上，再增火焰，便成□，即契金以下至字通体也。□形合下两笔书之，复成□，即卜辞緈羹，羹作□形所从之二烛也。其不增光焰，依骉羌钟晋到移笔之例，可省为□，即前引卜辞灼作□（按即拾一三·一六）形所从偏旁。此一系也。」（古文字中所见之火烛，第八九至九○页）

常正光　「为了证明殷代已能测知日至，在殷历谱日至谱中共举出两项卜辞材料：第一项材料是由续一·四四·六和绝一·二二·廿两版残骨拼合而成（见附图）。

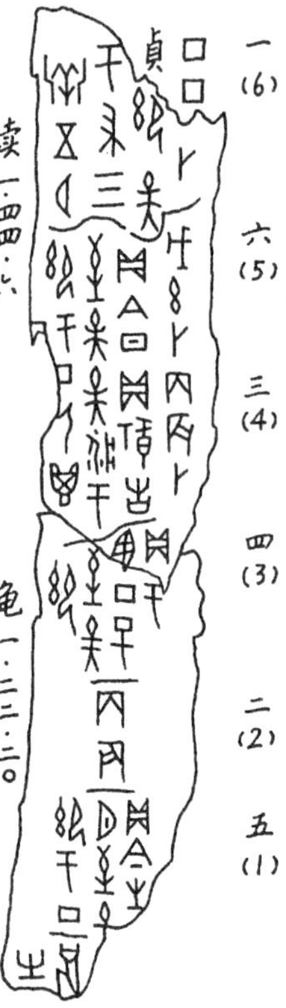

续一·四四·六

绝一·二二·二○

一、□□卜（贞）：御，吴于帚，三牢。五月。

二、丙辰

三、丙辰卜贞：福告吴疾于丁、新鬯。

四、贞：于翌丁巳至，吴御。

五、贞：今之夕，至，吴御于丁。

六、戊午卜贞：今日至，吴御于丁。

两版共有六段卜辞，最上面一段虽记日残缺，却标明月份恰是其下各段卜辞所没有的；其余五段记日与内容都比较完整，各段之间除了下数第四、五段间缺刻界划线外，各段都有长短不等的界划线。如按一般卜骨刻用顺序，是应自下而上排列的（见摹本卜辞旁所标阿拉伯数字），可是在殷历谱中作者却强调「由上一残辞有五月其辞先契（戊午辞在界划下，且回避之），知戊午在其后」。于是各段的次序也就随之颠倒改动，如摹本汉字数码所示，其干支所系的月份，也有意安排为七月份。作者又根据「武丁年历谱中儒历月日，换算格历」，推定只有武丁四十四年殷正七月八日是戊午日，又是恒气夏至，七月七日丁巳九时二十三分是定气夏至。在年、月、干支和节气作了这样安排之后，作者又就卜辞内容指出：卜辞中的「至」是「日至」，丙辰、丁巳、戊午的卜贞都是卜日至，经实测之后，决定于夏至之日「吴御于丁」，这也是仅存的殷礼。说明这两版卜辞，「最能表现当时夏至测影之遗迹」。

但是如果仔细检查一下这项卜辞，就会发现无论对夏至月日的推断，或吴于夏至日御祭于丁，都是矛盾重重，难以说通。首先是戊午日究竟是在五月之前，还是在五月之后，作者根据最上一段残辞的下边有一条界划线，就断定这段辞是先刻的，因而把紧接其下一段的纪日戊午日系于七月。如果这条界划线是具有这样的作用，那末在这两版中，还有其它五条界划线，这又将如何解释各段之先后顺序呢？况且，各条界划线在区别两段卜辞间隔的时间又表示多久，也是漫无标准。在这里从上而下数第一条线是相差两个月。第三、四条线则在同一天丙辰日；另外，在闰谱一，就所举珠一九九两条卜旬材料，又指出：「作一界线亦有区分两年之意」，又说是相差一年了。类似这样的标准不一，又如何使人对其推定的月日能表示首肯呢？尤其是按惯例排列这两版各段的顺序，戊午本应在前，还很可能是在四月或五月，这又怎能说时间是在夏至呢？其次，对于卜辞内容的解释，作者认为这几段卜辞中的「至」，是表示「日至」，「吴御于丁」是夏至日祭祖之礼，而夏至日又是经过反复卜贞及实测才得判定的。是「初以丙辰，为丁巳当「至」，丁巳影或未至，又贞「至」在其夕，而终于戊午测得「日至」，故决定「今日至，吴御于丁也」」。可是经过作者推算的实际，却与这般说法完全不同。因为推算的定气夏至恰恰是「武丁四十四年七月七日丁巳九时二十三分」。当日并不是「影或未至」，而是恰至；相反戊午日因是恒气夏至，实际日影是已经超过夏至的，这又如何符合作者所说，「「日至」须待观测而定，故于丁巳、戊午两贞之也」的情况？既然戊午日不能测得日至，又怎么可以把卜辞的「今日至」，说是测得的日至呢？作者的推论与解释岂不是全都落空了。至于把「今之夕，至」一条也释为推算的日至，更与用测影来测定日至的说法自相矛盾，殷代之「夕」指称全夜，夜间又如何测得日影呢？根据这些实际情况，可见卜辞材料中的「至」绝不是「日至」，而应是「其人至」，根本不能证明殷代已用测影来定日至的。

第二项卜辞材料（见附图），是被认为「关系殷代文化者綦钜……直同瓌宝」的数据材料，可以证明殷代已经确知岁实为三百六十五又四分之一日。作者为了把卜辞中的「五百」与「四旬七日」连成一个能够说明问题的数字，有意把部位不同的两段卜辞捏合一起，使「坚五百」

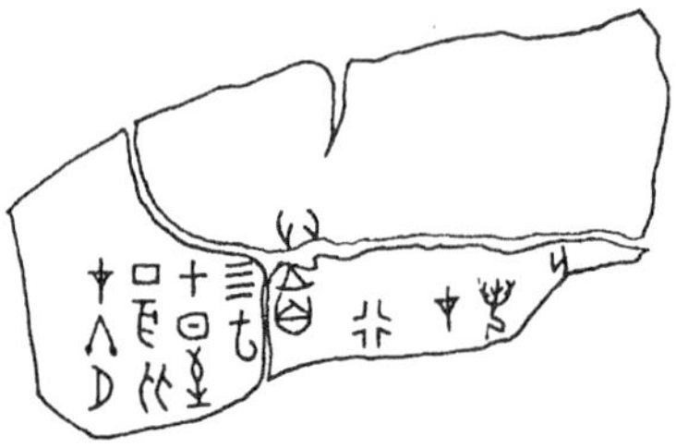

一三·〇一六十一三·〇·五三：

旧释：上缺亡缺若缺在缺行坚，五百四旬七日，至，丁亥，从。在六月。

今释：上缺亡缺若缺在缺行缺坚五百，四旬七日至丁亥，从。在冬月。

一段里的「坚」字，与前一段的「行」字接合，拼成「行坚」一辞，行字具有后世之「施行、推行」等语义，进而解释为「所「行」者，盖关于耕种垦殖农田之事」，于是「行坚」也就成为前一段卜辞的句子谓语部分了。但是这样做，却同前段卜辞的实际情况不合，因为这一段残余的四个字是位于最上部的，可以明显看出每字下边都有缺文。作者在隶定时也把前三个字，即「亡、若、在」下注有缺文，然而偏偏在第四个字即「行」字下却不注缺文，反而硬把「行」与另一段的「坚」字捏合起来，这样处理卜辞材料是说不过去的。

这项卜辞材料，理应分为两段而隶定如下：

第一段为「亡缺若缺在缺行缺」；

第二段为「坚五百，四旬七日至丁亥，从。在冬（终）月」。

「坚」字据说文「谓致力于地」，当是动词，甲骨文中许多「坚田」辞例足以证明。因此「坚五百』如不是說坚五百田，就应该是指以五百人坚田，𢆶三五一〇：『癸巳卜，宾贞，令众人口入羊方量田』。就是命众人坚田的例子，『五百』也可以是众人的数字。『四旬七日至丁亥』是规定的期限，据摹本『八夕』二字似不应隶定为『六月』，而应为『冬月』即终月。丁亥日属于终月，即十二月结束坚田，这个时期也同𢆶二四二〇，『庚子卜贞：王其雚耤，叀往。十二月』是一致的。所以这段卜辞应是：坚田五百（或以五百之众坚田），经四旬七日至丁亥日完成，是在冬（终）月。这样的解释，是客观的如实反映历史。若是『以意度之』把这段卜辞说成是『王室与方国的文约』，又将如何证明殷代土地制度已经有了租佃契约关系呢？在历史事实并非如此的情况下，这个捏合的『五百四旬七日』的长周期，又将连系什么具体事实呢？『坚田』作业也许不会有历时一年半的工程吧？因此，这个数字毫不反映任何实际，只能说是把叙述两件不同事物的数字误合而一的数字。所以说这项卜辞材料是不足以说明殷代已认识到四分历实的。」（殷历考辨古文字研究第六辑九八——一〇二页）

按：說文說解不、至二形並誤，羅振玉已辨之。林義光文源云：至「與鳥形不類。古矢或作至，則至者矢之倒文。从矢射一，一象正鵠。矢著於鵠，有至之象。」謂至為矢之倒文是對的。「一」不必象正鵠。一者矢之所止，乃指事，是為至意。卜辭多用為「到」，為「達」，為「來」，乃其本義。𢦏二三三．一「多射不至众」，至字適殘，或當作臸，乃臸之倒。後下二二．二即作「臸众」，𢆶三七九八作「臸众」，字不得釋「至」。楊樹達謂「至蓋假為失」，「失众」猶「喪众」，不可據。「臸众」即它辭之「雉众」或「雉众」。爾雅釋詁：「雉，陳也」。謂陳列部衆。

2561

葡　箙　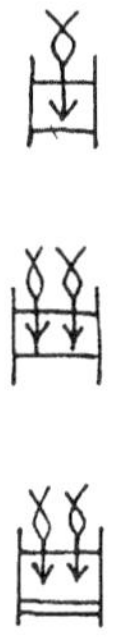

孫詒讓　「𤰈字與葡字相近。攷說文用部：葡，具也。从用苟省。金文毛公鼎葡字作𤰈，（舊亦可互證。其讀當為矢服之服。金文丙申父癸角有𤰈字，（舊釋為角）子父己爵有𤰈字，（古服釋為雙矢形）似並即此字。而爵文从二矢在服中形尤明晰。毛公鼎魚葡亦即詩之魚服。（擧例葡聲近字通。說文牛部犕，湯曰「葡牛乘馬」从牛葡聲。今湯犕作服，是其例也。」上卅八葉上）

羅振玉　「說文解字：『箙，弩矢箙也。』周禮司弓矢鄭注：『箙，盛矢器也。』詩小雅：

「象弭魚箙」。箋：「服，矢服也」。是古盛矢之器，其字作箙、作服。卜辭諸字，盛矢在器中形。或一矢或二矢。古金文略同，作𠧴（丙申角）𤰈（番生𣪘）𤰈（毛公鼎）𠧴（𤔲）𠧴（父癸甗）𠧴（子父己爵）諸形。且有中盛三矢作𠧴者。（博古圖卷十父辛卣）番生𣪘文曰：「簟弼魚𤰈」。毛公鼎文亦同，是𤰈與𤰈雖即毛詩及許書之服、箙。其字本象箙形，中或盛一矢二矢三矢。後乃由从一矢之𠧴𠧴，變而為𤰈𤰈，於初形已漸失，而與葡字形頗相近。古者犕與服相通假，湯「服牛乘馬」，說文解字犕注引作「犕牛乘馬」。左傳「王使伯服如鄭請滑」，史記鄭世家作伯犕，後漢書皇甫嵩傳注：「犕，古服字」。此犕服相通假之證。矢箙之初字，全為象形。字乃由𠧴轉寫而為𤰈，由𤰈又轉譌而為葡、為犕，又由犕而通段作服，又加竹而為箙，於是初形全晦，而象形乃變為形聲字矣」。（殷釋中四十五葉）

王國維

「葡，古箙字，卜辭作𠧴，（丙申角作𠧴，）象矢在器，毛公鼎作𤰈，亦矢之變形，其形似葡字，故易傳「服牛乘馬」，說文引作「犕牛」，左傳「伯服」，史記引作「伯犕」矣。古者矢箙在車上，既夕禮記「犬服」，注云：「笭間兵服」，說文「班，車笭間皮篋也，古者使奉玉，所以盛之，从車、玨，讀與服同」。東京賦及續漢志皆有班弩，蓋古者矢箙在車笭間，後或以盛玉，或以盛弩，雖易其字而猶存其音，然則箙班一字，實車上物也」。（毛公鼎銘考釋十七葉，載王靜安先生遺書十六冊）

王襄

「古葡字與服通，今作箙」。（類纂正編三第十六葉上）

又曰：「𠧴古箙字，疑與疈通。按牲胸曰疈，或同于周世疈牲之禮歟？周禮大宗伯：「以疈辜祭四方百物」。」（簠考人名一葉下）

王襄

「說文解字：『箙，弩矢服也，从竹服声。』周礼司弓矢：『中秋献矢箙』，注：『箙，盛矢器也。』史記周本紀及国語：『檿弧箕服』，韋昭曰：『服，矢房』，詩小雅采芑：『簟笰魚服』，箋：『服，矢服也』。是箙、服为一字。矢箙、矢服、矢方皆盛矢之器。契文之𠧴、𠧴，象架上矢，亦為盛矢之箙，从一矢或二矢不定。叁父乙盉作𠧴，人爵作𠧴，与契文同，為箙之初形。毛鼎、番生敦：『簟弼魚服』均作𤰈，為𠧴之变体，即小篆葡之所从出，北征彙葡作甾。又牛部犕下許引湯曰：犕牛乘馬，今本作服，犕乃从葡得声。故犕、葡、服、箙相通。」（古文流変臆說七五頁）

于省吾

「葡字應讀作副，亦即疈辜之疈。葡經傳通作備。說文：『𤙭，以火乾肉，从火福聲。𩫖籀文不省。」方言七：「熫火乾也。凡以火而乾五穀之類，關西隴冀以往謂之熫。」集韻二十四職「𤎸或作煏熸熫。」玄應一切經音義七：「煏古文熫𤑔二形。」按𣿵五五.二熫字作囟，是从畐與从葡音近字通之證。說文：「副判也，从刀畐聲。周禮曰：「副辜祭。」」𩰪籀文副。」按山海經中山經：「其祠泰逢熏池武羅皆一牡羊副。」注：「副謂破羊骨磔之以祭也。」周禮大宗伯：「以疈辜祭四方百物。」注：「故書疈為罷。鄭司農云：「罷辜披磔牲以祭，若今時磔狗祭以止風。」玄謂疈疈牲胷也。疈而磔之，謂磔攘及蜡祭。」前五.九.六「葡出羌，」五.九.七「葡羌，」五.九.八「葡一牛，」五.十.一「葡羌，」甲二.三.十一「葡一牛，」佚九六四「葡一牛，」粹五三三「葡一牛，」由是可證葡出羌、葡羌、葡一牛，葡即周禮疈辜之疈，字亦作副也。」（駢續十九至二十葉釋葡）

孙海波　「囟，鐵二.四。葡用为箙。葡□佳芍

囟，前五.九.四。貞人名。

𤰈，前五.九.六。或从二矢。」（甲骨文编一五四——一五五頁）

孙海波　「囟，鐵二.四。說文云，箙，弩矢箙也。从竹服声。桉，卜辭葡字象盛矢箙中，乃箙之本字。箙为后起字。重見葡下。」（甲骨文编二〇五頁）

李孝定　「說文：「箙，弩矢箙也。从竹服聲。周禮「仲秋獻矢箙」」。契文金文均作囟，象形，即許書訓具之葡，小篆作箙為後起形聲字。葡字重文，說詳三卷葡下。」（集釋一五七三葉）

饒宗頤　：「葡讀為疈，『葡牛』即疈牛。地名之葡疑讀為偪。《鄭語》『妘姓有偪陽，』與鄅鄫同列。《左傳》襄十年：『晉士匄請伐偪陽。』此春秋時偪陽國，地在山東嶧縣，疑殷葡族之遺裔遷徙者。（余十年前曾釋葡為《山海經》之困民國，非是。）商器有葡字者，有《國鼎》（《鄴》三上有二器）、《葡鼎》、《葡卣》、《葡盤》（《錄遺》三一．二三，六．四八一）。葡字象矢箙形，字从一矢二矢三矢均可。」（《通考》六四四頁）

考古所　「朿、箙：均地名。」（小屯南地甲骨九八四頁）

卫斯　「箙牛，即用箙將牛射死。說文：『弩矢，箙也』。卜辭中有这样一条：

丙午卜，箙一牛，于宗用，八月．（林二、三．一一）

（从甲骨文材料中看商代的养牛业，中原文物一九八五年第一期五九頁）

周国正说参字条下。

饶宗颐说参字条下。

按：甲骨文𤰈字象盛矢於器中之形，或作𤰈。自其形體而言，說文譌變作葡；自其意義而言，說文犖乳為箙。但卜辭則不用其本義而通假作䩉。周禮大宗伯：「以䩉辜祭四方百物」，鄭注：「䩉，䩉牲胷也」。說文篆文作「副」，訓為「判」，錢大昕養新錄以為「古讀副如劈」。今據其字形隸定作葡，讀作䩉。

2562

余永梁 「按此字从火葡聲，當即稫字。說文『𤐫以火乾肉也，从火稫聲』。方言作㷭，與此正合。𤰈後作葡，故此字亦書作㷭、𤎩。備、稫古音相同，故篆文或从稫作，葡篆文作𤰈，毛公鼎作𤰈，番生𣪘作𤰈，形極相近。說文『葡、具也，从用茍省』。又『箙、弩矢箙也』，周禮仲秋獻矢箙。𤰈字亦从用，與葡形音義均相同。用篆文作用，古文作用，金文及契文並有此字，象器之形。𤰈卜辭作𤰈，象插矢於用中。說文用部『庸、用也，从用庚』。按从兩手奉干於用中，故用之本義當為用具之用，識物器也，引申為一切資用及行施義。然則葡古作𤰈，殆無可疑。而此𤐫字作㷭、𤎩，亦葡箙之雙聲。箙乃形聲，例當後起，猶此字篆文作𤐫矣」。（殷虛文字考）

孫海波 「从火从葡，說文所無。按說文『𤐫，以火乾肉也，从火稫聲』。方言字作㷭，與此正合，疑此即古文𤐫字」。（文編舊版十卷九葉）

按：字當釋「𤐫」，字在卜辭為地名。

2563

王襄 「疑医字」。（類纂存疑第五第二十九葉下）

王國維　「□象倒矢在函中。〈□字見於此器及毛公鼎、周娟敦、周娟匜者，其中為倒矢形，殷虛卜辭中地名有□字作立矢形，亦即此字也。〉小篆□字由此譌變，□殆即古文函字。古者盛矢之器有二種，皆倒載之，射時所用者為箙，矢栝與笴之半皆露於外，以便於抽矢，□□諸字象之。藏矢所用者為函，則全矢皆藏其中，□字象之。考工記函人為甲，謂作矢函之人兼作甲，盛矢之函，欲其堅而不穿，故與甲同工，亦猶輪人為蓋，旊人為簋，梓人為侯，車人為耒，數工相兼，不必甲有函名，後人因甲與函相又為函人所作，遂呼甲為函，非其朔也。函本藏矢之器，引申而為他容器之名。周禮伊耆氏：『共其杖咸』，鄭注：『咸讀為函』。故函者，含也，咸也，緘也，□象函形，乃其緘處，且所以持也，矢在函中，有臽義，又與臽同音，故古文假為臽字。毛公鼎『勿以乃辟□于囏』，吳氏式芬釋臽，此敦□字亦然。逸周書祭公解：『我惟不以我辟險于難』，則又借險為臽，函、臽、險三字皆同聲也。周娟敦周娟匜之□皇父，其女嫁於周，故稱周娟，然則皇父即詩之『皇父卿士』，周娟即詩之『豔妻』。『豔妻』，漢書谷永傳引作『閻妻』，詩疏引中候擿洛戒作剡，而彝器作□，豔、閻、函、剡四字亦同聲也。然則□字之為陷字之假借無疑，諸家釋是也。」（靜安遺書十六冊不嬰敦蓋銘考釋）

孫海波　「象函矢之形，說文訓舌也，非。」（文編七卷十葉）

孫海波　「□，粹一五四六。地名。田函。」（甲骨文編三〇〇頁）

李孝定　「說文：『函，舌也。象形。舌體马马，从马，马亦聲。肣，俗函从肉、今。』契文象矢函之形，王氏之說是也。篆譌作□，下从□與因若囚近，凡此等形者，許君均以象舌形說之。三上谷部『西舌皃』是也。以函字訓舌，故其俗體从肉今聲，是與含字音同義近矣。古文均象以函盛矢之形，粹一五五六作□，當亦函之異構，从己象以繩束矢之形也，郭氏釋文隸定作□，非是。辭云『戋□』與它辭言『田函』粹一五六四者同為地名，可證从□乃囊橐之象形字，函亦囊橐之屬也。□與□同意，卜辭函均為地名。金文作□函皇父匜即王氏所稱周娟匜□函皇父簋□毛公鼎□不嬰簋。金氏續文編七卷十葉上函下收□□，第一形當釋涵。第二文辭云『乙丑其□』，佚六六九。非函字。」（集釋二二九六葉）

考古所　「函：从王國維釋（靜安遺書十六冊，不嬰敦蓋銘考釋七——八頁）。地名。」（小屯南地甲骨一〇〇〇頁）

按：許慎說解「卣」字，支離牽傳，其後治說文者，皆承其謬誤。至吳大澂說文古籀補始據金刻謂「器中容物謂之卣」，王國維進而詳加申論，兼通其形、音、義三者之關係，說無可易。卜辭「卣」多為地名：

「叀伐力于卣」 後下二二·五

「田卣」 前二·三二·二

「貞叀卣犬逐隻」 後下二二·六

粹一五五六殘泐，李孝定集釋以為「卣之異構」，其形與「卣」字迥異，兩者之間毫無關涉，李說非是。粹一五五六四亦殘，其左部从水，猶有殘畫可以辨識，當為「涵」字。「涵」亦均為地名。「涵」蓋「卣」之孳乳字，卜辭地名之从水與否，每每通用。合集三六四八一為著名之小臣牆刻辭，其所記載，在某次戰役中，除俘獲人眾之外，尚有車、盾、卣、矢等。「卣五十」，是僅見之用「卣」為「卣甲」之義。廣雅釋器：「卣，鎧也」。考工記「卣人為甲」。孟子「卣人」、「矢人」相對為言，均同此義。

2560

2564

⿰氵卣

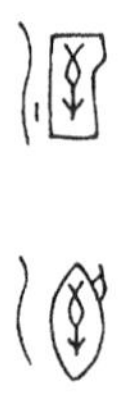

按：卜辭涵為地名：

「叀涵……湄日亡戋……弜田涵，其每」 京津四四六六

「王毕涵鹿，吉」 京津四四六七

卜辭地名亦有「卣」：

「……在……貞……田卣」 前二·三二·二

「叀伐尸于卣」 後下二二·五

「貞，叀卣豕逐隻……」 後下二二·六

「卣」與「涵」疑同地。粹一五六四「……田卣」，其左適殘，亦當从水，猶有殘畫可辨。

2565

⿱矢心

按：字从「心」、从「矢」。合集二一三〇六辭云：「辛卯卜，啚其⿱矢心」

為動詞，「辛卯，畓不怠」其義不詳。

2566

⿱至來

魯實先

「卜辭一見𥝌字，其辭曰『王固曰，㞢希，其㞢來𡆥，气至七日，己巳允㞢來𡆥自西，長友角告曰，𢀛方出𢦏我示𥝌田七人。』（菁華一頁）高田忠周釋𥝌為桱（古籀篇卷五十五第三〇頁），其說非是。郭沫若釋𥝌，而其音义未詳。（通纂考釋一一二頁）以愚考之，𥝌上所从之𣏟，下所从之來，竝象芒朿之形。隶定为𥝌，乃棘之古文。說文來部云『來二麦一夆，象其芒朿之形。』考之古音，則来属噫攝，棘属噫攝入声，二部音近通轉。据此是来之与棘构形同例，音亦相鄰。此卜辭之棘所以从来作𥝌也。知𥝌非來之繁文者，以古籀繁文无从㚒之例也。棘於金文从二來作𨻰、𨻰，而卜辭从一來作𥝌者，是犹說文嗇部載籀文之牆於篆文省作牆也。」（殷契新詮之四第二七——二九頁）

李孝定

「按，朿契文作朿，竝之当作棘。此从𣏟，象二矢形。古文字每於字下增一，當即許书䇈字。从来即来麦之来。郭氏隶定作𥝌是也。䇈、来二字均有到义。𥝌字不为形声即为會意，其义当与来至相近。魯氏謂即棘之古文，謂𣏟米並象芒朿形。按，古象形文无如此作者，魯氏說无佐证，当以存疑为是。字在卜辭为地名。」（甲骨文字集釋存疑四五二〇頁）

按：合集六〇五七正辭云：「……𢀛方出侵我示𥝌田七十八五」「示𥝌」為地名。與「棘」無涉。

2567

羅振玉

「此疑是𦏳字，象雙矢並繳之形。雉兔之雉，卜辭从𣥤，或从𣥤，亦象矢帯繳。彼从一矢，此从二矢，疑是一字。廣雅釋器：『矰、𦏳，箭也。』周官司弓矢：『矰矢𦏳矢，用諸弋射。』字又作茀，𦏳茀殆皆由𦏳之譌变。至矢之形，或順或逆，繳之形或左或右，文字中所

不拘．實無殊異。知𦘔必有作𦘔者，於是隸變而成第。其矢形下向者，去其上半，則成第矣」。（殷釋中四十四葉上）

孙海波　「𦘔，前六、一一、八。罗振玉释第。象矢带缴之形。説文无第字，周礼以第为之。」（甲骨文编二〇五页）

李孝定　「説文無第有第，本書一卷已从郭説收𦘔作第，此與之似近而實不相類。羅參事謂第第皆由此𦘔変，蓋然之辭耳，姑从其説次之於此。辭云『隹第□𢼄』，不詳其義」。（集釋一五七五葉）

按：合集一六一六七辭云：「⋯⋯隹𦘔⋯⋯𢼄」字不从「矢」，釋「第」不可據。

2568

晉

葉玉森　「𣈆為晉之古文，卜辭僅見」。（拾考二十六葉上）

李孝定　「説文：『晉，進也。日出萬物進。从日、从臸。易曰：「明出地上晉」』。栔文从二矢至，亦从矢从一，葉氏釋此為晉可从。商承祚亦从葉説見佚考七八葉上辭云『晉𢼄』，二辭同文不詳其義。金文作𣈆格伯作晉姬簋𣈆晉邦盦𣈆𠫑羌鐘與此同」。（集釋二一七九葉）

严一萍　「栔将有请义，见詩將仲子毛传。左传僖公二十八年『詰朝將見』成公二年『詰朝請見』文公十二年『明日請相見也』义皆相同，以卜辞晋将之将训请，则此晋字或为形容词。周礼田仆『王提馬而走，諸侯晋。』郑注『犹抑也。』朱骏声曰：『肅慎以进也。』尚书大传：『見梓晋然実而俯。』注：『肅貌』以肃貌形容请，则亦词洽而义当。然辞残不足以为定论，姑試释之，以待他日缀合之証验也。」（釋晋 中國文字第五卷二三一三页至二三一四页）

按：説文：「晉，進也。日出萬物進。从日从臸」（大徐本）。林義光文源云：「日出無物進之義，晉者臻之古文，至也，與至雙聲對轉，實與至同字。古作格伯作晉姬敦，象兩矢集於○形，與至同意，○正鵠也，亦與臸同字……」。林氏謂象兩矢集於○之形，與臸同字是對的。若謂與「至」、「臻」同字則恐未然。字非从日，金文猶然。此字卜辭所僅見，用義不明。

2569

⿱至皀 

饒宗頤 「勿⿱至皀可讀為勿致。說文：『致，送詣也。』致亦訓至（廣韻六至）故⿱至皀殆即至的繁形。」（由尚書余冊子論殷代為婦子卜命名之禮俗，古文字研究十六輯一五八頁）

饒宗頤 「按⿱至皀殆⿰食至字，古有地名曰⿰食至人。此言『勿⿱至皀』疑即『勿咥』。（从食从口同意，如饕亦从口作叨，是其例。）湯履：『履虎尾，不咥人。』又訟：『咥惕，中吉。』此為馬融讀，今本『咥』作『窒』。『勿⿱至皀』猶言『勿窒』，乃吉語也。」（通考四三二葉）

按：字从「至」、从「皀」。合集二七八三辭云：「戊辰卜，爭貞，勿⿱至皀婦娘子子」其義不詳，釋「窒」、釋「致」均無佐證。

2570

按：合集六〇〇〇辭云：「……隹……」疑為「至」之異構。

2571

朿 

羅振玉 「顧命鄭注：『戣瞿蓋今三矛鋒。』今朿字正象三鋒，下象箸地之柄，與鄭誼合。朿為戣之本字，後人加戈耳」。（金文編初版十四卷十七頁朿字下引）

孫詒讓　「此字奇古難識，以形考之，實即癸之異文。說文癸部𤼾，籀文作𤼽，从癶从矢。此下从□與医作□偏旁矢形同。上从□，即癸上半變體。金文冊父己𣪘、癸父乙卣，癸並作□可證。蓋本从三个，後轉寫流變，廼作㞢止相反，遂成𣥠字。籀文實本于此。然與𤼾形聲俱遠，此文尚可尋其流變之軌迹也。」（舉例上三葉）

葉玉森　「按卜辭之□，繁文作□□，如云『庚寅卜貞叀□人令省在南啚十月』（前、四、十一、五）『乎多□尹𠂤于教』（前、五、八、一）『貞王勿去□』（前、五、四四、三）『□卯卜貞□尹亡囚』（前、六、三七、四）曰『□人』曰『□尹』曰『多□尹』曰『去□』，似□乃國名或地名。多□疑即□之異稱。□與金文之□是否一字尚難臆斷。本辭曰『大□』亦未詳其誼。金文之□似亦不能遽認為癸也。」（前釋一卷一三二葉上）

郭沫若　「案此說（見金文編□字下引）無可移易。知□之即戣，則知□□亦必即戣之變矣。」（甲研釋支干十七葉下）

李孝定　「說文：『戣，周制侍臣執戣，立于東垂，兵也。从戈，癸聲。』孫氏謂金文之□即癸，羅謂即戣，郭謂□□即□之變，說並可从。蓋孫羅各得一端，郭則折衷二氏之說而得其會通，蓋癸古作□，與作□者本為一字，並象三鋒矛之形。及後分衍為二，遂以作□者專為干支字，作□者專為兵器之象形字。然干支字之癸猶有作□（微𢑚簋）□（向簋）諸形者，與□字之形仍極相近。下迄小篆遂又增之戈旁為从戈癸聲以為兵器專字，而象形之□□遂亡矣。」（集釋三七六二葉）

饒宗頤　「……卜，㱿（貞：王㞢往□若。四月。（前六、二〇、一）

按□與□同。以文義推之，殆矢字。爾雅釋詁：『矢，陳也。』（通考第一〇八葉）

于省吾　「按甲骨文□尹也作□尹、□尹、□尹。又甲骨文习見的『王往吞□』，末一字也作□。吞□二字之义待考。甲骨文称『凡牛□羊』（乙三四二八），也作『凡羊□□牛』（乙三八九二）。凡应讀为判，訓为判割。凡古盤字，甲骨文般庚合文作朕。从般从半古字通。易屯的磐桓，汉張表碑作畔桓，玄应一切经音义八謂『柈，籀文作槃』，是其証。史記龟策列传的『鐫石拌蚌』，索隐謂『拌，割也。』拌即古判字。因此可知，凡牛□即判牛束羊，凡羊□□牛即判羊束牛。甲骨文的『□小宰』（乙八八一五），即束小宰。『束豕』（乙八八九七）也作『□豕』（乙三四二八），即束豕。又甲骨文的『叀□人，令省，在南面』（前四·一一·

五），『𠂤叀朿人以𡇛』（南北明四七九），朿人之例仅此二見。……甲骨文朿字有一鋒三鋒四鋒等形，乃刺殺人和物的一种利器。总之，朿为刺之古文，本为名詞，作动詞用則为刺杀。甲骨文于田猎之刺杀野兽及祭祀之刺杀牺牲均用此字。」（甲骨文字释林释朿一七五頁至一七六頁）

于省吾　「尔雅释詁訓刺为杀。甲骨文祭祀用牲言朿者屡見，如朿彘、朿豕、朿羊、朿魚等是其例。此外，田猎有『叀朿西兕』（粹九七六）之貞。」（甲骨文字释林释朿一七五頁）

柯昌濟　「朿人当即周礼之『跡人』朿尹亦即其異名。說文：『跡或从足責，籀文跡从朿。』按卜辞責字即从朿从貝，跡蹟二字相通，可證其為一官。周礼：『跡人掌邦田之地政，為厲禁而守之，凡田猎者受令焉。』所載职守与卜辞令朿人省南鄙之事亦相符合。」（殷墟卜辞综类例证考証，古文字研究十六輯一五一頁）

赵诚　「朿，朿，刺之古字。或写作[illegible]、[illegible]、[illegible]，均象一种用来刺杀的器具，本应是名词。由此发展而用来指称表示刺杀，则为动词，如『朿[illegible]井』（朿羊豕）（乙八八九七）、『朿六[illegible]』（朿小牢）（乙八八一五）。」（甲骨文简明词典三一四页）

按：[illegible]、朿當釋作「朿」。與癸之形體迥異。金文朿亦不得釋癸或戣。「三鋒矛」形制甚晚，商周尚未有。朱駿聲通訓定聲謂戣「即癸之後製字」。卜辭為地名或人名。其用作動詞者，當讀作「刺」。「朿」、「刺」本同源。

2572

責 

金祥恆續文編六卷十七頁收此作責，無說。

孙海波　「[illegible]，甲二三四二。疑賣字。」（甲骨文編七六八頁）

李孝定　「說文：『責，求也。从貝，朿聲。』上出諸形以字形求之，金說可从。卜辭此字所見義不甚明，辭云『丙午卜克責』甲編二三四二屈氏謂當是地名，是也。『癸巳卜令奴責杞』乙八八九五。似為求責之意。『丁丑責豕𤘲牡責』乙八八九七。同片之辭言『羊朿』，朿責於此當是同義字，疑為用牲之法。『庚申貞从索冎禍責亡禍』乙一〇五『庚辰卜貞从索囗責囗』乙一二四二辭之例略同，責似為方國之名。金文作旂作父戊鼎缶鼎兮甲盤秦公簋與契文同」。（集釋二一五五葉）

饒宗頤 「賚乃責字，兮甲盤：『命甲政𤔲四方責』，詩甫田：『曾孫之稼，如茨如梁。』毛傳：『茨，積也。』漢簡屢見『常責』兩字。卜辭所云『比糸責』，（見屯乙一二四）當是責田稅絲麻于方國，貢賦之事也」。（通考七六五葉）

按：釋「賚」可從，與金文、小篆形體皆同。孳乳為「債」、為「績」，古皆無別。秦公簋「鼏宅禹責」，容庚金文編以為即詩文王有聲「維禹之績」。左傳昭元年「遠績禹功」之「績」，是對的。甲二三四二字作，既不从朿，亦不从貝，屈萬里以為「𧶠字之異體」固非是。金祥恒、李孝定以為「責」字，亦誤。

2573

按：字不可識，其義不詳。

2574

按：字不可識，其義不詳。

2575

畀 

孙海波 「，存下一六一。地名。牛洮于東矢。」（甲骨文編二四一頁）

鍾柏生 「（64）戊戌（彗）異佳其亡矢改？（南明四一八）（明續二五五八）

羽、攼为人名，……“矢”为动词，卜辞云：

（67）贞：羊矢舟？（丙五一三）

（68）王固曰：吉！其矢！（丙五一四为丙五一三反面）

（69）贞：羽辛卯㞢来雨？□矢雨？（佚五一九）

（70）贞：帝不我其矢土方又……（撤二）

例（70）之“矢”为动词，其意可能与“雉”（说文：“雉……从隹，矢声。”）相同。方言六：“雉，理也。”左昭十七年传：“五雉为五工正……夷民者也。”正义云：“雉声近夷，雉训夷，夷为平……”周礼雉氏有：“薙氏掌杀草……夏日至而夷之，秋绳而芟之……”夷有杀之意。例（64）（69）（70）用“夷”来解释文义皆通，但是类似例（64）“異”的用法，卜辞找不到可供比较的例子，因此例（64）中“異”的词性和意义，暂时存疑。”（说“異”兼释与“異”并见诸词中央研究院历史语言研究所集刊第五十六本第三分五五九——五六〇页）

裘锡圭

“□”字的字形跟“□”（矢）字相当接近，但是它们的区别仍然是很明显的。“矢”字只是一般地象矢形，“畀”字则特别突出矢镞部分。古人造字的时候，由于有的物体孤立地画出来不容易被人们认识，就在这些物体的象形字里连带画出它们所附着的主体。例如：造□（眉）字时为了表示眉毛而连带画出眼睛，造□（枼‖葉）字、果（果）字时为了表示树叶或果实而连带画出树木。“畀”字的构造显然跟这些字同类。它应该是一个为了表示矢镞而连带画出矢身的象形字。

从字形上看，“畀”字所象的矢镞是扁平而长阔的一种。这种矢镞古代叫做“匕”。左传昭公二十六年：

齐子渊捷洩声子，射之，中楯瓦，繇朐汏辀，匕入者三寸。

杜预注：“匕，矢镞也。”正义：“今人犹谓箭镞薄而长阔者为匕。”“畀”和“匕”都是帮母脂部字，古音非常接近。当矢镞讲的“匕”字应该就是“畀”的假借字。庄子天地：“不推谁其比忧。”释文：“比，司马本作鼻。”类篇、集韵以“庇”为“痹”字异体。“匕”、“比”同音。“鼻”从“畀”声，跟“畀”字可以通用。从语音上看，“匕”假借为“畀”，与“比”或作“鼻”、“痹”或作“疕”，是同类的现象。

汉以后，一般把扁平而长阔的矢镞叫做“錍”。方言卷九：“凡箭镞……其广长而薄镰谓之錍”。广雅释器：“平题、钯、錍……镞，砮镝也。”“錍”有“𫓧”、“鈚”、“鍉”等异体，读音跟“畀”、“匕”很接近。它显然是由“畀”（匕）这个词转化而成的。

古书里的“畀”字一般当“付与”讲，这是假借义。“畀”字的字形在小篆里已经变得不很象形，所以说文便把「畀」字的假借义误认作本义了。

甲骨卜辞里的「畀」字，用法跟古书里的「畀」字差不多，几乎都是当「付与」讲的。殷契佚存五一〇片著录的一条卜辞说：

鼎（貞）：翼（翌）辛卯叀奉雨夒，畀雨？

夒是殷王的一个先祖。「奉」有祈求的意思。「奉雨夒」应该理解为「求雨于夒」。在甲骨卜辞里，象「奉雨夒」这一类，间接宾语置于直接宾语之后，而前面又不加「于」字的双宾语句式，是相当常见的。上引这条卜辞里，「奉雨」、「畀雨」前后呼应，「畀」正应该解释为「付与」。

有些卜辞先言「匄」，后言「畀」：

鼎：王其㞢（有）匄于大甲，畀？（殷虚文字乙编七二五七）

丁丑卜，宾，鼎：匄于（？）何，㞢（？）畀？（殷虚文字甲编三四二一）

乙未卜：余匄小母，畀？

乙未（卜）：不其畀（乙编一三一十二二一）

「匄」就是「丐」的古体，跟它前后相呼应的「畀」字，显然也应该解释为「付与」。

在某些有「匄」、「畀」二字前后呼应的卜辞里，「匄」字之后是某个方国或氏族的名称：

丁丑☒王其匄（下[illegible]），帝畀我？（战后京津新获甲骨集二二九四）

于王曰匄吾方，畀？（殷虚书契后编上·十七·四）

辛□（卜），㱿，鼎：乎（呼）匄陕于方，畀？（殷虚书契前编五、七、六）

鼎：匄陕于方，□畀？（甲骨六录·曾·七）

这些方国或氏族，是殷王所丐求的对象。他辞或言「奉吾方于岳」（殷虚书契续编一、四九、二），意义与「匄吾方」相类。下[illegible]和吾方常见于卜辞，是殷人的大敌。殷王在和敌人作战之前，有时先向鬼神祈求战争中的擒获。上引诸辞中的「帝畀我」和「畀」，似乎可以理解为「帝畀我下[illegible]」和「畀吾方」等语的省文。上引第二辞的王曰有人以为可能是一个先公的名称。殷的先公以王名的颇多，如王亥、王恒、王矢等。见于第三、四两辞的「陕」，是卜辞常见的人名。他辞或言「呼陕往」（前编七、二一、二），「叀陕令途芈」（前编七、三二、二），可知他是殷王的一个臣属。卜辞所见人名大都就是这个人的族氏。「匄陕于方」可能是要求某个方国放回所俘虏的陕族人的意思。但是也有可能陕族曾背叛殷王，「匄陕于方」是丐陕于四方神的意思，与「奉吾方于岳」同例。

此外，在卜辞里还可以找到很多当「付与」讲的「畀」字。例如：

鼎：乎畀需牛？（乙编三六三一）

鼎：牛畀佣、[illegible]（足？）？（乙编六三九九）

禹、佣、[illegible]都是卜辞屡见的人名。「牛畀佣、[illegible]」应是「畀佣、[illegible]牛」的另一种说法。他辞或言「三百羌用于丁」（续编二、一六、三）、「三羌用于祖乙」（前编一、九、六），意即「用三百羌于丁」、「用三羌于祖乙」，文例与此相类。

鼎：羊畀舟？（乙编七一四二）

鼎：而任𩅰畀舟？（乙编七七四六）

羊是卜辞里常见的国族名。「而任𩅰」之「任」是一种身分或官职的名称。而任𩅰即而地或而族之任名𩅰者。在上引二辞里，他们大概都是被付以舟的对象。他辞或言「岳来年」（前编六、二四、四）、「岳尞五宰，宜五牛」（佚存一四六），意即「𠦪年于岳」、「尞五宰宜五牛于岳」，文例与此相类。

鼎：丁畀我束？（续编五、一三、二）

庚辰卜，鼎：出畀束？（历史博物馆藏骨）

第一辞的「丁」是殷王的先人的庙号。「束」似指一种灾害。

鼎：畀帚（妇）井𢼄（启）？（殷契遗珠二七八）

戊戌鼎：[illegible]异隹（唯）其亡（无）畀𢼄？（甲骨缀合编附图四〇，战后南北所见甲骨录·明，四一八）

他辞或言「以启」（续编五、一五、三）、「勿呼以启」（续编六、二二、一）。卜辞的「以」有「带来」、「送致」一类意思，被「畀」和被「以」的「启」应该是同一种东西，可能是指先行部队。上引第二辞的「畀」字作[illegible]，字形比较特殊。

叀[illegible]畀中（仲）帚（妇）？（京都大学人文科学研究所藏甲骨文字四一七，粹编一四八三同文）

鼎：叀般畀？

鼎：叀阜畀？（京都九一五）

乙卯卜，辰，鼎：畀小夫？（前编五·七·五）

鼎：七其畀？（甲编二一二九）

鼎：弓（勿）畀？（甲骨文录五四三）

以上各辞里的「畀」字，也都可以解释为「付与」。

把祭品献给鬼神也可以叫作「畀」，例如诗周颂丰年和载芟的「为酒为醴，烝畀祖妣」。这种用法的「畀」字在甲骨卜辞里也能找到：

丁丑鼎：畀丁羌八口牛一？（殷契摭佚续编八六）

「畀丁羌八」，意思就是献给称作「丁」的先人以八个羌族的人牲。这条卜辞的「畀」字作[字形]，据文义可以确定为「畀」字异体。

鼎：小母畀奚？（前编一、三、四）

戊寅卜，鼎：嫊畀龕？（前编四、五一、四）

以上两条卜辞里的小母和嫊，大概都是被畀以祭品的对象。这两条卜辞的文例跟前面所引的「羊畀舟」等辞相类。第一辞的「奚」指用为人牲的奚奴。

鼎：亩口畀口龕？（前编四、五一、三）

☐畀米？（南北·坊三、九二）

以上两条残辞里的「畀」字，似乎也都是跟祭祀有关的。

此外，甲骨文里还有不少有「畀」字的卜辞，除去由于文辞残缺而意义不明的以外，其用法看来都没有越出以上所说的范围，这里就不一一列举了。

「鼻」字见于下引卜辞：

戊申卜，鼎：乎口御才（在）鼻☐。（前编二、一八、六）

☐癸未☐方于☐人系一☐马廿丙出☐一月，才鼻卜。（前编二、一九、一）

「濞」字见于下引卜辞：

戊申卜，鼎：于濞冓（遘）方？（前编二、一九、二）

上引卜辞里的「鼻」和「濞」应该是同一地名的不同写法（前编二、一八、六与二、一九、二二辞干支相同，可能是在同一天为同一件事占卜的）。「濞」字从「水」，也可以看作鼻水的专字。鼻地当滨鼻水。孟子万章上：「象至不仁，封之有庳」。汉书武五子传、后汉书东平王苍传、三国志魏志东陵王茂传、汉书邹阳传服虔注：「庳音畀予之畀」。「有庳」都作「有鼻」。有鼻地望据传统旧说在今湖南道县北，离中原过远，恐怕是后人附会的。古代在今河南省东南角有一条注入淮河的渒水。说文水部：「渒，水出汝阳弋阳垂山，东入淮。从水，畀声。」说文通训定声认为象所封的有庳可能就在渒水一带，「地以渒水得名」。其说似可从。卜辞的鼻与有鼻疑是一地，「濞」可能就是渒水之「渒」的古字。

卜辞时常提到与「方」的战争，殷墟卜辞综述认为「方」是山西南部一个方国的名称（二七〇页）。从上引「于濞遘方」的卜辞来看，「方」恐怕不可能是山西的一个方国的专名。

说文水部：「濞，水暴至声。从水，鼻声。」卜辞的「濞」即是水名，它跟训「水暴至声」的「濞」（古书多作「渒」）就只能看作偶然同形，而不能认为是一个字。

甲骨文里，「矢」、「畀」二形在用作表意偏旁的时候，偶有通用的现象。例如从「矢」的[字形]字，有时也可以写作[字形]。但是这种现象并不能证明独立的[字形]、[字形]等字是「矢」字的异体。

唐兰先生在古文字学导论里曾经指出：『凡同部（即由一个象形文字里孳乳出来的）的文字，在偏旁里可以通用——只要在不失本字特点的时候。例如大、人、女全象人形，所以在较早的图形文字常可通用。欠、丮、卩、尾、企等字本是有区别的，在偏旁里却常可通用……』（四〇頁）。『矢』、『畀』二形在偏旁里可以通用，是同类的现象。甲骨文的『采』字有时从『桒』作□（甲骨文编二六二頁），这跟□或作□尤其相似。」（畀字朴释语言学论丛第六辑一三七—一四七頁）

考古所「□□：卜辭有□□（拾六八），□□（屯南二五七六）与本辭例相近，□、□殆一字之異。」（小屯南地甲骨一〇一二頁）

按：字當釋「畀」，裘錫圭已詳加論述。舊均誤與「矢」相混。卜辭「鼻」字即从此作。

2576

按：前七·三一·三「……之日出來𡆥，乃□𠬝事……」當為「畀」之繁構。

2577

按：合集五八六辭云：「……巳卜，㱿貞，王曰行□□希」用為動詞，其義不詳。

2578

按：合集二二〇六甲辭云：「甲戌貞，妣乙□有歲」；「□又歲」；「甲戌貞，又妣己歲□𡆥」；「甲戌貞，□妣癸又歲」，用為祭名。

2579

按：合集七九五正辭云：「貞，前用及夾于父乙」為祭名

2580

夷

按：字當釋「夷」，辭殘，其義不詳。

2581

胶

按：字从「月」、从「交」。辭殘，其義不詳。

2582

⿰弓矢

按：字从「矢」、从「弓」，隸當作「⿰弓矢」。合集二六〇一九辭云：「甲申卜，旅貞，其圍⿰弓矢方……」當為地名。

2583

⿱林矢

按：字从「矢」、从「林」，隸可作「⿱林矢」。在卜辭為地名。

2584

医

羅振玉　「說文解字：『医，盛弓弩矢器也。从匚矢，矢亦聲。春秋國語曰：「兵不解医」。』段君據廣韻改注文『盛』為『藏』，謂此器可藏兵器也。案齊語『兵不解衣』作『解翳』。韋注：『翳所以蔽兵也』。翳為医假借字，蓋医乃蔽矢之器，猶禦兵之盾然，〔象其形，韋注道較明白。段君以為隱藏兵器者，尚未當也」。（殷釋中四十五葉上）

商承祚改收此作医。（類編五葉十四葉下）

葉玉森　「按医橥為地名。卜辭医字無从此作者，恐非医字」。（前釋二卷四十二葉下）

李孝定　「說文：『医，盛弓弩矢器也。从匚、从矢。國語曰：「兵不解医」。』玉篇云『医所以蔽矢也』。與韋注合。各本說文作盛弓弩矢器與字形不合，蓋盛弓矢器則字形當作𠚕，乃後世函字，今但蔽其一側當依玉篇說為正。羅氏云『蓋医乃蔽矢之器，猶禦兵之盾然』亦非。按國語齊語云：『甲不解纍，兵不解翳，弢無弓，服無矢，隱武事，行文道，帥諸侯而朝天子』，此美桓公偃武修文之辭。甲兵弓矢皆戎器，纍、医、弢、服即箙之借字，皆所以函藏甲兵弓矢者，倘如羅說，則『兵』當解為士卒，不惟於辭例不合，且於上下文意亦相反矣」。（集釋三八一七葉）

裘錫圭释医参𡩜字条下

按：字似从「交」，不从「矢」，釋「医」恐有未然，辭残，其義不詳。

2585

𪏮

按：合集一三七五八反辭云：「己巳卜，㱿貞，𪏮亡疾」。為人名。字从「𠬝」、从「黃」。

2586

按：字不可識，其義不詳。

2587

按：字从「矢」、从「卣」。辭殘，其義不詳。

2588

按：字不可識，其義不詳。

2589

按：合集一三八八八辭云：「辛卯卜，㱿貞，骨凡有疾」為人名。

2590

按：合集四四四九正辭云：「貞，令……甲羽」，為人名。

2591

按：字从「戌」、从「子」、从「矢」，隸可作「𢦔」。卜辭用為動詞，其義不詳。

2592 □

按：字在卜辭為地名。

2593 幸 執 □ □

孫詒讓 「此（□）當即食字，與前饎字偏旁从□相近。……金文父辛尊有□字，與此同，舊釋為啚，似不塙。」（舉例下廿四葉下）

王襄 「古幸字。」（類纂正編第十第四十七葉下）

王襄 「疑幸字。」（類纂存疑第十第五十二葉下）

郭沫若 「工作廼與人類俱來之事，人文之濫觴時期，事雖簡焉，能無工。余讀卜辭見羅王諸家之考釋均無此字，頗呂為異，惟於羅氏待問編中列有□□□□諸字。余就其字形與辭意考核之，疑即工若攻之初字也。今述其例如下，『貞舌啓王□呂方口月』（林二・八・十二）『乙酉卜叀貞往復从臬□呂方一月』（前五・十三・六）此二例廼與隣敵征伐之事，舌人名，呂方廼殷人西北之大敵，此與土方二族常為殷之邊患，故此二□字疑即是工。古工功攻本係一字，如詩『我車既攻』，石鼓文作『避車既工』，詩『肇敏戎功』，齊侯鎛鐘作『肇敏于戎攻』，不嬰敦作『肇敏于戎工』，虢季子白盤作『庸武于戎工』。又古司空官於古器中均作『嗣工』，而齊子仲姜鎛有『大攻』从手，當即功字亦即是攻。許書工之古文作𢒄，近出魏三體石經無逸篇『即康功田功』，功字古文亦作𢒄，此从彡者當係彐形之譌變。作□者辭例多殘缺不明。有一例曰『囗貞令龔□□』（前七・三一、四）與釋寇篇『貞令旃从𠈌侯寇周』並列於一片，彼言寇攘，則此所言者當亦攻伐。龔□廼人名。作□者與攻同意。曰『乎呼□不其獲羊』（鐵二四四・一）羊廼國名。它辭言『癸卯卜賓貞由圃乎呼令沚𢀛羊方』（前六・六十・六）獲當即魯頌『淮夷卒獲』之獲。又曰『大王□羊』（後下十二・十六）例正同，作□者與□同意。曰『卜王乎□羊其囗』（前八・八・三）□羊即□羊。曰『卜大貞其□室之八月』

前·六·十七·四、此於字下繫以宦，當即攻作之攻。又「貞告𢦏于南宦三宰」（湖·二三九）為例亦同。有从口作者，曰「五日丁未在𦎫圉羊」（前·七·十九·二），㠯辭例案之，當係一字。金文之「子𢦏圖」卣亦然，前人或釋廟或釋廡者皆非也。案此猶船（許書古文造）亦見羊子戈之作𦨶（頌鼎）若𦨶（頌壺），家之作圂（毛公鼎）若家（頌鼎），弦之作㘝（毛公鼎）。亦有从手作者，其一作𢦏（前·六·二九·五），又其一作𢦏（後·下·廿三·九），辭意雖不明，要當為一字。此𢦏若𢦏字，予意當即許書之巩若𢍏。凡部云「巩，褱也，从丮工聲。𢍏，巩或加手」。又於手部別出𢍏字曰「𢍏，攤也」。褱攤義同。許蓋依轉注為訓，由工得聲故訓𢍏為攤，由攤得褱義故訓巩為褱。然古文巩字義不若是狹隘也，毛公鼎有此凡二見，曰「肆皇天亡射臨保我有周，不巩先王配命」。不巩孫詒讓讀為丕鞏。曰「余小子家湛于艱，永巩先王」。孫云未詳。案此本即攻字，攻自有鞏義。《詩》「我車既攻」，《傳》「攻，堅也」，「不巩」即是「丕堅」。又《周禮·春官·大祝》「掌六祈以通鬼神，亦五曰攻，六曰說」。鄭注「攻說則㠯辭責之」。「永巩先王」猶《金滕》言「吾爾三王是有丕子（王國維讀為不慈）之責于天」。《齊侯鎛鐘》亦有此字，曰「汝嬰（凡古或作嬰）勞朕行師」。此則《爾雅·釋詁》「攻，善也」之義，亦即工巧之工。由上所述，可知卜辭𢀛若𢀛字及其从攴从収、从凡諸形，均於釋工無礙，則周㠯後人之作工者當即𢀛若𢀛形之变，此事與士字之變遷恰成互異。卜辭及殷彝壬字作工，與周金之工字形近。而周金壬字通作王，鬲攸从鼎更作王，此與𢀛形則僅在空筆作與肥筆作之差異而已。㠯午字作8亦作⚲、天字作𠀡亦作𠀡、土字作⊥亦作⊥例之，則工壬古當為一字，字迺器物之象形。蓋古錐鑽之類而端着鏃而付柄於中，㠯備運作，使為之柄者必易朽之物，則此器除於此圖形文字外，其原物恐已無再見於世之日。又《史記·扁鵲倉公列傳》「鑱石，橋引」，《索隱》云「鑱謂石針也」。鑱壬同在侵部，疑是古今字。以聲類而言，侵部之壬與東部之工雖頗踼闊，然同字亦不妨異音。蓋壬本工作之器，而工迺工作之事，形上之事必藉形下之器以為表徵，故工之初字必係𢀛𢀛等形，尚未脫圖畫之畛域。逮後壬器廢而𢀛𢀛等省作𢀛，或竟省作𢀛，故讀為工音，而原義具失，因而巩攻諸字化而為形聲。而許書又謂工迺「象人有規矩」，殆以工字形為規矩之变，不知工作之興更遠至知用規矩之前也。壬器在殷代似猶未廢，殷彝中有𢀛爵、𢀛父己爵、𢀛父癸爵，又有爵以𢀛為銘者，㠯二壬器夾一矢箙形，與它器㠯戈戉弓矢為銘者相似。《匽尊》亦有此字，文曰「匽作父辛尊彝𢀛」，亦當是殷器，𢀛形與上語不屬。从奴作者有𢆶彝及甲𢆶爵，从凡作者於上舉子𢦏圖卣外，別有𢦏圖觶（見《周金文存》）。又格于宮（續古卷一，原作列宮）尊有「錫四聿二𢦏」語，聿迺古筆字，古人之筆迺曲刀之類。此𢦏字則係器物名，蓋又假𢦏為壬鑱。巩或加手作𢍏者，可知與𢀛同意矣。周人工若攻字有別作𢀛形者，如《史獸鼎》三工字第三字作工，新出《矢彝》「百工」字作工，《公伐郘鐘》「攻戰褱敵」字作𢀛，《逋鼎》之「攻戰無敵」作𢀛（續沽卷四）字與𢀛形有異，當係周人所改变之字。或㠯為工殆象斧鑿之形，則與作𢀛者亦屬同意也。要之，工壬在殷代本為一字，壬迺工作之器，工迺工作之事，用為攻戰字者迺其引申之義。」

（甲研上冊釋工）

葉玉森隸定作幸，而注「執」字於下，無說。（前釋四卷二十三葉下）

董作賓　「㚔，卜辭作[字形]，象手械，即拲字，蓋加於俘虜之刑具也。」（殷曆譜下編卷九第三十八葉上）

孫海波　「說文『㚔，所以驚人也，从大从羊。』契文作[字形][字形]，象刑具。𡴘人所以梏兩手，執圉等字皆从此。」（文編十卷十四葉）

孫海波　「[字形]，甲二八〇九。象刑具以梏人兩手。弗其幸羌。」（甲骨文編四二四頁）

朱芳圃　「上揭奇字，王襄釋㚔。（簠室殷契類纂正編四八）葉玉森謂『象梏形』。（研契枝譚六）按王說非，葉說是也。說文木部：『梏，手械也。所以告天。从木，告聲。』殷虛出土匋俑有作左揭形者：

象人械其兩手。[字形]為正面形，其側面當作[字形]，中有二孔，以容兩手，上下用繩束之，上繩繫於頸，下繩繫於腰。字形與實物，恰如形影相應。」（殷周文字釋叢卷下第一五四葉）

屈萬里　「孫海波釋㚔。按：卜辭㚔字，多作動詞用，其義與執同。……卜辭『庚子卜：□☒八日丁未㚔？』（甲編四一七）本辭㚔字，亦當讀為執。」（甲編考釋六五葉）

李孝定　「說文：『㚔，所以驚人也，从大从羊。一曰大聲也。一曰讀若瓠。一曰俗語以盜不止為㚔。㚔讀若籋。』許書於㚔下並列衆說無所取捨，足證昧其本義。契文作[字形]，象手梏之形。殷墟出土陶俑有兩手加梏者與此文形近可為旁證。郭氏釋此為工，按契文自有工字作[字形][字形]，與篆文工字形近，郭氏之誤可無深辨。董先生釋此為㚔是也，然謂即拲字則似有未安。董先生蓋謂[字形]即拲字，按[字形]寶鼎之異構，拲許訓兩手固械，而[字形]則象手械義，實有別也。㚔字篆形與[字形]形相近，其一訓「所以驚人也」亦與手械之義相因，盖手械之引申義也。作𩰫者當釋執，執許訓「捕辠人也」猶是本義，字正象捕繫辠人兩手加梏之形，其旁从正是此字，亦足證此為㚔字無疑也。金文執字从㚔已與篆文相同，然與□字相較，其嬗变之迹猶可尋也。又許書㚔部之字，㚔訓「令吏將目捕辠人也」，執訓「捕辠人也」，圉訓「所以拘辠人」，盩訓「引擊也」，報訓「當辠人也」，䩠訓「窮理辠人」，均與拘繫辠人之義有關，則部首之㚔必為刑具之象形字可無疑也。」（集釋三二二九葉）

白玉峥　「字之构造，约有如左之五形：

□ 乙二七四四　□ 乙五五九〇　□ 乙七七

□ 乙四九二一　□ 南无二五一

諸字均見於旧派之卜辞。其用，多为动词，义为执。姑隶作㚔。」（契文举例校读十四　中国文字第五十二册五七六九页）

張秉权　「郭氏以卜辞来印證段氏的説法，是精确而可信的，但他以为㚔是鋮的初文，又可假為『㖕』字之用等等，則与㚔字的形义，仍多不合，似不足信，㚔的字形是象原始的刑具手梏，而不是鋮，這在殷虚出土的陶俑上，可以很清楚地看得出来的。」（殷虚文字丙编考释第三七五頁）

胡厚宣　「今案卜辭㚔字象桊手刑具，从口者象桊手刑具連有項枷之形。所以知者，卜辭執字或作𩰫（續一、三六、三）執（契八〇七）可證。𩰫字或作圉者，亦猶卜辭執字亦作圉（乙1943＋2181＋2273＋2396＋7121＋7142），从口者，表示奴隸受刑，而且被拘于牢獄之中。卜辭執字从㚔，㚔亦作𩰫，知𩰫字即是㚔字。圉𩰫義同，是圉字亦即是㚔字。㚔即執，義為追捕之稱。」（甲骨文所見殷代奴隸的反壓迫鬥爭考古學報一九六六年一期）

胡厚宣　「㚔，説文『所以驚人也。一曰讀若瓠』。徐灝説，『讀若瓠，當是瓠之譌，即執字』。饒炯説，『㚔即執之古文，執為㚔之轉注，經典皆以執為之』。㚔即執，卜辭㚔字象桊手刑具，用為動詞，則以㚔執人，有追撲之義。」（甲骨文所見殷代奴隸的反壓迫鬥爭考古學報一九六六年第一期）

于省吾　「甲骨文习见的㚔字，作□、□、□、□等形。……㚔字本象施于手腕的械形，验之于实物而后知之。依据殷虚出土的陶俑，女俑的腕械在胸前，男俑的腕械在背后。[glyph]形中剖为两半作[glyph]形，将人的两腕纳入械中，然后用绳缚其两端（中国青铜器时代二一六页和图版式伍）。……说文：「㚔，所以惊人也，从大从羊。一曰，大声也。一曰，读若瓠。一曰，俗语以盗不止为㚔，读若籋。」按许氏谓㚔从大从羊，不知其为独体字。又对于㚔字有三种训释，无一是处。至于谓㚔读若瓠或籋，也未能确定其读音，实则以读若籋为是。说文籋与箝互训，又谓：「籋，箝也，从竹爾声。」「箝，籋也，从竹拑声。」段注：「籋箝二字双声，夹取之器曰籋，今人以铜铁作之谓之镊子。」本诸上述，则说文谓㚔读若籋，㚔即籋的本字，籋为后起的代字。㚔的引伸义为箝制、脅迫、夹击或夹取。甲骨文的「不□㚔多臣生羌」（粹一一六九），是说不脅迫多臣去羌方；「生复从臬㚔吕方」（簠五·一三·五），是说往来从臬地以箝制吕方；「㚔羌十人」（林二·一三·二），是说夹取羌十人。又「㚔鹿○弗㚔」（库二七一），是说田猎是否能夹取野鹿。总之，读㚔为籋，既合乎音读，也符于词义。……概括上述，㚔即籋的本字。籋箝两腕的刑具叫作㚔。㚔作[glyph]，本象腕械形，说文割裂独体字为从大从羊，显然是纰谬的。」（释㚔、執甲骨文字释林二九二——二九六页）

考古所　「幸：在卜辞中可作动词，也可作名词，属俘虏罪隶之类。召方幸即召方之俘虏。」（小屯南地甲骨八三八页）

陈炜湛　「幸執俘隻（獲）禽羅：这是一组表示捉获、捕获之义的同义词。幸字作[glyph][glyph]等形，象梏人双手的手梏的形状，殷墟出土陶俑有两手加梏者，与此形近，可为证。執作[glyph][glyph][glyph][glyph][glyph]等形，酷似一人两手加梏之状，取义较幸尤显。俘作[glyph]，象以手逮人于道路之中，取义与執相仿。隻（獲）作[glyph][glyph][glyph][glyph]，以手持鳥，示有所获；禽作[glyph]，象捕鳥兽之具，卜辞亦多用为捕獲字，与獲同义。羅作[glyph][glyph][glyph][glyph]，象张網捕鳥之形，引申之亦有擒獲义，与隻、禽同。

幸、執多用于征伐卜辞，谓战争中有所俘获，主要是指人（俘虏）。例如：

贞：我弗其幸吉方？（遗珠一七一）

□辰卜，宾贞：方幸井方？（契六二四）

□□卜，殻贞：戠幸羌？王固曰：出囚（京都三三七）

贞：雀弗其幸亘？（京津一三二四）

辛亥贞：雀幸亘，受又？（续存一·六三八）

甲戌卜，内：翌丁丑雀毋其幸？（遗珠五五九）

贞：□氏卅马，允其幸羌？贞：[glyph]卅马，弗其幸羌？王固曰：其隹丁幸，吉。（乙

三三八一——三三八二）

以上诸「幸」，皆动词，可带宾语，亦可不带宾语。

癸丑卜，宾贞：令邑並執𠂤？七月。（金五二一）

贞：叀叉執？（续存一·一六四八）

□□卜，王乎執羌？其□（前六·六·二）

己巳贞：執井方？弗幸？（粹一一六三）

贞：亘不果隹執？贞：亘其果隹執？庚午卜，争贞：亘幸？庚午卜，争贞：亘不其幸？贞：亘幸？贞：亘不其幸？（丙三〇四）

值得注意的是粹一一六三和丙三〇四，前者二辞对贞，一正一反，一称執，一称幸；后者執与幸共见一版，均足为執幸同义之确证。段玉裁尝疑说文之幸当「读若執」，得此数例，亦可论定。

卜辞俘字较少见，其义与幸、執同：

昔甲辰方征于蚁，俘人十又五人。五日戊申，方亦征，俘人十又六人。（菁六）

隻、禽、羅多见于田猎卜辞，谓狩猎追逐中有所捕獲，主要是指禽兽，其例至多，兹多举数例为证：

禽虎？允禽，隻麋八十八，兕一，犬卅又二。（契四一〇）

翌癸卯其焚，禽？癸卯允焚，隻兕十一，豕十五，虎□，麑卄。（丙一〇二）

允隻麋四百五十一。（丙八七）

王其射鹿，禽？弗禽？（粹一〇一八）

贞：其射鹿，隻？（前三·三二·四）

丙子卜，王阱，禽？允禽三百又四十八。（后下四一·一二）

壬申卜，㱿贞：甶禽麋？丙子阱，允禽二百出九。（前四·四·二）

贞：王獸（狩），羅？「王」固曰：□羅。（乙八一四——八一五）

其羅？（乙三〇九一）

贞：弗其羅？（佚五一九）

□王羅豕？允羅。（乙九〇〇三）

有的学者认为，禽、羅是商王田猎的具体手段，如同陷、阱、網一般，似不无道理。但观卜辞，禽、羅亦是表示田猎中捕获野兽的词汇，且均可带宾语，称禽麋、羅豕等；且禽、羅二字与射、阱、焚、獸等表示田猎方式的词共见一辞，可知当为田猎之结果，确与隻（獲）同义。所不同者，隻乃泛指，凡有猎獲，均可称「隻」，禽、羅则似专指以田網等工具擒获所得者。唯「禽」

有记具体兽名及数字，而「羅」尚未见记录所获数目之辞。

幸、執、俘与隻、禽、羅的区别主要在于捕获的对象不同，略如上述。但幸、執偶尔也用于动物，隻、羅也偶见用于人，区别並不十分严格。试观其例：

☐執兕。（粹九四一）

☐執[illegible]？隻。（京津一四七二）

庚辰卜，王……弗其執豕。允弗執……（遗珠四一九，中村二九）

庚辰卜，王弗其幸豕？允弗幸。（书道二九）

☐幸鹿☐弗幸。（库二七一）

☐午卜，㱿贞：☐逐鹿于万，幸？（铁余一三·一，续三·四四·一）

贞：弗其羅土方？（后下三七·六）

丁巳卜，㱿贞：𠂤隻羌？十二月。（后上三〇·一四）

☐[illegible]出隻羌？（甲三四七四）

戊午卜，㱿贞：雀追亘，出隻？（丙三〇四）

乙巳卜，争贞：雀隻亘？乙巳卜，争贞：雀弗其隻亘？（乙四九六三）

甲骨文「幸」即小篆之㚔，字形剧变，其义亦晦，许训为「所以驚人也」，遂与擒、獲等词毫无相同之处。后世執、俘、禽（擒）、羅等词区别逐渐严格（唯擒仍可施之于人）；獲则词义进一步扩大，泛指一切收獲，且与執、俘、擒、收、捕等词结合为复音词執獲、俘獲、擒獲、收獲、捕獲、生獲、獲得、獲取……成为复音词中构词能力极强的词素之一。」（甲骨文同义词研究古文字学论集初编一四〇——一四四页）

孙淼

「关于幸字的用法，从下面两段卜辞中，可以得到具体的了解：

癸酉卜，亘贞臣得？王占曰：其得隹甲、乙。甲戌，臣涉舟延𠂤弗告，旬有五日丁亥，幸。

这段卜辞的大意是：癸酉日占卜，贞问逃亡的臣是否可以抓到？王占曰：可以抓到，要在甲日或乙日。到甲戌这天，臣「乘船过河，倉促之间，陷在河里，好久也没有人报告，这样耽误了他逃亡的行程，到第十五天丁亥，就把他抓住了」。

还有一段卜辞，原文如下：

癸巳卜，宾贞：臣幸？王占曰：吉，其幸隹乙、丁、甲日。丁亥，既幸。

这和前一条卜辞内容相同，只是文字简单些，大意如下。癸巳日占卜，贞问逃亡的臣是否可以抓到？王占曰：吉，如抓到，需在乙日、丁日、甲日。到丁亥这天已经抓到了。

這兩條卜辭，很詳細、很具體地表明了幸字的含义。即抓到逃亡的奴隶称『幸』。按照这样的理解，『幸仆』就不一定是俘虏了敌俘，很可能是指抓到了逃亡的奴隶，或对奴隶进行某种惩处。」（夏商史稿五〇六至五〇七页）

赵诚 「甲骨文的㚔写作㚔，象一种大约是木制的刑具之形。用时将人的两腕纳入此种刑具之中，然后用绳子将刑具的两端细住，可以说是原始的手銬。或写作㚔，㚔，……后来隶写成了幸。作为名词，就是这种刑具的名称。作为动词，本义当为用这种刑具将人的双腕扼住，……。卜辞的幸作为动词，有一种意义是指强制性地将俘虏或奴隶带来或细着领来，如『幸羌』（京一二八三）当是本义之引申。还有一种意义是表示对敌方加以箝制或进行夹击，如：

乙酉卜，爭貞，往复从臬幸𢀛方，二月。（綴五·一三·五）

则是进一步之引申。这个动词幸在卜辞里还有一种用法，即表示强迫的意思。如：

幸多臣往羌。（粹一一六九）

这种用法，和『幸羌』近似，……」（甲骨文行为动词探索（一）古文字研究第十七辑三三三——三三四页）

按：契文「㚔」變體甚多，繁簡不一，及至小篆，則孳乳分化為「㚔」、「執」、「圉」等等。卜辭則通用無別。參見各有關字條下。

睪 㚔 執 

朱芳圃 「上揭奇字，从㚔，从口。口象首形，革、黄諸字皆从此作，是其證也。當為枷之初文。隋書刑法志：『凡死罪，枷而拲。流罪枷而梏。徒罪枷。鞭罪桎』。按枷，頸械也，漢書高帝紀下：『郎中田叔孟舒等十人自髡鉗為王家奴』，顏注：『鉗，以鐵束頸也』。漢書司馬遷傳：『關三木』，顏注：『三木在頸及手足』。此即三木之一。孳乳為鉗，」（殷周文字釋叢卷下第一五六葉）

饒宗頤 「『己酉卜，睪，今夕其雨』。（佚乙三八十一〇八）幸之作睪，增益口旁，亦猶泳之作潛，即為一人。他辭言𡴘卜事者：

「其啟，三日庚寅，大啟。睪今夕卜曰：翌庚寅，其雨。余曰：已，其雨，不雨。庚，大啟。」（李學勤引懷一〇一一，考古學報一七）

此為關於𡴘最重要之記載。于氏錄遺所收殷器、有◇葡睪爵（四二四）◇睪葡父乙殷（一二四）蓋即◇與葡及睪三人同造，以祭父乙之器」。（通考八〇九葉）

按：合集一三七三三辭云：「睪其有疾」，為人名。契文每於專有名詞增「口」以示區分，此為文字孳乳分化之主要手段之一。又合集一三九正辭云：「……𦤎睪自文睪六人」，「睪」與「㚔」通用，可讀為「執」。又合集二〇三七九多見「弗𡴘」，「𡴘」亦同「㚔」，為動詞。

2595 㚔 𡴘 執

葉玉森 「（㚔）余釋𨁈，象械其趾。（㚔）則象執其首，兩文在同一版上，未知是同字否。卜辭又有𢦏字，乃㚔之繁文。」（前釋五卷三十五葉上）

魯實先 「或釋㚔為𨁈，而謂㚔象械其趾，㚔則象摯其首，愚案㚔㚔皆㚔之繁文，從止從口皆方名。繁文之例說見釋卜人仲」（新詮之四第六葉十五至十六行）

又曰「凡從口之字而非聲符者必為方名。以方名之字乃以口示都邑，而非以口為聲符，故古籀方名多以口為繁構。證之卜辭則有㚔之作㚔、作㚔、作圉、作圉、作圉、作圉、作圉，凡此皆㚔之異體，亦即執之初文。它辭作□、作□、作圉、作圉、作圉、作圉，凡此又執之繁文，與㚔為一字。金文有㚔爵，它器則作㚔㚔㚔，其作㚔者，亦㚔之繁文。卜辭㚔㚔从攴則為□，从又則為□，从奴則為□，从水則為□，从女則為□，从止則為㚔，从行則為□，从口則為㚔、圉□，从糸則為□，凡此皆方名繁文之通例。作㚔㚔者，其本字也。說者乃區為數字，而釋圉為圉，商承祚待問編卷四王襄類纂正編四七葉釋□為司，王襄類纂正編四一葉釋□為摯，類纂正編五三葉釋□為縶，類纂正編四四葉或釋㚔為𨁈，謂象械其趾，㚔象縶其首（中略），說並非是。」（姓氏通釋之三第二十葉第一至第八行）

朱芳圃 「上揭奇字，从㚔，从止，當為桎之初文。說文木部：『桎，足械也。所以質地。从木，至聲。』按桎為足械，故从止；止，足趾也。孳乳為鈦，漢書食貨志：『私鑄鐵器當盜者鈦右趾』,顏注:『鈦,足鉗也。』陳萬年傳:『或私解脫鉗鈦』,顏注:『鉗在頸,鈦在足,以鐵為之。』」(殷周文字釋叢,卷下,第一五五至一五六葉)

李孝定 「說文:『甓,甓足也。从足,執聲。』又十卷㚔部『㚔所以驚人也。从大,从羊。一曰大聲也;一曰讀若瓠;一曰俗語以盜不止為㚔。㚔讀若籋。』㚔即卜辭㚔字,象桎梏之形。篆體譌変,許君不得其解,於是數義雜陳。然其『所以驚人也』一解猶與象桎梏之初義相因也。𡴘字从止从㚔會意,㚔亦聲。其作𡴘者,𡴘即執之或體,偏旁从収从丮同也。葉氏釋此為甓,其說可從。惟卜辭甓字所見二片皆僅殘辭,其義不明。魯氏之說,竊謂似有可商。蓋謂諸字同出一源,同為从㚔(㚔)得義之字,並有拘縶囚繫之義則可,惟謂从糸从又从止从口从水从攴者均為一字,則不可,此文字孳乳寖多之通例也。」(集釋〇六三〇葉)

饒宗頤 「卜辭有言『㚔羌』,他辭亦稱『𡴘羌』。『𡴘』即『達』,讀為撻伐之『撻』。詩『撻彼殷武』,釋文引韓詩:『撻,達也。』是撻伐字本作『達』,契文作『𡴘』;㚔或𡴘之省形。」(通考一八〇葉)

張秉权 「𡴘,从㚔从止,楷写為𡴘,乃縶字,我曾经在拙著殷虛卜龟之卜兆及其有关问題中加以解释道:

此縶字作𡴘,象梏足之形,其义当与梏手之執(執)相同,周法高教授云:『說文十上,馽,絆馬也,从馬口其足。』按馽又作縶,从系執声。是執、縶音义相近,此字但作梏足之形,疑其初文,不仅為口馬足之專名也,当是加桎梏于足之通称耳。」(殷虛文字丙編考释第一九七頁)

胡厚宣 「𡴘字亦不見說文,案其字與岦字同用,岦字从止从立,象人安立其位,被迫而逃走;𡴘字从止从㚔,象罪奴被以刑具,終亦掙扎而脫逃,其為逃亡之義則一。」(甲骨文所見殷代奴隸的反壓迫鬥爭考古學報一九六六年第一期)

劉釗 「卜辭『㚔』字作『㚔』、『㚔』、『𡴘』、『𡴘』、『𡴘』、『𡴘』諸形,『𡴘』字舊釋『甓』。我們认为『𡴘』乃『㚔』字異體,构形原理筆者有些想法还不成熟,於此不贅。卜辭『執』字作『執』、『執』、『執』、『執』、『執』、『執』、『執』、『執』、『執』、『執』諸形。卜辭『㚔』、『執』皆用作執获之『執』。說文『執,捕:捕罪

人也』。」（卜辭所見殷代的軍事活動，古文字研究十六輯一二四——一二五頁）

羅琨　參㚔字條

按：字隸當作「奉」，與「㚔」、「執」通用無別，其省體則作「㚔」。「㙯」、「縶」皆為後起孳乳字，卜辭實無此區分。

2596

衛

周國正說參㞢字條下。

按：合集六六六四辭云：「貞，一牢于上甲，告我𠃊衛；貞，㞢于上甲三牢，告我𠃊衛」，字从「奉」、从「行」，乃「奉」之繁構。

2597

圉

李孝定　「說文『圉，囹圄，所以拘罪人。从㚔，从口。一曰：「圉垂也」。一曰：「圉人掌馬者」。』契文从執从口，為圉之本字，作圉者其省體也。古文偏旁中凡義類相近之字每得通用，非[illegible]㚔一字也。字之本誼為囹圄，『圉垂也』、『圉人掌馬者』並其引申義也。」（集釋三二三六葉）

于省吾說參[illegible]字條下。

齊文心　參圉字條

按：合集五九七三辭：「壬辰卜，貞，羲于圉」「圉」為拘罪人之所，此乃用其本義。

2598

于省吾釋圉，參𢾈字條下。

齐文心　參圉字條

按：字从「㚔」、从「囗」，乃「圉」之異構。合集一三八辭云：「……㞢己未𠂤篇𣆪往自𠬝圉」，辭例與合集一三九正同。而一三九正則作「㚔」，是「圉」和「㚔」亦可通用。

2599

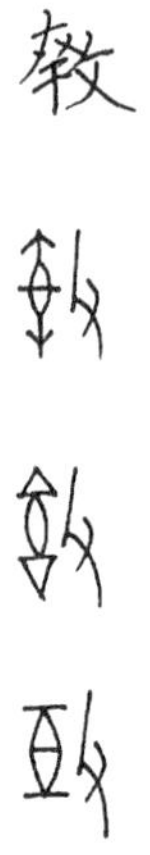

張亞初　「在甲骨文和金文中都有𢾈字，甲骨文編和金文編均入于附录。古文四声韵卷五濯溪豁纂古挞作教、教。在古文字中攴（𠬝）、扌往往互相通作。所以，教、教即撻，后来加上表示行动的意符彳、㞢便演变成挞。在金文中，它是作为族氏名出现的。在甲骨文中，它也有作国族地名用的（续存一·七一九），但大多作动词用。『戊午卜，宾贞，羽乙丑教不？』（前六·一二·一），『教不？』（吉大藏甲），『辛亥卜，贞，教兢』（甲二四三三）。上面这几个教字，都是动词，即鞭挞、挞伐。从字形分析，也正是挞伐的会意字。幸为刑具，此代表奴隶罪人，𠬝为手持鞭杖作敲击状。金文编九〇五页第一字从幸从𠬝从人，人作畏葸之形，为挞字的繁体字，不省人，很形象。又，史颂簋等器有盩字，说文训『引击也』，从数从血，挞而见血，故有引击意，这当可作教即挞之旁证。」（甲骨文金文零释古文字研究第六辑一六〇——一六一页）

按：字从「㚔」、从「攴」，隸當作「𢻱」。合集一〇四辭云：「𢍏以𢀛于𢻱」為地名。又合集一二三五七辭云：「戊子卜，内，翌己丑雨、己𢻱」用為動詞，似亦通作「執」。張亞初釋「撻」，可備一說，但於此似無撻伐義。

2600

𡙧 執 □ □ □

孫詒讓　「□从□似亦食之變體。又从収。攷說文食部籑，具食也。从食算聲。或作饌。飴籀文作饌，从巽省。與此亦相似。又古爵文有作□者，或亦即此字。（金文舊釋為鄉，不塙）……（□）从幸从収，攷說文収部𢍉，引縉也。从収，睪聲。金文借為檡字，弫中畫作□，此與彼相近。帚好彝，蓋言為歸子羼吉也。……□與□字相似，但不从収，則疑當為幸或睪字之省。說文幸部幸，所以驚人也。从大从羊。睪，司視也。从横目从幸。令吏將目捕辠人也。兩字經典並希見，竊疑或為執之借字。」（舉例下廿四葉下——廿五葉上）

王襄　「古執字」。（類纂正編第十第四十七葉下）

葉玉森　「按予舊釋□□□□為執，謂□□□象梏。（揅契枝譚）□□並為異體，其字作側視形。本辭之□，異體作□，並正視形，亦執字。省变作□□□□□，（卜辭圉字有□圉二體，故知幸即執省，从孫氏說）繁变作□□，增又非摯也。作□增糸非縶也。（王氏類釋縶及摯，似誤）又有譌變作□者，辭曰『乙酉卜𡆥允□浞』（甲一、一、三十、九）浞，國名。蓋言𡆥必執浞人也。郭沫若氏謂幸執□摯並為工字，段作攻。不知卜辭固自有工字也。又郭氏謂□□為一字，亦誤。他辭云『壬戌卜口貞□（執）于□（圉）』，執圉明為二字。」（前釋二卷四十三葉）

許敬參　「□當釋饕」。（存真七十九葉）

朱芳圃　「上揭奇字，从□，从収，當為拲之初文。說文手部：『拲，兩手同械也。从手，从共；共亦聲。周禮「上辠梏拲而桎」。㭠，拲或从木。』按□象其體，□言其用。□為械其兩手之刑具，因之用□以械兩手為□。古讀見紐雙聲，屋東對轉。」（殷周文字釋叢卷下第一五五葉）

郭沫若釋丸。見前卒字條下引

李亞農　「□字舊釋卒，至碻。說文云：『卒，所以驚人也，从人从羊。一曰大聲也，……一曰俗語以盜不止為羍。』今人則謂羍為刑具之象形，大概是手銬之類，有囚縶、捶伐、膺懲、拘執、攻擊一類的意思。例如：

貞：□卅馬，弗其執羌。（佚、乙三三八一）

貞：以卅馬，允其羍羌。（佚、乙三三八一）

貞：亘羍□。　貞：亘勿其羍□。

□字究竟是什麼字，至今無定論。郭沫若先生釋寇，似可从。

□字則羍之繁文，正如□為□之繁文，□為□之繁文，是一樣的。

貞：□雖匒。　貞：勿□雖匒。（佚、乙五二二四）

貞：不□一人。（渝六、一三、一）

壬辰卜：□□令：……（佚、甲二三八〇）

細觀上引刻辭，雖匒均為國名。羍雖匒和羍羌同一語例。□字尚有从口作□的，今字書有啈，或作諄，瞋語也。言也。但看下列辭例，仍與羍字同其用法，同其意義。

□匒□自文，□六人，八月。（契一二四）

□庚申，亦有設，㞢雈，□□羌戎。（佚、甲二四一五）

祉于弘□。（渝六、一、八）

□□為□之繁文，至為明顯。

另有从羍之字作□，舊釋執，很對。其繁文有兩種寫法，一種寫作□，另一種寫作□。

貞：我其隹□。（識三四、九）

丁酉卜，㞢貞：允□寇。　貞：勿□。（渝六、二九、五）

丁丑卜，㱿貞：□。（渝六、五三、一）

貞：□□，二月。（續五、三五、七）

五日丁未，在□□羌。

上引二、三、五三條，乃執羌、執寇、執□的卜辭，□亦方國之名。

還有一個从羍之字，作□。所从之□，可隸化為止、足、走、辵等形，故此地應釋為達，即到達的達。有時借用為撻，即『可以撻秦楚之堅甲利兵矣』的撻。其別構作□，甲骨文編把□字收在往來的往字內，是不對的。試看下引諸辭，即可證明。

……□乙巳□□。（續五、三二、一）

貞：□不若□羌。（佚、乙一一五〇）

貞：□羌，小告。（佚、乙四三七四）

□羌敗。（珠六一三）

2601

王㞢勿□犬。（契六九五）

貞：□，不其敗。（沈乙五四四八）

這些都應解為撻伐的撻，契文中又有□字。以□字應釋達則□字當然應釋撻。

貞：王其㞢□。（沈乙三二五一）

至於下引諸刻辭的達字，則應解釋作到達的達。

其㚔，達自……（沈乙二二七一）

這是從某地到達的意思。

己卯卜，㞢貞：……㚔，□□自□，王固曰：其隹丙戌㚔，㞢□其隹辛。（沈乙四二九三）

這是從□到達□（地名）的意思。

□□□自文，㚔六人，八月。（契一二四）

這則是从文（地名）來到□□（地名）之意。

刻辭中又有□之繁文作□，和□（步）的繁文之作□，是一樣的。這是表示行走於道途之上，終於到達目的地的意思。

貞：㞢（侑）于上甲四牢，苦我□□。（沈乙五四〇八）

這是到達了□（地名）的意思。」（釋□　殷契雜論　中國考古學報第五冊第一、二分合刊一九五一年十二月）

屈萬里　「疑是執字之別體。」（甲編考釋一八〇葉）

屈萬里　「卜辭：『壬辰卜，□：□今勿入，不□？』□，象械繫雙手之形，於此蓋謂械繫之人也。」（甲編考釋二九九葉）

屈萬里　「□，隸定之當作□；疑械繫之義。又疑是執字之異體。粹釋（一〇七四）讀為擇，恐非是。」（甲編考釋一九三葉）

按：字从「㚔」、从「丮」，當為「執」之異體，參見2602「執」字條。

2602

執 

李孝定　「从女从㚔，執之異構，說文所無。疑摯之古文。」（集釋三七一〇葉）

按：「帚嬶」（甲三八）為女字。

王襄　「疑執字。」（類纂存疑第三第十五葉上）

商承祚　「此字疑即執字，篆文作𡙁，而㚔與㚔形頗近，此又象刑具之形，有罪而執之也。从又者與此為一字，即今之㧻字矣。」（類編待問編四卷六葉上）

朱芳圃　「字象人坐而梏其兩手，說文所無。卜辭云：『貞告□于南室，三宰。』（明三二九）『貞□用于祖口。』（續存下一六一）從文義求之，當是俘虜或辠犯之名。又按此字有時作動詞用，音義與㚔同，卜辭云：『己巳卜，貞□井方。弗㚔。』（粹一三六一）是其例也。

甲文又有作左列形者：□（鄴三下四一〇·四）□（上同）□（京四一四一）□（南明二一六）

王襄釋縶，謂『象拘攣罪人之形。』（簠室殷契類纂正編四五）按王說非也。字象用索縶人之首，或手牽之，當即執之繁文。卜辭云：『乎逆執羌。』（續二·六三·四）『己巳卜，王其逆執。』又『己巳卜，貞王逆執，亡若。』（鄴三·四一·三）三字形異而義同，是其證矣。」（殷周文字釋叢卷下第一五六葉）

李孝定　「說文『執，捕辠人也。从丮从㚔，㚔亦聲。』契文作上出諸形，均象一人兩手加梏之形，其作□者亦執之異構，古文偏旁从丮从𠬞每得通也。孫氏釋㚔為㚔甚是，謂是睪之省則小誤，而釋㚔為食，□為饗則非，蓋於偏旁之變化偶有未察耳。葉氏謂執□一字是也，而謂㚔㚔並執之省、□□並執之繁變則亦有未諦。蓋㚔㚔但象手械，與執之象人手著械者迥不相侔，固截然二字。執之與□□初雖同文，然下迄篆文固已孳乳為執摯縶三字。（注）王氏之說實不誤。王氏說見類纂正編十第四十四葉下縶字條又正編十第四十七葉下執字條又正編十二第五十三葉下摯字條。葉氏知□圉之非一字，而謂執摯縶同文者蓋亦有所蔽也。葉氏舉□形一文未注出處象面縛加梏之異體。金文作□兮甲盤□父甲鼎□散盤□虢季子白盤□師寰毀从𠬞為執□之合體□□不嬰毀下似从女實乃从夂之譌□齊侯編鐘雖有繁變，其形略同。」

（注）許書報字蓋又摯之孳乳字也。」（集釋三二三三葉）

饒宗頤

「按揚遯卦『執之用黄牛之革』，執有執事義。儀禮士冠禮：『奠摯見于君。』疑執即摯也。」（通考八三八葉）

于省吾

「说文：『執，捕罪人也，从丮㚔，㚔亦声。』甲骨文執字是用刑具以箝俘虏或罪人的两腕。執训執持或捕執为引伸义。甲骨文称『王乎執羌』（掇八·八·二），『叀奚令執□』（南北明九〇），執均系捕執之义。甲骨文執字也作名词用。例如：『其告執于沔』（續一·三六·三），是说征伐获執，祭告于沔；『其亦于且丁，叀王□（執）』（佚一一四），是说祭祀祖丁，用執为人牲。其言王執，以别于其他贵族的俘虏，就係之称『王係』（详释係）。『其克氐執』（南北坊五·三七）是说能够将俘執送来。商器络于宫尊的『易二聿二執』，二執也指两个俘虏言之。晏子春秋内篇杂上五第十七的『遗其執，以明吾德』，執字也作名词用。

关于甲骨文執字的几个繁构，旧说每多误解。執字有的从又作□，隶定作□，右旁象以手扼人之项，甲骨文编误释为摯。有的从攴作□，隶定作□，右旁象以绳索係人之颈，王襄误释为絷（簠典四五）。有的从幺作□（圉字所从，续六三一），隶定作□，右旁象以扑击其背。有的作□或□，隶定作執，象拘其首于笼内。甲骨文还有□□二字，也象笼首之形。在此附带说明一下，甲骨文的圉字也作圉或圉，即后世囹圄的圄字。甲骨文的『出圉二人』（掇存二六背），圉作动词用，即因禁二人于囹圄之中。圉之本义为囹圄，甲骨文也以圉为防御之御，係引伸义。……通过以上几个繁体的執字和从執的圉字来看，就充分地反映出当时统治阶级对待人民群众所施行的一些残虐刑罚，是无所不用其极的。」（释㚔、執，甲骨文字释林二九四——二九六页）

姚孝遂

「卜辞『執』字多指俘获敌方人员而言，但有时对于狩猎所得亦谓之『執』。如：

『執兕』 粹九四一 京津一四六九

『執麑隻』 京津一四七二

『令戈執麑』 甲三三九八

这里的『執』字可能是泛指，相当于『㚔』字，但也有可能富有某种具体狩猎手段之含意，……」（甲骨刻辞狩猎考古文字研究四八页）

林澐 「在較晚的文献中仍可看到春秋时代的盟主对各盟国之间的纠纷有仲裁权，甚至可以对一些国君加以处罚。如左传襄十六年记载晋平公在溴梁会诸侯，『命归侵田，以我（按指鲁）故，执邾宣公、莒犁比公。』就是一例。在春秋时代的这种盟主处罚国君的做法仍然同干涉别国内政是有别的。卜辞中如『己巳卜，王，贞：其执胄任？六月，允执』（六双六五‖後下三〇二）亦应是拘执联盟方国的首领。所以，殷本纪所述纣之幽西伯、醢九（鬼）侯、脯鄂侯，固然是对盟主权力的滥用，但若据此而以纣为专制帝王，显然是一种误会。」（甲骨文中的商代方国联盟古文字研究第六辑八四页）

赵诚 「[illegible]，执。或写作[illegible]，均象用幸（一种刑具）箝制人之两腕之形，会捕执之义，为动词，引伸之，凡被捕执之人亦称之为执，则为名词。在卜辞里，执常用作祭祀时之人牲。」（甲骨文简明词典一六四页）

劉釗 「卜辞有『[illegible]』、『[illegible]』、『[illegible]』等字，也应为『執』字异体。」（卜辞所見殷代的軍事活動，古文字研究十六輯一二六頁）

高明说参[illegible]字条下。

按：説文訓「執」為「捕辠人」，實則凡一切拘捕皆謂之「執」，不必是辠人。契文「執」亦省作「㚔」，或作「[illegible]」，作「[illegible]」。至於「[illegible]」、「[illegible]」、「[illegible]」則為後起孳乳字，卜辭並無此區分。

2603

漐 

葉玉森前編集釋隸作漐

陳邦懷 「圖貞有[illegible]字，沈氏樹鏞釋為廚，其所从之[illegible]與卜辭之[illegible]及[illegible]所从之[illegible]正同，皆古射字，是知[illegible]字殆从水从射，蓋澍之古文。」（小箋五葉下）

孫海波文編十一、八收作漐

2604

執

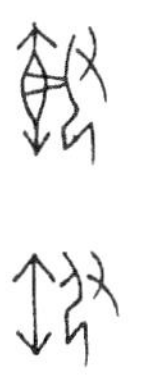

按：前二·三·一：「其伐漐利？」「漐」為方國名。釋「謝」非是。

王襄「古縶字，象拘攣罪人之形，為摯之本誼，絆馬其借誼也。」（類纂正編十第四十四葉下）

王襄「古摯字，从又，許說握持也。」（類纂正編第十二第五十三葉下）

孫海波「說文『摯，握持也，从手从執。』此象罪人被執以手抑之之形。」（文編舊版十二卷四葉）

李孝定「說文：『馽，絆馬也。从馬，囗其足。春秋傳曰：「韓厥執馽前」。讀若輒。䭘，馽或从糸，執聲。』案契文象拘係辠人並加手梏之形，當入十三卷糸部，解云『拘係辠人也。从糸从執，執亦聲。』今許君乃以為馽之重文，或入㚔部，以為執之或體，或入手部，以為摯之或體，於義均校適。事類懸隔，偏旁迥殊，失其次矣。姑从許例次之於此，請與本卷下執字條參看。」（集釋三〇四五葉）

于省吾釋執，參字條下。

按：字从「執」、从「又」，乃「執」之繁構，二者通用無別。參見「執」字條。

2605

圉

孫海波「圉，鐵七六·一。或从執，象拘人于囹圄之中。圉，乙二二七三。或从婞。」（甲骨文編四二五頁）

齊文心「甲骨文中表示监狱的字作（前六·五三·一）、（乙七一四二）、

文录六三一）、圉（前四·四·一）、圉（甲二四一五）、圉（前六·一·八）等形。这些甲骨文字形象地刻画出殷代的阶级压迫的历史，给我们留下了奴隶在牢狱中惨遭迫害的真实写照。

𡆥，叶玉森隶定作𡆥，释作圉；王襄亦释圉。诸家从之。说文「圉，囹圄所以拘罪人」，作监狱解。𡆥，从囗从㚔从丮。囗象土牢。㚔甲骨文作㚔，是一种拳手刑具，文献中称作「梏」。吕氏春秋仲春纪「去桎梏」，高诱注「在足曰桎，在手曰梏」。周礼掌囚郑玄注「在手曰梏，在足曰桎」。一九三七年第十五次发掘殷墟时所得戴手梏的奴隶陶俑，女俑两手拳在身前，男俑两手拳在背后，所使用的刑具和甲骨文㚔字的形状完全相同，从这里可以得到最好的印证。这种拳手奴隶的形象反映在甲骨文中便是「𡆥」，隶定为「执」，而「执」被囚禁在「囗」中，用甲骨文表现就是𡆥字。

圉又作𡈼，应隶定为𡈼，是𡆥字的或体，象戴手梏的女奴隶作跽形被囚禁在监狱里的象形。𡆥字更在拳手奴隶的背后加以「攴」，象手持棍棒作打击状。圉又作圉，从囗从㚔，隶定为圉。朱芳圃释「枷」。胡厚宣先生释「㚔」，认为「象拳手刑具连有项枷之形。」圉字正象在牢狱中放置这种刑具。从甲骨文「执」字的或体执（山东博物馆藏）可以看到使用这种刑具的残酷性。奴隶的头被夹在项枷内，手被拳在手梏中，引颈躬身，受尽折磨。

……我们对「圉」字的用法可以得到以下的结论：用为名词，作监狱解。在某些卜辞中，又指被囚禁的奴隶；用为动词，释作囚禁，即捕捉后囚禁在牢狱中。

说文中，圉字有三个意义：即「囹圄所以拘罪人」，作监狱解；「一曰圉，垂也」，作边疆解；「一曰圉人掌马者」作奴隶解。通过有关「圉」的卜辞我们可以认识到，由于当时在边塞地区设立了许多囚禁奴隶的监狱，所以后来「圉」又引伸为边陲之意。而养马的奴隶「圉」，本来应是被囚禁的游牧部落的奴隶。由此可见，说文圉字的三种意义都是从「圉」作监狱解的本意引伸而来。」（殷代的奴隶监狱和奴隶暴动，中国史研究一九七九年第一期六四至六九页）

白玉峥 「按字仅见於第一期之卜辞，变化颇少，除正反文外，仅其所从之㚔、有作㚔者而已。或有作𡆥（文六三一）者，亦只於第一期中有之，疑亦为同字。至其为用，大率为动词。」（契文举例校读十四中国文字第五十二册五七七二至五七七三页）

赵诚 「甲骨文有一个𡆥字写作𡆥，象人带着木手铐被囚禁于监狱之中。用作动词有两种意义：

𡆥二人。（京一四〇二）

𡆥为囚禁之义。

……五日丁未，在𦥑圉羌。（綴七・一九・二） 圉為防禦、抵禦之義。……这两种意义实际上是相互对立而确有联系的一对词义，和受有授予和接受这一对意义同类。……圉的囚禁义实际是防其外出的意思，而防禦义实际是防其进入的意思。防其外出和防其进入，就是相互对立而又有联系的一对意义。」（甲骨文行为动词探索（一）古文字研究第十七辑三二五页）

于省吾释圉，参執字条下。

葉玉森释圉。見前執字條下引。

孫海波「說文『圉，囹圄，所以拘罪人』。此从執从囗，象拘罪人於囹圄中之形。」（文編十卷十五葉）

王襄「古圉字，許說『囹圄所以拘罪人，从㚔，从囗』。此从執，从囗，許說『捕罪人也』。囗，古圍字，捕罪人而拘于圍中，圉之誼尤塙。」（類纂正編十第四十七葉下）

朱芳圃「字象人梏其兩手坐於囗中；囗，獄室也。當為囚之初文。說文口部：『囚，繫也。从人在口中』。文字由繁趨簡，易𠭁為人，不如初文之剴切矣。」（殷周文字釋叢卷下第一五七葉）

馬敘倫「圉是把一個帶手梏的人囗起來。『當依甲文裡寫作圉，和執是一個字。』」（馬氏論文集五五葉原流與傾向）

胡厚宣「（𦥑自囗。（王𠙴占曰：其有來（艱𠙴，囗圉羌亞。（續補二二七二）今案圉與執義同。以睪字亦作圛例之，知圉亦即執字。說文『執，捕罪人也』。禮記檀弓鄭玄注『執，拘也』。呂氏春秋慎行高誘注，『執，囚也』。左傳昭公七年說，『為章華之宮，納亡人以實之。無宇執之，有司弗與，曰，執人于王宮，其罪大矣。無宇曰，若以有司，是無所執逃臣也。』是執即拘捕逃臣之義。圉字象擒得逃臣，將其兩手執于刑具之中，又拘于囚室之內。其為追捕之義則同」（甲骨文所見殷代奴隸的反壓迫鬥爭考古學報一九六六年一期）

按：字从「囗」、从「執」，隸作「⿴囗執」。當是「圉」之異構。合集五二一反辭云：「……㚔自……固曰其出來……⿴囗執羌弋」「㚔」與「⿴囗執」同見，是此二者有別。「⿴囗執」乃由「執」所孳乳，既可用為名詞，即拘禁人犯之所。亦用為動詞，即拘捕人犯而納於囹圄。不能據既有「執羌」，亦有「⿴囗執羌」而加以混同。

2606

⿴囗⿰執攴

白玉崢　參⿴囗執字条

于省吾释執，参字条下。

齐文心　参⿴囗執字条

按：字从「囗」、从「執」、从「攴」，乃「⿴囗執」之繁體。參見「⿴囗執」字條。

2607

⿱宀⿱執止

按：字从「宀」、从「執」、从「止」，隸可作「⿱宀⿱執止」。當是「⿴囗執」之異構。合集五九九〇辭云：「隹辛⿱宀⿱執止」乃動詞，當與「⿴囗執」同。

2608

執

按：字从「女」、从「㚔」，乃女性之「執」。商代文字於不同的性別，各有專字，區分甚嚴，不能混同。西周以後，「執」與「⿰女㚔」統一作「執」。

2609

𡫹

按：字从「宀」、从「執」，隸可作「𡫹」。當為「圉」之異構，與「𢍰」同。

2610

𡙁

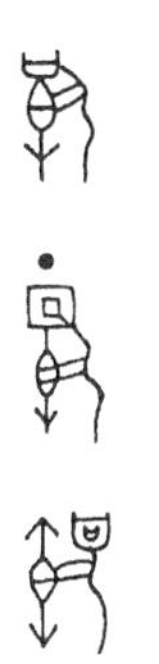

按：此亦「執」之異構，象同時加械於首及手之形。參見2602「執」字條。

2611

㚔

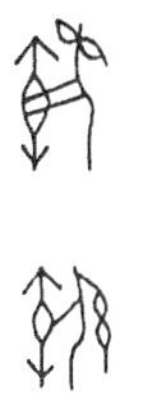

孫海波 「，𠨊三下·四四·一〇。从糸从執，疑執之或体。說文馬部𩣡字或体作縶，与此非一字。今附於糸部之后。　弜𢓊𧃒亡若。」（甲骨文編五〇七頁）

屈萬里 「執作，頗奇詭。……執字於此當作名詞用，謂被執之人也。」（甲釋一一六六片釋文）

俞美霞 「執字，作（殷虛书契前編四·十九·七），說文：『執，捕辠人也。从丮奎，奎亦声。』屈翼鵬曰：『執作頗奇诡，后下三一·八，執作形亦诡异，執字於此当作名词用，谓被執之人也。』見甲释一六九叶一一六六片释文。甲骨文中，被執之人，有头饰及尾饰，其形有如短辮玉人结发为饰，又与彩陶盆群舞人物尾饰相当，而孟子所谓累绁之臣，並于头部繫以绳索，都是指地位卑下人物的装扮，以文字为证，此又一例。」（从甲骨文字谈殷商墓中石人玉人的启示故宫学术季刊第五卷第二期四五頁）

于省吾釋執，參字條下。

按：合集八〇三辭云：「癸卯卜，貞，翌辛亥王尋𡴆以執」

2612 執 

此亦為「執」之異構。或釋「虣」，非是。參見2602「執」字條。

朱芳圃　「上揭奇字，象虎梏其兩足。史記、司馬相如傳云：『射麋腳麟』，集解：『腳，掎足也。』梏虎足與掎麟足，事例相同。考古代狩獵，設梏於山谷中，獸誤觸之，掎住其足，不能逃逸，因而捕獲之也。卜辭云：『幸豕』，（珠四九〇）『幸鹿』，（續一二七）是其證矣。械在手曰梏，在足曰桎，虎無手而字从幸者，蓋以前足為手。易大畜六四：『童牛之梏』，鄭玄謂『牛無手，以前足當之』，（周禮秋官大司寇賈疏引鄭志。）其說是也。」（殷周文字釋叢卷下第一五八葉）

孙海波　「虣，甲二六五八。从虎从幸。說文所无。人名。」（甲骨文编二二五頁）

李孝定　「金祥恆續文編五卷十三葉上收作虞，其說未聞。」（集釋一六九六葉）

屈萬里　「虣字……屢見，似是災害之義。」（甲釋二七七二片釋文）

贾平　「关於虣字，从幸、从虎。幸象桎梏刑具之形。虎自罗振玉以来多误释为虎字。姚孝遂同志指出，虎字，人身虎头，羌（羌）字人身羊头，盖以其头饰不同而命名。从前六・六三・六『虎方其涉河东𣶒，其囚』，知道虎是一个方国名。所以虣字当为带上桎梏的虎方人员，这是一种战俘的名称。我们认为这种解释是正确的。」（读殷虚文字甲编考释古文字研究第三辑二〇八页）

考古所　「虣：字从幸从虎，幸為桎梏，虎在卜辞中可能為邦族之名。此字姚孝遂认为是俘虜之名称（商代之俘虜，古文字研究第一辑）。但此字又可作动詞，其义与執同。如庫九八七：『弗虣𡆥』即『弗執𡆥』，𡆥為方族名，即弗執𡆥族之俘虜或人。若此，則第一段辞可有两种解释。一種叀作动詞，為用牲法，叀虣工，為以某种方法将虎方之工杀死以作犠牲；另一种叀為人名，虣為執，义為叀執工作犠牲以祭雍己。」（小屯南地甲骨九八四頁）

考古所　「虣：在本辞为动词，可能为执字之异构。」（小屯南地甲骨一〇〇六页）

张政烺　「幸象一种刑具（手梏）。虎是野生动物不可以梏致，这里的虎表示凶狠的人头戴『虎冠』者，那么这个字含带有鸷猛的意思。殷虚甲骨文有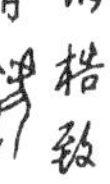（甲骨文编二二五页，字号六二〇），皆禀辛、康丁时卜辞。从字形、字义看都和执字相近。如：

戊辰卜，壴，贞：又来虢自戈，今日其征于且丁。　　　　甲二七七二

贞：又来虢自戈，其丩于……　　　　甲二六五八

……习龟卜，又来虢，其用于……　　　　粹七一五

乙亥卜，其丩虢，其卯……　　　　除四三

甲子卜，其丩虢……　　　　人一八四三

其征丩虢，叀翌日……　　　　甲五五九

王其用虢，叀……　　　　甲七五七

……子卜，虢其用。　　　　掇一三九一

……卜，其用虢，王受……　　　　宁一二九四

按：一期卜辞常见『来执』、『用执』，而且意义相同，如：『壬午「卜」，争贞：「不」其来艮，不其来执，四月』（乙四〇三〇）。『用执用艮』（续二二六八）。从这种种情况考虑，我把虢读为挚。说文卷十二『挚，握持也』，广雅释诂三：『挚，很也』。义皆可通。」（傩壶释文出土文献研究一二八页）

按：字从「乎」从「夲」不从「虎」。「乎」為方國名，此蓋𠂤方被執者之專用字，皆用為名詞，無作動詞用者。義同於「執」，而與「執」有別。

2613

羅振玉　「弓父庚卣作，與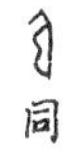同。」（殷釋中四十三葉下）

唐蘭　「字从弓从丨，應是引字，而釋做『弓』。」（導論下廿五葉）

李孝定　「說文：『弓以近窮遠象形。古者揮作弓。周禮六弓：王弓、弧弓，以射甲革甚質；夾弓、庾弓，以射干侯鳥獸；唐弓、大弓，以授學射者。』契文亦象形。唐氏謂作者乃引字，以偏旁分析法衡之，其說亦是。蓋弓象弓弦之弛，與小篆合，則象弦之張，許訓開弓，其引申義也。卜辭均為

人名，辭云「丁酉卜爭貞子弓長口有古（故）」後下·三十·四，「弓歸」沖·二·二六·四，「貞弓芻勿口于詩」乙·一九四五，「乙巳卜㞢貞弓芻于詩」乙·二二六六，「貞弓芻于詩」「貞弓芻勿于詩」乙·三四二二是也。或又為方國之名。「爭貞口勿取弓十一月」前·五·七·六，不能證其為弓抑為引字。作弓者以其辭殘泐。辭云「戊寅卜貞𡧊口弓二十月」前·五·八·三，似為弓矢字」（集釋三八四三葉）

按：字當釋「弓」。契文弓象張弦形。篆文弓象弛弓之形，孔廣居說文疑疑已言之。金文之作弓者，亦當釋「弓」，不得釋「引」。參見「射」字條。

卜辭「弓」為人名。

2614

彈

吳其昌「弓者，亦或作弓弓弓……諸形，乃至有作弓者，凡皆以象撥弓弦以激彈丸之狀已耳。考郭忠恕汗簡卷下之一弓部有弓字，蓋即弓字之小篆寫法也。郭氏自注其下云：「彈。出說文」。蓋郭氏所見唐以前寫本之說文，尚保存此弓字為「彈」字之重文也。故羅振玉即釋此字為「彈」，其言曰「說文解字：「彈，行丸也。从弓单声。或从弓持丸作㢸。」段先生从佩觿、集韵，改「㢸」作弓，改注文作「或說：彈，从弓持丸。」今从卜辭字形，正為弓持丸，与許书或說同」。是也。但此字在卜辭中，茍籀繹其詞意，則实皆為人名。或作「彈」，或作「止彈」，或作「示彈」，或作「虎侯彈」。其人当為文丁之子？而与別有一人名「弓」者，殷人祭之，常相征及。其可容吾人推測者仅此。

作「彈」者：如云：「戊寅卜貞弓」（本片）「癸卯卜貞弓，㲋百，牛百」前·五·八·四，「貞今乎弓，出羊」戩·一六·二·二，「貞弓」林·一·一九·八，「乎弓」明·二一七一，「㞢弓」燕·二二一，……等是也。

作「止彈」：如云：「貞乎止弓」前·五·八·二，「止弓㠯……」前·五·九·一，是也。

作「示彈」者：如云：「……王宜示弓。隹王異，祺八月」前·六·六一·四，是也。

作「虎侯彈」者：

如云「……冊林𠬝侯𢎕……」前・四・三七・五・是也。其實疑皆當為一人也。以他辭所稱「攸侯喜」前・四・一八・一、又董作賓引明义士藏片「从侯知」後・二・五・一〇・以及「侯旨」前・七・三六・一・佚・三七五、之例推之，知「虎侯」，其封爵也。而「亚彈」，寔乃其名也。「前彈」，其名之省稱而最普遍者也。「示彈」，殷代稱謂之特尚，犹壬之為「示壬」，癸之為「示癸」也。所以疑其人或當為文丁之子者，按殷文存一・七・一及愙斋集古錄三・一三，並著錄彈鼎，其文曰：「𢎕作文父丁鬻殷鬻」。

其「彈」字作𢎕，正𢎕字之微变。且其鼎，今為故宮景仁宮藏器（旧藏养心殿。故宮月刊、週刊，均有影本）其形制及高下大小，悉与大盂鼎絶同。幾如一范，知同為殷末周初之作風。故知「文父丁」當即末業殷王之「文丁」，而「彈」當為其子矣。今更以此片推之，此片史實，主要在記祀「且乙」事，而肆及于「彈」「弓」。考文丁之父「武乙」，卜辭中半作「武且乙」；則本片之「且乙」，自當即「武且乙」。本片所祭，一為文丁父，一為文丁子，昭穆位次正同，時代相接可証。且卜辭栔「虎侯彈」之片，前・四・三七・五、其字体為帝乙帝辛第五期作品，一望可知；其文云：「王卜貞」，乃帝紂時史文之特徵，亦可以見「虎侯彈」為文丁之子，故得与帝紂為同時人也。「弓」者，亦殷室宗繫中旁支之人名也。其人与「彈」之世次，當近接而不甚遠距；或略在彈之後。故卜辭中「貞彈」往往連類而「征弓」，如本片云：「……貞彈。征弓。」即前・五・八・三、又下節云：「……征弓」即前・一・一〇・六又如云：「戊寅卜貞于□䄄宗，征弓。七月。」後・二・一二・一五

以上第七片「貞示壬。……征于示癸」之文例推之，知「彈」与「弓」，亦當就示壬，示癸之次接矣。故卜辭中亦有「彈」「弓」二名連文並舉者，如云：「己卯卜貞，𢎕，弓征于□䄄宗熹」。前・五・八・五。郭沫若釋此片以彈弓為一人，偶疏。並「彈」「弓」相接近，而「弓」署後之証也。又必須明辨者，卜辭中名「弓」者，凡二人，一作𢎕，此人是也。一作𢎕，或作「子𢎕」或作「子𢎕」，乃武丁且庚時人，以董作賓說，銅器中又有𢎕父庚卣。殷存・一・三一・一二、二人相距不近，二字截然不紊。此又吾曹所當分別明楚者也」。（殷虛書契解詁一四四—一四六頁）

白玉峥 「峥按：□、□二字，虽均从弓，然非一字。盖□者，实为弹射之弹之初文；象弓弦因受外力之拨动，将弹丸射离弓弦后之瞬间，弓弦所生之弦波之形。弦波，为一连续不断之震动，肉眼看去，为状恍惚，此瞬间恍惚之弦波，乃无状之状；故以⋮状之，字为动词，以表弹动之义，为弹动之本字。□，则状弹丸在弦，将发而未发之状，所描述之重点在□，故其字为名词，为弹丸之弹之本字。是□、□乃二字二义，而非一也。降及后世，□、□合而为一，皆隶作弹，为形声字，以读音分之，故罗（振玉）、吴（其昌）诸氏点以之为一，实则，二字有别也。其在甲文，为用点异。作□者，散见于各期之卜辞，多为人名之专字；见于第一、四期者，单名曰『弹』；见于第二期者，有『丘弹』；见于第五期者，有『虎侯弹』。□，则只见于第一期之卜辞，而为被殷王祭祀之对象，如：

癸亥卜，穷贞：翌丁卯，酒□牛百，于祊？《粹五二八》」（《契文举例校读》《中国文字》第八卷第三十四册三八六二页）

裘锡圭释發，参□字条下。

按：字當釋「彈」，吳其昌已詳論之。此多用為人名。字或从「又」、或从「攴」，多用為動詞，當與此同字，並當釋「彈」。參見2621「彈」字條。字與否定詞「弜」形體有別，不能混同。

2615

彈

羅振玉 「《說文解字》：彈，行丸也。从弓，單聲。或从弓持丸作□。段先生從《佩觿》、《集韻》改弛為□，改注文作『或說彈从弓持丸』。今卜辭字形正為弓持丸，與許書或說同。許君兼存眾說之功亦鉅矣。」（《殷釋》中四十三葉下）

王襄 「《說文解字》：『彈，行丸也，从弓彈声。』或体作□，从弓持丸（依段氏本）。契文之彈象丸在弦之上，与矢在弦上為射之誼相同。契文射作□、□，射盂作□、射爵作□，因可証。契文彈字与許說合，第一彈字作□形，第五、六宋變為□、□，仍是丸在弦上之形，因丸为实質，与弦易混，故断为三画以明之，許书或体之□，从弓从丸，不見丸在弦上之形，殆□形之訛。」（《古文流變臆說》七四頁）

王襄「古彈字。許說行丸也，或从弓持丸。此象丸在弦上，將發之形。與射字𢎗在弦上誼同。」（類纂正編第十二第五十七葉下）

郭沫若「殑字羅振玉釋爲彈，在此殆假爲禪。廣雅釋天『禪，祭也。』」（粹考七七葉下）

陳直「卜辭有云：『發於彈用百牢』。葉濤序云：『咎單作明居篇亡』。史記殷本紀引馬融注云：『咎單湯司空』。卜辭之彈，疑爲單之繁文。」（讀義六葉）

唐蘭「按𢎗羅據說文殑字釋彈似未確，當是弦字象形，後乃變爲弦，更變爲弦字矣」。（卜釋三三葉下）

楊树达「今本紀年云：『祖辛名旦。』按书契前编伍卷捌頁玖版云：『癸卯，卜，貞，彈𢎗百牛百用。』又陆卷陆壹頁肆版云：『△王宾示彈。△隹王△。八月。』按甲文未见旦字，然有彈，又称示彈，确为殷人所称之神名，而彈与旦音同，疑甲文之彈即竹书之旦矣。」（竹书纪年所见殷王名疏证，积微居甲文说卷下五六頁）

李孝定「說文：『弦，弓弦也。从弓，象絲軫之形。』契文作𢎗若𢎗。羅氏據段氏所改彈篆或體作弓者釋此爲彈似未妥，蓋𢎗猶可謂彈在弦上之形，𢎗則不得謂爲象形矣。蓋从𢎗丨者均指事字，以示弦之所在，後變爲𢎗，許君遂以象絲軫說之耳。或謂象弓弦，則从丨作𢎗已足，不煩作𢎗若𢎗。然作𢎗則又嫌於弓若引字單作丨不从弓則又不足以明其爲弓弦，故不得不以指事出之也。字在卜辭爲人名。」（集釋三八五八葉）

饒宗頤「按引字舊釋彈或弦。汗簡𢎗爲彈字，固與此形近。郭氏謂假爲禪。廣雅釋天：『禪，祭也。』余謂此字从弓安。不如釋爲引，廣雅：『矢、雉、引、延，……陳也』。『癸亥卜，旁貞：羽丁卯，酌。𢎗牛百于丁』。（粹編五·八·四）（粹編五二八）此云引牛百，即陳牛百。他辭如：『癸卯卜貞：引𢎗百牛百用』。（通編五·八·三）『己卯卜貞：𢎗，勿征于丁示，熹』。（通五·八·五）又每與征連言。如：『戊寅卜貞：𢎗征尸，七月』。（通編五·八·五）征即延，亦訓陳，與引義同。」（通考二九八葉）

屈萬里「羅振玉釋彈；似未確。此與勿字作𢎗（甲編二四七一）𢎗（二七九五）等形

者，亦不同。侯考」（甲釋二四三葉一九一六片釋文）

白玉峥說參字条下。

按：字亦當釋為「彈」。參見2621「彈」字條。

2616

孙海波　「，乙八二八。从口从弓，說文所无。人名。」（甲骨文編四八頁）

孙海波　「，後二·一七·六。疑呂字。」（甲骨文編六五三頁）

于省吾說參字条下。

按：字从「弓」从「口」，隸可作「」。在卜辭為人名。卜辭人名、地名、方國名每增「口」作為專用字。

2617

弘

按：字从「弓」、从「口」在弓中。多用為人名，但與「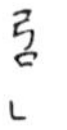」有別。隸可作「弘」。合集一四一二八正辭云：「癸未卜，爭貞，生一月帝其弘令雷」；「貞，生一月帝不其弘令雷」，用為副詞，「」則無此等用法。

2618

　恒

李孝定　「从弓从亙，說文所無。」（集釋三八四七葉）

按：字从「弓」、从「亙」，隸可作「弫」。卜辭累見「王弫」。當是「亙」之繁體，典籍則作「恒」。參見「亙」字條。

2619

⿰弓収 ⿰弓収

按：字从「弓」、从「収」，隸可作「⿰弓収」。合集二八〇〇二辭云：「貞，其叡在不⿰弓収」其義不詳。

2620

彈 ⿻弓丶

裘錫圭釋發，參⿻弓丷字条下。

按：合集九〇九四辭云：「貞，彈其以」為人名。字或从「攴」。古文字从「又」、从「攴」在偏旁中每通作。參見2621「彈」字條。

2621

彈 ⿰弓攴 ⿻弓丶

赵诚 「⿰弓攴，弦。从弓上有弹丸，从攴使之弹出，当是弹之初文，为会意字。本义应是一般意义上的弹击。甲骨文用作动词，似用其本义，如『⿻弓丶𠂤三𠳋』……（人一九一〇）、『⿰弓攴U𠂤』……（宁一·二九一）。」（甲骨文简明词典三一七页）

赵诚 「⿰弓攴，弦。从弓上有弹丸，从攴使之弹出，当是弹之初文，为会意字。或写作⿻弓丶……隶定当作弦，与弦同字，或简写作⿰弓攴，构形之意同。说文从弓单声的『弹』，乃後起形声字。甲骨文用作用牲之法，为弹击之义，似用其本义。由此再引申用作祭名。」（甲骨文简明词典二四一页）

2622

彈 

柯昌濟　「攸字古文从亻从攴，秦嶧山刻石：『德惠悠長』之悠作攸，与此文同。」（殷墟卜辞綜类例证考释，古文字研究十六輯一五〇頁）

孫海波　「疑為文彈合文，前編卷六第六頁一四片亦彈合文作𢏳，與此同。可證卜辭弓矢之已有彈弓也。」（誠齋考釋七葉）

羅振玉釋彈，象彈丸之形。唐蘭以為弦字。余遊殷虛，見與甲骨同坑所出之彈丸甚多，知殷時

裘錫圭釋發，參[字形]字条下。

按：說文：「彈，行丸也。从弓單聲。𢏚或从弓持丸」（大徐本）。契文[字形]、[字形]、[字形]並當釋「彈」，从又，从攴偏旁可通。廣雅釋言：「彈，拚也」。「拚」，說文作「拼」。御覽引字林：「彈，拚也，拚使戰動掉彈也」，契文从弓从又，或从攴。「使戰動掉彈」當為「彈」之本義。从弓單聲，乃後起之形聲字。字亦作「弹」。玉篇：「青州謂彈曰弹」；廣雅釋器：「弹，彈也」。

卜辭「彈」為用牲之法，辭云：

「其彈廿人」　綴一．三九二

「䜌彈五十」　後下六．七

「彈」有擊義，蓋謂擊殺之。引申之為祭名：

「彈，王受又」　粹五九三

「其彈」　粹一五四二

粹五九三同版有「羌十人又五王受又」，粹一五四二同版有「三牢，五牢」，卜辭祭名與用牲之法實無所區分。

清一之「子彈」為人名。

裘錫圭说参[字形]字条下。

按：合集五五五八辭云：「貞，吁彈入御事」

為人名。當為「𢎿」之異構。亦當釋「彈」。字不从「弓」，二者形體有別，釋「發」不可據。

2623

射

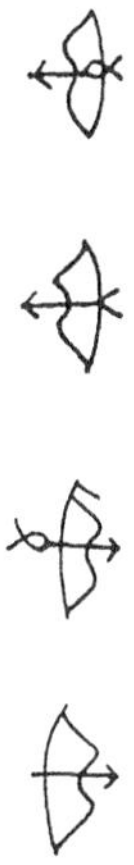

羅振玉 「說文解字䠶从矢从身。篆文作射，从寸。寸，法度也，亦手也。卜辭中諸字皆爲張弓注矢形，或左向，或右向。許書从身，乃由弓形而譌，又誤横矢爲立矢。其从寸，則从又之譌也。古金文及石鼓文並與此同。」（殷釋四十三葉下）

王襄 「說文解字：『䠶，弓弩发于身而中于远也。从矢从身。篆文射从寸，寸法度也，亦手也。』段注云：『射者小篆，則䠶者古文，此亦上部之例也。』契文射象矢著于弓之形，后則演变从又。許书䠶之从矢，犹存古文遺誼，从身則弓之訛，小篆从寸乃又之譌。契文之弓或作[glyph]，既非弓形，更不合成規之制，其譌明甚。射盉作[glyph]，鬲攸比鼎作[glyph]，皆与契文同。古鉢作[glyph]，弓形微变，然尚不作身。」（古文流变臆說四八頁）

王襄 「古射字，象矢在弓弦將發之形。」（類纂正編第五第二十六葉上）

郭沫若 「按萃一三〇辭云『乎[glyph]，《乎[glyph]』。射盂殷為謝，告也。」（粹考二四葉背）

又曰：「按：萃八一辭云『射[glyph]以芍用自圉子甲中』射殆官名，如周官之有『射人』也。[glyph]乃人名。」（同上十七葉上）

唐蘭 「[glyph]或[glyph]，舊逕釋為䠶亦非。當釋為矤或𢎿，後誤為䠶。[glyph]則䠶字，後誤為射。」（導論下廿五葉）

楊樹达 「戩寿堂殷虚文字九頁二版云：『其射二牢，叀伊。』王静安考释无说。余谓此因祭伊尹而射牲也。周礼夏官射人云：『祭祀則贊射牲。』又司弓矢云：『凡祭祀，共射牲之弓矢。』国语楚语云：『观射父曰：天子禘郊之事，必自射其牲；诸侯宗庙之事，必自射其牛，刲羊，击豕。』据甲文有射牢之文，知周之射牲亦因於殷礼也。史记封禅书云：『上与公卿诸生议封禅，封禅用希，旷绝，莫知其仪礼，而群儒采封禅尚书周官王制之望祀射牛事。』续汉书礼仪志云：『立秋之日，自郊礼畢，斩牲於郊东门，以薦陵庙。其仪：乘輿御戎路，白马朱鬣，躬执弩射牲，斩牲之仪，名曰貙刘。』又祭祀志云：『立秋之日，天子入囿，射牲以祭宗庙，名曰貙刘。』据此三文，知汉世尚行此礼矣。」（射牢，卜辞琐记四页）

徐中舒　「甲文作□（押八六八），象矢在弦上之形。金文作□（静簋），从手；石鼓文作□，字形已讹变。说文作䠶，误弓为身，误又为寸。」（怎样研究中国古代文字，古文字研究第十五辑五页）

陳夢家　「三百射或作射三百，與三族、馬並卜，故知是一集體。殷代師旅似以百人為一小隊，三百人為一大隊。三𠂤分左、右、中三隊，所以有『中人』『右人』之稱。戰國時楚有『中射』之官，見韓非子十過篇吕覽去宥篇，史記張儀傳作『中謝』。」（卜辭綜述五一三葉）

李孝定　「許書訓『況詞』之『矤』若『矧』與『䠶』實為一字。自小篆誤弓為身，復於語詞之矤別構，音讀遂截然歧為二字耳。……䠶矤之為一字固無可疑也。」（集釋一八〇七葉）

饒宗頤　「按射為官名，泛稱曰多射。亦曰『射百』。」（通考三六五葉）

饒宗頤　「按謝義云：『天子將祭，必先習射于澤，已射于澤而後射于射宮。射中者得與于祭，不中者不得與于祭。』又國語：『天子郊禘之事，必自射其牲。』故周禮夏官：『司弓矢供射牲之弓矢。』『貞：兄庚歲，其射。』（見粹編三二九）此辭『射』字釋為射牲，亦無不可。」（通考九八五葉）

考古所　「六射：此次仅見。射，可能是射手，或与三百射、射三百義同。」（小屯南地甲骨一〇一四頁）

按：羅振玉釋「射」之形體是正確的。唐蘭以為當釋弦，其說似是而非。小篆「弦」字實由「引」字所孳乳。與「䠶」字無涉。慧琳音義引說文古文作「弘」，廣韻亦有「弘」字，方言：「弦，長也」，即以「弦」為「引」。說文以「弦」為「引省聲」，今作「矧」不省。李孝定申唐蘭之說，以䠶、弦為一字，非是。

卜辭「射鹿」、「射豕」習見，指射獵而言。「乎射」乃其省語，不得讀為「謝」。又卜辭從未見「射牢」連言者，楊樹達將分屬兩段卜辭連讀，是以致誤。

弘　引

羅振玉　「說文解字：『弘，弓聲也。从弓，厶聲。厶，古文肱字。』卜辭从弓从丿，與毛公鼎同。」（殷釋中四十四葉下）

王襄　「古弘字。」（類纂正編第十二第五十七葉下）

李孝定　「羅釋弘是也。字在卜辭為人名。此字小篆為形聲，而金文契文似並為象形。疑丿實象弓上之一附件，所以固定矢之位置，猶矢之有括也。」（集釋三八四五葉）

饒宗頤　「『已亥卜，喜貞：羽庚子，妣庚歲，其弘罕。』（綴合編一八）按罕上一字作弘，孫氏釋弘，弘罕應即大罕。」（通考一〇二四葉）

饒宗頤　「按卜辭『洹弘』句，弘，大也，蓋卜問洹水大，弗傷邑否？」（通考八二〇葉）

白玉峥　「弘，貓頎先生釋弘。罗振玉氏曰：『卜辞从弓从丿，与毛公鼎同』（考释中四四）。峥按：說文解字：『弘，弓声也，从弓厶声。厶，古文肱字』。与甲骨文合。惟谓为形声，疑非。高笏之先生谓为指事（中国文例三·三四），是也。」（契文举例校读十六中国文字第五十二册五八六〇页）

考古所　「祭名或用牲法。」（小屯南地甲骨八五一页）

于豪亮　「云梦睡虎地秦简辛81简：『轻车、赿张、引强』，引字写作乁。长沙马王堆帛书周易萃：『引吉』，引字写作乁；帛书经法：『法者，引得失以绳』的引字和导引图中的引字则与周易中的引字写法完全相同。把秦简同帛书的引字相比较，不难看出两者引字的写法大体相同，不同的是帛书引字所从的弓字末一笔向上延伸，字形稍有变化而已。

这个引字，常见于金文和甲骨文之中。秦简的写法同甲骨文、金文的写法相同，帛书的写法也同甲骨文、金文的写法根相近。在甲骨文和金文中，以前都将这个释为弘，根据秦简和帛书，可以肯定这个字是引字，不是弘字。因为『引强』不可释为『弘强』；周易萃的『引吉』，又有新本对照；《导引图》中引字多次出现，更不可释为弘字。

我们知道这个字不是弘字而是引字之后，就可以对与这个字有关的甲骨文、金文的辞句作进一步的考察。

甲骨文常见「引吉」一词，以前释为「弘吉」。释为「弘吉」，对于这样一种情况无法作出合理的解释：《尔雅·释诂》：「弘，大也」。「弘吉」就是「大吉」，两者的含义完全相同。但是，在甲骨文中，在同一时期，同一笔迹的卜辞中，我们既看到了使用「乃吉」这个词，又看到了使用「大吉」这个词。例如：

乙巳卜，貞王田稌，往來亡（无）巛（災）？王乩曰乃吉。在三月。 前二·三六·七

戊戌王卜，貞田弋，往來亡（无）巛（災）？王乩曰大吉。玆御。獲犯十又三。 前二·二七·五）

这两条是帝乙时的卜辞；笔迹相同，是同一人的手笔；所卜也同是田猎的事。然而在卜辞中却既有「乃吉」，又有「大吉」。如果象前人那样，释「乃吉」为「弘吉」，而「弘吉」又是「大吉」，为什么不干脆统统写成「大吉」，而要有的写成「乃吉」，有的写成「大吉」？

把「乃吉」释为「引吉」，问题就可以迎刃而解了。《尔雅·释诂》：「引，长也。」《释训》：「子子孙孙，引无极也。」「引吉」就是「长吉」，和「大吉」的含义并不相同。因此，对于同一时期、同一卜人、所卜的事也相同，而用词有「引吉」和「大吉」之分，也就容易理解了。

卜辞有「引吉」，又有「大吉」，同《周易》颇为一致。《周易·萃之六二》：「引吉，无咎」；《萃之九四》：「大吉，无咎」。也是既有「引吉」，又有「大吉」。这样看来，《周易》实在是殷代占卜的继承和发展。如果释为「弘吉」，就与《周易》不合，因为《周易》并没有「弘吉」一词。所以，从《周易》我们也可以推知，此字必然是「引」，不是「弘」。

释此字为「引」，也有助于对金文字句的理解。

《毛公鼎》：「丕显文武，皇天引厌厥德，」叔夷镈：「余引厌乃心」，这两句话同《洛诰》：「万年厌乃德」的句子相同。「万年」是长久之意，「引」也是长久之意。如果释为「弘」，就与《洛诰》的「万年」含义不合。这也可以证明此字当释为「引」。

《毛公鼎》：「丕显文武，皇天引厌厥德，」

《毛公鼎》：「令女（汝）辟（乂）我邦我家内外……死（尸）毋（毋）童余一人在立（位），引唯乃智（智）。」童读为动，《左传·宣公十一年》：「冬，楚子为陈夏氏乱故，伐陈，谓陈人无动，当讨于少西氏。」动，义为动摇。《毛公鼎》的「毋（毋）童」同《左传》的「无动」含义相同。「引唯乃智」的引也是长久之意。铭文记述周宣王任命毛公主持内外一切事务，希望他巩固王位，并表示自己永远依靠毛公的才智。释此字为引，文义就比较通顺易懂，释为弘就不可通。

毛公鼎：「无唯正䎽（昏），引其唯王智（智），迺为是丧我国。」文义是：无论王正确与否，老是认为王有才智，这样就会亡国。释此字为引，就可以通读，释为弘就不可通。

秦公簋和秦公钟都有「高引有庆」一语。广雅释诂一：「高，远也。」国语周语三：「有庆未尝不怡」，注：「庆，福也。」因此「高引有庆」即长久有福的意思，旧释引为弘，也不可通。

毛公𥃝鼎：「其用𠭯，亦引唯考」。𠭯读为侑，尔雅释诂：「侑，报也。」字亦作右，诗雝：「既右烈考，又右文母」。考，国语周语三：「所以侑洁百物，考神纳宾也。」注：「考，合也。……用之宗庙，合致神人。」唯读作为。意思是，铸作此鼎，既用之于侑祭，又永为合祭之用。

这里需要指出的是，金文中有㔾字。吴彝的「𠦪㔾、朱虢、䩛、虎冟」，牧簋的「朱虢、㔾、䩛、虎冟」，正好与诗韩奕的「鞹鞃浅幭」相当。虢与鞹通，冟与幭通，虎皮即浅毛，因此㔾就是鞃字。㔾既是鞃，当然可以读为弘。毛公鼎：「㔾我邦我家」，录伯𢦚簋：「惠㔾天令（命）」，这个㔾应读为弘，作弘大解。毛公鼎中引字凡三见，㔾（弘）字一见，前人将引字释为弘字，不但不能正确解释此字的含义，也不能说明为什么在同一篇铭文中，同一个字会有两种截然不同的写法。因此，甲骨文和金文中的𢎘字，应释为「引」。」（说引字考古一九七七年第五期三三九页）

于省吾　「说文弘字作弘，并谓：「弘，弓声也，从弓厶声。厶古文肱字。」许氏误以弘为形声字。甲骨文弘字作𢎘或𢎘，西周金文作𢎘。其弓背隆起处乃弓的高出部分，故典籍多训弘为高为大，高与大义相因。金文弘字的右侧已由邪划变为弯划，而小篆的弯划又与弓形分化为二，故作弘。𢎘字的造字本义，系于弓背隆起处附一个邪划，作为指事字的标志，以别于弓，而仍因弓字以为声。」（甲骨文字释林释古文字中附划因声指事字的一例）

于省吾　「弘字甲骨文作𢎘或𢎘，商代金文作𢎘或𢎘，西周金文作𢎘，小篆作弘。说文：「弘，弓声也，从弓厶声，厶古文肱字。」按许氏本小篆为说，既误以厶为古文肱，又误以弘为形声字。自来文字学家既不解弘字的初文为什么作𢎘？也不解小篆为什么作弘？我认为，甲骨文弘字作𢎘，在弓背隆起处加一邪划以为标志，于六书为指事，而说文误认以为声符。弓背隆起处是弓之强有力的部分，故弘之本义为高为大，高与大义相因。这是就弘字的初形来说明弘字的本义。这样解释难免有人以为肊测，所以有进一步加以阐释的必要。《释名·释兵》：「弓，穹也，张之穹隆然也。」章炳麟《文始》：「古者挥作弓，孳乳为穹，窮也。《诗》以念穹苍，则穹有隆高义，犹劉躬也。弓形穹，故孳乳为穹，声转亦与劉躬相应。名以弓者，又象其声，孳乳为弘，弓声也。弘又变易为弸，弓彊皃也，弓强则声高，弘亦本有彊义。」按释名和章氏是以声训来说明弓有穹隆或高强之义。其实，弘字的本义，其邪划专指弓背穹隆处言之，而仍以弓为声符。而其本义则专指弓背的穹隆处言之。

第一期甲骨文多以弘为人名。第三期甲骨文的「其弘印」（《粹》四五），典籍中多训弘为大，大与高强之义本相涵。弘印犹他辞之言大印。第五期甲骨文多以弘吉为合文，弘吉犹言大吉。

总之，ᓰ字，甲骨文和商代金文均加一邪划于弓背的隆起处，以标志高大，于六书为指事。其所从的邪划，本非独体字，周代金文弘字多作ᓰ，其所附加的弯划，是由邪划所演变。后来弯划又与弓形分化，因而演变为小篆的弘字。这就是弘字演化的源委。」（释弘《甲骨文字释林》三五一——三五三页）

按：金甲文「弘」字均不從厶聲，「弓」作ᗑ者，象張弦形，其作ᓰ者，上象弓體，下象弦弛而下垂。弦之或張或弛均為「弓」。「弘」字作ᓰ，當為指事，亦弦之絶。卜辭「弘吉」多見，其義為「宏」。又用為祭名：

「貞，弘祖辛」（《京津》八二三）

「其弘戌宰」（《甲》二六五七）

「翌庚子妣庚戌其弘宰」（《鐵》三四八）

屈萬里《甲二六五七考釋》疑「弘」為「匕乙」二字之合文，非是。

又「弘」為人名：

「叀弘乎田」（《洽》二六八）

「弓令弘」（《前》五・一五・二）

ᓰ字所从之ノ，正當彄處，即弓耑弦之所居。李孝定《集釋》三八四七謂「象弓上之一附件，所以固定矢之位置」，矢不得位於弓耑彄處，蓋誤以下垂之弦為弓體。于豪亮據秦漢簡牘帛書、《說文》訓「引」為「開弓」。弓弦已弛，無從開弓，釋「引」似有未安。結合典籍所載，進而釋讀甲骨、金文諸字為「引」，論證周詳，精深通達，或以余之囿於成見，因陳所疑，以求進一步之考索。

勿 彡 彡

王襄「彡古勿字」。（簠天第四葉）「與毋通，禁止之詞」。（簠游第廿五葉）

胡光煒「彡或作彡，余緣文義，釋為『勿蒴勿伐』之勿，在卜辭與彡異字，彡為物之省，其義為雜色牛」。（甲骨文例下卷二七葉上）

董作賓「勿與不弗亡等字略同，皆有否定及禁止之義」。（見朱芳圃文字編九卷五葉下引亦見佚存三二葉上）

唐蘭寫作彡，無說。（天壤文釋二六葉二一片丙）

徐協貞釋彡，見通釋一卷四葉，謂亦方名。

郭沫若「勿乃笏之初文，古人于笏上書事以備忘，字正象其形」。（粹考三葉下又六六葉上）

吳其昌「『㐱』者，卜辭作彡彡……諸形，孫詒讓曰：『……其字当為㐱。說文彡部「㐱，稠髮也。从彡，人聲」。此从「人」而省「彡」為「彡」，当為「眕」之借字。尔雅释詁云：「眕，告也」。曲禮：「眕于鬼神」，郑注云：「眕，致也，祝告致于鬼神辞也」。此亦当謂卜告致鬼神及人之事，故有以貞㐱並举者，如云：「貞㐱出于父甲」。鐵一一四·一、「貞㐱出于且辛」。鐵五四·一、「貞㐱，乎，告」鐵·八九·三、是也』。泽例·一·一五、其昌按孫說致碻，至今无人能易之；但疑為華飾之义。胡光煒以彡為否定辭，同于『勿蒴勿伐』之『勿』。見甲骨文例·下·二七、亦通。此云『㐱，乎，……』乎即呼也；謂㐱祭而呼告也；亦其証矣」。（殷虚书契解詁第一七五——一七六頁）

屈萬里「彡當是勿字，疑召書者所刻，故筆畫多所譌變」。（甲释二四七一片十四辭）

赵诚「彡，勿。构形不明。甲骨文用来指称物色，即後代所谓的云气之色，则为借音字。从这种意义上说，勿即物色之物的初文。古代占侯，多望云气。周礼保章氏：“以五云之物，辨吉凶水旱降丰荒之祲象。”郑注：“物，色也，视日旁云气之色”，“知水旱所下之国”。汉书明帝纪：“观物变”。章怀太子注：“物谓云色灾变也”。即指此。有这样一条卜辞：“彡𡆥𡆥出䧹𠂤𡆥”……意思是说云气呈现，有渝变，但无灾害。这和后代望云气以占侯的用意显然相近。”（甲骨文简明词典一八八页）

孙海波 “彡，佚四七五。字形不可识。卜辞用为否定辞，其义有近于勿。今坿列于勿字下。丙勿步。”（甲骨文编三八七页）

李孝定 “栔文勿字作彡彡彡诸形，其从两或三斜画，均不与中长画相连；此与勿字作彡彡彡，其数斜画中，必有一画与中长画相属者，判然有别。栔文勿字之义，均作否定词用，无一与牛字连用作杂文牛解者，而彡字之义则反是。凡语辞皆假借字，勿之本义，当以许书之说解为正，盖象旗柄有三游之形……卜辞物牛勿牛当以论语何注：“犂，杂文。”淮南说山高注：“牛不纯色。”为其本义……金文无犂及物字，而有勿及勿字，惟勿及勿二文，其义均为语辞弗不之勿，如盂鼎：“……王曰：盂若敬乃正，勿废朕命。”毛公鼎，师虎毁勿对。”师嫠毁云：“敬夙夕勿瀍（废）朕命。”名伯虎毁云：“勿敢字作彡，与栔文同，盖亦由形近义同而致混用矣。”彡字均当释为否定词之勿，（读栔识小録，历史语言研究所集刊第三十五本四六至四八页）

赵　诚 “勿，甲骨文写作彡，或写作彡，左右无别。构形不明。卜词用作副词，表示否定：

贞，勿乎伐吕方。（存一·五五九）——乎，即呼，有命令之义。吕方，与商王室为敌之方国。

贞，勿令帚妌黍。（续四·二七·六）——帚妌，人名。黍，动词，近似现代说种黍。勿字，有隶定作弜。”（甲骨文虚词探索，古文字研究第十五辑二八三页）

裘锡圭 “既然甲骨文的“勿”字确实应该释为“勿”，那末甲骨文中与金文、古籍的“勿”字相当的“弜”，究竟又是甚么字呢？下面就来讨论这个问题。

甲骨卜辞所用的字往往随时代而变化。用“弜”为否定词的，绝大多数是第一期和第二期的卜辞。在此以后，似乎只有第三期卜辞中格式与第二期比较接近的那种卜辞，使用过一些作为否定词的『弜』字。三期卜辞的『弜』字大都写作弜、弜等形：

丙辰卜口鼎（贞）：其賓。

鼎（贞）：弜賓。（粹四二四）

鼎（贞）：其洣。

鼎（贞）：弜洣。（甲二五〇一）

癸亥卜，鼎（贞）：叀勿（物）。

癸亥卜，鼎（贞）：弜勿（物）。（甲二六三二）

鼎（贞）：叀勿（物）。

鼎（贞）：弜勿（物）。（甲二七九五）

丙辰卜，狄，鼎（贞）：□卅牛。

丙辰卜，狄，鼎（贞）：弜□。

甲子卜，狄，鼎（贞）：王異其田，亡（无）巛（灾）。

甲子卜，狄，鼎（贞）：王弜巳田。（甲三九一五）

壬戌卜，狄，鼎（贞）：王父甲口其豐。

鼎（贞）：弜（弜字未刻全）豐。

鼎（贞）：叀庸用。

鼎（贞）：弜庸。（甲三九一八）

鼎（贞）：弜巳。（甲二六九五）

鼎（贞）：王弜卿（飨）。（甲一五三九）

它们显然是『弜』字较原始的形式。第一期卜辞中用作否定词的『弜』字，一般写作弜，但是也有少数写得比较原始，例如：

鼎（贞）：来乙丑弜乎（呼）子□出于父乙。（续一·三〇·四）

鼎（贞）：弜□豕。（燕二三四）

壬口卜，□，鼎（贞）□弜步戠。（京津三〇二七）

也许有人要问：为甚么卜辞中否定词『弜』时代较晚的写法，反而比时代较早的古老呢？这是容易解释的。卜辞中有些常用字往往用一种特殊的简体来刻写。有的简体早期用了，晚期却没有用。这样就出现了晚期的写法反而比早期古老的现象。例如地支的『子』字在一至四诸期卜辞中大多作□或□，在第五期卜辞中则大多作□。后一种写法显然比前一种古老。『弜』在第一期卜辞中是常用字，所以在『弜』字的写法上也出现了与『子』字类似的现象。

在第一期卜辞中，『弜』字除了用作否定词以外，还有别的用途。『弜』的简体弜主要用作否定词。在『弜』字用来表示其他意义时，通常仍然使用与三期『弜』字类似的正体：

鼎（贞）：[illegible]乎（呼）弜出口　铁一六二·二

令弜希冀臣。　乙四〇六五

丙戌卜，𠂤：令弜。　京津三〇三〇（存上一四四五）

鼎（贞）：乎（呼）丘弜☒

☒丘[illegible]取☒　前五·八·二

鼎（贞）：「六」弜不允寅。　前五·九·一

六弜允寅。　续四·一六·一一

乙未卜，殻，鼎（贞）：六弜（下部残缺）☒　林二·二一·一

王固曰：弜允☒　林二·三·一七

上引前三条卜辞里的正体『弜』字，是用作人名的。其他各条的『弜』也有可能是人名，至少它们不会是否定词。第一条卜辞里有两个『弜』字。第二个是人名，用正体。第一个是否定词，就用简体。在一条卜辞中，重见的字由于有两种用途而写成两种形式的现象，是确实存在的。下面所举的重见『鼎』字的卜辞就是很好的例子：

鼎（贞）：鼎（鼎）隹（唯）𡆥酒。十三月。

「口口卜」殻，鼎（贞）：王鼎（鼎）从𡆥乘☒　缀二八（京津九八一）

癸卯卜，争，鼎（贞）：下乙其㞢鼎（鼎）。王固曰：㞢鼎（鼎）上隹（唯）　续三·四三·一

大示王亥㞢☒酒，明雨，伐「既」雨，咸伐㞢「雨」，𢼸卯鳥，大启易。　丙五六二

『鼎』『贞』古音相近。『贞』字本作『鼎』，从『卜』『鼎』声。『鼎』字后出，殷人是借『鼎』为『贞』的。卜辞中借为『贞』的『鼎』字通常写作鼎，是由『鼎』字作鼎的一体简化而成的（注释：有些卜辞中借作「贞」的「鼎」字，写法与一般「鼎」字无别，看甲骨文编一四八——一四九页「贞」字条。三〇五页「鼎」字条所收之字，有的也是假借为「贞」的。金文编把大部分借作「贞」的「鼎」字直接释为「贞」，这是不妥当的。金文又常常借「鼎」（贞）为「鼎」。小徐本说文「鼎」字下说：「古文以贞为鼎，籀文以鼎为贞」，与古文字资料可以互证。金文编把借作「鼎」的「贞」字释作「鼎」，是错误的。）在上引卜辞里，借作『贞』的『鼎』字简体，与一般的『鼎』字同时出现。这与『弜』字的正简二体同见于一辞的情况十分类似。

在一片字体较特殊的接近于𠂤组的第一期卜甲上，有贞人『弜』之名：

丙午卜，弜，鼎（贞）：元不𢦏。

丙午卜，弜，鼎（贞）：並不𢦏。……　甲缀五八

此版人名「㝵」用简体，是一个特例。卜辞里称呼人多用族氏。贞人㝵与见于前面所引的第一期卜辞的名「㝵」者，可能是同族人，也可能就是一个人。

「㝵」的正体在第五期卜辞里偶而也能看到：

丁丑，王卜，鼎（贞）：今囚巫九备口毁𤉲侯[glyph]口尤眔二数，余其从戋，亡（无）
十自上下☒受丞（有祐），不曾𢦏，囚口邑商，亡（无）巷才☒　前四·三七·五

这条卜辞中的「㝵」似乎也是人名。

商代青铜器中有[glyph]鼎、[glyph]觥。这两件铜器铭文的「㝵」字，也是用作人名的。

甲骨文中还有一个从「㝵」的「敀」字，大都见于第一期和三、四期卜辞。

第一期卜辞的「敀」是人名：

癸未卜，殻，鼎（贞）：力（旬）亡（无）囚。王固曰：𠦪乃兹㞢（有）希（祟）。
六日戊子，子[glyph]其。一月。　菁一
☒子[glyph]☒　人文一三六a
☒鼎（贞）：[glyph]其以。　乙一七四五
☒[glyph]以。　乙一七六六

上引第三条卜辞[glyph]字从「又」，根据辞例可以断定是「敀」的异体。子敀和敀似应为一人。

第一期卜辞中还有一个从「㝵」从「[glyph]」的字：

鼎（贞）：乎（呼）[glyph]入御（御）事。　续五·一五·六（簠人八三）

甲骨文「登」字作[glyph][glyph][glyph][glyph]等形，所从的[glyph]也可以写作[glyph]。所以「[glyph]」有可能是「敀」的异体。这个字在上引卜辞中也用作人名，明义士认为与敀是一人，可能是正确的。

三、四期卜辞中的「敀」，是祭祀用牲的一种方法：

其[glyph]廿人。
卅人。　掇一·三九二（宁沪一·二九一）
羌，[glyph]五十。　后下七·六
卯，[glyph]三牢（或应作「敀自☒」，「卯三牢」为另一辞）。　人文一九一〇
牢，王受又（祐）。
[glyph]，王受又（祐）。　金三五一
☒岁口口叀舊册牢用，王受「又」。　人文一八七八
[glyph]，王受又（祐）。
[glyph]，王受丞（有祐）。
岳燎叀舊栅用三牢，王受丞（有祐）。

☐𢎺王☐　　　　字沪一·三一四

𢎺又正。　　　　鄴初下三三·一二（存上一八六〇）

其𢎺。

三牢。

五牢。粹一五四二

弜𢎺用，其𢎺。明后二二〇四（南北明五六九）

最后一辞的「⿰弓又」字，也是从「又」的。

三、四期卜辞中还有个从「弓」从「攴」的字：

羌十人又五，王受又（祐）。

𢎺，王受又（祐）。粹五九三

这个「⿰弓攴」字的用法与上引金三五一等辞的「⿰弓攴」字全同，无疑是「⿰弓攴」的异体。

从上面所举的资料来看，「𢎺」应该是「發」的初文。「𢎺」字比较原始的写法显然象弓弦被拨后不断颤动之形。「⿰弓攴」，应该是「𢎺」的繁体。加「攴」旁，大概是为了使拨动弓弦之意表示得更明白些。古文字中「乍」字也可以写作「⿰乍攴」，可与此同例。上引乙一七四五、明后二二〇四二片的「⿰弓又」字从「又」，正象以手發弓之形。可能是先有这种写法，然后才演化出从「攴」的写法来的。古文字中「射」字有⿰弓又、⿰弓攴二体（注释：甲骨文编二四二页，金文编二九三——二九四页。甲骨文中也有从「又」的「射」字，见甲二五三三、后上五·一一等，甲骨文编失收），与「𢎺」或作⿰弓又同例。「𢎺」字加上「攴」旁以后，就是不再画出弓弦颤动之形，發射之意也已经能够表明，因此就出现了把「𢎺」旁简化为「弓」旁的「⿰弓攴」字。后来，「⿰弓攴」所从的「攴」又被加上「癶」旁而改造成声旁「癹」（發）。这样，表意字「⿰弓攴」就转化成形声字「發」。最后这一步至迟在春秋时代已经完成，因为在春秋后期的工𫹰太子剑上，「發」字就已经写作⿱癶⿰弓攴了。

说文弓部：「發，射發也。从弓，癹声。」「癹」字从「殳」的写法晚于从「攴」的写法。上引甲骨文「癹」字和工𫹰太子剑「發」字的「癹」旁都不从「殳」。六国官印「發弩」之「發」通常假借「癹」字，字作⿱癶攴、⿱癶支等形，也不从「殳」。汉印「發」字或作⿱癶⿰弓攴，鲁峻、衡方等碑「發」字皆从「文」，尚存古意。……

把「𢎺」和「⿰弓攴」释作「發」，从它们在卜辞中的用法来看，也是合理的。

卜辞中的「𢎺」字大都用为否定词，用法与「勿」字极为相似。从上古音看，「發」和「勿」都是唇音字（这也是古代全部否定词的共同特征）。「發」的韵母属祭部，「勿」的韵母属物部，这两部的关系非常密切。所谓上古音，实际上就是周秦音。在商代，「發」「勿」二字的读音可能比周秦时代更为接近。卜辞中用作否定词的「𢎪」和「勿」，很可能是语言里同一个词的不同假借字，就象「余」和「予」、「女」和「汝」一样；也可能是音、义皆近的一对词，就象「叀」（惠）和「隹」（唯），「于」和「於」一样。

在第一期卜辞中，「㢭」是人名，「𢎪」有时也用作人名。但是㢭又称子㢭，「𢎪」上则从不加「子」称。大概㢭和𢎪不是一个人，所以分别用「發」字的不同写法来记他们的名字，以便于互相区别。

在三、四期卜辞中，㢭是祭祀用牲的一种方法。「發」字古训「射」。《礼记·射义》「發彼有的」郑注：「發犹射也」。据古籍记载，祭祀时有射牲之礼。在甲骨文中也可以看到「癸丑口又升口于大乙乎（呼）射」、「叀伊其射二宰」等卜辞。释「㢭」为「發」，对于三、四期卜辞的「㢭」字显然是合适的。在上古汉语里，「發」字与「射」字一样，也可以表示被射对象的那个词直接跟在后面当宾语。《诗·小雅·吉日》「發彼小豝，殪此大兕」，是最清楚的例证。所以上引的「其發廿人」、「羌，發五十」等卜辞，在语法上也完全讲得通。……

……《逸周书·世俘》：

时四月既旁生魄，越六日庚戌，武王朝至燎于周……武王乃廢于紂矢恶臣人（此字多家多以为衍文）百人，伐右厥甲，小子鼎；大师伐厥四十夫，家君鼎。

这是一条极为宝贵的人祭史料。《世俘》上文说：「二月既死魄，越五日甲子，朝至接于商，则咸劉商王紂，執矢恶臣百人……」，又说「癸丑薦殷俘王士百人」。上揭引文中提到的武王所「廢」的「紂矢恶臣百人」，就是伐紂时所執的「矢恶臣百人」，也就是癸丑那天所薦的「殷俘王士百人」。「矢」和「夫」都应该是「大」的误字。「夫」、「大」二字不但字形相近，而且本来就是由一字分化的，甲骨、金文里时常把「大」字当「夫」字用。「矢」字和「大」、「夫」二字形近，彼此也很容易相混。古文字中「大」形常常讹作「矢」形，《周礼·春官·乐师》「燕射帅射夫以弓矢舞」，郑注：「故书……射夫为射矢……郑司农云：……射矢，书亦或为射夫」，皆可证。「恶」从「亚」声，在此当读为「亚」。亚是卜辞和金文中常见的官名。于省吾《荀子新证》认为「紂臣恶来之名本应作亚来，亚、恶古同字。《易·繫辞传》『知天下之至賾而不可恶也』，《释文》『恶，荀作亚』……亚来，亚其官，来其名也」。其说与此可互证。「紂大亚臣」当指紂手下高级的恶和臣（西周时代的[illegible]盨铭有「大亚」官名，可参考）。《墨子·明鬼》：「武王……与殷人战乎牧之野，王乎（呼）禽费中、恶来。」「紂矢（大）恶（亚）臣百人」中大概就有「恶（亚）来」在内。与亚並提的臣，当是见于卜辞的小臣、多臣一类人。这类人往往有很高的地位，与一般的臣、妾截然有别。

「廢」字当读为「發」。「廢」从「發」声，二字古书通用。王念孙《读书杂志·史记·平原君虞卿列传「發」字条，举出了很多「發」、「廢」相通的例子。此外，还可以找到不少这样的例子。例如：韩非子守道「羿巧於不失發」，乾道本「發」作「廢」。楚辞招魂「娛酒不廢」，王注「或曰娛酒不發」。论语微子「廢中权」，释文引郑本「廢」作「發」。發于纣大亚臣百人，与卜辞所说的「發廿人」、「羌發五十」，是同类的事情。

「伐右厥甲」当指武王射殷俘后砍其头以祭之事。卜辞时常提到「伐」祭，例如：

丁酉卜，鼎（贞）：王賓文武丁，伐十人，卯六宰，鬯六卣，亡（无）尤。　前一·一八·四

□翼（翌）丁子（巳）伐羌。
于庚申伐。　乙三一〇七

吴其昌认为伐祭即杀人祭，是正确的。甲骨文「伐」字作，正象以戈砍人头形。殷墟考古中发现的大量身首异处的骨架，就是伐祭的遗跡。「伐右」之「右」疑与诗周颂雝「既右烈考，亦右文母」之「右」同义，就是卜辞常见的祭名「又」。又祭之例如：

王其又于小乙羌五人，王受又（祐）。
弜又羌。　甲三七九
其又羌十人，王受又（祐）。　粹五九四

卜辞又常言「又伐」，例如：

丙寅卜：又伐于司絧卅羌，卯卅豕。　粹四三〇
辛未卜：又伐十羌十宰。　人文一七九三

世俘的「伐右」也有可能本来是作「又伐」的。据逸周书克殷和史记殷本纪所记，武王牧野战胜后，对纣和他的嬖妾的尸体，都是先「射之，三發」，然后再把头砍下来，悬在旗上。这与对「矢恶臣」先「發」后「伐」的处理方法很相似。武王所「發」的「矢恶臣」共百人，下文言「大师伐厥四十夫」，可知武王所伐的是六十夫。小篆「甲」字作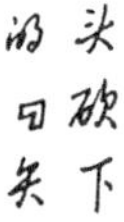等形，与「六十」二字合文有些相似。「伐右厥甲」的「甲」可能就是由「六十」的合文讹变而成的。

「家君」疑是「冢君」之讹。书召诰有「庶邦冢君」。「小子」「家（冢）君」二句的「鼎」字，应该是动词。诗小雅采薇：「采薇采薇，筐之筥之」，正义：「得薇菜则筐盛之筥盛之」。「筐」「筥」可以解释为用筐筥盛物，「鼎」应该可以解释为用鼎盛物。在这里，「鼎」大概是指把伐下的人头盛在鼎里献祭。卜辞或言「其鼎，用卅犬」，或言「㞢以庚豕，鼎，用」。「鼎」字用法似与世俘相类。

根据以上的讨论，可以把上引世俘自「武王乃廢……」以下一段文字翻译如下：

武王射杀被俘的纣的高级的亚和臣一百人，并砍下了其中六十个人的头，由小子们盛

在鼎里献祭。太师砍下了其中四十个人的头，由邦君们盛在鼎里献祭。」（釋「勿」「發」中国语文研究第二期三八——四五頁）

按：弜與勿有別，但金文此二形已混。弜與訓「州里所建旗」之「勿」，形體亦不類。林義光文源以為「象飛鳥之翅，當為非之或體」，亦不可據。卜辭皆用為否定詞，與「不」、「弗」、「毋」相似。陳夢家隸定作「勿」，以為「否定詞由其聲音來說可分為兩組：一組是雙脣塞聲的不、弗，一組是雙脣鼻聲的勿、毋。此四者，其意義與語氣當有所不同。至於如何的不同，卻難以指出。以下僅能從其結合的關係上稍加區分。毋和勿有命令祈望之義，命令祈望是有對方的，希望對方不要作什麽，它們與弗、不之『不是什麽』是有分別的」。（綜述一二七）然據下列辭例：

「弜于祖丁印」乙二三二九

王弜比戓，帝若」合一四七

其行動均限於王之自身，並非命令祈望對方。陳說難以令人置信。其與「不」之區別在於：「不」可兼有「無」義。可以稱「不雨」，而不能稱「弜雨」或「弜雨」。在卜辭中，弜、弗可通用。為最嚴格之否定副詞之「弜」，其形體與「彈」有別，不能混同。寧二·三七「出白彘于妣癸，不左？王固曰吉，弜左」，是「不」「弜」亦可通用之證。否定

2626

王襄「疑弘字」。（類纂存疑第十二第六十三葉上）

按：此亦可隸作「⿰弓口」，與「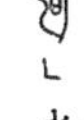」當有別。此為方國名。

2627

按：字从「弓」、从「攴」，隸可作「⿰弓攴」。合集二六九一七辭云：「⿰弓攴，王受祐」

又合集三〇三五八辭云：「⿰弓攴，王受祐」
「⿰弓攴」與「⿰弓攴」似無別，皆為祭名。

2628

⿰弓斤

唐蘭 「按此字說文所沒有。疑是⿱折弓的本字。玉篇⿱折弓同⿱敝弓，說文闕」。（導論下廿九葉）

李孝定 「从弓从斤或又从又，說文所無。以字形言之，象以斤⿰弓斤弓形，唐說較近，段注於弓部補⿱敝弓篆解云『弓戾也』弓戾者很戾不調以斤砍而正之也然⿰弓斤字在卜辭之義不明，唐氏亦無由證明也」。（集釋四〇九九葉）

李孝定 「从弓从斤，說文所無」。（集釋三八四七葉）

屈萬里 「从弓从斤，隸定之當作⿰弓斤。龍龕手鑑有此字，音引。然於此未詳何義。」（甲釋一五七葉一〇六七片釋文）

伍仕謙 參伐字條

按：字从斤从弓。合一七七辭云：「⿰弓斤其出囚」；乙四一三〇「⿰弓斤其出疾」；乙六七五三「⿰弓斤受年」，「⿰弓斤」並為人名。續一·一〇·四「大甲⿰弓斤宗用」，林一·一一·二亦有「⿰弓斤宗」。此與甲三三五三之「⿰弓斤祀」，合七二九之「⿰弓斤宓于囲」，並當為祭名。陳夢家綜述四七四謂「新舊宗的新、舊，都是形容詞，與『新宗』、『⿰弓斤宗』之作動詞者不同」。

2629

⿰弓斤

李孝定 「从弓从斤从又，說文所無，與⿰弓斤當為一字」。（集釋三八四八葉）

按：字从「弜」、从「又」，當為「弜」之異構。

2630

弜

羅振玉　「說文解字：『弜，弓彊也。』卜辭兩見此字，其文皆曰『弜改』，疑弜乃弼之古文。許君云『弓彊』，殆後起之誼矣。」（殷釋中四十三葉下）

王國維　「說文：『弜，彊也，从二弓。』又：『弼，輔也，重也，从弜，因聲。』案說文說此二字皆誤。弜者，柲之本字，既夕禮：『有柲』，注：『柲，弓檠，弛則縛之於弓裏，備損傷。詩云：「竹柲緄縢」，今文柲作柴』。案今毛詩作閉，柲所以輔弓，形略如弓，故从二弓，其音當讀為弼，或作柲作柴作閉，皆同音假借也。弜之本義為弓檠，引申之為輔，為重，又引申之則為彊，許君以弜之第三義系於弜下，又以其第二義系於弼下，胥失之矣。弼乃茀之本字，當如毛公鼎番生敦作弼，从因弜聲，因者古文席字，說文席之古文作𡰦，……。廣雅釋器：西，席也。……弼與席皆以簟為之，故弼字从因，詩衛風齊風小雅作茀，周禮巾車既夕禮作蔽，亦同音假借也。弼既从因，則弜當是聲，上所說弜字之義，亦於此得其證矣。」（釋弼載集林六卷十三葉下——十四葉下）

王襄　「古从字，與從誼同。卜辭从、比字形雖別。」（簠考天象七葉下）

王襄　「古弜字。」（類纂正編第十二第五十七葉下）

葉玉森　「按弜即古文柲，从二弓。彊與輔重之誼茲顯。卜辭則段弜為必，亦含彊意。故每以其與弜為對文。其為疑詞，弜為決辭。如本辭曰『其戠日』　弜祀戠日』，他辭曰『其冓翼日』『弜冓翼日』（後·上·二六·六·）『其歷鼎』『弜歷鼎』（後·下·十一·四·）『己丑卜其[illegible]昆告于父丁』『弜[illegible]』（後·下·三八·九·）『王其又（侑）于小乙羊（羌）五人王受之（祐）』弜又（侑）羊（羌）』（鐵本·一九八·）『其作僼于皆杏　弜作』（鐵本二六〇·）『其摯（執）弜摯』（同上·）兹其與弜為對文可證。卜辭中固未見必字也。」（前釋四卷六葉下——七葉上）

張宗騫　釋弜讀為弗。（弜弗通用攷載燕京學報二十八卷五十八——六十九葉）

魯實先　「比於卜辭作弜𢎗弜弜。孫詒讓釋斤，謂當爲祈之借字。（舉例下）羅振玉釋弜，疑爲弼之古文。王襄釋从。葉玉森釋㫃，說契後則推本羅說，而謂卜辭假弜爲必與其爲對文，其爲疑詞，弜爲決詞。張宗騫推本羅說，而謂弜弗同聲，與弗勿不毋亡同用。說並非是。李某釋斯，則尤形體乖違，說益妄甚。王國維疑爲比，而謂『貞弜勿』即小雅『比物四驪』之比，即所謂宗廟齊毫。見戩考十葉其釋文雖倖中矣，而其陳義也誤。以愚考之，比於卜辭有二義，其一爲庀之初文。（先生按下引卜辭之例甚多，茲从略。比之第二義爲方名。辭例从略）」（新詮之一第一——十六葉）

丁山　「按王君之說甚精，則弜爲柲檠初字可無復疑。何以故弜之作弜，其受形也，初當如亞父癸敵作𢎗，或反之爲𢎗者文，更離析之爲弜戊辰彝，輔弓之義不見。篆文更整齊之爲弜，則从二弓矣。二弓比並本弓內有弓之形誤，弓內之弓非柲檠而何。詩『竹柲緄縢』，鄭云『今文柲作柴』。尸部『𡲞輔信也』，玉篇云『𡲞今作弼』，虞書『𡲞成五服』，今本𡲞亦作弼。弼諧弜聲，𡲞與諧比聲。考比金文作𠂤，鬲攸比鼎，卜辭作弜，弜金文一作弜，卜辭一作弜，若律以古文形體不拘向背，則弜弜二形有何顯別。由古籀而篆隸，形受不慎弜即誤比，比柴古今字，柴下之木漢人所加，柴上之比疑即弜之譌誤，是柲檠之柲周時尚有作弜者也。」（引朱芳圃文字編十二卷十葉）

丁山　「商族起於易水，湖着滴水東南進，到了成湯時代，定居汶水流域；到了河亶甲時代又發展到睢淮流域。淮水地方菹澤，多雨水，適於漁獵，不大宜於游牧的。紀年說：『祖乙即位，居庇』，似乎又回到洙泗的上游。庇，殷本紀作邢，書序作耿。王國維說耿謂邢即左氏宣公六年傳與戰國策所見的邢邱，指其地在河內懷城。邢耿可以說音近字通，耿庇則音形俱遠，似乎不能併爲一談，果如今本紀年云，『祖乙即位，自相遷於耿，二年，圮於耿，自耿遷庇』嗎？我認爲，庇即甲骨文所常見的：

弜入。（甲編三〇七〇，尾甲）

弜來。（甲編二八〇，尾甲）

辛未，王令弜伐先，咸口。（佚三八三）

且丁召，在弜，王受又。（通別一、何四）

乙巳卜。丁未，弜不其入不（邳）（後下三四·四）

壬申卜貞，弜其出囚？不其囚。（林二，三·十三）

凡此弜氏，即金文中所數見的：

亞弜。（爵、彝。三代十五·三十三。三代六·九）

亞弜，父癸。（彙三代六、十七；殷小校七、五九）

亞弜，父丁。（角小校六、八一）

由於卜辭曰，「弜其隻昷戎」（前六、二六、一）有時作「弗其獲昷戎」（後下三四、四）曰，「弜弗羌」，（拾五、十二）有時作「弗其弗羌」。（燕大六四六）徐中舒先生嘗告訴弜弗古文通用，（此在成都時口談的）這更證實了我舊說了。一九三四年冬天，我寫由三代都邑論其民族文化篇時曾說祖乙所居的庇，即春秋魯國的費縣道：

祖乙居庇。庇地何在？舊亦鮮徵。今自南庚自庇遷奄考之，蓋即魯國之毗與比蒲。春秋屢言，大蒐於比蒲。杜氏注，「魯地，闕」。按昭十一年經云，「五月，大蒐於比蒲。仲孫貜會邾子，盟于祲祥」。是十四年經云，「大蒐于比蒲，邾子來會公」。魯蒐比蒲，即會邾子，比蒲當在魯之南疆，與邾為近。哀五年經，「春，城毗」。杜注，「無傳，備晉也」。江永春秋地理考實由備晉說推之，謂在魯之西境。比蒲在魯南，毗在魯西，合而當之，宜即魯國西南之費邑。左氏隱公元年傳，費伯帥師城郎。高士奇春秋地名考略曰，今魯大夫費庈父之食邑，讀為字；與季氏費邑，讀曰秘有別。今兗州府魚臺縣西南有費亭。費亭正在魯之西南疆，毗與比蒲應在此。且，費、比一聲之轉，古文常通用，如今本尚書「費誓」，說文引古文尚書作「粊誓」。粊，庇，俱諧比聲，則謂祖乙所遷之庇，即魯西南疆之粊或費，絕非意必之辭也。

此文尚有未盡之意，在此稿應加以補充者，漢志東海郡費縣下云：「故魯季氏邑」。自來說經者，皆據以論定季氏的費邑，在流入沂水的治水中游。水經沂水注所謂，「治水又東南逕費縣故城南。說文云，沂水出費縣東，西入泗，字林亦言是矣」。此費縣故城，在今山東費縣城北，與魚臺縣西南的費亭，相去將三百里，當然不能指為一地。可是，僖公元年左傳言，「公賜季友汶陽之田及費」，費又似在汶水之北。我很懷疑，季氏的費邑，初不在治水流域，因為齊國屢侵汶陽之田，季氏之費，被侵，乃自汶水遷到治水北岸。現在的費縣城因春秋中葉，季氏自汶陽遷來；比校起來，不及魯臺、費亭的名字老。費亭約當泗菏交會的地點。祖乙自遷庇，顯然是溯着泗水北上的。費亭正與大泂相近，所以書序又有「圮耿」的傳說。

殷本紀，「湯歸，至泰卷陶，中𤔲作誥」。集解「徐廣曰，一無此陶字」。索隱，「鄒誕生卷作泂，又作泂。則卷當為泂，與尚書同，非衍字也」。那麼，大泂，必然是魯頌駉所謂「駉駉牡馬，在泂之野」了。泂，說文作冂云，「林外謂之冂」。象遠界也」。冂，篆亂為絅。禮記中庸，「衣錦尚絅」，詩衛風碩人作「衣錦褧衣」。褧，諧耿聲，說文則謂，「耿，从耳，炯省聲」。由是言之：泂耿古文音同字通，「祖乙圮于耿」，即大泂，在定陶，正與庇相接，我認為「祖乙圮于耿」，實與「遷庇」一事。若殷本紀云「遷邢」，當是「遷耿」的音譌。蓋邢，隸古作郱，與邦相似。並，篆書作幷，甲骨文作幷（後下三四、三）形，又近弜之篆形弜。要而言之，邢亦庇字的

形譌，不獨丕庀二字聲紐相同也。」（商周史料考證第三十一葉——三十三葉龍門聯合書局一九六〇年）

裘錫圭「甲骨卜辭里常見『弜』字，前人不得其解。一九四〇年张宗骞发表卜辭弜弗通用考（燕京学报二十八期），指出卜辭『弜』字多用为否定词。这是很重要的发現。但是他因为『弜』、『弗』音近就断定二字通用，事实上这两个字的用法却是有区别的。『弗』与『不』相近，『弜』则与『勿』相近。陈梦家在殷虚卜辭综述里曾指出『弜弗通用』有问题，不过他以为『弜』在卜辭的否定词里应该『属于「不」「弗」一组』（一二八頁），仍然与事实不符。

卜辭里的副词性否定词有『不』、『弗』、『弓』、『弜』、『勿』、『毋（毋）』等字。前四字是主要的，后二字出現的次数比它们少得多。『弓』、『弜』作否定词。从文例看，『弓』和『另』有可能是假借来表示同一个词的。但是二者本來并非一字，所以不能把『弓』直接释作『勿』。在四个主要的否定词里，『弓』和『弗』的用法很相似，『不』和『弗』的用法也比较接近，而『弓』、『弜』的用法则有明显的区别。粗略地说，『不』、『弗』是表示可能性和事实的，『弜』是表示意愿的。如果用現代的话来翻译，『不』……『弗』……往往可以翻成『不会』……、『弓』……則跟『勿』……一样，往往可以翻成『不要』……。

一般人常常卜问是否能得到好年成。这类卜辭有时说『不受年』，有时说『弗受年』，但是从来不说『弓受年』、『弜受年』。因为他们卜问的是会不会有好年成，而不是要不要好年成。同样，在卜问田猎或战争中能否有所捕获的时候，也总是说『不获』、『弗获』、『弓获』、『弜擒』而不说『弓擒』。『弜获』。同类的例子可以举出很多，例如只说『弗擒』、『弜受祐』等等。另一方面，在卜问要不要只说『不受祐』、『弗受祐』、『弓受祐』而不说『弜受祐』一类否定词而不用『不』、『弗』。例如卜辭常做某件事的时候，通常就只用『弓』、『弜』一类否定词而不用『不』、『弗』。例如卜辭常说『弓狩（本作『兽』）』、『弱狩』而不说『不狩』、『弗狩』，常说『弓侑（一种祭名）本作『出』或『又』）』、『弜侑』而不说『不侑』、『弗侑』等等。不过这并不是说每个动词都只能跟一组否定词配合。例如『令』字，在卜问殷王要不要发出某种命令的卜辭里跟『弓』、『弜』配合，在卜问上帝会不会『令』的卜辭里则跟『不』字配合。

『不』、『弗』和『弓』、『弜』的区别，在下引的两条卜辭里可以看得更加清楚：

庚申卜，㱿，鼎（貞）：王弓正（征）舌方，下上弗若，不我其受（授）又（祐）。

前编五·二二·二

征不征吾方是要不要这样做的问题，否定词用「弓」。上下神祇高兴不高兴，保佑不保佑殷人，是会不会这样的问题，否定词用「不」、「弗」。

弜望，弗受又（有）年。（后编下四一·一五）

望是农业生产上的一种工作，他辞或言「望田」可征。望不望田是要不要这样做的问题，所以否定词用「弜」。「弗受有年」跟前面讲过的「弗受年」是一个意思。这一条卜辞「弜」、「弗」并用，是「弜、弗通用」说的有力反证。

卜辞里「不」、「弗」之后常常加「其」字，如「不其获」、「弗其获」、「不其擒」、「弗其擒」等等。「弓」、「弜」之后加「其」字之例则极为少见。这也是「不」、「弗」和「弓」、「弜」用法上的一个明显区别。

「弓」和「弜」不但用法很相似，字音也很接近。「弓」是「发」的初文。「弜」从二「弓」，王国维认为是训弓檠的「柲」的本字，其音当读如「弼」（《观堂集林》卷六《释弼》）。「发」和「弼」都是唇音字（古轻重唇不分）。「发」属祭部入声，「弼」属微部入声，这两个古韵部也是很接近的。如果按照通常的说法把「弓」读为「勿」，那就跟「弼」一样，也是微部入声字也。

「弓」、「弜」二字在各期卜辞里出现的情况，也非常值得我们注意。「不」和「弗」在各期卜辞里都很常见，「弓」和「弜」却不一样。用作否定词的「弓」绝大多数见于第一期和第二期前期的卜辞，第二期后期以后，大概只有廪辛卜辞里出现过一些，在其他各时期的卜辞里很难找到。用作否定词的「弜」，情况正好相反。它从不见于作为第一期卜辞的主体的宾组卜辞以及第二期前期的卜辞，而大量见于第二期后期以后的卜辞。这种现象使我们想起了卜辞的「出」字。在第一期和第二期前期的卜辞里，祭名「侑」和有无的「有」通常都是写作「出」的（左右的「右」、保祐的「祐」则作「又」）。第二期后期以后，抛弃「出」字，用「又」字代替了它。所以表示「侑」、「有」等义的「出」和「又」在各期卜辞里出现的情况，跟「弓」和「弜」是平行的。在殷虚卜辞里还有一批时代约当第一期而作风跟宾组卜辞有显着区别的卜辞。在这批卜辞里，用作否定词的「弓」和「弜」同时并存，表示「侑」、「有」等义的「出」和「又」也同时并存，两方面的情况也是平行的。

「弓」和「弜」的关系会不会跟「出」和「又」的关系相同呢？也就是说，它们是不是表示同一个词的呢？「弓」、「弜」二字字音接近，用法相似，二者是同一个词的不同假借字的可能性显然是非常大的。我们知道，语言里词的变化，特别是否定词这样常用的词的变化，通常比较迟缓。如果把「弓」和「弜」看成两个不同的词，那倒反而不好理解了。

在廪辛时代的甲骨里，「弓」、「弜」二字有时同见于一版之上。例如《甲编》三九一五号有贞人狄之名的大龟上，就有「弓巳田」、「弜巳兄（祝）」等条卜辞。从表面上看，「弓」和「弜」好象是对立的。但是它们在用法上没有丝毫区别，我们仍然应该把它们看作同一个词的不同写法。廪辛时代的人有时不写「弜」字而写「弓」字，可能出自一种复古的心理。」（古文字研究第一辑一二一—一二四页）

吳其昌 「弜」，即弜字也。今人分弜弜為二文，殆未必然。考卜辭中「弜」字，固多作弜，然如弜揃·五·二一·五·弜續·一·四四·二·弜續·二、五·六、弜詁·二·一一、四·諸文，固即為弜本片弜綝·二、三·一三·弜詁·二·二一·一三·諸文之所从出。同象兩弓相重之形，第作弜者刀筆畧从省簡耳。至「弜」字之訓，則在卜辭中賦义匪一，隨类别異，時則為人名，時則為地名，䟽均詳后，時則為祀典之名。為祀典之名者，若上列三片是。

他辭又云：「弜田……」洪·四四四；又·四九四、等「其弜田」，揃·六·四一、七、「癸卯卜貞，弜□高且王亥，酒，叀，𦎫」。詁·二·二一、一三·「弜物酒，眔且乙」。續、一一四·五·「其于小乙，弜𢦚又侑。王受又祐」。續·二·三〇·八·「貞弜□妣辛」。續·一·四〇·四·凡此皆記述弜祭于先公先王之史文。又或云：「弜𢦚茲用」。續·二·二五·二·「弜，求，受禾」。詁·二·三三·五·「其征于宗弜」。洪·五三五·凡此皆足為「弜」义為祀典之显据。惟因「弜」义為祀典之故，斯卜辭中有「御弜」連文，上列三片外，又詁·一·二六·六·亦有「弜御」連文，洪·六四〇·御即禦，禦亦祀也。亦有「弜鄉」連文，洪·二二〇·鄉即饗，饗亦祀也。亦有「弜又」連文，濊·二一九、詁·二·一九六·續·二·二〇·一一·又即侑，侑亦祀也。亦有「弜酒」濊·四〇·三·續·二·七·三·「弜物」詁·一·一九·九·續·一·三〇·七·連文，酒與物皆所以祀也。又或作「弜又𢦚」續·一·五〇·一·「弜又𦎫」續、二·四·九·者，𢦚與𦎫，皆所以實言祀儀之容狀也。是故「御弜」為有殷祀典之一种，較然甚明；惟本片于「御弜大乙」「御弜大甲」二文，於「宰」字之上，並闕一字，其字蓋為宰数，闕而不栔者，度当為卜数未定，故空位以待矣」。（殷虚书栔解詁第二七八—二七九頁）

李亞農 「弜字可代替其、丝、之、是等字，而這四個字都是虛字，則弜字亦必為虛字無疑。王氏撰經傳釋詞所收之字凡一百六十，古籍中之虛詞略盡於此。而此百六十字之中，以一字而能兼賅其、丝、之、是諸誼的，僅一斯字，所以釋弜為斯。我們在前節研究劦字的時候，又發現了一個辭例：

祖丁名（即劦，祭名）在弜、

召于之。

在于當為介詞，在于之後必是地點或指事詞。顯然的，弜字在此當作指事詞用的。得出新的辭例，大大的加強了釋弜為斯的證據。」（關於弜（斯）字的一點補充 殷契雜釋 中國考古學報第五冊第一、二分合刊一九五一年十二月）

李孝定

「說文：『弜，彊也。从二弓。』契文正从二弓。羅振玉王國維二氏之說是也。王襄氏釋从，魯氏釋比，並有可商。蓋『从』『比』均從二人相从相比取義，契文之匕為匕柶字與比字無涉，而此字明从二弓不从二人也。葉氏謂字當讀為必，亦非。張氏讀為弗，於諸辭並可通讀，『其』與『弗』連文，義也順適，其說是也。李氏釋斯，於字形懸遠，其誤甚明可毋置辯也。卜辭弜字多見，隨舉數例以見一斑。辭云『弜又于大戊𠂤』庫方一〇二二、『弜又𠂤祊父丁』佚一七五、『弜兄祭名妣辛』拾二六、『癸卯卜疾貞弜巳祀兄口』甲編三九一五、『壬弜田其雨 其雨弜田』盧微天象五一、『伊崑弜射』戩四三、四、『弜辛射射官名』粹一三〇、『弜焚雨』後下二二、一四、『弜戠日其又歲于中己丝用』甲編三六三一、『弜羌叀牛』後上二七、十弜與叀對文言弗用羌惟用牛也『弜用牝』粹六七、『王弜往田其每』京都二〇四九、『弜田其每丝用』續存上一九九七、『戊弜田其每 王弜田其每』甲編三五九三、『弜田其每亡戈』佚四四七、每當讀為晦與其雨意近蓋風雨晦明之日不便於田獵故卜之也魯氏讀每為痗訓災（新詮之一第九葉十四行）此辭上言『其每』下言『亡戈』知魯氏說有未妥也『壬弜田其雨』粹九九九、以上魯氏均釋比讀為庀者。又云『庚戌卜王貞弜其獲句絕征戰方國名在東一月』前六、二六、一、『乙丑卜弜獲句絕征羌』藏三一三、『庚申卜王弜獲羌』粹三六〇、『王貞弜匕羌』京都三一四七匕即匕字，魯氏以釋弜為比則比匕連文為不辭，遂謂『匕』乃从之省，釋隨釋遂義均可通』新詮之一第十三葉按卜辭从字無省作匕者，魯說似有可商也。『弜再眾不出』續存下七五五、『口未卜弜其敀』明氏一七二二、『乙亥卜弜受黍口年二月』粹八九〇。以上魯氏釋比解為方名者，乃釋為弜讀為弗，莫不允當。卜辭弜有確為方名者，如云『口亥卜王貞弜弗其氐宮眾奠四月』續存下四五八、『勿取弜』鄴羽初集下四二九、『己卯卜王貞余乎弜羣先余弗隻弜』續存下三一九、『弗羣弜』塗璋七三九，均是，然亦無害于他辭弜之讀為弗也。實則弗之初義為矯矢，弜之初誼為輔弓，其事類相近，其音讀適亦相同。从王氏說讀如弼其用為否定詞者同為假借，以後世否定之詞多假弗為之，故謂弜讀為弗，究言之實仍有語病也。金文弜作弜戊辰盉弜父乙爵弜𢍰弜父解。」（集釋三八五二葉）

張秉权

「弜，張宗騫从文例上證明卜辭中弜与弗可以通用（注一一），其說可信。」（殷虛文字丙編第一二五頁）

（注一）見卜辭弜弗通用考燕京学报第二十八期〇〇·五九——六九

趙誠　「弜，甲骨文写作弜，从二弓，表示保护调正弓的工具。或写作弜，表意性更强。本义当为弓檠。卜辞用作副词，表示否定，则为借音字。
戊寅卜，王弜入戠。（粹六二六）——入，动词，进入。戠，地名。
王弜正召方。（宁一·四二三）——正，用作征伐之征。召方，方国名。
丁亥卜，弜又大庚。（京三九九四）又用作侑祭之侑。大庚，商王某先祖之名。」
（甲骨文虚词探索、古文字研究第十五辑二八三页）

2630

按：王國維謂「弜之本義為弓檠」，「柲」、「柴」、「閉」，「皆同音假借」是對的。但以「弜」為「柲」之本字，則欠精當，易致誤解。「柲」之本義為「柄」，說文訓為「欑」，是「弜」不得為「柲」之本字。「柲」之本字為「弋」，說詳「弋」字條。

今本說文「弜」音「其繼反」，段玉裁、朱駿聲皆以為不足據。苗夔說文聲訂云：「其繼反，望『彊也』之訓而為音，其實非也。……弻重文作㢸，弗聲，知弻當从弜聲，不得以西為聲也」。苗夔以「弜」音同「弻」，實具卓識。

卜辭「弜」皆用作否定詞，與「弗」同。張宗騫之說是對的。至於「弜」、「弗」、「不」、「勿」間之細微區分，裘錫圭已詳論之。

2631

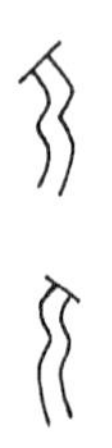

按：在卜辭為人名及方國名，與「弜」有別，不得混同。

2632

乃

羅振玉　「說文解字乃古文作𠄎，籀文作𢎘。」（殷釋中七十八葉上）

胡光煒　「卜辭言乃有二類：一為曳詞，二為爾汝字。」（文例辭例篇二二葉言乃例）

葉玉森 「按，說文及下出古文乀、弓。卜辭之弓当释及。他辭云『辛丑卜，貞，㚔弓羊王门于谢。』（后下九、四）言㚔及羌方二國也。弓亦及字。」（殷虛書契前編集释卷五弟四二頁）

朱芳圃 「說文乃部：『乃，曳詞之難也，象气之出難也。弓，古文乃。𢎗，籀文乃。』按乃即繩之初文。說文糸部：『繩，索也。从糸，蠅省聲。』此正象繩索之形。考从乃，从蠅得聲之字，音同用通。說文子部：『孕，裹子也。从子，乃聲。』一作繩，周禮秋官薙氏：『秋繩而芟之。』鄭注：『含實曰繩。』釋文：『繩，音孕。』孫詒讓曰：『草之含實，猶人之懷孕，故謂之繩。』一作𦠆，管子五行篇：『𦠆婦不銷棄。』尹注：『𦠆，古孕字。』又作𪓰，太玄沈：『好𪓰惡粥。』范注：『𪓰，懷也。』是乃之為繩，猶孕之為繩、為𦠆、為𪓰矣。再从聲類求之，古音乃讀泥聲之韻，繩讀定聲蒸韻。旁紐雙聲，陰陽對轉。」（殷周文字釋叢卷中弟八十葉）

屈萬里 「㇇，與甲編一五五三之了相似，疑是乃字。」（甲編考釋一八五葉）

屈萬里 「丂，卜辭斤字从之。按：其初誼當象斧柯之形，借用為可否之可。卜辭亦有加口旁作𠰅（摭續一四九，津新四八三〇）𠰅（摭續十）者，則从口丂聲，為可否之可之專用字矣。惟本辭殘缺，語義未明。」（甲釋三〇七九片釋文）

王襄 「古乃字。」（類纂正編第五第二十三葉上）

金祥恆續文編五卷七葉下收上出第二文以下作可，無說。

按：卜辭「乃」字之用法，確如胡光煒所言，「一為曳詞，二為爾汝字」。陳夢家卜辭綜述謂「卜辭第二人稱，為例甚少。主賓格用女，領格用乃」（九六頁）。容庚金文編（二五三頁）亦釋「乃」為「汝之」，作為第二人稱領格。至於曳詞之「乃」，則與「廼」通用無別。容庚金文編云：「廼，於是也，經典多假乃為之，金文絕不相混。爾雅廼乃也，足證其為漢人語」（同上）實則殷代已然，不始於漢。

2633

可

李孝定　「說文『可，肎也。从口㔾，㔾亦聲』。屈金兩氏釋上出二體為『可』，可从。契文可字實象枝柯之形，詩云『執柯伐柯，其則不遠』。卜辭斤字作ㄗ，其柯正作ㄗ，可證。余懷此意已久，今讀屈君此說正與之闇合。又契文河何字所从亦作ㄗ，並可為ㄗ當釋『可』之佐證。至ㄗ字从口作可，未必即為可否之專字。唐蘭古文字學導論嘗謂古文而簡变繇往往增口無義可說是也。辭云『可作明』（甲編三〇七九）。友人張君秉權云『明乃地名，卜辭有明京連文者，此云「作明」乃於明地作城邑也』。其說是也。『弜可祖丁必』（摭續十、必為祭名，于省吾說見二卷必下）弜或釋弜讀為弗，或釋比，李亞農釋斯，摭續考釋以字形言當以釋弜為是，其用當為語詞。二辭可字均為可否字。『自可至于𡆥㐭口』（摭續一四九、似為地名。『貞可』甲編一五一八辭殘，其義不明。乙八四八九僅餘殘文可字不从口，是否『可』字待考。金文作可師嫠簋可可侯簋可齊鎛可林氏壺可蔡太師鼎」。（集釋一六二七葉）

按：字从「丂」、从「口」，當釋為「可」。卜辭多用為「可否」之「可」。合集一八八八八「不可」，又合集一八八九七「其可」，皆為「可否」義。

2632

2634

扔

王襄　「古扔字，許說『因也，从手乃聲』。」（類纂正編十二第五十三葉下）

商承祚類編收作扔。

饒宗頤　「卜辭『若扔』成語習見。舊釋侮，審其偏旁，實从『乃』，當為扔字。廣雅釋詁『扔，引也。』从㕛从手同意。扔讀為仍。老子『攘臂而扔之』。本又作『仍』。仍、因也；見說文。漢書王莽傳『吉瑞累仍』。此言『有然若仍』，語例同，謂禍害相仍也」。（通考八七葉）

按：說文訓「扔」為「因」，段玉裁改作「捆」。王筠句讀云：「捆者因之絫增字」，「扔者仍之分別字」。薛傳均說文答問疏證以為扔即詩常武「仍執醜虜」之仍字，云：「扔，因也，仍亦訓因。因，就也。傳箋釋仍為就，義本相通。按爾雅釋文云：仍本或作扔。竹書紀年：后緡歸於有仍，漢書古今人表作有扔君。師古注：扔音仍，皆通用之明證也」。卜辭用義不詳。

2635

按：合集一一三八辭云：「……戔由」疑為「弓」字之異構。

2636

弜

按：合集二〇〇四二辭云：「……寅甫令……子弜……」為人名。

2637

⿰弓東

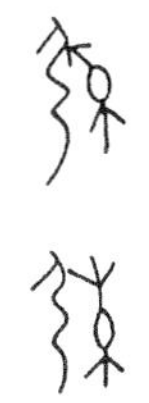

按：字不可識，其義不詳。

2638

⿰弓登

按：合集三一一四六辭云：「其⿰弓登；不⿰弓登」用為動詞，其義不詳。

2639

考古所　「𦊕：人名。」（小屯南地甲骨九二一頁）

按：屯一〇五七辭云：「其侑亞𦊕叀豚……又」為人名

2640

按：字不可識，其義不詳。

2641

㕛

按：字从「丂」、从「口」，隸可作「㕛」。合集四八九一辭云：「乎冓兹望㕛」為方國名。

2642

皿

羅振玉　「說文解字：『皿，飯食之用器也。象形。與豆同意。』卜辭中皿字或作𥁑，若豆之有骹。故許云與豆同意。」（殷釋中三十九葉上）

王襄　「古皿字，許說飲食之用器也。象形。與豆同意。」（類纂正編第五第二十四葉上）

饒宗頤　「『皿雨』（見明義士一六六）皿即猛雨，說文云：『皿讀若猛。』可證。」（通考七八四葉）

孫海波　「𥁑，乙七二八八。疑皿字。」（甲骨文編七四一頁）

血

按：卜辭皿字皆為地名。羅振玉以[glyph]字混入，非是。在偏旁中，「皿」字形體變化多端。「血」字所从之「皿」作「[glyph]」，而「盟」字所从之「皿」則作「[glyph]」或「[glyph]」，从不混同。利用基本形體在形態上之變化起到區分作用，此即其典型例證之一。

羅振玉　「說文解字：『血，祭所薦牲血也。从皿一，象血形。』此从○者，血在皿中，側視之則為一，俯視之則成○矣。」（殷釋中三十一葉上）

羅振玉　「卜辭中三言血室，……依其文觀之，是廟室也。禮記言『血毛詔于室』，故謂之血室與？」（殷釋下五十四葉）

王襄　「疑血字。」（類纂存疑第五第二十九葉上）

葉玉森　「卜辭[glyph]字屢見，如云『口口卜旅貞[glyph]甼（俘）𣪊王其賓☐』（後下十八、十二）『己卯卜大貞[glyph]甼（俘）口牡』（後下三九、十七）『口已卜口貞[glyph]甼（俘）𣪊牡』（後下三十、十七）[glyph]俘[glyph]俘並連文，則[glyph]與[glyph]亦當為一字。又云[glyph]俘亦連文，則[glyph]與[glyph]亦當為一字。諸家釋[glyph]為盟至塙。○𡧊作[glyph][glyph]，即許書之盟所由孳。然則孫釋盇室，羅釋血室，實乃盟室，即告祭盟俘牲血形，公羊隱元年傳『盟者殺生歃血詛命相誓以盟約束也』，盟必歃血，[glyph]正象皿中有之室，非左氏傳之盟府也。」（前釋四卷四十七葉上）

陳直　「禮記上文云：『太廟之內敬矣，君親牽牲，大夫贊幣而從，三詔為太廟之祭』。血室在太廟無疑。」（讀義六葉）

饒宗頤　「按血子亦見旅之卜辭云：『血子口王其宜』。（後下一八、一一）他辭又言『血室』。（見前編四、三二、二）古者立宗廟，『其祭尚氣，先迎牲殺于庭，取血告于室以降神，然後奏樂，尸入，王乃祼以鬱鬯』。（見通典卷四十七）蓋祭時先取血，而後王賓尸。血子疑官名，即肆師之類也。」（通考八三五葉）

饒宗頤　「『癸丑卜，何貞：于血。癸丑卜，何貞：殺枚。（釐）……卜何……。』（沌甲二六一三）按于血之『血』，當是血室之省稱。」（通考一〇九三葉）

屈萬里　「卜辭『□亥壬，血一牛，冊十宰？一月。』（甲編二二一血，羅振玉所釋（殷釋中三一葉）。說文：『血，祭所薦牲血也。』此則作動詞用，言以一牛之血薦祭也。」（甲編考釋三五葉）

屈萬里　「□，當是血字。甲骨文血字作□，□，□等形；此作□，與小篆□字之形尤近。」（甲編考釋六葉）

屈萬里　「說文：『血，祭所薦牲血也。』此則作動詞用，言以一牛之血薦祭也。」（甲釋二二一片）

按：契文「血」所从之「皿」作「□」、「□」，與「盟」所从之「皿」作「□」、「□」者有別。諸家多混同，非是。參見「盟」字條。

2644

盟 

王襄　「古血字。許說祭所薦牲血也。从皿，一象血形。此从皿从0，0象血凝聚之形。」（類纂正編第五第二十四葉下）

吳其昌　「『血』者，罗振玉曰：『說文解字：「血，祭所薦牲血也。从『皿』，『一』象血形。」卜辭作□（鐵·五〇·一），□（前·四·三三·二）……等，从「0」者，血者皿中，0側視之則成0矣。』（考釋·二·三一）按罗說是也。今此數『血』又作□，不从0，而从0者，0象血滴，0象血縷也。上列卜辭或云『血三羊』或云『用血三羊』者，祭所薦牲血，為羊之血也。」（殷虛書契解詁第三六四頁）

郭沫若釋盟，無說。見粹考十六葉下。

胡厚宣釋血，無說。見商史論叢，四集，一冊，五十六葉。

于省吾　「囧為祭名，契文亦作盟，通盟，即周禮詛祝盟詛之盟……囧未連文，盟謂要誓於鬼神。」（駢三十三葉釋朱）

李孝定　「說文：『盟，周禮曰：「國有疑則盟，諸侯再相與會，十二歲一盟，北面詔天之司慎司命，盟殺牲歃血，朱盤玉敦，以立牛耳。」从囧，从血。盟，篆文从朙。盟，古文从明。』契文从皿不从血。段注改『从血』為『皿聲』，篆體亦改作盟，與古合，卓識殊可驚也。段云『亦舉形聲包會意，朱盤玉敦，器也，故从皿』。其說是也。羅氏釋契文之盟為血，與此異，此从⊙或从日者，⊙之省也。屈氏釋甲編二二一一之盟為血似有未安，日不得象血形也。其辭云『☐示壬盟一牛冊十宰一月』又它辭云『辛丑卜盟三羊冊五十五牢』（佚八七二）辭例全同，而字作盟从囧，固不得釋血也。此當即用盟之本義，冊者冊即冊告之義也。又它辭恆言『盟子』，其義未詳。金文作盟周公簋『邵朕福盟』字當釋血而義當為盟疑係偶譌或盟之省不可確知盟齊侯鎛盟盟弘卣盟魯侯角盟盟爵盟師望鼎盟邾公釛鐘盟邾公華鐘盟剌殿鼎齊侯角邾公華鐘二文與許書篆文同，餘均从皿。」（集釋二二七三葉）

饒宗頤　「盟，盟字。卜辭有盟子及血子，盟子疑指司盟，周禮秋官司盟：『掌盟載之法，……凡盟詛各以其地域之衆庶，共其牲而致焉。既盟則為司盟，供祈酒脯。』鄭注：『載盟辭也。盟者，書其辭于策，殺牲取血，坎其牲，加牲于上而埋之，謂之載書。』左傳有關盟書之記載，不一而足。知盟子即司盟之職，與血子之為肆師義別。」（通考九八〇葉）

考古所　「盟：在本辞中殆为地名。」（小屯南地甲骨一〇〇七页）

連劭名　「甲骨文中的『盟』、『皿』、『血』，在使用上往往是不加區分的。盟即盟字。……古从明声字可与从亡声字通，如萌通甿，所以，盟字可讀为盂。說文解字血部：『盂，血也。从血，亡聲。春秋傳曰：士刲羊，亦无盂也。』今本周易歸妹：『女承筐，无实，士刲羊，无血。』

皿，說文解字皿部：『皿，飲食之器也，象形，与豆同意，凡皿之屬皆从皿，讀若猛。』左傳昭公元年：『於文皿蟲为蠱。』释文引字林：『皿音猛。』顏氏家訓音辭：『讀皿为猛。』

今按：古盟字亦与孟字同音相借，尚書禹貢：『又東至于孟津。』史記夏本紀、汉书地理志作

「又東至于盟津。」

血，說文解字血部：「血，祭所薦牲血也，从皿，一（指篆文中皿上面的一點）象血形，凡血之屬皆从血。」血是會意字，皿中有血，正是用盤玉敦以盛牲血的象征。所以，盟、盇、皿、血等字都是从一个来源派生出来的，在古代读音相近。

盟，□摭續六四（歷組）□甲二三六三（自組）□後下三〇·一七（出組）

皿，□鐵六七·二（自組）□鐵五二九（無名組）

血，□摭續六四（歷組）□鐵五〇·一（出組）□合集二七九六四（無名組）

這三个字虽然字形上的区别非常明显，但在使用時却常常混淆，「盟」与「皿」在卜辞中一般都与「血」字表示的含义一致。同時同事的不同占卜，往往此辞用「血」，彼辞用「盟」，或此辞用「皿」而彼辞用「血」。這三个字是否在商代已经分别代表不同的含义，根据现有的材料尚无法得出精确的答案。」（甲骨刻辞中的血祭，古文字研究十六輯四九—五〇頁）

按：卜辭□□□通用無別，當係同字，周公𣪕盟字作□可證。其省體則作□。甲骨文「盟」與「血」形近。「盟」字从「□」或「□」，「血」字从「□」，從不相混。

「皿」，今本說文小篆、古文、籀文均从「血」，段玉裁均改為从「皿」，獨具卓識。商周古文字均从「皿」，不从「血」。徐鍇以為从「囧」聲是正確的。段玉裁改為「从囧，皿聲」，則不盡然。文字形體之形符與聲符，乃相對而言。甲骨文「盟」字或从「囧」，或不从「囧」，顯然增「囧」是作為聲符。因此，相對而言之，在嚴格意義上，不得謂「从囧，皿聲」。

2645 寍 □

陳漢平 「甲骨文有字作□，卜辭曰：

貞□□ 不其□ 乙編三八六四

按此字从皿貝声，当释餽。以声类求之，可读为饙。說文：「饙，滫飯也。从食奔声。饙，饙或从賁。餴，饙或从奔。」字或作飰、飯、餽，字□即饙、餽、餴之本字。」（古文字释丛，考古与文物一九八五年一期一〇七頁）

按：字从「宀」、从「心」、从「皿」，隸可作「寍」。卜辭用義不詳，疑即「寧」字之異構。

2646

益 

孙詒让　「□疑即益字。說文皿部：『益，饒也。从水皿，益之意也。』此从□，即皿形，从⺌即水之省。金文益公鐘益作□，畢鬲敦益公作□形，亦相近。此云征益，疑亦国名。」（契文举例上三十五頁下）

羅振玉　「象皿水益出之狀。⺌⺌象水形。」（殷釋中九葉下）

王襄　「古益字。」（類纂正編第五第二十四葉下）

李孝定　「从皿从雨，此片上部殘泐，字應从□，說文所無。」（集釋一七二三葉）

張秉权　「□，象皿中水溢之狀，是益字。說文五上，皿部：『益，饒也，从水皿，水皿益之意也，』金祥恒續甲骨文編第五，第一六葉，第一行，收此字，作□形，是摹写錯了的。」（殷虛文字丙編考释第三七五頁）

連劭名　「武丁時代的卜辭中还有一种特殊字体的甲骨，裘錫圭先生称为𠂤、历间組。這种卜辞中有『□』字，甲骨文编收在『益』字条下，不确，当改释为血，祭祀仪式与其他各組卜辞一致：」（甲骨刻辞中的血祭，古文字研究十六輯五六頁）

按：說文訓「益」為「饒」，訓「溢」為「器滿」，戴侗六書故疑益為溢字是正確的。水在皿上，即溢出之意，復从水作溢，孔廣居說文疑疑已斥之為贅。王筠說文釋例云：「水不能在皿上，今然者，盈溢之象也。益从水，而溢又加水……溢似後來分別文」。王筠「分別文」的觀點，道出了文字孳乳分化的基本方向與途徑，是非常中肯的。「益」與「血」形義皆有别，不得混同。合集一八五四一「益」字从「水」作「□」與篆文同。

2647

益 

2648

按：字从「水」、从「皿」，與篆文「𥁕」之形體同。參見2646「𥁕」字條。

羅振玉「注水於般，而人在其中浴之象也。許書作浴，从水谷聲。是象形為形聲矣。」（殷釋中六十七葉下）

王襄「古浴字，許說洒身也。此象人立于盤上，四旁有水，即浴字也。」（類纂正編第十一第五十葉下）

葉玉森「疑為人名。」（前釋一卷一三八葉下）

孫海波隸作𥁕。（文錄）

胡厚宣釋𥁕，無說。（商史論叢四集一冊五十六葉）

陳邦懷「此字从水从皿，當即溫字。從昷作盁，亦見於漢魯峻碑，碑云：『內懷溫潤』，王先生懷祖曰：『溫字作溫，說文溫从水昷聲，昷从皿从囚，此碑溫字右邊作盁，其上半即人字也，有人無口者，隸省耳。』（見漢隸拾遺）考卜辭溫字不從昷，知魯峻碑溫字從盁，必有所本，非隸省也。羅參事釋卜辭溫為浴，謂『注水于般，而人在其中浴之象也』，恐未塙。」（小箋二十三葉上）

又曰：「春秋左氏隱三年傳：『祭足帥師取溫之麥』，杜注：『今河內溫縣。』」（同上二葉上）

李孝定「說文：『溫，水出犍為涪，南入黔水。從水、昷聲。』段注云『今以為溫煗字，許意當用昷為溫煗』。說文：『昷，仁也。从皿，以食囚也。官溥說。』竊謂溫昷初當本是一字，其形衹作𥁕，作昷者譌::為口，作溫者又增之水耳。字象人浴于般中之形，羅說字意是也。浴則身煖，故引申得有溫煗之意。溫字古訓多有溫煖溫和之誼。水經注『溫水一名煖水』，猶是此意。中央研究院藏鼎有𥁕，與此當係一字，特所从人形立臥有別耳。卜辭云『左告曰「有往芻自溫十人又二」』（清·三·二）『□未卜労貞令𠂤往溫』（後·下·三十·十三）為地名，或當時方國。中院藏器亦溫氏所作器也。」（集釋

三二七八葉）

饒宗頤　「卜辭『出往芻自盗』（　五）盗，地名。陳邦懷謂温之省形。左傳隱三年『取温之麥』，即河南温縣。」（通考三五七葉）

饒宗頤　「按盗即介之繁形，从介益皿旁，猶齊之作齍，卣之作卣（續編二、二四、三）矣。介，訓助。詩：『以介眉壽』，箋云：『介，助也。』故盗彭謂助祭之事。」（通考八二三葉）

饒宗頤　「按盗即介，爾雅釋詁：『介，右也；右，助也。』集韻：『介，說文：畫也。一曰助也。』詩七月：『以介眉壽』，箋云：『介，助也』，又灉：『介以繁祉』，介亦訓助。助祭即所謂『相予肆祀』是也。」（通考九八一葉）

屈萬里　「此字象人浴於日光之下，疑是温字之古文。高翔麟說文字通云：『按：温從𥁕。𥁕，暖也。史記有暖𥁕字，揚雄傳作晏温。見日自温，正當從日作温；从囚無義也。篆文日，或作囚。𥁕之从囚，乃日之譌。說見通雅。』按：篆文温字，乃移𥁕之水於旁，移人於日內。以𥁕澄之，說文訓温水之温，實温暖之本字。作𥁕者，蓋省文也。」（甲編考釋五三葉）

張秉权　「盗，象人於器皿中，本所＝藏西北岡第一四三五号墓出土之大圓鼎，內底有銘作『𥁕』与此字同，但人形橫卧，与此作直立狀者略異。陳邦懷氏把這个字释為温，是可信的。但卜辭中的温字，也有当作地名用的，例如：

癸丑卜，争貞：旬亡𡆥？王固曰：『出希！出𡆥！』

甲寅允出来𡆥。左告曰：

『出往自温十人出二。（　五）

卜辭通纂四二九片，就是菁五的重版。郭氏释温為盗，那和罗氏把它释為浴字（殷虛书契考释增訂本，中，六十八葉），同样是不可信的。温字有時似乎也是一个祭名，例如：

甲申卜，即貞：人歲其温？

甲申卜，即貞：人歲王其𡆥？（續存二·一五九二）

見殷虛文字丙編考釋第三八二—三八三頁

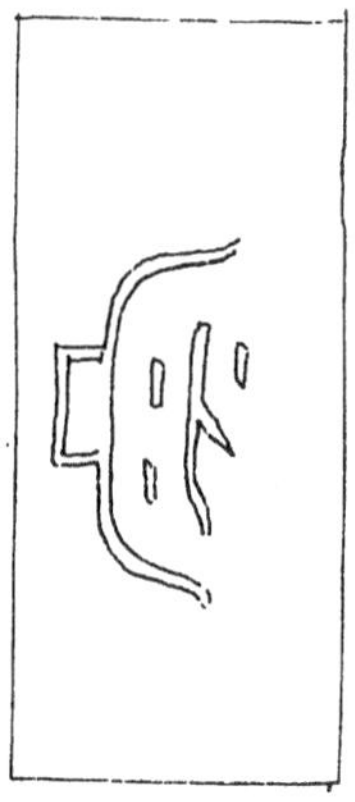
西北岡出土大圓鼎銘文

按：契文有𥁰、𥁰、昷、𥁰諸形，均當釋「溫」。孫海波甲骨文編、金祥恆續甲骨文編、李孝定集釋均分列，非是。孫氏甲骨文錄隸作「益」，殊誤。契文「益」作𥁰與此有別。

卜辭云：

「貞，祖丁若小子𥁰；

：：丁弗若小子𥁰」 乙四五九〇

「丁卯卜：：貞，祖丁：：：𥁰」 鐵三〇一

「貞，小子㞢𥁰；

貞，小子亡𥁰」 乙三四二二

據其辭例，是从人或正或倒，或增止作𥁰，均同字。又：

「甲子卜大貞，告于父丁，叀今昷彡」 佚八八一

「貞其昷」 前六·四一·六

「貞其昷」 後上七·一一

或从「日」，亦當是「溫」字。「溫」諸家多以為地名，非是。甲三三三「昷彡」，屈萬里考釋以為動詞是對的，但「疑亦祭名」，則有可商。

說文：「羅，安羅，溫也」；又「𡢃，讀若水溫羅也」；廣雅釋詁三：「暍羅，煗也」。「溫」、「暍」古雙聲，並屬影紐，韻亦相近。「溫羅」亦作「暍羅」，是「溫」、「暍」字通之證。

說文：「暍，傷暑也」。玄應一切經音義十八引字林謂「傷熱煩悶欲死也」。淮南人間訓：「武王蔭暍人於樾下，左擁而右扇之」；又說林訓：「救暍而飲之寒，欲救之，反為惡」。契文𥁰、𥁰、象暍人浴以解之之形。或从「日」，其義益顯。是「暍」為「溫」之本義。卜辭諸「溫」字讀作「暍」均可通。「小子溫」謂小子有熱疾，俗稱發高燒。从日之「溫」當指氣候之高溫炎熱。

說文訓「𥁰」為「仁」，「溫」為水名。說者皆以「𥁰」為「溫煗」之本字。惟徐灝段注箋謂「溫煗無正字，即作𥁰亦假借耳，何必紛紛改作乎？」「𥁰」、「溫」實本同源，今「溫」行而「𥁰」廢。

2649

合集一三七正辭云：「……甲寅允有來嬉，左告曰：有往芻自溫十人又二」「溫」在此為地名。

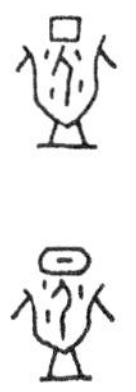

罗振玉 「說文解字『鬻，粥也。从䰜侃声。』叔氏宝林鈡侃作𠈇，此从𠂆、ㄑ、象匕，::、八象粥。」（增訂殷虛書契考釋中二六頁上）

饒宗頤 「𥁕殆盃之繁寫，盃為助祭。」（通考九八六葉）

按：此為「溫」之繁體。參見2648「溫」字條。

2650

羅振玉 「說文解字：『鬻，五味盉鬻也，从鬻从羔。』此从匕从肉有湆汁在皿中，當即鬻字。从皿與从鬲同。鬻字篆文从鬲，叔夜鼎从皿，其例矣。許書之鬻，疑是後起之字。」（殷釋中二十五葉下）

又曰「右言羹者一為祭名。」（殷釋下十一葉上）

王襄 「古羹字。」（簠室殷契類纂第十一頁）

葉玉森 「羅氏釋鬻似于字形不合，卜辭為祭名。」（前釋六卷三十九葉背）

余永良 「卜辭云『貞王賓監亡尤』與鬻言之鬻同誼，从皿與從鼎同意，其與鬻同字與否，則未可定矣。」（殷虛文字考）

陳直 「卜辭有羹祭，案禮記禮器云：『羹定詔於堂。』鄭注云：『肉謂之羹。』孔穎達疏云：「羹，肉湆也，生熟肉也，謂煮既熟，將迎尸主入室，乃先以俎盛之，告禮於神，是薦熟未食之前也。」據此，羹祭為迎尸入室時之祭，知殷禮與周禮同也。」（讀義二葉上）

李孝定　「說文：『鬻，五味和羹也。从鬲、从羔。詩曰：「亦有和鬻」。䰞，鬻或省；䰯，或从美、鬻省；羹，小篆从羔、从美。』契文有羞字，羅釋䰞，與鬻之或體作䰞者近。然許書䰞䰞二字有別，二者當為一字所孳衍，就其烹煮之過程言則為䰞，為動詞，就其結果言則為䰞（羹）為名詞，音讀亦各異矣。故□字仍从羅釋收作䰞，入鬲部，从許書之例也。此作□从肉从匕从皿，小篆象其湆汁，羅釋羹可从。辭多言王羹或王賓羹，用為祭名，陳氏引『羹定詔於堂』說之，說當可信。禮記曲禮下『犬曰羹獻』疏云『犬曰羹獻者，人將所食羹餘以與犬，犬得食之肥，肥可以獻祭於鬼神，故曰羹獻也』。按此申鄭注『食人之餘也』之義未免迂曲，本義蓋即為羹以獻也，與禮器羹定之羹同意。古者祭祀品物豐腆，以羹為祭即謂之羹，卜辭之羹，蓋即此意也。」（集釋〇八五六葉）

金祥恒　「以余考之，疑為說文之『䀋』。許氏訓『小甌也，从皿有声，讀若灰，一曰若賄，䀋，或从右。』䀋之或体从右非也，右即甲骨文之肉之訛。訛匕為ナ，訛D（肉）為口。何以知之，說文酉部醢，从䀋，訓『肉醬也』。說文『醬，醢也』，為轉注。甲骨文之醬，或作□或作□，或从□或从爿，与醬醢之从爿，从右同例。……今以字形言之，為說文䀋之異体字䀋。又与醢同，詩大雅行葦：

或獻或酢，洗爵奠斝，醓醢以薦，或燔或炙。

正义『釋器云，肉謂之醢。』李巡曰，以肉作醬曰醢。』天官醢人注云，醢肉汁也。蓋用肉為醢，特有多汁。故以醢為名。』……故字从D，或加〃，者，湆汁也。……

說文䀋，次於齍。許氏訓『齍，黍稷器，所已祀者』。䀋疑為盛肉羹器，所以祭祀者也。故許氏訓『小甌』。又云『甌，小盆也』。豈非今人所謂湯盆乎。字或作侑。……王宜䀋者，王迎神而后䀋（侑）之也。与卜辭祭名又、ㄓ同誼，惟帝乙帝辛卜辭書䀋而已。」（釋䀋　中國文字第六卷二八一四頁至二八一七頁）

陳漢平　「甲骨文有字作□、□、□、□、□諸体，此字在卜辞中為祭法，旧不識。按此字諸体从肉从皿从匕作，欲釋此字，須自从皿从肉之字中求之。說文皿部从肉之字仅一䀋字。『䀋，小甌也。从皿有声，讀若灰，一曰若賄。䀋，䀋或从右。』又血字从皿作，血部从肉者有一𧖴字。『𧖴，血醢也。』而說文酉部有醢字，『醢，肉醬也。从酉䀋。□，籀文。』据此知醢字籀文从有作。又䀋字為䀋字或体，知醢字亦可写作醢。字可从酉从皿从有作，又可从艸从卣从皿从有作。而有字从肉作。可見說文一书中从肉从皿或从血之字，无论盬、醢、䤈，其义俱为醢、肉醬。故甲骨文此字当释醢。字从皿从肉作，肉旁有数点，象肉醬之状。字又从匕，示以匕匕肉醬以为祭也。卜辞曰：

貞王賓醢亡尤。　絬下・五・二

貞王賓醢亡尤。　𠕋六・四二・三

……

此諸辭乃卜貞王以肉醢為祭亡尤之辭。」（古文字釋丛出土文献研究二二五頁）

按：諸家所釋皆與形體不符，且於辭例無徵，難以為據。在卜辭當為祭名。

2651 蠱

 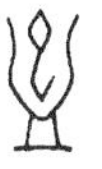

張秉权　「蠱，或作蛊，商承祚釋蠱，曰：『貞不隹蠱，其亦不它之意与』（类编十三卷三頁）。李孝定从其說，曰：『契文从蚰与从蟲同意，文曰：不隹蠱，当与隹田（禍）隹壱同意』。說文十三下蟲部：『蠱，腹中蟲也。春秋傳曰：皿蟲為蠱，晦淫之所生也。梟磔死之鬼亦為蠱。从蟲从皿，皿物之用也』。按說文蟲部及蚰部之字，或体往往從虫，而虫部之字，或体也有從蚰的。可見从蟲从蚰或从虫，在意义上，实在是没有什么分别的，而虫与它在甲骨文中，原是一字，后世分化為二，把盤曲而卧的蛇称為虫；把曳尾而行的蛇称為它。前者古音在段氏第十五部，后者在段氏第十七部，而蟲則在第五部。我认為甲骨文中的『蟲』字，当從『它』字得声，而它与禍均在段氏第十七部，所以蠱禍它三字可以通假。卜辭言：『不隹蠱』，正是『不隹壱』或『不隹田』的意思。李氏謂：『不隹蠱当与隹田（禍）隹壱同意』，則意义適得其反，恐怕是偶然的筆誤，那句話，似乎应該說：『隹蠱当与隹田隹壱同意』，或『不隹蠱当与不隹田不隹壱同意』，才能符合卜辭的意义。」（殷虛文字丙编考释第四九一頁）

張秉权　「蛊，或作蠱，象虫在皿中，商承祚释蠱（注一）。說文十三下，蟲部：『蠱，腹中蟲也。春秋傳曰：皿蟲為蠱，晦淫之所生也。梟桀死之鬼亦為蠱，从蟲从皿，皿，物之用也。』（殷虛文字丙编考释第二〇六頁）

（注一）見殷虛文字类编第十三。

白玉峥　「□：商承祚氏释蠱（类编十三·三）。夫子曰：『蛊者，实有四类：一曰毒蛊，二曰疾蛊，三曰鬼蛊，四曰蛊灾。卜辞之蛊，当难兼有四者。然则卜辞之蛊为淫厉之鬼欤，抑为热毒恶气之蛊灾欤？考卜辞有曰：『庚申卜争贞：旨其伐出（有）蛊。旨弗其伐出（有）蛊』（屯乙四五〇二）『癸巳卜㱿贞：旨戋出（有）蛊』（屯乙四六一五）曰伐曰戋，而后有蛊，则蛊为淫厉之鬼可信也。卜辞又曰：『庚戌卜宁于四方其五犬』（明氏藏片）其用五犬以宁四方，犹磔狗以禦四门之蛊，则蛊为热毒恶气，亦可信也。山海经每言：『食之不蛊』，郭注曰：『令人不逢妖邪之气』。以妖邪释淫厉之鬼可通也；以妖邪释热毒恶气之鬼，亦可通也。卜辞之蛊，殆即此义也』（徵鑒二八）。」（契文举例校读十八中国文字五十二册五八九九頁）

鍾柏生　「（19）贞：王□隹蠱？

贞：王□不隹蠱？（丙四一五）

（20）甲子卜，㱿贞：疾役不祉？

贞：疾役其祉？

出疾齿，隹蠱虐（□）？

不隹蠱？（乙七三一〇）

例（20）之『役』，李孝定师释为『疫』；……『不隹蠱』张秉权师云：『与不隹田，不隹𡆥同意。』（注：引文见丙编下辑（一）页四九一。除此之外，蠱在卜辞中尚有另外二种意义：（1）己未卜，㱿贞：王梦蠱，隹田？　己未卜，㱿贞：王梦蠱，不隹？（丙一二四）（2）癸丑卜，㱿贞：旨戋出蠱罗？　旨弗戋出蠱罗？（丙八三）例（1）中的「蠱」，说文引春秋传云：「枭磔死之鬼亦为蠱。」例（2）中的蠱为族民或方国名。）」（说「異」兼释与「異」并见诸词中央研究院历史语言研究所集刊第五十六本第三分五四七——五四八页）

陈炜湛说参□字条下。

屈萬里　「或是蠱字。」（甲編考釋三〇五葉）

按：周禮庶氏：「掌除毒蠱」，注：「毒蠱，蟲物而病害人者」。顧野王輿地志：「江南數郡，有畜蠱者，主人行之以殺人。行食飲中，人不覺也。其家絕滅者，則飛游妄走，中之則斃」。古代科學尚未發達，蠱脹之疾，皆以為蠱毒。巫覡則藉以惑人，謂聚蟲於皿，能造蠱毒。契文蠱字从

「蚰」从「皿」，或从「它（虫）」，實由來已古。王筠句讀云：「苗人行蠱者，聚諸毒蟲於一器中，互相啖食，所餘一蟲即蠱矣」，猶為古代蠱之遺風。

乙五三九三辭云：

「乙未卜，㱿貞，王疾蠱……囝？

己未卜，㱿貞，王疾蠱隹……？」

此與丙四一五之「王囧隹蠱？王囧不隹蠱」，「蠱」均用其本義。謂蠱毒之疾。「疾蠱」當即患蛔蟲之疾。說文作「蛕」，謂「腹中長蟲也」。又有「蟯」，謂「腹中短蟲也」。得蛕蟯之疾則曰「蠱」。左傳昭元年：晉侯求醫於秦，秦伯使醫和視之，曰：「疾不可為也。是謂近女，生疾如蠱，非鬼非食，惑以喪志」。「生」今本作「室」，據王引之經義述聞訂正。腹有蟲疾者皆面黃肌瘦，近女者亦如之，故謂生疾如蠱。

「囧」即禍患之義，如「蠱」亦解為禍，其義已複。卜辭「蠱」有用如「壱」者，如：

「貞，隹婣蠱？

不隹婣蠱？」　乙三四二四

「㞢疾齒，隹蠱？」　乙七三一〇

「蠱」引申之為災禍之義，不必為「壱」之假借。卜辭屢見「㞢蠱」，皆此之類。

2652

蠱 

王襄　「古蠱字。」（類纂正編第十三第五十八葉下）

商承祚　「說文解字『蠱，腹中蟲也，从蟲从皿。』此省从二虫。文曰『貞不隹蠱』，其亦不它之意與。」（類編十三卷三葉）

李孝定　「契文从虫與从蟲同意。文曰『不隹蠱』當與『隹囚』禍『隹壱』同意。」（集釋三九二九葉）

按：字乃「蠱」之異構。參見前「蠱」字條。

2653

𥁕 𥁕 𥁕

王国维 「卣，卜辞作𥁕。案盂鼎卣字作卣，他器或作卣，或作卣。说文卣卣分为二字，其卣字注云：『从卣乃声。』今此卣字作𥁕，则知从凵作者，乃从皿（即皿字）之省，说文以为从乃，失之矣。」（戬寿堂所藏殷墟文字考释四十四页下）

孙海波 「𥁕，铁六六·一。𥁕雨亦作𥁕，乃𥁕字别体。」（甲骨文编三〇二页）

于省吾 「甲骨文𥁕字习见，作𥁕或卣，也省作卣。金文作卣或卣，典籍作卣，说文作卣。罗振玉释卣：『……卣字遂有卣、卣二形，其实并卣之讹变也。』这是对的。甲骨文𥁕雨之𥁕作𥁕或𥁕，又变作𥁕、𥁕，均是从皿卣声的形声字。甲骨文𥁕雨之贞习见，例如：

一、癸丑卜，亘贞，亦𥁕雨（库一五五九）。

二、贞，亦𥁕雨〇贞，不亦𥁕雨（林一·九·八）。

三、贞，今夕其亦𥁕雨（天一九甲）。

四、今夕不亦𥁕雨（藏一九三·四）。

五、贞，亦𥁕雨（林二·二七·一四）。

六、辛子卜，今十有二月亦𥁕□雨（林二·一一·四）。

唐兰同志谓：『𥁕雨疑与卤雨同。卤当释卣。卣卣並段为脩，脩長也，久也，盖谓雨之繇長者。』（天考一九）按唐说非是。说文：『𥁕，艸木实垂𥁕𥁕然，象形。读若调。』按卣之读若调，犹说文莜从攸声而唐韵音『徒弔切』（论语微子莜作蓧）。又说文凡谓某字读若某，有的是拟其音，无须举例。有的是表明两个字可以通借，如丰读若介，典籍借介为丰；勺读若尥，典籍借尥为勺；勢读若豪，典籍借豪为勢。这样的例证还很多，不烦备列。依据上述，则甲骨文的𥁕雨应读作调雨。典籍中多训调为和。调和之雨，与雨之为灾害而称『兹雨隹年𡆥（咎）』（京都一六四）和『兹雨氐（致）𢦏』（京津四七四）者显然不同。总之，甲骨文𥁕字说文讹作𥁕，读𥁕为调，训调雨为调和之雨，在形音义上都是符合的。」（甲骨文字释林释𥁕雨一一九页至一二〇页）

孙海波 「卣，甲一一三九。亦卣字。说文系于乃部，训气行皃。殆后起义，今列为卣字重文。」

□，京津四三三四。或从皿。」（甲骨文編三〇一頁）

饒宗頤　「乙丑卜，殻貞：温（雨）貞：易日。」（屯乙二六五六）

按「温雨」卜辭习見，亦作□雨（南北明四四九），盅雨（平津元嘉五九）即「巳雨」之繁形。古「㠯」、「巳」字與「嗣」俱通。詩「於穆不巳」亦作「不似」，詩「嗣續祖妣」傳「似，嗣也。」箋云：「讀如長巳之巳」。故知「巳雨」猶「嗣雨」，謂雨之繼降不斷，故有求錫日之卜也。」（通考第八四頁）

屈萬里　「卜辭謂「□雨」，疑□當假為有無之有也。」（甲編考釋三七二葉）

赵诚　「□，卣。或省写作□，所以也可以隶定作卣。上部的□，象一个盛酒的器物。这种瓦罐式的容器，到了后来才有提梁。下部的皿或凵，象一个底盘，合在一起应是一个象形会意字。商代祭祀常用一种香酒，叫做鬯，一般写作□或□。祭祀时用□来盛（很可能是因为用于祭祀才在器下加上一个底座，以表示庄重），所以□就用来称量这种香酒。有时也可以不用表示称量的卣，如「□□□□」……（前五·八·四）、「□□□□」……（佚五四三），「三□三□」……（陈七〇）。两相比较，不用量词卣的情况要多一些，可见卣用作量词还处于萌芽状态。」（甲骨文简明词典二五七至二五八页）

按：字隸作「盅」，从「卣」、从「皿」，其或體作「□」。卜辭「盅雨」習見，于先生讀「盅」為「調」，乃其假借義。合集二三二二七辭云：「丙申卜，即貞，父丁歲鬯一卣」；又合集二五九七九辭云：「……卜旅……鬯五盅」，皆同於「卣」，為其本義。

2654

盄 □ □

孫詒讓：「□當為隸之段字，《說文》隶部：『隸，及也，从隶枭聲。《詩》曰：「隸天之未陰雨。」』枭盄皆从台聲，古通。夾者夜之借字，『亦盄雨』者，夜而雨及也。『不夾盄雨』者，夜不及雨，猶云未隸雨，與《詩》意略同也。」（《舉例》上廿四頁）

王襄　「古盄字。」（類纂存疑第五第二十八葉下）

葉玉森曰：「○、○象瓜，□、□、□象蔓，水滿瓜浮，其意為盈，或古盈字。辭言『不盈雨』者，即雨不足也。異體省水，瓜形雖顯，意稍晦矣。（《說契》）復考他辭有云『貞□岳』者，□為祭名。□雨亦祭雨，釋隸、釋盈、釋卣、釋泜、釋盈、似均未碻。本辭之□則為地名。」（《前釋》二卷四十九頁下）

會寶先：「並是□之繁文，猶樂之作□，羍之作□，羊之作□也。」（《姓氏通釋》之一，《東海學報》一期十六頁）

余永梁：「此亦卣字，《杞伯簋》□字王先生（國維）疑卣字，今案與□（《藏》六六）合。卜辭文曰：『不卣雨』，卣與攸古通。」（《殷虛文字續考》）

陳邦懷曰：「此字从氏，从皿，《說文》『泜，菹也，从艸泜聲。或體作□。』或从皿，□字與□最近，但省水耳。」（《拾遺》九頁）

郭沫若：「古氏字形與匕近似，以聲而言則氏匙相同，是氏乃匙之初文矣。卜辭有从氏之字作□，乃象皿中插氏之形，與上舉二鼎形文作□、□文插匕者同意。雖原文乃地名義不可知，而氏之用途則如匕也。又《前》六．四．一七作□，下作圓形。《集古遺文》又著錄一《魚鼎》匕其下亦呈圓形，余意此即古之所謂匙也，此與是字可為互證。是小篆作□，《說文》『直也，从日正，□籀文是，从古文正。』今案古金文是字與此異，《金文編》所輯者大抵作□（《毛公鼎》）□（《虢季子白盤》）□（《陳公子甗》）□（《簷鼎》）諸形，僅《儔兒鐘》一器作□與小篆同，乃字形之譌變者，是不从日正也。余謂是亦即匙，□象匙形，从又或一以示其柄，手所執之處也。从止，止乃趾之初文，言匙柄之端掛于鼎脣者，乃匙之趾，故是與匙實古今字，是段為是非若彼是字而本義廢矣。……知是為匙，尤知氏之為匙，乃古是氏字相通用。《儀禮．觀禮》『大史是右』，注『古文是為氏也』，《曲禮》下『五官之長曰伯，是』，注『是或為氏』。《儀禮．士昏禮》『惟是三族之不虞』，《白虎通》『宗族氏』作氏，《韓勑後碑》『於氏憤懣之思』，於氏即於是，而姓氏字漢器中復多作是。茲僅就《集古遺文》所著錄者而言，如《棨是鼎》、《趙是鈁》、《劉是洗》、《嚴是洗》、《蜀郡董是洗》等皆是。漢鏞中亦多見，茲不備舉。凡此不僅音同相通，蓋其實一字也。卜辭无是字，亦無从是之字，是字之見於周彝者亦不甚古，蓋古匙字本作氏，逮段為姓氏字，乃有是字出而代之。是又段為是非，彼是字乃又有匕字出而代之，氏是之本義是失久

矣。」（《金文餘釋之餘·釋毕氏》）

唐蘭：「卜辭別有𥁑字或作𥁑，郭釋𥁑甚是。（《金文餘釋之餘》三六）𥁑當即《說文》𥁑重文之盜，蓋氐本从氏也。」（《天壤文釋》三十六頁）

考古所「𥁑、𡘲、𥁑、𥁑：皆为地名。」（小屯南地甲骨一〇一一頁）

按：《說文》：「𧀼，𦯬也。从艸泜聲。𥁑，𧀼或从皿。」卜辭𥁑字釋作盜，可備一說。在卜辭均為地名。至於𥁑或𥁑，與𥁑判然為三，孫、葉等加以混同，非是。至於氐與匕，兩形相去甚遠，更不得認為「氐」即「匙」，亦即「是」。

2655

𡘲

考古所「𡘲：著录如京都二八九三、前四·九·八等有此字，皆地名。于本辭亦为地名。」（小屯南地甲骨一〇〇七頁）

考古所「𡘲：地名。」（小屯南地甲骨八九二頁）

按：字从「血」、从「大」，隸可作「𡘲」。或省从「𥁑」。字在卜辭皆為地名。

2656

𥁞

羅振玉「《說文解字》：『𩱦，𩰲也，从鬲羊聲。』此从皿與鬲同，說見上。（見𩱦字條）殆即許書𩱦字。从𠙵者亦皿字，卜辭中从皿之字或从𠙵。」（殷釋中二十六葉上）

王襄「古𩱦字。」（《簠室殷契類纂》第十一頁）

朴海波「𥁞，前二·三七·八。从皿从羊。《說文》所无。地名。」

甲，甲二八〇三。人名。」（《甲骨文編》二二八——二二九頁）

陳夢家：「卜辭云：

令卓𦍒射——叀𡦂𦍒射

叀𡦂𦍒射——勿隹𡦂令

令卓𦍒三百射——勿令卓𦍒三百射《乙》二九九

𦍒射之𦍒是動詞，《説文》有𦍒字，此假作養或庠。卜辭「令卓𦍒三百射」者，令卓教三百射以射。《孟子·滕文公》上「夏曰校，殷曰序，周曰庠，」《説文》與《漢書·儒林傳序》則作「殷曰庠。」」（《綜述》五一二——五一三頁）

李孝定「《説文》：「𦍒，煮也，从鬲，羊聲。」契文从羊从皿。羊在皿中，自有煮義，从鬲則其義尤顯。此會意兼形聲之字，非純以羊為聲也。辭云「□寅卜□母□𦍒十二月」元嘉、七三「叀小宰叀羊其皿𦍒𦍒」粹五、六三此卜其惟小宰乎抑特羊也。第三辭盖言以皿烹羊也。皿為通偁，析言之，則為鬴、為鬵、為鬲之類是也。「戊辰卜方貞令永圣田于𦍒」前二、三七、六「貞弗其禽十月在𦍒」前二、三七、八此二辭𦍒為地名。「貞令卓𦍒三百射」「貞叀𡦂令𦍒三百射」乙、二八〇三在此似又為人名。𡦂屈翼鵬疑承字定疑保之異構未能確指「甲子卜𦍒羊☐」乙、八九三五此與粹五六三辭義相近，盖言烹羊也。」（《集釋》〇八五一葉）

姚孝遂　肖丁「2169

(1)「壬午卜，王其……」

(2)「其在面𢆶盖」

(3)「丝用，王隻麋。」

(4)「弗𡦂」

(5)「王田宮」

「盖」字作𦍒、𦍒，从羊从皿。或作𦍒。罗振玉《殷释》中26释「𦍒」，谓从皿与从鬲同。「从凵」者亦皿字，卜辞中从皿之字或从凵。释「𦍒」可从。卜辞「盖」字用法有二：一为名词乃地名。如：

前2.37.6：「貞弗其𡦂？十月，在盖」

前2.37.8：「戊辰卜，方貞，令𢓊望于𦍒」

一为动词，陈梦家先生《综述》513谓「假作养或庠。卜辞「令卓𦍒三百射」者，令卓教三百射」。其说盖是。第(2)辞「其在面𢆶盖」，𢆶字不识，或当为兽名，盖用为动词。」（《小屯南地甲骨

考釋一五六頁）

按：盖从羊从皿。或作盖者，乃从皿省。羅振玉釋䰞可從。說文訓䰞為煮。羊在皿中，自有「煮」義。玉篇或體作鬺。說文無鬺字。

卜辭之用法，一為地名；一為動詞。陳夢家以為「假作養或庠」。

李孝定據粹五六三卜辭「其皿羞」，謂為「以皿烹羊」，實則原辭當作「其𡧊羊」，郭沫若原釋已誤，不可據。

2657 盖

孫海波 「盖，甲三五二三。此象蘊羊。」（甲骨文編二二頁）

趙誠 「盖，盖。从羊在皿中会意，即后代的䰞字，本义为煮。甲骨文作为动词，用为庠，有教养之义，则为借音字，如……（乙四二九九）、……（乙二八〇三）」（甲骨文简明辞典三六七頁）

聞宥說參牡字条下。

2658

按：此乃「盖」之異體，參見2656「盖」字條。

2659 益

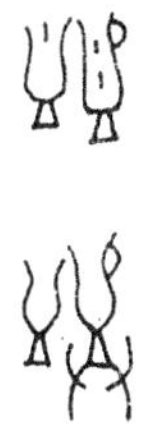

按：合集一一一五五辭云：「庚子卜，古貞，勿牛于盖」似為祭祀之對象。

饒宗頤　「□甲戌卜，賓貞：盥，朿戊，由王事」（屯甲三三三七）按盥象倒水于皿，疑盥字，謂朿盥浣而啓奏，以協王事」。（通考三二九葉）

張秉权　「𥂴，董彥堂師釋匜（中國文字的起源，大陸雜誌，第五卷，第十期，P．三五二），可信。說文解字十二下：『匜，佀羹魁，柄中有道，可以注水酒，从匚也声』。段玉裁注：『其器有勺可以盛水盛酒，其柄空中，可使勺中水酒，自柄中流出，注於盥槃及飲器也。左傳：「奉匜沃盥」。杜曰：「匜，沃盥器也」，此注水之匜也。內則：「敦牟卮匜，非餕莫敢用」。鄭曰：「卮匜，酒漿器」，此注酒之匜也。今大徐本無酒字，小徐有之，韵会删酒而以盥器二字冠於似羹魁之上，妄甚。』若左傳釋文引說文無酒字，因经注但言盥耳』。按甲骨文中的這个匜字，原屬象形兼会意之字，金文作𥂴（弔上匜），𥁕（匽公匜），𥁕（楚嬴匜），𥁕（曾子伯口匜）等形。將一个『皿』形訛变為『它』，而放在另一个皿形之上，又將另一个皿形訛变為『匚』，而『它』与『也』又因形音均近而誤，於是便成了从匚也聲的匜字了。段玉裁說：『此形声中有会意，从也者取其流也』。大概段氏以為也字也乁部，所以有流的意思。其实『也』字是从『它』字变化而来，在這里不过是个音标罷了。不过段氏說它有流的意思，是对的，因為在甲骨文中，匜字正象一手擡皿將水流注於另一皿中之形。這一版卜辭中的匜字，当是人名。此外，又如：

⊠貞：⊠干匜⊠？（京津二四四九）

甲戌卜，穷貞：匜𡚬古王事？二月。（甲編三三三七）

亦均為人名。」（殷虛文字丙编考释第四八七——四八八頁）

按：金文德𣪘𥁕字即从此省，郭沫若釋「益」，可從。合集一一二四一辭云：「癸丑……穷貞：益𣪘三十」；又合集一五八二七正辭云：「貞，益豕百」，皆為增益之義。又合集二八〇一二辭云：「弜益襄，人方不出于之」；「弜益涂，人方不出于之」，謂「人方不出于之」，不必向「襄」及「涂」增援人衆。「于之」，「之」分別指「襄」及「涂」。

2660

益 

考古所　「𥂴：从𥁕从𣏟，金文易（賜）有作𥁕者（德毁），与此形近，故此字可隶作𥂴。」（小屯南地甲骨一〇五九頁）

按：合集二八〇三〇辭云：「弜𢦏戎……受乙……」乃「益」之省體，「益戎」謂增益戎卒。
2659

2661
盡

羅振玉 「从又持木从皿，象滌器形。食盡器斯滌矣，故有終盡之意。說文解字云『从皿㶳聲』，殆不然矣。」（殷釋中七十四葉下）

王襄 「古盡字。」（類纂正編第五第二十四葉下）

孫海波 「盡，前一·四四·六。象人手持牛尾滌器之形。食尽器斯滌矣。故有終尽之意。說文云，㶳声非。盡，前一·四四·七。人名。盡戊。」（甲骨文编二二七——二二八頁）

王獻唐 「……卜辞之盡（前一·四七·七），亦作盡（同上四四·六），作盡（同上八五·一）象手执木滌器形，间於器中作数点者，水也。罗叔蘊旧释盡，世多从之，实当释拭。尔雅释詁，拭，清也。」（古文字中所见之火族第二〇三頁）

劉釗 「卜辞盡字作『盡』，典籍『盡』訓『終』，訓『止』，訓『竭』，皆全部彻底之义。『盡伐』义为彻底地殺伐。」（卜辞所見殷代的軍事活动，古文字研究一一三頁）

按：羅振玉釋盡可從。卜辭「盡戊」為人名。合集七三一一辭云：「貞，令……𣪘下危……叶盡伐……受有祐」，「盡」亦為人名。合集四九一四——四九一八累見「令逆比盡于㚔」可證。

2662
盂

羅振玉 「說文解字：『盂，飯器也。从皿，亐聲。』古金文从于（盂鼎），與此同。卜辭

㦰从扔凵，扔亦于字，凵即皿省。」（殷釋中三十九葉下）

王襄　「古盂字。盂鼎之盂與此同。」（類纂正編第五第二十四葉下）

孙海波　「盂，甲三五七。方国名。盂，前五·五·六。盂之或體。」（甲骨文编二二六頁）

陳夢家　「水經注沁水注『其水南流逕邘城西，故邘國也，城南有邘臺，……京相璠曰今野王西北三十里有邘城、邘臺是也』，今沁陽西北。案此盂亦即左傳隱十一周王取於鄭、鄔、劉、蔿、邘之田的邘，亦即定八『劉子伐盂』之盂，可證邘原作盂」。（綜述二六〇葉）

饒宗頤　「盂，地名。左僖二十一年傳：『會宋公于盂』。杜注：『盂，宋地』。在今河南睢縣界」。（通考一一三六葉）

張秉权　「我怀疑卜辞之盂，恐即春秋僖公二十一年：宋人，楚子，陳侯，蔡侯，鄭伯，許男，曹伯会于盂。的盂，杜注：宋地，襄邑西北有盂亭。其地在今南睢县境，与商邱相去不远」。（殷虚文字丙编考释第二八九頁）

按：卜辭盂為地名及方國名。

2663
盡

按：此當是「盡」字之省體。參見2661「盡」字條。

2664
盄

葉玉森　「按，此仙非泉或宗之倒文。他辭云『□□卜，𢦏貞，囗夕☐。』（徵文雜事七九）囗与𡆥疑同字，殆为國名。一作囗，如又辭云『貞☐囗☐』（拾遺十四·十一）」（殷虛書契前編集釋卷六第十四頁上）

王襄釋泉參泉字条下

于省吾释㞢見丨字条下。

裘锡圭　参丨字条

按：字从「弋」、从「皿」，隸當作「𢦏」。合集一〇三〇八辭云：「……殻貞，今日我其狩𢦏」為地名。又合集一三九七三辭云：「……卜，爭貞，𢦏娕……」則為人名。

2665 𢦏龜 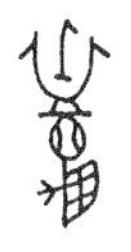 （合文）

赵诚　「𢦏龜，𢦏龜。从𢦏从龟，某一种龟的名称。」（甲骨文简明词典二〇四页）

裘锡圭　参丨字条

按：合集八九九六正辭云：「貞：……來王……隹來五……允至以龜：𢦏龜八、𢦏龜五百十」當為「𢦏龜」之合文，謂「𢦏」地之「龜」也。

2666 𢦏龜  （合文）

饒宗頤　「是㱿益龟二字合文，益龟一語见于《易》。《損卦》六五爻辭：『或益之十朋之龟，弗克违，永贞，吉。王用享于帝，吉。』殷周行卜，每用多龟，增益卜龟之数，故曰益龟。」（《通考》三六页）

按：饒宗頤謂「益龜」二字合文是對的，當指「益」地之龜言之，與「盉龜」同例。

2667

寧 

羅振玉　「《說文解字》：『寍，定息也。从血，甹省聲。』此从皿，不从血。卜辭寍訓安，與許君訓甹為定息誼同。是許君以此為安寍字，而以寍為願詞。今卜辭曰『今月鬼寍』，是寍與寍字誼同，當為一字。其訓願詞者，殆由安誼引申之也。」（《殷釋》中七十二葉下）

王襄　「古寍字。許說定息也，从血甹省聲。」（《類纂》正編第五第二十四葉下）

王襄　「古寍字。《說文解字》：『寍，安也。』段注此安寍正字。」（《簠考》征伐六葉下）

瞿潤緡　「按《後》下、四二、四：『癸酉卜𠂹寍風』，《前》五、十八、四：『癸酉卜口貞寍雨口𤎩』，《說文》『寍定息也』寍風寍雨者，風定息雨定息也。羅振玉引『今月鬼寍』一辭，按此辭見《前》四、十八、四，上下皆有缺文，鬼寍似不連文，今證以上列各辭寍訓定息而不訓安，羅氏之說殊不然矣。」（《卜釋》六四葉）

朱芳圃　「《說文》血部：『寍，定息也。从血，甹省聲。讀若亭。』按寍，甲文作上揭諸形，象皿㡿丂上。皿㡿丂上，平穩不動，故先民制字，用以象徵安靜。經傳作寧，《詩·周南·葛覃》：『歸寧父母』，毛傳：『寧，安也。』《呂氏春秋·仲冬紀》：『身欲寧』，高注：『寧，靜也。』許君誤皿為血，誤丂為甹省聲，訓為定息，悉失之矣。」（《殷周文字釋叢》卷上第四十六葉）

朱芳圃　「《說文》丂部：『寧，願詞也。从丂，寍聲。』按寧，甲文作寍，象寍在宀中。義與寍同。卜辭云：『癸酉卜，巫寍鳳』，（《後》下四二、四）《周禮·春官·小祝》云：『寧風旱』，一作寍，一作寧，是其證矣。古人以心為形之主，心安則形靜，故金文增心為義符。許君訓為願詞，蓋借義也。」

金文又有作左列形者：

[字形]（毀伯盨）[字形]（克鼎）从山，从于，从皿。說文丂部丂下云「丂古文以爲亏字」，是丂亏同字，从亏猶从丂也。亏在皿上，與丂在皿下同。古人作字，位置常有变易，不足爲異。」（殷周文字釋叢卷上第四十七葉）

陳夢家「『甹餗』。（乙一五一五）『于甹𠂤——于北奠𠂤』。（下二四·一）『甹』（菁九·五）卜田『大甹』。（甲二四六七）以上各地名，可定爲寧與濘。說文『濘，滎濘也』，『滎，絶小水也』。清水注『吳澤陂水注之，水上承吳坡於修武縣故城西北；修武，故寧也。……余案韓詩外傳言武王伐紂，勒兵於寧，更名寧曰修武矣。魏獻子田大陸還卒於寧，是也。……大陸即吳澤矣。魏土地記曰修武城西北二十里有吳澤水，陂南北二十里許，東西三十里』。是殷代之寧，即漢代之修武，今獲嘉修武境。今修武在鄭縣之北，而卜辭之北奠或許是鄭北，鄭、北鄭與寧爲南北直綫。此地是大陸吳澤所在，古之田獵區。左傳定元述魏獻子『而田於大陸，焚焉，還卒於寧』，杜注云『疑此田在汲郡吳澤』，『寧，今修武縣，近吳澤』。乙四九九五、五五九四兩記『焚甹』，疑與魏獻子焚田大陸者同。」（綜述二六一葉）

商承祚「甹，又作甹甹，說文：『甹，定息也，从血甹省聲』。卜辭或省或不省。」（佚考二九葉）

郭沫若隸定作濘無說，見粹考六十九葉背。

李孝定「字从皿从丂，說文所無。在卜辭與甹甹通用。辭云『弜甹風』，（佚一八六）『甲戌貞其甹風三羊三犬三豕』（續二·十五·三）、乞辭亦言『甹風』（後下四二·四）可證。」（集釋一七二二葉）

陳夢家「卜辭云：『甹于風』，（燕五五八）『甹巫風』，（下四二·四）『甹風北巫犬』，（明續四五）『甹風巫九犬』，（滬九九二）『……巫甹土河岳』，（粹五六）『勿于兇甹』，（灉仁十四）『其甹風三羊三犬三豕』，（續二·十五·三）『其甹大風』，（粹八二七）『弜甹風』，（粹四五六）『其甹風伊奭一小宰』，（粹八二八）『其甹風方東』，（粹一一八二）『……土甹風』（摭續三）『甹于四方其五犬』，（明續四八七）甹即後世的寧字。說文：『甹，定息也，讀若亭』。集韻清部：『甹，定息』。爾雅釋詁：『定，止也』。所以甹風即止風。周禮小祝：『掌小祭祀，將事候禳禱祀之祝號，……寧風旱』，寧風即卜辭之甹風。……又言『甹雨』，（寧滬一·一四，滬一八九五）『勿甹雨』，（佚一一六一）『甹雨于岳，由』，（前五·十八·四）『甹雨于土』，（乙十九·七）

「其𠱫雨于方」，（粹一五四五）𠱫雨即止雨。」（綜述五七五至五七六葉）

楊樹達　「寧風即寧風止風之祭也。」（甲文說六十四葉讀記六條）

李孝定　「說文：『盗，安也。从宀，心在皿上，人之飲食器，所以安人。』許君以願詞訓寧而以安訓盗，卜辭用寧之義為安，二者當為一字，願詞之義乃叚借也。寧字重文。說詳五卷寧下）

饒宗頤　「卜辭『大𠱫』（見徙甲二四七六）即大安也。莊子．淮南俱有此語。」（通考一〇九五葉）

饒宗頤　周禮小祝掌小祭祀將事，候禳禱祀之祝號，寧風旱。左昭五年傳：「投其首于寧風之棘上。」杜注：「寧風，齊地。」然其取名應本於寧風旱，此寧風一詞可徵于經典者。」（通考二四九葉）

于省吾　「余所藏明義士墨本有辭云：『庚戌卜，𠱫于四方，其五犬。』又有辭云：『辛卯卜，𠱫彡彫，其又于四方。』按說文寧，定息也，讀若亭。絜文言寧，與安寧同用。此云『寧于四方』，謂安寧四方之神也。四方之祭，習見於載籍。周禮大宗伯：『以疈辜祭四方百物。』又云：『以玉作六器，以禮天地四方。』……沿謬：『乃舍萌于四方。』……舞師：『教羽舞，帥而舞四方之祭祀。』禮記曲禮：『天子祭天地，祭四方。』……絜文已有四方之祭，是其祀典由來尚矣。」（駢三第十六葉上釋𠱫四方）

張秉权　「𠱫与𢀛之间的距离，似亦不会太遠。而𢀛曾伐棘，例如：貞：𢀛伐棘其𢦏？（后上一五．一五）𢀛与棘相去也許不太遠，棘即曹字，周文王子叔振鐸封于曹，在今山東曹州府定陶县，殷代的棘，或即其地。那末𠱫的確实地址虽不能定，但它的方向当在殷都東南的田猎区域之中，是可以知道的了。又卜辞曰：

羽乙亥勿焚𠱫？

羽乙亥勿焚𠱫？（乙編五五九四）

凡入五。（乙編五五九五，即五五九四之反面）

那是一版大龟腹甲的残片，原龟的大小当与本版差不多，其甲桥刻辞相同，而所卜的事情与本版第（三）（四）辞相呼应，本版卜「狩」而《汇编》五五九四版卜「焚」，都是為了田猎而卜，本版記有卜日，而該版未記，由此更可以証明那些甲骨上不記卜日或辞义残缺的卜辞，很多可以找到記載在其它的甲骨上与其相关的卜辞，只要將它們联串起来，是不难求得其卜日和真实意义的。」（《殷虚文字丙編考释》第一四八頁）

考古所「⿱罒于：有止义，在此为祭名。」「食：在此当指日、月之食。⿱罒于食当是止日、月食之祭。」（《小屯南地甲骨》一一一七页）

姚孝遂 肖丁「2772

(1)「叀豕用」

(2)「其⿱罒于雚雨」

(3)「庚辰卜，辛至于壬雨」

(4)「辛巳卜，今日⿱罒于雚」

(5)「生月雨」

卜辞「⿱罒于」之基本形体作□，即《说文》「粤」。许慎以为「粤，定息也，从血甹省声，读若亭」。粹456「弜⿱罒于雚」，「⿱罒于」字作□；粹1545（甲）「其⿱罒于雨」，「⿱罒于」字作□，其上象皿中盛牺血形，其下从「乎」。许氏谓「粤」字从血，盖有所本，但谓从「甹」省声則不可据。过去所見卜辞「⿱罒于雚」、「⿱罒于雨」皆分别言之，2772「其⿱罒于雚雨」同时言及，則是前所未見的。

「⿱罒于雚」、「⿱罒于雨」乃止風雨之祭。《周礼·小祝》：「掌小祭祀，将事侯禳祷祠之祝号，以祈福祥，順丰年，逆时雨，寧风旱，弥烖兵，遠辠疾。」「逆时雨，寧风旱」均所以「祈福祥，順丰年」，亦殷人「⿱罒于雚雨」之子遗。《太祝》：「掌六祈以同鬼神示（祇）。一曰类，二曰造，三曰禬，四曰禜，五曰攻，六曰说」，郑司农谓：「禜，日月星辰山川之祭也。」並引《春秋传》：「日月星辰之神，則雪霜风雨之不时，于是乎禜之」。《春秋传》乃《左传》，見于昭公元年。「雪霜风雨之不时于是乎禜之」即卜辞「⿱罒于雚雨」之意，谓风雨为害，欲其止息。」（《小屯南地甲骨考释》一三四——一三五頁）

按：卜辭有「𠦪風」、「𠦪雨」、「𠦪水」、「𠦪疾」、「𠦪𪓿」之祭，謂「風」、「雨」、「水」、「疾」、「𪓿」為害，祈禳於神祇以求其止息。「𪓿」當指「蝗」。晚期卜辭則習見「𠂤亡畎，𠦪」之占卜，謂師旅之安寧也。

2668

濘 

孫海波　「从水从𡨦，說文所無。疑為濘之或體。」（文編卷十一第七葉下）

陳邦懷　「卜辭寧字皆省心作𡨦，（凡四見）此从水从𡨦，知是濘字。說文解字：『濘，滎濘也，從水寧聲。』段注滎字曰：『李善注七命引說文：「濘，絕小水也」。』此字在卜辭中為地名，今未有考實矣。」（小箋五葉下）

李孝定　「說文：『濘，滎濘也。从水、寧聲。』『滎，絕小水也。从水、熒省聲。』是濘當以絕小水為本義。今人謂淖為泥濘乃濘之引申義，水深則不見泥淖段注濘下之說是也。契文从水从𡨦，陳氏釋濘可從。字在卜辭為地名，其義不詳。」（集釋三三一一葉）

屈萬里　「从𠦪从水，隸定之當作𣴎，即濘字。菁華九葉五片有𣴎字，為地名。後編下二四葉一片，又有𣴎𠂤之辭，知彼𣴎字亦為地名。」（甲編考釋九四葉）

按：「𣴎」為地名或水名。京都二一四二：「于𣴎𠂤，𢓊御𦎫方，于之𢦔」；後下二四·一：「尸于𣴎𠂤」。

2669

⿰皿虞 

孫海波　「，拾四·一八。方国名。」（甲骨文編二二七頁）

按：字从「皿」、从「虍」、从「大」，隸可作「⿰皿虞」，為殷人征伐之對象，乃方國名。

2670

按：合集二九二七三辭云：「叀維田，亡𢦏」為地名。

2671

盥

按：于先生釋「盥」，見釋林三九六頁。說文：「盥，腫血也。从血、農省聲」。篆文形體譌變。此既不从「血」，亦不从「農」省。當與2696合併。

2672

商承祚「，唐氏谓为盡之变体，即尽字也。」（殷契佚考三六頁上）

按：合集二一〇九九辭云：「乙未卜，呼人先人，易日」「乙未卜，呼人先，今夕」用為動詞，非「盡」字之變體。

2673

陈邦福「卜辞，邦福按：当释作鎡鼎，古鼐字。近出郑戚句父鎡鼎作鎡鼎可证。说文鼎部云：『鼐，鼎之圜掩上者，从鼎，才声，又从金从兹，俗作鎡。诗丝衣篇云：『鼐鼎及鼒』。毛传：『小鼎谓之鼒』，又孟子公孙丑篇：『虽有鎡基』，周礼薙氏注作兹其，盖古今字。卜辞，象鼎有三足，正具古代礼器之象。」（殷契瑣言六页）

張亞初「為从茲从鼎以茲為声符的𪔂字（綜类三八八页）。鄭戚句父鼎有𪔂字（大系录二〇〇）。」（古文字分类考釋論稿古文字研究第十七辑二三七页）

按：後下四〇・一六，孫海波文編一一・三摹作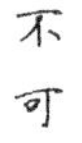、金祥恒續文編一一・三、李孝定集釋均從之。綜類三八八摹作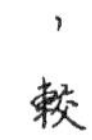，較為近是。釋「滋」不可據。

2674 ⿱虍皿 

孫海波文編五卷八葉收此作盧，曰：「或省甾。」

李孝定「契文盧作，此从皿虍聲，說文所無。字在卜辭爲國之名，辭云『貞王伐盧』，拾・四・十八，是也。」（集釋一七二一葉）

按：字从「虍」从「皿」，隸可作「⿱虍皿」，乃「盧」之變體，為方國名。

2675 盥 

按：此亦「盥」字。參見2671、2696。

2676 

2677 ⿱爿皿 

按：說文：「壺，昆吾圜器也，象形。从大，象其蓋也」。此象壺形。中从「魚」，乃聲符。在卜辭為人名。

作𤖯，籀文作䤈。』今以卜辭爿、㽹證卜辭㽹字，知㽹为醬之初字矣。」（殷契辨疑十四頁上）

陳汉平「甲骨文有㽹、㽹字，旧不识。卜辭曰：

辛未佳㽹凶孖……奠 甲编二四一八

㽹册

……㽹 甲编二四一八

按此字从皿从爿，爿声。古文字中从皿从爿者，仅醬字可以当之。说文：『醬，醢也。从肉从酉，酒以和醬也。爿声。𤖯，古文。䤈，籀文。』醬字籀文从皿爿声，知甲骨文此二字释醬不误。」（古文字释丛，考古与文物一九八五年一期一〇六頁）

按：字从「皿」、从「爿」，隸可作「𥁕」。陳邦福釋「醬」，可從。說文古文作「𤖯」、籀文作「䤈」。卜辭用義不詳。

2678

按：字不可識，其義不詳。

2679

按：字不可識，其義不詳。

2680

按：合集八二五二辭云：「……在」乃地名。

𥁕 [glyph] [glyph] [glyph]

羅振玉「說文解字：『盥，澡手也。从臼水，臨皿。』此象仰掌就皿以受沃，是沃盥也。」（殷釋中六十八葉上）

王襄「古盥字，許說澡手也。从臼水，臨皿。此从皿，从丨即水，从ㄐ即手，許說从臼爲叉手，此則从雙手矣。」（類纂正編第五第二十四葉下）

李孝定「說文：『盥，澡手也。从臼水臨皿。春秋傳曰：「奉匜沃盥」。』契文从一手而金文篆文从兩手者，取其義美耳。金文作[glyph]齊侯盂[glyph]夆叔匜[glyph]中子化盤[glyph]歸父盤[glyph]楚季盤[glyph]歸父盤爲齊器，譌变已甚矣。卜辭盥字所見諸辭均殘泐，其義不詳。」（集釋一七一九葉）

金祥恒「甲骨文之[glyph]（前六、四三、一）[glyph]（前六、六一、八）[glyph]（拾一三、一四）罗叔言殷虛书契考释云：『說文解字：盥，澡手也。从臼水临皿，此象仰掌就皿以受沃，是盥也。』而又有如：

貞：叀臣言戈令[glyph]？ 前六、九、二

貞：[glyph]其出疾？ 续八四一

叀[glyph][glyph]……中……帚。 京都S四一七

（貞）勿……[glyph]……豕十……出。 甲编考释图八一

庚戌卜，𢀛隻？网雉隻五十。

庚戌卜，[glyph]隻，网雉隻八。

甲戌卜，[glyph]，[glyph]禽，隹六十八。

[glyph]戌卜，[glyph]，[glyph]不其□禽，十一月。

甲寅卜，乎鳴网隹隻？丙辰风，隻五。 甲编考释图一七八

貞□……[glyph]， 佚九四七

乙……彽……[glyph] 南北坊四、二三〇

辛未卜，争貞：帚好其从沚馘伐巴方，王自东[glyph]伐𢀛，𩀂于帚好立？

□：帚好其𡆥𡆥馘伐巴方，王自东[glyph]伐𢀛，𩀂于帚好立？ 乙二九四八

[glyph]以往不识为何字，皆列诸待问编，今以其字之形义考之殆与[glyph]为一字，說文解字『盥，澡手

也从臼水，临皿也。」皿者何，盤也。礼记内则「子事父母，鸡初鸣，咸盥漱」又「进盥，少者奉盘，长者奉水，请沃盥，盥卒授巾。」郑注「槃承盥水者」国语吴语：「一介嫡男，奉盘匜以随诸御。」韦注「盘承盥器」仪礼公食大夫礼：「小臣具盘匜，在东堂下。」既夕：「用器弓矢耒耜，两敦两杅，盘匜。」盘，说文「承盘也，鎜古文从金，𥃲籀文从皿。」段注：「承盘者承水器也……」盘礼经谓之洗，如仪礼乡飲酒礼「水在洗东」注「洗承盥洗者弃水器也」臼水者乃沃盥者之两手沐于水也。澡手之法或双手入于盘水中，而盥洗者，如甲文□金文□，或以匜沃水而冲洗者，如甲文□金文□（师□敦盖假借为眉）甲文有匜，如：

甲戌卜，宾贞：□佚放协王事？　押三三三七

贞□犬百，九月。　前六、四二、八

贞：□及……

乙巳卜，𡧊贞：弓刍于□？　乙二二六六

贞：……于□　新二四四九　前六、四三、一

王……□　续七六八

□正象一匜一槃也。匜，说文「似羹魁，柄中有道，可以注水酒。」匜以勺水，槃以承水，故书多以槃匜连言，如吴语：「一介嫡男，奉槃匜。」仪礼公食大夫礼「小臣具槃匜」既夕：「两敦杅，槃匜。」匜有鋬无圈足者如□，有鋬有圈足者如□，有圈足无鋬者如□，殆与槃皿之形相近矣。甲文□正象奉匜注水于槃，春秋左氏传僖公二十三年：「秦伯纳女五人，怀嬴与焉，奉匜沃盥，既而挥之。」奉匜沃盥者奉匜注水盥洗也。」（中国文字第三卷第十二册一三六五——一三六七页）

姚孝遂　肖丁　「2301

(1)「甲子卜……以王族伐□方，在辛出，亡𢦔」

在武丁时期□为商之与国，常采取联合军事行动，如前6.30.2：「……丑卜，㱿贞，令戉来……戉、□伐吕方」；前6.30.1：「贞……王□伐土方」。其後□叛为敌国，常侵犯商境，如粹80：「……□伐西土」。

卜辞方国名或加「方」字，或不加「方」字。「吕方」亦称「吕」、「土方」亦称「土」、「召方」亦称「召」。此处之「□方」与「□」亦然。」（小屯南地甲骨考释一〇〇页）

姚孝遂　肖丁　「2301

(1)「甲子卜……以王族伐□方，在辛出，亡𢦔」「吉」

(2)「卒……」「吉」

(3)「方來降」「吉」

(4)「不降」「吉」

(5)「方不往自辛出」「大吉」

(6)「其往」

此片反映了商王朝在军事行动时考虑之周密与慎重，经常保持高度之警惕性。第三辞为某率领王族征讨𠬝方，師出「辛出」。「出」字从二山，字亦见于絜608，为地名。在征讨「𠬝方」的同时，还密切注视「方」的动向，盖恐腹背受敌。殷人时刻注视，故方之动向，其形式有「省」，有「見」等々。「方來降」，「降」字用法较为特殊。卜辞「降」字通常用为「降臨」、「降下」。此辞「方來降」之「降」当用如左傳哀公廿六年「六卿三族降聽政」之「降」，杜注：「和同也」。「方來降」謂「方」來和好。商与各方国之间，时敌时友。商当时正与𠬝方交战，故希望能与「方」和好。「降」用为「降服」，时代较晚。「方來降」不能是方国前來降服之意。「方不往自辛出」，「辛出」正是殷人与𠬝方交战之地点。就殷人而言，最好是「方來降」，双方結成聯盟。退而求其次，也希望「方」不要站在𠬝方一边，故占问「方」是否会「往自辛出」。卜兆为「大吉」。（小屯南地甲骨考释九三—九四頁）

蔡哲茂

殷卜辭中有「[字形]」字，见于：

（1）☒殸貞：乎雀☒

☒奉貞：雀其殸☒

☒王往[字形]伐獛 合集三九九三〇（英藏六〇二、金六六五）

（2）貞：☒☒[字形]☒ 合集一八五三二（前六·四二·一）

（3）貞：勿[字形]出于河？ 乙八〇七七

（4）☒[字形]☒王☒ 京三〇八五

而[字形]字有时也可把[字形]中的两点或三点代表水的部分省去作「[字形]」，见于：

（5）王固☒亦[字形]☒ 乙七〇六四

（6）☒[字形]☒雨 乙六九〇一

（7）□[字形]☒十二月 后下四一·一〇

（8）辛亥卜，王叀壬田[字形]不雨？ 明续一九一〇

（9）弜田[字形]雨？ 屯南二一七

（10）丙申卜：王□□□　屯南四四二九

（11）☒□☒　合集一八五三三（前六·六一·八）

金文中也有一个字和此相同作□，（三代吉金文存一五卷三五页）及□（三代吉金文存一五卷三六页）□□（三代吉金文存二卷一四页）□（商周金文录遗四〇二）。由于卜辞中从凵的字，有时也可以省去下面的圈足从凵，如□又可作□，□又可作□，□又可作□，因此□字也应可省作□，见于：

（12）贞：乎望于□？二月　续二·二六·一

（13）☒□　合集一八五二四（拾一三·一四）

（14）贞：令从□　明续S〇六六五

罗振玉氏在增订殷虚书契考释卷中六八页，引（2）（7）（11）三片的字体，把它释为「盥」字，……此后学者们皆从罗说，无异辞。

卜辞又有「□」字，字形是「□」字的颠倒，见于：

（15）辛未卜，争贞：帚好其从沚盛伐巴方，王自东□伐□□于帚好立？

帚好其从沚盛伐巴方，王自东□伐□□于帚好立？　合集六四八〇（乙二九四八＋乙二九五〇）

（16）己卯卜口贞：叀口□伐獐？　合集六九三四

（17）贞：□其㞢疾？　合集一三七四七（文八四一）

（18）口丑卜贞：☒□☒　合集四二〇

（19）乙酉卜贞：叀□令弋来？十月　陈三一

（20）癸亥卜，古贞：旬亡𡆥？之夕□，甲子□蚑王☒　合集一六一五八（南南二·三二）

（21）庚戌卜：□隻麋隻八？　甲释一七八（甲三一一三）

（22）贞：□弗其入兕？五月　合集四五四二（存下四七三）

（23）☒叀□☒畀☒中☒帚☒　人四一七

（24）贞：叀臣告令戈□？　合集一九〇九二（前六·九·二）

（25）☒子□☒王渔？十月　掇二·二〇（京一五一六）

（26）☒乙☒徒☒□☒　南坊四·二三〇

（27）贞：☒令夕☒□　合集四五四三（存上一三三五）

（28）☒乎□☒　合集四五四〇（甲三一八八）

（29）贞：☒□　合集四五四一（佚九四七）

（30）☒□☒豕☒㞢☒　合集一五〇六九

……前举卜辞中除了残泐之外，（3）（14）（17）（19）（20）（21）（22）（23）（24）等辞大概都是人名，但是如果把罙当作盟的意义去解释（15）（16）两条，则难以通读。……

寒（峰）氏把『罙』和『罙』看成是同一个字，这是正确的，罙字见于卜辞者如下：

（31）☐罙伐西土？　合集七〇八二（燕八〇）

（32）☐贞☐王罙伐土方受☐　合集六四二五（前六·三〇·一）

（33）己丑卜，㱿贞：令𠂤来？曰𠂤罙伐𠮷方？七月。　合集三九八七三（金五二五）

（34）□丑卜，㱿贞：令𠂤来□𠂤罙伐𠮷方？七月　合集六三七九正（前六·三〇·二）

（35）☐卜贞：☐罙☐于☐　合集一八六二〇

（36）☐罙☐　前六·二〇·二（林二·二·八）

与卜辞罙字相同的金文见于罙甗（三代五·四·六）……吴大澂在说文古籀补释此字为『罙』

按说文罙字作『罙』云『深也』段注：

『此以今字释古字也，罙、㴱古今字，篆作罙㴱，隶变作罙深，水部㴱下但云水名，不言浅之反，是知古深浅字作罙，深行而罙废矣。有穴而后有浅深，故字从穴，毛诗「罙入其阻」，传曰「罙，深也」此罙字见亦经者，毛公以今字释古字，而许袭之，此罙之音义原流也。』

段注释罙之义甚确，诗殷武所言『挞彼殷武，奋伐荆楚，罙入其阻，裒荆之旅，有截其所，汤孙之绪。』所谓『奋伐荆楚，罙入其阻』即卜辞『罙伐』之意，古书中以『深』为『深入』之意，尚见于：国语晋语：『六年，秦岁定，帅师侵晋，至於韩，公谓庆郑曰：「秦寇深矣，奈何？」』韦昭注：『深，入境深也。一曰深犹重也。』左传僖公十五年记此事云：『三败及韩，晋侯谓庆郑曰：「寇深矣，若之何？」』秦兵至韩原即深入晋境，故当以『入境深也』释『深』为是。战国策秦策四：『三国攻秦，入函谷，秦王谓楼缓曰：「三国之兵深矣，寡人欲割河东而讲。」』高诱注：『深犹盛也。』三国之兵入函谷则深入秦地，故秦不得不割河东以讲和，深即深入之意，高注未得。因此把（31）（32）（33）（34）的『罙伐』释为『深伐』即证古籍，可谓信而有徵矣。前举李先生文以为卜辞的[字形]、[字形]、罙是同一个字，这也是正确的，比较（1）和（15）（16）的辞例即可知『[字形]伐』和『罙伐』是相同的，卜辞上不管独体或合体的字，倒书但意义仍然相同，……卜辞称『深伐獯』即深入獯境之意。

近年出土的中山王嚳壶有辞云『厘爰深则孯人亲』，『深』字作『[字形]』，诸家考释以为『深』字，无异辞，与卜辞比较，已变[字形][字形]为[字形]，而且多出『氺』来，石鼓文戎鼓（霝鼓）亦有辞云『隹舟以衍，或阴或阳，极深以口，于水一方』其深字作『[字形]』与中山王嚳壶铭同，唯移氺于[字形]旁，而成后来小篆深字，由于深字由甲文的从倒皿，演变成从[字形]，所以段注解釋說『有穴而后有淺深，故字从穴』……按由卜辭的罙字作[glyph]或倒書作[glyph]，可以了解罙字的取义是用手在水中探其深浅，而水是装在器皿之中，后来所从的倒皿讹变成[glyph]，就和家室等字的从[glyph]无别，最后[glyph]又讹成[glyph]，使得后人以为罙是从穴，也就是由[glyph]↓[glyph]↓[glyph]。……卜辭中罙字的 ⁚⁚ 是表示皿中有水，后代深字加水旁，正是由此重复而来，也就是增加意符，……。当然深和探在语源上应该是有关系的，探而后知深浅，但卜辭的罙字在前举（1）（15）（16）（31）（32）（33）（34）等所表示的应该是深浅字的本义，而非引伸則可断言，其它的地方当作人名或地名。」（釋「[glyph]」「[glyph]」故宫学术季刊第五卷第三期七三——七八页）

按：羅振玉釋盥，於卜辭辭例無徵。合集二九二七八辭云：「辛亥卜，王叀壬田罙，不雨」為地名。英六〇二辭云：「……王往罙伐𦥯……」與卜辭「[glyph]伐」之辭例同，蔡哲茂論有關形體之關係甚詳，釋為「罙」。「罙」、「深」乃古今字。參見「[glyph]」字條。

2682

罙 

孙海波「[glyph]、[glyph]、[glyph]，罗振玉先生並释爨。按說文『爨，齐谓炊爨，𦥑象持甑，冂为灶口，廾推林内火。』籀文省作𤇽，与此形並不类，且此三形並非一字，第一体作[glyph]，疑盥字倒文；第二体作[glyph]，疑𦥑，金文铸𩰫等字皆从此作可证；第三体从𦥑𠀎，說文所无，罗氏误併之，非是。后编卷上第十四页十一版『其田[glyph]𤇽亡𢦏畢』，𤇽字上体从林，下象两火形，有推林内火之谊，与說文籀文合，余以为殆即爨也。」（考古学社社刊第四期三十一页）

李孝定「从又从覆皿，說文所無。字當與盥字同義。从覆皿者，奉匜沃盥之意也。甲编三一一三辭云『庚戌卜𡧍隻𤼈一网雉隻八』，𡧍疑為人名。屈翼鵬云『𡧍未識，疑亦狩獵之法』，見甲釋四〇二葉，恐未然也。」（集釋〇九四六）

劉釗　「『罙』作『冈』形，与『冈』的关系有两种可能。一种可能是罙字本作『冈』，后省成『冈』，一种可能是属於类化性质，即在『冈』字上增加『口』形而成。不过从古文字的一般规律看，前者的可能性要大些。」（卜辞所見殷代的軍事活动，古文字研究十六輯一一三頁）

2672

裘錫圭　「有一条卜辞说：『辛未卜争贞（「争」是管贞卜的人的名字）：妇好其比沚戠伐巴方，王自东罙（探）伐，戎廌（陷）于妇好立（位）？』（殷墟文字乙编二九四八），意思是：让妇好和沚戠一起去征伐巴方，而王则亲自从东方深入进击巴方，敌人会陷入妇好的埋伏吗？」（甲骨卜辞中国大百科全书中国文学二九六页）

蔡哲茂释罙，参𡆥字条下。

2683

按：釋「罙」可從。字即「𡆥」之倒書，省作「冈」。合集六九三四辭云：「己卯卜……貞叀……罙伐𢦏」，與𢀛六〇二之「罙伐𢦏」辭例同，可證其為同字。參見「𡆥」字條。

2684

匓

按：𢀛二三〇四辭云：「……其田𡆥，湄日……」為地名。

孙海波　「𡆥，𢀛一五一六。疑匓字。」（甲骨文編八二〇頁）

饒宗頤　「按須齋藏片有云：『其征三盂田，匓受年。』匓即郇。集韻：郇，說文：周武王子所封國。亦作鄇是也。」（通考五八三葉）

2685

屈萬里　「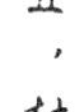，隸定之當作盁。」（甲編考釋二〇四葉）

于省吾　參釣字条

按：于先生以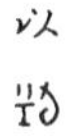為，為殷先公名。後下三六·三之「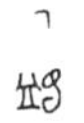」，右不从「自」，左當从「皿」，似非「夒」字，存以待考。卜辭「夒」當為地名，饒宗頤以為即「郇」是對的。

按：字从「皿」从「止」。合集一八五三四辭云：「……勿⿱止皿即……」用為動詞，其義不詳。

2686

于省吾　「甲骨文⿱畾皿字作（甲二八一二），只一見，原辭残缺。⿱畾皿字，甲骨文編入于附录，續甲骨文編附录于皿部。⿱畾皿字上从，即靁字的初文（靁字从雨作䨻，見西周器盠尊），旧也不识（详釋靁）。甲骨文「告靁于河」（粹八四〇）的靁字作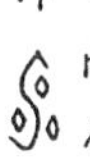，与形可以互证。形中从，乃申作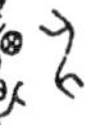的变形。商器有父乙罍（借为⿱畾皿），罍字中从，也是申字的变形。商器且甲⿱畾皿之⿱畾皿作，从皿罍声。說文：「櫑，龟目酒尊，刻木作云雷象，象施不穷也，从木畾声。罍，櫑或从缶。⿱畾皿，櫑或从皿。𦉜，籀文櫑，从缶回。」按许氏对于櫑字的解释，以后世的形制来說明初文，殊有未当。」（釋⿱畾皿甲骨文字釋林三五〇——三五一页）

按：于先生釋「⿱畾皿」是正確的。說文篆文作「櫑」，或體作「罍」、作「⿱畾皿」。卜辭残泐，其義未詳。

2687

孙海波 「㱿，宁滬三・四〇。疑㱿字。」（甲骨文編七二〇頁）

按：字从「皿」、从「殳」，隸可作「㱿」。合集六八五正辭云：「勿呼執宅㱿」為地名。

2688 飲 

按：此乃「飲」之或體。合集四二八四辭云：「辛亥卜，殻貞，呼飲𠂤叀不橐」似為人名。

2689 脯 

按：合集二六二七辭云：「甲戌卜，殻貞，勿脯知婦好趾于父乙」，合集二六二八與此同文，當是「脯」之異構。

2690 鑄 

饒宗頤 「鐫字未識，疑『醮』字。儀禮士冠禮：『若不醴，則醮用酒。』鄭注：『酌而無酬酢曰醮。』又云：『醮，夏殷之禮。』」（通考八三八葉）

燕耘 「『在帝乙帝辛时代的王室卜辞，有这样一条：『王其铸黄吕，奠血，叀今日乙未利？』（見金璋所藏甲骨卜辞第五一一版）辞中『铸』字写法，和金文铸字写法一致，但因是摹本，为甲骨文编所未收录。『黄吕』一词，又見于小屯殷虚文字甲编第一六四七版，那是廪辛康丁时代的王室卜辞，全辞稍残：『丁亥卜，大〔贞〕……其鑄黄〔吕〕，……作凡（盘）利叀……』。

春秋初年有个曾伯霥簠，铭文中说：「余择其吉金黄鑪，余用自作旅簠。」金文中的黄鑪，就是甲骨文中提到的「黄吕」。因为，古代从膚声的字，和从吕声之字读音相通。说文指出，膚字古代又写作臚，而左传定四年「鑪金初官于子期氏」，据经典释文所说，鑪字一本作鑢。玉篇中把鋁、鑪当做一字。郭璞注方言时说「鋁音虑」。文献记载中春秋时代的莒国，金文中写作膚或鄺。这些都是很好的证明。曾伯霥簠铭提到用黄鑪铸簠，而上举两条卜辞中，一条说「铸黄吕」，另一条则是用黄吕作盘。是完全一致的。由曾伯霥簠是铜器，可知黄吕是铜料。黄吕的黄，是指颜色。金文中提到的铸器原料还有「赤鑪」（郑公华钟）、「非（绯）吕」（玄鏐戈）、「铸（黄、黄白色）吕」（玄鏐剑）等多种。可見吕或鑪有不同的色泽，而且显然不是指当时主要的铜矿石——蓝绿色的孔雀石。有很大可能象唐兰所推测的那样，是由矿石冶炼而成的铜料块。

……

「铸黄吕」既可肯定是指铸铜，可以进一步解释何为「奠血」。说文解释奠字意义是「置而祭也」。孟子梁惠王上记载：「王坐于堂上，有牵牛而过堂下者。王見之，曰：牛何之？对曰：将以衅钟。」赵岐注：「新铸钟，杀牲以血涂其衅郄，因以祭之，曰衅」。可見古代有用牲血祭新造铜器的习俗。安阳苗圃商代铸铜遗址中，解放后发掘过一个埋牛坑，坑中别无它物。可能和以牲血祭新造铜器有关。甲骨文中「奠血」的记载，与此是一致的。

甲骨卜辞中反映，当时铸铜器要卜择吉利的日子，这和铜器铭文中常提到在某一「吉日」作器，可以互相印证。可以推想古代人们由于对铸铜这一相当复杂的技术，最初因不易掌握而产生某种神秘观念，所以形成了在铸铜时的一些迷信习俗。（考古一九七三年第五期二九九页）

按：燕耘釋「鑄」是正確的。合集二九六八七辭云：「丁亥卜，大，……其鑄黃呂……作凡利叀……」與英二五六七之「王其鑄黃呂……」辭例同，並為「鑄」字無疑。

2691 鑄

王國維

「此當即亶鑾二字，古讀若門鑾。古文鑄字从此」

孫海波

「□，金五一一。鑄作□，与金文同。」（甲骨文編五二七頁）

孫海波於商氏釋爨諸文並以為非。謂第一形疑盥之倒文，第二形疑□，第三形从臼从□，說文所無。（考古四期廿一葉小記）

李孝定

「字从臼从凡，象倒皿，从土，隸定之當作□。孫說是也。字當是鑄之古文，从土者范之意也。范皆土製，故从土，象兩手捧皿傾金屬溶液於范中之形。金文作□芮公林□芮公壺□湯叔尊□鄦子□□楚子□並由此字所孳衍。增从火者象金屬溶液，从皿象范，與从土同意。或又作□鑄子□為篆文所自昉。从金與从火同意，於形已複，从壽則聲符也。本辭云『貞其鑄河』，其義未詳。王氏謂盥字从此，未達一間。商氏釋爨，說非。本字釋鑄於字形蓋無可疑，惟於卜辭之意未能通讀耳。」（集釋四五九六頁）

李孝定

「說文：『鑄，銷金也。从金，壽聲。』金文鑄字多見，均為會意字，如□大保林□芮公林□芮公壺□楚子□或又增壽為聲符作□周乎卣□鄦始鬲□守□或又增金為形符，增金者則省火，蓋字从火者示作銷之金液也。作□□君壺□鄦子孝鼎或則並此形聲二符而增之，作□取盧盤□取盧匜□鑄子□□鑄子鼎，省之則為篆文形聲字之鑄矣。上从兩手持到皿，大保林上从鬲乃形譌，非从鬲也。到皿者中貯銷金之液，兩手持而傾之范中也。下从皿則范也。中从火象所銷之金。或从八亦象金液。金文恆言『某某人名自鑄其器』，則鑄為鑄字可知。契文作□原辭破損以意足之如此。上亦象兩手持到皿，與金文同。下从土，土范也，當是鑄字。辭云『甲□□□貞其鑄河王賓示弦佳王□八月』，王國維氏釋盥，可商。」（集釋四〇五七葉）

商承祚釋□前二・八・九、二・□與□後下・二十・十一，為爨。其說曰「祚案羅師釋爨。說文解字：『爨，齊謂炊爨，臼象持甑，冂為竈口，廾推林內火。籀文省作𤋎』，此象執事竈下又籀文之省矣。其□者象竈下有火，與篆文略近。□即火字，說詳一卷王注」（類編三卷七葉下）

饒宗頤

「□或从火，象在鬲下鼓鑄形。安桐盂作『□』，與此形同。殷文存下有觶，其銘辭云：『王□王十祀觶』。知□即鑄字。呂覽慎大：『（武王）封黃帝之後于鑄』，左傳襄廿三年：『臧宣叔取于鑄』，今山東肥城南之鑄鄉。周銅器有鑄公簠，卜辭所謂東□，殆即東鑄矣。」（通考七五八——七五九葉）

2692

饒宗頤「按燙，以金文𧷤字例之，蓋即鑄字。」（通考五一三葉）

按：釋「鑄」是對的。凡即象鎔冶之器，今謂之坩鍋，俗謂之將軍盔，殷墟多有出土。

此當與2690「鑄」字合併。

按：合集一四一九九正辭云：「貞，弗其骨凡有疾」為人名。

2693

按：字不可識，其義不詳。

2694

按：字不可識，其義不詳。

2695

按：字不可識，其義不詳。

2696

盥

于省吾「甲骨文盥字作或，旧不识。按盥即古盥字。說文：『盥，腫血也，从血

𦤎省声。膿，俗盥从肉𦤎声。』按𦤎乃后起字，应从盥省声，许氏以为盥从𦤎省声，未免本末倒置。盥字从㕚或𠬞，古文字从㕚也作𠬞或𠬞是常見的，无须举例。盥字在甲骨文中仅四見。其所从之Ｕ，后世加上文飾作⊌，这在甲骨文中同是一个字，而无文飾和有文飾则是时常互見的。例如：吴字作吴也作吴，萬字作萬也作萬，文字作文也作文，不煩备引。周器麦尊有盥字，郭沫若同志謂：『盥字与説文膿之作盥者相似，疑摹刻有失。』（系考四二）这是对的。甲骨文称：『貞，盥涉于𢀛〇盥勺涉于𢀛（佚五三一七），这是以盥为人名。又：『丁卯卜，□貞，妾絆白盥，用于丁。』（后下三三·九）甲骨文妾与戠通用，戠字右从戊（鉞），作动词用，乃杀戮之义。盥为絆方酋长之名。这是说，杀戮絆方酋长之名盥者以祭于丁』。（甲骨文字释林释盥）

按：此與2671、2675並當釋「盥」。

2697

按：字不可識，其義不詳。

2698

按：字不可識，其義不詳。

2699

按：字不可識，其義不詳。

2700

益

按：合集一六〇一二文辭云：

字从「水」、从「皿」，當是「益」字。為地名。「益龜」謂「益」地之「龜」。卜辭有「益龜」合文。
「……受益龜……」

2701 盦 

按：字从「皿」、从「𡘋」，隸可作「盦」。可能為地名。

2702 

按：字从「犬」、从倒「皿」。合集一九九九一辭云：
「……亞𤞷婦鼠曾……」
為人名。

2703 

按：字不可識，其義不詳。

2704 舂 

王襄 「古舂字。許說擣粟也，从廾持杵臨臼上，午杵省也。此从𠬞从↓从凵，↓象杵形，凵象臼形，兩手持杵臨臼上，即舂字。」（類纂正編第七第三十四葉下）

葉玉森 「廾象杵，臼象臼，∷象米𢪍出臼。旁跽者作雙手舉杵狀。叔家父簠稻作□，𠂉象雙手舉杵而略去杵形，∷象溢出之米，凵象臼。又滔媟敢滔字偏旁作□，中象杵，□象雙手，∷臼象米與臼，與卜辭尤合。卜辭乃古文舀字，詩生民或簸或舀，說文舀，抒臼也，古亦假作稻。故簠文以□為稻」（殷虛書契前編考釋六五頁）

于省吾　「古文舂作𦥔，（續五、二、四）金文作𦥔」。（駢三第二七葉釋臽）

李孝定　「說文：『舂，擣粟也。从廾持杵臨臼上，午杵省也，古者雝父初作舂』。絜文正象一人兩手奉杵臨臼擣粟之形。𦥔者象溢出之米，或省作𦥔，與篆文全同。古文从奴从𦥔每無別也。葉釋臽，說文臽訓杼臼，杼臼者既舂之後於臼中抱米也，抱米當以手臨臼，何取於杵。知字象兩手奉杵高舉臨臼擣米之狀固為繪也。金文稻字从臽，其蘇文作稻𥞱𥡴諸形，祇以一手，非如葉氏所說从兩手也。葉氏謂从兩手者殆誤以㫃之一斿為一手也。辭云『辛酉貞在□□其舂☐』（續·五·二·四）『弜舂于戠禾』（後·下·二十·十三）言舂戠禾正用擣粟本義。『甲午有聞曰○事舂复七月在☐』其義不詳，均不得釋為臽也。金文作𦥔伯舂盉與上出第二形同」。（集釋二四〇五葉）

考古所　「衆舂：也可能是舂衆。舂在此当为一种人的身份，如周礼之舂人。」（小屯南地甲骨九〇四頁）

按：說文：「舂，擣粟也。从廾持杵臨臼上。午、杵省也」。朱駿聲、徐灝均以為午即古杵字，不省。王襄、于先生釋卜辭𦥔為舂是對的。金文伯舂盉作𦥔，均與小篆同。卜辭云：「……史𦥔复，七月在……」（續五、二、四），此例僅見，辭殘，用義不詳。葉玉森以為後下二〇、一三有「𦥔」字，釋「臽」，李孝定集釋从之而釋「舂」，謂正象一人兩手奉杵臨臼擣粟之形，並誤。原辭當讀作：

「辛酉貞，在……𢀛其丮；

辛酉貞，𢀛弜丮戠禾」

殷墟卜辭綜類即如上讀是正確的（三五六、五八）。

2705

𦥔　𦥔

鐵一七一·三、京津七六六

𠁁一萍　「卜辞曰：

☐𦥔父乙弗𢀛

後下三〇·一二

☐𢀛☐来马☐𢦏

孙师匡藏　存一·一一一〇

☐由𡆥☐𢦏

𦥔字在父乙之前，当是祭名。

两辞之□皆在句末，用法不同，含义必异，其与□为二字无疑。既非一字，姑置勿论，今但释□字。

罗氏谓象人臽阱中，有拯之者，单就字形言，似无不可。惟置于父乙之前，当为祭祀之礼，则非「拯救」之谊所能安。余谓此字象殉人之祭，与另一奇字□为一字。盖此一奇字之结构不啻为小屯建筑遗址所发见安门墓殉葬时之真实写照也。据老友石璋如先生撰《殷虚建筑遗存》所载乙组建筑基址有安门墓者，为乙五、乙七、乙八、乙十一、乙二十等五处，每处之墓数不同，墓内殉葬之人数亦不同，最多者九人，次为三人、二人，一般均系一人。多数殉葬者为男性，亦有女性及儿童。建筑基址原为夯土筑成，在安立门户之先，各就门之所在，打破夯土基址挖一深坑，置人牲于其中，或平卧或作跪姿，然后再施以夯土，兹举乙二十基址E部一安门人牲墓发掘时照片为例，该墓编号为M三八九，一成年男尸面向东南，跪于门南墓坑之中，发掘时四周皆为坚硬之夯土，乃殉葬后施以打击而成者。此图所示适为□字下半之□形，想象当时埋葬之时，填土打夯，即为此字上半□之象意，盖双手持杵，所以施打击之状，□字乃省□作，实为一字。毫无拯救之谊存乎其间也。故卜辞云：

辛酉卜争贞□于西　《铁五九·三、书道五·三》

勿□　《后下三一·一八》

□父乙弗尹　《铁一七一·三、京津七六六》

三辞皆为祭名，今对照遗址所见，知此祭典乃祀以人牲而又添土打夯，余以为即经典之「烝」是字，《诗东山传》：「烝，寘也」，《常棣传》：「烝，填」。《说文》「填」「寘」皆训塞，音义并同。是烝之朔义为填塞，与夯土填塞墓坑之情形相合。且烝读「之烝反」，烝烝之声，正是打夯击土时所发出之音响，是烝之得声，亦由当时之动作，故知□为烝之初文，似无可疑也。不特此也，卜辞尚有一□字，诸甲骨文编皆入附录，其全辞曰：

丙申卜王贞勿□□于门辛丑用　十二月　《遗三四》

此乃卜问何日用女牲行□祭於门，今印证遗址所见情形，殆与□为一字，亦当读烝，小屯乙七基址M一四九墓发见之情形可以证之。墓坑在门内西，殉二人，平卧，出土随葬品中有头簪，故知为女性。按契文中之母女字必作跪形如□，今此□作□形乃平卧而非跪态，且戴头簪旁有小点似夯土，此与一四九墓之情形，完全吻合，所省者上部双手持杵之□耳。」（《释□□□》《中国文字》第四十三册四六六八至四六七○页）

白玉峥　「籀庼先生隶作烝。罗振玉氏入《书契待问篇》（三八一）。孙海波氏作《文编》入于《附录》（十六一）。李孝定先生作《甲骨文字集释》失录。于省吾氏曰：「□，隶定应作臽，象陷人于坎，而用杵以舂之（骈三·二七）。夫子曰：「字象置人於坎，以杵夯土，当为用人牲之祀典」。（西示）。于氏隶作舂，可从；然今字无之。其说解字形，尚差一间。窃疑：字之构形，可能为人祭，或构筑寝庙奠基涉及之事。兹姑从于氏之隶定，以俟考定。」（契文举例校读十九 中国文字第五十二册五九四二页）

饒宗頤　「按□字，隸定應作舂，象陷人于坎，以杵舂之。或釋臽，即陷字。他辭云：「勿舂。」（後編下三一·一八）亦省作□，辭云：「丁丑卜，子啟□用，今日亡囚。」（佚乙八七一六）此言「舂牢」蓋即瘞薶之禮。祭法：「瘞埋于泰折，祭地也。」孫希旦集解：「泰折，北郊之坎。」此字从凵，凵即坎，說文：「坎，陷也。」陷牲于坎，即瘞薶也。」（通考三八九葉）

夏渌　說參凵字條下。

按：字可隸作「舂」、或「舂」，象瘞埋人於坎而又舂擣之。卜辭均用為動詞，蓋古瘞埋之禮。

丞

孫詒讓　「□當是烝字。說文収部丞，从収从卩从山，此从収卩甚明，凵則火形之省，唯省山耳。烝為冬祭之名，亦叚借為脀，升肉於俎也。……□……亦當是烝字，但形略繁……□（與□）形相近，但不从凵，疑烝之異文。」（舉例下三二葉）

罗振玉　「象人臽阱中有拼之者，臽者在下，拼者在上，故从収象拼之者之手也，此即许书之丞字，而谊则为拼救之拼。许君训丞为翊，云『从収从卩从山，山高奉承之义。』盖误収为収，误凵为山，误臽为卩，故初谊全不可知，遂别以后出之拼代丞，而以承字之训训丞矣。」（增考中六十三页）

李孝定　「说文：『丞，翊也。从収从卩从山，山高奉承之义。』又羽部：『翊，飞皃。从羽立声。』丞之与翊义不相承，按当作『翼也』；翼，辅也、助也、戴也。说详异字条下。契文之□，罗氏释丞是也，其说字形沿讹之故，亦可从手部『承，奉也、受也。从手从卩从収。』卜辞之□，当为承之古文，商说非是。丞象人陷阱中有自上抍之者，故从収从凵，承从卩从収，象两手自下奉之，其义自别，承之篆文作承，复增手形，亦犹丞之作拯也。拯字多本说文作抍，段氏注改作拯，多家于此聚讼纷纭，今知丞为拯之古文，「上举」「出休」为其本义，「翼也」则其引申义及后引申之义专行，乃更增之手以为拯字，至字后作「抍」作「撜」者，则为更后起之纯形声字。段氏改篆体作拯，殊具卓识，惟惜未见其古文，故犹不知丞为拯之本字也。金文编三卷十页所收诸丞字作□，皆当为承之古文，后于十二卷出承字，以为丞之古文者非是。」（集释二七八三至二七八四页）

夏渌说参凵字条下。

按：羅振玉釋丞，並進而論證其演變之原委，李孝定又從而申論之，說皆可信。惜卜辭殘缺，用義不明。卜辭□當釋「承」，不得與「丞」同字，參見「承」字條。嚴一萍謂與「舂」同字，辭例不足徵。

2707

□ 

金祖同 「□，读若蘿，用女俘也。」（殷契遺珠释文五页）

李孝定 「按，契文女作□，或作□。此作□，实象面缚之形，非女字。金氏隶定作□可商。契文□字诸家释蘿，此象蘿人之形。金氏读此为蘿，其意是也。然非谓此即蘿字。姑附之於此以俟考。」（甲骨文字集释存疑四四五七页）

夏渌说参凵字条下。

按：金祖同讀此為「蘿」，謂為「用女俘」，其說是也。合集一九八〇〇辭云：「丙申卜，王貞，勿蘿□于門，辛丑用」謂以女俘為牲而蘿于門也。此與「舂」皆屬以人為祭牲，但不必同字。嚴一萍說有可商。

2708

于省吾釋舀，參字條下。

夏渌説參凵字條下。

按：卜辭皆用爲動詞，其義不詳。字與「舀」當有别。

2709

丁山「象染指於鼎形，當即許書所謂『舀，抒臼也』之舀。」（殷商氏族方國志一三二頁）

按：合集四八二二辭云：「貞，勿呼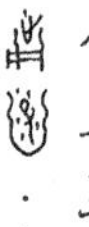……」用爲動詞，其義不詳。釋「舀」不可據。

2710

按：此字形體當有誤，似即「各」字。

2711

按：字不可識，其義不詳。

2712

按：字不可識，其義不詳。

2713

按：字不可識，其義不詳。

2714

按：字不可識，其義不詳。

2715

王國維「酉象尊形。」

孫詒讓「說文酉部䪞，古文作䪞，偏旁與此略同。金文中酉爵作酉，形亦相近。」（舉例上二葉下）

林義光「說文云：『酉就也。八月黍成，可為酎酒。象古文酉之形也。』按古酒字皆作酉虎叔尊乙丁作酉毛公鼎作酉吳季良父壺作酉孟鼎酉本義即為酒，象釀器形，酒所容也。」（文源卷二第十二葉）

徐中舒「……尊為盛酒之器，容量必鉅。……尊之形制最為複雜，大別之可得五類：(甲)圜而直上，口侈，無蓋，下有圈足，中間之有鼓突出之圓周形，其銅範之接榫處，亦間有觚稜之飾，亦有通體作方形者。

（乙）圜而大腹，頸短，徑與口同，口微侈，下有圈足，間有蓋，亦有通體作橢形者。

……殷虛出土有類似甲乙兩類尊之瓦器兩種，惟皆無圈足。其一侈口，身長底銳，圜而直上，其一大腹，短頸，底圜而口微斂，皆即甲乙兩類尊最原始之形製。……再以甲骨文中象酉形之字證之，案甲骨文酉及從酉之字原有兩種作風，其一作𠀃，正與前一瓦器相似，其一作廿正與後一瓦器相似。……」（說尊彝，歷史語言研究所集刊第七本第一分一九三六年）

吳其昌　「『酉』者，十二支中第十位之名也。其最初之本义，为酒尊之形，由酉形蟺变而成也。」詳注文名象疏証（殷虛書契解詁第三八頁）

吳其昌　「『酒』者，與『酉』為一字，『酉』象酒尊，『酒』則兼象尊外有醪瀝之形也。引而申之，則亦為祭名。而周禮『槱燎』之『槱』，則疑即此『酒』字之語変也。所以知『酒』『酉』為一字者，古金文幾莫不如是，最著如毛公鼎『毋敢湎于酉』，大盂鼎『叡酉無敢醺』。又云：『殷正百辟，率肆于酉』，皆以『酉』為『酒』。沒季良父壺『用盛旨酉』，國差𦉜『用實旨酉』。及天君鼎、宰甾毀之『饗酉』，尤為明顯。魏正始三體石經尚書無逸『酗于酒德哉』，古文亦作『酉』。劉成國釋名，亦尚有『酒，酉也』之同聲相訓。卜辭中雖『酉』『酒』分別，然亦有不分別之處，如：『貞酒祭上甲』（後一、二〇、一三）『酒貞祭上甲』（前六、五九、三，又後一、二一、三）亦作『貞酉祭上甲』（續一、五二）其證也。以故知原始『酉』『酒』之一字矣。所以知酉字所从之三乃象尊旁醪瀝之形者，孫詒讓曰：『龜文滔字，似即用為酒字。彡非彡，實即水之省变』（擧例下、二二）羅振玉曰：『从酉从彡，象酒由尊中挹出之狀，即許書之酒字也』。按孫羅二說，至碻不易，而葉玉森乃猥駁之云：『……先哲以為造酒字，挹出之酒點，儘可作小直點狀之，何必故與彡（彤）字相混』。按葉說，乃懞人之談也。卜辭『酒』字，作　直點者多矣，直不勝舉耳，略示其著，如酉（前一、一六、五）酒（佚四〇七），此猶可云點雖直而綫仍斜。如酒（前六、五九、三）酉（後一、二〇、一〇）酉（後二、一一、三）酉（續二、八、六）酉（佚二一五）諸形，非小直點乎，非與契文其他狀水之點絕同乎。至于葉氏自樹異義，以為『从彡，疑即卜辭彤日之彡』，而列擧卜辭中『酒彤』連文之片為據，尤自相刺謬。『酒彤』既一片之中並擧矣，酒何乃又从彤乎。必如此說，謂『酒』从彡，又何不云『彡』即从酒者乎。且彡祭必施于先公先王，而『酒』祭則或以祝禾，或以止雨，如云：『酒，求年』（前六、六六、三）『酒，求不雨』（佚二一五）可驗，益以知葉說之不然矣。（葉說見集釋一、四八）所以知其後引申為祭名者，羅氏又云：『卜辭所載諸酒字為祭名。考古者，酒熟而薦祖廟，然後天子與群臣飲之于朝。淵鑒月令曰：「孟秋，天子飲酎」。又按左氏傳「見于嘗酎」，（自注襄二十二年）意商之酒祭，即後世之嘗酎，酒殆酎之本字」。按羅氏以「酒」為商代之祭名是也。以後世之嘗酎，畧當于商代之酒祭，亦殆近之。惟以「酎」為「酒」之本名，則襲阮元之游說爾。「酒」為商代祭典之一種，故本片兩云「酒大甲」。（指前一、五、五片——摘錄者）此外藏龜亦有「酒大甲」之片（六、二七〇、一），續編亦有「酒大甲」之片（一、一〇、四），皆與此文絕同。其他酒先公，先王，先妣者，更不遑悉舉，則「酒」為有殷祭典，固自明爾。襄公二十二年左氏傳云：「見於嘗酎，與執燔焉」。按「燔」即卜辭之米。嘗酎之後，繼之以燔，正與卜辭「酒米」聯文者制同。故雖謂後世嘗酎之禮，不無淵源于商之酒祭，亦未為謬耳。玉于卜辭，多「奠酒」、「酒奠」習語，乃云：「米酒戠口且乙」。（後二、一九、一二）「米酒◎（卷）册大甲」。（後一、二三、一）或云：「貞酒米」。（燕四二）或云：「酒米」。（續二、八、六）「酒米于旁」。（鐵三、一一、四三）「酒米于丁」。（後一、二四、三）或云「酒米于兇」。（後一、二二、三）「酒米五牛」。（後一、二四、一）以米字推之，則米米並為奠字矣。（米郭氏釋禾，按禾卜辭作◎，從爪從果。郭誠為誤矣。郭釋見其後一、二二、三片釋文）殆殷時酒祭，必以奠終之，故酒燎之文常聯。逮及周世，則「酒奠」或作「槱燎」；「酒」亦或作「栖」。周禮春官大宗伯：「以槱燎祀司中司命」。說文木部「栖」，為「槱」之或體，皆此「酒」字之變文也。然而說文乃云：「槱，積火燎之也。從木，從火，酉聲」。鄭玄周禮注乃云：「槱，積也。詩曰：「芃芃棫樸，薪之槱之」，皆積柴實牲體焉」。又鄭玄棫樸箋云：「白桵相樸屬而生者，枝條芃芃然，豫斫以為薪，至祭……，則聚積而燎之」。又應劭風俗通義祀典篇云：「槱者，積薪燔柴也」。按上陳訓詮，似與卜辭酒義了不相涉。然卜辭「酒」字，何以不同于金文之徑作「酉」？（酒父乙尊、戊寅鼎二器外）而必以尊形之旁，顯數點醪瀝之形？意者，「酉」為禾黍入水而成麴液之漿名；而「酒」為灌滴此麴漿以享神之祭名，（「酉」名詞，「酒」動詞）其所灌滴之處，卜辭本無明文。意者，即以棫樸之詩所述，商代酒祭之時，其醪瀝亦灌滴于豫聚燎薪之上歟？此或即可為「酒」祭容狀之說明歟？（玉槱訓積訓聚，自為後起之引申義。）」

（殷虛書契解詁第九三——九六葉）

郭沫若

「說文「酉，就也，八月。黍成可為酎酒。象古文酉之形也。……丣，古文酉从丣，丣為春門，萬物已出，丣為秋門，萬物已入，一，閉門象也」。此字象形，與古文尚無大別，骨文變體頗多。然大體作酉若酉，乃壺尊之象也。金文作酉、（酒父辛爵）酉、（師遽尊「丁酉」）酉、（師遽敦蓋「辛酉」）更特長其頸作酉者。（師酉敦之一器）其从卯作丣之古文則迄未有見，小篆从丣作之劉畱桺諸字，古文均从卯作，而卯於骨文有作丣者，則丣字實古卯字耳。要之古十二辰第十位之酉字實象瓶尊之形，古金文及卜辭每多假以為酒字，許之釋就，蓋用轉注法以𩫏就其八月之義（許釋十二辰均用此法），酉從為就，自當後起」。（甲研釋干支三十一葉）

李孝定「古文酉實酒尊之形，上象其頸及口緣非提梁下象其腹有花紋之形。古文丣乃卯之古文，郭說是也。許書酉酒並訓就，猶存二者之密切關係。古文酉下云之乃就十二辰配十二同為說，乃說其借義。古文每多叚酉為酒，酉本酒器且聲亦相近也」。（集釋四三九四葉）

丁驌釋酉參卯字下

按：「酉」即象酒尊形。戴侗六書故謂「象酒在缸瓮中，借為卯酉之酉。借義擅之，故又加水作酒」。戴說近是。酉但象酒器之形，故引申有酒義，復增水作酒，乃區別之文。阮元集古齋鐘鼎款識謂酉字乃「古提梁卣之象形」，非是。酉象尊形，與卣有別。朱駿聲通訓定聲引其父之說謂「卣」即「酉」之誤體，尤誤。

章炳麟文始謂「酉自為酒之初文，形象酒尊」是對的。

說文酉之古文「丣」，不可據。郭沫若謂「實古卯字」。參見「卯」字條。

卜辭「酉」為干支字，亦用作「酒」，為祭名。

奠 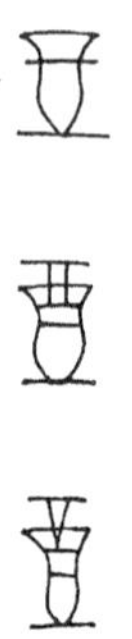

羅振玉「从酋从六並省，象尊有薦，乃奠字也。从酉之字，古金文多从酉，亦隮从酉鄭作奠之類。从丌之字，古金文或省从一，如其字作𠀠从一（虢叔鐘御遺敦）之類」。（殷釋中七十三葉下）

王襄「古奠字，鄭字重文。奠或从𠃌，𠃌下基也，與丌同誼」。（類纂正編第五第二十二葉上）

王襄「古鄭字，不从邑。奠字重文」。（類纂正編第六第三十一葉上）

王襄「奠疑即周禮地官『四丘為甸』甸之段字」。（簠攷地望五葉下）

葉玉森　「按卜辭尊亦从酉作□，其亦从一作□，羅氏說良信，固不必證之古金文也」。（前釋一卷八十六葉上）

丁山　「奠，孳乳為奠，為鄭，奠氏當即後世所稱的鄭氏」。（甲骨文所見氏族及其制度八十七葉）

董作賓　「奠字在卜辭中有兩義：其一為地名，如云『𠂤在之奠』，（鐵一六八、三）『奠示十屯』，（一一二三）當即鄭地。其一則段借為甸。禹貢：『禹敷土，隨山刊木，奠高山大川』，小雅：『信彼南山，維禹甸之』，傳一云『定也』，一云『治也』。是奠甸通用之一證。周禮天官甸師注『郊外曰甸』。卜辭中亦多段為郊外之甸，如云『我奠受年』，（淊十、二）言殷王畿之郊甸受年也。如云『在云，奠河邑』，（淦七二八）言王在云，此云者，乃郊甸濱河之邑也」。（殷曆譜下編卷九第三十八葉下）

吳其昌　「『□』者，象尊酉之屬，承之以薦，或几或棜禁之形。蓋即『奠』字也。說文：『奠，置祭也。从酋。酋，酒也。下其丌也』。其說是也。委尊於丌或禁上，是寘也。故『奠』又通『寘』。昭公四年左氏傳：『寘鐀于个』，釋文：『寘，本作奠』。可證。尊已寘于丌或禁上，則定矣。故『奠』又通『定』。禹貢：『奠高山大川』。史記夏本紀作『定高山大川』。周禮司市賈逵注：『奠，讀為定』。可證」。（殷虛書契解詁第二七六葉）

陳夢家　「卜辭云：

長、戈、化告曰：邛方品于我奠

甾乎告曰：□□品我奠，戋四邑　綴一一七

……

奠當在殷王國範圍之內，疑即郊甸之甸。周語上祭公謀父曰『先王之制，邦內甸服』，左傳襄十五襄王曰『昔我先王之有天下也，規方千里以為甸服』，王制『千里之內為甸』，爾雅釋地『邑外謂之郊，郊外謂之牧』，牧，釋文引李巡作田，周禮載師『以牧田任遠郊之地』。西周金文則有奠：

……

穿鼎　趞仲命穿□司奠田

免簠　王在周令免作司土，司奠、還，歔眔吳眔牧。

師晨鼎　司邑人，佳小臣、善夫、守□、官犬；眔奠人、善夫、官守友

免為周之司徒，所司之還（苑）、歔、吳、牧相當於周禮之圃人、廩人、山虞、澤虞、牧

人。他與同𣪘『司昜、林、吳、牧』相近，同𣪘之昜、林相當於周禮之場人、林衡。由此可推究所司之『奠』相當於周禮之甸師，注云『郊外曰甸……主共野物官之長。』師晨鼎『邑人』之官下有善夫，『奠人』之官下亦有善夫，邑與奠即國與郊、都與鄙的對立關係。由此可推究所司之『奠田』乃趞仲系邑的牧田。

由於西周金文奠之為甸，可上推卜辭奠為甸。

以眾人立大吏於西奠玫白　粹二一一、一一六

……不其……南奠　珠五七七

𠂤般以人于北奠𠂤　外二四一

亦𠂤般才詩，乎𠂤才止奠　鐵五·四，一六八·三

凡此西、南、北奠亦指各方之甸。由後二辭，似『𠂤』是動詞，謂乎師般駐師於此奠，而此奠即北奠。『我奠受年』當指殷王國的郊甸之受年。

卜年辭中的『我北田』『西田』與『我奠』不同，與『多田』亦不同，後者是侯伯之名。北田、西田當指耕種的一片田地，多侯與多田則在邊上，如西周金文大盂鼎所說『殷邊侯田』。」（綜述三二三——三二四葉）

孫海波　「奠，掇二·三八六。奠、酉之刻誤。辛酉卜。」（甲骨文編五六九頁）

饒宗頤　「按奠即鄭，言匆于鄭地。」（通考二六二葉）

饒宗頤　「『……大貞：令𤣩子奠又……』（簠室人名五三）按『奠又』即奠又，與習見之示又義同。示為寘，與奠通。左昭四年傳：『寘饋于个而退。』杜注：『寘，置也。』釋文『寘』本作『奠』。故知『奠又』『示又』義為寘豕奠豕，乃致牲之事也。他辭云：『王在兹犬宗，又。貞：王在兹大（宗）弗又。多又，王君。大兄𦘔事，其酉。（奠）己酉卜事：』（掇綴一七七）此龜背上言『多又』，下云『𦘔事其奠』，可據以說明『奠又』之義。」（通考八三五葉）

李孝定　「不从邑。奠字重文。說文云『京兆縣，周厲王子友所封，从邑奠聲。宗周之滅，鄭徙潧洧之上，今新鄭是也。』」（集釋二一七一葉）

屈萬里　「卜辭：『丙子卜，㞢貞：奠娃不氏？』甲編三四〇四。奠，此當為地名，即鄭。蓋殷時已有鄭國，周時之姬鄭，蓋承襲其名也。娃，蓋女姓。此蓋卜問鄭國『其不致送娃氏之

女爭?」似鄭國欲獻婭姓之女於王朝，而久不至，因有是卜也。乙四七三六片辭云：「爭取奠女子」：可與本辭互證。」（甲編考釋四三三葉）

丁驌　「奠：辭曰：「勿乎取奠女子」此辭可釋為「取鄭地之女子」或「取（人名）奠母子」未能明也。但非帚名。他辭有「奠来」「奠入」數目二、四、五、十不等。奠為人名，男女不知。簠游二〇二之辭云：「帚奠𨢦其用于丁」「奠𨢦」一词，非帚奠也。亦見人二〇三三。」（諸帚名中国文字第八卷第三十四册三五七四——三五七五頁）

按：羅振玉釋奠字之形體是正確的。董作賓以為「奠字在卜辭中有兩義」，不確。實有四義：

一，為地名

二，假為「甸」

三，為人名

「庚寅卜爭貞，子奠佳令」　乙八四一七

「奠來五」　乙六七二九

「奠入十」　乙六七二四

四，為祭名

「貞奠于丘剌」　前一·二四·三

「貞，乎往奠于雈；勿乎奠于雈」　乙五三三〇

2717

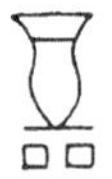

按：或當是「奠吅」二字，「吅」即「隣」。辭残，難以確指。

2718

尊

羅振玉　「說文解字尊，酒器也。从酋廾以奉之，或从寸作尊。卜辭象兩手奉尊形。或

从𠂤與古金文同。又古金文或从酉，或从酋。从酋者是許君所本矣。」（殷釋中三十六葉下）

李孝定

「說文：『尊，酒器也。从酋，廾以奉之。周禮六尊：犧尊、象尊、著尊、壺尊、大尊、山尊，以待祭祀賓客之禮。䔿，尊或从寸。』契文或與小篆同，或又从𠂤與多數金文同，象兩手奉酉。酉即酒尊之象形之形。酉本即酒尊，以用為支名及酒字遂增从𠬞以為器名字。卜辭尊字所見諸辭義多不明，如云『癸丑□貞翌□障新𩫖示』（前.五.四.四）『弜乙卯羌貞其叀牛尊鼎又𠬝』（後.上.二七.十）『甲寅貞來丁巳尊鼎于父丁俎卅牛』同上言『尊新𩫖』，鼓本字言『尊鼎』，其義疑與奠同，然金文作障若尊者均用為彝器之通名，定是尊字，此其形全同而辭例各異，當依字形定為尊字，其義則不可確知矣。它辭云『癸□咸𠬝諱尊征』（前.五.四.六）『乙巳卜穷貞翌丁未酌[illegible]歲□于丁尊有珏』（前.五.四.七）『□尊羌□人卷一白卯宰又一牛』（後.下.七.五）『辛亥卜貞其衣翌日其止尊于宗』（戩.廿六.三）尊字義均不明。」（集釋四四一二葉）

金祥恆

「古书尊奠鄭互用，亦因其本為一字。奠虽从酋从丌，尊虽从酋从丌从廾，截然有别，然甲骨文之典作𠕋或𠕋，象双手奉冊之形。而小篆作典，『从冊在丌上』，盖小篆始分廾丌。奠亦然。卜辞之𨸏，从阝，阝乃俎也。侧视之形，置尊豆之属。卜辞金文之𨸏，当释為奠。……然甲骨金文又有𠀠，或𡖊，与说文小篆之奠同。甲骨金文之𠀠或𡖊，细绎其义，多為地名，乃鄭之重文。容氏金文编奠字下辑録弔向父簋『用奠保我邦我家』，奠似為副詞。检其原拓铭文為『[illegible]明德，秉威义，用[illegible]（纁）[illegible]（造）奠，保我邦我家。』奠為奠定之义，非奠祭也。」（释[illegible] 中国文字第六卷二七四三页至二七五七页）

孙海波

「[illegible]，乙九〇七八。疑尊之异文。」（甲骨文编六九二页）

考古所

「尊：祭名。」（小屯南地甲骨一〇五〇页）

姚孝遂 肖丁

「卜辞尊字作『𢍍』、或作『障』，与金文同。『尊』下一字当释𩰫，象𩰫之形，今谓之甗。或释為鬲，不确。卜辞鬲字作从象鬲之袋足形。𩰫為下鬲上甑之組合，二者的区别非常明显。京都2297：『甲寅貞，來乙巳𢍍𩰫于父丁，𠧢卅牛』，後上27.10同辞。均可与此相参证。明續625：『于父丁其尊𩰫』，該𩰫字形体較省易，当亦為𩰫字无疑。」（小屯南地甲骨考释五八頁）

連劭名　「㞢組卜辭还有：

『乙巳卜，兄貞：尊，告血室其□？』耑四·三三·二

尊，疑讀為奠。仪礼士丧礼：『冪奠用功布。』郑玄注：『古文奠為尊。』奠訓為薦，礼記郊特牲：『故既奠然后焫蕭合羶薌。』郑玄注：『奠為薦孰時也，奠或為薦。』該辭是卜问在告神于血室之后，进献经过调治的祭品。」（甲骨刻辭中的血祭，古文字研究十六輯五九页）

丁驌說參□字条下。

連劭名說參□字条下。

按：說文：「䑝，酒器也，从酋，廾目奉之」，或體作「尊」，其說非是。契文作□，从酉从廾，酉即象酒器，廾酒器以奉之，則「尊」不得復謂之酒器。段玉裁注云：「凡酒必實於尊以待酌者。鄭注禮曰：「置酒曰尊」。凡酌酒者必資於尊，故引申以為尊卑字」。乃曲為之解，不可據。「尊」本象奉承薦進之形，此當為其本義。儀禮士冠禮「側尊」，注：「置酒曰尊」，引申為一切陳薦之義。卜辭云：

「丁亥卜，寅其尊戌三牢」　粹二三二

「甲寅貞，來丁巳尊鬳于父丁俎卅牛；乙卯貞，其尊鬳又羌」　後上二七·一〇

「帚尊餗其用于丁……」　簠帝二〇二

「貞尊伐……」　乙五二一

「丙午卜貞，𢀛尊戌羌卅，卯三宰，葡一牛，于宗用，八月」　林二·三·一一

「乙巳卜，㝵貞，翌丁未彡𢀛戌……于丁……尊㞢珏」　前五·四·七

「……弓尊……彡」　續二·七·一〇

字或从𨸏作⿰阝尊，與金文同。辭云：

「癸丑卜，吏貞，其⿰阝尊壴告于唐牛」　佚八七〇

「丙戌卜，戊亞其⿰阝尊，其豊」　南明四四五

「尊」或「⿰阝尊」皆用作動詞，乃奉承之義。矢令簋「作册矢令⿰阝尊俎于王姜」，謂矢令進奉俎于王姜，亦為動詞，用其本義，與卜辭同。如讀為尊彝之尊則不詞。其下言「用⿰阝尊事于皇宗」，舊均釋為「敬」，說固可通，然據上下辭例觀之，「⿰阝尊」亦當為動詞，「⿰阝尊事」即「奉事」。

李孝定：集釋讀卜辭多誤，故不得其解。其於後上二七·一〇「乙卯貞，其畀虘又羌」；「弜羌，叀牛」，混兩辭為一，讀作「弜乙卯羌貞其叀牛尊鼎又仌」，其誤顯然。

2719

隮

孫海波　「隮，甲五·四·四。或从𠂤，与金文同。」（甲骨文編五七二頁）

饒宗頤　「『丙戌卜，戊亞其隮其豊』。（南北明四四五）隮字金文亦屢見之，讀為奠。」（通考五八一葉）

饒宗頤　「按隮與奠古為一字，士喪禮注云：『古文奠為尊也』。故佚周書嘗麥解『宰坐尊中』，尊為動詞，與奠同。」（通考八二三葉）

屈萬里　「隮，蓋謂以隮陳酒而祭也。」（甲編考釋一三二葉）

金祥恒　「殷虛书契后编下第七页五片之卜辞：

□隮羌□人，鬯一卣，卯牢又一牛？

己丑卜，王室伐，亡尤？

其隮作隮与金文之隮形同，容庚金文编沿袭旧说释尊。然如矢毁：『作册矢令隮俎于王姜，姜令貝十朋、臣十家、鬲百人』，又云：『用作丁公宝毁，用隮事于皇宗』，小盂鼎『征邦宾，隮其旅服』，其隮如沿旧说，释为尊，则不词。卜辞『隮羌□人』亦然，当释为隮，即说文解字『奠，置祭也』，礼有奠祭者』，新近出土之仪礼武威汉简，其隮或作鄭，盖鄭即隮也。（详见拙文释奠隮〔…〕，中国文字第二十三册）隮（奠），说文解字：『置祭者，置酒食而祭也，故从酋丌，丌者所置物之质也，如置於席则席为丌』。按甲骨文从廾，非丌也，廾者進奉之意。诗经大雅云汉：『不殄禋祀，自郊徂宫，上下奠瘗，靡神不宗』，郑笺：『奠其礼，瘗其物』。正义：『奠谓置之於地，瘗谓埋之於土，礼与物皆谓为礼，事神之物，酒食牲玉之属也』。礼记檀弓上：『有荐新，如朔奠』正义：『荐新谓未葬中间，得新味而荐亡者。如朔奠者，谓未葬前月朔大奠於殡宫者，大奠则牲馔丰也，朔礼视大欲，士则特豚三鼎，今若有新物及五谷始熟，荐於王者，则其礼牲物如朔之奠也。大夫以上则朔望大奠，士但朔而不望』。由诗、礼可

知奠祭，不論事神鬼，酒食牲玉，丰杀可也。」（殷人祭祀用人牲設奠説中国文字第四十八册五二四七至五二四八頁）

按：字為「尊」之繁構。詳「尊」字條。均為奉薦之義。

2720

王襄 「疑尊字。」（簠室殷契類纂存疑第十四第六十九葉上）

郭沫若 「𨢊象兩人奉尊之形，疑是𨢊（召）之異文。」（卜通七七葉）

孙海波 「𨢊，粹五一八。从臼从酉，説文所无。卜辭召字从此。」（甲骨文編一〇六頁）

饒宗頤 「按𨢊疑即釁之初形。説文：『釁，血祭也。』周禮大祝：『隋釁，逆牲。』鄭注『隋釁謂薦血也。』大戴禮有釁廟之禮。漢書高紀：『釁鼓』，應劭注：『釁，祭也。殺牲以血塗鼓，釁呼為釁。』按呼同罅，凡以血塗其坼罅得曰釁。卜辭言『爭釁』（見前編四、四二、二）殆即釁罅之義，可證應劭『釁呼』之説。」（通考七四九葉）

2721

屈萬里 「𨢊，隸定之當作𨢊。」（甲編考釋四七〇葉）

李孝定 「从酉从臼，説文所無。古文𨢊召字从此。又疑尊之異構，然辭例不同。」（集釋四四〇九葉）

金祥恒 「其𨢊，亦奠也，移廾於上。」（釋𦦒𨢊𨢊中國文字第六卷二七五六頁）

按：字當隸作「𨢊」，與「尊」形義皆有別，不得視為同字。在卜辭為祭名。

宋祥恆　「□亦奠也。□乃□省，象兩人奉尊進獻之义。」（釋□□□□　中國文字第六卷二七五六頁）

張秉权　「□，象二人奉酉（酒器）之形，或作□，郭氏疑是盥（召）之异文（見卜辞通纂考释七七頁；殷契粹編考释七六頁），李孝定疑是尊字异构（見甲骨文字集释四四。九頁）但在卜辞的解释上，义均难通，姑且存疑。」（殷虛文字丙編考释第五二四頁）

張秉权　「□字原释存疑，現在我觉得這个字象兩人相嚮而與酒器之形，疑是饗食之饗的会意字。按說文五下食部：『饗，鄉人飲酒也，从鄉从食，鄉亦声』。段注：『豳風朋酒斯饗，曰殺羔羊。傳曰：饗，鄉人飲酒也，其牲鄉人以狗，大夫加以羔羊』。卜辞言『羊饗』，正与詩及毛傳所說相合，卜辞卿，鄉，饗，大都作卿，只有饗食的意思没有飲酒的意思。但是毛傳和說文都說饗是鄉人飲酒，這一解說，应有其相当的根据，我想□字，也許就是這一說法的来源，不过在卜辞時代，已经常用卿字来代替□字了，后世遂以从皀的饗字代替了从酉的饗字，所以在字形上看不出飲酒的意义了。」（殷虛文字丙編考释下輯二第一〇一——一〇二頁）

按：張秉權釋「饗」，蓋是。其用法與「卿」同。合集八九三辭云：

「□羊」

又合集一四六四辭云：

「大甲□王」

又合集六七三四辭云：

「王循方帝□王」

讀作「饗」均可通，但與「卿」非同字。「卿」可用作「向」，而此則不能。

2722

羅振玉　「象巾覆尊上，乃禮注覆尊巾之冪之本字。後世用冪則借字也。今則借字行，而本字廢矣」。（殷釋中三十九葉下）

王襄　「古幎字，許說：『幔也，从巾冥聲，周禮有幎人』。今本作冪，段茂堂先生云：『俗作冪』。按禮記禮運『疏布以冪』，作冪，又禮器『疏布鼏』，作鼏，儀禮公食禮『鼏若束若編』，亦作鼏，疑幎之本字作幎，或作冪，譌作冪或冪。此作冖，象以巾覆尊之形。冪人注：『以巾覆物曰冪』，所覆之物為尊則作冖，鼏則以鼎作鼏。說文鼏字，殆即幎之異文。」（類纂正編卷七第三十六葉上）

孫海波　「冖，后二·一九·四。旧释冪。」（甲骨文編七八九頁）

李孝定　「卜辭云『戊子其幎叀䌛用十月』後下·十九·四『貞幎三牢葡䵼一牛』佚·九六四。幎亦用牲之法，其義不詳。左襄三十二年傳『圬人以時塓館宮室』注『塗也』。然則卜辭之塓蓋謂以牲血塗物而祭，猶後世之釁歟，是則未可塙知也。」（集釋二五八四葉）

赵诚　「冖，酉。象以巾覆酒尊之形，为会意字。后代写作冪或幎，则为借音字。甲骨文用作用牲之法，即祭祀时用巾覆盖着祭牲，如『冖三牢』（酉三牢）（佚九六四），即用巾覆盖三牢以祭。」（甲骨文简明词典二四〇页）

按：王襄釋幎可從。朱駿聲通訓定聲云：「字亦作冪，又誤作冪，又別作幦、作塓，又作幦」，朱氏復證以典籍，謂有覆尊之幎；有覆簋之幎；有覆尊之幎；有覆帽之幎；有覆面之幎；有覆笭之幎；有覆鼎之幎，字亦作鼏。契文幎字正象以巾覆尊之形。卜辭為用牲之法，說文幎，幔轉注。廣雅釋言：「幔，闇也」。佚九六四之「幎三牢」是否為「闇三牢」，存以待考。卜辭塗血以祭謂之汎即釁，似不得復以幎字當之。

2723

孫海波　「酓，乙八七一〇。說文歙字从酓，而酉部无酓字，蓋今本奪佚。」（甲骨文編五六九頁）

金祥恒　參歙字条

按：字當是「㱃」之省，隸可作「酓」。在卜辭為祭名。參見「㱃」字條。

2724

㱃

余永梁　「从酓欠即㱃字。余義鐘㱃字作與此同。」（殷虛文字考）

葉玉森　「說文『㱃，歠也。从欠酓聲，古文作』按書契精華載二字。从並象戴胄之人俯首向下形，从酉即酒，从心乃別構，小點象酒滴形，當並為許書㱃字。篆文从今，即之譌。从，即乃之譌。契文亦変作。與許書所出古文第二體略同。釋名『㱃，奄也。从口奄引咽之也』。契文謫肖口奄引咽之狀，又按書契精華骨文二版並紀征伐之辭，故二㱃字所从人形象戴胄之士，殆㱃至之誼歟？」（說契八葉）

商承祚　「，當為㱃字，象人就酒尊而㱃」。（佚考八一葉上）

董作賓　「酓，即飲字，第一期作，象人俯首吐舌，捧尊就飲之形，㱃其本字，酓其省變也」。（殷曆譜下編卷八第九葉上）

李孝定　「諸家釋㱃甚是。董先生說字形尤審諦。契文舌字正作𠯑若𠯑也。字本象人俯首吐舌就尊取飲之形。以音近於今，而倒舌形又與今字形似，故篆文遂形譌从今耳。至汵字當為㱃之後起形聲字，从水今聲，許君以為古文，未免本末倒置矣」。（集釋二八三二葉）

屈萬里　「汵，乃㱃字之古文，見說文㱃部。於此當為地名」。（甲釋一一一〇片釋文）

按：合集三五三四六辭云：「丙辰卜，在剛貞，叀大又先……㱃美剛利不雉眾」，此乃晚期「㱃」之省變。用為祭名。參見2730「㱃」字條。

2725

2726

⿰酉卩

按：合集三〇九五七辭云：「……餗王其⿰酉卩」，為祭名。

王襄 「古配字。」（類纂正編第十四第六十五葉下）

孙海波 「□，塗五五三。从卩。⿰酉卩，存二二四四。小配合文。」（甲骨文编五六九頁）

邱德修 「癸卯卜，争貞：帝弗⿰酉卩，⿰酉卩？（乙六七一八）

庚寅卜，王令（余）賁于口，其⿰酉卩？（金五五三）

以上卜辞中二『⿰酉卩』字均作动词用，为『致』、『送』义之引申，作支配解。乙六七一八解云『帝弗⿰酉卩，⿰酉卩？』其义为设若不为帝行⿰酉卩祭，帝是否支配殷王得受天命？金五五三辞云『王令（余＝途）賁于口，其⿰酉卩？』其义为王於途对某神行賁祭，將会受到神之支配賜福否？……总之，无论自卜辞，或自彝銘观之，古『⿰酉卩』字均无配享之义在焉。」（金文「配」字源流考故宫学术季刊第四卷第三期八二——八三页）

金祥恒 参鄉字条

按：字不當釋「配」。金祥恒以為「□」之異構，説亦有可商。此當是「□」及「□」之或體，皆讀為「饗」。參見2721「□」字條。

2727

饗

按：合集二〇三一三辭云：

「丙申卜，余令饗……」

字乃「□」之異構，或省作「□」，皆讀為「饗」。與「□」通而又有別。當與2721、2726合併。

2728

酘 

按：字从「酉」、从「戈」、从「又」，隶可作「酘」。合集二三五六六辭云：「……王畋……歲……酘黄尹」為祭名。

2729

金祖同 「酘为祭名，与彭酸同为酒祭之类。」（殷契遗珠释文卅四页）

杨树达 「甲文有酙字，旧亦无释，余疑为枓字。说文六篇上木部：『枓，勺也，从木从斗。』按说文勺下云：『所以挹取也。』诗小雅大东云：『维北有斗，不可以挹酒浆。』大雅行苇云：『酒醴维醹，酌以大斗。』诗文皆言斗为挹酒之具，斗即枓也。甲文字从酉，酉为酒之初文，义至切也。」（释蠡，积微居甲文说卷上十四页）

李孝定 「按，从己乃卮字。契文尺作㔾若孑，与此迥异，字当隶定作酏。说文所无。」（甲骨文集释补遗四四五〇页）

按：李孝定謂字當从「卮」是對的。釋「枓」不可據。合集二六〇三九辭云：「甲戌卜……貞，翌乙丑我酏衣……卺」，為祭名。

2730

㱃 飲  

金祥恒 「㱃说文『歠也，从欠酓声。㱃古文㱃从今水，𩚜古文从今食。』兹以甲骨文证之，㱃之书体，甲骨文作𠭼（菁四），酓之甲骨文作酓（粹一三一六）、酓（库一〇〇二），汵之甲骨文作汵（甲考五四）；汵、酓、㱃皆今之飲字，而㱃乃汵之繁衍，𩚜乃汵之繁衍，金亦从今声故也。酓乃㱃㱃之省讹。戴侗六书故谓浛㱃为涵之别构，沿集韵之说，其说可议。

甲文之歓作𩡧，象人俯首吐舌就酉，作歠酒之状。甲金文段酉作酒，若甲编考释五四□□余酉河，賁？」毛公鼎「毋敢湎于酉」。魏三体石经古文酒作酉，是其例。酉为盛酒之器，器不限于罈，或盛於皿，如歓尊作𩡧（小校五·六）甲文作𩡧、𩡧者是也。或盛於豆，甲文作𩡧（后下七·一三）。而后趋简，遂省人作㱃、𩡧、𩡧者，亼即口也。说文古文信谍作㕫，∀即口也。说文言从口辛声，若各、啓、唐之古文𠳟、啓、啺，所从之口作∀，∀与甲文亼形近，而遂讹为今声。由𩡧之省，遂作㱃，或作㱃。」（释𩡧中国文字第四十九册五三〇九至五三一〇页）

伍仕谦「甲骨文歓字如：

1 𩡧 王乩曰有祟，八日庚戌，有出雲自東面，母眏，亦有出虹自北𩡧于河。（菁二）

2 𩡧 貞王𩡧有祟。……𩡧亡祟。（缀合二二九）

3 𩡧 癸卯殻貞旬亡𡆥王乩曰有祟，其有来艰。五日丁未，允有来艰。𩡧御自𠃬圉，六月。（菁二）

4 㱃 癸卯卜叀伊㱃。叀邑王㱃。（邺一·三二·八）

金文歓字如：

5 𩡧 伯作姬𩡧壶（异𦍒壶）

6 𩡧 𩡧飤歌舞（余義钟）

7 酓 辛伯酓鼎（辛伯鼎）

8 酓 酓秦酓（𡌶鼎）

9 𩡧 遊閒𩡧飤（中山王壶）

……今為舌，酉為酒尊。甲文所举第一、二字象人在酒尊前俯吐舌吸酒之形。第三字象人吸卣内之酒之形。第四字省人形，只存亼，即仍保留以舌吸酒之形。以后金文、帛书之歓字，俱由此因袭。以后别出一飲字，说文古文有二字，一从今水作㱃，一从今食作𩛌，舌形未变，至于从食从欠之字，或起于西汉初年。湖南马王堆汉墓帛书战国策，触詟说赵太后章，作飤。老子甲本卷后古佚书二五六行作𩡧，是两字同时并用之例。」（甲骨文考释六则，古文字研究论文集，四川大学学报丛刊第十辑八九至九三页）

按：字當釋「歓」。葉玉森誤以舌形為戴胄形。菁一「出虹自北歓于河」，乃用歓之本義。其省體作「㱃」、作「歓」。參見2723、2724，均當釋「歓」。

2731

歙

按：合集六〇五七辭云：「……五日丁未允有來媗，歙卯自𠂤圉」亦當是「歙」之異構。字不从「酉」，而从「九」，當屬同音假借，此例罕見。

2732

壺

羅振玉　「上有蓋，旁有耳，壺之象也。古金文中而姬壺壺字作𡔷，其蓋形與此略同」。（殷釋中三十六葉下）

王襄　「古壺字，象形」。（類纂正編第十第四十七葉）

按：卜辭壺字均通體象壺之形。辭均殘，用義不詳。綜圖廿之𡔷字為人名，乃象壺體之有文飾者，當亦壺字。陳夢家綜述四九九隸作「壹」。說文訓「專壹」之「壹」，从壺吉聲；又有从壺凶聲之「壼」，字均晚出，不得據以釋古文字。

「壺」或从「魚」聲。參見2676。

2733

[酉彡]

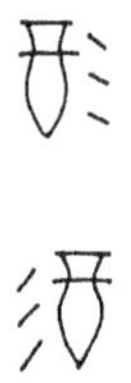

孫詒讓　「龜文雖借酉為酒，又別有酒字，皆作㳟或𢒉……皆从酉从彡。金文戊寅文丁𣵀亦有[酉彡]字，酎父乙尊作[酉彡]，阮文達謂即古酎字。（續古齋鐘鼎款識）然龜文此字甚多，尋文究義，似即用為酒字。彡非彡，實即水之省變」。（舉例下廿三葉）

羅振玉　「从酉从彡，象酒由尊中挹出之狀，即許書之酒字也。卜辭所載諸酒字為祭名。考古者酒熟而薦祖廟，然後天子與羣臣飲之於朝。說文解字酎注：『三重醇酒也。从酉，肘省聲。』明堂月令曰：『孟秋天子飲酎』。又案左氏傳：『見于嘗酎』。（襄二十二年）意商之酒祭，即後世之㽞酎。酒殆酎之本字。說文解字酉與酒訓略同，本為一字，故古金文酒字皆作酉。惟戊寅父丁鼎有酒字作𨟰，亦祭名，與卜辭正同。段先生曰：『凡从酒之字，當別為酒部。解曰「从酒省」。』是未知酒酉之本為一字矣。」（殷釋中二十五葉）

王襄　「契文酒字象尊形，旁有点滴，為溢出之酒。古文酒或以酉為之，孟鼎『率肆于酒』作酉，毛鼎『毋敢湎于酉』酒作酉，𠂤季良父壺『用盛旨酒』作酉，皆以酉為酒。契文作酉、酉，象尊形，或作酉，則尊形之變，与小篆同。酉、酒許皆訓就，一有成誼，一有即誼。疑古文酒初文作酉、酉，象尊形，更作酒，象酒自尊溢出，后遂孳乳为酉、酒二字。惟戊寅父丁鼎之𨟰，从彡即彡之訛，酒父乙尊之𨟰亦从彡，皆为人名。卜辭之酒为祭名，礼記月令『是月也（孟夏）天子飲酎』，意周之飲酎，即殷世酒祭之礼。」（古文流变臆說七三頁）

葉玉森　「按孫羅二氏並釋𨟰為酒。羅氏且採阮氏說謂即酎之本字。考卜辭惟祭字象手持尊酒，與篆文酎字形近。𨟰字从彡似非酎之本字。先哲於造酒字，挹出之酒點儘可作小直點狀之，何必故與彡（肜）字相溷，且酒祭與㽞酎酒亦不能合為一談，羅氏之說似仍未塙。予謂酉即古文酒字，从彡疑即卜辭彡（肜）日之彡，𨟰蓋肜日酒祭之專名。有時與肜祭並舉，他辭云『祭未王卜貞𨟰彡日自上甲至于多毓衣亡壱自𡆥在四月隹王二祀』（前三、二七、七）『貞其𨟰彡勿鼓十月』（前五、一、一）『貞𨟰彡衣』，（後上二十、三）『甲□貞翼𨟰彡于后祖□亡壱』，（後上二十、十一）『乙卯貞𨟰彡于父丁𠂤鹿』，（後上二一、十三）『囗貞旬亡囚在四月甲戌夕𠬝其𨟰彡』，（後下二十、七）『囗卜彡𨟰囗有事』，（後下四二、七）『辛卯卜亘貞彡𨟰于丁亡壱』，（藏二四九、二）『彡𨟰于咸』，（佚一、十三、十七）『□酉□祖乙衣𨟰彡』（殷虛卜辭一二九九）『庚辰卜𠬝貞翼辛巳𨟰彡𣏟自上甲至于后亡壱』（同上一九二）玩上諸辭，𨟰祭與肜祭並舉，或言𨟰肜，或言肜𨟰，可知𨟰祭之日即為肜祭之日。故𨟰从彡古當別有此字，姑書作𨟰以存彡（肜）形。」（前釋一卷四十七葉下——四十八葉）

郭沫若　「酒均假為槱」。（卜通一六七葉下七七八片釋文）

孫海波隸定作𨟰，解云：「𨟰，酒祭也，从酉从彡，有彡續之誼。說文所無，或曰即左傳『見于嘗酎』之酎。」（文編舊版十四卷二十七葉上）

金祖同引陳德鉅說以為酹字，其說曰：「說文『醱祭酹也』，其涵義有二，一以酒沃地祭也

二連續祭也，彡象酒由尊中挹出之狀」。（遺珠二葉）

許敬參 「⿰酉彡字亦祭名。吳秋輝釋酬謂即旅酬之酬」。（存真八葉上吳說學文溯源七葉）

孙海波 「⿰酉彡，乙六六六四。从酉从彡。說文所无，其用与酒同。」（甲骨文編五七〇頁）

李孝定 「說文：『酒，就也。所以就性之善惡。从水、从酉，酉亦聲。一曰造也。吉凶所造也。古者儀狄作酒醪，禹嘗之而美，遂疏儀狄。杜康作秫酒』。契文作酉⿰酉彡二體，後、下、八、二辭云『癸未卜貞酋豊叀有酒用』上言酋豊下言叀惟有酒用即左傳之酋酒也，此為名詞。金文酒字皆如此作。見下。至作⿰酉彡者則為酒祭之專名。从彡象酒滴沃地以祭之象也，非从彡。葉氏謂此為彡日酒祭之專名，非是。葉氏引⿰酉彡彡並見之辭以實其說，然竊意則適得其反。蓋果如葉氏之言⿰酉彡為彡日酒祭則下或左上彡字寧非蛇足邪，⿰酉彡彡並舉正以見⿰酉彡字之義與彡日無涉也。字从酉从彡乃象形字，然从彡終嫌與彡易溷，故至篆文变从彡為从水，是易象形為會意矣。酉本酒尊亦即古文酒字，後以用為支名日久，从彡之⿰酉彡又嫌於从彡形，於是从水之酒字專行而⿰酉彡字廢，酉為酒之本字之義亦遂湮矣。金文作酉天君鼎『天君鄉（饗）禝酒』酉毛公鼎『毋敢酒于酉』酉國差𦉜『用實旨酉』酉沈兒鐘『飲酉』酉𠈇戾鼎『王宴成酉』三體石經酒古文亦作酉。又有⿰酉彡字作⿰酉彡戊寅鼎⿰酉彡⿰酉彡尊二者均為祭名。前作酉者則均為酒食之酒，與卜辭同。容氏金文編初本並收二者為酒字重訂本則分收為酒⿰酉彡二字說文酉酒同訓，酉部之字亦均與酒有関，猶存古義也」。（集釋四三九九葉）

饒宗頤 「按『⿰酉彡』即『酒』字，說文：『奠，置祭也。从酋，酋，酒也』。段注：『置酒食而祭之』。酒祭之義當如此。惟卜辭『酒』與『來』每連言。如：『貞：⿰酉彡來』。（燕大四二）『……來⿰酉彡㞢，冊大甲』（後編上二三、一）則⿰酉彡或可解為熇柴之禋。卜辭有言『⿰酉彡岳』者，『岳』卜辭每借為『保』，亦讀為『珤』。寶字古作『珤』（見穆天子傳注補）『⿰酉彡岳』謂置寶玉而燎之，于義亦通」。（通考一五二——一五三葉）

考古所 「⿰酉彡：祭名。」（小屯南地甲骨八三六頁）

陈佩芬 「⿰酉彡是甲骨文中常见的祭名。甲骨文中对先世的特祭、合祭和周祭都可用⿰酉彡，对自然神的祭祀也可用⿰酉彡。……⿰酉彡，各家大多释为酒，但是金文中的酒都写作酉：

遹簋："王饗酉"。乙亥鼎、宰甾簋同。

小盂鼎："入服酉"。

盂鼎："酉无敢醵"，"率肄于酉"。

毛公鼎："毋敢湎于酉"。

国差𦉜："用实旨酉"。

凡此酉字都应读为酒，由此可知酒是酉的孳乳字。金文中的酒字从未有作酌的，所以酌必定不是酒字，也不是酒祭之酒的专用字，古代祭名中也不见有称为酒的。因此，不能把酌解释为酒或酒祭。

从甲骨文看，这个字在祭祀中经常用，它既可以是祭名，也可以是祭法，但绝大多数是指祭法。李孝定先生认为："字从酉从彡，乃象形字，然从彡终嫌与彡易溷，故至篆文变彡为水。是易象形为会意。"甲骨文金文酒字名词皆作酉。"至作酌者则为酒祭之专名，从彡，象酒滴沃地以祭之象也。"这个解释已经看到酌是酒滴沃地以祭；这是对的。因为酌字偏旁有作彡形，也有作[形]形和[形]形的，以彡形的较多，但是与彡的作彡或彡显然有区别。因此，这字应该可以解释为酹字，酹字从酉寽声，是形声字，酌字象以酒滴灑地，是会意字。古代同一个字的形声和会意字形结构有时是不同的，酹字也应是这类情形……。《说文·酉部》："酹，餟祭也。"段玉裁注："《食部》餟下曰酹，祭也。""盖餟、酹皆於地，餟谓肉，故汉书作腏，酹为酒，故从酉。"《集韵》："酹，祭酒也。"《后汉书·张奂传》："召主簿于诸羌前，以酒酹地。"《玉篇》解酹作"以酒祭地也。"在甲骨文中酹祭的对象如上所述，绝大部分是对祭或合祭先公、先王、先妣。酌是单独的祭名，也可以是多次祭祀中的一个环节。」（《繁卣、趞鼎及梁其钟铭文诠释》《上海博物馆集刊》总第二期一五——一六页）

周国正「自罗振玉将[甲骨字形]隶定为"酒"之后（见《增订殷墟书契考释》卷二，页二五），不少学者都把这个字解为一种用酒的祭祀（参《甲骨文字集释》页四三九九、又《殷墟卜辞研究》页二五八），甚至视之为《说文》"祼"的前身。不过罗氏的隶定其实是颇有问题的，正如叶玉森指出，[甲骨字形]字偏旁的"彡"并非"酒"字所从的水滴之形（《殷墟书契前编集释》卷一，页四七）。事实上，甲骨文中水滴之形都刻作碎散的小点，极少作平行的三斜划。如"水"：[甲骨字形]（《铁》一四·三）；"洹"：[甲骨字形]（《前》七·一三·三）；"沈"：[甲骨字形]（《南明》四三二）等等。

另一方面，甲骨文中自有"祼"字，即[甲骨字形]、[甲骨字形]（《殷墟卜辞研究》页二六六）。島（邦男）氏提出以下两点来证明这字应该解作"祼"：

（a）此字或体作[甲骨字形]、[甲骨字形]、[甲骨字形]，显示在丅（示）之前酹酒，"祼"礼的造意躍然纸上。

（b）此字从不带「牛、羊」等字为直接宾语，偶然带直接宾语的话，必然是「鬯」，和毛传所说的「祼，灌鬯也。」密合无间（十三经注疏卷一六，页一一）。

当然，我们不能因为尊、[illegible]就是「祼」这一点就否定酌是一种酒祭的说法，理论上说酌亦可以是一种与祼相类似的酒祭（酌与[illegible]不可能是或体，因为两者可并见于同一条卜辞，如粹三九二、六清一九一）。不能把酌解为用酒之祭的主要原因是文义难安，请看以下的卜辞：

丙午卜，㱿贞：壴（斲）八羊眔酌卅牛。八月。　人八三（一）

癸酉卜，争贞：羽甲戌月（刖）十羊；乙亥酒十牛。　佚四〇四

上面两条卜辞是贝塚茂树先生引用来对罗氏的说法提出质疑的（京都大学人文科学研究所藏甲骨文字释文篇页一六七，又五五一）。贝塚氏指出，壴、月（刖）、酌三者地位相当，显示出酌亦是一种祭牲之法（贝塚氏隶定壴为禋，但对壴、月的字义都没有详加解释，见同上页一六七）。有关壴（斲）的说解，请参于省吾先生双剑誃殷契骈枝续编页二九又本文一六。至于「月」字，从下面两条卜辞中亦可见出是一种祭牲之法：

求年于昌，月（刖）羊，责宰，卯牛。　佚一五三

丙辰卜，卜贞：其月（刖）父丁三宰。　遗七二五

或者有人会认为，「酌十牛」等结构应该分析为「举行酒礼的时候，应该「用」十牛（去助成）」；与「求十牛」之类相当。但事实上在语法行为上酒和求（及卸、告）有明显的差异。以「求」而言，OB极少出现于OV之后（即求＋OV＋（于）＋OB），只有「求＋（于）OB＋OV」的形式。但「酒＋OV＋（于）＋OB」的结构却屡见不鲜，例如：

酒＋小宰＋于＋父乙　续二·二一·四

酒＋三豕＋祖乙　续一·三·三

（南明九九，一二六；前八·一三·四；粹五二八；合二八九亦见。）

以语法行为而言，酒与责、出等相同，其中的OV属于OP而非OI。

郭沫若先生认为酒假借为槱，在卜辞通纂页三中说：「酒假为槱，周官大宗伯：「以槱燎祀司中司令」。槱燎連文与此同。风俗通祀典：「槱者，积薪燔柴也。」」本文中暂取郭氏的说法。」（卜辞两种祭祀动词的语法特征及有关句子的语法分析古文字学论集初编二八二——二八四页）

陈汉平　「甲骨文有酌字，在卜辞用为祭名，旧多释为酒，甚误。按酒字从水作，酌字

从彡，非水旁，故酢非酒字，显而易見。古代酒字多直以酉字当之，毛公鼎、盂鼎、曶侯鼎、天君鼎、国差𦉜、吴季良父壺、沇兒钟、乙亥鼎诸铭及魏三体石经古文酒字俱作酉），可以为证。甲骨文有字，旧不识，卜辞曰：

戊子貞丙子余得甲编二四一八

辞中末一字为名词，从四从九，九声。又古文字从四从酉可以互用，如说文𦟝字籀文作䑋，醢字籀文作𧯔等，知此字当释酒。又秦国铜簋有自名轨者，说文：『轨，车辙也。从车九声』。或曰甲骨文此字从四九声，乃簋、毁字初文。誌此存疑。因此字四中数点表示器中所容为液体，故当释为酒字。」（古文字释丛，考古与文物一九八五年一期一〇六页）

于省吾 「酢非酒字。」（引陈士煇怀念于省吾先生，古文字研究十六辑一八頁）

唐兰释酢参彡字条下。

张政烺说参字条下。

周国正说再参、二字条下。

按：字當隸定作酢，乃祭名，釋「酒」非是。契文象水滴形，無作彡者。金文猶以酉為酒。其作酢者，亦為祭名，古代祭名多來源於用牲之法，故祭名與祭法均可通作。卜辭「牛」、「羊」、「牢」、「窜」、「伐」皆可言「酢」。此類「酢」字，仍當理解為祭名，不必為祭法。否則「酢伐」將難以理解。

2734  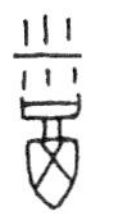 

羅振玉 「象酒盈尊，殆即許書之酋字」。（殷釋中七十二葉上猷字條下）

王襄 「古酋字。許說繹酒也，从酉，水半見于上」。（類纂正編第十四第六十六葉上）

王襄 「說文解字：『酋，繹酒也，从水半見於上』。段注『繹之言昔也，日久之酒』。」

（鐵考藏時二葉下）

葉玉森 「𦵼古文酋。禮月令『乃命大酋』，注『酒熟曰酋』。」（枝譚八葉米年受年條）

唐蘭 「右𦵼字，自羅振玉氏誤釋為酉，學者靡然從之。葉玉森取月令『乃命大酋』注『酒熟曰酉』以釋卜辭之『𦵼年』，學者又靡然從之。（葉說見揅契枝譚）不知此字明，從早，如何得為酉字。然以天資卓絕之郭沫若氏，猶云：『𦵼乃酋之古文，知者，以卜辭猷字或作𤃡』。（通纂考釋六四）信積習之難返也。釋𦵼為猶，其誤亦自羅氏，可謂一貫。然金文猷字頗多，作𦵼猷等形，決無從早作者，其誤不亦顯然乎。凡从酉之字，多变从酉，而尊作尊，奠作奠均是，則酉字必从酉可知，與此从早之字，固了無干涉也。……𦵼字象米在早中之意，（米在早中，疑有釀酒之義。）或从米从早，以象意字聲化例推之，當讀早聲。（早為被形容者，猶酋讀酉聲，壴讀豆聲。）從米早聲，當即說文之糟字，早聲既变，後人改之為覃聲耳。說文：『糟，麋和』。乃後起之義矣。卜辭常云『受𦵼年』，每與『受黍年』同出，則𦵼亦穀名也。昔人惑于『酋年』之說，以為即『熟年』，而不顧『熟年』與『黍年』並列為不倫，亦云疏矣。𦵼是穀名，當讀為糟。說文：『糟，禾也』。𦵼得與糟通者，士虞禮記：『中月而禫』，注：『古文禫或為導』，是其證。朱駿聲疑『糟實與稻同字』，殊有見地。糟通導，擇米也。後漢有導官令，主舂御米，是舂而擇米之也。而稻字金文每作稻，偏旁或作𦥑，是既舂而杼之也。是不僅聲同，義亦相近也。卜辭以𦵼年與黍年同卜，𦵼必為重要穀類可知。𦵼、糟、稻蓋三名而一實，𦵼象容米於早，稻象杼米於臼，故可引申為同一穀名矣。卜辭之『受𦵼年』，當即『受稻年』，故與『受黍年』並重也。」（文字記廿五葉下至廿六葉上）

瞿潤緡 「卜辭言『受酋年』者多見。說文『酋，繹酒也』，引申為多。所謂酋年者，多禾之年，豐年也。方言『酋，熟也，久熟曰酋』。廣雅釋詁同，今江南謂豐年曰熟年。」（卜釋五九葉）

郭沫若 「𦵼乃酋之古文。知者，以卜辭猷字或作𤃡，所从酋字同此。酋，就也，熟也。」（卜通九四葉上）

金祖同 「𦵼或作𦵼，鼎堂師釋酋，……予疑粟字，古文粟作𠧪，从卤。玉篇：『卤，中尊器也』。正韻『云九切，音酉』，是與酋同聲同義。从米，應即𥻆字。廣雅：『糧𥻆穀也。』

說文『穡芒粟也』。又周官『倉人職掌粟之出入』，注：『九穀六米，別為書』，是粟乃穀米之通稱。卜辭屢見『受粟年』，卜諸穀也。『受黍年』，則祇卜黍，與諸穀種植異時也。說文：『黍，禾屬而黏者也，以大暑而種，故謂之黍』。又非其地不生。孟子：『夫貉五穀不生，惟黍生之。』故卜辭于黍于諸穀兩卜之。」（遺珠三十五葉下）

商承祚

「說文『酉，繹酒也』。此曰：『受酉年，不受酉年』，殆卜所埶釀酒之黍，豐年不豐年也。」（佚考五八葉）

楊樹達

「⿱米酉字从米，或从米省作⿱米酉。……郭君謂⿰犭⿱米酉字與猷為一字，以此證知⿱米酉字即酋。余謂⿰犭⿱米酉猷一字之說良是，特⿱米酉字从米，與說文云酋从酉水半見於上者形異，蓋⿰犭⿱米酉猷二文雖一字，而所从聲類不同，甲文从⿱米酉，篆文自从酋，此猶篆文麐字从吝，而甲文此字只从文作⿸鹿文，篆文狼字从良，而甲文狼字祇从亡作⿰犭亡，以此知⿱米酉與酋雖非一字，而二字音近，則可斷言也。然則⿱米酉字當為何字乎？按字既从米，而⿱米酉年與黍年為對貞，則⿱米酉非是穀類之名不可，故余疑其為⿰米焦字也。說文七篇上米部云：『⿰米焦，早取穀也，从米，焦聲。』⿱米酉與酋音近，而酋與焦音近，故甲文作⿱米酉，篆文作⿰米焦爾。經傳以⿰米焦為穀名者罕見，然金文弭仲簠云：『用盛秫稻⿰米焦粱。』楚辭招魂云：『稻粢穱麥』，穱與⿰米焦同，玉篇謂⿰米焦穱同字，是也。仲叡父盤云：『黍粱⿺辶秝麥』，⿺辶秝字从禾⿺辶雔省聲，亦當讀為⿰米焦。⿰米焦本穀名，故卜辭以之與黍為對文，金文弭仲簠以之與黍粱麥為連文，蓋殷周時極常見之穀物也。」（求義二六葉下至二七葉上）

陳夢家

「秬，卜辭作⿱米酉，上部是米，下部象大口酉形酒器。唐蘭釋穛，讀為䆃，並从朱駿聲䆃稻一字之說。他的結論是穛是稻。說文『䆃，禾也，从禾道聲，司馬相如曰䆃一莖六穗』。這種穀物，在河北省中部稱為鷄爪穀，福建莆田亦多穗的小米叫作tau，即䆃。由此知䆃是禾（小米）的一種，不是稻。稻是水田作物，沒有渠水是不能種稻的。祇能種麥。安陽一帶若要種穀，必需引漳洹之水，而此種溝渠的興築似不甚古。詩和西周晚期金文已有『稻粱』，所以北方之有稻也不能遲於西周晚期。這個字的下半是厚字所從。我們今暫時定為秬字，其理由如下：1.厚與巨古音相近，2.秬和黍並卜於一辭，兩者當屬相近的穀物，3.卜辭祭祀用鬯，而秬是製鬯時不可缺少的主要原料，所以當時一定已經種秬了。殷代既有鬯，一定種植秬一類的作物，但這個字是否秬字，是不能肯定的。」（綜述五二七葉）

孫海波

「⿱米酉，河七一五。地名。在台⿰米旱卜。」（甲骨文編三一四頁）

李平心　「⿱米酉从米从覃，当是一种谷类……由独獨互作与由覃互通之例，我怀疑䊤（粙）或藁即穛或⿰米焦，焦声与由声古音同在宵幽部，与覃声为对转。……⿰米焦、穛古与穱通。楚辞大招与七发皆言穱麦，王逸云：『择麦中先熟者也』。广韵云：『穱者稻处种麦』。集韵、类编均训稻下种麦。可知穱（穛）为麦类。穱当即蘥。尔雅：『蘥，雀麦』，说文：『蘥，爵麦』，郭璞训为燕麦，但古代所谓燕麦是一种不可食的野草……穛、⿰麦焦、穱三字说文、玉篇、广雅皆训小，而爵、雀亦训小鸟。则穱麦（雀麦、爵麦）分明就是小麦，与大麦为对名……」（甲骨金石文考释（初稿），李平心史论集一四六至一五〇页）

李孝定　「說文：『稻，稌也。从禾舀聲。』絜文⿱米酉字，唐氏釋為䊤讀為稻甚是。金文稻字作□曾伯簠□陳公子甗□弔家父匡□史免匡□稻嫼簋从米从禾通作。或又从㫃為繁文，从舀，舀亦聲。米字或在臼中，上从爪所以取之，明是會意，亦與米在旱中意同。卜辭章字大抵為穀名，亦或為地名，辭云『□未卜在章貞王步于□不遘𡆥』（菁九・十）是也。它辭均言『受章年』與『受黍年』同見，如釋酉訓熟，則熟年應賅諸穀言之，其下不應更出黍年，唐說是也。請參看下䊤字條。」（集釋二三五七葉）

李孝定　「『䊤，糜和也。从米覃聲。讀若鄲』此从米从旱，唐氏釋䊤讀為稻是也。舊釋酉，其上明之从米或从米省下亦與酉字形異，其誤甚明。金氏釋粟亦非。絜文自有粟字，見前象形，从𠧪者譌變為卣，說見前卣字條下粟字非徒以之為聲也。此據篆文為言至絜文粟字則純係象形與聲無涉，且此字亦非从酉，自不得謂為酉聲而讀為粟也。陳氏釋秬則純屬推測之辭，字形字音兩皆無徵，且亦自認不能肯定，可以無辨。楊氏釋穛亦沿舊釋為酉之誤，酋猷既非一字，則⿱米酉酉音近之假定亦不能成立，則楊氏之說亦屬無據矣。唐氏之說於形音義三者均優有可說，蓋不可易也。餘詳前稻字條下。」（集釋二四〇三葉）

饒宗頤　「唐蘭釋為稻。說文『䊤，糜和也』。義無涉。惟从米與从禾同意（如粢又作⿰禾次），疑䊤即⿰禾覃。集韻⿰禾覃穇，穀名。」（通考九二葉）

張秉权　「䊤字，在卜辭中的用法有二：其一為唐氏所說的當作稻字，另一則是地名，例如：

□未卜，在䊤貞：王步于□不遘𡆥？（菁一〇・九）

甲午卜，在灉餗貞：今日王步于䊤亡災？（前二・一六・四）

※既可以讀為導，※地疑即春秋時僖五年昭十一、十三年所見的道國，道國國都『在今河南汝宁府确山县北二十里有道城。或云：在息县西南』（見顧棟高《春秋大事表·列國爵姓及存滅表》），郭氏释灊為潛，謂即春秋時楚之潛邑（見左昭廿七年），在今安徽霍山县東北三十里之灊城。与河南息县相去尚不太远」（《殷虚文字丙編考释》第一四九頁）

裘锡圭

「宾组卜辞屡次卜问是否受萛年，并且往々跟受黍年对貞，如：

甲子卜殻貞：我受萛年。
甲子卜殻貞：我受黍年。　　續二、二九、三

癸未卜争貞：受萛年。
貞：弗其受萛年。二月。
癸未卜争貞：受黍年。
貞：弗其受黍年。二月。　　給一〇〇四七

可知萛是一种粮食作物。

「萛」究竟应该释作什么字，是一个尚未解决的问题。过去罗振玉曾释此字为「茴」，金祖同曾释此字为「粟」，由于缺乏证据，早已不为世人所信。目前比较有影响的有唐兰、陈梦家和于省吾三家的说法。这三家都肯定「萛」字下部就是说文「覃」、「厚」二字篆文所从的「㫗」字，并且都以为「萛」字从「㫗」得声，但是彼此的结论却不相同。唐兰先生以「萛」为「稻」。他以为「㫗」是「坛」（也作「罈」）的初文，本应读若「覃」，字书音「厚」为其变音。《仪礼·士虞礼记》注：「古文禫或为导」所以从「㫗」声的「萛」可以读为「导」。「导」实与稻同字」（朱骏声说），卜辞以萛年与黍年同卜，萛应该就是稻（《殷虚文字记》三二—三四页）。今案：「稻」跟《说文》训为「禾」的「导」，所指的不是一种谷物，但二字的古音的确相同）。陈梦家释「萛」为「秬」。他以为萛与黍并卜，性质应该相近。「㫗」与「厚」同音，「厚」与「巨」古音相近，「萛」可释为「秬」，即制鬯用的黑黍（陈书五二七頁）。于省吾先生以「萛」（下文中此字均用「※」替代）为「菽」与「豆」的初文。他说：「※字从米㫗声，㫗之音读同于厚。古韵厚与豆居侯部，菽居幽部，侯幽通谐……厚之读作菽与豆为喉舌之转。」（于文九五頁）。这三说提出的古音方面的证据都不够坚强。陈梦家虽释「※」为「秬」，又说：「但这个字是否秬字，是不能肯定的」（五二七頁）。于先生后来编定《甲骨文字释林》时没有收入上引「※」之说，大概已经把这个说法放弃了。唐说恐怕也不能就视为定论。卜辞里的※究竟是哪一种粮食作物，还有待进一步研究。」（《甲骨文中所见的商代农业》、《全国商史学术讨论会论文集》一九八—二四四）

按：字从「米」、从「畀」，隸可作「𥻦」。在卜辭多用作穀物名，亦或用作地名。或釋「稻」、或釋「糕」、或釋「秬」、或釋「𥻦」，迄無定論，只能存以待考。

2735

孫詒讓 「㪿當是𤞞字，左形从𠧪者，說文言部言，古文作𠨜，此变其形，大致略同。」（舉例下十六葉上）

羅振玉 「說文解字有猶無猷，當為一字。石鼓文、毛公鼎均有猷，石鼓作猷，毛公鼎作𤢊，此从犬从酋。酋象酒盈尊，殆即許書之酋字。卜辭中亦有酋字作酋，（藏龜之餘）與猷字所从同。古金文猷字則从酋，與許書同矣。」（藏釋中七十二葉上）

郭沫若 「卜辭亦有猷字作㪿諸形，案乃國名。或从𠂤作，後人猷自周以來均从犬作。彝器之在周初者，如毛公鼎、克鼎、宗周鐘之猷字均已从犬，而卜辭諸猷字之所从則決非犬形。凡卜辭犬字及从犬之字，如獸臭等，其作為犬之特徵者大抵均在尾之上拳。卜辭以犬豕對文，肥腹垂尾者為豕，剔腹拳尾者為犬，幾決無例外。而猷字所从之獸形則尾均下垂，亦決無例外。猷為獸名古亦無定說，爾雅釋獸『猶如麂善登木』，又云『麔大麢旄毛狗足』，麔即是麂。見說文由麂之从鹿而有狗尾旋毛，則知其物似鹿而非鹿。余以為當即鬣犬之一種而有斑文者，學名稱為 *Hyaena crocuta*（斑文鬣犬），此物正狗足旋毛而與麃相似也。猶既善於登木，其物當不甚大，猶之為麂當如其有狗足旋毛，不當以其大小或以其似麃。說文則云『猶玃屬，从犬酋聲，一曰隴西謂犬子為猶』。玃迺猩猩之屬。釋獸云『玃父善顧』，郭注『貑玃也，似獼猴而大』。呂覽察傳『大似玃，玃似母猴』。高注亦云『玃猴玃』。母猴獮猴，一音之譯。玃似獼猴而大，故說文亦云『玃大母猴』，此與善登木之性雖相合，而與以麂之形則迥異。且許言玃而屬之，已是不定之辭，又並舉異說云為犬子，則於猶之為物實未深識也。余由卜辭之字形與爾雅之字訓，以比驗之，以為古之猶字，其實即从鼠由聲之鼬，卜辭之別體从由作者即是此字。說文云『鼬如鼦赤黃色尾大食鼠者』，今人稱為黃鼠郎。此物正善登木而亦狗足旋毛，與爾雅釋猶之形性均合。其行動最審慎而多疑，故古人有『猶豫而狐疑』之成語，是則猶之為鼬殊可斷言矣。余意卜辭中㪿國之名㪿者，準它國有馬方羊方，金文有虎方之例，當是㪿人以鼬為其圖騰」。（甲研上冊釋繇四——五葉）

唐蘭　「右貍字，從豕旱聲，或作貚字，從豕覃聲，同。孫詒讓誤釋訪，蓋所據印本不晰所致。羅振玉釋猷，學者多從之，不知字實從旱若覃，不從酋，且其畜亦豕而非犬也。貍及貚，今字並佚。從旱之字，後世或改從覃，說文有驔、鱏、蟫等字，爾雅有鷣字，然亦無貚字。蓋商時猶尚畜牧，故其字彙特豐，今多佚亡，如說文只有騴，而卜辭有㹻是也。以聲求之，則貚字似即貚之本字。廣雅釋獸：「貚，貒，豕牝也」。玉篇：「貚老母豕也」。覃聲或讀為蕈，與𨑇聲同在從母。卜辭貍貚並國名，蓋即鄲國之本名，後人既寫為貚，又省豕而從邑耳。猶𩁹之為郣，蠡之為鄱也。說文：「鄲，國也，齊桓公之所滅」。經傳多段譚為之。詩頌人：「譚公維私」。春秋莊十年：「齊師滅譚」，杜預注：「譚國在濟南平陵縣西南」，按在今山東歷城縣東南。」（文字記廿六葉下——廿七葉上）

孫海波　「□，沖三四〇一。从豕从覃。說汶所无。方國名。」（甲骨文編三九〇頁）

饒宗頤　「「庚寅卜，㱿貞：乎雀伐貚」（林二、一五、一〇）按字作「猷」，舊釋「猷」，今定為貚。說文：「貚，从豕覃聲。讀若鄲」。繫傳作「譚」，疑即譚地。說文「譚，國也。齊桓公之所滅」。春秋莊十年：「譚子奔莒」。譚在山東歷城東南。」（通考一九四——一九五葉）

李平心　「卜辞有□字，为方国名。旧释猷不确，依□释糟之例，此字应隶定为貚。又有猷字，应隶定为猶或猷。商承祚先生曾考定二字为互文，郭沫若先生认为其说可从。案貚从覃声，古在侵部，猶从由声，古在幽部；二字为定母对转。貚当即古之譚国，譚或作鄲、覃、郯。……譚的故城在今山东历城县东南七十里。……卜辞屡言「伐貚」、「伐猶」，可知貚与猶与商为战争之国。」（甲骨金石文考释，李平心史论集一五二至一五三页）

李孝定　「从豕从旱，今作覃說文所無。唐說是也。其字所从獸形與犬形迥異，尾不拳足無爪，字凡數十見，祇乙、四七七〇、及外、二三五、二文从犬，蓋偶誤耳。其另一旁從亦非酋字，當從唐蘭說釋旱，見五卷。金文猶字作□毛公鼎□宗周鐘□王孫鐘□陳猶釜从犬，雖與契文譌體偶同，而从酋則異，甲金文遞変之迹相衔，不應若是懸異，足證必非猷字也。至羅氏謂猷猶同字則可無疑義。契文別有猶字作敀，見十卷猶下。唐氏謂此即廣雅玉篇之貚，待考。卜辭貍為國名，唐氏謂即說文之鄲，經傳之譚，當不誤」（集釋二九九〇葉）

裘锡圭　「合6937宾组卜辞「乙酉卜口贞：呼𠂤比沚伐貚」，与前引粹1164歷、自间组卜辞

「己丑卜貞：亩𠂤沚戓伐𤝔受又」，应该是为同一件事而占卜的。乙酉与己丑只差四天。「𤢗」「𤝔」当是一字异体。宾组卜辞的「豲」「𤢗」也许不应释为「𤢗」。」（论「𠂤组卜辞」的时代古文字研究第六辑三一六页）

按：字从「豕」、从「𣅈」或「𩏑」，隸當作「豲」或「𤢗」，偶有从「犬」作者。皆為方國名，有可能即「鄟」或「譚」。

2736 

按：合集一五八五五辭云：「庚戌卜，貞，翌辛亥用𢀛歲」，當為「𢍶」之或體，今作「尊」。

2737 

按：合集七三八二骨臼辭云：「丁亥𢀛示……屯，小𣪊」，為人名。

2738 

按：字不可識，其義不詳。

2739 

按：佚二一九六辭云：

「伊𩰤三十朋」
其義未詳。

2740

按：字不可識，其義不詳。

2741

⿹气酉

陈汉平「甲骨文有字作⿱三豆，旧不识。字在卜辞为地名。卜辞曰：……⿱三豆……一牛（后编下九．四）

按此字从豆从三，甲骨文食字作⿱亼豆、⿱亼豆、⿱亼豆（簠天1日月有食），故此字从豆即从食之省，从三即从气。此字应隶定作⿰食气或⿹气食，即从食气声。说文：「氣，饋客芻米也。从米气声。春秋传曰：齐人来氣诸侯。」槩，氣或从既。餼，氣或从食。」由此可知氣字「或从食」。气声，故⿰食气、⿹气食字当释为氣。

甲骨文又有字作⿱三酉，从酉气声，可隶定作⿰酉气或⿹气酉。卜辞曰：「乙酉卜王：……⿰酉气余步从……受金又不……亡𡆥（害）在𡆥」（续存下九一九）「……伐……⿱三酉……」（京都S○一一一）。按⿹气食为食气，⿹气酉为酒气，古文字形旁食、皀、酉或可通用，故疑⿹气酉字亦可释为氣、餼。⿹气食、⿹气酉本为二字，盖后世俱以氣字代之，氣、槩、餼字行而⿹气食、⿹气酉字废，故⿹气食、⿹气酉二字不见于字书。」（古文字释丛，考古与文物一九八五年一期一○六页）

按：字从「气」、从「酉」，隶可作「⿹气酉」。辭残，其義未詳。

2742

酥

按：字不可識，其義不詳。

2743 𨠑

按：字不可識，其義不詳。

2744 酉

屈萬里 「疑是祼字之異體。」（《甲編考釋》二九二頁）

丁驌 「乙未卜其禖虎父甲濡。（摭續三六）（虎父甲即虎甲，可知羲甲即是虎甲。據此知辭之稱父甲，皆是武丁之稱陽甲，一期辭也。）

己未卜其𡌥父庚舞高于宗兹用。（粹三二二）（此高字无旁边之小点。）

丁卯卜兄庚濡歲叀羊。（佚五六〇）（此二期辭。用歲祭。）

丙午卜父丁濡夕歲一牢。（戩二三·七）

上舉諸辭均有濡字。字不从水旁，隶定或应作歊，有流之器也。金祥恒释此字为福。虽无不可，惟字形从冈不从田或⊠，終覺未安。再檢他例便知释福非也。例如：

其求于歊，其射。（南明六一五）

丙辰卜其𢍰𥝢于高。丙辰卜于宗弘高杏兹用。（存二·一〇六）（按：禾字特别。）

上二辭『于宗』『于高』对贞，可见高为宗庙之称，或祭祀之所。其非福字可知。……

濡，字疑是歊。祭器。粹三二二：『其𡌥父庚舞歊于宗』，𡌥字为致力於土之圣字加用，用为金器之象形。此字义当是制铸金器。『父庚舞歊』，乃金器之名称，为父庚铸制者也。」（說木杏東（木 杏 東）中国文字第八卷第三十三册三五一八——三五二〇页）

按：合集二七二〇六辭云：「叀卯于二酉叀牛」；合集二七三一三辭云：「于祖丁酉𠀠弜若，即于宗」；合集二七三三九辭云：「乙未卜，其㲋虎于父甲酉」；合集三〇六〇一辭云：「其𠬞于酉、其射」皆為祭祀之所，為宗廟之類。其另一義則為祭名，亦為祭法。如：𢀛二三九一辭云：「丙寅卜，翌日酉二牢」；𢀛三九五八辭云：「……貞，酉歲二牢」；𢀛二四〇八辭云：「祖丁酉又𢀛」皆是。釋「祼」不可據。

2745

𩰲

王襄 「古𩰲字。」（簠室殷契類纂正編第十二第五十七葉上）

孙海波 「𩰲，乙四七四三。不从虍，象形。」（甲骨文編一〇八頁）

張秉权 「鬲，在第七第八二辭中，是地名，宅辭或称𠂤鬲，例如：

癸酉卜，（尹）貞：旬亡𡆥？甲戌祭于上甲。在☐。☐。在𠂤鬲。（佚三一八）

或作𩰲，例如：

☐子雝☐？十二月。在𩰲。（𢀛二·九·五）

乙卯王卜，在鴅貞：今日（步）于𩰲亡𢦔？（𢀛二·九·六）

或称𩰲京，例如：

勿往𩰲京？五月。（佚三六六）

☐𩰲京受☐？（𢀛六·三五·一）

☐之日，王往于田，从𩰲京。允𡕒麋二，雉十七。十月。（佚九九〇；續三·四三·六；佚七六）

疑均是一地之异称。又有人名称子鬲者，例如：

丙寅卜，㱿貞：子鬲𡆥？（掇下八一）

丙寅卜，兄貞：令子鬲𡆥？（𢀛五·四·二）

☐☐卜，出貞：☐子鬲☐？（鉄二三五·一）

是亦人地同名之一例。」（殷虛文字丙編考釋第四九一——四九二頁）

刘渊临 参鬲字条

按：字當釋虘，或从虍作鬳，乃繁體。說文虘與甗歧為二字，訓虘為鬲類，訓甗為甑，均屬誤解。以出土商周古器物驗之，鬲之上加甑為甗，三者不能混同。甲骨文鬳字正象加甑於鬲上之形，或从虍者，乃其繁體。說文又有獻字，解為「宗廟犬名，羹獻，犬肥者以獻之」，實則字乃由甗孳乳分化而來，从犬乃从瓦之譌變。林義光文源云：「虘字經傳未見，虍亦非聲。六書故引說文虔省聲，虔與虘古音不合。獻本義為宗廟犬名理復難信。獻古作鬳，為甗之古文」虘、甗、獻初本同文，从「犬」之「獻」乃「甗」形之譌變。字之形體演化如下：

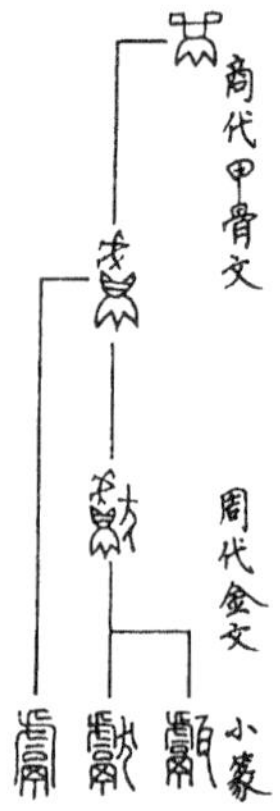

李孝定不明古器物之形制，據許慎錯誤之說解以釋甲骨文甗字為鬲，不可信。

卜辭云：

「甲寅貞，來丁巳尊鬳于父丁，宜卅牛；

乙卯貞，其尊鬳又羌」後上二七·一〇

與佚二〇八二之「虘羌」用法同，均讀為進獻之獻，猶周禮大司馬「獻禽以祭社」之獻。至於甲骨文𩰫字，乃地名，商承祚釋獻，非是。又前八·一一·二之獻，左既不从虘，右又不類犬。王襄、孫海波均釋為獻，俱誤。「虘」从「虍」為聲符，可以無疑。不必是从「虔」省聲。實則「虔」亦當从「虍」聲。說文以為「虔」从「文」聲，徐鉉以來，均已致疑。卜辭「虘」又為人名。此當與2751「虘」字合併。

2718

2746

劉鶚釋問。見鐵雲藏龜序第三葉上。

孫詒讓「龜文記卜事日名下多繼之云『其貝』，其字皆作[glyph]，或作[glyph]，舊並釋為問。案問於文从門从口，說文門部門，从二户象形。（龜文無从門之字，而啟啓偏旁户皆作日，與貝形絕異）此形殊不類。攷金文師遽敦貝字作□，與此形相近，此當即貝之古文。古問卜必用⿰貝疋以為謝贄，或本用貝，故⿰貝疋字从貝。說文貝部齎財卜問為⿰貝疋，是也。然龜文云諸貝者，尋其義例復與卜⿰貝疋不同。以義求之，當為貞之省。說文卜部貞，卜問也。从卜貝，以為贄。一曰鼎省聲。周禮春官天府云：季冬陳玉，以貞來歲之媺惡。注：鄭司農云：『貞，問也。』易曰：『師貞丈人吉問於丈人。』國語曰：『貞於陽卜。』（吳語文）鄭司農云：『貞，問也。國有大事問於蓍龜。』』又太卜云：『凡國大貞，卜立君，卜大封，則眡高作龜。』注：『鄭康成云：「問事之正曰貞。」』鄭康成云：『貞之為問，問於正者，必先正之，乃從問焉。』斯並貞卜之義也。」（舉例上六葉）

羅振玉　「象兩耳腹足之形，與古金文同。」（殷釋中三十八葉上）

羅振玉　「說文：『貞，卜問也。从卜貝以為贄。一曰鼎省聲，京房所說。』又鼎注：『古文以貞為鼎，籀文以鼎為貞。』今卜辭中凡某日卜某事皆曰貞，其字多作□，與□字相似而不同。或作鼎，則正與許君以鼎為貞之說合，知確為貞字矣。古經注貞皆訓正，惟許書有卜問之訓。古誼古說賴許書而僅存者，此其一也。又古金文中，貞鼎二字多不別，無鼎鼎字作□，舊輔甗貞字作□，合卜辭觀之，並可為許書之證。段先生改小徐本『古文以貞為鼎，籀文以鼎為貞』兩貞字作貝，是為千慮之一失矣。」（殷釋中十七葉下）

王國維　「說文解字鼎部：『古文以貞為鼎，籀文以鼎為貞。』案殷虛卜辭貞或作□（前、七、卅九）作□（同上）作□（前八、七）其文皆云『卜鼎』，即『卜貞』，此以鼎為貞者也。古金文鼎字多有上从卜，如貞字者。（如㝬鼎、□鼎、鑄子鼎、杞伯鼎、掖君鼎等不勝枚舉）書洛誥：『我二人共貞』，馬融注：『貞，當也。』（見釋文）貞無當訓，馬融知貞即鼎字，故訓為當，此以貞為鼎者也。蓋貞鼎二字形既相似，聲又全同，故自古通用，許君見壁中書有貞無鼎，史籀有鼎無貞，故為此說，實則自殷周以來已然，不限古文籀文也。」（史籀疏證廿三　靜安先生遺書十七冊）

王襄　「古鼎字。」（類纂正編第七第三十三葉下）

王襄　「說文解字：『貞，卜問也，从卜貝，貝以為贄。一曰鼎省声，京房所說。』契文貞之初文每作□，象貝形，后則从卜，至晚期字形屢变或从鼎作，与京房鼎省声之說合。……季貞鬲作□，散盘作□，皆从卜从鼎，古陶作貞，从卜貝，与契文、篆文均合。許氏博訪通人，多存故訓，其說資以證契文、金文者，于此見其臺較。」（古文流变臆說四六—四七頁）

葉玉森　「按孫氏釋貞是也。貞義為问，固經傳古訓。卜辭貞字间作□□與鼎形同，乃由变體之□再譌变者，皖化之迹顯然。此兩版之書體略同似一時代之作風，並非如許君以鼎為貞之說也。」（前釋卷一第三葉上眉批）

孙海波　「說文：『貞，卜问也，从卜，貝以为贽；一曰鼎省声，京房所说。』又鼎注：『古文以貞为鼎，籀文以鼎为貞。』卜辞貞，作□□□諸体，並象鼎，与貝形不合，蓋貞鼎古同体。戩寿堂所藏殷虚文字第四十七页八版：『癸卯卜貞雀□罘亡囚，』貞字作□，蓋証貞鼎古为一字，训貞为卜问，乃同声通假字。王国维先生谓卜辞貞鼎二字有别，殆未及检耳。鉄雲藏龟有□字，（五四·二）读若貞，蓋鼎之别构。」（卜辞文字小记，考古学社社刊第三期七十三至七十四页）

孫海波　「卜辭貞鼎無別，鐵雲藏龜有□字，讀若貞，乃鼎之別構。」（考古三期七三葉）

孙海波　「□，甲二四一八。卜辞用鼎为貞。重見鼎下。」（甲骨文编一四九頁）

孙海波　「□，乙九〇八五反。卜辞借鼎為貞。」（甲骨文编三〇五頁）

孙海波　「□，乙七五七四。疑鼎字。」（甲骨文编七五一頁）

郭沫若　「『丙鼎犬，丁豚』（『丙』字上端多一横劃，蓋刻損。）：『丙』與『丁』不是日期，是所祭的對象，但都没有注明輩分和性別，不知道是祖、是父、是兄、是子，也不知道是妣、是母。可能是刻辭時疏忽了。『鼎犬』當是以鼎盛犬。」（安陽新出土的牛胛骨及其刻辭　考古一九七七年二期）

郭沫若　「桼□賓即□若□等形之簡略急就者，猶□若□等之簡化為□也。古乃段鼎為貞，後益以卜而成鼑（貞）字，以鼎為聲。金文復多假鼑為鼎，（參看金文編七·九、容庚以為鼑字，非是）許說『古文以貞為鼎，籀文以鼎為貞』者可改云『金文以鼑為鼎，卜辭以鼎為鼑。』鼎貝形近，故鼎乃譌变為貞也。」（卜通六葉上）

陳邦懷　「周禮春官天府『季冬陳玉以貞來歲之媺惡。』鄭注：『問事之正曰貞，問歲之美惡，謂問於龜』。鄭司農云：『貞，問也。』又大卜『凡國大貞』，鄭注引鄭司農云：『貞，問也。』許君貞為卜問之說，蓋本諸先鄭。（小箋十葉下）

吳其昌　「『貞』者，孫詒讓說：……（見契文舉例卷上六葉，不備引——抄錄者）羅振玉說：……（見增訂殷虛書契考釋）其昌按：後編卷下頁四二片九、文云：『己巳卜貞』，其『貞』字作□，摹繪一鼎形宛肖。初變而成□狀（後編卷二(?)頁三十片五）□狀（後編卷一(?)頁三一片三），次變而成□狀，（並前編卷八頁七片一）終變而遂成□狀，乃知貞字實為一維肖之鼎影，遞次演變而來；『貞』『鼎』所以為一字之故，已可了然大明。至于『壬午卜貞』之『貞』作□，『壬申卜貞』之『貞』作□（並前編卷七葉三九片二）則直以鼎代貞，更明著矣。更以音理言之，錢大昕發明古無舌上音，但有舌頭音定律，今音之知、徹、澄、孃，在古音之端、透、定、泥，（養新錄卷五頁二七）則知古音『貞』『鼎』又一音也。更有確證：尚書洛誥：『我二人共貞』，釋文引馬融注云：『貞，當也』。是馬融讀『貞』為『當』。漢書匡衡傳云：『無說詩，匡鼎來』。注：『服虔曰：鼎猶言當也』。是服虔又讀鼎為當也。足證漢時匡衡，馬、服時代，貞、鼎、當三字皆一聲無別，斯一貞鼎一字之驗也。既已證明貞、鼎、當之為一字，則知殷虛契文之凡『卜貞』連文者，殆其意謂所卜之日之當也。謂所卜之日之可用也。」（殷虛書契解詁第二——三葉）

李孝定　「說文：『貞，卜問也。从卜，貝以為贄。一曰鼎省聲，京房所說』。契文貞字習見，大抵以作□形者為多，何所取象，殊難窺知。章高有作□□形者猶儼然鼎字，從可知許書鼎下說解云『籀文以鼎為貞』一語之非虛壁虛構也。蓋貞問一義既無形可象於文，復難以會意出之，故段聲近之鼎以當之。而□□諸形，契刻較難，而貞字幾於每辭必有，故略趨約易則為□矣。葉氏乃謂□□為受體，未免因果倒置。孫氏釋此為貞，羅氏本之，復引許書鼎下說解以證成其說，均不可易。金文作□散盤□季貞鬲□齎鼎从卜鼎聲，小篆則為从卜鼎省聲，卜辭則逕段鼎字為之也。」（集釋一一〇六葉）

李孝定　「說文：『鼎，三足兩耳，和五味之寶器也。昔禹收九牧之金，鑄鼎荊山之下，入山林川澤，螭魅蝄蜽，莫能逢之，以協承天休。易卦巽木於下者為鼎，象析木以炊也。籀文以鼎為貞字』。契文象兩耳腹足之形，下非从析木。段氏注於𣎵篆下引許君此語以證爿之為片之反文，證之契文鼎字，段說之誤可以無辨。卜辭貞鼎同文，王氏之說是也。貞鼎音同，故段鼎為貞，說見三卷貞下。金文作□白文□父乙尊□鼎文□卓林父簋□毛公鼎□盂鼎□仲義父鼎□大鼎□𪓐文父鼎□師奎父鼎□犀伯鼎□伯旅鼎□輥侯鼎□芮公鼎□寵霝往鼎□樂鼎□給鼎□作寶鼎□吳王姬鼎□祖仲鼎□雍伯原鼎□趠亥鼎□□大鼎□裴攸鼎□㴑鼎□中鼎□諶鼎□仲斿父鼎餘尚多見，大抵象形。或从卜，仍是鼎字。契文亦有此形，蓋假鼎為貞者既多又增之「卜」以為从卜鼎聲為貞卜專字，而叚鼎為貞者仍並行不廢。及後乃更有叚鼏貞為鼎者，郭氏之說是也。郭說見三卷貞下引」（集釋二三三四葉）

饒宗頤　「「貞」字在經傳中，實具數義，茲參以卜辭而疏通之。

一、泛言「卜問」，此自貞卜動作之過程言之。周禮春官天府：「季冬陳玉，以貞來歲之媺惡」，鄭司農云：「貞，問也」。卜辭云：「壬寅（卜）㱿貞：……正𦍒（玉）」（京津一三四三）「正玉」，殆陳玉以貞卜也。（他辭云：「乙巳卜，𡧊貞：羽丁未，酌，𠂤歲于丁，𡏳，㞢𤣩（珏）」（續存下七二）㞢珏即侑珏，謂陳玉以祭）太卜云：「凡國大貞，卜立君，卜大封，則眡高作龜」。鄭司農云：「貞，問也」。

二、訓「當」，此自貞卜之職掌言之。書洛誥：「我二人共貞」。釋文引馬融云：「貞，當也」。古貞即鼎字，故訓為「當」。當猶言當值。卜辭言「卜某貞」「某貞」，以此義解之，亦無不可。蓋謂卜官某，當值其事，即所謂涖卜也，當值之意，有時可省略，故「卜某貞」得省為「卜某」或「某卜」。

三、專言「正龜」，引申為事之「正」，此自貞卜之手續及其結果言之。周禮「國大遷，大師則貞龜」。鄭注「正龜」，「正龜，于卜位也」。又鄭注云：「問事之正曰貞」。湯「師貞，文人吉」。象云：「貞，正也」。廣雅釋詁「貞，正也」。故貞有「良貞」及「不良貞」之分，史記龜策傳「祝曰：今日良日，行一良貞」。又云：「靈龜卜，祝曰：假之靈龜，五筮五靈，不如神龜之靈，知人死，知人生，某身良貞」。依是以言，良貞謂吉，則不良貞為凶矣；此占問判斷之詞。卜辭每言正，如云：「吉正」（乇乙五九八九）「戊子卜，𡧊……正。王固曰：吉正」（續存上六五五）詩文王有聲「維龜正之」。即謂問事得其正也。湯卦辭言「利貞」，坤卦「利牝馬之貞」，貞字並取正為義。

四、訓「定」，又以「鼎」字代貞。釋名「貞，定也」。定與鼎同音。說文鼎字下云：「籀文以鼎為貞」。卜辭所見，不少迳以鼎字代用為貞，是不始於籀文；又知籀文中實有不少源於殷文字也。考武丁卜辭，有同版鼎與貞并見者。如乇乙八八八八殘甲橋云：「己巳鼎（貞）帚嫁允亡囚。貞：嫁亡囚」。上用鼎而下用貞，是其例。（參外編諸婦章）

總上而論，貞字有取疑問語氣者，為「貞問」之義；有取肯定語氣者，則為「當值」之義；或卜事得「正」之義。舊說於貞字下，每施問號，多不可通。今參諸經典，得條析其異訓如上，言卜辭者所宜詳辨也。因論貞卜人物記名辭式，故併及之。」（通考七〇——七一葉）

饒宗頤

「按左傳哀十七年：『衛侯夢于北宮，見人登昆吾之觀，被髮北面而譟。……公親筮之，胥彌赦占之。……衛侯貞卜，其繇曰：「如魚竀尾，衡流而方羊裔焉，」』云云。『貞卜』二字，連言見此。杜注：『正卜夢之吉凶。』吳語『董褐復命曰：曩君之言，周室既卑，諸侯失禮于天子，請貞于陽卜，收文武之諸侯』，韋注：『貞，正也。龜曰卜，以大發兆，故曰陽。言吳欲正陽卜。』杜韋俱訓『貞』為『正』。是貞訓問，又訓正，二義實相通。胡玉縉云：『鄭君注周禮曰：問事之正曰貞，又注太卜曰：貞之為問，問于正者，必先正之，乃從問焉。其前注謂卜問正事為貞，其後注謂貞龜必以正龜，從其所問，然後人得從之。是貞之為正，為問，正如爾雅互訓之例；言『正』可以賅『問』，言『問』亦可賅『正』也。（說見許廎學林）說甚通達。」（通考一二九七——一二九八葉）

張秉权

「至於对『二人共貞』的解释，饒氏最為詳備，他說：

癸未卜，爭貞：旬亡田。（粹一四二四）

洛誥：『公既定宅，伻來來，視予卜休，恒告。我二人共貞。』釋文引馬融云：『貞，當也。』『當』訓值。是某貞者，犹言某当值其事，与滙卜之合，洪範云：『三人占，則从二人之言。』證以士喪礼，占者三人，卜辭多言『卜』，少言『占』，有時似以『卜』概『占』。白虎通著龜篇『或曰：天子占者九人，諸侯七人，大夫五人，士三人。』陳立疏証据此，謂为夏殷制。又謂：別一說以天子至士同为三人。今观卜辭，殷時占卜人数，似无定制（見上引书P.二七）

按馬氏以『當』訓洛誥中的『貞』字，自是通解，但饒氏用来解他所引的那条卜辭中的貞字則頗有商榷餘地，他对於『貞』字的解释，博徵经傳，分為四义（註一）：(一)『卜问』，(二)『當』，（三）『正』，（四）『定』。最后並且下一結論，說道：

总上而論，貞字有取疑问語氣者，為『貞问』之义；有取肯定語气者，則為『當值』之义；卜事得『正』之义。旧說於貞字下，每施问号，多不可通，今叁诸经典，得条析其異訓如上，言卜辭者所宜詳辨也。（見上引书P.P.七〇——七一）

经傳中的貞字，有种种不同的解释，讲卜辭的人，自然应該詳辨的，正因為貞字有許多不同的解释，所以我们必須选择一个恰当的意义去解释卜辭中的序辭中的『貞』字，如果要把经傳中所有的那些貞字的意义，分别去解释那个貞字，反而会使卜辭弄得『不可通』的，譬如饒氏所引的粹一四二四片，那上面的『貞』字，他認為是肯定語气的『當值』之义。不知他的意思究竟認为那条卜辭的命辭『旬亡田』之下，可不可以施以问号？假如可以，当然无所谓『不可通』了，假如不可，則命辭而非疑问，占卜所谓何来？除非根本否定『貞』下『旬亡田』三字是命辞，否則那一条还是应当属於疑问語气的卜辞，它下面还是应該施以问号的。所以我認為在那一类形式的卜辞中的貞字，还是依照旧說释為「问」的好些。至於他在第（三）义訓「正」的一節中，引了二条卜辞，一為乙編五九八八九的「吉正」二字，那是正面乙編五九八八那条残辞的的残缺占辞，当然不会有人施以问号的。另一条是續存上六五五的「戊子卜，穷☐正：王固曰：吉正」。也是一条残辞，那一类卜辞中的「正」字，是否与經傳中的「正亀」之事有关，实在还是问題，其不能用以解释卜辞的序辞中的貞字，則可断言。在第（四）义訓「定」的一節中，他也举了乙編八八八八的「己巳鼎（貞）：帚娕允亡囚。貞：㚸亡囚」。這只能說明「同版鼎与貞並見」，並且證明貞字的异体可作鼎形（关於一个字的二种形体見於同一版者，我在本編的考释中已經有所說明，這里不再詳說。）却不能証明「鼎或貞」当训「定」，也不能說在那二条卜辞之下加上问号，便不可通了。关於這一解释，他在「貞字释义的结論中，也没提到，大概也覺得有一些问題的。然則他所謂「旧說於貞字下，每施问号，多不可通」者，究何所指，倒颇令人費解了。我对於饒氏的通考一書，极為推重，尤其佩服他的勤和博，不过有若干基本的观念和看法，却未敢苟同。

自从董彦堂师創立貞人之說以来，並世学者，大都贊同，只是有些人以為貞人一詞，不見經傳，所以改称卜人，董师在殷曆譜（卷一，第一葉）和甲骨学五十年中，一再辯解。（董說从略）

經傳中所說的那些制度，固然可作研究商史者的叁考，但是却不能根据它来断定殷代制度一定如此。况且周礼所說的是否完全是實實在在的周制，也还大成问題，关於這一点，饒氏在論占卜人数的时候，也不敢尽信后世之說，而以卜辞材料為準。那是很高明的态度。但是饒氏在這里却以为「周時，涖卜者，大事由宗伯，小事由太卜掌之。是所謂貞人亦卜官也。」那是有語病的，因為即使在周時，涖卜者有時可由宗伯充任，而宗伯不属卜官，其事甚明，可見涖卜者並非完全都是卜官，董师怎能据以断定商代的貞人，完全都是卜官呢？貞人之中，可能也有一些專司卜事的卜官，即董师所謂「任何人都可以充任」，当然也包括了卜官在内的，至於貞人並非完全為卜官，即「王貞」一詞已可証明。况且貞人中，有称侯者，有称伯者，有称子者（叁閱殷代貞卜人物通考结語）豈卜官或卜人等名称所能包举。所以我說他們是一群貴族，大概近於經傳中所說的宗伯，宗人，族長一类的人物。也可能与王室有着亲戚的关系。至於饒氏所举的「卜某貞」「卜某曰貞」等例，都在卜字之下，施以逗号，如：

（一）卜某貞例

癸亥卜，㱿貞：旬亡囚。（屯甲二六四九）（見上引書P.四八）

（五）卜某曰貞例

庚子卜，行曰：貞：羽（翌）辛丑，其又彳（升）歲于祖辛。（佚存四〇一）（見上引書卜．五一）

既然在『卜』字之下，已經加了逗号，何得連下文而称『卜某』，譬如我们說：『大道之行也，天下為公』，總不能截取『也天』或『行天』為詞的吧，所以饒氏以『卜某』証明貞人即卜官的說法，是很有問題的。本版第（一）（二）辭的貞人是『穷』第（五）（六）辭的貞人是『殸』而它们的占辭，即下一圖版的第（三）辭称『王固卜曰』、亦可見『貞』与『固』『卜』並不是一件事。」（殷虛文字丙編考釋第四四四——四四七頁）

屈萬里　「鼎，疑是鼎字之異體，而假為貞。」（甲編考釋四二八葉）

于省吾　「甲骨文凡貞問某事，而言丂或出丂、征丂、不丂、其丂、不其丂者，往往丂与丂互作，均应讀作宠。这是貞問能否受到鬼神的宠佑。甲骨文言『鼎丂』（丂字以下均隶定作龙）者，旧或释为『貞宠』，但是，在同一段甲骨文中，一开始貞卜之貞作冎，以后再言鼎則作鼎，可見貞与鼎本来是两个字。第一期大龟卜辭称：『貞，出犬于父庚，卯羊〇貞，祖氏之疒齿，鼎龙〇疒齿，龙〇不其龙。』（丙一二、一四、一六、一八、二〇缺不其龙三字，以上五版大龟同辭）按鼎字的义訓，旧不得其解。汉代賈誼传的『天子春秋鼎盛』，应劭訓鼎为方；匡衡传的『无說詩，匡鼎来』，服虔注訓鼎为当。鼎与当双声，当与方迭韻。鼎訓为当祇方，义本相同。都是表示时间上『現在』的副詞（見楊树达高等国文法）。前引大龟卜辭的祇字待考。龙字应讀宠。之字应訓为是，典籍常見。这一版大龟卜辭左右对貞，上下各分两段（其他四版同）。上两段先言用犬羊以祭，乞佑于父庚（盤庚），后言是患齿疾，現在能够得到父庚的宠佑。下两段以疾齿宠和不其宠为对貞。又甲骨文的『鼎出龙』（綴合一七〇），是說現在能有宠佑。在上述之外，也有只言鼎者，甲骨文称：『□□□卜，殸貞，王鼎比呈乘[illegible]。』（續三．四三．一）鼎字的用法与前文同。这是說，王現在要偕同呈乘征伐某方。」（甲骨文字释林释鼎龍二一八頁至二一九頁）

濮茅左　「說文解字貞，訓卜问，这正是甲骨文卜、鼎所表示的意义。……鼎，在卜辭中訓『问』。如：

乙巳鼎（鼎），匕（妣）庚？（乙编八七六三）

丙午鼎（鼎），多帚（婦）亡疒？（乙编八八一六）

丙午[illegible]（鼎），啓？（乙编八八一六）

癸酉鼎（鼎），旬？（乙编一四六）

这些卜辞中的『鼎』都训问，于辞义无一不通。卜鼎，即卜问意。……在卜辞贞辞中，鼎、鼎的用法是完全一致的。如『干支鼎』的贞辞：

丙午鼎（鼎），启？（乙编八八一六）

丙午鼎（鼎），启？（乙编八八一六）

这二辞同版都是在丙午日卜问，天气晴否？

癸巳鼎（鼎），旬？（京都大学人文科学研究所藏甲骨文字三一〇三

癸巳鼎（鼎），旬？（乙编七〇）

这二辞都是在癸巳日卜问：下一旬（无灾祸）否？

己巳鼎（鼎），帚（妇）婞𢀛亡囚（祸）？（乙编八八八八）

己巳鼎（鼎），帚（妇）婞𢀛亡囚（祸）？（乙编八六九五）

这二辞都是在己巳日卜问：妇婞𢀛无灾祸否？上述同文例中都是一作繁书鼎，一作简书鼎。

又如『干支卜鼎』的贞辞：

癸亥卜鼎（鼎），旬，乙丑夕雨，丁卯明雨，戊小采日雨，止二月己明启？（殷墟文字缀合七八）

癸丑卜鼎（鼎），旬，甲寅大食雨［自］北，乙卯小食大启，丙辰中日大雨自南？（殷墟文字缀合七八）

鼎、鼎简繁二形见于同版，用法、意义完全相同。

在甲骨文中繁书鼎（鼎）有四义：（一）用于卜辞贞辞，作『问』义。如贞文所举诸例。（二）表示时间上『现在』的副词。如『祝氏之疒出鼎龙？』（小屯殷墟文字丙编一三、一五、一七、一九）辞意是：向神祝祷患齿疒，现在能够得到神的宠佑吗？（见于省吾甲骨文字释林二一八页）。（三）器名。如『新异鼎』（殷契摭佚续编二七五）。（四）用牲法。如『鼎，鼎牢』（京都大学人文科学研究所藏甲骨文字九九）。简化鼎则是卜辞贞辞的专用字，只作『问』义解。鼎的繁简二形在甲骨文中是并存的。因铜器铭文中不存在卜辞，所以简化鼎（鼎）字不见于金文。」（「贞」字探源上海博物馆集刊总第二期七——八页）

高嶋謙一「我们假定殷人相信用『鼎』会在主要以言语为主的貞卜活动中加一『行动』的层面。换言之，是试图用『鼎』去增加貞卜或其他仪式中的庄严性。从字义上考，『鼎』如果解作『以鼎』的话，就是『用鼎去做某事』，那么，表示用鼎是在于伴同（可能是补足）其他的仪式。因为当鼎鼎二字同見於一条卜辞的时候，总是比较象形化的鼎放在鼎之后。换言之，

当殷人决定贞卜的时候，很可能是用鼎做器具。……换言之，殷人相信仪式中用鼎可以导出一个「决定」、「巩固」，甚至可能是「改正」的作用。这些仪式需要得到他们非常重视的神灵的称许满意。而殷人这样去媚神，本来是自然不过的。」（冋鼎，古文字研究九辑八八页）

晁福林

「贞人集团中，属于已经与商融合的部族的贞人是少数，多数贞人仍属于那些尚未与商融合却又臣属于殷的部族。在卜辞中有不少贞人名同时又是地名、部族名。如亘为武丁时期贞人，但亘又为地名，卜辞里有到亘地祭祀的记载（后上三一·一），卜辞还有亘方和亘入贡的记载，亘亦当为部族名。卜辞里这种情况很多，如穷（乙七六八）、内（粹一二二七）、旅（后下四·八）、冉、㚔、逐（邺三三八·二）、余（丙一〇四）、陟（佚四八一）、充（前二·四二·六）、何（缀合二二四）、彭（前六·一·六）、专（乙八一一）、卢（粹九三四）、寅（掇一·一八二）、壴（甲二八六九）、逆（京四·五三·二）、徫（后上一〇·四）、佣（乙六六八四）、犬（粹八八三）、卯（京二·一〇·四）、吠（甲二四一六）、永（南明七八六）、大（京二·二八·一）、宁（佚九九二）、㚇（乙五三七七）等都是人名、地名、族名合一的。这些人在自己部族的属地为部族首领，供职于殷王朝则为贞人。正因为这些人为诸部族的代表，有部族力量为后盾，所以他们在殷王朝中颇有地位。担任十分重要的「小臣」之职的就有庚甲时期的中（京四·二七·六）、吕（甲二六二二），廪辛时期的口（甲六二四）等贞人。安阳曾出土有㱿觚、亚㱿斝、亚矢尊、亚矢斝，说明武丁时期的贞人㱿和祖甲时期的矢或其后人曾为「亚」职。武丁时期的贞人古、专，祖甲时期的犬、喜，在卜辞中又称古伯（库一五五一）、侯专（京五·九·二）、犬侯（续五·二·二）、侯喜（明一五四），不少贞人为殷的侯伯。贞人所属部族的女子往往为殷王室之妇，如帚内（丙九四）、帚喜（南坊二·一）、帚𠂔（京八·三·五）、帚壴（乙四五〇四）等与贞人内、喜、𠂔、壴就属同一部族。能与殷王室联姻，这些部族的势力相当可观。

贞人所属部族的势力增长时，往往兼领别的地区，如贞人古原为古伯，后来又称伊侯古，卜辞载「牧于义、伊侯古图」（掇二·一三二），古拥有义地的大片牧场。贞人出后来出任侯地首领，故卜辞又称之为「侯伯出」（乙三三二八）。

卜辞里有「旅邑」（后下四·八）、「㠯喜」（文六八一）、「㚔京」（京都一五六四）、「丘佣」（乙六六八四）等记载，这说明武丁时的贞人㚔、佣，祖甲时的旅、喜等拥有私属的邑、㠯、京、丘等居住地区。卜辞又有「王田充」（京二·四二·六）、「从狩卢涉」（粹九三四）、「在寅林」（掇一·一八二）等记载，武丁时的贞人卢、充，祖甲时的贞人寅在自己的属地上分别有猎场、河流和山林。正因为许多贞人有自己的属地和经济力量，所以卜辞中有贞人纳贡的记载，如武丁卜辞：

辛丑卜穷贞，旃罪殸氏羌。（丙一七八）

丁丑卜争贞，来乙酉㱿用永来羌。（存二・二六五）

贞𡆥来犬。

𡆥来马。（丙三四二）

贞乃用卢氏羌。（前六・六・四）

贞人殸、永、𡆥、卢等拥有羌俘、牲畜，所以能以此为贡纳。卜辞中有不少贵族，如雀、𢀛等，贡纳龟甲的记载，亦有不少贞人贡纳的记载，如「壴入四十」（乙三二六五）、「喜入五」（乙四五九七）、「臣大入一」（丙三三）、「冉入十」（乙四四八四）、「亘入十」（乙三四五一）、「逆入十」（丙四六）、「𢦏入十」（丙二三六）等。从贡纳的数量看，这些贞人的经济实力是比较雄厚的。武丁时期贞问受年、受禾者有𠂤、雀、犬、帚井、帚好、箙等侯伯、王妇和贞人，说明这些部族拥有大片土地。殷代后期卜辞则仅卜问商、四方、四土、大邑等是否受年、受禾，不再贞问那些部族了。这反映了诸部族的势力在殷后期已经衰落。

总之，殷前期的贞人多数为各部族首领，他们有自己的属地和经济力量，他们入于殷王朝担任贞人之职，力图通过神权左右殷王朝的军政大事。殷代的神权实质上是族权在政治舞台上的表现，族权是神权的后盾。到殷代后期，由于王权的提高和各部族力量的削弱，贞人的地位也逐渐衰退。帝乙帝辛时期虽然有黄、派等贞人出现，但这些贞人都不是某个部族的代表，也没有自己的属地和经济实力。他们是王权的附庸，其地位和权力远非昔日可比。」（试论殷代的王权与神权社会科学战线一九八四年四期九七——九八页）

馬孝亮

「我認为貞也是从魚紋形象中演变而来，請看图一，

从图可以看到，貞字是从魚身的图案中，一步步夸张、变形、精简、提炼而成。彩陶中的貞字与甲骨文貞字是一致的。唯貞字中间多一横划，这一横划並不影响其一致性，因为甲骨文中常出現这种現象。如黄字，甲骨文有的就多一曲折形，但毫不影响两个字的一致性。这样的例子还可以举出许多来。不但甲骨文中如此，彩陶文中更是如此，还拿貞来说，有的貞形中间呈四

横划，有的三划，在有的变形中与甲骨文貞字一样为二划。毫无疑问，貞字的形成，远在甲骨文前几千年的半坡仰韶文化时期，就已定形。……

貞字，取形于鱼的躯干，其来源与造字本意，通过图不误自明。除有鱼身之意外，似乎还可以引申为正，为中，因鱼形去头去尾貞在其中。亦有主倅、躯干之意。如《周易大传新注》解貞字为事之干也。李道平《诗诂》云：『木旁生者为枝，正出者为干，是干有正义。』貞字训为正，干也训为正。这与鱼身、躯干、正中之意相吻合。

……在渔猎的仰韶文化早期，就出现了以鱼进行占卜吉凶了（用躯干？内脏？鱼骨？）成为真正的貞卜（鱼卜），出现了專掌鱼卜的貞人。長期代代沿用下来，就成为占卜的专用字眼（名子）。后来的人们改用龟甲占卜，牛肩胛占卜，由于貞卜为很古老的名词，所以沿用古名不改。」（对两个甲骨文字的探源，中原文物一九八八年第四期五三——五五页）

赵诚

「鼎，甲骨文写作[illegible]，象鼎的形状。卜辞用作副词，表示时间上的现在，有『方』、『正当』、『正』的意思，则为借音字。

鼎出龍。（合一七〇）——鼎用作正，出用作有，龍用作寵。鼎出龍即正有寵，正受先祖神灵宠佑之意。

鼎正，王毕。（佚一·三八〇）——鼎用作『正』，有『方』、『正在』之义。正即征。这里是『征野兽』的省略语，近似于说猎兽。鼎正即正征，正在猎兽之意。毕即后代的擒。王毕，商王有擒获。」（甲骨文虚词探索，古文字研究第十五辑二八一页）

唐兰　参子字条

饶宗颐说参[illegible]字条下。

裘锡圭说参[illegible]字条下。

白玉峥说参[illegible]字条下。

按：「貞」、「鼎」當屬同源，亦可通用，諸家已充分加以論證。但在卜辭，此二字已分化。凡「貞問」字，諸形皆可通用。而「當」、「方」及「鼎彝」本義，均用其較原始之形體，而不用「[illegible]」。凡分化之形體，均不得逆轉。此乃古文字之通例。參見拙文再論古漢字的性質。

不同形體見於同辭之例有：

「……殻貞，王鼎比望乘……」合集一七一

「貞，王禰鼎出伐」合集四一八正

「貞，𠮷子賓禰于出妣鼎出贏」合集三一七一甲正

「貞，祇以之疾齒鼎贏」合集六四八二正

「貞，鼎隹乘酌」合集一五二六七

卜辭之「新異鼎」（合集三一〇〇〇）乃用其本義，亦不作「貝」。「鼎贏」習見，無作「貝」者。

以上皆可證「貞」、「鼎」已經分化，不能籠統謂為同字。

⿱匕鼎 

饒宗頤　「『丙子卜，大……其⿱匕鼎馬三十。』（沌甲一六三三）按卜辭有⿱匕鼎字，（前編一、二二、一）金文史頌毁作鬻，字从匕从爿从鼎，王國維釋為將，詩『我將我享』之將，此辭⿱匕鼎但从匕省爿，亦即鬻字。（文編七、一一）將享而用馬，楚茨所謂『或肆或將』是也。他辭云：『甲子卜，貞且乙又⿱匕鼎，王受又。弜又⿱匕鼎。』（寧滬一、一、原文引有寧滬一九三）并其例。」（通考八三六葉）

按：字从「鼎」、从「匕」，隸當作「⿱匕鼎」。釋「鬻」不可據。卜辭「⿱匕鼎」為祭名，多以「兕」為牲，饒宗頤誤以為「馬」。合集三〇九九五辭云：

「丙辰卜，大……其⿱匕鼎兕三……」

又合集三二六〇三辭云：

「其⿱匕鼎兕父丁」

「于祖丁用⿱匕鼎」

「其⿱匕鼎兕祖丁」

又合集三二七一八辭云：

「父丁⿱匕鼎三兕」

未見用他牲之例。

鬺 

孫詒讓　「金文諸鬺字當从鼎从牆省聲。又从□，右似从刀，或更有夕从爿，皆一字也。以諸字偏旁推之，古文牆字疑當从肉从刀，蓋以刀剉肉作臨牆，故从刀。小篆省刀，金文□字遂不可通矣。」（名原下十葉）

羅振玉　「此字不見許書，古金文有之。有□（史頌敦）□（王作鬺）□（日辛角）諸形，从匕肉於鼎。爿殆所以薦肉者也。此或加∴，象有湆汁，或省匕，或省爿與肉，或省肉與匕，然皆為一字也。」（殷釋中三十八葉上）

王國維　「古彝物銘多云作鬺鼎，作鬺彝，亦有單言鬺者，如藩祖蔭所藏二彝，其一銘曰：『旂婦鬺』，一曰：『魯內小臣床生作鬺』，其彝則皆鼎也，是鬺為鼎之異名。余按鬺字於金文或从匕肉，从爿从鼎，（流鼎 史頌鼎 史頌敦及上魯內小臣鼎）或从肉，从爿，从鼎，（汪作彝及上旂婦鼎）或但从匕肉，从爿，（日辛角）殷虛卜辭則或从匕肉，从鼎，或从匕，从鼎，或从爿，从鼎，當即詩小雅『或肆或將』，周頌『我將我享』之將字。匕肉於鼎有進奉之義，故引申而為進為奉，沇公鼎云：『用夙夕□』，曆鼎云：『其用夙夕鬺享』，皆以鬺享並言，與周頌同。凡匕肉必於鼎，故鼎亦得鬺名，非鼎之外別有一種名鬺者也。」（甲骨学·文字篇引）

王襄　「古鬺字。」（類纂存疑第七第三十七葉上）

葉玉森　「按卜辭□之異體作□□□，別有□□二文。羅文亦列于鬺字下，予疑非一字。」（前釋一卷八十二葉上）

容庚　「曆鼎『用夙夕鬺享』即詩『我將我享』之將。」（金文編七卷十四葉下）

吳其昌　「『鬺』者，字當作『□』。从鼎，从几（即爿），从匕，从肉。或省几形作□（後二、七、五），或省匕形作□（前五、三、七），或省肉形作□（前五、三、六），實皆非全文也。亦有更省，於鼎形之上，但着匕形作□（前六、三四、六），或但增几狀，□（菁一〇、六），或但存肉字，□（續五、三〇、一五）。雖緐簡懸殊，而其為『鬺』字則一。蓋其朔義，謂以『匕』扱取『鼎』

中之「肉」而置之「几」上也。爿之為几形，為世人所習知，今且有日本住友氏所藏之蟬紋銅几，可為地下遺器之實證。鼎中烹肉既飪，取置于几而有匕並陳，是即楚茨既醉之詩所云：「爾殽既將」也。（既醉鄭箋云：「殽，謂牲體也。」）「鼎」「匕」「几」「肉」告具，是可將之以獻亯矣，是即我將之詩所云：「我將我亯」，金文潛鼎所云：「其用夙夕將亯」也。（周二·四五）古者設鼎，皆匕、俎從設，儀禮述之最詳。少牢饋食禮云：「雍人概鼎、匕、俎于雍爨。」士昏禮云：「鼎入陳于阼階南，西面，匕、俎從設。」士虞禮云：「鼎入，設于西階前，東面，匕、俎從設。」公食大夫禮云：「陳鼎于碑南，……雍人以俎入，陳于鼎南，旅人南面加匕于鼎。」士喪禮云：「陳一鼎于寢門外，……其實特豚。……素俎在鼎西，西順，覆匕，東柄。」特牲饋食禮云：「佐食舉牲鼎，……贊者錯俎，加匕。」有司徹云：「陳鼎……雍府執二匕以從，……司士合執二俎以從。」鄭玄士昏禮注曰：「匕，俎從鼎而設，匕，所以別出牲體也。俎，所以載也。」儀禮之俎，蓋即古文𪔂字所從之几也。揚雄方言五：「俎，几也。」廣雅釋詁同。一切經音義五引字書：「俎，肉几也，亦曰脚小盤也。」山海經海外西經注亦有「俎，肉几也」之訓。史記項羽本紀索隱：「俎，亦几之類。」是知俎、几同類，有足之俎側視之形，固宜作爿爿狀矣。「𪔂」字正象陳鼎而匕、俎從設之儀，是卜辭、銅器所傳之古象形文，與經傳字書所述之古禮制度合矣。

刀（即匕）俎、鼎、肉，粲然具陳，可以為亯，亦可以為養，故「𪔂」之義亦得引申而為養。詩四牡：「不遑將父」，毛傳：「將，養也。」廣雅釋詁一、呂覽盡數高誘注，並同。鼎肉已別出在几，是即且以祭或饗矣，故「將」之義又引伸而為「且」。詩簡兮：「方將萬舞」，鄭箋「將，且也。」論衡知實亦云：「將者，且也。」皆其證也。（……）以匕別出鼎肉于几上，而且以祭或饗，是手將之也；故「將」之義，又引申而為持，為奉。莊子秋水：「將甲者」，釋文：「本亦作持甲。」又荀子成相：「吏謹將之無鈹滑」，楊倞注：「將，持也。」儀禮聘禮：「將命于朝」，禮記鄉飲酒義「將之以敬」，鄭注並云：「將，猶奉也。」皆其證也。

由是而旁茁支義焉。則擁節持符，奉命以統率軍隊者，其所將者為軍，斯即以「將軍」名之矣。「𪔂」為本字，而經典羣籍省「鼎」為「將」，此亦猶卜辭、金文之或省「爿」，或省「匕」，或省「月」耳。「肉」出于「鼎」，而入之酉狀之器以沮醞釀腐之，則即成儀禮所述之「醬」，說文所謂「从肉从酉，酒以和醬」也。此「𪔂」字賦義之源流本末變化之概略也。……」。（殷虛書契解詁第二六一——二六二葉）

孫海波 「𪔂，前一·二二·二。从鼎从爿，說文所无。」

鼑，甲二一〇二。或从肉。

䏍，乙八三七。或从爿。」（甲骨文編三〇五——三〇六頁）

屈萬里　「鼑，羅振玉以為即金文習見之䵼字（殷釋中三八葉）。以字形覘之，所謂『从匕肉於鼎，爿殆所以薦肉者也』。」（甲編考釋六三葉）

严一萍　「說文酉部：『䤈，鹽也，（当据廣韵韵会引作醢也。）从肉从酉，酒以和䤈也。爿声。䤈古文。𤮊籀文。』今案此字实即金文夙夕䵼享之䵼所訛变，亦即詩：『我將我享』之將。上溯甲骨䵼之书体，繁简不一，其演变頗有可寻：

作䵼，从凡从肉从鼎（省匕）者

一、弜鄉宫䵼障彔　粹五四一

二、☒唐☒䵼☒　前五、三、六

三、戊寅卜貞：䵼。　京津二一三（一〇六四重）

四、□□卜𩀍（貞）：□䵼叀□方孚。　前五、三、七

五、☒䵼☒

六、升歲䵼障，王受又　甲八四九

或作鼑从匕从鼎（省凡省肉）者，

一、丙辰卜𡘋（貞）鼑兕三。　甲一六三三

二、叀鼑，　粹三九二

三、父丁鼑三豕。　甲八四〇

四、旦其敀鼑，廼各　足　甲四〇四

五、□□（卜），□貞：王出告舌鼑☒　前六、三四、五

六、貞勿鼑　前六、三四、六

或作鼑从肉从鼎（省匕省凡）者

一、貞☒鼑☒　徵十二、五一

二、乎☒鼑二告　鐵三九二

或作鼑从凡从鼎（省匕省肉）者：

一、鼑　乙八三九

二、鼑束☒𢧝☒　菁一〇、六

三、鼑若　乙八八一〇

小屯甲編二四一八骨版契有从爿从皿作𥁕者二字，文曰：「三𥁕」全篇错杂，不能通读，似为习契之作，其从皿，与从鼎，要皆盛物之器以鼎易皿与𪔂实一字，說文古文牆之从西，与从皿从鼎无殊，亦𪔂之别体，籀文之𤖺，则又緟复为之，𪔂兑簋作𤖺亦可能由此等字形讹变而成。溯其源，皆𪔂之一字所省变。：：

𪔂之训烹亦可以詩楚茨：「或肆或將」毛傳訓將为齐证之。尔雅释言：「將，齐也」郭注：「谓分齐也」齐，徐仙民周礼音將细反，读如剂。郝懿行尔雅义疏谓：「齐之为言剂也。周礼亨人：「以给水火之齐。」注云：「齐多少之量。」即剂量其水火也。凌廷堪谓：「升牲体于鼎，即詩所谓肆也；载牲体于俎，即詩所谓將也。」马瑞辰谓：「古者牲体既亨之后皆先升牲体于鼎而后载之于俎。」（见毛詩傳箋通釋）两君之説，皆无当于將之训剂，若必先亨而后升于鼎，则剂量其水火即失其用，故知牲体升于鼎，乃在既割之后，未亨之先，然后需剂量其水火，以烹煮之。「其以匕俎从鼎而设」者，为烹煮既成，即以匕出牲体载于俎，此即𪔂之取象也。象外之意，重在烹煮，故知甲骨金文之𪔂当训烹，然后卜辞用𪔂如「𪔂三豕」之意，皆豁然可通。繇知說文于牆训醢者，犹昧于源流，差一间耳。历来治训诂者多以经传之將为將之段借，而不知將將为一字。又不知牆所从来，乃误以將为牆省，取象不明，借义滋生，如詩邶风燕燕「之子于归，遠于將之。」傳：「將，行也。」周颂敬之：「日就月將」傳亦训行。說文作：「蹡，行貌。」又鄭风：「有女同车，佩玉將將。」說文作：「瑲，玉声也。」大雅執競：「磬筦將將」三仓：「鎗鎗，金声也。」荀子富国篇引詩作：「管磬玱玱，」說文引詩作：「管磬蹡蹡」易林革之大有云：「南山之楊，华叶將將。」广雅：「鏘鏘，盛也。」詩陈风東門之楊作：「其叶牂牂」礼记射义：「幼壮孝弟」注：「壮或为將。」號季盤：「牰武于戎工」于思泊谓牰即將也。詩小雅北山：「鲜我方將。」傳：「將，壮也。」壮將双声，故壮又通作將，將又通相，尚书大傳：「义伯之乐无，將陽。」將陽即相羊也。凡此通段，皆缘声近。說文將，爿声，牆亦爿声。將則牆省声，盖亦从爿得声，爿字，今說文无。六书故曰：「唐本有爿部」，段氏以之补入片部曰：「反片为爿，读若牆。」此字甲文已有之。

一　爿牧虎方　　前四、四五、三

二　爿毋庚。　乙八八七一四、八八〇八同文

三　丁亥（卜貞）囗复囗爿未囗幸　　前七、三、二

四　己巳卜爿劲　　菁二、八

（中国文字第二卷第八册八五三—八六六页）

李孝定　「从鼎从肉，或从匕爿聲，說文所無。羅氏謂字从爿，殆所以薦肉。按爿為牀之古文，非薦肉之具，古薦肉以俎，字作𠀃且薦肉之器亦不應列左鼎上，此字實从爿為聲耳。羅說非

是。王氏謂即詩周頌「我將我享」之將，其說甚是。⿰爿鼎將並从爿為聲，故得通也。惟兩氏並謂鼎藏一、一二九、二⿰爿鼎前一、二二、一、⿰爿鼎前六、三四、五、⿰爿鼎前六、三四、六，皆是⿰爿鼎字，葉氏則疑非一字，今按葉氏疑之是也。字不从爿，則其音讀不可知。其辭例又與⿰爿鼎字所見無一相同者。今舉諸辭如下：

(一)⿰爿鼎字所見諸辭。「口歲⿰爿鼎賓王受又」甲編、八四九、「⿰爿鼎光」乙、八八一〇、「弜卿饗宜庭⿰爿鼎賓勺」粹、五四一、「⿰爿鼎唐」前、五、三、六、「☐卜貺☐⿰爿鼎叀口方四」前、五、三、七「曰⿰爿鼎」簠徵、文字、五十(二)不从爿諸字所見諸辭。「爭鼎二告」藏、一一九、二、「貞鼎」續、五、三〇、十六、「癸丑卜口唐彳勺鼎」甲編二一〇二、「貞王☐敹☐鼎☐」前、一、二二、一、「☐貞王有舌鼎」前、六、三四、五、「貞勿令鼎咵」前、六、三四、六、「叀鼎」粹、三九二、「昌于省吾釋旦其效鼎廼各落日又正」甲編、四〇四、「父丁鼎三豖」甲編八四〇、「丙辰卜大口其鼎豖三」甲編、一六三三、諸辭中从爿與不从爿之字雖有同為祭名者，然其無確證可以證其確為一字。"就字形言，似以分釋為數字為較得也。金文⿰爿鼎字多見，作⿰爿鼎曆鼎⿰爿鼎宰甶簋⿰爿鼎君夫簋⿰爿鼎豆小中鼎⿰爿鼎⿰爿鼎應公、鼎⿰爿鼎⿰爿鼎善夫克鼎⿰爿鼎史頌簋⿰爿鼎彔簋⿰爿鼎康生鼎⿰爿鼎索諆角多从匕。或又省鼎」。（集釋二三三九葉）

趙誠　「⿰爿鼎，⿰爿鼎。或写作⿰爿鼎。从囗或夕即肉，从爿即用以置肉之器具，从鼎为煮肉之器，从数点为肉汁之形，为会意字。甲骨文用作祭名，即进鼎肉以祭。」（甲骨文简明词典二四四頁）

考古所　「⿰爿鼎：在卜辭中为祭名。」（小屯南地甲骨九九六頁）

按：字繁簡不一，並當釋「⿰爿鼎」。或从「爿」聲，非所以薦肉，或不从「爿」。字與「鼎」有別，不能混同。

2749 ⿱⿰爿鬲火 

按：字从「鬲」、从「火」、从「爿」。「爿」乃聲符。卜辭皆用為地名。

2750 鼎 員  

王襄　「古員字。石鼓文鼎邋鼎斿，鼎亦作鼎。」（類纂正編第六第三十葉上）

陳邦福　「福氏藏契第三葉（乃第一葉）云：『𡆥貞員𠂤𠬝龜』，邦福案：員疑釋員。……員𠂤，疑駈師之婿。」（辨疑十四下）

孫海波　「說文：『員，物数也，从貝口声，鼎，籀文从鼎。』金文作鼎，（員父尊）鼎，（員尊）并从鼎不从貝，与說文籀文同。佚存十一版有鼎字，亦員字初文，从鼎象形，鼎口圓象，加○以示鼎口之圓，口本非音，古文以为象事字。鼎古作鼎，与貝形近易讹。青文音居次旁转，故員衍鼎声转入文，許君不知从貝乃鼎之讹，而以口（音圍）为声母，则误象事为形声矣。」（卜辞文字小记，考古学社社刊第三期七十四頁）

孫海波　「鼎，佚二·一·一一·卜辭員字从貞。鼎，沖大一〇七。或从鼎。卜辭鼎、貞二字通用。」（甲骨文編二七七頁）

李孝定　「說文：『員，物數也。从貝，口聲。鼎，籀文从鼎。』上出第一形與篆文同。辭云『□鼎至有大雨』，佚·六五。員疑叚爲雲。『田于員』，六·中·一〇七地名。金文作鼎員父尊鼎員尊鼎員壺。」（集釋二一二七葉）

唐兰　參子字条

按：卜辭員字與說文籀文及石鼓文同。甲骨文編所錄唯佚一一及沖大一〇七為「員」字，其餘均非是。續一八〇七乃偽刻，不可據。李孝定集釋混𡆥（从心，不从貝），及鼎（龜）入「員」字，殊誤。

2751

鬳　獻

孫詒讓　「說文『鬲鼎屬也象腹交文三足』今攷鬲字異文殊夥，龜甲文有字云『卜出丁鬲』，與腹交文三足形並相應，唯上有兩耳。金文父己鼎有字亦同。又卓林父敦有鬲字，攺簋有鬲字，子孫豐有鬲字，子孫祖丁甗有鬲字，諸字雖無腹交文，而匡郭耳足咸備，唯彖勢方圓小

異，似皆一字。其腹或無文者，形之省耳，疑皆原指象形鬲字。鬲為鼎屬，上亦有兩耳，故甲文金文並有耳。說文斗部「斝玉爵也从吅从斗冂象形」孜斝為爵名，从兩口於義無取。冂又非其形，竊疑亦當从斗从廾，上象兩耳；左傳有斝耳與□略同。斝雖與鬲別，而附耳之遺形藉此字僅存其象，義可互證也。金文鬲字最多，唯瀚中鬲作□，腹交文三足咸完具，與小篆相近。其餘異體尤衆，並外異不合，要皆省変象形字也。金文鬲字上並象器形而皆無耳，唯鄭白鬲作□，約略存兩耳形，古文鼎字亦多如是。鬲鼎器本略同也，其下半展轉変易，則多失其本形。足則類丫干帀芉羊諸文。腹交文又或変為井，蓋依傳他字以易其原形，周時已有此弊，不徒秦篆也。」（名原二十三頁）

羅振玉　「上形如鼎，下形如鬲，是甗也。古金文加犬於旁，已失其形。許書从瓦，益為晚出。」（殷釋中三十八葉下）

王襄　「古獻字，从犬从鬳省。」（類纂正編十第四十五葉下　按王書祇收第一文）

葉玉森　「按□之異體作□□□□等形，卜辭似為國名。予曩从孫氏說釋鬲，左傳襄四年『靡奔有鬲氏』，路氏國名紀謂『有鬲氏夏諸侯』。」（鈎沈七葉十九行）

葉玉森　「□字从鬲从虎。……卜辭乃鬳字。段作獻。……又後下第卅一葉之□，甲骨文字卷二第廿六葉之□，疑並鬳之変體。」（鈎沈八葉上）

郭沫若　「鬳乃甗之象形文，象于鬲之上有甑。」（粹考二〇六葉背）

朱芳圃从羅說，收此作甗，見文字編十二卷九葉下）

商承祚　「□，即獻。金文𤼈父甗作□，與此近似。□即鼎者，獻本作□或□，从虎从鼎，或从虎从鬲。見金文後求其便，於結構將虍移於鼎或鬲之上，而以虎字之下體寫為犬形，遂成獻與獻矣。金文十之八九皆如是。以傳世古甗證之，三足之股皆作虎目，即此字之取義。復以字形言，从鼎者取器之上象，从鬲者取器之下形也。甗上為鼎，下為鬲，乃合二器而成。□即獻字本體，後寫誤作獻，乃用為進獻字，復別構甗為器名，非其朔矣。」（佚考四十二葉）

商承祚　「𠭯疑獻字，𠭯即鬳之省。」（類編待問編卷八第二葉）

孫海波　「說文：『甗，甑也，一曰穿也。』今其狀上體似甑，無底，下體款足如鬲，此字上形如鼎，下形如鬲，正象甗之形。」（文編十二卷十九葉）

金祥恒　續文編三卷二葉上收此作鬳，無說。

金祥恒於上出諸形除最後三文收作鬲外，其餘均收作甗。見續文編十二卷二十六葉下）

李孝定　「說文：『鬳，鬲屬，从鬲，虍聲。』辭言『乙卯卜狄貞鬳羌其用匕辛升』，蓋言用所獻之羌為牲以祈祭於妣辛也。屈說可从。金文作[字]見甗與契文全同。」（集釋〇八四九葉）

李孝定　「按葉氏所舉另文，一當隸定作巂，商氏釋鑊，或是見十四卷一是盧字，與此無關。商氏說此字从虎之意可从，否然，則用為進獻之義純是音段，余前說為會意者為無據矣。」（集釋三一〇五頁）

李孝定　「說文：『獻，宗廟犬名羹獻，犬肥者以獻之。从犬，鬳聲。』契文从犬从鬲，或又段鬳為之，辭云『乙卯卜狄貞鬳羌其用匕辛必』（甲編二〇八二），屈氏之說是也。金文作[字]虢季子白盤[字]不嬰簋[字]召伯簋[字]召伯虎簋[字]史獸鼎[字]𧈧甗[字]見甗从鼎與从鬲同意。或但作鬳，與甲編一文同，或从犬从鼎，與甲編一文同。竊疑从犬从鼎為會意，以犬為鼎實羹獻之意也。或作[字]伯貞甗[字]陳公子甗其形已有譌变矣。」（集釋三一〇三至三一〇四頁）

李孝定　「說文：『鬲，鼎屬也。實五瞉。斗二升曰瞉。象腹交文三足。𩰲，鬲或從瓦。㽁，漢令鬲从瓦麻聲。』又十二卷瓦部：『甗，甑也。一穿。从瓦，鬳聲，讀若言。』又：『甑，甗也。从瓦，曾聲。𩰫，籀文甑从𩰲。』又鬲部：『𩱛，鬵屬也。從鬲，曾聲。』又：『鬵，大鬴釜也。一曰鼎大上小下若甑曰鬵。』據上引數字說解，𩱛甑當是一字。均讀子孕切鬲部之字或體多从瓦蓋以形言則為鬲以質言則為瓦同从曾聲當為一字無疑甑甗形制應大抵相同，所異者甗祇一穿，而甑之穿則不限於一。鬲之與甗，其形亦應相近，以甗即為甑，甑與𩱛同，𩱛則鬵屬，而鬵則如鼎之大上小下者。鬵下別解鬲又為鼎屬，就甲金文及傳世古器，其形與鼎相近，是則鬲甗之形當不相遠，其異當在器之大小與底之有無。考工記陶人『鬲實五瞉』，先鄭云『瞉受三豆』，後鄭云『瞉受斗二升』，按升四曰豆是二鄭說同考工記又云『陶人為甗實二鬴』，賈疏云『六斗四升曰鬴』，是甗實十二斗（半鍾）八升，十又三分之二瞉當倍於鬲而有奇。

然雖知其小大之別，亦無以定此字為鬲若甗也。陶人甗下先鄭注云「甗無底甑」，疏云「甗，無底甑者對甑七穿是有底甑」。段玉裁說文注甗下曰「無底即所謂一穿，蓋甑七穿而小，甗一穿而大，一穿而大，則無底矣。」考工記圖曰「鬲款足」，漢郊祀志云「鼎空足曰鬲」，爾雅釋器「鼎款足謂之鬲」，史記封禪書「其款足曰鬲」，諸說並同，是鬲之特點為款足，足中空有底。諸說雖未明言有底然既為鼎屬鼎未聞無底者是鬲有底明矣契文上出諸形均為款足，除前七、五、二、佚三一八、乙四八二一、少數數字外，均為有底，與甗之無底者有別，是則就字形言，當以釋鬲為是也。金文鬲字多見，作□盂鼎□矢作丁公簋□單伯鬲□召仲鬲□右戲仲鬲□史頌鬲□穌㕚妊鬲□鄭伯鬲□金季貞鬲例多不具舉，當以盂鼎召伯鬲等形為正，自餘多有譌変。鄭伯鬲一文上與鼎同，仍留有耳形痕跡，與契文相似。卜辭鬲方國之名，金文或言鬲若干夫，或鬲若干人，或稱人鬲，疑當讀為隸。

又戈文有□字，容氏金文編收作鬳，按諸契文當亦是鬲字。」（集釋〇八四六葉）

屈萬里　「□，即鬳字；於此當讀為獻，乃獻俘之義。鬳□，謂所獻之□人也。」（甲釋二〇八二片二辭釋文）

饒宗頤　「□殆鬳字，即獻。他辭云：『貞：不□冊于祖乙。』（屯乙四八三四）義即不獻冊也。」（通考四九一葉）

饒宗頤　「卜辭『在自鬲，』（見佚存三一八）鬲即子鬲封地。左襄十四年傳：『有鬲氏，』在今山東。漢志鬲縣屬平原郡。」（通考一〇〇二頁）

按：此當併入2745「鬳」字條，參見該字條下。

2752

□　□

按：合集二二一五三辭云：「□伐……不」□當為「鼎」之異構，訓為「當」。

2753

敗 

饒宗頤　「『丙子卜，㱿貞：父乙異（翼）隹𩁹（敗）王。（丙子卜，㱿貞：』父乙不異，𩁹王。』（屯乙七七〇五十七七〇六）按古籀从貝之字或作鼎。如『劃』、『鼏』、『賈』，即籀文之『則』、『員』、『貫』，以此例之，『𩁹』乃『敗』字。『敗王』與『𢀛王』語例正同。（通考二七九葉）

孙海波　「𩁹，乙七七〇五。卜辭敗从鼎。𩁹，前三·二七·五。从貝，与篆文同。」（甲骨文編一四〇頁）

按：釋「敗」可從。合集二二七四正辭云：「父乙不異，敗王」「丙子卜，㱿貞，父乙異，隹敗王」饒宗頤謂「敗王」與「𢀛王」辭例同。其說蓋是。

2754

鬻 

陳漢平　「甲骨文有字作[沝朩]，旧不识。卜辭曰：乙亥卜貞令多马亚𠈽冓：𢦏𤖕面至于倉侯从[沝朩]水从雈侯九月（存一·六六）：貞令：𠈽：面：倉侯从[沝朩]水：（京二一二〇）[沝朩]字在二辭中俱为水名。按[沝朩]字从𣲖朩声，朩字即說文𣎵字。說文：『𣎵，艸木盛𣎵𣎵然。象形，八声。凡𣎵之屬皆从𣎵，读若輩。』朱駿声說文通訓定声說𣎵字：『疑即孛字之古文，𣎵亦声。』說文：『孛，𢙣也。从𣎵，人色也，从子。』『𢙣，艸木𢙣孛之皃，从𣎵从孳省，会意，𣎵亦声。』字亦变作浡。』朱駿声說文通訓定声孛字下說：『按𢙣孛艸木盛出之皃，字当从𣎵从子，会意。』朱氏說𣎵为孛字声符，所說極是。而說文𣲖部又有鬻字，說文通訓定声：『鬻，炊釜溢也。宗本說文：炊声沸也。从𣲖孛声。今苏人俗语曰铺，音之转也。』據此知鬻字从𣎵得声。甲骨文[沝朩]字从𣲖朩声，或可視为从𣲖孛省声，故此字当释为鬻。鬻字在甲骨文中为水名，当读为沛、郙或浡。……若依鬻字造字之意推测，鬻水之源疑为外溢之涌泉或温泉。殷商故地最大湧泉为今河南輝县之百泉，其流或即鬻水，誌此存疑。」（古文字释丛，考古与文物一九八五年一期一〇三頁）

按：字从「鬲」、从「木」或「屮」。在卜辭為地名及人名。

合集四八五五辭云：「貞，𣎵弗𡆥元沚」為人名。

合集五七〇八正辭云：「乙亥卜，貞，令多馬亞𢓊遘襛省陕亩至于𦉭侯从𣎵川比𣎵侯」為地名。

2755

𩰲 

郭沫若隸定作鬻。見粹考二〇七葉上。

孫海波「𣎵疑即鬻字。說文云：『鬲，鼎屬。實五𣪘，斗二升曰𣪘。象腹交文三足。』此又：『鬻，䰜也。古文亦鬲字，象孰飪五味氣上出也。』或从食从干，此字下體正象鬲形，此从匕與从干同，所以調和五味者也。卜辭鼎鬻字亦多从匕作七，形如匙。今出土銅器尚有附匕者，可證也。」（誠齋考釋五葉）

李孝定「从鬲郭以為鬻二者古為一字从介，說文所無。又疑此字仍是从鬲从匕兩側小點象羹汁形」（集釋〇八五三葉）

按：合集三一〇三六辭云：「乙弜𩰲戚，其雨」又懷一四〇二辭云：「……巳卜，其𩰲戚叀乙」字从「鬲」、从「匕」，乃祭名。

2756

按：卜辭殘缺，其義未詳。

2757

按：合集二二〇九九辭云：「庚戌卜，㞢……卸于妣辛眔父丁，隹之㞢」為祭名。

2758

王襄「疑鬲字。」（類纂存疑第三第十四頁下）

按：合集一三七六一反辭云：「……亡疾」為人名，與「鬲」字無涉。

2759

鬲

屈萬里「鬲，與麻通；謂俘虜也。雙劍誃尚書新證卷二梓材鬲云：『按大誥「歷服」，魏石經作鬲。盂鼎：「人鬲自馭至于庶人六百又五十又九夫」。又云「人鬲千又五十夫」。孫詒讓讀鬲為麻；並引周書世俘鬲，謂俘虜為麻。是也。次令毁：「姜商令貝十朋，臣十家，鬲十人」。疑鬲，麻，隸古並通。』本辭鬲千云云，蓋謂得俘虜千人也。」（甲釋第七八頁）

刘渊临「甲骨文中的（鬲）与（甗），在形体上有着显著的差别即甗字是有耳的，

鬲字则无。鬲字缺少甗字的上半截，甗字看起来有一细腰，这腰叫做隔，这隔将甗字分为上下两部分，隔的上部近于盆形，而口沿上有一对立耳，隔的下部则是鼓涨得象乳房一样的三支款足。虽然亦有极少数合文的鬲字带有双耳，但是耳的部位亦与甗字的部位不同，鬲字的耳在口沿的两旁。如果换一个方式来说，甗字好象一件器物的全图，鬲字则是这图的下半部，实际上这两幅图是对两件不相同器物的写生，这两个字实际上是对两件不相同的器物描画而来。」（甲骨文中的「鬲」和「甗」，历史语言研究所集刊第四三本第四分七二七页）

陳初生　「『鬲』字甲骨文作鬲、鬲，金文作鬲、鬲、鬲、鬲、鬲、鬲、鬲、鬲、鬲等。字本為古代炊器鬲之象形，下部象三款足，因兮或羊与『羊』字形近，或訛作从羊，复訛作从兮（羌），或訛为从井（有一种方鬲，分上下两部分，上部為器身，下部為鬲炉，一面有門，此井形或即門之象形），或从𣌭，与汗簡作𩰲者近似。或从金从鬲，鬲亦声。」（商周古文字讀本三三三頁）

按：卜辭云：

「甲戌卜，貞，其鼎鬲改十牛于丁」　合集一九七五

「于父丁其鼎鬲」　合集三二二三五

此均用「鬲」之本義，謂奉進「鬲」為祭品。

又用為地名。如：

「丙申卜，賓貞，𢀛隻羌其至于鬲」　合集二〇一正

爵

羅振玉　「說文解字『䨣，禮器也。象爵之形，中有鬯酒，又持之也，所以飲。器象爵者，取其鳴節節足足也。古文作𤔲，象形。』許君言象爵形者，謂所从之𩰪。今觀卜辭諸爵字象爵之首，有冠毛，有目，有味。因冠毛以為柱，因目以為耳，因味以為足，厥形惟肖。許書所从之𩰪，殆由𠫓轉寫之譌。其从鬯與又，則後人所益也。許君謂飲器象爵者，取其鳴節節足足也。今證以卜辭，其字確象爵（雀）形，知許君所云，為古先遺說，不見於諸經注，幸尚存於說文解字中。許君網羅放佚之功，誠巨矣」。（殷釋中三十六葉下）

王襄　「古爵字，象三足流柱鋬具全之形。」（類纂正編第五第二十五葉下）

王襄　「説文解字：『爵，礼器也。□象雀之形，中有鬯酒。又持之也，所以飲器象雀，取其鳴節〻足〻也。』竊疑古人象雀以製爵，更象爵以製字。契文之爵象三足流柱鋬腹皆全之形。因側視，柱祇显其一，繁簡之体不一，或为二足，或省柱，或作两鋬为□、为〉，或衍鋬为四，或省之。流变之跡虽甚，然爵之形仍显。小篆之□，□既象省形，从鬯从又，兼着其用，于形誼为繁。程瑶田通艺录云：『前有流，喙也，脑与项也，胡也，后有柄，尾也。容酒之量，其口左右侈出者，翅也。近前二柱，並翅将流貌也。其量腹也，腹下卓尔鼎立者，其足也。』説爵之形甚明肖，附录以証吾説。」（古文流变臆説七〇——七一頁）

李孝定　「契文爵字即象傳世酒器斝〻爵，兩柱側視之但見一柱，故字祇象一柱有流腹空三足有耳之形。羅氏謂象雀形惟肖者實未見其然。許君謂爵象爵雀字以下文偁節〻足〻知之形，並以節〻足〻説禮器之意，此乃漢世經生故習，殊不足異，而羅氏渴見真古文並傳世彝器，乃一仍許説，則殊可怪耳。金文作□縣妃簋□史獸鼎。卜辭爵字或用為動詞，疑即以爵位加入之意，辭云『戊辰卜韋貞爵子□』（藏二四一·三，燕四二），『□亥卜亘貞□□爵子白』（𪓐五·五·二）是也。或為人名，『乙丑卜貞帚爵□子疒亡□』（乙八八九三），『乙丑卜貞帚爵□子□』（乙八八九八）是也。或為地名，『□卜在爵□』（續三·三一·六）是也。或即為彝器之名，『庚戌卜王曰□其□爵用』（燕下五十五），『乙亥卜來壬申□名御爵』（乙二一三〇），『学子□爵出侑且□』（乙四八三五）是也。」（集釋一七五八葉）

饒宗頤　「爵恆用作動詞，即侑爵也。荀子王制：『宰爵，知賓客祭祀饗食犧牲牢之數。』楊注：『宰爵，掌犧牲之事者也。』」（通考四六六——四六七葉）

丁驌　「『乙丑卜帚爵夕子亡疾』此多子亡疾，多省写，帚以爵祀。」（諸帚名中國文字第八卷第三十四冊三五七四頁）

黃奇逸　「为什么说□、□、□等形就是沃丁，这必須要先知道□、□、□等形为什么就是沃字，我们不得不作一些简单的考订工作。甲骨文中有字形作潰者：

丙子卜潰沓一牢　前四·一六·三

丙子卜潰沓一牢　甲五七一

癸巳卜湢杏牢（遺六三五）
□寅卜畐杏一牢（佇一·三三四）
□□卜湢杏一牢（人二三三五）
□□卜湢杏三牢（续二·二一·二）
丙寅卜湢杏多三牢（人二三一五）
丁亥卜湢杏多丝用、三牢（南明五九二）
丙辰卜于宗多湢杏、丝用（佇二·一〇六）
丙申卜湢杏枫（佇一·一六〇）
卜先……湢杏（佚五六三）

这一類卜辞都用了一种专用的不常见的祭法——湢。此是象形字，象从器皿中往外倾倒液体之状。畐为何物，我们认为是爵，爵多两柱或单柱的，但也有无柱的：

（三代一六·二六 冈爵一字）（三代一六·二三 父癸爵三字）（三代一二·五五 父癸卣三字）

甲文中畐与上举爵状相同。二为爵之流，因为爵之尖状高足。

由于有了以上的证明，这样我们可知畐为爵中倾倒液体之状，这应是沃字的原始字形，因为沃字之原始意义也正是从器皿中倒酒以祭祀鬼神……这样，我们可从字义上证明湢与沃是一字。

沃与湢的上古读音怎样，其声纽我们已不好假拟。但沃字与爵字的韵部，我们从其所在的韵文里还能推知，均在药部。从这两字读音，还淌下二者是一字的蛛丝马迹。

沃字可写成湢，也可写成畐形。如我们前面所举佇一·三三四版。后者省去了倾出的液体山，但还可以明显地看出其流之状，有意地显著其流是为了要表现倾倒液体之意，所以畐还是沃字……这样，畐、⿱个畐、⿱个鬲、⿱个貝之义应相同，只不过后三者有柱。有以上形音义三方面的论证⿱个畐、⿱个鬲、⿱个貝等形是沃丁合文可以无疑了。

现在我们需要在卜辞中去检查，看⿱个畐、⿱个鬲、⿱个貝等形所代表的身分，与殷王沃丁相不相合呢？（为了让读者看到沃丁的全部形体，我们仍照录其原形，不加隶定）现在我们列出有沃丁合文的全部卜辞：

贞于河……
贞勿出于王恒……
……卜……⿱个鬲……囯阜……（后下七·七）

口亥卜亘圓：[?]：[?]：子白（前五·五·二）

弗[?]（前五·五·一）

王其出[?]（后下七·八）

甲午卜古貞[?]（林二·六·一三）

丁巳卜亘貞則牛[?]（铁二五〇·一）

[?]（京二四六一）

王貞[?]：[?]凡……（后下七·一〇）

貞[?]示

貞勿[?]（京四一九）

……[?]……（拾一二·一三）

……[?]……（拾一二·一二）

：[?]示凡……（后下七·九）

戊子卜古貞唐

戊辰卜[?]貞[?]子[?]：（铁二四一·三）

[?]于牡（合四六五）

丙申貞来日[?]其：[?]：（南辅四〇（合集二〇三七一））

乙丑卜婦亡[?]，[?]（乙八八九八）

叀出：[?]（京八五六）

：[?][?]（乙三〇五）

丙寅卜木[?]于祖乙

戊寅卜不雨：

丙子卜于丑木其父丁（存一·一四五八）

庚戌卜王曰，貞其凡[?]，用（后下五·一五）

野弜于苗：：[?]……（邺三·三八·四）

王征，父癸兆商在[?]（前二·三·五）

卜在[?]（续三·三一·六）

……[?]：祸：（前二·二〇·七）

我们从上举《铁二四一·三》版可看出，[?]与唐对貞，唐为殷之先王，所以[?]当为殷之先王是无疑的。《后下七·七》版也可以看出，卜问者从自然神祇河一直问到人鬼[?]王恒，[?][?]。《京四一九》版、《后下七·九》版均有[?][?]示[?]，都可证[?]为殷之先王。

沃丁之丁字，有作口，也有作▬▮▼者，这与雍己作𨛃、𨛃者同，沃丁也有爵中不见丁字者，如前二·二〇·七版，是因甲文残泐过甚，未拓印出来的缘故。」（释沃丁、盘庚，考古与文物一九八七年一期六七至六八页）

按：卜辭爵字即象爵之形，與雀風馬牛不相及。李孝定論卜辭「爵」字之用法甚詳，但謂「爵子单」即「以爵位加人之意」則非是。辭已残缺，不能連讀。契文「爵」與「斝」有別，不能混同：「爵」从一柱；「斝」从二柱；「爵」有流，而「斝」無流，此其大別。合集二二三二三與二二三二四同文：「乙丑卜，貞，婦爵多子亡疾」，「多」字省作「D」，摹釋總集及刻辭類纂皆誤釋作「肉」，今正。

2761

按：合集三六八五一辭云：「癸亥卜，在瀞貞，王旬亡畎」為地名。字从「水」、从「爵」，乃地名之專用字。

2762

按：字从「爵」、从「凡」。合集一一三八辭云：「甲子卜，……爵京，……从雨」為地名。

2763

按：此當是「爵」字之省，象爵而無柱，辭残，其義不詳。

2764 爵

按：字从「爵」、从「又」，乃「爵」之繁構。

2765

按：字从「鬳」、从「匕」，或當是「鼎」之異構。

2766

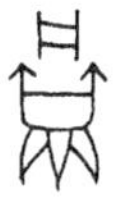

按：卜辭残缺，其義未詳。

2767 斝

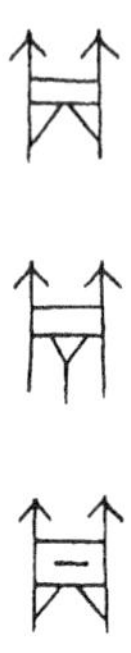

王襄　「契文斝字象兩柱三足巨腹之形，无流无尾，与傳世之斝同。或从，象手持鋬之形。近世各家著錄器图譜，所載飲器有爵、觚、觶、角、斝，端陶齋藏宝鷄所出古禁，备列諸飲器有散有斝。許书：『斝，玉爵也。』亦以斝為飲器，知許說有本。按爵、觶、角、斝容酒之量，皆較近古之羽觴，今時之杯盞為鉅，讀礼記乐記：『壹献之礼，賓主百拜，終日飲酒而不得醉焉，此先王之所以备酒禍也。』讀之文，可以知其有節。」（古文流变臆說七一—七二頁）

孫海波　「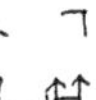前五·五·三。或从，象手持之形。罗振玉說，古散字作，与字形頗相似，故后人誤認斝为散。韓詩說諸飲器有散无斝，今傳世古飲器有斝无散，大于角者惟斝而已。故諸经中散字疑皆斝字之譌。」（甲骨文編五三一頁）

考古所　「斝：像器皿有三足、立柱、鋬、無流，正是斝的像形。卜辭中（后下七·

九）、甘（掇下七·一〇）也当是斝字。」（小屯南地甲骨九九二頁）

按：字當釋「斝」。前五·五·三辭云：「壬戌卜古貞，乎[illegible]斝黍」，當為地名或人名。

2768 

按：字从「鬲」、从「火」、从「𩫏」，其義不詳。

2769 

按：字不可識，其義不詳。

2770 

按：字不可識，其義不詳。

2771 

按：字从「鬲」、从「目」。合集一四二四九辭云：「……㗊帝……西宅」為祭名。

2772 

按：字不可識，其義不詳。

2773 

按：字不可識，其義不詳。

2774 

按：字不可識，其義不詳。

2775 皀 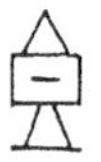 

李孝定 「象粢盛豐腆之形。下所从即毀簋也。字作皀無由象在裏之形，疑當作『象嘉穀在簋中形』，乃合穀之馨香乃其引伸誼」。（集釋一七四七葉）

屈萬里 「皀，為鄉、既等字所从，當是說文之皀，即香字也。此當是薦馨香之祭，其詳未聞。」（甲釋八七九片釋文）

按：皀為「鄉」、「即」、「既」、「毀」、「食」諸字之所从，亦即說文之皀字。許慎解「皀」字之形義俱誤。皀當象粢盛在毀之形，不必為嘉穀，與香字無涉。「皀」實即「毀（簋）」之初文。

2776 [氵皀]   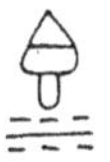

孫海波 「字甚奇，卜辭未見，疑从水从皀之字。」（文錄八葉）

按：字从「水」、从「皀」，隸可作「[氵皀]」。在卜辭皆為地名。

2777 𧖴 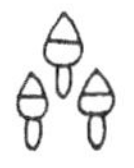

按：字从三「皀」。合集三六八四五辭云：「……于𧖴……」為地名。

2778 食 

羅振玉 「說文解字食，从皀，亼聲。此从皀。以卜辭中鄉字从皀例之，知為食字矣。」（殷釋中七十一葉）

王襄 「古食字。」（類纂正編第五第二十五葉下）

戴家祥 「上象器蓋，下即簋之初文，日用饔飧之具也。」（詳見三卷毀字注）

董作賓 「大食、小食，其時間在大采之後，小采之前，蓋一日兩餐之時也。卜辭云：『乙未卜，王翌丁酉，酒伐，易日。丁明，暈。大食（日啟）。』（續六、一一、三）『丙申卜，翌丁酉，酒伐，啟。丁明暈。大食日啟。一月。』（津二〇九）『癸丑卜，貞旬。甲寅，大食，雨，自北。乙卯，小食，大啟。丙辰，中日亦雨，自南。』（舊譜二辭二）第一、二例，『丁明暈』以下，追記語。暈即明時有霧，至大食，霧散而晴，故曰『大食日啟』。小食，對大食而言。古者每日兩餐，早餐曰『朝食』，曰『饔』，曰『早食』，曰『食時』，即卜辭中之『大食』。晚餐曰『餔』，曰『飧』，曰『夕食』，即卜辭中之『小食』。大食，約當今之上午九、十時，小食，約當今之下午四、五時。」（殷曆譜上編卷一第五葉）

屈萬里 「卜辭：『丁巳卜，賓貞：令𢍰易乞食，乃令西史？三月。』食，蓋謂穀食，即今所謂薪餉。」（甲編考釋二六八葉）

饒宗頤 「『……卜大……甲子，三（迄）𠤎于甲，食。』（遺珠二八）按食猶祭也，見

中庸『薦其時食』鄭注。」（通考八二九葉）

陳邦怀「二、旦　食日

四二号　自旦至食日不雨　食日至中日不雨　中日至昃不雨

六二四号　辛亥卜，翌日壬，旦至食日不雨。

六二四号　壬，旦至食日其雨　食日至中日不雨　食日至中日其雨　中日至章兮不雨

……卜辞『自旦至食日』之食日，尚无解說。按詩鄘風：『崇朝其雨』，毛傳：『从旦至食時为终朝』。据此知卜辞『食日』即食时也。」（小屯南地甲骨中所发現的若干重要史料，历史研究一九八二年第一期一二七頁）

考古所「㞢黍：当与『弄黍』同义，㞢可能為弄之省。」（小屯南地甲骨九七六頁）

考古所「食日，陳夢家認為是大食、小食的省稱，据此片卜辞当在旦与中日之间，時间约与大食相当。食日一辞也見于文献記載。左傳昭公五年：『日之数十（注：甲至癸），故有十時，亦当十位。自王以下，其二为公，其三为卿。日上其中，食日为二，旦日为三』。从此段記載看，食日也在旦日与中日之间，与卜辞的记录是一致的。」（小屯南地甲骨八三八頁）

胡厚宣「关于这一『日月又食』的事件，首先加以推算的是陈遵妫先生。一九四〇年董作宾先生作殷代之天文一文，送请陈先生推算，陈先生推算的结果，凡有三说。（一）公元前一二一七年五月十二日月食，公元前一二一七年五月二十六日日食。但是『惜据日食周期推算尚未得其与此次日食同类者。』（二）公元前一二一二年八月四日月食，公元前一二一二年八月十六日日食。但『卜之日在日食后三日。』（三）公元前一二三〇年七月十六日日食，公元前一二三〇年八月一日月食。但月食之卜在『月食后二日。』

一九四一年陈先生作春秋以前之日食记录一文，又补正前说，假定有两种可能。㈠假定若是『先有月食，后有日食』，据推算月食当在公元前一二一七年五月十一日戊午，日食当在公元前一二一七年五月二十六日癸酉。但这次月食，在十六时二十九分，中国看不见。㈡又假定『望日月食，兼卜及于上次日食』，即是先有日食，后有月食，据推算日食当在公元前一二三〇年七月十六日己未，月食当在公元前一二三〇年八月一日癸酉。但己未又在朔后二日。又说，『若癸酉为日月食以后之若干日所卜，此次日月食，即无从推考矣。』

一九四四年刘朝阳先生作殷末周初日月食初考一文，他既释这一卜辞为『日夕出食』，推

定为一二一七年五月二十五日，说这天是「日中心食，系发生于下午。」又说，「甲骨文之夕与月，无甚分别，则又应为月食之记录。」

一九四五年董作宾先生作《殷历谱》，先引用了陈遵妫先生推算的学说，自己又重加推算，认为这次「日月又食」多件，月食在公元前一二一七年五月十一日，日食在公元前一二一七年五月二十六日。采用了陈遵妫先生订正中之一说。

一九五〇年董先生作《殷代月食考》一文，又取消了自己以前的说法。他说，「文但记日月有食，因日食与月食叠见，卜问休咎，卜的日子不必为月食或日食之日，故无从推求。在交食谱中我曾列入日食一，今删去。」

一九五〇年美国德效骞教授写了一篇《商朝年代》，他把「日月又食」解为「日夜有食」，并把这次日食，推定为公元前一一二九年二月九日癸酉。

一九五二年董先生作《卜辞中八月乙酉月食考》一文，除了重申他在《殷历谱》所引「日月有食」一条应该「删去」之外，又批评德效骞教授的学说，说：「最近德效骞教授写了一篇《商朝年代》载在《通报》，把这一个记录解为日夜有食，列在一一二九年二月九日癸酉的日食，说「这次月食发生在安阳的下午四时二十六分，食象继续增长，到了五时十二分日落时候，食象到达〇·四〇，这个日食在日落时并未终止而继续到夜间」，他把卜辞解为「癸酉日贞卜，日食于夜，是若吉祥」。我不赞同这种解释。」又说：「若照德氏所举之例，下午四时半日食已经开始，应当说「日日夜有食」。月食常见，也必有延续到月落日出而食象未尽者，又何以独不见「月日有食」的记录。」

一九五五年陈遵妫先生作《中国古代天文学简史》，又推定有另外两种可能。他说：「《簠室殷契徵文》天一这片，可能是指公元前一二三〇年七月十八日的日食和八月一日的月食，或指公元前一二二二年八月四日的月食和八月十八日的日食。」

一九五六年陈梦家先生作《殷虚卜辞综述》，也提到过这片牛胛骨卜辞。他说：「武乙卜辞的日月又食，也可读作日夕又食。」未加解释。

一九五九年英国李约瑟博士作《中国科学技术史》第三卷《天文学》。他说：「董作宾已把甲骨卜辞中的六次月食和一次日食考证清楚了。日食是公元前一二一七年。」他仍然是根据的董先生《殷历谱》的说法。

一九六三年赵却民先生作《甲骨文中的日月食》一文，也是根据董先生的《殷历谱》的学说，认为董氏除推得见时时分「可能有二三小时的差」，「是不恰当的」之外，其所推定的年月日还是「具有天文学上的可靠性的」。认为这次「日月又食」的月食在公元前一二一七年五月十一日，日食在一二一七年五月二十六日」。

一九七五年张培瑜先生作《甲骨文日月食纪事的整理研究》一文，他称「日月又食」为「日夕又食」，说，「癸酉贞日夕又食应是一次安阳可见近傍晚发生的日食」。又推定这次日食为公元前一一七六年八月十九日。

一九七九年中国天文学简史编写组编写的《中国天文学简史》出版。说：「《殷契佚存》第三七四版的记载是「癸酉贞日夕又食，佳若？癸酉贞日夕又食，匪若？」这块公元前十三世纪武乙时期的牛胛骨上的卜辞，意思是说：「癸酉这一天进行占卜，黄昏有日食发生，这是吉利的征兆吗？还是不吉利的征兆？」」

一九八〇年《中国大百科全书天文学》出版。徐振韬所写《中国古代日食观测》一个条目说：「甲骨文中的日食记录都是公认的。例如《殷契佚存》第三四七片记载，「癸酉贞，日夕有食，佳若？癸酉贞，日夕有食，非若？」意思是说，「癸酉日占，黄昏有日食，是吉利的吗？癸酉日占，黄昏有日食，是不吉利的吗？」关于这次日食，虽然由于各研究者推算方法不同，所求得的发生日期不同，但大多认为发生在公元前一二〇〇年左右。」

一九八一年中国天文学史整理研究小组所编写的《中国天文学史》出版。书中引用了「癸酉贞日夕有食唯若。癸酉贞日夕有食匪若」，认为是「肯定或基本肯定的」「日食」记录。

一九八一年底，陈邦怀先生作《卜辞日月有食解》一文，以为卜辞中的「日月有食」即日月交食，即《汉书天文志》的「日月薄食」。《汉书注》引「孟康曰，日月无光曰薄。韦昭曰，气往迫之为薄，亏毁曰食也。」

总之，殷武乙文丁时甲骨中讲到「日月又食」的卜辞，共有三片。有两片同文，为一件事，用两骨占卜，卜辞都有两条，说：

癸酉贞日月又食佳若。

癸酉贞日月又食非若。（《簠天》一、《佚》三七四、《双图》下三四、《给》三三六九四）

从正反两方面对贞。另一片一条卜辞，也是同日贞卜同一事类，说：

癸酉贞日月口食口口上甲。（《京》三九六五、《给》三三六九五）

「日月又食」一样，只有末尾几个字，略有不同。

卜辞的「又」即「有」，「佳」即语辞的「唯」，「若」的意思是顺利或吉利，诸家无异辞。

惟「日月又食」的「月」字，最早一九二五年王襄释「夕」。后来一九四一年的胡厚宣，一九四四年的刘朝阳，一九五〇年的德效骞，一九五六年的陈梦家，一九七五年的张培瑜，一九七九年的中国天文学简史的编写组，一九八〇年中国大百科全书天文学的徐振韬及一九八一年中国天文学史的整理研究小组，均从王说，释「月」为「夕」。

字最早释为「月」的，是一九三三年的商承祚。后来一九四〇年的董作宾和陈遵妫，一九四三年的于省吾，一九四四年的刘朝阳，一九五六年的陈梦家，一九五九年的李约瑟，一九六三年的赵却民，一九八一年的陈邦怀，均从商说，释为「月」。

其中刘朝阳以为「夕月无别」，陈梦家以为「日月又食」「也可读作日夕又食」。所以他们既释「夕」，又释「月」。

释「月」为「夕」者，一九四四年刘朝阳推定这次日食发生在公元前一二一七年五月二十五日下午。一九五〇年德效骞推定在公元前一一二九年二月九日，「发生在安阳的下午四点二十六分」。一九七五年张培瑜推定在公元前一一七六年八月九日，「近傍晚发生」。

释为「月」者，一九四〇年陈遵妫假定这次日月频食有三种可能，后经一九四一年、一九五五年一再订正，最后推定这次日月频食有两种可能，一为公元前一二三〇年七月十八日日食，八月一日月食；二为公元前一二二二年八月四日月食，八月十八日日食。一九四五年董作宾推定这次日月频食在公元前一二一七年五月十一日月食，五月二十六日日食。一九五九年李约瑟，一九六三年赵却民，都信从董说。

今案「月」字当释「月」，释为「夕」，显然是不妥当的。陈遵妫先生说：「此字前三期皆当为月字，第五期则当为夕字。」又说：「若释为夕字，则当为癸酉之夕有日食。然夕在卜辞中即为夜字，非若后世朝夕之意，同时有昏暮字，以示天晚之时间。日食在夜，则决不能见。」这些句说得都非常中肯。「☽」字在武乙文丁时一般都用作「月」，无用作「夕」者。卜辞中常见的「今夕亡祸」，「夕」之义都为「夜」，无作下午或傍晚之意者。如此，则下午傍晚日食之说，就难以成立了。

日月频食之说，归纳起来，可有两种说法。一为董作宾先生推算的结果，李约瑟和赵却民从之。但董氏自己已经一再声明：「文但纪日月有食，因日食与月食叠见，卜问休咎，卜的日子，不必就是月食或日食的日子，故无从推求，今删去。」又说：「卜贞的日子，不必就是日食或月食的日子，而在日食之后，无从推求。」

一为陈遵妫先生推算的结果，但据张培瑜先生的推算，结果「干支都不符合，且不全可见」。就连陈氏自己也不能完全相信，他说：「若癸酉为日月食以后之若干日所卜，此次日月食，即无从推考矣。」

我们的意见是，在今天我们所能见到的甲骨卜辞中，除了前面所举三片之外，还没有清楚的纪有日期的日食记载。龟甲兽骨文字上卷一〇页五片，上端尚有缺文，有人怀疑「日出食」三字是否连读，不敢说一定。严一萍先生殷商天文志举甲骨文合集第一一四八一片，释为「日出食」，按此片乃旅顺博物馆所藏，已见著录于甲骨续存下卷一四九片，「日」字乃是「十一月」合文，也不是日有食的记载。

武丁时卜辞记月食有干支可考者共五次：

一、庚申

癸丑卜，贞旬亡祸。（正接反）七日己未𡧊，庚申月㞢（有）食。（库一五九五、合四〇六一〇）

己未夕𡧊，庚申月㞢食。（金五九四、欧剑一四、合四〇二〇四　以上两辞同文）

二、壬申

癸亥贞旬亡祸。（簠杂三〇　正接反）旬壬申夕，月㞢食。（簠天二、合一一四八二）

三、癸未

□未卜，争，贞翌甲申易日。之夕月㞢食，甲𩁹不雨。（乙一一五十一六六五十一八六八十一九五二十二二四六正反、丙五九　正接反）之夕月㞢食。（丙六〇、合一一四八三）

四、乙酉

癸未卜，争，贞旬亡祸。三日乙酉夕，月㞢食，闻。八月。（甲一一一四十一一五六十一二八九十一七四七十一八〇一、新缀一、合一一四八五）

□□□，㞢，□□□祸。三日□酉夕，□□食，闻。（契六三二、合一一四八六　两辞同文）

五、甲午

□丑卜，宾，贞翌乙□□黍登于祖乙。□占曰，㞢祟，不其雨。六日□午夕，月㞢食。乙未酒多工率条翟。（乙三三一七十三四三五、丙五七、合一一四八四）

月食都是记在验辞之中，而且都称夕月出食，意思是夜里有了月食了。

陈遵妫先生说，「日食在朔，月食在望，近距亦经半月。」又日食看到，当在白天，月食看到，当在夜里。今卜辞说，「癸酉贞日月又食」，日月并称，但日月岂能同时有食？且「日月又食」，又不是记验之辞，则知其必定不是实录。又月食，亦不言「夕」，知癸酉既决不是月食，也不是日食的日期。

武乙文丁时，还有与此相类似的卜辞，如说：

「乙丑贞日又戠。允隹戠。（安明二五三九、合三三七〇〇）

「乙丑贞日又戠」与「癸酉贞日月又食」文句相同，由验辞「允隹戠」知「乙丑贞日又戠」并不是说乙丑日已经发生了「日又戠」之事。「贞日又戠」乃是命龟之辞，意思是贞问会不会出现「日又戠」的现象？「允隹戠」是验辞，意思是说太阳果然「唯戠」了。这才是记载的太阳真的『唯戠』了的事实。

由此乃知『癸酉贞日月又食佳若？癸酉贞日月又食非若？』，也当是命龟之辞，意思是正反两方面对贞，卜问日月如果有食，会是吉利还是不吉利呢？并不是说癸酉日真的有了日食或月食或日月频食的现象发生。

实际的『日又戠』，记录在卜辞后面的记事文字的例子，还见于武乙文丁时的卜辞，如说：

乙巳卜，酒彡其召小乙，兹用。日又戠，夕告于上甲九牛。（粹七五五、合三三六九六）

『乙巳卜』是叙辞，『酒彡其召小乙』是命辞，『兹用』是用辞，意思是按照这次所占卜的事情施行了。『日又戠』以后，是验辞一类的记事文字。意思说这天『日又戠』了，晚上乃祷告于先公上甲，祭祀时用了九头牛。关于『日又戠』的记事，也是记在卜辞后面的验辞里边。『日月又食』并不是记在验辞里边，所以我们认为它就决不是日月食的实际记录。

武乙文丁时卜辞又说：

庚辰贞日又戠非祸佳若。

庚辰贞日戠其告于河。（粹五五、合三三六九八）

庚辰贞日又戠告于河。（续存上一九四一，合三三六九九）

□□□□□非□佳□。

两版卜辞同文。『非祸佳若』与『日月又食』卜辞称的『佳若非若』亦相类似。『其告于河』及『告于河』亦犹『癸酉贞日月□食□□上甲』卜辞的『□□上甲』，所缺两字当为『告于』，意思说日月如果有食，祷告于先公上甲是否吉利？

由于『癸酉贞日月又食』这三片卜辞，都是命龟之辞，意思是说，癸酉日占卜，问如果真的发生了日食或月食，会是吉利还是不吉利呢？如果真的发生了日月食就向先公上甲祷告是否吉利？并不是说在癸酉这一天已经真的发生了日食或月食或日月频食之事，所以就不容易推考其日月食的年代和日期。否则，勉强去加以推考，无论如何，总是不好讲通的。」（卜辞『日月又食』说 出土文献研究二三——二八页）

曹锦炎 「陈梦家先生说：『卜辞「大食」「小食」皆用作朝食夕食之时，或省称「食日」「食」。』（见综述二三二页）按陈先生把『食日』看成是时间专用名词，是正确的，但认为与『食』同为大食、小食之省称，则未免不妥。

卜辞对于一天廿四小时以内的各个时间阶段，都有专名，『食日』也是其中的一个名称。新出土的小屯南地甲骨资料，对确定『食日』所处的具体时间范围，提供了可靠的证据：

自旦至食日不雨？
食日至中日不雨？
中日至昃不雨？
辛亥卜，翌日壬，旦至食日不雨
壬，旦至食日其雨？（《屯南》四二）
食日至中日不雨？
食日至中日其雨？
中日至郭兮不雨？
中日至“郭”兮“其雨”？（《屯南》六二四）

“旦”指日出时，“中日”指中午。所以，“食日”当属上午中的一段时间。

“食日”一词，也见于先秦典籍。《左传》昭公五年记穆子生时，其父庄叔以《周易》筮之，告知卜人楚丘，楚丘（今本脱后“楚丘”二字，据敦煌所出六朝写本改，见王重民《巴黎敦煌残卷叙录第一辑》）说：“……日之数十，故有十时，亦当十位。自王已下，其二为公，其三为卿。日上其中，食日为二，旦日为三。……”，可见春秋时把一日分为十时，“食日”仍是其中之一。杜预注云：“日中当王，食时当公，平旦为卿，鸡鸣为士，夜半为皂，人定为舆，黄昏为隶，日入为僚，晡时为仆，日昳为台，隅中日出，阙不在第。”他以汉魏通行的十二时当春秋的十时，并认为“食日”即是“食时”。“食时”正当“平旦”与“日中”之间。“食时”一名也见于云梦秦简《编年纪》：“廿七年，八月己亥廷食时，产穿耳”。（《睡虎地秦墓竹简》第七页）竹简整理小组注：“食时，据秦简《日书》乙种即辰时，廷食时，正当辰时。”据此，“食时”当指上午七时到九时。“食日”相当于“食时”，虽然商代的“食日”与秦代的“食时”在具体时间上不一定密合，但两者应相去不远。

董作宾先生曾考定卜辞中的“大食”相当于后世的“朝食”、“蚤食”，“小食”相当于“夕食”、“晡时”，并认为“大食”约当今之上午九、十时（《殷历谱》上编卷一），如此则“大食”和“食日”的时间大致相当，应为“食日”的另一名称。

……承李学勤先生见告，《乙编》中也有一条关于“食日”的记载，今录于此，并略作小疏。《乙编》六三八五和六三八六是一块龟腹甲的正反两面，其中有几条卜辞内容相联：

甲寅卜，殻贞，翌乙卯昜日？
贞，翌乙卯不其昜日？（正）
王固曰：止口勿雨。乙卯允明霍，三口，食日大星。（反）

“明”即“旦”的另一名称，《说文》：“旦，明也。”“食日”在“明”后，为上文又添一佐证。

「大星」训为「大晴」。杨树达先生在积微居甲文说中说：「大星者，天上星大出也」，又云「大星即大姓」；马瑞辰毛诗传笺通释引韩非子说林下「雨十日，夜星」云：「夜星即姓也」；说文：「姓，雨而夜除，星见也。」姓，今作晴。「食日」为上午的一个时间单位，根据此般卜辞，可证成星训晴之说。」（读甲骨文劄记（二则）上海博物馆集刊第四期一九八六——一九七页）

2779

按：許慎關於食字之説解，於形於義均不可通，實則與「飤」本同字，六穀之飯，凡可食者謂之食，引伸為飲食之義。卜辭食字象食物在器，上有蓋之形。林義光文源以為金文食字「从A倒口在皀上」，其說非是。卜辭「大食」、「小食」當如董作賓所言。又「日食」、「月食」即爾雅釋天：「日月虧日食，稍稍侵虧如蟲食草木葉也」。

2780

按：合集三二一八一辭云：「辛丑豈三羊册五十……五宰」為用牲之法，或當是「豉」之省。參見2785「豉」字條。

2781

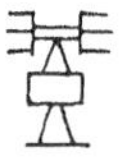

按：合集二三四三一辭云：「……奉亘豆𣪘示不左」當是「一皀」二字合文。

按：字不可識，其義不詳。

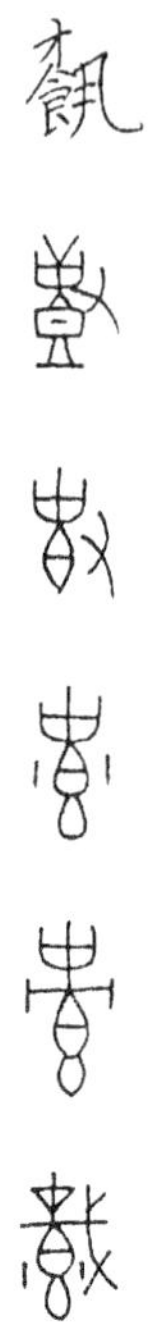

羅振玉 「說文解字：『飤，設飪也，从丮从食才聲，讀若載。』飤載同音段借。漢鄭季宣碑亦借飤為載。此从食从𢦏聲，殆即飤字。」（殷釋中七十一葉下）

王國維 「此字卜辭从皀，从𢦏，與虎敦之飤，石鼓文之飤略同，古文以為載字。」（卜辭中所見地名考）

董作賓 「壴祭，五期皆有之，其字形變易，最為繁夥。今所隸定者為五期之一體，作壴者也。由今之考定，其字从才為聲，即說文之飤。說文『飤，設飪也。』宋本作『設食也。』（蒲、四、一、三）壴从食从又，為以手獻食物于神，亦之義，从屮，與𢦏之作𢦏者同，以才為聲也。壴祭蓋以食品祭祀先祖妣者也。第一期作𩚬，卜辭云：『乙酉卜由今日酒壴（餕）于父乙。』亦用酒，此其一例。二期五期字皆見祀譜。三期字略同二期，惟四期異體為多。蓋新舊兩派皆有此祭，而四期則承接一期也。為節省篇幅計，輯錄各期壴字之異體，並參列金文，為演化表如次，每字注其所見，不復備舉原文。

『壴』字演化系統表：

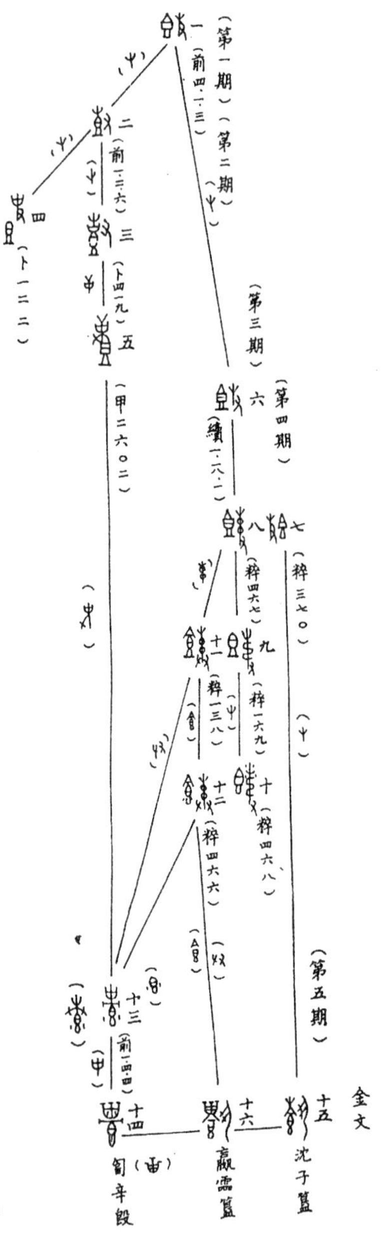

觀右表，『壴』字之演化，在卜辭中二百餘年間至於十三種之多，其逐漸變易，依次求之，尚有系統可推尋也。金文中「十四」直承五期「十三」體，而「十五」「十六」，則各有所受。蓋从又以示動作，一手或左（𠂇）或右（又），固可互用，而一手化為二手（𠬞），二手並着人身（丮），亦文字由簡趨繁之常例，故由『餕』變而為『飤』，乍視之自覺可異，細審之即

當睽然也。今隸定五期之𣪘，乃由兩手演化，當如附載之𣪘，廾盡从之訛變，此例卜辭中有之，如「埶」之別體，不从丮而从奴，更變奴以成廾，如第一期辭云：「口口卜，賓貞：『埶（𡔲）于宮？三月』」（前六、一三、二）埶作𡔲，从兩手植木于土，即樹蓺之蓺也。而同時卜辭又有：「貞：勿埶（𡔲）于口？」（佚八一三）此「埶」从屮，屮木可互用，而奴則變為廾，从土亦如故也。二期以後，更增人身，省土，作𡔲（前六、一五、七）或𡔲（前六、一五、二）矣。其由奴而廾，由奴而丮，演化之迹，與「壹」字正同。又由金文「十四」「十六」兩體對證之，十六體𣪘旁無廾，而右則从丮，丮所以示兩手，亦可知「十四」之廾即兩手之奴，故不再重出之也。此字以五期之形為代表，寫作「壹」，其音與義則取之金文之𩚍，即說文之「飤」也。知「壹」祭之用食物以祭者，一由其字形。其字必从皀，皀在卜辭中作皀，下為盛食之器，為豆形，即殷君簋也，上之A象所盛之黍稷。其作食者，即食字，A為器蓋，舉其器之全形也。一由其祭器。上表淘辛殷銘文云：「數寂敢用乍旬辛壹殷。膺册。」（續殷文存上·四八·七）此器自名為「殷」，又稱「壹殷」，蓋壹祭所用之器也。又表中所列之沈子簋，其銘文有「作茲簋，用𩚍饗己公」語。瀛霝簋亦稱「𩚍簋」，是壹祭用殷與簋之明證也。殷舊釋為敦，敦與簋皆為盛黍稷之器，……而壹祭用之，此「壹」為黍稷食物以享祖妣之祭之確證也。」（殷曆譜上編卷三第十四葉下至第十五葉下）

王襄

「𣪘字，華石斧先生釋祼。」（類纂正編一卷二葉上）

葉玉森

「卜辭之𣪘，似應釋索，索殆殷代求神之祭。」（鈎沈六頁）

商承祚

「此是祭名，疑為祼字，魯侯角作𣪘與此略近。」（類編待問編一卷一葉）

吳其昌

「𣪘之誼與饎相類。」（解詁六三五葉）

吳其昌

「『𣪘』者，殷代祀典之一種，卜辭所屢見，而其原始之夙義，殆象祭饎粢盛豐盈之形也。所以知者，自殷以後，此字雖已隨龜契而俱霾，然在銅器之中，此字尚曾兩見：一見于武英殿彝器圖錄冊一葉六三之媿寂敢殷。一見于善齋吉金錄冊八葉五七之瀛霝惠殷。……（原文略——摘錄者）兩器一云：『作𣪘殷』，一云：『作𣪘殷』，以金文成語之通律之，此『𣪘殷』及『𣪘殷』，與他器銘之『饎鼎』（戉叔朕鼎等）『饎彝』（沬殷等）『饎殷』（須𣪘殷等）『饎甗』（𢘅伯鬲）『饎盤』（齊陳曼簠）『饎簠』（番君召簠）正復相同，知𣪘之誼與餴相類矣。「餴」者，詩大雅泂酌：「可以饙饎」。毛傳：「饙，餾也。」說文食部：「餴，滫飯也。」御覽引作「餐」。玉篇作「餐」。爾雅釋言：「饙、餾，稔也。」孫炎注：「蒸之曰饙，均之曰餾。」郭璞注：「今呼餐飯為饙，饙熟為餾。」今按滫餐餾，本係同韵，而「餾」字乃从丣（酉）得聲；疑餾字本从丣从食作饔，而又疑饔即从豊字譌变而成也。故「豊毀」相當于「餴毀」，「饙毀」又相當于「餾毀」矣。至于此豊字在卜辭中之義，則常與「祭」及「啓」為連文，其次序則「祭」所及之先王最後，「豊」所及之先王較前，「啓」所及之先王最前。定軌昭然，絕未自紊。辭云：「六月甲申，祭唐甲，豊孫甲，劦魁甲。甲午豊唐甲，啓孫甲。」（前一、四二、二）「十月甲戌，祭孫甲，豊我甲。甲申，祭唐甲，豊孫甲，啓我甲。」（續□?五〇、五）「五月甲戌，祭唐甲，豊魁甲，啓我甲。六月甲申，祭且甲，啓唐甲。甲午，豊且甲。」（續三、二九、三）他辭「豊且甲，啓孫甲」（林二、一四、四）「祭□甲，豊大甲。祭大甲，啓上甲。」（續一、九、九）之文，又顯然甚多。此外則「𢦏」「祭」「豊」連文並見（燕一一一，續一、五、一）「𢦏」「豊」「啓」連文並見（後一、二〇、一三）者尤夥。皆明詔我儕以一日之中，同時舉行三種祀典；而此三種不同之祀典，又分別施於前後三期不同時之先王；「豊」也者，乃廁居于「祭」之上、「啓」之下之祀典也。

（殷虛書契解詁第七七——七八葉）

吳其昌

「𧯛」者，从「屮」，从「又」，从「豆」。豆，象豆中豐饌高盛之形。屮，與㫃斿之飾作屮屮狀者其首部相同。又，所以持之也。此字蓋象手持屮狀飾物，建植于豆饌之形爾。按儀禮士冠禮，冠者祭醴以後即「坐，啐醴。建柶，興」。鄭玄注曰：「建柶，扱柶於醴中。」柶當建植於醴中，則此字象於豐盛豆饌之上，有所建植，固亦古制所宜有，明載經典而不為創聞矣。

豐饌充豆，斯可奉以獻享，故本片（指前一、二二、六）云：「𧯛于小丁。」他辭又云：「……宐唐，𧯛。……」（續一、七、五）「王宐且丁，𧯛。」（林一、二七、九）皆為獻享之義，可瞼也。」

（殷虛書契解詁第二六七葉）

于省吾

「卜辭𧯛字為祭義，用法多在祭與啓之間，當即說文䜴字，茲條述於左。一、𧯛即𣪊即𣫄字。卜辭有𣪊字，亦作𧯛字。金文有媿㝅敄毀，（即媿㝅毀）銘為「媿㝅敄用作詩𧯛毀」。又有嬴霝德毀，銘為「嬴霝德作𣫄毀」。𧯛毀與𣫄毀詞例同，是二字本一字也。从丮與否本同用。如金文盧亦作𢑚，𣪘與其同用，即其證也。一、𧯛字中間从Ｈ與否同。卜辭𧯛字亦作𧯚，嬴霝德毀作𣫄，中間均不从Ｈ。金文嗣字通作𤔲，大司馬簠作𤔲；𩞈字通作𩟨，伊毀作𩟨。均可為从Ｈ與否無別之證。一、从皀與从食同。金文毀字，據金文編所錄，毀與餀

亞作。又如餗字，㪤毀宰彖毀作餗；卿字效卣伯康毀作卿，是从皀與从食一也。一、𠭴字上从
甶，甶即甾字，隸定應作𠭴。前二、三八、一有甶字，即今甾字，與𠭴上所从之甶為同字。說文：「甶，
東楚名缶曰甶。」王國維釋由，謂甶乃由之形誤。按古文甶由形多無別，以韻言之，古之幽二
部音最相近。一、𠭴𩛥𩛥𢦏字通。金文編以𩛥𩛥𢦏同列，最為卓識。以嬴霝敔毀之𠭴列附錄，
則有未審。从丮象人雙手有所承奉之形，與从又義本相仿。前一、二、六：「甲午𩛥上甲。」即祭
上甲也。佚存九三一有𩛥字，隸定作𩛥，即金文𩛥字。前二、十一：「在𢦏貞。」𢦏即載，係地
名。𩛥𩛥𢦏从才聲，𠭴𩛥𩛥从甾聲，音近字通。子陝𨑩甾，甾作甶，段借為𩛥。周禮媒氏：「入
幣純帛。」注：「純實緇字也。古緇以才為聲。」詩沫溪：「紂衣纁袡。」釋文：「紂又作緇。」
禮記檀弓：「紂衣。」釋文：「紂本又作緇。」儀禮士冠禮注：「純衣」疏：「但古緇紂二字並色。
者據布為色者，則為緇字。者據帛為色者，則為紂字。」均其證也。總之，𠭴𩛥𩛥𩛥𢦏為
同字，从丮从又从廾與否無別也。从皀與从食一也。从甾聲與从才聲一也。𩛥象食器，左右有
點者，象飯粒下墜之形。从丮从又者，象奉食器之形。集韻七之云：「饎，莊持切，饎名。」說
文：「𩛥，設飪也，从丮从食才聲，讀若載。」玉篇：「𩛥，設食也。」按祭者必設食，故卜
辭以為祭義也。」（駢枝四四葉釋𠭴）

孫海波

「𢦏，前二·一〇·一。𩛥或从戈，与金文师虎簋𩛥字同。𢦏，金五四四。地名。」（甲骨文編一一二頁）

李孝定

「說文：『𩛥，食也。从丮、从食，才聲，讀若載。』契文作上出諸形。羅王祇釋𢦏為𩛥，其說雖是，然未能觀其會通，至于氏掊觸類旁通，定諸形並為𩛥字。董先生說與之冥合，而說𠀠為𩛥之誤交，較之于說允多勝義，二說誠不可易也。惟董先生謂𩛥（原表八|十二）諸說亦𩛥字，則似有未安。字从食朿聲，王國維氏釋餗是也。說文餗訓鼎實，卜辭用之亦為祭名，鼎實與設飪，其義亦殊相近也。金文作𩛥（卯簋「𩛥乃先且考」，用為語詞，是段為載也）、𩛥（沈子簋「作茲簋，用𩛥饗己公」，與卜辭之𩛥同義，設飪而祭也）、𩛥（嬴霝悳簋）、𩛥（叔𩛥卣）、𩛥（師虎簋）、𩛥（嬗寏敔簋）。」（集釋〇八八四葉）

严一萍

「……前編二·一〇·一，即林泰辅一·五·七，辞曰：

戊寅王卜在𢦏貞，今日步于[illegible]，亡災。

𢦏为地名，此乃五期帝辛时卜辞。董夫子殷历谱帝辛日谱，列入帝辛十一祀二月，与金璋五四四及前二·一七·三、二·一七·五，三版缀合为一大胛骨。其地望夫子考定在商（今商丘）

之正南方，见帝辛征人方往返路线略图，相去考城甚远，当非春秋戴国故地。此字亦见于金文叔截卣，文曰：

叔截作宝尊彝

既称「叔截」，与卜辞之截，当属一源，则卜辞之截地亦属方国，然与春秋之戴，当非一系。」

（文方补释中国文字第八卷第三十四册三五八六页）

于省吾「甲骨文𩱧字习见，亦作𩱧、𩱧、𩱧、𩱧等形。甲骨文编入于附录。商承祚同志「疑为祼字（佚编·待问一·一）」，叶玉森释索（钩沉六），吴其昌谓「𩱧之谊与饎相类」（解诂六三五）。按各家所释均属肊测。

甲骨文𩱧字，周器嫞寏敲簋作𩱧，嬴霝悳簋作𩱧。又甲骨文𩱧字三见（甲骨文编三·一一释𩚬，而未作分析。按其字右侧从吉，下从日，即日形之变。甲骨文之𣪘与既左从皀变作日者数见不鲜。又甲骨文卿字中从皀变作日者屡见，可资互证），周器卯簋作𣪘，说文作𩚬。此字左下从皀，后来变作从食，与周代金文𣪘亦作𩛥，卿亦作饗同例。至于甲骨文𩱧字上部所从之田，即甾之初文。说文甾字作甾，并谓：「东楚名缶曰甾。」（详释甾）依据上述，则𩱧与𩱧均从甾声（金文编误以为从由），𩚬与𩚬均从才声，古从甾从才之字音近通用。例如：周器之子陕行甾作甾，假甾为从才声之𢦏，（金文编误认为「行甾为鼎之别名」）。又诗风郑笺之「纣衣纁裳」，释文「纣本作缁」；礼记檀弓之「纣衣」，释文「纣本作缁」，是其证。此例典籍常见，无须备举。总之，𩱧字为从冂，从𣪘省，从甾声之形声字。

甲骨文𩱧字为帝乙帝辛周祭中五项重要祀典——彡、翌、祭、𩱧、𠫑之一。甲骨文言「王宾某（先王庙号）𩱧亡尤」或「王宾某奭匕某𩱧亡尤」者习见，甲骨文言祭某甲、𢦏𩱧某甲而又言𠫑某甲者亦习见。𩱧字说文作𩚬，并谓：「𩚬，设饪也，从丮从食，读若载。」易鼎之「亨，饪也」、释文谓「饪，熟也。」玉篇丮部：「𩚬，设食也。」按祭祀需要设食以享鬼神，故甲骨文以𩱧为祭名。」（释𩱧，甲骨文字释林二一至二二页）

常玉芝说参𢦏、𠀠二字条下。

按：字当释𩚬，已無疑義。或从食、或从皀；或从才聲、或从甾聲。卜辭用作祭名，亦有用作地名者。董作賓混餗字為𩚬，非是。

2783

按：字从「人」、从「皀」。辭残，其義不詳。

2784

㲎

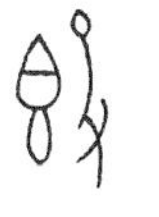

羅振玉收此作𣪘，曰：「古金文有作𣪘（㠱侯𣪘）𣪘（杞伯𣪘）者，與此略同。从㕛持𠃌，殆象勺形，所以出納於𣪘中者，非从攴也。」（殷釋中三十八葉上）

林義光「說文云：『㲎，揉屈也，从殳、皀。皀，古叀字，㕓字从此。』按㲎為揉屈，皀為古叀字，皆無考。古作𣪘格伯敦作𣪘段敦作𣪘孫叔多父敦即𩫏之或體熟也，與孰同意。𣪘孰象兩手持𠆢，此象手有所持以治。皀𠆢皀同字，薦熟物器也。或作𣪘祖日庚敦作𣪘𣪘皇父敦，盤敦之敦古並作𣪘，亦或作𣪘齊侯敦作𣪘陳侯因資敦」。（文源，引自集释一〇二二頁）

孫海波「盛黍稷之器，其制似盂，或斂口或侈口，上有蓋旁有耳，下有圈底或綴三足或連方座，古器物銘皆作㲎，經典以簋為之」。（文編三卷十四葉）

戴家祥「按說文从㲎之字其音皆与九相近，亦在古音幽部，是簋㲎同音之証。說文㲎即金文𣪘之变体。颂𣪘、师𨘢父𣪘、追𣪘均作𣪘、秦公𣪘作𣪘，是变皀为㿝乃古文緐简之通例也。今按为幽㲎读韵，自宋迄今之㲎非𣪘之异体，则若发蒙矣。㲎字从皀得声而读若九，则皀字不应读若香与方力反，亦可大胆断定矣。由此而知㲎字从皀而读为幽韵，簋字从竹、从皿、从皀而读为九，通为簋、轨，则簋之从皀得声而非会意字，又涣然冰释矣。」（引自集释一〇一六至一〇一七頁）

李孝定「說文：『簋，黍稷方器也。从竹、从皿、从皀。𠤳，古文簋从匚、飢。𣪘，古文簋或从軌。杭亦古文簋。』契文金文簋皆作㲎不作簋，㲎字重文，說詳三卷㲎下。」（集釋一〇二二至一〇二四頁）

李孝定「說文：『㲎，揉屈也。从殳、从皀。皀，古文叀字，㕓字从此。』契文从皀，象食器之形。从㕛，象手持匕柶所以扱之者也。皀即許書訓『穀之馨香象嘉穀在裹中之形』之皀。戴氏說此字郅熇，其形、其音、其義無不允當，說不可易。皀為毀之初文，毀則合體象形，簋則為增體象形字。蓋從竹言其質，从皿舉其類，是皆文字孳乳緐衍之通例也。至許書毀訓揉屈，蓋因毀之初誼已為後起之簋所專，初誼既湮，遂以他字之義羼入，復誤象手持匕柶之形為从殳，遂有此義耳。金文毀字極多見，大抵作𣪘不嬰簋𣪘善簋𣪘录簋𣪘𣪘寺季簋𣪘𣪘㝬皇父簋𣪘𣪘追簋𣪘伯簋𣪘魯原父簋𣪘陳助簋𣪘𣪘𣪘𣪘杞伯簋𣪘祖戊簋𣪘封仲簋𣪘秦公簋𣪘邵王簋𣪘殷簋𣪘𥂴簋𣪘舟簋以作毀者為習見，从食者次之。秦公簋一文為小篆所自昉。邵王簋一文，即小篆廄字。溵簋、洀簋兩文，从毀从皿，已啟作簋之漸。自金文或作章，从羊，疑坐之譌。盄簋一文从乙，與契文从𠃌者相近。至金文多从𠬝，於初形已失矣。金文編收此入五卷簋下，本書从其初形次比，另於五卷簋下重出，以為毀之重文，所以明古文而兼从許例也。」（集釋一〇二二葉）

屈萬里 「𣪘，即毀字；於此殆是神祇之名。」（甲編考釋一二五葉）

饒宗頤 「戊寅卜，大貞：……毀。十一月。」（菁華九·一五）按卜辭毀有二義：一即祭器之毀，易損卦：「曷之用二簋，可用享。」蓋宗廟中設簋以祭者；另一義則指女之有才力者，乃借用為嬉字，舉證如下：

「己卯卜貞：王賓且乙奭妣己，𡛟（姬）𡞞（婢）二人，毀二人，卯二牢，亡尤。甲申卜貞：王賓且辛奭妣甲，𡛟𡞞二人，毀二人，卯二牢，亡尤。」（京津五〇八〇）𡛟即姬字。（孫氏誠釋一六一）𡞞从妾从卑，乃婢字。說文：「婢，女之卑者。」从妾从女同意，此祭時樂舞用姬婢二人，又用毀二人，或一人。毀與姬婢並列，當亦女官執事者。此義向所未喻，竊謂「毀」乃借為「嬉」，說文：「嬉，誺身也。」字與「婧」相承，故「婧」亦云：「誺立也，一曰有才。」兩字訓近，故廣雅釋詁云：「嬉，材也。」才、材一字。王念孫疏證謂嬉與「赳赳武夫」之「赳」聲並同。說文赳訓「輕勁有才力」，而婧字，集韻亦訓「健兒」，又云「婧有才品也」，知嬉婧同義，並指女之有才力者。後世女官有才人，疑古之嬉，即其濫觴也。」（通考八三七葉）

考古所 「𣪘：疑与𣪘為一字之异。前者一般隶為毀；后者隶为毀。但二者有時用法相同，如甲五四九有「𣪘羌」，佇一·二三一有「𣪘羌」。皆為用牲法。」（小屯南地甲骨一〇三七頁）

按：戴說可從，字當釋𣪕，典籍作簋為後起字，李孝定集釋與豉字混，非是。卜辭豉與𣪕用法有別。𣪕之辭義不明。

豉

王襄 「古鼓字，經典通作敳」。（簠室殷契類纂第十五葉）

孫海波 「豉，前一．三五．六。說文云，豉，縣击也。古文投如此，有击杀之誼。卜辭云，豉一人，豉二人。」（甲骨文編一三二頁）

李孝定 「說文：『豉，縣擊也，从殳，豆聲，古文投如此』。投段注改作投，契文正从殳从豆，疑與𣪕同。从殳蓋象以手持匕柶之形，至篆譌作殳，遂訓擊耳。辭云『由豉毖』，屈云『蓋用牲之名』，或是」。（集釋一〇〇九葉）

屈萬里 「豉，與金文之𣪕字不同。此字从豆从殳，疑古毀字。於此蓋亦用牲之名」。（甲釋第八五葉）

屈萬里 「豉，與金文之𣪕字不同。此字从豆从殳，疑古毀字。於此蓋亦用牲之名」。（甲釋五四九片第五辭釋文）

于省吾 「均作豉形，从豆从殳。羅振玉釋為『敲』（殷考中三八），孫海波甲骨文編錄『豉』于『𣪕』字中，并誤。古文『豆』字與亯、皀二形迥別。說文謂『豉，縣擊也。从殳豆聲』，是豉有擊義。儀禮．少牢饋食禮：『司馬刲羊，司士擊豕』，鄭注謂『刲、擊皆謂殺之』。呂氏春秋．貴公稱『大庖不豆』。『豉』字典籍也作『剅』或『豆』。廣雅．釋詁謂『剅，裂也』。俞樾諸子平議謂『豆當讀為剅』。按豉即今方言切物曰剁的剁字」。（釋奴婢，考古第九期一九六二年）

郭沫若 「『豉』乃古投字，說文『豉，縣擊也。古文投如此』（依鈕樹玉校正）。『豉丁妣豕』，謂祀妣丁之豕乃椎殺之。卜辭有『豉一人』，『豉二人』之例（前見前一、三五、六；後見涼

五〇八〇）亦謂以人為牲，椎擊而死」。（安陽新出土的牛胛骨及其刻辭，考古七七年二期）

于省吾 ……豛形，从豆从殳。……說文：「豛，繇击也，从殳豆声。」是豛有击义。从礼少牢饋食礼的「司馬刲羊，司士击豕」，郑注：「刲、击皆謂杀之。」豛字典籍也作剅或豆。广雅释詁：「剅，裂也。」吕氏春秋貴公的「大庖不豆」，俞樾諸子平议謂「豆当读为剅」。按剅即今方言切物曰剁的本字。」（甲骨文字释林釋豛二一三頁至二一四頁）

吳其昌 「『豛二人』『卯二牢』『豛一人』『卯一牢』對舉，則『豛』亦刑人以祭。刑人而謂之『豛』者，殆即金文中之『𦎫』，經典中之『敦』。宗周鐘：『𦎫伐其至』。不𡢁𣪘：『女及戎大𦎫戟』。詩閟宫：『敦商之旅』。常武：『鋪敦淮濆』。……諸『𦎫』『敦』字，蓋皆從此『豛』字衍出者。又『𦎫伐』同義。故疑此即『伐二人』『伐一人』之異撰矣。」（殷虚書契解詁第三六四葉）

按：于先生釋「豛」，謂即「剅」，其說是對的。字與「𣪘」迥別，諸家或多混同，非是。參見「𣪘」字條。

卜辭「豛」均為用牲之法。

合集三五三六一辭云：

「己卯卜，貞，王賓祖乙爽妣己姬𡚸二人、豛二人，卯二牢，亡尤」

屯二二五九辭云：

「叀豛羌」

合集三〇三一五辭云：

「叀豛羊」

皆用為動詞。

2786

孙海波 「𢾅，粹九八七。𣪘或从攴。」（甲骨文編一三二頁）

李孝定 「从攴从壴，說文所無。郭某於粹編考釋一二九葉隸定作𣪘，非是。」（集釋

一○八三葉）

按：字从「壴」、从「攴」，其義不詳。

2787

鼓 餗 

屈萬里「鼓，當是毁字。卜辭从殳之字往往又从攴；如鼓字作鼓亦作鼓，可證也。毁即經典中習見之簋字。」（甲釋第二九葉）

考古所「𧯛：可能為𧯛字之异构。」（小屯南地甲骨八六六頁）

考古所「𧯛：与𧯛、𧯛、𧯛等当为一字。后三者王國维认为即說文的鬻（見集释八五九頁所引）。鬻又作餗。」（小屯南地甲骨八三九頁）

按：此乃「餗」之異構，不得與「毁」混同。參見3209「餗」字條。

2788

白玉峥「𧯛：籀廎先生隶作鼓。孫海波氏文编入于附录（二四）。李孝定先生集释列为待考之字（四六○四）。峥按：字从皀从殳，疑为毁字。兹固隶作毁，以待考定。」（契文举例校读十七中国文字第五十二册五八九四）

按：合集一五七六九辭云：「……丑卜，于𣎵彭𧯛」疑為「餗」字之異構。

2789

孫海波文編五卷七葉上收第一文作豆，無說。

金祥恆續文編收第二文以下作豆五卷十一葉下亦無說。金書並收甲編八七九、一文作𧯠者為豆按字當从屈翼鵬說（甲釋一三六葉）釋皀非豆字

李孝定

「說文：『豆，古食肉器也。从口，象形。𣅊，古文豆。』从小徐本契文作豆，與契文𢍶字从豆者合，釋豆是也。卜辭豆或為地名，辭云『甲子卜叀豆田于之禽』甲編一六一三。它辭不完，不詳其義。金文作豆豆閉簋豆周生豆豆大師虘豆豆散盤豆宰峀簋」（集釋一六六五葉）

考古所

「豆：玉篇豆之古文作𧯠。」（小屯南地甲骨八九四字）

姚孝遂 肖丁

「740 (4)『乙巳卜，叀豆令』卜辭『豆』作為人名，乃首見。甲1613『叀豆田，于之𢀛』，『豆』乃地名。卜辭『豆』、『豆』乃『豆』字，与『𡆥』、『皀』（殷）有別，不能相混。」（小屯南地甲骨考釋一一四頁）

按：契文「豆」與金文、小篆形體皆合。卜辭或為地名，或為人名。

2790

按：此亦當是「皀」字。

2791

按：合集三二六五三辭云：「弜𡆥」用為動詞，其義未詳。

2792

按：卜辭殘缺，其義未詳。

2793

按：字不可識，其義不詳。

裘錫圭　參字条

2794

按：字不可識，其義不詳。

2795

按：字不可識，其義不詳。

2796

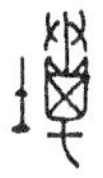

按：合集二二四二七正辭云：「……來出」當為人名。

2797

壴 鼓 

羅振玉　「說文解字侸，立也。从人，豆聲。讀若樹。案以讀若樹觀之，則當从壴聲。此作𡔷者，从人从壴。古从木之字，或省从屮，如楚亦从艸作𦾓，杞亦从屮作芑，農亦从艸。故𡔷亦作壴，知壴即樹也。故或省人（按此指壴字），此為後世僕豎之豎字。卜辭又或从女，殆與从人之𡔷同。」（殷釋中二十四葉上）

羅振玉　「當是樹字，亦即後世豎字，卜辭中為官名，蓋王之近侍小臣也。」（殷考一〇七葉下）

王襄　「古壴字，許說陳樂立而上見也，从屮从豆。」（類纂正編第五第二十三葉下）

王襄　「壴，豆之異文。」（簠考帝系六葉上）

葉玉森釋豆，謂即侸字之省。（前釋四卷六十一葉上揃四、四五、一釋文及五卷三葉上揃五、二、七釋文又拾遺考釋十九葉上）

郭沫若　「壴字羅釋侸，謂即『後世僕豎之豎字』。案乃鼓之初文也，象形。泉屋清賞有古銅鼓一具，上有飾而下有脚，與此字酷肖。又此片（指卜通二五八、後下三九、四）與上片（卜通二五七、𣎴、十二『辛亥卜出貞其鼓彡告于唐牛一』）之內容文例均相同，而一作鼓，一作壴，尤鼓壴為一之明證。」（卜通五四葉）

又曰：「磬於卜辭作殸，声即磬也，从殳以擊之。鼓作𪔂，壴即鼓也，从殳以擊之。」（甲研釋龢言四葉上）

唐蘭　「右𡔷字，舊無釋，今按當是鼖之本字也。壴為鼓形，說已見上。此作𡔷者，多其賁飾，以顯大鼓也。後世樂器之鼓，以鼖為之，𡔷字遂变而作鼖矣。說文：『大鼓謂之鼖，鼖八尺而兩面，以鼓軍事，从鼓卉聲』。（从小徐本，大徐本作賁省聲，非。）古或借賁為之，詩靈臺：『賁鼓維鏞』。或又孳乳為鞼，說文：『鼖或從革賁聲』。（亦从小徐）」（文字記六十三葉上）

唐蘭

「右壴字。（羅振玉釋侸，誤。）說文云：『陳樂立而上見也，从屮，从豆。』徐鍇繫傳曰：『壴樹鼓之象，屮其上羽葆也，象形。』戴侗六書故曰：『壴樂器類，艸木蕫豆，非所取象。其中蓋象鼓，上象設業崇牙之形，下象建鼓之虡。伯曰：「疑此即鼓字，鼓聲鼓也，故从攴。」』徐灝說文段注箋云：『楚金仲達說是也。鼓、鼖、彭，皆从壴，是其明證。壴上从出與声同意。中口象鼓，下象虡，與樂同意。至戴伯以為壴即鼓字，雖無明據，然其說自通。盍樂器之興，必先有鼓，然後建之虡而立崇牙焉。若先有壴字，乃加攴以為鼓，非其序矣。』按徐、戴二說均近是，徐灝說壴即鼓字，尤得文字發生之真，昔人但憑空想，其成績亦往往可驚也。郭沫若曰：『壴當為鼓之初字，象形，……』（簠帝二七片）云：『癸丑卜，史，貞其隮壴告于唐，牛。』與戩九片一辭更相近，可為郭說佳證。然則壴為鼓之本字，殆為不可移動之鐵案矣。壴即鼓之象形，則其本讀當如工戶切，今說文音中句切者，乃其轉音耳。卜辭壴字大抵用為鼓。其云：『貞希日不于壴，』（鐵二四片）『王固曰：「壴」，』（續六、十三、一片）『貞王牀不佳鼓。』壴，』（粹四〇九片）則並假為囏，即艱，今音古閑切，與鼓音相近。然則卜辭時代之壴字，固無中句之音矣。』（文字記四十九葉下至五十葉上）

丁山

「說文『壴陳樂立而上見也从屮豆』，又曰『豈還師振旅樂也从豆散省聲』，許君蓋以壴讀為詩『崇牙樹羽』之樹，而豈則讀為左傳『振旅愷』之愷。按愷所從豈先秦金石文字無徵，意者豈即壴之別體，許君據漢人音讀強別為二字也。豈之見於金文偏旁者大抵作壴豈諸形，與甲骨文習見之壴壴壴諸形相近，豆豆非豆字，皆象鼓形。屮象鼓飾，猶卩為磬之本體加飾則成声形，磬飾之屮未嘗譌為散省，我所以敢言『還師振旅』之愷就是『陳樂立而上見』之豈的別寫。从豈的鼖彭皆有鼓誼，故知豈即鼓之本字。僖二十八年左傳『振旅愷以入于晉』，正是形容晉文公戰勝楚國後班師回城用鼓隊領導入城。愷字古文應該作豈，今本从心也是漢代的俗字。卜辭之豈為武丁時親信，又為釆地之名。」（殷商氏族方國志第一二一至一二三葉）

丁山

「与鼓相类者，则有豈乐云：

丁酉，卜，大贞，告，其豈于唐，衣，亡口。九月。 后下三九·四

己卯卜，𡧊贞，豈出于祖口。 续四·二六·一

戊戌贞，告，其豈彤于口六牛。其九牛 佚存二三三

庚子贞，其告豈于大乙，六牛。叀叕祝。 同上版

豈，篆作壴豈，实即磑字初文，象磨谷之石形。磑与杵臼，並用同工，俱农产加工的必要工具。……金文有豈鼎，字作：

此字，可与甲骨文壴（后下三〇·九），壴（续四·三五·三）诸体相发明。盖◎象磨石上下相契形；米则象承谷之漏斗。碓上漏斗，或作牛形，然则以牛运转石碓，也可能自商有之……石碓的发明，远在殷商之世，这样来看周礼大司马『恺乐献于社』，僖公二十八年左传，『晋师振旅恺以入于晋，献俘受馘，饮至大赏』，恺乐出于农业社会献谷之祭。盖战胜国家，用俘虏于社稷之神，奏农民的碓歌，因此，战胜的音乐沿用『恺乐』，而亦称战胜为『恺旋』了。甲骨文所见『壴于唐』，与『告壴于大乙』，壴，自是恺乐的初名，即是用农歌为军乐的开始。」（商周史料考证一八〇至一八一页）

瞿潤緡　「壴，羅振玉釋侸，不確。余釋壴，壴，說文『陳樂立而上見』，非其誼，當為豆之有實者，為祭時所用。喜尌彭鼓豐諸字皆从之。」（卜釋五一葉）

孙海波　「壴，甲五二八。貞人名。𧯛，乙四七七〇。亦古文壴。」（甲骨文編二一九頁）

楊樹達　「按壴為鼓之初文。辭云『貞王疾不隹壴』殷、粹、四〇九、此假為𧯛，壴𧯛為同音字。」（卜辭求義二葉上）

饒宗頤　「壴者，說文云：『陳樂立而上見也。』壴鼓一字，故出之卜辭云：『其鼓彡，告于唐，口牛。』（餘六、二）此合樂以祭成湯也。其言『壴示』即瞽宗，殷學也。見禮記明堂位。（周禮樂師『詔來瞽』。鄭司農注『瞽當為鼓』是鼓瞽二字通。）」（通考五八一—五八二葉）

屈萬里釋卜辭「弜祉壴？」云：「唐蘭隸定為壴；並申郭某說，以為鼓之初字（唐記）。其說可取。此處為動詞，當是鼓樂以祭之義。此卜問不延續鼓樂而祭，其吉否。」（甲編考釋八一葉）

張秉权　「壴字殘泐，或即后来的喜，則亦在桐城一帶。」（殷虛文字丙編考釋第一七五頁）

張秉权　「豈，或作壴，即壴字，在此乃地名，他辭亦有作人名者，例如：

貞：壴乎来？（拾八·一七）

貞：壴其乎来？（遺一·九·七）

癸巳卜，貞：㱿从壴？（遺一·二六·一八）

己亥卜，争貞，壴㞢于祖☐？（戩二五·一二）

癸丑卜，壴貞，勿亡田？（甲編二八一一）

在甲桥上，亦常見壴在入貢：

壴入二。（乙編四〇六八）

壴入五。（乙編七三八八）

壴入五。（乙編四五九七）

壴来十。（乙編四〇八三）

壴入十。（乙編四五一四）

壴入十。（乙編五四三〇十五五〇八；丙編待刊）

壴入四十。（乙編三二六五）

又有作澧，彭者，疑亦从豈字演化而来，或係一字，譬如亘字或从水作洹；龜字或从水作𪚰；冊字或从水作㴔，尤其是濱水的地名，往往加上几点水，作为一种标誌，在卜辭中是常見的，因此我怀疑第一期卜辭中的：

☐澧龍☐四十邑。（續五·二〇·二）

第五期卜辭中的：

癸丑王卜：在澧貞：旬亡畎？（續六·一一·六）

澧与壴可能為一地，而第三期卜辭中的貞人澧（彭），也可能是武丁時壴的后人。」（殷虚文字丙編考释第一六九頁）

考古所　「壴：地名。」（小屯南地甲骨八五四頁）

考古所　「豈：即壴字之异构。」（小屯南地甲骨一〇二七頁）

殷康　「古文鼓字在善于反映客观事物的象形文字之形中也应该是作着如实的描绘的，事实上也正是这样。这些古文鼓字作：

……　甲骨文，旧释壴……

这些都是较早期、较完整的鼓字，字形中的鼓身和『虡』部作……正和铜鼓之形吻合，都是由鼓皮一面望过去的正视图，此外又比铜鼓多了一些……形之物。这就是诗有瞽：『设业设簴，崇牙树羽』，和诗灵台：『虡业维枞』等诗中所说的『业』形，我们也可由后来的汉画象鼓形里得其仿佛。这个『业』大约是用羽毛、玉饰等制作的装饰品，前举周铜鼓上部马鞍形物两侧有孔，也极可能是供安插这些饰物之用的，可能由于这些饰物难与金石同寿，早已在土中腐朽，零散了。……既然这个壴字正象古鼓之形，因而也应该是古代的鼓（名词）的本字、正字了。」（古鼓和古文鼓字社会科学战线一九七九年三期一九六页）

楊树达　参由字條

饒宗頤说参字条下。

按：卜辭壴即象鼓形，說文誤以為从屮豆，說文又以鼓為鐘鼓字，以鼓為擊鼓，實則古本同字。卜辭均通用無別。「多壴」與「多鼓」，如用為名詞，則同用為名詞；如用為動詞，則同用為動詞，亦無區分。

鼓

羅振玉「說文解字鼓，籀文作，从古聲。卜辭與古金文略同，皆不从古，其增山者，殆亦鼓字。」（殷釋中四十七葉上）

王襄「古鼓字。」（類纂正編第五弟二十三葉下）

王襄「古鼓字。許說擊鼓也。」（簠室殷契類纂弟十五葉）

王襄「古尌字，許說立也，从豆从寸持之也。此从又，持之誼尤顯。」（類纂正編第五弟二十三葉下）

郭沫若說見前壴字條郭謂壴鼓同字。

唐蘭

「右鼓及鼓，皆即鼓字。說文以鼓為鐘鼓字，而以鼓為擊鼓，讀若屬。（小徐本）戴侗六書故謂『鼓不應有二字，擊鼓為鼓，猶箸衣為衣，非分為二。』又云『當从攴為是，岂乃鼓之譌。』（蘭按戴所據本鼓譌作鼓，故云云。）徐灝說文段注箋謂：『鼓从壴，从又，持丰竹擊之，其始蓋專為考擊之稱，後為鼓聲之名，故又改攴為支，為鼓擊之鼓，實一字耳。』按戴說為勝。蓋古文字凡象以手執物擊之者，从攴、殳，或支，固可任意也。金文鼓字或从攴，或从攴，殊無別。卜辭則有从支从殳二體，又䝁字偏旁从支。壴為鼓之正字，為名詞；鼓、鼓、鼔為擊鼓之動詞。說文既以鼓為名詞之鼓，遂以鼓專動詞，而所謂『讀若屬』者，乃後世之變音，與壴轉音中句切同科矣。又曰：『䝁字，字書所無。殆象擊鼓屋下之意。依象意字聲化字之例，當為从宀鼓聲之字，與福或作福，略同。卜辭此字用為地名。」（文字記五十葉下至五十一葉上）

李孝定

「說文：『鼓，郭也。春分之音，萬物郭皮甲而出，故謂之鼓。从壴，支象其手擊之也。周禮六鼓：靁鼓八面，靈鼓六面，路鼓四面，鼖鼓、皋鼓、晉鼓皆兩面。𪔛，籀文鼓从古聲。』契文从壴，另一偏旁則从支从殳从攴，䝁字偏旁任作，唐氏之說是也。卜辭䝁為地名，與他鼓字義別，然其始當為同字。辭云『辛亥卜出貞其鼓彡告于唐牛一』粹、十、二、『乙亥彡鼓』前、四、一、四、『貞其酒彡勿鼓十月』前、五、一、一、言彡祭或用鼓或不用鼓也。郭謂鼓壴一字，其說是也。金文作王孫鐘『永保壴之』壴鼓通用與卜辭同克鼎師嫠簋从支从攴不拘邵鐘鼓𩏂觶齊侯壺沇兒鐘从口當為許書籀文所自譌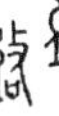齊侯鎛解文」（集釋一六六〇葉）

李孝定

「說文：『鼓，擊鼓也，从攴、从壴，壴亦聲。』契文鼓鼓不分。鼓字重文。壴為鼓之象形字，鼓鼓則並象擊鼓之形。說詳五卷鼓下。」（集釋一〇六九葉）

饒宗頤

「『……，㱿貞：〔亘山允其𢦏〔鼓山八月。　壬午卜，㱿貞：亘弗𢦏鼓。』（屯乙四六八四又殷綴二七二）

按鼓疑即春秋白狄之鼓。水經濁漳水注：『泜水東逕昔陽城南，本鼓聚矣。春秋左傳昭十五年：『晉荀吳帥師，伐鮮虞，圍鼓。三月，鼓人請降。以鼓子鳶鞮歸。』京相璠曰：白狄之別也。下曲陽有鼓聚，故鼓子國也。』卜辭別有地名雇，乃商頌：『韋顧既伐』之顧，與此地異。」（通考一九三——一九四葉）

饒宗頤

「『乙亥卜，先：鼓，迺又且辛。　□亥卜，……鼓……』（戩壽四四·一七）此云鼓者，祭用鼓樂也。」（通考六四九葉）

王献唐「契金鼓字，左从豈，右从攴，从攴，从攴，从攴，从攴，皆为手击之意，都无分别。说文分隶从攴从攴二体，前说为鼓，后释为击鼓，实为一字，黄以周已辨之（见所著释鼓鼓）。许书之中，攴形为手执鼓桴，攴则为桴下有系饰者。攴在说文，谓手持半竹，攴训小击，形义皆通。其作攴者，从屮亦为木省，枹以木制，作木者当之。在此者为鼓枹，与执烛之攴，形同义异。彼为木质火把，此为木质鼓桴，均能从木，又俱以手执之，故造字相同。」（古文字中所见之火烛，第二四至二五页）

2778

于省吾「说文：『鼔，击鼓也，从攴从壴。』又：『鼓，郭也，……从壴从屮又。』按许意以鼔为击鼓，以鼓为钟鼓。契文鼓字从攴或从殳，金文鼓字从攴或从𠬝、𠬝，均象以手持桴形，本无区别。李富孙说文辨字正俗谓鼔『今俗多与鼓字相乱』，不知二字本无正俗之分也。」（论俗书每合于古文，中国语文研究第五期一五页）

按：「鼔」、「鼓」皆由「壴」所孳乳，古本同字。參見「壴」字條。

2799

喜

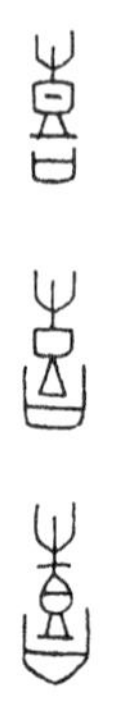

羅振玉「說文解字喜，樂也。从壴，从口。古文作歖。此與篆文合。」（殷釋中七十三葉上）

王襄「古喜字。」（類纂正編第五第二十三葉下）

陳邦懷「卜辭曰：『喜餗，』王徵君釋喜下一字為餗，是也。余謂喜餗之喜，當是饎之省文。按詩甫田：『田畯至喜』，大田『田畯至喜』，鄭箋皆曰：『喜讀為饎，饎，酒食也。』爾雅釋訓饎，釋文云：『舍人本作喜，釋云古曰饎。』集韻饎之重文，亦省食作喜也。又聃敦『喜帝文王』，陳簠齋說『即饎禘省文』。（說見說文古籀補）其說至確，可與卜辭互證。」（小箋十二葉下至十三葉上）

唐蘭「按說文从口之字，於古文字當分兩組，其一為口齒之口，如：鳴、吠、聞、啟之類是；其一為凵盧之凵，如：『吉、（一本作𠙴）喜之類是。後者之作ㅂ形，多象盛物之狀，喜者象以凵盛壴，壴即鼓形也。以象意字聲化例推之，喜當从口壴聲。壴喜二字，後世讀音迴異，然卜辭嬉或作嬉，㚎、僖、囍等字，後世作㚎、僖及囍，金文鼓字，㳄兒鐘作鼔，（說文鼓字籀文作鼔，當本作鼓，後人誤改从古聲。）皆可證古音壴喜相近也。喜今音虚里切，在曉母，古音當在溪母，溪曉二母，古多通流，猶虚之與墟矣。壴字古讀如鼓，在見母，音轉入溪母，又轉為曉母，因為今音，而與壴鼓之聲似不相屬，後人遂不知喜為形聲字矣。」（文字記五十一葉下至五十二葉上）

饒宗頤　「卜辭『喜𩜁（饎）……用。』（見前編五、一八、一）喜本人名，即卜人喜，此或用為饎，詩大保：『吉蠲曰饎，是用孝享。』毛傳：『饎，酒食也。』」（通考八五四葉）

孫海波　「喜，甲九三〇。貞人名。喜，鐵一八二・三。喜餗。祭名。喜，粹一二一一。地名。」（甲骨文編二一八頁）

殷康　「喜　喜　喜　喜　甲文，旧释喜象把鼓陈列在凵上，凵形常常代表着部分建筑物如阶砌之类，表示将要击鼓奏乐，有喜庆之予（这种凵非人嘴或盛器）。」（古鼓和古文鼓字社会科学战线一九七九年三期一九七页）

饒宗頤說參𤆍字条下。

按：釋喜可從。卜辭以為人名。

2800

熹　熹

王襄　「疑熹字。」（類纂存疑第十第五十葉上）

商承祚　「此从喜省聲，‥象火上然。作熹者，又疑熹之省也。」（類編十卷九葉下）

葉玉森　「按說文『熹，炙也。从火喜聲』。卜辭之釋熹似不可解。予意此字从亻省从火，投亻于火，猶㷈字。象投交脛人于火，亻與交脛人並俘虜也。」（前釋五卷十一葉上）

郭沫若　「『新豐』『舊豐』相對為文，豐當讀為醴。熹與豐為同例語，則熹又當讀為饎。小雅天保『吉蠲為饎』，是用孝享。」（粹二三二片考釋）

唐蘭　「商承祚謂從喜省聲，非是。古從壴之字，後世多從喜，非先从喜而後省為壴也。說文『熹炙也，从火喜聲』。卜辭云：『祉于丁宗熹』，蓋以熹為饎也，呂覽仲冬『湛饎必潔』，淮南時則作熹。詩玄鳥：『大糦是承』，韓詩：『糦，大祭也』。」（文字記五十二葉下）

孫海波　「嘉，前五．八．五。从喜省。于丁宗熹。」（甲骨文編四一二頁）

李孝定　「唐、郭均讀為饎，說文饎訓酒食，以讀卜辭義固可通，即讀如字意謂以炙肉為祭，於義亦安，固不須讀作饎也。」（集釋三一六二葉）

殷康　「甲文，旧释熹，象以火焚鼓之形，在卜辞中的文义未明，或有祭意，待考。学者勉强释为晚起的形声熹字，无据，因字形本非从喜。」（古鼓和古文鼓字社会科学战线一九七九年三期一九九页）

按：卜辭「熹」皆用為祭名。「饎」、「糦」、「譆」、「僖」皆由熹字所孳乳。為人名，與「熹」形義有別，商承祚疑為「熹」之省，非是。

2801
彭

羅振玉　「說文解字：『彭，鼓聲也，从彡聲』。徐鉉曰：『當从彭省乃得聲』。段先生刪聲字，卜辭从彡或作彡彡，乃从彡日之彡。」（殷釋中四十葉上）

王襄　「古彭字。」（類纂正編第五第二十三葉下）

葉玉森「按羅說至塙。許書訓鬃為『門內祭先祖所以徬徨，从示彭聲。詩曰「祝祭于鬃」』，彭乃彡（肜）日祭禮之一，故从彡，鬃為後起字。卜辭彭从壴，乃鼓之初文，肜日用鼓樂祭先祖，當即鬃之本誼。許君因鬃一作祊，故訓徬徨似迂盭已。殷契鉤沈本辭彭為國名或地名。」（前釋五卷三十七葉上）

孫海波「彭，甲一一五八。貞人名。」（甲骨文編二一九頁）

李孝定「彭之音讀即象伐鼓之聲。从壴，即鼓之初字。彡、卜辭或作彡，為鼓聲之幖幟。許君解為彡形聲，雖略失初誼，然亦可通。段氏以三鼓說之，因改『彡聲』為『从彡』，未免流于傅會矣。卜辭彭為國名：『辛丑卜亘貞乎取彭』前、五、三四、一、『卜彭亡禍』前、五、三四、四、是也；或為人名：『乙卯卜彭貞今夕亡禍』甲編、一一五八、是也；或為祭名：『甲申其彭』佚、五八四、當即鬃之初字，謂伐鼓而祭也。彭本為鼓聲，詩靈臺：『鼉鼓逢逢』，以逢為之，逢、彭音近也。」（集釋一六五五葉）

饒宗頤「卜人彭與壴、逆、口、狄、何同版，舊列為廩辛時人。島邦男列彭為武乙時人，并謂彭卜辭之文辛即武乙之稱廩辛，然于祖庚祖甲，何以亦稱曰父而可與廩辛同輩乎？是以彭屬武乙一說，實不可通。」

彭又為地名。卜辭有地名曰彭，如『彭龍，取卌邑。』（續編五、二〇、二）『癸丑王卜，在彭貞：旬亡囚。』（續編六、一、六）鄭語史伯論祝融八姓云：『大彭，豕韋，為商伯矣。』『彭姓彭祖、豕韋、諸稽，則商滅之矣。』沛縶云：『彭祖者，彭氏也。』世本則云：『彭祖，彭姓，封于大彭。』大彭向來謂在彭城。卜辭言彭龍，當指大彭與龍兩地，龍為魯邑，與彭城正相邇。又毛詩鄭風『清人在彭』，此彭則為河上地名，左哀二十五年傳：『彌子瑕食采于彭，為彭封人。』蓋為衛邑，與鄭連境。若以之當殷王在彭貞卜之所，地望或較合。

又考商代人名曰彭者，除彭祖外，大戴禮虞戴德，孔子稱商之老彭及仲傀。老彭，漢已咸論語注云：『殷賢大夫。』後漢書張衡傳稱曰『殷彭』；漢書人表列老彭于成湯時，又離騷彭咸，王逸亦云殷賢大夫，凡此諸彭，與此武丁以來卜人名彭者，殆偶爾同名，無由證明其兩者間之關係。」（通考八九九——九〇〇葉）

饒宗頤「按㠯彭為地名。詩鄭風：『清人在彭』。彭為衛之河上邑，鄭之郊也，疑殷之㠯彭即此。」（通考一〇一四葉）

饒宗頤說參字条下。

按：卜辭彭字皆用為地名或人名。其本義當為鼓聲，所从之「彡」，李孝定以為「鼓聲之標幟」。至於佚五八四當讀作「甲申其鼓」，字作壴，乃壴字之異文，非彭字。

2802

[氵壴] 

孫海波「从水从壴，字書所無，以聲類求之，疑即澍字之省寫。蓋尌字从壴得聲，則澍字自可省寸作[氵壴]矣。𠂤[氵壴]地名不可考。」（文錄一八〇片考釋）

孫海波「𠂤[氵壴]猶言彭𠂤也。」（文錄五六一片考釋）

按：錄一八〇「貞亡尤，在𠂤[氵壴]」。又錄五六一「甲戌卜，王在𠂤[氵壴]卜」，「[氵壴]」均為地名。丁山說尤屬牽傅。

2803

[壴力] 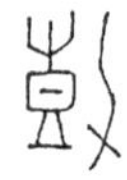

陈秉新「字从壴从力，字书不見，頗疑為加字初文。加是一个会意字，其本义当是淩加，加于其上。甲文[女力]，义取以力加于女，各家读為嘉，可从，后世作妿，演化為形声字。[壴力]，义取以力加于壴（鼓）。大丰簋「助爵」之助，亦当释加，从力从貝，义取以力加于貝，旧释賀，差近。又侯马盟书宗盟类「而不忍从嘉之明」嘉字或作𡕈（四九：二），从力从壴，不从加。卣文[女壴力]，是妿的繁体，从女[壴力]声。凡此皆可证明[壴力]是加或嘉的初文，嘉的嘉美义后起。甲文嘉当读為嚣，見疑旁纽，歌宵音近，嚣曾是仲丁的都邑，一说在今河南荥县东北敖山，一说在今郑州市。」（殷虚征人方卜辞地名汇释，文物研究第五辑七〇頁）

王献唐　参[壴力]字条

按：字从「壴」从「力」，隸當作「[壴力]」。辭殘，其義未詳。陳秉新以為「嘉」之初文，可備一說。

勯

羅振玉　「說文解字：『樹，生植之總名。从木、尌聲。籀文作尌。』案樹與尌當是一字。樹之本誼為樹立，蓋植木為樹，引申之則凡樹他物使植立皆謂之樹。石鼓文尌字从又，以手植之也。此从力樹物，使植立必用力，與又同意。許書凡含樹立之誼者，若尌若侸若豎，其字皆為樹之後起字。古文从木之字，或省从屮，於是查乃变而為壴，既譌查為壴，遂於壴旁增木，而又譌又為寸，於是樹之本誼不可知矣。」（殷釋中六十三葉）

郭沫若　「勯字羅振玉釋樹，案其字分明从力。余疑朸之繁文。漢書地理志平原郡有朸縣。今山東商河縣治也。」（卜通一六〇葉）

葉玉森　「卜辭尌作勯勯勯勯，所从之乂乂並耒形，亦非从力，盖尌埶亦用耒也。」（前釋一卷二十五葉下）

孫海波　「𪟽，前二·七·六。从力从查，說文所无。地名。」（甲骨文編五二四頁）

陳漢平　「卜辭有地名字作𪟽、𪟽、𪟽、𪟽、𪟽、𪟽、𪟽、𪟽諸體。罗振玉释树。郭沫若隶定為勯，释為朸，云：『汉书·地理志平原郡有朸县，今山東商河县治也。』按此字应释為嘉，罗、郭所释俱誤。金文嘉字从豆，从来（或来字头止，亦或从木）、从爪，从加（加声）。金文嘉字或借加字為之，如虢季子白盘銘：『王孔加子白义』可証。汉书·郊祀志上集注引应劭：『嘉，穀也。』尔雅·释诂：『嘉，美也。』金文嘉字造形所从之壴象来（麦子象形）在豆中，表示食器中盛有麦、禾、黍之美食物。所謂『嘉，美也。』即指食物之美味。國語·鄭語：『將以淫德而加之焉？』注：『加，遺也。』遺字在此為饋贈之义，此即『嘉獎』之『嘉』的本义。說文：『加，語相增加也。』『嘉，美也。』由此可見，『加』之本义为口头嘉獎；而『嘉』之本义，則為以食物之嘉獎，引申而為食物之美。又侯馬盟書人名嘉字諸体中所从之来可通作止、禾、禾、禾、木等諸形，所从加字復可省去口形与爪形而仅作力。由此可知嘉字所从豆上之形可作来、禾、木、屮諸形，嘉字所从加可省去口而单作力，金文嘉字所从爪形亦可省去。故上举甲骨文地名字数体俱当释為嘉字。

甲骨文所見嘉字可隶定為三体：勫、勫、勫。字从力从豆作，豆形之上所从来、木、屮諸体俱為植物之象形，所表示之义即為食器中之食物。」（释甲骨文嘉字 古文字論集(一)一四二頁）

王献唐 「卜辞有𢿌字（前二·七·六），亦作𢿌（同上七·七），作𢿌（后上一三·三）……按此樹也。此字亦見勫母卣，作𡔷，从壴从力，皆势字。壴即尌，从又持木为燭，省又作木亦为燭……尌猶埶，壴亦猶埶，壴从力为勫，与埶从力为勢，寧非一字。勢从埶声，埶之形青出於燭，勫从壴声，壴亦烛字。」（古文字中所見之火烛三〇至三一頁）

趙诚 「甲骨文有一𢿌字，或作𢿌，即『樹立』之樹的本字。右从力，示植木用力之意。从木从来即樹藝之意。石鼓文作𡔷，从又，示以手植木之意。从又，当即从力之变。說文籀文作𡔷，从寸，当即从又之变。小篆作樹，显然多一形符。」（古文字发展过程中的内部调整 古文字研究第十輯三五八頁）

陳秉新 「按：释树、释枊均与字形不合，陳梦家只隶定为勫而未释其字，所説地望，亦属推测。字从壴从力，字书不見，頗疑为加字初文。加是一个會意字，其本義当是淩加，加于其上。甲文妿，义取以力加于女，后世作架，演化为形声字。勫，义取以力加于壴（鼓）。大丰簋『勛爵』之勛，亦當释加，从力从貝，义取以力加于貝，旧释賀，差近。又侯馬盟書宗盟類『而不尽从嘉之明』嘉字或作𡠦（四九：一），从力从壴，不从加。甲文勫卣文嫐，是妿的繁體，从女勫聲。凡此皆可証明勫是加或嘉的初文，嘉的嘉美義後起。甲文勫疑當讀為罴，見疑旁纽，歌宵音近，罴當是仲丁的都邑，一說在今河南滎县东北敖山，一說在今郑州市。」（殷虚卜辞地名汇释，文物研究第五輯七〇頁）

2805

勫

按：依其主要形體可隸作「勫」。字或易从「木」為从「來」。在卜辭皆為地名。

形也。詩七月『田畯至喜』。鄭箋：『喜讀為饎。饎，酒食也。』爾雅釋詁：『饎，酒食也。』釋文：『饎，舍人本作喜』。說文食部：『饎，酒食也。从食，喜聲。詩曰：「可以饙饎。」』或作糦，从米。（按今本詩泂酌正作糦）可證『喜』為本字，『饎』『糦』皆後起形聲字矣。今壴字正象酒食豐盛之形；且饗客之『饗』字，𫷷，正象主客對饗此酒食之狀，尤可為證。此壴字下承以樂狀之凵而作喜，即為篆文之喜字矣。然契文之承凵與否，故無別也。故知鼓字當譯為『鼓』，而訓為手持酒食。手持酒食，斯可以祭；故曰『鼓上甲』，實猶『祭上甲』也。」（殷虛書契解詁第四八葉）

2806

鼓 

孫海波 「鼓，京津三四八四。从壴从丑。說文所无。地名。在鼓。」（甲骨文編二二〇頁）

按：字从「壴」、从「丑」。在卜辭為地名。

按：當為「鼓」之異體。

2807

豐 

饒宗頤 「按豐字作豊，與金文戲仲醴鬲同。（詳殷虛文字類編）或釋豐，非是。豐即禮或醴。說文『禮，履也。所以事神致福也。』事神曰禮。辭言『單兄（祝）禮』，『貍子禮』，殆謂單貍兩地之宗祝來致醴。貍與明義士二三四三『貍來羌』字同。貍疑讀為郢。說文云：『南陽西鄂亭。』」（通考三五七葉）

饒宗頤 「按豊即豐。金文戲仲口父作豐鬲字亦此作；實用為醴字。卜辭云：『貞：曰于祖乙，其乍豐』。（粹編二三六）『乍豐』文同，而字中从玨作豐，故豊豐無別。卜辭豐亦作動詞用，如『戊亞其隕其豐』。（南北明四四五）『丁亥鼎：（貞）豊示口各不。』丁亥鼎：豊示口各不』。（佚乙八六九六）此亦以豐為醴。豐又為地名，如『癸未卜，王在豐貞：旬亡囚，在

六月．甲申，古典其酌。』（後編上一〇、九）可與漢城大學此骨互證豐盉殷之侯甸。」（通考五九五葉）

饒宗頤 「『口戌卜，出貞：自今十年出五，王（王）豊（豐。）』（續編一、四四、五）按王豐句乃祝嘏之詞，湯豐卦：『豐亨，』注：『財多德大，故謂之為豐。』」（通考八五六葉）

屈萬里 「豐，當讀為酒醴之醴。」（甲編考釋三五一葉）

按：此與「豐」有別，當是「豐」字。說文：「豐，豆之豐滿者也。从豆，象形。一曰鄉飲酒有豐侯者」卜辭「婦豐」為人名。合集二二二八八、二二二八九、二二二九〇同文，辭云：「丁亥貞，豐」其義未詳。

2808

豐

按：合集八二六二反辭云：「貞，勿往豐」乃地名。字从「壴」、从「林」，與「豐」有別，可隸作「豐」。

2809

豊

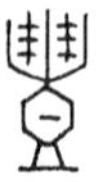

羅振玉 「說文解字：『豐，行禮之器也。从豆，象形。』卜辭从丰丰，與許書同。或从珏，或从玨。案卜辭玉字作王，亦作丰，象三玉連貫之形。作丯者，殆亦二玉連貫之形。卜辭殆从玨也，古者行禮以玉帛，故从玨。」（殷釋中三十八葉下）

王國維 「說文亦部云：『禮，履也，所以事神致福也。从示，从豐，豐亦聲。』又豐部：『豐，行禮之器也。从豆，象形。』案殷虛卜辭有豊字，其文曰：『癸未卜貞醻豊。』（後下八）

古丰玨同字，卜辭玨字作丰丰丰三體，則豐即豐矣。又有珏字（前六・卅九）、及珏字（後下・廿九）珏珏又一字。卜辭𡆧字（後下・四）、或作𡆧（藏一四三）其證也。此二字即小篆豐字所从之𧯛，古凵𠙴一字，卜辭𡆧或作𡆧，知𧯛可作珏珏矣。豐又其繁文。此諸字皆象二玉在器之形，古者行禮以玉，故說文曰，豐，行禮之器，其說古矣。惟許君不知丰字即玨字，故但以从豆象形解之，實則豐从玨在凵中，从豆乃會意字，而非象形字也。盛玉以奉神人之器謂之𧯛若豐，推之而奉神人之酒醴亦謂之醴，又推之而奉神人之事通謂之禮。其初當皆用𧯛若豐二字，（卜辭之『𧯛豐』𧯛字从酒則豐當段為酒醴字）其分化為醴、禮二字，蓋稍後矣。」（觀堂集林卷六第十四葉下釋禮）

王襄「古禮字。《中[illegible]父鬲》禮作豐與此文同。豊醴重文。」（《簠室殷契類纂》第一頁）

商承祚「說文解字『豐，行禮之器也，从豆，象形。』卜辭又借為酒醴，字作𧯛者，與戲仲鬲同，其作珏珏者，王徵君謂即豐之省文。」（類編五卷七葉）

又曰：「豐乃酒醴之本字，說文訓為行豐之器，乃引申之義，後復孳乳為豐滿之豐。」（佚存三十七葉）

孫海波「說文『豊，行禮之器也，从豆象形。』卜辭豊豐一字孳乳為禮為醴。」（文編五卷八葉）

孫海波「豊，甲一九三三。古豐、豊同字。」（甲骨文編二二二頁）

李孝定「說文：『豐，行禮之器也。从豆，象形。讀與禮同。』又：『豐，豆之豐滿者也。从豆，象形。一曰鄉飲酒有豐侯者。𧯛，古文豐。』二字篆體相近，其下从豆亦相同。其上所从，各家說者紛紜莫衷一是，而揆之字形，三篆之上半亦殊相類。徐灝段注箋豐下云『𧯛象器中有物也』。王筠說文句讀豐下云『𧯛但象豐滿之形也，但象指事而非象形耳』。二說實為得之豊豐古蓋一字，豆實豐美所以事神，以言事神之事則為禮，以言事神之器則為豊，以言犧牲玉帛之腆美則為豐，其始實為一字也。商容孫諸氏謂豊豐一字，其說可从。惟孫氏文編於上出諸形仍分收為豊豐二字。今諦審諸文辭例，除部分可知其當釋為豊讀為醴者外無一辭可以確證其當釋為豐者，故本書但收作豊。辭云『癸未卜貞醽豊叀出有酉用十二月』（後下・八・二）『丙戌卜叀新豊用叀舊豊用』（粹・二三二）『貞曰于祖乙其作豐」（粹二三六）。「貞其作豐于伊𡧊」（粹五四〇）。「弜☐辛☐豐☐叀𢆶豐用？弜用𢆶豐？叀𢆶豐用王受祐？用豐」（佚二四一），凡此皆當釋為豐讀為醴，其字皆作豊。惟甲編二五四六有豊字，其辭云「☐叀𠂤公乍作豊虎于又正王受☐祐」，言「作豐」與粹二三六、五四〇之辭例全同，而其字一作豊一作豊，知二者實為一字，諸家釋前者作豊後者作豐實有可商也。它或為地名，如「癸未卜王在豊貞亡禍在六月甲申工典其酒」（後上十九）是也。或為人名，如「壬寅帚豊示二屯岳」（續五、十一、七）是也。字當釋豐抑當釋豊未可塙指。（續五、一、辭言子豊亦人名）前六、六一、三之豊與「𠂤」連文殘餘二字，疑係酒字，若然則豊亦當釋豐讀為醴也。它辭殘泐不完，不詳其義，此不具舉。金文豐作豊（石戲仲□父作醴鬲亦孳乳為醴）豐作豊（宅簋）豊（大豐簋）豊（豐鼎）豊豊（豐兮𣪘）豊（散盤）豊（輔伯鼎）豊（豐簋）豊（昚簋）豊豊（豐器）豆上所从不一，其形大抵象物之豐腆，王筠之說是也。

又鄉射禮「命弟子設豐」，鄭注「豐形蓋似豆而卑」。公食大夫禮「加于豐」，注「如豆而卑」。聘禮記「醴尊于東廂瓦大一有豐」，注云「豐承尊器，如豆而卑」。三注略同，並以豐為器名，如豆而卑是與豐訓禮器同意。」（集釋一六八二葉）

白玉峥 「說文豐（峥按：当作豐）豊二部相次，篆形亦相近。龜文別有豐字，則与豊字大异。如云：「貝弗豐」、「其豊」，說文：「豐，豆之丰满也；从豆，象形。一曰：乡飲酒有豐侯者」。金文𦉢𣪘作豐、𠂤𣪘作豊，与此形相近。此文云：「弗豐」、「其豐」，或即祈年之事与？」（契文举例校读二十，中国文字第五十二冊五九五五頁）

按：契文「豊」字實从「壴」，从「玨」，不从「豆」。篆文从「豆」乃形體之譌變。卜辭多見「作豊」、「弜作豊」，「豊」當為祭品。合集三二五三六辭云：「叀新豊用」；「叀舊豊用」，又合集三〇九六一辭云：「叀𠂤公作豊庸于……有正，王受……」，「豊」多與「庸」同見，「豊」當與樂有關。

2810 嬉

孫海波 「嬉，林一・二一・一二。从女从喜。說文所无。廣雅嬉，戲也。」（甲骨文編四八二頁）

饒宗頤說參㚤字条下。

按：字从「女」、从「喜」，隸可作「嬉」。但與「嬉戲」之義無涉。卜辭用義不詳。

嬉

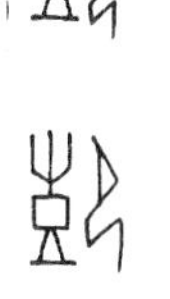

孫詒讓　「夏桀后妹喜見國語晉語楚辭天問及呂氏春秋慎大篇漢書古今人表並作末嬉，而說文女部無嬉字，金文亦未見，唯龜甲文有𡛠字，从女从壴，蓋即嬉之省文。說文心部喜古文作歖，又欠部歖字甲文作𡛠，並省喜為壴，可與嬉字互證。據甲文則古固有此字，可據以補說文之闕。文選洞簫賦李善注引說文『嬉樂也』疑今本敚之」（名原下卷二十八葉上）

又曰：「此字从女从壴，說文無此字，疑即嬉之省。（說文女部亦無嬉字）夏桀后末嬉，見楚辭天問、呂氏春秋慎大篇，則古有其字，此即嬉之省也。」（舉例下二十葉下）

羅振玉釋侸。（殷釋中廿四葉）

王襄　「古豎字，或作𡔷，或省作壴，官名。卜文有『允之來豎自西』……豎當為鼜

郭沫若　「𡔷字孫詒讓疑嬉，又疑為歖（喜）。羅振玉釋侸，謂即豎字。案卜辭用此字有一定之義例，大抵於癸日卜旬之吉凶，而繫之以『王固（乩）曰出（有）來𡔷』之文，下紀其應，則云『若干日某于某支允出（有）來𡔷自口』（東西南北等字）而繫之以事矣，以關於艱㹸之事為多。是此𡔷字必與希字相貫而含凶咎之意。釋嬉歖既不適，釋豎亦難通，歸案其字形，象於壴（即鼓字）旁有人跽而戒守之，乃象形之文，非形聲之字，蓋古鼜字也。說文『鼜，夜戒守鼓也，从壴，蚤聲。禮「昏鼓四通為大鼓，夜半三通為戒晨，旦明五通為發明」，讀若戚』。周官作鼜，地官鼓人『凡軍旅夜鼓鼜』，鄭注『鼜，夜戒守鼓也，司馬法曰昏鼓四通為大鼜，夜半三通為晨戒，旦明五通為發昫』。（釋文云『昫本又作眴，亦作煦』。說文明字蓋誤）春官眡瞭『鼜獻亦如之』，注云『杜子春讀鼜為憂戚之戚，謂戒守鼓也。擊鼓聲疾數，故曰戚』。又鎛師『凡軍之夜，三鼜皆鼓之，守鼜亦如之』，注引杜子春云『一夜三擊備守鼜也，春秋傳所謂「賓將趨」者，（昭二十年）音聲相似』。夏官掌固『夜三鼜以號戒』，注引杜子

春云「讀為造次之造，謂擊鼓行夜戒守也，春秋傳所謂『賓將趣』者與？趣與造，音相近。」賈疏云「昭二十年『衛侯如死鳥，齊侯使公孫青聘衛，賓將掫』，注謂『行夜』。不作趣者，彼賈服讀字與子春異」。案今本左傳亦作掫，說文云「掫，夜戒守有所擊也，从手取聲，春秋傳曰『賓將掫』」。是掫與鼜若鼜為一字，讀戚若造者乃鼜之異，，趣趨均假借字也。然鼜掫均形聲字，例當後起，則卜辭之鼓蓋其初文矣。字在卜辭當讀為戚，「其有來戚」，「允有來戚」，上與言「有祟」同條，下與言異變共貫，決為鼜字無疑。又蚤與咎聲同在幽部，鼓讀為咎，義亦暢適。」（卜通八七葉下——八八葉下）

唐蘭

「右⿰女壴字，亦作嬉。从壴之字，多變从喜也。孫詒讓曰：『⿰女壴字从女从壴，說文無此字，疑即嬉之省。……』（舉例下廿）其說甚是。然自羅振玉舉壴、僖、鼓、⿰女壴四字並釋為侸，舉世學人，咸从其說，而孫說反晦，信乎是非之難定也。羅氏之言曰：『說文解字：「侸，立也，从人，豆聲。讀若樹」。案以讀若樹觀之，則當从壴聲。此作鼓者从人，从壴，壴即樹也。故或省人。此為後世僕豎之豎字。卜辭又有⿰女壴，从女，殆與从人之鼓同』（類編八·二）。按羅氏此說，其思想殊不清晰。既以壴為樹字，又以為鼓之省，實自為矛盾。考羅氏作考釋時，尚未釋此字，（改訂本考釋有之，已在類編之後）而禮制篇紀殷之官制則云「有豎」，說之云：「文曰：『命壴歸』，壴與樹當為一字，亦即後世之豎字。」（一一〇七葉）然則羅氏胸中先有一「壴」即「豎」之成見，而壴即讀為樹，亦與豎雖相附會，至多可謂樹立等於豎立耳。至鼓字說出，則以釋讀為侸，更讀侸為豎，此巧妙之附會，始能成立。故壴字必須附於侸下，為侸之省，而不能獨立為壴或樹字，可見其彌縫之苦心矣。後人以壴字別出，而以僖鼓⿰女壴為侸，亦失羅氏之本意矣。羅（又按王襄簠室殷契類纂較商氏類編早三年印行，書中已釋鼓⿰女壴為侸，則此說似發於王氏。羅氏或即取王說以增成壴即豎之說耳。）夫卜辭云：「令壴歸」者，其壴字必為人偁，固無以知其為官名也。羅氏立說之根據，已為巧辭，故其辛苦造成之豎字說，僅如紫色鼃聲，餘分閏位而已，終不能久假而不歸也。郭沫若釋壴為鼓之初字，甚確，……而以⿰女壴字釋為鼜，則亦誤也。郭氏謂：「象於壴旁有人跽戍守之，乃象形之文，非形聲之字，……蓋古鼜字也」。此說在文字學上不能成立。研究文字學，必當有字形或歷史之根據，⿰女壴鼜二字，在字形上既無線索可尋，在歷史上又無蹤跡之遺留，但憑一己之理想以決定古代之文字，實最危險之方法也。蓋解釋文字者，必在字形確定為某字以後，釋其何以有此現象而已。不可在未識其字之先，漫然加以解釋，即憑一己之解釋而斷其必為某字也。⿰女壴字郭釋為鼜，象壴旁有人跽而戍守之。然何以从女，豈「夜戒守鼓」，乃當女子耶？且人跽鼓旁，安見其不為擊鼓，然則更可釋為鼓鞞乎？郭氏天資過人，於卜辭發明頗多，然疵類亦所不免，如此等處，不能謂非千慮之一失也。十餘年前，予初治卜辭，即釋僖嬉為憘及嬉，時猶未見孫仲容之書也。蓋喜之即熹，囍之即嘻，既無可疑，則僖嬉等字，烏能例外，此理本甚易明也。然除孫氏外，竟無知之者，豈非怪事。：：或謂僖，鼓嬉等字，乃為形聲字，自當乃子之說矣，然安見其非象形與會意耶？余曰不然。僖鼓嬉三字，姑不論其為聲化象意，為純粹形聲，其為形聲字，固可無疑。卜辭有嬉字，我人既以喜囍為熹囍，是豈能強分嬉嬉為二字。此一證也。（商承祚於嬉下云：『此字與集韻同。又疑為佢之異體』。是已知嬉嬉當為一字，惜拘於羅說而不能自拔耳。）僖之為憘，嬉之為嬉，自古相傳，為形聲字。即玉篇讀僖為時注切，亦仍是形聲。此二證也。即以卜辭言之，鼓嬉通用，事甚昭著，其云『王固曰：壴』，（續六、十三、一）即『王固曰：嬉』也。（前七、二、四）其曰：『貞王妝不佳壴』（潔四〇九）與『：：雨，不佳嬉』，（鐵五九、三）『貞行口不佳嬉』，（拾八、十八）句法正同。則壴嬉亦相通也。壴鼓嬉三字之通用，以非鼓嬉之同諧壴聲，固不能解釋。此三證也。然則僖、鼓、嬉之必為形聲字，且必當讀僖、鼓、嬉，其證據至明確也。然於此有一難題焉，即卜辭鼓嬉等字之意義是已。說文：『僖，樂也』。又：『歖，粹喜也』。又歖為喜之重文。廣雅釋詁：『嬉，戲也』。蓋古文字从人者或轉从女，或改从卩，又或从欠。僖、歖、嬉在後世雖殊為各字，在古昔則音義全同，實一字之異文也。然僖樂之義，非卜辭所用也。卜辭恆云：『㞢夲其㞢來嬉』，羅氏讀為『之求其之來佢』者，固不可解，然讀嬉為嬉，亦正難通。余之懷此疑，蓋亦久矣。郭沫若依胡光煒說，讀㞢為有，依孫詒讓說，釋夲為希，而讀㞢希為有祟，此類卜辭，始露一線之光明。余氏謂『嬉字必與希字相貫而含凶咎之意』，誠為不刊之論，惜其釋嬉為艱，於字形為錯誤耳。於前歲暑假讀戩壽堂殷虛文字，忽悟『㞢來嬉』者，與『亡來嬉』對文，『亡來嬉』即『亡來囍』，因以知鼓嬉均當讀為艱。後撰古文字學導論，於自序中涉及此說。且以壴、鼓、嬉、囍四字，今所謂古音系統分屬各部，而卜辭時代猶相通用。因謂今之古音，出周以後，不足為周前之準繩。此說既出，學者間雖有贊同者，而疑難者亦復不少。難者之意見，約分三端。學貴求是，故煩瑣，聊復詳辨焉。一、難者謂卜辭之『亡來嬉』與『亡來囍』，辭例不同，嬉囍既不必同義，自不必同音。今按此乃未詳檢卜辭而致誤耳。難者謂卜辭用嬉字，有一定之格式，於『貞勹亡囚』之後，繼之以『王固曰：㞢希其㞢來嬉』云云，與用囍字者必曰『貞今日亡來囍』不同。今按如謂一為固辭，一為貞辭，則請檢本編所錄嬉字，強半為貞辭也。（本編所錄，於已見著錄之嬉字，大致無遺）乃謂後者必繫以『今日』與前辭異者，則可以『貞今十月其㞢來嬉』（蘆人一〇三）一辭證之，繫月與繫日固無異也。』其尤重要者為庫方二氏藏甲骨卜辭一三〇五片中有兩辭，均殘闕，今對照之乃次：『□□□兄□□日亡□嬉□方』。『辛亥□兄□□日亡來□自□』。其全辭當云『（某日）卜，兄，貞今日亡來嬉，自方』。嬉囍同義，此其鐵證也。難者或謂前者『㞢來嬉』『亡來嬉』並見，後者僅有『亡來囍』為異者，不知卜辭自有『又來囍』

〔後上三十三〕之辭也。難者或又謂前者多屬邦國変故，後者多與雨同卜者。不知卜辭用壴⿰壴卩⿰女壴等，其範圍殊廣，如夢疒之類，而戩五九、三片云：『雨，不隹鼓』，足證亦用於卜雨。且戩一八二、三片云：『貞勹㞢希，其自西㞢來⿰壴卩』，其同片云：『貞今日不雨』，正與雨同卜之證也。要之，⿰女壴⿱艹鼓同義，證之卜辭本身，決無疑義。然難者更謂『㞢希其㞢來⿰女壴』之辭，何以不作⿱艹鼓字。難者如執此一隙，而抹殺一切重要證據，則余可無言。不然，余將告之曰，此時間為之也。卜辭用⿰女壴字者，其卜人為亘、般、爭、辰諸氏，皆武丁時，一用壴字亦武丁時〕惟上文所舉之凡為祖庚叕祖甲時。用⿰壴卩字者，為出，用⿱艹鼓字者為旅、大、即、𣦵，並祖庚、祖甲時卜人。由此可知早期多用⿰女壴字，後期多用⿱艹鼓字；早期多卜㞢⿰女壴，而晚期多卜亡⿱艹鼓。出於後期中獨以㞢⿰女壴為卜，乃改用⿰壴卩字。〔按出亦用⿱艹鼓字，見庫一二九二片。其用⿰壴卩者，蓋尚襲前期之風氣耳。〕凡獨沿用⿰女壴字，而其云『今日亡來⿰女壴』，則與同時卜辭相同。此⿰女壴⿱艹鼓等字演変之略史，而早期卜辭中所以未見⿱艹鼓字也。二、難者謂⿱艹鼓諧壴聲為不可通，因而⿰女壴⿱艹鼓同聲相偺為不可能。今按此未明於古音之流変也。⿱艹鼓从喜聲，昔人有言之者。宋保說文諧聲補逸云：『艱古音在諄、文、欣、魂、痕部內，喜在止、海部內，如存从才聲，秋讀若銀，來聲，⿰壴夬讀若迅，吏聲，是其例也』。近人楊樹達氏謂之部與諄部可對轉，亦舉⿱艹鼓从喜為證。〔楊文載清華學報，手下無此書〕按諧聲之変例與對轉，大抵韻変而聲不変，而喜音與艱較遠，故若可疑。然若古文字⿱艹鼓字之从壴聲，則絲毫無可疑也。壴即鼓之本字，卜辭既有明證，艱與鼓一聲之轉耳。⿱艹鼓初从壴聲，其後変為⿱艹⿰壴喜，時人疑其非聲，故改从艮聲而為艱，⿱艹⿰壴喜字尋廢，幸周禮存一⿱艹⿰壴喜字，故猶得保存於說文耳。〔說文引籀文，或出史籀篇〕凡文字不屬於形，必屬於意，不屬於意，必屬於聲。⿱艹鼓字既不能釋為象於象意，自當為形聲也。卜辭時代，一部分諧聲系統，尚未紊亂，故壴⿰壴卩⿰女壴⿱艹鼓四字，同音通段，足見⿰壴卩⿰女壴⿱艹鼓之同諧壴聲也。及周以後，一部或入侯部，或入之部，或入諄部，分崩離析而不可復合矣。然壴喜鼓豈等字之所諧，交互錯雜，苟細心分析，不難知其故也。學者其疑我言乎？請閱下表

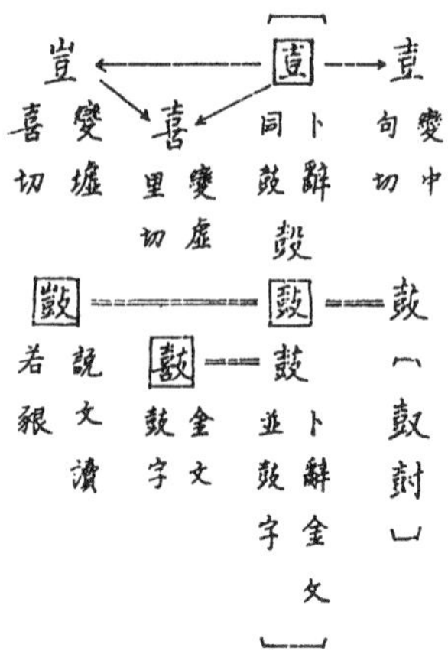

【壴】
僖=僖=僖
歖=鼓=歖 說文許其切
嬉=嬉=嬉
囏=囏 卜辭並讀若艱 籀文艱

【喜】
喜=喜 卜辭疑通喜饎

愷=憙=憘=愷 金文

（注 凡與主諧字之今音異者，以口圍之。）

然則沾滯於目前之古韵系統，固不能與論周以上之古音也。三難者謂古韻系統，二十八部，條理井井，自詩以下，其用韵幾無出入，不容輕易推翻，因以余說為妄作。今按此非可以口舌爭也。余所抉而出之者，古文字中之自然現象耳。有可定為形聲字者，有可知其相通假者，類而觀之，則商代諧聲系統可見矣。此本不僅从壴聲之字為然，凡諧聲字皆可類聚，此僅其一例耳。且余所言者，必有依據，未嘗率爾，故尤商代諧聲系統，與今之古韵系統不合者，乃其本來面目，非余以意為之也。余於古韻之學，所知固尠。然深信音之多流變，戴震所謂「音之流變無方」是也。一時有一時之音，一地有一地之音，豈能強同。故今之音，非切韻系統之音也；切韻系統又不齊於古韻系統也。今之古韻系統，周以下音也。若謂周以前音，前固定而無流變也；是猶謂小篆為倉沮古文，而卜辭金文為妄作也。昔之學者，不能有出入，是謂周以之切韻系統，不足以論周代之音，故創造古韻系統以代之。然說文之諧聲系統，已與詩之用韻多不合矣。（如从堇旁之字，詩韵或入真部，或入元部。）說文雖出漢世，然因分析文字之故，知代表中古音其諧聲系統，實較三百篇之用韻為古，而言古韵者為三百篇之用韵所囿，不能悉依也。然則今之古韵系統，僅足說明三百篇時代之用韻，然猶有彌縫補苴，未能盡善，又豈能為周以前音之準繩哉。余故分析商代文字，以觀其諧聲系統，亦即說文之法而擴充之耳。其與今之古韵系統不合，實理之所當然，無用驚駭也。言古韻者，未嘗推翻切韻，然則言商代之音，亦豈推翻古韻。我人只須明今所謂古韻，只限三百篇時代足矣。又安能推翻之哉。卜辭壴郭嬉等字，並段借為囏難字，上文所論，既已詳悉。此類卜辭俱以明白。故治卜辭當以研究文字為第一義也。」

（文字記五十六葉下——六十一葉下）

孫海波 「从女从喜，說文所無。廣雅『嬉，戲也。』」（文編十二卷十一葉）

屈萬里 「卜辭：『癸酉卜，貞：其自阜出來嬉？』甲編二〇九四嬉，從孫詒讓氏所隸定（契例下二〇頁）。唐蘭（唐記以為嬉、囏同義云：『卜辭壴、郭、嬉等字，並段借為囏難

字』。其說是也。尚書大誥：「有大艱于西土」。艱，謂艱苦之事。本辭乃卜问是否有艱苦之事自華處來也」。（甲編考釋二六二葉）

李孝定 「从女从壴，說文所無。即今之嬉字。說文亦無嬉字唐氏讀為囏艱，觀卜辭亦習見「亡來囏」之辭，其說甚是。予於音韻一道為門外漢，於唐氏所論古音流變實不敢妄贊一辭，然其所論三百篇時代之古韵系統不足以上論商代之古音，在原則上固確不可易也。艱困凶咎義類相近，卜辭言有來艱亡來艱者，卜未來之有無災禍，亦猶它辭之言亡禍亡尤有祟有㞢也」。（集釋三六九五葉）

饒宗頤 「『來婠』舊讀『來囏』，甚韙。國有難作曰『艱』。大誥：『有大艱于西土』，涒灘：『亦大惟艱』是也。周人言『艱』乃襲殷語」。（通考一六五葉）

李平心 「婠作㜣，当是从女壴声，壴广韵音中句切，自汉至唐读入定母，而商周古音当在见母，豈壴象鼓形，集韵训陈乐，与原义相去不远。郭沫若先生确认豈为鼓之初文，并引泉屋清赏所载古铜鼓形制为证，其说极确。鼓字作鼓，当是从殳从壴，壴亦声，意即以捶击鼓。彭字作彭，意即鼓声逢逢不绝。喜字作喜，从壴从口，意即亦鼓亦歌。甲骨文有两则文义相同之辞：

辛亥卜，出贞其彭彡，告于唐，牛一。（佘十·二）

丁酉卜，大，贞告其壴于唐衣，亾囗。九月。（后下三九·四）

可知壴即鼓字。他辞云：『囗侯虎允来𠀠㞢史壴。五月』。（前四·四五·一）㞢史壴即有事故，故壴同音通假。知壴即鼓之初文，则婠自当读壴。粹一五九三：『其来壴』，与他辞言『其来婠』是一样的，婠壴与辜音义全同。卜辞之『亡婠』与『弗壴』可读为无辜。辜训罪，犹咎训过，乃是后起之义，初义当为不祥。来婠为古代卜筮习语，在古籍中正相当于『烈假』；诗大雅思齐：

『烈假不瑕』。笺：『烈假皆病也』。

烈假声转而为厉蛊，汉仙人唐公房碑：『厉蛊不遐』。来、厉、烈与婠、假、蛊各为一声之转。」（甲骨及金石文考释（初稿一），李平心论集一三六至一三九页）

殷康 「㜣 婠 㜣 㜣 嬉」甲文，旧释㚶、僖，愚暂释𡔷、鼓。象人对鼓而坐之形（大约有守鼓之意），所以如此，概用以区别于一般的击鼓之形的鼓

（鼓）字，这应是象形字，不宜解作形声。不过人坐鼓旁，究是何意？无法由字形中明了。我们只能藉助于卜辞的文义来作探讨。众所周知，它在卜辞中是习见字，「有来𡔷」是卜辞的常用语，尤为明显的是几条久已脍炙人口的卜辞如：「……王占曰：有尤，其有来鼓？迄至五日丁酉，允有来自西，……告曰：土方征于我东鄙，灾二邑，𢀛方亦侵我西鄙田（若干人）……」。由此分析一下就容易明了，原来「来鼓（𡔷）」一词，分明指「边警」、警报等意。我们把字形和文义联系起来，就可以推想殷人在边境上设置大鼓，作为信号，有「外寇」来犯时，就用鼓声传递警报，逐步传到殷王的所在。其实这种传警的方法也流传到周代，而且史有明文，如史记周本纪：「幽王为烽燧、大鼓，有寇至，则举燧火……」，只是人们不知殷人早已用鼓声传警，所以读、用此句时只偏重于「举燧」，而忽略于「大鼓」，又未明察字形，以致八十年来的卜辞研究中，未能正确了解和解释这些最习见的卜辞。这里的字鼓人，由一般情理推断，应是殷统治集团用来监视国境的耳目心腹，可信赖的军事情报人员，至少也是「戍卒」吧？然而学者多牵强的解僖、鼓为说文的侸、玉篇的侸、僖，以为即「仆竖」之竖，因而解𡔷鼓为奴隶，于情理和卜辞的文义都不可通；……近世也有学者说「当读如艰」，意非不近，然而艰字甲文作[illegible]，象一被缚人为火焚之状，早已定形，不宜再作难于表现艰意的𡔷鼓。……」（古鼓和古文鼓字社会科学战线一九七九年三期一九七——一九八页）

柯昌濟　「按嬉、僖皆為豎之古文，為童年牧畜奴隸之稱，童子亦可稱豎，此種童豎，職掌边境偵察之事，报告敌族入侵，山海經記有禹命豎亥步事。楚辭天問云『有扈牧豎』，蓋牧豎常居野外，能司偵察敵方之事，而自夏以來即有之，足證其制甚古。此語至秦汉時尚存，使犯范增设項羽為豎子亦其証。」（殷墟卜辞综类例证考释，古文字研究十六辑一四三——一四四頁）

高明说参𡔷字条下。

楊树达　参嬉字条

按：字隸作嬉，唐蘭讀作艱，意為凶咎，其說是對的。但謂即嬉字，則不可據。卜辭有[illegible]字（綜一·二一·一二）其辭例與嬉有別。是嬉不得釋作嬉之明證。古文字偏旁中，从口與否或無別，或區分井然，不得一概而論。[illegible]與[illegible]、[illegible]與[illegible]、[illegible]與[illegible]、[illegible]與[illegible]均其例，不勝枚舉。字之同異，必須核諸辭例。

⿰亻壴

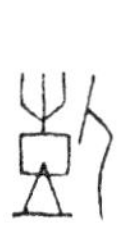

孫詒讓「⿰壴卩即侸字。說文人部侸，立也。从人豆聲。讀若樹。』此从人从壴者，以讀與樹同，故豆壴通用。以喜作歖、嬉作⿰女壴例之，又或為僖字之省，亦通。……嬉……从女从壴，說文無此字，疑即嬉之省。夏桀后末嬉，見楚辭天問、呂氏春秋慎大篇，則古有其字，此即嬉之省也。……⿰壴卩……案說文喜部古文喜作歖，从欠，當即此字。欠古文作[illegible]。」（擧例下廿葉——廿一葉上）

羅振玉「說文解字：『侸，立也。从人，豆聲。讀若樹。』案以讀若樹觀之，則當从壴聲。此作⿰壴卩者，从人从壴。古从木之字，或省从屮，如楚。亦从艸作[illegible]。杞亦从屮作⿱屮己，農亦从艸。故壴亦作⿱屮豆，知⿱屮豆即樹也，故或省人。此為後世僕豎之豎字。卜辭又或从女，殆與从人之⿰壴卩同」。（殷釋中廿四葉）

商承祚「段先生曰：『侸，玉篇作⿰亻壴，今作樹。廣韻曰：「⿰亻壴同尌」。蓋樹行而侸尌豎廢，并⿰亻壴亦廢矣』。今以卜辭觀之，則⿰亻壴又侸豎之初字也。」（類編八卷三葉）

唐蘭「右⿰亻壴，即僖字，羅振玉釋侸，非也。古從壴之字，後多从喜，⿰亻壴即僖，與⿰女壴即嬉，固無殊也。孫詒讓云：『⿰壴卩即侸字，說文人部「侸立也，从人豆聲。讀若樹」。此從人從壴，即以讀與樹同，故豆壴通用。以喜作歖，嬉作⿰女壴例之，又或為僖字之省』。（見擧例下廿）孫氏猶豫於兩說之間，羅氏蓋襲用其前說耳。然自文字學言之，孫氏後說，實遠優於其前說也。說文作侸，立也。今作樹』。此蓋因壴字轉為中句切，而隨以俱轉耳。尌本由壴得聲，故⿰亻壴樹之聲得相近，然⿰亻壴侸固非一字也。後人既不知⿰亻壴僖一字，見⿰亻壴从壴聲，與侸讀若樹相近，而⿰亻壴侸字形亦相近，遂肊謂⿰亻壴即侸字矣」。（文字記五十二葉下）

唐蘭「右⿰壴卩字，孫詒讓釋歖甚是，羅振玉併壴⿰亻壴⿰壴卩⿰女壴四字，通釋為侸，實大誤也。⿰壴卩即歖字者，古文字於人形之偏旁，恆變為欠，如卜辭[illegible]或作[illegible]，（後下二二、三）金文[illegible]（伯[illegible]鬲）[illegible]或作[illegible]，（毛公旅鼎）[illegible]或為[illegible]，（秦公毁）皆可證，則[illegible]自易變為[illegible]或[illegible]也。說文喜字下有歖字，注云：『古文喜，从欠，與歡同』。欠部有歖字，云：『卒喜也。從欠喜聲』。（大徐本作从喜，此依小徐。）按欠部歖篆，宋本、葉本、趙本、毛氏初印本、繫傳朱本、五音韻譜均同，然篆文作歖，而注中則作从喜，故毛氏後剜改篆文作歖，以與解合；而改為歖後，又與喜下古文歖複出，於是段玉裁、嚴可均輩又議改喜古文歖為歖矣。（孫詒讓以歖為喜重文，蓋誤據段說）今按欠部篆文歖，喜部古文歖，皆不誤，玉篇於喜部有歖字引說文，於欠部有歖字，訓同說文（後別有歖字，乃據字書）可證。然則所誤者，乃欠部之注，『从欠喜聲』，本當云『从欠壴聲』耳。蓋玉篇歖欣疑切，說文歖許其切，後人既不知喜从壴聲，而狃於讀壴為樹，因致疑於歖从壴聲，遂改為喜聲耳。然今篆文未改，猶留微蹤，而毛斧季、段懋堂等紛紛改之，則併此微蹤亦不可得見矣。歖從壴聲，而讀許其切，此喜從壴聲之鐵證也。然則說文喜字古文之歖字，亦即歖字，所謂『異部重文』也。歖之為歖，正猶僖嬉之為僖或嬉矣。卜辭𡍫字當讀為囍，說詳嬉下。」（文字記五十三葉）

孫海波　「𡍫，鐵一七二．四。从人从壴。罗振玉以为即說文之侸字。玉篇有此字云，僖，時注切。說文作侸，立也。今作樹。㜑，鐵一一五．三。其自南出僖，僖或从卩作𡍫，含有災害之意。唐兰云，𡍫字当读如囍。𡍫，甲二一二三。或从女。」（甲骨文編三四一頁）

李孝定　「古文喜樂字，皆取樂器以見意。壴為鼓之象形，壴喜一字……此从人从壴，當即僖字，唐說是也。羅氏並𡍫𡍫𡍫𡍫四形皆釋為侸匪唯釋字有誤，於偏旁分析之法亦未精矣。卜辭僖字僅一見，且係殘文，不詳其義。」（集釋二六五〇葉）

2813

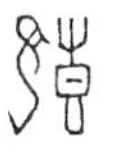

李孝定　「說文：『歖，卒喜也。从欠、喜聲』。契文从壴从卩。古文偏旁从卩从人从女每無別。僖嬉𡍫其始當本一字，於卜辭之用亦皆當讀為囍，至小篆始歧為數字耳。羅氏釋為同字本不甚誤，惟釋為侸則殊。唐氏分釋為僖嬉歖三字，依許書之例言之則更較明確耳。字本當隸定作𡍫，說文所無。惟僖嬉二字小篆既皆有專字，則唐氏以此當許書之歖，說亦可從。其說歖歖二字之衍變，亦是。」（集釋二八二五葉）

按：字隸當作「僖」，卜辭為人名。與「嬉」有別，釋「侸」不可據。

按：字不可識，其義不詳。

2814

孫詒讓　「𠁩𠁩兩形下端从豆省，惟上形難識。推覈形義，疑當為豊之省。說文豊部豊，行禮之器也。从豆象形。讀與禮同。此下从山即豆，下附之半形，與前𣪘𢍭諸字偏旁略同。上从凵者即豊之省。」（舉例下二二葉下）

葉玉森　「予疑即垔，乃禋之古文。禋之言煙，虞書『禋于六宗』，大傳作『煙于六宗』。八凵象煙气上升形。月垔乃殷代祭禮之一。」（鉤沈乙卷五葉下）

郭沫若　「卜辭有𧯛字每與月夕字連文而介在連接二干支間，意含凶咎，羅氏疑𧯛（見商氏待問編卷六第十葉）殆以字類器物之形，然以原辭按之俱無疑𧯛之理，今就其辭之較完整者繹釋如次。一、『曰㞢祟三日乙酉月𧯛丙允㞢來入𡆥』（鐵一八五、一）此與月字連文而介在乙酉與丙戌二日之間。又卜辭常例屢曰『王固曰㞢祟其㞢來媫若干日某干某允有來媫』下必繫以艱之事，此亦其一例而稍變。……此辭上言『有祟』下言艱之事『允有來入𡆥』（商承祚釋齒，按乃地名），而中夾以『三日乙酉月𧯛』一語，則月𧯛一事上必與有祟同係，下必與人禍共貫，其為凶咎之意顯而易見。二、『七日己巳月𧯛缺㞢妣辛大品兹大缺八㞢希其來㞢媫　不吉』（後下九、一）此亦月𧯛連文，辭雖殘闕過甚，然為不吉之意已著於辭間。三、『甲辰大𢼸風之夕𧯛乙巳𢀛口五人五月在口』（菁三、三）此以『之夕𧯛』連文，夕當是夕。古月夕字每混用，然大抵以有點者為月，無點者為夕，『之夕𧯛』此夕𧯛。此夕𧯛者甲辰之夕𧯛，故此亦介在甲辰與乙巳二日之間，𢼸與大風二字連文，則必係天變無疑。……上言天變下言人禍，中夾以『之夕𧯛』三字，則事亦必含凶咎。由上三例，余以為𧯛字之義已可確知。事為災眚，屬於月而見于夕，則非蝕字而何耶。且釋為蝕字於字形亦有說，骨文凡从皀之字如既作𩰫、即作𩰨、鄉作𩞁，皆象人就食形，皀即所食之物，象豆中盛物豐滿無缺也。食字亦有作𩚃形者，乃加蓋於食物之象。金、骨文从食从皀之字每多不別，如敦字古本从皀，然骨文有作𩛥者（後下七、十一）从食，金文多至不可勝舉。鄉字亦然，如大鼎『王饗醴』，效卣『納饗于王』，皆从食，知皀為食物之象形。皀而缺其上為𧯛，則當為蝕矣。故𧯛即蝕之初文，从皀省會意，作食者乃叚借，蝕則後起，从人虫形已複而又複。四、『口丑月𧯛壬寅王亦冬夕𡆥』（菁六、六）冬當讀為終。此辭有二讀，終下夕字乃讀月，則終字當上屬為句，即『辛丑月蝕壬寅王亦終月口」，乃讀夕則當為「王亦終夕口」，然可惜者𡆧字不識。……統觀上舉九例，辭意雖多不明，然均於釋蝕無礙。但有可疑者一事，則日蝕迄文未見而月蝕字面特多，此所以疑者。疑殷人不甚吕日蝕為災異之故，蓋崇拜太陽乃後起之事。古人視日為妖，羿射十日之傳說即其證明」。（甲研上冊釋蝕）

唐蘭「右良字，舊誤歧為二，以𡆧為良，而以𡆧𡆧為別一字，今正。作𡆧形者，孫詒讓釋豐，誤。葉玉森釋亞，……。不知𡆧既象豆形，則所布者乃食气爾，安得有煙？亞字見於陳壽卿藏亞戈者作𡆧，（見奇觚室十、六）與𡆧寧有一毫形似。……郭沫若釋蝕，……因謂夕𡆧為月蝕。然卜辭之𡆧，上兩筆修而不斂，無由為皀之缺。皀上缺而為蝕，說無所徵。據所說有迄續二日之日蝕，殆非古人所及知。且卜辭自有月食，簠室徵文天象二云：「旬壬申夕，月㞢食。……」庫方二氏藏甲骨卜辭一九六五片背云：「七日己未𡆧，庚申，月㞢食。……」皆可證商人只用食字，與周人同，郭氏之說，實未懨也。余按𡆧即良字，古文字之例，恆缺底畫，如豆或作𡆧，故𡆧每作𡆧，由𡆧小變即為𡆧矣。……良古本作𡆧，或作𡆧，𡆧即豆形，豆所以盛食物，而作八者，殆以象食物之香氣也。……其曰某夕良者，疑指氣象而言，是「朗」之本字矣」。（文字記四十二葉——四十三葉）

于省吾「卜辭𡆧字屢見，孫詒讓疑當為豐之省。葉玉森疑即亞，乃禋之古文。郭沫若謂𡆧即蝕之初字。唐蘭云：𡆧即良字。……按四家所釋，既背於形，又乖於義，不煩覼縷辨正也。……綜覈𡆧字諸文，似毁之从皀，似豆之作𡆧，而其不同之徵，則上端有頸有口；似壺之作𡔷，而其不同之徵，則上端無蓋，當即小篆豋字。說文：「鐙，酒器也。从金豋，象器形。豋或省金。（大口切）」王筠說文釋例云：「案豋象形，必古文。其形似𡔷之下半。壺有蓋有頸有腹，豋則無蓋也。考工記：「一獻而三酬，則一豆矣」又云：「飲一豆酒」。鄭注皆云：「豆當為斗，聲之誤」。筠意豆當為豋，形之誤也。猶壹篆從壺從吉，而隸變從豆也」。又云：「函篇鬪侸作鬪。集韻十九侯，侸僜同，脰𩪘同，剅𠟐同，郖鄧同。五十侯，證𡢃䛠𡜨同，隥陘同，此皆豋變為豆之證也。而四十五厚，鐙鋀豋同，尤其確證矣」。章炳麟文始云：「豋者最初古文，與豋字下體相似，豈豋尊邪，對轉東，當為鍾，酒器也」。按豋字王以為似壺之下半，章以為似壺之下體，王以豋形後世譌為豆，章以豋音對轉東，當為鍾，均具不刊之卓識。金文壺字，師望壺作𡔷，史僕壺作𡔷，芮公壺作𡔷，頌壺作𡔷，溜壺作𡔷，从入象其蓋，从大亦象其蓋，乃夻字即象凵盧加蓋之形。說文：「壺昆吾圜器也。象形。从大象其蓋也」。又「盇覆也。从血大」。徐鍇曰：「大象蓋覆之形」。是其證。以上所列金文諸壺字，乃去其蓋則作壴壴形，稍變則為豆，其為契文豆或𠁁之所孳演，灼然明矣。東周《左師壺》，壺字作盦。去其蓋則作豆。與《簠室徵文》文字八十作豆者相近。《殷契卜辭》八五曰，有壺字作盦，左右繫繩下垂，去其蓋與繩則作豆。《前》五、五、五、有壺字作𡔷，去其蓋則作豆。《番匊生壺》，壺字作𡔷，去其蓋則作豆。其即《說文》豆字審矣。其底與圈足中間稍寬之橫畫，或斷與否一也。如金文豆字作豆，而《𢿱伯𣪘》豐字从豆作豆，其兩豎畫上出與否一也。如《戩》〔白〕戲字从豆作豆，均其證也。至曲形變為𠁁，其豎畫或斷或聯一也。如契文酉字作酉亦作酉。金文公字作㕣亦作㕣。隮字作隮亦作隮。此例習見，不煩備舉。要之，豆字由豆而𠁁而由而豆而豆。其無底畫者，又[illegible]，即其例。豆字《說文》以為酒器，是也。今以出土之彝器形制考之，當即罍壺之無蓋者，漢代謂之鍾，其方者謂之鈁。鍾鈁皆無蓋，其名雖異，其形制固略同也。卜辭豆字用法有三。一、《續》五、二十、五：「帚豆示十口。」豆為婦名。二、《藏》六七、二：「豆羊」。《坤》二、十二、四：「豆𢑚」。《續》一、三九、三：「豆𢑚三」。一、四四、四：「豆十勿牛。」二、二三、九：「豆十𢑚」。《佚》八八九：「豆三牛」。豆均應讀為斲，俗作斵，亦作剅。《呂氏春秋·貴公》：「大匠不斲，大庖不豆。」俞樾謂豆者剅之假字。《廣雅·釋詁》：「剅，裂也。」按《集韻》十九侯，剅同。是到者剅之訛。而不斲與不到，然則並言，則歧化為二字矣。《說文》：「斲，砍也。」从斤豆聲。《楚辭·九歌》：「斲冰兮積雪。」注：「斲，斫也。」然則用牲而言豆，當與言卯相若矣。三、《前》七、十四、四：「夕豆。」《續》四、六、一：「口（丁）酉雨，之夕豆，丁酉允雨，少。」《前》七、三三、一：「辛亥豆。」《簠室·地望》四：「甲午豆。」《藏》一八五、一：「出希，三日乙酉，夕豆，丙戌，允有來入齒。」豆字當讀為覭。《說文》：「覭，目蔽垢也。从見豆聲。讀若兜。」引申為天氣陰蔽之義。玄應《一切經音義》十三，引《三蒼》郭璞注：「翳，目翳病也。」《楚辭·九歌·遠逝》：「擧霓旌之墆翳兮。」注：「墆翳，蔽隱貌。」是覭訓目蔽垢，引申為陰蔽。猶翳訓目翳病，引伸為蔽隱也。然則卜辭上言夕言日而下言豆者，謂天氣之陰蔽也。其言「之夕豆丁酉允雨少」者，謂前一日丙申之夕天氣陰蔽，丁酉允雨，但少耳，非不雨也。其言出希而又言夕豆又言允出來者，蓋覭夕時天氣之陰蔽惡劣，而以為有祟也。綜之，契文豆字，即《說文》鐙之或體作豆之初文，象罍壺一類無蓋之器，漢代謂之鍾鈁。契文用牲而言豆者，應讀為斲，謂斲斫也。其言夕豆之夕豆某日豆者，應讀為覭，謂天氣之陰蔽也。」（《駢續》二七——三十葉《釋豆》）

吳其昌

「𠙹者，在卜辭中即為豆字之省文，而亦即經典中「豊」字之初文也。所以知其即為豆字之省文者，卜辭此字，或作豆（《鐵》二一七·二、《前》七·三三·一等）或作豆，（文多不舉）或作𠙹（《林》二·一二·三、《後》二·四一·一等）或作𠙹（《前》一·三四·六），遞減而漸消之迹，粲然具在也。證一·本片（指《前》一·三四·六）云：「𠙹二𢑚」他辭又云：「豆十𢑚」（《續》二·二三·九），「豆三羊」（《佚》八八九）

取相比勘，則知甴，⿱甴土之相等，絕無可猶豫者。證二。然則何以又知其即為經典之「垔」字也。按此甴、⿱甴土，諸形，皆象豆皿之物，侈口仰天之狀，殆所以達煙氣于上者，經典之述禋祀也，義正相類。《周禮．大宗伯》「以禋祀祀昊天上帝」，鄭注：「禋之言煙；周人尚臭，煙氣之臭聞者。」又《舜典》「禋于六宗」，鄭注：「禋，煙也。取其氣達升報于陽也」。所述與此字諸狀相符。此其一。又《說文》土部記「垔」字之古文作⿱⊗土，實乃⿱甴土字之形譌。此其二。既知甴即⿱甴土，亦即垔矣，然此字在卜辭中究作何義解耶？按此字在卜辭中，習用為二類；其一類為「月⿱甴土」，其第二類為「⿱甴土牲」。其記第一類者，如云：「……月⿱甴土……」（《鐵》五．三）、「三日乙酉月⿱甴土，丙戌允出來入齒。（地名）」（《鐵》一八五．一）、「□亥，不月⿱甴土……」（《鐵》二〇七．三）、「……月⿱甴土……」（《鐵》二一七．三）、「……月⿱甴土……」（《拾遺》三．一二）、「〔己〕卯月⿱甴土，丙戌帚□」（《前》七．一四．四）、「七日己巳月⿱甴土……」（《後》二．九．一）、「……月⿱甴土，壬寅王夜□（終）□（夕）□」（《菁》二．一）、「大□風出月⿱甴土……」（《菁》五．一）、「不雨，月⿱甴土，丁酉，允雨。」（《續》四．六．一）、「〔丙〕午月⿱甴土……」（《續》五．一．一）、「甲申，月⿱甴土；乙酉……」（《續》五．八．一二）、「□申月⿱甴土……」（《續》五．一．六．一，即《佚》六三）、「……月⿱甴土，丁丑雨。」（《續》五．一九．一二）、「辛丑，月⿱甴土……」（《佚》六一）等是。「垔」之義為掩遮蔽沒，故《淮南子．兵略訓》以「斥、闉、要、遮」並稱，又《廣雅．釋詁》一云：「湮，沒也。」又宣十五年《公羊傳》：「華元乘堙而觀之」。蓋即城上之「闉闍」，用以隱匿堵蔽者也。是故「月⿱甴土」當釋「月垔」；「月垔」之義，為月被蔽塞。月被蔽塞，斯來朝崇雨矣。故曰「月垔」，丁酉，允雨。」，「月垔」，丁丑雨。」……其顯證也。（郭沫若氏以「月⿱甴土」為「月蝕」，別無證據，但云：「甴字形而言，乃象豆中盛食有缺之形，亦蝕意也。」其昌按：如郭說，亦可釋之為夕，為殘、為缺、為少，何必定為「蝕」字乎？」不然也。春秋以前，日月蝕，皆作「日有食之」，「月有食之」，未嘗有「月蝕」之名，二不然也。卜辭另有「月食」之文「食」字作□，文云「日月有食」，見于《殷契佚存》第三七四片，凡二見，此不不得為鼠璞之亂，三不然也。）其記第二類者，如云：「甴二牡。」（本片、指《前》一．三四．六）、「王御且乙妣□，⿱甴土羊，𠕋窜。」（《鐵》六七．二）「……御□于母□，□彝。」（《林》二．一二．四）「□二妣己，⿱甴土羊三，用羊十。」（《續》一．三九．三）「求年于丁；⿱甴土十勿牛，𠕋百勿羊。」（《續》一．四四．四）「貞求年于丁；⿱甴土三勿牛，𠕋廿勿牛。」（《續》一．四五．四）「甲子，酒御，⿱甴土十牡。」（《續》二．二三．九）「貞御于父乙，⿱甴土三牛，𠕋廿□，伐卅窜。」（《佚》八八九）「辛丑卜用，⿱甴土三羊，及冊（𠕋）□（五十）五羊。」（《佚》八七二）。綜上列諸辭以觀，或云「垔羊」（三見），或云「垔牡」（二見），或云「垔牛」，

（一見），或云「亞虘」（一見）。則此「豈」（亞）字之決為刑牲以祭之義似無可否認也。刑牲之祭而名以「亞」者，殆牲體既享飪後，登薦俎豆，汁𦢊蒸騰，與煙氣上達者相同故也。《洛誥》：「則禋于文王武王」鄭注：「禋，芬芳之祭。」蓋羹定煮飪，汁𦢊蒸聞，斯芬芳播越，故「禋」為「芬芳之祭」。牲經烹飪而後祀，則自較薦生者為精潔，故《國語·周語》曰：「精意以享，禋也。」韋昭注，「潔祀曰禋。」《說文》示部：「禋，潔祀也。一日精意以享。」崔靈恩《禮記義宗》云：「禋，煙也，潔也，精也。」皆其證也。浸假而引申焉，則「禋」遂為祭享之公名；後世遂有「禋，祀也。」（《詩·維清》毛傳）「禋，祭也。」（《爾雅·釋詁》）之訓矣。此豈之一字之源流本末也。則本片所云「亞二牡」云者，意乃謂飪牡羊二以潔薦于高妣己矣。」（《殷虛書契解詁》第三五七至三五九頁）

陳夢家

「武丁卜辭中豈字，諸家所釋均未確切，其辭云：『甲辰大掫風，之夕豈。』菁.五.續.五.三二.一.佚.三八六.『七日己巳夕豈，㞢新大晶並火。』仆.九.一.『丁酉雨，之夕豈。丁酉允雨，少。』續.四.六.一.『七日己未豈，庚申月㞢食。』庫.一五九五.金.五九四.『夕豈』一定指晚上的氣候，因武丁卜辭豈字只有兩個用法：一為用牲之法，一為夕豈。晚上的氣候通常以見星為測，所以雨止於夜謂之姓，今作晴，（中略）『夕豈』之義不外乎指夜間有星無雲或無星有雲。」（綜述二四六葉）

李孝定

「《說文》：『鎧，酒器也。从金，豈象器形。豈，鎧或省金。』契文豈豈字孫氏釋豊，而契文自有豊字，與此迥異。葉氏釋亞，按金文从亞之字作□，與此亦殊，于氏已證其非。郭氏釋鏹寶乃鄰於想像，且卜辭日月食字自作食，庫二五九五辭豈食並見，可證郭說之非。唐氏釋良，前於五卷良字條下已辨其誤。惟于氏釋豈於字形辭義兩俱洽適，其說可从。」（集釋四〇七〇葉）

饒宗頤

「豈與金文壴字下體相同，當是『壴』之本字。氤氳篆文作壹壺，二字即从此。此壴當讀為曀。《開元占經》一〇一引《竹書》：『帝辛時天大曀』是也。《說文》『曀，天陰沈也。』《詩》『終風且曀』。舊釋亞及豈，未確。」（通考八六葉）

饒宗頤

「卜辭言豈羊豈𡧱，豈本壹字，此為用牲名。壹讀為殪；殪，殺也。（《文選》李善注）殪通作『瘞』，《覲禮》：『祭地，瘞。』鄭注：『古文瘞作殪。』是為瘞薶之禮。」（《通考》一三九葉）

饒宗頤　「按豈與豆通，如鋀為鐙或字，郖之即郖是。（見集韻）穆天子傳：『次于涅水之陽。』水經河水注：『宏農縣故城東有涅津，涅即郖也。』今河南靈寶縣西。」（通考四九一葉）

金祥恒　「豈之本誼，唐兰所謂『象熟食之香气』；豆象豆形，八象香气上騰。說文亞作𡍰，从土西声。古文作𡎯。案亞不从西，說文古文西作卤，籀文作卤，不作卣。沈涛說文古本考，虽据汗簡亞作𡊸，今本篆体微誤云。然以其构造，𡊸或㝵者豆形也，篆籀之弓或卜者气也。說文鬲，古文亦作䰛，从䰜之字如鬻、鬻、鬻、鬻等字，所从之弜，許氏訓『象孰飪五味气上出也』，亞之从弓亦象气之上出，唯省而為弓，甲文作川，犹存古意。故加火為『火气也』，加示為『絜祀也』……亞於卜辭本為祭高之义。」（释豈　中國文字第六卷二八七四頁）

張秉权　「豈，桐当於后代的什么字，我们还不知道，不过它在卜辭中的用法，大概可分二种，一是用在牛，羊等牺牲之前，如：

貞：𠬝于丁，豈三黎牛，𠕋卅黎牛？九月。（續一、四五、四；佚四六）

甲子卜，爭貞：𠬝年于丁，豈十黎牛？𠕋百黎牛？（續一、四四、四；佚一二六）

羽甲辰，酒卯，豈十犅？（佚一八〇）

在那裏，豈字是当着动詞之用，如用牲之法的『卯』『沈』『𡗥』等字一样。另一种用法是介於二个日子之间，似乎是当作連接詞用的，因此，德效騫氏（Homer H. Dubs）認為很可能是『夜半』『或』『继續至』的意思（注一）。德氏的解释，固屬望文生义，但這个字之作為連接詞如『及』『和』『与』等之用，也不是絕无可能的，如果在『豈』字之后断句，則认為那是第一天（或晚上）的事情，与第二天无涉，但是它之常常处於二个干支日名之间，确是一樁值得注意的事实，至於此字的真实意义，还有待学者们的考証。」（殷虛文字丙编考释第十三頁）

（注一）通報 Serie II Vol. XL pp. 三三一

張秉权　「豈字的用法，我在本编第一版中，曾经加以討論過，虽則它的真实意义，迄仍未明，不过由于辭例的增多，我们可以从它本身的辭例中去加以比較推测，譬如『豈』字当作用牲之法的，其所用之牲，也只限於牛、羊、豕等：

壬辰卜，殻貞，乎子𡧊𠨘出母于父乙，豈宰，𠕋艮，三舞，五宰？

貞：乎子𡧊𠨘出母于父乙豈小宰，𠕋艮，三舞，五宰？（丙编一八二）

貞：𠨘（子）漁☐父乙豈羊？（京津二〇八八）

貞：𠨘子宓于兄丁豈羊，𠕋小宰今日酒？（綴二八八）

乙卯卜，殻貞：知帚好于父乙㞢羊出豕𠕋十宰？（乙編三三八三）
羽甲辰酒知㞢十䍧？（佚一八〇）
丁丑卜，穷貞：子雝其知王于□每二妣己㞢䍧三，用羌十？（佚一八一）
貞：知于父乙㞢三牛，𠕋卅伐卅宰？（佚八九八）
甲子卜，爭貞：桒年于丁，㞢十黎十，𠕋百黎牛？（佚一二六）
來庚寅㞢一牛，妣庚𠕋十及十宰十青？（乙編二〇二三十七五四四；丙編待刊）
⊠畫于丁，羌，㞢二牛？（粹津，双，三四）
丁⊠知⊠于母⊠屮狘⊠？（黴二、一二、四）
□（巳）卜，爭貞：子划⊠于母⊠屮狘小宰出及女？（乙編一六七〇十一九五七十二二四九；丙編待刊）

从上面的一些例子里，我们可以看到，凡是㞢宰，䍧，牛等的㞢字都作㞢形，而独㞢𦍩的㞢，却是二例都作屮形，究竟㞢与屮二形之间有多大的分别？凭現在的資料，似乎还没有到述下结论的时候。在下列的几条例子中，屮似乎是一个名詞，而且有另一种的意义：

貞：用二小宰于屮？
貞：勿用二小宰于屮？（丙編一六七）

另外又有一个中方的中字：

□□「卜」，爭貞：今春王伐中方受「㞢」「又」？（鑑，征伐三七）

字形与屮很近，不知是否為一字，因為材料不夠，也不敢遽下判断。同样地㞢也有作名詞的辞例，譬如：

貞：平帚㞢于父乙宰，𠕋三宰出及？（丙編一八三）
貞：令多㞢出田？（涼津一四一八）
帚㞢示十□。（續五、二〇、五）

除了上举的几种用法之外，便是我们所要討論的另一种用法，即㞢字介於二个相連的干支日名之间者，這种用法，又分二类，一类是㞢字之前，加一夕字，如甲子夕㞢乙丑等，另一类則不加夕字，如甲子㞢乙丑等，后者辞例較少，例如：

七日己未㞢庚申月出食。（庫八八）
丙辰卜，穷貞：乙卯㞢丙辰王夢自（西）⊠？王固曰：吉，勿隹田。（外編二）
貞：甲（寅）㞢乙卯王出夢不（隹）「因」？（外編二八八）
貞：甲（寅）㞢乙（卯）王出「夢」「不」「隹」「因」？（六束，清暉，九一）
乙酉暈，旬癸（巳）㞢甲午（雨）。（乙編五三二三）

☒（固）☒（巳）㞢乙酉☒子吕☒。（經四六八）

☒巳㞢☒（徵二·一二a，三）

☒㞢辛亥王夢我（有）（章）。

☒辛亥㞢壬子王亦夢尹彡出☒（前七·三三·一）

戊午卜，小臣不其妨？癸酉㞢甲戌毋妨。（丙編九〇）

壬寅卜，㱿貞：帚好娩妨？壬辰㞢癸巳娩，隹女（乙編二〇二三十七五四四，丙編待刊）

前者例子較多，如：

己未夕㞢庚申月㞢（食）。（金五九四）

癸卯卜，爭貞：旬亡囚？甲辰大驟風，之夕㞢乙巳㞢☐五人五月在☐。（菁三）

戊辰卜，㱿貞：帚好娩妨？丙子夕㞢丁丑娩，妨。（乙編七四三十一七二四；丙編待刊）

己巳卜，穷貞：龟敗祝？王固曰：敗，庚午夕㞢辛未允敗。（乙編五二六九）

癸未卜，爭貞：旬亡囚？王固曰：㞢希！三日乙酉夕㞢丙戌允㞢來入齒。十三月。（庫八八；鐵一八五·一）

癸丑卜，爭貞：自今至于丁巳，我戈胄？王固曰：丁巳我毋其戈，于來甲子戈。旬㞢一日癸亥，車弗戈，之夕㞢甲子允戈。（丙編一）

☒（㞢）希！甲申夕㞢乙酉（嬉）弗至。（續五·八·一；簠，征伐四一；杂事九一）

☒（酉）雨？之夕㞢丁酉允雨小。（簠，天象九〇）

☒（乙）卯夕㞢丙辰帚鼠☒。

☒辰帚鼠娩妨。五月。（前七·一四·四）

☒「辛」（卯）夕㞢壬寅王亦終夕畐。（菁六）

☒「庚」午夕㞢（辛）「未」☒。（通四三三；餘十一）

☒日辛丑夕㞢☒。（佚六一）

☒（丙）子夕（㞢）丁「丑」☒。（續存三·二九八）

七日己巳夕（㞢）☒。（後下九·一）

☒「之」夕㞢☐亥不☒倒。（鐵二〇七·三）

☒（夕）㞢丙戌王☒。（鐵二一七·三）

☐丑卜，㱿貞：☒夕㞢丁丑☒。（珠九八〇；續五·一八·三；佚二五背（注一））

☒夕㞢☒我☒于☒克。（拾三·一二）

☒夕㞢☒。（遮二·八）

其実，豈字的前面有夕字和沒有夕字的意义似乎並無分別，褳八八版所記的是：『七日己未豈庚申月有食』而塗五九四版所記的是：『己未夕豈庚申月有食』，同一庚申月食而有二种不同的記載，可見豈字之前的那个『夕』字是可以省掉的……

此外，郭氏甲骨文字研究釋豈為蝕，釋夕為月，將夕豈认為月蝕，把豈字之上不系夕字者，当作日蝕。而以為日食之食是蝕的假借字。唐兰氏把豈字和『良』字混而為一，认為都是良字，有『熟之』之义（見殷虛文字記四十三頁）。金璋氏（Mr. L.C. Hopkins）釋裸，（注二）德效騫氏的態度比較審慎，他主張宁可闕疑，但他认為這个字也可能含有『夜半』或『延長』的意义。（注三）以上諸家的說法，除了郭氏唐氏之說显屬謬誤而外，其余各家也都不能把介於二个干支日名中間的那个豈字解釋得令人满意。所以這个字的解說，迄今還是懸案。」（殷虛文字丙編考釋第一三四——一三七頁）

（注一）金祖同謂此版並非佚二五之背面。說見殷契遺珠發凡p.四六。

（注二）見通報 Vol. XL p. 三二五、一九五一。

（注三）ibid. Vol. XI pp. 三二五；三三一、一九五一。

殷康

「豈（甲七四二）豈豈（甲八八三）豈（甲九三二），前人不釋字形都分明象一个皮破『业』残的败鼓之形。结合卜辞文义可初步明了，即用这（报鼙？）鼓的残破以表示伤害、小灾难和不吉等意。卜辞的『之夕豈』就犹如说『此夕有灾』。也有一条极有名的卜辞说：『不吉。囿尤，其有来鼓，有新大星，并凶（此字已残，仅余上半部的火字）。七日己子夕豈』。此词大意是说：『不吉。既会有边鼙，又有一颗新大星出现，都是凶兆。七日己子那天晚上有些小灾难』词意非常明显。前人不明豈字形意，又释『并凶』为『并火』，因而一直难于充分明了这条卜辞的全部含意。至于这豈字后来的变化如何？相当于后来的什么字？我们在考查中也找到了一点端绪。它的原形只出现于比它略晚的：[glyph][glyph]（金文，旧释戲）两字中的豈豈还明显的保留着败鼓之形。上加一戈，概用以表示此鼓是为戈所毁坏的，加虎是『虎省声』的声符。所以戲字很可能是甲文豈的繁化的代起字（只是到了很晚的篆文里，败鼓之豈才讹化作豆）。此外这败鼓形，可能又变化为篆文的豈字，这里已失去了败鼓之皮（而且壴形也讹为豆），但它易用歪斜不整的『业』形以示鼓毁之意，豈、戲两字古声相通，说文：『豈，还师振乐也……』还残留一点鼓乐的余意，不过已变灾难为凯旋了。此外，又见于说文所引难字的古文[glyph]，字中之豈似点豈的讹形，用败鼓以示灾难，也还符合原意。」（古鼓和古文鼓字 社会科学战线一九七九年三期一九八页）

赵诚「㞢，盟，象罍壶之无盖者，本为象形字。甲骨文用作职官之名，似为借音字。」（甲骨文简明词典八一页）

連劭名「甲骨文中还有一个仅见于宾组卜辞的常用字，至今尚未得到准确的辨释。此字写法甚多，择要举例如下：

㞢 乙三〇〇七　㞢 涂一、一

㞢 乙二〇二三　㞢 鉄二〇七、三

㞢 甲二二五三反

……仅仅见于宾组的这个奇字，依辞例推断，也应当释为血字。」（甲骨刻辞中的血祭，古文字研究十六辑五〇页）

按：說文以盟為鑑之或體。朱駿聲通訓定聲云「古文象形，非或體也，小篆加金旁」。徐灝段注箋亦謂「當先有盟，象形，然後加金旁」。其說並是。于先生於盟字之初形朔義已詳加論述。

其

羅振玉「說文解字箕从甘，象形，下其丌也。古文作甘𠔁𠀠三形，籀文作𠔁𠥦二形。卜辭作𠀠作甘（許書之甘乃由甘而譌）與許書古文合。此字象甘形，而段為語詞（卜辭中諸其字亦然）。其字初但作甘，後增丌，於是改象形為會意。後又加竹作箕，則更繁複矣。許君錄後起之箕字而附甘𠔁諸形於箕下者，以當時通用之字為主也。」（殷釋中四十七葉）

王襄「古其字，箕其古為一字。𠔁，象箕編插之形，从廾有簸之誼。」（類纂正編第五第二十二葉上）

胡光煒「其，在卜辭皆以為擬議未定之辭。與殷庚言『天其永我命于茲新邑』，湯浯九五『其亡其亡』，國語言『土膏其動』，言『土其俱動』相當。」（文例卷下二葉言其例）

朱芳圃「說文箕部：『箕，簸箕也。（依汪篇補箕字）从竹，甘，象形，下其丌也。甘古文箕省。𠔁、亦古文箕。』王筠曰：『箕之古文𠔁，汪音韻譜作𠔁，皆譌字也。當作𠔁，上象形，下从𠬞，兩手簸之也。』（說文釋例補正）按從甲文證之，王說甚確。余謂甘與𠔁實二字。甘揚米以去糠秕之器也。

𢀛象兩手奉之以簸揚。其上ミ川象糠粃。一象其形，一言其用。其结構與甘𠮷之為二字相同。許君混而為一，失之。

甲文又有左作列形者：

𢀛（後下一四·八）𢀛（後下一五·八）

其所以簸揚，帚所以掃除。世本云：『少康作箕帚』，可證二物相將為用，與字形密合。漢書高帝紀：『高祖為亭長』，顏注引應劭曰：『舊時亭有兩卒，一為亭父，掌開閉掃除；一為求盜，掌逐捕盜賊』。考近世出土之漢代畫像石有亭父像，左手執箕，右手持帚，（聞宥四川漢代畫象選集第六圖三）與高紀所載，正可互證。箕帚除為農具外，兼作掃除之器，蓋一物不妨兩用也。」（殷周文字釋叢卷中第八十八葉）

于省吾「甲骨文的其字作𠀠、𠀠、𠀠等形，均作虛词用。在甲骨文中其字是最常見的字，但它的音义和用法，自来还沒有明确的诠释。現在仅就一时翻检所及，选录十余条，并略加阐述。

一、貞，今夕不其征攸（啓）（京津三一六二）。

二、庚其出设，吉，受又，其佳壬不吉（簠典一〇五）。

三、貞，來庚寅其雨〇不其雨（乙四五一一）。

四、翌癸亥其雨　癸亥允雨（前六·五五·四）。

五、其𢼄于上甲，其兄（祝）（粹三三〇）。

六、癸丑貞，其又匚于甲，其卯于大乙□□（鐵六三三）。

七、辛丑卜，㱿貞，吕方其來，逆伐（前四·二四·一）。

八、壬辰卜，㱿貞，雀𢦏祭〇壬辰卜，㱿貞，雀弗其𢦏祭。三月（乙五三一七）。

九、壬寅卜，王其逐在萬鹿，隻。允隻五（乙三二〇八）。

十、翌壬戌其雨。壬戌雈（後上三二·一）。

十一、貞，方允其來于沚〇不其來。（前七·二九·一）

十二、丙戌卜，㱿貞，𢦔允其來。十三月〇丙戌卜，㱿貞，𢦔不其來〇貞，𢦔允其來⊙貞𢦔不其來〇貞，𢦔允其來〇貞，𢦔不其來〇丙戌卜，㱿貞，𢦔其來（乙六六六八）。

說文：『該，军中約也，从言亥声。』段注：『凡俗云当該者皆本此。』按俗語当該也作該当或应該。又典籍中每训該为該备，該乃借字，依說文則該备字本作晐。古文字中无該字，那末，古代应該之該本作何字，这是一个令人迷惑莫解的问题。其实，該乃虚词，无本字，甲骨文中的其字，除去在句首有时用作发語词外，均当讀作該。古音从其从亥之字往々由于双声而通用。例如：易明夷的「箕子」，释文引刘向作「荄滋」；孟子万章的「亥唐」，抱朴子逸民作「期唐」；老子二十章的「如婴儿之未孩」，以上孩字应读作期年之期（详老子新证）；淮南子时则的「爨其燧火」，高注谓其读该备之该。以上是其该通用的例证。甲骨文的贞卜，是以卜兆为依据。但兆象的吉凶是否和事实相符，事前也不能立即判定，事后要以追记的验辞为准，当然缺记验辞者仍占多数。

前引第一条的今夕不其征风，其字应训为该。这是说，今夜不该延续晴路。第二条的庚其出设，吉，受又，是说庚日该有天神所设施的兆象，是吉利而能受到保佑的。下言其佳壬不吉，其为发语词。这是说，在壬日有兆象，则是不吉利的。第三条至第九条的各个其字，也均训为应该。至于第四条的癸亥允雨和第九条的允获五，都是事后追记的验辞。第十条的壬戌雈，虽然没有允字，但也当是事后追记的验辞。第十一条以方允其来于沚和不其来为对贞。这和第十二条屡次以戓允其来和戓不其来为对贞的语法相同，乃是甲骨文中不常见的例子。虽然上举两条的前一句都言允，但验辞的通例，既不在前一句言允，而且也没有以允其二字连言者。典籍中多训允为信。允其来犹言信乎应该来，这不过是加重语气，倾向于它来的可能性较大而已。（甲骨文字释林释其）

考古所

「箕：可能皆为地名。」（小屯南地甲骨一〇五〇页）

林政华

「丁丑卜，狄贞：其用兹卜，異其涉兕，同？

☐其用兹卜，☐田于宫？（甲三九一六，佚上一五、三）

「其」字为领语，在卜辞中均作異问词用。此语，意谓将采行此卜所示者乎？」（甲骨文成语集释上，文物与考古研究第一辑五二页）

赵诚

「其，甲骨文写作☐，或写作☐、☐，构形之意同，本象箕形，即箕字之初文。后来其被借用为虚词，才有增加竹头的箕字。从卜辞来看，「其」大部分用作副词，一般用在句中，只有在省略的情况下才用在句首。这一类「其」表示多种语气，主要有下列几种：

一、表示该当：

贞，来庚寅其雨。（乙四五一一）——即将到来的庚寅日该会下雨吧！

二、表示假设：

丙戌其雨不吉。（京一二五六）——丙戌那一天如果下雨就不吉利。

三、表示决定，即表示在未来要作某一件事。

甲戌卜行貞，王其田，亡災。（佚二七一）——商王要去畋猎，沒有灾害吧！

四、表示原因：

乙丑卜，王弜祉往田，其雨。（佔上三〇·一六）——商王不继续去畋猎，因为将要下雨。

五、表示将要：

王其田，其告妣辛。（存二·七六九）商王要去畋猎，将要告祭妣辛。

其字表示的语气相当丰富，在表示大体相同的语气里，有的还有很细微的差别，今后将多文讨论。总起来说，不管『其』字表示什么语气，都含有一种将要、该当之义，即表示未来时。这一类『其』字在卜辞中大量存在，应该说是甲骨文时代的一大特点。因为这一类『其』字之下都是动词而又大量被运用，所以研究甲骨文的学者常常用其字来鑑定动词的标准之一。『其』字表示『将要』、『该当』之义在卜辞时代大量存在，到了周代虽然还有所保留，如诗经的『其雨其雨』，但显著地减少了，到了后代则完全消失。那末这种用法在什么时代开始衰弱而逐步消失的呢？从卜辞来看，甲骨文时代已经有这种迹象：

乙丑卜，卬貞：王其田，亡来災。（京四五二九）

戊辰卜，貞：王田，亡来災。（续三·三二·九）

这两条辞辞例一样，文义相同。但是一用之『其』，一不用『其』，可见其表示将要的作用已经衰弱，所以可省去不用。这可以说是『其』在发展过程中的特点，即基本上不表示或很少表示某种语气，是即将被淘汰的成分。」（甲骨文虚词探索，古文字研究第十五辑二八六页）

陈炜湛说参字条下。

伊藤道治说参字条下。

按：「其」即「箕」之原始象形字，羅振玉說其字演化之由極是。卜辭皆用以表疑似之語气，胡光煒早已論及，陳夢家卜辭綜述亦曾加以申述（八七至八八頁）。

2816

基 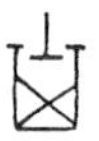

郭沫若 「」，方國名。字罗释为𡊮·棊，当是基之异，从土其声。其方疑即箕子所

封邑之箕。」（卜辭通纂一一六頁上）

饒宗頤「按『基』字，从土从其，乃『其』之繁形。契文以『無』之作『⿱無土』，『羌』之作『⿱羌土』，是其比也。古『其』『基』一字。說文，棋，籀文从基作禥。尚書『丕丕基』，大傳作『丕丕其』，皆其明證。基蓋即箕。左傳成十三年：『焚我箕、郜』。方輿紀要：『箕山在解州平陸東北』，疑即古基方地。」（通考一七五葉）

張秉权「陳氏以為基方乃禹貢冀州所从来，這一看法也許是对的，但是禹貢冀州所包括的地域很大，今之河北山西以及河南省的黄河以北之地都在它的范围之内，所以基方不必就是冀國，陳氏以缶在永济，郭在平陸為基方在河津的旁証，但是我却假定缶在定陶，蜀在泰安，基方在殷之東北燕齐之间，也一样可以讲通，而且郭不是虢，自然不会在平陸了，关於郭的方位，陳槃庵先生有很精確的考訂，其结論曰：

古器銘中之郭，已明其為東方之國，而舊籍言齐境有郭墟，則春秋『郭公』，二傳謂其因失國而寓曹者，即此古器銘中之郭，亦即齐境之郭，亦不难想像得之矣。抑此獨作郭或𩫖或𩫖而不作虢，證以古文舊籍，並釐然不混，是郭之不同于姬姓之虢，亦必矣。（撰例二十九本，春秋大事表列國爵姓及存滅表譔異（下二）p．五四四）

郭既在燕齐之间，則更增強了我假定的缶蜀基方等地应在齐或燕齐之间的可能性了」。（殷虚文字丙篇考釋第二五四——二五五頁）

張亞初說參字条下。

按：釋「基」可從。卜辭為方國名。

2817

㠱  

王襄「古㠱字」。（類纂正編第十四第六十三葉下）

葉玉森「按从己从其，即㠱。乃國名。金文亦屢見。」（前釋二卷三葉上）

丁山　「帝辛初年，比干为父师，箕子为少师，从尚书微子篇的文谊看，殆无疑问。箕子碻是商末的重臣，甲骨文里也不容不见。

……貞，翌日乙酉，小臣歸其……又老㠱侯，王其……以商，庚〃，王弗每。前二·二·六

庚子卜，在㠱貞，王步于𩁹，亡𡿧。續三·三〇·六

……卜，在□睞貞，𠂤亞，九𠂤，王……侯告睞。王其在㠱，𩰲。正……甲编二八七七

……𡰥㠱……燕大六三四

㠱，至春秋则书为纪，而其字从其，实即箕之本字。这位『右老㠱侯』，非箕子不能当之。……箕子，在甲骨文里称『箕侯』，可见，子，也是『王子』『公子』的简称，不是爵名，箕子之爵，在商代仍然称侯。」（商周史料考证一六九页）

李孝定　「說文：『㠱，長踞也。玉篇作「長跪也」，从己，其聲，讀若杞。』卜辭言㠱侯乃國名，與金文同。金文作㠱彭觥㠱㠱師袁簋㠱王婦匜㠱㠱㠱㠱無㠱簋㠱㠱亞父乙簋」（集釋四二六五葉）

按：甲釋圖版一〇一辭云：「王……于㠱侯告㠯，王其在㠱……」，「㠱侯」即㠱地之侯。集韻以㠱為古國名，並引衛宏說㠱與杞同。段玉裁謂「蓋衛宏以㠱為杞宋之杞，此出唐人所謂衛宏官書，多不可信。即如此條，乃因許語而附會之」。段說是對的。

2812

2818

小箕 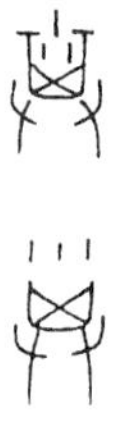

商承祚　「疑与𣪘为一字。」（殷契佚考四一頁下）

徐協貞　「古文箕字。」（殷契通释一卷十二頁）

孫海波　「，前六·三四·七。或从匚，与說文籀文同。，京都二六三。从収与說文古文同。地名。」（甲骨文编二〇六頁）

單周堯「甲骨文箕字作□（京都二六三）……者與古文作□者略近；而甲骨文箕字作□（前六·三四·七）……者，則與籀文作□者略近。」（讀王筠說文釋例同部重文篇札記古文字研究第十七輯三七九——三八〇頁）

按：字从「囟」、从「収」，與「其」有別，隸姑作「箕」。或增數小點，姑以為「小箕」合文。在卜辭皆為地名。

2819 棋 □

羅振玉「□即糞字。从米象糞蔵形，即官溥所謂似米非米者。从甘即許書所从之華，廾以推棄之，掃糞蔵於甘中，而推棄之。糞之誼瞭然矣。」（殷釋中四十七葉下）

葉玉森「按卜辭□字為地名。从木，顯然並非从似米非米之采。疑古文棊字。囟為囟方，國名。厥土是否从土，尚覺懷疑。似國與地不能名糞也。其一手持甘，一手掃帚掃蔵者，仍不能即認為糞字，或𢦏之別構。此持二帚，彼秉持一甘也。」（前釋二卷三四葉上）

唐蘭「□字羅振玉釋作糞，不知就是『棊』字。原文云：『在棊』地名。」（導論下十八葉下）

孫海波「□，前二·一八·六。唐蘭釋棊。」（甲骨文編二六一頁）

按：字从「木」、从「其」，唐蘭釋「棊」。合集八一八九辭云：「壬申卜，貞，呼禦在鼻……在棋」為地名。

2820 𡥆 □

羅振玉「說文解字：『𡙇，从廾推𠦒棄之。从𠫓，𠫓，逆子也。古文作□，籀文作□。』

此从𢀛在甘中（許書从草即甘也），廾棄之，殆即棄字。」（殷釋中四十七葉下）

王襄　「古棄字。」（簠室殷契類纂第二十葉）

朴海波　「，後二．二一．一四。罗振玉释弃。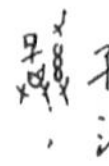，后二．七．一三。或从爰。」（甲骨文編一八九頁）

李孝定　「說文：『棄，捐也。从廾，推草棄之。从㐬，㐬逆子也。，古文棄。，籀文棄』。字象納子甘中棄之之形。古代傳說中常有棄嬰之記載，故制棄字象之手。辭云『☒傳氏此字漫患不明☒𠬝聖聞曰棄子』後．下．七．十三．辭義不詳，曰棄子當即捐棄之義。『☒不若棄方』後．下．二一．十四．乃方國之名。金文作散盤」（集釋一三九六葉）

按：釋「棄」可備一說。辭殘，其義未詳。

2821

按：合集九一〇〇辭云：「……傳以血……𠬝聞曰……子」

字與「棄」有別，且有缺文，不得逕讀作「棄子」。